Handbuch Für Untersuchungsrichter Als System Der Kriminalistik, Volume 1...

Hans Gross

HANDBUCH

FÜR

UNTERSUCHUNGSRICHTER

ALS

SYSTEM DER KRIMINALISTIK

VON

DR. HANS GROSS,

O. Ö PROFESSOR DES STRAFRECHTS AN DER KARL-FRANZENS-UNIVERSITÄT GRAZ.

FÜNFTE, UMGEARBEITETE AUFLAGE.

MIT 138 ABBILDUNGEN IM TEXT.

I. TEIL.

MÜNCHEN
J. SCHWEITZER VERLAG (ARTHUR SELLIER)
1908.

Druck von C. Brügel & Sohn, Ansbach.

Dem Andenken

weiland

Seiner Exzellenz des Grafen Joh. Nep. von Gleispach

k. k. Justizministers a. D.

des ersten Förderers der Kriminalistik

in Treue

vom Verfasser.

Vorwort zur dritten Auflage.

(1898.)

Bei dem Schlusse des zweiten Teiles dieses Werkes, welches nunmehr in dritter Auflage vollständig der Öffentlichkeit übergeben wird, wiederhole ich vorerst das in jener Einbegleitung Gesagte, welche dem ersten Teile vorläufig war mitgegeben worden.

Ich erwähne, dass in diese Neuauflage keine neuen Kapitel aufgenommen wurden und wiederhole aus dem Vorworte zur zweiten Auflage, dass ich manche Abschnitte, welche für den Untersuchungsrichter noch von Belang wären, aus zwei verschiedenen Gründen nicht aufnahm; entweder eignet sich ihre Besprechung nicht für die Öffentlichkeit, oder es müssten die Abhandlungen so umfangreich werden, dass sie über den Rahmen eines Handbuches hinausgehen und Gebiete berühren würden, welche nicht mehr dem Juristen zugewiesen sind. Wohl aber wurde das ganze Buch einer eingehenden Durchsicht unterzogen, alle neuen Wahrnehmungen und Erfahrungen, wie sie mir von Fachgenossen mitgeteilt oder von mir selbst gemacht wurden, eingefügt und die Literatur bis auf den letzten Tag ergänzt. Allerdings mussten auch manche Einschränkungen Platz greifen, da sich manches als nicht sicher erwiesen hat, was ich früher als zuverlässig angesehen habe. Die Neuauflage ist also eine vollständige Durcharbeitung der früheren Ausgaben.

Weggelassen wurde in der Neuauflage das medizinische Vocabulare, da mittlerweile so viele handliche Hilfsmittel zur Verfügung kamen, dass auf diese verwiesen werden kann. Namentlich enthält jede neue Ausgabe der grossen Konversationslexika über medizinische Ausdrücke so viel, dass jedermann dort sein Auslangen findet. Durch die Ausschaltung dieses Abschnittes und durch einen weitaus engeren Druck wurde so viel Raum geschaffen, dass trotz der vielen Zusätze und Ergänzungen der Umfang des Buches nicht zugenommen hat.

Ich danke hier nochmals allen, die sich um das Werk bemüht haben. Vor allem danke ich der in- und ausländischen Kritik, welche in hunderten von Besprechungen das Buch auf das denkbar Wohlwollendste aufgenommen hat; ich danke allen, welche die Übersetzung des Werkes (erschienen ist die russische, spanische und französische Übersetzung, in Arbeit steht die ungarische, serbische und dänische) veranlasst und bewerkstelligt haben.

Bestens danke ich auch allen, welche mir Zusendungen zur Ergänzung des Inhaltes u. s. w. übermittelt haben; diese sind sämtlich an den betreffenden Orten angeführt. Ich danke auch dem Herrn Verleger für die sorgfältige und kostspielige Ausstattung der neuen Auflage und endlich meiner Frau, welche bei dieser Neuauflage ebenso, wie bei meinen anderen wissenschaftlichen Arbeiten mit mir die Korrektur besorgt hat. —

Was den teilweise geänderten Titel des Buches anlangt, so glaube ich nunmehr berechtigt zu sein, seinen Inhalt als „System der Kriminalistik" bezeichnen zu dürfen, da diese heute als selbständige Disziplin ihr scharf abgegrenztes Arbeitsgebiet, eingehende Bearbeitung und Anerkennung ihrer Eigenberechtigung gefunden hat. Gleichwohl möchte ich die Stellung der Kriminalistik in der bescheidenen Reihe einer Hilfswissenschaft fixieren. Ein amerikanisches Blatt (New-Yorker Staatszeitung vom 14. August 1898) hat in einer grösseren Abhandlung („Die Entwicklung des Strafrechts") ausgeführt, dass das in meiner „Kriminalpsychologie" (und im vorstehenden „Handbuch") vertretene Prinzip „eine neue kriminalistische Schule inauguriert hat", welche „neue Schule als die Überwinderin der rein historischen Rechtsauffassung zu begrüssen" und als „die psychologische (realistisch-psychologische) Schule zu bezeichnen ist". Das behaupte ich sicher nicht. Die Kriminalistik soll ihrer Natur nach dort einsetzen, wo das Strafrecht ebenfalls seiner Natur nach, mit seinen Lehren zu Ende ist; das materielle Strafrecht befasst sich mit den Delikten und ihrer Bestrafung, das formelle Strafrecht mit den Regeln, nach welchen hiebei vorzugehen ist; wie aber die Verbrechen begangen werden, wie dies zu erforschen und klarzulegen ist, welche Motive gewirkt haben, welche Zwecke erreicht werden sollten, das können uns Strafrecht und Strafprozess nicht sagen, das bleibt der Kriminalistik und einem ihrer besonderen Teile, der Kriminalpsychologie vorbehalten. Was z. B. Brandlegung im gesetzlichen Sinne ist, welche Qualifikationen und Arten vorliegen können, welche Strafen darauf gesetzt sind, das sagt uns das Strafgesetz, seine Kommentare und wissenschaftlichen Bearbeitungen; wie der Richter vorzugehen hat und wie der Beschuldigte, die Zeugen und die Sachverständigen zu behandeln sind, das enthält der Strafprozess — wie aber bei der Brandstiftung selbst vorgegangen wird, welche Mittel und Hilfen dem Brandleger zur Seite stehen, wie man die Art der Brandstiftung und damit auch den Täter entdecken kann, das ist Sache der Kriminalistik, und Aufgabe der Kriminalpsychologie ist es endlich, die seelischen Triebe des Täters zu verfolgen, festzustellen, welchen Wert die Aussagen verschiedener Zeugen haben, und nachzuforschen, welchen Fehlern und Irrungen alle Wahrnehmungen und Äusserungen der am Prozesse Beteiligten, einschliesslich der Richter, ausgesetzt sind.

Wollen wir einen Vergleich heranziehen, so können wir sagen, das Strafrecht verhält sich zur Kriminalistik, wie die pathologische Anatomie zur Chirurgie. Die pathologische Anatomie forscht nach den Gebrechen des menschlichen Körpers, untersucht sie und stellt sie zusammen; sie unterscheidet die einzelnen Leiden von einander, benennt und erkennt sie; sie forscht nach ihren Zusammenhängen und erklärt, wie sie entstehen und welche Folge sie haben — die Chirurgie sucht dann die Leiden zu beseitigen. Auch sie war durch die längste Zeit keine Wissenschaft, der Chirurge galt nicht als voll, seine Arbeit war die eines Handlangers, bis die Chirurgie sich mühsam ihre eigenen Wege gebahnt, selbst geforscht und gearbeitet hatte, bis sie zur hochangesehenen, selbständigen Disziplin geworden ist. Niemand behauptet, dass die Chirurgie sich Übergriffe in die Gebiete der pathologischen Anatomie erlaube und deren wissenschaftlichen Forschungsgang beeinträchtige: Die Chirurgie steht immer nur auf dem wissenschaftlichen Boden, den ihr die pathologische Anatomie geschaffen hat und immer weiter schaffen wird, aber in ihrem Gebiete ist sie selbständig und niemand streitet ihr die Eigenberechtigung auf ihrem Forschungs- und Arbeitsgebiete ab, niemand spricht mehr von Übergriffen, niemand will ihr einen anderen Weg vorschreiben, als den sie sich für ihre Zwecke ausgewählt hat.

Auch die Kriminalistik muss ihre eigenen Wege gehen und der ihr nach ihrer Eigenart vorgeschriebene Weg ist der naturwissenschaftliche. Will das Strafrecht die Kriminalistik als einen Teil ihres Wesens ansehen, dann hat letztere allerdings naturwissenschaftliche Methode in erstere hineingetragen, ob zu ihrem Schaden, bleibe unerörtert. Will das Strafrecht die Kriminalistik nicht als integrierenden Bestandteil aufnehmen, dann muss sie ihr auch ihre eigene Methode lassen; die Erkenntnisse, welche die Kriminalistik gefunden, und ihre Verwertung kann die eigentliche strafrechtliche Disziplin nicht abweisen.

Eine Wissenschaft um ihrer selbst willen ist auch das Strafrecht nicht und die wissenschaftlich wertvollsten Lehren, welche das Strafrecht etwa über dolus und culpa, über Mitschuld und Versuch, über Notwehr und Notstand, über Zurechnung und Irrtum, über Konkurrenz und Rückfall festgestellt hat, sie alle haben doch nur den Zweck, lehrend und klärend auf die Praxis zu wirken und dort verwertet zu werden. Sie alle sind aber wertlos, wenn der Richter sie nicht den Realien anpassen kann, wenn er die Zeugen nicht versteht oder falsch beurteilt, wenn er den Wert sinnlicher Wahrnehmungen falsch einschätzt, wenn ihn jede Gaunerpraktik irreführt, wenn er zurückgelassene Spuren des Verbrechens nicht zu benützen weiss, und wenn er überhaupt die zahllosen Lehren nicht kennt, deren systemmässige Zusammenfassung eben die Kriminalistik zu bieten vermag.

· Was das Strafrecht geleistet hat, wie sein bewunderungswürdiger Bau entstanden ist und weiter geführt wurde, wie gefestigt er dasteht, niemand weiss dies besser als die Kriminalistik, aber als Dienerin des Strafrechts, als ihre organisierte Hilfswissenschaft will sie bestehen und Selbständigkeit beansprucht sie. Bestanden hat sie denn doch von jeher; wer eine Fussspur ansah, ein Gaunerwort auffing, eine Skizze vom Tatorte aufnahm, jeder von ihnen hat Kriminalistik ge-

trieben, aber wissenschaftliche Disziplin waren diese einzelnen Be-
strebungen nicht, und erst, wenn in jeder ihrer Richtungen weiter geforscht und das Gefundene systematisch zusammengetragen und geordnet wurde, erst dann verlangten wir den Namen einer Disziplin
für die Kriminalistik, aber stets nur in der Stellung einer Hilfswissenschaft.

Wenn nun aber die Kriminalistik in dieser Stellung keinen direkten
Einfluss auf das Strafrecht nehmen kann und immer erst dienend dort
einsetzt, wo das Strafrecht aufhört, so ist es doch nicht zu leugnen,
dass die Endergebnisse ihrer Arbeit auf das Strafrecht und seine Formen
eine gewisse Wirkung ausüben werden. Diese kann heute schon in bestimmten Richtungen vorausgesehen werden. Wir wollen die Wirkungen
unterscheiden:

I. Auf das materielle Strafrecht.

Die Kriminalistik, als die Lehre von den Realien des Strafrechts,
zu welchen in erster Linie der Mensch selbst (Verbrecher, Zeuge, Sachverständiger und Richter) gehört, führt uns auf das Wesen der verbrecherischen Handlungen, ihre Entstehung, ihre Bestandteile, ihren
Verlauf und ihre Ziele. Dies leitet zu gewissen Unterscheidungen
und wieder Zusammenlegungen, die nicht immer mit jenen stimmen,
die der, dem verbrecherischen Treiben ferne Stehende vorzunehmen
pflegt. Die Kriminalistik findet oft Gemeinsames, das ferne ab zu
liegen scheint, sie trennt manches, was sich unter demselben Gesichts-
punkt darstellen will. Das Strafgesetz ist für die Menschen geschrieben,
die Menschen zeigen sich am Äussern, an den Realien des Lebens, und
die Realien des Strafrechts zeigen den Verbrecher wie er ist; ist dann
aber zu entnehmen, dass sich im Laufe der Zeit an den Trennungen
und Zusammenlegungen manches ändern muss, dann ist Vorsicht im
Generalisieren und Konkretisieren geboten. Eine Disziplin, die so jung
ist wie die Kriminalistik vermag heute noch nicht zu sagen, zu welchen
Feststellungen sie bestimmt gelangen wird, wohl aber weiss sie, dass
man einst im Strafrecht anders scheiden und vereinen wird, als man
es heute tut, und weiter, dass diese Änderungen, zu denen man da
über kurz oder lang gelangen wird, auch nicht von Bestand sein werden,
dass es nie zu einem Bestand kommen kann, dass ein fortwährendes
Schwanken das einzig Bleibende sein wird. Die Rechnung abzuschliessen
ist leicht: sie zeigt de lege ferenda dahin, dass unsere Gesetze nur dann
brauchbar, anpassend und gerecht sein können, wenn sie möglichst einfach, möglichst allgemein und möglichst
frei von einengenden, täglich wechselnden und
doch nie passenden Definitionen sein werden.
Nur dann treffen sie die Menschen im allgemeinen und nicht bloss
den einzelnen Menschen, auf den sie zufällig stimmend gemacht
werden. Dass dies aber richtig ist, das lehrt jedes Kapitel der
Kriminalistik.

II. Auf das formelle Strafrecht.

So wie in jeder Disziplin, so lässt sich auch in der Kriminalistik das Ergebnis ihrer Feststellungen in verschiedener Richtung zusammenstellen, je nachdem man die Gruppierung der Forschungen verschieden vornimmt. Rechnet man nun in der Richtung auf den Wert der Beweismittel, dem Hauptarbeitsgebiete der Kriminalistik, so gelangt man zu dem Resultate, dass der Wert der Z e u g e n a u s s a g e bislang entschieden überschätzt wurde, dass man aber nicht vermochte, aus den vorliegenden T a t s a c h e n, das aus ihnen zu verwertende genügend herauszuziehen. Die Kriminalpsychologie, als ein integrierender Teil der Kriminalistik, beweist das erstere, alle anderen Lehren der Kriminalistik das letztere. Die unzählbaren Mängel der sinnlichen Wahrnehmung, die Fehler des Gedächtnisses, die tiefgreifenden Verschiedenheiten der Menschen, nach Alter, Geschlecht, Natur und Kultur, nach augenblicklicher Stimmung, Gesundheit, leidenschaftlicher Erregung, das Milieu, in dem sich der einzelne gerade befindet, das alles wirkt so kräftig, dass wir kaum jemals zwei ganz gleichlautende Angaben über dasselbe Ereignis bekommen und dass ein genaues Zusehen darüber, was die Leute erfahren und was sie uns sagen, uns nichts zeigt, als Irrtümer über Irrtümer. „Aus zweier Zeugen Mund" kann uns formelle Wahrheit kommen, wir können uns eine Anschauung über den Hergang eines Ereignisses schaffen und uns dabei beruhigen — materiell wahr wird das selten sein und wer sich mit den Dingen genauer befasst, d e s s e n G e w i s s e n w i r d n i c h t s c h w e i g e n, u n d w e n n e r d i e S a c h e a u c h v o n z e h n Z e u g e n g e - h ö r t h a t. Böser Wille und Täuschung, Irrtümer und Versehen, am allermeisten eigenes Schliessen und der Glaube, das Erschlossene wahrgenommen zu haben, tun so unendlich viel, dass wir von einer objektiven, wirklich absolut richtigen und unbeeinflussten Zeugenaussage nur in den seltensten Fällen sprechen können. Lehrt uns das die Kriminalpsychologie, so zeigen uns wieder die andern Teile der Kriminalistik den Wert der Realien. Wie wir tatsächlich Feststellungen finden können, wo wir zu ihnen gelangen, wie sie festzuhalten und zu verwerten sind, dies zu sehen ist eben so wichtig, wie der Nachweis, was wir mit diesen Feststellungen dartun können. Eine aufgefundene und verwertete Spur, eine korrekte und wenn noch so einfache Skizze, ein mikroskopisches Präparat, eine dechiffrierte Korrespondenz, eine Photographie von Personen oder Sachen, eine Tätowierung, ein restauriertes, verkohltes Papier, eine sorgfältige Vermessung, tausend andere Realien sind ebenso viele, unbestechliche, einwandfreie, jederzeit neu revidierbare und ausdauernde Zeugnisse, bei welchen Irrtum und einseitige Auffassung geradeso ausgeschlossen sind, wie böser Wille, Verleumdung und unerlaubte Hilfe. Mit jedem Fortschritt der Kriminalistik fällt der Wert der Zeugenaussagen, und es steigt die Bedeutung der realen Beweise — das entspricht dem ‚realistischen Tic unserer Zeit', den Goethe geweissagt hat.

Das Ergebnis wäre: Z e u g e n können wir zur Hauptverhandlung haben, so viele wir wollen, die brauchen eher auch gar nicht vernommen zu sein, aber die B e w e i s e a u s d e n R e a l i e n müssen vor der Hauptverhandlung gesammelt und zusammengestellt worden sein und so ginge die weitere Behauptung der Lehren aus der Kriminalistik dahin, dass d a s H a u p t g e w i c h t d e s P r o z e s s e s a u s d e r H a u p t v e r h a n d l u n g i n d i e V o r u n t e r s u c h u n g r ü c k v e r l e g t w e r d e n m u s s. Wir haben durch Jahrzehnte hindurch das Heil in der öffentlichen, mündlichen Hauptverhandlung mit kurzer, ungefährer, nur vorbereitender Voruntersuchung gesucht — Missgriffe, Irrtümer, Schwierigkeiten und Zweifel waren die Folge. Niemand wird behaupten, dass wir die Mündlichkeit der Hauptverhandlung wieder aufgeben sollen; der erkennende Richter m u s s alles sehen, alles hören, alles beurteilen können, was auf seine Entscheidung von Bedeutung sein soll, aber die Voruntersuchung darf nicht vernachlässigt werden, sie muss die Beweise sammeln bis zum letzten Reste, sie muss es aber auch verstehen, die Realien zu finden und zu verwerten — daher die nie zu überschätzende Wichtigkeit des Untersuchungsrichters, seiner Arbeit u n d s e i n e r A u s b i l d u n g; kommt die Kriminalistik dahin, wohin sie kommen soll, dann ist der Untersuchungsrichter und die Voruntersuchung das Massgebende im ganzen Prozesse.

III. Auf Strafrecht und Strafprozess.

Die heutige Auffassung über strafrechtliche Vorgänge geht dahin, dass der Richter als Subjekt, den Beschuldigten als Objekt, mit Hilfe der Zeugen u. s. w. als Mittel unter das fixe, unwandelbare und stets zutreffende Gesetz einordnet. Hierbei erscheint der Beschuldigte mehr oder minder, ich kann nicht anders sagen wie: als vertretbare Sache, die Zeugen gewissermassen als Werteinheiten, das Gesetz als fix geeichtes Mass und der Richter, wie die Rechtsmittel zeigen, zwar nicht als unfehlbare Grösse, aber immerhin als ein Wesen, welches über die menschlichen Schwächen gestellt wurde. Die Lehren der Kriminalistik zeigen uns nun in der unabsehbaren Wandelbarkeit der Realien einerseits und in der Unverlässlichkeit des menschlichen Wahrnehmens, Denkens und Handelns andererseits, das Unerlaubte der genannten Auffassung, namentlich die häufig vorkommende Unverlässlichkeit der Zeugenaussage, die Verschiedenheit der Verbrecher und Verbrechen, die Schwächen im Vorgehen auch des besten Richters und die Unzulänglichkeit unserer Gesetze, die für Hunderte von Fällen Vorsorge getroffen und auf Tausende vergessen haben. W i r w e r d e n u n s a l s o d a r a n g e w ö h n e n m ü s s e n, d e n B e s c h u l d i g t e n d i e B e w e i s m i t t e l, d e n R i c h t e r u n d d a s G e s e t z l e d i g l i c h a l s F a k t o r e n d e r R e c h t s f i n d u n g z u b e t r a c h t e n, als Faktoren, welche an sich richtig, aber ebensogut auch an sich falsch sein können, deren Werte erst berechnet und nach vorsichtiger Prüfung in die Rechnung eingesetzt werden dürfen und bei denen es ebensowenig überraschen darf, wenn sich der Beschuldigte als Faktor in seiner Verantwortung als richtig und der Richter als Faktor in seiner Auffassung als falsch erwiesen hat. V o n v o r n e - h e r e i n s i n d a l l e d i e s e F a k t o r e n g l e i c h v i e l w e r t , sie alle sind Menschen oder menschliches Erzeugnis oder menschliche Berechnung, also alle fehlbar und der Wert des Ergebnisses liegt einzig und allein in der richtigen Beurteilung der einzelnen Momente und ihrer richtigen Einsetzung nach ihrer Bedeutung.

Überwertigkeit der Ideen zeugt von krankhaftem Denken — die Einschätzung des Gesetzes, der Leistung des Richters und der Bedeutung der Zeugen w a r eine überwertige, suchen wir ihren wirklichen Wert zu finden durch das Studium der kleinen, aber bedeutsamen Tatsachen des Lebens! —

Ich zweifle, dass dieser Auflage in absehbarer Zeit eine neue folgen wird, da die für die Sache Interessierten nunmehr versorgt sein dürften; durch die Schaffung des von mir herausgegebenen „Archiv für Kriminalanthropologie und Kriminalistik" (Leipzig, F. C. W. Vogel) ist dafür Sorge getragen, dass das vorliegende Buch jederzeit auf dem letzten Stande erhalten werden kann, da in den Abhandlungen und namentlich in den „Kleineren Mitteilungen" alles zusammengetragen werden will, was auf diesem Gebiete Wissenswertes erscheint oder sonst bekannt wird. D i e s e M i t t e i l u n g e n d e s „ A r c h i v s " s o l l e n a l s o g l e i c h z e i t i g e i n e E r g ä n z u n g , R i c h t i g - s t e l l u n g o d e r E r w e i t e r u n g d e s i m v o r l i e g e n d e n B u c h e G e b r a c h t e n d a r s t e l l e n .

Graz, Weihnacht 1898.

Hans Gross.

Vorwort zur vierten Auflage.

(1904.)

In den wenigen Jahren, welche seit der letzten Auflage dieses Buches verflossen sind, hat sich in den Auffassungen auf kriminalistischem Gebiete mehr geändert, als dies sonst in Jahrzehnten der Fall war. Schon lange als drängend empfunden, haben sich diese Änderungen nun mit Gewalt geltend gemacht und so wankt auf unserem Gebiete alles, überall wollen neue Anschauungen zum Durchbruche gelangen. Kaum einer der Grundsätze des alten Strafrechts steht mehr fest, die Fragen nach Umwertung der Vorstellungen über Determination, Verantwortung und Zurechnung drängen in das Strafgesetz, ganze Kapitel sollen davon ausgeschieden, andere völlig umgeändert werden, ein neues Strafensystem muss erdacht, der Strafzweck fixiert und eine Fürsorgeordnung eingeführt werden. Kaum weniger Bewegung herrscht im Strafprozess; unsere alten Anschauungen über den Beweis halten nicht mehr, das Vertrauen auf die wichtigsten Beweismittel, Zeugenaussagen und richterliche Anschauung, sind erschüttert, neue Beweismittel, die Realien des Strafrechts, machen sich mit Nachdruck geltend und neue Theorien darüber, was als wahr anzusehen ist, wollen geprüft werden. Das Laienelement in der Rechtsprechung, in das man noch vor wenigen Jahrzehnten alles Heil verlegt hatte, brachte uns nur Schwierigkeiten, Unwahrheit und unabsehbare Gefahren, und wer die Frage ehrlich überlegt, zweifelt nur mehr darüber, w i e wir dieses Unheil wieder los werden könnten.

Ebenso unsicher ist die Auffassung über das Vorverfahren, die Stellung der Staatsanwaltschaft und der Verteidigung, über die Rechtsmittel geworden — kurz, wir befinden uns in einem so stürmischen Gärungsprozesse, dass wir einerseits mit Freude über das überall pulsierende Leben, anderseits mit Bedenken über die Schwierigkeit dieser Lösungen an die Arbeit gehen. —

Aber auch auf unserem besonderen Gebiete herrscht das regste Leben. Die Kriminalistik hat sich emporgearbeitet, überall regen sich fleissige Hände um ihr Gebiet zu bebauen, viele ihrer Fragen wurden zur Lösung gebracht, neue Fragen angeregt, wirkliche Probleme sind entstanden und der Nutzen war ein tausendfältiger. —

Mit besonderer Befriedigung darf auf die Entwickelung der subjektiven Kriminalpsychologie geblickt werden, der Psychologie des Zeugen, Sachverständigen und Richters. Auf ihre Wichtigkeit wurde zuerst in der ersten Auflage dieses Handbuches, also vor 12 Jahren, hingewiesen; dort wurde das Trügerische und Gefährliche namentlich der Zeugenaussagen entwickelt und die Notwendigkeit ihrer Unterstützung, Prüfung und teilweise Ersetzung durch die Realien des Strafrechts dargetan. Später wurde dieses Problem von mir („Kriminalpsychologie" Graz 1898) besonders behandelt, dann von mehrfacher Seite aufgegriffen und heute beschäftigt sich ein ganzes periodisches Unternehmen („Beiträge zur Psychologie der Zeugenaussage" Lpzg. J. A. Barth) ausschliesslich und in verdienstlicher Weise mit dieser wichtigen Frage. —

Die Stellung der Kriminalistik im System (s. die Tabelle am Schlusse dieses Vorwortes) ist eine andere geworden, als vom Anfange an richtig geschienen hat; als Lehrgegenstand soll sie nicht vereinzelt dastehen, sie muss auf breite Grundlage gestellt werden; neben ihr haben sich Schwesterdisziplinen: Kriminalanthropologie, Kriminalpsychologie, Kriminalsoziologie und Kriminalstatistik so kräftig emporgearbeitet, dass sie unbedingte Beachtung verdienen; sie sind aber alle mit der Kriminalistik an allen ihren Grenzen so innig verbunden, dass sich keine dieser Disziplinen allein bewegen kann, sie alle streben zusammen vorwärts, sie können sich auch nur zugleich entwickeln. So hat sich die Notwendigkeit ergeben, aus den genannten Disziplinen, also: Kriminalistik, Kriminalanthropologie, Kriminalpsychologie, Kriminalsoziologie und Kriminalstatistik eine fest gegliederte und fest vereinte Gruppe zu bilden, sie müssen als strafrechtliche Hilfswissenschaften gemeinsame Pflege erhalten und sich gemeinsam **bescheiden, aber unabweislich** in den Dienst des Strafrechts stellen. Wir haben die strafrechtlichen Hilfswissenschaften über ihre ersten Anfänge hinausgebracht, heute erklären wir aber mit Nachdruck, dass ohne ihre Kenntnis ein Kriminalist weder in Theorie noch in Praxis ausgebildet erscheint, ihre unentbehrliche Notwendigkeit kann nicht mehr bezweifelt werden. —

Was den Stoff der vorliegenden neuen Auflage anlangt, so wurden zwar keine neuen Kapitel eingefügt und keine früheren weggelassen — was zum Materiale gehört, ist längst klar geworden. Wohl aber musste fast alles geändert, erweitert, gekürzt und ergänzt und so viel neue Literatur eingefügt werden, dass die neue Auflage als völlig umgearbeitet bezeichnet werden kann.

Die äussere Form des Buches liegt diesmal in zwei Bänden vor, was zum Teile durch die Vermehrung des Inhalts, zum Teil durch deutlicheren Druck, zum Teil durch das Bestreben nach grösserer Handlichkeit veranlasst wurde.

Dem Inhalte nach erscheint das Werk derzeit zum l e t z t e n Male in dieser Anordnung. Als die Kriminalistik zuerst in die Welt trat, konnte begreiflicher, oder wenigstens entschuldbarer Massen noch nicht klar sein, welche Materien zu ihr gehören und in welcher Gruppierung diese zu bieten seien. Im Laufe der Arbeit ergab es sich aber, dass in nicht weiter zu vertretender Weise in dieser Disziplin eine rein theoretische und eine rein praktische Lehre vereinigt und vermengt sei.

D e r e i n e T e i l befasst sich mit der E r s c h e i n u n g d e s V e r b r e c h e n s in objektiver Form; a l l g e m e i n e E r s c h e i - n u n g e n: das Wesen der Verbrecher, ihre Tricks, ihre Sprache, ihre Zeichen, ihre Verständigungsmittel, Simulationen, Täuschungsmittel, Lügen (normales und pathoformes), falsche Namen, Gewohnheiten, Aberglauben etc.; b e s o n d e r e E r s c h e i n u n g e n bei den ein- zelnen Verbrechen, namentlich: Diebstahl, Betrug, Fälschungen, Mord, Abtreibung, Brandlegung etc. Endlich: überall nach Tunlichkeit die h i s t o r i s c h e Entwicklung.

D e r z w e i t e T e i l enthält lediglich praktische Anweisungen: über das Vorgehen des UR., seine Heranbildung, das Verhör, die aus- wärtigen Amtshandlungen, den Verkehr mit den Sachverständigen und ihre Verwendung, den praktischen Teil der Gaunerpraktiken, die Waffen, die verschiedenen Spuren, die Fertigkeiten und Tech- niken des UR. etc. — endlich die praktischen Fragen bei den einzelnen Delikten.

Es wird somit, sollte eine neue Auflage noch nötig werden, das Buch erscheinen als

S y s t e m d e r K r i m i n a l i s t i k.

I. Teil: Theoretische Erscheinungslehre des Verbrechens.

II. Teil: Praktische Untersuchungskunde.

––––––––

Eine integrierende Ergänzung dieses Buches bildet das nunmehr im XIV. Bande stehende, von mir herausgegebene „A r c h i v f ü r K r i m i n a l - A n t h r o p o l o g i e u n d K r i m i n a l i s t i k" (Leip- zig, F. C. W. Vogel), welches den Kontakt unserer Disziplin mit dem stets neu schaffenden Leben herzustellen bestimmt ist. Die Krimi- nalistik strebt als propulsive und stetig sich erweiternde Lehre nach Expansion und Ausbreitung auf neues Material, das ihr durch dieses Archiv zugeführt werden soll. —

––––––––

Zur Klärung darüber, wie ich mir die Stellung der Kriminalistik im System des Strafrechts denke, füge ich endlich ein Tableau über die Gesamtlehre bei:

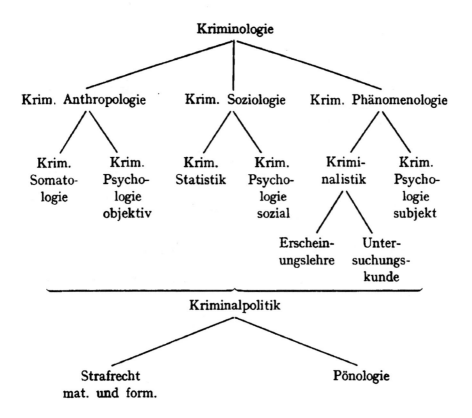

Prag, Neujahr 1904.

Hans Gross.

Vorwort zur fünften Auflage.

Auch die neue Auflage ist vollständig umgearbeitet und bis auf den letzten Stand der Fragen gebracht; sie hat auch einige neue Kapitel erhalten („nächste Umgebung des Körpers", „Linkshändigkeit", „Selbstmord", „Kindsmord"). —

Die Voraussagung des Vorwortes der vierten Auflage: das Werk werde künftig in völlig anderer Anordnung erscheinen, ist nicht zugetroffen; ich habe die frühere Einteilung des Stoffes beibehalten, da sich die Kritik und treue, alte Freunde des Buches einstimmig gegen eine Umgestaltung aussprachen und verlangten, es solle die bewährte, eingewöhnte und gebilligte Anordnung belassen werden. Dieser, in der vierten Auflage erwähnte Plan ist daher endgültig aufgegeben. —

Eine äussere Änderung erfuhr das Buch dahin, dass es nicht mehr in zwei B ä n d e n , sondern in zwei T e i l e n (mit fortlaufender Paginierung) erscheint, um das Aufsuchen nach dem Register zu erleichtern. —

Bezüglich des Inhalts berufe ich mich lediglich auf das, in den Vorworten zur dritten und vierten Auflage Gesagte; ich habe nichts hinzuzufügen. —

Der Stoff der Kriminalistik ist derart angewachsen, dass er in einem Buche allein nicht mehr Raum findet, und es ist daher das von mir herausgegebene „Archiv für Kriminalanthropologie und Kriminalistik", (jetzt im 28. Bande) Lpzg., F. C. W. Vogel, ein integrierender Bestandteil des vorliegenden Buches geworden.

Ich danke abermals der so überaus wohlwollenden Kritik, des In- und Auslandes, allen Übersetzern (das Werk ist nunmehr in fast alle Kultursprachen übersetzt), allen Freunden des Buches und seinen Helfern; endlich auch der Verlagsanstalt für den schönen, bequemen Druck, die Aufnahme vieler neuer Abbildungen und ihr vielfach bewiesenes Entgegenkommen bei der mühsamen Herstellung der neuen Auflage.

Graz, Spätherbst 1907.

Hans Gross.

Inhaltsverzeichnis.

I. Teil.

Allgemeiner Teil.

I. Abschnitt.
Vom Untersuchungsrichter.

II. Abschnitt.
Die Vernehmung.

III. Abschnitt.
Die Aufnahme des Lokalaugenscheines.

II. Teil.

C. Einzelne Fertigkeiten.

XII. Abschnitt.

Das Zeichnen und Verwandtes.

XIII. Abschnitt.

Über Fussspuren und andere Spuren.

XIV. Abschnitt.

Über Blutspuren.

Einleitung.

„Dies Buch hat Einer geschrieben, der in einer langen Reihe von Jahren, in denen er mit Leib und Seele Untersuchungsrichter war, zur Erkenntnis gekommen ist, dass der UR. in seinem Amte mehr braucht, als ihm seine Gesetzbücher, deren Kommentare und wissenschaftliche Bearbeitungen zu sagen vermögen. Manches von dem, was der UR. sonst noch nötig hat, ist in verschiedenen Büchern zu finden, manches aber auch nicht; diese Bücher hat der UR. häufig nicht zur Hand, und wenn er sie hat, so ist das darin Gebotene doch nicht so zusammengestellt, wie er es im Augenblicke braucht; um jemanden zu fragen, der es wüsste, fehlt oft Zeit und Gelegenheit, und so ist der UR. schliesslich doch zumeist auf sich selbst gestellt und höchstens noch auf ein Hilfsmittel angewiesen, das er stets zur Hand haben kann und in dem er zur Not für die voraussichtlich meisten Fälle Anhaltspunkte finden könnte. Ein solches Hilfsmittel soll das vorliegende Handbuch sein, in dem der UR. namentlich der Anfänger, wenigstens für den ersten Augenblick einen praktischen Ratgeber finden möge.

„Als es sich um die Ausarbeitung dieses Werkes gehandelt hat, lag eigentlich der Gedanke am nächsten, einzelne Teile desselben von besonderen Fachleuten behandeln zu lassen: das Gerichtlich-Medizinische von einem Arzte, die Waffenlehre von einem Waffentechniker, das Kapitel über Photographie von einem Photographen u. s. w.; zweifellos wären diese Abschnitte in dieser Weise technisch richtiger dargestellt worden, aber der eigentliche Zweck wäre nicht erreicht gewesen. Bücher über diese Materien gibt es ja genug, aber für den UR. und seine Zwecke sind sie nicht geschrieben, und so findet er auch darin d a s nicht, was er braucht. Der Fachmann kann sich nicht in die Lage des Juristen denken, der nicht Fachmann ist und über die Sache doch unterrichtet sein soll, er bietet ihm dann vieles, aber nicht das Notwendige. So habe ich mich denn entschlossen, a l l e Abschnitte selbst zu bearbeiten und hiezu die Erfahrungen zu benützen, die ich von Fall zu Fall selbst gemacht und durch besondere Fachstudien auf sichere Grundlage gestellt habe. Es wurde hier alles zusammengetragen, das nach meinem Dafürhalten in einzelnen Fällen in Frage kommen kann und über welches der UR. nicht sofort in der gewöhnlichen Weise Rat findet.

„Ich behaupte gewiss nicht, dass das Vorliegende erschöpfend sei; ich möchte damit eigentlich nur eine Anregung für künftige Arbeit gegeben haben; ich glaube aber, dass ein Werk in dieser Richtung vollständig werden könnte, wenn sich die beteiligten Kreise mit Eifer der Sache annehmen und einzelne Materien der Kriminalistik selbständig bearbeiten oder wenigstens mir Mitteilungen, Verbesserungen und Ratschläge zukommen lassen wollten; ich verhehle mir ja nicht, dass mir manches wichtige Kapitel, das bearbeitet werden sollte, gar nicht eingefallen ist, dass trotz ängstlicher Sorgfalt mancher Irrtum unterlaufen sein kann, dass manches von anderen besser oder ganz verschieden beobachtet wurde und dass es noch vielfache Hilfsmittel und Handgriffe gibt, die dem UR. seine Arbeit erleichtern können und die mir unbekannt waren oder an die ich nicht gedacht habe. Für jede Mitteilung, Mahnung oder Verbesserung werde ich dankbar sein, sie prüfen und aufnehmen, wenn etwa weitere Auflagen nötig werden sollten; ich bitte jeden Leser, dass er keine Wahrnehmung, die er gemacht hat, für unwesentlich halte — wie in allen anderen Richtungen, so kann auch hier das scheinbar Unbedeutende zu einer wichtigen Anregung werden."

Als ich diese Worte vor nun 15 Jahren geschrieben hatte, konnte ich nicht annehmen, dass sich meine Hoffnungen in so hohem Maße erfüllen würden. Mit stolzer, aber dankbarer Genugtuung darf ich auf die Entwicklung des neuen Wissenszweiges sehen, dem in raschem Aufblühen ein nie geahntes Wachstum beschieden war. In Verbindung mit Kriminalanthropologie, Kriminalpsychologie und Kriminalstatistik bildet die Kriminalistik heute als Komplex der strafrechtlichen Hilfswissenschaften eine gefestigte neue Disziplin, deren einzelne Teile sich selbständig fortentwickeln, sich aber doch wieder als Teile des grossen Ganzen einfügen. Das bescheidene kleine Handbuch, welches vor anderthalb Dezennien in die Welt ging, ist heute ein zweibändiges System der Kriminalistik in fünfter Auflage und in fast alle Kultursprachen übersetzt; seine lebende, fortwährend ergänzende Hilfe stellt das, nunmehr im 28. Bande stehende „Archiv für Kriminalanthropologie und Kriminalistik"[1]) dar.

Die grösste Freude bildet für mich aber die sichtbare befruchtende Wirkung, welche die neue Disziplin auszuüben vermochte, indem einzelne ihrer Bestandteile sich so überaus kräftig entwickelt haben. Das Kapitel über die Zeugen, dessen Inhalt ich dann (1898) zu einem besonderen Buche „Kriminalpsychologie" ausgestaltet habe, bildete die Grundlage für die heute schon weit ausgestaltete „Psychologie der Aussage"; die Sammlung von Fällen des kriminellen Aberglaubens ist der Gegenstand besonderer Arbeiten; Gaunersprache und die Lehre von den Gaunerzeichen sind vielfach neu untersucht und gepflegt; die Lehre von den Spuren bildet heute eine besondere Disziplin und mit Befriedigung kann wahrgenommen werden, dass die Anregung zum Studium der gerichtlichen Medizin, der forensen Psychiatrie und Psy-

---

[1]) Bei F. C. W. Vogel, Leipzig.

chologie bei Juristen vielfach auf fruchtbaren Boden gefallen ist. Es darf behauptet werden, dass in die neue Disziplin eine neue realistisch-psychologische Kriminalistenschule im grossen Rahmen der Jung-deutschen Kriminalistenschule ins Leben gerufen hat. —

Freilich wurden die Anforderungen durch das riesige Anwachsen der Literatur immer grösser, zumal diese nicht bloss auf dem eigenen juristischen Gebiete, sondern auch auf dem der Medizin, Philosophie, Technik u. s. w. gesucht werden muss — hier setzt aber eben die Lite-ratur der Kriminalistik helfend ein, indem sie auf den genannten fremden Gebieten das für uns Brauchbare sucht und für den Kriminalisten verarbeitet, oder doch wenigstens ihm sagt, in welchen Büchern er das Notwendige findet.

A b e r   e b e n s o ,   w i e   f r ü h e r ,   m ö c h t e   i c h   a u c h h e u t e   n i c h t s   s o   s e h r   v e r m i e d e n   s e h e n ,   a l s   d i e A n s i c h t ,   d a s s   m i t   d e n   v o n   d e r   K r i m i n a l i s t i k g e g e b e n e n   R a t s c h l ä g e n   d e r   U R .   a n g e w i e s e n w e r d e n   w i l l ,   s i c h   d e r   H i l f e   d e r   F a c h m ä n n e r m e h r   o d e r   w e n i g e r   z u   e n t s c h l a g e n — ein solcher Rat ginge dahin: der UR. sollte zum Pfuscher werden. Nichts könnte mehr schaden, durch nichts würde der UR. seine Stellung mehr ver-kennen, durch nichts würde er mehr Irrtümern anheimfallen. I m G e g e n t e i l e :   i c h   m ö c h t e   g e r a d e   e r r e i c h e n ,   d a s s d i e   U R .   s i c h   v i e l   m e h r   a n   d i e   S a c h v e r s t ä n d i g e n h a l t e n ,   a l s   e s   b i s h e r   g e s c h e h e n   i s t   und dass noch eine Reihe von Fachmännern unter die zu verwendenden Sachver-ständigen aufgenommen werde, Fachmänner, die man bisher noch nicht verwendet hat, die aber unabsehbaren Nutzen schaffen können.

So unzulässig es aber ist, wenn sich der UR. eine Tätigkeit an-massen will, die nicht ihm, sondern nur dem Fachmanne zusteht, ebenso kann aber gefordert werden, dass der UR. weiss, i n   w e l c h e n   F ä l l e n er Sachverständige fragen soll, w e l c h e   A r t von solchen er wählen muss und endlich, w o n a c h   e r   f r a g e n   s o l l.

U m   d i e s e   d r e i   F r a g e n   w i r d   e s   s i c h   i n   d e n w e i t a u s   m e i s t e n   F ä l l e n   h a n d e l n.   Aber es gibt auch Fälle — und gar so selten sind sie nicht — in welchen sich der UR. ohne Sachverständige behelfen muss.   Hieher gehören:

1. alle Fälle, für die es eigentlich keine Sachverständigen gibt und in denen es sich nur darum handelt, mit eigenem Nachdenken vorzu-gehen; z. B. Urkundenfälschungen, bei welchen der Beweis des be-gangenen Verbrechens aus dem Zusammenhange des Textes, den Un-richtigkeiten, Anachronismen u. s. w. geführt wird (wenn es sich nicht etwa um Urkunden so alten Datums handelt, dass Historiker u. s. w. befragt werden müssen); weiters Behandlung von Fussspuren, die meist n i c h t in das Gebiet der ärztlichen Tätigkeit fällt, Dechiffrierungen, Fragen des Aberglaubens, die vielen Fragen psychologischen Inhalts u. s. w.

2. jeder der vielen Fälle, in denen der UR. nicht a u g e n -b l i c k l i c h Sachverständige zur Hand hat und in denen er doch

sofort eine Verfügung treffen muss, die von folgenschwerer Wichtigkeit sein kann; z. B. Verhaftungen, Anordnung eines weiteren Lokalaugenscheines, Hausdurchsuchung u. s. w. In solche Lagen kann der UR. oft kommen, wenn z. B. bei kleinen Gerichten auf dem Lande die Ärzte — wie oft existieren bloss ein bis zwei solche am Sitze eines Gerichtes — nicht zu treffen sind, oder wenn der UR. nach auswärts verreisen musste, der Natur der Sache nach keine Ärzte mitgenommen hat und sie trotzdem brauchte: es ist z. B. eine Brandlegung gemeldet worden und es zeigte sich an Ort und Stelle, dass dieses Verbrechen nur begangen wurde, um Mord oder versuchten Mord zu maskieren. In einem solchen Falle hat der UR. keinen Sachverständigen bei sich, kann auch nicht leicht rasch einen zur Stelle bringen, dann muss er für den Augenblick mit seinen eigenen Kenntnissen Rat schaffen und wie ihm das gelingt, das kann leicht für den Ausgang der Sache von grösster Bedeutung sein. Selbstverständlich behauptet niemand, dass der UR. auch hier irgend welche gerichtsärztliche Tätigkeit entwickeln soll, er ist aber verpflichtet, so vorzugehen, d a s s e r d e m G e r i c h t s - a r z t f ü r s p ä t e r s e i n e A r b e i t e r l e i c h t e r t , z u m m i n d e s t e n , s i e i h m n i c h t e r s c h w e r t o d e r u n - m ö g l i c h m a c h t . Endlich ist

3. hier auch zu erwägen, dass man es nicht immer mit Sachverständigen erster Qualität zu tun hat; der vielbeschäftigte Gerichtsarzt an einem Gerichtshofe oder an einem grossen Landgerichte weiss gewiss immer genau, was und wie er zu reden hat, das kann aber nicht von jedem ersten besten Arzte verlangt werden, der entweder erst am Beginne einer gerichtsärztlichen Tätigkeit steht, oder aber nur ausnahmsweise und vorübergehend als Sachverständiger benützt wird. —

Auch in formeller Beziehung kann der UR. oft in die Lage kommen, sich in Gebieten zurecht finden zu müssen, die ihm von Haus aus fremd sind. So machte schon J a g e m a n n („Handbuch der gerichtlichen Untersuchungskunde") vor mehr als einem halben Jahrhunderte darauf aufmerksam, dass ein Mediziner zwar ein sehr guter Arzt sein und auch achtbare gerichtlich-medizinische Kenntnisse haben kann, ohne deshalb imstande zu sein, ein brauchbares Protokoll zu diktieren. Dann bleibt dem Untersuchungsrichter wohl nichts anderes übrig, als „den ärztlichen Befund wie ein Dolmetscher selbst zu diktieren," d. h. sich vom Arzte die nötigen fachmännischen Daten geben zu lassen, diese dann richtig zu formulieren und zu Protokoll zu geben. Hat nun aber der UR. gar keine Kenntnisse in dieser Richtung, so kann das Protokoll trotz aller Mühe doch wirklich unsinnig werden.

Die Verhältnisse sind nun seit J a g e m a n n nicht anders geworden: wir finden noch heute auf dem Lande genug Ärzte — und es sind nicht immer gerade die ältesten von ihnen so — welche bei allem Wissen und Können durchaus nicht imstande sind, ein brauchbares Protokoll zu verfassen. Da muss der UR. freilich selbst Hand anlegen.

Noch weniger kann man brauchbare Gutachten von minder gebildeten Leuten verlangen, wenn sie auch in ihrem Fache relativ vollendete und für den Fall brauchbarste Kenntnisse besitzen; sie sind eben nicht imstande, ihr Wissen der kriminalistischen Verwertung anzupassen und gerade das zu sagen, was der UR. braucht; endlich kann man z. B. von einem Handwerker, einem Jäger, einem Landmanne nicht verlangen, dass er sich richtig ausdrücke und sich auf jenen Standpunkt stelle, auf welchem man ihn braucht; man vergesse niemals, dass doch der beste Sachverständige noch immer kein Kriminalist ist und dass das durch den Sachverständigen Gewonnene nur dann Wert hat, wenn es so geboten wird, als ob es vom UR. selbst, in dessen Person die Kenntnisse des Sachverständigen fingiert werden, ausgegangen wäre. Es muss also Identifizierung der Person der Sachverständigen mit der des UR. erreicht werden und das ist nur dann möglich, wenn das von jenen Gesagte dem UR. nicht fremd ist, wenn dieser der Protokollierung durch den Sachverständigen mit gespanntester Aufmerksamkeit folgt und den Verlauf des Gutachtens in dem Geleise erhält, in welchem er es für seine Sache nötig hat — das alles ist aber unmöglich, wenn dem UR. alles fremd und neu ist, was der Sachverständige angibt.

Als Grundsatz hat jedem Kriminalisten zu gelten:

Aufgabe alles Strafverfahrens sowohl im Vorprozess als im Hauptverfahren ist es, den erkennenden Richter in die Lage zu versetzen, als ob er den fraglichen Hergang mit eigenen Sinnen und mit den Kenntnissen des Sachverständigen wahrgenommen hätte — je mehr dies erreicht wird, desto besser ist der Prozess geführt.

Endlich glaube ich aber auch, dass dieses Buch nicht bloss für den UR. bestimmt sein soll, sondern dass es in derselben Weise von Staatsanwälten, erkennenden Richtern, dann Polizeibeamten, Gendarmen und allen Organen des Sicherheitsdienstes benützt werden kann. Es ist ja hauptsächlich für das erste Stadium eines Prozesses bestimmt, in welchem es sich um Feststellung des Tatbestandes handelt und an diesem wichtigen Stadium des Falles sind die genannten Organe meist mehr beteiligt, als der UR. Es ist deshalb im Verlaufe der vorliegenden Arbeit zwar fast nur vom „UR." (Untersuchungsrichter) die Rede, dies ist aber nur der Kürze wegen so ausgedrückt, gemeint ist unter „UR." überhaupt jeder, der von amtswegen an der Erforschung von Kriminalfällen zu arbeiten hat.

An sie alle ist die Bitte gerichtet, mir Verbesserungen, Erweiterungen und Klarstellungen aus eigener oder fremder Praxis zuzusenden.

ALLGEMEINER TEIL.

I. Abschnitt.

Vom Untersuchungsrichter.

———

I. Allgemeines.

Von allen Stellungen, in die ein Jurist im praktischen Leben gelangen kann, ist die des Untersuchungsrichters die eigenartigste; von ihr wird allgemein angenommen, dass sie sehr verdienstlich in ihren Leistungen, und interessant in ihrem Wirken sei, selten wird es aber, auch von Fachmännern, voll erfasst, wie schwierig das Amt eines UR. ist. Von ihm wird jugendliche Kraft und frischester Eifer, ausdauernde, rüstige Gesundheit, umfangreiches, stets gegenwärtiges juridisches Wissen, nicht nur in strafrechtlichem, sondern auch in zivilrechtlichem Fache verlangt; er muss Menschenkenntnis und gewandtes Benehmen, offene Sinne und Energie haben; Takt ist unerlässlich, wirklicher Mut in vielen Fällen notwendig und stets muss der UR. bereit sein, erforderlichen Falles Gesundheit und Leben einzusetzen, wenn er es mit gefährlichen Verbrechern zu tun hat, wenn er anstrengende Reisen unternehmen, Infektionskranke verhören oder bei bedenklichen Obduktionen anwesend sein muss. Ausserdem treten an ihn Fragen aus allen nur denkbaren Kreisen menschlichen Wissens heran; er soll Sprachen können und zu zeichnen vermögen, er soll wissen, was ihm der Arzt sagen kann, was er ihn fragen soll, er muss die Schliche des Wilddiebes so gut kennen wie die des Börsenspekulanten, er soll klar sehen, wie ein Testament gefälscht wurde und wie es bei einem Eisenbahnunglücke zugegangen ist, er muss wissen, wie es die Falschspieler getrieben haben, wie eine Kessel-Explosion erfolgte und wie der Rosstäuscher sein Pferd jung gemacht hat; er muss sich in kaufmännischen Büchern zurecht finden, soll die Gaunersprache verstehen, soll Chiffriertes entziffern können und soll auch die Arbeitsweise und die Werkzeuge aller Handwerker kennen. Das lässt sich aber alles nicht erst lernen, wenn man zum UR. ernannt ist, ebensowenig als man sich von diesem Momente erst den nötigen Eifer, den nötigen Scharfblick angewöhnen kann, den man zu diesem Amte braucht. Es sollte daher als erste Regel gelten, zu UR. nur jene Leute zu ernennen, die, abgesehen von sonstigen geistigen und körperlichen Eignungen, eine wirklich encyklopädistische Bildung haben, die Land und Leute kennen, die sich sonst im Leben umgesehen und verschiedene

Kenntnisse erworben haben, die endlich aber auch bereit sind, mit
Anwendung aller Ausdauer ihre gewiss schwer erworbenen Kenntnisse
zum allgemeinen Besten zu verwenden. Jeder Kriminalist weiss,
dass ein UR. alles, aber wirklich absolut alles, was er im Leben irgendwie sich an Kenntnissen und Fertigkeiten erworben hat, in seinem
Amte brauchen kann und dass er alles zum mindesten e i n m a l
schwer vermissen wird, was er zu erlernen versäumt hat.

Ermangelt aber ein richterlicher Beamter universeller Kenntnisse, so hat er auch kein Interesse dafür; hat er dies nicht, so passt
er nicht zum UR., und er wird wohl tun, wenn er beizeiten trachtet,
sein vielleicht höchst wertvolles juridisches Wissen in anderen Zweigen
der richterlichen Tätigkeit zu verwerten. Als UR. würde er nicht
bloss keine zweckentsprechende, sondern auch eine unglückliche Existenz führen: er m u s s sich schliesslich um Dinge kümmern, die ihm
gleichgültig sind, und er kommt in denselben zu keinem rechten Ziele,
weil sie ihm fremd sind; die Erkenntnis, dass dies eine schiefe Stellung
ist, muss ihm über kurz oder lang kommen und k e i n A r b e i t e n
i s t e i n u n s e l i g e r e s a l s d a s a n u n r e c h t e r S t e l l e.
Wer sich dies aber ersparen will, der prüfe strenge, ob er die Eigenschaften für einen UR. besitzt, bevor er sich dieser schweren und dor-
nenvollen Laufbahn zuwendet.

Mit dem Wissen allein ist es aber nicht getan. Ich verlange vom
UR. nicht bloss juridisches und sonstiges Wissen, allgemeine Bildung
und besondere Kenntnisse und Fertigkeiten und deren fortwährende
Ausbildung, ich verlange von ihm auch ein dermassen vollständiges
Aufgehen in seinem Berufe, dass ihn das Streben, in demselben etwas
zu lernen und sein Wissen auszudehnen, auch dann nicht verlässt,
wenn er sich augenblicklich nicht in seinem Berufe befindet. Wer erst
dann, wenn er an der Erforschung eines grossen Verbrechens ist, lernen
will, wird kaum zum Ziele kommen — dies muss schon früher im ganzen,
im gewöhnlichen Leben geschehen sein. Und die Möglichkeit, für sein
Fach etwas zu lernen, bietet sich alle Tage, jeden Augenblick.

Der eifrige UR. wird z. B. bei jedem Spaziergange Fussspuren
verfolgen, die er im Staube, im Kote der Landstrasse findet; ebenso
Spuren von Tieren, von Wagenrädern, Eindrücke im Grase, wo jemand
sass oder lag, wo eine Last hingelegt war; weggeworfene Papierstück-
chen, Verletzungen an Bäumen, weggehobene Steine, Scherben von
Gläsern oder Töpfen, auffallend geschlossene oder geöffnete Türen
oder Fenster — alles kann dem UR. Anlass geben, daran Kombinationen
zu knüpfen und zu trachten, sich das Vorausgegangene zu erklären.
Ist ja doch das, was wir „Beweisverfahren" nennen, nichts anderes
als das Forschen nach der Kausalität d. h.: „a u s V o r a u s g e g a n -
g e n e m u n d N a c h f o l g e n d e m a u f d a s N a c h f o l g e n d e
u n d V o r a u s g e g a n g e n e s c h l i e s s e n", und dies muss an
Kleinigkeiten im voraus, nicht erst am vorliegenden Raubmorde hintendrein gelernt werden. Selbst aufgefangene, unbedeutende Worte von
Vorübergehenden, nicht ganz klare Handlungen von Leuten können

wertvollen Stoff dazu geben, um daran seine Kombinationsgabe zu üben. Ebenso wichtig ist es, sich Vorgänge gleichgültiger und wichtiger Natur, die man selbst gesehen oder gehört hat, von andern, die auch Zeugen waren, erzählen zu lassen. Solche Mitteilungen sind ob ihrer Verschiedenartigkeit (den guten Willen, die Wahrheit sagen zu wollen, vorausgesetzt) im höchsten Grade interessant und lehren auf die einfachste und zugleich einzige Art, wie man Zeugenaussagen auffassen soll.

Ebenso versäumt der gewissenhafte UR. keine Gelegenheit, um irgend eine Hantierung, das Arbeiten eines Handwerkers, die Kunstgriffe eines Technikers u. s. w. kennen zu lernen — last, not least — sich Menschenkenntnis zu verschaffen. Hiezu ist jeder Mensch, mit dem wir verkehren, als Objekt zu gebrauchen, und wer eifrig studiert, kann auch da vom Albernsten lernen.

2. Heranbildung des Untersuchungsrichters.[1]

Fragt man nun, wie der zum UR. bestimmte junge Richter für seinen Beruf herangebildet werden soll, so möchte man fast zur Überzeugung kommen, dass dies, wenn er ganz sich selbst überlassen bleibt, nur ausnahmsweise gelingen wird. Dem angehenden UR. mangelt vor allem die Klarheit darüber, was er in seinem Amte brauchen wird; erst wenn er lange in diesem Berufe gearbeitet und bittere Erfahrungen darin gemacht hat, weiss er, was ihm alles fehlt. Er weiss weiters die in den disparatesten Reichen menschlichen Wissens gelegenen Hilfsmittel nicht zu finden und zu verwerten, er vermag aber namentlich nicht, ein gewisses System in seinen Lernplan zu bringen, weil er eben nicht weiss, was und wieviel er braucht, woher er es nehmen und wie er es verwenden soll.

Von einem hochgestellten richterlichen Beamten, dessen wissenschaftlicher Ruhm weit über die Grenzen seines österreichischen Vaterlandes gedrungen ist, Jos. v. Waser, wurde oft die Ansicht vertreten, es sei ein „Untersuchungsamt" herzustellen, in dem durch eine Anzahl jüngerer, erst heranzubildender UR. unter der Leitung eines erfahrenen, älteren und vielseitig gebildeten Richters die Untersuchungen durchgeführt werden sollten. Aber abgesehen davon, dass eine solche Einrichtung in keiner positiven Gesetzgebung vorgesehen ist, oder mit derselben vereinbar wäre, so liesse sich dieselbe auch praktisch unmöglich durchführen. Wollte man bestimmen, dass der betreffende Überwachende stets von einem UR. zum andern wandern und deren Tätigkeit zeitweilig überwachen sollte, so würde dies vor allem die Autorität des UR. auf das ärgste schädigen, es würde aber auch insoferne nichts nützen, als ja hintendrein erfolgende Ausstellungen auch von den Vorgesetzten erfolgen können, — auf den Gang der Untersuchung kann aber jedenfalls nicht mehr sanierend gewirkt werden. Sollte aber der

---

[1] Über „Kriminalistische Institute" s. H. Gross' Archiv Bd. I pag. 108; vergl. Ottolenghi „Das wissenschaftl. Polizeiwesen in Italien" ibidem Bd. XIV p. 75.

Überwachende bloss dazu da sein, damit sich die UR. in schwierigen Fällen bei ihm Rats erholen können, so ist dies entweder überflüssig oder unmöglich. Hat der UR. Zeit zu fragen, so kann er dies ja ohnehin bei irgend einem erfahrenen Richter seines Vertrauens tun, Literatur nachschlagen u. s. w. Ist er aber draussen an Ort und Stelle der Tat, so hat er weder Freunde noch Literatur, noch seinen „Überwachenden" zur Seite, um nachzufragen, da muss er selbst wissen, selbst beschliessen, selbst handeln. Und das sind gerade für den UR. die wichtigsten Lagen, denn nur bei bedeutenden Fällen wird er vom Amtssitze weg entsendet, meistens ist da der Straffall erst im Werden und jeder Schritt, jedes Wort des UR. hat folgenschwere Wichtigkeit.

Ebenso können sich Schwierigkeiten mitten im Verhöre ergeben, und wenn dies auch in seinem Amtszimmer stattfindet, so kann der UR. jedenfalls nicht inmitten des Verhöres dieses abbrechen und sich beim Ober-Untersuchungsrichter Rats erholen. Es darf auch nicht vergessen werden, dass ein grosser Teil des Untersuchungsverfahrens nicht in der Hand des UR., sondern des Erhebungsrichters auf dem Lande gelegen ist. Unsere Strafprozess-Ordnungen sind zumeist für den UR. gedacht, dem Erhebungsrichter ist keine wichtige Stellung eingeräumt, das ist aber nur theoretisch so, in Wirklichkeit hat oft der Erhebungsrichter den grössten und wichtigsten Teil der Arbeit zu leisten; der ist aber meilenweit von der Hauptstadt und dem Sitze des überwachenden UR., für ihn hätte seine Überwachung und Hilfe niemals Wert. — Übrigens ist die Amtsstube des UR. keinesfalls mehr seine Schule, sondern der Platz selbsteigenen, fertigen, überlegten und ganzen Wirkens. Freilich muss er noch in jeder Stunde lernen, sowie wir alle immer und immer wieder lernen, — aber soweit möglich muss der UR. wenigstens theoretisch fertig gebildet sein, wenn er seinen Platz einnimmt.

Etwas anders wäre es freilich, wenn man sich entschlösse, wenigstens an einigen Universitäten Lehrstühle für unsere Sonderzwecke zu schaffen; hier wäre der Platz, an dem nicht bloss der Studierende der Jurisprudenz, sondern auch der angehende Kriminalrichter an der Hand wirklich vorgekommener lehrreicher Fälle für sein Fach vorbereitet werden sollte und alle jene zahlreichen Hilfskenntnisse sich erwerben könnte, ohne die er immer unbeholfen und schwerfällig bleibt.

Es ist gewiss erfreulich, wenn unsere Universitäten Lehrstühle für oft recht weitab liegende Disziplinen bekommen, aber es sollten doch praktische, sehr wichtige Kenntnisse auch ihre Vertretung finden, wenn sie Anspruch auf Wissenschaftlichkeit machen können. Und das können die strafrechtlichen Hilfswissenschaften nach ihrem heutigen Stande umso gewisser, als sie das in den wissenschaftlichen Disziplinen disparatester Richtung Geschaffene für sich verwertet und zu einem geschlossenen, systematisch gegliederten Ganzen vereinigt haben. Freilich wird die Errichtung solcher Lehrstühle dem Staate manches Stück Geld kosten, der Erfolg wird es aber auch lohnen.

Man wird eben zur Einsicht gelangen müssen, dass der Segen der Justiz nicht darin liegt, dass man etliche Groschen spart, indem man dem armen Arbeiter, der stundenweit zu Gericht als Zeuge kommt, oder dem sachverständigen Gelehrten, der nächtelang über einem Gutachten sass, einige Pfennige abdrückt, den wahren Segen der Rechtspflege wird man überhaupt erst fühlen, wenn man dort Geld aufwendet, wo es wirklich notwendig ist. Der Staat, der seinen, heute auch gebildeteren und raffinierteren Gaunern nur Beamte gegenüberstellt, die allerdings die gewöhnliche oder vielleicht eine hervorragende wissenschaftlich juristische Bildung besitzen, aber der dem UR. nötigen besonderen Ausbildung entbehren, steht seiner Aufgabe nicht richtig vor. Ein schlechter Staat zeigt sich schwach vor seinen eigenen Verbrechern und vernachlässigt seine Pflicht gegenüber den ehrlichen Staatsbürgern, die verlangen können, dass der Kampf gegen das Verbrechertum mit allen Mitteln menschlichen Wissens und Könnens aufgenommen werde — dem Guten muss zum Triumphe verholfen werden, und dies ist nur möglich durch einen Generalstab bestgeschulter UR.

Die Arbeit des UR. ist keine Kunst, aber ein Kunststück — dies Kunststück ist kein grosses, aber es besteht aus einer langen Reihe von kleinen Kunststücken — diese muss man aber können, um sie zu können, muss man sie erst einmal lernen, und dazu diene eine Schule, auf der die UR. tüchtig herangebildet werden.

Seitdem diese Worte in der ersten Auflage dieses Buches geschrieben wurden, habe ich mir alle erdenkliche Mühe gegeben, den strafrechtlichen Hilfswissenschaften Zutritt auf der Hochschule zu verschaffen[1]), es war alles vergeblich, obwohl man doch einsehen muss, dass von den unzähligen verunglückten Untersuchungen, die unsere Registraturen und Archive verwahren, keine einzige deshalb misslungen ist, weil der betreffende UR. z. B. eine mangelhafte Auffassung von der Lehre des Versuches besass, weil er sich über die wissenschaftliche Natur der Mitschuld unklar war, oder weil er die modernste Auffassung der Culpa nicht kannte; die Ursache dieser verfehlten Untersuchungen war meistens darin zu suchen, dass der betreffende UR. eine wichtige Gaunerpraktik nicht kannte, dass er sich mit einer Fussspur nicht zurechtfand, dass er etwas Chiffriertes nicht lesen konnte, dass er es nicht verstand, mit den Sachverständigen richtig zu verkehren, dass er irgend eine Kleinigkeit der Realien übersah, dass er keine Kenntnis der so unentbehrlichen Kriminalanthropologie besass und zumeist, dass er kriminalpsychologisch nicht geschult war. Das sieht man ein, aber man lässt es nicht gelten, und so haben wir keine Lehrstühle für strafrechtliche Hilfswissenschaften. Aber es vergeht kein Dezennium mehr, so wird man diese doch auf der Hochschule

---

[1]) „Zeitschrift f. d. ges. Strafrechtswissenschaft": XIV. Band, 1. Heft; XVI. Band, 1. Heft; Mitteilungen der internat. kriminalistischen Vereinigung: V. Band, 2. Heft und schweizerische Zeitschrift für Strafrecht: 10. Jahrgang, 4. Heft und zahlreiche Aufsätze in den bis jetzt erschienenen 27 Bänden von H. Gross' Archiv. Vergl. Wulffen „Zur Ausbildg. des praktischen Kriminalisten" ibidem Bd. XVI p. 107.

lehren, als notwendige und das eigentliche Strafrecht unterstützende, ergänzende und belebende Disziplin.[1] —

Man hat mir vielfach vorgeworfen, dass ich vom UR. zu viel, einfach Nichtleistbares verlange; das was ich als notwendig bezeichne, sei so viel, dass dieser Forderung niemand oder nur ein kleiner Bruchteil nachkommen könne. Ich gebe zu, dass es sich um ein „sehr viel" handelt, aber das wird nicht von mir, sondern von der Sache verlangt. Wer aufmerksam die Ergebnisse unserer Untersuchungen und Verhandlungen studiert, wird an den begangenen Fehlern ersehen können, dass unbedingt sehr viel verlangt werden muss, wenn nicht Unheil auf Unheil angerichtet werden soll.

Allerdings gebe ich aber zu und habe es unzählige Male betont, dass man das, was man unbedingt vom UR. verlangen muss, nicht als Selbstgefundenes fordern kann, es muss gezeigt und gelehrt werden. Und alles, was der UR. wissen und können soll, lässt sich auf der Hochschule, so lange noch Lernens-Zeit ist, so leicht zeigen und lehren, selber erfinden ist nicht jedermanns Sache. Freilich handelt es sich heute nicht mehr bloss um die Kriminalistik, die Lehre von den Realien des Strafrechts, sondern um den ganzen Komplex der strafrechtlichen Hilfswissenschaften, um Kriminalanthropologie, Kriminalstatistik, Kriminalpsychologie, Kriminalistik, Kriminalsoziologie — das alles ist im Strafrecht unentbehrlich, es muss gelernt, daher auch gelehrt werden. Wird aber der UR. in seinem Fache wissenschaftlich ausgebildet, dann, aber erst dann vermag er jede Untersuchung als das anzusehen, was sie ihm sein muss: Ein wissenschaftliches Problem, der Gegenstand voraussetzungsloser Forschung, in dem es ihm um Erkenntnis des Richtigen und um sonst nichts zu tun sein darf. —

3. Aufgabe des Untersuchungsrichters.[2]

Fragen wir, wie weit der UR. in seiner Aufgabe zu kommen hat, so werden wir notwendig zur Überzeugung gelangen: „Der UR. muss bei seiner Arbeit zu einem Erfolge kommen" — strebt er dies nicht an, so sinkt seine Arbeit zu einem blossen Erledigen von Nummern, zum hastigen Hinausschaffen der Akten herab; freilich gibt es aber dann, wenn der UR. sich wirklich bestrebt, bei jeder Untersuchung einen Erfolg zu erzielen, nie ein gemächliches, gleichmässiges und ruhiges Fortarbeiten, da muss man immer voll einsetzen, mit ganzer Kraft arbeiten und — eigentlich nie rasten; nervöse Leute taugen nicht

---

[1] Vergl. H. Gross' Archiv Bd. III p. 114 (Antrittsvorlesung des Prof. v. Liszt in Berlin) und Bd. X p. 258; Bd. XII p. 191.

[2] Über diese Frage habe ich geschrieben: in H. Gross' Archiv Bd. VI p. 221; Bd. X p. 258; Bd. XII p. 191; Bd. XXI p. 169; dann „Jahrb. der international. Vereinigg. für vergl. Rechtswissenschaften in Berlin" (Vortrag v. 29./10. 1902); Hamburger Nachrichten v. 15./9. 1906 u. Allgem. Öst. Ger.-Ztg. Dezember 1903.

zum UR. Dabei soll unter dem Worte „Erfolg" wirklich d a s verstanden sein, was man im eigentlichen Sinne desselben versteht: „Die Arbeit soll zur vollen Klarheit gelöst sein"; g e l ö s t muss jede Aufgabe, gleichviel in welchem Fache immer, werden, wenn sie gewissenhaft unternommen wird; das ist aber in unserem Falle anders gemeint, es handelt sich nicht um das naturgemässe und sich von selbst ergebende Weiterschreiten in einer gewissen Richtung, welches beendet ist, wenn das von Anfang an bestimmte Quantum hinter sich gebracht wurde, hier handelt es sich jedesmal um die Lösung eines gegebenen Problems, deshalb gibt es beim UR. auch keine halbe Arbeit: entweder ist die Aufgabe gelöst und die Arbeit voll und ganz geleistet, er hat Erfolg gehabt, oder: es ist nichts, absolut nichts geleistet worden.

Freilich darf der E r f o l g nicht mit E f f e k t verwechselt werden, es soll keine Leistung mit Lärm und Aufsehen darunter verstanden sein, man meint damit nicht, es müsse um jeden Preis der Täter eruiert werden, wohl aber heisst Erfolg haben hier nichts anderes, als: der UR. muss die Sache von Anfang an so anlegen, dass er darin das Menschenmögliche leisten will, und nicht eher ruht, bis er es geleistet hat. — An der Grenze des Erreichbaren angelangt ist er aber noch immer nicht, wenn nur so viel Klarheit in die Sache gebracht wurde, als man gerade hineinzubringen pflegt; das „Weiter geht's nicht" ist sehr leicht und bequem zu sagen, sagt man sich aber immer: „Es muss noch um e i n e n Schritt weiter gehen", so kommt man schliesslich um Meilen weiter. Der UR. hat in jedem seiner Fälle eine Rechnung zu lösen, zu der er sich die Faktoren erst schaffen, oft mit Mühe schaffen und erkämpfen muss; er hat den Beschuldigten gegen sich, oft die Zeugen, oft die Verhältnisse, die natürlichen Hergänge und die Unklarheiten, die durch den Zeitgang verursacht wurden, und hält sich der UR. des Altmeisters Wort: „Nur heute, nur heute lass dich nicht fangen, so bist du hundertmal entgangen" — nicht stets vor Augen, so wird er den ermüdenden Kampf aufgeben, sobald ihm die erste Schwierigkeit begegnet; er erklärt die Schwierigkeit für Unmöglichkeit und damit sagt er sich auch: „Weiter geht's nicht."

Wir wollen gewiss den alten Inquisitionsprozess nicht mehr heraufbeschwören, aber uns, die wir heute in allen Fächern des menschlichen Wissens nur exakte Arbeit von Erfolg gekrönt sehen, uns will es, wenn wir auf unser Fach blicken, fast bedünken, als ob sich da eine allzu kühle Auffassung der Sache eingeschlichen hätte.[1] Vom grünen Tische und von der Gelehrtenstube aus wurde uns Humanität verordnet, man verlangte von uns vornehmes Fernebleiben vom ganzen Getriebe der Ereignisse im Vorprozesse, ein Leiten, aber kein Eingreifen, ein Klar-

---

[1] Dass ich den Inquisitionsprozess nicht will, wie mir seltsamer Weise mitunter vorgeworfen wurde, beweisen die auf der vorigen Seite zitierten Arbeiten. Ich wiederhole bloss: i c h v e r l a n g e d i e U n m i t t e l b a r k e i t d e s V e r f a h r e n s i m H a u p t p r o z e s s b i s z u r ä u s s e r s t e n d e n k b a r e n G r e n z e — aber damit hier wirklich unmittelbar verfahren werden kann, muss der Prozess sorgfältig vorbereitet sein und das kann n u r in einer guten Voruntersuchung geschehen — die man allerdings heute abschaffen will.

legen, aber kein Zwingen. Mit Ekstase wurden die Lehren der neuen
Auffassung aufgenommen, aber wohin haben sie in Wirklichkeit geführt? Oft wurde die Humanität gegen den einzelnen zur Härte gegen
die anderen, die Vornehmheit zur Lässigkeit, das Nichteingreifen zur
Unordnung, das Nichtzwingen zum bequemen „Vorhalte" ohne die
Mühe des logischen Überzeugens. Und wenn heute in so vielen Strafprozessen noch immer Ausgezeichnetes geleistet wird, so ist es nicht
den geltenden Maximen, sondern dem guten Willen des UR. und —
dem Zurückgreifen auf „veraltete" Lehren zu danken. Ich meine,
dass das feste Anpacken der Sache noch immer das Richtige sei, dass
energisches, oft rücksichtsloses Dreingehen allein zu Beweisen verhilft,
und dass das eigene, logische Verwerten des Gefundenen schon im Vorprozesse zum „Erfolge" führt. Ob nun der UR. aus dem von ihm
Festgestellten die Spur des Täters anzugeben vermag, ob er den Verdächtigten überführen kann, ob er den höchsten Triumph erreicht, einem
Unschuldigen den ehrlichen Namen zurückzugeben, oder ob er nur den
Vorfall erklären, dies aber soweit durchführen kann, dass nicht der
mindeste Zweifel darüber bestehen bleibt, wie der Hergang in seinen
kleinsten, einfachsten Einzelheiten gewesen ist — das ist alles gleichgültig — aber eines davon m u s s der UR. erreichen!

„Aber wie selten," sagt der alte Ludwig Hugo Franz von J a g e -
m a n n , „erblickt man auch eine Untersuchung, die in jeder Hinsicht
den Anforderungen der Wissenschaft und der Gesetze genügt; wie selten
ist ein Inquirent imstande, seine Prozedur Schritt für Schritt zu rechtfertigen und zu jeder Amtshandlung einen guten Grund anzugeben;
wie selten lässt sich aus dem Gange der Sache ein Plan, ein System
entnehmen, woran eine wissenschaftliche Beurteilung anzuknüpfen
wäre! Die meisten Inquirenten häufen Materiale auf Materiale, ohne
Wahl und Ordnung; dann heben sie nach Gutdünken, nach der Eingebung des Augenblicks einzelne Punkte heraus, worüber der Beschuldigte sich erklären soll, und für geschlossen halten sie die Akten, wenn
ihnen gerade nichts mehr einfällt. Unter solchen Umständen ist aber
jedes Resultat der Untersuchung als eine Zufälligkeit, als eine Selbst-
entwickelung der Sache durch die darin befangenen Personen (die zum
Glück der meisten talentlosen Inquirenten durch ihren natürlichen
Verstand ihm einen guten Rat gegeben) — und nicht als ein Verdienst
des Inquirenten anzusehen, welcher vielmehr oft durch einen nicht
beabsichtigten Erfolg selbst überrascht wird."

So alt und scharf diese Kritik des Vorgehens mancher Untersuchungsrichter auch sein mag, sie trifft auch heute Wort für Wort
den Nagel auf den Kopf.

4. Das Vorgehen des Untersuchungsrichters.

Ist der UR. einmal an der Arbeit, so ist es nach meiner Ansicht das Wichtigste, dass er den richtigen Zeitpunkt findet, in dem er sich über den Fall eine feste Meinung bildet. Dass dieser Umstand so wichtig ist, kann nicht kräftig genug hervorgehoben werden — von ihm hängt es in schwierigen Fällen oft, fast immer ab, ob ein gedeihlicher Erfolg eintritt oder nicht. Bildet sich der UR. die fixe Meinung über den Hergang zu früh, so wird sie zur vorgefassten Meinung, die dann mit mehr oder minder grosser Zähigkeit festgehalten wird, bis dies nicht mehr möglich und die wertvollste Zeit vergangen ist, so dass die richtigen Spuren verloren und häufig nicht mehr aufzufinden sind. Versäumt der UR. aber den richtigen Augenblick, um sich die feste Ansicht über den Fall zu verschaffen, so wird die Untersuchung zu einem planlosen Herumtappen, einem schwankenden Probieren, einem zwecklosen Suchen. Wann dieser „richtige Augenblick" gegeben ist, lässt sich freilich weder im allgemeinen sagen, noch für den bestimmten Fall im voraus entnehmen, wohl aber kann gesagt werden, dass ihn der UR. immer finden muss, wenn er mit gewissen, unverrückbaren Grundsätzen an die Arbeit geht, und sich stets vor Augen hält, dass die „feste Meinung" über den ganzen Fall nicht plötzlich und fertig vor ihn treten wird, sondern dass er sich ihr Schritt für Schritt auf einem Boden nähern muss, den er sich erst zu bilden hat durch das vorsichtige Schaffen von einzelnen „festen Meinungen" über einzelne Erscheinungen, Vorgänge und Ereignisse. —

Von allem Anfange an sollte man über den Fall gar keine Meinung haben; die Meldung, die Anzeige, darf für den UR. keinen anderen Wert haben, als die Feststellung der Tatsache: „es soll dies und jenes Verbrechen dort und da begangen worden sein". Ebenso dürfen die angezeigten weiteren Umstände über den Täter, den Schaden, das Motiv u. s. w. für den UR. keine andere Bedeutung haben, als: „man hört, es soll so sein". Nehmen wir an, es handle sich um ein wichtiges Verbrechen und der UR. begebe sich auf den Tatort, wo regelmässig eine Anzahl greller und kräftiger Eindrücke auf ihn einwirken werden, so dass er genug zu tun hat, um diese allein aufzunehmen und sie unschädlich zu machen; nun kommt auch noch dazu, dass von allen Seiten Meldungen behördlicher Organe zugehen, Berufene und Unberufene drängen sich heran, die wertvolle und wertlose Wahrnehmungen bekannt geben wollen und die man nicht zurückweisen will, um das Brauchbare nicht zu verlieren — da gibt es genug Materiale, um, wollte man darauf eingehen, sich sofort eine fixe Meinung zu bilden und auf Irrwege zu geraten. In diesen für die Untersuchung so wichtigen Momenten hat der UR. eine eigentümliche Tätigkeit: er muss wie mit einem Badschwamm alle einzelnen Tropfen aufsaugen, und dann den vollgesaugten Badschwamm in eine Schale ausdrücken — ob das Gesammelte reine Flüssigkeit, oder unreiner Schlamm ist, sei einstweilen

gleichgültig: man nimmt einfach auf. In demselben Masse, in welchem
die Arbeit vorschreitet, werden sich auch nach und nach einzelne Meinungen und Ansichten entwickeln und fest werden: dieser und jener
Zeuge wird einen guten Eindruck machen, man wird seinen Äusserungen
Glauben beizumessen anfangen, man wird eine Vorstellung davon bekommen, wie z. B. der Täter zu dem Tatorte gekommen ist, man wird
sich über die verwendeten Werkzeuge Klarheit verschaffen, es werden
Momente auftreten, die den Zeitraum, wann die Tat geschehen sein
kann, immer mehr einschränken; wenn endlich eine bestimmte Anzahl
von Ansichten über die einzelnen Momente der Tat fixiert erscheinen,
wird man sich diese selbst in ihrem ganzen Hergange festzustellen
trachten, und wenn dies vorerst nur in den allgemeinen Umrissen möglich ist, so dass man etwa sagt: „So wie der Vorgang aussieht, ist die
Sache gewiss n i c h t gewesen, man hat sie künstlich anders aussehen
gemacht"; oder man wird einmal darüber sicher, dass dieses oder jenes
Delikt vorliegt, — kurz, man ist soweit gekommen, um wenigstens
einen Umriss festzustellen, an welchem man einen vorläufigen Plan
anschliessen kann. Eher einen solchen zu fassen, wäre überflüssig und
gefährlich, jenes, weil er alle Augenblicke geändert werden muss, dieses,
weil man um des voreilig gefassten Planes willen leicht in falscher Richtung arbeiten könnte. Damit will aber nicht gesagt sein, dass man
nicht von allem Anfange an eine E i n t e i l u n g aufstellen sollte,
nach welcher vorgegangen werden muss, denn ohne diese wird nur
herumgetappt, ohne zu finden und ohne weiterzukommen. Zwischen
einer vorläufigen E i n t e i l u n g der Arbeit und einem bestimmten
Plane ist ein grosser Unterschied.

Ist es aber schon schwierig, den Plan für die Untersuchung zu
fassen, so ist es noch viel schwieriger, mit diesem Plane dann in der
Untersuchung zu manipulieren. Der Plan für eine Untersuchung darf
nicht mit einem Plane verglichen werden, der für gegebene willkürlich
zu schaffende und willkürlich zu ändernde Verhältnisse gemacht wurde,
er ist für bewegliche, vielfach noch unbekannte und nicht in der Macht
des Arbeitenden gelegene Momente bestimmt, er gleicht nicht dem Risse
für ein zu bauendes Haus, sondern dem Plane für einen zu führenden
Krieg. Der Plan für die Untersuchung ist aufgebaut auf jene Grundlagen, d i e d e r UR. z u r Z e i t d e r S c h a f f u n g h a t t e
o d e r z u h a b e n g l a u b t e; an diesem Plane ist energisch festzuhalten, s o l a n g e d i e s e G r u n d l a g e n d i e s e l b e n g e-
b l i e b e n . s i n d , o d e r s i c h n u r n a t u r g e m ä s s v e r-
b r e i t e t h a b e n. Es muss aber einiges oder alles am Plane geändert werden, sobald es klar wird, dass die Grundlagen sich geändert
haben oder falsch aufgefasst waren. Dass man dies tun muss, scheint
natürlich und selbstverständlich zu sein, es liegt aber in der menschlichen Natur, dass man diesem einfachen Grundsatze nicht nachkommt.
Je schwieriger man sich etwas beschafft, um so mehr hält man daran
fest: deshalb sind die Dummen meistens eigensinnig, weil sie jeden
Gedanken, den zu fassen ihnen soviel Mühe gekostet hat, ungern
aufgeben. Den Plan für eine Untersuchung entwerfen ist aber schwer,

und wenn man auf ihm bauend weiter arbeitet, so lässt man ihn auch nicht gerne fahren, nicht absichtlich, sondern nur mechanisch weiter arbeitend; so kann es kommen, dass man auf einmal die Wahrnehmung macht: man arbeitet mit ängstlicher Genauigkeit an seinem Plane festhaltend, dessen Grundlagen sich längst als unrichtig herausgestellt oder sich doch so verschoben haben, dass das ganze Gebäude, wenn nicht vollkommen in der Luft, so doch schief steht. Es mag eine pedantisch klingende Regel scheinen, sie bewährt sich aber immer, wenn man rät, seinen Plan für eine halbwegs wichtige Untersuchung nach jedem Schritte (jeder Zeugenvernehmung, jedem Augenscheine, jedem Gutachten, ja nach jeder selbst gemachten Kombination) neu daraufhin zu prüfen: ob die Grundlagen, auf welche hin der Plan entworfen wurde, noch dieselben sind, und wenn nein, welche Änderung daran zu machen ist.

Deshalb wird man nicht bloss am leichtesten, sondern auch in der Regel am besten und sichersten fahren, wenn man den Plan tunlichst einfach konstruiert[1]), mit natürlichen Hergängen rechnet, nicht viel Absonderliches und Seltsames annimmt und nie die wichtige Lehre von „d e r   e i n e n ,   g r o s s e n   D u m m h e i t" vergisst, die fast bei jedem, besonders sehr schweren Verbrechen gemacht zu werden pflegt.[2]) Hundert mal wurden Kriminalisten vom schon betretenen richtigen Wege wieder abgelenkt, bloss weil man sich sagte: „nein, s o dumm kann der Täter doch nicht gewesen sein." Ebenso viele Prozesse beweisen aber, dass er es doch gewesen ist, sei da Verwirrung, Übereilung, plötzliche Angst, Berechnung oder sonst ein Agens schuld gewesen. Deshalb fährt der Kriminalist stets am besten, wenn er, wenigstens vorerst, den einfachsten Hergang annimmt.

P f i s t e r („Merkwürdige Kriminalfälle") sagt mit Recht: „Die höchste Kunst des peinlichen Richters besteht darin: die Untersuchung so zu führen, dass bei Lesung seiner Akten der Eingeweihte seine leitende Hand erkennt; während der Mindererfahrene wähnet: es habe sich alles ganz von selbst so aneinandergereiht." Diese „leitende Hand" nimmt man aber nur dann wahr, wenn ein guter Plan zu Grunde gelegt, stets geprüft und sicher durchgeführt wurde; wie oft sieht man aber in einer Untersuchung, dass der heutige „peinliche Richter" einen ganz guten Plan gefasst und mit verzweifelter Festigkeit auch dann noch eingehalten hatte, als dessen Bedingungen längst nicht mehr existierten. Ein solches Fortfahren auf nunmehr als falsch erwiesener Bahn kann mitunter verhängnisvoller und gefährlicher werden, als ein planloses Herumfahren; bei diesem ist es wenigstens m ö g l i c h , zufällig etwas Richtiges zu finden, bei jenem aber geradezu ausgeschlossen.

---

[1]) „In detection is the simplest hypothesis allways the best" sagt der vielerfahrne Major A. Griffiths in „Mysteries of Police and Crime". London, Cassel 1898. Freilich gibt es aber auch genug Fälle, in denen wieder Nietzsche recht hat: Simplex non est signum veri.

[2]) Vergl. Hans Gross in H. Gross' Archiv Bd. XXI p. 180 (ob das Wesen des Verbrechers nicht in einer Art Unfähigkeit, jene grossen Fehler zu unterlassen besteht?).

Am bedenklichsten für den Ausgang eines Falles steht die Sache aber dann, wenn der „Plan" dahin gegangen ist, i n e i n e r b e s t i m m t e n P e r s o n den Täter zu vermuten, und wenn dann in dieser Richtung a l l e i n fortgearbeitet wurde, bis es sich zweifellos herausstellt, dass die fragliche Person n i c h t der Täter ist. Wenn man durch diese falsche Spur eine halbwegs nennenswerte Zeit verloren hat, so ist auch der Prozess in der Regel als verloren zu erachten. Man hat eine gewisse Ansicht über den Hergang des Falles ausgesprochen, man hat das Beweismaterial in einer bestimmten Richtung verwertet und hat, was das Wichtigste ist, die Zeit vergehen lassen. Stellt sich nun die erste Annahme als unrichtig heraus, so muss man vor allem mit seiner eigenen und der Entmutigung des Hilfspersonales kämpfen, und wird nun irgendwie ein neuer Plan gefasst, so fehlt ihm das richtige Entgegenkommen, das Beweismaterial sieht nicht mehr so recht verlässlich und verwendbar aus, manches ist verloren gegangen, manches nicht mehr beizuschaffen und bei jeder Vorführung eines neuen Beweises hat man dem von sich selbst oder anderen gemachten Einwande zu begegnen, dass dies bei der ersten Annahme anders oder wenigstens in anderer Richtung behauptet worden sei. Um solche Gefahren zu vermeiden, gibt es nur ein einziges Mittel: sich niemals von e i n e r Idee allein beherrschen zu lassen, nie diese Idee allein zu verfolgen. Will man diesen wichtigen Grundsatz festhalten und doch nicht seine Kraft zersplittern, so heisst es: seine Leute h a b e n , seine Leute k e n n e n , seine Leute v e r w e n d e n .

Es ist heute ziemlich modern geworden, stets zu betonen, „der UR. sei kein Polizeimann" — „dies geht die Polizei an" — „der UR. ist zu etwas anderem da". Ich dächte, dass die Erfolge, welche die Vertreter dieser Ansicht aufzuweisen vermögen, nicht für sie sprechen; niemand behauptet, dass der UR. Dinge selber machen soll, die ihm nicht zukommen, aber die Leitung der g a n z e n Sache muss er selbst in der Hand haben und behalten, und was die Polizei tut, hat sie so zu tun, wie es in den Plan des UR. passt; w i e sie es tut, kann unter Umständen ihre Sache sein, d a s s sie es aber tut, muss vom UR. ausgegangen sein. Wer so recht genau empfinden will, was der UR. tun darf, und was Sache der Polizei ist, der lese einmal das, übrigens gut und spannend geschriebene Buch des R u d o l f v o n F e l s e n t a l ,[1] in welchem die Geschichte und Entlarvung des berüchtigten Banknotenfälschers Peter von Boor geschildert wird. W i e der Polizeimann die ganze polizeiliche Untersuchung gemacht hat, war ja ausgezeichnet geschickt und richtig, und jeder UR. kann überraschend viel da lernen, aber er wird bei der Lektüre selbst sofort herausfinden, was von all dem Geleisteten der UR. denn doch nicht machen dürfte.

Ich finde übrigens, man teilt häufig der Polizei eine schiefe Stellung dadurch zu, dass man sie einmal zu niedrig, einmal zu hoch stellt; zu

---

[1] „Aus der Praxis eines österr. Polizeibeamten" Wien, Manz 1853. Die ältere Literatur über Polizeitätigkeit s. R. v. Mohl „System der Präventivjustiz", Tübingen 1834.

n i e d r i g , weil es der UR. nicht für nötig hält, mit ihr Hand in Hand
zu gehen, gemeinschaftlich zu arbeiten, und weil er die Grenzlinie zwischen seiner Leistung und der der Polizei allzuscharf zu ziehen pflegt;
zu h o c h , weil der UR. die Polizei ganz selbständig stellt, sie tun
lässt, was sie will, und dann lediglich als fertig und zweifellos das hin-
nimmt, was sie auf eigene Faust gearbeitet hat. Die richtige Stellung
wird die Polizei erst haben, wenn der UR. sich derselben c o o r d i n i e r t
und im wohlverstandenen Interesse der Sache gleichmässig m i t der
Polizei arbeitet, sie von allem Geschehenen und erst zu Geschehenden
fortwährend in Kenntnis setzt, und nur den e i n e n Stolz kennt, die
Arbeit zu einem gedeihlichen Ende zu bringen.[1]) Geht er aber einerseits stets ohne Überhebung m i t der Polizei, so verlange er dann auch
anderseits nachdrücklich, dass die Leitung der Erhebungen sofort,
voll und ganz in seine Hand übergehe, dass nichts geschehe, von dem
er nicht Kenntnis hätte, dass aber auch alles durchgeführt werde, was
und wie er es angeordnet hat. In diese Stellung wird sich jeder pflichttreue Polizeibeamte gerne und willig finden; es wird dies zum Besten
der Rechtspflege dienen und der UR. wird „Leute" zur Verfügung
haben, die ihm ergeben sind und im Vertrauen auf seine Anordnungen
gut und rasch arbeiten. Diese Leute muss der UR. aber kennen, ü b e r -
h a u p t kennen, und ihre Ansicht über den b e s o n d e r e n Fall
kennen.

Hat sich nun ein wichtiger Fall soweit geklärt, dass der Verdacht
gegen eine bestimmte Person rege wurde, oder dass eine Ansicht über
denselben deutliche Formen gewonnen hat (z. B. Raub oder Fiktion
eines solchen zur Verdeckung einer Veruntreuung, Brandstiftung durch
A oder Assekuranzbetrug durch B), so wird sich der UR. im Verlaufe
des Prozesses in irgend einer Richtung entscheiden und e i n e r Ansicht Raum geben müssen. Sagen wir also, es läge genug Material vor,
um den A der Tat dringend für verdächtig zu halten, ihn zu verhaften
u. s. w. Wie nun erwähnt, darf der UR. nicht blindlings in der Richtung arbeiten, dass n u r der A der Täter sein könne, er darf aber auch
nicht zum Schaden der Sache gleichzeitig in mehreren anderen Richtungen tätig sein. Da heisst es nun seine Leute haben, kennen und
verwenden. H a b e n wird sie der UR., wenn er, wie angedeutet,
mit der Polizei gut steht; k e n n e n wird er sie, wenn er jetzt und
auch schon früher mit ihnen in fortwährender Verbindung stand;
richtig v e r w e n d e n wird er die Leute, wenn er sie — allerdings
zuerst nach ihrer Natur und Kultur — dann aber nach ihrer Ansicht
über den Fall verwendet; man macht der Auffassung des Mannes eine
Konzession und verwendet ihn an passender Stelle.

Nehmen wir nun an, es hätten gerade mehrere Polizeiorgane
den ersten Verdacht gegen den A rege gemacht, so wird man ihren
Eifer und guten Willen am besten dadurch ausnützen, dass man sie
gerade zur Verfolgung der weiteren Spuren in d i e s e r Richtung ver-

---

[1]) Vergl. R. v. Mohl „System der Präventivjustiz", Tübingen 1834 und
v. Jagemann „Vorschläge zur Berichtigung der Ansichten über Polizei" in Rau's
Archiv Bd. III p. 362.

wendet und sie noch andere Verdachtsgründe gegen den A suchen lässt.
Ist nun der Verdacht gegen diesen nicht erdrückend, so wird es dem
UR. nicht entgehen, dass einige der Polizeiorgane wieder anderer Ansicht sind, und gegen B Verdacht haben; da diese Organe wohl auch
ihre Gründe für ihre Ansicht haben werden, so wird der UR. diese
Gründe hören, und wenn sie nicht durch irgendwelche Gegengründe
als a b s o l u t haltlos erscheinen, so wird er gerade jenen Polizeiorganen
welche diese Ansicht aufgefasst haben, die weitere Verfolgung der betreffenden Spuren gegen B überlassen; gibt es noch eine weitere Ansicht
in der Sache, die von anderen Polizeiorganen vertreten wird, so wird
er wieder diesen die Aufsicht über das Kind ihrer Kombinationen übertragen und sicher sein, dass sich dieses in der besten Pflege befindet.
Ist so dafür Sorge getragen, dass jede, nur denkbare Richtung, in welcher
etwas zu finden sein könnte, gehörig besetzt ist, so kann der UR. mit
ganzer Kraft dort arbeiten, wo er auf dem richtigen Wege zu sein glaubt;
er wird nur von Zeit zu Zeit die Rapporte der anderen, in anderer Richtung Forschenden einholen, das Gebotene prüfen und mit seinen eigenen
Resultaten vergleichen.   Kommt es auch nicht dazu, dass der UR.
zur Überzeugung gelangt, die andere Spur sei die richtigere, so wird
doch manche bedenkliche Überraschung verhindert; oft genug geschieht
es dann, dass man den „Richtigen" zu haben vermeint und dem UR.
einliefert; die Polizei glaubt das Ihrige getan zu haben und legt die
Hände in den Schoss.   Der UR. untersucht darauf los und muss schliesslich den „Richtigen" frei lassen, was die Polizei nun verdutzt vernimmt;
zu machen ist nichts mehr, und der Fall gilt als „bis auf weiteres" beendet.   Das „Weitere" kommt aber nicht. —
    Ein wichtiges Moment im Verkehre mit den Polizeiorganen ist
ferner die Behandlung begangener Fehler.   Es ist selbstverständlich,
dass der UR., streng gegen sich selbst, auch strenge von allen, die mit
ihm und unter ihm arbeiten, die äusserste Pflichterfüllung verlangt
und unnachsichtlich vorgeht, wo er eine Pflichtverletzung wahrnimmt.
Kommen aber Fehler vor, so benehme man sich diesen gegenüber,
wenn es wirklich nur Irrtümer waren, auf das nachsichtigste und präge
es den unterstehenden Organen ein, dass vielleicht nirgends so notwendig ein begangener Fehler rasch einbekannt werden muss, als bei
der Handhabung des Sicherheitsdienstes und der Gerechtigkeitspflege.
Man muss sich vor allem klar halten, dass wohl nirgends leichter ein
Fehler begangen werden kann als hier, so dass er auch nirgends leichter
verziehen werden sollte.   Man muss es auch immer wiederholen, dass
nirgends ein begangener und fortgeschleppter Fehler verhängnisvoller
und gefährlicher werden kann, als bei der Eruierung eines Verbrechens
und seines Täters; es muss aber endlich auch betont werden, dass nirgends ein Fehler so vollkommen und gründlich wieder gut gemacht
werden kann, wenn er nur so rasch als möglich eingesehen und offen
einbekannt wird.   Keine Fehler zu machen, kann auch hier von niemandem verlangt werden, jeden Fehler aber sofort zugeben und selber
aufdecken, das ist das dringendste Postulat an die Ehrlichkeit und Gewissenhaftigkeit jedes Kriminalisten. —

Fragt man noch, auf was das Augenmerk der Polizei durch den UR. zu richten sei, so muss geantwortet werden, dass dies im grossen und ganzen allein vom fraglichen Falle abhängt, so dass allgemeine Direktiven nicht gegeben werden können. Wohl aber kann gesagt werden, dass die Haupttätigkeit des UR. dahin gehen muss, den unterstehenden Leuten den speziellen Fall zu individualisieren. Dies kann nur der gebildete, psychologisch gebildete Mann tun, der geübteste Polizeimann vermag vielleicht alles zu leisten, was in sein Fach gehört, aber individualisieren kann er nicht, das muss der UR. tun, indem er den betreffenden Fall aus der Menge anderer ähnlicher Fälle herausschält, das Eigentümliche nach der Tat selbst, nach dem Beschädigten und Verdächtigten aufsucht und so die Wege ausschliesst, auf welchen vorliegend n i c h t zu suchen ist. So wenig es nun dem Polizisten möglich ist, diese Individualisierung selbst vorzunehmen, so leicht gelingt es ihm in der Regel, auf das ihm Gezeigte einzugehen und das Besondere des Falles aufzufassen, wenn er einmal darauf aufmerksam gemacht wird. —

Endlich ist es noch Sache des UR., fast in jedem Falle die Polizei, wir sprechen hier nur von der Grosstadt[1]), auf die wichtigen Auskunftspersonen bei grossen Verbrechen aufmerksam zu machen: die Mietkutscher, Dienstmänner und Prostituierten[2]). So bekannt die Wichtigkeit dieser Leute für unsere Fälle ist, so oft wird es doch versäumt, ihre Hilfe in Anspruch zu nehmen. Dass diese Leute so wichtig sind, hat einen dreifachen Grund: der e r s t e liegt darin, dass sie keine regelmässige Beschäftigung und infolgedessen oft einen grösseren Teil des Tages Zeit und Gelegenheit zu Beobachtungen haben. Weiters haben diese Leute in der Regel ihre bestimmten Reviere und in diesen beobachten sie dann in ihrer Langeweile einerseits das Regelmässige, andererseits das Aussergewöhnliche. Von ihnen ist also sehr oft zu erfahren, wie es bei diesem oder jenem (Beschädigten oder Täter) r e g e l - m ä s s i g zugegangen ist, was er tat und liess, mit wem er verkehrte, was er einnahm und ausgab, wann er ausging und heimkam u. s. w.; sie wissen aber auch, was (zur Zeit der Tat) A u s s e r g e w ö h n - l i c h e s in Ausgaben, im Verkehre, im Ausgehen, im Benehmen u. s. w. vorgegangen ist. Hat man diese beiden Momente festgestellt, so ist auch oft der Faden zur weiteren Abwicklung gefunden.

Der z w e i t e Grund für die Wichtigkeit der genannten drei Menschenklassen liegt nicht so sehr in ihnen, als in der Person des Verbrechers, da dieser in sehr vielen Fällen vor oder meistens nach der Tat mit ihnen in Verbindung treten wird: er hat oft nach Verübung des Verbrechens Geld im Besitze und wird trachten rasch und möglichst

---

[1]) Vergl. Roscher „Bedürfnisse der modernen Kriminalpolizei" in H. Gross' Archiv Bd. I p. 244.

[2]) Über den Zusammenhang zwischen Prostituierten und der Verbrecherwelt vergl. namentlich die gute Schrift „Kriminalistische Streifzüge"; Betrachtungen eines unpolitischen Praktikers", Berlin, Siegismund 1894. Ich würde gerne wissen, wer der Anonymus ist. Dann Ant. Baumgarten in H. Gross' Archiv Bd. VIII p. 233 und Bd. XI p. 1.

ungesehen vom Tatorte fortzukommen: hiezu bedient er sich des Miet-
kutschers. Er hat Briefe zu bestellen, Sachen zu verwerten oder einzukaufen: hiezu bedient er sich des Dienstmannes. Er will sich endlich
unterhalten und zerstreuen: da muss die Prostituierte heran.

Der d r i t t e Grund der Wichtigkeit dieser Leute ist die ausgedehnte, fast organisch gegliederte Verbindung derselben untereinander. Ein Mietkutscher kennt fast alle anderen Kutscher, ein Dienst-
mann die anderen Dienstmänner, eine Prostituierte die anderen ihrer
Klasse, sie sind untereinander in Verbindung und was das eine weiss,
erfahren die anderen und so kann auch der Polizeimann in der Regel
von ihnen erfahren, was er braucht. Freilich gelingt das nicht, wenn
der Polizist erst am Tage nach einem grossen Morde die nötigen Be-
kanntschaften mit Kutschern, Dienstmännern und Prostituierten anknüpfen wollte, das muss lange eher geschehen sein, er muss seine
Leute kennen und ihr Vertrauen geniessen, dann erfährt er etwas,
wenn er es braucht, und der UR. muss derjenige sein, der seine Polizisten auf die Wichtigkeit dieser Momente im voraus aufmerksam
macht. Nicht Häscher und Spione soll er züchten, er soll nur veranlassen, dass eine Anzahl von Menschen bestimmt werde, im Dienste
der Justiz mitzuwirken. In England und Frankreich weiss man das
schon lange, bei uns viel zu wenig. —

Ein Wort, welches dem UR. oft viele Hilfe gewähren kann, ist
das alte „cherchez la femme". Dieser Ruf klingt romanhaft und ab-
gebraucht zugleich, aber jeder erfahrene Praktiker wird bestätigen,
dass an der Sache wirklich etwas daran ist. Allerdings kann man hiebei
in zweifacher Weise fehlgehen: entweder wenn man glaubt, es müsse
jedes Verbrechen von einer Frau angestiftet worden sein, oder aber
wenn man sich in dieser Richtung damit zufrieden gibt, dass nur überhaupt in der Untersuchung der Name einer Frau genannt worden ist.
Im ersten Fall ist man zu weit gegangen, im zweiten ist man noch nicht
am Ziele. Richtig vorgegangen wird man sein, wenn man ohne pedan-
tische Starrsinnigkeit darauf hinarbeitet, als Agens im Straffalle ein
weibliches Wesen zu finden. Nicht immer muss die Idee zum Verbrechen von einer Frau ausgegangen sein, wohl aber wird man häufig
finden, dass die wichtigsten Handlungen des Verbrechers vor oder nach
der Tat wegen oder für eine Frau begangen wurden. Die Sache ist
nicht so gleichgültig. Wir fühlen uns immer dann nicht sicher, wenn
wir irgend ein wichtiges Moment in der Untersuchung motivlos hin-
stellen müssen, und messen einem Vorgang so lange keine Bedeutung
bei, als wir nicht wissen, was ihn in Bewegung gesetzt hat. Man wird
dann immer gut tun, wenn man vorerst annimmt, dass eine Frau dahinter-
steckt; es m u s s ja nicht so sein, aber Erhebungen in dieser Richtung
sind immer zu empfehlen.

Von den einfachsten Vorgängen an: wenn der Bauernknecht
Weizen stiehlt, um seiner Geliebten ein Paar Schuhe kaufen zu können,
oder wenn der brave Holzknecht zum Wilddiebe wurde, um vor seiner
Geliebten in neuen wildledernen Hosen glänzen zu können, ange-

fangen, bis zu einem hochpolitischen Prozesse, in welchem eine be-
leidigte Schönheit Anhänger geworben, um staatsstürzende Pläne durchzuführen, überall finden wir die Frau. Eigentumsdelikte werden begangen, um die Braut heimführen zu können oder um das Erbeutete
mit Dirnen zu verprassen; Raufereien entstehen in der Mehrzahl auf
dem Tanzboden wegen der Mädchen; der sicherste Versteck für Ge-
raubtes ist bei einer unschuldig aussehenden Frau und das Fliehen und
Verbergen von Verbrechern ist meistens mit Hilfe von Frauen geschehen.
Bei grossen Betrügereien und Münzfälschungen geschieht das Verbreiten
des Verfälschten fast immer durch die Frauen; die berüchtigsten Spiel-
höllen stehen unter dem Patronate einer Frau, alle ungezählten Verbrechen, die auf Liebe zurückzuführen sind, geschahen der Frau wegen,
und wie viele sind Verbrecher geworden aus dem Umgange mit Frauen!

Fast jedem älteren Kriminalisten ist es zur Gewohnheit geworden,
die Frau im Straffalle zu suchen; es kann dies allerdings zu Fehlern
und Irrtümern führen, aber aus dem Auge lasse man das „cherchez la
femme" doch niemals.

5. Von der vorgefassten Meinung.[1]

Der oben angedeutete Vorgang, in welchem man gleichlaufende
Erhebungen, gewissermassen Kontroll-Erhebungen pflegen lässt, ist
auch das beste und eigentlich so ziemlich einzige Mittel gegen die grossen
Gefahren, welche sich aus den „vorgefassten Meinungen", diesen ärgsten
Feinden der Untersuchungen, zu ergeben pflegen. Die vorgefassten
Meinungen sind um so gefährlicher, als ihnen gerade die eifrigen und
an ihrer Arbeit interessierten UR. am leichtesten verfallen; der handwerksmässige, gleichgültige Kriminalist macht sich überhaupt nicht
viele Gedanken über seine Fälle und lässt die Sache sich so entwickeln,
wie die Verhältnisse es geben. Aber gerade beim eifrigen Graben und
Grübeln findet sich leicht ein Anhaltspunkt, der in seiner Bedeutung
entweder falsch aufgefasst oder mit übertriebener Wichtigkeit versehen
wird, und so die Gestaltung einer „Meinung" zulässt; diese wird nicht
mehr leicht fallen gelassen. Man hat bei einigermassen strenger Selbstbeobachtung (bei anderen kann man diese rein psychischen Vorgänge
wohl nur ausnahmsweise verfolgen) oft Gelegenheit, das Entstehen
solcher vorgefasster Meinungen zu studieren und staunt häufig, wie
aus zufälligen, fast gleichgültigen oder bedingten Wahrnehmungen eine
Ansicht entstehen konnte und wie man später nur mit der grössten
Mühe von ihr selbst dann schwer loskommen kann, wenn man längst
ihre Haltlosigkeit erkannt hat. Bevor man oft von einer Sache mehr
weiss, als dass „Etwas" geschehen ist (beim Warten auf den Inquisiten,
beim Gange zum Tatorte u. s. w.), drängt sich unwillkürlich eine Vorstellung auf, sicher nicht ganz grundlos, aber oft nur äusserlich zusam-
menhängend: man hat einmal etwas Ähnliches gehört, es ist anderwärts

---

[1] Vergl. „Kriminalpsychologie" von H. Gross, F. C. W. Vogel, Leipzig
1905, 2. Aufl.

etwas Gleichartiges geschehen, man hat „sich schon lange gedacht, dass dies so und so kommen werde", genug, man tritt der Sache nicht frei näher; nun kommt eine zufällige Äusserung eines andern dazu, eine gewisse Physiognomie kann auch das ihre beitragen, tausend andere Zufälle, namentlich weitabführende Ideen-Associationen können mitwirken und schliesslich ist die „vorgefasste Meinung" fertig, ohne dass eigentlich eine juristische und durch die Tatsachen begründete Unterlage überhaupt schon da gewesen wäre; sogar der Klang eines Namens kann da mitwirken.

Dazu kommen noch andere Momente.

Man fixiert seine Ansicht über etwas häufig dahin, dass man sich sagt: „W e n n sich der Umstand A und B erweisen lässt, dann ist die Sache so und so aufzufassen." Dies mag korrekt geschlossen sein. Die Erweisung des Umstandes A und B zieht sich nun aus irgend einem Grunde länger hinaus, man hat aber immer die genannte Auffassung im Kopfe, wo sie sich so festsetzt, dass sie dann, wenn sich die Umstände A und B als ganz anders erwiesen haben, noch immer sitzen bleibt, trotzdem die Voraussetzungen, die man sich selbst gestellt hat, um die Auffassung als richtig gelten zu lassen, nicht eingetroffen sind.

Häufig kann es auch geschehen, dass man eine vorgefasste Meinung durch eine falsche Stellung zur Sache erhält; so wie es optisch möglich ist, dass man durch gewisse Situationen einen Gegenstand als etwas anderes sieht, so kann es auch psychisch geschehen, dass man einen Fall falsch angesehen hat und sich um keinen Preis mehr in eine andere Lage begeben will, sondern sich immer wieder so stellt, dass man bei seiner „vorgefassten Meinung" verbleibt. Da können an sich unbedeutende unrichtige Vorstellungen verhängnisvoll werden. Sagen wir, es sei eine Brandlegung in einem entfernter gelegenen Orte angezeigt worden. Unwillkürlich stellt man sich die ganze Sachlage lebhaft vor, und denkt sich das Gebäude, welches abgebrannt ist und das man von früher nicht gekannt hat, z. B. l i n k s von der Strasse gelegen vor. Im Laufe der, am Gerichtsorte vorgenommenen Erhebungen wird diese Vorstellung immer deutlicher und kräftiger, man sieht im Geiste den ganzen Vorgang und alle Nebenumstände, aber alles immer l i n k s von der Strasse; diese Vorstellung wird zuletzt so fest, dass man überzeugt ist, das Haus liege links, und dass man alle Vernehmungen so macht, als ob man das Haus d o r t gesehen hätte. Wenn nun aber das Gebäude r e c h t s von der Strasse liegt, wenn dieser Umstand nicht zufällig richtig gestellt wird, und wenn in der Klarstellung des Sachverhaltes und in der Beweisführung dieser Umstand irgendwie von Wichtigkeit ist, so kann die falsche Vorstellung trotz ihrer scheinbaren Gleichgültigkeit, bedeutende Verwirrungen anstellen. —

Schlimmer als alle diese Vorgänge, die schliesslich doch nur auf psychischen Mängeln beruhen, denen wir alle unterworfen sind, wirken Erscheinungen, die ihren Grund in dem Bestreben haben, aus seiner Sache mehr zu machen, als an ihr ist. Es ist selbstverständlich, dass kein Richter je doloserweise, auch nur im entferntesten, etwas anders, grösser darstellen wollte, als es in Wahrheit ist, aber es liegt eben tief in der menschlichen Natur, dass man das Interessante lieber sieht, als das Alltägliche, dass man oft gerne einen romantischen Zug entdeckt, wo er nicht vorhanden ist, ja dass selbst das Ungeheuerliche, Grauenhafte lieber gehört wird, als das einfach Gemeine, Gewöhnliche, dass man zum mindesten eine Zahl, die ein Ereignis zum Ausdruck bringt, etwas höher ansetzt, als es der Wahrheit entspricht. Dies ist in jedermanns Natur eingepflanzt, offener oder verdeckter, es ist gewiss da, und hundert Erfahrungen darüber, was mehr gelesen, lieber gehört und rascher verbreitet wird, zeigen uns, dass ein Hang zur Übertreibung den meisten Menschen mit ins Leben gegeben wurde. Er ist an sich nicht so schlimm; der Hang zur Übertreibung ist auch Hang zum Verschönern und gäbe es keine Übertreibung, so fehlte uns der Begriff des Schönen, der Begriff der Poesie. Aber von unserem Fache muss alles, was nur eine Spur von Übertreibung in sich hat, auf das nachdrücklichste und gewissenhafteste ferne gehalten werden, soll sich nicht der UR. zu einem unbrauchbaren, im hohen Grade gefährlichen Kriminalisten gestalten. Man sage nicht, es sei doch selbstverständlich, dass ein UR. sich Übertreibungen nicht zuschulden kommen lassen wird. Möge jeder seine und anderer Arbeiten daraufhin durchsehen und eingehend forschen, ob er keine Spuren von Übertreibungen findet; sie schleichen sich unwillkürlich ein und sind sie einmal da, so weiss niemand, wo sie ihre Grenzen finden. Da hilft nur die strengste Selbstzucht, das fortwährende Erwägen und das gewissenhafteste Ausmerzen alles dessen, was nur im entferntesten den Anschein von „mehr" hat, als es in der Wirklichkeit gewesen ist. Gerade, weil man von einem guten UR. einen gewissen Schwung, einen frischen Zug verlangen muss, wird man auch in den Besten von ihnen eine leise Regung der „Lust zum Fabulieren" finden; diese muss durch genaue Selbstbeobachtung entdeckt und durch strenge Selbstdisziplin beseitigt werden.

Ein genialer Psychiater[1]) hat einmal behauptet, Künstler, Dichter und Schauspieler von Bedeutung seien „meist neuropathische Individuen." Hiermit behauptet er wohl nicht, dass die Beschäftigung mit Kunst, Dichten und Mimen verrückt mache, sondern dass eine gewisse (neuropathische) Veranlagung die Betreffenden zu dem werden liess, was sie geworden sind. Diese Veranlagung haben nun aber nicht bloss jene, die offiziell unter dem Namen Dichter, Künstler und Schauspieler herumgehen, sondern auch sehr viele, die sich einem minder poetischen Erwerbe hingeben, und wenn sie auch nicht so hoch veranlagt sind, um, nach Krafft-Ebing, als neuropathisch bezeichnet werden zu müssen, so sind ihre, sagen wir „Nerven" doch so beschaffen, dass ihr poetischer Zug sich leicht geltend machen wird. Ich wiederhole: die so Beschaffenen sind auch als UR. gerade die Besten, aber sie haben auch die grösste Verantwortung bei der Geltendmachung ihrer Anlagen. —

Eine besondere Art der vorgefassten Meinung besteht in dem Festhalten dessen, was z u e r s t angezeigt wurde. Die erste Anzeige ist verfasst nach dem ersten Eindrucke, den die Sache gemacht hat,

---

[1]) Dr. v. Krafft-Ebing „Lehrbuch der Psychiatrie", Stuttgart 1897.

und nach diesem war ja jene völlig gerechtfertigt; eine andere Frage geht aber dahin, ob das zuerst Gesehene wohl im Laufe der Erhebungen noch denselben Anblick bietet, wie im Anfange. Dass sich Einzelheiten ändern, ist selbstverständlich und soll hier nicht weiter besprochen werden, gemeint ist hier hauptsächlich das Delikt selbst.

Die wichtigsten hieher gehörigen Fälle sind jene, in welchen Mordtaten als Selbstmorde oder „rätselhafte Todesfälle" angezeigt werden; auf derartige Fälle kann man nicht genau genug sehen; von ihnen wird später gesprochen werden.[1]

Weiteres Augenmerk ist zu richten auf angeblich Ertrunkene, Abgestürzte, Erstickte und an „plötzlichen Erkrankungen" (mit Erbrechen, Durchfall, Krämpfen u. s. w.) Verstorbene; wir können mit Sicherheit annehmen, dass ein erschreckend grosser Prozentsatz dieser Leute mit fremder Hilfe gestorben ist.

Aber auch eine Anzahl sonstiger „Verbrechen" stellt sich oft als etwas anderes dar, als ihr Aussehen gemacht wurde. Der erfahrene Kriminalist begegnet einer ganzen Reihe von Verbrechen schon von vorneherein mit Misstrauen und hält sich die Frage offen, ob nicht etwas anderes vorliegt. Hierzu gehört in erster Linie der Raub. Dieses schwere Verbrechen kommt heute infolge geänderter Verkehrs- und Sicherheitsverhältnisse verhältnismässig selten vor, wird aber häufig dann vom „Beraubten" behauptet, wenn der Verlust von Geld u. s. w. maskiert werden soll. Man wird also immer behutsam vorgehen, wenn behauptet wird, dass a n v e r t r a u t e s Geld „geraubt" worden sein soll; selbst schwere Verletzungen, die der Beraubte erlitten haben will, dürfen nicht irreführen: solche hat sich der Mann, der anvertrautes Geld verloren, verspielt, vergeudet oder versteckt hat, oft genug selbst zugefügt. Zwei Fälle sind mir selbst vorgekommen, in welchen der Bauer den eingenommenen Viehkaufschilling verspielt hat und Beraubung fingierte, bloss um sich vor seiner Frau zu sichern.

Ähnlich verhält es sich mit der Notzucht, welche so oft fingiert wird, um den Verlust jungfräulicher Ehre zu maskieren und allgemeines Mitleid und Bedauern statt Schande einzuheimsen. Überfälle von Unbekannten, von Handwerksburschen, Zigeunern u. s. w. sind häufig gelogen worden; bedenklicher sind Verleumdungen bestimmter Personen. Fast ausnahmslos wird in solchen Fällen n i c h t der eigentliche Verführer der Notzucht geziehen; dieser wird geschont, und es wird gewartet, bis die Betreffende ihrer Schwangerschaft sicher ist; nun kommt es darauf an, dass es ihr gelingt von einem anderen „verführt" zu werden, und erst d i e s e r wird dann einer Notzucht beschuldigt. Leider lässt sich der Beweis der Verleumdung in solchen Fällen oft erst spät, d. h. bei der Geburt des Kindes, führen, wobei es sich zeigt, dass dieses viel früher konzipiert worden sein muss, als die „Notzucht" geschah. Man versäume es daher in einem solchen Falle niemals, s o f o r t bei der Geburt das Kind von Sachverständigen

---

[1] Vergl. die Kapitel über Vergiftungen, Erschiessen, Erdrosseln und über Selbstmord.

auf seine Reife untersuchen zu lassen — denn wie erwähnt: zur Zeit der „Notzucht" war die Betreffende schon längst schwanger[1]).

Selbstverletzungen[2]) kommen nicht selten vor; abgesehen von solchen bei fingierten Raubanfällen, stösst man auf sie dann, wenn Entschädigungen erpresst werden sollen; so geschieht es, dass nach einer harmlosen Balgerei einer der Kämpfenden mit Verletzungen auftritt, die er damals erlitten haben will; hierher gehören auch jene Fälle, in welchen schon lange bestandene Schäden einem bestimmten Täter als eben zugefügt, aufgehalst werden wollen; berüchtigt sind in dieser Richtung alte Luxationen, Gesichts- und Gehörsleiden, und hauptsächlich Leibschäden. Vielleicht die Hälfte von solchen Leiden, die bei Prügeleien, Misshandlungen u. s. w. entstanden sein sollen, sind alten Datums.

Ähnlich verhält es sich mit Verletzungen bei Maschinen u. s. w., welche zum mindesten übertrieben oder mit lange bestandenen Leiden in ungerechtfertigte Verbindung gebracht werden[3]) und endlich bei absichtlich herbeigeführten Verlängerungen der Heilungsdauer. Wir alle kennen genug Fälle, in welchen, wenn der Verletzende zahlungsfähig ist, durch allerlei Mittel Wunden offen gehalten oder verschlimmert werden, um mehr Entschädigung herauszuschlagen.

Es ist zu wenig bekannt, wie viele Kurpfuscher sich damit befassen, Leuten zu helfen, die ein „künstliches Leiden" brauchen. Namentlich in Russland und den angrenzenden Gebieten besteht ein förmliches Gewerbe, welches militärpflichtigen Burschen nach Bedarf Herzfehler, Leistenbrüche, Gelbsucht, Geschwüre, Verstümmlungen aller Art, grosse Hautemphyseme u. s. w. zu machen weiss, um sie militärfrei zu machen[4]). Dieselben gewissenlosen Kurpfuscher besorgen diese und ähnliche Leiden oder vergrössern bestehende, wenn es sich darum handelt, Entschädigungsansprüche durchzudrücken. Hierauf ist zu merken!

Seltsame, aber nicht seltene Fälle sind jene der Selbstkastration, in welchen die Verstümmelung reisenden Drahtbindern, Bärentreibern, Handwerksburschen u. s. w., aber stets unbekannten Leuten, zugeschrieben wird. Kenntlich sind solche Selbstverstümmelungen daran, dass die Betreffenden meistens die Operation, wegen der grossen Schmer-

---

[1]) Laut Amos kommen in England auf einen erwiesenen Notzuchtsfall 12 falsche und fast die Hälfte der in Frankreich wegen Notzucht Angeklagten wurde freigesprochen.

[2]) Über Selbstverstümmlung Hysterischer s. H. Gross' Archiv Bd. VI p. 334; E. Raimann „Die hysterischen Geistesstörungen", Leipzig u. Wien 1904; Köppen „Über Epilepsie und Hysterie in forenser Beziehung", Leipzig 1903; Breuer & Freud „Studien über Hysterie", Leipzig 1895.

[3]) Eine reiche Kasuistik bieten heute die „traumatischen Neurosen", oft ein ergiebiges Feld für Ausbeutungen; (vergl. Oppenheim „Die traumatischen Neurosen", 2. Aufl., Berlin 1892; Wichmann „Der Wert der Symptome der sogen. traumatischen Neurose etc.", Braunschweig 1882) Von grosser Bedeutung sind die zahlreichen Erfahrungen, die diesfalls von den Ärzten der Unfallsversicherungen gemacht werden und die eine erstaunliche Zahl von Simulationen und Vergrösserungen der tatsächlich vorhandenen Verletzungen aufweisen; vergl. z. B. die zahlreichen belehrenden Aufsätze, die jede Nummer der „Ärztl. Sachverständigen Ztg." bringt; dort auch Literatur. —

[4]) Briefl. Mitteilung des (früheren Dorpater) Professors Dr. Kobert in Rostock. Vergl. Derblich „Die simulierten Krankheiten der Wehrpflichtigen", Wien 1880.

zen nicht ganz zu Ende führen, und dass es ausnahmslos Leute mit
übertrieben pietistischer Färbung[1]) und mehr einsamen Lebenswandels
sind: Hirten, Feldhüter u. s. w.

Von den Eigentumsdelikten werden am häufigsten Diebstahl und
Brandlegung fingiert. Ersterer, abgesehen von jenen Fällen, wo wirklich gestohlen wurde, und der Verdacht nur anderen zugeschoben werden
soll, meist dann, wenn eigener Vermögensverfall, eine begangene Veruntreuung u. s. w. dadurch maskiert werden soll, dass der Betreffende
behauptet, bestohlen worden zu sein. Dass dies nicht wahr ist, fällt
meist nicht allzu schwer zu beweisen; die Hauptsache ist nur, dass der
UR. überhaupt den Gedanken aufgreift: der Diebstahl könne auch
fingiert sein; diese Frage zu erörtern, ist in vielen Fällen nötig: man
braucht ja nicht gleich Lärm zu schlagen, man behalte vorerst den Gedanken bei sich, prüfe aber auch j e d e s sich ergebende Moment nach
der anderen Seite hin; zuerst: wie stellt sich die Frage, wenn der Diebstahl wirklich geschah? dann: wie aber, wenn er bloss zum Scheine
dargestellt wurde? Von diesen Erwägungen darf sich der UR. weder
durch Ansehen und Stellung des „Bestohlenen", noch durch geschickte
Inszenierung, noch durch sonstige Rücksichten abhalten lassen. Es
handelt sich nicht bloss um die Überführung des angeblich Bestohlenen
sondern in erster Linie um den Schutz Unschuldiger, die durch den
ganzen Mummenschanz in Verdacht geraten können. (Vergl. Abschnitt
„Diebstahl"). —

Brandlegungen an eigener Sache, welche aussehen sollen, als ob
sie von fremder Hand geschehen wären, kommen bekanntlich sehr oft
vor; meistens dienen sie dazu, um die hohe Versicherungssumme zu
erhalten, oft aber sollen sie zerrütteten Vermögensstand, nicht selten
begangenen Mord decken und die Spuren dieses Verbrechens tilgen.
Der Nachweis für solche Verbrechen ist häufig nicht so schwer zu liefern,
als es den Anschein hat. (Vergl. Abschn.: „Brandlegung".) Die Hauptsache bleibt hierbei ebenfalls das Aufgreifen einer Möglichkeit, d a s s
Etwas verdeckt werden soll. Das ist noch lange kein fortwährendes
Verdächtigen, es ist nur ein Offenhalten aller denkbaren Erklärungs-
gründe. Und um auf einen solchen Gedanken zu kommen und um auch
das wirklich Richtige zu finden, ist nur logische Entwickelung alles
Vorhandenen nötig. Alle feststellbaren Momente müssen klar wahrgenommen und in ihrer Entstehung namentlich in psychologischer
Richtung bis auf den letzten Stand streng logisch geprüft werden.
Stockt diese Entwickelung irgendwo, so ist der Verdacht gerechtfertigt
und es ist dort, wo sich eines aus dem anderen nicht logisch entwickeln
wollte, zu prüfen, in welcher Weise, nach welchen Motiven sich der
Vorgang besser erklären liesse. Findet sich ein solches Motiv, dann ist
die Weiterforschung nicht mehr schwer.

-----

[1]) Soll sich doch der grosse Kirchenvater Origines (angeregt durch Ev.
Matth. 19, 12) selbst kastriert haben. — Vergl. Näcke in H. Gross' Archiv Bd. XII
p. 263; Schmidt-Petersen in der Zeitschrift f. Medizinalbeamte 1902 Heft 16 und
Solbrig ibid. 1902 Heft 20; K. Rieger „Die Kastration", Jena 1900; vergl. Arch.
di psichiatria 1903 p. 335.

6. Über einige Eigenschaften des Untersuchungsrichters.

Sollte weiter gesprochen werden vom UR. und wie er sein soll, so müsste man lediglich versichern, dass der UR. eigentlich alle guten Eigenschaften haben soll, die ein Mensch überhaupt besitzen kann: unermüdlichen Eifer und Fleiss, Selbstverleugnung und Ausdauer, Scharfsinn und Menschenkenntnis, Bildung und liebenswürdige Formen, eiserne Gesundheit und Wissen in allen Gebieten; das versteht sich alles von selber, aber einige Punkte möchte ich doch besonders berühren, da ich glaube, dass auf sie noch immer zu wenig Gewicht gelegt wird.

Vor allem fordere ich vom UR. einen bedeutenden Grad jener Eigenschaft, die sich einzig und allein mit „Schneidigkeit" bezeichnen lässt. Es gibt nichts Traurigeres und Unbrauchbareres als einen langweiligen, mattherzigen und schläfrigen UR.; ich glaube, ein Kavallerist dürfte eher noch diese Eigenschaften haben, als ein UR., und wer keine Schneidigkeit in sich fühlt, der wende sich ja gewiss zu einem anderen Zweige juristischer Tätigkeit, ein guter UR. wird er nie und nimmer. Schneidig muss der UR. aber nicht bloss im einzelnen Falle sein, wenn er z. B. einem aufbrausenden, widerspenstigen oder gar aggressiven Inquisiten gegenübersteht, zumal, wenn er entfernt vom Amtssitze, ohne Assistenz und ohne Klingel eine Vernehmung oder Verhaftung zu pflegen hat; schneidig muss er aber auch auftreten können, wenn es sich überhaupt darum handelt, einen schwierigen, verworrenen und unklaren Fall anzupacken; am schneidigsten muss er aber sein, wenn er glaubt, dass Einer unschuldig verdächtigt wird, und wenn diesem nur durch energisches Eingreifen geholfen werden kann. Es ist geradezu widrig anzusehen, wenn ein ganzer Akt nichts anderes zeigt, als dass der UR. den Fall zaghaft, unsicher, ängstlich und mit fein zugespitzten Fingern angefasst hat; wie herzerfreuend ist es aber, wenn man tatkräftiges, fröhliches und festes Anpacken und Festhalten der Situation wahrnehmen kann. Oft lässt sich grosse Geschicklichkeit und langjährige Übung lediglich durch eine energische Faust ausgleichen, fehlt aber diese, so kann ihr Mangel durch gar nichts ersetzt werden, und so wie für jeden Menschen, so gilt namentlich für den Kriminalisten, Goethes unvergleichliches Wort: „Schlag nicht leichthin in ein Wespennest, doch wenn du schlägst, so schlage fest." —

Nicht minder ist vom UR. ein hoher Grad wirklicher Selbstverleugnung zu verlangen. Mit klugem Rechnen, feiner Spekulation, vorsichtigem Abwägen und kaufmännisch richtigen Bilanzieren ist nicht alles getan — es muss das Geleistete in selbstverleugnender, stiller und g a n z ehrlicher Arbeit liegen, die auf j e d e n äusseren und glänzenden Erfolg von vorneherein verzichtet. Der glückliche Griff des Polizisten, die wirkungsreiche Rede des Staatsanwalts, die umsichtige Leitung des Verhandlungsvorsitzenden können Anerkennung, Staunen und Bewunderung hervorrufen, auf all' das m u s s der UR. verzichten, seine mühevolle, anstrengende Arbeit steckt in den schweigsamen Akten und seine ganze Leistung, sein aufreibendes Denken, seine glücklichen Kombinationen, seine umfangreichen Kenntnisse entdecken, wenn's gut geht, einige wenige Leute, die den Akt genau studieren und oft — selbst die Anerkennung erhalten.

Für den kleinsten, verzeihlichen und nur hinterdrein zu entdeckenden Fehler wird der UR. rasch verantwortlich gemacht, seine Mühe und seine Verdienste würdigt selten jemand. Das mache sich der UR. bei Zeiten klar und prüfe, ob er sich mit dem Lohne zu begnügen vermag, der meistens nur im Bewusstsein treu erfüllter Pflicht liegen wird. —

Eine weitere Eigenschaft, die unbedingt vom UR. verlangt werden muss, ist die der absoluten Genauigkeit, worunter man nicht begreift, das alles so protokolliert wird, wie es gesehen oder gesagt wurde; dass dies geschieht, ist wohl selbstverständlich; es ist damit jenes Arbeiten gemeint, das sich nicht mit Angaben und Behauptungen anderer begnügt, wenn es möglich ist, das Richtige durch e i g e n e s Ansehen oder durch noch genaueres Nachforschen festzustellen. Wir wollen also nicht sagen, „der UR. muss genau arbeiten", wir wollen statt „genau" das zwar gleichwertige, aber mit besonderer Bedeutung ausgestattete Wort „exakt" verwenden, ein Wort, das heute im wissenschaftlichen Gebrauche einen hervorragenden Sinn bekommen hat. Der hohe Stand aller heutigen Wissenschaft ist einzig und allein durch das „exakte" Arbeiten erreicht worden, und wenn wir ein modernes, wissenschaftliches Buch, gleichgültig welcher Disziplin mit einem ähnlichen vergleichen, welches nur wenige Dezennien früher geschrieben wurde, und wenn wir dann fragen, worin denn der grosse Unterschied beider Arten von Forschung gelegen ist, so finden wir ihn fast nur darin, dass heute weitaus exakter gearbeitet wird als früher.

Dass dem Forscher etwas „einfallen" muss, ist selbstverständlich, sonst kann er eben nicht forschen, aber im übrigen wird auch der Vergleich zwischen zwei Forschern moderner Zeit zu Gunsten dessen ausfallen, der exakter arbeitet, und die glänzenden, bahnbrechenden Gedanken, mit welchen ein Gelehrter die Welt in Erstaunen setzt, sind oft nicht geniale plötzliche Einfälle, sondern das Ergebnis exakter Forschung. Genaues Ansehen der Sache, Nachgehen bis in die letzten Gründe, unzählige Vergleiche, mühsame Versuche, kurz Klarlegen der Natur der Sache, zeigt sie von so verschiedenen Seiten, in so vielen Phasen ihrer Entwicklung, dass neue Ansichten, neue Gedanken von selbst kommen, die dann richtig erkannt und verwertet, zur wirklichen Leistung werden.

Sehen wir aber, welch grossen Wert die exakte Arbeit in jedem Gebiete menschlichen Forschens hat, so wollen wir sie auch auf die unsere anwenden. Was heisst schliesslich exakt arbeiten? Nichts anderes, als: „dem anderen nicht trauen, sondern selber schauen, sich selber nicht trauen, sondern wieder und wieder schauen". Wer so verfährt, wird exakt arbeiten und hundert Irrtümer auf allen Gebieten wären vermieden worden, hätte nicht einer auf die unrichtigen Angaben des anderen fortargumentiert, und hätte dieser eine nicht das bloss

Mögliche für wahr, das e i n m a l Beobachtete für i m m e r vorkommend
gehalten. Freilich können wir bei unserer Arbeit das Wenigste selber
sehen und wiederholt beobachten, sondern müssen uns darauf verlassen, was uns andere sagen, darin liegt das Schwierige und Unzulängliche unserer Forschungen; wohl aber kann dieses Missliche bedeutend eingeschränkt werden, wenn wir einerseits dasjenige, was wir
selber ansehen k ö n n e n, wirklich s e l b er ansehen und nicht nach
den Angaben anderer beurteilen, und indem wir andererseits alles dasjenige, was uns der andere sagt, dadurch exakter zu gestalten suchen,
dass wir durch Vergleiche, Versuche und Demonstrationen die Glaubwürdigkeit und richtige Auffassung des Deponenten prüfen und so
richtig oder wenigstens richtiger zu stellen suchen. Wie man das erstere
macht, ist leicht sagen: man überzeuge sich selbst, man nehme selbst
den Augenschein vor, man messe selbst nach, man gehe die Strecke
selbst ab und vergleiche die Richtigkeit der Uhren, nach denen die
Zeugen Angaben machten,[1]) kurz: man vergleiche und beurteile selbst.
Und handelt es sich um nur einfache Dinge, die bloss durch Genauigkeit sichergestellt werden können, so verlasse man sich nicht auf un-
gefähre Angaben, sondern auf sichere, z u d e m Z w e c k e vorgenommene Erhebungen.

In einem wichtigen Falle hatte man umständliche Kombinationen
gemacht und weitgehende Schlüsse gezogen, die für den Gang der Sache
wirklich von entscheidender Wichtigkeit gewesen wären. Im letzten
Augenblicke fiel es einem der Mindestbeteiligten ein, doch zu fragen,
ob man es gewiss wisse, dass es von einem Orte bis zum andern wirklich
zweitausend Schritte weit sei, was eine der Grundlagen des künstlichen
Schlussgebäudes war. „Zwei Zeugen hätten es gesagt, dass die Entfernung zweitausend Schritte betrage". Man beschloss doch, diese
durch einen Gendarmen abschreiten zu lassen, und als dieser fand, es
seien — 450 Schritte, waren die nun gezogenen Schlüsse das Gegenteil
der früheren. Dies nur als ein typisches Beispiel aus den hunderten,
welche in dieser Richtung jeder von uns erlebt hat.

Viel schwieriger ist, zu sagen, wie man Aussagen dann „exakter
machen" kann, wenn eine direkte Nachschau unmöglich ist — selbstverständlich stets die Fälle vorausgesetzt, in denen der Zeuge die Wahrheit sagen w i l l und nur unrichtig aufgefasst hat.[2]) Im allgemeinen
wird man sagen: man helfe sich durch das „ad oculos demonstrare,"
durch „probieren". Z. B.: der Zeuge sagt: „Der X hat mich mindestens
zehn Minuten lang geprügelt;" — man legt dem Zeugen die Uhr hin
und verlangt, er möge einmal sehen, wie lange zehn Minuten dauern
und ob der X wirklich zehn Minuten lange geprügelt hat. Und nach
höchstens einer Viertelminute ruft der Zeuge: „Nun, länger hat's allerdings nicht gedauert."

O d e r: der Zeuge sagt: „Ich kann bestimmt versichern, dass
der Schrei, den ich gehört habe, von u n t e n gekommen ist." Ver-

---

[1]) Welche wichtige Folgen es z. B. haben kann, wenn Zeitangaben nach
verschieden gehenden Uhren gemacht wurden, s. H. Gross' Archiv Bd. VI p. 209.
[2]) Literatur s. später im Kapitel von der Vernehmung der Zeugen.

suche an Ort und Stelle ergeben aber, dass er es nie errät, ob der Schrei von rechts oder links, von oben oder unten gekommen ist.

O d e r: der Zeuge sagt: „In seiner Hand hielt der X — wenn ich auch nur kurz hinsah — höchstens zwölf Taler." — „Können Sie dies so sicher abschätzen?" — „Gewiss." — „Also: wie viel Geldstücke habe ich jetzt in der Hand?" — „Nun, etwa auch zwölf." — „Es sind aber fünfundzwanzig!"

O d e r: der Zeuge sagt: „Wenn ich einen Menschen einmal angesehen habe, erkenne ich ihn stets wieder." — „Haben Sie den Häftling angesehen, der, als Sie eintraten, hinausgeführt wurde?" — „O j a — sehr gut." — „Nun, Sie sollen ihn aus zehn anderen wieder heraus suchen."

O d e r: Zeuge schätzt eine wichtige Entfernung auf, sagen wir, 200 Schritte: man führt ihn ins Freie und lässt ihn sagen, bis wohin 100, 200, 300, 400 Schritte sein mögen; schreitet man diese Strecken dann ab, so kann man ziemlich genau ermessen, ob und in wie weit Zeuge Entfernungen richtig einschätzt. Da dieses Entfernungsschätzen oft vorkommt und häufig wichtig ist, so empfiehlt es sich, die von einem leicht erreichbaren Fenster sichtbaren Gegenstände schon im voraus abzuschreiten und sich deren Entfernung für spätere Proben zu notieren. Ich hatte durch Jahre eine hiezu sehr günstige Aussicht von der Amtsstube aus und wusste z. B.: bis zur linken Hausecke sind es 65 Schritte, bis zur Pappel 120, bis zum Kirchturm 210, bis zum kleinen Haus 400, bis zum Bahndamm 950 Schritte — daran habe ich unzählige, stets Klärung bringende Proben mit Zeugen veranstaltet: machte er einige halbwegs stimmende Schätzungen, so konnte ich seine, für den Fall wichtige Schätzung auch glauben, sonst aber nicht. Ja man kann dann sogar unrichtige Schätzungen richtiger machen, wenn man z. B. feststellen kann, dass der Zeuge regelmässig zu hoch oder zu nieder einschätzt. —

Derartige Kontrollversuche[1]) gehören zu dem Belehrendsten, aber auch zu dem Verblüffendsten, was man in dieser Richtung erleben kann, und jeder, der sie macht, wird ihren nicht hoch genug anzuschlagenden Wert bald kennen lernen. —

Ist das exakte Arbeiten aber schon bei jeder, auch unbedeutenden Feststellung nötig, so tritt seine Wichtigkeit namentlich dann in den Vordergrund, wenn es sich in grossen Fällen um die Sicherstellung der Grundlage für weitere Arbeit, um die Schaffung der Operationsbasis handelt. Gerade hiebei geschehen oft die grössten Unbegreiflichkeiten. Beim Lesen der Akten über wichtige Fälle kann man häufig die Beobachtung machen, dass dann, wenn die „Operationsbasis" einmal geschaffen war, mit der grössten Sorgfalt und Genauigkeit vorgegangen und viel Scharfsinn in Verwendung gebracht wurde, es war aber alles umsonst, denn bei Schaffung der Basis hatte man irgend eine anscheinend

---

[1]) Vergl. Klaussmann in H. Gross' Archiv Bd. I p. 39; vergl. die Ztschrft. „Beiträge zur Psychologie der Aussage" herausg. v. L. W. Stern, Lpzg. J. A. Barth (seit 1903).

unbedeutende Nebensache nicht genau erhoben, es war zu einer falschen Annahme gekommen und so stand dann das ganze schöne und mühsam hergestellte Gebäude auf schwankendem, weichenden Grunde.

Ich will zweier Fälle Erwähnung tun, die das Gesagte anschaulich machen.

Der eine derselben, ein in mehrfacher Beziehung interessanter Straffall, brachte das merkwürdige Ereignis zutage, dass der UR. längere Zeit auf der Leiche des Ermordeten gestanden ist und — sie nicht fand.

Man hatte einen blutigen Rock gefunden (am Ufer der Mur in Graz) und da gleichzeitig ein Mann — er hiess Joh. Saubart — verschwunden war, der nicht weit vom Fundorte gewohnt hatte, so wurden Nachforschungen angestellt und konstatiert, dass der gefundene Rock dem Verschwundenen gehört habe. Wohin der Mann gekommen war, konnte nicht herausgebracht werden. Erst vierzehn Tage später kam ein alter Sägeschleifer mit der Mitteilung, dass er an einem Morgen (es war gerade nach dem Verschwinden des J. S.) an einer bestimmten Stelle der Mur, aber nicht auf jenem Ufer, an welchem der Rock gefunden worden war, bedeutende Blutspuren wahrgenommen hatte. Der alte Sägeschleifer konnte nicht lesen und war stark taub, so dass er die Nachricht vom Verschwinden des J. S. und dessen mutmasslicher Ermordung etwas verspätet vernommen hatte. Die Stelle, wo die Blutspuren waren, befand sich neben einer Brücke, das Flussbett war dort sehr tief eingeschnitten und mit hohen Ufermauern versehen. Hier wurde stets der in den Strassen der Stadt gesammelte Schnee über die Mauer gestürzt. Da nun nach jedem Schneefall an dieser Stelle grosse Massen von Schnee abgeleert wurden und da im Winter das Flusswasser beinahe nie bis zum Fusse der Mauer heranreicht, so bildet sich dort eine oft mehrere Meter breite und ebenso hohe Schneebank, die erst spät im Frühjahre vollends schmilzt. Man konnte nun nach den, vom Sägeschleifer beschriebenen und seither vollkommen verschwundenen Blutspuren annehmen, dass der Getötete über das Gitter, welches die Ufermauer krönt, auf die Schneebank geworfen und alsbald verschüttet wurde, da es in der Nacht seines Verschwindens stark geschneit hatte und schon sehr früh morgens mit dem Fortführen und Ableeren des Schnees begonnen worden war. Dies war am 15. Dezember. Am 20. und 27. Dezember hatten neuerliche Schneefälle stattgefunden und jedesmal waren neue Schneemassen auf die genannte Schneebank abgeleert worden, kein Schneefall war aber in diesem Winter so stark, wie der erste.

Man machte sich nun daran, diese Schneemasen in den Fluss zu schaufeln, um die Leiche des Getöteten zu finden; auch die Gerichtskommission war anwesend, um im Auffindungsfalle sofort das visum repertum aufnehmen zu können. Nun hatte sich der UR. bei den Leuten erkundigt, ob in diesem Winter der e r s t e Schneefall jener vom 15. Dezember — jene Nacht, in welcher J. S. verschwunden war — gewesen sei (der UR. erinnerte sich nicht mehr genau daran) und es antworteten die Befragten, der Schneefall vom 15. Dezember sei der zweite, schwächere gewesen, so dass der Getötete schon auf einer starken Schichte von Schnee (vom ersten bedeutendsten Schneefalle zusammengefahren) liegen müsse; die Leute sagten, diese erste Schicht müsse 6—8 Fuss hoch gewesen sein. Man beschloss also, so lange zu graben, bis man ungefähr auf die Schichte des ersten Schneefalles, a u f welcher der Getötete ja liegen müsse, gestossen sein werde. Man grub und schaufelte und als die restliche Schichte nur mehr etwa 4 Fuss stark war und man sich also zweifellos schon längst in der Schichte des e r s t e n Schnees befand, wurde die Arbeit aufgegeben und man nahm an, dass sich der alte, taube Sägeschleifer geirrt habe. Er hatte sich aber nicht geirrt, denn als spät im Frühjahre aller Schnee der dortigen Schneebank geschmolzen war, fand man ganz unten, schon auf dem festen Ufer, die Leiche des ermordeten J. S., und zwar gerade an jener Stelle, oberhalb welcher der UR. während des Forschungsschaufelns stundenlange gestanden war. Die Aufklärung lag einfach darin, dass die, vom UR. über die Zeit des ersten Schneefalles befragten Leute sich geirrt hatten; der Schneefall vom 15. Dezember ist nicht der z w e i t e, sondern der e r s t e dieses Winters gewesen, die Leiche wurde also über die Mauer gestürzt, als noch gar kein Schnee abgeleert worden war, sie war also auch nicht a u f der ersten Schichte, sondern u n t e r derselben zu suchen, und hätte man damals genauer erhoben, wann der erste Schneefall eintrat, so hätte man auch die letzte Schichte weggeräumt und hätte schon damals die Leiche gefunden. Seither war aber viel Zeit vergangen und der Täter ist heute noch nicht bekannt. —

Der zweite Fall betrifft ebenfalls einen Mord und zeigt, dass durch die unrichtige Angabe einer grossen Anzahl von Zeugen leicht die Spur vom wirklichen Täter auf einen Unschuldigen hätte gelenkt werden können.

Zwei schlecht beleumundete und herabgekommene Bauern, Sp. und B., hatten einen dritten, wohlhabenden Bauern, im Volksmunde Teiplschuster genannt, beredet, mit ihnen einen weit entfernten Markt zu besuchen, um dort Vieh einzukaufen. Sie verliessen ihren gemeinsamen Heimatsort S. sehr zeitlich des Morgens, wanderten bis L., hielten dort Mittagsrast und gingen um 3 Uhr von dort fort; sie beabsichtigten über V. bis St. zu gehen, hier zu übernachten und am nächsten Tage den nur mehr eine Stunde entfernten Marktort M. zu erreichen. Am nächsten Morgen wurde nun T. zwischen den Orten L. und V., aber näher von V., neben der Strasse im Strassengraben gefunden; er war am Hinterhaupte schwer verletzt und bewusstlos; im Laufe des nächsten Tages erlangte er das Bewusstsein wieder und gab an: „Alle drei seien, wie erwähnt, genau um 3 Uhr, durch den Schlag der Kirchturmuhr ermahnt, von ihrer Mittagsrast in L. aufgebrochen und auf der Landstrasse fortgegangen; nach etwa einer Stunde haben Sp. und B. plötzlich davon zu sprechen angefangen, ob nicht am Ende der Markt in M. wegen einer Rinderseuche abgesagt wäre, man solle in dem seitwärts von der Strasse gelegenen Dorfe darüber Nachfrage halten. T. habe ihnen erklärt, zu dieser Annahme liege nicht der mindeste Grund vor und ausserdem könne man ja in jedem Gasthause an der Strasse hier-

über Erkundigungen einziehen; an der Strasse wissen die Leute derartige Dinge besser als in dem abseits gelegenen Dorfe; auch hätten
sie gar nicht nötig, ihren ohnehin tüchtigen Marsch, durch den Umweg
nach dem Dorfe zu verlängern, setzte T. hinzu. Sp. und B. seien aber
so hartnäckig bei ihrer Meinung geblieben, dass er die Vermutung kekam,
sie hätten in dem Dorfe irgend etwas Heimliches vor — wahrscheinlich
einen Viehhandel, von welchem er, T., nichts wissen sollte, und so erklärte er ihnen, sie sollten nach dem Dorfe gehen, er werde langsam
weiter wandern, bis die beiden andern, im Bogen über das Dorf gehend,
ihn wieder an der Strasse einholen würden. Diese seien lange nicht
gekommen und so habe er sich auf einen Meilenstein neben der Strasse
gesetzt, um zu warten, und zwar mit dem Rücken gegen die Strasse,
da starker Wind ging und den Strassenstaub aufwirbelte. Plötzlich
habe er von rückwärts einen starken Schlag auf den Kopf bekommen,
hiemit ende seine Erinnerung"; das Geld zum Vieheinkaufe war verschwunden.

Mehrere Tage darauf starb T. an den Folgen der Kopfverletzung,
ohne mehr genauer einvernommen werden zu können. Sp. und B.
gaben ziemlich übereinstimmend an, sie hätten in der Tat keinen anderen
Zweck im Dorfe verfolgt, als wegen des Marktes zu fragen, sie hätten
auch in einem Gasthause unbekannte Gäste darüber gefragt und seien
dann wieder dem T. nachgegangen, hätten ihn aber auf der Strasse
nirgends gefunden, a u c h n i c h t s d a v o n g e s e h e n, d a s s
e r i m S t r a s s e n g r a b e n g e l e g e n w ä r e, sie hätten angenommen, er sei bis V. oder St. gegangen und als sie ihn da auch nicht
fanden, zogen sie am anderen Tage auf den Markt nach M. — Erst auf
dem Rückwege hätten sie von einem halberschlagenen Manne gehört,
man habe sie aufgefordert, ihn in einem Bauernhause anzusehen, da
niemand ihn kenne und da hätten sie ihren Kameraden T. erkannt.
Dass sie ihn nicht sahen, als er, zweifellos schon verletzt, im Strassen-
graben lag, sei dadurch erklärlich, dass es damals, als sie an der Tatstelle vorbeikamen, s c h o n f i n s t e r g e w e s e n s e i (es war im
Spätherbste).

Die weiteren Erhebungen führten nun zu der Annahme, dass den
Sp. und B. der Gedanke gekommen war, bei eingebrochener Dunkel-
heit den T. zu überfallen, zu erschlagen und seines Geldes zu berauben;
um die näheren Umstände ungestört besprechen zu können, haben sie
die Ausrede gebraucht, im Dorfe wegen des Marktes zu fragen, da sie
wussten, dass T., der schlechteste Fussgänger unter ihnen, den Umweg
scheuen werde. Sie konnten natürlich nicht wissen, dass T. auf einem
Steine sitzen und ihnen den Rücken zuwenden werde und hatten wahrscheinlich als Tatort einen Wald bestimmt, den sie erst in der Dunkel-
heit passieren mussten; da sie ihn nun in der ihnen günstigen Stellung
sahen und auch dort die Strasse recht einsam und verlassen war, so
haben sie sofort die Gelegenheit benutzt und ihn von rückwärts niedergeschlagen und beraubt.

Zu Gunsten der Beschuldigten sprach nur der Umstand, dass der
Hergang, wie sie ihn erzählten, auch möglich war, dass T. von einem

Fremden erschlagen und beraubt wurde, und dass sie, an ihm vorbei-kommend, ihn nicht bemerken konnten, weil es damals, wie erwähnt, schon finster war. Es wurden nämlich zahlreiche Leute aus der Gegend vernommen, die einstimmig versicherten: wenn man in dieser Jahres-zeit um 3 Uhr von L. fortgeht und den Umweg über jenes Dorf macht, so kommt man, bei langsamem Tempo ermüdeter Leute, wie Sp., B. und T. damals waren, erst an die Tatstelle, wenn es schon vollkommen dunkel ist. Dass es aber beim Aufbruche von L. genau 3 Uhr war, hatten nicht bloss die drei Genannten, sondern auch mehrere Leute bestätigt, mit denen dieselben im Gasthause gesessen waren, da einer von ihnen gesagt hatte: „Jetzt schlägt's drei, wir müssen gehen, wir haben noch weit."

Trotz dieser Schwäche der Anklage, wurden auf Grund des vielen, sie belastenden Materials Sp. und B. verurteilt.

Im zeitlichen Frühjahre verlangten die Verurteilten Wiederauf-nahme des Verfahrens. Es gelang ihnen in der Tat, manches vom Beweismateriale zu erschüttern, sie lenkten den Verdacht auf einen übelberüchtigten Burschen, der sich in der Nähe des Tatortes herum-trieb, und da eben der erwähnte Umstand, dass sie den schwerbeschä-digten T. nicht hatten sehen können, noch immer ins Gewicht fiel, so stand die Verhaftung jenes Burschen und die Wiederaufnahme des Verfahrens gegen Sp. und B. unmittelbar bevor. Dem UR. fiel es nun ein, sich die Sache einmal selbst zu besehen; er liess sich, da man auf den Spätherbst, in welchem die Tat geschehen war, natürlich nicht warten konnte, vom Astronomen der Universität jenen Tag im F r ü h - j a h r e berechnen und angeben, welcher rücksichtlich seiner Beleuch-tungseffekte (Sonnenuntergang u. s. w.) jenem Tage entspricht,[1]) an welchem die Tat im H e r b s t e begangen war, und so begab er sich in Begleitung des Staatsanwaltes an dem ihm bezeichneten Tage an Ort und Stelle. Sie brachen nun schlag 3 Uhr von L. auf, gingen lang-samen Schrittes, wie die ermüdeten Sp., B. und T. gegangen sein müssen, mit dem Umwege über das mehrgenannte Dorf, hielten sich in dem-selben entsprechend lange auf und trafen endlich (alle Verhältnisse zu Gunsten der Verurteilten auslegend) am Tatorte an, b e i v o l l - k o m m e n h e l l e m T a g e; sie machten nun alle erdenklichen Ver-suche: abwechselnd legte sich einer, dann der andere in den Strassen-graben an jene Stelle, auf welche T. unmittelbar nach dem Schlage vom Meilensteine herabgekollert war und an welcher er auch am näch-sten Tage gefunden wurde; dann gingen sie abwechselnd wieder auf der Strasse zurück, kehrten um und konstatierten, dass man, gleich-viel auf welcher Seite der Strasse gehend, schon auf weite Entfernung unbedingt sehen müsse, dass ein Mensch im Strassengraben liege und dass dies absolut nicht zu übersehen sei. Erst nach Beendigung dieser zeitraubenden Versuche b e g a n n die Dämmerung, und es war somit

---

[1]) In H. Gross' Archiv wird demnächst eine Abhandlung erscheinen, in welcher angegeben wird, wie für alle die nicht seltenen Fälle ähnlicher Art der entsprechende Tag auch vom Laien berechnet werden kann.

festgestellt, dass die Angaben aller vernommenen Zeugen auf irrigen Annahmen beruht hatten und dass das einzige Moment, welches zu Gunsten der Verurteilten gesprochen hatte, bei genauer Besichtigung einfach nicht existierte.

Solche Beispiele liessen sich in Menge aufzählen und jeder von uns hat sie erlebt, aber eben, weil sie häufig sind, kann man nicht oft genug auf sie hinweisen, und darauf aufmerksam machen, von welch ausschlaggebender Wichtigkeit die genaueste Feststellung der Operationsbasis sein muss. —

Es liegt übrigens wie schon erwähnt, in der Natur des Menschen, sich auch an Anhaltspunkte zu klammern, welche noch keineswegs sichergestellt sind; man hört irgend einen Umstand, oft nur ungefähr hingeworfen, von irgend einer Auskunftsperson erwähnt, und ist leicht geneigt, für den Fall, dass sich dieser Umstand bewahrheiten sollte, eine Kombination daran zu knüpfen; diese hat etwas für sich; sie gefällt, und man knüpft eine zweite, eine zehnte an dieselbe; die Sache wird interessant und kann Erfolg haben: man erhebt nun alle einzelnen Momente der Kombinationen auf das genaueste, sorgfältigste und umständlichste; a b e r o b d e r e r s t e U m s t a n d, a u f d e n m a n a l l e s w e i t e r e a u f g e b a u t h a t, w a h r s e i, d a s w u r d e m i t t l e r w e i l e v e r g e s s e n — der Eifer und der gute Wille, etwas zu leisten, hat uns mitgerissen, das langsam fortschreitende, kühl überlegende Sondieren haben wir unterlassen, und alles war umsonst. Da gibt es nur ein einziges Mittel: mitten im ruhigen Gange, im Laufe, im Sturmschritte einer Untersuchung m ü s s e n Ruhepausen gemacht werden, in welchen man nicht vorwärts drängt, sondern nach rückwärts sieht, man nimmt dann die einzelnen Momente der Untersuchung, stets vom Anfange an beginnend, einzeln vor, zerfasert jedes, auch das kleinste gewonnene Produkt in seine letzten Faktoren, und sind diese nicht mehr weiters zu zerlegen, so prüft man jeden derselben wieder ängstlich auf seine Provenienz, deren Verlässigkeit und Begründung. Ist diese in den letzten Elementen richtig befunden, dann fügt man wieder vorsichtig eines an das andere und prüft das Gewonnene wieder so, als ob man es zum erstenmale wahrgenommen hätte; meistens wird die Sache ganz anders aussehen, da man anfänglich den Hergang noch nicht so kannte als jetzt. Hat das Gewonnene aber ein anderes Aussehen bekommen als es früher besass, so entsteht jedesmal die Frage, ob es nun wohl noch in das alte Gefüge passe, ob und was zu ändern sei.

Und stimmt die Schlussbilanz nicht, so habe man Selbstverleugnung genug, sich ehrlich zu sagen: „Falsch gerechnet, nochmals anfangen!"

7. Über Menschenkenntnis.

Ein gewisser Teil des „exakten Arbeitens" liegt auch in der genauen Kenntnis des Hauptmateriales der Untersuchung, des Menschen. Die Leute, die in einer Untersuchung eine Rolle spielen, sind doch nichts anderes in ihrem Werte, als Beweismittel und leisten viel oder wenig in der Hand des UR., je nachdem er viel oder wenig aus ihnen zu machen weiss. Eine auf dem Tatorte aufgefundene Fussspur bedeutet gar nichts für den kenntnislosen UR., sie bedeutet aber einen schlagenden Beweis, wenn der UR. ihn aus ihr herauszulesen vermag; ebenso spricht ein Zeuge nichts oder die Unwahrheit oder Belangloses zum ungeschickten UR., während derselbe Zeuge genau, wahr und wichtig zum UR. spricht, der ihn durchschaut und zu behandeln weiss. Und wenn ein UR. ohne Menschenkenntnis das Richtige herausgebracht hat, so war es nicht s e i n Verdienst, sondern es haben dann die Vernommenen zufällig das Richtige sagen wollen; wollen sie dies aber nicht tun, so ist es ein geradezu unwürdiges Schauspiel, wenn die ganze Untersuchung nur zeigt, wie sich der UR. von den Vernommenen irreführen und dorthin leiten liess, wohin sie ihn haben wollten. Ein Lehrbuch der Menschenkenntnis, das wirklich Kenntnis des Menschen beizubringen vermöchte, ist noch nicht geschrieben worden und wird auch nicht geschrieben werden, es lassen sich nur Hilfsmittel nennen, die im besonderen Falle angewendet werden können. — Für uns Kriminalisten gibt es deren nur wenige.

Eines der wichtigsten, aber ein wirklich wertvolles Hilfsmittel ist das Studium der Vorakten, so dass man in der Tat mit mehr Beruhigung an einen Fall gehen kann, wenn über den Beschuldigten schon Vorakten vorliegen, gleichviel ob seine Schuld oder seine Unschuld bewiesen werden soll. Ist aber der Fall nur einigermassen von Wichtigkeit, dann müssen die Vorakten so studiert werden, als ob sie den g e g e n w ä r t i g e n Fall betreffen würden. Es genügt nicht, etwa bloss das Protokoll mit dem Beschuldigten und einige andere wichtige Aktenstücke zu lesen: es muss der ganze Fall studiert und dann Schritt für Schritt die damalige Verantwortung des Beschuldigten in ihrer Entwickelung geprüft und mit den vorgeführten Beweisen verglichen werden. In der Art, sich zu verantworten und zu verteidigen, bleiben sich die Leute auch nach längeren Zeiträumen merkwürdig gleich. Dies will freilich nicht besagen, dass z. B. einer, der e i n m a l gestanden hat, i m m e r gestehen wird, oder dass er als Maxime seiner Verteidigung stets die Verdächtigung der Belastungszeugen wählen wird, weil er es einmal so gemacht hat, so sklavisch genau wiederholt sich eben nichts im Leben, a b e r d a s g a n z e B i l d, d e r G e s a m t e i n d r u c k, d e n m a n a u s d e r V e r n e h m u n g e i n e s M e n s c h e n g e w o n n e n h a t, w i r d s i c h j e d e s m a l w i e d e r h o l e n, s o o f t e r n e u v e r n o m m e n w i r d. Jeder, der in dieser Weise vorgeht und zuerst die Vorakten seines Inquisiten studiert, wird bei der neuen, nun folgenden Vernehmung zuerst den Eindruck bekommen:

diesmal mache er es völlig anders; ist aber die Vernehmung nur einigermassen vorgeschritten, so taucht nach und nach deutlich das alte Bild auf und man gewinnt endlich die zweifellose Überzeugung: „Heute so wie damals", man hat genau die alte Art des Benehmens, vielleicht nur mit dem Unterschiede, dass der Mann mittlerweile auch gelernt hat, schlauer und vorsichtiger wurde, oder dass er alt geworden ist, und die frühere Schnellkraft und Geschicklichkeit eingebüsst hat. Aber immer wird auch der Schatten von dem, was einst da war, noch den klaren, deutlichen Umriss des alten Bildes zeigen. Hat man gar mehrere Vorakten über den Beschuldigten zur Verfügung und hat man diese genau studiert, so gewinnt man eine so vollständige Kenntnis über ihn, dass man im voraus sagen kann, wie er sich verhalten, verteidigen und verantworten werde, was man ihm davon glauben dürfe, was unwahr sei, und wie man bezüglich des letzteren ihm beikommen könne. Oft kommt es aber auch vor, dass gerade ein sorgfältiges, psychologisch abgeklärtes Studium der Vorakten eines oft bestraften Menschen zweifellos seine Unschuld für den gegenwärtigen Fall beweist: man lernt ihn aus den Vorakten kennen, und dieses Bild passt auf den heutigen Fall nicht — allerdings: ein solcher Schluss fordert s e h r sorgfältiges Studium! —

Aber nicht bloss bei Beschuldigten, sondern auch bei wichtigen Zeugen, die entweder schon Vorstrafen erlitten haben, oder in früheren Prozessen als Zeugen vernommen wurden, ist ein Studium dieser alten Akten von Wichtigkeit, da es oft auf das sicherste zeigt, wie der Zeuge zu behandeln und was ihm zu glauben ist, wie weit man ihm trauen kann, und wie bei ihm der Nachweis, dass er nicht die Wahrheit gesagt hat, am leichtesten zu erbringen ist. —

Ein weiteres Hilfsmittel bei Kenntnis der Leute liegt in der grossen Aufmerksamkeit bei den Verhören und in dem steten Rücksichtnehmen darauf, dass man den Menschen zu durchschauen wünscht. Wer seine Zeugen vernimmt, nur damit sie vernommen sind, und seine Fälle erledigt, nur damit die Nummer glücklich draussen ist, der wird freilich wenig Gelegenheit finden, die Menschen kennen zu lernen; will er das, so muss ihm jedes Individuum, das seine Amtsstube betritt, schon von vorneherein zum interessanten Objekt für seine Studien werden. Die Art, wie einer erscheint, herumsieht, sich fragen lässt, antwortet, selbst fragt, kurz wie er sich gibt, darf dem strebsamen UR. unter keiner Bedingung, auch im unbedeutendsten Falle, gleichgültig sein. Er muss sich stets eine Vorstellung darüber machen, ob das Individuum die Wahrheit, die volle Wahrheit gesagt, oder gelogen, oder etwas verschwiegen hat; weiters, was die Beweggründe hiefür gewesen sein können, wie die Äusserungen mit den übrigen hier massgebenden Umständen zusammenhängen, worauf es reagiert hat, was ihm wichtig war, welche Mittel es angewendet hat, um seine Angaben als wahr und richtig erscheinen zu lassen.

Das, was der UR. in dieser Weise wahrgenommen hat, oder wahrgenommen zu haben vermeint, muss er sich merken, oder noch besser, notieren, es kann ja überdies in der Untersuchung von Wert sein. Ergibt sich nun im Laufe derselben irgend ein Moment, welches das früher Beobachtete als richtig oder unrichtig darstellt, so erhält man in einem Falle eine Befestigung in seiner Auffassung, im anderen aber muss man nachforschen, warum man sich geirrt hat, und feststellen, wo und wie der Irrtum entstanden ist. —

Bevor der UR. seinen Akt aus der Hand gibt, hat er bei der ohnehin notwendigen Generalrevision desselben abermals Gelegenheit, alles Beobachtete zu wiederholon und mit den gewonnenen Aufklärungen zu vergleichen; es liegt viel Mühe und Zeitaufwand in solcher Arbeit, die sie aber reichlich an interessantem und für die Zukunft wertvollem Gewinn ersetzt. Besonders dann, wenn es gelungen ist, einen verwickelten Fall vollkommen zu klären, und wenn die Lösung eine unerwartete war, ist es von grossem Werte, die Untersuchung nochmals durchzunehmen, und jede Zeugenaussage auf den, nunmehr bekannten Sachverhalt hin zu prüfen. Da ergeben sich oft eine Menge von Aufklärungen: man weiss, warum dieser Zeuge zögernd sprach, warum jener verlegen war; man versteht eine Anzahl von zweideutigen, unbestimmten Äusserungen, man reimt vieles zusammen, was fern auseinander zu liegen schien, man versteht Betonung, Zweifel und Sicherheit in den Aussagen. Und bei einem künftigen Falle ist das alles mit Zinsen zu verwerten.

Aber das Haupthilfsmittel für den UR., sich Menschenkenntnis zu erwerben, findet er nicht in seiner Amtstätigkeit, sondern im alltäglichen, gemeinen Leben, bei seinem Verkehre mit Menschen über die gewöhnlichen Verhältnisse. Man lernt freilich bei jeder Arbeit und bei jeder Arbeit immer wieder Neues, aber so eigentlich zum Lernen ist die ernste Tätigkeit, die so vielfach und von so vielen Seiten zu schaffen macht, nicht recht da; wer arbeiten will, muss schon gelernt haben, er kann sich ausbilden und dazu lernen, aber die Hauptlernzeit muss vorüber sein. Das hat namentlich darin seinen Grund, dass kein Lernen ohne Versuchen möglich und nutzbringend sein kann, „probieren geht über studieren" sagt mit vollem Rechte der Volksmund, und probieren kann man im Privatleben, im Amte geht das nicht an. Verwendbar ist nun im Leben für diese Zwecke alles: jede Unterredung, jede kurze Äusserung, jedes hingeworfene Wort, aber auch jedes Handeln und Streben, jeder Zug, jedes Auftreten, ja jede Geberde und Miene, die wir an anderen sehen, und wenn es sich nur auf Augenblicke oder auf Reihen von Jahren erstreckt, soll studiert und mit dem Kommenden, Geprüften, Wirklichen verglichen werden. Allerdings müsste man da über jeden Menschen, mit dem wir in Berührung kommen, Buch führen und alles notieren, was er wahrnehmen liess durch Handlungen, Worte und Mienen, und von Fall zu Fall wieder vergleichen, prüfen und feststellen; wer so weise ist, über sein Leben Tagebuch zu führen, der wird es am besten ausfüllen, wenn er darin Beobachtungen über sich und andere aufnimmt. Aber auch ohne schriftliche Aufzeichnungen lässt sich manches lernen: für die Eindrücke, die wir vom Tun der anderen bekommen, haben wir meistens ein gutes Gedächtnis und vergessen nicht leicht Enttäuschungen, die wir über das Wesen anderer erlitten haben. Wer nur blindlings durchs Leben läuft, hat von diesen Enttäuschungen nur die Kränkung, wer sich aber die Erfahrungen, die er im Leben macht, zunutze wenden will, der lernt Lebensweisheit aus ihnen. „Kein Geld", sagt der Frankfurter Philosoph, „ist besser angewendet, als das, um welches wir uns haben betrügen lassen, — denn wir haben Lebensklugheit eingehandelt dafür."

Und genau so ist es mit bösen Erfahrungen, und solche sind ja doch die weitaus zahlreichsten, die wir machen; s i e b e r u h e n i m m e r a u f f a l s c h e n A n n a h m e n , die wir gemacht haben, und wenn dann Schlimmes eintrifft, so können wir noch reichen Gewinn darin finden, wenn wir, statt zu wehklagen, die Sache als „wertvolles Problem" auffassen und fragen, wie denn das gekommen ist? Wir werden unsere frühere Auffassung wachrufen, werden untersuchen, wie wir zu derselben gekommen sind, werden sie mit den heutigen Erfahrungen vergleichen und werden endlich den damaligen Fehler erkennen, ihn künftig nicht mehr begehen, und das Gewonnene als Kriminalisten verwerten können.

Aber nicht bloss eingreifende Erfahrungen, die wir machen, können wertvoll werden, jede kleine Beobachtung kann einmal von ausschlaggebender Bedeutung sein; wir hören etwas und glauben es, später stellt es sich als unwahr heraus; wir hören etwas und glauben es nicht, später erfahren wir, dass es doch richtig war. Das eine und das andere war uns gleichgültig im Leben, aber Lernmaterial kann es bieten, wenn wir nachgehen und fragen, wodurch wir uns haben irreführen lassen, wodurch der Effekt willkürlich oder unwillkürlich veranlasst wurde, wie wir auf das Richtige schon damals hätten kommen können, und warum wir nicht darauf gekommen sind. Die späteren Ereignisse gestatten uns vielleicht sogar, klar darüber zu werden, warum man sich damals anders gegeben hat, wie es damals maskiert wurde, und wie die ganze Täuschung bewerkstelligt war; dann stellen wir uns mit der nunmehrigen Kenntnis der Sachlage auf den Standpunkt von früher und vergegenwärtigen uns, wie wir damals hätten auffassen sollen. Führt man dies öfter durch, so wird man sich dann in künftigen ähnlichen Fällen vielleicht nicht mehr irren.

Besonders lehrreich ist im Privatleben das Forschen nach den Motiven einer Unwahrheit. Sind wir oder andere in irgend einer Weise unwahr berichtet worden, und kommen wir später dahinter, so werden wir der Sache in der Mehrheit der Fälle nicht weiter nachgehen, weil sie eben von keiner Bedeutung ist; wollen wir aber daraus lernen, so werden wir in irgend einer erlaubten Weise, am besten durch direkte ehrliche Frage, zu erfahren trachten, warum damals die Unwahrheit in die Welt gesetzt wurde. Meistens werden wir sehen, dass viel weniger wirkliche Schlechtigkeit, sondern eine kleine menschliche Schwäche das Motiv der Unwahrheit war. Wir werden im Laufe der Jahre überhaupt die Erfahrung machen, dass viel, viel mehr gelogen wird, als man in der Regel glaubt, aber wir werden der Sache auch viel milder entgegentreten, wenn wir sehen lernen, dass die Motive meistens recht kleinlich und dumm sind. Und das, was wir so im gemeinen Leben gelernt haben, ist oft im Ernste unserer Arbeit zu verwerten; wir werden wahrnehmen, dass der Zeuge, der unwahr ausgesagt hat, deshalb noch keineswegs mit dem Raubmörder gemeinsame Sache macht, sondern nur aus Furcht, Faulheit, Egoismus, Eitelkeit oder sonst einer kleinen menschlichen Schwäche die Unwahrheit gesagt hat.

Für die Sache selbst ist es aber gleichgültig, aus welchem Motive der UR. irre geführt wurde, und dieser wird in zahllosen Fällen einer Irreführung vorbeugen können, wenn er auf jene kleinlichen Motive Rücksicht nimmt, und selbst dann, wenn er sicher ist, dass der Zeuge „es nicht mit dem Täter hält", noch immer nachsieht, ob ihn der Zeuge nicht aus einem andern, oft ferne abliegenden Grunde belogen hat.

Von grosser Bedeutung ist auch das Beobachten und Verwerten ganzer und grösserer Vorgänge aus dem gemeinen Leben, wenn sich dieselben als kriminalistisch wichtig denken lassen. Das ist von jeher vernachlässigt worden, und der grosse Fortschritt, den die Kriminalpsychologie und mit ihr die Strafrechtswissenschaft überhaupt in den letzten Jahren gemacht hat, beruht zum grossen Teile auf der Beobachtung von gewöhnlichen Tatsachen, die dann auf kriminalistische Vorkommnisse umgewertet wurden. Es ist verhältnissmässig schwer, an wirklichen kriminalistischen Vorkommnissen seine Studien zu machen: es fehlt an Zeit und Ruhe, auch an Objektivität, weil man dem Verdächtigten nicht glaubt, beim Beschädigten absichtliche, beim Zeugen auch solche oder unwillkürliche Täuschung annimmt. Das Alles entfällt bei einem Vorgange des gemeinen Lebens, den man sorgfältig untersuchen kann und bei dem man besonders dann weniger Täuschung ausgesetzt ist, wenn man den, in dessen Person er sich ereignet hat als verlässlich gut kennt, und wenn kein Grund zu Irreführung vorgelegen ist.

Hat man die Sache gut beobachtet und vielleicht eine befriedigende Lösung gefunden, so ist die Umwertung auf kriminalistischen Vorgang — oder wie wir zu sagen pflegen, auf den „Ernstfall" — selten schwer. Dass dies gar nicht angängig sein sollte, wird kaum vorkommen: man braucht sich nur zu denken: „wie wäre es, wenn mein Gewährsmann ein Beschuldigter, Beschädigter, ein wichtiger Zeuge wäre?" Besonders belehrend sind a l l e Fälle von Täuschungen, Fehlschlüssen, unrichtigen Wahrnehmungen; irrige Sinnesauffassungen, Vorgänge bei Schreck, Zorn, Angst, Furcht, im Schlaf oder in der Schlaftrunkenheit, im Rausch u. s. w. Dann absichtliche unwahre Angaben, die sich irgendwie motivieren lassen, Fälle von reflektiven oder reflexoidem Handeln u. s. w. Alle solche Dinge sollen beobachtet, untersucht, und wo möglich, zur allgemeinen Belehrung, veröffentlicht werden. —

8. Orientiertsein.

Orientiert, ich finde keinen anderen Ausdruck hierfür, ist der UR.
dann, wenn er seinen Bezirk, seine Gegend, seine Leute, seine Hilfsmittel, die zu schaffenden Erleichterungen, die möglichen Schwierigkeiten, kurz alles kennt, womit er in Berührung kommen, was ihm helfen
oder schaden kann. Man halte sich immer gegenwärtig, dass jeder
sich ergebende, einigermassen verwickelte Fall solche Mengen von
Schwierigkeiten bietet oder bieten kann, dass dann, wenn man an die
Arbeit gehen soll, weder die Zeit noch die Gelegenheit vorhanden ist,
Studien darüber zu machen, wie man sich seine Lage erleichtern und
Schwierigkeiten beseitigen könnte. Das muss alles früher geschehen
sein. Nehmen wir an, es sei ein UR. soeben auf seinen Posten irgendwo
auf dem Lande gekommen, so ist es seine erste Aufgabe, Vorgesetzte
und Untergebene kennen zu lernen; er halte sich vor Augen, dass für
ihn oft die wichtigste Persönlichkeit der Amtsdiener ist: von seiner
Intelligenz, seiner Kenntnis von Land und Leuten, seinem guten Willen
hängt oft alles ab; seine Aufklärungen sind für den jungen UR., falls
der Diener verlässlich ist, meist das Wertvollste, was ihm geboten
werden kann, zumal, wenn der Diener ein alter Soldat und seit langer
Zeit am Amtssitze bedienstet ist. Dann sucht der UR. sich über die
anderen Behörden klar zu werden, um zu wissen, was er von ihnen zu
erwarten hat; jeder pflichttreue Beamte des Staates, sei er wo immer
bedienstet, muss überzeugt sein, dass er dem Dienste im allgemeinen
untersteht, und dass er verpflichtet ist, in wichtigen Fällen auch behilflich zu sein, wenn es sich um Beistand in einem anderen Amte handelt.
Um aber solche Hilfe verlangen zu können, muss der UR. auch mit
diesen Beamten schon früher in Berührung sein und sich nach Tunlichkeit amtlich gefällig gezeigt haben, um dann verlangen zu können,
wenn er Hilfe braucht. Diese Hilfe kann vielfach sein und sich auf
alle erdenklichen Seiten von Erhebungen erstrecken; das Wichtigste
ist aber zumeist Aufklärung über Verlässlichkeit und Vertrauens-
würdigkeit von Leuten zu bekommen, mit denen es der UR. zu
tun hat.

An meinem ersten Amtssitze hat ein alter Steuerbeamter gelebt,
der mir im Laufe der Zeit, als ich seine ausgedehnte Kenntnis von Land
und Leuten und seine absolute Verlässlichkeit wahrgenommen hatte,
von unschätzbarem Werte geworden ist, und trotzdem ich ihn immer
wieder mit einer Frage quälte, war er stets von gleichbleibender Bereitwilligkeit. Er war seit langer Zeit am selben Orte gewesen, war ein
leidenschaftlicher Fussgänger, kannte das kleinste Steiglein im Bezirke
und jeden Bewohner desselben, und so wusste er alles, was man ihn
fragen konnte: „Ist der A ein verlässlicher Mensch?" — „Kann man
von X nach Y auch über Z gehen?" — „Wenn einer in M eine Kuh
stiehlt und sie nach N treibt, kann er mit ihr über den Berg bei O kommen?" — „Wie schwer mögen die grössten Forellen sein, die man im
P-Bache stehlen kann?" — „Ist der Q wirklich allgemein als gewalt-

tätiger Mensch bekannt?" — und tausend andere Fragen erledigte er
stets prompt und richtig. Solche Leute gibt es aber überall, man muss sie
nur suchen, und hat man sie, so ersparen sie viel an Mühe und Arbeit,
und was die Hauptsache ist, an Irrtümern. Natürlich genügt eine
einzige derartige Auskunftsperson nicht, man muss solche verlässliche
Leute in jedem Dorfe, in jeder Gegend haben. Die sogenannten „Wohl-
verhaltungs-", „Leumunds-", „Sittenzeugnisse" und wie die von der
Ortspolizei ausgestellten Atteste sonst noch heissen mögen, müssen
natürlich eingeholt werden, damit sie die betreffende Nummer im Akte
ausfüllen, wer aber mit den Dingen lange zu tun hat, weiss, dass ihr
Wert in manchen Fällen ein sehr geringer ist. Theoretisch genommen
sollte ein solches Zeugnis von der Gemeinde selbst ausgehen, und in
Wirklichkeit ist es aber im günstigsten Falle vom Bürgermeister selbst,
häufig aber von irgend einem Gemeindeschreiber ausgestellt. In beiden
Fällen, namentlich aber dem letzteren, spielt persönliche Ansicht, oft
Gunst und Missgunst, Verwandtschaft und Freundschaft, Feindschaft
und Neid eine grosse Rolle. Wo wäre auf dem Lande ein Bürgermeister,
der mit niemandem seiner Gemeinde verwandt oder befreundet, ver-
feindet oder gespannt wäre!

Weiss dies aber der UR., und wissen muss er es doch, dann wäre
es geradezu gewissenlos von ihm, wenn er seine Auffassung und seine
Entschliessungen einzig von einem derartig entstandenen Atteste abhängig machen wollte. Geht er also gewissenhaft und ehrlich vor, so
m u s s er seine Vertrauensmänner haben, an die er sich in heiklen
Fällen wendet. Ich glaube, dass dies niemand Spionage nennen wird,
wenn sich der UR. bei Leuten seines Vertrauens über Menschen, deren
Aussage im Augenblicke von Wichtigkeit ist, Rats erholt. Aber auch
hier genügt es nicht, erst dann, wenn der Fall schon gegeben ist, sich
Vertrauenspersonen zu suchen, diese muss man schon lange eher kennen
und vielfältig geprüft haben, bis man ihnen Glauben schenken darf.
Man wird vielleicht den Wert solcher Leute nicht so ohne weiteres einsehen wollen, wer aber das erstemal in die Lage kommt, die Tragweite
einer wichtigen, sonst weiter nicht unterstützten Anzeige zu prüfen,
oder zwei widersprechende Aussagen gegeneinander abzuwägen, oder
wer darüber schlüssig werden muss, ob man jemandem eine wider ihn
erhobene Beschuldigung zutrauen kann, der wird Gott danken, wenn
er eine ehrliche, erprobte, und mit den Verhältnissen vertraute Persönlichkeit zu finden weiss, die ihn über den Charakter der hier massgebenden Leute aufklärt. Betont muss werden, dass man die verlässlichsten
Auskünfte über Personen immer von der Pfarrgeistlichkeit, gleichgültig
welcher Konfession, vom Arzt und sehr oft von klugen, braven alten
Frauen erlangen wird. Ich glaube nicht, dass es angeht, wegen jedes
Leumundszeugnisses z. B. den betreffenden Pfarrer mit in Aktion zu
setzen, zumal die an manchen Orten üblichen Vidierungen durch den
Pfarrer entweder zu einer Formalität werden oder aber leicht Zwistig-
keiten oder wenigstens Differenzen erzeugen können. In jedem wichtigen Fall wird der UR. aber gut tun, wenn er die Meinung des betreffenden Pfarrherrn einholt, der nach seiner Stellung und Bildung gewiss

am ersten imstande ist, ein richtiges Urteil über den Charakter und den Wert der Leute in seiner Pfarre abzugeben.

Von oft bedeutendem Werte sind die Äusserungen der Militär-behörden wie sie über gewesene Soldaten in den Konduitelisten u. s. w. vorzukommen pflegen. Der Abteilungs-Kommandant des betreffenden Mannes hat doch immerhin Gelegenheit gehabt, ihn genügend zu be-obachten und zwar gerade zu einer Zeit, in der sich der Charakter eines Menschen am kräftigsten und doch noch ziemlich unverhohlen ausspricht. Ich hatte oft Gelegenheit zu beobachten, wie richtig und zutreffend, oft geradezu prophetisch die diesbezüglichen Äusserungen der Militär-Kommandanten gewesen sind, wenn auch seit Abgabe derselben viele Jahre vergangen sind. —

Ein anderes Gebiet, in dem sich der UR. auf das genaueste um-sehen muss, ist das lokale. Vom Augenblicke, da ein Jurist UR. wurde, ist er nur noch UR. und sonst gar nichts, alles, was er tut, treibt, studiert und hört, muss der einzigen Idee unter-geordnet werden, wie er das, was er erfahren hat, in seinem Amte ver-werten könne. Nicht einseitig soll er werden, sondern vielseitig, so vielseitig als nur möglich; eben weil er alles brauchen kann, soll er sich um alles kümmern, um alles aber nur mit dem Gedanken wie er es als UR. verwerte. Er darf also nicht mehr „spa-zieren gehen", d. h. gedankenlos daherbummeln und sich harmlos freuen an Gottes schöner Welt; jeder Weg zur Erholung oder im Dienste muss mit der Generalstabskarte in der Hand gemacht werden, jeder Weg, jede Flur, jedes Wässerchen u. s. w. ist auf der Karte aufzusuchen und der Name dem Gedächtnisse einzuprägen; die Namen der Eigen-tümer auch der letzten Hütten sind festzustellen, von jedem Aussichts-punkte muss der gemachte Weg mit dem Auge wiederholt werden, bekannte Örtlichkeiten sind aufzusuchen, ihre gegenseitige Lage, Ent-fernung und Verbindung ist klarzustellen, die Weltgegend zu merken und zu prüfen, was und wohin man sehen kann. Jeder Weg ist nach der Uhr zu machen, die aufgewendete Zeit, am besten auf der Rück-seite der Ortskarte, zu notieren. Der Bauer weiss nach der Uhr nur die Entfernung von seinem Hause zur Kirche, zum Wirtshause und zur nächsten Eisen-bahnstation richtig anzugeben, da es misslich ist, wenn er zum Gottesdienste, zum Eisenbahnzuge oder vom Wirtshause heim zu spät kommt. Alle Fragen nach anderen Entfer-nungen beantwortet er zwar immer sofort, aber auch immer falsch[1]), und dies kann oft zu bedenklichen Irr-tümern führen. Gegebenen Falles aber jedesmal durch einen Gendarmen die Distanz ablaufen zu lassen, geht nicht immer an, man muss im voraus und bei Gelegenheit die Sache selbst feststellen. —

Gewisse Örtlichkeiten betrachte man schon mit bestimmter Rück-sicht auf gewisse Fälle: Wirtshäuser wegen der da vorkommenden

---

[1]) Ich habe viele Zuschriften bekommen, die mir bestätigen, dass das in der Tat überall so ist; vergl. H. Gross' Archiv Bd. VI p. 209 u. Bd. VII p. 340.

Raufereien, Totenkammern wegen der dort vorzunehmenden gerichtlichen Obduktionen, Gewässer in Dörfern wegen der hier ertrinkenden
unbeaufsichtigten Kinder, Waldungen wegen der Wilddiebstähle u. s. w.
Man suche sich zu orientieren, wie es mit der Unterbringung der Ortspolizei, der Einrichtung des Feldschutzes, der Entfernung der Gendarmerieposten beschaffen ist, wie die Leute h i e r ihre Türen, Fenster,
Stallungen und Nebengebäude verwahren, wie sie es d o r t machen;
eine Stunde Entfernung bringt häufig ganz andere Gebräuche zutage.
Man kümmere sich um gewisse technische Einrichtungen, die auch
allerorten verschieden sind, so dass man gegebenen Falles oft Schwierigkeiten hat, wenn man aus den stets mangelhaften Beschreibungen der
Leute klar werden soll. Eine Mühle, eine Brettersäge, eine Hufbeschlag-
schmiede, ein Sensenhammer, ein Steinbruch, ein Kohlenmeiler, ein
Ziegelofen und zahlreiche andere gewerbliche Fabriksanlagen sehen
überall anders aus und sind aus der Beschreibung nicht zu verstehen;
m a n m u s s s i e g e s e h e n h a b e n, um sich nach einer Beschreibung orientieren zu können. Jeder von uns hat es erlebt, dass
ihm eine nur ungefähr richtige Vorstellung einer solchen Anlage bloss
nach Erzählungen unmöglich ist, während man sofort die ganze Sachlage begreift, wenn man nur ein einzigesmal eine ähnliche Betriebs-
anlage gesehen hat. Ich weiss es aus Erfahrung, dass ein grosser Teil
gebildeter Menschen ihr Lebelang noch nie eine Mühle, eine Brettersäge
betreten und besichtigt hat, obwohl eine solche Anlage jedem ein gewisses Interesse einflössen sollte. Dies ist umso unbegreiflicher, als
jeder unzählige Male daran vorbeigekommen ist und es keine Schwierigkeiten bietet, sich eine solche Einrichtung zeigen zu lassen.

Ich habe, solange ich praktischer Kriminalist war, nie eine Gelegenheit versäumt, eine landwirtschaftliche, gewerbliche oder Fabriks-
anlage zu besichtigen und mir eingehend zeigen und erklären zu lassen,
und kann versichern, dass mir in all diesen vielen Malen nicht ein einzigesmal Unfreundlichkeit oder wenig Entgegenkommen bewiesen wurde.
Jeder, am meisten allerdings der einfache Mann, zeigt sogar Freude,
wenn man sich um seine Arbeit und Leistung kümmert, wenn er als
der Belehrende und Erklärende auftreten kann, er zeigt willig und gerne,
was er aufzuweisen hat. Besitzt man schon einige Kenntnisse von der
Sache, umso besser, der Mann spricht dann noch lieber. Hat man keine,
so hüte man sich, allzu naiv zu fragen: der gemeine Mann kann es sich
nicht vorstellen, dass der Gebildete Dinge „so einfacher Natur" nicht
wisse, er wird misstrauisch und zurückhaltend, weil er glaubt, man
halte ihn zum besten. Man beschränke sich also auf das Schauen, kurze
Fragen stellen, und auf das Zuhören: das nächstemal wird es besser
gehen.

Hat man aber in derlei technischen Dingen einige Kenntnisse,
so wird man in zahlreichen Fällen viel leichter arbeiten können und
überraschend viel Zeit und Mühe ersparen. Bleiben wir bei dem nahe-
liegenden Beispiele einer Mühle und nehmen wir an, der UR. hätte ein
derlei merkwürdig Ding sein Lebelang noch nie betreten. Handelt es
sich nun um einen Unfall, der in einer Mühle sich ereignet hat, um

einen Einbruchsdiebstahl, um Betrügereien und Veruntreuungen, die das Mühlpersonal begangen hat, um einen Brand in der Mühle u. s. w., so wird jeder dieser Vorgänge irgend welche Beziehung zur technischen Einrichtung der Mühle haben: der Unfall wird durch mangelhafte Konstruktion oder Beaufsichtigung irgend eines Mühlenteiles entstanden sein, der Dieb wird irgend eine technische Einrichtung zu seinem Vorteile benützt haben, die Betrügereien des Personals werden nur zu verstehen sein, wenn man die innere Einrichtung, namentlich aber die einzelnen Räume der Mühle kennt, und bei einem Brande hat man ohne diese Kenntnis absolut keine Vorstellung davon, wie die Sache zugegangen ist. Ich möchte nun wissen, wie es ein UR. verantworten will, die Untersuchung eines solchen Falles durchzuführen, ohne dass er die mindeste sichere Unterlage für seine Erhebungen besitzt. Im gegebenen Falle aber erst hinlaufen und sich die Sache ad hoc ansehen, dazu fehlt in der Regel Zeit und Legitimation, zumal wenn die Sache doch nicht so wichtig ist, um das besondere Aufheben zu rechtfertigen. Zu bemerken wäre noch, dass man in der Regel derlei lokale Dinge leicht im Gedächtnisse behält, da fast alle Menschen ein gutes Lokalgedächtnis haben, und wenn man selbst die einzelnen Momente vergessen hätte, so werden sie doch wieder lebhaft aufgefrischt werden, sobald ein Zeuge von den Einzelheiten einer solchen Anlage erzählt. —

Von Wichtigkeit sind ferner alle Verbindungen im Bezirke: Hauptstrassen, Chausseen, Strassen, Wege, Steige, Brücken, Fähren, Furten, Übergänge u. s. w. Die Orientierung darüber ist nicht schwer, da man ja nur jeden begangenen Weg auf der Generalstabskarte nachzusehen und zu notieren braucht, ob er richtig verzeichnet ist, was im grossen und ganzen der Fall sein wird. Die Korrekturen werden sich bei den Hauptverkehrsadern darauf beschränken, dass man Strassenumlegungen verzeichnet, dass man es angibt, wenn aus einer Strasse niederer Kategorie eine solche einer höheren wurde u. s. w. Bei dieser Gelegenheit wird der UR. auf seiner Karte auch sonstige Veränderungen verzeichnen: Neubauten, Auflassungen, Änderungen in den Kulturen, den Wasserläufen u. s. w., kurz seine Karte muss stets auf dem l e t z t e n Stande erhalten werden. Die meisten Änderungen werden sich bei kleinen Wegen ergeben; kleine Fussteige, die aufgelassen oder neu entstanden sind, müssen eingezeichnet werden, sie können von grosser Wichtigkeit sein. Ebenso vergesse man nicht auf neuangelegte oder abgekommene Brücken und Stege, auf Brunnen, Wasserlachen und Tümpel, Teiche und sonstige Wasserbestände. Diesen ist überhaupt ein besonderes Augenmerk zuzuwenden; Lauf, Breite, Richtung u. s. w. der Gewässer ist allerdings auf der Karte zu sehen, das ist aber nicht alles. Man bekümmere sich um Tiefe, Ufer, Wechsel der Wassermenge, Zugänge, Furten, Schleusen u. s. w., kurz alles, was zur Charakterisierung des Gewässers gehört, denn diese spielen in so vielen Kriminalfällen eine Rolle, und man arbeitet schwer, wenn man gar nicht weiss, wie das Ding aussieht.

Endlich kümmere man sich auch um das Innere der Häuser. Wenn man einige grosse und einige kleine Bauernhäuser (und hier

haben wir ja nur die Verhältnisse auf dem Lande im Auge) in allen
Einzelheiten angesehen hat, so weiss man, wie alle aussehen, da die
Bauernhäuser allerorts nach einigen wenigen Typen gebaut sind. Aber
wie diese aussehen, w i e   s i e   i m   V o l k s m u n d   h e i s s e n   und wie
sie benützt werden, das muss man wissen, sonst hat man beim ersten
besten Diebstahle Schwierigkeiten. —

Von grösster Wichtigkeit ist es, dass der UR. über die Sachverständigen, die ihm erforderlichen Falles zugebote stehen, vollkommen
orientiert ist. Dass er seine wichtigsten Sachverständigen, die Gerichtsärzte, genau in allen ihren besonderen Geschicklichkeiten, Eigenheiten
und Schwächen kennen muss, ist selbstverständlich. Aber auch in
anderen Richtungen muss er sich mit seinen Leuten zurechtfinden:
Sachverständige im Waffenwesen, in Jagdsachen, im Baufache, die
Schätzleute u. s. w., diese alle muss der UR. v o n   f r ü h e r   kennen
und muss wissen, was er von ihnen erwarten kann und in welcher Richtung er das von ihnen Gebotene wird verwerten können. Aber es genügt nicht, dass er die Leute in d e r   Leistung allein kennt, welche auf
ihrem Aushängschilde zu lesen ist, er muss auch von den besonderen
Geschicklichkeiten und Eigenheiten, welche den Leuten z u f ä l l i g   zukommen, Kenntnis haben, um diese nötigenfalls verwerten zu können.

Wenn einer besondere Sprachkenntnisse besitzt, Reisen gemacht
hat, wenn er Numismatiker, oder ein guter Pferdekenner ist, wenn er
über ein gutes Mikroskop oder über einen besonders geschickten Hund
verfügt, so pflegt er das nicht über seiner Haustüre ersichtlich zu machen,
und doch kann einer oder der andere dieser Umstände dem UR. auf
dem Lande oft den grössten Nutzen schaffen. Der erste ist als Dol-
metsch zu verwenden, der zweite kann bestätigen, ob die Behauptungen
eines angeblich vielgereisten Gauners wahr sind, der dritte eine gefälschte Münze untersuchen, der vierte bei einem Fall von Pferdebetrug
helfen, der fünfte sein Instrument dem Gerichtsarzte borgen, und der
sechste mit seinem Hunde etwas Wichtiges suchen helfen. Und wenn
an einem sonst nichts Merkwürdiges ist, als dass er in einem fernen
Lande geboren ist, so kann er einen mystischen Menschen entlarven
helfen, der zufällig behauptet, aus derselben Gegend zu sein, aber einen
anderen Dialekt spricht. Im kleinsten Landstädtchen gibt es fast
immer einige Leute, welche gewisse Fähigkeiten besitzen, die unter
Umständen von grossem Werte sein können, das alles muss man aber
schon eher wissen und nicht erst im letzten Augenblick darnach Um-
frage halten. —

Wenn für den UR. in der Stadt die Polizei und ihre Organe von
grosser Wichtigkeit ist, so ist es für den UR. auf dem Lande die Gendarmerie, von der ein grosser Teil seiner Tätigkeit, oft die ganze, abhängt. Immer aber wird es auf den UR. selbst ankommen, ob er mit
der Gendarmerie Erfolge erzielt oder nicht. Wenn der UR. seine Gendarmen kennt, über sie orientiert ist und sie richtig verwendet, wird
er gute Erfolge haben; ist dies nicht der Fall, dann wird er keine erzielen.
In diesem Falle aber ist i m m e r   der UR. schuld, nicht die Gendarmerie.

Ich kenne allerdings praktisch nur die österreichische Gendarmerie, diese aber aus einem fortwährenden Verkehre durch fast drei Jahrzehnte, und aus diesem Verkehre habe ich die Erfahrung gewonnen, dass irgend ein Misserfolg fast ausnahmslos dem UR., nicht aber dem Gendarmen zuzuschreiben ist. Dieser hat immer getan, was seine Pflicht war und was man von einem Menschen verlangen kann, aber wenn man ihn nicht genügend oder ungeschickt informiert, von ihm Unmögliches verlangt, oder ihn in einer Weise verwendet, die seinen persönlichen Eigenschaften nicht entspricht, dann darf man sich nicht wundern, wenn hie und da einmal etwas schief geht. Ich habe oft Gelegenheit gehabt, an den Mitgliedern dieses ausgezeichneten Corps Beispiele der aufopferndsten Leistung, der grössten Unerschrockenheit, musterhaften Taktes und eingehendster Kenntnis zu sehen, welche geradezu Bewunderung verdient haben, immer aber war der Gendarm wenigstens eifrig, willig, ausdauernd, und korrekt im Vorgehen.

Aber der Gendarm ist keine Maschine, er geniesst zwar eine ausgezeichnete, gleichmässige und militärische[1]) Schulung, aber man tötet nicht seine eigene Individualität, und diese muss dann auch in der Praxis entsprechend verwendet und ausgenützt werden. Deshalb muss der UR. auch genau über die ihm zur Verwendung stehenden Gendarmen, ihre Natur und Kultur unterrichtet sein. Allerdings ist die besondere Verwendung des einzelnen Mannes nicht Sache des UR., sondern die des Kommandanten. Wenn der UR. anordnet: ,,Man entsende einen Gendarmen, der dies oder jenes zu tun hat", so hat er der F o r m   n a c h genug getan. Ob aber auch der Sache nach, ist eine andere Frage. Der eine Gendarm ist besonders tüchtig in Sachen taktvollen Auftretens, der zweite ist besonders ,,schneidig", der dritte vermag mehr als die anderen körperliche Anstrengungen zu überwinden, der vierte verfügt über besondere Kenntnisse, und handelt es sich in einem schwierigen Falle um die Betätigung einer der genannten Eigenschaften, so ist vielleicht alles verloren, wenn nicht der richtige Mann ausgewählt wurde. Der Kommandant kennt aber vielleicht die Einzelheiten des Falles oder die Pläne des UR. gar nicht, hat auch oft nicht die Zeit, sich mit der Sache so eingehend zu befassen und wenn der UR. es nur bei einem trockenen Amtsschreiben hat bewenden lassen, so wird es auch bei einem entsprechenden Erfolge bleiben. Kennt er aber seine Gendarmen und ihre besonderen Fähigkeiten, so wird der UR. in jedem wichtigeren Falle zuerst mit dem Kommandanten über die Wahl des zu entsendenden Mannes Rücksprache pflegen, sich dann den Mann kommen lassen, mit ihm den Fall eingehend erörtern, ihm seine eigenen Ansichten und Absichten entwickeln, auch etwa die des Gen-

---

[1]) Auf das militärische der Schulung halte ich ausserordentlich viel: ich bin davon überzeugt, dass man die Gendarmerie völlig ruiniert, wenn man ihr die militärische Organisation nimmt; ich glaube sogar, dass die Verallgemeinerung der Gendarmerie, statt Polizei, Gemeindewachmann etc. bloss Gendarmen, militärisch organisierte Gendarmerie, von der besten Wirkung wäre. Man sehe nur zu, wie geachtet und beliebt der Gendarm bei der Bevölkerung überall ist, überall ist er der Beschützer — nicht einmal der Hofhund bellt den Gendarmen an.

4*

darmen anhören, Zwischenfälle, die sich ereignen können, in Erwägung ziehen, sich über die Varianten einigen, kurz die Sache so klar stellen als nur möglich. Ist der Mann so unterrichtet, dann wird er gewiss tun, was er zu tun imstande ist und wozu ihn sein, derart rege gemachter persönlicher Ehrgeiz antreiben wird. Und kommt er dann mit einer anerkennenswerten Leistung heim, so versage man ihm die Anerkennung auch nicht: ein herzliches, aufmunterndes und belobendes Wort ist so leicht gesprochen und wirkt immer gut. Man stelle sich nur die Tätigkeit eines Gendarmen in ihrer ganzen Schwierigkeit vor: tüchtig bepackt, ohne genügenden Schutz gegen Kälte und Hitze, in verantwortlicher Mission muss er meilenweite Wege zurücklegen; eingeengt von unzähligen Vorschriften politischen und gerichtlichen Inhaltes, ohne die Möglichkeit, sich mit jemanden zu beraten, soll der Mann den feinsten Takt entwickeln, unerschütterlichen Mut beweisen, nicht zu viel und nicht zu wenig tun und schliesslich einen erschöpfenden und richtigen Bericht über das Ganze verfassen. Hat der Mann das alles tadellos gemacht, so ist dies wirklich eine bedeutende Leistung, und der UR., dem in dieser Weise Mühe und Arbeit erspart wurde, dem eine brauchbare Grundlage für seine weiteren Erhebungen geschaffen wurde, tut wahrhaftig nicht zu viel, wenn er dem braven Gendarmen, seinem treuesten Mitarbeiter, ein Wort der Anerkennung und des Dankes zukommen lässt. Er versäume es auch nicht, sich über hervorragende Leistungen eines Gendarmen belobend zu dessen Kameraden und Vorgesetzten zu äussern; hat es der Mann verdient, so soll ihm auch seine Anerkennung zuteil werden. Ausserdem wirkt nichts so aneifernd für künftige Fälle, als verdientes Lob, nichts so deprimierend als fortwährendes Fordern, allenfalls Ausstellen, niemals aber Anerkennen. Dies sei überhaupt gemerkt in Betreff des Benehmens gegen jeden Untergebenen. —

Bei diesem Anlasse sei auch noch ein Wort darüber gesagt, wie man Aufträge erteilt. Dass diese kurz, vollständig und deutlich sein müssen, ist selbstverständlich. Man soll aber auch Zweifel ausschliessen, und das geschieht am verlässlichsten, wenn man Aufträge s c h r i f t l i c h gibt, und Aufbewahrung des Auftrages verlangt. Einerseits wird dadurch jeder Ausrede vorgebeugt, andererseits hilft man auch dem Vergessen und Missverstehen ab. Im Augenblick der Auftragerteilung versteht der Mann die Sache ganz gut — nach einer Viertelstunde verwechselt er vielleicht rechts und links oder Maier und Müller oder zwei Zahlen; hat er das Ding aber schriftlich, so ist dies alles ausgeschlossen. Auf jeden Fall muss aber i m m e r, ob der Auftrag schriftlich, oder wegen Zeitmangel mündlich erteilt wurde, etwas geschehen: „Befehl wiederholen." Es gibt wenige dümmere Fragen, als die: „haben Sie mich wohl verstanden?" Sie wird immer mit Ja beantwortet, denn hätte der Mann nicht verstanden, so hätte er wohl gefragt; er g l a u b t e verstanden zu haben, hat es aber nicht kapiert. Man mag gegen den militärischen Drill noch so viel einwenden, er hat doch sehr viel Gutes und eine seiner besten Grundsätze ist, i m m e r verlangen: „Befehl wiederholen". Dieses Mittel ist fast ganz verlässlich; kann der Mann sagen, was er soll, so weiss er es auch, hat er es nicht verstanden, so kann er es auch nicht sagen.

9. Der Untersuchungsrichter und die Geschwornen.[1])

So wie sich der UR. mit manch anderem Widerwärtigen und seinen Absichten Entgegenstrebenden abfinden muss, so ist es auch eine seiner Aufgaben, sich die richtige Stellung zu suchen gegen das Laienelement in der Rechtsprechung. Denn, wenn auch heute ein grosser Prozentsatz aller praktischen Juristen und ein sehr grosser Teil des gebildeten Publikums sich über das Geschwornen-Institut vollkommen klar wurde, und dessen Abschaffung als mehr oder minder beschlossene Sache anzusehen ist, so wird es doch noch einige Zeit bestehen bleiben, genug lang, um noch einer Anzahl von UR. Schwierigkeiten, nutzlose Arbeit und Enttäuschungen bereiten zu können. Jedenfalls hat der UR. Veranlassung, sich mit dem Wesen des Geschwornen-Institutes, seinen Forderungen, seinen Gefahren und Irrwegen möglichst vertraut zu machen. —

Es waren hauptsächlich drei Missverständnisse, welche zur Schaffung der unglückseligen Geschwornen-Gerichte geführt haben:

1. Ihre Existenz in England. Kein Zweifel: Der gebildete Engländer ist auch heute noch Kulturmensch, aber seine, vielfach hypertrophische Kultur hat ihn einerseits zu Brutalitäten, Räubereien und anderen Schwächen, andererseits auch zu Verkehrtheiten und Anachronismen gebracht. Und weil der Engländer die Geschwornen noch hat, so liegt darin kein Grund, dass wir sie erst bekommen mussten. Der Engländer kann sich von dieser veralteten Institution, wie von so manch anderem Antiquierten, nicht losmachen, das war aber kein Grund für uns, diese unmoderne, unbrauchbare, unseren Verhältnissen und dem modernen Prinzipe von der Teilung der Arbeit so fremde Sache jetzt erst aufzunehmen.

2. Die Verwechslung von Richter und Sachverständigen. Als man daranging, die Geschwornen zu erfinden, da wurde an allen Ecken und Enden gepredigt: „Nur der freie Mann aus dem Volke weiss zu beurteilen, was dem Staate und der Gesellschaft gut tut, nicht der verknöcherte Berufsrichter; nur das unbeein-

[1]) Die Literatur über das Geschwornen-Institut siehe „Juristisches Literaturblatt" vom 1. Oktober 1893 No. 48. Vergl. H. Gross' Archiv Bd. VII p. 163 und die ausgezeichnete Arbeit von Karl Görres „Der Wahrspruch der Geschworenen und seine psycholog. Grundlagen" (aus den jurist. psychiatr. Grenzfragen von Finger, Hoche u. Bresler Bd. 1 Heft 2/3, Halle 1903). Reform des Strafprozesses v. P. F. Aschrott, Berlin 1906.
Eine Anzahl höchst instruktiver Geschwornenverdikte bringt nebst Literaturangabe Scipio Sighele „Psychologie des Auflaufes und der Massenverbrechen", deutsch von H. Kurella, Dresden und Leipzig 1897. Auch im H. Gross' Archiv habe ich solche kuriose Aussprüche zu sammeln begonnen. Leider bekomme ich sehr wenige Beiträge in dieser Richtung. Zu meiner grossen Befriedigung ist man sich aber doch gerade in den letzten Jahren über den Unwert und die Gefahren des Geschworneninstituts klar geworden: seine Gegner gewinnen alle Tage an Zahl. Wer hätte das vor 10, 15 Jahren gehofft!

flusste Laienelement weiss da zu ermessen, was Recht und Unrecht ist, nur von diesem ist Nutz und Frommen für die Zukunft zu hoffen." Man hat also das materielle Recht mit dem formellen verwechselt und wollte die Fehler des Ersteren — die engen, schwerfälligen Bestimmungen desselben — durch etwas neues im formellen Recht, die Geschwornen, gut machen. Man gab Gesetze mit dem Wunsche, dass sie doch nicht gar zu genau durchgeführt werden, die Geschwornen mögen darüber springen. Zugegeben, dass wir verknöcherte Juristen in gewissen Fällen nicht das richtige Verständnis für Ausnahmefälle haben und vielleicht manchmal zu strenge, zu wortgetreu nach dem Gesetze urteilen, aber dann sind die Gesetze und nicht die Richter schuld daran, und man durfte nicht diese als solche beseitigen. Sagen wir z. B. es handle sich um eine Aufwiegelung durch eine längere Rede; traut man dann den gelehrten Richtern wirklich nicht das richtige Verständnis für eine solche Frage zu, so nehme man meinetwegen ein Dutzend „Männer aus dem Volke", lese ihnen die inkriminierte Rede vor und frage sie, ob sie sich nun „aufgewiegelt" fühlen. Und ihr G u t - a c h t e n lege man dem Urteile zugrunde. Dann hat aber jenes Dutzend nur die Rolle von S a c h v e r s t ä n d i g e n gespielt, und als solche mag man sie in Gottesnamen bei a l l e n p o l i t i s c h e n Prozessen aufmarschieren lassen, wenn man dem Volksworte so hoch vertraut.

3. D i e F o r d e r u n g e n d e r P r e s s e. Deren Einfluss war in d i e s e m Falle ein hoch bedauerlicher. Es fällt mir nicht ein, zu behaupten, die Presse habe da absichtlich pro domo gesprochen, aber es ist schliesslich so etwas Ähnliches zustande gekommen, ohne dass man der Presse im entferntesten doloses Vorgehen vorwerfen dürfte. Es liegt tief in der menschlichen Natur, dass man seine eigenen Verhältnisse für die wichtigsten hält, und diese dann zur Grundlage für die Beurteilung anderer Verhältnisse macht. Und so hat die Presse für sich eine grössere Freiheit erhofft, wenn die von ihr zu begehenden Delikte vor Geschworne kommen, und hat dafür Propaganda gemacht, dass a l l e grossen Verbrechen vor ihr Forum gelangen. —

So ist das Unheil gekommen und jetzt urteilen Männer über die höchsten Güter der Menschen, über Freiheit und Ehre, welche beim besten Willen und ehrlichsten Bestreben des hier so Wichtigen, der Erfahrung, entbehren. Jeder von uns Juristen weiss sich zu erinnern, wie schwer es ihm im Anfange seiner Praxis war, Entscheidendes von Unentscheidendem, Wahres von Falschem und Mögliches von Unmöglichem zu unterscheiden. Manches hat uns als „Beweisend" imponiert, was der erfahrene Jurist sofort als wertlos erkannte, manches schien uns gleichgültig, was ein geübter Blick als den Drehpunkt der Untersuchung bezeichnet hätte. Und doch besassen wir einige allgemeine und ziemlich viel juristisch-theoretische Bildung zueigen, wir kannten die Gesetze und die Formen: Der Geschworne hat in den meisten Fällen von alledem nichts, er soll sich plötzlich den Hergang des Vorprozesses, den Verlauf der Verhandlung und gar das Nacheinander bei Verübung der Tat im Handumdrehen klar machen, muss die Tätigkeit der Verhandlungs-Funktionäre kennen lernen, die Entlastungs- und Belastungsbeweise von einander trennen, sich eine Menge von Einzelheiten merken, fachliche Kenntnisse zeigen, dem Gange der Verhandlung folgen, sich Notizen machen, diese zusammenstellen und verwerten, und schliesslich ein richtiges Urteil über die Dinge haben, das alles ohne Vorbildung, ohne Erfahrung, ohne Übung, das ist hundertmal mehr, als ein Mensch zu leisten vermag.

Wer nun nach seinem Berufe jahrelang den Geschworenen gegenüberstand und vor ihnen plaidieren musste, der gewöhnt sich daran, in ihren Mienen zu lesen und den Grad des Verständnisses zu ermessen, welches sie der Sache entgegenbringen. Im grossen und ganzen darf man ja beim Geschwornen den ehrlichen Willen: die Sache zu verstehen, mit Grund voraussetzen; das krampfhafte Bestreben, sich zu orientieren, prägt sich in den Gesichtern deutlich aus: immer gespannter und angestrengter wird der Ausdruck, er wird zur wirklichen Angst, wenn die Leute den Faden der Verhandlung nicht zu finden vermögen. Endlich löst sich das peinigende Mienenspiel, um einem zufriedenen Ausdruck Platz zu machen: der Mann ist sich klar geworden, er hat die Lösung der Frage gefunden. Aber was war es, was ihn zurecht gebracht hat? Hilf, Himmel! möchte man oft unwillkürlich ausrufen. Irgend eine gleichgültige, aber mit Emphase vorgebrachte Äusserung eines Zeugen, irgend eine vorgelesene, gar nicht wichtige Leumundsnote, ein, dem Präsidenten oder einem Sachverständigen entschlüpftes Wort, meistens aber irgend eine Enunciation des UR., die im Akte vorkam, war das Ausschlaggebende für den Geschwornen. Daran klammert er sich, das lässt er nicht mehr locker, das wird dann massgebend für Schuld und Unschuld des Angeklagten. Niemand darf das dem Geschwornen übelnehmen; wer es nicht gelernt hat, der vermag es nicht, dem komplizierten Beweisgange bei einem grossen Betrugs- oder Mordprozesse zu folgen oder die einzelnen Für und Wider bei einer grösseren Anzahl von Diebstahlsfakten auseinander zu halten — das ist unmöglich, der Mann m u s s sich dann an Nebensächliches, ihm aber Imponierendes halten.

Daher die Lehre für den UR., sich bei der Führung von Untersuchungen, die schliesslich vor Geschworne kommen sollen, immer vor Augen zu halten, dass seine Arbeit Laien vorgeführt wird. Diese merken sehr genau auf die Art, wie die Führung der Untersuchung war, und suchen sich klar zu machen, ob der UR. Glauben verdient oder nicht. Diese Beurteilung muss aber auch laienhaft ausfallen: irgend eine unwesentliche Ungenauigkeit, ein gleichgültiger Widerspruch, eine belanglose Unkenntnis, die der Geschworne in der Untersuchung entdeckt hat, ist ihm Grund genug, dem UR. sein Vertrauen zu entziehen, die ganze Untersuchung wird für nichts nutz erklärt, und nun können die niederdrückendsten Beweise für die Schuld des Angeklagten kommen, — er wird freigesprochen. Umgekehrt, kann irgend ein gleichgültiger Kunstgriff des UR., eine nebensächliche Kenntnis oder sonst etwas Belangloses dem Geschwornen so gut gefallen, dass er den Angeklagten verurteilt, bloss weil er dem UR. glaubt, den ja jeder Laie für den hält, der den Beschuldigten „hineinzudrücken" hat.

Man glaube nicht, dass dies übertrieben ist, es ist vielfach erprobt. Ich hörte selbst von einem Geschwornen, einem enragierten Jäger: „Mir gefällts vom UR., dass er weiss, wie lange die Schonzeit des Hirschen dauert, dem glaub' ich, ich habe deshalb „Ja" gesagt, denn wen der Angeklagte nicht schuldig wäre, hätte ihn der UR. ohnehin früher ausgelassen." Ein Kaufmann sagte: „Ich habe mich nicht entschlossen „Ja" zu sagen, denn die ganze Geschichte wurde nicht genau gemacht, der UR. scheint die einzelnen Kaffeesorten gar nicht zu kennen." Ein anderer Geschworner konnte sich nicht über den Widerspruch trösten, nach welchem ein Zeuge vor dem UR. gesagt hatte: „Der Mann hatte eine schwarze Mütze auf", während er bei der Verhandlung gesagt hatte: „eine dunkle Mütze"; (die Sache war aber in der Tat vollkommen gleichgültig), und ein, besonders ziffermässig ausgebildeter Geschworner fragte die Gerichtsärzte, ob sie in einem Falle, wo alles von der A r t des Todes abhing, mit 60% Wahrscheinlichkeit behaupten können, dass der Ermordete infolge der Misshandlung gestorben sei. Er erklärte, wenn die Sachverständigen mit 60% Wahrscheinlichkeit dies behaupten können, so genüge ihm das zum Schuldspruch. Dem Manne war es also nicht klar, dass die Angeklagte dann mit 40% Wahrscheinlichkeit unschuldig a u f g e h ä n g t wird. —

Will der UR. sich daher nach Tunlichkeit auch in dieser Richtung Vorwürfe ersparen, so muss er bei allen von ihm zu bearbeitenden Fällen, welche vor das Schwurgericht kommen sollen, ein sorgfältig Augenmerk auf diesen Umstand richten, er darf keinen Moment darauf vergessen, dass er nicht für Rechtsgelehrte, erfahrene Richter, sondern für Laien arbeitet. —

Um da entsprechend vorzugehen, muss vor allem jedes Schriftstück, welches zur Vorlesung gelangen w i r d (Befunde, Augenscheins-Protokolle u. s. w.), sowie jedes, welches zur Vorlesung gelangen k a n n (Zeugenprotokolle u. s. w.), tunlichst einfach, klar und leicht verständlich abgefasst sein; Worte der Zeugen, besonders Aussprüche dritter Personen, die von den Zeugen angegeben werden, müssen ängstlich genau mit den eigenen Ausdrücken wiedergegeben werden, es muss aber auch der Deponent besonders aufmerksam gemacht werden, dass er das Gehörte nicht ungefähr, sondern wirklich genau angebe. Die meisten Leute glauben, dass es alles eins ist, welches von gleichbedeutenden Worten gebraucht wird; häufig ist dies auch gleichgültig, und der erfahrene Richter, der diese Gewohnheit der Zeugen kennt, stösst sich auch daran nicht, wenn der Zeuge im Vorverfahren den Ausdruck „Hose" und bei der Verhandlung den Ausdruck „Beinkleid" brauchte. Aber der Laienrichter, der durch irgend etwas wankend gemacht, nun gespannt nach Widersprüchen fahndet, stösst sich wirklich an einer solchen Verschiedenheit, und die Folgen sind dann nicht mehr abzusehen.

Besondere Schwierigkeiten bietet die Wiedergabe direkter Rede, da das Volk in der Regel sehr schwer dazu zu bringen ist, Gehörtes in derselben wiederzugeben. Ist es dem UR. mit Mühe gelungen, eine derartige Rede zu Wege zu bringen, so gelingt dies wieder vielleicht dem Vorsitzenden nicht, oder umgekehrt. Jedenfalls sieht das direkt und das indirekt Wiedergegebene ganz anders aus, und der Geschworne stösst sich an dieser Verschiedenheit.

Ebenso hüte sich der UR. strenge davor, irgend welche Schlussfolgerung in seinen Schriftstücken aufzustellen. Der Richter von Beruf sieht es gerne, wenn der UR. Konklusionen mitteilt, da doch der UR. die Sache gesehen hat, nicht aber der erkennende Richter, welcher die Ansicht des UR. gerne adoptiert, wenn er sonst Grund hat, ihm zu vertrauen. Nicht so der Laienrichter, dessen Widerspruch leicht gereizt wird, namentlich dann, wenn eine Sphäre berührt ist, in welcher er unglücklicherweise Fachmann ist oder es zu sein glaubt. Hat der UR. z. B. behauptet, man könne vom Punkte A der Skizze mit einem bestimmten Gewehre nicht mehr nach dem Punkte B mit Sicherheit schiessen, so findet sich gewiss auf der Geschwornenbank ein Jäger, der das besser weiss. Hat der UR. behauptet, das so und so viele Schritte vom Brandorte entfernte Gebäude sei vom Feuer noch gefährdet gewesen, so findet sich unter den Richtern ein Vertreter einer Versicherungsgesellschaft, der sich dadurch hervortun muss, dass er das Gegenteil behauptet. Ich erinnere mich mit Schaudern an einen Diebsprozess, in welchem es sich darum gehandelt hat, ob es möglich ist, dass ein bestimmter Gartenzaun von einem Ochsen niedergerannt worden sein konnte, wie es von einer Seite behauptet worden war. Der UR., der mit der Aufnahme des Lokalaugenscheins betraut war, hatte seine Meinung im Protokolle dahin ausgesprochen, dass dies nach der Beschaffenheit des Zaunes nicht möglich sei (was zu Gunsten des Angeklagten gesprochen hätte). Auf der Geschwornenbank sass nun ein Fleischer, welcher hartnäckig behauptete, ein Ochse könne überhaupt jeden Zaun einrennen, und dieser Umstand a l l e i n brachte ihm die Überzeugung von der Schuld des Angeklagten bei. Alle Gegenvorstellungen fruchteten nichts, der Mann des Schlachtbeiles erklärte immer: „Wenn der Ochse wild wird, kann er alles", und so stimmte er für schuldig obwohl gegen den Angeklagten schliesslich fast nichts vorlag.

Das alles ist aber rein menschlich und erklärlich, da jeder seine Fachkenntnisse oder spezielles Wissen, namentlich dann gerne in den Vordergrund drängt, w e n n e r i m e i g e n t l i c h e n G e g e n - s t a n d e d e r F r a g e n i c h t B e s c h e i d w e i s s. Das bekannte: „Erlauben Sie, da bin ich Fachmann" was man bei allen Gelegenheiten zu hören kriegt, wenn es sich auch gar nicht um Fachfragen handelt, das kommt auch hier regelmässig zur Geltung und äussert seine Wirkung in verderblichster Weise.

Aus denselben Gründen hüte sich der UR. bei Schwurgerichtsfällen besonders vor jeder Blösse, die er sich, wenn auch in abseits liegenden Einzelheiten, geben könnte; irgend einer der Geschwornen entdeckt einen, wenn auch für den Fall vollkommen gleichgültigen Fehler, und dann wird das Heil des ganzen Falles einzig und allein an diesen Irrtum gehängt.

Endlich aber hat sich der UR., wie schon erwähnt, der denkbar grössten Einfachheit im Ausdrucke zu befleissen. Was da bei Vorlesungen von Aktenstücken an Missverständnissen geleistet wird, übersteigt in der Tat das Glaubliche. Der Geschworne sieht und hört bei der Verhandlung so vieles, was er früher noch nie gesehen oder gehört hat, er muss sich derart in eine ihm total fremde Welt hineinarbeiten, dass er wahrlich aller nur erdenklichen Anstrengung bedarf, wenn er das, was vorgeht, nur einigermassen begreifen soll. Dazu kommt noch, dass der Geschworne in der Regel den geistigen und physischen Anstrengungen einer Gerichtssitzung aus Mangel an Gewohnheit nicht gewachsen ist, er hält es einfach nicht aus. Das hat des Eingehendsten ein Engländer[1]) nachgewiesen, dessen Landsleute doch seit so langer Zeit an den Geschwornendienst gewohnt sind.

Wenn nun dem Geschwornen ausser allen genannten Anstrengungen, die ihm erwachsen, durch Ungeschicklichkeit des UR. auch noch unnotwendige Schwierigkeiten bereitet werden, dann muss das Verständnis krumm gehen. Nun schreiben wir leider sehr oft einen recht abscheulichen Beamtenjargon, der darin wenigstens zum Teile seine Erklärung findet, dass man für gewisse, häufig vorkommende Begriffe eigene termini technici erfunden hat, die zwar alle Kriminalisten, ￫ber die wenigsten Laien verstehen. Das vergessen wir nun leicht, und bringen solche Ausdrücke auch in Aktenstücken vor, welche bestimmt sind, einst vor Geschwornen vorgelesen zu werden.

Aber auch dann, wenn ein solches Aktenstück, sagen wir z. B. ein Protokoll über einen Lokalaugenschein, frei von solchen Ausdrücken wäre, kann es noch immer für den Geschwornen unverständlich sein, wenn es nicht aus ganz einfachen, kurzen, logisch aneinandergereihten Sätzen besteht, wobei in den Schlüssen keine Sprünge in den Folgerungen keine sonst selbstverständlichen Voraussetzungen und in den Hinweisungen keine Schwierigkeiten enthalten sein dürfen. Die Abfassung eines solchen Schriftstückes muss so geschehen, dass es auch für den einfachsten Menschen leicht und ohne Zweifel verständlich ist, und da der praktische Jurist in der Regel schon lange nicht mehr weiss, was der Laie noch begreifen kann, so ist es rätlich, jedes w i c h t i g e Aktenstück, welches seinerzeit vor den Geschwornen Verwendung finden soll, irgend einem verlässlichen, aber ganz simplen Menschen vorzulesen, und von ihm zu verlangen, dass er den Sinn des Gehörten wiedergebe. Man wird staunen, was man da zu hören bekommt, man wird Dinge missverstanden sehen, die man für vollkommen klar ausgedrückt hielt, man wird Ergebnisse abgeleitet finden, von welchen man das gerade Gegenteil beweisen wollte. Korrigiert man nun an einem solchen Operate herum, bis es jener Versuchsmensch wirklich versteht, so wird man stets finden, dass es jetzt aus den einfachsten Sätzen besteht, jetzt ist's aber auch für die Geschwornen brauchbar, und man läuft nicht Gefahr, missverstanden zu werden, und damit ein unverantwortliches Unheil anrichten zu können.

Am besten wird man fahren, wenn man bei allem, was man den Geschwornen vorlegt, so vorgeht, wie wenn man einem Kinde etwas

---

[1]) Dr. Crother im „Medico Legal Journal" XIII, 4.

in die Hand gibt: strengste Wahrheit ohne Schlussfolgerung, nichts was
den Widerspruch reizt, grösste Einfachheit und Klarheit, dann geht's
ja noch am ersten.[1])

10. Der expeditive Untersuchungsrichter.

Auch der Kampf gegen das Verbrechen ist ein Krieg und erfordert
daher Geld, — gebt genügend Geld und ihr habt die beste Strafjustiz.
Hat man Geld, so kann man die besten Leute für den Polizeidienst
haben und diese mit allen modernen Hilfsmitteln ausstatten; man
kann seine UR. vor allem modern ausbilden und dann finanziell günstig
stellen, dafür aber ausgesuchtes Material verlangen, Leute, die es sich
Zeit und Mühe kosten liessen, sich für ihr schwieriges, aber gut be-
zahltes Amt vorzubereiten. Mit Geld kann man die besten Gutachten
von den besten Sachverständigen bekommen, welche Zeit, Mühe und
Vorversuche daran wenden können, wenn sie entsprechend entlohnt
werden; mit Geld bekommt man Zeugen, denn, wenn er Zeitverlust
und Zureise reichlich ersetzt erhält, kommt jeder gerne, der in der Sache
etwas weiss; hat er aber von seiner Vernehmung materiellen Verlust
zu erwarten, so sucht es jeder zu verheimlichen, dass er ein Zeuge ist,
um nicht zu Gericht kommen zu müssen. Mit Geld lassen sich auch
kostspielige Exkursionen, Versuche und Proben machen; mit Geld kann
man endlich auch eine g e n ü g e n d e Anzahl von Beamten, namentlich von UR. aufstellen, damit dann jeder von ihnen mit Musse, Fleiss
und Sorgfalt, ohne Hetze, Übereilung und Schleuderhaftigkeit arbeiten
kann.

Nun hat die moderne Zeit aber für die Justiz nicht das genügende
Geld; man kann deshalb niemandem einen Vorwurf machen, das ist in
vielen Verhältnissen gelegen, die man nicht willkürlich ändern kann.
Die Arbeit muss doch gerichtet werden und dazu noch tunlichst gut,
die Zahl der UR. ist aber allerorts in gar keinem Verhältnisse mit der
zu bewältigenden Arbeit. Paul Lindenberg[2]) erzählt, ein Berliner UR.
habe sich über seine Arbeiten genaue Vormerkungen gemacht, die ergaben, dass er in 16 Jahren 32656 Personen vernommen habe. Dazu
kommen die Obduktionen, Lokalbesichtigungen, Lokaltermine und die
gesamte Schreibarbeit! Ähnliche für sich genug sprechende Ziffern
könnte jeder UR. aufstellen. — Man hat allerdings z. B. an den Gerichts-
höfen einen oder den anderen UR. mehr, als man ihrer vor mehreren
Dezennien dort hatte, aber was hilft es, wenn die Zahl der Straffälle
sich im Verhältnisse von 2 : 3 vermehrt hat, und man erhöhte die Zahl
der UR. nur im Verhältnisse von 6 : 7? Verlangt nun der betreffende
Vorgesetzte wirklich eine Vermehrung des Personales, so geht dies Be-
gehren seinen vorgeschriebenen Instanzenzug hinauf, und da man kein
Geld hat, es zu erfüllen, auch ebenso wieder herunter, mit der Parole:

---

[1]) Vergl. hier besonders die Arbeit von Karl Görres l. c.
[2]) „Berliner Polizei und Verbrechertum", Lpzg. Ph. Reclam, ohne Jahres-
angabe.

„Es muss mit den vorhandenen Kräften sein Auslangen gefunden
werden."

Sind die Verhältnisse besonders schwierig, so wird vielleicht nochmals ein ähnlicher Versuch gemacht, und da auch dieser erfolglos bleibt,
so muss man es selbst beim besten Willen Abhilfe zu treffen beim alten
bewenden lassen. Was bleibt da zu tun übrig? Es hat sich auch hier
zur rechten Zeit ein Wort eingestellt, man erfand den „expeditiven UR.".
Unter diesem angenehmen Manne versteht man einen UR., der nie
über zu viel Arbeit klagt, in der Tat auch nie zu viel Arbeit hat, der
seine Untersuchungen einfach, leicht und rasch beendet, keine Schwierigkeiten macht und findet, in dessen Bureau keine „Seeschlangen, Band-
würmer, Hydren" und andere Ungeheuer hausen, der seine Fälle vielmehr eher zum Abschlusse bringt, bevor sie durch allzu viel Fragen
und allzu genaues Nachforschen zu solch zeitfressenden Bestien an-
schwellen.

In der Tat: fast jede Untersuchung lässt sich überraschend schnell
beenden, wenn man nur will; wenn man die Auskunftspersonen,
die dieser und jener nennt, für „irrelevant" hält, so braucht man sie
im Protokolle nicht zu erwähnen, und sind sie nicht in actis, so braucht
man sie nicht zu vernehmen, und hat schon Zeit erspart; fragt man
einige unwissende Leute, ob ein Lokalaugenschein die Klärung der
Sache fördern könnte, so werden sie gewiss „Nein" sagen; das kommt
natürlich auch in das Protokoll, man hat genügende Begründung, um
den Lokalaugenschein nicht vorzunehmen, und hat abermals viel
Zeit gewonnen; hat man eine Diebsbande, die beschuldigt ist, ein Dutzend
Einbruchsdiebstähle begangen zu haben, so hat man ja „genug, um sie
zu verurteilen", und man ist absolut nicht dazu gezwungen, die Gendarmerie zu Erhebungen zu veranlassen, welche vielleicht ein zweites
Dutzend von Diebstählen zutage fördert, welche jene Bande höchst
wahrscheinlich auch begangen hat. Abermals eine Menge Zeit erspart.
Hat man einen grossen Betrugsprozess, so ist es sehr „praktisch", einige
„haltbare" Fakten herauszugreifen und diese durchzuführen; freilich
sollte man den Fall eigentlich auf breite Basis stellen, das ganze Gebahren des Betrügers studieren und klarlegen und jedes Geschäft
desselben auf seine Ehrlichkeit prüfen — aber wer zwingt dazu? Tut
man es nicht, so ist viel, viel Zeit erspart. Was für Arbeit gibt es, wenn
man bei den verschiedenen Unfallsprozessen den eigentlich Schuld-
tragenden suchen will; endlose Konferenzen mit Sachverständigen,
wiederholte Besichtigungen des Unfallortes, umständliche Vernehmungen erfordern entsetzlich viel Zeit; man nimmt den zunächst schuldigen Arbeiter als den Verantwortlichen und die Sache ist im Handumdrehen fertig. Diese Reihe lässt sich beliebig vergrössern, und wenn
so im Laufe der Untersuchungen überall etwas Zeit gewonnen wird,
so gibt das viel aus, die Untersuchungen fliessen leicht und rasch ab,
und wenn der betreffende Künstler, sagen wir: Takt genug hat, um das
Auftreten von Schwierigkeiten und Anständen zu verhindern, die bei
allzu — flinken Arbeiten lästig werden könnten, so ist das „expeditive
Talent" fertig.

Wer es mit seinem Gewissen vereinen kann, sich auf diese Art Lorbeeren zu sammeln, der mag es tun, der entgegengesetzte Rat fruchtet bei einem solchen UR. ohnehin nichts; ob er später beruhigt auf seine Tätigkeit zurückblicken kann, auch wenn ihm seine „Expeditivität" manches recht Angenehme gebracht hat, das ist allerdings eine andere Frage. Kein Mensch wird behaupten, dass Untersuchungen schleppend und langsam geführt werden sollen, dass Überflüssiges geschrieben und getan werden soll, dass man die Akten „rasten" lassen muss, damit sich später irgendwie ein glücklicher Gedanke findet, aber was in der Untersuchung auch nur entfernt Schuld oder Unschuld eines Menschen beweisen oder unterstützen kann, das m u s s erhoben werden, es darf bei schwerer Verantwortung des UR. nicht als gleichgültig beiseite geschoben werden.

Die Führung j e d e r Untersuchung ist mühsam und zeitraubend, das kleinste Übersehen, der verzeihlichste Leichtsinn kann weittragende, traurige Folgen nach sich ziehen; gut arbeiten und expeditiv sein sind Begriffe, die einander unbedingt ausschliessen. Ich habe noch nie, absolut nie, eine wirklich gut geführte Untersuchung von einem UR. gesehen, der als „expeditive Kraft" gegolten hat. — Verzichte jeder UR. auf den traurigen Ruhm, ein „expeditiver" UR. zu sein, ich betrachte die lobende Bezeichnung als „expeditiven UR." als den berechtigten Vorwurf von Gewissenlosigkeit.

II. Über Ordnung.

Es sind eigentlich Minima, die da zur Sprache kommen, sie können aber in ihrer Gesamtheit von Wichtigkeit werden. Es sieht überflüssig aus, wenn man erwähnt, dass sich der UR. keine Unordnung zu schulden kommen lassen soll, und doch kann es leicht vorkommen, dass ein von Haus aus vielleicht nicht sehr ordentlich veranlagter UR., namentlich bei grösserem Andrange der Arbeit, manches nicht allzu peinlich genau durchführt. Dies rächt sich oft in arger Weise, wie man es namentlich dann sieht, wenn eine Untersuchung sich vom Anfang an so anliess, als ob sie unbedeutend sei, während sie im späteren Verlaufe grossen Umfang gewinnt.

Zu Beginn wurde alles nur oberflächlich geordnet, der Moment, wann man mehr Sorgsamkeit für das Äussere anwenden sollte, hat sich nicht besonders angekündigt, und plötzlich ist Unordnung und Verwirrung in einem wichtig gewordenen Falle fertig.

Man halte also vor allem seinen Kalender in ängstlicher Ordnung und trage alles auch noch so Unbedeutende in denselben ein, damit sich nicht an einem Tage unvorhergesehene Arbeit häufen kann. M a n h ü t e s i c h v o r d e m g e f ä h r l i c h e n: „D a s m e r k e i c h m i r s c h o n", man merkt sich's im Augenblick, morgen ist's aber vergessen, was um so gefährlicher ist, als man gerade von wichtigen Dingen glaubt, man vergesse sie nicht, obwohl es doch geschieht. Vorgeladene Zeugen, anberaumte Amtshandlungen, Fristen und sonst zeitlich Bestimmtes muss sorgfältig eingetragen werden. Hiemit ist es aber nicht genug; man muss nicht nur bei jeder Eintragung das schon Eingetragene durchsehen, um zu wissen, ob noch Raum ist, sondern man muss auch das Eingetragene für die nächsten Tage stets durchsehen, um nicht von einer Frist oder einer nötigen Vorbereitung erst im letzten Augenblicke überrascht zu werden. —

Besonders wichtig ist das Notieren für „Einfälle", die überraschend kommen, nicht sofort zu erledigen sind, aber doch wichtig sein können. Man hält es für unmöglich, etwas so „Wichtiges" zu vergessen und doch geschieht es, wenn es nicht s o f o r t notiert wurde. Die meisten Menschen besitzen ein Notizbuch und tragen es gewissenhaft bei sich, wenige benützen es aber und die wenigsten benützen es richtig, tut man dies aber, so ist ein Notizbuch unschätzbar. Am besten empfiehlt sich ein Notizblock, von welchem man das Erledigte abreissen und beseitigen kann; sonst übersieht man in der Menge des nicht mehr nötigen manches Wichtige. Dieser Notiz-Block muss aber immer in Verwendung stehen; zu Hause, unterwegs, auch während der Arbeit, und muss a l l e plötzlichen Einfälle in Schlagworten enthalten; man wundert sich später oft über die Fülle des darin Enthaltenen, von dem sicher die Hälfte vergessen worden wäre. Aber nichts vergisst man sicherer, als das was Einem nachts, bei plötzlichem Aufwachen einfällt — das ist fast immer am Morgen verschwunden; ich habe mir deshalb angewöhnt, solche Dinge mit einem bereitliegenden Bleistift auf der weissen Steinplatte des Nachtkästchens zu notieren. Das geht, ohne erst Licht machen zu müssen und bewährt sich vortrefflich. —

Weiters achte der UR. unnachsichtlich auf leserliche Schrift seiner Protokollführer;[1] man kann von niemandem verlangen, dass er schön schreibe, wenn er schon einmal keine schöne Schrift hat, aber leserlich schreiben kann jeder, der einen guten Willen hat, und diesen dem Schriftführer nötigenfalls beizubringen ist Sache des UR.; dieser halte sich vor Augen, dass er vielleicht einige Minuten durch rascheres Schreiben gewinnt, und dass die, welche später den Akt zu lesen haben, — darunter er selbst — Stunden verlieren müssen, um das allzu rasch Geschriebene zu entziffern.

Ein vortreffliches Mittel, auch die schlechteste Schrift leichter leserlich zu machen, besteht darin, dass man die e i n z e l n e n Z e i l e n t u n l i c h s t w e i t v o n e i n a n d e r h ä l t. Die schönste Schrift ist schwer zu lesen, wenn eine Zeile an die andere drängt, und die schlechteste Schrift gewinnt überraschend, wenn die Zeilen recht, recht weit von einander stehen. Das kann jeder machen. Sehr störend wirkt auch ein, wenn auch geringes „Durchschlagen", das Durchtreten der Schrift von einer Seite des Papieres auf die andere. Hat man solch' verwünschtes Papier, so beschreibe man es nur auf einer Seite. —

---

[1] Vergl. die empfehlenswerte Schrift „Das Protokoll im österr. Strafprozesse" von Karl Seefeld, Wien 1889.

Dringend empfehle ich die Verwendung von Kopierpressen, so wie sie seit Jahrzehnten von Kaufleuten mit bestem Erfolge angewendet werden[1]) — oder noch viel besser Kopiermaschinen, von denen eine für das grösste Gericht genügt, um alles in wenigen Augenblicken tadellos zu kopieren, was dort am Tag geschrieben wird.[2]) —

Besondere Sorgfalt sei dem Paginieren und Numerieren, dem Bezeichnen der Verhörsartikel und namentlich der Bezeichnung aller Gegenstände gewidmet, welche nicht im Akte erliegen, aber zu demselben gehören. Es kann zu heillosen Verwirrungen, gewiss aber zu bedeutendem Zeitverluste führen, wenn Corpora delicti, Briefschaften, Photographien u. s. w. nicht genauestens bezeichnet und mit den betreffenden Stellen im Akte in Verbindung gebracht werden. Die besten Bezeichnungen helfen aber nichts, wenn sie nicht angerufen werden; es klingt unglaublich, aber jeder von uns hat es schon gelesen: ,,Nach Vorweisung der Photographie": ,Ja, das ist der Richtige'. Kein Mensch weiss aber, w e l c h e Photographie vorgewiesen wurde. Oder: ,,Nach Vorstellung des A und des B": ,Der grössere von den beiden ist der Täter'. Wer aber den A und den B nicht kennt, weiss auch nicht, wer der grössere ist. Oder: ,,Nach Vorlesung der Briefe vom 1. 3. 5. 10. Januar": ,Von diesen Briefen rühren nur die mit der schöneren Schrift von mir her'." Der Leser des Aktes hat nun die Arbeit, die Briefe auf die Schönheit ihrer Handschrift zu untersuchen. Solche und andere Ungenauigkeiten sind aber nicht nur rücksichtslos gegen jeden späteren Leser, sie deuten auch auf einen namhaften Grad von Gewissenlosigkeit, da schwerwiegende Verwechslungen und Irrtümer daraus entstehen können. —

Zum Begriffe des ordentlichen Vorgehens gehört es auch, dass dort, wo es erforderlich ist, tabellarisch gearbeitet wird. Die Anlegung einer Tabelle empfiehlt sich in allen Fällen, wo entweder einem Beschuldigten mehrere Fakten zur Last liegen oder wo mehrere Beschuldigte vorkommen. Eine solche Tabelle genügt ihrem Zwecke aber nicht, wenn sie erst am Schlusse der Arbeit angelegt wird oder wenn sie nur wenige dürftige Rubriken enthält. Man darf nicht vergessen, dass jede Tabelle einen doppelten Zweck erfüllt: sie soll jedem, der mit dem Akte n a c h dem UR. sich befassen wird, die Arbeit erleichtern, sie soll aber auch dem UR. selbst Überblick gewähren, ihm eine Kontrolle bezüglich der Vollständigkeit seiner Arbeit bieten und ihm übersichtliches Arbeiten ermöglichen. Dieser Zweck wird aber nur erreicht, wenn der UR. von allem Anfange an so, wie sich die Mehrteiligkeit des Falles gezeigt hat, die Tabelle anlegt, wobei dann die Ausfüllung derselben mit dem Fortschreiten der Arbeit gleichen Schritt halten muss und

---

[1]) Vergl. H. Gross' Archiv Bd. V p. 349.

[2]) Vergl. ibidem Bd. V p. 331. Dass Schreibmaschinen einmal eine grosse Rolle bei der Anfertigung von Protokollen spielen werden, ist zweifellos. Namentlich wenn es gelingt, das unangenehme Geklapper zu beseitigen, werden wir hauptsächlich nur die rasch herzustellenden und so leicht leserlichen maschingeschriebenen Protokolle zu sehen bekommen!

wobei in der Tabelle für alle wichtigen Momente der Untersuchung die
entsprechenden Rubriken eröffnet sind.   Diese Rubriken müssen nicht
nur für jeden einzelnen Fall das Wer, Was, Wo, Womit, Wie und Wann
enthalten, sondern auch für jeden Fall die Mitschuldigen, die belastenden
und entlastenden Momente, die verschiedenen verbrecherischen Qualifikationen, etwa vorliegendes Geständnis oder Schadensgutmachung und
sonstige wichtige Momente enthalten.   Sind die Rubriken sorgfältig
angelegt, so genügt dem UR. während und am Schlusse der Untersuchung ein Blick auf die Tabelle um zu wissen, ob die Untersuchung
vollständig ist und wo noch etwa ein Punkt unerhoben blieb.   Die
Sorgfalt und Verlässlichkeit des UR. zeigt sich häufig gerade darin, ob
und wie er seine Tabelle gemacht hat.

Von grossem Wert sind in manchen Untersuchungen sogenannte
Übersichtstafeln, auf welchen das Ergebnis der Untersuchung gewissermassen graphisch dargestellt ist, so dass der Gang der wichtigsten
Momente mit einem einzigen Blick übersehen werden kann.   Hiezu
ist vor allem nötig, dass das wichtige und massgebende der Untersuchung
herausgefunden und nur dieses allein graphisch dargestellt wird, denn
wird etwas Nebensächliches so behandelt, so ist es schade um Zeit und
Mühe, es wirkt aber auch verwirrend für den Leser, weil er dann dem
Dargestellten ungebührlichen Wert beilegen muss.   Die Möglichkeit,
solche Tafeln zu verwerten, ergibt sich häufig, und zwar meistens dann,
wenn es sich in der Untersuchung um eine gewisse Bewegung einer
Person oder Sache handelt, also z. B. dann, wenn ein Beschuldigter an
verschiedenen Orten verschiedene Delikte begangen, oder wichtige
Zusammenkünfte gehabt hat.   Ebenso, wenn sich ein Objekt nach und
nach in verschiedenen Händen befunden hat, wenn bei grossen Raufereien
nach und nach viele Verletzungen (namentlich an mehreren Beschädigten) vorgekommen sind, endlich wenn ein zusammengesetzter Beweis
gegen e i n e n Menschen aus vielen, an sich unwesentlichen Momenten
zusammengesetzt werden muss, die erst in ihrer Aufeinanderfolge von
Bedeutung werden; z. B. am 16.-I. kommt A in X an; am 17.-I. trifft
er mit B zusammen; am 18.-I. verkauft er seinen Rock; am 19.-I. frägt
er bei C um Arbeit; am 20.-I. kauft er sich einen schwarzen Hut u. s. w.
Im Grazer Kriminalmuseum erliegt in der Abteilung „Muster für kriminalistische Arbeiten" ein Blatt Papier, welches eigentlich eine vollständige, komplizierte Untersuchung enthält.   Es waren plötzlich in
einem grösseren Landstriche viele falsche 50 fl. Noten aufgetaucht,
worauf es der Untersuchung gelang, festzustellen, dass diese Noten
alle auf einen einzigen Mann zurückzuführen seien, der sie wieder von
einigen wenigen Leuten in Italien bekommen hatte, wo sich (bei Udine)
eine grössere Fälscherbande aufgetan und durch ihre Mitglieder die
Noten vertrieben hatte.   Das ganze Ergebnis der Untersuchung hatte
der UR.[1] auf e i n Blatt zusammengetragen, so dass alle weitere Arbeit
auf das einfachste zurückgeführt werden konnte.   Von unten nach oben
sind die Behörden oder Leute verzeichnet, wie sie nach und nach jede

---

[1] Dr. Quirin, damals in Gleisdorf.

einzelne Note erhalten haben, bis sie sich in der Hand eines Mannes (Ant. Saglio) vereinten, der wieder (von ihm nach aufwärts) ihren Bezug angegeben hatte (die Namen sind verändert):

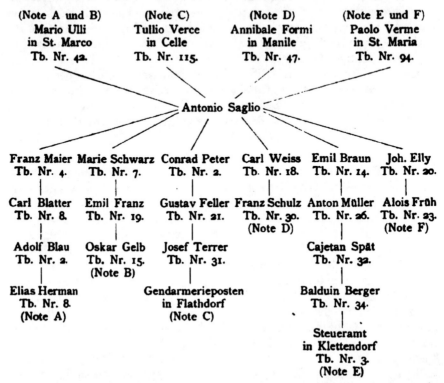

(Note A und B)	(Note C)	(Note D)	(Note E und F)
Mario Ulli	Tullio Verce	Annibale Formi	Paolo Verme
in St. Marco	in Celle	in Manile	in St. Maria
Tb. Nr. 42.	Tb. Nr. 115.	Tb. Nr. 47.	Tb. Nr. 94.

Antonio Saglio

| Franz Maier | Marie Schwarz | Conrad Peter | Carl Weiss | Emil Braun | Joh. Elly |
| Tb. Nr. 4. | Tb. Nr. 7. | Tb. Nr. 2. | Tb. Nr. 18. | Tb. Nr. 14. | Tb. Nr. 20. |

Carl Blatter	Emil Franz	Gustav Feller	Franz Schulz	Anton Müller	Alois Früh
Tb. Nr. 8.	Tb. Nr. 19.	Tb. Nr. 21.	Tb. Nr. 30.	Tb. Nr. 26.	Tb. Nr. 23.
			(Note D)		(Note F)

Adolf Blau	Oskar Gelb	Josef Terrer		Cajetan Spät
Tb. Nr. 2.	Tb. Nr. 15.	Tb. Nr. 31.		Tb. Nr. 32.
	(Note B)			

Elias Herman		Gendarmerieposten		Balduin Berger
Tb. Nr. 8.		in Flathdorf		Tb. Nr. 34.
(Note A)		(Note C)		

Steueramt
in Klettendorf
Tb. Nr. 3.
(Note E)

Derartige Arbeiten lassen sich in allen Variationen denken; sie wirken, wenn vernünftig gemacht, immer vortrefflich und können nicht genug empfohlen werden.

———

II. Abschnitt.
Die Vernehmung.

I. Allgemeines.

Die Vernehmung hat den Zweck, den erkennenden Richter über den Hergang der Tat so zu unterrichten, als ob er sie mit eigenen Sinnen und sachverständigem Wissen und Können wahrgenommen hätte. Werden eigentliche Tatzeugen vernommen, so sollen sie sagen, was sie gesehen und gehört haben, so dass der Richter darüber erkennen kann, als ob er alles selbst gesehen oder gehört hätte; werden Zeugen vernommen, durch deren Aussagen ein indirekter Beweis hergestellt werden soll, so müssen diese Hergänge angeben, die in ihrem Zusammenhange geradeso wirken, als wenn der Richter die Tat selbst miterlebt hätte; wird der g e s t ä n d i g e Beschuldigte vernommen, so wirkt er so wie der eigentliche Tatzeuge; wird der l e u g n e n d e Beschuldigte vernommen, so ergänzt seine Angabe das, was durch andere Beweismittel erschlossen wurde, und wird endlich der Sachverständige gehört, so soll dadurch erreicht werden, dass der Richter die Sachlage nicht nur mit eigenen Sinnen, sondern auch mit Wissen des Sachverständigen zu betrachten vermag. Kurz, das Ergebnis aller Vernehmungen muss das sein, dass der Richter die Sache gerade so beurteilen kann, als ob er sie mit eigenen, sachverständigen Sinnen wahrgenommen hätte. Ist es gelungen, dieses Ergebnis zu erreichen, so ist die Untersuchung beendet; ist dies nicht gelungen, so war entweder wirklich genügendes Beweismaterial nicht beizuschaffen, oder es w a r beizuschaffen und der UR. hat es nicht verstanden, es zu finden; in diesem Falle ist die Untersuchung entweder u n f e r t i g und es kann das Mangelnde noch nachträglich beigebracht werden, oder sie ist v e r f e h l t und es gibt keine Möglichkeit mehr, den Missgriff gut zu machen. Dieses zeugt von einem ungeschickten, jenes von einem leichtsinnigen UR.; von einem guten UR. wird man aber dann sprechen, wenn er es versteht, die Zahl jener Untersuchungen, in denen „genügendes Material nicht beizuschaffen ist", auf eine möglichst geringe einzuschränken. In welche Reihe der genannte UR. aber zu stellen ist, wird davon abhängen, w e n und w i e er vernimmt; denn die Vernommenen sind das Skelett, ihre Aussage Fleisch und Blut einer Untersuchung; fehlen einige von den notwendig zu Vernehmenden, so ist das Skelett mangelhaft und hat keine Festigkeit; sind sie zwar da, ist aber das Vernommene mangelhaft, so ist der Körper da, er ist aber tot oder doch schwach und unbrauchbar.

W e r nun in einem Prozesse als Zeuge oder Sachverständiger zu vernehmen ist, dies wird sehr oft nach einem einfachen Hergange bestimmt: die Anzeige liegt vor, in ihr sind einige Auskunftspersonen genannt, diese werden vorgeladen und vernommen; sie und der Beschuldigte nennen wieder andere Auskunftspersonen, die wieder vernommen werden und vielleicht wieder andere Personen namhaft machen, auf welche weiter zugetappt wird. So geht es fort, bis die Leute entweder niemanden mehr oder schon vernommene Zeugen nennen; dann werden noch etwa die nötigen Sachverständigen abgehört, die erforderlichen aktenmässigen Belege herbeigeschafft, und die Untersuchung ist, gottlob, beendet. Das Ganze ist eigentlich so leicht und natürlich vor sich gegangen, eines hat sich aus dem anderen ergeben, und wenn alle Leute, deren Namen im Prozesse genannt wurden, auch vernommen wurden, so muss er ja vollständig sein, es kann in der Untersuchung keine Lücke mehr geben. In gewisser Beziehung mag dies ja wahr sein und einer besonderen Lässigkeit, eines Versehens wird man den UR., der so vorgegangen ist, nicht zeihen können, wohl aber kann man ihm vorwerfen, dass er einfach die Walzen seiner Leier abgespielt hat, dass er sich von den Verhältnissen tragen liess, wie ein Stück Holz auf dem Flusse daher schwimmt, dass er Formularien ausgefüllt, aber keine Untersuchung durchgeführt hat. Wem dieser Vorwurf nicht weh tut, der fahre auch weiter so fort; wer sich aber daran erinnert, dass er geschworen hat, seine Pflicht und sein Bestes zu tun, der muss die Sache anders anpacken und sie vor allem als ein systematisches Ganzes, und wie schon erwähnt, als wissenschaftliches Problem auffassen. Er muss sich darüber klar werden, dass im natürlichen Hergange der Dinge nichts Sprunghaftes, nichts Unmögliches, nichts Abgesondertes und Unzusammenhängendes auftritt, und so wie das Wesen des Menschen etwas Gewordenes, Entwickeltes und Aufgebautes ist, in dem keine Lücke, keine Kluft und kein Zufall besteht, so ist es auch mit allem, was aus dem Menschen hervorgeht: seine Sprache, seine Leistung, sein Wollen und Können, sein Streben und sein Erreichen, alles ist ein lebender, sich allmählich und natürlich entwickelnder, sorgsam gegliederter Organismus, in dem alles, was da ist, da sein muss und niemals fehlen darf. So ist es aber auch mit jeder Handlung des Menschen: keine davon ist ein zufälliges, unzusammenhängendes und unerklärliches Ereignis, jede ist die naturnotwendige, organisch erklärbare Frucht aus der Natur und Kultur eines Menschen, zu ihm gehörig, wie jedes Blatt zu dem Baum, auf dem es wächst und so zweifellos von ihm stammend, wie die Frucht von jener Pflanze, die sie erfahrungsgemäss trägt. Die Lösung der Kausalität ist die in jeder Untersuchung zu lösende Frage.

Hält der UR. aber an dieser Erkenntnis fest, so muss es ihm auch bei jeder strafbaren Handlung, die er zu untersuchen hat, klar werden, dass die Menschen, die mit ihr zu tun haben, sei es als tätige oder leidende, sei es als bestimmende oder betroffene, sei es als blosse Staffage, naturnotwendig mit ihr zusammenhängen müssen; und so wie der Naturforscher aus jedem Organismus, auch wenn er ihn noch nie gesehen hat, oder wenn er längst verschwundenen Schöpfungsperioden angehört, erkennen kann, mit welch anderen Organismen er entstanden ist, gelebt hat und zugrunde ging, so muss der UR. aus der Tat selbst erschliessen, welche Menschen auf sie gewirkt haben, welche von ihr betroffen wurden und welche um sie herum gewesen sind. Nicht das zufällige Aufstossen und der gute Wille der Erstvernommenen darf den UR. leiten, sondern die systematische Konstruktion des Falles, das scharfe und richtige Auffassen seiner natürlichen Entwickelung. Dass man die Leute vernimmt, die gesehen haben, wie es der Verbrecher gemacht hat, ist selbstverständlich, das gehört gewissermassen zur ersten Tatbestands-Erhebung. Aber wie die Sache geworden ist, warum es so geschah, was die Triebfeder und die Endabsicht war, welche Gegenströmungen gewirkt haben, wis sie überwunden wurden, was früher geschah und wie es mit dem Letztgeschehenen zusammenhängt, das muss konstruiert und erschlossen werden, da gibt es kein Zutappen auf zufällig oder gutmütig Gebotenes.

Und wie erst, wenn's keiner gesehen hat, wenn Tatzeugen und somit die Enden des Fadens gänzlich mangeln? Da hat die ganze Kunst, einen auf dem anderen emporkriechen zu lassen, ihr Ende, und wenn sie doch geübt wird, indem man den ersten besten, der in der Nähe war oder der etwas reden hörte, vorruft und die von ihm Genannten weiter vernimmt, so führt dies fast immer auf Abwege und weitab vom Ziele. Da muss man erst recht konstruieren und sich mit Mühe und Arbeit ein Gebäude fertig stellen, so gefügt und verbunden, wie ein lebender Organismus, und wie man weiss, wie ein Baum, wie die ganze Landschaft aussehen muss, wenn man nur die Frucht kennt, so muss man auch aus der Tat den Hergang, ihre Motive und die Menschen erkennen, die daran beteiligt waren; die lebende Staffage zur Landschaft ergibt sich von selbst.

Wie man sich den richtigen Blick dafür schafft, wie das im einzelnen Falle zu machen ist, dafür weiss niemand bestimmte Normen anzugeben, das eine aber weiss ich, dass auch im schwierigsten Falle das ruhige, vorsichtige und abwägende Konstruieren des Herganges, wie er gewesen sein muss, immer und ausnahmslos wenigstens auf d i e K r e i s e von Menschen führen muss, unter denen es Wissende gibt; ihre Namen zu finden, ist Sache der Polizei. Die von den Vernommenen genannten Personen wird man freilich vorrufen, man wird aber auch von jeder Stufe aus, auf die man emporgekommen ist, wieder neu zu konstruieren, neu zu kombinieren und früheres richtig zu stellen haben, damit man neue Kreise finde, aus denen man Auskunftspersonen entnehmen kann. Nie und nimmer beschränke man sich darauf in jenen Geleisen zu fahren, in die man durch einzelne Vernommene absichtlich oder zufällig gedrängt wurde. Abgesehen davon, dass es das einzig Richtige ist, wenn man selbst konstruiert, ist es auch das einzig Interessante, wodurch man angeregt und zu weiterer Arbeit frisch erhalten wird. —

W i e zu vernehmen ist, steht im Gesetze genau zu lesen und dass sich jeder daran halten wird, ist selbstverständlich. Aber hiemit ist noch nicht alles getan, der Gesetzgeber kann nur mit wenigen Worten die Form regeln; den Inhalt zu finden, muss dem Wissen und Können des einzelnen überlassen bleiben. Es braucht aber viel Wissen und Können, wenn es gut gemacht werden soll; Eifer und guter Wille sind die Hauptsache, natürliche und sorgfältig geschulte Menschenkenntnis unerlässlich und klarer, unverdorbener und doch auf alles eingehender Sinn oft das einzige, was über eine schwierige Situation hinweghilft. Takt, das unersetzliche, instinktmässige Herausfinden des richtigen Vorgehens, muss angeboren sein; wer ihn nicht hat, der werde kein UR. und wenn er alle guten Eigenschaften eines solchen hundertfach hätte: er wird beim besten Willen überall anstossen, nirgends etwas herausfinden, den zu Vernehmenden, der Wichtiges sagen will, einschüchtern, den Schwätzenden zu weiterem Schwätzen aneifern, dem Frechen Mut geben, den Zaghaften ängstlich machen und den richtigen Augenblick versäumen. Und was dem, der Takt hat, von selbst gelingt: Individualisieren und Generalisieren, das ist dem, der ihn nicht hat, einfach unmöglich. Ein UR., der dies aber nicht zu tun vermag, kann überhaupt nicht vernehmen, denn jeder Mensch ist im Wesen verschieden vom anderen, jeder gibt sich anders, hört, sieht und empfindet anders, jeder gibt auch das Wahrgenommene anders wieder, und doch sind sie wieder alle gleich und das im einzelnen Verschiedene, wird in grossen, weiten Zügen wieder gleich und einförmig; der Inhalt ist immer derselbe, nur die Form ist anders, und der Wechsel wird klar, wenn wir die Form erfassen — das Unverrückbare und Gleiche ist da, wenn wir nach dem Inhalte forschen. Wer aber unterscheiden kann, was Form und was Inhalt sei, der ist der Glückliche unter uns. —

Was in Beziehung auf die Art des Vorganges geraten werden kann, das beschränkt sich darauf, dass auf einzelne Momente, bei welchen sich Schwierigkeiten und Missgriffe ergeben können, besonders aufmerksam gemacht wird. Ich habe in den früheren Auflagen dieses Buches auf eine „in Vorbereitung befindliche Kriminal-Psychologie" verwiesen, und damals nur das für d i e s e s Werk nötigste gebracht. Diese Kriminal - Psychologie[1]) ist längst erschienen und soll, nach meiner Ansicht, alles was die allgemeine Psychologie festgestellt hat, unter den Gesichtswinkel des Kriminalisten gerückt, soweit bringen, als er es für seine Arbeit braucht. Gleichwohl möchte ich auch hier das wiedergeben, was Kriminal-Psychologisches in den früheren Auflagen enthalten war, und verweise den auf die genannte Kriminal-Psychologie, der sich in dieser Richtung genauer umsehen will.

2. Vernehmung der Zeugen.

Wenn man eine Unterscheidung trifft zwischen der Vernehmung von Zeugen und von Beschuldigten, so ist sie nur bis zu einem gewissen Grade zulässig: in beiden Fällen handelt es sich um die Erforschung der Wahrheit. Aber die Wege, auf denen diese zu geschehen hat, sind verschieden: bei Vernehmung des Zeugen soll die Wahrheit d i r e k t aus der A u s s a g e erschlossen werden, bei Vernehmung des Beschul-

---

[1]) Kriminal - Psychologie von Hans Gross, Graz, Leuschner & Lubensky 1898; 2. Aufl. F. C. W. Vogel, Leipzig 1905.

digten soll diese aber erst i n d i r e k t aus der A r t seiner Verantwortung in Verbindung mit den anderen Erhebungen abgeleitet werden; hierin liegt der eigentliche Unterschied zwischen beiden Vernehmungen, nicht in der äusseren Form des Auftretens gegen diesen und jenen. Der Unterschied in der Verwendung des von beiden Gebotenen ist aber ein doch so bedeutender, dass eine getrennte Behandlung zwischen Vernehmung von Zeugen und Beschuldigten geboten erscheint. —

Die Hauptaufgabe des UR. bei Vernehmung der Zeugen ist eine zweifache: er hat dafür zu sorgen, dass alles berührt und besprochen wird, was für den vorliegenden Fall von Wichtigkeit ist, und dass nichts übersehen bleibt; er hat ferner darauf zu achten, dass alles, was der Zeuge ihm sagt, die volle Wahrheit ist. Wie es erreicht wird, dass nichts Wichtiges übersehen werde, wurde schon besprochen; was aber die Erlangung der Wahrheit betrifft, so hat der UR. wieder mit zweierlei Schwierigkeiten zu kämpfen: es kann der Zeuge ehrlich die Absicht haben, die volle und ganze Wahrheit zu sagen, er kann es aber aus dem Grunde nicht, weil er falsch aufgefasst hat oder weil ein anderes Missverständnis vorlag; es kann aber auch der Zeuge die Absicht haben, den UR. anzulügen. Beides erfordert verschiedenes Vorgehen und verschiedene Vorsichten. Die Schwierigkeiten, die sich im ersten Falle ergeben, halte ich für ungleich grösser und mühsamer zu bekämpfen, als die des zweiten Falles.

a) Wenn der Zeuge die Wahrheit sagen will.

Behandelt man diese Frage zuerst allgemein, so erfährt man schon im gewöhnlichen Leben, dass die Menschen die geläufigsten Vorgänge verschieden auffassen, verschieden im Gedächtnisse behalten und verschieden wiedergeben; man kann sich in dieser Richtung mancherlei Aufklärung verschaffen, wenn man Hergänge, die man entweder selbst miterlebt hat, oder bei denen mehrere Personen anwesend waren, von a l l e n Zeugen genau erzählen lässt. Ob der Vorgang ein wichtiger war oder ein unbedeutender, ist gleichgültig, denn auch die Zeugen über die wichtigsten Vorgänge in einem grossen Prozesse haben oft zur Zeit der Wahrnehmung noch keine Kenntnis davon, dass der jetzt so gleichgültig aussehende Umstand einmal von Wichtigkeit sein werde. Lässt man sich nun aber irgend einen Vorgang, den man selbst mit mehreren anderen Personen zugleich gesehen hat, von jedem einzelnen wiedererzählen, so wird man in fast jedem Falle in Erstaunen darüber versetzt werden, wie anders jeder die Sache wiedergeben wird, ohne aber hierbei den mindesten Zweifel auszudrücken.

Will man solche Proben mit Nutzen machen, so muss man schon zur Zeit der Beobachtung des Herganges die Absicht haben, später die Probe zu machen, und muss daher schon jetzt mit grösster Genauigkeit dem Vorgange folgen, um später zu wissen, wer von den Zeugen besser, wer schlechter beobachtet hat. Sich bloss den Hergang erzählen lassen, hat keinen Wert: man muss auf den Grad der Sicherheit aufmerken, mit welchem erzählt wird, und muss dahinter zu kommen trachten, w a r u m der Betreffende unrichtig wiedergegeben hat: falsche Auffassung, Temperament, Alter, Lebensstellung, Interesse an der Sache und zahlreiche andere Umstände sind da massgebend, und wenn man bei einer Reihe von Beobachtungen wahrgenommen hat, in welcher Richtung Leute einer bestimmten Gruppe (z. B. Sanguinische, Knaben, Fachleute u. s. w.) unrichtig beobachten und wiedergeben, so wird man auch im praktischen Falle anzunehmen berechtigt sein, dass der Zeuge, der irgend einer, schon früher oft beobachteten und kontrollierten Gruppe angehört, auch in der konstatierten Richtung diesmal unrichtig aussagt. Selbstverständlich muss auch hier beim Generalisieren die grösste Vorsicht angewendet werden.

Wir wollen nun zuerst die a l l g e m e i n e n Grundlagen der Aussage eines Zeugen: seine Wahrnehmung und sein Gedächtnis, und dann einige b e s o n d e r e Momente über unrichtige Angaben besprechen.[1]

I. Allgemeines.

a) D i e W a h r n e h m u n g.[2]

Wenn wir den Tatbestand eines Falles aus Zeugenaussagen herstellen wollen, so werden wir, wie man uns von allem Anfange an eingeprägt hat, stets darauf dringen, dass uns der Zeuge n u r seine Wahrnehmungen mitteile und dass er das Ziehen von Schlüssen uns überlassen müsse. H i e r b e i i s t a b e r d e r g r o s s e F e h l e r b e g a n g e n w o r d e n, d a s s w i r d i e M i t t e i l u n g s e i n e r W a h r n e h m u n g e n a l s e t w a s v o l l k o m m e n S c h l u s s - l o s e s h i n n e h m e n, d. h. dass wir das von ihm Gesagte als richtig betrachten, woferne wir nur zur Annahme berechtigt sind, dass der

---

[1] Diese Fragen, welche hier (2. Aufl. 1894) zum e r s t e n Male behandelt wurden, haben nun besondere Pflege gefunden in der schon zitierten Zeitschrift „Beiträge zur Psychologie der Aussage" von L. W. Stern (Leipzig bei J. A. Barth) seit 1903. Vergl. auch die zahlreichen Abhandlungen und Mitteilungen in H. Gross' Archiv.

[2] Vergl. Dr. J. Hoppe „Erklärung der Sinnestäuschungen", Würzburg 1888. — Dr. A. Mayer „Die Sinnestäuschung u. s. w.", Wien 1869. — Dr. S. Stricker „Studien über die Assoziation der Vorstellungen", Wien 1883. — Dr. Leubuscher „Entstehung von Sinnestäuschungen", Berlin 1882. — Krafft-Ebing in „Friedreichs Blättern", 1864, H. 2 (da: Angabe der älteren Literatur). — W. Wundt „Beiträge zur Theorie der Sinneswahrnehmung". — G. E. Müller „Zur Theorie der sinnlichen Aufmerksamkeit", Leipzig 1873. — K. G. Böse „Über Sinneswahrnehmung", Braunschweig 1872. — A. Höfler „Psychologie", Wien 1897. — F. Jodl „Lehrbuch der Psychologie", Stuttgart 2. Aufl. 1903. — H. Sachs „Die Entstehung der Raumvorstellung", Breslau 1897. — W. Wundt „Die geometrisch-optischen Täuschungen", XXIV. Bd. der K. sächs. Ges. d. Wissenschaften. Vergl. die weitere Literaturangabe in meiner Kriminal-Psychologie, dann: R. Lauterbach „Die geometrisch-optischen Täuschungen etc.", Zeitschrift f. Hypnotismus von A. Forel und B. Vogt, Bd. 8 Heft 5. Witasek „Über die Natur der geometr. opt. Täuschungen", Leipzig, J. A. Barth 1898; H. Gross „Zur Wahrnehmungsfrage" „Beiträge zur Psychologie der Aussage" von W. Stern, Heft 2 p. 117; derselbe „Korrigierte Vorstellungen" in H. Gross' Archiv Bd. X p. 109; derselbe ibidem „Traum statt Wirklichkeit" Bd. 1 p. 261;

Zeuge die Wahrheit sagen w o l l t e. Glauben wir aber, dass in der
Wiedergabe der sinnlichen Wahrnehmungen des Zeugen keine Schlüsse
gelegen sind, so entfällt auch für uns die Veranlassung nach der ratio
concludendi zu fragen, welche gewiss noch wichtiger ist als die ratio
sciendi, um die doch jeder Jurist fragen wird. Dass aber in der Wiedergabe fast jeder sinnlichen Wahrnehmung nicht nur e i n Schluss, sondern sogar eine Reihe von Schlüssen gelegen ist, zeigt jedes Beispiel;
wenn ich z. B. sage: „Dort stand ein Trinkglas", so scheint dies doch
sicher nur die Wiedergabe einer wenig komplizierten Sinneswahrnehmung zu sein. Fassen wir diese aber näher ins Auge, so hätte ich,
um richtig vorzugehen, eigentlich sagen sollen: „Da ich noch nicht
die Wahrnehmung gemacht habe, dass ich an Halluzinationen leide,
da ich damals, so viel ich weiss, mich in keinem sonstig krankhaften
Zustand befand, da ich weiters keinen Grund zur Annahme habe, dass
mir jemand durch Spiegelreflexe oder sonstige physikalische Kunststücke ein Bild vortäuschte, da auch kein Grund zur Annahme vorliegt, dass sich auf dem Tische eine so künstliche Malerei befand, dass
ich ein gemaltes Trinkglas für ein wirkliches ansah, und da endlich nicht

---

derselbe „Falsche Vorstellungen von Trunkenen u. am Kopfe Verletzten" ibidem
Bd. I p. 337; derselbe „Augenzeugen" ibidem Bd. I p. 340; derselbe „Reflektoide
Handlungen u. Strafrecht" ibidem Bd. II p. 140; derselbe dasselbe ibidem. Bd. III
p. 350; derselbe dasselbe ibidem Bd. VII p. 155; derselbe „Zur Frage der Zeugen-
aussagen" ibidem Bd. VI p. 334; derselbe „Typisches Missverstehen" ibidem
Bd. VII p. 161; derselbe „Irregehen im Kreise" ibidem Bd. X p. 170; derselbe
„Aussage von Zeugen in Todesgefahr" Bd. XV p. 123; derselbe „Das Verstehen
der Zeugen und Einbildung" Bd. XV p. 125; derselbe „Zur Beweisfrage" ibidem
Bd. VIII p. 84; derselbe „Verbrechen der Masse und reflektoides Handeln"
„Woche" v. 9./4. 04; derselbe „Zur Frage des Wahrnehmungsproblemes" Allg.
öster. Ger.-Ztg. No. 7 u. 8, 56. Jahrg.; derselbe „Zur Frage vom psychopathischen
Aberglauben" in H. Gross' Archiv Bd. IX p. 253 u. Bd. XII p. 334; derselbe
„Degeneration und Strafrecht" in der Allg. öster. Ger.-Ztg. September 04 p. 87;
derselbe „Das Wahrnehmungsproblem u. der Zeuge im Strafprozess" in Kohlers
Archiv Jahrgg. 1902 p. 184; O. Klaussmann „Zeugenprüfung" in H. Gross'
Archiv Bd. I p. 39; Hayn „Wahrnehmen rascher Vorgänge" ibidem Bd. I
p. 189; Placzek „Suggestion und Erinnerungsfälschung" ibidem Bd. II p. 132;
Cuny „Optische Täuschungen" ibidem Bd. III p. 337; v. Schrenck-Notzing
„Ger. med. Bedeutung der Suggestion" ibidem Bd. V p. 1; Näcke „Krim. Be-
deutung der Träume" ibidem Bd. V p. 114; Lohsing „Sprachliche Missver-
ständnisse" ibidem Bd. VI p. 206; Otto Gross „Soziale Hemmungsvorstellungen"
ibidem Bd. VII p. 123; Pollak „Ein Fall von reflektoiden Handeln" ibidem
Bd. VIII p. 198; Lelewer „Zur Wirkung von Zeugenaussagen" ibidem Bd. IX
p. 194; Näcke „Zur Psychologie der Aufmerksamkeit u. des Traumes" ibidem
Bd. XI p. 262; Diehl „Die Schreckreaktion vor Gericht" ibidem Bd. XI p. 340;
Näcke „Zur Physio-psychologie der Todesstunde" ibidem Bd. XII p. 287; dazu
H. Gross ibidem Bd. XIV p. 188; über Schlaftrunkenheit ibidem Mackowitz
Bd. XIII p. 161, H. Gross Bd. XIV p. 189 u. Siefert Bd. XVI p. 242;
Schneikert „Psychologie der Zeugenaussage" ibidem Bd. XIII p. 193; Glos
„Zur Frage der Zeugenaussagen" ibidem Bd. XIV p. 83; Psycholog. Tatbestands-
diagnostik ibidem Wertheimer u. Klein Bd. XV p. 72 u. H. Gross Bd. XIX
p. 49; Hellwig „Gedächtnistäuschung" ibidem Bd. XVII p. 197; Hahn „Falsche
Wahrnehmungen von Verletzten" ibidem Bd. XVII p. 204; Lohsing „Wahr-
nehmungsproblem" ibidem Bd. XVII p. 375; Felkl „Solitäre Erinnerungs-
täuschung" ibidem Bd. XVIII p. 1; Rodenwaldt „Methode der Intelligenz-
prüfung" ibidem Bd. XVIII p. 235; Schneikert „Massensuggestion" ibidem
Bd. XVIII p. 265; Stooss „Psychologie der Aussage und Zeugeneid" ibidem
Bd. XIX p. 356; —oo— „Wie wir sehen" ibidem Bd. XX p. 370; Frh. v. Schrenck-
Notzing „Forense Wirkung des Schwachsinns" ibidem Bd. XIV p. 264;
Schneikert „Leichtsinn und Leichtgläubigkeit des Publikums und Kriminalität"

zu vermuten ist, dass sich die Leute jenes Hauses ihre Trinkgefässe aus Bergkrystall machen lassen, so glaube ich annehmen zu können, dass dasjenige, was ich auf dem Tische stehen sah, ein gewöhnliches Trinkglas war."

Ich will selbstverständlich nicht behaupten, dass man etwa so weit gehen soll und bei jeder Protokollierung die Reihe dieser Schlüsse aufführen wird; jeder weiss, was darunter gemeint ist, wenn es heisst; „Ich sah dort ein Trinkglas", jeder aber s o l l a u c h w i s s e n , d a s s i n e i n e r s o l c h e n B e h a u p t u n g S c h l ü s s e s t e c k e n , welche, wenn ein Anlass dazu vorliegt, auf ihre Richtigkeit zu prüfen sein werden. Wenn daher einmal ein übergenauer UR. geschrieben hat; „Ich sah in grösserer Entfernung einen Menschen gehen; dieser Mensch hatte Kitteln an und schien daher ein Weib zu sein" — so ist die hiermit versuchte Andeutung, dass hier eine Verkleidung nicht ausgeschlossen sei, gewiss töricht, da ja dann, wenn es hiesse; „ich sah ein Weib", die Annahme noch immer nicht ausgeschlossen ist, dass die Person ein Mann war, weil der Zeuge ja nur nach der äusseren Erscheinung der Person auf ihr Geschlecht g e s c h l o s s e n hatte. Nicht, dass wir die ganze Reihe der Schlüsse im Protokolle aufnehmen, ist nötig, wir haben uns nur stets gegenwärtig zu halten, dass S c h l ü s s e vorliegen und dass beim Schliessen Fehler, und zwar wichtige Fehler unterlaufen können. Wir wollen hier von allen krankhaften Erscheinungen absehen und nur dasjenige ins Auge fassen, was bei vollkommen normalen Sinnen und normalem Geiste tagtäglich vorzukommen pflegt.[1]) Sehen wir einmal zu, wie wir überhaupt

---

ibidem Bd. XVIII p. 193; derselbe „Der Neugierige und sein Wert als Zeuge" ibidem Bd. XVIII p. 175; G. R a d b r u c h „Ein neuer Versuch zur Psychologie der Zeugenaussage" ibidem Bd. XXIII p. 329; O. L i e p m a n n „Reformvorschläge zur Zeugenvernehmung vom Standpunkte der Psychologen" ibidem Bd. XX p. 68; P r o b s t „Gehirn und Seele des Kindes", Berlin, Reuther & Reichard 1904; S c h o t t „Zur Psychologie der Aussage", Zentralbl. f. Nervenheilk. u. Psychiatrie Juli 1905 p. 511; Marie B o r s t ibidem April 1905 p. 317; E. U n g e r „Bedenken gegen die übliche Protokollierung", D. J.-Ztg. No. 22 et 05 (wenn etwas als direkte Rede bezeichnet ist, muss es auch der Aussage w ö r t l i c h entsprechen); U r s t e i n „Beitrag zur Psychologie der Aussage", Friedreichs Blätter 1906 p. 345; R a n s c h - b u r g „Leichte Schwachsinnige als Zeugen", Zentralbl. f. Nervenheilkunde und Psychiatrie März 1905 p. 227; K o s o g „Suggestion einfacher Sinneswahrnehmungen bei Schulkindern" in W. S t e r n „Beiträge zur Psychologie der Aussage" 2. Folge 3. Heft p. 99; B e r n s t e i n u. B o g d a n o f f „Experimente über die Merkfähigkeit bei Schulkindern" ibidem p. 115; G ü n t h e r „Ein Vorgang in der Wiedergabe naiver Zeugen und in der Rekonstruktion durch Juristen" ibidem 4. Heft p. 33; G o t t s c h a l k „Zur Zeugenpsychologie" ibidem 4. Heft p. 89; W. S t e r n „Wirklichkeitsversuche" ibidem I. Heft p. 1; W e b e r „Experimenteller Beitrag zur Psych. der Zeugenaussagen" ibidem 4. Heft p. 44; L o b s i e n „Aussage und Wirklichkeit bei Schulkindern" ibidem 2. Heft p. 26; De S a n c t i s „Le problème de la conscience dans la psychologie" in „Archives de Psychologie" tome III p. 379; M. B o r s t „Rech. experim. sur l'educabilité et la fidélité du témoignage" ibidem tome III p. 234; L a r g u i e r des B a u c e l s „De la memoire" ibidem tome III p. 147; A. L e m a i t r e „Des phenomenes de paramnesie" tome III p. 101 ibidem; A. B i n e t „Note sur l'appréciation du temps" ibidem tome II p. 20; E. C l a p a r e d e „Experiences collectives sur le témoignage etc." ibidem tome V p. 344; Jos. B r e u e r u. Sigm. F r e u d „Studie über Hysterie", Wien u. Lpzg., F. Deuticke 1895; S i e m e n s „Zur Psychologie der Aussage", Aschaffenburg - Monatsschrift 2. Jahrgg. 11./12. Heft; H i r t „Die Temperamente", Wiesbaden 1905.

[1]) Eine höchst bezeichnende, wenn auch scherzhafte Geschichte, wie sie täglich vorkommen s. H. Gross' Archiv Bd. I p. 340.

mit den Sinnen auffassen und dann zur Vorstellung des Gegenstandes
gelangen, so kommen wir zur Überzeugung, dass wir ja in den seltensten
Fällen einen Gegenstand auf alle jene Merkmale hin untersuchen, durch
welche er als das charakterisiert wird, als was wir ihn bezeichnen.
Das beste Beispiel bieten uns die sogenannten Anordnungsbilder, welche
durch ihre typische Form ein genaues Analysieren der einzelnen Bestandteile überflüssig machen.   Wenn wir lesen, so buchstabieren wir
nicht jedes einzelne Wort, sondern fassen das gesamte W o r t b i l d
auf; wir buchstabieren erst wieder, wenn wir ein Wort in einer fremden
Sprache mit uns fremden Silbenzusammenstellungen sehen.   Daher
kommt es, dass wir kleine Druckfehler, namentlich in längeren Worten
oft nicht bemerken, wenn nur durch den Fehler das Gesamtbild des
Wortes nicht wesentlich gestört wird.   Ebenso geht der geübte Klavier-
spieler vor, der auch nur (namentlich bei Akkorden) das Gesamtbild
der Noten aufgreift, ohne sich die einzelnen Notenköpfe genau zu besehen.   Am besten sehen wir dies beim Karten- oder Dominospiel,
wo der Spieler gewiss die einzelnen Points oder Augen nicht abzählt,
sondern nach dem mehr oder minder geschickt gruppierten Bild den
Schluss zieht, dass er einen Siebener oder Neuner vor sich hat.   Wären
diese Bilder nicht typisch, sondern die Points verschieden und willkürlich angeordnet, so müsste der Spieler wenigstens bei den grösseren
Karten (7, 8, 9, 10) unbedingt jedesmal zählen.

Dieses Herausfangen der Anordnungsbilder tritt aber bei allen
Wahrnehmungen viel häufiger auf, als wir gemeinhin glauben, es wird
dadurch leichter gemacht, dass wir gewisse Charakteristica suchen
und festhalten, nach welchen wir ohne weiteres die Bestimmung des
Gegenstandes vornehmen.   Wenn ich im Zimmer ein Zifferblatt sehe,
so bin ich überzeugt, dass eine Uhr da war, wenn ich sie auch nicht
ganz gesehen habe; ja, ich werde mir nach dem Aussehen des Ziffer-
blattes und nach der Umgebung im Zimmer zuerst ungefähr und nach
einiger Zeit bestimmt ein Bild der Uhr machen; ja noch später werde
ich vielleicht sogar genau zu wissen glauben, wie die Uhr ausgesehen
hat.   Wenn ich das erstemal durch ein Zimmer gegangen bin und nur
seitlich und undeutlich etwas Prismatisches, Weisses und Glänzendes
in einer Ecke gesehen habe, so werde ich sagen: „Dort steht ein Ofen",
weil ich die charakteristischen Merkmale desselben wahrgenommen
und in den drei anderen Ecken des Zimmers keinen Ofen gesehen habe.
Wenn ich im Felde einen grösseren Vogel mit sehr langem Schweife
fliegen sehe, so zweifle ich nicht, dass es ein Fasan war, und wenn ich
in einer Menagerie nur undeutlich ein grosses Tier mit einem langen
Rüssel sehe, so sage ich, dass es ein Elephant war.   So einfach ist das
Schliessen aus den charakteristischen Merkmalen nicht immer, es ist
nach der Natur und Kultur des Schliessenden ebenso verschieden als
auch ungleich berechtigt.   Der Fachmann kennt z. B. die wirklichen
Charakteristica der Gegenstände seines Faches sehr gut und wird sich
nicht irren, wenn er ein einziges Kennzeichen wahrgenommen hat; der
Arzt weiss z. B., dass in seinem Wartezimmer ein Tuberkuloser und
ein Tabetiker wartet, wenn er den ersten husten, den zweiten gehen

gehört hat. So ist es aber nicht in allen Fällen, und namentlich für die Gegenstände des gewöhnlichen Lebens kennen wir auffallenderweise die Charakteristica gar nicht. Am meisten Belehrung könnte uns in dieser Richtung der Theatermaler[1]) bieten, der uns mit wenigen aber charakteristischen Klecksen die schönsten Bilder vorzaubert. Dies macht er in der Art, dass er gerade das herausgreift, was uns eben an einer Rosenlaube charakteristisch erscheint, und wenn dies auch nur eine begrenzte Anzahl von Farbenklecksen ist, so werden wir, allerdings unter Mithilfe von Beleuchtung, Entfernung und Phantasie, wirklich eine schöne Rosenlaube sehen. Für uns Kriminalisten wäre es wichtig, wenn uns der Theatermaler bestimmte Regeln sagen könnte, nach denen er vorgeht, wenn er also z. B. erklären könnte, er setze nur die höchsten Lichter, tiefsten Schatten und grellsten Farben auf. Solche Regeln hat der Theatermaler bis heute aber noch nicht, er geht rein erfahrungsgemäss vor und beweist diesen Umstand namentlich dadurch, dass er begangene Fehler nicht verbessern kann. Bringt also z. B. die Rosenlaube nicht den richtigen Eindruck hervor, so macht er gar nicht den Versuch sie auszubessern, da dies immer vergeblich wäre, er macht sie einfach neu. Daraus können wir aber auch entnehmen, dass nicht alle Leute dieselben Charakteristica erfordern, um einen Gegenstand als solchen zu erkennen, und wenn wir die Dekoration mit der Rosenlaube allein auf die Bühne stellten, so würde wahrscheinlich nur ein Teil des Publikums sie als richtig gemalt bezeichnen, ein anderer Teil erkennt sie vielleicht gar nicht. Sind aber am Abende sämtliche nötigen Dekorationen auf der Bühne, so wird das g e s a m t e Publikum die Rosenlaube sehr schön finden. Dies beruht darauf, d a s s d e r m e n s c h l i c h e S i n n u n t e r U m - s t ä n d e n „e i n g e l e i t e t" w e r d e n k a n n. In unserem Falle mit den Theater-Dekorationen werden wir also annehmen, dass der Maler für einen Teil des Publikums die für dasselbe nötigen Charakteristica der Rosenlaube, für einen anderen die einer Burg, für einen dritten die eines Waldes und für einen vierten die des Hintergrundes typisch erwischt hat. Ist aber für jemanden nur ein Teil der Dekoration richtig dargestellt, so ist sein Sinn schon „eingeleitet", also für die Richtigkeit der Darstellung captiviert, und es gleitet die Vorstellung von der richtigen Darstellung eines Gegenstandes auf den anderen im Wege des Schliessens hinüber; es wird also in unserem Falle derjenige, für welchen der Maler die von ihm gewünschten Charakteristica der Burg richtig getroffen hat, bald auch die Rosenlaube, den Wald und den Hintergrund richtig dargestellt finden. Dieser geistige Vorgang tritt so recht deutlich bei jenen optischen Darstellungen hervor, welche eine Zeit lang häufig dem Publikum gezeigt wurden.[2]) Der Haupt-

---

[1]) oder Slevogt und cons.!

[2]) Die ersten derartigen Darstellungen machte der irische Maler Robert Parker 1787 (Rundgemälde von Edinburg), dann kamen die Franzosen Fontaine, Bourgeois und Prevost; später erhielt man die bekannten Bilder „Sturm auf Malakoff", „Schlacht von Solfernio", „Schlacht bei Gravelotte", „Reise des österr. Kronprinzen in Ägypten", „Schlacht bei Sedan" von A. v. Werner etc.

kunstgriff bei diesen Darstellungen besteht darin, dass im Vorder-
grunde wirkliche Gegenstände angebracht sind (Steine, Mauern, Baumstämme, Waffen, Räder u. s. w.), die sich dann unvermerkt an das
gemalte Bild besonders dann gut anschliessen, wenn die Hälfte des
Gegenstandes, z. B. einer Mauer echt, die andere Hälfte gemalt ist und
so in das Bild übergeht. Der Sinn des Beschauers bleibt an den plastischen Gegenständen hängen, überzeugt sich von deren Körperlichkeit
und überträgt dann die Vorstellung von dieser Plastik auf das nur Gemalte, so dass ihm dann das ganze Bild als plastisch erscheint.

Diese Vorgänge des Schliessens sind aber für den Kriminalisten
von grosser Wichtigkeit, da Ähnliches, wenn auch nicht so deutlich
ausgeprägt, bei vielen Wahrnehmungen zutage tritt, die uns bei der
Arbeit vorkommen; hiebei ist aber gerade das minder Ausgeprägte
gefährlicher, da es uns leicht entgehen kann. Wir dürfen nicht vergessen, dass der Zeuge, bei vielen Fällen entweder zur Zeit der Wahrnehmung oder zur Zeit ihrer Wiedergabe, sich in einer gewissen Auf-
oder Anregung befindet, wodurch er noch vielmehr veranlasst wird,
einen Schluss auf den anderen folgen zu lassen; ist aber einmal das
Schliessen im Gange, so kann kaum gesagt werden, wo es seine Grenzen
findet, und kommt dies bei gewöhnlichen Wahrnehmungen vor, so
verstärkt es sich bei gewissen sinnlichen, zumal optischen Vorgängen
noch vielmehr. Bleiben wir da vor allem bei der angeregten Frage
des plastisch Sehens. Wir wollen absehen von der Theorie Georg Hirths,
welcher das plastische Sehen als eine Art Tastens der Retina durch
die längeren oder kürzeren Sehstrahlen auffasst, und bleiben wir bei
den früheren, zweifellos richtigen Theorien, nach welchen das plastisch
Sehen lediglich Gegenstand der Erfahrung ist; haben wir einmal die
Erfahrung im Spiele, so ist damit auch das Schliessen und auch das
falsch Schliessen in Frage gezogen.

Das plastisch Sehen ist nichts anderes als der Schluss, dass
die betreffende Erscheinung plastisch sein müsse, weil wir uns durch
das Tasten schon so und so oft überzeugt haben, dass ähnliche Erscheinungen sich als körperlich erweisen. Mit diesem Schliessen gehen
wir aber sehr weit und halten nicht nur solche Körper für plastisch,
von welchen wir schon tausend ähnliche gesehen haben, sondern auch
solche, denen wir zum erstenmale begegnen. Ich habe noch nie einen
lebendigen Walfisch gesehen, wenn ich aber Gelegenheit hätte, einen
solchen in einem arktischen Meere zu erblicken, so würde ich doch keinen
Augenblick zweifeln, dass derselbe plastisch ist. Das ist aber nur ein
Wahrscheinlichkeitsschluss, und wenn auch hier die Annahme absurd
wäre, dass der Walfisch aus Pappe ist, so kann in unzähligen anderen
Fällen die Sache lange nicht so zweifellos sein, und der Wahrnehmende
hat doch mehr oder minder berechtigt einen falschen Wahrschein-
keitsschluss gemacht und das angeblich Wahrgenommene als zweifellos
hingestellt. Dies können wir an zahlreichen optischen Spielereien bemerken; die schlagendste ist die mit der Gemme. Wir hätten einen
ziemlich grossen, gut geschnittenen Kopf v e r t i e f t auf einem Steine;
dieser unterscheidet sich für den z. B. anderthalb Meter entfernten

Beschauer von einem gleichen, aber e r h a b e n geschnittenen Kopf
nur durch die Beleuchtung, da der Beschauer den geringen Unterschied
in der Länge der Lichtstrahlen bei dem erhabenen Kopf gegen den
vertieften Kopf nicht abzuwägen vermag. Die Beleuchtung unterscheidet die Köpfe aber sehr genau, weil bei dem erhabenen Kopfe
(Camée) die der Lichtquelle z u g e w e n d e t e n Flächen beleuchtet
sind, während bei dem tief geschnittenen Steine (Gemme), gerade
dieselben Flächen durch ihre andere Neigung beschattet sind. Habe
ich also eine von l i n k s beleuchtete Gemme vor mir, so kann ich dieselbe sofort als Camée sehen, wenn ich mir nur vorstelle, dass ich sie
als Camée sehen will. Ich habe dabei bewusst oder unbewusst lediglich
die Lichtquelle als von rechts einfallend gedacht, wodurch mir der
geschnittene Kopf nur verständlich wird, wenn ich ihn eben als Camée
denke. Dieser Vorgang ist aber häufig; man ordnet nämlich eine ganze
Reihe von Vorstellungen immer von dem Gesichtspunkte einer gewissen Annahme aus; ist diese Annahme richtig, so ist auch die Reihe
der Vorstellungen richtig und auf unser Beispiel angewendet: habe
ich die Lichtquelle als von links einfallend angenommen, so habe ich
richtig eine Gemme gesehen, habe ich aber die Lichtquelle irrtümlicher-
weise als von rechts einfallend angenommen, so habe ich auch irrtüm-
licherweise eine Camée gesehen. Welche Irrtümer aber aus einer solchen
falschen Annahme entstehen können, das ist umso weniger abzusehen,
als diese Annahme entweder gar nie zum wirklichen Bewusstsein gekommen oder wieder vergessen worden sein kann. In solchen Fällen
muss dann die veranlassende Annahme erst aus den zur Kenntnis gekommenen Daten herauskonstruiert werden, d. h. man muss erst aus
der sorgfältigen Prüfung dieser Daten den Verdacht ihrer Unrichtigkeit bekommen, worauf man dann zu schliessen versuchen muss,
was die Unrichtigkeit veranlasst hat. Dies ist aber nicht gleichgültig,
und wenn ich die Unrichtigkeit einiger Daten entdeckt habe, so darf
ich mich mit dieser Konstatierung noch nicht beruhigen. Ich werde
nämlich in den meisten Fällen die Unrichtigkeit nur bei unwesentlichen Daten direkt entdecken können; wenn ich aber auf die Annahme
zurückgehe, welche die falschen Daten verursacht hat, so werde ich
auch weiter schliessen können, welche von den übrigen, vielleicht sehr
wichtigen Daten, von jener unrichtigen Hauptannahme beeinflusst
worden sind. Dies ist um so wichtiger, als wir durch gewisse Wahrnehmungen, welche wir zu machen glauben, sogar zu Schlüssen kommen,
die unserer Erfahrung widersprechen. Bleiben wir noch bei dem gewählten Beispiele vom plastisch Sehen. Wenn wir gleich nach Sonnenuntergang auf einen niedrigen, gegen Westen gelegenen Berg sehen,
so erblicken wir Gegenstände auf dem Kamme desselben (Bäume,
Felsen, Menschen) lediglich als körperlose Silhouetten; der Himmel
hinter denselben ist von der untergegangenen Sonne stark beleuchtet
und die uns zugewendete Seite jener Gegenstände empfängt so wenig
Licht, dass wir die Lichtunterschiede auf denselben nicht mehr unterscheiden können, und wenn wir auch noch so gut wissen, dass diese
Gegenstände plastisch sind, so können wir uns doch von der Vorstellung,

dass wir Silhouetten sehen, nicht losmachen; haben wir aber keinen Anlass, diese Vorstellung zu korrigieren, so tun wir es auch nicht, der falsche Schluss ist fertig und wird als „Sinneswahrnehmung" weitergegeben.[1])

Und dabei haben wir die sogenannten Sinnestäuschungen noch nicht in Rechnung gezogen. Wenn wir dabei bleiben, dass fast alle Sinneswahrnehmungen nur auf Schlüssen beruhen,[2]) so kommen wir zu dem Ergebnis, dass wir von Sinnestäuschungen im eigentlichen Sinne nur dann reden können, wenn physikalische Vorgänge im Körper selbst in Frage kommen. Eine Sinnestäuschung liegt also z. B. vor, wenn man den Augapfel seitlich drückt und durch Verschiebung desselben doppelte Bilder sieht, oder wenn man einen ziemlich weit geöffneten Zirkel jemandem auf den Oberschenkel, den Rücken oder sonst nervenärmere Körperpartien aufsetzt, wobei er statt der wirklichen zwei Stiche nur einen einzigen zu fühlen glaubt. Alles andere, was wir Sinnestäuschung nennen, ist keine Täuschung, sondern nur falscher Schluss. Wenn ich durch ein rotes Glas die Landschaft rot sehe, so wurde mein Auge nicht getäuscht und wenn ich wirklich glaubte, die Landschaft sei rot, so habe ich nur irrtümlicher Weise das rote Glas nicht als Faktor in Rechnung gezogen. Wenn mir vor einem Regen die Berge näher scheinen, so ist auch nicht mein Sinn getäuscht worden, ich habe nur bei der Abschätzung der Distanz die lichtbrechende Eigenschaft der wasserreicheren Luft zu erwägen vergessen. Ebenso: hält man einen geraden Stab schräg in das Wasser, so scheint er von da an, wo er in das Wasser taucht, durch die Lichtbrechung im Wasser gehoben, also im stumpfen Winkel geknickt; dies ist keine Sinnestäuschung, denn wenn wir das Bild des Stabes photographierten, so würde der Stab auch auf dem Bilde geknickt erscheinen; ein Irrtum läge nur vor, wenn wir g l a u b t e n , der Stab sei wirklich geknickt, dann läge aber wieder nur der Fehler im Schliessen, weil wir angenommen hätten, dass die Lichtbrechung in der Luft und im Wasser die gleiche sei. Solche Fälle gibt es in Unzahl; erinnern wir uns an alle Erscheinungen der Irradiation des Lichtes, wobei durch das Strahlen der hellen Flächen diese breiter erscheinen als die dunkeln. Es scheint also das schwarze Rechteck zwischen weissen Flächen schmäler als das gleich-

---

[1]) Eine grosse Rolle können auch Taschenspielerkünste, wenn auch noch so plumpe, bei Beobachtungen spielen; zweifellos richtig erklärt man heute die meisten Leistungen der „spiritistischen Medien" durch geschickte und die Beobachtung verwirrende Taschenspielereien.

[2]) Vergl. dazu namentlich: —oo— „Irrungen" in H. Gross' Archiv Bd. XXV p. 364; derselbe „Wie wir uns irren" ibidem Bd. XXIII p. 373; derselbe „Wie wir sehen" ibidem Bd. XX p. 370; P. Näcke „Affekt u. Zeitbestimmung" ibidem Bd. XXV p. 369; derselbe „Starke Elementar-Halluzinationen im Traum" ibidem Bd. XVIII p. 368; A. Hellwig „Mangelhaftigkeit der Vorstellung kleiner Zeiträume" ibidem Bd. XXIII p. 81; H. Kornfeld „Falsche Zeugenwahrnehmungen" ibidem Bd. XXIII p. 344: H. Gross „Akustisches Lokalisationsvermögen" ibidem Bd. XXII p. 277; derselbe „Korrigierte Vorstellungen" ibidem Bd. X p. 109; derselbe „Das Verstehen der Zeugen und die Einbildung" ibidem Bd. XV p. 125; Hammer „Zur Analyse von Erinnerungstäuschungen", Sterns Beiträge Bd. I; Diehl „Die Schreckreaktion vor Gericht", H. Gross' Archiv Bd. XI p. 258; Gloss „Ein Fall von Personenverwechslung" ibidem Bd. XIV p. 83.

breite zwischen schwarzen Flächen. Leute, die schwarzgekleidet sind, scheinen schmächtiger, als wenn sie helle Anzüge haben; eine gleichgeteilte Linie sieht kürzer aus als eine ungeteilte; ein quergeteiltes Quadrat scheint breiter als hoch, ein senkrecht geteiltes höher als breit; einförmige, zumal längs gestreifte Kleidung macht die Person grösser, abwechselnde, oder quergestreifte Kleider machen sie kleiner; Linien, die parallel von uns weglaufen (Eisenbahnschienen, Alleen u. s. w.), scheinen sich zu vereinen, und wenn senkrechte Linien von kurzen, schrägen, parallelen Strichen durchschnitten werden, so scheinen die senkrechten Linien stets in einer zu diesen Strichen entgegengesetzten Richtung auszuweichen und Feuer scheint in der Nacht viel näher zu sein. Das sind aber alles Momente, bei welchen nicht der Sinn getäuscht wurde, sondern bei welchen man nur das betreffende optische Gesetz ignorierte, wenn die Erscheinung als Wirklichkeit gedeutet wird.

Alle diese und unzählige andere Erscheinungen können aber in den Angaben von Zeugen von ausschlaggebender Wichtigkeit sein und es können die gröbsten Fehler unterlaufen, wenn die Angabe derselben einfach hingenommen und nicht auf ihre Entstehung durch die betreffenden Schlüsse untersucht wird. In dieser Richtung handelt es sich keineswegs bloss um solche Fälle, in welchen z. B. ein hellgekleideter Mensch, der nachts gesehen wurde, als grosser Mann beschrieben wird, während es nur ein Knabe war; es können durch solche irrtümliche Schlüsse ganze Vorgänge falsch aufgefasst werden, weil von der einen falsch aufgefassten sinnlichen Wahrnehmung lange Reihen in der Darstellung abhängig gemacht und verkehrt wiedergegeben wurden. Die Feststellung, wo der Fehler steckt, d. h. wie die Wahrnehmung falsch geworden, ist nicht immer so leicht, da die Erklärung mit einem technischen Schlagworte: Lichtbrechung, Irradiation u. s. w., nicht immer ausreicht; manchesmal ist der psychische Vorgang ziemlich kompliziert. Wir wissen z. B., dass Gegenstände, welche uns in der Nacht, besonders in trüben, nebligen Nächten, unerwartet erscheinen, von uns ins Ungeheuerliche vergrössert wahrgenommen werden. Der Vorgang hiebei ist ein verhältnismässig langwieriger. Sagen wir, ich sehe in nebliger Nacht unerwartet, nahe vor mir ein Pferd, dessen Umrisse mir infolge der trüben Atmosphäre undeutlich erscheinen. Ich weiss nun aus Erfahrung, dass Gegenstände, welche mit undeutlichen Umrissen erscheinen, in der Regel weit entfernt zu sein pflegen. Ich weiss ausserdem, dass Gegenstände, die weit entfernt sind, viel kleiner erscheinen; ich muss daher annehmen, dass das Pferd, welches mir trotz der eingebildeten Entfernung noch in natürlicher Grösse erscheint, von ungeheueren Formen sein muss. Der Gedankengang ist also: Ich sehe das Pferd undeutlich, folglich ist es weit entfernt; es ist in der Ferne von natürlicher Grösse, wie ungeheuer muss es sein, wenn es mir nahe kommt!

Selbstverständlich geschehen diese Schlüsse weder langsam noch bewusst; sie laufen blitzartig und ohne Überlegung ab, ohne deshalb aber die Sicherheit des momentanen Urteils zu beeinflussen, und hintendrein hat es oft die grössten Schwierigkeiten, wenn man den Vorgang

und den in demselben begangenen Fehler entdecken will. Findet aber
der Beobachtende selbst in dem Hergange eine nicht erklärliche Lücke,
so wird ihm die Sache unheimlich, weil unerklärlich, und hiemit ist
auch der Begriff des Unheimlichen gegeben, welches bei unseren Zeugenvernehmungen oft eine so grosse Rolle spielt. Wenn ich daher, natürlich unter sonst nicht angenehmen Verhältnissen, ein Pferd laufen
sehe, ohne die Hufe klappern zu hören, wenn ich Bäume sich bewegen
sehe, und keinen Sturm fühle, oder wenn ich einem Menschen begegne,
der trotz Mondschein keinen Schatten hat, so ist mir alles dies unheimlich, weil in dem logischen Hergang der Sache etwas fehlt; welche
Wirkung es auf den psychischen Zustand eines Menschen hat, wenn
ihm etwas unheimlich wurde, das wissen wir zur Genüge; von dem
Moment an, als jemandem unheimlich wurde, ist keine einzige Wahrnehmung mehr verlässlich, ja, es ist zweifelhaft, ob dasjenige wahr
ist, was er erlebt haben will, b e v o r es ihm unheimlich wurde. Dazu
kommt, dass es die wenigsten Menschen eingestehen wollen, dass es
ihnen unheimlich zu Mute war — vielleicht wissen sie es auch nicht.
Es ist daher umsomehr notwendig, den ganzen Hergang des Schliessens
aufzuklären, weil man nur so auf das Moment des Unheimlichwerdens
und hiemit auf eine arge Fehlerquelle kommen kann.

Eine ebenso wichtige Fehlerquelle ist das Addieren oder Teilen
von Beobachtungen. Dies kommt namentlich dann vor, wenn es sich
um die Beurteilung von Bewegungen handelt. Wir alle kennen die
Irrungen, denen wir ausgesetzt sind, wenn es sich um die Beurteilung
der Frage handelt, w a s sich bewegt. Wir wissen oft nicht, ob sich
der Eisenbahnwaggon bewegt, in dem wir uns befinden, oder der auf dem
nächsten Geleise befindliche; oder wenn wir lange von der Brücke ins
fliessende Wasser sehen, so scheint zuletzt die Brücke stromabwärts
zu schwimmen. Dass dies damit allein nicht zu erklären ist, weil wir
nur den U n t e r s c h i e d der Bewegungen bemerken, beweist schon
das letztgenannte Beispiel; zu anderen Erklärungen müssen wir aber
greifen, wenn wir eine Bewegung zerlegen sollen. Wir erleben es oft,
dass der Zeuge z. B. nicht zu sagen weiss, ob der Beschuldigte dem
Beschädigten das Bierglas an den Kopf g e w o r f e n oder g e s c h l a -
g e n hat, und häufig behauptet ein Teil der Zeugen dies, ein Teil jenes.
In solchen Fällen muss nicht ein Teil die Unwahrheit gesagt haben,
da wir ja verhältnismässig langsam sehen,[1] wenn man so sagen darf,
d. h. wir brauchen eine ziemlich lange Zeit, bis sich eine optische Wahrnehmung festgesetzt hat. In unserem Beispiele haben die Zeugen das
Aufheben des Bierglases und dann wieder das Niederfallen desselben
auf den Kopf des Beschädigten gesehen, alles Dazwischenliegende
ist ihnen nicht zur Vorstellung geworden, weil es zu kurz gedauert hat,
um einen gesonderten Eindruck zu hinterlassen. Die dazwischenliegende Lücke wird durch Schlüsse ausgefüllt, und wie das der einzelne
macht, das ist Sache seiner Individualität oder des augenblicklichen

---

[1] Vergl. die Untersuchungen von M. Friedrich, E. Tischer, Cattell etc in
Wundt's „Physiologische Psychologie" 3. Aufl. Bd. II p. 305 ff.

Zustandes. Meistens dürfte die Ausfüllung der Lücke durch jene Vorstellung geschehen, die der Zeuge zu Beginn der Wahrnehmung hatte. Als der Beschuldigte das Bierglas in die Höhe hob, hat sich ein Teil der Zeugen gedacht: „jetzt wird er s c h l a g e n"; ein Teil hat gedacht: „jetzt wird er w e r f e n"; und als der andere das Glas am Kopfe hatte, so ergänzte sich jeder der Zeugen den sinnlich gar nicht wahrgenommenen Hergang so, wie er ihn früher erwartet hatte.[1])

Der Umstand, dass wir, wie früher erwähnt, verhältnismässig langsam sehen, ist für uns überhaupt wichtig, und das Belehrendste hiebei sind die Momentphotographien. Sehen wir z. B. die Momentphotographie eines galoppierenden Pferdes an, so sagen wir bekanntlich, so sähe das Pferd in keinem Moment des Galoppes wirklich aus. Dies kommt daher, dass die Photographie einen Zeitraum von so kurzer Dauer festgehalten hat, wie wir ihn mit dem Auge nicht aufnehmen können. Wir fassen also mit dem Auge eine Reihe von rasch aufeinanderfolgenden Formen unbewusst auf und vereinigen diese, nicht zum Bewusstsein gelangten Momentbilder zu einem einzigen Bilde, welches als solches in Wirklichkeit gar nicht bestanden hat. Dieses nie bestandene Bild suchen wir vergeblich auf der Momentphotographie, die dann dem von uns Gesehenen und Zusammengefassten nicht entsprechen kann. In unsere Praxis übersetzt, bedeutet diese Erscheinung Folgendes: ein Vorgang, der sich sehr rasch abgespielt hat, bestünde aus den Momenten $a, b, c, d, e, f, g, h, i, k, l, m$, die gerade wegen ihrer Raschheit einzeln und für sich vom menschlichen Auge nicht aufgefasst werden können. Es wird daher der einzelne Beobachter e i n e A n z a h l d i e s e r M o m e n t e z u e i n e m G e s a m t b i l d e v e r e i n e n. So entstehende Bilder werden aber sehr verschieden sein, einerseits, weil die einzelnen Beobachter in dem Zusammenstellen der Bilder zufällig verschieden anfangen können, anderseits, weil der rasche Beobachter sich schon aus w e n i g e n Momenten ein Gesamtbild macht, während beim langsamen Beobachter erst eine grössere Anzahl von Momenten ein Gesamtbild darstellt.

Im ersteren Fall würden sich also die Gesamtbilder aus den obengenannten Momenten gruppieren: beim ersten Beobachter: a b c — $d e f$ — $g h i$ — $k l m$; beim zweiten Beobachter, der nur eine unmessbar kurze Zeit später hinsah, gruppieren sich die Gesamtbilder aus den Momenten: $b c d$ — $e f g$ — $h i k$.

Im zweiten Falle (bei verschieden rascher Beobachtungsgabe), wird der rasche Beobachter, der sich schon nach zwei Momenten ein Bild macht, die Gesamtbilder: $a b$ — $c d$ — $e f$ — $g h$ — $i k$ — $l m$ erhalten, während der trägere Beobachter, der erst nach drei Momenten

---

[1]) Vergl. die Besprechung von Vorgängen bei Mensuren von Dr. v. H. in H. Gross' Archiv Bd. I p. 123 und den Fall Bd. XV p. 125 ibidem, in welchem eine Anzahl von Zeugen genau die Schimpfworte anzugeben wusste, die ein Mann gebraucht haben sollte, der aber taubstumm war; (man hatte ihn zuerst beschimpft und daher angenommen und in der Einbildung g e h ö r t, dass er zurückgeschimpft hat.)

ein Gesamtbild erhält, zu den Bildern: $a\,b\,c\,-\,d\,e\,f\,-\,g\,h\,i\,-\,k\,l\,m\,-$ gelangt.

Sind diese Gesamtbilder schon wegen ihrer verschiedenen Zusammensetzung ungleich, so können sie noch verschiedener werden, wenn wir annehmen, dass dem einen oder dem anderen Beobachter aus irgend einem Grunde die einen oder anderen Momentbilder, z. B. a, d, g, k ausfallen, oder dass sie ihm undeutliche Eindrücke hervorrufen — dann sind natürlich die Elemente, aus welchen die Gesamtbilder zusammengesetzt sind, ganz andere, und es wird die Darstellung desselben Herganges durch verschiedene Personen verschieden sein, wenn sie auch alle gleichmässig und gut beobachtet haben. Selbstverständlich lassen sich die Ungleichheiten der einzelnen Gesamtbilder, wie sie verschiedene Beobachter aus denselben Momentbildern sich zusammengestellt haben, nicht praktisch nachweisen, es soll nur die mathematische Darstellung der Zusammenlegungen dazu dienen, eine Anzahl von verschiedenen Beobachtungen aufzuklären.

Von gleicher Wichtigkeit, aber nicht so zergliederbar, sind die sogenannten akustischen Täuschungen.[1] Bei Kranken sind sie entschieden häufiger als die optischen Täuschungen; wir sehen hier von denselben ab und sei nur erwähnt, dass der UR. viel sorgfältiger darauf ein Augenmerk haben muss, ob nicht eine krankhafte akustische Täuschung vorliegt, als es bei den optischen der Fall ist; das Weitere ist dann Sache des Arztes. Wir haben nur auf jene Irrungen ein Augenmerk zu richten, die bei gesunden Menschen vorkommen oder bei solchen, die zwar als gesund gelten, aber sich augenblicklich in nicht normalen Verhältnissen befunden haben. Hierunter sind besonders Leute zu verstehen, die in grosser Angst oder Todesgefahr waren; darauf ist namentlich bei der Vernehmung solcher Leute Rücksicht zu nehmen, die bei einer Rauferei, einem Raube oder Mordversuche u. s. w. lebensgefährlich verletzt wurden. Abgesehen davon, dass infolge der Angst, des Schreckens und des Schmerzes, alle nur erdenkbaren Missverständnisse vorkommen, so befinden sich solche Menschen überhaupt schon in einem Zustande, der einem krankhaften gleichzustellen ist. Sie leiden daher an wirklichen Einbildungen und hören Worte, die niemand gesagt hat. So kommt es vor, dass solche Leute Stimmen von Verfolgern und Drohungen hören, die gar nicht gesprochen wurden, ebenso aber hören sie auch, wie ihnen Hilfe versprochen wird, obwohl niemand in der Nähe ist, der ihnen helfen könnte.

Merkwürdig sind in dieser Richtung die mitunter aus längst vergangener Zeit auftauchenden Gehörs-Erscheinungen; so erzählt H o p p e einen Fall von einem dem Ertrinken nahen Matrosen, der im Momente, bevor ihm die Sinne schwanden, deutlich die Worte seiner Mutter hörte: „Johny, hast du die Trauben deiner Schwester gegessen?" Dies hatte er in früher Kindheit gehört und seither nie mehr daran gedacht. In diesem Falle konnte wohl niemand annehmen, dass diese Worte zum

---

[1] Vergl. H. G r o s s „Akustisches Lokalisationsvermögen" in H. Gross' Archiv Bd. XXII p. 277.

Matrosen gesagt wurden; handelt es sich aber um einen bei einem Verbrechen schwer Verletzten, und er würde deponieren, dass er dies und jenes gehört habe, so hätte man unter Umständen vielleicht keinen Anlass an der Richtigkeit der Angabe zu zweifeln.

Im übrigen hüte man sich hauptsächlich davor, Angaben darüber, aus welcher Richtung,[1] aus welcher Entfernung, mit welcher Stärke eine Stimme gekommen sei, ohne weiteres anzunehmen. Macht man darüber Versuche und prüft das akustische Unterscheidungsvermögen der Leute, so gelangt man zu merkwürdigen Erfahrungen; es gibt auffallend viele Menschen, die nicht wissen, ob eine Stimme von oben oder unten, rechts oder links, hinten oder vorne, von weit oder von nahe kommt, und die wenigsten dieser Menschen wissen es, dass sie ein so mangelhaftes akustisches Unterscheidungsvermögen haben. Übrigens sind auch oft lokale Umstände daran schuld, dass man sich überhaupt über die lokale Frage bei Tönen etc. nicht orientieren kann; so z. B. in den Strassen einer Stadt, im Gebirge etc.

Aber auch das klare Verstehen von Lauten ist nicht jedermanns Sache, und d i e m e i s t e n L e u t e f a s s e n d a s G e h ö r t e n i c h t d e m W o r t l a u t e , s o n d e r n d e m S i n n e n a c h a u f.[2] Das wäre nun nicht so arg, wenn alle den w i r k l i c h e n Sinn auffassten. Sie legen aber der Sache jenen Sinn bei, den sie für den richtigen h a l t e n, es kommt daher Auffassung mit in Rechnung und hiemit auch grenzenlose Verschiedenheit. Häufig finden wir ein Korrigens für diese verschiedenen Auffassungen darin, dass wir für e i n e Äusserung die Aussagen m e h r e r e r Zeugen haben; wenn aber für irgend eine wichtige Äusserung nur ein einziger Zeuge vorhanden ist, so begehen wir oft den Fehler, dass wir diese, b l o s s w e i l v o n k e i n e m a n d e r e n Z e u g e n w i d e r s p r o c h e n, unbedingt hinnehmen. Dazu kommt aber noch, dass der Umstand der Bestätigung durch m e h r e r e Zeugen nicht immer Sicherheit gewährt. Wenn ein Mensch etwas falsch verstanden hat, so kann der Grund hiervon allerdings subjektiv, also i n i h m, aber auch objektiv, i n d e r S a c h e gelegen sein; im ersten Falle (wenn er z. B. schlecht hört, nicht aufgemerkt hat etc.), werden die anderen Zeugen freilich richtig gehört haben, und können diese daher den einen Zeugen korrigieren. Im zweiten Fall (wenn z. B. lokale Verhältnisse, akustische Gründe vorliegen) wird die Wirkung bei allen Zeugen die gleiche sein, d. h. a l l e Zeugen werden falsch gehört haben, sie werden daher auch a l l e falsch aussagen. Vor dem Trugschluss; e s m u s s r i c h t i g s e i n, w e i l e s v i e l e Z e u g e n b e s t ä t i g e n, k a n n m a n s i c h d a h e r n i c h t g e n u g i n a c h t n e h m e n.

Haben wir aber schon unter gewöhnlichen Umständen bei der Annahme von Gehörswahrnehmungen vorsichtig zu sein, so ist dies in erhöhtem Masse notwendig, wenn irgendwelche Schwierigkeiten dazugekommen sind, wenn z. B. die betreffende Stimme aus grösserer

---

[1] s. oben H. Gross' Archiv Bd. XXII p. 277.
[2] Vergl. H. Gross' Archiv Bd. XII p. 287; Bd. XIV p. 188; Bd. XV p. 123.

Entfernung oder schreiend, kreischend, gepresst oder sonstwie unnatürlich gehört worden ist. Ebenso wenn die Stimme jemandem
angehörte, der anderer Nationalität,[1]) anderen Dialektes oder anderen
Bildungsgrades als der Zeuge ist. Es ist Vorsicht geboten, wenn der
Zeuge die Stimme unvermutet hörte, wenn er den Zusammenhang
des Gesagten mit dem gleichzeitig Geschehenen nicht gekannt hat oder
gar, wenn die Möglichkeit vorliegt, dass dieser Zusammenhang von
dem Zeugen missverstanden wurde. Man halte sich immer vor Augen,
dass hier dass Gedächtnis noch gar keine Rolle spielt, und dass
es sich wirklich um unrichtige Wahrnehmungen handelt, da die
Leute auch sofort nach denselben unrichtig reproduzieren. Man merke
auch hier, dass die wörtliche Wiedergabe, namentlich längerer Sätze
für Leute minderer Bildung nicht nur grosse Schwierigkeiten hat,
sondern dass sie auch regelmässig Entstellungen vornehmen, wenn
man sie zum wörtlichen Wiedergeben zwingt.[2]) Es bleibt daher nichts
anderes übrig, als sich mit der Erzählung des Inhaltes der Äusserung
zu begnügen, wobei man sich aber immer die volle Überzeugung verschaffen muss, dass der Zeuge die Sachlage richtig aufgefasst hat,
weil er sonst bei Wiedergabe des Inhaltes der Rede ihren Sinn zuverlässig in der Richtung seiner Auffassung verdreht.

Eine gewisse Rolle kann unter Umständen auch der sogenannte
Phonismus (wenn S c h a l l empfindungen durch L i c h t wirkungen
ausgelöst werden) und der Photismus (wenn Lichtempfindungen durch
Schallwirkungen entstehen) spielen.[3]) Diese Erscheinungen kommen
zwar nicht bei allen Menschen vor, müssen aber doch häufig sein, da
z. B. das deutliche Knistern, welches beim Auftreten des Polarlichtes
entstehen s o l l, von sehr vielen Menschen angeblich gehört wird.
Wahrscheinlich sind dies kräftige Ideenassociationen. —

Über die Täuschung der übrigen Sinne ist wenig zu sagen, da ihr
Auftreten von geringerer Bedeutung ist.

Dass z. B. der Tastsinn zu falschen Vorstellungen Anlass geben
kann, ist bekannt genug, wir wissen auch, dass diese Irrungen im kriminalistischen Sinne namentlich dann von Wichtigkeit sind, wenn es
sich um die Fixierung erhaltener Verletzungen handelt. Es ist niemandem fremd, dass z. B. Stiche und Schüsse zuerst nur als Stösse
empfunden werden, dass unbedeutende Verletzungen im ersten Augenblick oft grossen Effekt machen, während tödliche Verletzungen kaum
empfunden werden; wir wissen, dass Leute, die z. B. bei einer Rauferei
mehrere leichte und eine schwere Verletzung erlitten haben, selten zu
sagen wissen, wann die schwere Verletzung versetzt wurde; wir wissen,
dass die wenigsten Verwundeten richtig angeben, wie viel Stösse,
Schläge oder Stiche sie bekommen haben; kurz, die Angaben der Ver-

---

[1]) Über typisches Missverstehen s. H. Gross' Archiv Bd. VII p. 161 und
Bd. XV p. 125.

[2]) Vergl. E. Unger „Bedenken gegen die übliche Protokollierung" D. Jur.-
Ztg. No. 22 in 1905; Eug. Kulischer „Das Zeugniss vom Hörensagen" in Grün-
huts Zeitschr. Bd. XXXIV.

[3]) Vergl. Bleuler u. Lehmann „Zwangsmässige Lichtempfindung durch
Schall etc.", Leipzig 1881.

letzten über alles, was sie mit Hilfe des Tastsinnes wahrgenommen haben, sind entweder ganz summarisch oder unverlässlich.[1])

Hierzu kommt die noch zu wenig gewürdigte Tatsache, dass unsere verschiedenen Körperteile nur dann richtig vermitteln, w e n n s i e i n i h r e r g e w ö h n l i c h e n L a g e s i n d. Das zeigt das uralte Beispiel mit der Erbse; wenn wir eine Erbse mit dem Daumen und Zeigefinger ergreifen, so fühlen wir die Erbse nur einfach, obwohl uns ihr Tastbild durch z w e i Finger, also doppelt, übermittelt wird. Wenn wir aber den dritten Finger über den vierten kreuzen, und nun die Erbse zwischen die Spitzen dieser zwei Finger fassen, so fühlen wir sie doppelt, weil die Finger nicht in ihrer gewöhnlichen Lage sind, also auch doppelt vermitteln. Anders gesagt, wäre ja die doppelte Vermittelung die richtige, wenn wir aber in der natürlichen Lage tasten, so spielt die Erfahrung mit, und wir empfinden nur e i n e Erbse. Diese, schon von Aristoteles eingehend untersuchte psychologische Erscheinung erklärt uns manche, bei bestem Willen falsch gemachte Äusserung. — Ein ähnliches Beispiel: Faltet man die Hände über Kreuz und dreht sie so nach innen und aufwärts, dass die linken Finger wieder nach links und die rechten wieder nach rechts stehen, so hat man die Lokalisation der Finger total verloren, und wenn dann eine zweite Person auf einen der Finger, ohne ihn zu berühren, mit der Aufforderung deutet, ihn zu heben, so hebt man regelmässig den entsprechenden Finger der a n d e r e n Hand. Überhaupt zeigt es sich, dass der Tastsinn insoferne auf geringerer Höhe der Ausbildung steht, als er dann, wenn nicht lange Erfahrung zuhilfe kommt, noch der Unterstützung durch einen anderen Sinn, namentlich des Gesichtssinnes bedarf.[2]) Wahrnehmungen durch den Tastsinn allein sind daher stets von geringer Verlässlichkeit, weil immer nur nach wenigen und gröberen charakteristischen Zeichen geschlossen wird.

In überzeugender Weise wird dies durch ein Gesellschaftsspiel bestätigt, mit welchem sich unsere Jugend zu unterhalten pflegt und wobei (es dürfen nur ein oder zwei Eingeweihte vorhanden sein) u n t e r d e m T i s c h e gewisse harmlose Dinge weiter gereicht werden: ein Stück weicher Mehlteig, eine geschälte feuchte und mit kurzen Holzspitzchen gespickte Kartoffel, ein nasser mit Sand gefüllter Lederhandschuh, eine spiralig abgenommene Rübenschale u. s. w. Jeder, der einen dieser Gegenstände, also ohne ihn sehen zu können, in die Hand bekommt, glaubt, ein scheussliches Untier erhalten zu haben, und schleudert es von sich. Er hat mit dem Tastsinn nur das Feuchte, Kalte und Bewegliche, also die gröbsten Charakteristika der Reptil-Vorstellung wahrgenommen, die Phantasie ergänzt Bewegungen und

---

[1]) **Vergl. Wilke** in H. Gross' Archiv Bd. III p. 117, meine Aufforderung an die Gerichtsärzte im selben Archiv Bd. VI p. 360, endlich die für manche Fälle von angeblicher Notzucht etc. wichtige Schrift von **Klein** „Gefühlsprüfungen am weiblichen Genitale in krimineller Beziehung", Deutsche medizin. Presse 1905 No. 8.

[2]) **Obersteiner** „Zur vergleichenden Psychologie der verschiedenen Sinnesqualitäten", Wiesbaden 1905; **Toulouse, Vaschide & Piéron** „Technique de psychologie experimentale", Paris 1904.

Greifen, und so wird die Vorstellung eines Reptils u. s. w. dem Gehirne überliefert. Wenn ein Zeuge Angaben bloss auf Grund seines Tastens macht, möge man immer an dieses Kinderspiel denken! —

Zu diesen mangelhaften Vorstellungen durch den Tastsinn allein kommt auch eine Art von Übertragbarkeit gewisser Tastempfindungen. Wenn z. B. in der Nähe meines Sitzes Ameisen kriechen, so empfinde ich sofort, dass mir Ameisen unter den Kleidern laufen, und wenn man eine Wunde sieht oder beschreiben hört, so empfindet man häufig an der entsprechenden Stelle des eigenen Körpers Schmerzen. Dass dies namentlich bei Zeugen erregbarer Natur zu argen Täuschungen führen kann, ist selbstverständlich. Professoren der Dermatologie erzählen oft, dass die Studenten bei Demonstration von Kranken mit juckenden Hautausschlägen in geradezu komischer Weise an den betreffenden Stellen des eigenen Körpers zu kratzen beginnen. —

Diese sozusagen Unselbständigkeit des Tastgefühles wird noch durch den Umstand erhöht, dass bei demselben mehr als bei den anderen die Schätzung nach dem Relativen in Rechnung kommt. Wir empfinden den Keller im Winter warm und im Sommer kalt, weil wir nur den Unterschied mit der Aussentemperatur verspüren, und wenn wir eine Hand in heisses und die andere in kaltes Wasser und dann beide in laues tauchen, so empfindet die eine Hand das laue Wasser kalt, die andere fühlt es warm. Die Erörterung von Gefühlsempfindungen kommt in unseren Protokollen häufig vor, es ist die Unverlässlichkeit derselben stets zu berücksichtigen. —

In gewisser Beziehung gehören hieher auch eigentümliche Erscheinungen, die ihren Grund im unregelmässigen Baue unseres Körpers haben sollen, also stärkere Entwickelung einer Beines, welches dann stärker ausschreitet und den Weg bogenförmig gestaltet, wenn andere Korrekturen fehlen oder mangelhaft sind. Hieher gehört z. B. das Irregehen im Kreise, statt geradeaus fortzugehen. Dies kommt namentlich vor, wenn jemand in fremder Gegend im Nebel oder Schneegestöber geht oder nachts im Walde, am öftesten aber, wenn er seiner Sinne nicht ganz mächtig, krank, erschreckt, betrunken oder durch Schläge, Blutverlust etc. betäubt ist. Es sieht dann oft unwahrscheinlich aus, wenn jemand etwa nach einem behaupteten Attentat, Raubanfall, Notzuchtsfall etc. statt geradeaus zu fliehen, im Kreise um den Tatort herumgegangen ist (etwa durch seine Fussspuren oder durch Zeugen erweisbar). Dass ein solcher Verletzter, der im Kreise herumgeirrt ist, doch die Wahrheit sagen kann, wird heute nicht mehr bestritten.[1] —

Bezüglich des Geschmackes und Geruches wäre zu erwähnen, dass dieselben nicht nur infolge von Krankheiten sehr häufig pervers sind, sondern dass wir auch beim normalen Menschen mit ihnen wegen einer gewissen Unkontrollierbarkeit schwer ins reine kommen. Geschmack und Geruch spielen im Leben eine geringere Rolle als Sehen

[1] Literatur etc. s. H. Gross' Archiv Bd. X p. 170.

und Hören; wir können zwar jeden fragen oder uns auch objektiv davon überzeugen, ob er gut sieht oder hört, es wäre aber die Frage, ob er richtig und scharf schmeckt oder riecht, zwecklos, weil man die Richtigkeit der Antwort nur schwer (etwa in einem Laboratorium etc.), überprüfen kann.[1]) Zudem kommen beim Schmecken und Riechen eigentümliche Umstellungen vor. Wenn ich z. B. eine Speise nach ihrem Aussehen für eine süsse Mehlspeise halte, während sie in Wirklichkeit eine gesalzene Fleischspeise ist, so werde ich beim Verkosten nicht die Empfindung ihrer wahren Natur, sondern lediglich einen ekelhaften Geschmack empfinden. Es hat sich nämlich die Vorstellung der süssen Mehlspeise mit dem wirklichen Geschmack der gesalzenen Fleischspeise so gemengt, als ob man die beiden Speisen wirklich vermischt hätte. —

Bezüglich des Geruchsinnes ist hauptsächlich zu bemerken, dass die Begriffe angenehm und unangenehm, diesfalls sehr verschieden zu sein scheinen. Der eine findet den Geruch von faulen Äpfeln, der andere den eines feuchten Badeschwammes vortrefflich; dieser nennt dasselbe „entsetzlichen Aasgeruch", was der andere „entzückendes haut gout" heisst; es gibt Frauen, welche Asa foetida als den besten Geruch erklären, für gewöhnlich nennt man dieses Harz Teufelsdreck. Der Geruch von Knoblauch wird verschieden beurteilt, und die sonst beliebtesten Parfums, Moschus und Patschuli, sind vielen Leuten unerträglich. Man wird daher bei der Feststellung von Geruchswahrnehmungen umso vorsichtiger sein müssen, als auch die Schärfe des Geruches bei verschiedenen Menschen sehr verschieden ist. Es gibt Leute, welche eine Katze im Zimmer riechen, welche Kleidungsstücke nach ihrem Geruch, sogar auf grössere Entfernung, ihrem Eigentümer zuweisen können, während andere wieder die heftigsten Gerüche gar nicht wahrnehmen. Zu bemerken wäre noch die auffallende Treue der Geruchsinnes; wir alle kennen die Erscheinung, dass ein Geruch, den wir vielleicht vor Jahrzehnten ein einzigesmal wahrgenommen haben, bei seinem Wiederauftreten nicht nur sofort erkannt wird, sondern uns auch mit grosser Treue ganze Bilder wieder vor Augen bringt, die wir damals zugleich mit jenem Geruche aufgenommen haben. Dies kann bei dem Erinnern von Zeugen oft von Wichtigkeit werden.

b) Das Gedächtnis.[2])

Das zweite Moment in dem Geistesleben des zu Vernehmenden, ist sein Gedächtnis. Das Wesen des Gedächtnisses überhaupt ist ein so merkwürdiges und zusammengesetztes und die Art seiner Tätigkeit

---

[1]) In einem Prozesse war es einmal wichtig geworden, warum ein Zeuge, ein alter Bauer, den Geruch einer Leiche nicht wahrgenommen hatte; ich liess daher durch die Gerichtsärzte umständliche Proben mit verschiedenen Ingredienzien an dem Zeugen anstellen. Endlich sagte dieser: „Sie plagen sich umsonst — mir ist einmal bei einer Rauferei die Nase eingeschlagen worden, seitdem riech' ich überhaupt nichts"! —

[2]) Vergl. die weitere Literaturangabe in meiner Kriminal·Psychologie II. Aufl. p. 328 ff.

eine so verschiedene, dass sich der UR. mit der Natur desselben nicht eingehend genug befassen kann.[1]) Hängt doch von der Treue und dem richtigen Funktionieren des Gedächtnisses der Zeugen oft die ganze Feststellung des Herganges ab. Die Funktion des Gedächtnisses ist, wie F o r e l [2]) sagt, eine dreifache: 1. es muss das Erlebte einen Eindruck machen; 2. dieser Eindruck muss erneuert werden; 3. dieser Eindruck muss als identisch mit dem Erlebten erkannt werden.

„Wenn ich", sagt F o r e l , „gestern zum erstenmal in meinem Leben einen Eisbären gesehen habe und heute wieder an denselben denke, so hat: 1. mir gestern der Eisbär einen Eindruck gemacht; ich habe heute 2. das Bild des Eisbären in mir reproduziert; und ich habe 3. die Identität des gestern gesehenen Bildes mit dem heute reproduzierten festgestellt."

Mit diesem Beispiele ist wirklich alles gesagt, was diesfalls über die Tätigkeit des Gehirns zu sagen ist, und wir haben nur noch festzustellen, was mit den einzelnen Funktionen erreicht wird. Über die Richtigkeit der Wahrnehmungen wurde schon gesprochen, von ihr hängt natürlich zuerst die Richtigkeit der übrigen Funktionen und die Richtigkeit der Wiedergabe ab. Die zweite Tätigkeit ist die der Reproduktion. Ihre Richtigkeit hängt davon ab, inwieweit das (gut oder schlecht) Wahrgenommene wieder zum Vorschein kommt und wie die doch immer entstandenen Lücken ergänzt werden. Diese Vervollständigungen können durch Total-Analogie korrekt gemacht werden, oder durch Phantasie-Vorstellungen falsch geschehen, oder es können die Lücken ganz unergänzt bleiben.[3])

Nur um etwas später als diese zweite Funktion tritt die Identitäts-Feststellung zwischen der Wahrnehmung und der Reproduktion in Tätigkeit, indem erwogen wird, ob und inwieweit sich beide decken. Je nach dem Erfolge dieser Konstatierung tritt eine grössere oder mindere Sicherheit in der Behauptung auf. Bleiben wir bei dem Beispiele F o r e l s : Die erste Funktion hängt davon ab, mit welcher Genauigkeit und Richtigkeit ich den Eisbären betrachtet habe. Die zweite Funktion, die der Reproduktion, wird nun das Bild korrekt oder mit Lücken geben. Sagen wir z. B., ich hätte das Bild des Eisbären vollkommen korrekt reproduziert, nur wüsste ich nicht, ob und welchen Schwanz das Tier hatte. Schliesse ich nun aus dem ganzen Habitus des Tieres richtig, so werde ich auch diese Lücke in der Erinnerung richtig ausfüllen, während falsche Vorstellungen dem Tiere

---

[1]) Dr. Aug. F o r e l „Das Gedächtnis und seine Abnormitäten", Zürich 1885; P. N ä c k e „Zum Kapitel der Erinnerungstäuschungen" in H. Gross Archiv Bd. XXV p. 371; —oo— „Unser Gedächtnis" ibidem Bd. XXIV p. 154; G. L e l e w e r „Ein Fall solitärer Erinnerungstäuschung" (Kopfverletzung des Aussagenden) ibidem Bd. XXI p. 112; Stefan F e l k l „Beitrag zur forensischer Kasuistik der solitären Erinnerungstäuschungen" ibidem Bd. XVIII p. 1; S. Freud „Über Vergessen, Versprechen, Vergreifen, Aberglaube und Irrtum, Berlin 1904; K. S t o o s s „Erinnerungsvermögen" in H. Gross' Archiv Bd. XXVI p. 94; Albert H e l l w i g „Eine Gedächtnistäuschung" ibidem Bd. XVII p. 197.

[2]) l. cit.

[3]) Vergl. A. D i e h l „Zum Studium der Merkfähigkeit", Berlin, S. Karger 1902.

irgend ein unrichtiges Anhängsel andichten können. Tritt aber weder richtige Analogie noch falsche Phantasie in Tätigkeit, so bleibt die Lücke offen: ich erinnere mich einfach nicht, ob und welchen Schwanz das Tier hatte.

Ist die Reproduktion beendet, so beginnt nun die Identitäts-Feststellung zwischen beiden Bildern, und nun hängt es von der schärferen oder laxeren Kritik ab, inwieweit diese Identitäts-Feststellung geschieht oder nicht.

Diese drei Funktionen wird der UR. in jedem wichtigen Fall dann strenge auseinander halten müssen, wenn er den Verdacht hat, dass das Gedächtnis des Zeugen nicht treu ist. Will der UR. dann nur im allgemeinen herumsuchen, wo der Fehler im Gedächtnisse der Zeugen steckt, so wird er nicht zum Ziele kommen, wohl aber wird dies sogar meistens gelingen, wenn er den drei genannten Funktionen e i n z e l n nachgeht. Er wird also fragen, wie lange die Wahrnehmung gedauert hat, wie und unter welchen Verhältnissen dieselbe geschah, wie der Zeuge sonst wahrzunehmen pflegt, kurz er wird sich, abgesehen von der Richtigkeit, von der Tiefe und Verlässlichkeit der Impression überzeugen. Dann fragt er den Hergang der Reproduktion, insbesondere die Ergänzung der Lücken ab, bis er endlich dazu kommt, den genauen Vorgang bei der Identitäts-Feststellung von Eindruck und Reproduktionsbild zu besprechen; namentlich dann, wenn der UR. mit dem Zeugen die Arbeit des Aufeinanderpassens der beiden Bilder nochmals durchnimmt, wird er fast immer auf den gemachten Fehler kommen müssen. Man sage nicht, dass dieser Vorgang zu zeitraubend sei; auf jeden Fall geht viel weniger Zeit verloren, wenn einmal etwas mühsam der wahre Vorgang festgestellt wird, als wenn man irregeleitet ist und zahlreiche Zeugenvernehmungen auf dieser falschen Fährte unrichtig oder umsonst durchführt. —

Genau zu unterscheiden von der bewussten Tätigkeit des Gedächtnisses ist die unbewusste, welche eine viel grössere Rolle spielt, als wir gewöhnlich annehmen. Der englische Goetheforscher L e w e s hat die Tätigkeit des unbewussten Gedächtnisses durch ein wenn auch nicht richtig aufgefasstes physikalisches Beispiel sehr gut illustriert: Wenn man auf einen, von der Sonne hell beleuchteten weissen Bogen Papier einen Schlüssel legt, ihn dann entfernt und den Bogen an einer dunklen Stelle aufbewahrt, so tritt das Schattenbild des Schlüssels sofort vor Augen, wenn man den Papierbogen auch nach langer Zeit wieder ansieht. Ebenso wirken auch Erinnerungen in uns nach und veranlassen uns zu bestimmtem Tun, ohne dass sie vollständig über die Schwelle des Bewusstseins eintreten. F o r e l sagt: „Wenn ich, in ein philosophisches Problem vertieft, eine Pfütze umgehe, so habe ich eine Menge von Reflexionen gemacht, ohne ihrer bewusst zu sein." Dies ist für uns von grosser Wichtigkeit, weil wir nur dann das Vorgehen von Leuten begreifen, wenn wir dieses durch das unbewusste Gedächtnis erklären. Wir begehen aber oft den Fehler, dass wir dasselbe nicht in Rechnung ziehen, entweder weil wir dessen Existenz überhaupt vergessen, oder weil wir die Lebensgewohnheiten des Betreffenden nicht kennen und uns zum mindesten nicht in dieselben

hineindenken können. Uns klingt es dann unwahrscheinlich, wenn
ein Mensch von anderer Tätigkeit als unsere eigene, unbewusst Sachen
gemacht haben will, zu welchen wir allerdings genaue Überlegung
nötig hätten. Es ist daher unbedingt nötig, sich zuerst darüber klar
zu werden, welche Lebensgewohnheiten der Betreffende hat, weil wir nur
dann die Möglichkeit und den Grad der Verlässlichkeit eines unbewussten Gedächtnisaktes zu beurteilen vermögen. Im grossen und
ganzen kann behauptet werden, dass das unbewusste Gedächtnis,
weil auf einer langen Reihe von Erfahrungen beruhend, gerade das
sicherste ist. —

Von der grössten Wichtigkeit bei der Benützung des Gedächtnisses anderer ist die Herstellung von Verbindungsgliedern zwischen
einzelnen Erinnerungsbildern.[1]) Jeder von uns weiss, wie er seinem
eigenen Gedächtnisse dadurch zuhilfe kommt, dass er gewisse Erinnerungen aneinander knüpft, um so bestimmte Daten von einer
Erinnerung für die andere zu verlangen. Wenn ich z. B. wissen möchte,
wann ich einen bestimmten Gegenstand gekauft habe, so werde ich
zuerst vielleicht gar keine Vorstellung haben, wann sich dies zutrug.
Ich erinnere mich nun, dass ich den gerade gekauften Gegenstand
eine Zeit lang in der Hand trug, bis es mich in der Hand fror, es war
also im Winter; ich steckte die Sache dann in die linke Brusttasche
meines Winterrockes, es muss also erst voriges Jahr gewesen sein,
denn im vorvorigen Jahre hatte ich einen Winterrock, der keine linke
innere Brusttasche besass; als ich nach Hause kam, war mein Freund X
da, es war also Mittwoch, weil er nur an diesem Tage zu kommen pflegt;
dieser besah meinen neuen Winterrock, er muss also noch ganz neu
gewesen sein. Aus der Rechnung über denselben entnehme ich, dass
ich den Rock anfangs November bekommen habe und nun kann ich
mit Hilfe des Mittwochs genau den gesuchten Tag bestimmen, an welchem ich den fraglichen Gegenstand gekauft habe.

W i r machen solche Verknüpfungen sehr häufig, unbeholtene
Leute bringen dies nicht leicht zustande, und will man von ihnen bestimmte Angaben haben, so genügt es nicht, ihnen Zeit zu lassen, man
muss ihnen auch helfen und nach dem Grade der Geschicklichkeit
dieser Hilfe wird sich auch die Richtigkeit und Genauigkeit der gewonnenen Daten ergeben. Man wird hiebei selbstverständlich die
Umgebungen und die Stellung des betreffenden Zeugen wohl ins Auge
fassen müssen. Dass man dem Bauer mit landwirtschaftlichen Er-
eignissen, der alten Frau mit kirchlichen Festen, dem Bummler mit
Stadtklatsch u. s. w. zuhilfe kommen muss, ist selbstverständlich,
aber auch bei minder typischen Charakteren kommt man fast immer
dem Ziele wenigstens näher, wenn man sich in ein Gespräch einlässt
und allmählich auf nähere Daten zu kommen strebt. Auch hier macht
die Übung viel, man kann schöne Erfolge erzielen, hüte sich aber immer
vor gewagten Kombinationen und hauptsächlich vor jeder Suggerierung.

---

[1]) Vergl. Otto Gross in H. Gross' Archiv Bd. VII p. 123; derselbe: „Die
cerebrale Sekundärfunktion", Leipzig 1902; dann: R. Semon „Die Mneme",
Leipzig 1904.

Ist eine Zeitbestimmung von einiger Wichtigkeit, so wird es zu empfehlen sein, dass die ganze Reihe der Erinnerungsbilder im Protokoll
festgestellt wird. Hiedurch wird die Zeitangabe gewissermassen zu
einer bedingten („W e n n es richtig ist, dass sich das Ereignis *A* zugleich mit dem Ereignisse *B* abgespielt hat, und w e n n sich das Ereignis *B* an dem Orte *C* vollzogen hat, und w e n n der *D* damals an
diesem Orte gewesen ist, d a n n hat sich auch das Ereignis *A* an dem
Orte *C* abgespielt“) und es kann dann jedermann durch Nachprüfen
der Zwischenerlebnisse die Richtigkeit der Bestimmung feststellen.

Ein ausserordentlich wichtiges Mittel, das Gedächtnis zu unterstützen, ist das Zurückversetzen unter die gleichen Verhältnisse. Wir
kennen dies aus dem gemeinen Leben. Ich denke in meiner Studier-
stube daran, dass ich heute etwas Bestimmtes gelegentlich eines Ganges
besorgen muss. Auf der Strasse angelangt, ist es mir vollkommen
entfallen, was ich besorgen will und alle Anstrengungen, mein Gedächtnis
aufzufrischen, sind vergeblich. Gehe ich aber zurück in die Studier-
stube und setze mich an dieselbe Stelle, an welcher ich früher jenen
Gedanken fasste, so fällt mir fast gewiss wieder ein, was ich besorgen
wollte. Der Vorgang ist zweifellos der, dass ich, wenn auch unbewusst, jene Sinneseindrücke wieder empfange, welche ich beim Fassen
jenes Beschlusses bekommen hatte: Ansehen desselben Gegenstandes
auf dem Schreibtisch, Hörens des Tickens der Uhr, Empfinden des
Druckes des Sessels u. s. w. „Es bsteht nämlich das eigentümliche
Gesetz“, sagt Prof. G r a s h e y , „dass jene Eindrücke, welche gleichzeitig auf die Gehirnrinde einwirken, miteinander verknüpft werden,
oder wie man sagt, miteinander assoziert werden.“ Heute spielen die
„Assoziationsbahnen“ des genialen Theodor Meynert die grösste Rolle.

Solche Ideenassoziationen sind überhaupt sehr wichtig und wir
wissen, dass bestimmte Sinneseindrücke: Glockengeläute, gewisse
Beleuchtungen, körperliche Zustände, namentlich aber Eindrücke auf
den im Erinnern treuesten Sinn, den Geruchsinn, längst entschwundene
Erlebnisse wieder hervorbringen können. Solche Beobachtungen sind
ebenso interressant als wichtig und jeder von uns weiss, wie durch
Sinneseindrücke namentlich länger dauernde Erinnerungen, die längst
und scheinbar vollständig verschwunden waren, nach und nach gewissermassen mühsam herausgebildet werden.

Fragen wir, wie wir diese jedermann bekannte Tatsache für unsere
Fälle verwerten können, so finden wir die Antwort darin, dass wir
dann, wenn die denkbar genaueste Erinnerung eines Zeugen von grossem
Werte ist, nichts anderes tun können, als den Zeugen wieder genau
unter jene Verhältnisse bringen, unter welchen er die betreffende Wahrnehmung gemacht hat.[1] Es ist aber nicht genug getan, dass wir
den Zeugen wieder an den Tatort bringen, wir müssen auch sonst für
die Wiederherstellung der damaligen Verhältnisse Sorge tragen; es

---

[1] H a u s s n e r „Die Erörterung des Verbrechens an Ort und Stelle“ in
H. Gross’ Archiv Bd. XIV p. 149; R. E h m e r „In loco rei sitae“ ibidem Bd. XX
p. 87.

muss die gleiche Tages- und womöglich gleiche Jahreszeit, die gleiche
Stunde und sonst gleiches äusseres Verhältniss vorhanden sein, und
wenn man auch selbstverständlich keine theatralische Inszenierung
verlangt, so wird man doch sagen: je genauer desto besser. Dieses
Verfahren wird sich besonders dann empfehlen, wenn es sich um komplizierte Vorgänge und namentlich um die Feststellung handelt, in
welcher Reihenfolge ein Individuum verschiedene Handlungen begangen, oder was jedes von mehreren Individuen in kurz aufeinander
folgenden Zeiträumen verübt hat. Die einzelnen Momente lassen
sich häufig in der Erinnerung gar nicht, an Ort und Stelle und an die
einzelnen Lokalverhältnisse geknüpft, sehr leicht reproduzieren. Ich
kann versichern, dass man in dieser Weise geradezu verblüffende Resultate erreichen kann; Leute, die sich in der Amtsstube an nichts
erinnern wollen, kommen an Ort und Stelle sofort in andere Stimmung,
erinnern sich zuerst an Nebensächliches und dann an immer wichtigere Einzelheiten. Hierbei darf man freilich nicht erwarten, dass
es den Zeugen an Ort und Stelle wie eine plötzliche Eingebung
überkommt, man lasse ihn sich fassen und orientieren, bespricht die
Gegend im allgemeinen und überhaupt gleichgültige Dinge, sucht dann
das Markanteste des betreffenden Vorkommnisses oder das dem Zeugen
Erinnerliche hervorzuheben, knüpft an dasselbe an und bringt ihn so
nach und nach auf alles, was er weiss. Man hüte sich aber auch hier
strenge davor, dem Zeugen zu suggerieren und i h n z u r B e h a u p -
t u n g v o n D i n g e n z u b r i n g e n, d i e e r n i c h t o d e r
a n d e r s e r l e b t h a t. Die Gefahr, dies zu tun, ist keine geringe,
sie wird aber vermindert, wenn man nur fragt und ihm nicht Tatsachen
lediglich zur Bejahung vorlegt.

Hiebei darf aber nicht vergessen werden, dass unter Umständen
sehr lebhafte Erinnerungstäuschungen dahin vorkommen können,
dass man bisweilen die Empfindung hat, irgend etwas schon einmal
im Leben erlebt zu haben, obwohl dies nicht der Fall ist. Jeder von
uns kennt dies, da es nicht bei gewissen Geisteskrankheiten, sondern
auch bei normalen Menschen, namentlich dann vorzukommen pflegt,
w e n n s i e g e i s t i g o d e r k ö r p e r l i c h s e h r e r m ü d e t
s i n d. Diese Täuschungen sind meist lokaler Natur und bestehen
darin, dass man die Empfindung hat:„hier muss ich schon einmal gewesen sein," obwohl man bestimmt weiss, dass dies nicht der Fall ist.
Solche Täuschungen (Paramnesie) lassen sich wahrscheinlich mit eingehender und doch vergessener Lektüre, mit lebhaften Träumen,
mit Vererbung und sonstigen Ursachen erklären; schon Leibnitz
(perceptiones insensibiles) befasste sich damit; später Dugas,[1] J. J.
van Biervliett, J. Soury,[2] A. Lalande,[3] Bourdon,[4] dann Anjel,[5]

---

[1] Rev. phil. Bd. 38.
[2] Rev. phil. Bd. 38.
[3] Rev. phil. Bd. 36.
[4] Rev. phil. Bd. 37.
[5] Archiv f. Psychiatrie Vol. VIII.

W. Sander,[1]) Jensen,[2]) Langwieser,[3]) Wiedemeister,[4]) Huppert,[5]) Kräpelin, Wigan, Maudsley, Neuhoff etc., endlich jedes Lehrbuch der Psychiatrie. Die reiche Literatur zeigt, dass die Erscheinung sehr häufig ist, also auch für unsere Fälle wichtig sein muss; spielt sie doch sogar in einem Roman Dickens „David Copperfield") eine Rolle;[6]) — vielleicht war sie schon der Antike bekannt.[7]) —

Weiters merke man den paradox klingenden aber wichtigen Satz R i b o t s :[8]) das Vergessen ist eine Bedingung des Gedächtnisses.[9]) Ribot meint nämlich, dass man nur eine gewisse Menge im Gedächtnisse behalten kann und wenn dasselbe nun mit allzuviel Unwichtigem gefüllt wird, so haben die wichtigen Sachen keinen Platz mehr; diese können erst behalten werden, wenn das Unwichtige vergessen ist. Die Anwendung dieser Regel besteht für uns darin, dass wir dem Zeugen auch nicht allzuviel Unwichtiges ins Gedächtnis rufen dürfen, weil auch hier dann für das Wichtige kein Platz bleibt. Die Schwierigkeit besteht darin, gerade nur so vieles Unwichtiges ins Gedächtnis zu rufen, als zur Anknüpfung und als Basis für das Wichtige notwendig ist.

II. Besonderes.

a) Unrichtige Beobachtungen infolge von Aufregung.[10])

Grundverschiedene Beobachtungen finden bei den gleichgültigsten Vorgängen statt, die unmöglich annehmen lassen, dass es den Leuten durch die grosse Aufregung, in der sie sich befunden haben, verwehrt wurde, ruhig zu beobachten; um wie viel mehr erst, wenn die Verhältnisse derart waren, dass die Beobachter, aus irgend einem Grunde in Furcht, Schrecken oder Aufregung versetzt wurden. Dann ist es mit jeder sicheren Auffassung zu Ende. Solcher Beispiele gibt es in Menge. Von den historischen möchte ich nur das eine erwähnen, das die Hinrichtung der Königin Maria Stuart betrifft. Bei der Eröffnung ihres Sarges (in den Dreissigerjahren des vorigen Jhrhdts.) hat es sich ergeben, dass die Königin mit dem Richtschwerte z w e i Streiche empfangen hatte, von denen der eine den Nacken getroffen haben musste, während erst der zweite den Kopf vom Rumpfe getrennt haben kann. Nun besitzen wir aber eine Reihe von zeitgenössischen Schilderungen der Hinrichtung, die alle mit echt englischer Breite

---

[1]) Archiv f. Psychatrie Vol. IV.
[2]) Allgem. Zeitschrift f. Psychiatrie Bd. 25.
[3]) Versuch einer Mechanik der psych. Zustände.
[4]) Allgem. Zeitschrift f. Psychiatrie Bd. 27.
[5]) Allgem. Zeitschrift f. Psychiatrie Bd. 26.
[6]) Vergl. N a c k e in H. Gross' Archiv Bd. V p. 114.
[7]) H. Gross' Archiv Bd. XXI p. 308.
[8]) „Das Gedächtnis und seine Störungen", Leipzig 1882.
[9]) A. P i c k in H. Gross' Archiv Bd. XVIII p. 251.
[10]) Lit. s. oben p. 71 u. 78.

und Genauigkeit den Hergang schildern: aber nicht ein einziger dieser Berichte erwähnt nur mit einem Worte des zweiten, oder besser gesagt des ersten Hiebes (in den Nacken). Die Berichte sind so abgefasst, dass man dieses Vorfalles unzweifelhaft hätte gedenken müssen, wenn ihn einer der Beobachter gesehen hätte; sie waren aber so aufgeregt, dass a l l e den fehlgegangenen Hieb übersehen haben und seine Existenz gewiss eidlich in Abrede gestellt hätten, wenn sie gerichtlich wären vernommen worden.[1])

Ich hatte einmal Gelegenheit, diesen Vorgang in gewisser Weise zu überprüfen, als eine Hinrichtung vorgenommen wurde, bei der es der Henker für nötig gehalten hatte, Handschuhe anzulegen. Nach der Hinrichtung befragte ich nun vier Personen, die amtlich bei der Hinrichtung anwesend waren, um die Farbe der Handschuhe des Scharfrichters; die Antworten lauteten: schwarz — hellgrau — weiss — und der vierte blieb dabei, dass der Henker überhaupt keine Handschuhe an den Händen gehabt hätte. Und alle vier waren in unmittelbarer Nähe gewesen, keiner zweifelte, jeder antwortete mit voller Bestimmtheit und glaubt heute noch, dass er das richtige gesehen habe.

Ein mir als sehr besonnen und ruhig bekannter Mann, ein gewesener Soldat, schweigsam und ernst, erzählte mir am Morgen nach einem Eisenbahnunfalle, der sich am vorhergehenden Nachmittage ereignet hatte und dessen Augenzeuge er war: es müssten an die hundert Menschen tot sein; er habe selbst, als er einem halbzertrümmerten Wagen entstiegen war, zahlreiche Menschenköpfe, die durch die Räder vom Körper getrennt worden waren, über den Eisenbahndamm hinabrollen gesehen. In Wirklichkeit war e i n Mensch durch Zerdrücken der Brust getötet, fünf Leute waren verwundet worden, alles andere war Ergebniss der durch den, allerdings begreiflichen, grossen Schrecken aufgeregten Phantasie des sonst so ruhigen Mannes. Bei demselben Eisenbahnunglücke zeigte sich übrigens noch an einem zweiten Falle, was man im Schrecken sehen und hören kann. Ein Bierbrauer, ein herkulisch gebauter Mann in den besten Jahren und nicht im mindesten nervös, war aus einem ebenfalls zertrümmerten Waggon gesprungen und querfeldein im Dauerlaufe bis zum nächsten, dreiviertel Stunden entfernten Marktflecken gelaufen, weil er sah und hörte, dass die Lokomotive des entgleisten Zuges ihn über die Felder hin brausend und schnaubend verfolgte! Der Mann war infolge seiner Einbildung derart gelaufen, dass er eine Lungenentzündung bekam, an deren Folgen er nach einigen Monaten starb. Beweis genug, dass seine vermeint-

---

[1]) In der Münchener Allgem. Ztg. v. 21./1. 1903 bemerkt Dr. v. Pannwitz, entgegen der obigen Darstellung, in einem Buche von Brantôme von 1589 sei zu lesen, dass der Henker der Königin d r e i Streiche versetzt hat. Es ist vor allem zweifelhaft, ob man den romanhaften Memoiren des merkwürdigen Herrn von Brantôme Glauben beimessen darf, aber wenn dieser wirklich einen Augenzeugen als Gewährsmann hatte, so hat dieser wieder um einen Streich zu viel gesehen, da der objektive Befund z w e i Streiche feststellte. Ausserdem ist dadurch, das Brantôme später von den angeblichen drei Streichen Kenntnis hatte, nicht erwiesen, dass die zahlreichen englischen Berichterstatter sich zur Zeit der Hinrichtung nicht doch getäuscht haben; diese englischen Berichte existieren ja, wie erwähnt, noch heute. —

liche Wahrnehmung wirklich sehr deutlich war und ihn zum angestreng-
testen Laufe angetrieben hatte.

Vor einigen Jahren brachten die Blätter die Mitteilung, dass
sich in einem norwegischen Gefängnisse ein berüchtigter Einbrecher
namens Gudor dadurch befreit hatte, dass er sich bei einem Spaziergange plötzlich gegen den Aufseher stürzte. Dieser sah in der Hand
des Gudor ein langes Messer blitzen und entfloh, Gudor tat dasselbe.
Als er später wieder eingebracht wurde, ergaben die eingehenden Erhebungen, dass er gegen den Aufseher einen Häring geschwungen hatte,
den der zu Tode erschrockene Mann für ein langes Messer gehalten hat.

Für uns Kriminalisten von Interesse ist der Umstand, dass bei
der Ermordung des Präsidenten Carnot durch den Italiener Caserio
n i e m a n d   d e n   D o l c h s t i c h   g e s e h e n   h a t. Der Mörder
war auf das Trittbrett des Wagens gestiegen, riss den Arm Carnots
bei Seite und stiess ihm den Dolch in den Unterleib. Im Wagen sassen
noch drei Herren, hinten standen zwei Lakeien, um den Wagen ritten
Offiziere, niemand hat den Stich gesehen! Der Mörder hätte sogar
entkommen können, wenn er sich nicht durch den Ruf „Hoch die Anar-
chie" und sein Laufen auffällig gemacht hätte.

Ähnliche Wahrnehmungen[1]) an sich und anderen hat jeder von
uns gemacht, ich glaube aber, es wird ihr Wert für unsere Tätigkeit
viel zu wenig gewürdigt. In allen erzählten Fällen liess sich nach
den Umständen jedesmal das Irrige der Beobachtung nachweisen.
Haben mehrere zugleich dasselbe beobachtet und hat bloss e i n e r
unter ihnen eine merkwürdige Wahrnehmung gemacht, so wird sie
zweifelhaft. Aber in wie vielen Fällen kommt es nicht vor, dass nur
ein einziger Zeuge da war, der infolge grosser Aufregung falsch beobachtete und wobei die Verhältnisse so lagen, dass sich die Unrichtigkeit der Wahrnehmung von selbst ergab. Wie oft mag es schon gekommen sein, dass an eine solche „Beobachtung", die vollkommen
auf Einbildung beruht hatte, folgenschwere Schlüsse gebaut wurden![2])
Fragt man, wie einem Unheile vorzubeugen ist, welches durch eine
solche falsche Beobachtung eines Zeugen entstehen kann, so müssen wir
antworten, dass jede Aussage wieder besonders bewiesen werden muss,
die vereinzelt dasteht und in irgend einer Weise etwas Unwahrscheinliches an sich hat. Man darf sich nie damit beruhigen, es werde „doch
so gewesen sein", wenn die Sache auch nicht wahrscheinlich aussieht,
denn „sonst könnte es ja der ganz vertrauenswürdige Zeuge nicht sagen."
In solchen Fällen erübrigt nichts anderes, als den Fall im ganzen und
in seinen Einzelheiten so zu konstruieren, wie er sich gestalten würde,
wenn diese Beobachtung des einzigen Zeugen n i c h t vorläge. Ergeben sich dann alle vorgenommenen Konstruktionen leicht und unge-
zwungen, während die Unterbringung jener vereinzelten Beobachtung

---

[1]) Über „Die Schreckreaktion vor Gericht" s. D i e h l in H. Gross' Archiv
Bd. XI p. 340; K ö t s c h e r „Über das Bewusstsein, seine Anomalien und ihre
forense Bedeutung", Wiesbaden 1905.
[2]) Mitteilungen von solchen Fällen aus der Praxis sind mir erwünscht;
neuerdings werden solche Fälle ja in Menge gesammelt.

Schwierigkeiten und Unwahrscheinlichkeiten macht, dann muss man mit der Aufnahme der Behauptung besonders vorsichtig sein.[1])

In höherem Grade muss man dies tun, wenn diese Beobachtung das einzige einen Beschuldigten belastende Moment ist. Kommt dazu, dass die Behauptung unwahrscheinlich klingt, und war der Beobachtende zur entsprechenden Zeit aus irgend einem Grunde in aufgeregter Stimmung, dann müssen alle Erhebungen so eingerichtet werden, dass in erster Linie die Glaubwürdigkeit jener Beobachtung auf das genaueste geprüft wird. —

Aber der Fall, in welchem eine vereinzelte Aussage sich von selbst als unwahrscheinlich ergibt, ist noch der leichteste, da er selbst zur Vorsicht mahnt. Schwierig und gefährlich ist die Sache dann, wenn der Zeuge falsch appercipiert, etwas Mögliches erzählt und so bona mente die bedenklichste Verwirrung anrichtet. Man forscht und erhebt lange Zeit und findet erst spät oder gar nicht, dass die Wahrnehmung unrichtig war. Leider kommen solche Fälle nicht nur dann vor, wenn sich der betreffende Zeuge aus irgend einem Grunde in einer aufgeregten Stimmung befunden hat, sondern auch oft genug bei ruhiger Verfassung. Man wird daher gut tun, wenn man vor allem j e d e vereinzelte Beobachtung, die durch kein äusseres Moment unterstützt ist, von vorneherein ungläubig aufnimmt und dann genau erhebt, in welcher Gemütsverfassung der Zeuge zur Zeit der Wahrnehmung gewesen ist. Dabei muss man den Kreis der „Aufregung" möglichst weit ziehen: es muss nicht eine augenblickliche Aufregung gewesen sein, der Zeuge kann sich infolge der auf ihn einwirkenden Verhältnisse durch längere Zeit in Erregung befunden haben.

Mir war in dieser Richtung ein Erlebnis, nicht krimineller Natur, von Wichtigkeit, das mich oft vor zu rascher Gläubigkeit bewahrt hat. Ein Bauernbursche, den ich von Kindheit auf als einen vollkommen wahrheitsliebenden Menschen gekannt hatte, war zum erstenmale in seinem Leben in einer grösseren Stadt gewesen und erzählte mit Lebhaftigkeit die merkwürdigen Erlebnisse des Tages. Den grössten Eindruck hatte ihm die Menagerie eines wandernden Tierbudenbesitzers gemacht. Er erzählte von den einzelnen Tieren, beschrieb sie recht gut, schilderte ihre Fütterung und das Auftreten des Bändigers und erzählte dann, zuletzt sei eine riesige Schlange gekommen, die sich auf einen Löwen stürzte und diesen fressen wollte. Da kamen zahlreiche nackte Wilde, kämpften mit der Schlange und töteten diese und den Löwen! — Die Erklärung war leicht gegeben: die zuletzt geschilderte Szene war auf einem grossen Bilde dargestellt, das aussen an der Bude aufgehangen war, wie die Schauhütten der wandernden Menagerien fast immer mit solchen lockenden Darstellungen geziert sind. Der Bauernbursche hatte nun an diesem Tage in der Stadt soviel Wunderbares und Neues gesehen, dass ihm diese Darstellung möglich vorgekommen war, und als er zum Erzählen kam, war das farbige Bild für

---

[1]) Welche Sicherheit u. U. durch mehrere Zeugen geboten wird, s. oben p. 83.

ihn in Wahrheit übergegangen und er erzählte das dort Gesehene im besten Glauben als Erlebtes. Wie oft werden wir ähnliches von Zeugen in Strafprozessen gehört haben, wie oft mögen wir so auf verhängnisvolle Weise irregeführt worden sein![1])

Ähnlich war folgender Fall: ein intelligenter, gut situierter Bauer erzählte mir einst, als er bei Gericht zu tun hatte, unser Gerichtsarzt habe ihn auf merkwürdige Art von Taubheit geheilt. Der Arzt habe ihm in das Ohr gesehen und dann mit vieler Mühe einen grossen schwarzen Käfer in einzelnen Teilen herausgenommen, auf einem Blatt Papier zusammengesetzt und ihm diesen gezeigt: Kopf, Leib, sogar die meisten Beine seien dagewesen, nun sei er seine Taubheit los. Ich fragte bald darauf den Arzt um den Hergang bei dieser mirakulösen Heilung und erfuhr, dass er dem Bauer lediglich einen tüchtigen Propfen Ohrenschmalz aus dem Ohre entfernt hatte. Der Bauer sei aber wegen seiner Taubheit sehr niedergeschlagen, während der Operation ängstlich und zuletzt sehr erfreut gewesen, so dass aus seiner wechselnden, immer erregten Stimmung die Einbildung erklärt werden konnte. Lüge war es gewiss nicht, sondern wirklich falsche Apperception.

Hätte es sich um einen Kriminalfall gehandelt und wäre die Erzählung nicht zu unwahrscheinlich gewesen, kein Mensch hätte in die Worte des bestbeleumundeten braven Mannes den mindesten Zweifel gesetzt.

β) Unrichtige Beobachtungen infolge von Kopfverletzungen.[2])

Besonders vorsichtig muss man sein, wenn man Zeugen vernimmt, die schwere Kopfverletzungen erlitten haben, ein Fall, der uns ja oft vorkommt und umso wichtiger ist, als der Verletzte in der Regel der bedeutendste, oft der einzige Zeuge ist. Vorsicht ist hier umsomehr am Platze, als auch der Arzt dann nie mit Sicherheit sagen kann, ob die Verletzung auf den geistigen Zustand des zu Vernehmenden Einfluss genommen hat. Die Frage über die verschiedenen „Zentren" ist noch lange nicht endgültig beantwortet. Es kann aber heute im allgemeinen mit F o r e l[3]) gesagt werden: Die Erinnerungsbilder des Gesichtssinnes seien im Hinterhauptlappen des Grosshirns, die des Gehörsinnes im Schläfenlappen und die der geordneten Bewegungen zwischen Scheitel und Stirnlappen.

Schon in der älteren Literatur werden über geistige Störungen bei Kopfverletzungen unzählige Beispiele aufgeführt. So sagt H o l -

---

[1]) Einen weiteren, belehrenden Fall s. H. Gross' Archiv Bd. VI p. 334. (Theorie von der konsumierenden Tätigkeit des „stärkeren Eindrucks".)

[2]) Literatur s. Friedreichs Bl. f. g. M. u. S. P. 52. Jahrg. p. 241. — Vergl. auch die im vielbesprochenen „Fall Ziethen" abgegebenen und sehr belehrenden Gutachten (V. F r ä n k l „Der jetzige Stand des Rechtsfalles Ziethen", Wiesbaden, Chr. Limbarth 1902). Dann Z i e h e n im Korrespondenzblatt d. a. Ärztl. Vereins v. Thüringen 1900 II.

[3]) Dr. Aug. F o r e l „Das Gedächtnis und seine Abnormitäten", Zürich 1885.

l a n d in seiner „Mental-pathology", er habe einmal infolge grosser
Übermüdung deutsch vergessen. Der Chirurg A b e r c r o m b i e
stürzte einmal vom Pferde und verletzte sich am Kopfe. Da kein Arzt
zur Stelle war, so ordnete er selbst alles bezüglich des Verbindens und
seiner Pflege und sonstigen Behandlung genau und richtig an, hatte
aber total vergessen, dass er Frau und Kinder habe. C a r p e n t e r
erzählt, dass ein Kind infolge eines Sturzes auf den Kopf drei Tage
lang bewusstlos war. Als es wieder gesund wurde, hatte es in seinem
übrigen Wissen gar nichts eingebüsst, nur alle musikalischen Kenntnisse waren vollständig verschwunden.[1] — Ich möchte diese Wahrnehmungen durch Mitteilungen einiger Erfahrungen teils kriminellen,
teils profanen Inhaltes vermehren, weil sie zeigen, wie vorsichtig
man die Aussagen von Leuten aufnehmen muss, welche Kopfverletzungen
erlitten haben.

Einer der Fälle betraf einen Bauern, der auf dem Wege zum
Viehmarkte überfallen, schwer verletzt und des Geldes, mit welchem
er eine Kuh hatte kaufen wollen, beraubt wurde; als der Mann einen
Tag nach der Tat vernommen wurde, war er bei klarem Bewusstsein
und erzählte den Hergang mit minutiöser Genauigkeit und in vollster
Übereinstimmung mit den übrigen Erhebungen. Nur behauptete er
hartnäckig und trotz aller Gegenvorstellungen: Man habe ihm die gekaufte Kuh (nicht das Geld zum Kuhkaufe) weggenommen. Wenn
ihm vorgehalten wurde, dass er ja auf dem Wege z u m Markte und
am Tage v o r dem Markte beraubt wurde, dass er fünfzehn Minuten
vor dem Raube von Leuten gesehen wurde, die auch bemerkten, dass
er keine Kuh hatte u. s. w., so dachte er eine Weile nach und gab stets
dieselbe Antwort: „Alles eins, die Kuh hat er mir genommen, ich weiss
nicht, wie die Kuh aussah und wieviel sie gekostet hat, aber gehabt
habe ich eine Kuh." Im vorliegenden Falle konnte die Unrichtigkeit
der Angabe mehrfach und sicher erwiesen werden; welche Folgen hätte
es aber haben können, wenn das nicht der Fall gewesen wäre, wenn
man dem unrechtmässigen Besitzer der niemals geraubten Kuh allein
nachgeforscht hätte?

Bei einer grösseren Rauferei hatte ein Müllerbursche einen wuch-
tigen Hieb mit einem Pfahle über den Kopf kekommen, so dass er
eine Schädelverletzung erlitt und lange bewusstlos war. Bei seiner
ersten Vernehmung (zwei Tage nach der Tat) erzählte er mit aller Bestimmtheit, dass ihn ein auffallend grosser Mann mit langem schwarzen
Barte niedergeschlagen hatte. Glücklicherweise war an der Rauferei
kein Mann beteiligt, auf den diese Beschreibung im entferntesten
passte; es konnte ausserdem durch mehrere Zeugen bestätigt werden,

---

[1] Vergl. Z i e h e n „Obergutachten über die Verlässlichkeit der Angaben
eines Aphasischen", Vierteljahrsheft f. gerichtl. Medizin 1897 XIV und E m m e r t
„Über die nächsten Folgen schwerer Schädelverletzungen", Friedreichs Blätter
1884 p. 241; H. G r o s s in H. Gross' Archiv Bd. I p. 337; H a h n ibidem Bd. XVII
p. 204 (vergl. Lit. oben p. 71 u. 78). Ebenso die Fälle in den neuen Lehrb. f.
gerichtl. Medizin, namentlich Hofmann - Kolisko, Casper - Liman - Schmidtmann,
Dittrich u. Strassmann, endlich R. B a u e r in H. Gross' Archiv Bd. XXV p. 88.

dass der Täter ein kleinerer Bursche mit blondem Schnurrbart war. Wären keine Zeugen dagewesen und hätte ein grosser Mann mit schwarzem langen Barte der Täter sein können, so wäre kein Anstand vorgelegen, denselben verhaften zu lassen, so bestimmt und klar lautete die Angabe des Verletzten. Dieser hatte, nebenbei gesagt, nicht etwa irgend einen Grund, den ihm sonst unbekannten Täter zu schonen. Als der Mann gesund war und wieder vernommen wurde, gab er als Täter denselben an, den die anderen Zeugen bezeichnet hatten, und erzählte auf Befragen, es sei ihm allerdings, als er im halbbewussten Zustande im Bette lag, stets so vorgekommen, als ob ihn ein grosser Mann mit langem schwarzen Barte aus dem Bette hätte ziehen wollen. Diese Beschreibung passte auf den Arzt, der ihm die erste Hilfe geleistet hatte. —

Ein zwar nicht krimineller, aber nach meiner Ansicht für uns in mehreren Beziehungen lehrreicher Fall hat sich in der Person eines verstorbenen Freundes, eines absolut glaubwürdigen Mannes, zugetragen. Dieser, ein Freiherr v. S., war einst in Begleitung mehrerer Freunde über einen Gebirgszug gegangen und stürzte von einer Felswand ab; er erlitt bedeutende Verwundungen: mehrfachen Bruch eines Beines und sehr schwere Schädelverletzungen, so dass er eine volle Woche (!) bewusstlos blieb. Das eine Merkwürdige an der Sache für uns ist nun, dass Freiherr v. S. nicht nur für den Absturz selbst, sondern auch für alles, was sich mehr als anderthalb Stunden v o r h e r zugetragen hatte, n i c h t   d i e   a l l e r m i n d e s t e   E r i n n e r u n g   b e s a s s.[1] Er erinnerte sich an die kleinsten Einzelheiten des Aufbruches und Anstieges, der Gespräche, die unterwegs stattfanden u. s. w. bis zu dem Augenblicke, wo er seinen Freunden, etwas vor erreichter Höhe, einen Baum zeigte, an den sich eine bestimmte Jagderinnerung knüpfte. Von da ab war ihm jede Erinnerung geschwunden, obwohl dann mehreres nicht ganz Gleichgültige gesprochen wurde. Als die Höhe überwunden war, wurde gefrühstückt (wohlgemerkt: Getränke nur reines Quellwasser) und eine bestimmte Verabredung wegen einer Jagd getroffen, später, als v. S. die Felswand betrat, warnten ihn seine Kameraden, dann erfolgte der unglückliche Sturz. Von alledem wusste v. S. gar nichts, der Sturz hat alle Erinnerungen auf anderthalb Stunden zurück rein weggelöscht. Es schliesst sich das Aufwachen aus der sieben Tage dauernden Bewusstlosigkeit unmittelbar an das Gespräch bei dem erwähnten Baume an.

Nehmen wir nun an, dass sich Ähnliches in der Person eines Verbrechers, der bei Verübung eines Verbrechens schwer verletzt wurde,

---

[1] Über diese sogenannte „retrograde Amnesie", wie sie von Ribot genannt wurde, s. namentlich O e s t e r l e n in Maschka „Gerichtl. Medizin". Die Literatur hierzu: N i h u e s „Die Gehirnblutung und ihre gerichtl. Bedeutung" in Friedreichs Blättern 51. Jahrg. Heft II, dann die ebengenannten Lehrb. von Hofmann-Kolisko, Casper-Liman-Schmidtmann, Strassmann u. Dittrich. Diese retrograde Amnesie kommt auch vor bei Vergiftung mit Kohlenoxydgas (oft auf tagelang zurück). Vergl. Briand, A z a m, B a r t h e l m i und F a l l o t in Annal. d'hygien Bd. XXVII p. 82; dann bei solchen die nach einer Strangulation gerettet wurden oder nach Asphyxie genesen sind. Auch nach Vergiftung mit gewissen Pilzen pflegt sie einzutreten, ebenso regelmässig bei Leuten, die von Blitzschlägen gestreift wurden.

ereignet hätte, und er würde behaupten, er wüsste von allem nichts, was sich anderthalb Stunden v o r seiner Verletzung zugetragen hatte; wer würde ihm das glauben? Und wäre er ein Zeuge, würde man diesem ohne weiteres glauben? man würde ihm einfach erklären, das sei nicht möglich, und ihn so lange mit Fragen quälen, bis er wirklich allerlei anzugeben wüsste, was sich ja ereignet haben könnte, von dem er aber in Wahrheit nichts weiss.

Das zweite Merkwürdige an dem erzählten Vorfalle besteht darin, dass v. S. im bewusstlosen Zustande etwas ganz Korrektes sprach. Als er nämlich vom Hause fortgegangen war, hatte ihm seine Mutter eine Bestellung an ihren Bruder, zu dem v. S. ging, mitgegeben. Als er nun in vollständig bewusstlosem Zustande in das Haus seines Oheims gebracht wurde und dieser ihn auf das höchste erschreckt überlaut anrief, entledigte sich v. S. vollkommen richtig und klar seines ziemlich komplizierten Auftrages, um sofort wieder in vollkommene Bewusstlosigkeit zu verfallen.

Wäre der Fall ein krimineller, so würde man einerseits einer solchen Mitteilung des bewusstlosen Schwerverletzten keinen Wert beilegen und das von ihm Gesagte als Phantasien nicht weiter beachten; andererseits aber, wenn der Verletzte ein Beschuldigter wäre, seine Bewusstlosigkeit für wenigstens zum Teile simuliert erklären, da er ja sonst nicht plötzlich auf kurze Zeit vernünftig hätte reden können.

Es lehrt dieser Fall, dass in derlei Dingen das Unwahrscheinlichste vorkommen kann, dass nichts für sich allein betrachtet, sondern nur in Verbindung mit allem anderen verwertet werden darf, und dass jedes wichtige Moment, das in einer Untersuchung zutage tritt, wieder Gegenstand einer besonderen Erhebung und Erörterung durch die Ärzte werden muss, bevor es als sicher angenommen werden kann. —

Ein anderer, eigentümlicher Fall ist: Ein angesehener Beamter namens C., fuhr von einer auswärtigen Amtshandlung nach Hause; die Pferde scheuten, C. flog aus dem Wagen, verletzte sich schwer am Kopfe und blieb auf einem einsamen Fahrwege bewusstlos liegen. Nach etwa einer halben Stunde kam er zu sich, ging bis zu einem in der Nähe gelegenen Landhause einer ihm befreundeten Familie, begab sich, ohne sich bei irgend jemanden zu melden, in das Speisezimmer und blieb dort auf einem Sopha sitzen. Nach einer Stunde, es war nachmittags, wurde er dort von dem Herrn des Hauses gefunden, mit dem er ganz verständig sprach. Im Verlaufe des Gespräches bemerkte der Hausherr, dass C. von der Ansicht ausging, er sei schon seit dem Morgen da und habe hier zu Mittag gespeist. Als man endlich seine Verletzung bemerkte, wollte er von dieser, von einem Unfall überhaupt, von einem Sturze aus dem Wagen absolut nichts wissen und blieb dabei, er sei schon seit dem Morgen da. Erst in der Nacht begann Wundfieber, Delirium und lange dauernde Bewusstlosigkeit. Auch hier wäre ähnliches eingetreten, wie im vorigen Falle, wenn es sich um ein Verbrechen gehandelt hätte: einem Beschuldigten, z. B. einem bekannten

Diebe, hätte es wohl kein Mensch geglaubt, dass er, ohne zu wissen wie, in das Haus gekommen sei; wäre C. aber das Opfer einer strafbaren Handlung gewesen, so hätte er von dieser wohl ebensowenig gewusst, wie von seinem Sturze, und hätte durch seine Aussage den UR. auf das gründlichste irregeführt. —

Weiter: Ein Ingenieur, der mit einem alten Herrn auf der Strasse an einem Wirtshaus vorbeiging, wurde von einem plötzlich herauskommenden Soldaten angefallen. Eine Anzahl von betrunkenen Soldaten hatte im Gasthause gerauft, einige von ihnen wurden hinausgeworfen und einer versetzte dem ahnungslos vorbeikommenden Ingenieur einen Säbelhieb über den Kopf, so dass dieser zu Boden fiel. Da sich die Rauferei auf der Strasse fortsetzte, so eilte der Begleiter des Verletzten davon und holte im nächsten Dorfe Leute. Als diese zum Wirtshause zurückgingen, begegnete ihnen der Ingenieur, der von dem ganzen Vorfalle nichts wusste und nur nicht begreifen konnte, wohin sein Begleiter gekommen war. Von einem Überfalle und einer Verletzung wollte er durchaus nichts wissen, und doch war die Verletzung so tief, dass bei der später vorgenommenen gerichtsärztlichen Untersuchung mit der Sonde die Gehirnmasse erreicht werden konnte. —

Ein Fall, der für uns in mehrfacher Beziehung belehrend ist, hat zu Anfang des Jahres 1893 grosses und berechtigtes Aufsehen erregt und sei auch hier verwertet. Am 28. März 1893 wurde in dem Hause des Lehrers Brunner zu Dietkirchen in Niederbayern ein Raubmord verübt. Zwei Kinder des Lehrers waren durch Hiebe mit einer Hacke getötet, die Frau und das Dienstmädchen mit dem gleichen Werkzeuge lebensgefährlich verwundet und bewusstlos angetroffen worden. Lehrer Brunner, welcher ein abgesondertes Zimmer bewohnte, hatte bei seinen ersten Vernehmungen in sinnloser Verwirrung so ungereimt gesprochen, dass er für den Täter gehalten und auch dann nicht sofort entlastet wurde, als seine Frau zum Bewusstsein kam und vernommen werden konnte. Sie erzählte dem UR., dass sie aus tiefem Schlaf erwacht sei und das ganze Bett nass gefunden habe; da es bald gegen Morgen ging, nahm sie wahr, dass die Nässe von Blut herrühre, worauf ihr wieder die Sinne schwanden. Sonst wusste sie trotz eingehenden Befragens gar nichts anzugeben; namentlich konnte sie nicht im entferntesten sagen, wann, wie und durch wen sie ihre schweren Verletzungen (alle am Kopfe) erlitten habe, ja es wurde ihr überhaupt erst durch dritte Personen gesagt, dass sie verletzt sei. Als es zur Fertigung des aufgenommenen Protokolles kam, unterschrieb sie statt ihres Namens (Martha Brunner) ohne jegliches Besinnen „Martha Guttenberger". Der UR. hatte den glücklichen Gedanken, die Umgebung zu fragen, ob Frau Brunner etwa eine geborene Guttenberger sei, was verneint wurde, und als der UR. weiter fragte, wer denn sonst den Namen Guttenberger führe, so wurde ihm gesagt, so hiesse allerdings der frühere Geliebte des Brunner'schen Dienstmädchens, welchem wegen seines üblen Lebenswandels vom Lehrer Brunner das Betreten des Hauses verboten wurde. Der UR. griff die Sache auf, Guttenberger wurde verfolgt, in München verhaftet, und gestand sofort die Tat ein.

Aus dem Gesagten ergibt sich der auch später von Frau Brunner bestätigte Sachverhalt dahin, dass sie den Täter zur Zeit des Angriffes auf sie bestimmt erkannt, und dann den Hergang infolge ihrer schweren Kopfverletzung vergessen hatte. Aber nicht ganz. Die Vorstellung von der Täterschaft des Guttenberger war bei Martha Brunner in der Tat in eine zweite Sphäre des Bewusstseins getreten, so dass ihr nur dämmerte: der Name Guttenberger sei im Augenblicke von Bedeutung. Dieser Dämmervorstellung glaubte sie genüge zu leisten, wenn sie die Bedeutung des Namens Guttenberger darin fand, ihn für den eigenen Namen zu halten. Es ist dies eine jener „Mischvorstellungen", die für uns in mehrfacher Beziehung wichtig sind (reflektoides Handeln, Schlaftrunkenheit etc.).

Ein neuer Beweis, dass wir nach Dessoir[1]) recht haben, wenn wir mindestens zwei Sphären des Bewusstseins annehmen; das erste, oder Oberbewusstsein, und ein zweites, oder Unterbewusstsein, in welch letzterem sich immer oder fast immer Vorgänge abspielen, welche uns nur teilweise oder verändert klar werden; man nennt sie auch „dunkle Wahrnehmungen".[2])

Die Kopfverletzungen wollen aber noch in anderer Weise berücksichtigt werden und zwar oft lange nach ihrer Heilung bei Verbrechern. Sander und Richter[3]) machen mit Recht darauf aufmerksam, dass nach Kopfverletzungen auch heute noch nicht alle Ärzte fragen, und doch fand z. B. Delbrück[4]) unter 58 geisteskranken Sträflingen 21 mit Kopfverletzungen, und Knecht[5]) wies bei 214 untersuchten Verbrechern 73 nach, welche verheilte Kopfverletzungen hatten. Auch die Zusammenstellungen von Schlager[6]) gehören hierher.

Ein Fall, der nicht genug zur Vorsicht mahnen kann, wird in „Friedreichs Blättern" 1855, pag. 76 erzählt, nach welchem ein Mann hingerichtet wurde, bei dem die Sektion namhafte Schädeldefekte nachwies. Es fanden sich strahlige Narben auf der einen um Drittel der Grösse zurückgebliebenen Schädelhälfte als Folgen vernarbter Schädelsprünge, herrührend von einem Hufschlag, den der Mann im Alter von 14 Jahren erlitten hatte und wodurch auch alle Schädelnähte zum Verwachsen gebracht worden waren. Einen ähnlichen Fall berichtet Gaulke[7]), wo die Sektion eines wegen Erwürgung seiner Frau mit Gefängnis bestraft gewesenen Mannes ergeben hatte,

---

[1]) „Das Doppel-Ich", Berlin 1880.
[2]) Vergl. Jessen „Versuch einer wissenschaftlichen Begründung der Psychologie", Berlin 1855; Griesinger „Pathologie u. Therapie der psychischen Krankheiten", Stuttgart 1845 und Exner „Entwurf etc.", Leipzig 1894. Jodl „Psychologie", II. Aufl., Stuttgart und Berlin 1903.
[3]) „Die Beziehungen zwischen Geistesstörungen u. Verbrechen", Berlin 1886.
[4]) „Allgemeine Zeitschrift für Psychologie" Bd. XI p. 57.
[5]) Ibidem 40 1884 p. 584.
[6]) Zeitschrift der Gesellschaft der Ärzte in Wien XII 1857.
[7]) Casper „Vierteljahresschrift" 24 p. 319.

dass die ganze rechte Hemisphäre des grossen Gehirnes fehlte und ersetzt war durch eine „Wasserhydatide". Diese Deformität war durch einen Sturz auf den Kopf herbeigeführt worden. Weitere ähnliche Fälle sind zu finden bei Dr. Paul G u d e r.[1]) Hierher gehört auch der Fall, den Hospital[2]) neuerlich erzählt.

Alle solche Fälle machen es dem UR. zur strengen Pflicht, jedesmal die Gerichtsärzte zu hören, wenn ihm bekannt wird, dass ein Beschuldigter je eine schwere Kopfverletzung erlitten hat. Mahnungen hiezu erhält der UR. häufig dadurch, dass er beim Verhöre Narben am Kopfe des Vernommenen, auffallende Schädel-Asymetrie u. s. w. wahrnimmt.

Wichtig scheint auch zu sein, dass namentlich eine Kombination von Kopfverletzung mit Rausch (Gasthausraufereien, Stürze im Rausch etc.) die Vorstellungen und Erinnerungen besonders lebhaft zu trüben vermögen.[3])

γ) V e r s c h i e d e n h e i t d e r B e o b a c h t u n g e n g e m ä s s d e r v e r s c h i e d e n e n N a t u r u n d K u l t u r d e s B e - o b a c h t e n d e n.

Die grösste Schwierigkeit für den UR. in Bezug auf Vernehmung von Zeugen besteht in der Wertschätzung einer Zeugenaussage. Wer diese nur nach der grösseren oder geringeren Glaubwürdigkeit eines Zeugen vornimmt und sich hierbei nur an das amtliche Leumundszeugnis hält, das allenfalls über den Zeugen eingeholt wurde, der wird freilich nur Formularien ausfüllen, er führt aber keine Untersuchung. Dies tut nur, wer sich vorerst in mühevoller Arbeit Klarheit darüber verschafft, wie verschieden derselbe Vorgang von verschiedenen Leuten aufgefasst wurde, der dann sicherzustellen sucht, worin die Unterschiede der Auffassung bestehen, und welcher Gruppe von Menschen bestimmte Arten von Auffassung gemeinsam sind. Hier liegt viel Material vor, in jeder Untersuchung, bei jeder Vernehmung ist es zu finden, und die Verwertung dieses Materials m u s s positive und allgemein verwertbare Ergebnisse zutage fördern. Glücklicherweise beginnt jetzt das Interesse für diese Fragen lebhaft rege zu werden und wir können hoffen, dass sich diese Erfahrungen zu einer völlig sicheren Disziplin ausgestalten werden.[4])

Das Wichtigste in dieser Beziehung ist, wie schon erwähnt, die Feststellung, d a s s Zeugen, die zweifellos die Wahrheit sagen wollten, verschieden ausgesagt haben, obwohl sie genau dasselbe hätten sagen müssten, wenn sie genau beobachtet hätten. Hat man dies sicher-

---

[1]) „Die Geistesstörungen nach Kopfverletzungen", Jena 1886.
[2]) note sur une lésion grave du crâne etc. Ann. med. psych. VII, 2 p. 407.
[3]) Vergl. H. Gross' Archiv Bd. I p. 336; R. B a u e r „Unrichtige Aussage eines Zeugen infolge Kopfverletzung" ibidem Bd. XXV p. 88; H. Hahn „Zum Thema über die falschen Wahrnehmungen von Verletzten" ibidem Bd. XVII p. 204.
[4]) Vergl. auch hier die oben p. 71 u. 78 genannte Lit.

gestellt, so handelt es sich um die Eruierung des Umstandes, w a r u m die Leute verschieden ausgesagt haben. Hier beginnt der UR. am besten mit der Untersuchung, ob er daran nicht etwa selbst, durch ungeschicktes und ungleichmässiges Vorgehen die Schuld trage. Er erwäge vor allem, ob er nicht vom Zeugen mehr verlangt hat, als er verlangen sollte.[1]) Es liegt nicht in der Natur jedes Menschen, die Dinge mit besonderer Genauigkeit anzusehen, und wenn man etwas nicht bemerkt hat, so hilft hundertmaliges Fragen auch nichts. Hierzu kommt noch, dass die jetzt massgebende Sache häufig damals, als sie vom Zeugen beobachtet wurde, ihm unmöglich wichtig scheinen konnte. Die Wichtigkeit wurde erst hintendrein entdeckt und der UR., der diese jetzt freilich zu ermessen weiss, vermag sich oft nicht auf jenen Standpunkt zurückzuversetzen, auf welchem der Zeuge zur Zeit der Wahrnehmung stand, als für ihn die Sache keinen Wert haben konnte. Der Zeuge hat z. B. einen Mann aus dem Hause treten gesehen und ihn so angeschaut, wie man jeden Begegnenden anzusehen pflegt, nämlich nur „mit halbem Auge". Wenn nun später festgestellt wird, dass der Mann damals im Hause ein grosses Verbrechen verübt hat, so inquiriert man in den unglücklichen Zeugen hinein und will mit Gewalt etwas erfahren, was er eben nicht weiss: „Sie werden doch wenigstens gesehen haben, ob —", „Aber das eine werden Sie denn doch wissen, dass —", und so geht es fort, bis man im günstigsten Falle zum Schlusse nicht mehr weiss als am Anfange, im schlimmsten Falle aber etwas Falsches heraustorquiert hat. Waren nun mehrere Zeugen da, die dasselbe gesehen haben und verschiedenes aussagen, so können dafür zwei Gründe vorhanden sein: entweder hat man die Leute nicht gleichmässig verhört, oder man hat es getan, ist aber sonst unrichtig vorgegangen.

Im ersten Falle verhält es sich gewöhnlich so, dass man mit dem ersten Zeugen noch ruhig verfuhr und es mit Geduld hinnahm, dass er zu wenig wusste, da man sich mit dem Gedanken tröstete, die anderen Beobachter der Sache wüssten wohl Genaueres. Je mehr Zeugen, die auch nicht viel wissen, nun vernommen werden, desto mehr schwindet die Hoffnung, Eingehenderes zu vernehmen, desto ungeduldiger und dringender wird das Verhör, desto mehr sagen die Zeugen auch allerdings aus, desto geringer wird aber auch die Richtigkeit des Angegebenen. Vergleicht man dann das Niedergeschriebene, so stimmt freilich keine Beobachtung mit der anderen, aber nur deshalb, weil die einzelnen Zeugen verschieden gepresst wurden; es liegt also nicht falsche Beobachtung der Zeugen, sondern falsche Vernehmung durch den UR. vor. Hiermit soll natürlich nicht gesagt werden, dass der UR. lässig

---

[1]) L o b e d a n k „Der physiologische Schwachsinn des Menschen", München ohne Jahreszahl (Seitz & Schauer); P l a c z e k „Experimentelle Untersuchungen über die Zeugenaussagen Schwachsinniger" in H. Gross' Archiv Bd. XVIII p. 22; H o c h e - F i n g e r „Zur Frage der Zeugnisfähigkeit geistig abnormer Personen", Jurist. psychiatr. Grenzfragen, C. Marhold, Halle, I. Bd. Heft 8; dann B e l i n g in der Liszt'schen Ztschft. Bd. XXVI p. 709 und in der Aschaffenburg'schen Monatsschrift 3. Jahrgg. p. 613; A s c h a f f e n b u r g ibidem 3 Jahrgg. p. 416

und trocken vernehmen solle, denn viele Leute, namentlich Landleute, wissen am Anfange einer Vernehmung meistens „rein gar nichts" und lassen sich die wichtigsten Daten nur mühsam abfragen. Zwischen sorgsam und genau fragen und zudringlich herauspressen besteht ein grosser Unterschied.

Hat man nun aber die Leute wirklich gleichmässig im Verhöre behandelt und doch verschiedene Beobachtungen mitgeteilt erhalten, dann liegt wirklich Verschiedenheit im Wesen der Zeugen vor. Nicht immer ist das aber auf Verschiedenheit in der Apperzeption, dem eigentlichen Thema unserer Frage, zurückzuführen, sondern es kann die Ursache hiervon erst im Zimmer des UR. entstanden sein. Gleichwohl ist dies für die Beurteilung des Zeugen vom psychologischen Standpunkte aus wichtig.

Es kommt nämlich häufig vor, dass Zeugen aus irgend einem Grunde glauben, sie sollen selbst zur Verantwortung gezogen werden, sei es, dass sie befürchten, es ruhe der Verdacht der Täterschaft auch auf ihnen, sei es, dass sie sich irgend einer Unterlassung schuldig fühlen, wodurch die Tat erleichtert wurde, sei es, dass sie meinen, man beschuldige sie eines Einverständnisses mit dem Täter u. s. w. In allen diesen und hundert anderen Fällen werden sie bei allem guten Willen, doch die Wahrheit zu sagen, immer so sprechen, wie sie es ihrer Lage nach für zweckmässig halten. Sie werden anders betonen, anders anordnen, anders verschweigen, und wenn der UR. in solchem Falle genau aufmerkt, wie diese Zeugen gesprochen haben, so kann er sich eine Gruppe von Leuten bilden, die unrichtig aussagen: die der Ängstlichen, stets Schuldbewussten und Unsicheren. In arge Verwirrung kann der UR. sich und die Untersuchung bringen, wenn er selbst etwas phantasievoll ist und mit einem gleichbegabten Zeugen zu tun hat, der in der Sache einiges weiss. In solchen Fällen kommt es oft vor, dass der UR. kühne Kombinationen macht und sie dem Zeugen mitteilt. Dieser geht seiner Individualität gemäss auf die Kombinationen des UR. gerne ein und ergänzt einiges. Der UR. benützt das zu weiteren Konstruktionen, einer steigt abwechselnd auf den Schultern des andern in die Lüfte und zuletzt weiss der UR. nicht mehr, was ihm der Zeuge als Beobachtung mitgeteilt hat, der Zeuge weiss auch nicht mehr, was er vor seiner Vernehmung wusste und was er mit dem UR. zusammen erschlossen hat, und endlich kommt eine protokollarische Aussage zustande, an welcher gar manches nur Phantasie-Erzeugnis des UR. und des Zeugen ist. Man glaube nur ja nicht, dass ein ehrlicher Zeuge denn doch stets bei der Wahrheit bleiben werde. Was leicht erregbare, oft vorzüglich veranlagte Leute durch Phantasie zu leisten vermögen, erreicht das Unglaubliche. Nun vergesse man nicht, dass in solchen Fällen jeder der zwei Beteiligten sich an die Autorität des andern anklammert: der UR. an die des Tatzeugen, der die Sache wissen soll, der Zeuge an die des UR., der doch das Gesetz kennen muss. So findet jeder in der Autorität des anderen ein erwünschtes Mittel, um, wie er es ja gerne tut, seiner Phantasie die Zügel schiessen zu lassen.

Man beobachte einmal zu seiner Belehrung, wie leicht erregbare Leute dazu zu bringen sind, dass sie Dinge erzählen, die sie niemals gesehen oder gehört haben, ohne dass man schon Suggestion
annehmen muss; beim besten Willen, genau bei der Wahrheit zu bleiben, brechen sie bei der ersten Gelegenheit rechts und links aus und
wissen zuletzt nie mehr, was Erlebtes oder Eingebildetes war. Mit
solchen Leuten kann der UR. nicht vorsichtig und trocken genug sein,
namentlich dann, wenn er in sich selbst viel Phantasie entdeckt hat.

Fast das Gegenteil von dem eben Besprochenen hat der UR. zu
tun, wenn ihm ein trockener, einsilbiger und abmessender Zeuge unterkommt, der lediglich aus Gleichgültigkeit gegen die Sache gerade nur
das sagt, was er unbedingt sagen muss. Ich bin weit entfernt davon,
zu behaupten, dass man in einem solchen Falle an dem Zeugen so lange
drehen und schrauben muss, bis man das Nötige von ihm erfährt, sondern ich glaube, das einzige Mittel, in einem solchen Falle zum Ziele
zu kommen, besteht darin, dass man den Zeugen mit sich fortreisst,
dass man ihm seinen eigenen Eifer, sein eigenes Interesse an der Sache
sehen lässt, ihm klarlegt, was in der Sache gearbeitet wurde, welchen
Wert sie besitzt und was davon abhängt, dass der Zeuge alles sagt,
alles wahrheitsgetreu erzählt. Allmählich erwärmt sich so jeder, wenn
er anfängt, den UR. und seine Sache zu begreifen, und ist es gelungen,
den Zeugen so weit zu bringen, dann findet er es der Mühe wert, genauer nachzudenken, sich zu erinnern und das mitzuteilen, an was er
sich langsam erinnert. So kann der UR. allerdings mit Mühe aus einem
gleichgültigen Zeugen die wichtigsten Aussagen gewinnen. Und so
muss man immer zuerst feststellen, welcher Natur der Zeuge ist, den
man im Augenblicke vor sich hat, und ihn dann so behandeln, wie
es seiner Natur entspricht. —

Aber nicht bloss Geistes- und Gemütsanlage sind zu beachten,
sondern auch jede besondere Stellung, Richtung, Meinung u. s. w.
ist von grosser Bedeutung. Ohne die Unwahrheit sagen zu wollen,
lässt sich ein guter Teil von Menschen auch in den wichtigsten Momenten von religiöser, politischer, sozialer Stellung angefangen bis
hinab zu Familien-, Standes-, vielleicht sogar Vereinsrücksichten mehr
oder weniger stark beeinflussen: er will manches nicht sehen oder hören,
er sieht und hört es anders, und so kann aus einem Zeugen, der seiner
Natur nach ein Belastungszeuge wäre, ein Entlastungszeuge werden
und umgekehrt. Gewiss ist es jedem von uns geschehen, dass er auf
eine befremdende Antwort eines Zeugen sich veranlasst sah, nach gewissen persönlichen Verhältnissen des Zeugen zu fragen, wonach man
die Angaben des Zeugen ganz anders beurteilte als zuvor. —

Wichtig ist endlich Alter und Geschlecht eines Zeugen. Man
kann natürlich nicht behaupten, in welchem Alter die Zeugen am zu-
verlässigsten, in welchem am unverlässlichsten sind; alles andere, was
den Menschen ausmacht, seine Natur und Kultur sind ja ebenso und
noch mehr massgebend, aber gewisse Normen lassen sich denn doch
im Laufe der Zeit aufstellen.

In bestimmter Richtung sind Kinder,[1] etwa bis zum Alter von sieben bis neun Jahren, gute Zeugen. Liebe und Hass, Ehrgeiz und Falschheit, Religion und Stand, soziale Stellung und Geldbesitz sind ihnen noch fremd, falsche Auffassung infolge von Voreingenommenheit, nervöser Gereiztheit und langer Erfahrung kommt auch nicht vor, der Spiegel der gut gearteten Kindesseele zeigt ungetrübt und klar das, was sich vor ihm befindet. Freilich stehen diesen grossen Vorteilen bei Verwertung einer Kinderaussage viele Nachteile entgegen. Der wichtigste ist gewiss der, dass wir uns niemals auf den Standpunkt stellen können, auf dem das Kind sich befindet, und wenn sich das Kind auch derselben Ausdrücke bedient wie wir, so verbindet es damit andere Begriffe, ja schon bei der Apperzeption entwickeln sich die Vorstellungen dem Kinde anders als uns Erwachsenen. Schon die Begriffe von gross und klein, von rasch und langsam, von schön und hässlich, von weit und nahe sind im Kinderkopfe anders beschaffen, als in unserem Hirn, nun erst ganze Vorgänge; für uns gleichgültige Vorgänge sind oft prächtig oder entsetzlich für das Kind, und was für uns herrlich oder tiefbetrübend ist, berührt das Kind nicht im mindesten. Welchen Eindruck es aber wirklich auf das Kind ausübt, das wissen wir nicht.

Eine fernere Schwierigkeit liegt darin, dass der Horizont des Kindes überhaupt ein viel engerer ist, als der unsere, so dass ein grosser Teil des von uns Wahrgenommenen aus jenem Rahmen fällt, in dem das Kind überhaupt Wahrnehmungen machen kann. Wie gross dieser Rahmen ist, wissen wir nur in bestimmten Beziehungen: wir werden ein Kind nicht fragen, wie eine komplizierte Betrügerei vor sich gegangen ist, oder wie sich ein ehebrecherisches Verhältnis entwickelt hat, weil wir wissen, dass das Kind darüber nichts weiss. Aber in vielen anderen Beziehungen kennen wir die Grenze nicht, wo das Beobachtungsvermögen des Kindes anfängt. Wir finden es oft unerklärlich, dass das Kind dies und jenes nicht begreifen sollte, oft sind wir wieder überrascht darüber, dass sich ein Kind in Dingen klar orientiert hat, die wir weit über sein Fassungsvermögen hinaus gelegen geglaubt haben. Im allgemeinen möchte aber der Irrtum unsererseits darin gelegen sein, dass wir dem Kinde zu w e n i g zutrauen. Ich habe selten gefunden, dass man von dem Kinde zuviel an Beobachtung erwartete, wohl aber, dass das Kind viel mehr wusste, und viel mehr bemerkte, als man geglaubt hat.

---

[1] Auch hier s. Lit. oben p. 71 u. 78. Ich bemerke, dass mich die vielen Behauptungen, welche in den letzten Jahren über den Unwert von Kindern als Zeugen aufgestellt wurden, nicht irre machen. Ich glaube, dass diese Ansichten so entstanden sind, dass die Beobachter ihre Versuche an Kindern, nur an Kindern oder hauptsächlich an Kindern und dann die Erfahrung gemacht haben, dass sich diese Versuchspersonen vielfach irren. Dann schloss man: „Kinder als Zeugen sind wenig verlässlich". Das ist ja richtig, aber mit Erwachsenen ist es eben auch so, und jene Experimentatoren haben nur den schon bekannten Satz bestätigt, dass Zeugenaussagen überhaupt mit Vorsicht aufgenommen werden müssen. Wir können nur relativ einschätzen, und wer praktisch geübt ist, Kinder zu vernehmen und hierbei richtig vorgeht, wird mir endlich doch zustimmen: in gewisser Richtung sind Kinder verhältnissmässig noch die besten Zeugen.

Wir erfahren dies auch im gemeinen Leben: wie oft redet und
verhandelt man vor einem Kinde Dinge, von denen man meint, „es
verstünde das ja so nicht", und später macht man die Wahrnehmung,
dass das Kind nicht bloss alles sehr gut verstanden, sondern auch mit
vielem anderen, früher oder später Erlebten, kombiniert hat. Nicht
zu vergessen ist endlich auch, dass das Kind am meisten Einflüssen
von aussen, absichtlich und unabsichtlich geübten, ausgsetzt ist. Wenn
jemand weiss, dass ein Kind bei Gericht vernommen werden soll, wenn
er an dessen Aussage Interesse hat und auf das Kind Einfluss nehmen
kann, so wird er ihn wohl in den meisten Fällen auch wirklich ausüben.
Das Kind hat noch keine Grundsätze, aber dafür umsomehr Glauben
an die Worte der Erwachsenen und besonders wenn ein solcher, nicht
zu bald nach der Wahrnehmung selbst, auf das Kind einwirkt, so wird
es leicht dasjenige als beobachtet glauben, was ihm der Erwachsene
vorgeredet hat. Namentlich vollzieht sich dies gut und sicher, wenn
der Erwachsene vorsichtig und allmählich auf das Kind einwirkt und
es durch öfteres Fragen: „war es nicht so?" — „nicht wahr, so war es?"
nach und nach dorthin bringt, wo er es haben will.

Ebenso verhält es sich, wenn die Einwirkung nicht absichtlich
stattfindet. Hat sich etwas Wichtiges ereignet, so wird es begreiflicherweise viel besprochen, es werden Schlüsse gemacht und auch
das besprochen, was andere beobachtet haben, und was unter Umständen von anderen hätte wahrgenommen werden können. Hört dies
das Kind, das auch einiges gesehen hat, so prägen sich diese Unter-
redungen seiner weichen Seele tief ein, und zuletzt glaubt es leicht,
alles selbst wahrgenommen zu haben, was die anderen besprochen
hatten.[1]

Bei Vernehmungen von Kindern ist daher Vorsicht immer geraten,
aber im allgemeinen sind wie erwähnt, Aussagen von Kindern, wenn
sie geschickt gewonnen wurden, häufig das wertvollste Material. —

Kommen wir vom Kinde zu dem zunächststehenden Alter, so
werden wir schon das Geschlecht unterscheiden müssen; wie sich dies
im äusseren Erscheinen des Knaben und des Mädchens ausprägt, so
trennt sich auch die Auffassung der beiden. In gewisser Beziehung
ist der verständige Knabe zweifelsohne der beste Beobachter, den
es gibt. Auf ihn beginnt die Welt hereinzustürmen mit all ihrem
ungezählten Interessanten, und das Wenige, was ihm Schule und Haus
bringt, füllt sein Herz nicht aus. Was sich Neues, Merkwürdiges, Seltsames ereignet, das ergreift er mit beiden Händen, und mit gespannten
Sinnen sucht er es aufzunehmen, so gut und so weit es ihm gelingt.
Wenn niemand im Hause eine Veränderung wahrnimmt, wenn niemand
von der wandernden Gesellschaft ein Vogelnest entdeckt, wenn niemand sonst in Feld und Flur etwas Auffallendes sieht, dem halberwachsenen Burschen ist es gewiss nicht entgangen, und alles, was über

---

[1]) Vergl. den guten Aufsatz von Ernst Gystrow „Über die Suggestibilität
des Kindes", Beil. d. „Münchner Allg. Ztg." Heft 37 v. 1901. Sonstige Literatur
s. auch hier in meiner Kriminalpsychologie.

das eintönige Leben herausragt, ist ihm ein willkommener Anlass, seinen Scharfsinn zu üben, seine Kenntnisse auszudehnen und den Blick der Erwachsenen durch Mitteilung des Gefundenen auf sich zu lenken. Die Interessen des Knaben sind durch die Notdurft des Lebens, seine Stürme und Kämpfe, seine Parteiungen und Streitigkeiten noch nicht abgelenkt, frei und ungehindert kann er sich dem hingeben, was ihm merkwürdig vorkommt, sein Blick ist noch ungetrübt und durch die Kultur noch unverdorben, und so sieht er oft schärfer, besser und richtiger als alle Erwachsenen. Dabei hat er auch schon Grundsätze, das Lügen ist ihm wegen seiner Verächtlichkeit zuwider, Eigensinn ist ihm auch nicht fremd, und die schöne Gelegenheit, mit seiner Beobachtung Recht zu behalten, lässt er sich nicht gerne entgehen. So ist er fremden Einflüsterungen meistens weniger zugänglich und sagt die Sache so, wie er sie wirklich gesehen hat. Ich wiederhole, der g e s c h e i t e , g u t g e a r t e t e Knabe ist in der Regel der beste Zeuge, den es gibt.

Keineswegs dasselbe gilt von dem gleichaltrigen Mädchen. Schon die Natur und die Erziehung des Mädchens verhindert, dass es sich die nötigen Kenntnisse und den freien Blick erwirbt, den der Knabe frühe bekommt, und der zum Beobachten unbedingt nötig ist. Das Mädchen bleibt doch mehr im engen Kreise an der Seite der Mutter, während der Knabe hinauskommt und in Feld und Wald mit seinen Kameraden allerlei sehen kann, was ihm zuerst die Kenntnis davon verschafft, wie die Dinge gewöhnlich aussehen; nur so kann man dann entdecken, unterscheiden und beobachten, wenn etwas Aussergewöhnliches und Auffallendes vorkommt. Allein oder mit dem Vater und den Altersgenossen lernt der Knabe eine Menge von praktischen Dingen kennen, aus denen das Leben zusammengesetzt ist und die man kennen muss, wenn man über sie sprechen will. Das alles fehlt dem Mädchen, es kommt weniger hinaus, nicht zu Arbeitern, Handwerkern und anderen praktischen Leuten, die den wissbegierigen Knaben manches lehren, es sieht nichts von der Hantierung der Menschen und wenn etwas Auffälliges geschieht, so vermag es dasselbe nicht, ich möchte sagen, mit den Sinnen anzupacken, d. h. richtig aufzufassen. Ist irgend etwas Gefährliches, Lärmendes, Schreckhaftes dabei, was den Knaben erst recht anregt und zu gespannter Aufmerksamkeit antreibt, so zieht sich das Mädchen scheu zurück und sieht den Hergang entweder gar nicht, oder nur undeutlich aus der Ferne. Das wird sich durch die Tendenzen der Frauenemanzipation allerdings mehrfach ändern — aber das ist bloss vorübergehender, ungesunder Zustand und bald wird es wieder beim Alten sein. —

In gewisser Beziehung ist das heranwachsende Mädchen sogar eine gefährliche Zeugin, nämlich dort, wo es selbst an der Sache beteiligt oder gar der Mittelpunkt derselben ist. In solchen Fällen ist man vor argen Übertreibungen, ja selbständigen Erfindungen niemals sicher. Begabung, Schwung, Träumerei, Romantik und Schwärmerei sind die natürlichen Stufen, auf denen das Mädchen, das doch zu interessanten Erlebnissen noch zu jung ist, endlich zum Weltschmerz gelangt; Weltschmerz ist aber eine Art von Langeweile, diese geht

darauf aus, etwas Abwechslung zu schaffen, und hierzu ist ein Kriminalfall, in welchen das kleine Fräulein mit hinein verflochten wird,[1] ein
höchst willkommener Anlass. Ist es schon an sich interessant, vor
Gericht zu kommen, eine Aussage zu machen und in das Schicksal
anderer einzugreifen, so ist es noch viel merkwürdiger, wenn es sich
um etwas Wichtiges handelt, wenn man der Zeugin grosse Aufmerksamkeit zuwendet und wenn dann alles zu erfahren begierig ist, worum
die Zeugin gefragt wurde, was sie antwortete, wie es ferner ergeht.
So geschieht es dann leicht, dass aus einem belanglosen Diebstahle
ein kleiner Raub wird, der gewöhnliche, armselige Gauner gestaltet
sich zu einem interessanten blassen Jüngling, eine Grobheit wird zum
Überfall, ein gleichgültiger Vorgang zu einer romantischen Entführung,
ein dummes Bubengeschwätz zu einem wichtigen Komplott, kurz,
der echte „Backfisch", gleichgültig welchen Ständen angehörig, kann
nicht vorsichtig genug behandelt werden. Besonders gefährlich ist
aber das junge Mädchen bei Beginn der Menstruation, sehr oft vor der
ersten. Manche bleiben ihr Leben lang (bis zum Klimakterium) vor
jeder Menstruation und während derselben gefährliche Zeuginnen.[2]

Will man aber gerecht sein, so muss anerkannt werden, dass
für das Bemerken und Erkennen gewisser Dinge wieder niemand geschickter ist, als ein heranwachsendes Mädchen. Wenn ihm die Phantasie keinen Streich spielt, so wird es wertvollere Daten liefern können,
als die klügsten Erwachsenen. Der Grund dafür ist derselbe, wie
der für die Erfindungen und Übertreibungen solcher Mädchen angegebene. Schule, Erlebnisse und Selbstbeschäftigung geben nicht
genug Ausfüllung für Grübeln, Schwärmen und Träumen, das sexuelle
Moment regt sich auch schon, und so wird in der Umgebung halb unbewusst nach Erlebnissen gesucht, die diese Sphäre streifen, wenn
auch noch so entfernt: kleine Interessen und Liebeleien der näheren
und ferneren Umgebung entdeckt niemand so rasch , als ein begabtes,
lebhaftes, halberwachsenes Mädchen; jeder Wechsel im gegenseitigen
Interesse der beiden Beobachteten wird von ihm feinfühlig mit-
empfunden; schon lange bevor sich die beiden verstanden haben, weiss
das Mädchen darum, dass sie für einander empfinden. Es merkt genau
das Näherkommen und weiss, wann sie sich ausgesprochen haben.
Was nun folgt: inniges Aneinanderschliessen oder Auseinanderkommen,
die Kleine weiss es lange zuvor, jedenfalls eher und besser als die ganze
Umgebung.

---

[1] So erzählt Dr. Anton Oelzelt-Newin in seiner vortrefflichen Schrift:
„Über sittliche Dispositionen" den Fall Marie Schneider, welche 1886 im Alter
von 12 Jahren ein dreijähriges Kind ermordet hat, um sich dessen Ohrringe zu
bemächtigen. Bei der Verhandlung machte die kindliche Mörderin den Eindruck,
als ob es ihrer Eitelkeit schmeichelte, dass man sich so eingehend mit ihr befasst. (Auch Lombroso zitiert diesen Fall.)

[2] Vergl. die wichtige Schrift von v. Krafft-Ebing „Psychosis menstru-
alis", Stuttgart, Enke 1902; J. Kosjek „Eine 12jähr. Verläumderin" in „Aus den
Papieren eines Verteidigers", Graz u. Leipzig 1884; Horstmann „Über jugendliche Lügnerinnen" (Vortrag), Ärztl. Sachverst. Ztg. No. 20 in 1905 (Literatur-
verzeichnis).

Hiermit hängt auch die Beobachtung gewisser Personen durch solche Mädchen zusammen. Eine interessante Schönheit oder ein junger Mann, der in der Nähe wohnt, hat keinen genaueren Wächter über das ganze Tun und Treiben als ein zwölfjähriges Mädchen aus der Nachbarschaft. Wer die Leute sind, was sie tun, mit wem sie verkehren, wann sie ausgehen, wie sie sich kleiden weiss niemand so gut als dieses. Das kleine Geschöpf merkt auch seelische Stimmungen, Freude, Trauer, Kummer, Hoffnung und was sie sonst bewegt, an seinen Beobachtungsopfern am allerbesten. Will man über solche Fragen unterrichtet werden, so sind Schulmädchen die besten Zeugen, wofern sie nur die Wahrheit sagen wollen. —

Von den heranwachsenden Leuten kommen wir zur erwachsenen Jugend, die zwar in der Blüte des Lebens steht, keineswegs aber die besten Zeugen abgibt. Sie sind im allgemeinen schlechte Beobachter. In der glücklichsten Zeit des Lebens stehend, voll Hoffnungen und Idealen, sich und ihren Wünschen das grösste Interesse entgegenbringend, hält die Jugend bloss sich für wichtig. Die Kindheit liegt ferne ab, sie hat kaum noch die Berechtigung zu existieren; die reiferen Leute und das Alter sind längst gewesen, was diese tun, ist gleichgültig, der Jugend gehört die Welt, wichtig ist nur das, was ihr zunächst steht, alles andere ist nicht wert, dass man danach sieht. Die Idealform dieser Altersstufe ist das junge Mädchen, dem eine Welt unbemerkt versinken könnte neben der Wichtigkeit eines Balles, und der Couleurstudent, dem seine Verbindung mehr gilt, als alles andere unter dem Monde. Wenn das später auch anders wird, die Jugend in ihrer Vollkraft ist eben die Verkörperung jenes gesunden Egoismus, der Besitz ergreift von der Welt und nur sich und sein Dasein kennt in ihrem bunten Getriebe. Wer auf sich und die andern aufgemerkt hat, der weiss das alles selber, wer Gelegenheit hatte, junge Leute über die wichtigsten Vorgänge in ihrer nächsten Umgebung als Zeugen zu vernehmen, wird sich ärgern und freuen darüber, mit welcher Gleichgültigkeit sie diese Dinge an sich vorübergehen liessen!

Hat die Jugend aber doch beobachtet, so wird dies in der Regel gut, treu und ehrlich wiedergegeben, gute Grundsätze sind ja meist schon da, die Stürme des Lebens haben daran noch nicht gerüttelt. —

Im Zenithe des Daseins stehend, verfügt der Mensch endlich über alle Kräfte, die ihm der Schöpfer gegeben: gute Eigenschaften und schlechte stehen in ihrer höchsten Ausbildung, die Sinne sind geschärft, der Verstand entwickelt, und was der reife Mann und die Frau wahrnehmen will, das können sie auch wahrnehmen und wiedergeben. Lebensbahn und Streben sind sicher vorgezeichnet und zweifellos, Liebe und Hass geklärt aber bestimmt, die Stellung gegen alle Fragen ist sicher, und so tritt der Mensch in seinen reifen Jahren klar und fest auf, wenn es sich darum handelt, Zeugenschaft abzugeben für Recht und Unrecht.

Freilich nur beim guten Menschen, denn zu keiner anderen Zeit dringen Leidenschaften, Übelwollen, Eigennutz, Parteiungen und

Selbstsucht so stürmisch auf den Menschen ein als dann, wenn er den grössten Raum beansprucht im Dasein, zur Zeit, wo er am meisten leistet, aber auch am meisten fordert. Sie wirken aber auch nie so sehr auf den Menschen, als gerade zu dieser Zeit, sie machen ihn durch ihre Allgewalt unbewusst zum Lügner, und so ist kein Zeuge für den UR. so verhängnisvoll und schwierig zu durchschauen, als der Mensch auf dem Höhepunkte seiner Kraft im Guten und Bösen. Fragt ihr nun nach dem Unterschiede zwischen dem Worte des Mannes und der Rede der Frau? Keiner kann es besser sagen, als G r a b b e : „Der Mann denkt weit, die Frau fühlt tief — ihm ist die Welt das Herz — ihr das Herz die Welt." Wer dies festhält, der wird sich alle Unterschiede erklären können, die so tiefgreifend im Beobachten des Mannes und dem des Weibes auftreten. Er wird aber auch schon im voraus sagen können, wie der Mann den Vorgang auffasst und wie die Frau es tun wird, wenn beide dasselbe gesehen haben. Und darin liegt das Interessante und Belehrende, zugleich aber auch das den Vorgang Sichernde, dass man im Voraus sich das zurechtlegt, was man zu hören bekommen wird. Dann kann man gewaffnet allem entgegentreten, was verwirrend und störend geboten wird, dann ist es auch möglich, sicher und bestimmt auf das richtige loszugehen, bevor es noch bleibend dem Papiere unrichtig und verzerrt übergeben worden ist.

Eins ist noch festzuhalten: Heute wird unzählige Male die Frage erörtert, ob der Mann oder die Frau besser ist, wer von ihnen richtiger beobachtet, klarer sieht und lieber lügt — heute und vielleicht für alle Zeiten lässt sich diese, theoretisch überaus wichtige Frage nicht beantworten. Wir wissen ungefähr, dass sich die Unterschiede auf Allgemeines und Einzelnes, auf das Nebeneinander und Nacheinander, auf kurze und längere Zeit beziehen, sicher und allgemein gültig sind diese Feststellungen noch nicht. Aber das eine wissen wir gewiss: d i e   F r a u   i s t   a n d e r s   a l s   d e r   M a n n   und wenn dies nicht so wäre, so hätten wir darin die erste Ausnahme vom Kausalitätsprinzip zu erblicken. Die Frau ist körperlich so wesentlich anders als der Mann, dass auch ihre geistigen Emanationen wesentlich anders sein müssen und diese Erkenntnis allein ist schon wichtig. Wenn also eine Frau eine Beobachtung anders widergibt, als ein Mann, so braucht keines gelogen zu haben: sie sehen anders, merken anders und geben anders wieder — das sei wichtige, nie zu übersehende Regel! —

Und mit dem Greise schliessen wir. Milde und versöhnend oder schroff und verbittert tritt er uns entgegen, je nach dem Lose, das ihm zu teil geworden ist. Die Sinne und das Wahrnehmungs-Vermögen sind schwach geworden, aber Erfahrung lässt ihn im Innern sehen, was er von aussen nicht mehr aufnehmen kann, und häufig klingt sein Urteil aus in dem Worte: „Tout comprendre, c'est tout pardonner!"

Endlich ist der Greis wieder das geworden, was er war, ein Kind; ihm fehlt scharfes Erkennen aber auch Leidenschaft, er sieht einfach und ungekünstelt, der schroffe Gegensatz, der früher die Geschlechter

geschieden hat, tritt wieder zurück, der Greis und die Greisin beobachten und verwerten gleich, wie die Kinder verschiedenen Geschlechtes,
und Einflüsterungen zu Gunst und Ungunst der anderen haben wieder
ihre Gewalt, wie einst auf das Kind.[1]

b) Wenn der Zeuge nicht die Wahrheit sagen will.

Dass man keine Anweisung darüber geben kann, wie das Lügen
der Zeugen zu verhindern ist, weiss jeder; dass aber viel weniger gelogen werden würde, wenn sich die UR. mehr Mühe geben wollten,
wird auch jeder zugeben, der weiss, mit welcher Schnelligkeit die UR.
oft die wichtigsten Zeugen verhören, allerdings auch schnell verhören
m ü s s e n.   D i e s   i s t   d e r   H a u p t g r u n d   d e r   v i e l e n
f a l s c h e n   A u s s a g e n,   d i e   w i r   i n   u n s e r e n   A k t e n
h a b e n. Das einzige Mittel, das diesem am Marke des Staates und
der Gesellschaft nagenden Übel noch am besten abhelfen könnte, ist
gründliche Vorbereitung des UR. für jede Vernehmung, umständliche
Erinnerung jedes Zeugen zur Angabe der Wahrheit und eingehende
Vernehmung des Zeugen, namentlich dann, wenn der geringste Verdacht einer falschen Aussage vorliegt.   Soll der UR. das aber wirklich
so durchführen, wie es im Interesse des Staates gemacht werden muss,
so braucht er vielmehr Zeit, als er jetzt beim besten Willen darauf
verwenden kann, und die Folge davon ist, dass man allerorts ungefähr doppelt so viel UR. verwenden müsste, als man heute der Strafjustiz zur Verfügung stellt.   Kann der UR. auf seine Arbeiten genügende
Zeit verwenden, auch dann wäre es nur genügende, nicht überflüssige
Zeit, dann kann man von ihm auch gute Arbeit verlangen und der
Bürger hätte die Beruhigung, dass eine nach menschlichem Ermessen
beste Rechtspflege bestünde.
     Wer den Gang des Untersuchungsverfahrens kennt, der weiss
auch, dass den gefährlichsten Irreführungen des UR. durch eingehende
Verhöre vorgebeugt werden kann.   Dies ist aber nach modernem Verfahren um so wichtiger, als der Zeuge im Vorverfahren nur allgemein
und fast immer unbeeidet vernommen wird, und „alles der Hauptverhandlung vorbehalten bleiben" soll.   Wenn es aber nicht zur Hauptverhandlung kommt?   Wenn das Ergebnis der Vorerhebungen derart
war, dass der Fall zur Einstellung gebracht wurde, so ist alles auf diese
vorläufigen Vernehmungen aufgebaut geblieben und wichtige Fälle
sind im Sande verlaufen, weil die Zeugenaussagen nur so aufgenommen
wurden, dass man eine Vorarbeit für die dann nie vorgenommene
Hauptverhandlung hatte.[2]
     Wie wichtig aber eine eingehende Vernehmung ist, wenn falsche
Angaben entdeckt werden sollen, zeigen namentlich jene Fälle, in denen

---

[1] Vergl. hierzu H. Gross „Das Wahrnehmungsproblem und der Zeuge
im Strafprozess" in Kohlers „Archiv für Strafrecht" p. 184 in 1902.
[2] Vergl. H. Gross in H. Gross' Archiv Bd. VI p. 222; Bd. VIII p. 84;
Bd. X p. 258; Bd. XII p. 191; Bd. IV p. 130; Bd. XXI p. 169 und Polzin ibidem
Bd. XIII p. 91.

ein komplizierter Apparat in Bewegung gesetzt wurde, um den Richter
zu täuschen; solche Fälle sind häufig genug und jeder kennt sie; auch
hier lehrt die Erfahrung, dass sich auch sehr geriebene und erfahrene
Leute doch nur eine gewisse Zeit lang über dem Wasser halten können,
aber untergehen, wenn sie länger und genau erzählen sollen. Bei
irgend einem unvorhergesehenen Anlass verlieren sie ihren Plan und
sagen etwas, das sie verrät. Freilich wird oft eine umständliche Vernehmung eine geschickt angelegte falsche Aussage auch nicht aufklären
können, es wird sich darum handeln, wer schlauer ist, der UR. oder
der Zeuge; aber einige Züge hat der UR. dem anderen doch stets im
Brette voraus. Vor allem ist er der ruhigere, weil der Zeuge immerhin
ein gewagtes Spiel spielt und seine Existenz gefährdet, während der
UR. im schlimmsten Falle nur einmal mehr dupiert wurde; ferner
kennt der UR. das ganze Material, er weiss doch schon mindestens
ungefähr, was sein kann und was nicht, er behandelt die Aussagen
jedes Zeugen, namentlich wenn die Untersuchung schon weiter vorgeschritten ist, als einen Stein, der in das ganze, schon vorhandene
Gefüge passen muss und als gefälscht erkannt wird, wenn er sich nicht
gut einschieben lässt. Endlich ist der UR. in der günstigen Lage, fragen
zu können, was der Zeuge doch nur ausnahmsweise tun darf. Durch
eingehendes und wiederholtes Fragen kommt der UR. schliesslich
auf solche Momente, die vom Zeugen nicht vorher bedacht und mit
seinen Komplizen durchbesprochen wurden, und ist ein einziger Widerspruch erwiesen, dann kennt der UR. jene Stelle, an welcher die Verabredung ungenau und schadhaft ist, er wird in derselben Richtung
fortarbeiten und bald das Lügengewebe durchbrochen haben. Um
aber so arbeiten zu können, wird er seine günstigere Stellung ausnützen,
fragen, viel fragen, und alle Antworten niederschreiben lassen müssen.
Ich glaube nicht, dass durch Vermehrung des wirklichen Materiales
die Protokolle ungebührlich verlängert werden; wenn der UR. den
Fall genau studiert und sich klar gemacht hat, was er braucht und wo
er hinaus will, wenn er wirklich wichtiges fragt und hört und dies kurz
und sachlich niederschreiben lässt, so wird mehr Inhalt und weniger
an Wortzahl und das Protokoll muss deshalb nicht länger werden.
Allerdings wird die Sache manchmal dem UR. recht langweilig, aber
um sich zu plagen ist er da und wer nicht mancherlei Ungemach auf
sich nehmen will, der darf nicht UR. werden.

Nehmen wir z. B. den Kampf des UR. gegen einen falschen Alibi-
beweis,[1]) wohl den weitaus gefährlichsten Feind einer regelrechten
Überführung des wirklich Schuldigen, und betrachten wir uns den
Alibibeweis hier etwas näher.

Ich glaube, Karl Stieler ist es, der den köstlichen Ausspruch
tat: „Zu einem ordentlichen Wilddiebe gehören drei Dinge: ein Ab-
schraubegewehr, ein geschwärztes Gesicht und ein verlässlicher Alibi-

---

[1]) Über Alibibeweise siehe Dr. Hermann Ortloff „Lehrbuch der Kriminalpolizei", Leipzig 1881 p. 208 ff.; Hurlebusch „Über die sogenannte Exemptio
alibi" 1825. — A Weingart „Handbuch für das Untersuchen bei Brandstiftungen" 1895.

beweis." Das ist in Gegenden, in denen viel Wilddiebstähle vorkommen, geradezu regelmässig geworden; in unseren Bergländern geht die Sache fast immer denselben Gang: der Holzknecht geht Wild stehlen, die Jäger entdecken aber erwischen ihn nicht, da er bedeutenden Vorsprung hat, das Gewehr wird in einer Felskluft geborgen und der Ochsenknecht und die Sennerin beschwören, dass der Holzknecht genau zur selben Stunde, zu der ihn die Jäger gesehen haben wollen, in der Sennhütte sass und sein Werktaggewand flickte. Das ist alles hübsch sorgfältig im vorhinein ausgemacht und klappt vortrefflich, solange der UR. nicht in Einzelheiten eingeht und in allerdings recht langweiliger Art alles genau abfragt, was nur irgend gefragt werden kann: wie sie sassen, wie lange sie beisammen waren, was sie taten, was sie sprachen, wie alles der Reihe nach vor sich ging u. s. w. Wenn der UR. hierbei auch die unerlässliche Vorsicht gebraucht, dass er den Beschuldigten und die Zeugen z u g l e i c h vorgeladen hat und dass er die Vernehmung so einrichtet, dass sich der schon vernommene Zeuge mit dem noch nicht vernommenen nicht besprechen kann, so müsste es schon recht seltsam zugehen, wenn er nicht auf Widersprüche kommen sollte. In den verwickeltsten und von wirklich geriebenen Leuten eingeleiteten Alibibeweisen ist die Sache auch nicht anders, wenn auch sorgfältiger vorbereitet, aber nachweisbar ist es nach meiner Ansicht immer und jedesmal wenn der Alibibeweis ein falscher war; natürlich kostet es manchmal viel Mühe, langweilige und wiederholte Vernehmungen, aber schliesslich m ü s s e n Widersprüche zum Vorschein kommen.

Die meisten Schwierigkeiten bieten jene falschen Alibibeweise, in welchen die Leute übereingekommen sind, ein w i r k l i c h e s Ereignis lediglich auf jenen Zeitpunkt zu datieren, in welchem das Alibi bewiesen werden soll. Wenn die Tat also z. B. Montag geschah, so wird vereinbart, ein wirkliches Zusammensein, welches am Sonntag stattfand, auf diesen kritischen Montag zu datieren. Dann wird freilich jede Einzelheit stimmen. Hat man Verdacht, dass so vorgegangen wird, so muss der Zeit nach möglichst weit ausgegriffen, d. h. möglichst viel früheres und späteres abgefragt werden, dann passt das falsch eingeschobene Ereignis plötzlich doch nicht und die Verwirrung ist umso grösser, je mehr sich die Leute auf ihren ,,Beweis" verlassen haben.

Ist der Beschuldigte in Haft, so tröste man sich ja nicht mit der vorgeblichen Sicherheit, die man hierdurch gewonnen haben will. So lange es nicht möglich ist, jeden Inquisiten allein verwahrt zu halten, ihn auch beim Spaziergehen allein zu lassen und ihn nur mit absolut unbestechlichen Wächtern zu umgeben, so lange ist es unmöglich, eine Verabredung mit der Aussenwelt zu verhindern. Die grösste Gefahr in dieser Richtung bilden die Mitgefangenen, denn wenn man auch nur Untersuchungshäftlinge beisammen lässt, so kann man nicht im voraus wissen, ob die Untersuchung gegen den einen oder anderen nicht plötzlich beendet und der Mann entlassen wird. Für solche Fälle haben die Inquisiten aber immer schon Vorsorge getroffen und vereinbart, was jeder von ihnen den Freunden und Verwandten der anderen

8*

zu hinterbringen hat, wofern einer von ihnen die Kerkermauern hinter sich bekommen sollte. Mit solchen Verabredungen hängen die meisten jener, jedem von uns wohlbekannten Fälle zusammen, in denen ein Untersuchungshäftling, der schon längere Zeit im Gefängnis ist, plötzlich einen Alibibeweis anbietet, der ihm eben erst „e i n g e f a l l e n i s t". Man begreift nicht, wie dem Menschen sein eigenes Schicksal so gleichgültig sein konnte, dass ihm dieser so nahe liegende Beweis, der seine Unschuld sofort dartun muss, nicht früher eingefallen ist. Die Sache wird erklärlich werden, wenn man erhoben hat, dass eben jetzt aus derselben Arrestzelle, in welcher der „vergessliche" Mann inhaftiert ist, ein anderer Häftling entlassen wurde, der den ganzen Alibibeweis draussen in Szene setzen musste.

Ist nicht festzustellen, dass in jüngster Zeit einer aus derselben Zelle enthaftet wurde, so kann man sicher sein, dass es gelungen ist, einen Brief hinaus zu schmuggeln, durch den der Alibibeweis eingeleitet wurde.[1]) Denn, dass jemandem wirklich ein so wichtiges Beweismittel erst gelegentlich später einfallen sollte, kommt nicht vor. Hat man aber in dieser Art festgestellt, dass ein falscher Alibibeweis konstruiert wurde, so hat man mit den anrückenden Zeugen leichtes Spiel.[2])

Gegen Zeugen aufzukommen, die in anderer Richtung, als in der eines falschen Alibi unwahr aussagen, ist in der Regel schwieriger, da es hier mit den Nachweisen von Widersprüchen, der Hauptwaffe des UR., gewöhnlich sein Ende hat. Wer sich einen Alibibeweis bestellt, sorgt fast ausnahmslos dafür, dass durch mindestens „zweier Zeugen Mund" die „Wahrheit" kund werde, da er weiss, dass er mit einem Zeugen allein nicht gut durchdringen kann.

In anderen Fällen, namentlich, wenn der Beschuldigte irgend etwas in zusammengesetzter Weise dartun will, wird er, oft schon der Natur der Sache nach, für jedes einzelne Moment auch nur einen einzigen Zeugen stellen können. Hat er aber doch mehrere Zeugen aufgebracht, so beweisen für gewisse, namentlich nur kurz dauernde Vorgänge, die etwa auftauchenden Widersprüche nicht viel. Wenn z. B. jemand dartun will, dass er an einer Rauferei nicht beteiligt war und wenn dies, sagen wir, drei Zeugen bestätigen sollen, so werden diese ja nur um jenen Augenblick befragt, in dem der Betreffende verletzt wurde. Die falschen Zeugen werden sich wohlweislich nicht auf viele Details einlassen, überhaupt gar nichts Positives behaupten und nur versichern, dass ihr Schützling in dem Augenblicke, als der Beschä-

---

[1]) Im Grazer Kriminalmuseum habe ich eine überraschend grosse Sammlung von sogenannten „Fuhren" zusammengebracht, d. i. Leinen, an deren Enden irgend etwas schweres, z. B. ein Ziegelstück, oder Sand in Papier oder Fetzen, befestigt ist, um durch Hin- und Herschwingen briefliche Mitteilungen von einem Fenster zum andern (auch von unten nach oben) zu bringen. Die Leinen sind in der Regel aus fein zerrissenen Stoffen (von Leintüchern, Hemden, Unterröcken) oder aus Fäden von zertrennten Strümpfen, ja sogar aus geflochtenem Bettstroh verfertigt. Besonders die Weiber verraten viel Scharfsinn und Geschick in der Anfertigung solcher „Fuhren".

[2]) Über den sonstigen Verkehr der Verhafteten im Gefängnis s. VII. Abschnitt, 4, d, β.

digte verletzt wurde, n i c h t in der Nähe des Verletzten war. Wie alles hergegangen ist, können sie nicht genau sagen, da der „Rummel zu gross war" und „alles in wenigen Augenblicken zu Ende ging;" — wie einer in solchen Fällen Widersprüche finden kann, wird schwer zu sagen sein. Geht es also mit Widersprüchen nicht, so muss man sich in anderer Weise helfen.

Die früheren Regeln: den Fall möglichst genau zu studieren und vorbereiten und so eingehend als möglich vernehmen, bleiben natürlich aufrecht. Dazu kommt noch: in der Aussage des Zeugen möglichst genau unterscheiden. Es genügt nicht, darauf zu warten, dass die Aussage aus irgend einem Grunde verdächtig erscheint, denn wenn man einen solchen Grund fand, hat man auch den Faden schon in der Hand und wickelt ihn meist leicht ab. Man muss also eigentlich bei j e d e r Zeugenaussage sich von vorneherein die Möglichkeit vor Augen halten, dass diese falsch sei. Es ist dies nicht übertriebenes Misstrauen, sondern nur Vorsicht und Kenntnis der Vorgänge, denn falsche Aussagen haben sich schon in der harmlosesten und unverdächtigsten Form einzuschleichen gewusst. Geht man also von diesem Grundsatze aus, so wird man zuerst zu unterscheiden haben, ob der Zeuge aus irgend einem Grunde die Wahrheit nicht sagt, obwohl er sie sagen will. Hat man keinen Grund zu dieser Annahme gefunden, so fragt man sich, ob er vielleicht die Wahrheit nicht sagen will, und unterscheidet dann wieder, ob der Zeuge einen Grund haben kann, die Wahrheit nicht zu sagen, oder ob ein solcher Grund nicht zu entdecken ist. Diesen Grund kann man wieder finden, entweder in persönlicher Verbindung des Zeugen mit dem Täter oder Beschädigten, oder in sachlicher Verbindung desselben zur Tat. Im ersten Falle wird es nicht schwer fallen, festzustellen, ob Freundschaft, Verwandtschaft oder sonstige Beziehungen vorliegen, im zweiten Falle wird allerdings nur eine genaue Kenntnis der Sachlage ergeben, ob der Zeuge ein wenn auch nur geringes Interesse am Ausgange der Sache hat, ob er am Verbrechen selbst beteiligt oder in Gefahr war, als Beteiligter erscheinen zu können.

Findet man irgend eine Beziehung des Zeugen zur Sache, so hat man einige Verpflichtung, alles was er sagt, mit Misstrauen aufzufassen und jede Äusserung des Zeugen in irgend einer Weise zu erproben: man muss mit Nachdruck darauf hinarbeiten, den Standpunkt kennen zu lernen, auf dem der Zeuge steht. Das ist nicht so schwierig, als man meint: der Zeuge verrät sich fast immer wenigstens mit einem einzelnen Worte. Wir können in dieser Richtung viel von den Romanschriftstellern lernen, wenn wir beim Lesen jedes Romanes schon von allem Anfange an uns bestreben, den Helden des Romanes und den schlechten Kerl desselben herauszukriegen, bevor der Schriftsteller ihn noch ausdrücklich als solchen bezeichnet. Fast immer werden wir dies sehr bald und o f t s c h o n a n e i n e m e i n z i g e n W o r t e e r k e n n e n. Der Held kann z. B. alle möglichen, oft recht betrübenden Charakter-Eigenschaften haben, er wird aber n i e m a l s geizig, kleinlich, neidisch, unaufrichtig oder hämisch sein; er wird nicht immer

als Inbegriff männlicher Schönheit geschildert werden, aber er wird
niemals glatzköpfig, schielend oder mit schlechten Zähnen behaftet
erscheinen und wenn dies doch sein müsste, so wird er „eine hohe
Stirne" oder „einen eigentümlichen Blick" haben, und von den Zähnen
wird man gar nicht reden; er kann nachlässig, einfach, unmodern,
aber sicher nicht schmutzig gekleidet sein. Der schlechte Kerl wird
zuerst vielleicht mit allen erdenklichen guten Eigenschaften des Körpers und Geistes auftreten und sich unter dem falschen Scheine eines
Ehrenmannes in das Herz des Lesers einschleichen, bis dieser von seiner
Arglosigkeit geheilt wird, wenn ihn der Dichter mit „kreischender"
Stimme etwas rufen, mit „lauerndem Blicke" schauen, oder mit „nicht
ganz echter Eleganz" eintreten lässt. Diese Epitheta hätte der Mann
gewiss nicht abbekommen, wenn ihn der Dichter nicht später einmal
als Schurken enthüllen wollte.

Ganz genau so macht es der Zeuge, der dem
Schuldigen heraushelfen, den Unschuldigen verderben will; im ersten Falle wird er, namentlich wenn er sich
geschickt anstellt, den Beschuldigten auch mit üblen Eigenschaften
ausstatten und vorsichtigerweise manches über ihn gelten lassen, was
nicht gut abgeleugnet werden kann, er wird sich aber wohl hüten,
irgend etwas zu behaupten, wodurch der Beschuldigte verächtlich
oder sonst dauernd in der Achtung geschädigt werden könnte. Umgekehrt: will er dem Beschuldigten schaden, so wird seine Aussage
vielleicht vom Anfange an den Charakter des Wohlwollenden,
Entschuldigenden, Beschönigenden haben, bis ein einziges vom
Zeugen gebrauchtes Adjektiv den UR. darauf aufmerksam machen
wird, dass er vorsichtig sein müsse: der Zeuge behauptet vom
Beschuldigten Schlimmeres, als er vor seinem Gewissen verantworten
kann.

Um solche Wahrnehmungen anstellen zu können, braucht man
kein grosser Psychologe zu sein; guter Wille und strenges Aufmerken
wird jeden fast immer auf den richtigen Moment führen, in welchem
dem Zeugen das verräterische Wort entschlüpft ist. Freilich ist dies
noch kein unumstösslicher Beweis, aber es genügt meistens, wenn der
UR. einen Fingerzeig bekommen hat, dass in der Aussage des Zeugen
etwas nicht in Ordnung sein könnte. Die Prüfung vorzunehmen, ob
man richtig vermutet hat, ist in der Regel nicht schwer. Sie besteht
darin, dass man unbefangen den Zeugen irgend etwas erzählen oder
beschreiben lässt, was der UR. aus eigener Anschauung oder durch
verlässliche Zeugen vollkommen sicher weiss und was für die Schuld
oder Unschuld des Beschuldigten nicht gleichgültig ist. Da sich nun
jedes Ding mehrfach auffassen und mehrfach erzählen lässt, so wird
der verdächtige Zeuge, wenn er wirklich unehrlich ist, die Sache so
darstellen, dass der UR. wahrnehmen kann, nach welcher Richtung
der Zeuge entstellt; man muss allerdings zwischen dem falschen Zeugen
und dem nur parteiischen Zeugen unterscheiden. Vollkommen un-
parteiisch ist vielleicht kein Zeuge, eine kleine Färbung in der Schilderung darf also nicht zu ernsthaft genommen werden, sie unterscheidet

sich aber auch so wesentlich von der wirklichen falschen Aussage, dass eine Verwechslung nicht leicht denkbar ist.

Ist die Prüfung zum Nachteile des Zeugen ausgefallen, so wird vielleicht eine zweite Kontrollprüfung nötig sein. Wird durch diese aber der Verdacht noch mehr bestärkt, dann ist es meistens am besten, dem Zeugen unumwunden zu sagen, was man von seiner Aussage hält; zum mindesten wird weiterer Unwahrheit vorgebeugt. In vielen Fällen, namentlich bei unverdorbenen Naturen, kommt es vor, dass der Zeuge e i n e n mehr oder weniger dreisten Versuch macht, den UR. anzulügen, dies aber sofort aufgibt und ehrlich redet, sobald er merkt, dass der UR. nicht geneigt ist, auf die Lügen einzugehen. Man kann in der Tat sagen, der UR. ist selbst schuld, wenn er angelogen wird, denn hätte er von allem Anfange an besser aufgemerkt, so wäre es ihm ein Leichtes gewesen, die Entwickelung des ganzen Lügengewebes zu verhindern. Auch da muss man die Augen offen halten, und namentlich auf innere Widersprüche in der Aussage des Zeugen oder auf Widersprüche seiner Aussage mit äusseren Momenten aufmerken, denn nichts wirkt kräftiger, verblüffender und korrigierender auf solche, noch besser veranlagte und weniger gebildete Leute, als eine deutliche und schlagende demonstratio ad oculos.

Freilich muss man da auch auf Kleinigkeiten sein Augenmerk richten und z. B. nicht vergessen, dass der Mann nicht lesen und schreiben kann, von welchem Zeuge behauptet, er habe ihm etwas vorgelesen; dass Zeuge versichert, sein Haus sei vom Feuer bedroht gewesen, obwohl es nicht in der Richtung des damals herrschenden Windes lag, oder dass er eine halbe Stunde mit blossen Füssen im Freien gestanden sein will, obgleich knietiefer Schnee lag. Der Zeuge behauptet, dass der Bach sehr häufig so anschwillt, dass er die Ufer überschwemmt, ein Blick auf die aus dem Wasser wenig hervorragenden Steine zeigt aber, dass dieselben dichtes Moos tragen, was nicht darauf bleiben würde, wenn die Steine öfters unter Wasser kämen. Der Zeuge erzählt, sein Sohn habe ihn damals sofort auf dies und jenes aufmerksam gemacht, eine Nachrechnung zeigt, dass dieser Sohn damals sechs Jahre alt war. Der Zeuge behauptet, er habe die Gesichtszüge eines Menschen genau aufgenommen, aber nicht sehen können, ob er einen Stock oder ein Gewehr getragen hat.

Solche Beispiele der offensten Widersprüche und Unmöglichkeiten zeigen sich häufig in Protokollen, sie geben die sicherste Handhabe, dem Zeugen das Unwahre seiner Erzählung zu beweisen, s i e m ü s s e n a b e r e n t d e c k t w e r d e n. Das ist niemals allzuschwer, wenn man dem Verhöre überhaupt die volle Aufmerksamkeit widmet, wenn man auch beim Vorlesen des Protokolles genau zuhört und w e n n m a n, was unerlässlich ist und viele Hilfe gewähren kann, s i c h s t e t s d a s v o m Z e u g e n E r z ä h l t e l e b h a f t v o r - s t e l l t. Worte allein widersprechen einander nicht so kräftig und deutlich. Wenn man aber bestrebt ist, sich den Sachverhalt, wie ihn der Zeuge erzählt, oder, wie man ihn schon aus früheren Schilderungen kennt, recht lebhaft vor Augen zu halten, und das nun Neuerzählte

in das Bekannte eintreten lässt, wenn man dann im Verlaufe der Erzählung des Zeugen den Tatsachen immer folgt und alles im Gedanken
dort sich abspielen lässt, wo es sich nach dem von früher Bekannten
und dem neu Mitgeteilten abgespielt haben muss, dann ist es fast unmöglich, eine Unwahrscheinlichkeit oder Unmöglichkeit zu übersehen.
Es ist überall notwendig, voll und ganz bei der Sache zu sein, dann
wird auch die Arbeit voll und ganz geleistet. —

Eine in dieser Richtung wichtige Frage geht dahin, ob man wohl
den Richtigen, den man vorgeladen hat, wirklich vor sich hat. Dass
n i c h t der Richtige vor dem UR. erscheint, das kommt viel öfter
vor, als man harmloser Weise annimmt, es hat auch verschiedene
Formen:

1. Am häufigsten ist es, dass nicht der wirklich vorgeladene Zeuge
erscheint. Als Beispiel sei ein Fall erwähnt, der sich vor einigen
Jahren ereignet hat und der lediglich von ungebildeten Weibern
ausgedacht wurde. Es handelte sich um einen Vaterschafts-
Prozess, in dem einem wohlhabenden, geistig beschränkten Bauer
ein Kind als von ihm erzeugt zugeschoben werden sollte. Die
Sache wurde entdeckt und der Mutter des Kindes und deren
Mutter der Prozess wegen Betrugs gemacht; beide leugneten und
beriefen sich auf eine Zeugin, die eine wichtige Aussage zu Gunsten
der beiden Beschuldigten machen sollte. Als die Zeugin schon
die Vorladung zu Gericht erhalten hatte, erschienen die beiden
Beschuldigten bei ihr, die keineswegs das bestätigen konnte,
was die Beschuldigten wollten; trotzdem suchten diese die
Zeugin zu dem Versprechen zu bewegen, dass sie falsch aussagen
werde. Sie wollte sich dazu nicht bewegen lassen, erklärte sich
aber auf vieles Zureden bereit, ihre gerichtliche Vorladung gegen
Entgelt herzugeben und selbst nicht bei Gericht zu erscheinen.
Nun gelang es leicht, eine Person zu finden, die, mit der Vorladung der echten Zeugin versehen, bei Gericht erschien und dort
alles bestätigte, was ihr die beiden Beschuldigten beigebracht
hatten. Glücklicherweise beschäftigte sich der UR. mit dieser
Zeugin sehr lange und als er auf die Verhältnisse zu sprechen
kam, welche die Pseudo-Zeugin hätte wissen müssen, wenn sie
die echte Zeugin gewesen wäre, wurde sie unruhig und unsicher,
ein genaueres Examen über Personalverhältnisse u. s. w. bestand
sie nicht und mit einiger Mühe gelang es festzustellen, dass eine
andere Person da sitze, als jene, welche eigentlich vernommen
werden sollte.

Ich hielt diesen Fall für vereinzelt und erzählte ihn zahlreichen Kameraden, worauf ich die überraschende Erfahrung
machte, dass derartige Fälle häufig sind, in denen statt des echten
Zeugen, der sich zu einer falschen Aussage nicht entschliessen
wollte, ein anderer, weniger gewissenhafter, unter dem Namen
des ersteren und mit dessen abgekaufter Vorladung bei Gericht
erschienen war. Das einemal erfolgte die Entdeckung ebenfalls

durch genaue Vernehmung, das anderemal dadurch, dass der „Zeuge" am Schlusse seiner Vernehmung aus der Rolle fiel und seinen echten Namen unterzeichnete. Auf Befragen des UR. war er so bestürzt, dass es nicht schwer fiel, die beabsichtigte Irreführung an den Tag zu bringen.

Wenn nun in einem so kleinen Kreise schon mehrere Fälle bekannt wurden, in denen der UR. in verhältnismässig raffinierter Weise hintergangen werden sollte, wie oft müssen solche Fälle überhaupt vorkommen, wie wenige von ihnen mögen entdeckt werden. —

2. es erscheint ein falscher Beschädigter oder besser gesagt ein anderer, als der, der z. B. gerichtsärztlich untersucht werden soll. Casper-Liman verweist auf den historischen Fall, nach dem die Gräfin Essex (die geborene Lady Francis Howard?), um ihre Jungfräulichkeit darzutun, eine andere junge Person untergeschoben haben soll.[1]) Solche Fälle kommen aber in unseren Tagen oft vor; ich erinnere mich eines Falles, in dem A den B durch Schläge mit einem Holzscheit arg misshandelt hatte, ohne aber die Knochen zu beschädigen. Als B zur gerichtlichen Untersuchung vorgeladen wurde, sandte er den C, der zur selben Zeit vom Kirschbaum gefallen war und richtig den Arm gebrochen hatte. C erschien, nannte sich B, wurde vernommen und untersucht und erst viel später, vor der Anklage, wurde der Betrug entdeckt; B hatte von dem vermögenden A hierdurch eine wesentlich grössere Entschädigungssumme herausbekommen wollen. —

Erzählt wurde mir ein Fall, in welchem aus ähnlichen Gründen statt der A die schwangere B zu Gericht gesendet wurde, wodurch konstatiert werden sollte, dass die A (angeblich infolge einer Notzucht) schwanger sei.

3. es erscheint ein falscher Beschuldigter, was in mehrfacher Weise von Vorteil sein kann. Ein wegen Urkundenfälschung verdächtiger D sandte den E, der erklärte, er sei halb blind, könne daher unmöglich jene Fälschung begangen haben; E wurde gerichtsärztlich untersucht, wobei weit vorgeschrittener Star festgestellt wurde, so dass D von dem man dieses Augenleiden annehmen musste, ausser Verfolgung gestellt wurde. —

Die F war wegen einer, vor wenigen Tagen vorgenommenen Leibesfruchtabtreibung angezeigt worden; als sie vorgeladen wurde, liess sie sagen, sie sei bettlägerig und könne nicht zu Gericht kommen. Die Kommission erschien in der Wohnung, wo eine alte Frau ihre, im Bett liegende Tochter vorstellte. Die Ärzte untersuchten die Person und stellten fest, dass diese bestimmt noch nie, geschweige vor einigen Tagen entbunden habe. Später wurde der Verdacht rege gemacht (allerdings nicht erwiesen), dass die Untersuchte allerdings die Tochter jener alten

---

[1]) Hargrave „state trials" tome I p. 315.

Frau, aber nicht die verdächtigte F sondern die G gewesen sei, die zum Zweck der drohenden gerichtsärztlichen Untersuchung ins Bett gelegt worden war. —

H wurde wegen des Verbrechens des Betruges vorgeladen und da er fürchtete, bei der Vernehmung in Untersuchungshaft genommen zu werden, so bewog er den J, sich nomine des H vernehmen und event. einsperren zu lassen. Beides geschah, und als H über die Grenze war, gestand der, schon 4 oder 5 Tage lang verhaftete J, dass er nicht H sondern J sei. —

Ich hatte einmal als UR. etwa abends $\frac{1}{2}$8 Uhr im Winter einem verhafteten K die Anklage kundzumachen. K wurde vorgeführt, ihm die Anklage vorgelesen, er verzichtete auf alle Rechtsmittel, unterschrieb das Protokoll und wurde abgeführt. Nun behauptete mein Aktuar, der K hätte bei seiner (früheren, einmaligen Vernehmung) ganz anders ausgesehen und es stellte sich heraus, dass wirklich ein L statt des K vorgeführt worden ist. K war damals schon zu Bett gegangen, war zu bequem, aufzustehen, und da es sich ohnehin um einen „geständigen Fall" handelte, so benützte er den Umstand, dass ein neuer Arrestaufseher zur Vorführung erschienen war, und sandte einen anderen Verhafteten, den L, in seiner Vertretung. —

Alle diese Fälle sollen nur zeigen, wie leicht und oft solche, in ihren Folgen unberechenbare Unterschiebungen geschehen können und auch wirklich geschehen. Ganz entgehen kann man ihnen allerdings nicht, da man schon nicht mit jedem Vorgeladenen den Bürgermeister zur Identitätsfeststellung vorrufen kann: aber grösste Vorsicht ist wenigstens stets dann am Platz, wenn man durch die Eigenart des Falles, auffälliges Benehmen des Vorgeladenen oder sonstige Erscheinungen zur Aufmerksamkeit gemahnt wurde. —

Eine für uns in vielen Fällen wichtige Frage ist die nach dem Werte der Aussage Sterbender. Solche Aussagen kommen in verschiedener Richtung in Betracht: es kann der UR. Verwundete oder Vergiftete vernehmen; es können Leute verhört werden, die auf dem Sterbebette lang gehütete Geheimnisse preisgeben, wodurch jemand eines Verbrechens geziehen wird; es können Sterbende ihr Gewissen dadurch erleichtern, dass sie sich selbst eines begangenen Verbrechens zeihen;[1] sie können auch die Unschuld eines Verurteilten bezeugen. In vielen dieser Fälle ist die Aussage des Sterbenden deshalb besonders wichtig, weil man ob der Länge der Zeit oder wegen der besonderen Umstände des Falles jedes anderen Beweismittels entbehrt. Konnte der UR. den Betreffenden noch selbst verhören, vielleicht auch beeiden, so ist die Sache weniger schwierig, weil er Gelegenheit hatte,

---

[1] Vergl. Hausner in H. Gross' Archiv Bd. XIII p. 267 und Margulies ibidem Bd. XX p. 91. Die recht reiche englische u. amerikan. Lit. s. Kulischer in der Grünhutschen Zeitschrift Bd. XXXIV p. 31.

die Ablegung des Zeugnisses selbst zu beobachten und sich über seinen Wert ein Urteil zu bilden. Oft ist es aber nicht mehr möglich gewesen, den UR. herbeizurufen und es wurde die Aussage des Sterbenden nur dritten Personen gemacht, welche sie dann dem UR. übermitteln. Dass diese Zeugen besonders genau und ängstlich vernommen werden müssen, ist wohl selbstverständlich, ebenso, dass in allen diesen Fällen der Gerichtsarzt darüber zu sprechen haben wird, ob der Sterbende vermöge seines Zustandes die Wahrheit sagen konnte, sowie, dass alle Erhebungen gepflogen werden müssen, welche der Gerichtsarzt für die Abgabe dieses Gutachtens als nötig bezeichnet. Nehmen wir an, dass die Frage auf Zurechnungsfähigkeit zweifellos bejaht wurde, so haben wir noch die weitere Frage zu erledigen, ob der Umstand, dass jemand im Sterben liegt, auf die Wahrheit seiner Angaben einen besonders bestimmenden Einfluss hatte. Juristen verhalten sich diesfalls verschieden; die einen behaupten, das, was ein Sterbender sage, sei gewiss und unter allen Umständen wahr, die anderen meinen, seine Aussage sei nicht anders zu beurteilen, wie die eines anderen Menschen.

Mehr Erfahrung in dieser für uns so wichtigen Frage als wir Juristen dürften Priester, namentlich katholische Priester besitzen, die ungezähltemale die letzten Geheimnisse Sterbender anhören.[1]) Das Urteil vorurteilsloser, erleuchteter Priester hierüber geht dahin, man müsse vorerst unterscheiden, ob der Betreffende positiv gläubig sei oder nicht. Im ersteren Falle kann der Aussage des Sterbenden unbedingt Glauben beigemessen werden, da er in fester Überzeugung, nun vor den höchsten Richter treten zu müssen, sich gewiss nicht mit einer schweren Sünde belasten wird. Ob in einem solchen Falle der Nachweis, dass der Betreffende w i r k l i c h gläubig und nicht bloss scheinbar fromm war, erbracht werden kann, ist allerdings eine andere Frage.

War der Sterbende aber nicht positiv gläubig, so muss wieder unterschieden werden. Hat er keinerlei Rücksichten zu nehmen gehabt, d. h. war das von ihm hinterlassene Andenken entweder durch die betreffende Aussage nicht gefährdet oder ihm gleichgültig, ferner, war nicht zu befürchten, dass seine Angehörigen durch die Aussage an Ehre, Vermögen oder sonst wie geschädigt werden, so wird das von ihm angesichts des Todes Ausgesagte wahr sein, wenn er auch im Leben vielleicht kein verlässlicher Mensch war. Kann man aber einem Nichtgläubigen irgend ein Interesse für sein Andenken oder die ihm Nahestehenden nachweisen, welches mit der Aussage in Verbindung steht, dann hat diese keinen anderen Wert, als ob er sie sonst im Leben abgelegt hätte. War er ein ehrlicher Mensch, so hat er auch auf dem Totenbette die Wahrheit gesagt, war er das nicht, so kann er auch da gelogen haben.[2])

---

[1]) Vergl. B u c c e r o n i „casus conscientiae" Univers. Gregor. Roma 1903.
[2]) Eine der 8 „Anzeigungen", von welchen zwei zusammentreffende zur Vornahme der Tortur berechtigen können (Art. XXV—XXVII der C.C.C.) bezieht sich auf die Aussage eines Sterbenden. Mehr Beweis lieferte eine solche nicht. — Vergl. H. Gross' Archiv Bd. XII p. 287; Bd. XIV p. 188; Bd. XV p. 123.

c) das pathoforme Lügen.

Es gibt Zustände, welche zwischen jenen, in welchen jemand die Wahrheit sagen und in denen er dies nicht tun will, gewissermassen in der Mitte liegen. Dies sind jene Fälle, in welchen jemand zwar im gegebenen Augenblick nicht die Absicht hat zu lügen, in welchen er aber infolge von Gewohnheit die Sache doch so darstellt, dass Unwahres zutage kommt. Krankhaft ist in der Regel dieser Zustand nicht, es ist aber jedenfalls eine Reihe von Vorgängen dagewesen, welche den Geisteszustand des Betreffenden im Augenblicke wenigstens insofern nicht als normal erscheinen lässt, als er dann Dinge für wahr hält, die es doch nicht sind. Diese Fälle bieten dem UR. grosse Schwierigkeiten, weil dem Lügen solcher Leute kein oder wenigstens kein greifbares Motiv zugrunde liegt, weil die betreffenden Leute im übrigen einen normalen Eindruck machen und weil die Darstellung immerhin so verarbeitet gegeben wird, dass man an ihr für sich allein die Unwahrheit nicht erkennt. Diese Fälle, wir wollen sie pathoforme nennen, kommen zumeist bei phantasievollen Leuten, Frauen und Kindern zum Vorschein und durchlaufen alle Grade, von der kleinen Übertreibung bis zur vollständigen Erfindung des gesamten Herganges.

Ein klassisches Beispiel gibt uns Goethe, welcher im zweiten Buch von „Dichtung und Wahrheit" von sich selbst sagt, dass er öfter erfundene Märchen als selbsterlebt erzählte. Er schliesst mit den Worten: „Wenn ich nicht nach und nach, meinem Naturell gemäss, die Luftgestalten und Windbeuteleien zu kunstgemässen Darstellungen hätte verarbeiten lernen, so wären solche aufschneiderische Anfänge gewiss nicht ohne schlimme Folgen für mich geblieben." — Der erste, welcher über normale Fehlerquellen des Gedächtnisses und seine unbewussten Fälschungen spricht, war M a u d s l e y,[1] weiter ausgeführt wurde dies von S u l l y[2] und von K r ä p e l i n,[3] bis die Frage ihre gründliche Bearbeitung durch D e l b r ü c k[4] gefunden hat. Er bringt eine Menge von Fällen über unwahre Erzählungen infolge von instinktivem Hange zu Lüge und Täuschung, wobei keine Möglichkeit besteht, den Vorgang irgendwo pathologisch unterzubringen, trotzdem Unzurechnungsfähigkeit vorliegt. Hiervon müssten allerdings jene Fälle geschieden werden, in welchen wirkliche Krankheit besteht, und welche D e l b r ü c k „Pseudologia phantastica" nennt.

---

[1] „Die Psychologie und Pathologie der Seele".
[2] „Die Illusionen", Leipzig 1884.
[3] „Über Erinnerungsfälschungen", „Archiv für Psychologie und Nervenkrankheiten XVII und XVIII und sein Lehrbuch der Psychiatrie 1904 p. 831.
[4] „Die pathologische Lüge u. s. w.", Stuttgart 1891; vergl. H e n n e b e r g über die Pseudologia phantastica in den Charitee-Annalen XXV; Joh. R e d l i c h in „Allg. Zeitschrift f. Psychiatrie" Bd. 57 p. 65; M. D o l e n c „Pathologische Lügenhaftigkeit", H. Gross' Archiv Bd. XXI p. 82; F. H a r t m a n n „Andichtung von Kindsmord" (Pseudologia phantastica) ibidem Bd. XXI p. 49; O. H i n r i c h s e n „Zur Kasuistik und Psychologie der Pseudologia phantastika" ibidem Bd. XXIII p. 33; K. M a r k o v a c „Disposition der Epileptiker zur Autosuggestion" (Falsches Geständnis) ibidem Bd. XXI p. 89; C r a m e r „Über die Zeugnisfähigkeit bei Geisteskrankheit u. Grenzzuständen", Beitr. zur Psych. der Aussage Bd. 1 p. 133.

Ob der Trieb zu lügen und zu betrügen soweit gediehen ist, dass er das Gebiet der Hysterie und der sogen. Moral insanity betreten hat, wird freilich der Gerichtsarzt entscheiden müssen. Besondere Schwierigkeiten bieten aber dem UR. jene Leute, welche, wie F o r e l [1]) sagt, nur ein ethisch-idiotisches Gemüt haben, welches ihnen die vollständige Unfähigkeit gibt, die Wahrheit zu sagen. Dies kann unglaublich weit gehen, wie jene, allerdings hysterische Dame beweist, von welcher R e i n h a r d [2]) erzählt, die unwahre Briefe schreibt, anonyme Sendungen an sich selbst veranstaltet und im Laufe der Zeit wirklich dahin kommt, alles für wahr zu halten, was sie selbst in Bewegung gesetzt hat. In dieser Richtung empfiehlt R i p p i n g [3]) besondere Vorsicht bei Vernehmung von Schwangeren und Wöchnerinnen, welche oft Dinge erzählen, die sich nie zutrugen, Frauen, die sonst vollkommen wahrheitsgetreu und verlässlich sind.

Ja auch unter den simpelsten Verhältnissen kann der UR. selbst das grösste Unheil stiften, indem er, gerade bei ängstlichen und gewissenhaften Zeugen durch vieles Fragen unwahre Dinge erfährt, weil die Leute schliesslich wirklich manches erlebt zu haben glauben, was sich nie zugetragen hat. B e r n h e i m [4]) nennt dies charakterisierend „hallucinations rétroactive". Gerade in dieser Richtung kann dem UR. nicht genug Vorsicht empfohlen werden.

---

[1]) „Übergangsformen zwischen Geistesstörung und geistiger Gesundheit. S c h ä f e r „Der moralische Schwachsinn", Halle 1906; L ö w e n f e l d „Die psychischen Zwangserscheinungen", Wiesbaden 1904 und besonders „Kriminalpsychologie" v. R. S o m m e r, Leipzig, F. A. Barth 1904.

[2]) „Vierteljahrsschrift für gerichtliche Medizin" 1889; vergl. R o u b y Arch. d'anthr. crim. XII, 148; jedes Lehrbuch der Psychiatrie, dann E. R a i m a n n „Die hysterischen Geistesstörungen", Leipzig u. Wien 1904 und E v e r s m a n n in der Münchner medizin. Wochenschrift No. 9 in 1900. (Wer als Mediziner oder Kriminalist viel von Hysterischen maltraitiert wurde, begreift es, wie Fachleute dazu kamen, den Begriff der „Hysterischen Kanaille" aufzustellen.)

[3]) „Die Geistesstörungen der Schwangeren etc.", Stuttgart 1877. Ferner K l i x „Über die Geistesstörungen in der Schwangerschaft und im Wochenbett", Halle 1904; Max F i s c h e r „Schwangerschaft und Diebstahl", Allgem. Ztschft. f. Psychiatrie Bd. LXI Heft 3; W o l l e n b e r g „Die forensisch-psychiatr. Bedeutung des Menstruationsvorganges", Aschaffenburgs Monatsschrift 2. Jahrgg. 1. Heft. (Es gibt keine eigentliche „Menstruationspsychose", wohl aber werden vorhandene, sonst nicht merkbare Störungen oder auch physiologische Erscheinungen gesteigert. Der Kieler Anatom H e l l e r fand unter 70 weiblichen Selbstmörderinnen 25 eben menstruierte; diese Zahl wäre sicher noch wesentlich höher, wenn man die Frauen dazu rechnen könnte, die sich in prämenstrueller Zeit getötet haben.)

[4]) „De la Suggestion et de ses applications à la therapeutique", 1888; S u l l y „Die Illusion", Internat. wissenschftl. Bibliothek; W e r n i k e „Grundriss der Psychiatrie", Lpzg. 1900; B e h r „Bemerkungen über Erinnerungsfälschungen", Allg. Ztschft. f. Psychiatrie" Bd. 56; K r ä p e l i n „Über Erinnerungsfälschungen", Arch. f. Psychiatrie 17. u. 18. Bd.; T h i e l e „Beitrag zur Lehre von den Seelenstörungen etc.", XII. Hptvers. des preuss. Med. Beamten-Vereines 1895; H a g e n „Zur Theorie der Halluzinationen", Allg. Ztschft. f. Psychiatrie 25. Bd.; K i e r n a n „Die Entwicklung von Täuschungen des Gedächtnisses", Laehr. Jahresbericht 1891; K a h l b a u m „Die Sinnesdelirien", Allg. Ztschft. f. Psychiatrie 23. Bd.; K r e u s e r „Zur forensen Würdigung von Selbstanklagen" ibidem 56. Bd.; O e t i c k e r „Beitrag zur Kenntnis der Erinnerungsfälschungen" ibidem 55. Bd. Dann der wichtige Fall „Vom Menschenfresser Bratuscha" behandelt von H. Zingerle in der „Psychiatr. neurolog. Wochenschrift" Jänner 1907, v. H. Gross in H. Gross' Archiv Bd. XVI p. 151 und D. J.-Ztg. No. 3 u. 15 in 1904 und von N e m a n i t s c h in H. Gross' Archiv Bd. VII p. 300.

3. Vernehmung des Beschuldigten.

In Bezug auf die Vernehmung des Beschuldigten, dem Schwierigsten im Amte des UR. und sein Prüfstein, lässt sich nur auf einige
wenige Punkte hinweisen. Wer Menschenkenner ist, ein gutes Gedächtnis und Geistesgegenwart besitzt, der Sache Lust und Eifer entgegenbringt, immer auf das ängstlichste auf dem Boden des Gesetzes
bleibt, und im Beschuldigten stets einen gefallenen oder unschuldig
verdächtigten Mitmenschen sieht, wird ihn gut vernehmen; wem auch
nur e i n e dieser Eigenschaften fehlt, der wird es nie zuwege bringen.
Aber noch anderes muss der UR. im Auge behalten, was er alles zwar
auch sonst nie vernachlässigen darf, in diesem Falle aber besonders
beherzigen muss.

Vor allem befleissige er sich einer pedantischen, durch nichts
zu verrückenden Wahrheitstreue. Es klingt allerdings recht selbstverständlich, dass ein ehrlicher Mann die Wahrheit sprechen solle,
aber gerade für den eifrigen UR. liegt oft die Versuchung nahe, eine
Zeugenaussage, die dem Beschuldigten vorzuhalten ist, oder ein Gutachten oder sonst ein Aktenstück ein ganz, ganz kleines bisschen anders
mitzuteilen, um „dem Menschen das Geständnis zu erleichtern"; es
liegt auch nahe, sich zu stellen, als ob man etwas wüsste, was man
nicht oder nicht sicher weiss, oder etwas zu versichern, was man nicht
versichern darf. Aber wie rächt sich all dieses! welche Angst, wenn
die Lüge bekannt würde, welche Beschämung vor dem Beschuldigten,
wenn er das Unwahre nicht glaubt, und die Folterqualen des eigenen
Gewissens fürs ganze Leben lang; die kleine „Inkorrektheit", als welche
sie im Augenblicke erschien, wird im Laufe der Zeit in der Erinnerung
zur ehrlosen Lüge, die vielleicht ohnehin ausgebliebene Wirkung wird
zu einem unerlaubt erreichten Erfolge, der zweifellos Schuldige wird
zum unschuldig Verurteilten! Gott bewahre jeden vor solchen Selbst-
vorwürfen! Ebenso unerlässlich ist leidenschaftslose Ruhe. Wer sie
verliert, begibt sich in die Gewalt des Beschuldigten, der, klüger als
der UR., seinerseits volle Ruhe bewahrt hat, ja vielleicht richtig be-
rechnend, den UR. absichtlich in Erregung brachte, um die günstigere
Stellung zu erlangen. Unter Umständen ist es gewiss nicht leicht,
seine Ruhe zu bewahren: wenn das Verbrechen selbst Abscheu und
Zorn rechtfertigt, wenn der Beschuldigte gar zu frech leugnet, wenn
er absichtlich nicht bei der Sache bleibt, nicht verstehen will und Unsinn zum Vorscheine bringt; trotz alledem darf der UR. nie vergessen,
dass er unter dem Zwange seiner Pflicht steht, und dass es seine Pflicht
ist, sich vom Beschuldigten nicht überwinden zu lassen. Hält er sich
stets vor Augen „ich darf nicht", so wird der pflichttreue UR. sich
auch dann nicht hinreissen lassen, wenn er ein sehr erregbarer Mann
ist. —

Unfehlbar verloren ist auch jeder UR., der sich vor seinem Beschuldigten fürchtet. Es ist freilich schwer, sich nicht zu fürchten, wenn
man ein furchtsamer Mensch ist, aber, wie schon oben erwähnt, wer

nicht „schneidig" ist, taugt nicht zum UR. Jeder von uns hat übrigens
Beispiele gesehen, wo Leute, die von Haus aus nicht viel Mut hatten,
durch Überwindung und Gewohnheit niemanden mehr merken liessen,
dass es ihnen einst recht unwohl zumute wurde, wenn der Inquisit
nur die Augen rollen liess. Ich möchte nicht die Verantwortung auf
mich nehmen, jedem entschieden zu raten, sich n i e m a l s eines Schutzmittels gegen einen Beschuldigten (Fesselung, Wache beim Verhör
u. s. w.) zu bedienen; tue jeder, wie er es für nötig hält, ich spreche
aber meine persönliche Ansicht dahin aus, dass derlei Ängstlichkeiten
ausnahmslos überflüssig sind. Wie armselig muss es dem Inquisiten
vorkommen, wenn er gefesselt in das Bureau des UR. kommt, wenn
Wache beigezogen wird, oder wenn er nur bemerkt, dass man schon
vor seinem Erscheinen Papierscheren, schwere Tintenfässer, Falzmesser
und ähnliche gefährliche Werkzeuge, die er etwa erwischen und damit
zum Angriffe schreiten könnte, fürsorglich beseitigt hat, wenn sich
der UR. in respektvoller Entfernung von ihm aufhält und sofort einen
einlenkenden Ton anschlägt, wenn der Inquisit lauter spricht oder
die Hände ballt; da imponiert ihm der UR. gewiss nicht, da lässt er
sich von ihm auch nicht überzeugen. Und sind alle Vorsichtsmass-
regeln getroffen, würde man den Inquisiten selbst in einem Käfig hereinbringen lassen, wenn er etwas tun w i l l , so kann er es unter allen
Umständen. Er tut aber nichts. Die Fälle, in denen ein Inquisit
handgreiflich gegen den UR. wurde, sind so selten, wie das Erschlagen-
werden durch fallende Meteore, und wenn einem UR. durch einen
Inquisiten etwas geschehen ist, so ist er immer selbst daran schuld
gewesen.

Besser als alle äusseren Schutzmittel sind die, welche der UR.
stets zur Verfügung haben kann: vollkommene Ruhe, Vorsicht und
gerechtes, menschliches Vorgehen. Allerdings kommen ja Inquisiten
bösartigster Qualität vor, gegen die Vorsicht am Platze ist. Man ge-
wöhne sich in solchen Fällen, den Mann nicht einen Moment, aber
wirklich keinen Moment, aus dem Auge zu lassen, jeden Blick, jede
Bewegung zu verfolgen und zu beobachten. F e r n e r s i t z e m a n
b e i e i n e m b e d e n k l i c h e n I n d i v i d u u m n i e : jeder Angriff, jede Abwehr wird stehend unternommen, sitzt man, und es erfolgt
wirklich ein Angriff, so braucht man so viel Zeit, um aufzuspringen
und sich in Position zu setzen, dass man schon bedeutend im Verzuge
ist. Wenn der Inquisit sitzt, und sitzen m u s s er, und der UR. steht,
so ist dieser für jeden Fall bedeutend im Vorteil. Weiters stehe man
so n a h e am Inquisiten, als es, ohne aufzufallen, zulässig ist. Man
beobachtet ihn besser, man vergisst nicht, ihn stets anzusehen, ihm
selber vergeht aber die Lust etwas zu tun, wenn der UR. knapp vor
ihm steht, und im äussersten Falle hat man nahe stehend, dem sitzenden
Inquisiten gegenüber, die beste Position, um ihn packen zu können.
Übrigens gehört dies alles nur zum Bangemachen; ich habe hunderte
von Inquisiten vernommen, und niemals auch nur Einen gesehen,
der Miene gemacht hätte, mir etwas tun zu wollen. Ich könnte mir
auch nur wenige Fälle denken, in denen ein solches Attentat einen

Sinn hätte. Der eine wäre der, dass bei einem kleinen Gerichte ohne Korridorwache und ohne Portier der Inquisit Gelegenheit suchte, zu entkommen. Wenn in einem solchen Falle der UR. keinen Protokollführer, auch nur auf kurze Zeit, hätte, und wenn er den Inquisiten nicht beobachtet, z. B. etwas im Akte sucht, und wenn dieser eine Waffe hat, so könnte er ja den UR. niederschlagen und zu fliehen versuchen, aber da sind so viele „wenn" und so viele Unvorsichtigkeiten, dass man an ihr Zusammentreffen nicht zu glauben braucht.

Ein zweiter Fall, in dem sich der Inquisit an dem UR. vergreifen könnte, wäre der, wenn dieser sich ungerecht, aufbrausend, grob oder höhnisch gegen den Inquisiten benommen und daher seinen Zorn erregt hat. Widerfährt dem UR. in einem solchen Falle etwas Menschliches, so geschieht ihm recht. Man sage nicht, es könne auch Missverständnis obwalten, der Beschuldigte könne nur g l a u b e n, dass er ungerecht beurteilt und behandelt werde, während es in Wirklichkeit nicht so sei. Das pflegt aber nicht vorzukommen. Der Beschuldigte, gleichviel welchem Stande er angehört, empfindet es richtig und wie ein Kind, ob er ungerecht oder bloss ernst und strenge behandelt wird; gegen dieses Vorgehen wird er sich niemals auflehnen, auch auf den Allerverworfensten macht es Eindruck, wenn er wahrnimmt, dass der UR. seine Pflicht mit Eifer tut, und die eisernste Strenge wird nicht schwer empfunden, wenn der Inquisit merkt, dass der UR. ihm dabei ein menschliches Wohlwollen entgegenbringt und bemüht ist, nicht nur ihn zu belasten, wo es möglich ist, sondern auch mit gleichem Eifer das zu erheben, was seine Unschuld erweisen oder sein Verschulden minder strafbar erscheinen lassen kann. —

Die Technik der Vernehmung selbst verlangt zuerst, den Menschen zu erkennen und zu erfassen. Wenn in einem Protokolle mit einem Beschuldigten dessen Vorleben z u l e t z t aufgenommen wurde, so ist von der ganzen Führung der Untersuchung nicht viel zu erwarten, denn der UR. hat sich keine Mühe gegeben, den Beschuldigten kennen zu lernen, bevor er an die eigentliche Arbeit gegangen ist, und wenn er das nicht getan hat, so wird er manches andere Notwendige auch nicht getan haben. Findet man aber zu Beginn des Protokolles ein sorgfältig aufgenommenes „Vorleben" des Inquisiten, so wird die ganze Untersuchung wenigstens sorgfältig und gescheit geführt sein. Wird das Vorleben genau erhoben, so erfährt man vor allem, was für eine Sorte von Menschen man vor sich hat, man kann weiter ausholen und manches fragen und feststellen, was zwar nicht eigentlich zur Sache gehört, aber oft klaren Einblick in das Wesen des Beschuldigten tun lässt. In der Regel sagt der Inquisit hierbei wenigstens zum Teile die Wahrheit, tut er das aber nicht, so lernt man wenigstens erkennen, in welcher Weise er zu lügen pflegt. Dazu kommt noch, dass man das Lügen beim Erzählen des Vorlebens bald durchschaut. Man macht sich nebstbei kleine Notizen, fixiert gewisse Zeitgrenzen, lässt sich später die Sachen wiederholen und bemerkt Widersprüche, mangelhafte Zeitausfüllungen oder Unmöglichkeiten; ausserdem hat man oft Gelegenheit aus den Vorakten das früher als „Vorleben" Angegebene einzusehen und mit dem heute Erzählten zu vergleichen. Hält man dem Beschuldigten das vor und beweist man ihm so, dass man sich nicht zu gerne anlügen lässt, so kann ihn dies, und zwar keineswegs in seltenen Fällen, dahin bringen, dass er seinen Entschluss, in der Sache selbst zu leugnen, aufgibt und dann, wenn man allgemach auf diese selbst übergeht, reumütig gesteht. Überhaupt bewährt es sich, dass man zwischen der Aufnahme des „Vorlebens" und dem eigentlichen Verhöre keine scharfe Grenze zieht, sondern, chronologisch vorgehend, nach und nach zu jener Zeit gelangt, in der das Verbrechen begangen wurde, bis man auf dieses selbst zu sprechen kommt.

Niemand wird behaupten wollen, dass man dem Beschuldigten das Geständnis in dieser Weise entlocken solle, dies wäre ehr- und zwecklos, wohl aber meine ich, dass man demselben das Gestehen wenigstens nicht zu erschweren braucht. Man erweist ihm damit, nach meiner innersten Überzeugung, eine Wohltat, denn das Geständnis ist oft ein Vorteil für den Beschuldigten: seine Tat erscheint in einem milderen Lichte, er sichert sich eine geringere Strafe und die Erleichterung des Gewissens ist auch für den Verworfensten eine Wohltat.

Direkt zu verlangen, dass jemand seine oft entsetzliche Tat mit dürren Worten gestehen soll, ist entweder hart oder psychologisch nicht richtig; wer mit vielen Leuten tiefstehender Natur verkehrt hat, weiss gut, wie sehr sie sich selbst dann, wenn sie die Tat vollkommen gestanden haben, noch immer scheuen, den eigentlichen Ausdruck zu gebrauchen. Sogar das Wort „gestohlen" bringen bessere Naturen oft nicht heraus, und geradezu merkwürdig ist es, welch zahlreiche Umschreibungen häufig gesucht werden, um nicht „umgebracht" sagen zu müssen. Ist es aber den Leuten schwer, ein einziges bezeichnendes Wort auszusprechen, um wie viel schwerer muss es ihnen sein, ohne weiters eine zusammenhängende Darstellung ihrer Schuld zu geben. Hierzu muss ihnen der Weg geebnet, die Rede erleichtert werden. Mitunter muss man auch den richtigen Augenblick erhaschen, in dem es dem Schuldigen leichter ist, zu gestehen, häufig ist viel Geduld nötig; das Vorgehen muss langsam, Schritt für Schritt geschehen, und mühsame Erhebungen sind anzustellen, wenn eine Tat nur teilweise oder von mehreren Facten nur einige gestanden werden. Solche Fälle erfordern oft genaue Unterscheidungen: manchmal gesteht einer nur bis zu einer gewissen Grenze, nämlich nur so weit als es die Schonung eines Komplizen erfordert, oder als die kriminelle Grenze beginnt, oder als aus einem minder bestraften Delikte ein härter bestraftes werden könnte.

Manchesmal liegt wirklich in recht verworfenen Kreaturen ein gewisses point d'honneur, welches herauszubekommen für den UR. von Wichtigkeit ist, wenn er die Sache recht beurteilen will. Denn das Bestreben, die Sache nicht noch schlimmer erscheinen zu lassen, als sie wirklich ist, hat oft Ähnlichkeit mit dem Bestreben, zu leugnen, was zu leugnen ist. Klarheit darüber, was wahr ist und was nicht, wird man fast ausnahmslos nur dann erlangen, wenn man im Laufe der Vernehmungen den Charakter des Menschen so weit kennen gelernt

hat, dass man zu ermessen vermag, welches Bestreben ihm eher zuzutrauen ist.

Über das eigentliche, für uns so wichtige Wesen des Geständ-
nisses s. meine Kriminalpsychologie.[1]) Hier sei nur darauf hingewiesen,
dass falsche Geständnisse oft infolge von Geistesstörungen auftreten.[2])
Diese Fälle sind um so gefährlicher, als sich solche Erkrankungen oft
nicht anderweitig äussern, so dass der betreffende Geständige, wenigstens für den Laien, normal erscheint. Auch bei gewissen Vergiftungen[3])
(durch Kohlendunst, gewisse schädliche Pilze etc.) kommen höchst
merkwürdige unrichtige Geständnisse vor, auf die nicht dringend genug
hingewiesen werden kann.

Überhaupt scheue man keine Mühe, um den Inquisiten, den
Akt und etwa nötige besondere Umstände, welche mit dem Fall zu-
sammenhängen, so genau als möglich zu kennen, denn durch nichts
verliert man so vollkommen und dauernd die Herrschaft über den
Beschuldigten, als wenn man die geringste, vielleicht ganz gleichgültige
Unkenntnis in der Sache verrät. Ist der Beschuldigte auf irgend eine
Lücke im Verfahren, eine falsche Auffassung, eine Unkenntnis des
UR., auf mangelhafte Hilfsmittel gekommen, so verschanzt er sich
hinter denselben, und keine Mühe und kein Scharfsinn bringt ihn aus
seiner Bergung wieder heraus.

Ich möchte hier einige Worte über Physiognomik anschliessen,
eine Disziplin, welche wie wenige andere von ihren Anhängern überschätzt, von ihren Gegnern ungebührlich herabgesetzt wird; ich möchte
meinen, dass eher jene Recht haben, welche derselben einen verhältnismässig hohen Wert beimessen. Man geht zu weit, wenn man typische
Erscheinungen im menschlichen Antlitze fixieren und behaupten will,
dass gewisse Formen, Bildungen, Farben und Relationen untereinander
auf bestimmte Charaktereigenschaften schliessen lassen, sicher ist
es aber, dass der erfahrene Kenner aus den Zügen, dem Mienenspiel
und dem ganzen Gehaben des Gesichts viel mehr und zweifelloser
entnehmen kann, als alle Worte zu sagen vermögen. Es kann nicht
an dieser Stelle ein Auszug über Physiognomik gegeben, wohl aber
nicht dringend genug darauf hingewiesen werden, dass sich der
UR. keine Gelegenheit entgehen lassen darf, um theoretische und
praktische Studien in dieser Richtung zu machen. Ich will nicht
behaupten, dass man den alten L a v a t e r hervorziehen und auf

----

[1]) Leipzig, F. C. W. Vogel 1905.
[2]) Vergl. H o f m a n n „Gerichtl. Medizin" 9. Aufl. p. 1043; H a u s n e r in
H. Gross' Archiv Bd. XIII p. 267 und M a r g u l i e s ibidem Bd XX p. 91; zum
Falle „Ein Kannibale" (falsches Geständniss) v. H. G r o s s ibidem Bd. XVI p. 151
(vergl Bd. VII p. 304 u. 305); N ä c k e „Erpressung von wahren und falschen
Geständnissen" ibidem Bd. XXV p. 377; E. L o h s i n g „Das Geständnis" (in
„Jurist.-psychiatr. Grenzfragen" 3. Bd. Heft 1/3, Halle, C. Marhold 1905). Weitere
Literatur s. oben p. 124 ff.
[3]) H o f m a n n a. a. O. p 728 u. 739.

seine Worte schwören soll; wer aber die modernen Ansichten[1]) über unsere Frage einer genaueren Durchsicht unterzieht, wird finden, dass man von dem Begründer dieser Lehre auch heute noch sehr viel lernen kann. Wo er fehlt und wo er recht hat, lässt sich leicht sagen. Er fehlt dort, wo er, wie oben erwähnt, das Typische der Formen überschätzt, er belehrt uns dort, wo er zeigt, wie man aus dem Gesamt-Ausdrucke zu lesen vermag. Er hat z. B. mit grosser Lebendigkeit das Portrait eines in Hannover hingerichteten Mörders für das von ihm längst erwartete Bildnis Herders gehalten, und hat hierbei aus den Formen des Gesichtes alle Eigenschaften herausgelesen, die er bei Herder voraussetzte. Wie unübertrefflich ist es aber, wenn er z. B. sagt: „Vornehmlich erkenne ich, wie den wahren Weisen, so den echt Ehrlichen aus der Art, wie er hört . . . ein gewisses Licht der Augen, Helle des Blickes, in welchem Ruhe und Bewegsamkeit sich zu vereinen scheinen, ein Mittellicht zwischen Blitz und Mattigkeit.“ Dies ist eine Lehre, wie sie auch heute niemand dem UR. besser und wertvoller geben könnte: den zu Vernehmenden zu beobachten, wenn er zuhört, das ist eine Kardinal-regel, deren Beobachtung den UR. rascher zum Ziele bringen wird, als viele stundenlange Verhöre.

Allerdings dürfen auch die Formen des Gesichtes nicht ganz vernachlässigt werden; es ist z. B. interessant zu beobachten, wie recht R u b e i s[2]) hat, wenn er sagt: „Nehmen Sie an, dass ein sehr guter Freund das Gesicht so bedeckt, dass Stirn, Kinn und die Hälfte der Wangen unsichtbar werden. Es bleiben Augen, Nase und Oberlippe sichtbar, und doch erkennen Sie ihn sofort. Nimmt er eine Larve, die von der halben Stirne den kleinen Raum von den Augenhöhlen bis zur Mitte der Nase ausfüllt, so kennen Sie ihn nicht.“ Solche und tausend andere der wertvollsten Regeln kann sich aber der UR. im Laufe seiner Praxis nicht erst mühsam selbst zusammensuchen, die muss er dort suchen, wo sie in wissenschaftlicher Weise bereits zusammen-getragen sind, dann kann er seine Kenntnisse erweitern und ausbilden, die auf Vorstudien verwendete Zeit ist gewiss nicht verloren. —

Wenn wir die Behandlung des Beschuldigten durch den UR. besprechen, so darf auch nicht übergangen werden mit einigen Worten in der Frage der sogenannten Lombroso - Schule Stellung zu nehmen, da L o m b r o s o s Werke[3]) heute in der Hand jedes Kriminalisten sind und auf jeden von ihnen einen gewissen Einfluss, oft sehr eingreifender Natur genommen haben. Die mächtige Wirkung,

---

[1]) Vergl. das Werk von Paolo M a n t e g a z z a „Physiognomik und Mimik“, deutsch von R. L ö w e n f e l d, Leipzig 1890, und die dort zitierte Literatur; dann Dr. A. B a e r „Der Verbrecher“, Leipzig 1893; S a n t e d e S a n c t i s „Die Mimik des Denkens“, deutsch v. Bresler, Halle 1906 und M ö b i u s „Franz Josef Gall“, Leipzig 1905.
[2]) G. B. de R u b e i s „De'ritratti ossia trattato per cogliere le fisionomie“, Paris 1809.
[3]) Namentlich: „Der Verbrecher“ (deutsch von Dr. O. F r ä n k e l), „Der politische Verbrecher und die Revolution“ (deutsch von Dr. H. K u r e l l a), „Der geniale Mensch“ (deutsch von Dr. F r ä n k e l), „Genie und Irrsinn“ (deutsch von

welche L o m b r o s o ausgeübt hat, beruht nicht auf der Flut
des von ihm gebotenen Materials, auf der Fülle der neuen Ideen und
der Kühnheit seiner Kombinationen, sondern auch darauf, dass seine
Lehre sich in allem und jedem dem Zuge des heute alles durchdringenden
Nihilismus mit Hingabe anschliesst. Der moderne Zug des Nivellierens
liegt in dem Leugnen des Unterscheidenden, und so wie die sozialen
Ideen die Gleichheit überhaupt, und die Tendenzen der Frauenemanzipation die von Mann und Frau predigen, so behaupten die Naturwissenschaften die gleiche Abstammung alles Lebenden, die Physik zeigt
uns die Identität der Kräfte und die Medizin behauptet die Ohnmacht
der tausenderlei Heilmittel, auf die vergangene Zeit Glauben und Hoff-
nug gesetzt hatte. Was Wunder, wenn sich dieser nihilistische Zug
auch unserer Disziplin bemächtigt und die Lehre geschaffen hat: Auch
der Verbrecher unterscheidet sich in seinem Ethos vom rechtschaffenen
Menschen nicht, er ist nur erblich degeneriert, er ist nur krankhaft
beschaffen — und wenn der Schluss: „Es gibt keinen Unterschied von
Gut und Böse", nicht gezogen wurde, so hat man sich nur gescheut,
dies zu tun. Wäre L o m b r o s o nicht erstanden, so hätte dies eine
Lücke gegeben in der logischen Entwicklung der Ideen unserer Zeit.

Sehen wir einmal zu, wie es mit der Grundlage der positivisti-
schen Lehre steht. Einer der gründlichsten deutschen Kenner derselben,
Dr. K u r e l l a ,[1] fasst das Wesen derselben dahin zusammen, es
werde behauptet, dass alle echten Verbrecher eine bestimmte in sich
kausal zusammenhängende Reihe von körperlichen anthropologisch
nachweisbaren und seelischen psychophysiologisch nachweisbaren
Merkmalen besitzen, die sich als eine besondere Varietät, einen eigenen
anthropologischen Typus des Menschengeschlechtes charakterisieren
und deren Besitz ihren Träger mit unentrinnbarer Notwendigkeit
zum Verbrecher — wenn auch vielleicht zum unentdeckten — werden
lässt, unabhängig von allen sozialen und individuellen Lebensbeding-
ungen. Ein solcher Mensch ist zum Verbrecher geboren, er ist, wie
L o m b r o s o sagt, „delinquente nato". Diese Hypothese will durchaus
nicht bestreiten, dass erworbene Eigenschaften des Individuums oder
soziale Einflüsse (Erziehung, Gewohnheit, Verführung, Misere) ihre
Träger auch gelegentlich zu einem Verbrechen bestimmen können,
vielmehr anerkennt sie in ihrer weiteren Ausbildung vollkommen die
Existenz von Leidenschafts-, Gelegenheits-, und Gewohnheitsver-
verbrechern, aber sie sucht die Erklärung dafür, dass es Verbrechernaturen gibt in der angeborenen Disposition. Diese Disposition hat
als ihre Zeichen gewisse, nicht durch Krankheit bedingte, körperliche
Eigentümlichkeiten, als ihre wesentlichen Bestandteile gewisse unverkennbar von den Symptomen geistiger Erkrankung verschiedene Fun-
damental-Eigenschaften des Charakters und des Gefühlslebens, deren

A. Courth), „Das Weib als Verbrecherin und Prostituierte" (deutsch von Dr.
H. Kurella), „Neue Fortschritte in den Verbrecherstudien" (deutsch von G.
M e r i a n, Leipzig 1894).

[1] „Naturgeschichte des Verbrechers", Stuttgart 1893.

Kenntnis psychologisch begreifen lässt, wie ihre Träger Verbrecher und nichts anderes werden müssen.[1]

Die Lombroso-Schule ist nun bestrebt, die anatomischen Varietäten am Verbrecher (die primatoiden Charaktere, die Varietäten rudimentärer Organe, Varietäten sekundärer sexueller Charaktere, Varietäten multipler Organe, durch Hemmung oder Störung der Entwickelung bedingte Varietäten, und endlich erworbene Charaktere) aufzusuchen und nachzuweisen;[2] es kann allerdings nicht geleugnet werden, dass es gelungen ist, bei einer Anzahl von Verbrechern das Vorhandensein solcher anatomischer Varietäten nachzuweisen, die Schule war aber nicht imstande, diesen Nachweis soweit zu bringen, dass ein bestimmter Typus des Verbrechers festgestellt werden konnte. Dass dies so ist, hat in überzeugender Weise schon Dr. Kirn[3] in einem kurzen Vortrage dargetan. Er weist darauf hin, dass bei einer genauen Untersuchung zahlreicher Sträflinge allerdings Abweichungen vom normalen menschlichen Geistesleben und gewisse Stigmata degenerationis zu finden sind, dass aber alle Entartungszeichen niemals in irgend einer gleichmässigen, somit typischen Weise ausgebildet erscheinen, dass sie vielmehr die grösste Mannigfaltigkeit bieten, welche jeder Regel spottet. Ebenso finden sich mancherlei psychische Schwäche-Erscheinungen, aber nur selten das charakteristische Krankheitsbild der sogen. Moral insanity, es besteht daher bei den einzelnen Individuen keine Einheit und es kann von einem Verbrechertypus nicht die Rede sein.

Vernichtend für Lombroso ist der brillant geschriebene Aufsatz des Dr. Näcke „Zur Methodologie einer wissenschaftlichen Anthropologie",[4] der damit schliesst, dass die Werke Lombrosos „mit ihren Willkürlichkeiten, Übertreibungen und voreiligen Schlüssen keineswegs den Ansprüchen nachkommen, die wir an ein wissenschaft-

---

[1] Neu ist die Sache ja nicht, und ihre ersten Spuren lassen sich weit zurück verfolgen. So erzählt Kant in seiner „Menschenkunde", es habe ein Arzt in einem Buche „Bemerkungen auf einer Reise durch England" behauptet, er hätte in allen, von ihm besuchten Gefängnissen bemerkt, dass „die Bösewichte grosse Knochen haben und braun sind". Er fand also auch schon „Stigmata"!

[2] Vergl. Talbot „Degeneracy, its causes, signes and results", London Scott. 1898; G. Tarde: Atavisme moral; dann Hans Gross „Degeneration und Deportation" in der „Pol. anthrop. Revue" No. 5 ex 1905 und derselbe: „Degeneration und das Strafrecht", Allgem. öst. Ger.-Ztg. September 1904 (Festnummer) p. 87.

[3] „Geistesstörung und Verbrechen", Heidelberg 1892.

[4] „Zentralblatt für Nervenheilkunde und Psychiatrie", Oktoberheft 1893; von demselben Verfasser erschien seitdem mehreres gegen Lombroso, so: „Die neuen Erscheinungen auf kriminalanthropologischem Gebiete" (14. Band der Liszt'schen Zeitschrift), „Verbrechen und Wahnsinn beim Weibe", Wien und Leipzig 1894. „Über die Moral insanity" im „Neurologischen Zentralblatte", endlich seine Reden auf den kriminalanthropol. Kongressen 1892 in Brüssel und 1896 in Genf. Vergl. Dr. A. v. Bentivegni „Anthropol. Formen für das Verbrechertum" in den „Schriften der Gesellschaft für psychologische Forschung", Heft 6 (II. Sammlung); Dr. E. Rosenfeld „Die dritte Schule", Mitteilungen der internat. krimin. Vereinigung, Januar 1893, und hauptsächlich A. Baer „Der Verbrecher". Leipzig 1893; dann E. Pitard „A propos d'une série de 51 crânes de criminels". Arch. des sciences phys. et nat. Genève 1899. Pitard fand keine besonderen Unterschiede gegen andere Schädel. Genaue weitere Literaturangabe

liches Buch zu stellen haben". Das Credo lautet: „Es gibt keinen
gebornen Verbrecher und keinen Verbrechertypus."

Hiermit ist wohl das Hauptdogma der „positiven" Schule gefallen, wir werden aber doch noch fragen müssen, woher sie das
Material für ihre blendenden Schlüsse genommen hat. Dieses beruht auf der Beobachtung und Verwertung statistischer Daten, wie
sie die Zuchthäuser zu geben vermochten, wobei allerdings nicht geleugnet werden kann, dass die vorgeführten, Prozentsätze darstellenden
Zahlen mitunter ziemlich hohe sind, aber doch nur mitunter.
Häufig genug kommen Prozentsätze so geringer Höhe vor, dass sie
einen Schluss nicht gestatten, denn ist der Prozentsatz ein geringer,
so ist bei jeder statistischen Berechnung Zufall nicht ausgeschlossen.
Weiters fehlt in vielen Fällen der Vergleich eines für eine bestimmte
Abnormität der Verbrecher gefundenen Prozentsatzes mit dem entsprechenden Prozentsatz bei Nichtverbrechern. Dieser Vergleich
kann in vielen Fällen nicht vorgenommen werden, da eine diesfällige
Erhebung bei anderen Menschen als den internierten Verbrechern
nicht zu machen ist. Ungefähr wäre dies noch wenigstens für bestimmte Fragen bei Männern denkbar, da die Ergebnisse der Assentierungen doch noch einen Anhaltspunkt hierfür zu geben vermöchten.
Bei Frauen sind aber derartige Hilfsmittel nicht vorhanden und niemand kann sagen, in welchem Prozentsatze irgend eine Anomalie bei
nicht verhafteten Leuten vorkommt. Die Erhebungen in Schulen,
Kasernen, Krankenhäusern und auf dem Seziertisch bieten nur einen
unsicheren Anhaltspunkt, da nicht angenommen werden kann, dass
hier ein vollkommen bestimmter, die gesamte Menschheit repräsen-
tierender Teil derselben vorliegt. Wenn aber nicht behauptet werden
kann, dass ein bestimmter Prozentsatz aller Menschen mit einer
gewissen Anomalie behaftet ist, so hat ein noch so genau erhobener
Prozentsatz bei Verbrechern, richtig gesagt: bei Verhafteten, nur problematischen wissenschaftlichen Wert. Sagen wir
z. B. man habe erhoben, dass eine gewisse Anomalie bei 10% aller
Verbrecher vorkommt, so hat dies nur Bedeutung, wenn bewiesen
werden kann, dass dieselbe Anomalie bei den Nichtverbrechern in
einem anderen Prozentsatz vorkommt. Würde aber behauptet,
diese Anomalie käme bei den Nichtverbrechern nur mit 5% vor, weil
man sie in diesem Prozentsatze in Schulen, Kasernen und Krankenhäusern findet, so hat man nur eine ungefähr gültige Annahme
aufgestellt, weil niemand weiss, in welchem Prozentsatze die besprochene
Anomalie bei dem weitaus grösseren Teile von Menschen vorkommt,
die sich nicht in Schulen, Kasernen und Spitälern aufhalten und die
sich jeder diesfälligen Erhebung entziehen. Zudem ist ja das einer
grösseren Untersuchung zugängliche Material ein ausgewähltes und
nicht die Allgemeinheit darstellendes: in der Schule ist die Jugend,

---

s. Dallemagne „Stigmates anatomiques de la criminalité", ferner: Näcke
„Über den Wert der sogen. Degenerationszeichen", Aschaffenburg. Monatsschft
1904 p. 99 und E. Rabaud „Les stigmates anatomiques et la degenerescence
mentale", Paris 1904.

in der Kaserne das körperlich ausgesuchte Material, im Spital der ärmere Teil der Bevölkerung. Mit „blossen Annahmen" lässt sich aber ein wissenschaftlicher Beweis nicht führen.

Die eigentliche Schwäche der aus dem statistischen Materiale gezogenen Schlüsse L o m b r o s o s und seiner Leute liegt aber in der theoretisch· unrichtigen Aufstellung seiner Zahlen und hiermit fällt die eigentliche Grundlage. Wenn L o m b r o s o sagen könnte: „In sämtlichen Strafhäusern der Welt haben die Insassen derselben die Anomalie *A* mit *x*% — die Anomalie *B* mit *y*% — die Anomalie *C* mit *z*% u. s. w. — folglich haben a l l e Verbrecher der Welt die so-genannten Anomalien im angegebenen Prozentsatz" — so wäre dies falsch; diese Folgerung könnte nur gezogen werden, wenn man alle Menschen der Welt in zwei Lager teilen könnte: in Verbrecher und Nichtverbrecher; könnte man dann in beiden Lagern a l l e Menschen untersuchen, die Prozentsätze der Anomalie aufstellen und hüben und drüben vergleichen, dann wäre das Material verlässlich; so haben wir aber nicht nur ungewisses, sondern sogar unrichtiges Material. Denn wenn L o m b r o s o die Leute in den Strafhäusern untersucht, so fehlen ihm zur Vollständigkeit seines Materials alle jene, welche schon früher bestraft wurden und jetzt frei herumgehen, alle jene, welche erst be-straft werden, alle jene, welche Verbrechen begehen und nicht ertappt werden, und endlich alle jene, welche, sagen wir Gewohnheitsverbrecher geworden wären, wenn sie nicht zufällig günstige Verhältnisse davon abgehalten hätten.[1])

Der hierdurch begangene Irrtum beim Zählen verdoppelt sich aber: denn einerseits zählt L o m b r o s o bei den Verbrechern alle n i c h t, die er bei ihnen hätte zählen sollen, und andererseits zählt er diese Leute aber wieder bei der Prozentuierung der „Ehrlichen", so dass sie hier a b e r m a l s falsch in Rechnung kommen.

Nun darf aber nicht gesagt werden, dass die im Strafhaus Be-findlichen einen s t e t i g e n u n d s i c h e r e n Prozentsatz der Ver-brecher überhaupt darstellen, denn hierür fehlt aber schon jeglicher Beweis. Niemand kann auch nur annähernd sagen, wie gross die Zahl der schon bestraften, gegenwärtig in Freiheit befindlichen und noch lebenden Verbrecher ist, noch weniger: wie viele der schon lebenden noch bestraft werden, wie viele unentdeckte Verbrecher es heute gibt und wie viele Menschen alle Anlagen zu Verbrechern hätten, also

---

[1]) Z. B. alle jene, welche Gewohnheitsdiebe geworden wären, wenn sie nicht ohnehin Vermögen besässen, oder jene, welche gefürchtete und unver-besserliche Wilderer geworden wären, wenn sie nicht von Jugend auf eine Stellung als Weidjungen und dann als Jäger gefunden hätten, alle, die Notzüchter geworden wären, wenn sie nicht zufällig Gelegenheit und Mittel besässen, ihrem Hange nachzukommen. Überhaupt: wenn wir statistisch nachweisen, dass die grosse Mehrzahl der Bestraften arme Leute sind, so heisst das hauptsächlich, d i e A r m u t v e r a n l a s s t V e r b r e c h e n und diese wären nicht begangen worden, wenn der Täter nicht arm wäre. Umgekehrt müssen wir sagen: Unter den Reichen gibt es eine ungeheure Zahl von Menschen, die Verbrechen begehen würden, wenn sie arm wären. Aber diese ungeheuer vielen s i n d theoretisch Verbrecher und nur d i e s e könnten uns wissenschaftlich interessieren, nicht die, die praktisch Verbrecher wurden und daher z u f ä l l i g eingesperrt sind.

t h e o r e t i s c h Verbrecher sind, es aber aus diesem oder jenen
Grunde zufällig p r a k t i s c h nicht werden. Kann man das aber
nicht einmal im entferntesten sagen, so fehlt auch jeder Anhaltspunkt
für die Annahme irgend eines Prozentsatzes, welcher das Vorkommen
einer Anomalie bei den verhafteten Verbrechern in Vergleich zu den
in Freiheit befindlichen darstellen soll. Man wird einwenden, dass
man in einer Reihe von Jahren dann eine ziemlich bedeutende Sicherheit erreichen wird, wenn die Prozentsätze in künftigen Jahren doch
dieselben wie heute geblieben sind, trotzdem die Besetzung der Zuchthäuser eine andere geworden ist. Abgesehen davon, dass wir nun
viele Dezennien warten müssten, um dies zu erproben, so wäre auch
dann nur erwiesen, dass die Verhältniszahlen bei den Verhafteten
im Laufe der Jahre gleichbleibend sind, einen Anhaltspunkt für die
Vergleichung in der Zahl der verhafteten Verbrecher und der in Freiheit befindlichen haben wir aber noch immer nicht.

Wir können also in der Tat sagen, dass die Zahlen, welche uns
die positive Schule L o m b r o s o s bietet und auf welche sie ihre bedenklich weitgehenden Schlussfolgerungen baut, zufällige sind, wir
können sagen, dass die Prozentsätze, welche beweisen sollen, aus willkürlich angenommenen Ziffern gezogen wurden, deren Verhältnis zur
Gesamtheit der Menschen vollkommen unbekannt ist und nie bekannt
werden kann und dass selbst die Ziffern, die zu Beweisen herangezogen
wurden, nie das beweisen können, was sie beweisen sollen. —

Wir leugnen nicht, dass die Forschungen L o m b r o s o s eine
Fülle von Anregungen und die Feststellung vieler wichtiger Tatsachen
gebracht haben; wir leugnen auch nicht, dass gerade L o m b r o s o
es gewesen ist, der mehr wie alle anderen vor ihm darauf hingewiesen
hat, dass unsere Zuchthäuser manche geistig unentwickelte und geistig
herabgekommene Individuen enthalten, die besser in ein Siechenhaus
gehörten; es gebührt L o m b r o s o das Verdienst, uns von einer neuen
Seite auf die grösste Vorsicht bei der Behandlung solcher Individuen
nachdrücklich aufmerksam gemacht zu haben — weiter geht seine
Lehre aber nicht. Dass geistig übel veranlagte, erblich belastete und
sittlich verkommene Menschen dem Verbrechen leichter anheimfallen,
als andere Leute, das haben wir von jeher gewusst; die Mahnung, bei
der Bestrafung von bedenklich veranlagten Individuen noch vorsichtiger zu sein, als wir es bis jetzt waren, diese Mahnung nehmen wir hin,
wir haben aber keinen Grund dafür, dass der Kriminalist seine Tätigkeit einstellen und das Feld lediglich dem Detentionsarzte räumen
sollte. —

Fragen wir, wie die Lombrososache heute steht, so werden wir
sagen dürfen, sie sei als abgetan zu betrachten. Sie entstand mit den
drei Hauptwerken: L o m b r o s o: „L'Uomo delinquente", F e r r i:
„Sociologia criminale" und G a r o f a l o: „Criminologia" und schwoll
durch eine ungeheuere Literatur überraschend an. Ein grosses Verdienst der Gegenarbeit gebührt abermals den Italienern, namentlich
der so interessanten „dritten Schule" (s. die zit. Arbeit von Rosenfeld),
mit C a r n e v a l e und A l i m e n a an der Spitze. Letzterer wies

zuerst nach, dass die Positivisten das Strafrecht in der Kriminalsoziologie aufgehen lassen; A l i m e n a machte Schule; N a p o l e o n e
C o l a j a n n i , A n g e l o V a c c a r o , A r i s t i d e G a b e l l i ,
F r a n c e s c o P o l e t t i , G i o v a n I m p a l l o m e n i waren die
wichtigsten und letzterer behauptete schon 1892, Lombroso habe die
Lehre vom Homo delinquens in den verschiedenen Auflagen seines Haupt-
werkes derartig „proteusartig wechseln lassen", dass er sie selbst aufgegeben zu haben scheint.

Die „terza scuola" hat in dem geistreichen, hochbedeutenden
Franzosen G. Tarde einen starken Helfer gefunden, dem wieder eine
Anzahl hervorragender Landsleute zur Seite stehen, namentlich die
Mitarbeiter von den „Archives de l'Anthropologie criminelle et des
sciences pénales", wie Lacassagne, Garraud, Coutagne und Bournet.
Später haben von den Franzosen A. D e b i e r r e („le crane des criminels") und J. D a l l e m a g n e („stigmates anatomiques de la criminalité") glänzend gegen Lombroso geschrieben, und wer die fast anderthalb hundert Literaturangaben in letzterem Werke durchsieht, staunt
nur darüber, welchen Sturm eine nicht begründete Lehre entfachen
konnte.

Am erfolgreichsten wurde sie von den Deutschen, namentlich
von V i r c h o w , B a e r , K i r n , N ä c k e , B l e u l e r , F l e c h s i g
etc. angegriffen, und so war es nicht zu verwundern, dass L o m b r o s o
auf den grossen Kongressen namentlich von Paris, Brüssel und Genf
keine Rolle mehr spielte, und als er vor mehreren Jahren wegen zweifellosen Plagiats von C r e p i e u x „Grafologia" verurteilt wurde, so
machte dies kaum mehr grossen Eindruck.

Im ganzen können wir sagen: zum Teil nicht wirklich wissenschaftliche Veranlagung, zum Teil Mangel einer gewissenhaften Schulung,
zum Teil naives Auffassen der Tatsachen und nicht zum geringsten
Teil eine wahrhafte Autosuggestion — das alles zusammen erklärt
die Gewagtheit, das Sprunghafte und Unhaltbare der L o m b r o s o -
schen Behauptungen; sie vermochten ihren Weg zu finden durch jene
charakteristische und leicht irreführende Unsicherheit im Festhalten
der Begriffe, die einen gewissen Teil unserer heutigen Forschung so
unvorteilhaft kennzeichnet. —

Vielleicht von grosser Bedeutung wird einmal die heute schon
vielbesprochene sogen. „Assoziationsmethode"[1]) oder „Psychologische
Tatbestandsdiagnostik" werden, wenn sie noch weiter sorgfältig untersucht und wissenschaftlich begründet sein wird. Die Wichtigkeit,
die sie einmal haben kann, ist doch so gross, dass ich ihr Wesen auch
hier so kurz als möglich wiedergeben will. —

---

[1]) Max W e r t h e i m e r u. Julius K l e i n „Psychologische Tatbestandsdiagnostik" in H. Gross' Archiv Bd. XV p. 72; H. G r o s s „Zur psychol. Tatbestandsdiagnostik" ibidem Bd. XVIII p. 49; derselbe dasselbe ibidem Bd. XIX
p. 49; Max W e r t h e i m e r „Über Assoziationsmethoden" ibidem Bd. XXII p. 293;

Schon vor längerer Zeit haben mehrere Psychiater, namentlich Kräpelin, Bleuler, Jung, Ricklin u. a. die wichtige Beobachtung gemacht, dass die Leute, namentlich psychisch nicht normale, verschieden assoziieren. Wenn man also eine Versuchsperson auffordert, auf beliebig oder nach gewissem System vorgesagte Worte sofort jenes Wort zu sagen, was ihm einfällt, so kann man hier wesentliche Unterschiede wahrnehmen. Sagen wir, es wird nach und nach mehreren Leuten das Wort „Licht" zugerufen, so sagt A: „Luft" (alliterierend); B: „finster" (Gegensatz); C: „Kerze" (gegenständlich); D: „schein" (zusammensetzend); E: „Goethe" (historisch); F: „Tag (eigenschaftlich); G: „Zündholz" (kausal) ,H: „übermorgen" (zufällige Assoziation) etc.

Man glaubt nun, dass sich die Menschen nach der Art ihrer Assoziation in gewisse Gruppen bringen lassen, und dass man bei Geisteskranken hiernach sogar diagnostische Anhaltspunkte finden kann.

Diese Idee haben nun zwei meiner Prager Schüler, Max Wertheimer und Julius Klein für kriminalistische Zwecke aufgegriffen und dahin ausgearbeitet, dass man aus gewissen Assoziationen, die Jemand macht, auf die Kenntnis eines Tatbestandes schliessen darf. Sie gingen hiebei von der Tatsache des Zwangsmässigen bei Assoziationen aus. Eine dumme, alte Anekdote erklärt dies sehr gut: Ein Jüngling bittet einen alten Zauberer, ihn die Kunst des Goldmachens zu lehren. Dieser tut dies bereitwillig, sagt ihm Vorgang und Zauberformeln und zuletzt: er dürfe hiebei aber nie an ein Rhinoceros denken. Der Jüngling versichert, er habe noch nie an besagtes Tier gedacht, das sei nicht schwer. Nach einiger Zeit kommt er wieder zum Zauberer und sagt, das Goldmachen geht nicht, denn — er m u s s jedesmal an ein Rhinoceros denken! — D a r i n liegt eben das „Zwangsmässige der Assoziation." Wenn ich an einen Sessel denke, fällt mir auch das Bild eines Sessels ein, und wenn ich einen Sessel sehe, fällt mir das Wort „Sessel" ein. Dies ist ja das Wesen alles „Erkennens".

Stellen wir uns diese Erscheinungen für praktische Verwendung zur Verfügung: es handle sich um die Feststellung, ob Jemand eine bestimmte Räumlichkeit kennt, ob Jemand in einem Zimmer war, in welchem ein Verbrechen begangen wurde. Nehmen wir an, dass in diesem Zimmer als auffallende Objekte waren: eine chinesische Uhr, ein Waffenbrett; eine Briefwage auf einem Schriftenschrank, ein roter Lehnstuhl und ein Bild, die Hinrichtung Andreas Hofers darstellend. Wenn man nun dem Betreffenden eine Reihe von etwa 90—100 Worten gleichgültiger Bedeutung und vermischt darunter die Worte: chinesisch — Waffen — Briefwage — rot — Hinrichtung vorruft und er assoziiert auf diese Worte: Uhr — Brett — Schriftenschrank — Armstuhl —

C. G. J u n g „Die psychopathologische Bedeutung des Assoziationsexperiments" ibidem Bd. XXII p. 145; J u n g „Die psychologische Diagnose des Tatbestandes", Halle, C. Marhold 1906; L ö f f l e r „Zur psychol. Tatbestandsdiagnostik", Aschaffenbg. Monatsschrift 1906 p. 449; W e y g a n d t dasselbe ibidem 1905 p. 435; Z ü r c h e r „Zur psych. Diagnose des Tatbestands" ibidem 3. Jahrgang 3. Heft; K r a u s „Psycholog. Tatbestandsdiagnostik" ibidem 2. Jahrgg. 1. Heft; S. F r e u d „Tatbestandsdiagnostik und Psychoanalyse" in H. Gross' Archiv Bd. XXVI p. 1.

Andreas Hofer — dann wäre es doch seltsam, wenn das Zufall und nicht Zwangsassociation auf die einzelnen Objekte des ihm bekannten Tatbestandes wäre. Man hofft also, in dieser Weise Überführungen von Beschuldigten erreichen zu können. Zweierlei ist hierzu zu bemerken: Die Methode ist kein Universalmittel, passt also nur auf gewisse Fälle und weiters: man kann zwar niemanden zwingen, ein solches Experiment mit sich machen zu lassen, wenn sich aber einer weigert, es zu tun, so hat man darin schon einen Anhaltspunkt für die Annahme, dass er sich nicht schuldlos fühlt.

Die Sache steht heute im Mittelpunkt der Erörterungen — wir werden ja sehen, ob sie sich bewährt. —

III. Abschnitt.

Die Aufnahme des Lokalaugenscheines.

1. Vorbereitung.

Das Protokoll[1]) über einen Lokalaugenschein ist auch ein Prüfstein für den UR. Nirgends zeigt sich Geschicklichkeit, sicherer Blick, logisches Denken, energisches, zielbewusstes Vorgehen, oder aber Unbeholfenheit, blödes Anschauen, ungeordnetes Auffassen, Unsicherheit und Zaghaftigkeit des UR. besser und klarer, als in der Abfassung eines Lokalaugenschein-Protokolles. Erhält der UR. Arbeiten von fremden Gerichten, so muss er zuerst darüber sicher werden, wess Geistes Kind der betreffende Kollega ist, er muss wissen, was er von der ganzen gelieferten Arbeit zu halten hat; ist ein Lokalbefund darunter, s o l e s e e r d i e s e n z u e r s t : er weiss dann u n b e d i n g t , was alles übrige wert ist. Ein ungeschickter UR. liefert nie einen guten Lokalbefund, ein guter UR. zeigt sich dabei in seinem vollen Werte.

Die Vornahme eines gerichtlichen Augenscheines erfordert aber auch eine Art Technik des Vorganges, welche nur durch Übung, gewissenhafte Vorbereitung und eine, mit allen Mitteln erzwungene vollkommene Ruhe, ohne Voreingenommenheit erreicht werden kann. —

Vor allem sorge man mit Ängstlichkeit für gute Vorbereitung und Ordnung in den äusseren Verhältnissen. Der Natur der Sache nach wird ein Augenschein nur bei wichtigeren Fällen angeordnet,

---

[1]) Vergl. Karl Seefeld „Das Protokoll im österreichischen Strafprozesse", Wien 1889.

bei solchen treten aber Bedeutung der Sache, unerwartete Zwischenfälle, das Bewusstsein der grossen Verantwortlichkeit, die Aufregung
durch das oft Entsetzliche oder Traurige des Falles und zahllose andere
Momente derart kräftig an den UR. heran, dass es wahrlich nicht mehr
nötig ist, sich kleine, äusserliche Schwierigkeiten in den Weg kommen
zu lassen, um die ohnehin genugsam in Anspruch genommene Aufmerksamkeit des UR. auf irgend welche nebensächliche und doch
auch wichtige Widerwärtigkeit abzulenken. Die Vorbereitungen,
welche solchen Verdriesslichkeiten vorbeugen sollen, sind also von
grosser Wichtigkeit. —

Man sorge in erster Linie für einen willigen, flinken und findigen
Schriftführer. Ist diesem die Sache langweilig und stellt er sich ver-
drossen an, so wird der UR. unwillkürlich davon beeinflusst und unterlässt vielleicht manche genauere Erhebung, um seinen Gehilfen nicht
noch unwilliger zu machen. Kommt der Mann mit dem Schreiben
nicht vorwärts, so wird die beste Zeit überflüssig verwendet und es
bemächtigt sich des eifrigsten UR. Unlust und Ungeduld, je nach Anlage. Auch ist für jede Exkursion meistens eine gewisse Zeit bemessen
und oft muss eine noch notwendige Erhebung fallen gelassen werden,
bloss weil der Protokollführer nicht vorwärts kam. Endlich sei der
Mann auch intelligent, um Andeutungen des UR. rasch aufzugreifen,
ihn zu unterstützen, auf manches sein Augenmerk zu richten, worauf
er vom UR. gelenkt wird, und um auch selbständig zu beobachten
und den UR. auf Dinge aufmerksam zu machen, die er übersehen hat:
zwei Augen sehen weniger als vier. Ich erinnere mich dankbar meines
Protokollführers, den ich durch fünf Jahre als Erhebungsrichter eines
grossen und vielbeschäftigten Bezirksgerichtes zur Seite hatte. Ich
musste mir den Mann, der nur die Volksschule besucht hatte, mit Mühe
erziehen, habe aber dann seinem unverdrossenen Eifer, seiner treuen
Anhänglichkeit, seinem untrüglichen Gedächtnis, seinen stets offenen
Sinnen und seiner natürlichen Beobachtungsgabe die wertvollsten
Wahrnehmungen zu danken gehabt und manchen Erfolg grosser Untersuchungen musste ich unumwunden diesem einfachen, braven Menschen
zuschreiben.

Freilich hat man, namentlich bei kleineren Gerichten, oft kein
gutes Material, aber diese Rücksicht verdient der UR., dass man ihm
wenigstens das Beste auf auswärtige Amtshandlungen mitgibt, was
man zu bieten vermag.

Hat man nun einen brauchbaren Aktuar, so teile man ihm die
Sache vollkommen mit, mache ihn auf alle Zwischenfälle und alle Möglichkeiten aufmerksam, überweise ihm auch gewisse kleinere Aufgaben zur selbständigen Beobachtung, auf die der UR. voraussichtlich
nicht sein Augenmerk wird richten können, kurz, man bespreche mit
ihm den ganzen Plan, nach dem die Erhebungen geleitet werden sollen.
Geheimnistuerei vor dem Protokollführer ist lächerlich und nie von
Nutzen. Verdient er kein Vertrauen, dann ist er ohnehin für sein Amt
nicht zu verwenden und sofort zu entfernen, ist er aber vertrauenswürdig, dann kann man ihm auch früher dasjenige sagen, was er bei

der Amtshandlung ohnedies zu sehen bekommt. Allerdings hatte ich es mir zum Grundsatze gemacht, dem Schriftführer meinen Plan nicht allzufrühe, etwa schon am Tage zuvor, mitzuteilen, ich tat dies immer erst unmittelbar vor der Amtshandlung, wenn ich wusste, dass er nunmehr nicht mehr von meiner Seite kam, bis die Amtshandlung begann. Mag der Mann noch so vertrauenswürdig sein, die Zunge ist oft stärker als Kopf und Herz und eine Plauderei kann vielen Schaden bringen. Man vergesse nicht, dass der Protokollführer von Gesetzeswegen nicht eine blosse Schreibmaschine, sondern ein Mitglied der Kommission ist, so dass er auch ein Recht darauf hat, mit seinem Kopfe anwesend zu sein. Dagegen dulde man selbstverständlich vorlautes Dreinreden des Aktuars unter keinen Umständen, dadurch verliert das Ansehen des UR., es entsteht Unordnung und in vielen Fällen kann durch ungeschicktes Herausplatzen des Aktuars der Plan des UR. vereitelt werden.

Ich hatte stets mit meinem Schriftführer, der, wie erwähnt, ausnahmslos in die Sache und meine Absichten eingeweiht war, verabredet, dass er das, was er mir sagen wollte, auf seine Schreibunterlage schreibe. Wenn ich nun bemerkte, dass er, für Dritte unverfänglich, dort zu kritzeln begann, so hielt ich aus irgend einem Grunde mit dem Diktieren inne, und wenn ich bemerkte, dass er fertig ist, sah ich, neben ihm stehend und scheinbar den Faden zum Weiterdiktieren suchend, was da stand. Da waren oft wertvolle Dinge zu lesen, z. B.: „Sie haben vergessen, diese oder jene Lade durchsuchen zu lassen", oder: „Der Beschuldigte schaut so ängstlich nach dem Ofen", oder einmal gar: „Mir scheint, als ob der Mann in den Händen am Rücken ein offenes Messer habe", alles Dinge, die mir im Eifer der Arbeit entgangen waren. —

Dass das Handwerkszeug in Ordnung sein müsse, soll später besprochen werden, ebenso wichtig sind aber auch andere äussere Momente. Man trachte darnach, dass sich bei der Fahrgelegenheit keine Anstände ergeben, dass man für die Witterung gehörig vorgesorgt sei, ferner, dass im voraus die nötigen Gerichtszeugen, bei Exhumierungen der Totengräber, dann Agnoszierungszeugen u. s. w. verständigt und zur Stelle seien.

Dasselbe gilt von Sachverständigen, etwa einem Gemeindeorgan u. s. w. Von nicht genug zu schätzendem Werte ist es fast immer, wenn man von allem Anfange an ein Sicherheitsorgan, Wachmann, Polizeidiener, Gendarmen u. s. w. bei sich hat. Wozu ein solcher Mann zu verwenden ist, welche Schwierigkeiten, Unannehmlichkeiten und Zeitverluste er ersparen kann, lässt sich nicht aufzählen: man denke nur an das Fernhalten von unberufenen Zusehern, Verhaftungen, Bewachung von Gegenständen oder Örtlichkeiten, rasch notwendige und in der Nähe durchzuführende Erhebungen, Verhinderung von Besprechungen unter Verdächtigten oder Zeugen, Vornahme von Haussuchungen und Personsdurchsuchungen und was dergleichen zahllose und oft ausschlaggebende Dienstleistungen mehr sind.

2. Vorgehen auf dem Tatorte.[1])

Ist die Kommission an Ort und Stelle angelangt, so ergeben sich gewisse Momente, die für alle Fälle dieselben sind, ob es sich um Diebstahl, Raub, Mord, Brandlegung oder ein Vergehen handelt.

Vor allem anderen mache man sich absolute Ruhe zur unausweichlichen Pflicht; mit ihr ist oft alles gewonnen, ohne sie alles verdorben. Ein Hin- und Herschiessen, ein zielloses Angreifen und wieder Liegen lassen, ein zweckloses Herumfragen, Anordnen und Widerrufen, macht vor allem sämtlichen Beteiligten peinlichen Eindruck und bringt jegliches Vertrauen in die sichere Leitung der Erhebungen zum Schwinden. Ist das aber der Fall, so ist es um jede eifrige Unterstützung und genaue Aufmerksamkeit bei allen Anwesenden geschehen. Tritt aber sichere Ruhe und zielbewusste Tatkraft des UR. zutage, so fügen sich alle gern und willig seinen Anordnungen, jeder tut sein Bestes und dann kann auch der Erfolg nicht ausbleiben. Hat man also den Tatort erreicht, so hüte man sich vor allem, gleich mit der Türe ins Haus zu fallen und sofort etwas zu veranlassen; solches zu tun liegt eigentlich in der Natur des Menschen: man sieht sich einem wichtigen Ereignisse gegenüber und bemeistert seine nervöse Unruhe und Aufregung am leichtesten dadurch, dass man herumkommandiert, Veränderungen erzeugt und Bewegung in die Sache bringt, ebenso wie es dem Soldaten im Gefechte viel besser zumute ist, wenn er selbst schiessen und Lärm machen kann.

Das erste ist also: ruhige, aufmerksame Beobachtung der Situation. Der UR. orientiere sich, verbessere seine Auffassung der Sachlage, die er sich schon nach der Anzeige gemacht haben wird und ändere hiernach seinen Plan. Die letztgenannten Erwägungen sind unleugbar von Wichtigkeit. Jedermann wird sofort, wenn er von einer Sache Kenntnis erhält, die sein Denken ausfüllt, wie es doch bei jedem UR. der Fall ist, der zu einer wichtigen Lokalerhebung abgeordnet wird, sich die Sache selbst und ihre Umgebung in einer bestimmten, scharf umrissenen Form vorstellen. An diese Vorstellung wird nun der UR., während er auf dem Wege zum Tatorte ist, nicht bloss seine Gedanken über die Art des Vorganges knüpfen, sondern es werden auch seine Pläne darüber, wie die Sache anzupacken ist, auf die Vorstellung, die er sich über den Tatort gemacht hat, aufgebaut sein. Eine solche Vorstellung kann so fest werden, dass sie auch dann nicht oder nicht ganz verschwindet, wenn man den Ort selbst gesehen hat, was oft wirkliche Verirrungen im Kombinieren hervorbringen kann. Deshalb müssen

---

[1]) Vergl. H. Ortloff „Die strafbaren Handlungen etc.", 1887; W. Stieber „Prakt. Lehrbuch der Kriminalpolizei", 1860; W. Th Richter „Grundzüge der Untersuchungsführung", 1855; Klausmann „Verbrechen und Verbrecher"; SLS „Die Verbrecherwelt von Berlin", 1886; Stübel „Über den Tatbestand"; Kittka „Über Erhebung des Tatbestandes"; Martin „Lehrbuch des Kriminalprozesses"; Mittermaier „Die Lehre vom Beweise", 1834; Kleinschrod im (alten) Archiv des Krim. V. Bd. 3. Heft; IV. Bd. 1. Heft; Weingart „Kriminaltaktik"; Ottolenghi „Istruzione della polizia scientifica", Rom 1904.

an Ort und Stelle die früheren Vorstellungen korrigiert und die Pläne und Absichten hiernach neu gestaltet werden. Man betrachte also die Örtlichkeit im grossen und im einzelnen und suche das Geschehene, soweit man es eben weiss und kennt, mit ihr gewissermassen in Einklang zu bringen. Die für aufmerksames Studium verwendete Zeit ist nie verloren, sie bringt reichlich ein, was scheinbar verloren wurde.

Das nächste, was zu geschehen hat, wird sein, dass man sich klar legt, von wem man über den Fall so viel Mitteilung bekommen kann, dass man fürs erste orientiert wird. Handelt es sich nun um einen weniger wichtigen Fall, oder um eine, im Laufe des Verfahrens notwendig gewordene Erhebung, so weiss man ja ohnedies, worum es sich handelt; ist aber die erste Erhebung bei einem bedeutenden Verbrechen (Mord, Brandlegung u. s. w.) oder bei einem grossen Unfalle (Eisenbahnunglück, Kesselexplosion, Einsturz u. s. w.) zu machen, so wird wohl ein behördliches Organ, ein Wachmann, Gemeindevorsteher, oder aber ein unmittelbar an der Sache Beteiligter, z. B. Verwandter des Ermordeten, der durch den Brand Verunglückte selbst oder ein technischer Fachmann da sein, an den man sich um die ersten Auskünfte wendet. Allerdings heisst es auch hier vorsichtig sein: man lässt sich durch den zunächst Beteiligten im Falle unterrichten, gewinnt eine oft recht fix werdende Anschauung von der Sachlage und erst viel später stellt es sich heraus, dass die befragte Auskunftsperson ein recht dringendes Interesse daran hatte, den UR. falsch zu berichten, weil sie etwa der Täter selbst oder mit demselben irgendwie verbunden war. — Wenn es nun auch nur Sache der Übung sein kann, hierin, d. h. beim Abfragen der ersten Auskünfte, das rechte Mass zu finden, mit Einzelheiten nicht die Zeit zu verlieren und Wichtiges nicht zu vergessen, so wird auch der Mindergeübte niemals weit fehlen, wenn er sich stets und immer den alten, goldenen Juristenspruch vor Augen hält:

„Quis, quid, ubi, quibus auxiliis, cur, quommodo, quando?"[1]
„Wer, was, wo, womit, warum, wie und wann?"

Auf dem Schreibtische in meiner Amtsstube, an dem zahlreiche junge Juristen nach einander gesessen sind und in die Amtstätigkeit eingeführt wurden, stand von je eine Tafel mit jener einfachen und doch alles erschöpfenden Weisheit, und oft hörte ich von den jungen Leuten, die dann selbständig arbeiten mussten, sie hätten niemals einen groben Fehler begangen, wenn sie sich jenen Satz vor Augen gehalten hatten.

Hat man also das erfahren, was rasch zu erfahren war, dann sei es das nächste, dass man sich die Leute sortiere; man veranlasse, dass alle, die Auskunftspersonen sind oder sein könnten, sich nicht weit entfernen und stets zur Hand bleiben; kann man es tun, so wird es sich empfehlen, die Zeugen unter eine gewisse Bewachung zu stellen,

---

[1] Angeblich vom Philosophen Joachim Georg D a r i e s in Frankfurt a./O. († 1791).

d. h. zu verhindern, dass sich unnötiges Geschwätz unter den Zeugen entspinne. Es liegt nahe, dass namentlich ungebildete Leute, Weiber und Kinder nur „von dem Falle" miteinander sprechen, ihre gemachten Wahrnehmungen gegenseitig austauschen und schliesslich nicht mehr wissen, was eines jeden Eigentum ist, d. h. was Eines selbst gesehen und gehört hat und was die anderen wahrgenommen und ihm mitgeteilt haben. Freilich können die Leute auch schon früher zusammen gesprochen und sich verabredet haben, aber jedenfalls ist die Zusammenkunft am Tatorte, die Anwesenheit des UR. und die so erzeugte Zuspitzung der Sache am meisten dazu anregend, von ihr und nur von ihr zu sprechen. Wie gesagt, eine Überwachung der Leute und tunlichste Verhinderung von Besprechungen wird die besten Folgen haben.

Während aller dieser Massnahmen und sofort nach ihnen muss der UR. Gelegenheit finden, dafür Sorge zu tragen, dass von den vorhandenen Spuren möglichst viel erhalten, möglichst wenig beschädigt werde; er wird also sofort feststellen lassen, ob z. B. die Leiche des Erschlagenen so vorliegt, wie sie von dem Erstdazugekommenen gefunden wurde, welche Fusspuren ursprünglich da waren, welche erst von Neugierigen u. s. w. erzeugt wurden. Das Ausschliessen von allem erst Dazugekommenen ist ein besonderer Teil der Tätigkeit des UR., der um so wichtiger ist, als gerade in dieser Richtung verhängnisvolle Irrtümer nur zu leicht vorkommen können. Ich kenne Fälle, in denen der UR. die Lage des Erschlagenen mit genauester Peinlichkeit beschrieben und scharfsinnige Schlüsse daran geknüpft hat, bis es sich bei der Verhandlung herausstellte, dass der Erschlagene vor Ankunft der Kommission von Unberufenen oftmals hin- und hergewendet, und in eine andere Lage gebracht wurde. Ferner erinnere ich mich an einen Fall, in welchem im Prozesse eine auf dem Ermordeten gefundene Lodenjacke eine grosse Rolle gespielt hat, bis es sich zeigte, dass sie erst der Bürgermeister auf die Leiche gebreitet hatte, um den Vorübergehenden den grauenhaften Anblick des gespaltenen Schädels zu entziehen. Sodann ein folgenschwerer Fall, in dem bei einer Brandlegung eine Fusspur gemessen und beschrieben wurde, von der es sich (nach ihrer Grösse, Zahl und Form der Nägel) zweifellos herausstellte, dass sie mit der Fusspur des Verdächtigten genau stimme. Sie rührte auch von demselben her, war aber nicht zur Zeit der Tat, sondern nach derselben entstanden, als der Gendarm den sofort der Tat Bezichtigten an den Tatort geführt hatte! Bayard[1]) erzählte schon 1847 von einem Falle, in welchem der herbeigeholte Arzt in Blutlachen getreten war, und in der Wohnung herumgehend, Blutspuren erzeugt hat, die später verwirrend gewirkt haben.

Ich kann es nicht unterlassen, hier noch eines Falles zu gedenken, der beweist, welche Folgen es haben kann, wenn zu einem Augenscheine Dinge hinzugenommen werden, die nur zufällig zu den fraglichen Objekten gekommen sind. Die Erzählung klingt unwahrscheinlich, ist aber buchstäblich wahr, allen Beteiligten in lebhafter Erinnerung

---

[1]) Ann. d'hyg. publ. 1847, 2, 219.

und eben wegen des unglaublichen Zusammentreffens der Umstände umso lehrreicher.

Eine Fabrikbesitzerin hatte ihr Geld geordnet, daraus fünf Päckchen zu je tausend Gulden gemacht und diese, wie sie meinte, in ihre Kasse gelegt. Am nächsten Tage waren nur noch vier Päckchen vorhanden, trotzdem die Kasse am Morgen ebenso wohl versperrt gefunden wurde, als sie es abends war. Die Frau meinte, ihre Magd müsse sich der Kasseschlüssel bemächtigt und bei der Nacht die tausend Gulden aus der Kasse entwendet haben. Dies wäre umso leichter gewesen, als sich das Geschäftszimmer mit der Kasse ebenerdig, die Schlaf- und Wohnräume (durch eine Wendeltreppe mit dem Geschäftszimmer verbunden) im ersten Stocke befinden. Die Magd wurde verhaftet, leugnete, und es konnte ihr Koffer erst nach den etwa eine Woche dauernden Erhebungen zur Stelle gebracht werden. Dieser wurde im Amtszimmer des UR. eingehender Untersuchung unterzogen, der Inhalt, meist wertloses Gerümpel, mit dem der Koffer angefüllt war, wurde auf einem Tische ausgebreitet, genau besehen, nichts Verdächtiges vorgefunden. Erst beim Einräumen der Sachen entdeckte man unter diesen eine Schleife aus Papier, auf welcher ausser einigen Schriftzeichen g e d r u c k t war: „1000 fl. à 1 fl." Es war eine jener Schleifen, mit welchen die Österreichisch-ungarische Bank die von ihr ausgegebenen Geldbeträge in runden Summen einzuschlagen pflegt (also z. B. „100 fl. à 1 fl." oder „500 fl. à 10 fl." oder „1000 fl. à 5 fl."). Sofort wurde die Bestohlene befragt, ob das entwendete Paket Banknoten durch eine solche Papierschleife zusammengehalten wurde. Sie erklärte, sie wechsle häufig Geld bei der Österreichisch-ungarischen Bank ein, bekomme oft Geld in solchen Schleifen, benütze solche dann häufig und längere Zeit in ihrer Kasse als Etiketten für ihr abgezähltes Geld, ob aber gerade das gestohlene Paket derart verwahrt war und eine Schleife hatte, wisse sie nicht mehr.

Glücklicherweise entdeckte der UR. auf der Schleife ein sehr klein und unscheinbar angebrachtes Datum „24/8" und nun wurde festgestellt, dass dieses Datum von dem Bankbeamten beigesetzt worden war, welcher jene tausend Gulden gezählt hatte, die in der Schleife waren. Die Beschuldigte war aber schon am 22. August verhaftet worden, und es schien somit unerklärlich, wie die Schleife unter ihre Sachen gekommen sein konnte. Endlich klärte sich der Hergang. Die Besichtigung der Sachen der Beschuldigten hatte im Bureau des UR. am 1. September stattgefunden, und es war während derselben der Amtsdiener erschienen, um dem UR. das Monatsgehalt auszuzahlen. Er hatte nun ein von der Bank erhaltenes Paket mit 1000 fl. mitgebracht, hatte die verhängnisvolle Schleife entfernt und zufällig gerade auf jenen Tisch gelegt, auf dem sich die Sachen der Beschuldigten befanden! Der UR. und der Protokollführer hatten dies nicht bemerkt und so war die Schleife zu einer grossen Bedeutung gelangt. Nehmen wir nun an, dass zufällig das Datum, welches auf der Schleife war, um einige Tage älter gewesen wäre (was gerade so gut hätte sein können), so hätte jeglicher Grund entfallen müssen, um nach dem in

Wirklichkeit ja recht abenteuerlichen Herkommen der Schleife zu
forschen, da nichts dagegen sprach, dass die Schleife von der Bank
an die Fabrikantin gekommen war und bei dieser von der Beschuldigten
mit den tausend Gulden gestohlen wurde. In dieser Weise hätte es
unter Umständen zur Verurteilung einer Unschuldigen führen können,
einzig durch das Nicht-Eliminieren eines zum Augenscheine nicht
gehörigen Gegenstandes.

Über die Sicherung der Spuren s. XIII und XIV. Abschnitt.

3. Die Beschreibung selbst.

Ist also mit Vorsicht festgestellt, was zum Augenscheine gehört
und was nicht, dann handelt es sich um die Sicherung des wirklich
zur Sache Gehörigen.

Als oberster Grundsatz gelte unverbrüchlich: n i c h t s a u s
d e r L a g e b r i n g e n , b e i s e i t e s c h a f f e n , j a n i c h t
e i n m a l b e r ü h r e n , b i s e s i m P r o t o k o l l e n i c h t u m -
s t ä n d l i c h b e s c h r i e b e n , n a c h M ö g l i c h k e i t a u f
d e r L o k a l s k i z z e g e z e i c h n e t i s t .

Man vergesse nie, dass in den seltensten Fällen alles vom Anfange an klar und deutlich ist. Meistens hat der UR. keine Kenntnis
davon, wie sich die Sache gestalten werde, was wichtig erscheinen kann,
was geleugnet wird und erst bewiesen werden muss; hierbei kann alles
von Wichtigkeit sein, nichts ist so unbedeutend und klein, um nicht
das Ausschlaggebende im Prozesse werden zu können. Die Lage eines
Gegenstandes, einen Zoll rechts oder links, auf der Vorderseite oder
Rückseite, ein bisschen Staub auf einer Sache, ein verwischbarer Spritzer,
alles kann höchsten Wert erlangen. Man lässt sich so leicht verleiten,
rasch nach einem Gegenstande zu greifen, der allem Anscheine nach
wichtig ist, z. B. vom Täter zurückgelassen worden sein muss, man
fasst danach — und erst später stellt es sich heraus, dass der Gegenstand
an sich wenig Bedeutung hat, dass aber alles daran liegt, wenn man
wissen könnte, w i e er gelegen ist, und kein Mensch ist imstande, dies
nachträglich mehr festzustellen. Ebenso ist unwillkürlich der erste
Griff der nach den Händen des Ermordeten, um zu sehen, ob er in
ihnen Haare oder Kleiderreste vom Täter hält; später stellt es sich
wieder heraus, dass eine Blutspur oder sonst eine Kleinigkeit, die a u f
den Händen war, viel wichtiger gewesen wäre, diese wurde aber durch
das vorzeitige und übereilte Anfassen verwischt. Gerade die Befolgung
dieser so wichtigen Regel: nichts vom Tatbestande zu ändern, bevor
er nicht protokolliert und gezeichnet ist, fordert aber auch die Sicherung
des Vorhandenen. Man schütze also wichtige Fusspuren durch Über-
decken mit Kistchen oder (auf drei bis vier Steine gelegte) Brettchen;
ebenso überbrücke man Blutspuren, weggeworfene oder verloren ge-
gangene Gegenstände, namentlich wenn diese wegen vorgerückter
Zeit etwa über Nacht im Freien bleiben müssen, zum allerwenigsten
bringe man eine Marke um die Objekte an, die mit anderen verwechselt

werden könnten (z. B. Fusspuren u. s. w.). Hat man sich also orientiert,
alles zu Beseitigende entfernt, alles Nötige gesichert, so gehe man an
die Aufnahme des Protokolles.

' Es wird niemand behaupten, dass derartige Aktenstücke stilistische
Musterblätter sein sollen, wohl aber ist eine gewisse grammatische
Richtigkeit, Genauigkeit und logischer Aufbau unbedingt nötig. Vor
allem ist dies für den Diktierenden selbst wichtig, da er nur dann verlässlich und vollständig arbeiten wird, wenn er alles, was er sagt, wirklich nur dann sagt, bis er sich von der Richtigkeit des Gesagten überzeugt und nicht dem Kommenden die Bestätigung überlassen hat;
ferner, wenn er das, was er gerade sagt, erschöpfend behandelt und
nicht auf den Zusammenhang mit Künftigem hofft, und endlich, wenn
er logisch vorgeht, d. h. nach dem bestimmten Plane: vom Allgemeinen
ins Besondere oder umgekehrt überzugehen und jedenfalls auf nichts
zurückzukommen, was schon abgetan ist. Ebenso wichtig ist die Form
für den Lesenden, der nur dann Klarheit erhält, wenn auch Stil und
Logik ihr Recht bekommen haben. Wer viele Protokolle gelesen hat,
weiss, wie ängstlich, mühsam und schwierig zu verwerten schlecht
abgefasste Augenscheins-Aufnahmen sind, wie wenig überzeugend sie
wirken, und wie leicht man oft Wichtiges vernachlässigt, weil man das,
was der UR. sagen wollte, gar nicht oder nicht vollständig zu fassen
vermag. Es ist auch nicht übermässig schwierig, sich eine bestimmte,
im grossen und ganzen gleichbleibende Hauptform festzustellen, wenn
man ähnlich vorgeht, wie z. B. die Obduktions-Protokolle vorschrifts-
mässig formuliert sind.

Unter allen Umständen wird man die Örtlichkeit im allgemeinen
beschreiben und sagen, wie und auf welchem Wege man dahin gelangt
ist; dann wird beschrieben, ob es sich um ein Haus, ein Feld, einen
Wald u. s. w. handelt, m a n g i b t g e w i s s d i e W e l t g e g e n d e n
a n und beschreibt die Örtlichkeit genau, aber mit steter Rücksicht-
nahme darauf, was zur Sache gehört oder gehören kann. Das „wie
viel" zu beschreiben ist, hängt natürlich in erster Linie von der Art
des Deliktes ab: in allen Fällen wird zu beschreiben sein (wenn es sich
nicht um Unfälle handelt): 1. der eigentliche Tatort; 2. das „w o h e r"
des Täters; 3. das „w o h i n" desselben; 4. die Örtlichkeit, von wo Zeugen
beobachtet haben oder beobachten konnten, und 5. alle Punkte, wo
sich sonst nach Spuren der Tat finden oder finden könnten und tatsächlich nicht gefunden haben. Hierbei ist nicht zu vergessen, dass
auch Negatives stets festzustellen ist, weil es einerseits auch zu positiven
Annahmen führen kann, anderseits aber dem Leser die Beruhigung
gibt, dass diese Frage nicht übersehen wurde. Führt man z. B. die
B l u t s p u r e n auf, die sich im Zimmer des Ermordeten gefunden
haben, so genügt ihre Aufzählung allein noch nicht, es muss auch gesagt werden, dass z. B. im Waschgefässe k e i n blutiges Wasser gefunden wurde, dass man Abdrücke der blutigen Hände n i c h t fand etc.
Wurde z. B. nach kompromittierenden Papieren vergeblich gesucht,
so sage man ausdrücklich, dass im Ofen k e i n e Asche von verbranntem
Papier war.

10*

Bei den einzelnen Delikten werden natürlich dann die entsprechenden besonderen Umstände zu beschreiben sein, also bei Brandstiftungen die Objekte, die besonderer Gefahr ausgesetzt waren, unter Umständen Höhenzüge, die das Hinzukommen gefährdenden Windes begünstigt oder verhindert haben, bei grossen Raufereien die Örtlichkeit, von woher die Waffen genommen wurden (ein Zaun, aufgeschichtetes Brennholz).

Ist die allgemeine Beschreibung erfolgt, so werden die Örtlichkeiten der Tat selbst im einzelnen beschrieben, z. B. das Zimmer, in welchem der Erschlagene liegt, der Raum, in welchem der Einbruchsdiebstahl geschah, der Teil des Hauses, wo der Brand zum Ausbruche kam. Auch hier sei eine gewisse Ordnung eingehalten. Handelt es sich um einen geschlossenen Raum, ein Zimmer, so tut man am besten, wenn man eine Türe zum Ausgangspunkte wählt und so vorgeht, wie man liest, also, am Eingange gegen das Zimmer stehend, von links nach rechts. So wird man am leichtesten nichts vergessen; man beschreibt zuerst Grösse, Form, Höhe und sonstige Eigenschaften des Raumes, dann: links vom Eingange bis zur Ecke, dann linke Seitenwand, Wand gegenüber dem Eingange, rechte Seitenwand, dann den übrigen Teil der Wand rechts neben dem Eingange; schliesslich die in der Mitte des Zimmers befindlichen Gegenstände. Im Laufe der Aufzählung der Objekte werden auch Fenster und Türen angegeben. Sodann beschreibt man alle Veränderungen, die an den Gegenständen u. s. w. anlässlich der Tat vorgenommen wurden: Beschädigungen durch Stösse u. s. w., Blutspuren, Orts- und Lageveränderungen von Gegenständen, Verletzungen an Fenstern und Türen u. s. w., zuletzt umständliche Beschreibung des corpus delicti: erbrochene Kasse, Getöteter u. s. w. samt allen Einzelheiten, die besonders zu beschreiben sind. Hierbei wird Punkt für Punkt vorgegangen und alles genau besichtigt, sobald es beschrieben ist. Ein Tuch z. B., das auf dem Boden liegt, wird vorerst nach dem Eindrucke beschrieben, den es gewährt; man sagt etwa: „neben der Leiche, 3 cm neben der linken Faust in der Richtung gegen den Kopf der Leiche, ein zusammengeballtes rotes Tuch, anscheinend Baumwolle, vielleicht in der Grösse eines Sacktuches, ein Zipfel hervorragend; das Tuch wurde dann aufgehoben und es zeigte sich, dass es nicht Baumwolle, sondern Halbseide und ein dreieckiges Halstuch ist, dessen Seiten je 43 cm lang und eingesäumt sind. Das Tuch trägt keine Merke und hat ungefähr in der Mitte ein kreuzergrosses Loch, sichtlich durch Alter und Gebrauch entstanden. Unter dem Tuche findet sich weder eine Blutspur noch sonst Bemerkenswertes. Das Tuch wurde von niemandem der Anwesenden (A, B, C, D) erkannt, und dürfte somit dem Getöteten nicht gehören."

Nun kommen alle einzelnen wichtigen Momente daran, die zur Klärung der Sache dienen können; also Fusspuren, Spuren von Schüssen, von Werkzeugen, von Eindrücken irgend welcher Art, endlich alles, was vom Täter sonst noch verursacht oder zurückgelassen wurde.[1]

---

[1] Über die Wichtigkeit zurückgelassener Rauchmaterialien siehe H. Gross' Archiv Bd. III p. 255.

Bei allen diesen Aufnahmen mache man sich ebenfalls eine gewisse gleichmässige Ordnung in den Unterabteilungen zur Pflicht. Hat man also in einer gewissen Richtung zu beschreiben angefangen, so halte man diese Richtung auch bei den Einzelheiten fest; hat man z. B. die Lage einer Leiche so zu beschreiben begonnen, dass man vom Kopfe zu den Füssen vorgegangen ist, so fange man auch wieder bei jenen Gegenständen und wichtigen Umständen an, welche sich in der Nähe des Kopfes befinden und schreite gegen die Fusslage vor. Bei allen diesen Aufnahmen gebrauche man nach Tunlichkeit häufig den Masstab und gebe alle Masse an; man weiss zu dieser Zeit niemals, was man davon später nötig hat. Mit Sorgfalt vermeide man Ausdrücke, die nur den Satz vollständig machen, ohne eine Vorstellung vom wirklich Vorhandenen zu geben. Worte, wie: „u n w e i t davon" — „z i e m l i c h entfernt" — „e t w a s weiter oben" — „m e h r hinten" — „g a n z unten", sollen in einem gerichtlichen Protokolle u n t e r k e i n e r B e d i n g u n g vorkommen. Es ist begreiflich, dass der Diktierende solche Ausdrücke aufnimmt, weil er die Sachlage vor Augen hat und es ihm daher klar ist, was „in der Nähe" heisst; derjenige, welcher das Protokoll aber liest, kann verschiedene Vorstellungen davon bekommen; wer darauf aufmerkt, wird zugeben, dass es selten Augenscheinsprotokolle gibt, in denen solche Worte nicht vorkommen, und ebenso, dass er gerade wegen dieser Ausdrücke oft Schwierigkeiten in Beurteilung des Falles begegnet ist. Ebenso sollten die Ausdrücke „rechts" und „links" nur dann vorkommen, wenn keine Zweifel entstehen können, z. B. „an der rechten Hand der Leiche", „am linken Flussufer"; andernfalls vermeide man diese Worte vollständig, denn selbst „vom Beschauer rechts" oder „links vom Eingange" kann Zweifel erregen, wenn nicht gesagt wird, wie der „Beschauer" steht oder ob man sich beim „Eingange" draussen oder drinnen befand. Wird aber dies alles umständlich beschrieben, so wird es schwer verständlich oder zu schwerfällig. Womöglich bleibe man bei der Angabe der Weltgegend, die niemals Zweifel erregen und immer nachträglich nochmals bestimmt werden kann. Nur im Innenraume eines Gebäudes, namentlich in einem Zimmer, mag es unter Umständen bequemer sein, sich schon beschriebene Fixpunkte zu wählen und z. B. sagen: „In der Verbindungslinie zwischen dem Kopfe der Leiche und der nächsten Ofenecke, 60 cm von dieser entfernt, liegt . . ."; hierbei wird die Distanz a u s n a h m s l o s von dem b l e i b e n d e n Punkte genommen, also im vorliegenden Beispiele n i c h t: „In der Verbindungslinie zwischen dem Kopfe der Leiche und der nächsten Ofenecke, 80 cm v o m K o p f e entfernt, liegt . . ." Die Leiche wird entfernt und bei einer Nachmessung ist der Punkt nicht mehr leicht zu finden. Überhaupt muss die Richtungslinie, in der gemessen wurde, in den meisten Fällen angegeben werden. Es genügt also nicht zu sagen: „Vier Meter vom erwähnten Apfelbaum findet sich . . .", sondern es müsste heissen: „Vier Meter vom erwähnten Apfelbaum in der Richtung auf die nordwestliche Hausecke . . ." Bisweilen kann dies eine recht umständliche Beschreibung nötig machen; man lasse sich diese aber nicht verdriessen und sage z. B.: „Diese einflügelige Tür ist 98 cm breit. Misst man von dieser Breite vom nördlichen Ende (Türangel-seite) gegen das südliche Ende (Schlosseite) 46 cm ab und zwar an der unteren, an den Boden stossenden Kante, errichtet von diesem Punkte eine Senkrechte auf die (geschlossene) Türe und misst von dieser Senk-rechten (von der Türe weg) 217 cm, so findet man jenen Punkt, wo das abgerissene Stück der Uhrkette auf dem Boden liegt."

Bei sehr wichtigen Momenten, bei denen es auf die Lage wesent-lich ankommt, wird man die Entfernung zur genauen Bestimmung in zwei Richtungen nehmen müssen. Dies wird z. B. nötig sein, wenn sich Blutspritzer auf der Wand vorfinden, die auf Stellung des Täters und des Angegriffenen, Art des Blutes u. s. w. Schlüsse zu ziehen ge-statten. In solchen Fällen (in denen es sich stets um eine Horizontale und eine Vertikale handelt) wähle man als erstere immer den Boden, da eine Horizontale in der Höhe ohne Wasserwage nicht gefunden werden kann. Die Senkrechte lässt sich aber mit einem Faden, an den ein Messer, Schlüssel u. s. w. gebunden wurde, leicht ermitteln. Han-delt es sich also, wie oben erwähnt, um einen Blutstropfen auf der Wand, so konstruiere man zuerst ein „Lot" (also Faden mit einem schweren kleinen Gegenstand) und halte dieses Lot an den Blutflecken (natürlich ohne ihn zu berühren oder zu streifen) und markiere den Punkt, an welchem der Faden den Boden trifft. —

Bevor man die Beschreibung eines geschlossenen Raumes beendet, überzeuge man sich davon, ob man nichts zur Sache gehöriges über-sehen und vergessen hat. Um sicher zu gehen, genügt kein rascher Blick, den man um sich wirft, da muss man jeden Gegenstand, der sich im Raume befindet, nochmals und eingehend ansehen, um sich zu überzeugen, dass man früher alles wichtige betrachtet hat, und ob die Sache jetzt, am Ende der ganzen Erhebungen und unter dem Ein-drucke alles dessen, was man mittlerweile kennen gelernt hat, nicht anders aussieht als zu Anfang, und ob jetzt nicht manches wichtig wurde, was früher gleichgültig schien.

Hat man jemanden, der an der Sache sicher nicht beteiligt war und der den fraglichen Raum von früher gut gekannt hat, so wird man denselben schliesslich heranziehen und mit ihm den Raum und die darin vorkommenden Gegenstände eingehend besehen und besprechen. Eine solche Auskunftsperson kann Veränderungen, die geschehen sind, viel leichter wahrnehmen, als der UR., der den Raum heute zum erstenmale gesehen hat.

Alles zu bemerken, was später von Wichtigkeit sein kann, ist unmöglich, denn selbst, wenn man sich entschlösse, Folianten zusammen-zuschreiben, würde man noch immer nicht gewisse Umstände berühren, deren Bedeutung dermalen nur schwer eingesehen werden kann. So wurde es z. B. in einem Falle später wichtig, zu wissen, ob die Sonne zu einer gewissen Stunde in einem Raume eine gewisse Stelle traf; bloss um dies festzustellen, musste der Augenschein an dem viele Stun-den vom Gerichtssitze entfernten Orte wiederholt werden. Ein anders-mal hätte alles daran hängen können, wenn man gewusst hätte, ob im Zimmer des Tatortes etwas Sand verstreut war; niemand konnte dies mehr feststellen. Der Mangel solcher Momente wird dem UR. auch niemals vorgeworfen werden, da er nur durch einen Zufall auf ihre Erwähnung hätte verfallen können. Wohl aber wäre es ein grosser Fehler, wenn Umstände übersehen würden, die allerdings an sich unbedeutend sind, von denen aber der UR. schon zur Zeit der ersten Erhebung einsehen musste, dass sie im vorliegenden Falle wichtig sein können.

Der altrömische Juristensatz: „Minima non curat Praetor" gilt für den UR. nicht und seine Tätigkeit im Finden der schlagendsten Beweise spielt sich oft im Kleinsten ab. Solche Fälle, in welchen irgend eine Kleinigkeit zum Drehpunkte des ganzen Prozesses geworden ist, hat jeder von uns erlebt und in hundert Kriminal-Romanen gelesen, und doch liegt oft der Hauptmangel einer Lokalerhebung im Übersehen von Kleinigkeiten, die bei grösserer Aufmerksamkeit als massgebend zu erkennen gewesen wären. Aus eigener Erfahrung will ich nur erwähnen, dass einmal alles davon abhing, ob eine Türklinke zur Zeit der Tat nicht geölt war und kreischte, ein andermal davon, ob eine halbverbrannte Zigarre in der Aschentasse oder daneben lag, ob ein in der Wand steckender Nagel ein Spinnengewebe trug oder nicht, ob eine Petroleumlampe noch Öl im Bassin hatte (d. h. ob sie ausgelöscht wurde oder aus Ölmangel erloschen war), und in einem Mordprozesse wäre der Täter nie entdeckt worden, wenn es dem UR. nicht eingefallen wäre, die oberste Kante einer etwa $2^1/_2$ Meter hohen, also die Stubendecke nicht erreichenden Holzwand anzusehen, wobei er fand, dass eine Stelle dieser Oberkante staubfrei war, während sonst dicker Staub auflagerte. Der UR. schloss natürlich, dass hier vor kurzer Zeit ein Mensch hinübergeklettert sein musste, und so suchte und fand er den Täter unter den Bewohnern jener Zimmer, die vom Tatorte durch die genannte Bretterwand getrennt waren.[1]) —

In ähnlicher Weise ist vorzugehen, wenn eine Beschreibung im Freien vorzunehmen ist. Hier wird mitunter recht Betrübendes geleistet; beim Lesen eines solchen Protokolles sieht man oft auf das deutlichste, welche Mühe sich der UR. bei Abfassung der Arbeit gegeben hat, wie schwer es ihm wurde, den Anfang, gewöhnlich den unglücklichsten, zu finden, wie hart er sich durch die Darstellung gewunden hat und wie er am Ende, das Unzulängliche seiner Leistung einsehend, durch allerlei Zusätze, Änderungen und Klarstellungen die Sache verbessern wollte, in Wahrheit aber das noch ungefähr Verständliche völlig unklar gemacht hat. Und doch ist die diesfalls zu leistende Arbeit im grossen und ganzen nicht so schwierig, wenn sich der UR. vor allem klar macht, worum es sich eigentlich handelt, was alles zu

---

[1]) Für Mitteilung von praktischen Fällen, in denen eine anscheinend besonders unbedeutende Kleinigkeit von Wichtigkeit wurde, in denen der UR. durch Beobachtung einer solchen Klarheit verschaffen konnte, oder in denen durch Übersehen eines Nebenumstandes Schwierigkeiten entstanden sind, wäre ich dankbar. Mir ist jeder einzelne Fall willkommen.

beschreiben ist, ferner, dass der Leser die Sachlage nicht vor Augen
hat, sich diese also nicht vorstellen kann wie der UR., der alles gesehen hat, und wenn sich der UR. entschliesst, nach einem gewissen
Prinzipe vorzugehen und nicht einmal da, einmal dort zu beschreiben.
Hält er aber an einem Prinzipe fest, so wird nicht bloss die Darstellung
eine verständliche und brauchbare, sondern der UR. erleichtert sich
auch selber die Arbeit um ein wesentlich Stück, es ergibt sich eines
aus dem anderen und er hat nicht die Mühe, alle fünf Zeilen lang Nach-
träge und Hinweise machen zu müssen, durch die er sich nur selber
Schwierigkeiten bereitet.   Welches Prinzip festzuhalten ist, wird sich
aus der Natur des Falles ergeben, es wird der UR. aber gut tun, wenn
er, vor dem eigentlichen Beginne der Arbeit sich klar stellt, wie sich
die Sache abwickeln wird, wenn er nach einem bestimmten Prinzipe
vorgeht.   Findet er hierbei Schwierigkeiten, so muss ein anderes Prinzip
gewählt werden.   Fassen wir ins Auge, nach welchen Prinzipien der
UR. vorgehen kann, so werden wir sie in subjektive und objektive
einteilen können.

Subjektiv wird man vorgehen, wenn man die einzelnen Teile so
beschreibt, wie sie sich dem herankommenden UR. oder Täter nacheinander darbieten, also so, wie sie heute der UR., von einem bestimmten
Orte kommend, nacheinander wahrnimmt, oder wie sie der Täter beim
Herannahen und beim Flüchten passiert hat.   Diese Art der Beschreibung wird keineswegs immer dem örtlichen Vorschreiten gleich sein,
da z. B. der Täter von derselben Seite gekommen sein und sich nach
derselben Seite, wenn auch auf einem anderen Wege, entfernt haben
kann.   Unter Umständen wird diese Art der Darstellung namentlich
dann zu empfehlen sein, wenn man meint, dass so die Beweisführung
am besten der Lokalerhebung anzupassen ist.

Objektiv geht man vor, wenn man, ohne Rücksicht auf die
Bewegung des UR. bei der Aufnahme oder des Täters bei der Tat,
rein lokal so vorgeht, wie es sich nach den Örtlichkeiten zu empfehlen
scheint, also so dass man z. B. mit dem Hauptgebäude oder etwa im
Osten anfängt und allmählich gegen die Nebengebäude, beziehungsweise gegen Westen vorschreitet, oder, wenn man sich irgend etwas
Fixes, z. B. eine Strasse, ein Haus wählt und von diesem Objekte nach
einer, beziehungsweise zwei Seiten ausgeht (Strasse, Fluss, Grenze).

Wie gesagt: was am meisten zu empfehlen ist, muss im einzelnen
Falle entschieden werden.   Einen Anhaltspunkt wird man für diese
Entscheidung auch finden, wenn man sich vorerst die Skizze (vergl.
Abschnitt XII) gezeichnet hat, die man ja stets v o r dem Beschreiben
aufnimmt; hat man diese vor sich, so wird man zumeist bald darüber
im klaren sein, welches Prinzip sich hier am besten bewähren kann.

Bevor man den Tatort verlässt, sorge man dafür, dass dieser
auch später noch bewacht wird, falls man den Täter nicht hinter Schloss
und Riegel hat.   Ich weiss nicht, ob da Aberglaube der Verbrecher
oder Aberglaube der Kriminalisten mitspielt, ob es Zufall oder Wahrheit ist, dass es den Täter (namentlich den Mörder) wie mit Teufels-

gewalt an den Ort der Tat zurückzieht und ihn veranlasst, so oft als möglich wieder dahin zurückzukommen und sich den Schauplatz seines Verbrechens anzusehen. Etwas Ähnliches betrifft die Tatsache, dass Mörder sich so häufig in der Pariser Morgue einfinden und ihre Opfer betrachten. Dieser Umstand ist der Pariser Polizei so gut bekannt, dass sie nach einem begangenen Morde regelmässig verkleidete Polizisten in der Morgue aufstellt, welche die Besucher scharf beobachten.[1] —

4. Die nächste Umgebung des Körpers.

Hier sprechen wir wohl nur von Leichen und schliessen alles aus, was anderweitig zu besprechen ist, also namentlich:

Alles was den Körper selbst betrifft;

Alles was Tötungswerkzeug ist oder sein kann;

Alles was eigentliche Spur heisst (Fusspur, Blutspur, Papillarabdrücke etc.);

die gesamte lokale Umgebung (Erdboden, Zimmer, Wasser etc.).

Wohl aber gehört hieher vor allem:

a) Das Wetter,

also die Atmosphärilien, welche auf das Äussere und auch das Innere einer Leiche gewirkt haben können. Wie wichtig namentlich Temperatur, Regen, Nebel, Frost, Lage in der Sonne oder im Schatten etc. u. U. sein können, braucht nicht auseinandergesetzt zu werden, es wird aber oft als selbstverständlich nicht erwähnt; man weiss den Tag, an welchem die Leiche gefunden wurde, da dies im Akte festgestellt ist, und „dass es im Januar kalt und im Juli warm ist, braucht nicht festgestellt zu werden." Es gibt aber auch abnorme Temperaturen, und Monate, in welchen die Temperatur nicht von selber klar ist, und ausser der Temperatur sind noch eine Menge anderer Witterungsfragen von Bedeutung. Wenn man zu Anfang einer Untersuchung noch nicht weiss, um was es sich handelt und worauf es hinauslaufen wird, so kann man auch nicht sagen, ob Konstatierungen in Absicht auf Wetter und Wärme nötig sein werden; in vielen Fällen hat man sich vielleicht sehr abgemüht, um die betreffenden Feststellungen zu liefern, und später frägt Niemand darum. Aber überflüssiger, besser gesagt: später überflüssig werdender Tätigkeit muss man sich bei strafrechtlicher Arbeit überhaupt oft aussetzen und ist solche geleistet worden, so kann doch mindestens nie ein Schaden entstehen. Wohl aber ist es oft vom Übel gewesen, wenn eine solche Erhebung nicht geschah, und später nötig wurde. Dies kann namentlich dann arge Schwierigkeiten geben, wenn es sich um Wetter und Wärme für eine R e i h e von aufeinanderfolgenden Tagen handelt, wenn, wie es oft vorkommt, das Wetter bestimmter Stunden wichtig ist, und wenn seither längere Zeit vergangen ist; ich erinnere mich nicht gerne an w o c h e n l a n g e

---

[1] Auch der vielerfahrene A. Griffiths „Mysteries of Police and Crime", London, Cassell 1898 erwähnt diese Tatsachen.

Arbeit, die es einmal gekostet hat, um zu wissen, ob es an einem bestimmten Tage um 8 Uhr abends geregnet hat;[1]) dies war um so ärger-
licher als der UR. damals sehen m u s s t e , dass diese Frage wichtig
werden würde, dass er das damals leicht hätte festlegen. können,
und es doch nicht tat. — Freilich ist so etwas oft leicht, nach Jahren
festzustellen, wenn es sich um das Wetter in einer grossen Stadt mit
meteorologischen Beobachtungen oder um andere Orte handelt, wo
solche Aufzeichnungen gemacht werden — aber so ist das nicht überall
und selbst in nächster Nähe einer solchen Station kann es anders gewesen sein (Gewitter, Strichregen, Wind in geschützter oder offener
Lage).

Es kann also nicht genug dazu geraten werden, in allen Fällen,
in welchen auch nur die entfernte Möglichkeit vorliegt, dass Temperatur
und Wetter von Bedeutung werden könnte, dies zu vermerken. Aber
auch hier genügt es nicht, ein, zwei Leute darum zu fragen. Einerseits weiss man solche Dinge wirklich nur ausnahmsweise genau (ich
bitte, sich rasch zu entsinnen, welches Wetter vorgestern war) und
anderseits legen die Leute einer solchen Frage — Wettergespräch —
keine Bedeutung bei und antworten nur leichthin, ohne genau nachgedacht zu haben. Die Feststellungen müssen also durch eine grössere
Zahl von Leuten, denen man die Wichtigkeit der Frage klargestellt
hat und wo möglich durch Leute geschehen, in deren Leben das Wetter
deutlich eingreift; die besten Erfahrungen macht man da verhältnismässig bei Landärzten, denen es nicht gleichgültig ist, bei welchem
Wetter sie ihre beschwerlichen Wege verrichten, bei Schullehrern
(wegen der zur Schule kommenden Kinder), kathol. Landgeistlichen
(Versehgänge), bei Jägern und klugen Bauern. —

Wie weit man in den Bestimmungen zurückgehen muss, hängt
von der Sachlage, und bei aufgefundenen Leichen von der Zeit ab,
wann der Tod eingetreten sein kann; nimmt man also an, dass der
Betreffende vor maximum 5 Tagen gestorben ist, so muss das Wetter
für die letzten 5 Tage festgestellt werden. —

In manchen Fällen z. B. bei unbekannten Leichen, die von Flüssen
gebracht wurden, wird man sich auch eingehend um die Wasserstands-
verhältnisse des fraglichen Flusslaufes kümmern müssen, um Anhaltspunkte dafür zu gewinnen, wo die Leiche in's Wasser geraten sein kann,
wo sie etwa angespült wurde, wie lange sie dort gelegen sein mag und
wann sie vielleicht wieder weiter getragen wurde. An manchen Stellen
grösserer Flüsse, an welchen infolge besonderer Krümmungen des
Stromes und anderer Verhältnisse herkömmlich die Leichen von Selbstmördern etc ans Land gespült werden, obwohl sie viele Meilen stromaufwärts ins Wasser gerieten, wissen die Anwohner in der Regel über
die hiebei in Betracht kommenden Fragen genau Bescheid, da sie mit

---

[1]) Der Fall hatte sich (im Wiederaufnahmeverfahren) dahin zugespitzt, dass
der wegen Brandstiftung zu 18 Jahren Verurteilte zweifellos (seit 5 Jahren) unschuldig sass, wenn es am Tage des Brandes um 8 Uhr geregnet hat, weil die
Hauptbelastungszeugin damals auf dem Heimwege und 200 Schritte vor ihrem
Hause, eine halbe Stunde auf einem Baumstamme „ausgeruht" haben wollte.

den angeschwemmten Leichen allerlei Schwierigkeiten und (wegen Bergung und Begräbnis) auch Kosten für ihre Gemeinde haben. —

Umständliche Erhebungen können nötig werden, wenn es sich um die Eruierung des Ortes handelt, wo eine im fliessenden Wasser fortgetragene Leiche in dasselbe geraten ist. Die diesfälligen Arbeiten sind in der Regel recht mühsam und können nur unter günstigen Umständen zu positiven Ergebnissen führen. Ich erinnere mich z. B. an einen in mehrfacher Richtung lehrreichen Fall, in welchem in einem Flusse der vollkommen nackte Leichnam eines Bauernmädchens gefunden wurde, und wobei man (es war Hochsommerzeit) sofort mit der sicheren Annahme fertig war, dass es beim Baden ertrunken sein wird. Die trotzdem veranlasste Obduktion ergab, dass die Ertrunkene im vierten Monate schwanger war, und jetzt wurde wieder ebenso rasch behauptet, dass sie sich aus diesem Grunde ertränkt habe. Nun trug die Leiche aber längs des ganzen Rückens und über das Gesäss auffallende parallele dunkelrote Streifen, die beim Einschnitte vitale Reaktion gezeigt haben. Hierdurch war klar, dass die Verstorbene über einen Gegenstand gestreift worden sein musste, der in gleichen Abständen Hervorragungen hatte. Weiter haben aber die vitalen Reaktionen dargetan, dass die Verstorbene jenen Gegenstand passiert haben musste, als sie noch am Leben war. Man vermass und zeichnete jene Streifen, liess den Leichnam (behufs etwa nötiger neuer Vergleiche u. s. w.) einstweilen nicht beerdigen, und unternahm eine Wanderung längs des Flusses in der Richtung, woher der Leichnam gekommen war. Ein fortwährendes genaues Besichtigen des Flussbettes und aller Gegenstände, die in und an diesem irgendwie auffällig waren, liess an einer, im Wasser liegenden Baumwurzel einen Kleiderfetzen und später mehrere solche an anderen Hervorragungen entdecken. Mittlerweile hatte ein Gendarm die Identität der Verstorbenen konstatieren können, und kam der erhebenden Kommission mit der Mutter der Ertrunkenen entgegen. Es war nun leicht, festzustellen, dass die aufgefundenen Fetzen von deren Kleidern herrührten, es war das Mädchen also keineswegs nackt ins Wasser gekommen und es sind erst im rasch strömenden und mit vielen Baumwurzeln u. dgl. versehenen Wasser die Kleider und die Wäsche vom Leichnam gerissen worden; Fussbekleidung hatte die Ertrunkene keine getragen, sondern war barfuss gegangen.[1]) Nach langer mühsamer Wanderung, auf der noch Reste der Kleider und der Wäsche aufgefischt wurden, kam die Kommission an der Behausung der Verunglückten (etwa 1500 Schritte seitwärts vom Flusse) vorbei, ohne das Hindernis entdeckt zu haben, das jene striemenartigen Streifen am Körper des Mädchens erzeugt haben konnte.

---

[1]) Fussbekleidung verliert eine Leiche durch die Gewalt des Wassers allein nicht leicht, ich glaube niemals; wenigstens habe ich dies nie wahrnehmen können, obwohl Wasserleichen in unseren scharfströmenden Gebirgswässern oft schaurige Fahrten über Gerölle und Baumstämme machen und hierbei mitunter ganze Extremitäten verlieren. Sind die Füsse überhaupt erhalten und hatte die Leiche Schuhe oder Stiefel getragen, so waren diese niemals verloren, wenn auch der Körper sonst alle Kleider vollständig eingebüsst hat. Der Fuss schwillt an, das Leder schrumpft, und so sitzt die Fussbekleidung vollkommen fest.

Mittlerweile hatte man von der Mutter der Toten erfahren, dass sie
einen Geliebten hatte, der in einer Lohstampfe (mühlenartige Einrichtung zur Erzeugung von Gerberlohe) bedienstet sei. Die Lohstampfe liege noch etwas stromaufwärts. Nun war es wohl zu vermuten, dass die Kommission nicht weiter zu wandern hätte, als bis
zur Lohstampfe, und in der Tat war unterhalb derselben das sogenannte
Mühlfluder durch einen grossen hölzernen Rechen durchquert, bei
dem die Querstäbe einige Zoll über den Hauptbalken emporragten,
während dieser etwa eine Spanne hoch vom Wasser überflutet wurde.
Vorgenommene Messungen ergaben, dass die Entfernungen jener über-
ragenden Querstäbe genau mit der Entfernung der kratzerartigen
Streifen auf dem Rücken der Verunglückten stimmten. Zweifellos
war also, dass diese oberhalb des Rechens ins Wasser geraten war, und
dass dies nicht weit über diesem gewesen sein konnte, denn wie die
vitalen Reaktionen bewiesen, hatte das Mädchen gelebt, als es über
den Rechen geschwemmt wurde. Nahe vor demselben war aber die
Lohstampfe, wo der Liebhaber des Mädchens wohnte, der auch der
Vater des zu gewärtigenden Kindes war. Es wurde festgestellt, dass
er vor zwei Tagen abends seine Geliebte zu sich bestellt und dass niemand seitdem das Mädchen lebend gesehen hatte. In der Mühle war
der Bursche nicht mehr, er war und blieb seit dem Augenblicke verschwunden, in welchem er vernommen hat, dass der Leichnam seiner
Geliebten gefunden worden ist. Es war kaum zu zweifeln, dass er diese
ins Wasser gestossen hat, offenbar weil er für das zu erwartende Kind
nicht sorgen wollte und „eine andere" zu heiraten beabsichtigte. —
    In ähnlicher Weise wie im vorliegenden Falle, wird die Stelle,
wo der Getötete ins Wasser gekommen ist, nicht selten durch andere
Zufälligkeiten festzustellen sein: durch Verletzungen, anhaftende
Körper, die nur an einer bestimmten Stelle vorkamen, und andere
Umstände, die freilich nur durch genaue Beobachtung, Erhebung und
Kombination festgestellt werden können. So wurde mir von einem
Falle erzählt, in welchem sich an den Kleidern einer Wasserleiche Öl-
farbe fand, die nur von einem meilenweit stromaufwärts gelegenen,
frisch angestrichenen Brückengeländer herrühren konnte; in diesem
Falle gab dieser Umstand den Anhaltspunkt zur Eruierung des Mörders.
    Interessant, wenn auch erfolglos auslaufend, war ein Fall meiner
Praxis, bei dem ein Amtsdiener, wie vermutet wurde, durch ein fingiertes
Stelldichein an einen bestimmten Ort bei einem Mühlenlaufe gelockt,
und dann offenbar aus Rache für irgend eine Amtshandlung ins Wasser
geworfen worden war. Allerdings konnte ich nicht mehr feststellen,
als den Ort, wo dies geschehen sein musste. Der genannte Mühlgang
führte zu einer grossen Papierfabrik, wo der Nachtwächter derselben
den Körper des Ermordeten auf dem Wasser dahertreibend kommen
gesehen hatte. Der Nachtwächter musste nämlich in der Papierfabrik
jede Viertelstunde ausrufen, und wartete eben, bei einem Korridor-
fenster stehend und auf das Wasser blickend, bis die Fabriksuhr dreiviertel 10 Uhr schlagen werde, damit er rufen könne. Er sah also den
Körper kommen und half ihn bergen; so konnte, allerdings nur durch

den erzählten Zufall, festgestellt werden, dass der Körper punkt dreiviertel 10 Uhr bei der Papierfabrik angelangt war. Die Taschenuhr des Verunglückten stand natürlich, und zeigte (sagen wir genau) halb 10 Uhr. Nun begann eine Reihe von interessanten Experimenten, die zwei, als Sachverständige berufene, intelligente Uhrmacher in meiner Gegenwart unternahmen. Der eine von ihnen, vorläufig befragt, hatte behauptet, eine gute Uhr (d. h. eine Uhr mit gut schliessendem, sorgfältig gearbeitetem Gehäuse) müsse stundenlang im Wasser fortgehen, ohne stehen zu bleiben. Der zweite behauptete, es könne nur kurz dauern, wenn das Uhrgehäuse nicht etwa besonders „gedichtet", d. h. durch Kautschuk- oder Lederstreifen abgeschlossen sei. Es wurden nun verschiedene Uhren genommen, die Werke entfernt und statt dieser alte, minderwertige, zur Not noch gehende Werke eingefügt, und das Ganze in ein Glas Wasser getaucht: es zeigte sich, dass fast immer nach wenigen Augenblicken die Uhr zum Stillestehen kam. Nur bei einer englischen Chronometer-Uhr und bei einem Bauernuhrgehäuse dauerte es 12 bis 15 Minuten. Das letztere hatte nämlich ein sogenanntes Übergehäuse (auch Strapeziergehäuse genannt) aus Pakfong, welches überdies innen mit Leder sorgfältig ausgefüttert war, und nur vorne ein pfenniggrosses Loch freiliess, um das Zifferblatt teilweise sehen zu können (wie bei den sogenannten Armee-Uhren). Die Aufziehvorrichtung (Remontoir) war mit Fett wasserdicht gemacht worden. Wie erwähnt: diese Uhr und die englische widerstanden dem Eindringen von Wasser länger, alle anderen nur wenige Augenblicke. Schliesslich wurde die bei dem Ertrunkenen gefundene Uhr auseinandergenommen, gereinigt, geölt, wieder in Gang versetzt, und so unter Wasser gebracht: auch diese Uhr blieb nach wenigen Augenblicken stehen; es war also zweifellos, dass ihr Besitzer wenige Augenblicke vor halb 10 Uhr ins Wasser geraten ist, dass er also eine Viertelstunde lang geschwommen war. (Der Mann hatte nur einen sehr leichten Sommeranzug am Leibe, der dem Eindringen des Wassers keinen Widerstand leisten konnte.) Nun wurde ein grosser Sack mit Heu und so viel Sand ausgefüllt, dass er sowohl an Volumen als auch an spezifischem Gewichte mit einem menschlichen Körper Ähnlichkeit hatte. Dieser Sack wurde in den fraglichen Mühlgang geworfen und eine Viertelstunde lang schwimmen gelassen. Der Versuch war umso sicherer, als der Mühlgang durchaus senkrechte, mit Holz ausgezimmerte Ufer hat, so dass ein Hängenbleiben an Wurzeln, an seichteren Stellen, sowohl bei dem menschlichen Körper als bei dem Versuchsobjekte nicht vorkommen konnte. Die Strecke, welche das letztere in einer Viertelstunde durchschwommen hatte, wurde von der Papierfabrik stromaufwärts aufgetragen und nun war zu vermuten, dass der Verunglückte dort ins Wasser gekommen ist. Genau an der so ermittelten Stelle fand sich allerdings nichts Auffälliges, wohl aber war eine unbedeutende Strecke stromaufwärts das Gras neben dem Wasser stark zertreten, so dass hier ein Kampf stattgefunden zu haben schien. Ausserdem fand sich dort bei genauer Suche ein Rockknopf, der am Rocke der Leiche fehlte. In Verbindung mit anderen Momenten durfte so mit Sicherheit angenommen werden, dass der Betreffende hier absichtlich ins Wasser geworfen wurde; der Täter konnte aber niemals festgestellt werden. —

b) Kleider und darin Befindliches.

Dass eine genaue Besichtigung und Beschreibung von verdächtigen Leichen, gleichviel ob sie bekannt sind oder nicht, unbedingt erfolgen muss, ist selbstverständlich. Ebenso, dass man Risse, Stiche und sonstige Zusammenhangstrennungen der Kleider genau verzeichnet und untersucht, die mit einer Verletzung in Verbindung stehen oder von einem Kampfe herrühren können. Weiter: dass man bei Kleidern unbekannter Leichen nach der Schneiderfirma, an den Knöpfen namentlich der Hose, nach Firmaprägung, nach Merke der Wäsche[1]) sucht etc. Selbstverständlich ist es endlich auch, dass man alle Taschen der Kleider nach dort befindlichen Gegenständen absucht. Hieher gehört auch der Staub in den Taschen, der u. a. über das Gewerbe etc. des Verstorbenen Aufschluss geben kann und der Sand, Schlamm etc. bei Wasserleichen. Werden Papiere bei faulen Leichen oder Wasserleichen gefunden, so ist zu erwägen, dass jene regelmässig Unmengen verschiedener Bakterien enthalten, welche auch noch weiter die Zerstörung von Papier und Schrift bewirken. Sind letztere von Wichtigkeit, so rate ich, die Papiere zu reinigen, zu trocken und dann beiderseits mit Zaponlack (feuergefährlich!) zu bestreichen. Er ist wasserhell, auch nach dem Trocknen weich und biegsam, wird nicht trübe und schützt zuverlässig vor Fäulnis und Bakterien. Ist ein Papier mit Zaponlack bestrichen, so wird Stoff und Schrift auf lange Zeit hinaus nicht schlechter; tut man dies nicht, so kann man böse Erfahrungen machen, da die Schrift völlig verschwinden oder das Papier zerfallen kann. —

Eine Frage, welche bei bekannten und unbekannten Leichen von Bedeutung sein kann, ist die, ob die Kleider der Leiche wohl bestimmt die ihren sind. Dass man in dieser Richtung zu Täuschungen Anlass haben kann, mag verschiedene Gründe haben: es kann sein, dass z. B. der Rock des Getöteten arg zerrissen wurde, als es zu Gegenwehr gekommen ist. Wünscht man nun, dass dies nicht hervortrete und zu Erhebungen Anlass gebe, so zieht man der Leiche einen anderen, unbeschädigten Rock an. Oder man wünscht, dass über eine aufgefundene Leiche eines Menschen, für den man sich sehr interessiert hätte, überhaupt nicht viel erhoben wird, so zieht man ihr die Kleider eines Bettlers an (die Kleider von Vogelscheuchen sollen hiezu benützt worden sein!): um die Leiche eines alten Trunkenboldes, der bettelnd herumzog und im Rausch ins Wasser fiel, kümmert man sich selten. Hat man hier Verdacht, so helfen ja meistens Vergleiche zwischen Kleidern und Physiognomie, namentlich aber den Händen; bei faulen

---

[1]) Dass man ausgetrennte Merke, wenn sie von roter Farbe war, oft noch durch Photographieren lesbar machen kann, darüber s. im Kap. Photographie.

Leichen, oder älteren Wasserleichen versagt dies Mittel allerdings. Aber man erwäge wenigstens die Möglichkeit. —

Wichtig ist auch eine peinliche Untersuchung der Kleidung, wobei selbstverständlich die Nähte genau abgetastet und solche Stellen, an denen der Stoff mehrfach liegt, Rockkragen, Hosenbund und Hosenschlitz, auch aufgetrennt werden müssen. So findet man unter Umständen Papiere, von denen sich Jemand aus irgend einem Grunde nicht trennen will, z. B. Briefe, Notizen, sogar seine echten Legitimationspapiere, die er vielleicht unter geänderten Verhältnissen wieder benützen wollte. Auch hier, im Aufbewahren von Papieren, zeigt sich das, so charakteristische und für uns so wichtige Interesse der Menschen für ihre eigenen Angelegenheiten, das autokentrische Moment. Aus einer Reihe typischer hierher gehöriger Fälle seien zwei erwähnt. Ein Verhafteter hatte im Hutfutter einen Streifen zusammengefaltetes Zeitungspapier eingelegt, so wie man zu tun pflegt, wenn der Hut zu weit ist, um ihn passend zu machen. Dieser, von Fett und Schmutz triefende Papierstreifen enthielt u. a. einen kurzen Zeitungsbericht über einen, vor mehreren Jahren zur Verhandlung gebrachten Strassenraub, der von zwei Männern verübt worden war. Der eine wurde laut Zeitungsbericht verhaftet und damals verurteilt; „sein Genosse ist entflohen", schloss der Zeitungsbericht, „und konnte bisher nicht zustande gebracht werden." Man war geneigt, das Ganze für blossen Zufall zu halten, auch der Verhaftete erklärte unbefangen, er habe mit dem Täter (der verurteilt wurde) auf einer Schulbank gesessen, habe den Bericht zufällig in die Hände bekommen und zum Engermachen seines, bei einem Trödler gekauften, also nicht passenden Hutes verwendet. Auch habe ihn das traurige Schicksal seines ehemaligen Mitschülers, der so tief gesunken sei, ergriffen. Für alle Fälle wurde aber Zeitungsbericht, Photographie und Personsbeschreibung des unbekannten Häftlings an das Gericht, welches jenen Raubanfall verhandelt hatte, gesendet, und der Mann war der „bisher nicht zustande gebrachte" zweite Räuber, der dann zugab, dass er sich den Bericht „aus Interesse für seinen Fall" aufbewahrt habe. —

Der zweite Fall machte im September 1903 die Runde durch alle Tagesblätter. In Paris wurde ein gewisser Lemot ermordet, die Polizei hatte keine Kenntnis, wer der Täter war. Einige Wochen später fand ein Polizist im Jardin des plantes auf einer Bank einen Mann schlafend, dem eine Menge von Zeitungsausschnitten aus der Tasche gefallen war. Der Polizist las dieselben, alle betrafen den Fall Lemot, und als der Mann geweckt und befragt wurde, gestand er in der Schlaftrunkenheit sofort, dass er Lemots Mörder sei. —

Allerdings handelte es sich in beiden Fällen um Lebende, aber sie sollen nur zeigen, wie wichtig Papiere sein können, die bei Jemandem gefunden werden — sei er lebendig oder tot. —

c) Tiere in den Kleidern.

Unter Umständen können Insekten, namentlich Ungeziefer,
durch ihr Lebendig- oder Totsein Anhaltspunkte dafür geben, wann
einer ins Wasser kam etc. Reubold[1]) hat anlässlich eines wichtigen
Falles Versuche darüber gemacht, wie lange z. B. Flöhe unter Wasser
aushalten und hat als Maximum 16 Stunden gefunden. Ich glaube
nicht, dass dies immer auf einen bestimmten Fall angewendet werden
darf, wenigstens nicht dann, wenn die Flöhe noch leben. Sind sie tot,
so ist nach Reubold wohl anzunehmen, dass mindestens 16 Stunden
vergangen sind, seit der Körper ins Wasser kam. Leben sie noch, so
kann auch viel mehr Zeit verflossen sein; wer öfter die Bergung von
Leichen aus dem Wasser mitangesehen hat, wird wissen, welche Menge
von Luft aus den Kleidern entweicht, wenn der Körper gefasst, gedrückt oder gewendet wird. Die aufsteigenden Blasen sind später
allerdings Fäulnisgase, die erste Zeit aber bloss atmosphärische Luft,
die durch die mit Wasser durchtränkten Kleider nicht leicht entweichen
kann; wenn dann ein, in den Kleidern eingeschlossener Floh an oder
in einer solchen Luftblase sitzt, so kann er allerdings recht lange leben.
Von Fliegen, Spinnen, Raupen sagt Reubold a. a. O., dass sie „viel
eher" unter Wasser sterben, wie viel eher, sagt er nicht. Von Ameisen
erzählt eine Dame, Adele Fielde, die sich mit dem Totmartern von
Ameisen befasst hat, dass sie unter Wasser bis zu 72 Stunden aushalten. Wann andere Parasiten, Läuse, Filzläuse etc. unter Wasser
sterben, scheint meines Wissens noch nicht erhoben; ebenso nicht,
wann, das heisst wie lange nach dem Tode eines Menschen, der frei
liegt, ihn seine Parasiten (Flöhe, Läuse, Filzläuse etc.) verlassen; dies
zu wissen wäre u. U. nicht gleichgültig; gesagt wird ganz allgemein,
dass dies geschieht, wenn der Körper erkaltet.

Festzustellen, wie lange Eingeweidewürmer in den Leichen lebend
bleiben, ist Sache der Obduktion und hier nicht zu besprechen. Wohl
dürfte aber hier auf die in neuerer Zeit massgebend gewordene sogen.
„Gräberfauna" hingewiesen werden, da aus den, mit (begrabenen und
nicht begrabenen) Leichen beschäftigten Insekten und deren Larven
wichtige Schlüsse auf die Todeszeit gezogen werden können.[2]) Zu
Ende geführt sind diese Untersuchungen allerdings noch lange nicht,
da, wie ich glaube, immer noch die Jahreszeit des Todes zu wenig berücksichtigt ist. Bekanntlich finden sich an Leichen, die im strengsten

---

[1]) Vierteljahrschrift f. gerichtl. Medizin Bd. 26 p. 393.
[2]) Vergl. Lacassagne und Dutrait im Arch. d'Anthr. crim. XIII, 220;
Brouardel Ann. d'hyg. S. 153, Aug. 1879; P. Megnin „La faune entomologi-
que des tombeaux", Paris, Masson; vergl. Arch. d'anthr. crim. X, 483; H. Gross'
Archiv Bd. III p. 264; v. Niezabitowsky „Experimentelle Beiträge zur Lehre
von der Leichenfauna", Vierteljahrschrift f. ger. Mediz. 3. F. XXIII, 1; Biondi
„Contributo alla fauna cadaverica", „Lo Sperimentale" No. 1. Weitere Literatur
in dieser wichtigen Frage s. Hofmann „Ger. Med." 9. Aufl. p. 876, Anmerkung.
Übrigens wurde die ganze Sache schon vor langer Zeit in Deutschland in Betracht gezogen: Güntz „Der Leichnam des Menschen in seinen physischen
Verwandlungen", Leipzig 1827; Krahmer „Hdbch. der ger. Medizin", Halle
a. d. S. 1851; vergl. Haussner in H. Gross' Archiv Bd. XXVI p. 248 ff.

Winter begraben wurden, gar keine Maden etc. und im Hochsommer kann eine Leiche, die an günstigem Orte lag, in wenigen Tagen bis auf Haut und Knochen von Insekten und Maden (nicht etwa von Raubtieren, Krähen etc.), aufgefressen worden sein; dazwischen liegen alle möglichen Abstufungen von Temperatur und Häufigkeit der Fauna, so dass auch hierauf genaue Rücksicht genommen werden muss. Bedingungslos sind also die veröffentlichten Anhaltspunkte nicht hinzunehmen. — Hieher gehört auch noch die Erwähnung jener gefährlichen Fälle, in welchen Leichen durch Ratten, Asseln, Ameisen, im Wasser auch durch Flohkrebse benagt wurden, wobei man die Verletzung als Schwefelsäureverätzung etc. gedeutet hat.[2]) Die Feststellung, ob solche Benagungen stattgefunden haben, gehören natürlich in das rein medizinische Gebiet; hier sei nur darauf aufmerksam gemacht, dass in Fällen, in welchen eine solche Möglichkeit angenommen wird, s o f o r t festgestellt werden muss, ob sich am fraglichen Orte Ameisen, Schaben, Kellerasseln, Ratten, Flohkrebse etc. aufhalten. Macht man die Leute auf diese Annahme aufmerksam und lässt ihnen genügend Zeit, so ist dies allerdings bedenklich, denn Ameisen, Asseln etc. lassen sich überall anzüchten.

Natürlich ist mit dem Auffinden oder Nichtauffinden der genannten Tiere nicht viel bewiesen; denken wir z. B. an Flohkrebse (Gammarus pulex), welche an im Wasser liegenden Leichen die merkwürdigsten, allen möglichen Vermutungen Raum gebende Hautdefekte erzeugen können; zu finden sind sie fast in jedem Gewässer, aber wenn sie auch entdeckt werden, so müssen sie nicht gerade im vorliegenden Falle einen Hautdefekt erzeugt haben. Ebenso gut kann aber auch eine Nachforschung nach ihnen am Tatorte vergeblich sein und trotzdem waren sie vielleicht in der Nacht oder so lange da, als sie der Leichengeruch angelockt hat. Eine verlässliche Auskunftsperson erzählte mir: er hatte einmal den Augenschein an der Leiche eines Ermordeten vorzunehmen, die auf einer allerdings sehr sumpfigen Wiese, aber einige hundert Schritte von einem kleinen Flusse entfernt lag und schon faul war. Die Kommission kam erst sehr spät abends hin und fand den Kadaver geradezu angefüllt mit den schönsten Solokrebsen; trotzdem versicherten die Leute, dass es noch nie Jemanden eingefallen wäre, in dem Flüsschen nach Krebsen zu suchen „weil dort keine seien". Die Zerstörungen, welche die Krebse angerichtet hatten, wären am Tage, wenn sie wieder abgezogen waren, kaum zu erklären gewesen. —

---

[2]) Vergl. K l i n g e l h ö f f e r in der Vierteljahrschrift für ger. Med. 3. Folge XV. Bd. p. 58 (1898); H o f m a n n „Lehrb. der gerichtl. Med." 9 Aufl. p. 363 (der bekannte Fall Harbaum, der 8 Jahre im Zuchthaus sass, weil man fälschlich angenommen hatte, dass er sein Kind mit Schwefelsäure vergiftet habe): v. H o r o s z k i e w i c z „Casuistischer Beitrag von der Benagung der Leichen durch Insekten", Vierteljahrsschr. f. gerichtl. Med. XXIII, 2 u. Dittrichs Handbuch.

d) Verletzungen nach dem Tode.

Über sogen. agonale und postmortale Verletzungen wird in den Lehrbüchern für gerichtliche Medizin[1]) gesprochen; ich möchte die betreffenden Ausführungen durch Mitteilung einiger Fälle ergänzen. Der eine wird im Kap. „Simulation" genauer besprochen (zwei Bauern haben die Leiche einer Frau, die sich in einen offenen Ziehbrunnen gestürzt hatte, dadurch „geborgen", dass sie ihr die Schlinge eines Strickes um den Hals legten, und sie dann mit dem Brunnenhaspel aufwanden). Der zweite hatte sich in Obersteiermark, hoch im Gebirge zugetragen, wo die Leute oft monatelang völlig eingeschneit bleiben. Es musste also die Leiche einer alten Frau im Freien, in der Nähe des Wohnhauses hingelegt werden, wo sie steinhart fror; als sie im Frühjahr zum Begräbnis gebracht und die Totenschau vorgenommen wurde, entdeckte man eine grosse Menge von Schrotverletzungen an der Leiche; es hatten sich nämlich Nachts Füchse an die Leiche geschlichen, die Bewohner des Hauses hielten „Vorpasse", schossen auf die Füchse und hiebei „mag die Leiche einige Schrote abgekriegt haben." —

Ein dritter, nie aufgeklärter Fall ereignete sich in meiner Praxis. Man hatte die Leiche eines Erhängten im Walde gefunden, die einen Kugelschuss durch die Brust hatte. Die Erhebungen ergaben zweifellos Selbstmord durch Erhängen; niemand hatte ein Interesse an dem Tode des Mannes, die Strangulierungsmarke ergab sichere vitale Reaktion und ein (echter) Brief des Verstorbenen gab als Grund unheilbares Leiden an: tatsächlich war er auch auf das schwerste syphilitisch. Der Schuss rührte von einer grosskalibrigen Büchse her, war auf grössere Entfernung abgegeben, die Wunde zeigte nicht die mindeste vitale Reaktion. Man nahm schliesslich an, dass ein Jäger die Leiche in der Dämmerung für ein Wild gehalten hat — aber abgesehen von den lokalen Unwahrscheinlichkeiten eines solchen Herganges, befindet sich dort nur Niederwild und Niemand jagt dort mit Kugelgewehren. —

5. Aufsuchung verborgener Gegenstände.[2])

Wenn man darauf aufmerksam machen wollte, wo sich überall verborgene Gegenstände, welche auf die Tat irgend einen Bezug haben, befinden können, so müsste man ein Verzeichnis aller jener Gegenstände anfertigen, welche sich unter Dach oder unter freiem Himmel befinden und genügend gross sind, um ein corpus delicti beherbergen zu können. Wer bloss Kisten und Truhen, Laden und Betten, Öfen und Schornsteine durchsucht, wird kaum Wichtiges finden, es muss eben alles angesehen werden, es gibt sozusagen nichts, worin nicht wichtige Gegenstände versteckt sein könnten. Aus meiner und

---

[1]) s. z. B. Dittrichs Handbuch Bd. III p. 336, 329, 357.
[2]) Vergl. Dr. H. Ortloff „Lehrbuch der Kriminalpolizei" S. 216.

meiner Freunde Praxis erwähne ich an Versteckorten nur: Vogelbauer, Rosshaar eines Sophas, Raum zwischen Bild und Schutzbrett, Höhlung eines alten Schlüssels, Krippe im Kuhstall, Topf mit siedender Suppe auf dem Herde (Inhalt: 28 Dukaten), alte Stiefel, Gebetbuch, Hundehütte, Raum zwischen zwei (stehenden) Mühlsteinen, Weinfässer, Brillenfutteral, Medizinschachtel, alte Zeitungen, Schwarzwälder Uhr, Windeln eines Säuglings — einmal war sogar der gesuchte Verbrecher selber im Düngerhaufen verborgen, an dessen Seite, gegen den Stall zu, man eine kleine Öffnung zum Zwecke der Luftzufuhr gelassen hatte!

Der Verdächtigte selbst sei überhaupt s t e t s der Gegenstand genauer Durchsuchung;[1]) oft lässt sich der UR. aus Rücksicht, Zaghaftigkeit und anderen Gründen davon abhalten, den Verdächtigten einer Personsdurchsuchung zu unterziehen. Es ist freilich richtig, dass jede Durchsuchung ein arger Eingriff in die persönliche Freiheit des Bürgers ist: deshalb überlege man es sich auch sorgfältig, bevor man zu einer solchen Massregel schreitet, und ergreife sie nur im ä u s s e r s t e n Falle. Musste man sich aber dazu entschliessen, dann gehe man auch energisch vor und durchsuche nicht bloss das Haus, sondern auch den Mann selbst. In den meisten Fällen wird dies nicht vergeblich sein, da es jedem Menschen nahe liegt, gefährliche oder bedenkliche Gegenstände bei sich zu tragen — wie man es häufig mit wertvollen Sachen macht — man glaubt sie hier am besten geschützt. Erleichtert wird die Aufgabe, wenn man weiss, w a s man zu suchen hat, so dass man ungefähr manches ausschliessen darf, wo die Sache nicht versteckt sein k a n n. Leider sind die Dinge, nach denen man zu suchen hat, meistens klein und leicht zu verstecken: Geld, Pretiosen, Papiere, Gift, — das kann alles fast überall verborgen werden. Erleichtert wird die Arbeit auch, wenn der Beschuldigte anwesend ist, da dessen Mienen und Augen, richtig beobachtet, oft ein untrügliches Zeichen dafür abgeben, ob man am falschen oder richtigen Orte sucht.

Handelt es sich um die Auffindung umfangreicher Gegenstände und hat man feststellen können, dass sie in den leichter zugänglichen Behältnissen u. s. w. des Hauses nicht zu finden sind, so muss sozusagen: in der Substanz des Gebäudes gesucht werden, und da es schon nicht angeht, dieses zu demolieren, um ja gewiss sicher zu gehen, so müssen gewisse Kunstgriffe einfachster Art angewendet und die Augen offen gehalten werden.

Glaubt man, dass Sachen eingemauert wurden, so richte man sein Augenmerk nicht auf jene Stellen der Wände, die frei sichtbar sind, denn da wird nicht leicht etwas verborgen sein, es sei denn, dass man Grund zur Annahme hat, es sei dies vor so langer Zeit geschehen, dass der Verputz der Mauer längst trocknen und neue Tünche aufgetragen werden konnte. Meistens wird eine solche Einmauerung hinter Spiegeln, Bildern, Kästen oder in Kellern vorgenommen und am

---

[1]) Darüber, wie weit man diesfalls gehen darf, unterrichtet die gute Arbeit von E. B e l i n g „Die Vornahme von Untersuchungen am lebenden menschlichen Körper" in der Zeitschrift für die ges. Strafrechtsw. XV. Bd. p. 471.

frischen oder nicht gleichmässigen Verputze kenntlich sein. Findet
man auf diese Weise keine verdächtige Stelle und ist doch zu vermuten,
dass eine Einmauerung stattgefunden hat, so erübrigt nichts anderes,
als die Wände a b z u k l o p f e n , um festzustellen, ob und wo ein
dumpfer Ton wahrzunehmen ist, der auf eine Höhlung schliessen lässt;
diese Arbeit geht verhältnismässig schneller vor sich, als man erwarten
sollte.

  Nicht so einfach sind Forschungen nach Verstecken unter dem
Fussboden. Da man diesen nicht durchwegs aufreissen kann, so muss
man nach Kennzeichen suchen, die auf eine kürzlich vorgenommene
Veränderung schliessen lassen. Solche gibt es allerdings. Handelt
es sich um einen gedielten Boden, so wird man lediglich die Nägelköpfe
in den Dielen genau anzusehen haben; wenn nämlich die Dielen gelegt
werden, so schlägt man die Nägel, mit denen die Bretter an den darunterliegenden sogenannten „Pölstern" befestigt werden, möglichst tief
hinein, damit die Köpfe der Nägel im Brett nicht nur völlig „versenkt"
sind, sondern noch tiefer hinein kommen, als die Oberfläche des Bodens
ist; so soll nämlich verhindert werden, dass man mit der Schuhsohle
an den Nägelköpfen hängen bleibt. Wenn aber die Nägelköpfe so
tief eingeschlagen sind, so sind sie begreiflicherweise schwer zu fassen
und herauszuziehen, zumal dann, wenn die Fussböden öfter gewaschen
werden, so dass die eindringende Feuchtigkeit das Einrosten der Nägel
bewirkt hat. Sind die Nägel aber derart fest im Holze, so ist es unmöglich, diese herauszuziehen, ohne das Holz rings um die Nägel
zu schädigen, und die Kennzeichen hiervon sind nicht mehr zu tilgen.
Sieht man also das Holz um die Nägel eines Brettes der Diele gequetscht
oder sonst beschädigt, so kann man annehmen, dass unter diesem Brette
etwas verborgen ist. Wo derlei Beschädigungen nicht sichtbar sind,
da kann man das Brett auch ruhig liegen lassen.

  Handelt es sich um Parketten, so wird, falls unter ihnen
wirklich etwas verborgen wurde, eine Tafel herausgenommen und
dann wieder eingelegt worden sein. Um dies aber tun zu können,
musste die sogenannte „Feder" durchschnitten werden. Die Parkettentafeln haben nämlich an der Seite, also im Fleische des Brettes,
eine Rinne, die sogenannte Nut, so dass in die beiden Rinnen zweier,
nebeneinander liegenden Parketten die „Feder", ein linealartiges Brettchen (so breit als zwei Nuten zusammen) eingeschoben werden kann,
wodurch die einzelnen Parkettentafeln aneinander fest zusammenhalten. Werden nun diese „Federn" mit einem feinen Messer durchschnitten, mit einem dünnen Stemmeisen abgestossen, oder mit einer
hierzu geeigneten Säge (dem „Fuchsschwanz") durchgesägt, so ist
die Tafel von den sie umgebenden vier anderen Tafeln abgeledigt und
es handelt sich nur darum, sie vom darunterliegenden „Blindboden"
loszureissen, da jede Parkette mindestens an einer Seite durch in die
Nut eingeschlagene, also oben nicht sichtbare, Nägel an der Unterlage
befestigt ist. Da aber diese Nägel nur durch den dritten Teil der Par-
kettendicke gehen, so gelingt es meistens leicht, mittels eines starken
Stemmeisens die abgeledigte Parkette so loszureissen, dass nur ein

starker Span von ihrer Unterseite am Blindboden hängen bleibt. Wird nun unter der losgelösten Tafel etwas verborgen und diese wieder an ihre vorige Stelle gebracht, so ist zwar mit dem Auge allein keine Veränderung wahrzunehmen, wohl aber durch Tasten, da die einzelne Parkette nicht mehr befestigt werden kann, sie könnte höchstens auf dem Blindboden angeleimt worden sein. Wenn man sich also mit etwas gespreizten Beinen auf eine solche Parkette stellt und den Körper von einem Beine auf das andere wiegt, so wird man fast stets finden, dass diese auf etwas wackeliger Grundlage aufruht. Ebenso wird es möglich sein, die lose Parkette soweit hin- und herzuschieben, als es die Fuge zwischen ihr und ihrer Nachbarin gestattet. Jedenfalls wird man eine losgerissene Parkette fast immer mit Leichtigkeit entdecken können.

Handelt es sich um den Erdboden in einem Keller, wo etwas vergraben worden sein soll (wohl der häufigste Fall), so lässt man über die ganze verdächtige Fläche reichlich und plötzlich Wasser ausgiessen: dort, wo das Wasser rascher einsinkt und wo gleichzeitig Luftblasen aufsteigen, dort liegt die Erde lockerer, dort ist vor kurzem gegraben worden. Geradeso macht man es bei einem Boden, der mit Ziegeln, Steinplatten u. s. w. gepflastert ist und der aufgerissen worden sein kann. Zwischen den Ziegeln, Steinplatten u. s. w. eines Fussbodens sammelt sich im Laufe der Zeit eine Menge von Staub, Sand u. s. w., welcher durch eigenes Gewicht, Eintreten und eindringende Feuchtigkeit zu einer festen, kittartigen Masse zu werden pflegt. Kommt also aufgeschüttetes Wasser auf solche alte Fugen, so kann es nur langsam eindringen, wie es eben nach und nach aufgesaugt wird. Sind die Steinplatten aber herausgenommen und wieder eingefügt worden, hat man die Fugen erst neuerlich dadurch ausgefüllt, dass man mit dem Besen Staub oder Sand hineingekehrt hat, so liegt dieser so locker, dass das aufgegossene Wasser dort schnell einsinkt und Luftblasen aufsteigen lässt. —

Ähnliche Nachforschungen im Freien vorzunehmen ist unter allen Umständen schwierig. Ein systematisches Suchen ist wegen der Ausdehnung des Raumes fast immer ausgeschlossen, nur Zufall kann da zu einem günstigen Ergebnisse führen. Künstliche Hilfe könnte ich mir hier z. B. in dem Falle denken, wenn es sich um die Auffindung eines menschlichen Leichnams handelt, da zu diesem Zwecke ein guter Spürhund verwendet werden kann. Allerdings kann hierzu nicht jeder Leit- oder Schweisshund benützt werden; nur wenige Hunde besitzen in dieser Richtung Anlage. Braucht aber der UR. in einem solchen Falle Hilfe, so genügt es freilich nicht, wenn er dekretiert: „Man schaffe einen Spürhund herbei." Auf diese Art erhält er gewiss keinen zur Stelle. Auch hier muss man, wie früher p. 50 erwähnt, schon im Frieden für den Krieg rüsten. Dies ist umso notwendiger, als man solche Mittel häufig am unerwarteten Platze und nicht da findet, wo man sie der Natur der Sache nach erwarten durfte. So besass in meinem Bezirke ein Gerber einen gewöhnlichen Hofhund der nichts von einem Jagdhunde an sich hatte, wohl aber, ich glaube aus blosser Gefrässigkeit, jedes Aas zu finden wusste, das sich im weiten Umkreise befand. Er wurde deshalb auch von den Jägern der Gegend nach jeder Jagd zu dem Zwecke entlehnt, um angeschossenes und verendetes Wild, das die Jagdhunde nicht gefunden hatten, aufzusuchen. Des Gerbers Hund fand alles, was animalisch und tot war, er blieb allerdings ebenso bei dem weidwunden Reh, wie bei der längst verendeten Katze stehen, aber er fand beides. Und als es sich dann einmal darum handelte, einen verschwundenen Cretin aufzusuchen, von dem vermutet wurde, dass er von seinem Schwager ermordet worden sei, wurde der Leichnam des Cretins auch von jenem Hunde, weit entfernt im Walde, gefunden. Damals war es noch möglich festzustellen, dass der Cretin infolge eines epileptischen Anfalles zugrunde gegangen war, wenige Tage später hätte der anatomische Befund nicht mehr dartun können, ob nicht doch eine Gewalttat verübt wurde, und der Verdacht wäre zeitlebens auf dem Schwager jenes Cretins haften geblieben.

Die Sache kann übrigens auch systematisch betrieben werden. In Paris, wo alljährlich überraschend viele Personen, namentlich Kinder, spurlos verschwinden, besitzt die Polizei Hunde, welche nach dem Muster der Cubanischen Schweisshunde, mit denen man entsprungene Sklaven suchte, darauf abgerichtet sind, menschliche Fährten zu verfolgen. Gerät Jemand in Verlust, wird dem Hunde ein Kleidungsstück des zu Suchenden vorgehalten und er dann auf die Fährte gebracht; ist diese noch ziemlich frisch, so verfolgt sie der Hund unbeirrt durch viele andere Spuren, bis er den Verfolgten findet. Die Tagesblätter erzählten vor kurzem von einem Hunde der Pariser Polizei, der auf diese Art das 25. verlorene Kind gefunden hatte. Werden damit die Leistungen der österreichischen und deutschen Polizeihunde zusammengehalten, so muss man allerdings sagen, dass Hunde für unsere Fälle viel leisten könnten. Ich behaupte nicht, dass die Behörden offiziell Spürhunde besitzen sollen, wohl aber sollte es nach Möglichkeit gefördert werden, wenn ein Gendarm, Polizeimann etc. Talent im Abrichten von Hunden besitzt, und etwa Lust hätte, einen Hund zu unterrichten und ihn in den Dienst der Justiz zu stellen.[1] —

Auch hier kann übrigens ein sorgfältiges Aufmerken auf gewisse Vorgänge in der Natur manchesmal helfen. So wurde mit Recht darauf aufmerksam gemacht,[2] dass verhältnismässig viele Ermordete an

---

[1] Vergl. den Aufsatz im Gendarmerie-Jahrbuch 1897 (in Kommission bei L. W. Seidel & Sohn, Wien 1897) pag. 210: „Ein Gehilfe für den Gendarmen" von Hans Gross. In Gent und neuerdings in Brüssel besitzt die Polizei seit 1900 Hunde, die vortreffliche Dienste leisten; ebenso scheinen sich die deutschen Polizeihunde vortrefflich zu bewähren; vergl. H. Gross' Archiv Bd. I p. 263, dann: H. Schneickert „Entdeckung durch Polizeihunde" ibidem Bd. XVIII p. 267; Alb. Hellwig „Wert der Hunde bei Aufspürung von Leichen" ibidem Bd. XVI g. 359; derselbe „Entdeckung eines Mörders durch einen Hund" ibidem Bd. XVIII p. 216 und die Zeitschrift „Der Polizeihund" (Beilage der Zeitschrift „Die Polizei" und „Der Gendarm") Berlin (Schriftleiter: Fritz Gersbach, Berlin W. 9)

[2] Von Leop. Bauke, Köln. Ztg. v. 18./8. 1894.

wenig begangenen Stellen, namentlich oft im Walde, leichthin verscharrt werden. Eine grosse Anzahl von solch Vergrabenen wird aber von Füchsen vermöge ihres scharfen Geruches entdeckt und wieder ausgegraben. Ist die Leiche aber nicht mehr mit Erde bedeckt, so kann sie dann leicht mit Hilfe von Hunden, selbst von Menschen allein gefunden werden. So wurden z. B. in der Provinz Westpreussen allein im Sommer 1867 zwei Mordtaten entdeckt, weil die betreffenden Leichen von Füchsen waren ausgegraben worden. Liegt aber einmal eine Leiche frei, so sammeln sich stets Krähen, Raben etc., auf deren Gebahren gegebenen Falles zu achten ist. Die Leiche einer ermordeten Frau wurde einmal nur dadurch entdeckt, dass die Lehrer der umliegenden Schulen, vom Gendarmen ersucht, die Kinder beauftragten, es zu melden, wenn sie irgendwo auffallend viele Krähen, Raben u. s. w. versammelt sähen. Die Schulkinder, die ja von allen Richtungen zusammentreffen, hatten allerdings Gelegenheit zu solchen Beobachtungen und in der Tat erfolgte von einem derselben eine Meldung, die dergestalt zur Auffindung des Leichnams führte. —

Zum Schlusse mögen hier noch zwei lehrreiche Haussuchungserlebnisse aufgeführt werden. Ein Wilddieb hatte einen Jäger angeschossen und war von diesem ungefähr erkannt worden, weshalb bei dem Verdächtigten eine Haussuchung, hauptsächlich nach dem Gewehre, vorgenommen wurde. Diese führte man mit aller Genauigkeit und Sorgfalt durch und wendete das Haus von unterst zu oberst: keine Spur von Gewehr oder Schiessbedarf, so dass die Amtshandlung für beendet erklärt wurde. Mittlerweile war ein starker Gewitterregen niedergegangen und die Gerichtskommission wartete dessen Ende am Orte ihrer Tätigkeit ab. Das fragliche Haus war so gebaut, wie hierzulande fast alle Bauernhäuser gebaut sind: mitten durch das ebenerdige Gebäude die gangartige Flur, in welche vorne die Haustüre, rückwärts die Hoftüre führt, rechts und links münden die Türen der Küche und der Wohnräume in diese Flur; Haustor und Hoftüre sind, ausser im Winter, tagsüber stets offen. In dieser Flur wartete nun damals die Gerichtskommission auf das Ende des Regens; dieser wurde immer heftiger und schlug endlich zur Haustüre herein. Man schloss deshalb diese Türe, und an der, bisher an die Mauer gelehnten Innenseite der Haustüre hing frei und offen — Gewehr und Jagdtasche mit Pulver und Blei![1]

Ein ähnlicher Fall[2] betraf ebenfalls einen Wilddieb. In einer Gegend waren durch Jahre hindurch zahlreiche Wilddiebstähle vorgekommen, deren man den Glöckner einer kleinen Kirche verdächtigte. Es konnte ihm aber nie ein Beweis geliefert werden, da die sorgfältigsten Haussuchungen vergeblich blieben. Erst nach seinem Tode wurden seine Gewehre samt Schiessbedarf unter dem Hochaltar der Kirche gefunden, wo früher allerdings niemand gesucht hatte.

---

[1] Mitgeteilt vom Landesgerichtsrate von Richter-Binnenthal.
[2] Mitgeteilt von Pfarrer Stelzl in Glein.

IV. Abschnitt.

Vorbereitung für auswärtige Amtshandlungen.

Wie bei allen Arbeiten, so hat auch bei der des UR. das Materielle, das Handwerkszeug, eine Bedeutung, die nicht hoch genug veranschlagt werden kann; es darf behauptet werden, dass mancher Erfolg, manches Misslingen ausschliesslich dem guten und vollständigen, beziehungsweise unbrauchbaren und mangelhaften Werkzeuge des UR. zuzuschreiben war. Wenn im folgenden einzelnes vielleicht kleinlich und überflüssig erscheinen mag, so wird doch die Erfahrung jeden dahin belehren, dass der Besitz einer geordnet erhaltenen und richtig versehenen „Kommissionstasche" nicht nur Bequemlichkeit bietet und Raschheit sichert, sondern auch oft die alleinige Ursache glücklichen Erfolges sein wird.

Ich habe gefunden, dass die zweckmässigste Tasche für solche Zwecke eine sogenannte Offizierssäbeltasche,[1] Fig. 1, ist; sie bietet genügenden Raum, Schutz vor Nässe und Verlust und ist am leichtesten zu tragen. Ich habe sie nicht bloss auf zahllosen Kommissionen, sondern auch auf den beschwerlichen Märschen des bosnischen Okkupationsfeldzuges von 1878 (allerdings zu anderen Zwecken) erprobt, ohne jemals von ihr belästigt worden zu sein. Hängt sie am richtigen Orte, der durch Hin- und Herschieben gefunden wird, so weiss man nach einviertelstündigem Gehen von ihrem Vorhandensein nichts mehr. Eine solche Tasche ist etwa 25 cm lang, 20 cm breit, hat innen Abteilungen von oben nach unten und eine Aussentasche. An der oberen Rückseite sind zwei etwa

Fig. 1.
Offizierssäbeltasche als Kommissionstasche.

15 cm lange Lederschleifen fest angenäht, durch die ein gewöhnlicher Leibriemen gezogen wird. Diesen trägt man so um die Hüfte, dass die Tasche an der äusseren, rückwärtigen Seite des linken Oberschenkels zu ruhen kommt. Dort hängt sie unbeweglich, selbst bei scharfer Gangart. Als Verschluss dient am besten eine Öse, die durch einen Schlitz in der Klappe geht und mit einem kleinen Karabiner versehen wird.

---

[1] Eine grosse Zahl von Zuschriften, die mir von UR. des In- und Auslandes zukommen, versichert einstimmig, dass sich diese Säbeltaschen für Kommissionstaschen als sehr verwendbar erweisen; auch auf verschiedenen Ausstellungen (Wien, Brüssel, Dresden) waren solche eingerichtete Taschen ausgestellt und als höchst zweckmässig bezeichnet. —

Zur inneren Einrichtung gehört vor allem ein bloss für Papier bestimmtes Fach, in dem sich befinden (und zwar die Bogen erst der Länge, dann der Breite nach gefaltet):

a) etwa zehn Bogen b e s t e s Schreibpapier (auf auswärtigen Kommissionen soll man n i e das gewöhnlich schlechte Kanzleipapier benützen, Anstände rächen sich schwer!);

b) mehrere Umschläge verschiedener Grösse;

c) mehrere Bogen bestes Filtrierpapier;[1])

d) sämtliche gebräuchliche und etwa selbst angefertigte Formularien (also: Protokolle mit Zeugen, Beschuldigten, Sachverständigen, Haftbefehle, Begräbnisscheine, Bestätigungen für den Totengräber, Zeugenvorladungen u. s. w.); h i e r b e i m a c h e m a n e s s i c h z u m G r u n d s a t z e, d i e P a p i e r e n i c h t e r s t v o r d e r K o m m i s s i o n i e r u n g, s o n d e r n s t e t s n a c h d i e s e r f ü r d i e n ä c h s t e i n O r d n u n g z u b r i n g e n, d. h. s o f o r t n a c h d e r R ü c k k e h r v o n e i n e r a u s w ä r t i g e n A m t s - h a n d l u n g a l l e s z u e r s e t z e n, w a s m a n h e u t e v e r - b r a u c h t h a t.

Sehr zweckmässig ist es, wenn man in demselben Fache Miniaturausgaben des Strafgesetzes und der Strafprozess-Ordnung (lediglich den Gesetzestext) verwahrt hat. Es kommen die absonderlichsten Zwischenfälle vor, für die man die gesetzlichen Bestimmungen nicht allezeit im Gedächtnisse hat. Zum Schlusse gehört in dies Fach noch eine gute Karte des Bezirkes, in dem Kommissionierungen vorkommen können. Wegen Raumersparnis benützt man dazu eine Karte, die nicht auf Leinwand gespannt ist; sie wird verhältnismässig wenig gebraucht, so dass die Verstärkung durch Leinwand nicht nötig ist. Wohl aber empfiehlt sich ein Umschlag aus durchsichtigem Wachstaffet (wie ihn die Offiziere für ihre Generalstabskarten benützen), da man dann die Karte auch im Regen benützen kann. Gerade bei Unwetter hat man die Karte oft am notwendigsten. Statt dieses Überzuges kann man die Karte auch mit Zaponlack wiederholt bestreichen, wodurch sie durchsichtig und weich bleibt und vom Regen nicht geschädigt wird — allerdings ist sie dann höchst brennbar und daher feuergefährlich.

In die übrigen Abteilungen der Tasche gehören:

1. Feder und Bleistift.
2. Taschentintenzeug.
3. Fläschchen oder Zinntube mit Nigrosin (wasserlösliches Anilinschwarz).
4. Masstab oder Bandmass.
5. Zirkel.
6. Schrittzähler.
7. Pauspapier u. Pausleinwand.
8. Ein Fläschchen Gips.
9. Ein Fläschchen Öl.
10. Eine Bürste.

---

[1]) Ich rate, statt Löschpapier jenes Filtrierpapier mitzunehmen, welches die Chemiker benützen. Einerseits dient es auch gut als Löschpapier und anderseits ist es zu vielen anderen Zwecken zu verwenden, wozu man absolut reines Papier haben muss (Einpacken heikler Substanzen, Aufsaugen und Mitnehmen von wichtigen, etwa giftigen, blutigen Flüssigkeiten etc.).

11. Siegellack.
12. Zwei Glasröhrchen.
13. Zwei kleine Wachskerzchen.
14. Ein kleines Kruzifix.
15. Eine Magnetnadel.
16. Blechschachtel mit Zünd-hölzchen.
17. Seifenblätter oder ein Stück Seife.
18. Eine gute Lupe.

19. Ein Pinsel.
20. Klebemittel (arab. Gummi).
21. Etwas s e h r glattes, starkes Briefpapier.
22. Das Amtssiegel oder Siegel-marken.
23. Blaues Kopierpapier.
24. Feines Seidenpapier.
25. Eine kleine, zusammenlegbare Taschenlaterne.

Ad. 1. Federn und Bleistift seien von vorzüglicher Güte. Aus-gezeichnete Federn ermöglichen rasches Schreiben, dieses Zeitersparnis und diese genaue und sorgfältige Erhebung. Ich habe von meinen Schriftführern stets gefordert, dass sie nur mit: „Turnor & Comp., Birmingham patent globepointed pen" schreiben. Diese ausgezeich-nete, viel zu wenig bekannte Feder hat an der Spitze eine S c h e i b e (n i c h t Kugel) und ermöglicht dadurch ungemein rasches Schreiben, da die Spitze auch auf rauhem Papiere nicht durchsticht und stecken bleibt.[1]) Am besten wäre freilich eine wirklich gute Füllfeder; ob es eine solche, d. h. eine gibt, die in k e i n e r Lage vertrocknet oder durchsickern lässt, weiss ich nicht; ich kenne einige Systeme, aber keines, welches diesen Anforderungen (weder eintrocknen noch ausrinnen in beliebiger Lage) entsprechen würde. Wenn mir Jemand ein absolut gutes System von Füllfedern zur weiteren Empfehlung anraten könnte, wäre ich dankbar. —

Ad. 2. Man sorge für besten Verschluss u n d f ü l l e n a c h j e d e m G e b r a u c h e w i e d e r n a c h.

Ad. 3. Um mit Tinte niemals Schwierigkeiten zu haben (sie kann verderben, das Tintenzeug umfallen) ist es ratsam, etwas Nigrosin (Anilinschwarz), welches aber wasserlöslich sein muss (in jeder Farb-warenhandlung zu bekommen), mitzunehmen. Ein Gramm um wenige Kreuzer genügt für lange Zeit. Es ist dies ein feines schwarzes Pulver, das mit Wasser übergossen, sofort gute Tinte herstellt. Ein Napf, Fläschchen u. s. w. und Wasser ist überall zu finden und so hat man stets gute Tinte zur Hand. Am besten verwahrt man das Pulver in einem sehr kleinen, sogenannten „homöopathischen" Fläschchen.

Ad. 4. Ein guter Masstab ist unerlässlich, seine Notwendigkeit braucht nicht auseinandergesetzt zu werden. Ob man Masstab oder Bandmass besser mitnimmt, kann nicht gesagt werden; für einen Zweck ist das eine besser, für einen anderen das andere.

---

[1]) Diese Federn werden in verschiedenen Stärken (grob, mittelfein und fein) erzeugt; welche No. man wählt, hängt von der Hand ab, das Wichtige und Zweckmässige an der Feder ist nur die Scheibe. Über vielfache Anfragen, wo man diese bekommt, teile ich mit, dass mir nur eine Handlung bekannt ist, die sie führt: „Franz Jamnik, Schreibwarenhandlung, Graz, Hauptplatz". Von dort kann man als „Muster ohne Wert" ein Sortiment von 12 verschiedenen „globepointed pen" um 40 Heller = 33 Pfennige (samt Porto) beziehen. Das Hauptdepot für Österreich - Ungarn hat (laut Aufschrift auf den Schachteln) Benedikt Fürth in Prag.

Ad. 5. Ein Zirkel ist erforderlich, um kleine und feinere Messungen, wie sie oft nötig sind, vorzunehmen.

Ad. 6. Ein Schrittzähler ist nicht unbedingt notwendig, wohl aber sehr bequem. Man erhält derlei Werkzeuge um 12—16 Kronen (10—14 Mark) in Form und Grösse einer Taschenuhr; soll eine grössere Entfernung gemessen werden, so werden alle Zeiger (für 1000, 100 und Einheitsschritte) auf o gestellt, der Zähler wird eingesteckt und dann gegangen. Im Apparate befindet sich ein schweres Hämmerchen, das bei der Erschütterung, die jeder Schritt bewirkt, niederschlägt und den Einheitszeiger um eins weiter treibt; dieser Zeiger ist nach hundert Schritten einmal herumgekommen und nun geht der Hundertzeiger um eins weiter, ebenso dann der Tausendzeiger. Um die Erschütterung recht lebhaft und sicher zu machen, ist es besser, den Schrittzähler in den Stiefel zu stecken, statt in die Westentasche, dann lässt er keinen Schritt ungezählt. Dies gilt namentlich dann, wenn man auf weichem Boden (Sand, Wiesen- oder Moosgrund, Schnee etc.) geht, oder wenn man überhaupt mehr leise und zierlich auftritt. Es ist begreiflich, dass man hierdurch verlässlichere Daten bekommt, als durch das Zählen; auch kann man während des Gehens seine Aufmerksamkeit auf etwas wichtigeres wenden, als wenn man fortwährend auf das Zählen aufmerken muss.

Ad. 7. Gutes, durchsichtiges Pauspapier (Strohpapier, Glaspapier) braucht man oft, um Umrisse, Zeichnungen, Schriftzüge u. s. w. durchzuzeichnen. Pausleinwand braucht man beim Abnehmen von Blutspuren und überall dort, wo sich aus irgend einem Grunde das Pauspapier als zu schwach erweist.

Ad. 8 und 9. Gips und Öl dienen hauptsächlich dazu, um Fussspuren abzunehmen. Dass solche, in Gips abgenommen, durch keine Beschreibung oder Zeichnung zu ersetzen sind und oft das wichtigste Beweismittel bilden können, braucht nicht erörtert zu werden. Wie solche Gipsabnahmen zu machen sind, siehe XIII. Abschnitt.

Ad. 10. Eine Bürste hat den Zweck, bei Benützung von feuchtem Filtrierpapier oder Löschpapier Abklatsche von Gegenständen zu nehmen, die fest und von reliefartiger Form sind; z. B. von Eindrücken durch irgend ein Werkzeug, Einkerbungen durch Messer oder Haken, Verletzungen an Gegenständen u. s. w. Über die Art der Herstellung solcher Papierabklatsche siehe XII. Abschnitt.

Ad. 11. Siegellack zum Verschliessen von Gefässen, Befestigen kleiner Gegenstände, Anbringen eines Siegels u. s. w.

Ad. 12. Die Glasröhren dienen dazu, um rasch eine sichere Probe zu machen, ob ein (im Magen einer Leiche oder bei einer Hausdurchsuchung gefundener) Körper Arsen ist oder nicht. Arsen ist wohl das hauptsächlichste aller verwendbaren Gifte und daher ein rasches Erkennen, um z. B. über eine sofortige Verhaftung schlüssig zu werden, von grösster Wichtigkeit. Diese Röhren seien stark bleistiftdick, etwa 8—10 cm lang, aus klarem dünnen Glase, auf einer Seite offen, auf der anderen geschlossen; (am besten aus Jenaër Hartglas). Über ihre Benützung vergl. XVI. Abschnitt.

Ad. 13 und 14. Wachskerzen von Fingerlänge und -Dicke sind oft nötig, um bei einbrechender Nacht, oder wenn finstere Räumlichkeiten zu erleuchten sind, nicht in Verlegenheit zu kommen. Ausserdem kann man in die Lage geraten, schwer Verletzte u. s. w. beeiden zu müssen und oft fehlt es dann an Leuchtern, Kerzen und Kruzifix. Als solches benützte ich stets ein flaches, wenige Zoll hohes, aus Messing gepresstes Kreuzlein mit dem Bildnis des Erlösers. Vor demselben hat manch ein Sterbender in einsamer Hütte oder im Walde geschworen, und niemand hat behauptet, es muss ein grosses Kanzlei-Kruzifix vorhanden sein.

Ad. 15. Eine Bussole wird benützt, um eine aufzunehmende Skizze zu orientieren, oft auch, um sich selbst im Wege zurecht zu finden; ist so ziemlich unentbehrlich.

Ad. 16. Auch Raucher vergessen oft Zündhölzchen, die, wenn nicht anders, so bei den sub. 12 und 13 genannten Zwecken unerlässlich sind.

Ad. 17. Nach vorgenommener Haussuchung, Kleiderrevision u. s. w. ist Waschen eine Wohltat. Ausserdem kann Seife auch benutzt werden um Abdrücke von kleinen Gegenständen, z. B. Schlüsseln, Zähnen (wenn Bisswunden vorhanden sind) u. s. w., anzufertigen. Ist die mitgenommene Seife für den letztgenannten Zweck zu spröde und krümelig, so kann man auch die unter 13 genannten Wachskerzchen verwenden: man erwärmt das Wachs, knetet es zusammen und verwendet es dann für die genannten Abdrücke.

Ad. 18. Eine gute Lupe[1]) ist beim Aufsuchen und Betrachten kleiner Gegenstände so nötig, dass ihre Unentbehrlichkeit von jedermann eingesehen wird. Die Lupe muss derart beschaffen sein, dass ihre Oberfläche in irgend welcher Weise gegen das Zerkratzen geschützt wird. Eine zerkratzte Lupe ist nahezu unbrauchbar.

Ad. 19. Der Pinsel ist nötig zum Auspinseln von Fussspuren, bevor sie abgenommen werden, beim Abnehmen von Blutspuren u. s. w.

Ad. 20. Das Klebemittel braucht man ebenso beim Abnehmen von Spuren.

Ad. 21. Zur Aufbewahrung von sehr kleinen corp. delicti ist Schreibpapier zu rauh, satiniertes Papier wegen seiner Beimengungen gefährlich, man benütze also nur glattes, starkes Briefpapier.

Ad. 22. Wenn das Amtssiegel fehlt, können oft Verlegenheiten entstehen, man versäume daher nie, eines bei sich zu führen. Ich hatte der Raumersparnis wegen ein Exemplar ohne Handhabe, so dass das Ganze nicht mehr Raum einnahm als ein Silbertaler.

Ad. 23. Das blaue Kopierpapier (feines Strohpapier, beiderseits mit fettiger Indigomasse bestrichen) hat häufig viel Wert, wenn man irgend etwas, z. B. Befehle an mehrere Gendarmen, rasch mehrere Male zu schreiben hat. Soll das geschehen, so legt man auf eine glatte,

---

[1]) Vergl. E. Anuschat in H. Gross' Archiv Bd. XXV p. 1 „Das Taschenmikroskop und seine Verwendung in der kriminalistischen Praxis". Ganz belehrt hat mich diese Abhandlung nicht: ich glaube eine Lupe, wenn sie wirklich vorzüglich ist, dürfte doch für den UR. besser verwendbar sein.

feste Unterlage (Glastafel, Blechplatte, hartes Brett u. s. w.) ein Blatt weisses Papier, darauf ein Blatt Kopierpapier, dann wieder weisses Papier, wieder Kopierpapier und zu oberst wieder weisses Papier. Auf letzterem wird mit einem h a r t e n Bleistifte, mit einem eisernen Nagel oder sonst mit einer harten Spitze s t a r k a u f d r ü c k e n d geschrieben. Es druckt sich dann vom Kopierpapier auf das darunterliegende weisse Papier die Schrift sehr gut ab, so dass man bei Einmalschreiben um eine Kopie mehr erhält, als man Kopierpapierlagen verwendete. Mehr als 4—5 Lagen Kopierpapier zu benutzen, geht nicht gut an, da man sonst zu stark drücken müsste.

Ad. 24. Feines Seidenpapier wird verwendet, wenn man (vergleiche ad 10) Abklatsche von feinen Gegenständen machen will, wenn z. B. die Rauhigkeit einer Holzfläche, eines Steines darzustellen ist, wobei Fliesspapier zu grob wäre.

Ad. 25. Eine Laterne kann in unzähligen Fällen (auch bei Tage zur Durchleuchtung dunkler Räume) die besten Dienste leisten. Man bekommt solche um wenig Geld in so klein zusammenlegbarer Form, dass sie nicht mehr Raum erfordern, als eine Brieftasche. —

Hat man alle die erwähnten Dinge beisammen, so übergibt man sie samt der Tasche einem Sattler oder Buchbinder, der die Sachen möglichst kompendiös ordnet und auf Platten aus starker Pappe und von der Grösse der Tasche, mittelst Laschen aus Leder, Leinwand oder Gummi befestigt, ähnlich wie Reise-Necessairs. Die Platte mit den Sachen wird dann einfach in die Tasche geschoben, bei Bedarf herausgenommen und das Benötigte aus seiner Lasche herausgezogen. Nochmals sei der Grundsatz wiederholt: alles Verbrauchte sofort nach Rückkehr ersetzen, nicht erst vor der neuen Kommissionierung zusammensuchen. Man beachte, dass Exkursionen nur bei wichtigen Fällen angeordnet werden, bei diesen hat man aber mancherlei zu bedenken und nicht erst Zeit zu fragen, ob alle, später doch so wichtigen Kleinigkeiten, in Ordnung sind; da muss man nach der Tasche greifen können und fertig sein. Man wird diese Ratschläge beim Lesen vielleicht für kleinlich halten, wer aber erfahren hat, welcher Aufenthalt, welche Störung, welche Hinderung eintreten kann wegen der mangelhaften Beschaffenheit oder dem vollständigen Abgange irgend einer Kleinigkeit, oder aber wer erfahren hat, wie angenehm und fördernd es ist, wenn alles dieses kleine Zeug in Ordnung ist und klappt, der wird zugeben, dass vielleicht der Erfolg einer Untersuchung von der Beschaffenheit des Handwerkzeuges abhängen kann. —

Ausser diesen, unmittelbar für Untersuchungshandlungen nötigen Dingen, ist es ratsam, noch einiges in der „Kommissionstasche" zu verwahren, was unter Umständen wohl zu brauchen ist. So ist es zu empfehlen, eine kleine Schachtel mit Bonbons mitzunehmen zu Bestechungsversuchen. Hat man draussen kleine Kinder zu vernehmen, so hat man in der Regel weder Zeit noch Lust, sich mit kleinen schmutzigen Bengeln herumzuplagen, um eine vielleicht wichtige Zeugenaussage zu erlangen. In solchen Fällen tut ein Bonbon, mit dem man den kleinen Zeugen besticht, oft gute Wirkung: aus einem heulenden, sich verkriechenden Kinde wird durch dieses einfache Mittel ein tapfer erzählender, zutunlicher Zeuge gemacht. Zweckmässig ist es auch, eine Rolle starken Bindfadens (Spagat, Rebschnur) mitzunehmen. Eine solche Schnur dient bei Messungen, Verpackungen, Ausbesserungen am Wagen etc., selbst bei Fesselungen widerspenstiger Verhafteten u. s. w. Weiter versäume man nicht, sich einige Medikamente für raschen Gebrauch von seinem Arzte zusammenstellen zu lassen. Mit plötzlich auftretenden Kopfschmerzen oder Diarrhöe, durch frühes Aufstehen, heisse Fahrt, schlechte Nahrung u. s. w. erzeugt, wichtige Sachen arbeiten zu müssen, ist zum mindesten nicht angenehm, kann aber auch zur Qual werden; ein Antipyrinpulver (oder Phenacetin-Coffein-Pulver) bezw. ein Dowerisches Pulver kann sofort den Übelstand beseitigen. Hierbei lasse man sich vom Arzt einige Sublimatpastillen geben, um dann, wenn man ekelhafte oder schädliche Dinge angreifen musste, die Hände desinfizieren zu können. In einem solchen Fall wäscht man die Hände zuerst gut mit Seife, löst dann eine Sublimatpastille in einem Waschbecken mit etwa einem Liter reinem Wasser, und wäscht darin die Hände (ohne Seife) möglichst lange. Dieselbe Pastille dient auch bei Verletzungen; man stellt eine Lösung von der ebengenannten Konzentration her, badet darin das verletzte Glied durch etwa 10 Minuten, taucht dann reine Leinwand in die Lösung und verbindet damit die Wunde. Hiermit erzielt man die beste Desinfektion und hat für das spätere Eingreifen des Arztes sicher nichts verdorben. Diese Pastillen sind aber s e h r   g i f t i g und besonders deshalb gefährlich, weil sie wie Bonbons aussehen. Grösste Vorsicht und genaue Bezeichnung (mit Aufschrift: Gift! und gezeichnetem Totenkopf) ist unerlässlich. —

Empfehlenswert ist es, eine der in jeder Apotheke erhältlichen sogen. Verbandpatronen mitzunehmen. Sie sind etwa 7 cm lang, 3 cm breit und ebenso hoch und enthalten (luftdicht eingeschlossen), alles, was man zu einem ersten Verbande nötig hat; man kann damit gut sich und anderen helfen. —

Von Bedeutung können für Raucher einige Reserve-Zigarren sein, da man oft in der Eile seine Zigarrentasche vergessen oder schlecht gefüllt hat. Eine Obduktion ohne Rauchen ist zum mindesten für uns Juristen selbst bei grosser Erfahrung recht lästig. Auch ist es rätlich, ein Paar warme Strümpfe in der „Kommissionstasche" zu haben, um wechseln zu können, wenn man nasse Füsse bekommen hat; ein Kurzsichtiger tut endlich gut, einen kleinen Feldstecher mitzunehmen. Überhaupt wird Jeder nach seiner besonderen Beschaffenheit noch das eine oder andere beifügen. Auch dieses alles sind Kleinigkeiten, im gegebenen Falle sind sie aber wichtig, weil sie allein es möglich machen, dass der UR. seine fünf Sinne beisammen hält. —

BESONDERER TEIL.

A. Die Hilfen des Untersuchungsrichters.

V. Abschnitt.

Der Sachverständige und seine Verwendung.

I. Allgemeines.

Die wichtigste Hilfe, welche dem UR. zur Seite steht, sind die Sachverständigen, welche oft die Entscheidung zu geben haben. Freilich steht dem UR., zumal auf dem Lande, häufig nicht der beste Sachverständige zur Verfügung, aber einerseits kann er in wichtigen Fällen stets an die Sachverständigen am Gerichtshofe appellieren und andererseits vergesse er nicht, dass bei geschickter Verwendung auch Sachverständige geringerer Qualität Gutes leisten werden. Ich möchte fast behaupten, dass es mitunter weniger darauf ankommt, w e r gefragt wird, sondern darauf: w i e, w a s und w a n n gefragt wird. Vor allen muss sich der UR. darüber klar sein, w e n er zu befragen hat, d. h. welche Art von Sachverständigen auszuwählen ist; weiter muss er wissen, w a s ihm der Sachverständige sagen kann, d. h. wo dessen Wissen schon beginnt, wo es aber auch seine naturgemässen Grenzen hat, und endlich, w a n n der Zeitpunkt des Fragens gekommen ist, d. h. in welchem Momente genügendes Material vorhanden und das Suchen von anderen Daten von Überfluss ist. Er wird also vollkommen unterrichtet werden, wenn er z. B. in einem bestimmten Falle Mikroskopiker befragt, während Ärzte nicht imstande sind, den Fall zu klären; es werden Jäger, vielleicht recht einfache Leute, gute Antworten geben, während die gebildeten Waffentechniker den UR. in diesem Falle im Stiche lassen. Da geht es nicht mit schablonenhaften Arbeiten, jeder Fall will seine besondere Überlegung.

Was die Grenzen des Wissens der Sachverständigen anlangt, so wird ein Zuvielverlangen den UR. lächerlich machen, ein Zuwenigfragen ihn wichtiger Beweismittel berauben. Ich kenne einen Fall, in welchem ein UR. zu wissen verlangte, ob das Blut auf einem Tuche von einem Knaben oder einem Mädchen herrühre;[1] ein anderer Untersuchungsrichter liess einen Ofen abreissen und sandte ihn wohlverpackt

---

[1] Eine Frage, die allerdings in kurzem von den Uhlenhuth-Leuten wahrscheinlich beantwortet werden kann, aber damals unsinnig war.

an die Gerichtschemiker der Landeshauptstadt mit der Frage, ob in
diesem Banknoten verbrannt wurden und ein Kollegium von Richtern fragte vor nicht langer Zeit anlässlich eines Falles, in welchem
es zweifelhaft war, ob Wurstvergiftung oder Arsenvergiftung vorliege,
ob nicht das Arsen „v o n s e l b s t" in der Leiche oder gar in der Wurst
„e n t s t a n d e n" sein könnte! — Es werden aber auch jedem UR.
Fälle bekannt sein, in welchen Fragen beantwortet wurden, die uns
Laien unlösbar scheinen; so wurden mir von Physikern auf magne-
tischem Wege Spuren von Eisen nachgewiesen, wo Chemiker aus sach-
lichen Gründen nicht eingreifen konnten, und Botaniker haben mir
den sicheren Beweis geliefert, dass mit einem bestimmten Messer
Hopfenranken abgeschnitten worden sind; was man mit Hilfe der
Elektrizität, der Röntgenstrahlen, der äussersten Finessen der Photographie, der radioaktiven Strahlen und anderer Errungenschaften
noch wird leisten können, ist einfach unabsehbar.

Bezüglich des Zeitpunktes, wann gefragt werden soll, hüte man
sich, überflüssige Zeit zu verlieren, man gönne dem Sachverständigen
aber auch Kenntnis der begleitenden Umstände. Es wird oft behauptet,
den Sachverständigen kümmere ausser dem Objekte gar nichts: man
zeigt ihm z. B. die Wunde, und nun soll er nicht bloss deren Qualität,
Zeit der Heilung und ihre Folgen, sondern auch Werkzeug, Stellung
des Täters und Art der Zufügung kennen. Man vergesse nicht, welche
Schwierigkeiten solche Fälle bringen und wie viele verschiedene Ursachen die gleiche Wirkung haben können. Wenn dem gewissenhaften
Sachverständigen alle begleitenden Umstände bekannt sind, wenn er
die Zeugenaussagen gelesen hat, das mutmassliche Werkzeug sieht
u. s. w., so wird er deshalb nicht zu einem voreiligen Schlusse kommen,
er wird aber die Möglichkeit aller Erwägungen haben, wird sich ein
Bild von dem Vorgange machen und dann sicherer, besser und was
sehr wichtig ist, w e n i g e r behaupten, als wenn ihm die genannte
Hilfe vorenthalten wird. Und j e w e n i g e r e r b e h a u p t e n
k a n n, d e s t o b e s s e r f ü r d e n UR., der dann wenigstens nicht
leicht irregeführt wird. Man vergesse nicht, dass trotz oder gerade
wegen des grossen Fortschrittes der Wissenschaft heute weniger sicher
behauptet wird als früher. Man vergleiche Lehrbücher der gerichtlichen Medizin, die vor dreissig Jahren geschrieben wurden, mit den
heutigen: man wird sehen, dass die Gelehrten wegen der geringen
ihnen zugebote stehenden Erfahrung allgemeine Grundsätze aufzustellen sich getrauten, die heute erschüttert dastehen, weil die grössere
bekanntgewordene Kasuistik Ausnahmen kennen gelehrt hat, die
schliesslich häufiger wurden, als die sogenannten regelmässigen Fälle.

Deshalb wende man diesen Grundsatz auch auf andere Felder
an, d. h. man vertraue nicht seinem eigenen, immerhin lückenhaften
Wissen auf irgend welchem Gebiete; man kennt die Ausnahmen nicht
und frage deshalb den Erfahrenen. Man wird bei Befolgung dieser
Regel zu überraschenden Erfahrungen gelangen, und bei der häufigen
Überzeugung: „Ich dachte, dies sei immer so," wird der Fachmann
eine Reihe von Ausnahmen aufzuzählen wissen, in welchen es „nicht

immer so" ist. Man scheue sich deshalb auch nicht, Sachverständige in scheinbar zweifellosen Dingen zu befragen und den Kreis seiner Experten möglichst weit zu ziehen. Ich weiss, dass es UR. gibt, die jahrelang ausser mit Ärzten, Chemikern, Mikroskopikern und Büchsenmachern mit keinem Sachverständigen verkehrt haben, denen es nie eingefallen wäre, mit Handwerkern und Professoren verschiedenster Art in Verbindung zu treten. Und doch kann man in dieser Weise die wertvollsten Aufschlüsse erlangen. Ich gestehe, dass ich oft Sachverständige einvernommen habe, ohne zu Anfang zu wissen, was sie mir eigentlich sagen sollten. Ich liess Messerschmiede kommen und reichte ihnen das Messer, welches zu einem Morde gedient hatte, mit der Frage, ob sie mir i r g e n d etwas zu sagen wüssten. Und die Antwort war, dass solche Messer nur im nördlichen Böhmen erzeugt werden. Dieses Moment führte zur Entdeckung des Täters. Ein Drechsler machte mich darauf aufmerksam, dass ein vom Täter zurückgelassener Gegenstand von jemandem gedrechselt wurde, der ein Linkshänder sei. Der leugnende Verdächtigte war aus einer fernen Stadt gekommen. Dort wurde nach einem linkshändigen Drechsler geforscht, und dieser erkannte den Verdächtigten als den Käufer jenes Gegenstandes. Sprachforscher bestimmten mir die Nationalität des Schreibers eines Briefes, Schulmeister das Alter eines (damals unbekannten) Banknotenfälschers aus den kleinen Fehlern der Schriftzeichen, und Astronomen berechneten mir jenen Tag im Frühjahre, welcher in seinen Beleuchtungseffekten am Abende einem gewissen Tage im Herbste entspricht. So konnte im F r ü h j a h r e ein Lokalaugenschein vorgenommen werden, um festzustellen, ob der Täter im H e r b s t e um eine gewisse Stunde, an einem gewissen Tage dies und jenes sehen konnte und musste. Eine noch wichtigere Rolle hat einmal ein Numismatiker als Sachverständiger gespielt, als am Tatorte eines Mordes eine Georgsmünze (A v e r s: St. Georg, R e v e r s: Schiff mit Christus und den Jüngern) gefunden wurde, und ein Zeuge bestätigen konnte, dass der Verdächtigte eine Münze hatte, auf deren einen Seite ein Schiff dargestellt war (die andere Seite hatte Zeuge nicht gesehen). Der Numismatiker bestätigte, dass diese Münze mit höchster Wahrscheinlichkeit eine St. Georgsmünze gewesen sein muss, da sonst ein Schiff nur auf wenigen, sehr seltenen Münzen erscheint, deren Besitz dem Verdächtigten nicht zuzutrauen ist. — Bei den grossen Diebstählen auf den italienischen Bahnzügen, wobei Koffer und Kisten geleert und mit Steinen gefüllt wurden, um dasselbe Gewicht herzustellen, wie früher, wurde der Ort der Tat und dann die Täter dadurch entdeckt, dass Mineralogen sagen konnten, wo gerade die benutzten Steine (selten vorkommende Trachyte) genommen worden sein mussten.

Es ist selbstverständlich, dass viele derartige Versuche, von verschiedenen Fachleuten Brauchbares zu erlangen, erfolglos bleiben werden, gleichwohl lasse man sich dadurch weder von solchen Versuchen im allgemeinen, noch auch von anfänglichen Misserfolgen im besonderen Falle abschrecken. Beschränkt man sich darauf, mit den Sachverständigen eine genaue Beschreibung und Vermessung eines

Werkzeuges aufzunehmen und zu konstatieren, dass sonst nichts zu erwähnen sei, so wird freilich selten Wertvolles zutage treten. Lässt man sich aber mit dem Fachmanne, besonders wenn er ein einfacher Handwerker ist, in längere, sachliche Erörterungen ein, erzählt man ihm den Fall und macht ihm klar, um was es sich handelt, so wird nach und nach manch Brauchbares zum Vorschein kommen.

Bisweilen wird man eine Reihe von Handwerkern u. s. w. zurate ziehen müssen, wenn man glaubt, dass aus irgend einem Vorgange, auf eine gewisse Geschicklichkeit, also auf ein gewisses Handwerk geschlossen werden kann. Es wurde z. B. einmal ein grosser, höchst raffinierter Diebstahl in der Weise verübt, dass sich der Dieb, wie sich später herausstellte, der frühere Bediente eines Bankiers, der allein wohnte, untertags in ein Zimmer neben dem Schlafzimmer des Bankiers eingeschlichen hatte. Der Dieb wusste, dass der Bankier abends vor dem Schlafengehen stets die Türe von seinem Schlafzimmer in jenes, in welchem der Dieb versteckt war, abzusperren pflegte. Er beabsichtigte nun zu warten, bis der Herr eingeschlafen sei, dann wollte er in dessen Schlafzimmer schleichen, die Kassenschlüssel vom Nachtkästchen nehmen, die Kasse öffnen und bestehlen (wie er es wirklich getan hatte). Um nun aber nicht im Nebenzimmer abgesperrt zu werden, musste dem Bankier die Meinung beigebracht werden, dass das Zimmer schon abgesperrt sei. Der Dieb hatte nun ein prismatisches Holzklötzchen sorgfältig geschnitzt und mit diesem das sogenannte Riegelloch (d. h. jene viereckige Öffnung, in die der Riegel des Sperrschlosses einer Tür einfällt) ausgefüllt. Als nun der Bankier abends zusperren wollte, konnte der Schlossriegel nicht in das Riegelloch im anderen Türflügel einfallen, d. h. es entstand für ihn dieselbe Wirkung, als ob die Tür schon zugesperrt wäre, und der Bankier meinte, wie er dann selbst sagte, er habe schon zugesperrt und dies vergessen. Die Türe zum Dieb blieb also offen und dieser konnte den Diebstahl ausführen. Das prismatische Klötzchen im Riegelloch hatte er zurückgelassen und dies wurde den Sachverständigen vorgewiesen. Der erste war ein Schreiner, der scharfsinnig meinte: „Das hat ein Genauerer gemacht, als unsereins; es war ja nicht nötig, das Loch so sorgfältig auszufüllen, ein kleines rauh gelassenes Holz, das nur die richtige Längenausdehnung besass, hätte auch genügt." Nun wurde ein Drechsler befragt; dieser meinte, die Arbeit am Klötzchen lasse auf einen schliessen, welcher mit Schnitzarbeit vertraut ist. Der Drechsler dreht, schnitzt aber nicht, ein Drechsler ist der Dieb nicht. Somit war man auf die Tätigkeit eines Holzbildhauers hingewiesen und dieser konnte zufällig auf die Spuren eines Werkzeuges aufmerksam machen, wie es ausschliesslich der „Leistenschneider" (Erzeuger von Schuh- und Stiefelleisten) zu benutzen pflegt. Durch Beischaffung eines solchen Werkzeuges konnte man sich leicht von der Wahrheit der Angaben des Bildhauers überzeugen, und als man nun dies dem Beschädigten mitteilte, so war auch der Dieb gefunden, denn der letztentlassene Bediente des Bankiers war früher und auch später immer, wenn er keinen Platz als Bedienter hatte, ein Leistenschneider.

Es ist übrigens auffallend, wie wenig sich, besonders Leute der arbeitenden Klasse, ihrer gewohnten Hantierungen entäussern können; diese liegen ihnen so zur Hand, und sind ihnen so gar nichts Auffälliges, dass sie sich nicht fürchten, dadurch entdeckt zu werden. Sie meinen, die Sache sei auch jedem anderen gewöhnlich. So wird, wenn er etwas knüpfen muss, der Weber den Weberknoten schürzen, der Müller wird so binden, wie er seine Mehlsäcke eigenartig zuknüpft, der Matrose macht den Tauknoten, der Fischer den Fischerknopf, der Fleischer bindet so, wie er den Strick an den Hörnern des Schlacht-tieres befestigt, und der Zigeuner, der beim Einbruche in ein Zimmer die anderen Türen zubindet, um nicht überrascht zu werden, knüpft auch den als Knebel benützten Stock eigentümlich in den benützten Strick ein.[1] Selbstverständlich gibt es keine besonderen „Sachver-ständigen im Knotenfache", da erübrigt auch nichts anderes, als einen nach dem anderen, dem man Kenntnisse zutraut, zu befragen, bis man den Richtigen gefunden hat.[2]

Solcher Fälle gibt es in jeder Richtung; ein neugeborenes Kind war durch einen Stich ins Hinterhaupt (Grenze von Kopf und Rücken-mark) getötet worden — „just so, wie man ein angeschossenes Reb-huhn federt", hatte der Bürgermeister, ein erfahrener Schütze, gesagt, und in der Tat: der Geliebte der Mutter des getöteten Kindes war ein Jägerbursche.[3] —

Können die Sachverständigen dem UR. aber auch viel sagen, so hüte man sich doch davor, von den Sachverständigen, besonders von den Ärzten, zuviel und namentlich zu Bestimmtes zu verlangen. Ich will hier nicht auseinandersetzen, wie lächerlich sich der UR. bei dem Gerichtsarzte macht, wenn er törichte Fragen stellt oder Sachen bestimmt beantwortet haben will, welche nach Gewissen und Wissen-schaft nicht sicher erledigt werden können. Nur daran möchte ich erinnern, dass der Arzt, ebenso wie jedermann, oft den Fragenden danach beurteilen wird, wie er sich zum Fache des Befragten stellt. Er wird vom UR. nicht gediegenes medizinisches Wissen verlangen, aber er will wenigstens, dass er nicht allzu ungereimt fragt. Es wird die Erwägung im Arzte so leicht wach, wie er dazu komme, mit allem Aufwande seines mühsam erworbenen Wissens zu antworten, wenn geradezu kindisch gefragt wird. Also abgesehen davon, dass man

---

[1] Tardieu (Schmidt's Jahrbuch 1875, 2, 179) bringt einen Fall, in welchem ein sogen. Artillerieknoten wichtig wurde, und Hofmann (gerichtl. Medizin) einen Fall von Selbstmord einer Seidenknüpferin, die den Knoten genau so schlang, wie sie ihn bei den Shawlfranzen gemacht hatte.

[2] A. Griffiths erzählt in „mysteries of Police and crime" den interessanten Fall der „Madame Henri" (der sich nach den Daten etwa 1830 in Frankreich zu-getragen haben muss). Es wurden Teile eines menschlichen, männlichen Körpers in einem Sacke geborgen im Fluss gefunden, und ein Polizist zog aus dem Umstande, dass der Sack oben zugenäht war, den Schluss, dass eine Frau die Täterin war, denn ein Mann hätte den Sack zugebunden und zugeknüpft. Diese Wahrnehmung führte auf die „Madame Henri", sobald der Körper als der ihres Gatten agnosziert war.

[3] Sonnenschein erzählt von einer Frau in Spandau, die durch einen Hals-schnitt getötet wurde: „wie geschlachtet" sagte jeder, der die Ermordete sah. Der Täter war ein Schafschlächter.

durch ungehörige Fragen dem Arzte alle Freude zu eifriger Arbeit benimmt, kann in der Sache selbst das grösste Unheil angerichtet werden, wenn der UR. durchaus Fragen beantwortet haben will, die nicht beantwortet werden können. Ich möchte immer wiederholen, dass der Richter nicht allzeit die gelehrten, vielerfahrenen und mit allen Hilfsmitteln ausgestatteten Gerichtsärzte der Hauptstadt zur Seite hat, er muss oft mit jungen, alten oder weniger geübten Ärzten auf dem Lande arbeiten. Diese können die besten Praktiker und ein Segen am Krankenbette sein, aber Gerichtsärzte in des Wortes eigentlicher Bedeutung sind sie nicht. Wer viel mit Gerichtsärzten zu tun hatte, weiss erst, welch grosse Anforderungen an einen guten Gerichtsarzt gestellt werden, der ja nicht nur Fachmann auf allen Gebieten ärztlichen Wissens sein muss, sondern von allen diesen Gebieten das Schwierigste kennen und überall die besondere, kriminalistische Erfahrung haben soll. Es hiesse geradezu die gerichtliche Medizin, diese Schlussbilanz aus allen Posten ärztlichen Wissens und Könnens, herunterwürdigen, wollte man behaupten, dass jeder beliebige Landarzt, und wenn er als solcher der beste ist, als Gerichtsarzt vollkommen verlässlich sein kann. Gerade deshalb hüte sich der UR., zuviel vom Arzte zu verlangen, es liegt zu sehr in der menschlichen Natur, lieber zu sagen, „so ist es", als „ich weiss es nicht", und es wird der Arzt oft dem drängenden UR. bestimmte Antworten geben, welche vor dem Forum der Wissenschaft nicht standhalten; gerade der grössten Lehrer auf dem Gebiete gerichtlicher Medizin hat es bedurft, um ungescheut das ehrliche Wort zu hören: „Dies wissen wir nicht und hundert anderes auch nicht, obwohl es die Wissenschaft vergangener Jahrzehnte bestimmt zu wissen vermeinte."

Ich will nur auf wenige Beispiele hinweisen. Wie sicher wusste man einst Verletzungen, die zur Zeit des Lebens gesetzt wurden, oder Strangulierungsmarken von solchen zu unterscheiden, die erst nach dem Tode entstanden sind, und alle forensen Mediziner beweisen uns heute überzeugend, dass es hier sichere Unterscheidungszeichen für alle Fälle nicht gibt. Ferner: Anfang und Ende einer Schnittwunde zu bestimmen, was oft wichtig sein kann (z. B. um zu entscheiden, ob Mord oder Selbstmord vorliegt), vermochten die Gerichtsärzte vergangener Zeit sicher, der moderne Arzt wagt dies heute in den meisten Fällen, wenigstens aus der Wunde allein, nicht anzugeben. Mit welcher Bestimmtheit hat man früher Blut aus Wunden von Menstrualblut unterschieden, heute weiss man, dass diese Unterscheidung nicht sicher ist und nur in vereinzelten Fällen bestimmt gemacht werden kann. Kehlkopfbrüche bei Lebenden, Sturzgeburten und Reissen des Nabelstranges wurden entschieden geleugnet, heute kann deren Vorkommen nicht mehr in Abrede gestellt werden; was wusste man einst über Leichenstarrheit,[1] vitale Erscheinungen, die Unterscheidung verschiedener Todesursachen etc. und wie wenig weiss man heute darüber!

---

[1] L a c a s s a g n e „Sur les causes et les variations de la rigidité cadaverique", Arch. d'anthr. crim. tome XIV p. 295.

2. Die Verwendung der Gerichtsärzte.

Vergl. auch XVI. Abschnitt.

Von allen Sachverständigen, an welche der UR. heranzutreten hat, sind die wichtigsten und am häufigsten verwendeten die Gerichtsärzte, weshalb der UR. gerade mit diesen in die nächste Berührung treten sollte. Es ist scheinbar nicht direkt zur Sache gehörig und trotzdem von grösster Bedeutung, in welcher Beziehung der UR. zu seinen Gerichtsärzten steht. Ist diese eine rein geschäftsmässige, äusserliche, so wird auch die Behandlung der meisten und wichtigsten Fälle, in die Gerichtsärzte einzugreifen haben, eine rein geschäftsmässige und äusserliche bleiben. Ist aber das Verhältnis zwischen UR. und Gerichtsarzt ein näheres und durch Interesse an der gemeinsamen Sache bedingt, ein freundschaftliches, so wird auch die Behandlung der Sache das rege Interesse und das gemeinsame, eifrige Zusammenwirken beider Faktoren deutlich zeigen. Freilich muss vorausgesetzt werden, dass Gerichtsarzt und UR. Interesse für ihr Amt haben, denn haben sie es nicht, so sind sie ebenso bedauernswert als unbrauchbar und mögen sich etwas anderem zuwenden. Haben sie aber regen Eifer für ihre Sache, so kann dieser durch enges Zusammenhalten verdoppelt und durch oftmaliges Besprechen eines Falles viel zu dessen Klärung beigetragen werden.

Ich erinnere mich dankbar eines verstorbenen Freundes, der zugleich mit mir an einem grossen Landgerichte diente, er als Bezirks- und Gerichtsarzt, ich als Erhebungsrichter. Wir arbeiteten fünf Jahre zusammen und haben viele Fälle ihrem Ende zugeführt. Viele davon wurden stundenweit entfernt vom Gerichtsorte behandelt und keiner dieser vielen Wege wurde anders zurückgelegt, als unter Belehrungen meines Freundes über gerade anhängige Fälle, oder über die Möglichkeiten, welche sich vom gerichtsärztlichen Standpunkte aus bei dem Falle ergeben könnten, der heute Gegenstand der Amtshandlung sein sollte. Fälle, an denen er als Gerichtsarzt beteiligt war, wurden von uns als gemeinschaftliches Eigentum betrachtet, und wir waren gleichmässig bestrebt, Klarheit in die Sache zu bringen. Es ist nicht möglich zu schildern, welche Anregung, Belehrung, auch für künftige Zeit, welche Erleichterung in der Arbeit und, ich darf sagen, welcher Erfolg diesem Zusammenwirken zu danken war. Ich behaupte: Wo UR. und Gerichtsarzt nicht im regsten, freundschaftlichen Verkehre sind, da ist von der Tätigkeit b e i d e r , namentlich aber des ersteren, nicht viel zu erwarten. Ausser den geschilderten Vorteilen, welche der UR. aus dem innigen Verkehre mit seinen Gerichtsarzte schöpfen wird, ist aber namentlich der zu nennen, dass der UR. so am leichtesten erfährt, wann er den Rat des Arztes s c h o n einholen soll. Ich glaube, dass in vielen Fällen der Sachverständige überhaupt nicht gefragt wird, obwohl er wichtiges sagen könnte, nur, weil der UR. nicht zu ermessen vermag, wieweit das Wissen und Können des Sachverständigen, namentlich des Arztes, reicht.[1]) Das ist aber im geschäftlichen Verkehre schwer, im privaten so leicht festzustellen.

In Fällen, welche den Arzt berühren können, versäume man es niemals, ihn zu fragen, wenn die Sache auch so steht, dass sie scheinbar weit über der Grenze menschlichen Wissens liegt, namentlich, wenn z. B. viel Zeit über die Tat hinweggegangen ist. So macht z. B. L i m a n darauf aufmerksam, wie bei der schon schwarzgrünfaulen Leiche eines aufgefundenen Mannes noch aus dem Befunde des Herzens festgestellt werden konnte, dass er an Herzschlag, also natürlichen Todes, gestorben war. Derselbe Lehrer erwähnt, dass die Knochen des Königs Dagobert, als sie 1200 Jahre nach seinem Tode in St.-Denis ausgegraben wurden, noch so erhalten waren, dass man jegliche Gewalttat, die etwa an ihm verübt worden wäre, noch hätte nachweisen können,[2]) und wie viel man aus dem Mageninhalte eines Toten noch bezüglich der Zeit des Todes sagen kann, beweisen die Forschungen über postmortale Verdauung.[3])

Fig. 2.
Verletzung an einem Schädel in der Kripta von St. Florian.

Ich erinnere an die 6000 Schädel in der Krypta des Klosters St. Florian bei Enns in Oberösterreich. Diese rühren aus einer (unbekannten) Schlacht zu Ende der Völkerwanderung her und sind so wohl erhalten, dass Geschichtsforscher aus den Verletzungen der Schädel die damals gebrauchten Waffen konstruieren konnten. (Z. B. hat ein Schädel die Verletzung durch einen Pfeil erhalten, welcher (Fig. 2) nur auf e i n e r Seite eine Gräte gehabt haben kann.[4]) — Wenn auch selbstverständlich so ferne abgelegene Ereignisse dem UR. nichts mehr zu tun geben können, so beweist das Angeführte nur, dass man wegen Länge der verflossenen

---

[1]) Dass man heute vom UR. eine nicht unbeträchtliche Menge medizinischer Kenntnisse verlangt, ist bekannt genug. Am meisten wird er hievon an seinen eignen Fällen und aus den Belehrungen der Gerichtsärzte erwerben — aber er muss schon auch selber einiges lernen. Vor allem m u s s er wenigstens e i n Lehrbuch der gerichtl. Medizin (Hofmann-Kolisko, Casper-Liman-Schmidtmann, Dittrich, Strassmann etc.) sorgfältig studieren. Dazu hat er irgend ein Wörterbuch zu benützen z. B. D o r n b l ü t h „Klinisches Wörterbuch", Leipzig 1901, endlich aber gewisse forense Arbeiten zu lesen, die ihm über einzelne Schwierigkeiten im besonderen Falle hinaushelfen; ich nenne beispielsweise: W. A. F r e u n d „Meine Erfahrungen als Sachverständiger", Berl. klin. Wochenschrift No. 12 in 1904; M. K a r g e r „Die Tätigkeit der Sachverständigen vor Gericht", Berl. Ärzte-Korrespondenz No. 48 in 1903; Max R i c h t e r „Gerichtsärztl. Diagnostik und Technik", Lpzg., Hirzel 1905; P l a c z e k „Ein deutsches gerichtsärztl. Leicheneröffnungsverfahren", Ztschft. f. Medizinalbeamte No. 15 in 1903; B u s s e „Das Obduktionsprotokoll", Berlin 1903 (2. Aufl.); B. K e n y e r e s „Das Sammeln des Materiales in der gerichtl. Medizin", H. Gross' Archiv Bd. XXII p. 168; Ad. L e s s e r „Stereoskop. gerichtsärztl. Atlas", Breslau 1905.
[2]) Vergl. T o l d t „Die Knochen in gerichtsärztl. Beziehung" in Maschkas Handbuch Bd. 3 p 483.
[3]) z. B. von C. F e r r a i, Vierteljahrschrift f. gerichtl. Medizin 1901 p. 240 und in der Ztschft. f. Medizinalbeamte No. 23 in 1905 (durch Fäulnis kann vorgeschrittenere Verdauung vorgetäuscht werden, als dies tatsächlich der Fall war); dann: S o r g e „Die Verwertung des Mageninhaltes zur Bestimmung der Todeszeit", Ztschft. f. Medizinalbeamte No. 12 in 1904.
[4]) „Die Krypta in St. Florian" von Alfons M ü l l e r, Linz 1883

Zeit allein niemals sagen kann, es lasse sich nichts mehr beweisen:
man frage vorerst den Gerichtsarzt.[1])

Kommen wir zur Verwendung der Gerichtsärzte im besonderen,
so sprechen wir zuerst über ihre Verwendung

a) Bei eigentlich gerichtsärztlichen Fällen.

Zu diesen gehören die Fragen bei Obduktionen, Verletzungen,
Erkrankungen, Sittlichkeitsdelikten, über Kräfteverhältnis, über Alter,
Fähigkeit für bestimmte Handlungen, Simulationen und zahllose andere
Fragen, wie sie alle Tage vorkommen. Was und wie da zu fragen ist,
lehrt die Praxis nach und nach von selbst, und wenn man noch im
Verlaufe der Zeit das richtige Mass des zu Fragenden einhalten gelernt
hat, so wird man auch wahrnehmen, dass man gerade durch die richtige Einschränkung im Verlangen, das meiste vom Gerichtsarzt erreicht.
Man begnüge sich mit einer vorsichtig, mehr allgemein und nicht bestimmt gegebenen Antwort des Arztes, man frage aber auch in jedem
Falle, in welchem man nur entfernt annehmen kann, dass der Arzt
mehr sehen kann, als der Laie. Bescheidet man sich mit einer b e -
d i n g t e n Antwort des Arztes, so wird man sicher in vielen Fällen
dem Arzte später, wenn es sich herausgestellt hat, dass die Frage in
der Tat nicht bestimmt beantwortet werden konnte, Dank dafür wissen,
dass er unbestimmt gesprochen hat. Zwischen *A* und non *A* gibt es
eben noch viel mehr als das ganze Alphabet, und jeder Buchstabe kann
Bedeutung haben. Namentlich dränge man den Arzt nicht im Punkte
der Zeit. Untersucht der Arzt den Verletzten und ist es nicht zweifellos, was er zu sagen hat, so vergönne man ihm eine zweite und dritte
Untersuchung. Man ist weniger Irrtümern ausgesetzt, wenn man
vorläufig kein Gutachten hat, als wenn der Arzt, gedrängt durch die
Ungeduld des UR., ein Gutachten abgegeben hat, das er anders gefasst hätte, wenn ihm in angemessener Frist der Verletzte nochmals
vorgestellt worden wäre.

Noch wichtiger ist dies bei Obduktionen; kann der Arzt nicht
sofort sprechen, so lasse man sich von ihm angeben, welcher Erhebungen
er bedarf, um das zu ergänzen, was ihn die Obduktion gelehrt hat.
Ich wiederhole: es ist nicht wahr, dass der Arzt n u r nach dem Befunde
zu urteilen hat, dass ihn die Erhebungen nicht berühren;[2]) der Arzt
sieht im Befunde, in der Obduktion nur das E r g e b n i s und in vielen
Fällen nicht den W e g , auf welchem dies gefunden wurde. Die Zahl 6
kann ebensogut das Produkt von 2 mal 3, als die Summe von 3 mehr 3
oder 8 weniger 2 u. s. w. sein. In den meisten Fällen ist gerade die Art,
w i e etwas entstanden ist, für den Fall das Wichtigste, und dies kann
vielleicht nur durch den Arzt, der die Akten kennt, ersehen werden.
Deshalb ist aber noch immer nicht zu besorgen, dass der Arzt durch

---

[1]) Vergl. M a g i t o t u. M a n o u v r i e r Arch. d'anthr. crim. IX, 597.
[2]) Vergl. J. B. F r i e d r e i c h „System der gerichtlichen Psychologie",
Regensburg 1852.

diese Kenntnis irregeführt werde, denn die Schlussumme weiss er, und wenn er durch die in den Akten enthaltenen Angaben auf falschen Weg kommen könnte, so hat er im Befunde die stete Kontrolle; er wird auch vielleicht gerade den UR. auf Unrichtigkeiten in den Zeugen-protokollen u. s. w. aufmerksam machen können. Befund und Er-hebungen gehören zusammen, eines ergänzt das andere, und wenn der Arzt weiss, dass ihn der UR. nicht in törichter Weise zu apodiktischen Aussagen nötigt, so wird er durch die Aktenkenntnis eher zu einem umso vorsichtigeren Ausspruche, als zu einem leichtsinnigen und vor-eiligen Gutachten veranlasst werden.[1]

Ausser den genannten Fällen, in welchen der Arzt alle Tage vom UR. in Anspruch genommen wird, gibt es aber noch welche, in denen er Hilfe leisten kann und von diesen sollen einige besprochen werden.

b) Bei Konservierung von Leichenteilen.

Es kann häufig vorkommen, dass ein aufgefundener Leichnam wegen stark vorgeschrittener Fäulnis nicht erkennbar ist, und dass die Agnoszierung auch durch besondere Eigentümlichkeiten im Körper-baue u. s. w. oder auf besondere Effekten des Verstorbenen hin nicht erfolgen kann. Die Agnoszierung kann aber unter Umständen doch von grosser Wichtigkeit sein.[2] Nehmen wir z. B. an, es handle sich darum, festzustellen, ob ein aufgefundener Leichnam identisch ist mit einem Manne, der vor zwei Wochen in einem Gasthause gesehen wurde und den dort zwar niemand gekannt hat, den die Zeugen aber nach seinen Gesichtszügen wieder erkennen zu können behaupten. Wenn sie sich dann z. B. an seinen Anzug nicht erinnern, seine Uhr, Geldtasche u. s. w. nicht gesehen haben, natürlich auch nicht angeben können, ob er etwa am Oberschenkel eine signifikante Narbe oder sonstige Kennzeichen hatte, an denen er erkannt werden würde, so bleiben die Gesichtszüge das einzige Mittel, um den Betreffenden zu agnoszieren. Sind diese durch die Fäulnis derart entstellt, dass sie kein Mensch mehr wieder zu erkennen vermag, so verlange man vom Gerichtsarzte, dass er das von Prof. v. Hofmann angegebene „Re-generationsverfahren" anwende. Dieser sagt:[3] „Der Kopf wird abgeschnitten, das Gehirn entfernt und in der Hinterhaupts- und Seiten-gegend des Kopfes mehrere tiefe Einschnitte gemacht; dann wird das Objekt in fliessendes reines Wasser gelegt. Nach zwölf Stunden ist die grüne Verfärbung der Gesichtshaut zum grössten Teile verschwunden oder verblasst und auch die emphysematische Schwellung wird be-deutend zurückgegangen sein; hierauf wird das Schädeldach wieder aufgesetzt, die Kopfhaut zugenäht und nun der ganze Kopf in konzen-trierte alkoholische Sublimatlösung eingelegt, in welcher nach weiteren

---

[1] Vergl. Poore „A treatise on medical jurisprudence" 2 ed. London 1902.
[2] Vergl. Vortrag von Prof. v. Hofmann „Über Knochen und Täto-wierungen mit Rücksicht auf die Agnoszierungsfrage", Wien 1887.
[3] „Lehrbuch der gerichtlichen Medizin", 9. Aufl., p. 905.

zwölf Stunden die grüne Färbung und das Fäulnisemphysem vollkommen zurückgeht, so dass schliesslich das Gesicht die normalen
Formverhältnisse und jenes Aussehen bietet, wie wir es bei einbalsa-
mierten frischen Leichen beobachten. Statt Sublimat kann man auch
mit gleichem Erfolge Chlorzink verwenden. Selbstverständlich hat
die Möglichkeit der Rekonstruktion des Gesichtes ihre Grenzen; insbesondere ist in den Fällen, wo bereits die Haare ausgegangen sind
und Defekte in der Gesichtshaut sich zu bilden beginnen, in dieser
Beziehung nichts mehr auszurichten."

Ich glaube, dass dieses Verfahren umso wertvoller ist, als im
gegebenen Falle dann der Kopf, der nun agnoszierbar ist, mindestens
bis zur Hauptverhandlung aufbewahrt und hier den Zeugen neuerdings vorgewiesen werden kann. — Ich habe dieses Verfahren hier
angegeben, da es nicht jedem Gerichtsarzte auf dem Lande bekannt
sein dürfte und oft notwendig werden kann. Hierbei ist auf zweierlei
aufmerksam zu machen. Wenn ein solches Verfahren an Orten angewendet werden muss, die keine Wasserleitung mit zufliessendem
Wasser haben, und dies wird wohl in den weitaus meisten Fällen so
sein, dann erübrigt nichts anderes, als den Kopf in irgend einem Bache,
Flusse u. s. w. (wo durch die Verunreinigung des Was-
sers kein Schaden angerichtet wird) auszuwässern;
hierbei muss aber vorgesorgt werden, dass das Objekt durch Wasser-
tiere (Fische, Krebse, namentlich aber die kleinen Flohkrebse) nicht
Schaden leidet. Diese könnten in einer Nacht den grössten Teil
der Haut zerstören und alle Arbeit wäre umsonst. Es würde sich also
empfehlen, eine entsprechend grosse Kiste zu wählen, in deren vier
Seitenteilen mehrere grosse Löcher geschnitten werden; über diese
nagelt man dann grobe Leinwand oder, noch besser, das Geflechte
eines feinmaschigen Siebes, so dass das Wasser frei ein- und ausdringen
kann und doch Tieren, auch sehr kleinen, der Zugang behindert ist.

Weiters glaube ich, dass heute nur mehr wenige Orte so isoliert
liegen, dass es nicht möglich sein sollte, während der 12—15 Stunden,
innerhalb welcher der Kopf ausgewässert wird, das nötige Sublimat
oder Chlorzink zu beschaffen, zumal jeder Apotheker beides haben
m u s s und jeder Landarzt, der eine Hausapotheke führt, beides haben
s o l l. Das eine oder andere wird also in der angegebenen Zeit zu beschaffen sein. —

Von grosser Bedeutung auch für forense Zwecke ist das Formalin
(Formaldehyd), welches ähnlich wie Spiritus, nur viel stärker wirkt;[1]
seine Verwendung ist zweifach: zu Konservierungszwecken und zur
Desinfizierung um z. B. hochgradig faule Leichen vor der Obduktion

---

[1] Ob nicht auch einmal Tartar. stib eine Rolle bei der Konservierung
spielen wird? Stephenson (Deaths from Tartar emetic Brit. med. journ.
No. 11 April 1903) behauptet, dass die (von Klosowski) mit Brechweinstein vergifteten Körper 2 Monate bezw. 5 Jahre nach dem Tode erstaunlich gut erhalten
waren; die Leiche der vor 5 Jahren vergifteten Frau, in deren Eingeweiden man
24 gr. Brechweinstein fand, soll „wie lebend" ausgesehen haben. Wenn das
richtig ist, wären Versuche hierüber zu empfehlen.

vollkommen geruchlos zu machen.[1]) Auch die (privilegierte) Ram-
berg'sche Konservierungsflüssigkeit wird gerühmt, da sie nicht bloss
antiseptisch und desodorisierend, sondern auch farbenerhaltend wirken
soll. Präparate sollen nach Jahren wie frisch aussehen, was für forense
Zwecke allerdings grossen Wert hätte.[2]) — Ähnliche Angaben von
Jones, Kaiserling, Tourdes, Wilhelm, Richardson etc.

Ebenso von Wichtigkeit ist die Aufbewahrung von Knochen-
teilen[3]) bei Verletzungen. Mitunter kann die Notwendigkeit und
Möglichkeit solcher Aufbewahrungen selbst dann vorkommen, wenn
der Verletzte am Leben geblieben ist und wenn einzelne Knochen-
splitter (am häufigsten noch vom Schädel und von Röhrenknochen)
entweder durch den Heilprozess oder auf operativem Wege entfernt
worden sind. Die Aufbewahrung solcher Knochenteile sowie a l l e r
Fragmente, die vom lebenden Menschen abgenommen wurden, muss
i m m e r vom Gerichtsarzte verlangt werden, da sie früher oder später
zu wichtigen Beweismitteln werden können. Besonders häufig wird
die Aufbewahrung solcher Knochenteile dann notwendig werden, wenn
eine Knochenverletzung vorlag, die den Tod zur Folge hatte, also wohl
zumeist bei Schädelverletzungen. I n d i e s e n F ä l l e n m u s s,
was schon seit langem zu geschehen pflegt, d i e A u f b e w a h r u n g
d e s b e s c h ä d i g t e n S c h ä d e l s u n b e d i n g t v e r l a n g t
w e r d e n. [4])

Ist er mazeriert und präpariert, so ist die Beobachtung der Verletzungen ungleich leichter, als wenn noch blutige Haut und Fleisch-
teile daran hängen, die das Beobachtungsfeld beständig unklar machen.
Den reinen, blossen Schädel kann man so oft zur Hand nehmen als
es nötig ist, man kann sorgfältig und genau messen und Proben auf
das verwendete Instrument machen u. s. w. Ferner können Beobachtungen bezüglich des etwa neu Bekanntgewordenen gemacht werden,

---

[1]) Vergl. „Zeitschrift für wissenschaftliche Mikroskopie" 1893, 3. Heft;
„Anatomischer Anzeiger" IX, 112; „Botan. Zentralblatt" 1894, p. 3; „Naturwissenschaftliche Rundschau" Band IX, p. 120; Dr. L. V a n i n o „Der Formaldehyd"; P u p p e in der Vierteljahrschrift f. gerichtl. Medizin 3. Folge 17. Bd. 1899
p. 263 und Dr. S p i t z k a in „Science" N. S. vol. XVIII p 87 (dort auch die
Literatur). Dann besonders: K o c k e l in Schmidtmanns Hdb. d. ger. Medizin
Bd. I p. 737 ff.; hier ebenfalls Literatur und Daten über Formalin, Formal-Salz-
lösungen etc.

[2]) Eine neue, einfache Konservierung gibt Dr. B r o s c h in Wien an („Umschau" No. 18 in 1903), die für forense Zwecke grossen Wert haben müsste
(s. B u s c h a n in H. Gross',Archiv Bd. XV p. 118). Vergl. H. Gross' Archiv
Bd. IX p. 364 und M i n o v i c i in Arch. d'anthropol. crim. tome XIX 1904 p. 842
No. 131 (n i c h t 311). Die Arbeiten von Minovici sind von wesentlicher Be-
deutung; namentlich wichtig sind seine Angaben für das Herrichten verunstalteter
Leichen zum Zwecke des Photographierens (Einsetzen gläserner Augen, fixieren
der Gesichtszüge mit feinen Insektennadeln etc.). Ebenso die Angaben Bertillons:
Einspritzen von Glyzerin i n die Augen und Aufträufeln von Glycerin a u f die
Augen etc.

[3]) Aufbewahrung von Skeletten und deren Konservierung s. H. Gross'
Archiv Bd. VI p. 330.

[4]) Vergl. Dr. K e n y e r e s „Fremdkörper in Verletzungen" in H. Gross'
Archiv Bd. VIII p. 309; derselbe ibidem Bd. XXII p. 203, dann: Z i e m k e „Die
Konservierung anatom. Präparate und ihre Bedeutung für die gerichtl. Medicin",
Offiz. Bericht der XXI. Hauptversammlung des preuss. Medizialbeamtenvereins.

was zur Zeit der Obduktion, weil Details nicht bekannt waren, nicht geschehen ist, und endlich kann der verletzte Schädel eine wichtige Rolle bei der Hauptverhandlung spielen und für sich allein Schuld oder Unschuld beweisen.

Auf zwei Umstände sei noch aufmerksam gemacht; in Universitätsstädten besorgt der Anatomie-Diener das Mazerieren und Herrichten der Knochen, welche in Pausch und Bogen in den Wasserkübeln und Trockenstätten liegen. Ist nun ein forensisch wichtiger Schädel zu präparieren, so bekommt ihn mitunter auch der Anatomie-Diener zur Bearbeitung. Dies darf der UR. unter k e i n e r Bedingung gestatten, da Verluste von kleinen Knochensplittern, Zufügung von neuen Verletzungen, ja sogar Verlust des ganzen corpus delicti und was das ärgste sein könnte: Verwechslungen leicht möglich sind. Für Identität und Integrität eines corpus delicti ist der UR. und der beeidete Sachverständige verantwortlich, der Anatomie-Diener ist keine verpflichtete Amtsperson. Ein corpus delicti verliert aber jeden Anspruch auf Verlässlichkeit und Beweiskraft, wenn es aus den Händen der Amtspersonen gekommen ist. Der UR. muss also verlangen, dass jede Manipulation mit einem solchen Kranium entweder vom Sachverständigen selbst, oder seinem Arbeiter unter seiner Aufsicht gemacht wird. Ein Abtun solcher Arbeiten mit anderen Objekten ist absolut unzulässig.

Der zweite Umstand betrifft die Art, wie präparierte Schädel wieder instand gesetzt werden dürfen. Es ist allerdings recht instruktiv, wenn alle Teile des etwa zertrümmerten Schädels sorgfältig zusammengesucht und zusammengesetzt werden, und wenn man einerseits die Überzeugung hat, dass kein Stückchen des Schädels mehr fehlt, und anderseits beobachten kann, wie, aus welcher Richtung, mit welchem Werkzeuge u. s. w. die Verletzung zugefügt wurde. Ich erinnere mich des Effektes, welchen ein Gerichtsarzt einmal vor den Geschworenen erzielt hat, als er den anscheinend unverletzten Schädel des Erschlagenen, den er sorgfältig mit gummiertem Zigarettenpapier zusammengeklebt hatte, zuerst vordemonstrierte und dann mit einem leichten Drucke der Hand in unzählige Stückchen zerbrach, in die der Schädel durch den tötenden Schlag zertrümmert worden war. D i e s i s t d i e r i c h t i g e A r t , wie ein verletzter Schädel zu Demonstrationszwecken vereinigt werden darf, falsch ist es aber, wenn die Schädelstücke in solider Weise zusammengefügt werden, entweder durch Leim oder in mühsamer, oft auch störender Weise durch Drahtklammern. So habe ich einmal einen Schädel gesehen, der durch zahlreiche Schläge mit dem Öhr einer Axt in viele kleine Stücke zertrümmert worden war, und den der Anatomie-Diener mit grossem Fleisse und bestem russischen Chromleim derart zusammengekittet hatte, dass man weder die Zertrümmerung selbst, noch den Verlauf der Sprünge wahrnehmen konnte. Und was das Übelste war, es war nicht möglich, die Sache wieder gut zu machen, da der Leim (wegen des Chroms), selbst nach langem Liegen im Wasser, nicht loslassen wollte. Wie gesagt, man verlange, d a s s d i e K n o c h e n s p l i t t e r l e d i g l i c h a n d i e

richtige Stelle gelegt, und mit feinem gummierten
Papier festgehalten werden. —

Von grosser Wichtigkeit könnte es sein, wenn sich das von Prof.
His vorgeschlagene Verfahren über die Rekonstruktion von Gesichtern auf dem Schädel bewähren würde. Prof. His hat nämlich
(vorerst zum Zwecke der Identitätsfeststellung des angeblichen Schädels des Musikers Joh. Sebastian Bach) experimentell die mittlere
Stärke der Gewebeschichten auf den verschiedenen Teilen des menschlichen Schädels ermittelt. Er trug dann auf einem Gipsabgusse des
angeblichen Bachschädels die entsprechende Dicke eines Gipsbreies
auf, und das so erhaltene Antlitz stimmte ungefähr mit den erhaltenen
Porträts des Komponisten. Ich bringe aus dem Prachtwerke von

Fig. 3.
Altes Porträt von J. S. Bach.

Fig. 4.
Büste Bachs nach der Methode His' dargestellt.

W. His „Sebastian Bach. Forschungen über dessen Grabstätte, Ge-
beine und Antlitz" Lpzg. F. C. W. Vogel 1895 in Fig. 3 eine verkleinerte
Reproduktion des Porträts und in Fig. 4 eine solche der nach der Methode
His angefertigten Büste des Musikers, so dass man die Ähnlichkeit
selbst beurteilen kann.

Die Tragweite der Idee His' wäre für uns Kriminalisten eine
sehr grosse, da dann bei jedem Skelett eines unbekannten Menschen,
an dem augenscheinlich ein Verbrechen verübt wurde, das Antlitz
nach der Hisschen Methode ergänzt werden könnte, so dass Agnoszierung denkbar wäre. So weit werden wir wohl nicht kommen, da
die Gewebeschichten bei den einzelnen Menschen denn doch zu sehr
verschieden sind. Wohl aber könnte ich mir Erfolg denken, wenn in
einem Falle bestimmte Vermutungen auftreten: das aufgefundene

Skelett sei das des X, und wenn man nun feststellen will, ob dies richtig
sei. In diesem Fall weiss man Alter, Geschlecht, auch Aussehen des
Betreffenden und kann hiernach die Auftragungen vornehmen lassen
(natürlich muss dies jemand tun, der den X nicht gekannt hat).
Unter diesen Voraussetzungen liesse es sich wohl denken, dass man
ein Antlitz erhält, welches der Agnoszierung unterzogen werden kann.
Einige Anhaltspunkte über Alter und Geschlecht der betreffenden
Person wird der anatomische Befund über den Schädel ja in allen Fällen
bieten. —

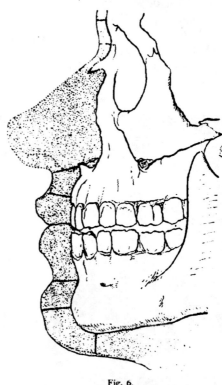

Fig. 5.   Fig. 6.

    Diesen Gedanken hat dann Prof. Kollmann in Basel für speziell
anthropologische Zwecke weiter ausgeführt und auf einem Gipsabguss
des Schädels einer Frau aus der schweizer neolithischen Pfahlbauzeit
ihre Büste ausgeführt.[1]) Ich bringe in Fig. 5 eine Abbildung dieser
Büste und in Fig. 6 einen Durchschnitt des Kopfes. —

    Zum Schlusse sei noch davor gewarnt, Agnoszierungen b l o s s
nach den Kleidern und aufgefundenen Papieren vorzunehmen, da
genug Fälle bekannt sind, wo zur Irreführung ein beliebiger Leich-

    [1]) Vergl. auch den Aufsatz: „Ein alter Lemegauer" v. Oswald Birkhan,
Globus LXXVI No. 15 p. 239 Dann H. Gross' Archiv Bd. 1 p. 120 und Bd. III
p. 164 und die Arbeiten des Schweden C. M. Fürst im „Zentralbl. f. anthropol.
Ethnographie und Urgeschichte" VI. Jahrgg. 1901 Heft 3 p. 136.

nam mit den Kleidern und Ausweispapieren einer anderen Person versehen wurde. Darüber, wie bei Agnoszierungen vorgegangen werden soll, wie Anomalien des Skelettes, die Zahnbildung, Tätowierungen etc. hierbei herangezogen werden sollen s. Hofmann „ger. Medizin“.[1]) — Zu raten ist immer, den Kopf einer unbekannten Person, die forense Wichtigkeit erhalten kann, mitzunehmen und in Spiritus, Formalin oder einer anderen modernen Konservierungsflüssigkeit durch den Gerichtsarzt aufbewahren zu lassen.[2])

Dass man bei der Agnoszierung von Leichen überhaupt sehr vorsichtig sein muss, beweisen zahlreiche, bekannte Fälle, bei welchen oft in verhängnisvoller Weise Irrtümer unterlaufen sind. Vergl. hierüber jedes Lehrbuch der gerichtl. Medizin, dann das im Kapitel „Haare“[3]) diesfalls gesagte und namentlich vielfach veröffentlichte Fälle, in denen man sich z. B. durch das Aufschwellen von Wasserleichen irreführen liess und dann die Leiche eines alten, mageren Menschen für die eines jungen, wohlgenährten gehalten hat.

Über Agnoszierung s. noch VII. Abschnitt („falsche Namen“ besonders bei „Berufsschwielen“).

c) Bei Tätowierungen.

Ebenso wichtig können für den Identitätsnachweis, sowohl bei Lebenden als bei Verstorbenen, vorhandene oder vorhanden gewesene Tätowierungen sein. Dass diese einer eingehenden Besichtigung und Beschreibung zu unterziehen sind, ist selbstverständlich. Zu berühren wäre nur, dass man sich auch um Tätowierungen zu kümmern hat, die nicht mehr da sind. Dass sie verschwinden können, ist nicht zweifelhaft, sie können von selbst vergehen durch die Länge der Zeit, oder aber auch in kurzer Frist, wenn die Arbeit schlecht gemacht war, oder wenn man vergängliche Farbstoffe gewählt hatte. Ebenso können sie aber künstlich zum Verschwinden gebracht werden, und zwar durch Verätzung mit einer Säure, namentlich durch Bestreichung der Tätowierung mit Indigo-Schwefelsäure (Parent-Duchatelet). Ein eigentümliches Verfahren gibt Dr. Variot[4]) an, bei welchem nur Narben zurückbleiben; sogar ein 2—3maliges Auflegen einer Paste aus Salizylsäure und Glyzerin (jedesmal etwa durch eine Woche lang) soll Tätowierungen zum Schwinden bringen. — Weiter[5]) wird angegeben: zuerst wird wiederholt eine starke Tanninlösung auf die Tätowierung aufgetragen, dann wird diese ebenso, wie bei Erzeugung der Tätowierung mit Nadeln behandelt, zuletzt trägt man eine starke Höllen-

---

[1]) 9 Aufl. p. 779 ff.
[2]) ibidem p. 898.
[3]) V. Abschnitt, 3 lit. c.
[4]) „Detatouage“ Arch. d'anthr. crim. V, 542. Vgl. Berger „Tätowierung bei Verbrechern“, Vierteljahrschrift f. gerichtl. Medizin, Juli 1901.
[5]) Kollers „Neueste Erfindungen und Erfahrungen“, Wien, Hartleben 1901, Heft 9.

steinlösung auf. Tardieu hat diesfalls Versuche gemacht mit Essig-
säure und Fett, dann Pottasche, Hydrochlorsäure, endlich Kalilösung.
Dermalen arbeiten Variot und Danlos mit Tannin und Silbernitrat —
wie es in einem Referat[1]) heisst, mit bestem Erfolge. Jedenfalls ist
das Verfahren ziemlich umständlich und Narben bleiben doch, wenn
auch unscheinbar zurück.

Ist nun aus irgend einem Grunde anzunehmen, dass an einem
bestimmten lebenden Individuum eine Tätowierung vorhanden war,
welche nicht mehr zu sehen ist, so veranlasse man den Gerichtsarzt,
dass er jene Stelle, an welcher die Tätowierung (nach irgend welchen
Angaben), vorhanden war oder sonst, wo eine solche sein könnte (Vorderarm, Brust u. s. w.) eingehend untersuche. Ist die Tätowierung künstlich beseitigt worden, so finden sich die deutlichen, auch mit freiem
Auge wahrzunehmenden Narben, die dann nach Form, Grösse u. s. w.
genau zu beschreiben sind. —

Bezüglich der Zeit, nach welcher Tätowierungen verschwinden,
sagt Casper-Liman,[2]) dass man sie (bei alten Invaliden) noch nach
40, ja 54 Jahren wohlerhalten wahrnehmen konnte. Unter 36 Tätowierten waren sie bei 2 verbleicht, bei 2 teilweise, bei 4 ganz verschwunden. Ähnliche Zahlenverhältnisse fand Hutin,[3]) der unter
3000 Invaliden mehr als den sechsten Teil (506) Tätowierte fand.
Tardieu[4]) fand noch bessere Zahlen für die Erhaltung, da seine Untersuchten meist Kohle verwendet hatten (96% waren erhalten geblieben).
Von den verwendeten Substanzen verschwindet am leichtesten: Zinnober,
dann Schiesspulver, Waschblau, Tinte; am besten hält Kohle (Kohle
gepulvert, Russ, Tusch).

Sind die Tätowierungen aber von selbst verschwunden, so wird
der Arzt mit einer guten Lupe in den meisten Fällen die punkt- oder
strichartigen Narben, die durch das Einstechen von Nadeln oder Ritzen
erzeugt wurden, nachweisen können. In manchen Fällen werden diese
Narben noch so gut erhalten sein, dass aus ihnen die frühere Zeichnung konstruiert werden kann. Wesentlich wird diese Herstellung
erleichtert, wenn man die betreffende Hautstelle mit einem Färbe-
mittel, z. B. Tinte, Kienruss, Öl, im Notfall Papierasche etc. stark
einreibt, da der Farbstoff an den etwas erhabenen Narben besser haftet,
als an der übrigen Haut. Dann tritt die Tätowierung deutlich in Farbe
hervor.

Handelt es sich um den Nachweis einer Tätowierung an einer
Leiche, so wird man in der gleichen Weise, wie angegeben, vorgehen
und hat nur noch einen wichtigen Beweis für jene Fälle dazu, in welchen
die Tätowierung im Laufe der Zeit verschwunden ist. Wie nämlich
Follin, v. Merkel, Virchow, Liman u. a. nachgewiesen
haben, wandern die Farbstoffteilchen bis zur nächsten Lymphdrüse,
bleiben in ihr und kommen über sie niemals hinaus.

---

[1]) Arch. d'anthrop. crim. No. 155 p. 851.
[2]) Lehrbuch II. 6. Aufl. p. 128.
[3]) „Recherches sur les tatouages", Paris 1855.
[4]) Ann. d'hyg. Jonner 1855 p. 171.

Sie sitzen dann vorzugsweise in den peripheren Partien der Drüse und sind sowohl an der ganzen Drüse, als insbesondere an ihren Durchschnitten m a k r o s k o p i s c h zu erkennen; natürlich ist dies unterm Mikroskope noch besser zu sehen. nur sieht der so häufig angewendete Zinnober bei auffallendem Lichte rot, bei durchfallendem aber schwarz aus (v. H o f m a n n). Die Untersuchung der entsprechenden Drüse ist in solchen Fällen daher stets vom Arzte zu verlangen. Zu bemerken wäre noch, dass Tätowierungen an Wasserleichen und an mumifiziert vertrockneten Leichen nicht gut kenntlich sind; man wird daher bei ersteren die betreffenden Hautpartien abnehmen und etwas trocknen lassen, bei letzteren aber im Wasser etwas aufweichen lassen. —

Über das Alter einer Tätowierung wird sich im allgemeinen nur etwas sagen lassen, wenn sich die betreffende Körperstelle seit der Operation an Umfang geändert hat, wenn der Tätowierte also gewachsen ist, voller oder magerer wurde. Die Narbenbildung ist bald nach der Operation beendet und ändert sich auch in längeren Zeiträumen fast nur mit der Haut selbst, das Kräftigere oder Blässere in der Farbe beweist nichts: eine frische Tätowierung mit wenig Pigment und eine ältere mit viel Pigment wird ziemlich gleich aussehen; wie die Tätowierung aber gemacht wurde, ist später nicht mehr festzustellen. Nur in vereinzelten Fällen wird man gewisse Schlüsse ziehen können; wenn man z. B. einem Kinde auf dem Rücken einen möglichst grossen Kreis tätowieren liesse, so wird die Figur dann, wenn das Kind erwachsen ist, verzogen und nicht mehr regelmässig sein; ebenso wenn man die Operation an einem kräftigen Jüngling vollzöge, wird der Kreis im hohen Alter des Operierten auch geändert erscheinen. Die Haut dehnt sich eben nicht gleichmässig über den Körper. (Dies sieht man am besten bei den Impfnarben, die sich vom ursprünglichen Anbringungsort oft recht weit weg vorfinden). Vor kurzem wurde in vielen Städten Europas eine junge Amerikanerin zur Schau gestellt (la belle Irène), deren Körper vollständig mit recht hübsch gezeichneten Tätowierungen bedeckt war. Diese waren sicher echt und interessant; unwahr ist aber die Erzählung gewesen, sie sei als Kind von ihrem Vater tätowiert worden, da die Zeichnungen nirgends verzogen und unebenmässig waren, was geschehen hätte müssen, wenn diese erst mit ihr gewachsen wären. Unter Umständen kann dieses Moment ja von Bedeutung sein, wenn es sich um die Richtigstellung von Zeitangaben handelt. —

Bei diesem Anlasse soll auf die Wichtigkeit der Tätowierungen im allgemeinen hingewiesen werden.[1]) Man braucht nicht so weit zu gehen, wie nach dem Vorgange L o m b r o s o s seit 1874 eine Menge

---

[1]) Vergl. W. J o e s t „Tätowieren, Narbenzeichnen und Körperbemalen", Berlin 1888; Dr. K r a u s e „Ueber das Tätowieren", Göttingen 1873; A. L a c a s - s a g n e und E. M a g i t o t „Tatouage". „Dict. enc. med.", T. XVI, Paris 1886; Dr. M. H a b e r l a n d „Mitteilungen der anthropolog. Gesellschaft", XII. Jahrg., No. 6; Dr. Louis B a t u t „Arch. d'anthr. crim.", 1893, T. VIII, p. 77; Dr. A. B a e r „Der Verbrecher", Leipzig 1893; Dr. E. L a u r e n t „Les habitués des prisons de Paris", Paris 1890; W u t t k e „Die Entstehung der Schrift", Leipzig

anderer — M a r r o , L a c a s s a g n e , B a t u t , S a l i l l a s , D r a g o ,
E l l i s , G r e a v e s , B e r g h u. s. w. — gegangen sind, welche das
Tätowieren geradezu als charakteristisch für Verbrecher bezeichnet
haben — aber wichtig sind Tätowierungen immerhin. Gut hat dies
K u r e l l a [1]) zusammengestellt, welcher bei 14% seines Materiales
Tätowierungen fand. Im allgemeinen wird man sagen können, dass
man Tätowierungen fast nur bei Leuten, sagen wir: energischer Ver-
anlagung findet, w e l c h e s i c h s c h o n i n d e r B e r u f s w a h l
d e r L e u t e a u s s p r i c h t ; man entdeckt sie also zumeist bei
Matrosen, Soldaten,[2]) Fleischern, Flössern, Fischern, Holzknechten,
Schmieden u. s. w. Ein Schneider, Weber, Kellner wird nicht leicht
Tätowierungen aufweisen. Dies erklärt sich nicht etwa daraus, dass
energische Leute leichter die Schmerzen ertragen, die beim Tätowieren
erzeugt werden, es liegt dies überhaupt in ihrem Charakter, etwas
Absonderliches, nicht leicht zu Erwerbendes aufweisen zu können.
Dabei spielt das Sexuell-sinnliche solcher Naturen eine bedeutende
Rolle; dies lässt sich nicht recht erklären, findet aber darin seine Begründung, d a s s k r ä f t i g e , s i n n l i c h e N a t u r e n ü b e r -
h a u p t i h r e n K ö r p e r g e r n e i n d e n V o r d e r g r u n d
b r i n g e n u n d s i c h u n d a n d e r e m i t d i e s e m g e r n e
b e s c h ä f t i g e n . Daher kommt es auch, dass man bei uns Tätowierungen unter Personen weiblichen Geschlechtes fast nur bei Prostituierten findet; bei minder kultivierten Völkern sind Tätowierungen
bei Frauen nicht selten; in Bosnien z. B. wird man unter der dortigen
katholischen bäuerlichen Bevölkerung selten ein Mädchen oder eine
Frau ohne Tätowierung finden; diese besteht allerdings meistens
nur aus einem mehr oder weniger verzierten Kreuz, welches auf

---

1872; Charles P e r i e r „Du tatouage ches les criminels", Arch. d'anthr. crim·
1897, XII, p. 485; N. S. M i n o v i c i „Les tatouages en Roumanie", Arch. des.
sc. med. Heft I, 1899; Dr. K u r t „Tätowierung bei Verbrechern", Friedreichs
Blätter, 49. Jahrgg. 3. Heft; F o u q u e t „Le tatouage medical etc.", Arch. d'anthropol. crimin. 1898; B o c a „I tatuaggi, studio psychologico e medico legale sui
delinquenti", Mexico 1900; G a n t e r „Allgem. Zeitschrift f. Psychiatrie" Bd. 58
p. 79; B a e r „Tatouage des Criminels", Arch. d'anthr. crim. X, 152; F e r r i e r
„Tatouages multiples" ibid. XI, 634; F o u q u e t „Le tatouage en Egypte etc."
ibid. XIII, 270; G o u z e r „Tatoueurs et tatoués maritimes", ibidem IX, 33;
dann jedes Lehrbuch der gerichtl. Medizin; B e r g e r „Tätowierung bei
Verbrechern", Vierteljahrschrift f. ger. Medizin Bd. XXII Heft 1 (Juli 1901);
A s c h a f f e n b u r g „Das Verbrechen und seine Bekämpfung", Heidelberg 1903;
M a s c h k a „Zur Tätowierungsfrage" in H. Gross' Archiv Bd. I p. 320; H o f -
m a n n „Lehrbuch", 9. Aufl. p. 906 ff.; S h u z e K u r é „Tätowierung bei Ver-
brechern", Vierteljahrschrift f. gerichtl. Medizin, 49. Jahrg. 1898 p. 203; R o b l e y
„Moko or Moori Tatooing", London 1896; S n e l l „Tätowierte Korrigendinen",
Zentralblatt für Nervenheilkunde und Psychiatrie 1898—99; L a n g r e u t e r
„Demonstration von Verbrechertätowierungen", Allg. Zeitschrift für Psychiatrie
Bd. 52 p. 674; F. E l l e r „Ein Vorlagebuch für Tätowierungen", H. Gross' Archiv
Bd. XIX p. 60; J. J ä g e r „Tätowierungen von 150 Verbrechern mit Personal-
angaben" ibidem Bd. XVIII p. 141 u. Bd. XXI p. 116; M i n o v i c i „Tatuajurile
in România", Bukarest 1898. Übrigens bringt fast jede No. der Arch. d'anthropol.
crim. kleinere Aufsätze und Mitteilungen über Tätowierungen.

[1]) „Naturgeschichte des Verbrechers", Stuttgart 1893.

[2]) Oberstabsarzt Dr. S e i d l teilt z. B. mit, dass es in München Leute
gibt, die vom Tätowieren der Soldaten leben und besonders bald nach den
Rekrutierungen guten Verdienst (20—50 Pf. pro Mann) finden.

13*

der Stirne, der Brust oder dem oberen Teil des Unterarmes tätowiert ist.[1])

Am meisten beweisen die Erhebungen von M a s c h k a in der p. 195 zitierten Arbeit; er hat sich die Mühe genommen, a l l e Soldaten, welche Freiheitsstrafen bekamen, v o r und n a c h der Strafe auf Tätowierung untersuchen zu lassen; es ergab sich nun das Bezeichnende, dass die Leute in der Regel v o r der Freiheitsstrafe nicht, n a c h dieser aber wohl tätowiert waren — dies lässt sich doch bloss aus der Langweile der Haft erklären. Ebenso hat G a n t e r 24 (irre) Tätowierte um den Grund der Tätowierung befragt; die ausnahmslose Antwort lautete: Langeweile und Nachahmung. —

Erwägen wir noch, dass eine solch rohe Toilettierung des Körpers fast nur bei rohen Leuten (L o m b r o s o sagt: bei Völkern keltischer Herkunft!) vorkommt, so haben wir alles beisammen, was die Tätowierung bei Verbrechern betreffen kann. Wir werden sagen, dass wir sie ebenfalls hauptsächlich bei energischen Naturen: Mördern, Totschlägern, Einbrechern u. s. w., und dann aber bei absonderlich sinnlichen Leuten: Zuhältern, Päderasten, Notzüchtlern und Schändern, selten aber bei Betrügern, Einschleichern u. s. w. finden werden. Wir können weiter sagen, dass der rohe, ehrliche Mann sich mit wenigen, bezeichnenden Figuren begnügt: der Matrose hat einen Anker, Jahreszahlen und Initialen, der Soldat Schwerter oder eine Kanone, der Metzger gekreuzte Schlachtbeile u. s. w. (dies alles meistens am rechten Unterarm innen). Eine rohe, nicht ehrliche Natur hat damit nicht genug, sondern schmückt sich mit Anspielungen auf ihr Verbrechen, mit Andeutungen von Rache, mit resigniertem oder frivolem Hinweis auf das voraussichtliche Ende (z. B. „le bagne m'attend", „vendetta", oder ein Galgen u. s. w.). Ist der Mensch recht obscön veranlagt, so bringt er dies entweder in der Art der Darstellung oder in dem gewählten Orte (Geschlechtsteile, Hinterbacken) zum Ausdrucke. Dass sich nun aber unter roh-energischen und sittlich gesunkenen Leuten viele Verbrecher finden, ist sehr natürlich, und wenn daher viele Verbrecher tätowiert sind, so hat, wie so oft, einfach d i e s e l b e Ursache (rohe, unsittliche Veranlagung) z w e i Wirkungen (Tätowierung und Verbrechen) gehabt. Dies ist der ganze Zusammenhang zwischen Tätowierung und Verbrecher, aber für uns ist er deshalb nicht gleichgültig und jede Tätowierung eines Eingelieferten wird immer unser Interesse beanspruchen müssen.

Dass nicht bloss Verbrecher und Verbrechernaturen sich tätowieren, beweist die vor kurzem zu Tage getretene Tatsache, dass es heute unter den jungen englischen Edelleuten, mit dem Thronfolger an der Spitze, höchste Mode ist, sich oft über und über tätowieren zu lassen. Allerdings geschieht dies nicht in ordinärer Weise mit glühenden Stecknadeln, sondern von eigens dazu etablierten „Künstlern" mit Hilfe eines elektrischen Apparates (nach dem Systeme des Galvano-

---

[1]) Mitteilung des Landesmuseums von Bosnien und Herzegowina. Jahrgang 1889, Heft 3.

cauters). Meine Ansicht über die Natur der Tätowierten wird dadurch nicht erschüttert, ob es mit Boxen und Football zusammenhängt, weiss ich nicht.

Und wie alt die Sitte ist, beweist z. B. der von Karl B l i n d gelieferte Nachweiss, dass auch die alten Germanen dieser Sitte huldigten; bei den Thrakern, den Harmaten, Dakern etc. galt sie als Zeichen des Adels, und 787 wurde in Northumberland ein Verbot gegen diese „heidnische" Sitte erlassen. Hierher gehört auch eine Stelle im „Tractatus de superstitionibus" vom magister Nicol. von J a u e r v. J. 1405,[1]) in welchem er gegen das „Punktieren und Zeichnen der Haut und sonstige unerlaubte Gebräuche" eifert.[2])

d) Bei Geisteskranken.[3])

Eine Frage, deren Wichtigkeit nie hoch genug veranschlagt werden kann, ist die, in welchen Fällen der UR. verpflichtet ist, einen Beschuldigten oder einen besonders wichtigen Zeugen den Psychiatern vorzustellen. Es ist selbstverständlich, dass ein Tobsüchtiger, Blödsinniger, ein ausgesprochen Melancholischer u. s. w. den Gerichtsärzten überwiesen wird, dies hat man vor hundert Jahren auch getan; die Entwickelung der medizinischen und juridischen Wissenschaft verlangt aber heute, dass man auch auf solche Geisteskranke sein Augenmerk richte, die nicht für jeden Laien als solche zu erkennen sind, und dass man die Bestrafung wirklich Kranker für etwas verhindere, was sie nur in ihrem Wahne getan haben. Nur durch die äusserste Sorgfalt und strengste Gewissenhaftigkeit können wir einen Teil jener entsetzlichen Sünden früherer Zeiten wieder gut machen, in denen unzählige arme Geisteskranke für ihre vermeintliche Bosheit und besondere Verworfenheit oft in der grausamsten Weise bestraft wurden.

Man käme bei genauer Betrachtung dieser schwierigen und traurigen Verhältnisse fast zu der Überzeugung, dass eigentlich j e d e r Beschuldigte, j e d e r Zeuge, der wichtig ist und mit seiner Aussage vereinzelt dasteht, auf seinen Geisteszustand untersucht werden sollte.[4]) Nur Zweckmässigkeitsgründe, die Notwendigkeit, Zeit und Geld zu sparen, halten uns davon ab, dass wir eine solche obligatorische Untersuchung einführen. Können wir dies aber schon nicht tun, so erfordert Wissenschaft, Gewissen und Humanität, dass wir wenigstens nicht

---

[1]) S. Jos. H a n s e n „Quellen und Untersuchungen zur Gesch. des Hexenwahnes", Bonn, Georgi 1901.

[2]) Dr. B e r t h o l o n (Tunis) bildet (in No. 130 des Arch. d'anthrop. crim. auf p. 768) die bekannten 4 Männergestalten Tamarou's auf dem Grabmal Sethos I. ab, die deutliche Tätowierungen auf Armen und Beinen aufweisen. Diese fast vierthalb Tausend Jahre alten Tätowierungen dürften wohl die ältesten bekannten sein.

[3]) Vergl. insbesondere A. B a e r „Der Verbr. in anthropol. Beziehung", Lpzg. 1893 und die reiche, dort verzeichnete Literatur. Weitere Literaturangabe s. H. Gross' Archiv Bd. IV p. 270 u. J. A u d i f f e r e n t „Folie, alienation mentale et criminalité", Arch. d'anthr. Crim. XIV, 152.

[4]) Vergl. z. B. L e n t z in Bull. de l'acad. de méd. de Belgique 1901 p. 47.

engherzig vorgehen, wenn uns ein Zweifel, auch der leiseste, darüber
aufsteigt, ob ein Beschuldigter zurechnungsfähig ist oder nicht, dass
wir auf alle Momente achten, welche einen Menschen in geistiger Beziehung suspekt machen, und dass wir uns nicht abschrecken lassen,
wieder einen Beschuldigten den Psychiatern vorzuführen, obwohl diese
früher einige andere für gesund erklärt haben, die wir für zweifelhaft
hielten. Wenn sich ein Jurist in medizinischen Fragen irrt, so kann
ihm dies nicht zum Vorwurfe gemacht werden, und wenn er hundertmal
die Psychiater umsonst gefragt hat, so macht dies nur seiner Gewissenhaftigkeit Ehre; jeder Arzt wird ihm bestätigen, dass auch Fachmänner
in der Beurteilung, ob gesund oder krank, die grössten Schwierigkeiten
finden und jeder ehrlich Denkende muss seiner Ansicht dahin Raum
geben, dass es besser ist, viele Gesunde auf Unzurechnungsfähigkeit
untersuchen zu lassen, als einen einzigen zu bestrafen, der für seine
Tat wegen seiner Krankheit nicht verantwortlich gemacht werden darf.

Treten wir der Sache näher, so werden wir vor allem finden,
dass auch hier der UR. in gewissem, nicht unbedeutenden Grade sach-
verständig sein muss. Er soll wenigstens soweit unterrichtet sein,
dass er, ohne allzu grobe Fehler zu begehen, weiss, w a n n er den Psychiater zu fragen hat. Es steht ihm also doch eine gewisse Vorent-
scheidung zu, welche immerhin erst den Stein ins Rollen bringt. Hat
der UR. die Psychiater herangezogen, so ist die Verantwortung auf
ihre Schultern übertragen; hat er aber nicht befunden, sie zu fragen,
so wird dies von anderer Seite nur in seltenen Fällen geschehen und
der UR. hat die Verantwortung allein zu tragen. Um dies aber mit
gutem Gewissen tun zu können und um sich für sein späteres Leben
quälende Selbstvorwürfe zu ersparen, wird der UR. im Veranlassen
von ärztlichen Untersuchungen des Geisteszustandes lieber zuviel,
als zuwenig tun. Um aber hier eine gewisse Grenze zu finden und
nicht allzuviele überflüssige Untersuchungen zu veranlassen, wird er
gezwungen sein, sich ein gewisses Mass von Kenntnissen zu erwerben.
Dass dies nicht leicht ist, soll gerne zugestanden werden, aber das Amt
des UR. ist überhaupt nicht leicht und seine Schwierigkeit besteht
darin, dass er sich viele, ihm anfänglich fremde Kenntnisse erwerben
muss. —

Der Wege, wie sich der UR. die nötigen Kenntnisse, die er in
diesem Falle braucht, aneignen soll, gibt es mehrere. Vor allem ist es
nötig, dass er eine Anzahl von Lehrbüchern über gerichtliche Psychopathologie studiert; so sauer dies auch anfangs gehen mag, findet man
sich nach einiger Zeit doch hinein, namentlich, wenn man sich einiger
Anleitung von Seite eines Sachverständigen erfreut, der die Werke
angibt und über die grössten Schwierigkeiten beim Verständnisse hinweghilft. Das Erlernte bliebe aber totes Material, liesse man es dabei
bewenden; ist es dem UR. mit seinem Berufe ernst, so erübrigt nichts
anderes, a l s s i c h a u f d i e S c h u l b a n k z u s e t z e n u n d
e i n i g e S e m e s t e r l a n g V o r l e s u n g e n ü b e r G e i s t e s -
k r a n k h e i t e n z u h ö r e n. Nur wenn man am lebenden Objekte
die einzelnen Fälle demonstriert sieht und erklärt hört, ist man im-

stande, das aus den Büchern Gelernte wirklich in der Praxis mit Nutzen zu verwerten und namentlich die beschriebenen Erscheinungen auf das richtige Mass zu bringen. Auch die besten Lehrbücher sind nicht imstande, dem Leser ein Verständnis dafür beizubringen, w e l c h e n G r a d e i n e r E r s c h e i n u n g d e r V e r f a s s e r m e i n t. Hört man von „wirren Blick", „ungeordneten Reden", „langsamen Besinnen" und hundert anderen ähnlichen Ausdrücken, so wird der Laie ausnahmslos hierunter zuviel oder zuwenig verstehen, d. h. er wird entweder ein unbedeutendes, konfuses Schauen, wie es bei normalen Menschen vorkommen kann, schon als suspekten „wirren Blick" auffassen, oder aber er wird vermeinen, dass zu diesem Begriffe ein entsetzliches Augenrollen u. s. w. gehört, und wird manchen wirklich psychopathischen „wirren Blick" noch als normal ansehen. Was diesfalls richtig ist, das kann ihm nur der Irrenarzt am lebenden Materiale zeigen, nicht im Buche sagen.

Das Lehrreichste für den UR. sind seine eigenen Fälle, bei denen er sieht, wie der Arzt den Patienten untersucht, wo er sich auf manches aufmerksam machen lassen kann und dann das Elaborat der Sachverständigen zur Einsicht bekommt. Wenn der UR. dies nur so benutzt, dass er die letzten Zeilen der mühevollen Arbeit durchsieht und nur konstatiert ob dort steht: „Narr" oder „Nichtnarr", dann wird er freilich weder aus diesem Gutachten noch aus tausend anderen Nutzen ziehen. Wie leicht könnte er aber daraus lernen! Das Gutachten behandelt einen Fall, den der UR. vom Anfange an in der Hand hatte, er hat den Patienten als „gesund" erhalten, er hat die ersten Spuren des Zweifels in sich entstehen gesehen, er weiss, was er selbst über die Sache im allgemeinen und über jedes einzelne Symptom gedacht hat. Nun bekommt er das eingehende Gutachten der Sachverständigen, worin er das von ihm selbst als Laie Gesehene fachmännisch geschildert und erklärt findet und daran seine eigene Auffassung korrigieren kann. Bleiben ihm einzelne Momente unklar und zweifelhaft, so hat er die Möglichkeit, sich Aufklärung und Belehrung vom Sachverständigen zu verschaffen und ist so in die Lage versetzt, dass er an einigen Fällen seiner Praxis erlernt, wie er die Sache in Zukunft anzupacken hat. Freilich ist da vorausgesetzt, dass er den Patienten beobachtet, das Gutachten sorgfältig studiert, den Sachverständigen um Erklärungen ersucht und einschlägige Fälle aus der Literatur nachgelesen hat.

Als Grundlage für seine diesfälligen Studien kann dem UR. das Werk des Professors Freiherrn v. K r a f f t - E b i n g, „Grundzüge der Kriminal-Psychologie für Juristen", nicht genug empfohlen werden, ein Buch, welches eigentlich jeder UR. geradezu auswendig gelernt haben sollte, bevor er sich an sein so verantwortungsvolles Amt heranwagt.[1]

---

[1] Gute, kleinere Kompendien sind auch: C r a m e r „Gerichtl. Psychiatrie", Jena 1897 und D e l b r ü c k „Gerichtliche Psychopathologie", Leipzig 1897. — Vergl. dazu Dr. B r o s i u s „Über die Verkennung des Irreseins", Leipzig 1894 und das grosse Sammelwerk „Handbuch der gerichtl. Psychiatrie", herausg. v.

Bedeutende Fachmänner haben versucht, es dem UR. in der Beurteilung der Frage, wann er den Psychiater zu fragen habe, dadurch zu erleichtern, dass sie jene Kennzeichen aufzählen, die jeder Laie beobachten kann und die den Verdacht einer Psychose rege machen. So hätte nach C a s p e r - L i m a n der UR. immer dann den Arzt zu Rate zu ziehen, wenn vorliegen: 1. erbliche Veranlagung — wenn es also bekannt wird, dass Eltern oder sonstige Verwandte (auch Kinder) des Suspekten geistig krank waren; 2. Schädlichkeiten, die das Gehirn betrafen (Kopfverletzungen, schwere Krankheiten mit Gehirnaffektionen u. s. w.); 3. Neurosen (Epilepsie,[1]) Hypochondrie, Hysterie[2]) u. s. w.); 4. Alkoholismus; 5. gewisse körperliche Erkrankungen (Kopfschmerzen, Schlaflosigkeit, Schwindel, Krämpfe, Lähmungen, Tremor); 6. Halluzinationen; 7. Wahnvorstellungen; 8. besonders geringe Intelligenz; 9. typische Periodizität gewisser Erscheinungen; 10. eigentümliche Haltung; 11. sonderbare Schreibweise.

v. K r a f f t - E b i n g hebt vorerst einige Punkte hervor, welche irrigerweise zur sofortigen Annahme geistiger Gesundheit führen können: 1. Die Tat des Wahnsinnigen kann ganz gut ein Motiv haben, wie die des geistig Gesunden. 2. Die Frage, ob die Tat im Leben des Täters isoliert dasteht, ist in ihren Resultaten abstrakt nicht verwertbar. 3. Prämeditation, List, kluge Berechnung ist mit Geisteskrankheit keineswegs unverträglich. 4. Ebenso Strafbarkeitsbewusstsein mit Zurechnungsfähigkeit. 5. Ebenso Reue nach der Tat. 6. Scheinbar „ganz verständiges Sprechen". 7. Auch im Wahnsinn findet sich Methode und Logik. Weiters macht v. K r a f f t - E b i n g darauf aufmerksam, was in der Frage über die geistige Gesundheit von Wichtigkeit ist: Vorakten, Tatbestandsprotokoll, Anzeige-Dokumente, Trunkenheit, Kenntnis des Vorganges, Art der Verübung der Tat, Nebenumstände, die mit dem Zwecke der Tat in keinem unmittelbaren Zusammenhange stehen: z. B. besondere Grausamkeit, überflüssige Zerstörungen u. s. w. Ferner ist die Feststellung des objektiven Tatbestandes besonders dann mit aller Genauigkeit zu machen, wenn Selbstanzeige[3]) eines verschlossenen, melancholischen Menschen vorliegt, da auch falsche Selbstanzeige möglich ist. Als Indicien für geistige Störung wären noch anzunehmen: wenn Verbrechen gegen geliebte Angehörige, Freunde, das Staatsoberhaupt u. s. w. begangen wurden,

A. H o c h e, Berlin, Aug. Hirschwald 1901. Dann: S o m m e r „Kriminalpsychologie", Lpzg. 1904; K r a e p e l i n „Der Unterricht in der forensen Psychiatrie", Aschaffenburgs Monatschft. 1904 p. 141; B r e s l e r „Wie beginnen Geisteskrankheiten?", Halle 1905; A. L i e b m a n n und M. E d e l „Die Sprache der Geisteskranken", Halle 1903; H. H o f f m a n n „Gefängnisspsychosen und Psychosen im Gefängnis", H. Gross' Archiv Bd. XXV p. 234; R. K ö s t e r „Die Schrift bei Geisteskrankheiten" (Atlas), Leipzig 1903; S. T ü r k e l „Die kriminellen Geisteskranken", Wien 1905; B l e u l e r „Affektivität, Suggestibilität, Paranoia", Halle 1906.

[1]) Vergl. besonders: I l b e r g „Strafrechtliche Bedeutung der Epilepsie", Lisztsche Ztschft. Bd. 21, 1901; G. B u r g e l „Die strafrechtliche Verantwortung der Epileptiker", Nürnberg 1905.

[2]) Paul R i c h e r „Etudes cliniques sur la grande Hystérie", Paris 1885, II. Bd.

[3]) Literatur s. oben p. 125.

ohne dass ein Grund vorliegt; wenn der Täter seine Handlung selbst möglichst arg darzustellen sucht, eine gewisse Apathie gegen sonst ergreifende Vorgänge zeigt; wenn er auffallend gereizt und heftig, redselig oder schweigsam ist und wenn er von der Tat selbst nichts wissen will; in solchen Fällen ist nicht zu vergessen, dass z. B. bei transitorischem Irresein eine momentane Aufhellung des Bewusstseins mit vollkommen klarem Sprechen mitten in wirklicher Bewusstlosigkeit eingeschoben sein kann.

Verdächtige Umstände sind weiters: tiefgehende, unmotivierte Änderung im Wesen und Charakter, mit Stumpfheit gegen früher hochgehaltene Lebensbeziehungen (Beruf, Stand, Familie), Zornmütigkeit, plötzlich auftretende Neigung zum Trinken, Vagabundieren, geschlechtlichem Exzess, Abnahme des Gedächtnisses,[1]) rasche, geistige Ermüdung, Nachlass des sittlichen und Rechtsgefühles, Nachlässigkeit im Berufe, feindliches, misstrauisches, gereiztes Benehmen, Eifersucht, Klagen über Verleumdung, Lebensbedrohung, selbst bei Gericht; Klagen über körperliche, speziell nervöse Beschwerden, Angst, Unruhe, Kopfschmerz, Schlaflosigkeit, eigene Befürchtung, irre zu werden, schmerzliche Verstimmung, wehmütige oder gereizte Stimmung, Lebensüberdruss und Selbstmordversuche, Klagen, von sonderbaren Gedanken geplagt zu werden, dem Charakter früher fremde und übertriebene Religiosität, selbst ausgesprochene Befürchtungen, dass etwas Schreckliches passieren werde, mit vagen Andeutungen des bevorstehenden Unglückes, Warnung oder Bedrohung der Umgebung, Versuche, sich der zur Begehung des Verbrechens gebotenen Mittel selbst zu berauben. Weiter führt v. K r a f f t - E b i n g als notwendig zu erforschen an: Vorgekommensein von schweren Hirn-, Nerven-, Geisteskrankheiten, Selbstmord, Trunksucht, auffällige Immoralität und verbrecherischer Lebensführung in der Familie des Angeschuldigten — Erhebung, ob die Altersperiode, in der sich der Beschuldigte befindet, besonders zur Tat disponiert, z. B. gewisse Unzuchtsdelikte im beginnenden Greisenalter, oder Verleumdungen, eingebildete Verbrechen zur Zeit der Pubertäts-Entwickelung; ferner, ob Schwangerschaft, Menstruation, Klimakterium vorlag und ob das betreffende Individuum sich auch sonst in diesen Stadien abnorm benimmt (so gibt es z. B. Weiber, die zur Zeit der Menstruation Dinge unternehmen, die ihnen sonst nie einfallen.[2])

Besonders möchte ich auf die „sonderbare Schreibweise" aufmerksam machen, welche C a s p e r - L i m a n (oben sub. Punkt 11) erwähnt hat.[3]) Diese „sonderbare Schreibweise" der Verrückten hat deshalb für den UR. besondere Bedeutung, weil er diesfalls oft leichter

---

[1]) s. A. P i c k in H. Gross' Archiv Bd. XVIII p. 251.
[2]) Über Degeneration s. P. N ä c k e in H. Gross' Archiv Bd. I p. 200. Dann H. G r o s s „Degeneration und Strafrecht" in der Festnummer der Allg. öst. Ger.-Ztg., Sept. 1904 p. 87 und „Degeneration und Deportation" in der Pol. anthrop. Revue, August 1905 No. 5. Weitere Literatur s. oben p. 125.
[3]) Die Schreibweise wird auch als wichtiges Mittel zur Entlarvung von Leuten bezeichnet, die Narrheit simulieren; vergl. z. B. Max S i m o n „De l'expertise mentale", Lyon 1885.

beobachten wird, als der Irrenarzt, und jedenfalls eher eine Abnormität in der Schreibweise, als etwa im Gesichtsausdrucke wird entdecken können. Der UR. hat so viel zu lesen, was geistig Gesunde geschrieben haben, dass er hierin grosse Übung erhält und etwas vom Gewöhnlichen abweichendes am ersten wird wahrnehmen können. Ausserdem ist aber ein Aufmerken auf verdächtige Schreibweise für den UR. insoferne notwendig, als er sonst in recht unangenehme Situationen geraten kann.[1]) —

Gewisse Arten von Geisteskranken schreiben überhaupt gerne, namentlich aber dann, wenn sie menschenscheu geworden sind, weil sie durch einen Brief, eine Eingabe persönlichen Verkehr ersetzen können. Mitunter kommen Leute mit Verfolgungswahn gerne zu Gericht, weil sie sich da noch am sichersten wähnen; jeder Kriminalist hat seine unglücklichen „Stammnarren", welche von Zeit zu Zeit um ihren Prozess, ihre Erbschaft, die Bestrafung ihrer Feinde u. s. w. fragen kommen, mitunter wollen solche Leute aber um keinen Preis zu Gericht gehen, weil sie befürchten, eingesperrt, betrogen oder geköpft zu werden. Diese ziehen es dann vor, schriftliche Beschwerden einzureichen. Solche Anzeigen über eingebildete, nie begangene Verbrechen laufen bei allen Gerichten ein und haben schon allerorts unangenehme Verwirrungen angerichtet, wenn man sich, verleitet durch den scheinbar vernünftigen Inhalt, zu raschen Amtshandlungen entschlossen hat. Da man nun, namentlich, wenn die Sache recht dringlich gemacht wurde, nicht immer Psychiater zur Hand hat, denen man die Anzeige zur Prüfung vorlegen kann, so muss man selbst zusehen und selbst sich einigen Blick für derlei Schreibarten erwerben. Eingaben von Narren gibt es in allen Registraturen und jeder etwas geübte Registrator wird solche zu finden wissen; s o l c h e E i n g a b e n l e s e d e r j u n g e U R. m i t A u f m e r k s a m k e i t und suche das Charakteristische in ihnen zu finden. Es kann nicht recht gesagt werden, worin das Eigentümliche und Unterscheidende dieser Schriftstücke gelegen ist, es muss herausempfunden werden; nur einzelne Merkmale kann man nennen. Vor allem ist es wesentlich, dass diese Eingaben meist langatmig sind und immer wieder auf dasselbe Moment zurückgreifen; regelmässig kommt pastoses Auftragen und Übertreiben vor, welches sofort das Unwahrscheinliche der Anzeige hervortreten lässt (z. B. Anzeiger liege mit gespaltenem Schädel da, oder er sei seit einem Vierteljahre eingesperrt und bekomme täglich nur ein Stück Brot u. s. w.). Häufig ist der Satzbau verwickelt, unverständlich und geschraubt, häufig aber auch abgerissen und nur aus kurzen Sätzen bestehend, nie aber natürlich. Am auffallendsten ist der Umstand, dass sich der Geisteskranke, der gerne schreibt, fast immer absonderlich gebildeter Worte, oft von grosser Länge, bedient, die ihn sofort verraten. Aus Schriftstücken, die von zweifellosen Narren herrühren und die mir zu Gebote standen, erwähne ich nur beispielsweise: „Fortwährende

---

[1]) Vergl. P. Max S i m o n, Arch. d'anthr. crim. III, 318 und die oben (p. 200) zitierten Arbeiten von Bresler, Liebmann und Köster.

Beobachtetwerdens-Fatalität" — „ich bitte um Untersuchungs-Ge-
fälligkeit" — „der Mann hatte einen Braunrock an" — „diese grossartigen Grobheitsauftürmungen" — „mein Ochse litt an einem ein-
getretenen Klauennagel-Verschwärungsgeschwür" — „der Richter hat
mir schon mit meinen Feinden ein Einverständnisgesicht" u. s. w.
Freilich kommen derart auffallende Bildungen nicht immer vor, aber
ungewöhnliche Wortkonstruktionen wird der UR. bei der Lektüre fast
jeder Eingabe eines unglücklichen Geisteskranken herausfinden und
sich dann zur Vorsicht veranlasst sehen.

Aber noch eines: nicht alles, was ein Narr sagt oder schreibt,
ist unwahr, und jede Anzeige, auch eines notorisch
Verrückten verdient eine Erhebung.[1] Es kommt
oft vor, dass die Leute den Umstand, dass einer ein Narr ist, zu ihrem
Vorteile ausnützen und annehmen: „Dem Narren glaubt man ohnehin
nicht"; ist dies der Fall, so wird der Unglückliche wirklich vogelfrei
und der Ausbeutung, Quälerei und Misshandlung schlechter oder bos-
hafter Menschen preisgegeben, zumal wenn die Leute wahrnehmen,
dass wiederholte Anzeigen des Irrsinnigen keinen Glauben fanden.
Der UR. hat unbedingt die Pflicht, über jede Anzeige eines Narren
doch jedesmal erheben zu lassen, ob nicht diesmal wirklich etwas
Wahres an der Sache ist, wenn sich das angezeigte Leid auch schon
wiederholt als ein eingebildetes herausgestellt hat; ich erinnere mich
z. B. eines Falles, in welchem ein verrückter alter Bauer unzählige
Eingaben bei Gericht gemacht hatte, in welchen er behauptete, dass
„seine Feinde" ihm vor dem Hause oder auf seinen Wegen Fanggruben,
Fallen und sonstige Vorrichtungen errichteten, durch die er getötet
oder verletzt werden sollte; viele dieser Eingaben waren mit recht
anschaulichen Zeichnungen über die behaupteten Maschinen etc. versehen. Diese Eingaben waren auch in der Bevölkerung bekannt und
einmal machten sich die Dorfburschen den rohen Faschingsscherz,
vor der Haustür des Narren richtig eine mit Mistjauche gefüllte Fall-
grube zu errichten; der Arme stürzte hinein und wäre beinahe darin
ertrunken. Bezeichnender Weise zeigte er den Vorfall zwar an, stellte
ihn aber viel harmloser dar, als er nach den Erhebungen tatsächlich
gewesen ist. —

Im besonderen seien hier einige Momente erwähnt, auf welche
der UR. sein Augenmerk zu richten haben wird.

1. Man kommt häufig in die Lage, dass Geisteskranke als Zeugen
namhaft gemacht werden; sie sind niemals kurzweg von der Hand zu
weisen und können oft gute Dienste leisten. Man hat wiederholt die
Beobachtung gemacht,[2] dass Narren, namentlich gewisse Arten von
ihnen vortreffliche Beobachter sind und dass sie sich durch

---

[1] Hitzig „Über den Querulantenwahnsinn", Leipzig, Vogel 1895.
[2] Krafft - Ebing „Die zweifelhaften Geisteszustände vor dem Zivil-
richter", Erlangen 1868; A. Cramer „Zeugnisfähigkeit bei Geisteskrankheit";
W. Stern „Beiträge zur Psych. der Aussage" 1903 p. 1; Aschaffenburg
„Eid und Zeugnisfähigkeit Geisteskranker", Zentralbl. für Nervenheilkunde und
Psychiatrie, Sept. 1905 p. 677 (Literatur!).

gewisse Nebenrücksichten weniger hindern lassen, die Wahrheit zu
sagen, als geistig Gesunde; sie haben auch oft mehr Gelegenheit etwas
zu sehen, da man sich vor dem „Narren" nicht scheut, manches zu tun,
was man vor anderen sorgfältig verbirgt. Dass der Verwertung der
Aussage eines Geisteskranken eine besonders sorgfältige Untersuchung
ihres Zustandes vorausgehen muss, ist wohl selbstverständlich. In
unseren Bergländern haben wir oft Gelegenheit, die Verlässlichkeit
und gute Beobachtung von Kretins wahrzunehmen, die oft nur durch
Zeichen, aber richtig, das Erlebte darstellen. Gerade vor diesen „geniert"
man sich am wenigsten und begeht in ihrer Gegenwart häufig recht
bedenkliche Dinge. Bezeichnend ist hiefür die oft beobachtete Tatsache, dass die Leute kein Bedenken tragen, sich in Gegenwart eines
Kretins des anderen Geschlechtes zu entblössen, die Notdurft zu verrichten ja sogar den Geschlechtsakt zu vollziehen — er wird wie ein
Tier eingewertet, und erlebt so mehr wie ein Vollsinniger. —

2. Dass Fieberdelirien den Menschen zu allen möglichen Handlungen veranlassen können, ist bekannt genug; wichtig können für
uns Handlungen sein, die im Delirium von Wechselfieberkranken begangen werden; hier sind Irrungen deshalb leicht möglich, weil sich
der Kranke für gewöhnlich vollkommen normal benimmt und nur
in den oft kurz dauernden Anfällen Dinge verübt, für die er nicht verantwortlich gemacht werden kann. Auch in diesen Fällen, also wenn
der UR. nur vernimmt, dass der Beschuldigte „dann und wann an
Fieber leide", müssen die Gerichtsärzte herangezogen werden.

3. K r a f f t - E b i n g [1]) macht darauf aufmerksam, dass häufig
sehr lebhafte, nicht korrigierte Träume im wachen Zustande fortwirken
können, sodass der Betreffende das Geträumte für wirklich Erlebtes
hält. Hierdurch sind viele unwahre Anzeigen, vielleicht auch mancher
falsche Eid erklärlich. Solch lebhafte Träume sollen namentlich bei
Nachkommen von Epileptikern vorkommen.[2])

4. Von Wichtigkeit sind oft Handlungen im Zustande der Schlaftrunkenheit begangen. (Vergl. das eben zitierte Werk K r a f f t -
E b i n g s, wo die diesfällige Literatur und einschlägige Fälle angegeben sind.) Angriffe von Seite Schlaftrunkener richten sich zumeist auf zunächst stehende Objekte, insbesondere gegen plötzlich
nahende Menschen, wobei oft Kräfte entwickelt werden, welche im
wachen Zustande nicht aufgeboten würden. Sie treten in der Regel
bei jüngeren Leuten im ersten tiefen Schlaf und gewöhnlich dann auf,
wenn eine grosse geistige oder körperliche Anstrengung vorausgegangen
ist. Die Erinnerung an solche Vorgänge fehlt entweder ganz, oder ist

---

[1]) „Die transitorischen Störungen des Selbstbewusstseins", Erlangen 1868;
vergl. H. S p i t t a „Schlaf- und Traumzustände", Tübingen 1882; N ä c k e in
H. Gross' Archiv Bd. V p. 114; Sigm. F r e u d „Über den Traum", Wiesbaden
1901 („Grenzfragen des Nerven- und Seelenlebens").

[2]) Auch bei Kindern und rohen Naturmenschen zu beobachten (W u n d t
„Grundzüge der physiologischen Psychologie"); interessante derartige Vorkommnisse erzählt V a r n h a g e n v o n E n s e aus dem Leben des Philosophen
und Arztes B e n j a m i n E r h a r d; vergl. H. Gross' Archiv Bd. I p. 261.

nur summarisch vorhanden; vorausgehen soll regelmässig heftiges Stöhnen und Röcheln.[1])

5. Ebenso wie die Befriedigung gewisser körperlicher Bedürfnisse (Essen, Trinken, Schlafen, Rauchen, Gähnen, Urinieren u. s. w.) zur Nachahmung reizt, so können auch Handlungen von Geisteskranken bei geistig normalen Leuten den Trieb zur Nachahmung erwecken. In erhöhtem Masse sehen wir dies bei der Übertragung hysterischer und epileptischer Anfälle und bei den epidemischen Psychosen, wie sie namentlich in früherer Zeit so häufig waren.[2]) Aber auch die Nachahmung einer einzelnen Handlung eines Geisteskranken kann häufig vorkommen, namentlich bei jüngeren Leuten, die sich längere Zeit in der Gesellschaft des Kranken befunden haben.[3])

6. Die Angabe: der Beschuldigte habe ein schweres Verbrechen nur begangen, um hingerichtet zu werden,[4]) weil er zum Selbstmorde zu feig sei, darf nie ohne weiteres von der Hand gewiesen werden, sie kann namentlich bei verkommenen, melancholisch veranlagten Leuten auf Wahrheit beruhen. Auch solche Fälle sind ausnahmslos den Gerichtsärzten vorzulegen.

7. Die Lehren über „Moral insanity", Zwangsvorstellungen und Manien sind für den UR. so wichtig, dass er sich diesfalls unbedingt näher unterrichten und z. B. Krafft-Ebing, „Beiträge zur Erkennung und richtigen forensen Beurteilung krankhafter Gemüts-

---

[1]) Vergl. A. Kraus „Die Psychologie des Verbrechers", Tübingen 1884; v. Makowitz in H. Gross' Archiv Bd. XIII p. 161; H. Gross („Schlaftrunkenheit" ibidem Bd. XIV p. 189; Siefert „Zur Frage der Schlaftrunkenheit" ibidem Bd. XVI p. 242; R. Sieber „Zur Frage der Schlaftrunkenheit" ibidem Bd. XXI p. 110; H. Gross „Ein Fall von Schlaftrunkenheit" ibidem Bd. XXII p. 278; H. Gudden „Die physiologische und pathologische Schlaftrunkenheit", Arch. f. Psychiatrie Bd. 40 Heft 3; Fritz Leppmann „Zum Kapitel der Schlaftrunkenheit", Ärztl. Sachverst.-Ztg. No. 12 in 1906; J. Przeworski „Ein Fall von Schlaftrunkenheit", H. Gross' Archiv Bd. XXV p. 99. Über die Tiefe des Schlafes s. A. Pick in der „Wiener medizin. Wochenschrift" No. 30 in 1899. (Hier wird die, für den Kriminalisten mehrfach wichtige Tatsache konstatiert, dass nach den allerdings nicht vollkommen übereinstimmenden Erhebungen von Kohlschütter, Mönninghof, Piesberger, Michelson, Czerny, Howell und Pick die grösste Schlaftiefe nach der ersten Stunde eintritt, dann sinkt sie zuerst rasch, dann langsamer ab, erreicht ihr Minimum um die 5 und 6. Stunde und steigt dann morgens vor dem Aufwachen nochmals wesentlich an.)

[2]) G. Tarde „Les lois de l'imitation", Paris u. Lyon 1890; Regnard „Les Maladies épidémiques de l'esprit", Paris 1887; W. v. Bechterew „Suggestion und ihre soziale Bedeutung", deutsch v. Weinberg, Lpzg., Georgi 1900; Löwenstimm „Fanatismus als Quelle des Verbrechens" in H. Gross' Archiv Bd. I p. 222; S. Sighele „Psychologie der Massenverbrechen", deutsch v. Kurella, Dresden u. Leipzig 1897; Marandon de Montvel „Contribution a l'étude clinique et médico-legale de l'imitation involontaire", Arch. d'anthrop. crim. No. 145 p. 1; Beck „Die Nachahmung und ihre Bedeutung für Psychologie und Völkerkunde", Lpzg. 1904; A. Vigouroux u. P. Juquelier „La contagion mentale", Paris 1904; Weygandt „Beitrag zur Lehre von den psychischen Epidemien", H. Gross' Archiv Bd. XXII p. 281; E. A. Spitzka „Auftreten von Epidemien des relig. Fanatismus" ibidem Bd. XIV p. 9; P. Näcke „Wissenschaftl. Auto- und Massensuggestion" ibidem Bd. XX p. 187.

[3]) s. H. Gross „Kriminalpsychologie", Graz 1898 p. 566 ff.; Leipzig 1905 p. 664 (Literatur!).

[4]) Dupré „Les Auto-accusateurs au point de vu médicolégale", „Gazetté hebdom. de méd. et de chir." No. 66 in 1902.

zustände", studieren muss.[1]) Gerade diese Formen geistiger Störungen treten so leise und unauffällig in den Kreis der Beobachtung, dass sie vom UR. unzähligemale übersehen werden. Übersieht sie aber der UR., so wird auch der Gerichtsarzt nicht herangezogen, bei der Verhandlung werden solche Zustände selten bemerkt und der Kranke wird verurteilt ohne eigentlich verantwortlich zu sein. —

8. Von Bedeutung ist heute schon die Lehre vom reflektoiden Handeln, jenes Tun, welches zwischen die eigentlichen Reflexbewegungen[2]) und das vollbewusste Tun einzuschieben ist, und zu Tage tritt, wenn nur im Unterbewusstsein (durch Gewohnheit, Analogie etc.) überlegt und dann falsch angewendet wird.[3])

9. Ein objektives, sicheres Kennzeichen der Trunkenheit und ihres Grades wurde von H. Gudden angegeben.[4]) Über pathologischen Rausch s. Heilbronner,[5]) Bonhöffer,[6]) Stier[7]) (reiche Lit.-Angabe). Besonders aufzumerken ist, wenn man mit Potatoren, echten Gewohnheitstrinkern, zu tun hat,[8]) da dies die unglaubwürdigsten Individuen sind, die man sich denken kann. Am Aussehen erkennt man nicht jeden Potator, wohl aber an der eigentümlichen, gekränkten, weinerlichen Art der Darstellung und namentlich an gewissen Beschuldigungen anderer. ,,Wenn einer Fragen über eheliche Untreue seiner Frau ungescheut, etwa auch vor Zeugen, sofort behauptet und ungescheut Beweise dieser Untreue erbringt, so ist er fast immer chronischer Alkoholist."[9])

---

[1]) Vortrefflich sind die kurzen Zusammenstellungen in Henry Maudsley „Physiologie und Pathologie der Seele", Würzburg 1870 und Dr. Prichard „A treatise on insanity and other disorders of mind". — Über die veralteten und immer wieder geltend werdenden Auffassungen über die sogenannten Manien siehe z. B. A. E. Flechner „Zur Lehre der Pyromanie", Wien 1871. Vergl. noch überhaupt: Dr. Laehr „Die Literatur der Psychiatrie, Neurologie und Psychologie von 1459—1799", Berlin, Reimer 1900. Heutiger Stand der Frage und Literatur (110 Nummern): Näcke in den „Grenzfragen des Nerven- u. Seelenlebens", Wiesbaden, Bergmann 1902. Vergl. H. Gross' Archiv Bd. X p. 186. Einen charakteristischen Fall von sogen. Kleptomanie bringt Zingerle „Beitrag zur psychologischen Genese sexueller Perversitäten", Jahrb. f. Psychiatrie 1900. Bumke „Was sind Zwangsvorgänge?", Halle 1906; H. Reichel „Urkundenfälschung aus weibl. Schwäche und Eitelkeit", H. Gross' Archiv Bd. XXIII p. 131; Eugen Wilhelm „Ein Fall von Kleptomanie" ibidem Bd. XVI p. 156; R. Bauer „Ein Fall von angebl. Kleptomanie" ibidem Bd. XVIII p. 14; A. Leppmann in der „Ärztl. Sachverst.-Ztg." No. 1 u. 2 ex 1901; Lacassagne auf dem IV. Kongress f. Krim. Anthrop., Genf 1896 und Dubuisson „Les voleuses des grands magazins", Arch. d'anthr. crim. XVI, 341. Interessant ist der amerikanische „Sport", auf Reisen aus allen Hotels Geschirr, Wäsche, Zündholzständer etc. zu „sammeln" und diese Gegenstände zu möglichst vollständigen „Serien" zusammenzustellen.

[2]) H. Gross „Kriminalpsychologie" I. Aufl. p. 97, II. Aufl. p. 93 u. Berzè in H. Gross' Archiv Bd. I p. 93.

[3]) Ibidem Bd. II p. 140; Bd. III p. 350; Bd. VII p. 155; Bd. VIII p. 198; Bd. XVIII p. 355; Bd. XXIII p. 371; Bd. XXV p. 378 u. H. Gross „Verbrechen der Masse und reflectoides Handeln", Woche v. 9./4. 1904.

[4]) H. Gross' Archiv Bd. VI p. 207.

[5]) Münchener medizin. Wochenschrift 1901 No. 24, 25.

[6]) „Akute Geisteskrankheiten der Gewohnheitstrinker", Jena 1901.

[7]) „Die akute Trunkenheit und ihre strafrechtliche Bedeutung", Jena 1907.

[8]) F. May „Zurechnungsfähigkeit der Trinker", Friedreichs Blätter 1906 p. 81; K. Heilbronner „Die strafrechtl. Begutachtung der Trinker", Halle 1905.

[9]) H. Pfister „Strafrechtl. psychiatrische Gutachten", Stuttgart, Enke 1902.

10. Über die Bedeutung der Homosexualität muss man heute unbedingt klar sein und in der Frage Stellung nehmen. Richtig dürfte die Auffassung sein, welche in ihr weder eine Geisteskrankheit, noch ein Laster, sondern eine angeborne Eigentümlichkeit sieht. Man hat sich einfach eine lange Kette von Entwicklungen vorzustellen, die mit dem geschlechtlich normalen Menschen beginnt und über den leicht weibischen, bezw. leicht männlichen Charakter, zum Effeminierten bezw. zur Virago und von da zum ausgesprochenen Zwitter führt. So widerlich, unnatürlich und ekelhaft uns der Homosexuelle erscheint, so sehr müssen wir zugeben, dass ein Bestrafen dieser Unglücklichen ungerechtfertigt erscheint.[1]

11. Über das viel umstrittene Thema der verminderten Zurechnungsfähigkeit s. namentlich v. Schrenck-Notzing[2] und Cramer.[3]

12. Die zahlreichen und für uns so wichtigen sogen. „Dämmerzustände" sind gut behandelt von Mörchen;[4] über die Kennzeichen der echten und larvierten Epileptiker (nächtliches Bettnässen und die oft vorkommenden, unerklärlichen Hautblutungen an Hals, Schultern, hinter den Ohren etc.) siehe den oben p. 206 zitierten H. Pfister.

13. Über Masochismus, Sadismus und Fetischismus sei im allgemeinen auf irgend ein Lehrbuch der Psychiatrie, Psychopathologie etc. verwiesen; nur kurz sei hier der Begriff dieser wichtigen Erscheinungen gegeben.

a) Masochismus liegt vor, wenn der Betreffende, um überhaupt sexuell erregt zu werden oder den vollen Genuss des Geschlechtsakts zu erlangen, sich vom Partner misshandeln lässt.

b) Sadismus,[5] wenn der Betreffende zum selben Zweck den Partner misshandelt (würgt, beisst, sticht, schlägt etc.). Hiermit sind viele Mordtaten allein zu erklären, wenn man auch diesfalls namentlich in früherer Zeit zu weit gegangen ist.

c) Fetischismus liegt vor, wenn jemand zu sexuellen Zwecken oder aus sexuellem Antriebe Gegenstände entwendet. Bevorzugt sind Zöpfe,[6] Schuhe, Sacktücher, Strümpfe, Schürzen etc. (in der Regel geht die Verwendung onanistischen Weg).

d) Saliromanie nennt man die eigentümliche Sucht, fremde Kleider, namentlich von Frauen, mit Tinte, Säuren etc. zu besudeln und zu verderben. Man behauptet, dieser Trieb sei sexuellen Ursprungs, eine Art Fetischismus häufig mit leichtem Sadismus verbunden.[7] —

[1] Am besten informiert über diese wichtigen Fragen das „Jahrbuch für sexuelle Zwischenstufen", herausg. v. Dr. Magnus Hirschfeld, Lpzg., Max Spohr (jetzt 8 Jahrgänge); siehe dort die unglaublich reiche Literatur. Vergl. die Besprechungen in H. Gross' Archiv.
[2] Ibidem Bd. VIII p. 57.
[3] Berliner klinische Wochenschrift No. 47 ex 1900.
[4] „Über Dämmerzustände", Marburg, Elvert 1901.
[5] Laurent, deutsch von Dolorosa „Sadismus und Masochismus", Berlin 1904.
[6] P. Näcke „Zopfabschneider", H. Gross' Archiv Bd. XXIII p. 365.
[7] A. Moll „Ztschft. f. Medizinalbeamte" No. 13 Jg. 1900.

e) N e k r o p h i l i e nennt man alle Formen von Leichenschändung auf sexueller Grundlage.[1])

e) Bei Fällen von Hypnotismus.

Zur Zeit als die e r s t e Auflage dieses Buches verfasst wurde, schrieb ich darin:

„Am Schlusse dieser Materie sei noch des Hypnotismus gedacht, einer Lehre, welche von den Fachmännern so verschieden aufgenommen ist, dass der Laie heute unmöglich ihr gegenüber Stellung nehmen kann. Die Frage teilt ihr Schicksal mit allen jenen Problemen, die frühzeitig und vor wissenschaftlicher Klärung auch von Leuten zweifelhafter Bildung und mangelhaften Charakters behandelt werden, so dass es schwer zu entscheiden ist, ob bei der Schaffung der angeblichen Resultate bloss Streben nach Erkenntnis oder sonstige mehr oder minder trübe Absichten massgebend waren. So konnte es kommen, dass gerade unter den erleuchtetsten Fachmännern die einen den Hypnotismus als zweifellos festgestellt ansehen, während die anderen nur zweifeln, wer in der Frage der Dupierende, wer der Dupierte sei. Wenn sich aber der Psychiater ruhig auf das Studieren, Experimentieren und Beobachten verlegen kann, steht die Sache für den Juristen anders: Existiert Hypnotismus und das für ihn Behauptete wirklich, dann hat der Jurist an eine Arbeit zu gehen, von deren Schwierigkeit wir uns heute kaum eine richtige Vorstellung machen — niemand weiss, wie wir sie bewältigen werden, ja nicht einmal, auf welchem Wege wir ihr entgegen zu gehen haben. — Heute brauchen, heute dürfen wir Juristen in der Frage noch nicht Stellung nehmen, wir haben noch nicht das wissenschaftliche Material geboten und es ist zweifellos, dass voreiliges Hereinzerren eines ungeklärten Problems mehr Schaden anrichten kann, als konservatives Ignorieren des unbequemen Fremdlings. Aber diesem Extrem brauchen wir uns auch nicht anzuschliessen, wir werden beobachtende, zuwartende Haltung annehmen, uns für die Frage auf das äusserste interessieren, sie studieren, selbst Beobachtungen anstellen, und wenn wir einem Fall begegnen, der diese Frage berühren k ö n n t e, zur eigenen Deckung den Sachverständigen fragen. Im übrigen aber: Keine Übereilung! Zu empfehlen wäre es, sich mit der Sache vertraut zu machen und z. B. Dr. v. L i l i e n t h a l: „Hypnotismus und Strafrecht" zu studieren."

In der z w e i t e n Auflage des vorliegenden Buches schrieb ich:

„Seither hat sich die Sache anders und sicherer gestaltet, und wer von uns Juristen die Hochflut der Literatur über diese durchsieht, kann es nicht mehr von der Hand weisen, sich mit dem „unbequemen Fremdling" eingehend zu befassen. Die Arbeiten von D e l - b r ü c k, F o r e l, B e r n h e i m, S u l l y, R i b o t, K r a f f t -

---

[1]) Siehe jedes Lehrbuch der Psychopathologie und vergleiche als Beispiel: Stadtmagistrat Kulmbach „Ein Fall von Leichenschändung", H. Gross' Archiv Bd. XVI p. 289.

Ebing, Morel, Dessoir, Rieger, Liégeois, Müller, Obersteiner, Richet, Schrenck-Notzing, Preyer, Moll, Wetterstrand, Liébault, Beaunis, Schmid- kunz und unzähliger anderer, insbesondere der Mitarbeiter der „Revue de l'Hypnotisme" und der Grossmann schen „Zeitschrift für Hypnotismus", haben die Frage wissenschaftlich geklärt; an dem Be- stehen des Hypnotismus ist nicht mehr zu zweifeln und wir Juristen müssen uns darüber klar werden, wie wir uns mit der Sache ab- finden. Ja, es hat seither nicht an scharfen Vorwürfen darüber gefehlt, dass wir Juristen uns um die Frage nicht kümmern; so sagt Schmid- kunz:[1] „Die zünftigen Juristen haben die Bedeutung des Sug- gestionismus in einer Weise vernachlässigt, die nun nach schleunigem Einspringen anderer in diese Lücke ruft; in einer Weise, die teils in völligem Vorbeigehen, teils in widerlichster Denunziation besteht" (!). Solche Vorwürfe dürfen uns nicht gemacht werden und wenn die Ärzte uns das Material in verlässlicher und einwandsfreier Weise geboten haben, dann befassen wir uns mit der Frage soweit sie uns zusteht. Eine Einmengung in unser Gebiet werden wir aber auch dann zu verhindern wissen. —

Forel hat einmal in einem kleinen Aufsatz gesagt: „Der Hypno- tismus muss wie jede neue Wahrheit die drei Stadien der Negation, des Kampfes und der Annahme, durchmachen." Ich glaube, dass aber das letzte Stadium der Annahme wieder in sich, wie alles Neue, drei Stadien durchmachen muss: das des schüchternen Entgegenkommens, das der masslosen Übertreibung und das der rich- tigen Wertschätzung. Es will uns bedünken, als ob wir bei dem Hypnotismus schon bei dem Stadium der Annahme, und bei diesem im Unterstadium der Übertreibung angelangt seien. Und abermals hat Forel recht, wenn er sagt: „Die Gegner des Hypnotismus, die gestern sagten: ‚Es ist alles Täuschung oder Selbsttäuschung', und die heute sagen: ‚Es ist furchtbar gefährlich und muss bekämpft, vertilgt werden', werden vielleicht morgen sagen: „Das ist eine alte Geschichte, die wir immer kannten". Das letztere ist ja wahr, und wenn wir absehen von jenen Fällen, die uns beweisen, dass die alten Inder, Ägypter und andere Orientalen den Hypnotismus gut gekannt haben, so finden wir eine grosse Anzahl historischer Namen, an welche sich Erinnerungen an den Hypnotismus mehr oder minder ausgeprägt anknüpfen.[2] Äs- kulap, Bollstädt, Th. Paracelsus, van Helmont, W. Maxwell, Agrippa von Nettesheim, Cardanus Campanella, Giordano Bruno, Porta, Athanasius Kircher, Anton Mesmer, Braid, Liébault und Bern-

---

[1] „Psychologie der Suggestion" von Dr. Schmidkunz und Dr. Gerster, Stuttgart 1892.

[2] Über die Geschichte des Hypnotismus vergl. Dr. Hans Schmidkunz „Der Hypnotismus", Stuttgart 1892; Bramwell „Hypnotism, ists history, practice a. theory", London 1903 und Alb. Moll „Der Hypnotismus", Berlin, 4. Auflage 1907.

h e i m , sowie alle die neuesten Forscher sind die Marksteine in der
Entwicklung jener Lehre, die augenblicklich wieder zur Bedeutung
gelangt ist.

Wollen wir uns darüber klar werden, welchen Wert diese für
uns Juristen hat, so müssen wir uns, wenn auch noch so oberflächlich,
mit dem Wesen des Hypnotismus befassen, denn sonst ist es für den
Kriminalisten unmöglich zu wissen, wann ihm ein Fall von Hypnotismus vorliegt, d. h. wann er die Sachverständigen zuzuziehen hat.

Wir wollen vorerst mit Max D e s s o i r [1]) annehmen, dass die
menschliche Persönlichkeit aus mindestens zwei schematisch trenn-
baren Sphären bestehe: dem Wachbewusstsein (Oberbewusstsein)
und dem zweiten Bewusstsein, Traumbewusstsein (Unterbewusstsein).
Das letztgenannte ist uns keineswegs fremd: es tritt auf, wenn wir
im Traume, im schlaftrunkenen Zustande oder in der Zerstreutheit
oder sonst handeln, wobei wir etwas anderes tun als wir denken. In
die Sphäre dieses zuletzt genannten Unterbewusstseins verlegt man
nun die gesamte Tätigkeit des Hypnotischen und sucht sich mit
ihr bekannt zu machen, indem man sie zu bereits bekannten Vorgängen einreiht. Am nächsten verwandt ist der Hypnotismus dem
Schlafe und wenn wir uns vorstellen, dass wir heute zum ersten Mal
einen Schlafenden sehen würden, so wäre uns ein solcher Zustand noch
befremdlicher als alles, was wir heute von Hypnotismus hören und
sehen. Will man aber den Hypnotismus im Gegensatz zum Schlaf
bringen, so werden wir ihn mit F o r e l [2]) als Suggestibilitäts-Zustand
bezeichnen. S u g g e s t i o n ist aber die Erzeugung einer dynamischen
Veränderung im Nervensystem eines Menschen durch einen anderen
mittelst Hervorrufung der Vorstellung, dass jene Veränderung stattfindet oder stattgefunden hat. A u t o s u g g e s t i o n ist aber jene
Suggestion, die ein Mensch bewusst oder unbewusst bei sich selbst
erzeugt.

Wir unterscheiden als Movens:

1. ein übernatürliches Agens — Magnetismus, Mesmerismus,
Telepathie, Ahnungen, Visionen u. s. w.;

2. Suggestion (Eingebung), wie sie seit B r a i d 1843 und L i é -
b a u l t 1866 als formulierte Begriffe erscheinen;

3. alle somatischen Theorien, welche periphere Reize auf die
Nervenendigungen annehmen (Fixation des Blickes, Streichen der
Stirne u. s. w.).

Wissenschaftlich kann nur die sub 2. genannte Theorie standhalten, so dass eigentlich nur eine einzige Art[3]) der Erzeugung des
Hypnotismus wissenschaftlich festgestellt ist, nämlich die durch die
Erzeugung von Vorstellungen. W i e dies technisch zu machen ist,
dies hier auseinanderzusetzen, wäre überflüssig; wer sich berufen fühlt

---

[1]) „Das Doppel-Ich", Berlin 1889.
[2]) „Der Hypnotismus", Stuttgart 1893.
[3]) H. B e r n h e i m „Die Suggestion und ihre Heilwirkung", deutsch von
Sig. F r e u n d, Leipzig und Wien.

mit diesem immerhin gefährlichen Dinge zu manipulieren, findet die Anweisung hierzu fast in jedem Lehrbuch[1]) des Hypnotismus; er hat aber diese Experimente dem Arzt zu überlassen.

An der Hypnose selbst unterscheiden wir drei Grade:

1. Somnolenz, wobei der Betreffende noch die Augen öffnen kann;

2. leichter Schlaf (Hypotaxie charme), wobei er bereits einem Teile der Suggestion folgen muss;

3. tiefer Schlaf, Somnambulismus[2]) mit Amnesie nach dem Erwachen.

Müller teilt den dritten Grad noch ein in tiefen Schlaf mit und solchen ohne posthypnotischen Halluzinationen. Diese bestehen darin, dass der Hypnotisierte auch nach Aufhören der Hypnose unter dem Einflusse dessen bleibt, was ihm in der Hypnose suggeriert wurde.[3])

Weiter haben wir noch zu unterscheiden (Bernheim, Liégeois, Obersteiner u. s. w.):

Suggestion mentale, bei welcher lediglich die Gedanken einer Person auf die andere bestimmend wirken sollen. Schon Peronet[4]) erzählt, er habe eine Person aufgefordert, so lange Klavier zu spielen, bis er ihr in Gedanken befehlen werde, aufzuhören; er habe sich nun hinter diese gestellt und als er sich mitten im Spiele energisch dachte, jetzt müsse die Person zu spielen aufhören, so habe sie wirklich plötzlich innegehalten (!).

Die retroaktive Halluzination, bei welcher einer Person Vorkommnisse als geschehen eingeredet und von ihr geglaubt werden, obwohl diese nicht stattgefunden haben.

Die negative Halluzination, bei welcher jemandem tatsächlich vorhandene Umstände als nicht vorhanden eingeredet werden (es wird ihm z. B. suggeriert, dass jemand Anwesender fortgegangen sei, worauf er ihn nicht sieht, obwohl er noch da ist). —

Fragen wir nun, wie weit denn die Hypnotisierbarkeit der Leute gehe, so hören wir z. B. von Forel, dass fast jeder geistig Gesunde hypnotisierbar ist, wenn nicht Autosuggestion des nicht Hypnotisiertwerdenkönnens vorliegt; nach Obersteiner ist ein Drittel der Menschen gar nicht, ein Drittel gering, ein Drittel sehr gut beeinflussbar. Liébault und Bernheim haben Tausende hypnotisiert, von denen nur wenige Widerstand leisteten. Wetterstrand hat unter 3148 Personen nur 97 gefunden, die versagten. Renterghem und Eeden fanden von 414 Personen 395 empfänglich. Im ganzen kann man sagen, dass 80 bis 96% der Menschen empfänglich sind.

---

[1]) Z. B. Dr. F. Müller „Hypnotismus und Suggestion", Wien; Dr. Obersteiner „Lehre vom Hypnotismus", Wien und Leipzig 1893.

[2]) Vergl. Lépine „Sur un cas particulier de somnambulisme", Arch. d'anthr. crim. X, 5.

[3]) Oberndorfer u. Steinharter „Die posthypnotischen Aufträge", Friedreichs Blätter 1904 p. 170 ff.

[4]) „Du magnetisme animal", Paris 1884.

14*

Hierbei sind Geisteskranke, welche fast nie hypnotisierbar sind, nicht mitgerechnet.

Die Wirkung der Hypnose ist wissenschaftlich festgestellt. F o r e l sagt: „Durch Suggestion in der Hypnose kann man sämtliche bekannte subjektive Erscheinungen der menschlichen Seele und einen grossen Teil der objektiv bekannten Funktionen des Nervensystems produzieren, beeinflussen und verhindern. Einzig und allein scheinen die rein gangliösen Funktionen und die spinalen Reflexe sowie die äquivalenten Reflexe der Hirnbasis durch die Suggestion nicht beeinflussbar zu sein. Sogar die sogenannten somatischen Funktionen wie die Verdauung, Schweissekretion und Menstruation kann die Suggestion beherrschen, ja sogar (in seltenen Fällen) blutende Stigmata[1]) erzeugen.

Posthypnotische Wirkung, d. h. das spätere Gehorchen bezüglich des in der Hypnose Befohlenen, kann nicht bei allen erreicht werden. Sie dauert minuten- oder tagelang, ja L i é g e o i s [2]) erzählt einen Fall, in welchem die Suggestion genau auf ein Jahr hinaus gewirkt hat. „Der Hypnotisierte ist,“ wie M ü l l e r sagt, „dem Hypnotisierenden gegenüber im grössten psychischen, sensitiv motorischen Bereitschaftszustand, er ist in absolutes Abhängigkeitsverhältnis gebracht.“

In der Hypnose kann man den Leuten beibringen, dass sie eine Sprache nicht können (F o r e l), dass sie Tiere oder anderen Geschlechtes, oder eines anderen Alters sind (K r a f f t - E b i n g); die Sinne und das Gedächtnis werden geschärft (O b e r s t e i n e r); der Hypnotisierte erkennt z. B. nach dem Geruche den Eigentümer eines Gegenstandes; das Dienstmädchen eines Pfarrers kann lateinische und hebräische Zitate hersagen, was sie im wachen Zustande nicht zu tun vermöchte; eine alte Dame lässt sich nacheinander (R i c h e t) in eine Bäuerin, einen General ,ein kleines Kind und einen jungen Mann verwandeln. Werden dem Hypnotisierten Termin-Eingebungen gemacht, so haben sie den Charakter von Zwang; er m u s s so handeln, immer mit dem Gefühle, der andere zwinge ihn dazu; meistens empfindet er, dass er von dem gezwungen wird, der ihn hypnotisiert hat; wurde ihm aber suggeriert, dass das Auszuführende seine eigene Idee ist, so glaubt er das auch. Ist das richtig, wäre die Sache allerdings recht bedenklich.

Wir wären somit bei der Erwägung angelangt, welche Bedeutung die Frage des Hypnotismus in krimineller Beziehung hat. „Entweder,“ sagt R i g e r , [3]) „verdient die ganze Sache keine Bedeutung im Strafrecht, weil sie zwar schon längst vorhanden und bekannt, aber strafrechtlich bedeutungslos ist; oder aber sie ist erst jetzt von Bedeutung geworden, weil seit der Abfassung unserer Strafgesetzbücher ein neues, kriminalistisch belangreiches Moment aufgetreten ist.“ Das Richtige dürfte in der Verbindung der zwei Gegeneinanderstellungen gelegen

---

[1]) J. T o n e l l i e r, besprochen im Arch. d'anthr. crim. XII, 105.
[2]) „Revue de l'Hypnotisme“, I p. 148.
[3]) „Einige irrenärztliche Bemerkungen über die strafrechtliche Bedeutung des sogenannten Hypnotismus“.

sein: die Sache war längst vorhanden, längst bekannt und längst von Einfluss, ihre strafrechtliche Bedeutung wurde aber nicht gewürdigt und tritt erst jetzt in ihrer Bedeutung an uns heran.[1]) Wie bekannt die Wirkungen des Hypnotismus, wenn auch nicht als solche, gewesen sind, beweist der von D e l b r ü c k hervorgehobene Fall ihrer poetischen Verwertung, indem Gottfried K e l l e r in der Erzählung „Der grüne Heinrich" ausführt, wie ein siebenjähriger Junge mehrere grössere Knaben mit einer gänzlich erfundenen suggerierten Darstellung elend verleumdet.

Wollen wir nun die Verwickelungen ansehen, welche uns der Hypnotismus bringen kann, so müssen wir uns einiges von den Forschern festgestelltes klar machen.

Wenn z. B. heute Operationen und Entbindungen in der Hypnose schmerzlos vorgenommen werden,[2]) so lässt es sich auch denken, dass in der Hypnose schwere Verletzungen und unsittliche Angriffe gesetzt werden könnten. So wird behauptet, dass ein Mann in der Hypnose kastriert worden sein soll. L i é g e o i s liess sich vor seinen Hörern von einer hypnotisierten Dame einen Schuldschein über 6000 Franken ausstellen, nachdem er ihr suggeriert hatte, er habe ihr einmal diese Summe geliehen. Im Züricher Juristenverein schwört ein hypnotisierter Knabe, dass ihm einer der anwesenden Herren ein Sacktuch gestohlen habe, und nach neuerlicher Suggerierung schwört er wieder, er habe in seinem Leben noch nie eine solche Behauptung ausgesprochen. L i é b a u l t und B e r n h e i m weisen darauf hin, dass manche Erkrankungen und sogar Todesfälle auf Suggestionen zurückzuführen sein können, wobei auf die mittelalterlichen „Ladungen vor Gott" hingewiesen wird. Die Sache klingt unwahrscheinlicher als sie vielleicht ist. Ärzte, namentlich Militärärzte, haben wiederholt betont, dass der Wille des Menschen unter Umständen — natürlich nur um kurze Fristen — sein Leben verlängern kann; Schwerkranke erhalten sich z. B. so lange am Leben, bis ein bestimmtes erwartetes Ereignis eintritt, bis z. B. ein herbeigerufener Angehöriger erscheint; Schwerverwundete auf Schlachtfeldern können nur durch festen Willen ihr Leben so lang erhalten, bis sie aufgefunden werden. In den russischen und österreichischen Kriegen wurde wiederholt beobachtet, dass Soldaten slavischer Abkunft vermöge ihres weicheren und hingebenden Charakters oft nicht absolut tödlichen Verwundungen erlagen, während der energische und kräftig am Leben hängende Charakter des Deutschen ihn bei oft sehr schweren Verwundungen so lange am Leben zu erhalten vermochte, bis er aufgefunden und gerettet wurde. Gibt es aber einen so starken Einfluss des Willens auf Leben und Sterben im normalen Zustand, so muss man auch annehmen, dass dieser Einfluss unter Um-

---

[1]) A. M o l l „Was hat uns der Hypnotismus gelehrt?", Medizin. Klinik No. 48—51 in 1905.

[2]) Schon· J. C l o q u e t soll 1829 in dieser Art ein Karzinom operiert haben, und K i n g s b u r y („The brit. med. journal" vom 28. Februar 1891), beschreibt schmerzlose Entbindungen während der Hypnose. Heute hört man hiervon allerdings kaum mehr sprechen — viel wahres kann also daran nicht sein.

ständen durch fremden Willen suggeriert werden kann. Dass sich in
ähnlicher Weise gewisse Todesahnungen auch durch Suggestion, namentlich Autosuggestion erklären lassen, liegt wohl nahe.

Man wird übrigens recht tun, wenn man die Wirkungen der Suggestion auf das Leben nicht einmal als den Höhepunkt des durch
sie Erreichbaren auffasst. Dieser dürfte dort zu suchen sein, wo
gewisse rein somatische Erscheinungen auf dem Wege des Hypnotismus
erreicht werden können. Derartiges ist nicht nur merkwürdig, sondern
auch für kriminalistische Fälle am weitesten ausdehnbar. Wenn es
z. B., wie oben erwähnt, möglich ist, die Menstruation früher oder
später eintreten zu lassen, so liegt die Vermutung nahe, dass auch
Abortus auf suggestivem Wege entstehen könnte, und wir haben dann
Abtreibung auf hypnotischem Wege fertig. Ebenso: man kann, wie
allseits behauptet wird, bei Hypnotisierten Brandblasen erzeugen,
wenn man ihnen sagt, sie bekämen ein heftiges Zugpflaster, und man
legt ihnen nur nasses Papier auf. Ebenso können Brandblasen entstehen durch das Berühren mit einem kalten als glühend suggerierten
Gegenstand. Ist dies richtig, so dürfen wir uns auch nicht wundern,
wenn die blosse Berührung mit dem Finger und die Behauptung, es
seien Wundmale da, blutige Stellen (Stigmatisierungen) erzeugen können.
Unwillkürlich entsteht die Frage, ob auf diese Weise nicht auch allerlei
Sugillationen, Würgespuren u. s. w. entstehen und die bedenklichsten
Folgen haben können.

In anderer Richtung tritt die Befürchtung auf, dass mit leicht
hypnotisierbaren Personen unter Umständen allerlei Missbrauch getrieben werden kann. L i é g e o i s gibt deshalb solchen Leuten den
Rat, dann, wenn sie mit einem Unbekannten allein sind, nicht lange
einen Punkt zu fixieren, weil die Gefahr, hypnotisiert zu werden, eine
grosse sei; soll ja doch auf diese Weise eine Baronin Rothschild im
Eisenbahncoupé hypnotisiert und bestohlen worden sein. F o r e l
geht sogar soweit, leicht empfänglichen Personen zu raten, sie mögen
sich von einem verlässlichen Arzt hypnotisieren lassen, welcher ihnen
suggeriert, dass nur er allein und sonst niemand sie hypnotisieren könne.
Also Schutzimpfung!

Viele Lehrer des Hypnotismus fürchten, dass die UR. unwissent-
lich dem Zeugen und dem Beschuldigten durch suggerierte Erinnerungsfälschung (Hallucination retroactive) falsche Geständnisse und
falsche Aussagen hineinsuggerieren. Dass so etwas geschehen kann,
ist ebenso sicher, wie auch die Erklärung auf natürlichem Wege, da
man ja durch blosses Sich- und Andere-Hineinreden auf die bedenklichsten Abwege kommen kann,[1] ohne dass gerade Suggestion angenommen werden muss. Jedenfalls kann man ja immer, wenn man
allzugrosses Entgegenkommen des Vernommenen bemerkt, ein Kontroll-
Experiment machen, indem man den zu Vernehmenden in gleicher
Weise wie früher um Dinge fragt, von welchen man weiss, dass sie

---

[1] A. L e d i n e g „Wirkung von Gerichtssaalberichten", H. Gross' Archiv
Bd. XX p. 54.

sich nicht ereignet haben. Sagt der Betreffende jetzt auch ja, so ist wohl wahrscheinlich alles andere auch nicht wahr, was er früher bejaht hatte. —

Mit der Gefährlichkeit dessen, was der Hypnotisierte nach beendigter Hypnose ausführen wird (posthypnotisches Vorgehen) scheint es nicht allzuweit her zu sein.[1] Der Betreffende wird, wenn man es von ihm in der Hypnose verlangt hat, später z. B. ganz gerne ein Glas Wasser trinken, jemanden begrüssen u. s. w., er wird aber schon ungern und unter Zeichen von Verlegenheit einen Stuhl umwerfen, Tinte ausgiessen oder sonst Sinnloses tun. Hat man aber etwas gar Bedenkliches verlangt, z. B. jemanden hinauszuwerfen, sich selbst eine Ohrfeige zu geben oder jemanden am Körper zu attackieren, so wird er dies eben nicht tun, weil ja mit der Unsinnigkeit des verlangten Vorgehens der Widerstand des eigenen Willens wächst, welcher bei unsinnigem Verlangen doch den suggerierten fremden Willen niederkämpft.

Fragen wir noch, wie es mit der Wahrheit des vom Hypnotisierten Gesagten steht, so dürfen wir von dieser nicht viel erwarten. F o r e l schrieb mir einmal, man dürfe nicht vergessen, dass es doch schliesslich dieselbe Gehirnmasse ist, welche die Äusserungen im wachen und im hypnotischen Zustande diktiert, so dass die Willenskraft Wahres nicht zu sagen, doch nur höchstens teilweise gelähmt werden kann. Wollte man sich daher zu dem gewiss an sich nicht erlaubten Experimente verleiten lassen, von hypnotisierten Zeugen oder Beschuldigten die Wahrheit erfahren zu wollen, so würde man doch nur unverlässliches zutage bringen. Was Massensuggestion leisten kann, ist bekannt genug.[2]

Die Verschiedenheit der Ansichten, ob und was die Justiz durch die Hypnose erreichen darf, ist ziemlich gross; interessant ist ein Studium dessen, was hier z. B. von d u P r e l, L i é g e o i s, F r. C. M ü l l e r, v a n D e v e n t e r, S c h m i d k u n z, L. D r u c k e r u. s. w. vorgebracht wird. —

Fassen wir nun die etwa denkbaren Momente zusammen, in welchen der Kriminalist mit dem Hypnotismus zu tun bekommen kann,[3] so dürfen wir sagen:

1. Es können auf den Hypnotisierten eigentumsgefährliche oder unsittliche Angriffe gemacht; 2. es können an diesem allerlei Erpressungen verübt; 3. es kann ihm die Begehung von Verbrechen suggeriert; 4. ebenso kann ihm Krankheit u. s. w. eingeredet werden; 5. es kann sich einer Mut zur Verübung eines Verbrechens suggerieren

---

[1] Siehe die oben p. 211 zitierte Arbeit von Oberndorfer u. Steinharter.

[2] Vergl. P. A u b r y „De l'influence contagieuse etc.", Arch. d'anthr. crim. VIII, 565; B i n e t - S a n g l é „Le crime de suggestion religieuse etc." ibid. VIII, 565 und XVI, 453; L a u r e n t „Les suggestions criminelles" ibidem V, 596; L a d a m e „L'hypnotisme et la medic. leg." ibid. II, 232, 520; Stoll „Suggestion und Hypnotismus in der Völkerpsychologie", 2. Aufl., Leipzig 1904. Weitere Literatur s. oben p. 205.

[3] Carl d u P r e l „Das hypnotische Verbrechen und seine Entdeckung", Akad. Verl. München 1901; De Eckavarri „Hypnotismo y criminalidad", Valladolid 1906 u. A. M o l l „Der Hypnotismus", Berlin, 4. Aufl, 1907 (p. 418 ff.)

lassen; 6. es sind allerlei ungerechte Beschuldigungen wegen nie begangener Delikte durch suggerierte Vorkommnisse geschehen; 7. es kann aber auch einer, der ein Verbrechen vollbewusst begangen hat, sich auf Suggestion durch einen zweiten ausreden; 8. es können Spuren von Verletzungen, von Würgen u. s. w. suggestiv erzeugt worden sein und nun als Beweismittel erscheinen; 9. es könnte Abtreibung der Leibesfrucht durch Suggestion geschehen; 10. durch unbefugte und ungeschickte Hypnotisierung können allerlei Krankheiten, namentlich Nervenzustände, Krämpfe u. s. w. erzeugt werden; 11. es können unwillkürliche Suggerierungen durch den UR. oder andere vernehmende Personen entstehen. —

Im ganzen dürfen wir aber sagen, dass die Gefahren des Hypnotismus keine grossen sind und dass sie durch die Lehren über diesen, obwohl sie schon längst bestanden, nur besser bekannt wurden.[1]) Die Grösse einer Schwierigkeit schwindet immer und überall, wenn wir sie kennen lernen. Der UR. empfinde aber die unbedingte Notwendigkeit, jedesmal den Sachverständigen heranzuziehen, wenn er auch nur im entferntesten die Einwirkung von Hypnotismus vermutet."

Soweit aus der zweiten Auflage dieses Buches; (nur die Lit. ist ergänzt.) Damals sagte ich also, wir seien mit dem Hypnotismus im Stadium der „Annahme" und da wieder im Unterstadium der „Übertreibung" angelangt. Fragen wir heute um den Stand der Sache,[2]) so können wir nicht zweifeln, dass sie schon in dem vorausgesagten Unterstadium der „richtigen Wertschätzung" angelangt ist. Vergleichen wir das, was auf dem kriminalanthropologischen Kongress in Brüssel z. B. von B e n e d i k t, V o i s i n, B e r i l l o n, C r o c q, H o u z é, L a d a m e, M a s o i n, M o t e t, M e n d e l über verbrecherische Suggestion gesagt wurde, mit der heutigen Auffassung, so finden wir eine merkwürdige Kühle, mit der man der Suggestionsfrage gegenübersteht. Ich glaube nicht fehlzugehen, wenn ich diese glückliche Wendung der Sache hauptsächlich den grossen Prozessen der jüngsten Zeit zuschreibe, in welchen Suggestion eine wichtige Rolle spielte, und in welchen die ersten Meister sich bemühten, Klarheit zu bringen. Es waren dies der Prozess gegen A n d e r s o n G r a y (Cowly County, Kansas), dann der vielbesprochene „Faszinationsprozess" gegen C z y n s k i und der äusserst lehrreiche Prozess gegen den Mörder B e r c h t o l d in München. In allen diesen Prozessen hatte man das lebende Material, die sichtbare Wirkung vor sich, man war sich der Schwere und Bedeutung der Frage klar, und so bemühte man sich, die Sache verständlich zu machen und alles auszuschliessen, was nicht

[1]) Vergl. die oben p. 209 zitierte Arbeit von Moll.

[2]) Literatur bis 1890 s. Max D e s s o i r „Bibliographie des modernen Hypnotismus", Berlin 1890. Von da an S c h r e n c k - N o t z i n g in H. Gross' Archiv Bd. V p. 33; meine Kriminalpsychologie, Lpzg. 1905; Alfred B i n e t „La sugestibilité", Paris 1900; Ernst G y s t o w „Die Suggestibilität des Kindes", Beil. der Münchner Allg. Ztg. v. 1901 Heft 37 und B e c h t e r e w (deutsch von Weinberg) „Suggestion und ihre soziale Bedeutung", Lpzg. 1899 u. Wiesbaden 1905 und namentlich Alb. M o l l „Der Hypnotismus", Berlin, 4. Aufl., 1907; A. F o r e l „Der Hypnotismus", 5. Aufl., Stuttgart 1907.

strenge nachweisbar ist. Man ging auch daran, das „Faszinieren" (schon 1855 von B r a i d „Monoidesieren" genannt) vom Suggerieren zu scheiden, und dem Publikum klare Darstellungen zu geben. Was z. B. der Breslauer Professor H i r t [1]) im Czynsky-Prozess auseinandersetzte, gehört zu dem deutlichsten, was in der Sache gesprochen wurde. Er sagt: „Man kann die Hirnoberfläche, wo sich nach unseren heutigen Anschauungen das Denken, Fühlen und Empfinden abspielt, sofern es sich um einen wachenden, bewussten, normal denkenden Menschen handelt, mit einem Blatt Papier vergleichen, welches mit Tausenden sich kreuzenden, quer durcheinander gehenden Schriftzeichen bedeckt ist — diese Schriftzeichen sind die Gedanken. Wenn ich nun jemanden durch irgend welche Mittel, z. B. wie es der Angeklagte mit der Baronesse Z. gemacht hat, durch scharfes Ansehen und Streichen mit den Händen über das Gesicht in einen schlafähnlichen Zustand versetze, so verblassen die Schriftzeichen, während das Individuum müde wird, mehr und mehr, und sind schliesslich in tiefer Hypnose nicht mehr erkennbar, respektive völlig ausgelöscht. Wenn ich nun in diesem Stadium dem Patienten etwas suggeriere, eingebe, so schreibe ich neue Buchstaben und Schriftzeichen auf das Blatt Papier, die der Eingeschläferte hört, liest, und mehr oder minder kritiklos für wahr, d. h. für seine eigenen Gedanken hält. Je eindringlicher die Suggestion erfolgt, um so deutlicher werden die Schriftzeichen des Suggerierenden und beim Erwachen haften sie in dem Bewusstsein des hypnotisiert Gewesenen; er nimmt sie mit nach Hause und verarbeitet sie. Je häufiger die Suggestion wiederholt, und je tiefer der Schlaf dabei wird, um so deutlicher und dauernder bleiben die Schriftzeichen, welche wohl geeignet sind, die Handlungen des Eingeschläferten zu beeinflussen (posthypnotische Suggestion)."

Ebenso wichtig und belehrend waren die verschiedenen Gutachten, die Dr. Freiherr von S c h r e n c k - N o t z i n g [2]) und Prof. G r a s h e y im Berchthold-Prozess gegeben haben, und in welchen namentlich die Frage der Suggerierung der Zeugen, sowie die weitere Frage, inwieweit der Sachverständige diesfalls einzutreten habe, ihre wohl endgültige Lösung gefunden haben.

Auch die Frage der posthypnotischen Wirkung ist lange nicht mehr so interessant, als sie einstens aussah, da man ihre Stärke und Wirkungsdauer schon als sehr gering bezeichnet. Dies illustriert am besten der von Ernst N a v i l l e [3]) erzählte Fall, wo Dr. L i é b a u l t einem faulen, störrigen Kinde Arbeitslust suggerierte. Dies half, aber nur kurze Zeit, das Kind wurde wieder faul und Versuche, es neuer-

---

[1]) Vergl. W. P r e y e r „Ein merkwürdiger Fall von Faszination", Stuttgart 1895; v. S c h r e n c k - N o t z i n g „Der Fall Sauter", Lpzg., J. A. Barth.

[2]) „Über Suggestion und Erinnerungsfälschung im Berchthold - Prozess", Leipzig 1897.

[3]) „Der Hypnotismus und die menschliche Willensfreiheit", Gerichtssaal XXXIX; vergl. hierzu die Aufsätze von Dr. T h e n - T r a u n s t e i n „Suggestion und Hypnotismus im Recht" in No. 66 ff. in 1897 der „Beilage zur Augsburger Postzeitung".

dings zu suggerieren, schlugen vollkommen fehl; diese Fälle wurden seither unzähligemale wiederholt und bestätigt. —

Kein Zweifel! Wir werden auch jetzt noch der Frage die grösste Aufmerksamkeit schenken und stets den Sachverständigen herbeirufen, wenn wir einen Fall von Hypnotismus vorliegend vermeinen — aber jene sinnverwirrende Bedeutung, wie man eine Zeitlang glaubte, hat die Sache schon lange nicht mehr.[1])

f) Bei Farbenblindheit.

Die Farbenblindheit ist verbreiteter und wichtiger als man gewöhnlich annimmt. Seitdem 1777 Josef H u d d a r t in einem Schreiben[2]) an Josef P r i s t l e y zuerst von dieser Anomalie Erwähnung machte, und John D a l t o n sich um 1794 eingehender damit befasste, hat man die Sache nicht mehr vergessen, und namentlich in letzterer Zeit ist sie Gegenstand umfassender Erhebungen und Studien geworden. Wie viele Menschen als farbenblind in höherem und minderem Grade anzusehen sind, wird sich nie sicher feststellen lassen; die Prozentangaben in den Arbeiten von W i l s o n, S e e b e c k, Y o u n g, H e l m - h o l t z, M a x w e l l, F a v r e, F e r i s, S t i l l i n g, B l a s c h k o, H o l m g r e n und anderen[3]) wechseln zwischen 3·25% bis 8%; als Mittelwert dürften gut 5% anzunehmen sein, so dass etwa jeder 18. Mensch als „farbenblind" anzusehen ist. Hierbei konnte man feststellen, dass Farbenblindheit unter Männern weitaus häufiger ist als unter Weibern und dass ihre am häufigsten vorkommende Form die der Verwechslung von Rot und Grün (oder Gelb) ist.

Nach Frithiof H o l m g r e n[4]) unterscheidet man am zweckmässigsten:

I. Totale Farbenblindheit, wo der Betreffende nur hell und dunkel (dies aber dafür besonders scharf) unterscheidet; er sieht also angeblich z. B. nur Grau in Grau, oder Rot in Rot; wie er wirklich sieht, ist natürlich nicht zu sagen, da wir uns, ob mangels der betreffenden Begriffe, nicht verständigen können.

II. Partielle: 1. typische, bei welcher bestimmte Farben nicht unterschieden werden; zumeist a) rotblind, b) grünblind, c) violett-

---

[1]) Vergl. v. S c h r e n c k - N o t z i n g in H. Gross' Archiv Bd. V p. 1 (mit Literaturangabe) und P. R i s s a r t „Der Hypnotismus etc.", Paderborn 1902.

[2]) Philosophical transactions 1777 p. 260.

[3]) Vergl E. R a h l m a n n „Über Farbenblindheit" und E. W. S c r i p t u r e „A safe test for Color Vision". Yale psychol. Laborat. 8, 1—20, 1900.

[4]) „Die Farbenblindheit", Leipzig 1878. — Vergl. William P o l e „Über den gegenwärtigen Stand der Kenntnisse über Farbenblindheit", „Transaction of the Royal Society of Edinbourgh 1893" vol. XXXVII; Ew. H e r i n g „Über einen Fall von Gelbblaublindheit" in Pflügers Archiv LVII; M a g n u s „Die Farbenblindheit", Breslau 1878; D a a e „Die Farbenblindheit und deren Erkennung", Breslau 1878; C o h n „Studien über angeborene Farbenblindheit", Breslau 1879; K o l b e „Geometr. Darstellung der Farbenblindheit", Petersburg 1881; N a g e l „Tafeln zur Diagnostik der Farbenblindheit", Wiesbaden 1898; derselbe in „Ärztl. Sachverst.-Ztg." No. 9 ex 1904.

blind; 2. unvollständige Farbenblindheit, bei welcher entweder alle, oder nur gewisse Farben weniger deutlich und sicher unterschieden werden können.

Die Wichtigkeit der Farbenblindheit kann für uns mehrfach zutage treten, wobei vor allem zu merken ist, dass Farbenblindheit von den damit Behafteten nur in wenigen Fällen selbst bekannt gegeben wird. Meistens wissen es die Leute nicht, dass sie farbenblind sind, und wenn sie es wissen, so scheuen sie sich seltsamerweise, das zu sagen, als ob es sich um ein arges Gebrechen handelte.

Vor allem kann Farbenblindheit für den UR. in allen jenen Fällen Bedeutung haben, in welchen es sich um das Wahrnehmen von farbigen Signalen handelt, wenn durch deren Verkennung ein Unfall entstanden ist (bei Eisenbahnen, Dampfschiffen, in Bergwerken u. s. w.). Weiter aber auch dann, wenn es sich bei Kleidern u. s. w. um irgend eine Farbenbestimmung von Wichtigkeit handelt, z. B. Agnoszierung von Personen („der Mann mit dem grünen Rocke" u. s. w.), endlich beim Erkennen von Blutspuren; ein Farbenblinder wird Blut auf grünem Hintergrunde (auf Gras, grünen oder gelben Kleidungsstücken) nur schwer wahrnehmen. Kommt dem UR. also der geringste Verdacht, dass er es mit einem Farbenblinden zu tun hat, und ist die Bestimmung der richtigen Farbe einigermassen wichtig, so wird er den betreffenden Zeugen u. s. w. unbedingt dem Gerichtsarzte zur Prüfung zuzuweisen haben. — Zu bemerken wäre nur noch, dass Farbenblindheit erblich zu sein scheint; wenigstens hat man beobachtet, dass die Geschwister eines Farbenblinden häufig ebenfalls an demselben Fehler leiden.

g) Bei Fragen der Linkshändigkeit.

Die Frage der Linkshändigkeit[1]) kann für den UR. oft von Wichtigkeit werden (s. oben p. 179). Ob etwas von einem „Linken" geschnitzt, gedrechselt, gehobelt, geschmiedet, genäht etc. wurde, kann der Fachmann in der Regel mit Bestimmtheit angeben. Ebenso lässt sich aus der ärztlichen Untersuchung eines Individuums häufig sagen, ob er ein „Rechter" oder „Linker" ist — allerdings wird neuerlich von Dr.

---

[1]) Vergl. Rothschild „Zur Frage der Ursachen der Linkshändigkeit", Jahrbücher f. Psychiatrie 1897 p. 332 u. Lueddeckens „Rechts- und Linkshändigkeit", Lpzg. 1900; Baldwin „Entwicklung des Geistes beim Kinde und bei der Rasse", Berlin 1898; van Bierfliet „L'homme droit et l'homme gauche", Gent 1901; Rollett (gleicher Titel) Arch. d'anthr. crim. 1902; Alsberg „Rechts- und Linkshändigkeit", Hamburg 1894; Cunningham im Journ. of Anthropol. 1902 vol. XXXII p. 273; Liersch „Die linke Hand", Berlin 1893; Weber „Ursachen und Folgen der Rechtshändigkeit", Halle 1905; Jackson „Ambidesterity", London 1905; Villebrun „Des ongles etc." 1882; Minakow „Über die Nägel der Menschenhand", Vierteljahrschft. f. ger. Med. 1900; Bolk „De Oorzaken en Betekners du Rechtshändigkeit" (Referat im Intern. Zentralblatt f. Anthropol. 1901 p. 134); E. Audenio „L'homme droit, l'homme gauche et l'homme ambidextre", VI. Congr. intern. d'anthr. crim., Turin 1906. Arch. di psichiatria etc. vol. XXVIII p. 23.

Moser[1]) behauptet, dass die allgemeine Annahme: der rechte Arm sei in der Regel stärker als der Linke, nur in etwas mehr als der Hälfte der von ihm Untersuchten zutraf. Es darf also aus den Massen des Armumfanges kein voreiliger Schluss auf Rechts- und Linkshändigkeit gezogen werden. Dagegen sprechen allerdings wieder englische Messungen.[2]) Im allgemeinen sollen 2—4% der Menschen links sein; von Verbrechern behauptet Lombroso, dass unter den Männern 14%, unter den Weibern 22% linkshändig seien; bestätigt hat das sonst niemand. —

In allen Fällen, in welchen die Frage wichtig werden kann, und dies ist sehr oft, ist also stets der Gerichtsarzt zu befragen — Vorsicht bleibt aber bei den diesfälligen Schlüssen stets geraten. Man vergesse auch nicht, dass es sog. Ambidexter gibt, bei welchen beide Hände gleich oder nahezu gleich ausgebildet sind. Dass dies auch angelernt sein kann, beweisen z. B. Chirurgen, Fechter, Bildhauer etc., die absichtlich im Interessse ihrer Tätigkeit auch den linken Arm ausgebildet haben. —

h) In zahnärztlichen Fragen.

Die viel zu wenig gewürdigte Hilfe, die der wissenschaftliche Zahnarzt dem UR. bringen kann, ist sehr bedeutend. Man frage ihn regelmässig, wenn irgendwelche Spuren, die durch Zähne verursacht wurden, vorliegen, z. B. Bisse am Verletzten oder Verdächtigten, an zurückgelassenen Rauchmaterialien (Zigarrenstummel, Pfeifen- oder Zigarrenspitzen), an Bleistiften, Federstielen etc. Dann in Identitätsfragen, namentlich in grossen Städten, wo Zahnärzte an Operationen, Plomben etc. häufig nach ihren Aufzeichnungen Personen feststellen können; ich verweise auf die, namentlich von A m o ë d o[3]) erzählten Beispiele; die Agnoszierung der Herzogin von Alençon und der Gräfin v. Villeneuve; der belehrende Streit zwischen den Zahnärzten des Sohnes Napoleon des III.; der merkwürdige Prozess um den Tod des W. S. Goss etc. Ebenso wichtig können Zahnärzte werden, wenn es sich darum handelt, ob und was durch Zähne geleistet werden konnte oder nicht. Gedenkt man der Hilfe des Zahnarztes, so ergeben sich zahlreiche Fälle hierfür von selber.

---

[1]) Dr. M o s e r „Über Massverhältnisse des rechten und linken Armes" (Ärztl. Sachv.-Ztg. No. 2 et 1906).

[2]) George E. W h e r r y „Why are both legs of the same length?", „The Lancet" v. 16. 2. 1901 (der rechte Arm Rechtshändiger sei um ¹/₃—³/₄ Zoll länger als der linke).

[3]) Vergl. H o f m a n n 9. Aufl.; C a s p e r - L i m a n 6 Aufl. u. 9. Aufl. (Schmidt-mann); W a c h h o l z u. L e p k o w s k y in der Ärztl. Sachverst.-Ztg. No. 19 von 1901 u. No. 7 von 1903; Albert D u m u r „Les dents, leur importence etc.", Paris 1882; A. P a l t a u f „Der Zahn in forenser Beziehung" in „Scheffs Handb. der Zahnheilkunde", Wien 1893; M a g i t o t u. M a n o u v r i e r im Arch. d'Anthropol. crim. IX p. 597; hauptsächlich aber das grosse Werk von G. P o r t, Übersetzung von O. A m o ë d o „Die Zahnheilkunde in gerichtl. Beziehung", Leipzig, A. Felix; hier sind für Kap. XVI: „Identitätsbestimmungen durch Zähne" nicht weniger als 38 Schriften aufgezählt. Vergl. H. Gross' Archiv Bd. III p. 340; S c h w a r z ibidem Bd. XXV p. 339; dann v. Lepkowski u. Wachholz „Über Veränderg. natürlicher und künstlicher Gebisse durch extreme Temperaturen und Fäulnis", Ztschf. f. Mediz.-Beamte No. 6 Jg. 1903.

3. Verwendung der Mikroskopiker.

Vergl. auch Abschnitt XVI, 6.

So weit vorgeschritten heute auch die Konstruktion der Mikroskope ist und so viel die Wissenschaft mit diesem bewunderungswürdigen
Kunstwerke zu leisten vermag, so wenig wird das Können des Mikroskopikers vom UR. ausgenützt. Blutuntersuchungen, Feststellung
von Samenflecken[1]) und Vergleiche von Haaren, das ist so ziemlich
alles, was der Mikroskopiker für den UR. zu tun hat. Andere Untersuchungen kommen nur ausnahmsweise vor, trotzdem es unzählige
Fälle gibt, in denen der Mikroskopiker dem UR. die wichtigsten Aufschlüsse bieten und vielleicht in manche unlösbare Untersuchung Klarheit bringen könnte. Der Grund, warum dies so selten geschieht, liegt
nur darin, dass der UR. nicht weiss, was ihm der Mikroskopiker zu
sagen vermag und dass der letztere nicht weiss, was der UR. von ihm
brauchen könnte. Die Folge davon ist, dass beide einander fremd
bleiben, obwohl sie in vielen wichtigen Fällen Hand in Hand miteinander gehen sollten. Dieses Fremdbleiben geht sogar so weit, dass
in den vielen Werken über Mikroskope und deren Verwendung alles
Mögliche über ihre vielen Leistungen enthalten ist, nur nicht über
die auf dem Gebiete der Strafrechtspflege. Man sehe einmal, was der
Mikroskopiker auf dem Gebiete aller Naturwissenschaften leistet: man
darf vielleicht sagen, das Mikroskop hat neue Disziplinen überhaupt
erst möglich gemacht; Bakteriologie, Untersuchung von Wasser, Luft,
Boden. Nahrungsmitteln, Feststellung der Natur vieler Krankheiten,
Kenntnis der Tiere, Pflanzen und Steine und viele andere der wichtigsten Aufklärungen würden ohne Mikroskop gar nicht existieren. Dass
das aber so wurde, hat seinen Grund allein darin, dass der naturwissenschaftliche Forscher wusste, was ihm das Mikroskop leisten kann;
er forderte von ihm und bekam die geforderte Leistung, e b e n s o
w i e d e r U R. s i e b e k o m m e n w ü r d e, w e n n e r v o m
M i k r o s k o p i k e r z u v e r l a n g e n w ü s s t e. Denn dass die beiden
einander so selten finden, ist die Schuld des UR., nicht des Mikroskopikers, der keine Verpflichtung hat, jenen zu fragen, was er etwa
von ihm brauchen könnte. Er vermöchte übrigens selbst beim besten
Willen nicht die Kasuistik, in der er Verwendung finden kann, zusammen zu stellen, da ihm das Gebiet zu fremd ist, und da er die Schwierigkeiten und Bedürfnisse des UR. nicht kennt. Will man daran gehen,
diesem Übelstande abzuhelfen, so erübrigt nichts anderes, als aus der
Praxis eine möglichst grosse Anzahl von Fällen zu sammeln, in denen
es dem UR. eingefallen ist, die Hilfe des Mikroskopikers anzurufen und
in denen ihm auch solche geworden ist. Erst wenn eine Menge von

---

[1]) Vergl. B o c a r i u s „Florences Krystalle und deren forense Bedeutung",
Vierteljahrschrift f. gerichtl. Medizin 1900 p. 255, und die Arbeiten von F l o r e n c e
selbst, Arch. d'anthr. crim. X, 417, 520; XI, 37, 146, 249; XII, 689. Vergl. dazu
die Bemerkung bei C a s p e r - L i m a n, dass man oft in den Leichen kräftiger
Männer k e i n e Spermatozoën finden konnte.

solchen Beispielen gesammelt sein wird, kann es möglich werden, diese in einem System zu vereinigen, und so dem UR. nicht bloss an Beispielen zu zeigen, wo ihm der Mikroskopiker helfen kann, sondern seine Leistungen in gut gegliederte, systematisch geordnete Gruppen zu bringen.[1]

Im allgemeinen kann man sagen, dass der Mikroskopiker überall da Nutzen bringen kann, wo genaueres Sehen nötig ist, als es mit freiem Auge möglich ist; weiters dort, wo es auf die Feststellung der Zusammensetzung eines Gegenstandes ankommt, ohne dass er zerstört werden darf, was der Chemiker in den meisten Fällen tun muss; und endlich dort, wo es sich um die Unterscheidung der physikalischen (nicht der chemischen) Bestandteile eines Körpers handelt, wenn also die mechanische Zergliederung und nicht die chemische Trennung gewünscht wird (z. B. Bestimmung eines Gemenges, von dem man wissen will, aus welchen pulverisierten Körpern es besteht, nicht aus welchen Elementen es zusammengesetzt ist).

Im nachstehenden soll nun eine kleine Zahl von Beispielen angeführt werden, in denen der UR. vom Mikroskopiker Hilfe erwarten kann. Es ist zu bemerken, dass selbstverständlich diese Beispiele nicht im entferntesten eine vollständige oder ungefähr vollständige Reihe der möglichen Fälle darstellen sollen, es möchte nur eine Anregung dazu geboten werden, in dieser Richtung weiter zu arbeiten und den Mikroskopiker zum Nutzen der Strafrechtspflege überall da anzurufen, wo er helfen kann. Ferner betone ich, dass ich im folgenden eine Unterscheidung zwischen Untersuchung mit dem Mikroskope und Untersuchung mit der Lupe nicht mache, da sich eine solche Unterscheidung insoferne nicht machen lässt, als in einem Falle diese, im andern Falle jene, häufig auch beide, vorgenommen werden müssen. Ich fasse b e i d e unter dem Namen der mikroskopischen Untersuchung zusammen.

a) Blutspuren.

Vergl. XIV. Abschnitt.

Handelt es sich um die Nachweisung von Blutspuren, so besteht die Aufgabe des UR. darin, diese sorgsam aufzusuchen, sie an sich zu nehmen, mit Vorsicht zu verwahren und sie so bald als möglich in die Hände des Sachverständigen gelangen zu lassen. Was der UR. diesfalls zu tun hat, ist im Abschnitte XIV: „Blutspuren" erörtert; hier ist nur zu berühren, wie und inwieweit der Sachverständige in Verwendung zu nehmen ist.

Vor allem wird es zweckmässig sein, ihn stets schon vom Anfange an beizuziehen, damit er beim Aufsuchen der Spuren behilflich ist. Hierdurch wird ein systematisches Suchen ermöglicht, so dass

---

[1] Mitteilungen von praktischen Fällen, in welchen der Mikroskopiker dem UR. in einem noch weniger bekannten Gebiete Hilfe geleistet hat, sind mir sehr erwünscht.

nach menschlicher Voraussicht nichts übersehen wird, was mit nur einiger Wahrscheinlichkeit von Blut herrühren könnte. Es wird aber auch insoferne Zeit und Mühe gespart, dass man sich nicht mit Objekten befasst, die keine Blutspuren an sich tragen. Es darf nicht vergessen werden, dass Blutspuren keineswegs immer so aussehen, wie sie in den Kriminalromanen geschildert werden. Ein Blutfleck kann je nach der auf ihn einwirkenden Unterlage fast alle erdenklichen Farben annehmen, er kann auch mit irgend einem zufällig oder absichtlich dahin gebrachten Mittel überdeckt worden sein, kurz das Aufsuchen von Blutspuren in grösseren Räumen, in Feld und Wald ist keineswegs so leicht als man glaubt; nur beispielsweise sei angeführt, dass Blutflecken, die der Sonne ausgesetzt sind, sehr bald (nach Hammerls[1] Untersuchungen schon nach 5 Tagen) fahlgrau werden. Das Bemerken von Blut erfordert daher unter Umständen Erfahrung und Sachkenntnis, wie sie nur der Sachverständige hat, und deshalb soll dieser, wenn es möglich ist, beigezogen werden. Hat man den Sachverständigen aber schon beim Aufsuchen der Spuren in Verwendung, so bediene man sich auch seines Rates und seiner Erfahrung bei der Bergung, Verwahrung und Verpackung der Objekte, was namentlich auch insoferne von Wert ist, als der Sachverständige bei seiner nachträglichen Untersuchung aus eigener Anschauung weiss, wie vorgegangen wurde, welche Vorsichten gebraucht wurden und wie die Objekte sofort nach der Auffindung ausgesehen haben, so dass er etwa eintretende Veränderungen richtig wird beurteilen können.

Nicht etwa aus Misstrauen, oder weil ich das vom UR. Geleistete für besser halte als das, was der Arzt macht, sondern nur aus formell-gesetzlichen Gründen mache ich darauf aufmerksam, dass aber doch alle die genannten Tätigkeiten nicht vom Gerichtsarzte, sondern vom UR. ausgehen müssen. Nach meiner Meinung könnte es angegriffen werden, wenn es z. B. im Protokoll hiesse: ,,Die Blutspuren werden von den Gerichtsärzten abgenommen und verwahrt u. s. w." — diese Tätigkeit muss vom UR. ausgehen, wenn er auch protokollarisch beifügt, dass sie nur unter sachverständiger Aufsicht der Gerichtsärzte geschehen ist; ein solcher Zusatz entspricht der Wahrheit und wird die Autorität des Geschehenen nur erhöhen. Dies wäre die unterstützende Tätigkeit des Sachverständigen. Bezüglich seiner eigentlichen Tätigkeit werden wir fragen müssen, was der UR. diesfalls vom Mikroskopiker verlangen kann, was er ihn fragen darf und soll.

Vor allem ist festzuhalten, dass der Sachverständige umso leichter und eingehender antworten kann, je frischer und unbeschädigter die Blutspuren sind.[2] Dass eine grössere Menge von Objekten die Arbeit erleichtert, ist selbstverständlich, und wenn auch aus geringen Quanti-

---

[1] Vierteljahrschrift f. gerichtl. Medizin 1892, 3. Bd. p. 44.

[2] Vergl. Janecek ,,Die Grenzen der Beweiskraft des Hämatinspectrums und der Häminkristalle etc.", Agram 1892. Allerdings erhalten sich die einmal getrockneten Blutscheibchen Jahrhunderte lang, wenn sie keinerlei Insulten ausgesetzt werden (Schaffhausen ,,Über die Methode vorgeschichtl. Forschung", Archiv f. Anthropologie V. Bd. 1. Heft p. 125).

täten Schlüsse gezogen werden können, so wird es doch Sache des UR.
sein, dem Sachverständigen so viel als möglich an Quantum zu bieten
und nicht leichtsinnigerweise Objekte zurückzulassen, weil „man ohnehin
genug hat". Wie sich der Gang der Untersuchung gestalten wird,
weiss man nicht, und ob nicht verschiedene Okjekte Verschiedenes
bieten werden, kann man zu Anfang auch nicht wissen.

Dass der Sachverständige Blutflecken von anderen Flecken in
fast ausnahmslos allen Fällen unterscheiden kann, ist sicher; selbst
wenn die Flecken durch innere und äussere Ähnlichkeit täuschen könnten,
hat die Wissenschaft genug Mittel, um sich ein sicheres Urteil bilden
zu können. Es können also Flecken von Farbe, von Rost,[1]) von Kau-
tabak, von Sporen gewisser Schimmelpilze[2]) u. s. w. den Blutflecken
noch so ähnlich sein, der Sachverständige ist da nicht zu täuschen.
Anders stand es bis vor kurzem mit der Beantwortung der Frage, von
welchem Geschöpfe bestimmtes Blut herrührt.[3]) Die Unterscheidung
liegt, so viel man bis dahin wusste, in der Form und Grösse der Blutzellen; man weiss, dass sie bei den Amphibien, Fischen, den Vögeln,
dann beim Kameel, Dromedar und Lama elliptisch, bei allen anderen
Säugetieren (inklusive Mensch) aber kreisrund sind. In der Tat sind
nun die Blutzellen bei den verschiedenen Säugetieren verschieden
gross, am grössten beim Menschen. Man kennt auch eine Anzahl von
Messungen, die eine bestimmte Reihe von Grössenverhältnissen der
Blutzellen einzelner Säugetiere darstellen. Diese Zusammenstellungen
hatten aber für uns fast nur theoretischen Wert; in forensen Fragen
waren sie in seltenen Fällen verwendbar. Vorerst sind die gefundenen
Grössen nicht gleichbleibende, sondern es kann bei jedem Tiere nur
ein Minimum und ein Maximum angegeben werden, z. B. bei Hunden
0·0066—0·0074 mm, bei Kaninchen 0·0060—0·0070 mm, sodass bei
einer gefundenen Blutzellengrösse von 0·0066 bis inklusive 0·0070 mm
die Frage offen bliebe, von welchem der beiden Tiere das betreffende
Blut herrührt. Weiters bewegen sich diese Messungen in Tausend-
steln und zumeist Zehntausendsteln eines Millimeters, also in Grenzen,

---

[1]) Namentlich Flecken von Zitronensäure und säuerlichen Fruchtsäften
auf Eisen, die täuschend wie Blutflecken aussehen (Hermann Wald „Gerichtl.
Medizin", Lpzg. 1858). Schon Rose („Erkennung von Blutflecken", Caspers
Vierteljahrschrift 1853, VI p. 301) macht darauf aufmerksam, dass der Unterschied
von Blutflecken und Rostflecken auf Eisen darin besteht, dass die ersteren leicht
abspringen, so dass blanke Corp. delicti (Messer etc.) sehr häufig nach längerem
Liegen oder bei übler Verwahrung die tatsächlich vorhanden gewesenen Blutflecken nicht mehr aufweisen.

[2]) Z. B. die, Blutspuren so häufig vortäuschenden Porphyrium cruentum
und Achorium Schönleinii, die auf feuchtem, lehmigen Boden genau wie Blut
aussehen.

[3]) Wachholz „Untersuchung über Häminkristalle", Vierteljahrschrift f. ge-
richtl. Medizin, 3. F. XXI. Bd. p. 227 (1901); Ziemke ibidem p. 77 (dazu
Hofmann „Gerichtl. Medizin" 9. Aufl. p. 445. Über die Methode des Dr.
Magnanimi s. Kratter auf dem Naturforschertag in Karlsbad 1902 (verschiedene Resistenz des Blutfarbstoffes gegen Alkalien). Dann: Uhlenhuth in
H. Gross' Archiv Bd. VI p. 317 und Bd. X p. 210; dazu Kratter ibid. Bd. X
p. 199 und Rosenberg „Der Fall Martz" ibidem Bd. X p. 83 ff. Vergl. weitere
Literaturangabe dieses Handbuch, XIV. Abschnitt, besonders aber die für Juristen
geschriebene und über alle diesfälligen Fragen (auch Lit.) vollkommen unterrichtende Arbeit von H. Pfeiffer in H. Gross' Archiv Bd. XXII p. 244.

für deren absolute Richtigkeit in einem forensen Falle nicht eingestanden werden möchte. Endlich darf nicht vergessen werden, dass
solche Messungen nur dann verlässlich gemacht werden können, wenn
die Blutzellen zu Scheiben eingetrocknet und keinerlei verändernden
Einflüssen unterworfen gewesen sind. Das ist aber bei einem als corpus
delicti dienenden Blutflecke selten der Fall.

Allerdings hat auch hier die Mikrophotographie Wunder gewirkt,
so dass man in gewissen Fällen, wenn die Blutscheibchen gut erhalten
sind, zweifellose Unterschiede nachweisen kann; auf einer Mikrophotographie erscheint Menschenblut (0·0078 mm) von z. B. Ziegen-
blut (0·0045 mm) in der Tat so verschieden, dass eine Differenzierung
jedem Beschauer möglich ist; es sind daher Fälle denkbar, in welchen
in dieser Richtung etwas Verlässliches geleistet werden könnte.[1] Aber
wirklich Verlässliches kann heute nur mit der Uhlenhuthschen Methode
erreicht werden, für die in den Reichshauptstädten eigene Laboratorien
errichtet wurden, an die man sich bekanntlich erforderlichen Falles
zu wenden hat. —

Eine weitere Frage kann auch die sein, ob bestimmtes Blut arterielles
oder venöses ist, welche Frage meistens mit der zusammen fallen wird,
ob die aufgefundenen Blutspuren von einer grösseren oder kleineren
Verletzung stammen. Allerdings kann auch venöses Blut spritzen (durch
schleudernde Bewegung des verletzten Gliedes, oder kräftiges, plötz-
liches Zusammenziehen desselben oder wenn auf die verletzte Stelle
nochmals geschlagen wird), in der Regel und mit gewisser Kraft spritzt
aber nur die Arterie. Werden also an einem Gegenstande, namentlich
an einem flachen, z. B. einer Wand, starke Blutspritzer gefunden, so
ist die Annahme naheliegend, dass in der Nähe dieser Blutspritzer eine
Arterie des Verletzten oder Getöteten geöffnet wurde. Der Arzt[2]
kann dann nicht nur sagen, dass dies arterielles Blut ist, sondern oft
sogar, wie weit und in welcher Stellung sich der Verletzte zur Zeit der
Beibringung der Verletzung befunden haben muss.

Ob bestimmtes Blut aus einer Wunde herrührt, oder ob es von
Nasenbluten, Blutspeien, aus Hämorrhoiden, aus Geschwüren herge-
kommen ist, ob es Menstrualblut ist, ob es Blut ist, welches bei einer
Defloration[3] verloren wurde, ob dem Blute Gehirnmasse oder sonstige
Bestandteile des menschlichen Körpers beigemengt sind, ob es von
Floh- oder Wanzenbissen[4] herrührt und ähnliche Fragen können und

---

[1] Über die Unverlässlichkeit der Messungen s. Däubler „Unterscheidung
menschlichen und tierischen Blutes", Vierteljahrschrift f. ger. Med. 3. F. XVIII. 2.
[2] Vergl. Hofmann „Lehrb. der gerichtl. Medizin", 9. Aufl. u. Pietrowski
(in Virchow Jahrb. 1895, I p. 449); ebenso Dittrichs Handbuch.
[3] Vergl. hierzu im allgemeinen: A. Haberda „Über den anatom. Nachweis der Defloration", Berlin, Karger 1899; dann schon C. Schmidt „Diagnostik
verdächtiger Flecke", Mitau-Leipzig 1848 und Zeiss „Blutspuren bei Defloration",
Zentralblatt f. Gynäkologie 1885 No. 8.
[4] Auch in Exkrementen von Fliegen, die Blut genossen haben, finden sich
oft charakteristische Häminkristalle (H. Struve „Zur gerichtl. chem. Untersuchung verdächtiger Flecke auf Blut", Zeitschrift für analyt. Chemie 1893
Bd. XXXII); vergl. überhaupt: W. Sachs „Über Blutungen, Unterscheidung und
Untersuchung" in „Friedreichs Blättern" Jahrg. 50 Heft V.

müssen unter Umständen gestellt werden, sie sind aber nicht immer
zu beantworten. Eine bestimmte Behauptung kann nur dann aufgestellt werden, wenn Beimengungen nachgewiesen werden können,
die für den Fall charakteristisch sind (z. B. Schleim, Pflasterepithel,
Flimmerepithel, Magensarcine), oder wenn charakteristische Mängel
zum Vorscheine kommen (z. B. Mangel an Fibrin, Oxihämoglobin
und Blutkörperchen bei Wanzen- und Flohbissen). Gerade diese letztere Frage ist oft von bedeutender krimineller Wichtigkeit, ihre Behandlung von Seite der Sachverständigen zeigt aber besonders, was
von ihnen unter Umständen geleistet werden kann. Über Exkremente und sonstige Residua von Blut, die von blutsaugenden Insekten
herrühren, sprechen noch: Schauenstein,[1] Janecek,[2] Hofmann,[3]
J. Schöfer,[4] Frigerio,[5] Briand und Chaude,[6] Ernst Ludwig[7] u. s. w. —

Was endlich die Frage nach dem Alter eines Blutfleckens an-
belangt, so wird man diese zwar stellen können, die Antwort wird aber
in den meisten Fällen unbestimmt ausfallen.[8] Am ehesten wird der
Sachverständige etwas aus dem ganzen Eindrucke der Sache, aus allen
Nebenumständen und aus der Erörterung des übrigen vorliegenden
Materiales sagen können. Bisweilen werden die Proben mit wässeriger
Arsenlösung und Chlorwasser Aufschluss geben können (D r a g e n -
d o r f f in Jos. von Maschkas „Handbuch der gerichtlichen Medizin").
Jedenfalls wird die Antwort nur eine unsichere sein, wenn nicht be-
sondere, aufklärende Umstände beigetreten sind.

(Vergl. noch Abschnitt XIV.)

Über Knochen s. namentlich Tovo und Kenyeres.[9]

b) Bei Exkrementen.[10]

Eine Frage, welche hier angeschlossen werden soll, ist die, ob
vom Sachverständigen Aufschluss verlangt werden kann, wenn es sich
um die Untersuchung von Exkrementen handelt. Dies ist entschieden
zu bejahen, da hier wertvolle Klarstellungen gewonnen werden können.
In den Lehrbüchern werden diesfalls insbesondere stets zwei Fälle
erwähnt, die sehr instruktiv sind. In dem einen handelte es sich um
die Ermordung einer Person, wahrscheinlich Lustmord. Verdächtigt

---

[1]) Lehrbuch der gerichtl. Medizin 1875.
[2]) „Die Grenzen der Beweiskraft des Häminspektrums", Agram 1892.
[3]) Lehrbuch der gerichtl. Medizin, 9. Aufl.
[4]) Wiener klin. Wochenschrift No. 35 p. 643 in 1893.
[5]) Gaz. med. ital. lomb. 1884 No. 32 u. 33.
[6]) Man. compl. de med. leg., Paris 1880, p. 396.
[7]) „Mediz. Chemie", Wien u. Lpzg. 1895, p. 320.
[8]) Vergl. den lehrreichen Fall von H o f m a n n in Vierteljahrschr. f. gerichtl.
Medizin, neue Folge, XIX. Bd. p. 89 u. 113.
[9]) Dr. T o v o „La distinzione delle ossa appartenenti a diverse specie
animali col metodo biologico", Torino 1905; K e n y e r e s u. H e g y i „Unterscheidung des menschlichen und tierischen Knochengewebes", Vierteljahrschrift
f. ger. Medizin XXV, 2 in 1903.
[10]) Vergl. die ausgezeichnete Arbeit v. J. M ö l l e r „Die forense Bedeutung
der Exkremente", Wiener klinische Rundschau 1897 No. 11; M. C. A. van

wurde ein Bursche, an dessen Beinkleidern sich (aussen) Spuren menschlichen Kotes fanden. Die Untersuchung dieser Kotflecken und der Fäkalmassen aus den Gedärmen der Ermordeten ergab zur Zweifellosigkeit die Nichtidentität der beiden Kotmassen, da die ersteren von Fleischnahrung, die letzteren von vegetabilischen Stoffen hergerührt haben.

Ein zweiter Fall hat positive Resultate ergeben. Unterhalb einer kleinen Stadt wurde (1850) von einem dort vorbeifliessenden Flusse die Leiche eines ermordeten Mädchens angeschwemmt, an dem kurz vor dem Tode ein Notzuchtsakt verübt worden sein musste. Die gerichtliche Obduktion der Ermordeten wurde genau gemacht und auch die Fäkalmassen in den Gedärmen einer Untersuchung unterzogen, welche ergab, dass sich in diesen die Kerne frischer Feigen vorfanden. Nun gab es damals in dem bewussten Städtchen frische Feigen nur in dem Garten eines einzigen Hauses, die Spur war gefunden und es ergab die weitere Untersuchung, dass ein Mann, der in jenem Hause wohnte, das Mädchen an sich gelockt, ihm Feigen aus dem Garten gegeben, das Mädchen genotzüchtigt und dann getötet hatte. Das Verdauungsstadium der Feigen entsprach auch genau der Zeit vom Verzehren der Feigen bis zur Tötung des Mädchens.[1]

In einem Falle aus neuester Zeit[2] ward eine alte Frau getötet und fand man auf dem Tatorte Fäkalien, die Spulwürmer enthielten. Man liess den Kot von 6 Männern, welche der Tat verdächtig waren, untersuchen und fand nur bei einem (und zwar wiederholt bei verschiedenen Untersuchungen) Spulwürmer im Kot. Er war auch der Täter und wurde verurteilt. —

Auch noch in anderer Richtung kann es wichtig werden, wenn sich der UR. um Exkremente kümmert. Möller (loc. cit.) erinnert, dass es zweckmässig wäre, bei jedem ob eines Verbrechens Eingelieferten, den ersten in der Haft abgesetzten Stuhl zur allfälligen mikroskopischen Untersuchung aufzubewahren. Wenn das auch in seiner Allgemeinheit nicht durchzuführen ist, so lässt es sich nicht in Abrede stellen, dass dieser Vorgang für einzelne Fälle zu empfehlen wäre. Wenn z. B. bei einem wichtigen Verbrechen der Verdächtige sehr bald nach der Tat verhaftet wird, und wenn man wahrnimmt, dass sein letzter Aufenthalt, seine zuletzt genossene Nahrung etc. von Bedeutung sein kann, so wird sich die Aufbewahrung seines ersten Stuhles in der Haft allerdings empfehlen.

Ledden-Hulsebosch „Makro- und mikroskop. Diognostik der menschl. Exkremente", Berlin 1899; Ad. Schmidt und J. Strasburger „Die Faeces des Menschen", Berlin 1901. Dagegen behauptet noch Casper-Liman (6. Aufl. II p. 22), dass Untersuchungen von Exkrementen niemals oder fast niemals von Wichtigkeit sein können. Vergl. dazu die 9. Auflage! Wichig ist Netolitzky „Die Vegetabilien in den Fäces", Wien 1906. Über Spuren von Urin (ob Mann oder Weib etc.) s. Havelock-Ellis in „American Journal of Dermatology", März 1902 und Näcke in H. Gross' Archiv Bd. XI p. 261.

[1] Vergl. „Procès du Frère Léotade, accusé du double crime de viol et d'assassinat, sur la personne de Cécile Combettes", Leipzig 1851.

[2] Lacassagne „Affaire de la Vilette" in den Arch. d'anthr. crim. von 1902 p. 33.

Es wird später (X. Abschnitt, Aberglauben) behandelt werden,
dass Täter nicht selten am Orte der Tat ihren Stuhl absetzen; auch
in solchen Fällen kann die Verwahrung dieses corp. del. unter Umständen von Wichtigkeit sein. Diese Fragen wenigstens in Erwägung
zu ziehen, muss empfohlen werden.[1]

c) Bei Haaren.[2]

Ebenso lässt sich aus Haaren, die unter den verschiedensten
Umständen gefunden worden sind, viel mehr entnehmen, als man für
gewöhnlich annimmt. Natürlich ist es auch hier nicht Sache des UR.,
selbst die betreffenden Untersuchungen anzustellen, wohl aber ist er
verpflichtet, in allen Fällen, in denen nur die Möglichkeit vorliegt,
dass ein Haar aufgefunden werden kann, das zur Feststellung des noch
unbekannten Täters dienen könnte, nach diesen Objekten zu forschen,
aufgefundene Objekte besonders sorgfältig zu verwahren, und sie dem
Arzte oder Mikroskopiker zu übergeben. An der Hand irgend eines
diesfälligen wissenschaftlichen Werkes, z. B. Dr. Emil P f a f f , [3]
lassen sich in den verschiedensten Richtungen Schlüsse ziehen, welche
von nicht zu unterschätzender Bedeutung sein können. Es wäre selbstverständlich zwecklos, wollte hier alles wiedergegeben werden, was
die Forschung festgestellt hat, ich möchte aber doch, und zwar gerade
an der Hand des ebengenannten Werkes, dann von F. L. S o n n e n -
s c h e i n und Dr. Alex. C l a s s e n , [4] von H o f m a n n , [5] O e s t e r -
l e n , [6] M a s c h k a , [7] C a s p e r - L i m a n - S c h m i d t m a n n [8]
u. s. w. darauf aufmerksam machen, in welcher Hinsicht der Mikroskopiker dem UR. helfen kann, wenn ihm letzterer Haare übergibt,
die in einem Falle Wichtigkeit haben sollen.

Vor allem ist die hohe Absorptionsfähigkeit der menschlichen
Haare nicht zu übersehen, da diese gasförmige Stoffe, Gerüche
u. s. w. mit grosser Gier aufnehmen und verhältnismässig lange Zeit
festhalten. Dies kann von Wichtigkeit sein, wenn es sich um den Umstand handelt, ob ein Mensch, gleichviel ob er zur Zeit der Beantwortung
der Frage lebt oder tot ist, an einem Orte gewesen ist, der mit irgend
einem gasförmigen Körper, Geruche u. s. w. geschwängert war, eine
Feststellung, welche häufig massgebend für den ganzen Fall sein kann.
Allerdings haften derlei Gerüche nicht sehr lange an den Haaren, es
muss also die Untersuchung entweder sofort vorgenommen werden

---

[1] A. H e l l w i g „Die Bedeutung des Grumus merdae für den Praktiker",
H. Gross' Archiv Bd. XXIII p. 188 (mit genauer Literaturangabe). Dann:
derselbe „Weiteres über den Grumus merdae" in Aschaffenburgs Monatschrift
2. Jahrgg. 10. Heft.
[2] Vergl. M ö l l e r in H. Gross' Archiv Bd. II p. 177.
[3] „Das menschl. Haar etc.", Leipzig 1866.
[4] Handbuch der gerichtl. Chemie, Berlin 1866.
[5] Lehrb. d. gerichtl. Medizin, Wien, 9. Aufl.
[6] „Das menschl. Haar und seine gerichtsärztl. Bedeutung", Tübingen 1874.
[7] Handbuch der gerichtl. Medizin, Tübingen 1881.
[8] Siehe Auszug in der Ärztl. Sachverst.-Ztg. No. 5 in 1901.

können, oder es muss, wenn dies nicht möglich ist, dafür gesorgt werden, dass das Objekt (welches selbstverständlich aus einer möglichst grossen Quantität von Haaren bestehen soll) in geschützter Weise aufbewahrt werde. Der UR. hat also dafür zu sorgen, dass die Haare in ein a b s o l u t reines, verhältnismässig möglichst kleines und luftdicht verschlossenes Gefäss gebracht werden. Dass das Gefäss rein sein muss, wie bei allen ähnlichen Fällen, versteht sich von selbst; dass es verhältnismässig klein sein soll, ergibt sich daraus, dass kein überflüssiger Luftraum vorhanden sein darf, an den die Haare das Aufgenommene abgeben. Der Verschluss verhindere das Entweichen des fraglichen Stoffes. Man wird also gegebenen Falles möglichst viel von den zu untersuchenden Haaren mit v o l l k o m m e n gereinigten Händen nehmen und in ein weithalsiges Glas mit eingeriebenem Stöpsel, in ein Blechgefäss, im Notfalle auch nach und nach in eine gewöhnliche Flasche bringen. Glas- oder Korkstöpsel, beziehungsweise die Innenwand des Blechdeckels, soll mit g a n z reinem Fett leicht bestrichen werden, welches sowohl einen guten Verschluss abgibt, als auch die entweichenden Gerüche u. s. w. heftig an sich zieht und festhält, so dass dann dieses Fett mit ein Untersuchungsobjekt abgeben kann. Auch hier mache es der UR. so, wie es ein Sachverständiger tun muss, d. h. er beschreibe mit peinlicher Genauigkeit, w i e er bei Verwahrung des Objektes vorgegangen ist. Diese Art seines Vorganges kann dann vom Sachverständigen geprüft werden, und dieser mag dann erklären, ob hierbei irgend etwas vorgefallen ist, was die Sicherheit seiner, des Sachverständigen, Untersuchung in Frage ziehen könnte, oder aber, dass nach dem Vorgange des UR. sicher durch seine Hantierung nichts Unrichtiges geschehen sein kann. Dann ist der UR. gegen den so häufigen Einwand geschützt: „Ja, wer weiss, wie das der UR. gemacht hat!"

Sind die Haare in einer Blechbüchse verwahrt und hat man Gelegenheit dazu, so kann man den Deckel verlöten lassen, was der ungeschickteste Klempner in jedem Dorfe zuwege bringt. Man hätte nur darauf zu achten, dass er bei der Arbeit die Büchse und so ihren Inhalt nicht erhitzt. Schliesslich wird das Objekt dem Sachverständigen übergeben, wobei man ihm alle Einzelheiten auf das genaueste mitteilt; seine Sache ist es dann, festzustellen, ob die Haare z. B. Rauch, Parfum, giftige Dämpfe, charakteristische Gerüche u. s. w. aufgenommen und festgehalten haben. —

Eine weitere wichtige Aufgabe des Mikroskopikers besteht darin, Haare, die an verdächtigen Stellen gefunden wurden, daraufhin zu prüfen, ob sie von einem bestimmten Individuum herrühren oder nicht. Der gewöhnliche hierher gehörige Fall ist der, wo in der Hand des Ermordeten Haare gefunden wurden, die er in verzweifelter Gegenwehr dem Täter aus Bart und Kopfhaar gerissen hat. Dass solche Haare in der Hand des Getöteten gefunden werden, ist häufiger als man meint, es würde noch häufiger sein, wenn man die Hände solcher Opfer genauer untersuchen würde. Es ist oft geradezu aufregend, anzusehen, wie der erste beste Polizeidiener oder Totenbeschauer plump und oberflächlich die Hand des Toten mustert, vielleicht sogar gewohnheits-

mässig abwischt oder sonst ungeschickt anfasst. Fingerdicke Haar-
büschel hätte er freilich wahrnehmen müssen, aber solche pflegen die
Toten nicht in der Hand zu haben und einzelne Haare gehen bei solchem
Vorgehen zuverlässig verloren. Die Untersuchung der Hände soll
daher nur von der berufenen Seite und auf das sorgfältigste geschehen.
Die Verwahrung des etwa Gefundenen muss s o f o r t und pedantisch
sorgfältig, am besten in reinem zusammengelegten Papiere (welches
wieder einen zweiten Umschlag bekommt) geschehen. Auf dem ersten
Umschlag wird auch bemerkt, und zwar abermals s o f o r t, wo, wie
und durch wen das Haar gefunden wurde. Es genügt nicht, zu sagen:
„Haar, gefunden in der rechten Hand des N. N." — es muss ausdrücklich die Lage des Haares, z. B. „zwischen Daumen und Zeigefinger",
oder „schräge über die Palma von der Zeigefingerwurzel gegen den
inneren Ballen zu", dazu fixiert werden. Am besten wird dies allerdings erreicht, wenn eine, wenn auch noch so primitive Zeichnung an-

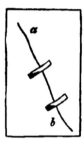

Fig. 7.
Darstellung der Lage eines Haares
in der Hand eines Getöteten
(absichtlich vollkommen primitiv gezeichnet).

Fig. 8.
Fixierung eines
gefundenen Haares.

gefertigt wird; eine solche lässt sich erreichen, wenn der UR. seine
eigene Hand mit ausgespreizten Fingern fest auf einen Bogen Papier
legt, und mit einem Bleistifte rings um die Konturen fährt. Ob die
Finger der Leiche eingezogen waren oder nicht, ist für diesen Fall gleichgültig, nötig ist nur, dass man den Umriss einer Hand hat, auf dem
dann mit einem einzigen Bleistiftstrich die Lage und Länge des Haares
angedeutet wird; eine Zeichnung, wie die a b s i c h t l i c h   p r i m i -
t i v s t entworfene Fig. 7, kann jeder machen und doch gibt sie die
Lage des Haares besser an, als es lange Beschreibungen zu geben vermöchten. Bei einer solchen primitiven Zeichnung muss allerdings
angegeben werden, ob sie die Hand von oben oder von innen gesehen
darstellen soll; die Skizze Fig. 7 kann ebensogut die linke Hand von
innen, als die rechte von aussen wiedergeben, wenn nicht durch die
Andeutung der Fingernägel Zweifel ausgeschlossen sind. —
    Für den seinerzeitigen Spruch des Sachverständigen k a n n es
von Wichtigkeit sein zu wissen, wo die Spitze, wo die Wurzel des Haares

gelegen war. Diesen Umstand kann man in zweifacher Weise feststellen. Handelt es sich darum, dass das betreffende Haar nicht viel
berührt wird (z. B. um daran klebendes Blut nicht zu verwischen),
so bleibt nichts übrig, als wie das Haar auf ein Blatt Papier zu legen
und mit zwei darüber geklebten Papierstreifen zu fixieren (Fig. 8).
Diese Papierstreifen dürfen aber nicht durchwegs mit Klebestoff bestrichen werden, sondern es darf dies nur an den Enden geschehen,
so dass das Haar selbst nicht mit Klebestoff verunreinigt wird; sodann
fertigt man dazu noch einmal die Skizze wie früher an und bezeichnet
die Haarenden auf dem Papiere mit dem Haare selbst und auf der Skizze
mit den gleichen Buchstaben, so dass kein Zweifel darüber entstehen
kann, wie das Haar in natura gelegen ist (Fig. 9). Braucht man mit
dem Haare nicht schonend umzugehen, z. B. in den Händen eines Er-
würgten oder einer Wasserleiche gefunden, so kann man gleich selber
bestimmen, wo Wurzel und wo Spitze des Haares ist, und zwar nach
dem Verfahren der Friseure, die beim Anfertigen einer Perücke oder

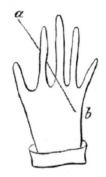

Fig. 9.
Hilfsskizze zu Fig. 8
(absichtlich primitiv gezeichnet).

Fig. 10.
Untersuchung eines Haares auf Wurzel
und Spitze.

eines falschen Zopfes jedesmal die zu benützenden Haare so legen
müssen, dass Wurzel bei Wurzel, Spitze bei Spitze liegt. Man fasst
also das Haar mit der Spitze des Zeigefingers und des Daumens (Fig. 10)
so, dass das Haar senkrecht gegen den Boden steht; (selbstverständlich
hat man sich gemerkt, aus welcher Lage man das Haar von der Leiche
weggenommen hat). Nun hält man den Zeigefinger ruhig und bewegt
die Daumenspitze an der Zeigefingerspitze a u f dem Haare sachte auf
und ab: dort, wohin das Haar g e h t , ist absolut sicher dessen Wurzel;
bewegt sich also bei der angenommenen Lage das Haar nach abwärts,
so ist die Wurzel unten, steigt es nach aufwärts, so ist die Wurzel oben;
m a n b e k o m m t a l s o s t e t s z u l e t z t d i e S p i t z e z w i s c h e n
d i e F i n g e r . Jedes Haar besitzt nämlich rindenartige Erhabenheiten, die von der Wurzel gegen die Spitze gehen, so dass das Haar,
das sich zwischen den zwei sich aufeinander bewegenden Fingern befindet, nur jene Bewegung mitmachen kann, bei welcher sich die rinden-
artigen, nach aufwärts gerichteten Vorragungen an den Rauhheiten
des Fingers spiessen und das Haar weiter schieben. Es muss sich daher

die Wurzel stets vom Finger e n t f e r n e n. Hat man also in der
angegebenen Weise festgestellt, wo die Spitze (besser Spitzenrichtung),
wo die Wurzel (besser Wurzelrichtung) des Haares ist, so wird dies
auf der Skizze vermerkt (also bei Fig. 8 statt a und b die Bezeichnung
Sp. und Wrzl. gesetzt) und es ist diese Frage für alle Zeit sichergestellt.
Werden mehrere Haare gefunden, so geht man mit jedem von ihnen
in der bezeichneten Weise vor, verwahrt j e d e s abgesondert (wenn
nicht etwa mehrere durch Blut u. s. w. fest miteinander zusammengeklebt sind) und bezeichnet jedes für sich und s o f o r t. Auch hier
sei namentlich der Anfänger davor gewarnt, sich zu denken, das merke
er sich ohnehin alles im Gedächtnisse, es sei nicht notwendig, alles zu
bezeichnen und zu beschreiben: man merkt sich's eben nicht, zumal
nicht für längere Zeit, und besonders dann nicht, wenn die bei jedem
wichtigen Falle immer vorkommende Aufregung die vielen zutage
tretenden Eindrücke durcheinander bringt und Verwechslungen möglich macht. —

Eine wichtige Rolle kann die Untersuchung von Haaren bei
verschiedenen Geschlechtsverbrechen spielen. Die Lehrbücher weisen
regelmässig auf zwei Fälle hin, wo es sich um Unzucht mit Tieren handelte. In dem einen wurde zwischen dem Präputium und der Glans
eines Mannes, der im Verdachte stand, sich an einer Stute vergangen
zu haben, ein Pferdehaar gefunden,[1] während bei dem anderen Falle
eine Magd beschuldigt wurde, dass sie sich von einem grossen Hunde
habe brauchen lassen. Bei der Untersuchung ihrer Schamhaare wurde
darunter ein schwarzes Hundehaar gefunden. Ähnliches kann bei
Notzucht vorkommen, da es sehr gut möglich ist, dass bei einem, zumal
stürmischen Geschlechtsakt, ausfallende Schamhaare der einen Person
unter die festgewachsenen Schamhaare der anderen Person gelangen
und hier, bei der mangelhaften Reinlichkeit mancher Leute, oft lange
Zeit verbleiben. . Es würde sich in derartigen Fällen stets empfehlen,
nach fremden Haaren (und zwar bei beiden Personen, dem Beschuldigten und der Beschädigten) suchen zu lassen und im Auffindungsfalle solcher Objekte diese der Untersuchung durch Sachverständige
zuzuführen.

Wichtig ist übrigens auch jedes Haar, welches im Laufe einer
Untersuchung gegen einen unbekannten Beschuldigten aufgefunden
wird, wenn erwiesen werden kann, dass es zweifellos dem Beschuldigten
angehört hat. P f a f f [2] führt einen instruktiven, hierher gehörigen
Fall an. Ein Mann wurde, offenbar infolge Verwechslung, in finsterer
Nacht von einem Unbekannten schwer verletzt. Der Täter, von dem
man nicht die mindeste Personsbeschreibung hatte, verlor auf der
Flucht seine Mütze, die zu Gericht gebracht wurde. In ihr klebten
zwei Haare, die dem Gerichtsarzte zur mikroskopischen Untersuchung
gegeben wurden. P f a f f fand, dass die Haare grau waren, aber in

---

[1] Ich glaube zuerst erwähnt von K u t t e r in der Vierteljahrschrift f. ger.
Medizin, neue Folge, 1865, II p. 160.

[2] „Das menschliche Haar", Lpzg. 1866.

ihrer Marksubstanz noch zahlreiche, pechschwarze Pigmentzellen hatten, woraus sich ergab, dass sie von einem noch mehr jungen Schwarzkopfe herrühren, der schon die ersten ergrauten Haare aufweist. Nach der Schnittfläche zu urteilen, die noch scharf war,[1] musste das Haar des Täters wenige Tage vor der Tat verschnitten worden sein. Endlich fand man die Haarwurzeln beträchtlich atrophiert, woraus zu schliessen war, dass diese Haare, die in ihrer Epithelialschicht mehrere von Schweiss herrührende warzenförmige Hervorragungen zeigten, wahrscheinlich an dem Rande einer beginnenden Glatze eines jedenfalls zur Korpulenz geneigten, weil am Kopfe stark schwitzenden Mannes gewachsen waren. Der Mikroskopiker gab also ein brauchbares Signalement des Täters dahin: „Er ist ein kräftiger, zu Korpulenz geneigter Mann in mittleren Jahren, mit schwarzen und graumelierten, neuerdings kurz verschnittenen Haaren und beginnender Glatze."

Ähnliche Feststellungen werden sich in zahlreichen Fällen machen lassen, man muss sich nur die damit verbundene Mühe nicht verdriessen lassen und die Kosten nicht scheuen. Dass irgend ein Beschuldigter auf der Flucht oder schon im Handgemenge seine Kopfbedeckung verloren hat, die dann auch zu Gericht gebracht wurde, kommt nicht selten vor, aber wie oft hat man wohl die Kopfbedeckung nach den innen etwa klebenden Haaren durchsucht und wie oft hat man sie denn darauf einem geschickten Mikroskopiker übergeben?

Ebenso wichtig kann eine solche Untersuchung werden, wenn an einer aufgefundenen Leiche die Identität wegen vorgeschrittener Fäulnis nicht mehr festgestellt, nicht einmal mehr deren Alter, Körperbeschaffenheit u. s. w. erkannt werden kann. Liegt der Verdacht einer Gewalttat auch nur entfernt vor, so sollte es niemals verabsäumt werden, von den Haaren der Leiche welche mitzunehmen und dem Mikroskopiker zu übergeben, damit festgestellt wird, was festgestellt werden kann.

Fragen wir im allgemeinen, was uns der Sachverständige U n -
t e r s c h e i d e n d e s von den Haaren sagen kann, so erfahren wir, dass er vor allem vollkommen sicher haarähnliche Pflanzenfasern von Haaren und ebenso Tierhaare von Menschenhaaren unterscheiden kann.[2] Aber ebenso kennt er die vielen Haare sicher auseinander, die auf dem menschlichen Körper wachsen. Die Lehrbücher führen — nach Pfaffs Vortritt[3] — die unterscheidenden Merkmale an, die zwischen den verschiedenen Haaren bestehen (männliche und weibliche Kopfhaare, Augenbrauen, Augenwimpern, Nasenhaare, Härchen im Ohre, Backenbart, Schnurrbart, Achselhöhlenhaare, Haare auf dem Handrücken, Vorderarm, Oberarm, Schulter, Brust, Herzgrube und Nabelgegend des Mannes, dann: Haare vom Ober- und Unterschenkel, vom Fuss-

---

[1] J. Pincus („Zur Diagnose des ersten Stadiums der Alopecie" in Virchows Archiv 37. Bd. 1866 p. 18) macht darauf aufmerksam, dass jeder Mensch ausser den normalen Haaren mit gewöhnlich verschnittener Spitze auch solche hat, die nachwachsen und entweder lang werden, oder auch früh wieder ausfallen (man merke darauf, wenn man auf das Verschnittensein einen Schluss ziehen will, zumal jene Haare mit feiner Spitze sehr leicht ausfallen).

[2] Siehe oben (p. 228) die Arbeit von Möller.

[3] Vergl. W. Waldeyer „Atlas der menschl. und tier. Haare", Lahr 1884.

blatte, männliche und weibliche Schamhaare, Haare vom Perinäum, vom After und vom Scrotum). Sie alle haben bestimmte und unterscheidende Merkmale, die eine Verwechslung ausschliessen, so dass man gegebenen Falles vom Sachverständigen die Angabe verlangen kann, auf welcher Stelle des männlichen oder weiblichen Körpers das betreffende Haar gewachsen ist.[1])

Ebenso, nur in weiteren Grenzen, kann der Sachverständige das Alter einer Person bestimmen, von der ihm Haare vorgelegt werden. Am leichtesten arbeitet er, wenn ihm die Haare mit den Wurzeln gegeben werden können, da sich die Haarwurzeln umso leichter in Ätzkalilauge lösen, je jünger die betreffende Person ist. Werden die Haarwurzeln kleiner Kinder sofort gelöst, so widerstehen die Wurzeln der Haare alter Leute der Lösung durch Ätzkalilauge oft stundenlang. Sind mehrere Haare von der gleichen Person zur Untersuchung übergeben worden, so kann man die Versuche genauer machen und namentlich die mittlere Zeitdauer feststellen, die zur Lösung der Haarwurzeln nötig war, dann wird untersucht, von welchen Leuten, deren Alter bekannt ist, die Haarwurzeln gleiche Zeit zur Lösung beanspruchen und so wird man die Altersgrenze ziemlich annähernd feststellen können.

Allerdings gibt es noch andere Mittel zur Feststellung des Alters, z. B. die Verminderung der Pigmentzellen in der Marksubstanz und die in ihr entstehenden Lücken, welche z. B. bestimmte Schlüsse ziehen lassen, ob ein weisses Haar von einem jungen, früh ergrauten, oder von einem wirklich greisenhaften Manne herrührt. Schamhaare von sehr jungen Mädchen endigen in eine feine Spitze, die von älteren Frauen enden keulenförmig; Achselhaare sind bei beiden Geschlechtern in der Jugend dünn und erreichen bei zunehmendem Alter einen Durchmesser von 0.15 mm und darüber; — kurz, der Mikroskopiker hat auch ausser der Haarwurzellösung durch Ätzkalilauge andere Kennzeichen, um über das Alter der betreffenden Person wenigstens ungefähr ins klare zu kommen. Wie wir ferner an dem eben erzählten Beispiele von P f a f f gesehen haben, kann der Gerichtsarzt auch noch anderweitige somatische Eigenschaften, wenigstens in gewissen Fällen, mit grösserer oder geringerer Sicherheit angeben. Unter Umständen wird er sogar etwas über die Behandlung der Haare (Gebrauch von gewissen Pomaden, Haarfärbemitteln u. s. w.) sagen können, was vielleicht nicht unwichtige Anhaltspunkte geben wird.

Ebenso kann er aus dem Aussehen der Haare entnehmen, ob diese ausgefallen, ausgerissen, abgeschnitten oder abgequetscht u. s. w. sind, was für einen bestimmten Fall von entscheidender Wichtigkeit sein kann. So ist z. B. häufig bei Kopfwunden aus dem Befunde der durchtrennten Haare besser auf das verwendete Werkzeug zu schliessen, als aus dem Befunde der Verletzung selbst. Man unterlasse es daher niemals, auch die Haare dem Gerichtsarzte zur mikroskopischen Untersuchung zu geben, wenn es sich um Kopfverletzungen handelt, bei

---

[1]) M a t s u r a „Die Dickenschwankungen des Kopfhaares beim gesunden und kranken Menschen", Arch. f. Dermatologie und Syph. Bd. 62 (1902).

denen das verwendete Werkzeug unbekannt ist. Auch auf sonstige auffallende Vorkommnisse hätte der UR. sein Augenmerk zu richten und den Gerichtsarzt sofort zu befragen, wenn bei der Obduktion, Exhumierung u. s. w. an den Haaren der Leiche etwas Ungewöhnliches bemerkt wird. So kommt es vor, dass bei Arsen- und Quecksilber-Vergiftungen, dann bei manchen Vergiftungen mit narkotischen Mitteln, die Blutzersetzung bewirkt haben, die Haare, besonders die Schamhaare, sehr leicht ausgezogen werden können.

In einer Hinsicht sind die Haare in forenser Hinsicht noch wichtig: sie widerstehen der Fäulnis überaus lange. Man darf diesfalls die Beispiele von Mumien oder von mumifizierten, in Grabgewölben oder sonst günstigen Lokalitäten befindlichen Leichen, von getrockneten Skalpen u. s. w. nicht heranziehen, da sich Haare wohl erhalten müssen, wenn die Verhältnisse der Erhaltung so günstig waren, dass auch die leicht zu Grunde gehenden Körperteile: Muskeln, Gewebe, Haut u. s. w. nicht verwest sind. Wohl kann man aber auf jene, häufig vorkommenden Fälle aufmerksam machen, wo Leichen oft unter recht ungünstigen Erhaltungsverhältnissen gefunden werden, an denen die Haare noch überraschend gut erhalten sind. Handelt es sich also um die Frage, ob eine Leiche noch exhumiert werden soll,[1] oder ob wegen Länge der Zeit keine Aussicht vorhanden ist, Wichtiges zu finden, so entschliesse man sich immer dann f ü r die Exhumierung, wenn zu erwarten ist, dass die Untersuchung der Haare der Leiche irgend welchen Aufschluss (z. B. für den Identitätsnachweis u. s. w.) ergeben könnte. Ist die Zeit seit dem Tode des Betreffenden nicht zu lange, so kann man bei einigermassen günstigen Verhältnissen des Beerdigungsbodens immer e h e r annehmen, dass die Haare erhalten sein werden, als das Gegenteil. Hierbei ist zu merken, dass die Haare junger Personen eher verwesen als die alter Leute, dass sich dunkle Haare besser erhalten als blonde und dass die Haupthaare von allen die widerstandsfähigsten sind; Schamhaare verwesen zuerst.

G u d e r [2] erinnert daran, dass mitunter Haare, die mit faulenden Substanzen zusammenkommen, die Farbe nicht unwesentlich ändern, zum mindesten können sie dadurch heller oder dunkler werden. Für Identitätsnachweise kann diese Beobachtung wichtig sein. So macht C a s p e r - L i m a n [3] auf einen Fall aufmerksam, in welchem sich die Haare eines vor 11 Jahren Begrabenen so verändert hatten, dass ihn seine Verwandten nicht agnosziert hätten, wenn nicht seine falschen Zähne jeden Zweifel ausgeschlossen hätten.[4] —

---

[1] Vergl. C o r r e im Arch. d'anthropol. crim. VII, 34.
[2] Compendium der gerichtl. Medizin.
[3] Bd. II p. 106 (6. Aufl.)
[4] Vergl. Rud. V i r c h o w „Die Kopfhaare in prähistor. Gräbern", Verhandlungen der Berliner anthropol. Gesellschaft v. 1897; es wird erwähnt, dass zweifelsohne schwarze Haare in verhältnismässig kurzer Zeit rotblond oder blond werden können. Dann H. Gross' Archiv Bd. VI p. 329 und H o f m a n n „Ger. Medizin" 9. Aufl. p. 899 (s. dort die weitere Literaturangabe über das „fuchsig-rot-werden" der Haare in Gräbern u. s. w.); W a c h h o l z in H. Gross' Archiv Bd. XIX p. 257 und P e r r i n d e l a T o u c h e „Cheveux noirs et cheveux roux", Ann. d'hyg. publ. et med. leg. II p. 483 in 1904.

Bei diesem Anlasse soll darauf hingewiesen werden, dass bei der Verwesung überhaupt nicht bloss Temperatur, Umgebung u. s. w. sondern auch sehr wesentlich individuelle Verhältnisse mitwirken, so dass Schlüsse aus dem Grade der Verwesung auf Zeit des Todes sehr vorsichtig gefasst werden wollen.[1]

Für die Bestimmung dieser Zeit kann der Nachweis des Vorkommens gewisser Insektenlarven von grösster Bedeutung sein.[2] —

Soviel aber auch die Wissenschaft mit Hilfe des Mikroskopes bei Untersuchung von Haaren zu leisten vermag, so darf der praktische Jurist im besonderen Falle, namentlich dann nicht zuviel erwarten, wenn es sich um den Nachweis der Identität von Haaren handelt, d. h. darum, ob bestimmte an drittem Orte gefundene Haare von einem bestimmten Menschen herrühren. Zweifellos kann die Sache werden, wenn die Frage verneinend erledigt wird, und da dies meistens zum Beweise der Unschuld eines Menschen dienen wird, so feiert die Wissenschaft gerade hierin ihre erfreulichsten Triumphe. Denn dass eine Anzahl schlichter, blonder Haare in der Hand des Ermordeten nicht von einem schwarzen Krauskopfe, der etwa der Tat verdächtig schien, herrühren können, kann der Mikroskopiker mit voller Sicherheit sagen, und die Frage kann in dieser einen Richtung als erledigt erachtet werden.

Nicht so sicher ist die Sache, wenn Identität von Haaren[3] behauptet wird: das gleiche ist eben immer Eines, das Ungleiche aber Unzähliges und es kann der Zufall bei diesem viel leichter mitspielen als bei jenem, und was der Zufall zu leisten vermag, weiss jeder, wir Kriminalisten leider am besten! Vor mehreren Jahren wurde eine alte Frau, die sich mit dem Verpfänden und Auslösen verpfändeter Sachen befasste, erschlagen. In der Hand der Leiche fanden sich drei Haare, welche die Frau in verzweifelter Gegenwehr ihrem Gegner ausgerissen haben musste. Verdächtigt wurde der eigene Sohn der Getöteten und die drei bei der Leiche gefundenen Haare und Proben vom Haupthaare des verhafteten Sohnes wurden den Mikroskopikern übergeben. Diese, zufällig beide wissenschaftliche Grössen mit Namen europäischen Rufes, griffen die Sache mit grösstem Eifer und allen den reichen Mitteln ihrer Wissenschaft an und demonstrierten nun den später umständlich ausgearbeiteten Befund. Die drei Haare, die in der Hand der Leiche gefunden wurden, waren 6—7 cm lang, sahen dunkelbraun aus, waren ausgerissen (Wurzel erhalten) und dürften einem Manne im Alter von zwanzig bis vierzig Jahren angehört haben. Unter dem Mikroskope sahen zwei der Haare braun aus, das dritte war aber, für den Fachmann und den Laien gleich auffallend, abwechselnd braun und schwarz. Knapp oberhalb der Wurzel war es braun, nach etwa $1^{1}/_{2}$ cm wurde es schwarz, dann wieder braun und etwa $1^{1}/_{2}$ cm vom Ende war

---

[1] Emmert „Lehrb. der gerichtl. Medizin", Leipzig, Thieme 1900.
[2] P. Megnin „De l'application de l'entomologie etc.", Gaz. hebdomad. 1883 No. 29 und „La faune des cadavres", Paris 1894. Dann J. Lichtenstein im Februarheft 1885 der Annal. d'hygiene publ. et de med. légale. S. p. 160.
[3] Haase „Der Todschlag bei R . . . . u. s. w.", Vierteljahrschrift f. ger. Med. 3. F. Bd. XXIII p. 1.

es wieder schwarz — ein Befund, der nach Versicherung der Mikroskopiker ungewöhnlich ist und als „sehr selten" zu bezeichnen war.[1] Nun wurden die Haare des Verdächtigten an verschiedenen Stellen des Kopfes abgeschnitten (knapp an der Wurzel); der Verdächtigte war neunundzwanzig Jahre alt, die Haare 6—7 cm lang, dunkelbraun und, mikroskopisch gemessen, ungefähr von gleicher Dicke wie die erstgenannten drei Haare; die Haare wurden gezählt und eines nach dem anderen unterm Mikroskope angesehen. Etwa zwei Drittel der Haare erwiesen sich als braun, ein Drittel von ihnen zeigte aber denselben Befund, wie bei dem obengenannten braun und schwarz gestreiften Haare. Und doch war der Sohn, trotz des auffallenden Zusammenstimmens des von so erfahrenen Mikroskopikern als „sehr selten" bezeichneten Befundes, nicht der Mörder seiner Mutter, und als später der wirkliche Mörder der alten Frau gefunden wurde, so ergab sich der merkwürdige Zufall, dass dieser auch derart gestreifte Haare trägt und dass überhaupt seine Haare mit jenen des Sohnes der Ermordeten auffallend stimmen. Wie erwähnt, zeigt dieser Fall, dass selbst die Übereinstimmung seltener Kennzeichen noch immer nicht die Identität der fraglichen Haare beweist.[2] —

Überhaupt hat fast jeder Mensch auf dem Kopfe einige, von den anderen wesentlich verschiedene Haare; z. B. Blonde besitzen fast stets einige tiefschwarze, dickere Haare. Ich kenne eine Dame, die reiches, gewelltes und weiches Haar hat; nur an einer, etwa pfenniggrossen Stelle, wo sich eine, von einer früh erhaltenen Verletzung herrührende Narbe befindet, ist das Haar straff, rauh anzufühlen und wesentlich lichter. Niemand würde glauben, dass ein Haar von der Narbenstelle und die Haare des übrigen Kopfes von derselben Person stammen. —

Der oben genannte Dr. G u d e r betont, dass man bei Identitätsnachweisungen u. s. w. nicht des etwa gebrauchten Haarfärbemittels vergessen dürfe; je nach dem verwendeten Mittel muss zu seiner Beseitigung eine Waschung mit Wasser, verdünnter Salzsäure, Salpetersäure oder Chlorwasser versucht werden.

d) Bei sonstigen medizinischen Fällen.

Vergl. Abschnitt VI.

Ausser diesen oft vorkommenden Feststellungen wird der UR. noch in zahlreichen ähnlichen Fällen mikroskopische Untersuchungen anordnen, die sich an eine Obduktion oder eine gerichtsärztliche Untersuchung anschliessen werden. Handelt es sich z. B. um die Erhebung,

---

[1] Nach dem oben zitierten Aufsatz von P e r r i n d e l a T o u c h e („cheveux noires et cheveux roux") werden Haare nach schweren Krankheiten öfter heller und nach voller Gesundung wieder so wie früher; aber dann erscheint bloss e i n hellerer bandförmiger Streifen zwischen zwei dunkleren Partien.

[2] H. M a r x „Zur Identitätsfrage bei der forensischen Haaruntersuchung", H. Gross' Archiv Bd. XXIII p. 75.

ob sich ein Individuum in einer bestimmten staubigen, rauchigen oder sonst geschwängerten Atmosphäre, oder aber in einer nicht gerade aus reinem Wasser bestehenden Flüssigkeit befunden hat, so wird die mikroskopische Untersuchung des Inhaltes der Luftwege (oft auch der Haare, s. oben) fast immer zuverlässige Aufklärung geben können (Sputa bei Lebenden; durch die Obduktion gewonnener Inhalt der Luftwege bei Toten). Ebenso wird oft die mikroskopische Untersuchung des Mageninhaltes (erbrochen, oder bei der Obduktion entnommen) mehr Aufschluss geben können, als die chemische Untersuchung, wenn es sich z. B. um die Feststellung der Speisen handelt, die der Betreffende gegessen hat, oder wenn der Verdacht der Vergiftung durch gewisse organische, namentlich Pflanzengifte vorliegt, welch letztere aus irgend einem Grunde chemisch nicht nachweisbar sind. Auch sonst kann uns Hilfe werden, wohin man sieht, und namentlich die neueste Literatur zeigt auf Fälle, an die man früher nicht gedacht hat. So kann man heute (allerdings mit Hilfe des biologischen Weges) Menschen- und Tierknochen unterscheiden,[1]) ja eine geschickte mikroskopische Untersuchung[2]) konnte einem Menschen die Freiheit verschaffen, weil der Unterschied von eingemachten und gedämpften Pflaumen sicher nachgewiesen wurde! —

Ich bin davon überzeugt, dass eine grosse Anzahl von Giftmorden aufgedeckt würde, wenn man den Mageninhalt mancher „rätselhaft" oder an „Selbstmord" verstorbenen Personen m i k r o s k o p i s c h untersuchen liesse. Wenn wir überlegen, welche grosse Menge von giftigen Pflanzen überall frei wachsen, wie bekannt deren Eigenschaften sind und bei wie wenigen Giftpflanzen die Alkaloide festgestellt sind, so müssen wir zur Überzeugung kommen, dass Giftpflanzen viel öfter zu verbrecherischen Zwecken verwendet werden, als wir hiervon amtliche Kenntnis erlangen.[3]) Der alte Botaniker D i o s k o r i d e s v o n A n a z a r b o s schliesst seine, einige hundert Pflanzenarten enthaltende Botanik mit den Worten: „Es wachsen noch viele andere Pflanzen auf Feldern und in Wäldern, an Hecken und Zäunen — aber niemand weiss sie zu nennen, und ich kenne sie auch nicht." Und ähnlich geht es uns nach fast zweitausend Jahren mit vielen Pflanzengiften. Nehmen wir die erste beste Toxikologie, oder ein Lehrbuch über heimische Giftpflanzen, oder eine gerichtliche Chemie zur Hand, so finden wir viele Giftpflanzen aufgezählt, bei welchen angegeben wird: der Nachweis, dass sie einem menschlichen Organismus beigebracht wurden, sei n u r auf „mikroskopisch-botanischem Wege" zu erbringen, d. h. es muss Entleertes und im Verdauungstrakte Enthaltenes nach Pflanzenteilen durchforscht, diese müssen mikroskopisch untersucht und vom Botaniker bestimmt werden. Nur um einige

---

[1]) B e u m e r , Ztschft. f. Medizinalbeamte No. 23 in 1902 und die oben p. 226 zitierten Arbeiten von Tovo, Kenyeres und Hegyi.

[2]) M i n o v i c i in d. Vierteljahrschft. f. ger. Med. 3. F. Bd. XXIII p. 1.

[3]) W. M i t l a c h e r „Toxikologisch oder forensisch wichtige Pflanzen und vegetab. Droguen", Berlin u. Wien 1904 (weist auf die grossen Schwierigkeiten beim exakten Nachweis von Pflanzengiften beim gewöhnlichen chem., pathol.-anatom. oder physiolog. Untersuchungsmodus hin).

Beispiele anzuführen, seien erwähnt: Wasserschierling (Cicuta virosa), Hundspetersilie (Aethusa cinapium), Rebendolde (Oenanthe crocata), Mutterkorn (Secale cornutum), Schwarze Niesswurz (Helleborus niger), Sebenbaum (Juniperus sabina), die giftigen Pilze u. s. w. Alle diese Pflanzen sind häufig und überall zu finden, so dass man von jeder auf einem einzigen Nachmittags-Spaziergange so viel finden könnte, um mehrere Menschen damit töten zu können.

Der mikroskopische Nachweis wird zumeist nicht schwierig sein.[1]) Ist die Pflanze als Ganzes gegeben worden, z. B. als Beimengung zu einem Gemüse oder als Speise selbst (giftige Schwämme), so ist die Auffindung im Magen, Darme, im Erbrochenen u. s. w. in der Regel leicht. Wurde aber ein Absud gemacht, so wird es trotzdem noch möglich sein, dass irgend ein grösserer Pflanzenbestandteil, selbst beim Durchseihen, mitgekommen ist und gefunden wird. Die meisten Giftpflanzen haben ein so charakteristisches Aussehen, dass ein kleiner Teil, eine Blattspitze, ein Rindenfragment genügen wird, um vom Mikroskopiker und Botaniker erkannt zu werden. Solche Restchen können sich in den Mundwinkeln des Vergifteten, in seinem Sacktuche, auf seinem Kopfpolster, seiner Bettdecke u. s. w. finden, man muss nur darnach sehen. — (Vergl. Abschnitt V, Punkt 6 und Abschnitt XVI, Punkt 6.) —

Unter Umständen kann auch der Nachweis von Milchflecken wichtig sein. Emmert[2]) erzählt einen Fall, in welchem die vor drei Monaten erfolgte Geburt nicht mehr nachgewiesen werden konnte, bis es ihm gelang, aus schmutziger Wäsche ein vor drei Monaten getragenes Hemd zu finden, das an der Brust nachweisbare Milchspuren trug; auch dieser Beweis wurde auf mikroskopischem Wege geführt. —

Über die mikroskopische Untersuchung von Schiesswerkzeugen und Geschossen siehe XI. Abschnitt, und den vorstehenden Abschnitt sub. Punkt 7. —

e) Bei Schriftenfälschungen.[3])

Vergl. XVIII. Abschnitt lit. B.

Die erste Behandlung, der man ein Schriftstück, bei dem Fälschung vermutet wird, unterzieht, ist die mikroskopische Untersuchung, da diese an dem Gegenstande nichts ruiniert und doch in jedem Falle dem Ziele näher führt. Manipulationen, die mit dem Papiere vorgenommen wurden, Radierungen, Waschungen, Ätzungen u. s. w., von

---

[1]) L. Lewin „Krankheit und Vergiftung", Berlin. klinische Wochenschrift No. 12 in 1904.

[2]) Emmert, Lehrb. d. gerichtl. Medizin, Lpzg. 1900; vergl. Perrando e Gianelli „Sulla coaqueazione del latte umano etc.", Riforma medica XVIII No. 220.

[3]) Vergl. Weingart „Über Entdeckung von Urkundenfälschungen", Gerichtssaal XLV p. 217 ff.; Jacob Weissmann „Der Tatbestand der Urkundenfälschung", Zeitschrift f. d. ges. Strafrechtswissenschaft Bd. XI.

denen man mit freiem Auge nichts sieht, treten mit erstaunlicher Deutlichkeit unter dem Mikroskope hervor. Ebenso sind Unterschiede
im Papiere fast zweifellos zu entdecken, wenn z. B. in einer Urkunde
ein falsches Blatt eingeschoben wurde, welches für den äusseren Anblick dem anderen Papiere vollkommen gleicht; falsche Stempel, falsche
Wasserzeichen, falsche Schmutzflecken, falsche Vergilbung u. s. w.
werden unterm Mikroskop fast immer sofort erkannt; die Tinte der
echten Schrift wird für das freie Auge der der falschen Schrift vollkommen gleichen, unterm Mikroskop werden die Unterschiede so grell
erscheinen, dass man sie, einmal darauf aufmerksam gemacht, auch
mit dem freien Auge sieht. Ja man wird sogar auf die Natur der gebrauchten Feder Schlüsse ziehen und beurteilen können, ob die Feder
scharf war und tief ins Papier eingeschnitten hat, oder ob eine stumpfe
Feder leicht über dasselbe hinweggeglitten ist. Stahlfederschrift und
Kielfederschrift ist bei einiger Vergrösserung sofort zu unterscheiden,
ebenso Striche von hartem und weichem Bleistifte u. s. w. Wichtig
sind Nachweise, welche Schrift über die andere gesetzt wurde, ob sich
ein Bug im Papiere schon dort befand,[1] als darüber geschrieben wurde,
dann was unter einem Tintenklecks stand u. s. w.[2] — alles Fragen, die
der Mikroskopiker meistens beantworten kann.[3] — (Vergl. „Urkundenfälschung", XVIII. Abschnitt, und den vorliegenden Abschnitt, Punkt 9.)

f) Untersuchung von Stoffen u. s. w.

Diese kann von Bedeutung sein, wenn es sich um die Identität
von Tuch, Leinwand, Fäden, Papier handelt. Es ist selbstverständlich,
dass man in solchen Fällen vorerst die Meinung und den Rat des betreffenden Händlers oder Fabrikanten hören wird, wenn es sich z. B.
darum handelt, ob ein Stück Leinwand aus dieser oder jener Weberei
stammt, ob ein mit Fabrikzeichen versehenes Papier in einer bestimmten
Fabrik erzeugt wurde u. s. w., und wenn es sich um einen gewöhnlichen
Diebstahl u. s. w. handelt. Ist die Sache aber von grösserer Wichtigkeit, so wird man es nicht beim Gutachten des Schnittwarenhändlers
u. s. w. bewenden lassen, sondern wird den gelehrten Mikroskopiker
fragen, der aus der Zahl der Fäden, die auf einen Quadratzentimeter
kommen, aus ihrer Stärke, aus der Art der Drehung die Feinheit des
Stoffes beurteilen, dann bei den einzelnen Fäden ihre Zusammensetzung aus Baumwolle, Leinen, Schafwolle, Seide u. s. w. untersuchen
und endlich unter Berücksichtigung sonstiger Nebenmomente sagen
wird, ob der aufgefundene Fetzen von diesem Kleidungsstücke stammt;
ob das fragliche Sacktuch aus einem gewissen Dutzend von Sacktüchern

---

[1] R. K o c k e l „Festschrift zur Eröffnung des Institutes f. gerichtl. Medizin
in Leipzig", Lpzg. 1905 (p. 79).

[2] Vergl. J e s e r i c h im Oktoberheft 1896 der „Allgem. Phot. Ztg.".

[3] Vergl. H. Gross' Archiv Bd. I p. 126, Bd. VI p. 328, Bd. VIII p 351 und
besonders die ausgezeichnete Arbeit von D e n n s t e d t u. V o i g t l ä n d e r „Der
Nachweis von Schriftfälschungen etc.", Braunschweig 1906.

entnommen ist; ob die Zwirnfäden, mit denen ein corpus delicti genäht wurde, dieselben sind, womit eine Naht am Rocke des Verdächtigten angefertigt ist; ob das Papier, aus dem der aufgefundene Gewehrpfropfen gemacht wurde, vom selben Papier ist, das im Hause des beschuldigten Mörders gefunden wurde u. s. w. Und wenn der Fabrikant sich hundertmal getäuscht und ein Stück für von ihm erzeugt erklärt, weil es der Täter geschickt nachgeahmt hat, das Glas des Mikroskopikers lässt sich nicht betrügen.

Die Fälle, in denen eine solche Untersuchung angezeigt ist, sind zahlreicher, als man meint. Es wird nur notwendig sein, dass man immer dann, wenn es sich um die Identität von Stoffen u. s. w. handelt, sich nicht damit zufrieden gibt, dass der betreffende Körper schon dem Ansehen nach „zweifellos" derselbe ist, wie das Vergleichsobjekt, sondern dass man jedesmal erst den Mikroskopiker fragt, bevor man endgültig urteilt. Wer hierüber Versuche macht, wird zur Überzeugung kommen, dass man vieles für verschieden hält, was gleichartig ist, und dass manches vollkommen gleich aussieht, was es doch nicht ist.

Die Identität von Fäden (Bindfaden, Zwirn u. s. w.) ist oft von Wichtigkeit und vom Mikroskopiker zum mindesten mit grosser Wahrscheinlichkeit zu beweisen. Es darf nicht übersehen werden, dass er für seine Zwecke nur verschwindend kleine Endchen braucht, die häufig als Untersuchungsobjekte vorliegen, wenn am Tatorte irgend ein Gegenstand zurückgeblieben ist. Aus eigener Praxis erinnere ich mich daran, dass Fäden wichtige Anhaltspunkte gegeben haben: Der Faden, mit dem der Saum einer Schürze genäht worden war, die bei einem Einbruche zurückgelassen wurde; die Schürze selbst war vom selben blauen Leinenstoffe, wie unzählige andere blaue Männerschürzen, der Faden aus dem Saume war aber zweifellos derselbe, der als einziges Nähmateriale im Hause des Verdächtigten gefunden wurde. Weiter: Der Faden, mit welchem das Schulheft eines Knaben genäht war, diente zur Feststellung der Identität der Leiche des Kindes. An diesem war ein Lustmord verübt worden, die Leiche wurde entkleidet im Walde unter Reisig fast verwest gefunden: die Schulbücher des Knaben fehlten, nur in einiger Entfernung von der Leiche, verhältnismässig gut erhalten, fand sich ein Schulheft; der Umschlag und die beschriebenen Seiten waren weggerissen, jedes Kennzeichen fehlte. Nur die Mutter des verschwundenen Kindes wusste, mit welchem Zwirn sie das letzte Schreibheft für den Knaben genäht hatte und brachte davon zu Gericht; die mikroskopische Untersuchung bewies die Identität. — Ein Faden, mit welchem Zunderstreifen zusammengenäht waren (genaue Erzählung des Falles siehe unter „Brandlegung"), konnte mit einem Faden aus der Pelzmütze des Beschuldigten verglichen werden und diente zu seiner Überführung. — Ein winziges Flöckchen Faden war an einem Stemmeisen (dort wo die Klinge im Heft stak) hängen geblieben. Die Mikroskopiker konnten sagen, dass diese Flocke mit grosser Wahrscheinlichkeit vom obern Rand der Tasche jenes Rockes herrühren müsse, welchen der Verdächtigte am Tage der Tat am Leibe getragen hat. —

Viel Aufklärung kann man vom Mikroskopiker auch in jenen Fällen erwarten, in welchen eine Merke aus der Wäsche ausgetrennt wurde. Diese Austrennung müsste mit besonderer Sorgfalt und grossem Geschicke gemacht worden sein, wenn der Mikroskopiker nicht sagen könnte, d a s s hier eine Austrennung stattgefunden hat; in den meisten Fällen wird er aber mehr sagen und herausbringen können, welcher Buchstabe u. s. w. früher da war. Von grosser Bedeutung kann seine Auskunft sein, wenn es sich darum handelt, festzustellen, ob die ausgetrennte Merke identisch ist mit jener Merke, die sich auf einem anderen Wäschestücke befindet (z. B. aus demselben Dutzend). In einem solchen Falle wird der Mikroskopiker nach kleinen Spuren jenes Fadens forschen, mit dem die ausgetrennte Merke gemacht war; solche Fadenrestchen wird er fast immer, besonders aber dann finden, wenn das Wäschestück mit der alten Merke wiederholt gewaschen und geplättet wurde, so dass Stoff und Merke ineinander verfilzt wurden. Wird dann das gefundene Fadenrestchen mit einem Faden aus der Merke des Vergleichsobjektes mikroskopisch verglichen, so kann die Identität fast vollkommen sicher nachgewiesen werden.[1]) —

Dass die genaue Untersuchung von Papier oft wichtig ist, braucht kaum erwähnt zu werden; bei wichtigeren Fällen von Urkundenfälschungen, Verleumdungen, Drohungen, kurz bei allen Verbrechen, welche mit Hilfe von Papier und auf solchem begangen werden, wird eine Haussuchung kaum ausbleiben und diese wird fast immer eine grössere oder kleinere Papiermenge aus dem Besitze des Verdächtigten zutage fördern. Findet man darunter Papier, welches mit dem corpus delicti einige Ähnlichkeit hat, so wird es stets den Mikroskopikern zur Prüfung zu überweisen sein. Man würde mit Unrecht oder doch oft mit Unrecht einwenden, dass die meisten Leute eines Ortes ihr Papier von einem oder von einigen wenigen Händlern beziehen, so dass auch zweifelloser Identitätsnachweis doch nichts Brauchbares bewiese; es tritt aber der bezeichnende Umstand ein, dass fast jeder, welcher ein verbrecherisches Schriftstück anfertigt und aus der Hand gibt, sich scheut, hierzu das käufliche Papier zu verwenden. Die Erfahrung lehrt, dass fast in allen Fällen, in denen man ein derartiges corpus delicti den Papierhändlern des Ortes vorgewiesen hat, das Ergebnis negativ war, das fragliche Papier stammte nicht aus den Handelsvorräten der letzten Zeit, weil sich der Täter gefürchtet hatte, solches Papier zu benützen; fast immer ist das corpus delicti einem Hefte oder Buche entnommen, oder es ist der zweite Teil eines Bogens, auf dem nur der erste Teil beschrieben wurde u. s. w. Gelingt es nun, den Rest des Papieres beim Verdächtigten zu finden, so ist der vom Mikroskopiker etwa gelieferte Identitätsnachweis nicht ohne Beweiskraft.

---

[1]) War die Merke mit r o t e n Fäden hergestellt, so kann häufig noch der Photograph helfen, da auch die letzten Restchen von Rotgefärbtem in dem Photogramm deutlich zum Vorschein kommen.

g) Untersuchung von Verunreinigungen.

Ich möchte fast sagen, dass solche Untersuchungen diejenigen sind, bei welchen sich die Kunst des Mikroskopikers so recht eigentlich zeigen kann, indem er oft das Wichtigste an Beweis aus dem Kleinsten und Unscheinbarsten zuwege bringen kann. Aber auch der UR. kann in solchen Fällen seine Geschicklichkeit dartun, wenn er das betreffende corpus delicti gefunden und sorgsam im statu praesenti erhalten hat, ohne dass Verunreinigungen u. s. w. abgestreift wurden, wenn er überhaupt sein Augenmerk auf solche Minima gerichtet hat und wenn er es versteht, aus dem vom Sachverständigen Gebotenen brauchbare Schlüsse zu ziehen. Es kommt immer auf das alte heraus: die ganze Geschicklichkeit des UR. besteht im richtigen Wahrnehmen, Verbinden und Verwerten.

Beispiele für solche Verunreinigungen wären:

α) Bei Waffen und Werkzeugen.

Abgesehen von deren Untersuchung auf Blut[1]) kann diese in anderer Richtung von Bedeutung sein, wenn eine Waffe z. B. bei der Reinigung oder beim Fortschaffen mit irgend etwas Bezeichnendem beschmutzt worden ist. So wurde mir ein Fall mitgeteilt, in welchem einem Menschen, der schimpfend und betrunken bei einem Gastgarten vorbeigekommen ist, von einem der dort anwesenden Dragoner der Schädel durch einen Säbelhieb gespalten worden war. Auf Verlangen des UR. wurden am nächsten Morgen allen Dragonern der Garnison, die am Abende zuvor „Erlaubnis über die Retraite" gehabt hatten, die Säbel abgenommen und einer mikroskopischen Untersuchung auf Blutspuren unterzogen. Auf keinem Säbel fand sich die mindeste Spur von Blut, wohl aber hatte ein Säbel in der scharfgeschliffenen Schneide eine feine Scharte und in dieser war ein, nur unter stärkerer Vergrösserung wahrnehmbares Fragment eines Grashalmes. Da die Untersuchung sehr rasch vorgenommen wurde und da das Grasstückchen in der Säbelscharte durch die Säbelscheide vor dem Vertrocknen ziemlich geschützt war, so konnte nachgewiesen werden, dass das Grasfragment noch nicht lange auf dem Säbel geklebt haben konnte, weil es sich frisch erhalten hatte. Der Dragoner, dem der Säbel gehörte, hatte also, wie er es dann auch gestand, nach dem geführten Hiebe den Säbel im taufeuchten Grase gereinigt und dann mit einem Tuche abgewischt, wobei aber das Grasfragment, das hierbei in die Scharte gekommen war, nicht entfernt wurde. Dieser Fall ist auch insoferne instruktiv, als er zeigt, wie die Untersuchung eines Gegenstandes nicht auf das einzige, vermutete Objekt, hier Blutspuren, beschränkt werden darf, sondern sich auf alles erstrecken muss, was auffallend oder nicht gewöhnlich an der Sache ist. In dieser Richtung kann der Sachverständige aber nur

---

[1]) Florence in Arch. d'anthrop. crim. No. 162 p. 377.

16*

dann erspriesslich wirken, wenn er den Sachverhalt in allen seinen
kleinsten Einzelheiten kennt und vom UR. so genau als möglich über
den g a n z e n Hergang unterrichtet wurde. Hätte der Sachverständige
in unserem Falle lediglich die Weisung gehabt, nach Blut auf den Säbeln
zu suchen, so wäre seine Aufgabe erfüllt gewesen, wenn er einfach negativen Bericht erstattet hätte. So war er aber mit dem Hergange vertraut und er konnte beim ersten Anblicke des Grasfragmentes sofort
annehmen, wie es dahin gekommen sein musste und dass es von grosser
Wichtigkeit sein werde. —

In ähnlicher Weise können Spuren von Erde, Staub, Fasern,
festgetrockneten Flüssigkeiten u. s. w. erhebliche Anhaltspunkte geben.
Selbstverständlich wird es den UR. nie der Verpflichtung entheben,
die mikroskopische Untersuchung zu veranlassen, wenn er auf der
fraglichen Waffe u. s. w. nichts Auffallendes sieht, denn erstens kann
darauf eine schwere Menge von wichtigen Dingen durch das Mikroskop
entdeckt werden, welche mit freiem Auge nicht wahrnehmbar ist, und
zweitens weiss jeder Sachverständige, dass er die Waffe, das Werkzeug u. s. w. zu zerlegen hat und gerade an den Verbindungsstellen
nach verdächtigen Substanzen suchen muss. Es kann z. B. ein Beil
auf das sorgfältigste gereinigt worden sein, so dass selbst mit bewaff-
netem Auge nichts Auffallendes zu entdecken ist; werden aber Stiel
und Klinge von einander getrennt, so kann sich im Öhr der Klinge
und an der Aussenseite des Stieles, dort, wo er im Öhre steckte, wichtiges Material vorfinden; unter Umständen wird der Sachverständige
vielleicht sogar das Holz des Stieles zerspalten und in den Spaltflächen
das durch feine Sprünge eingedrungene Blut suchen. —

Als ein weiteres hierher gehöriges Beispiel wolle das Folgende
gehört werden. In einer Gegend, in welcher Hopfenbau mit grossem
Eifer und Erfolge getrieben wird, wurde einst dem geschicktesten
Hopfenbauer, kurze Zeit vor der Ernte, eine grosse Anzahl von Hopfenranken etwa einen Meter über der Erde abgeschnitten, so dass die
Ranken verdorrten und der Mann einen grossen Schaden erlitt. Der
Verdacht fiel auf den Nachbar, der ebenfalls Hopfenbau trieb, aber
viel weniger Erfolg hatte und sich deshalb mit Neid gegen seinen geschick-
teren und fleissigeren Nachbarn ausgesprochen hatte. Der erhebende
Gendarm hatte sich schon am Vormittage nach der Tatnacht des Taschenmessers des neidischen Nachbars bemächtigt und es dem Gerichte übergeben. Es war ein grosses Taschenmesser mit einer starken, krummen
Klinge, wie es die Gärtner und Weinbauern zu benützen pflegen. Auffallend war das Messer nur dadurch, dass es frisch geschliffen war und
dass man sich allerdings sagen musste, es sei dies Messer besonders
dazu geeignet, um starke Hopfenranken, gewissermassen im Vorbeigehen, bequem abzuschneiden. Das Messer wurde dem Gerichtsarzte,
einem geübten Mikroskopiker, übergeben und dieser über den Gegenstand unterrichtet. Die Sache setzte Vorstudien voraus, die darin
bestanden, vorerst die Struktur der Hopfenpflanze, namentlich das
Äussere der Rankenrinde, mikroskopisch zu untersuchen. Es ergab
sich bald, dass die Hopfenranke mit charakteristischen grossen und

kleinen stachligen Haaren besetzt ist. Nun wurden die Rinden einer Anzahl von anderen Pflanzen untersucht, die ähnliche Stachelung aufweisen, es ergab sich aber, dass sie bei ihrer bedeutenden Verschiedenheit unter dem Mikroskope unmöglich mit Hopfenhärchen verwechselt werden können. Selbst die noch ähnlichsten, die der Ranken und Blattstiele der Melonen, Gurken und Kürbisse, haben unterscheidende und kennzeichnende Merkmale. Nun wurde das Messer äusserlich untersucht: es war nichts zu finden; dann wurden die Nieten ausgeschlagen, und als jene Stellen betrachtet wurden, an denen sich der unterste, durchbohrte Teil der Messerklinge im Hefte bewegt, fanden sich die bewussten Hopfenhärchen frisch und in genügender Anzahl; niemand konnte daran zweifeln, dass mit diesem Messer kurz zuvor Hopfenranken abgeschnitten worden waren. —

Von Wichtigkeit war einmal auch der durch das Mikroskop gelieferte Nachweis, dass an einem brechstangenartigen Stemmeisen Spuren von Ziegelmehl zu entdecken waren. Dieses Eisen hatte, etwa 10—12 cm von der Schneide weg, eine durch Rost entstandene rauhe Stelle, an der ein roter Fleck wahrzunehmen war. Unter dem Mikroskop erwies sich dieser als eine Spur fest an- und eingedrückten Ziegelstaubes, so dass die fragliche rauhe Stelle des Stemmeisens mit grosser Kraft auf einen Ziegel gedrückt worden sein musste. Nun war bei einem Einbruchdiebstahle offenbar mit einem ähnlichen Werkzeuge an der Mauer gearbeitet und herumgehebelt worden und es war anzunehmen, dass der fragliche Fleck entstand, als das Stemmeisen mit der Schneide eingeführt und dann auf einen Ziegel stark niedergedrückt wurde. Da nun das Stemmeisen sonst in fortwährendem natürlichen Gebrauche stand, das Ziegelmehl also nicht lange daran bleiben konnte, so war die Verwendung des Eisens bei dem Diebstahle ziemlich sicher.

Oft kann man auch bei Werkzeugen zur Holzbearbeitung feststellen, ob sie zu einer bestimmten Arbeit verwendet wurden; so aus Scharten in Hacken, Beilen, grossen Messern, Stemmeisen etc., da sich die Wirkung der Scharten am Objekte mit der Lupe nachweisen lässt. Ebenso kann aus den Sägespähnen in den Zähnen einer Säge erschlossen werden, w e l c h e s Holz gesägt wurde. So konnte einmal[1]) durch mikroskopische Untersuchung erwiesen werden, dass gewisse Sägespänspuren in einer Säge nicht von Kirschbaumholz, sondern von Nadelholz herrühren, obwohl die zur Verfügung stehende Menge mit freiem Auge kaum sichtbar war.[2])

Als Objekt der Untersuchung für den Mikroskopiker werde noch der Schmutz unter den Fingernägeln, sei es des Subjektes oder des Objektes der Tat, erwähnt; dieser Schmutz erzählt oft genau die Geschichte der letztverflossenen Zeit, da er sich aus allem zusammensetzt,

---

[1]) Mitgeteilt von Herrn H. S c h r o t t - F i e c h t l in Eutin.
[2]) Über Untersuchung von Scharten und deren Wirkungen s. K o c k e l in H. Gross' Archiv Bd. V p. 126, Bd. XI p. 347 u. Bd. XXIII p. 245; S c h u l z ibidem Bd. XXIII p. 222.

womit der Betreffende zuletzt in Berührung gewesen ist. Handelt es sich um die Untersuchung bei einem Lebenden, so wird man selbstverständlich gut tun, sich dieses Schmutzes so bald als möglich zu versichern und nicht erst darüber Zeit hinweggehen zu lassen. Als Beispiel sei hierfür ein Fall erwähnt, in welchem es sich um den gravierenden Verdacht handelte, dass der Schmutz unter den Fingernägeln eines Verdächtigen von Blei herrühre. Die mikroskopische Untersuchung (städt. Untersuchungsamt in Nürnberg 1896) ergab, dass die färbende Substanz Berlinerblau war.[1] (Vergl. XVI Absch. pkt. 2.)

β) Bei Staub.

Wenn Schmutz, nach Liebig, ein Gegenstand ist, der sich irgendwo befindet, wohin er nicht gehört, so ist Staub die Umgebung im kleinen. Es ist also jeder staubige Gegenstand mit einer Sammlung von winzigen Proben jener Körper bedeckt, die sich im engeren oder weiteren Umkreise um ihn befinden oder befunden haben. Weder Schmutz noch Staub ist ein besonderer Körper, sondern es besteht jener aus kleinen Körpern, mit denen ein Gegenstand in Berührung gekommen ist und die durch irgend ein Bindemittel an ihm festgehalten werden, dieser aus kleinen, zerriebenen Körpern, die sich auf ihm niedergelassen haben.[2] Wenn nun auch der Staub unter Umständen durch Wind u. s. w. aus grösserer Ferne herbeigebracht worden sein kann, so wird er doch meistens aus der nächsten Umgebung stammen, so dass man bei Kenntnis der Bestandteile des Staubes auf einem Gegenstande ungefähr sagen kann, welche Substanzen sich um ihn herum befunden haben. Der Staub auf einem Blatte inmitten der einsamen Steppe wird kaum viel anderes enthalten, als gepulverte Erde und Sand, sowie feine Pflanzenbestandteile; der Staub in einem gefüllten Ballsaale wird grösstenteils aus fein zerriebenen Fasern herstammen, die von den Kleidern der Tanzenden abgewetzt wurden; der Staub in einer Maschinenwerkstätte wird zumeist aus feinem Metallpulver bestehen, und im Staube auf den Büchern der Gelehrtenstube wird nebst erdigen Bestandteilen, die man an den Stiefeln hereinbrachte, hauptsächlich fein zerriebenes Papier zu entdecken sein. Fassen wir die Beispiele enger, so werden wir zu dem Schlusse kommen, dass der Arbeitsrock des Schlossers anderen Staub enthalten wird, als der des Müllers, dass der Staub, der in der Tasche eines Schulknaben angesammelt wird, sich wesentlich unterscheidet von dem Staube in der Tasche eines Apothekers und dass man im Klingenfalz des Taschenmessers eines Dandy anderen Staub finden wird als im Taschenmesser eines Landstreichers. Das sind alles Beispiele aus der Praxis; in allen diesen Fällen wurde der Natur der Sache

---

[1] Mitgeteilt von Herrn H. Schrott-Fiechtl in Eutin; vergl. E. Villebrun „Des ongles, leur importance en médicine judiciaire", Paris 1882.

[2] Staub und Schmutz ist also dasselbe, nur dass ersterer lose liegt, während letzterer durch ein Bindemittel (Feuchtigkeit, Fett etc.) fixiert ist.

nach nicht auf einen bestimmten Körper, einen gewissen Bestandteil gesucht, sondern lediglich der Staub gesammelt und mikroskopisch geprüft, jedesmal ergab sich zum mindesten ein Anhaltspunkt zu weiteren Forschungen.

So wurde einmal auf dem Tatorte ein Arbeitsrock gefunden, der äusserlich nicht den mindesten Anhaltspunkt für die Person des Besitzers bot. Der Rock wurde nun in einen gut geklebten Sack aus starkem weichen Papier gebracht und das ganze so lange und so stark mit Stäben geklopft, als es das Papier gestattete, ohne zu reissen. Dann blieb der Pack eine Zeitlang ruhig liegen, der Sack wurde geöffnet, der Staub, der sich auf dem Papier unter dem Rocke fand, sorgfältig gesammelt und dem Mikroskopiker übergeben. Die Untersuchung ergab, dass der Staub, der reichlich aus dem Rocke herausgefallen war, hauptsächlich aus fein zerriebener Holzfaser bestand, so dass man annehmen durfte, der Rock gehöre einem Schreiner, Zimmermann, Sägemüller u. s. w. Da sich aber im Staub auch viel pulverisierte Gallerte, d. h. Leim gefunden hatte, mit dem Zimmermann und Sägemüller nicht arbeiten, so musste der Rock, wie es auch richtig der Fall war, einem Schreiner gehört haben. —

Besonders wichtig ist in solchen Fällen der Staub, der sich in überraschend kurzer Zeit und in grosser Menge in jeder Kleidertasche sammelt, besonders wenn das betreffende Kleidungsstück nicht zu oft gebürstet und geklopft wird. Solcher Staub erzählt in seiner Zusammensetzung die Geschichte des betreffenden Menschen für die Zeit, als er das Kleidungsstück getragen hat. In erster Linie besteht das feine Gemengsel allerdings aus zerriebener Faser jenes Stoffes, aus dem die Tasche verfertigt ist. Dann kommt hinzu: Staub aus der Atmosphäre, in der sich der Träger des Rockes bewegt, und der entweder direkt in die Tasche fällt, oder durch den Stoff hindurch in diese eindringt; Staub, der von den in die Tasche gesteckten Gegenständen abfällt, z. B. Brotfragmente, Tabakstaub, der aus dem Tabakbeutel fällt, zerriebene Papierteile, abgeriebenes Metall, Holz u. s. w.; endlich Staub, der an der Hand haftete, die wiederholt in die Tasche gegriffen hat, eine Sammlung, die in den meisten Fällen zum mindesten e i n e n Bestandteil enthalten wird, der auf die Eigenschaft, das Gewerbe, die Hantierung des Trägers schliessen lässt. Fast ebenso wichtig sind jene Wollkonglomerate, die sich in jedem, längere Zeit getragenen Rocke zwischen Stoff und Unterfutter ober dem untersten Rocksaume finden. Sie bestehen zumeist aus abgeriebenen Stoffteilen, aber auch gemengt mit anderen feinen Stoffteilen, die durch den Stoff, zumeist via Taschen eingedrungen sind. —

Zu beachten ist in dieser Hinsicht jener Staub, der sich im Klingenfalz eines Taschenmessers findet, d. h. in jener Spalte zwischen den Heftschalen eines Taschenmessers, in welche die Klinge beim Zumachen des Messers einfällt. Wer sein, noch so reinlich gehaltenes Taschenmesser hierauf untersucht, wird staunen über die reiche Menge von Staub, und grösseren Bestandteilen, die sich da angesammelt haben. Dieser Staub ist mikroskopisch meistens bestimmbar und gibt fast unfehlbar an, wo sich das Messer befunden hat und was mit demselben geschehen ist. — Ähnliche Anzeigen sind bei allen Gegenständen zu finden, die beständig oder fast beständig herumgetragen werden, z. B. in den Lederfalten an der Aussenseite von Brief- oder Geldtaschen, am Schliessrande des äusseren Deckels einer Taschenuhr und auf ihrem inneren Deckel (der doch gerade „Staubmantel" heisst), endlich aber auch an Uhranhängseln, die mit Erhabenheiten versehen sind, hinter denen sich allerlei Staub, vor Abwetzen geschützt, ansammeln kann. So wurde einmal auf dem Tatorte ein abgerissenes Uhranhängsel (ein sogen. Glücksschweinchen aus Bronze) gefunden, welches einem Anstreicher zugewiesen werden konnte, der auch die Tat verübt hatte. Die mikroskopische Untersuchung ergab nämlich, dass in den Unebenheiten des Schweinchens verschiedene Ölfarbenreste angetrocknet waren. —

Die Nützlichkeit solcher Untersuchungen kann sich in allen Fällen ergeben, in denen es sich um die Feststellung der Person eines Menschen handelt, der solche Gegenstände bei sich hat, oder wenn diese allein gefunden werden und man Anhaltspunkte dafür wünscht, wer der Eigentümer sein könnte, oder wenn sie im Besitze von Leuten gefunden werden, die offenbar in nicht rechtmässiger Weise dazu gekommen sind und wenn man den früheren Eigentümer feststellen möchte. Ich gebe zu, dass alle derartigen Untersuchungen nie sicheren Erfolg versprechen; aber zu unseren sogenannten „Verzweiflungsschritten", die wir machen, wenn wir sonst gar nichts anzufangen wissen, gehören sie auch nicht. Der Prozentsatz der erzielten Erfolge wird kein ungünstiger sein, wenn die Arbeiten von Seiten des Sachverständigen und des UR. mit Sorgfalt ausgeführt werden und wenn, was freilich nicht immer der Fall ist, noch anderes Material, andere Anhaltspunkte vorliegen, womit das, durch die mikroskopische Untersuchung Festgestellte kombiniert werden kann. Soviel darf von solchen Untersuchungen behauptet werden, dass sie nicht unterlassen werden dürfen, wenn der Fall einigermassen wichtig ist. Sie k ö n n e n Erfolg haben, und dies genügt, um ihr Unterlassen als unverantwortlich zu bezeichnen. Gelingt aber eine solche Forschung im Mikrokosmos, dann darf auch der UR. mit Stolz sagen: „Das sind die Kleinen von den Meinen" — seine kleinen Geister haben gehorcht und geholfen.

γ) B e i F l e c k e n a u f K l e i d e r n u. s. w.

Auch hier beschränkt sich die mikroskopische Untersuchung zumeist auf das Entdecken von Blut- und Spermaflecken, obwohl auch da wertvolle Aufschlüsse in anderer Richtung gegeben werden können. Handelt es sich um ein wichtigeres Verbrechen, so sollte kein einziger Fleck auf den Kleidern des Verdächtigten unberücksichtigt bleiben. Vorgefassten Meinungen: z. B. der wahrgenommene Fleck sei wer weiss wie alt, oder er könne unmöglich mit dem Verbrechen in Zusammenhang stehen etc., ist nie Gehör zu geben. Ob der Fleck wirklich

so alt ist, kann auf das blosse Ansehen hin nicht entschieden werden,
dem bewaffneten Auge des Sachverständigen wird die Sache vielleicht
anders erscheinen, als dem oberflächlichen Blicke des UR. Ebenso
kann die Frage, ob der gefundene Fleck mit dem Verbrechen im Zusammenhange steht oder nicht, im voraus nicht beantwortet werden,
dies ergibt sich vielleicht erst, nachdem die Natur des Fleckens durch
den Mikroskopiker aufgeklärt wurde; vielleicht ersieht man dies aber
auch nicht sofort, sondern erst im weiteren Laufe der Erhebungen.
Es braucht aber auch der Fleck mit der Tat in keinem unmittelbaren
Zusammenhange zu stehen, und es kann doch die blosse Kenntnis
des UR., aus was der Fleck besteht, von wichtigen Folgen sein. So
hatte sich in einem Prozesse wegen Mordes auf dem Beinkleide des Verdächtigten ein grosser eigentümlicher Fleck gefunden, der den Stoff an
der fraglichen Stelle steif und unschmiegsam gemacht hatte. Der
Mikroskopiker, der die Hose auf Blutspuren zu untersuchen hatte,
übernahm es auch, diesen Fleck unter einem mit dem Mikroskope
anzusehen, und stellte fest, dass er aus einer Mischung von Asche, fein
geraspeltem Holz und Tischlerleim, also aus jenem Kitte bestünde,
mit dem die Schreiner die Spalten und sonstigen Unebenheiten des
Holzes auszufüllen pflegen. Mit der Tat konnte dieser Fleck augenscheinlich nicht im Zusammenhange stehen, da eingehende Erhebungen
an Orte und Stelle sicher ergaben, dass dortselbst derartiger Kitt in
frischem Zustande und in der nötigen Menge nicht vorhanden war.
Trotzdem befragte der UR. den Verdächtigten um das Herkommen
des Kittfleckes, und es gab dieser, wenn auch langsam und zögernd,
eine wahrscheinliche Erklärung dafür. Seine Angaben wurden aber
doch auf ihre Richtigkeit geprüft, die Erhebungen über diese Frage
verzögerten sich, und da sich die sonstigen Beweise gegen den Mann
nicht mehrten, so sollte er eben enthaftet werden, als die Feststellung
eintraf, dass seine Erklärung über die Entstehung des Kittfleckes
total falsch sei. Man musste annehmen, dass er doch ein schlechtes
Gewissen habe, den Fleck, dessen Entstehung er vielleicht wirklich
nicht wusste, für nicht harmlos halte, und deshalb zu einer Erfindung
schreite. Er wurde nicht enthaftet und später der Tat überführt. —
		Überhaupt gilt von Flecken auf Kleidern dasselbe, was oben
von Schmutz und Staub gesagt wurde: auch sie fanden ihre Entstehung
fast immer dort, wo sich der Träger der Kleider befunden hat und
durch jene Materien, mit denen dieser in Berührung gekommen ist.
Allerdings hat man sich vor Irreführungen zu hüten, da der Beschuldigte auch altgekaufte oder fremde Kleider getragen haben kann;
auch können ja die Flecken bei einem Transporte, beim Flickschneider etc.
auf die Kleider gekommen sein — das sind aber doch Ausnahmefälle.
In vielen Strafprozessen besteht die Arbeit des UR. in nichts anderem
als in der Feststellung des Umstandes, wo sich der Beschuldigte in einem
gewissen Zeitraume befunden hat, und so ist es vielleicht möglich,
durch Schmutzflecken und ihre Bestimmung wenigstens einzelne Etappen
auf dem Wege festzustellen, den der Verdächtige gemacht haben
muss.

Oft wird man auch die mikroskopische Untersuchung von Schmutzflecken blos als einen einstweiligen Versuch ansehen, wenn man noch nicht genug Anhaltspunkte dafür hat, um eine kostspielige und langwierige chemische Untersuchung rechtfertigen zu können, zumal durch diese das Objekt wenigstens teilweise zerstört werden muss, was oft nicht zulässig erscheint. Durch die mikroskopische Untersuchung wird nichts oder nicht viel verdorben, sie kann rasch geschehen, kostet verhältnismässig wenig und vermag vielleicht endgültigen Bescheid geben. So möchte man z. B. Flecke, die man in einem Notzuchtsfall sicher für Spermaflecken hält, zuerst mikroskopisch untersuchen lassen, da sich diese vielleicht sofort als Flecken von Kleister, von gewissen Mehlspeisen etc. bezeichnen lassen.[1] Gibt die mikroskopische Untersuchung keine sichere Belehrung, so kann man noch immer zur chemischen schreiten.

ð) Bei Kot auf der Beschuhung.

Wir kommen immer tiefer herunter, ohne aber bei etwas Unwichtigem angelangt zu sein. Der Kot an den Stiefeln oder ihre sonstige Beschmutzung kann uns oft mehr darüber sagen, wo der Träger der Stiefel zuletzt war, als es langwierige Erhebungen festzustellen vermögen. Es mag dies von Wert sein bei tot Aufgefundenen und bei Lebenden, die einer Tat verdächtigt sind, wenn man bei ersteren wissen soll, woher sie gekommen sind, wo sie sich zuletzt aufgehalten haben, oder wenn es sich bei letzteren um die Feststellung handelt, ob sie auf dem Tatorte gewesen sind. Selbstverständlich wird eine solche Erhebung fast aussichtslos sein, wenn allerorts der Boden gleich ist, z. B. gleichmässiger Lehmboden auf Meilen im Umkreise, oder Pflaster mit etwas Strassenkot in einer Stadt u. s. w. Unter allen Umständen die Untersuchung in derlei Fällen zu unterlassen, wäre aber auch nicht zu raten, da immerhin durch die Untersuchung des Kotes an den Schuhen unerwartete Momente klargelegt werden können, die wenigstens die Richtung angeben, in welcher die weiteren Erhebungen zu pflegen sind. Nehmen wir den Fall, in dem ein Mann tot in einer Stadt gefunden worden ist; es wäre z. B. vorauszusetzen, dass er nicht aus der Stadt herausgekommen ist, so dass er wahrscheinlich nichts anderes als S t a d t strassenkot an den Stiefeln haben wird, der in der ganzen Stadt gleich sein dürfte. Wäre es nun von grosser Wichtigkeit, festzustellen, wo der Mann zuletzt war, z. B. ob er in der Nähe des Fundortes oder weit davon getötet worden ist, so wird man doch gut tun, wenn man auf alle Fälle die Stiefel des Mannes dem Mikroskopiker übergibt, damit er die Bestandteile des Kotes an ihnen untersucht. Es ist ja möglich, dass sich darin Bestandteile finden, die bestimmte Schlüsse zulassen, z. B. Stallmist, pflanzliche Bestandteile, die nur aus bestimmten Stadtteilen herrühren können,

---

[1] Einen solchen Fall teilt auch Herr H. S c h r o t t - F i e c h t l in Eutin mit.

etwa von Früchten von Alleebäumen u. s. w., weiters mineralische Bestandteile, die von einer Pflasterung herrühren, die nur in einem bestimmten Stadtteile gebräuchlich ist, Kalkstaub und Ziegelmehl, was schliessen liesse, dass der Mann auf einem Neubaue war u. s. w.

Leichter und mit mehr Aussicht auf Erfolg gestaltet sich die Sache, wenn es sich um Verhältnisse auf dem Lande handelt, da dort die Bodenbeschaffenheit eine verschiedenere ist, auch die Lokalitäten in den Gebäuden nicht überall gedielt sind und wo auch auf den Fussböden daselbst häufig signifikante Gegenstände liegen bleiben. In dieser Richtung sind mir zwei Fälle bekannt, die einander sehr ähnlich sind und die beide zu positiven Resultaten geführt haben. In dem einen handelte es sich um die Überführung eines Menschen, der in einer Mühle einen Raub vollbracht haben sollte, in dem anderen um den Nachweis, dass der Verdächtigte eine grosse Summe gestohlenen Geldes in einem hohlen Weidenbaum knapp am Flussufer versteckt habe. In beiden Fällen wurde der Kot an den Stiefeln untersucht und ergab zwei von einander getrennte Schichten von Kot, im ersten Falle waren diese durch Mehl, im zweiten durch feinen Flussand getrennt. Im ersten Falle war der Mann also mit kotigen Stiefeln auf den mit verstreutem Mehle bedeckten Boden der Mühle und dann wieder in Kot getreten, im zweiten Falle war er ebenfalls zuerst in Kot, dann in den feinen Flussand am Ufer und dann auch wieder in Kot getreten. In beiden Fällen war an einzelnen Bröckchen (allerdings nur an sehr wenigen) die Schichtung und der Einschluss von Mehl, beziehungsweise Sand, so deutlich, dass ein Zweifel über die Entstehung unmöglich aufkommen konnte. Einen dritten Fall teilt Prof. J e s e r i c h[1]) mit, in welchem sich im Sande, der an Stiefeln eines Getöteten haftete, Diatomeen gefunden wurden, wodurch der Ort, an dem der Mann gewesen sein musste, sicher bestimmt werden konnte.

4. Verwendung der Chemiker.

Vergl. Abschnitt XVI, Punkt 6.

In dieser Frage können wir uns kurz fassen, da der Chemiker fast in allen jenen Fällen Verwendung finden kann, in welchen der Mikroskopiker gerufen wird. Häufig wird man beide brauchen, ja es wird wenige Fälle rein chemischer Natur geben, in welchen der Chemiker nicht vor oder während seiner Arbeit die Lupe oder das Mikroskop zu Rate zieht, um sich die umständliche chemische Arbeit zu ersparen oder diese zu ergänzen und zu kontrollieren. Umgekehrt kann auch der Mikroskopiker meistens nicht ganz der Hilfen entbehren, die ihm die Chemie gewährt, und so können wir häufig nur von einer kombinierten Aktion des Mikroskopikers und des Chemikers brauchbare Leistungen erwarten. Im allgemeinen kann aber auch vom Chemiker

---

[1]) Oktoberheft 1896 der „Allgem. Photographen-Zeitung".

gesagt werden, dass er vom UR. zu wenig verwendet wird und dass in vielen Fällen, die ungeklärt geblieben sind, das Resultat anders hätte sein können, wenn man den Chemiker gefragt hätte. Dies gilt schon einmal von den wichtigen Fällen der Vergiftungen, wo der Chemiker häufig nur dann herangezogen wird, wenn man hirsekorngrosse Stückchen Arsen, oder auffallenden Phosphorgeruch, oder sonst etwas, ohnehin Zweifelloses, im Magen findet. Ich glaube aber, dass man keineswegs ein ängstlicher Schwarzseher sein muss, wenn man behauptet, dass der Chemiker in allen Fällen einzutreten hätte, wo es sich um einen plötzlichen Tod handelt, den die Obduktion nicht zweifellos aufzuklären vermochte, oder wenn auch eine längere Krankheit zum Tode führte, die ebenfalls nicht als natürlich zu bezeichnen war, und wenn zugleich der entfernteste Anhaltspunkt dafür vorlag, dass eine strafbare Handlung unterlaufen ist.[1] Wenn man irgend ein Lehrbuch der gerichtlichen Chemie durchblättert und darauf aufmerkt, wie viele Stoffe geeignet sind, in verhältnismässig sehr kleinen Gaben den Tod eines Menschen herbeizuführen: wenn man ferner erwägt, wie wenig ausgesprochene Merkmale derartige Vergiftungen an sich tragen, so lange nur Krankengeschichte und Obduktionsbefund vorliegt, und wenn endlich bedacht wird, wie weit verbreitet heute wenigstens ein gewisses Mass von chemischen Kenntnissen ist und wie leicht fast alle oft höchst bedenklichen Chemikalien zu bekommen sind, so muss es fast Wunder nehmen, wenn nicht zahlreichere, schwer zu entdeckende Vergiftungen vorgenommen werden. Auf deren Möglichkeit hat der UR. doch stets sein Augenmerk zu richten. Die Frage nach Mühe und Kosten muss freilich beiseite bleiben. Aber auch die Kehrseite der Sache wird zu wenig berücksichtigt. Oft bleibt ein Todesfall unaufgeklärt, der Verdacht, dass eine verbrecherische Hand im Spiele war, haftet Jahre und Jahre auf einem Unschuldigen.[2] Dass dies nicht geschehe, zu verhüten, ist aber ebenso Pflicht des UR., wie es seine Pflicht ist, den Schuldigen der Strafe zuzuführen. Nun kennen wir aber eine solche Zahl von Stoffen, die an sich giftig oder in verdorbenen Zustande schädlich oder tötlich wirken und die aus Unvorsichtigkeit oder ohne Verschulden genossen werden können, dass wir auch wieder die häufige Verursachung „unerklärlicher" und „verdächtiger" Todesfälle durch solche Stoffe annehmen müssen. Der Chemiker hätte die Sache aber vollkommen klar machen können, wenn er gefragt worden wäre. Nehmen wir nur an: Vergiftungen durch Leuchtgas,[3] Schwefelwasserstoff in Kloaken und Kanälen; Kohlen-

---

[1] Über das namentlich von Gautier behauptete und von vielen, in erster Linie von Ziemke und Hödlmoser bestrittene physiologische Vorkommen von Arsen im menschlichen Körper s. namentlich Kratter in H. Gross' Archiv Bd. XIII p. 134 (dort auch Literaturangabe).

[2] Emmert, „Lehrb. d. gerichtl. Medizin", Lpzg. 1900 erzählt eine Reihe von Beispielen.

[3] Wende „Vergiftung mit Leuchtgas", Friedreichs Blätter 1906 p. 1 ff.; Fr. Strassmann u. A. Schulz „Untersuchungen zur Kohlenoxydvergiftung", Berlin. Klin. Wochenschrift. 1904 No. 48 (Kohlenoxydgehalt des Gefässblutes ist kein sicheres Zeichen der vitalen Vergiftung); Kurt Wolff „Intoxication par

säure; dann trichinöses oder verdorbenes Fleisch,[1]) Wurstgift, giftige Muscheln, verdorbene Austern, Hummern, Fische, Käsegift, Wein, Bier, Essig, Mehl, Pilze,[2]) Milch und zahllose andere Gebrauchs- und Nahrungsmittel,[3]) endlich die häufigen Vergiftungen durch gewisse Kochgeschirre, namentlich solche mit leicht abspringender, bleihaltiger Glasur.

Zu bedenklichsten Irrtümern können die sogen. Leichenalkaloide,[4]) Ptomaine (z. B. Collidin, Cholin, Neuridin, Gadinin, Mytilotoxin und wie sie alle heissen mögen), führen, die lediglich durch Zersetzung der Leichen entstehen, höchst giftig sind und grosse Ähnlichkeit mit Pflanzenalkaloiden, namentlich Strychnin, Morphin etc. aufweisen, also in ihren Wirkungen bei physiologischen Versuchen Verwechslungen hervorrufen können; — s. ebenfalls bei E m m e r t. —

Ebenso wichtig sind in dieser Richtung Vergiftungen durch zufällige Kohlenoxydausströmungen; Brouardel, Descoust, Ogier[5]) und mit ihnen H o f m a n n[6]) erzählen einen Fall, in welchem ein Mann durch Gasausströmungen aus einem Kalkofen getötet wurde; man hatte aber seine Frau als Mörderin verurteilt, sie verblieb unschuldig mehrere Jahre im Kerker. —

Freilich erfordert jeder verdächtige Todesfall eingehende Erhebungen durch den UR., denn es geht nicht an, den Chemiker einfach zu fragen, ob in einem Magen „Gift" vorhanden ist, ohne ihm die Richtung anzugeben, in der gesucht werden soll.[7]) Hat er diesfalls keinen Anhaltspunkt, so wird die Untersuchung überaus mühsam und kostspielig; kennt der Chemiker aber alles, was überhaupt durch den UR. erhoben werden konnte, so arbeitet er leicht, rasch und sicher.

Bezüglich der Frage, w a s der UR. den Chemiker fragen darf, sei er nicht ängstlich, besonders nicht in Betreff der Zeit. Nach wie langer Zeit gewisse Gifte, namentlich Arsen, noch nachgewiesen werden

---

l'oxyde de carbonne", Arch. d'anthr. crim. No. 121 p. 40; M. H i r t z „Intoxications larvées par l'oxyde de carbonne" (Vortrag, bespr. Arch. d'anthrop. crim. No. 136, 137 p. 321).

[1]) V a g e d e s „Über Fleischvergiftg. in ger. medizin. Beziehg.", Vierteljahrschrift f. ger. Med. 3. Folge Bd. XXX Heft 1 (liter.-krit. Studie bis auf die neuesten bakteriolog. Forschungen [„Paratyphus"]); L o c h t e „Die amtsärztliche Beurteilung der Fleischvergiftung (Botulismus)", Deutsche Vierteljahrschrift f. öffentl. Gesundheitspflege 1903.

[2]) J. O f f n e r „Les spores des champignons au point de vue médico-légal", These de la faculté de medicine de Lyon 1904; vergl. H o f m a n n 9. Aufl. p. 509.

[3]) D i e u d o n n é „Eine Massenvergiftung durch Kartoffelsalat", Deutsche mediz. Wochenschrift 1904 No. 5 und G. L a n d m a n n „Über die Ursache der Darmstädter Bohnenvergiftung", Hyg. Rundschau 1904 No. 10.

[4]) Vergl. K o r n „Über Ptomainvergiftungen" in „Die ärztl. Praxis" No. 4 ex 1899; G. L i n o s s i e r „Les ptomaines", Arch. d'anthr. crim. I, 509 und Q u a r e s c h i „Einführung in das Studium der Alkaloide" (deutsch von Kunz-Krause), Berlin 1906; O e f f i n g e r „Die Ptomaine", Wiesbaden 1885; B r i e g e r „Über Ptomaine", Berlin 1885. G. P f l a n z (Friedrichs Blätter f. ger. Medizin 1904—1905) erklärt, dass bei grösster Sorgfalt Strychnin mit Ptomainen nicht verwechselt werden kann.

[5]) Annal. d'hygiene publ. 1894, XXXI p. 376.

[6]) Gerichtl. Medizin, 9. Aufl. p. 732.

[7]) v. B o l t e n s t e r n „Die Vergiftungen", Lpzg. 1902; K l e i n „Elemente der forensisch-chemischen Ausmittlung der Gifte", 2. Aufl., Hambg. 1903.

können,[1]) ist bekannt, aber auch bei organischen Giften ist die Frist, nach der ihre Beibringung noch nachgewiesen werden kann, keineswegs immer so kurz, als man gemeiniglich annimmt; so macht z. B. S o n n e n s c h e i n - C l a s s e n darauf aufmerksam, dass man Morphium, welches Eingeweiden beigemengt wurde, noch nach achtzehn Monaten nachweisen konnte, obwohl das Versuchsobjekt in einer der Fäulnis günstigen Weise vergraben gewesen ist.[2]) Man entscheide also n i e m a l s selbst, ob zu viele Zeit seit dem Tode des angeblichen Opfers vergangen ist, sondern überlasse die Erwägung dieser Frage stets dem erfahrenen Sachverständigen. —

Weiter scheue sich der UR. auch nicht, unter gewissen Umständen die Frage aufzuwerfen, ob das Gift nur durch den Mund in den Körper gekommen sein kann und ob nicht auch eine andere Beibringungsart möglich ist, namentlich durch eine schon bestehende, oder eine ad hoc beigebrachte Wunde. Allerdings nur in einem Romane wurde erzählt, dass in einem deutschen Kriegslazarett (1871) durch eine eifersüchtige Dame, die sich als „Krankenpflegerin" verwenden liess, Eiter aus der Wunde eines an Eitervergiftung eben Verstorbenen in die Wunde eines nicht besonders schwer Verletzten gebracht wurde, um diesen zu töten.[3]) Wie gesagt, dies wird nur in einem Romane erzählt, aber möglich ist die Sache. Ebenso möglich und vielleicht schon vorgekommen sind Tötungen durch Stiche mit vergifteten Nadeln, im Vorübergehen zugefügt und ob ihrer scheinbaren Geringfügigkeit wenig beachtet. Die Frage über die Krankheitserreger wird uns überhaupt noch manches zu tun geben.[4])

Allerdings mögen Fragen, welche an den Chemiker in dieser Richtung gestellt werden, zu dem Schwierigsten gehören, was er überhaupt gefragt werden kann. Ausser diesen, die Tötung eines Menschen betreffenden Untersuchungen, wird man an den Chemiker in allen jenen und ähnlichen Fällen herantreten, die oben als Fragen für den Mikroskopiker bezeichnet wurden. Welchem der beiden Gelehrten die Frage zugehört, wird der UR. bei einiger Übung selbst zu finden wissen, weiss er dies nicht, so ist der Fehler kein arger und es wird ihm der

---

[1]) So erwähnt P r ö l s s (Friedreichs Blätter 52. Jahrg. p. 425), dass einmal in den Dielenritzen und im Holze eines Fussbodens auf den sich ein Arsenvergifteter erbrochen hatte, Arsen noch gefunden wurde, obwohl der Fussboden seither 40 mal gescheuert worden war. — Phosphor liess sich einmal 6 Wochen nach dem Tode nachweisen (E l m e r s in der Vierteljahrschrift f. gerichtl. Medizin Bd. XXV p. 25); Strychnin (T a r d i e u) nach 11 Jahren. Vergl. H o f m a n n „Ger. Medizin" 9. Aufl. p. 668 und 764. Wie lange nach dem Tode Strychnin noch in den Knochen nachweisbar ist s. A. de D o m e n i c i s in der Vierteljahrschrift f. gerichtl. Medizin 3. Folge XXVIII Heft 4.

[2]) Weniger günstige Angaben s. T r ö g e r in Friedreichs Blättern 52. Jahrg. p. 462. — Über Bleivergiftung H u g o u n e n g „Empoisonnement par le plomb", Arch. d'anthr. crim. XIV, 284 und E u l e n b u r g „Realencyclopädie d. ges. Heilkunde" 3. Bd. 1894 p. 449 ff.

[3]) Vergl. E d e l „Wundinfektion vom gerichtsärztl. Standpunkt", „Wiener klinische Rundschau" No. 3—13 ex 1899; Hans G r o s s „Über Wundinfektion in strafrechtl. Beziehung", Allg. öst. Ger.-Ztg. v. 5./1. 1895 No. 1; E. B u m m „Wundinfektion", Berlin 1906; D i t t r i c h, Handbuch.

[4]) Über „Vergiftungen vom Mastdarm u. von der Scheide aus" s. G. S t i c k e r in H. Gross' Archiv Bd. 1 p. 290.

Befragte sofort sagen können, dass dies eine Arbeit für den Kollegen im anderen Fache ist.[1]

5. Verwendung der Physiker.

Wo der Gerichtsarzt nicht raten kann, wo der Mikroskopiker und der Chemiker nicht zu helfen weiss, da muss der Physiker heran. Die Zahl der Fälle, in welchen man sich an diesen zu wenden hat, ist Legion, niemand wird die Fälle erschöpfend aufzählen können, jeder Tag bringt neue Möglichkeiten und jeder eifrige, auf seine Ausbildung bedachte UR. wird sie vermehren. Auch hier möchte ich die Bemerkung wiederholen, dass der UR. der Fordernde, der Physiker der Gebende ist, es muss also der UR. zum Physiker kommen und ihn fragen, ob er ihm in diesem Falle helfen könne, nicht der Physiker hat zum UR. zu kommen, um ihm seine Hilfe anzubieten. Der Physiker studiert, versucht, entdeckt und veröffentlicht — der UR. hat zu lesen, zu erwägen, zu fragen und zu verwerten. Er muss also seine längst überholten Kenntnisse, die er sich aus dem Gymnasium ins praktische Leben mitgenommen hat, zu Rate halten und sie dadurch zu ergänzen und auf modernem Standpunkte zu erhalten trachten, dass er wenigstens Zeitschriften liest, die den Leser stets darüber unterrichten, was die verschiedenen Naturwissenschaften Neues errungen und geleistet haben. Und so wie der UR. verpflichtet ist, bei allem, was er sieht und hört, stets in Erwägung zu ziehen, wie er dies für sein Fach verwenden möchte — und verwenden kann er alles, was Wissen und Können heisst —, so muss er auch beim Lesen solcher Zeitschriften stets vor Augen haben, wie er das eben Gelesene für seine Zwecke verwerten könne, d. h. er muss sich bestreben, praktische Fälle zu konstruieren, in denen er den Physiker zur Verwendung des neu Festgestellten heranziehen könnte. Kommt dem UR. dann ein derartiger Fall vor, so wird er sich seiner damaligen Überlegungen erinnern und den Physiker fragen.

Allerdings verlange ich von dem Physiker, sowie von jedem Sachverständigen, dass auch er der Sache Interesse entgegenbringe und dann, wenn er öfter befragt wurde und hierdurch einen Überblick darüber gewonnen hat, was der UR. brauchen kann, selbständig weiter sucht und den UR. auf allerlei aufmerksam macht, was er ihm bieten könnte und von dem der UR. keine Kenntnis hat. Wenn nun im folgenden einige wenige Fälle aufgezählt werden, in welchen der Physiker helfen könnte, so soll dies selbstverständlich nur im allgemeinen und beispielsweise geschehen; es soll nur gezeigt werden, d a s s der Physiker wirklich oft Belehrung und Aufschlüsse geben kann.[2] Im allgemeinen wird man sagen können: d e r P h y s i k e r s e i i m m e r d a n n z u

---

[1] Vergl. z. B. den Fall über Verdauung einer verschluckten Banknote in H. Gross' Archiv Bd. V p. III.

[2] Mitteilungen über Fälle, in denen Physiker wichtige Hilfe gewähren konnten, sind mir besonders erwünscht.

rufen, wenn es sich um Wirkungen der Naturkräfte
handelt, die auf eine Strafsache Einfluss hatten
und die zwar jeder Mensch wahrnehmen kann, die
aber der Gelehrte besser, genauer und richtiger
beobachten wird, zumal wenn hierzu besondere Kenntnisse,
Berechnungen und Instrumente notwendig sind.

Nehmen wir z. B. den Fall, dass ein Wurf in einer Strafsache
irgendwie wichtig geworden wäre; es sei z. B. ein Stein gegen ein Fenster,[1] eine Wand, auf ein Dach u. s. w. geworfen worden und es müsste
festgestellt werden, wo der Werfende gestanden ist, mit welcher Kraft
geworfen wurde, wie gross und schwer der Stein gewesen sei, in welcher
Richtung er abgeprallt ist, wann dies alles geschehen sei und was da
noch ähnliches gefragt werden könnte.   Dies alles kann eigentlich
jeder Mensch beobachten und beurteilen, der im Besitze guter Augen
ist und nicht alles vergessen hat, was er seinerzeit über den „Wurf“
gelernt hat.   Aber um wie viel genauer, richtiger und erschöpfender
wird dies der Mann tun, der sich das Studium solcher Fragen zur Lebens-
aufgabe gestellt hat und mit allen Sonderkenntnissen, die hier notwendig sind, ausgerüstet ist.   Wo der Laie gar nichts Förderndes sieht,
bemerkt der Fachmann vielleicht alles, was man zur Klarstellung
braucht.   Ebenso kann es mit einer Reihe von optischen Fragen sein,
wenn es sich z. B. darum handelt, wie ein Lichteffekt entstanden sein
mag, was er bewirkt haben dürfte, welches Licht nötig war, um bestimmte Leistungen hervorbringen zu können, wie ein gewisser Schatten
erzeugt werden mag, wohin er gereicht haben, welches Objekt ihn
hervorgerufen haben dürfte, welche Tageszeit gewesen sein muss, wenn
die Sonne dies und jenes bewirkt hatte, welche Stunde der Nacht es
war, wenn der Mond so geleuchtet hat und tausend ähnliche Fragen.
Ebenso können andere Fragen, die Sonnenwärme betreffend, von
Wichtigkeit sein: ob ein bestimmter Wärmegrad erzeugt worden sein
kann, zu welcher Tageszeit dies gewesen sein muss, welche Nebenumstände hierbei mitgewirkt haben müssen, ob es z. B. möglich war,
dass die Sonnenstrahlen zu einer bestimmten Stunde auf ein mit Wasser
gefülltes Glasgefäss so gefallen sind, dass dieses als Brennglas wirkte,
weiter, ob durch die Sonnenwärme gewisse Gegenstände andere Formen
bekommen haben können (z. B. durch Austrocknen, Werfen, Springen,
Blasen bekommen u. s. w.).   Dann in Bezug auf Lichteinwirkung:
wie lange ein Stoff dem Sonnenlichte ausgesetzt war, um bis zu einem
gewissen Grade zu verblassen, wie lange (stark mit Holzstoff versetztes)
Papier brauchte, um im Lichte gelb oder bräunlich zu werden; wo sich
ein Gegenstand befunden haben muss, um infolge der Einwirkung
des Sonnenlichtes eine bestimmte Veränderung erlitten zu haben u. s. w.

Wichtige Fragen können entstehen in Betreff von Luftströmen,
Wind und Sturm: ob z. B. bei einem entstandenen Brande durch den
herrschenden Wind oder den durch die Hitze bewirkten Luftstrom
brennende Schindeln, Stroh u. s. w. bis zu einer gewissen Stelle getragen

---

[1] Vergl. H. Gross' Archiv Bd. II p. 167.

werden konnten, welche Windrichtung aus diesen und jenen Umständen erschlossen werden darf, ob ein bestimmter Zustand an irgend einer Sache einen bestimmten Sturm überdauern konnte, d. h. ob dieser Zustand, dessen Eintreten zeitlich bestimmt werden soll, schon vor einem, der Zeit nach bekannten Sturme gewesen sein kann u. s. w.

Noch wichtiger können Fragen nach den Wirkungen von Schnee und Regen sein: was diese bewirkt haben, wann, wie lange dies gewesen sein kann, wie stark der Regen gewesen sein musste, von welcher Richtung er kam, wie oft es auf einen Gegenstand geregnet haben kann, wenn Teilwirkungen nachzuweisen sind u. s. w. Hierzu gehören auch die Wirkungen des Frostes, die ja bestimmter Art sind und mitunter gute Anhaltspunkte für gewisse Annahmen bieten können. Man kann fragen, ob Frost gewirkt hat, wie stark dieser war, wie oft er sich wiederholt hat, welche Zwischenräume vorlagen, was sonst noch auf den Körper an verschiedenen Atmosphärilien gewirkt hat, wie lange die Wirkung dauerte.

In ähnliche Richtung gehören die Fragen, ob ein Gegenstand in der Erde vergraben war[1] (verborgenes, gestohlenes Gut u. s. w.), wie lange dies gedauert haben mag, ob der Gegenstand frei oder in einer Umhüllung vergraben wurde, welcher Art das Erdreich war, was sonst dabei gewesen ist. Auch andere Aufbewahrungsarten, namentlich unter Luftabschluss, bewirken Änderungen, besonders an Sachen von empfindlicher Struktur oder Farbe, so dass der Physiker wichtige Schlüsse aus ihnen zu ziehen imstande sein wird.

Auch bei Urkundenfälschungen (Tinte, Papier, Schreibmaterialien, Schicksale des Dokumentes) etc. kann der Physiker oft dem Chemiker und Mikroskopiker wichtige und unersetzliche Hilfe leisten.[2] —

Ein ausgebreitetes Gebiet für Fragen an den Physiker ergibt sich in allen Fällen, wo von mechanischen Wirkungen und Eigenschaften des Wassers etwas abhängen kann. Ob etwas im Wasser gelegen ist, wie lange dies war, ob es in fliessendem Wasser getragen oder auf dem Grunde desselben fortgerollt wurde, wie dieser Grund beschaffen war, durch welche Strecke dies geschehen ist, wie gross die Schnelligkeit des Wassers war, wie lange ein Körper von bestimmter Form, Grösse und Schwere braucht, um eine gewisse Strecke herabzuschwimmen. Hierbei können, wenn die Ufer unregelmässig und bewachsen sind, umständliche und genaue Beobachtungen und Versuche nötig sein. Weiter: welche Wirkungen Wasser auf die Ufer oder überschwemmten Partien üben kann, wie lange und wann es irgendwo gestanden sein muss u. s. w. Von besonderer Wichtigkeit können Erhebungen bei Wasserleichen sein, wenn festgestellt werden soll, welche Schicksale diese im Wasser hatten, wie weit, woher sie gekommen sind, welche Hindernisse, welche Strömungen sie passiert haben u. s. w., welche

---

[1] Vergl. H. Gross' Archiv Bd. I p. 126 u. Bd. VIII p. 351.

[2] Vergl. auch hier Dennstedt u. Voigtländer „Der Nachweis von Schriftfälschungen etc.", Braunschweig 1906; R. Kockel „Festschrift zur Eröffnung des ger. mediz. Institutes in Leipzig", Lpzg. 1905.

Fragen zum Teil in das Gebiet des Arztes, zum Teil in das des Physikers fallen.

Hierher gehören auch Feststellungen über die Wirkung künstlicher Wärme, insoweit sie nicht Verbrennungen am menschlichen Körper betreffen, wenn es sich z. B. um die Erörterung handelt, ob ein Gegenstand grösserer oder geringerer Wärme ausgesetzt war, wie lange dies der Fall gewesen ist, welcher Art die Hitze war, ob sie in irgend einer Wärmequelle, z. B. einem gewöhnlichen Kochherde, erzeugt werden konnte.

In ein anderes Gebiet gehören Untersuchungen über Bruchstellen, Risse, Sprünge, Stösse an den verschiedensten Gegenständen, wenn es sich um die Frage nach Zeit, Art und Richtung ihrer Entstehung (ob natürlich oder künstlich und durch welches Instrument) handelt. Solche Erörterungen sind oft von erheblicher Wichtigkeit und nur dann zu beantworten, wenn dem subtilen Beobachter alle Momente in der Natur des verletzten und verletzenden Gegenstandes auf das Genaueste bekannt sind und er auch alles zu beurteilen vermag, was sonst noch massgebend ist: Richtung, Kraft, Zeit u. s. w. Von grossem Umfange sind solche Arbeiten oft, wenn es sich um Begutachtungen anlässlich einer Fahrlässigkeit und des dadurch bewirkten Unheiles handelt: Eisenbahnunfälle, Explosionen, Zusammenstürze u. s. w. Hier kann manchmal nur die sorgfältige Beachtung kleiner Momente (z. B. eine kristallinisch und somit brüchig gewordene Schraube), manchmal aber auch eine umfangreiche Berechnung und namentlich grosser Blick des Naturforschers zum Rechten führen.

Sehen wir noch auf die beiden grossen Motoren unserer Zeit: Magnetismus und Elektrizität, so finden wir, dass es wohl das Geringste ist, wenn man durch ersteren z. B. irgendwo Eisen nachweisen kann, wo chemische Untersuchung aus irgend einem Grunde unzulässig ist; die eigentliche Leistung der Elektrizität, wie weit, wie hoch sie gehen wird, kennen wir überhaupt nicht, was der Elektrotechniker einst für das Strafrecht leisten wird, wissen wir erst recht nicht, und von den Röntgenstrahlen wissen wir, dass sie uns überaus viel helfen werden.[1]

Im ganzen halte sich der Untersuchungsrichter aber gegenwärtig, dass seine Tätigkeit in mancher Beziehung mit der des forschenden Physikers verwandt ist, namentlich dann, wenn der UR. seine Folgerungen nur oder hauptsächlich aus W i r k u n g e n ziehen kann, die er an gewissen Dingen wahrnimmt. Er hat also Effekte vor sich und soll die Kräfte bestimmen, die sie bewirkt haben, ebenso wie der Physiker, der Erscheinungen in der Natur erklärt. Wenn also der UR. in gewissen Fällen den Physiker fragt, vielleicht nur im allgemeinen fragt, so wird es diesem häufig ein heimisches Gebiet sein, auf das er geführt wurde, er wird nicht bloss Fragen beantworten, die ihm der UR. stellt, er wird auch wieder selbst wichtige Fragen aufwerfen, die dem UR. entgangen sind. —

----

[1] Vergl. V. Abschn. Abs. 9 lit. a. (Literaturangabe).

Ich wiederhole aber: Nirgends liegt die Gefahr näher, dass man es versäumt, den Sachverständigen zu rufen, und dass man selber pfuscht, als gerade hier: u n g e f ä h r wird ja auch der Laie, namentlich der gut beobachtende, etwas entdecken und richtig schliessen, aber das w i r k l i c h richtige und a l l e s richtige wird doch nur der Sachverständige sehen und beurteilen.

6. Verwendung der Mineralogen, Zoologen und Botaniker.

Mineralogen[1]) und Zoologen werden vom UR. selten in Anspruch genommen; bezüglich des ersteren liesse sich nur denken, dass er bei Bewertung von Mineralien, bei Feststellung ihrer besonderen Eigenschaften oder ihres Herkommens, und als Gehilfe des Mikroskopikers verwendet wird; dies wird zumal dann der Fall sein, wenn die mineralische Beschaffenheit und dadurch die Provenienz von Staub, Schmutz, Flecken u. s. w. festgestellt werden soll. Allerdings können dies sehr wichtige Momente sein. Ebenso kann der Mineraloge in gewissen, gerade sehr schwierigen Fällen von Vergiftung durch mineralische Stoffe zu Hilfe kommen.

Die Verwendung des Zoologen wird ausgedehnter sein; er kann die Eigenschaften gewisser Tiere und die Möglichkeit des von ihnen Geleisteten oder Hervorgebrachten bestimmen, Auskünfte über tierische Gifte geben, tierische Haare auf Natur und Herkommen bestimmen, bei der Beurteilung von Blutkörperchen behilflich sein und in vielen biologischen, anatomischen[2]) und physiologischen Fragen den Arzt unterstützen und dessen Kenntnisse ergänzen.

Eine sehr grosse und wichtige Verwendung finden die Zoologen heute dann, wenn es sich um die Feststellung handelt, wie lange Zeit seit dem Tode eines im Freien liegenden Menschen verflossen sein kann, da sich um jeden solchen Kadaver zu verschiedenen Zeiten verschiedene Tiere, hauptsächlich Insekten, zu kümmern pflegen. Trat der Tod nicht gerade in der kalten Jahreszeit ein, so erscheinen sofort gewisse Fliegen, etwas später gewisse Käfer etc., bis wieder oft erst nach vielen Monaten gewisse Tiere die letzte Arbeit der Zerstörung jener Teile, die nicht Knochen sind, vorzunehmen pflegen. Unter Umständen können daher Zoologen diesfalls ebenso wichtige als verlässliche Auskünfte erteilen[3]) (s. p. 160).

Dass gewisse Eigenschaften von Tieren wichtig werden können (z. B. das Aushalten von Insekten etc. unter Wasser) wurde oben p. 160 besprochen.

---

[1]) Einen interessanten Fall wichtiger Verwendung von Mineralogen bei einer grossen Postunterschlagung s. H. Gross' Archiv Bd. VI p. 328.

[2]) D e x l e r „Zur Diagnostik aufgefundener Kadaverteile", H. Gross' Archiv Bd. XXIII p. 249. (Eine aufgefundene Löwenpranke, offenbar von einem, in einer Menagerie verendeten Tiere, wurde zuerst für eine Menschenhand gehalten.)

[3]) Gute Abbildungen der entwickelten Tiere, Larven und Puppen der Gräberfauna mit lateinischen Namen bringt das (sonst rumänisch geschriebene) „Manual technic de medizina Legala" von Dr. Nic. Minovici, Bukarest 1904, p. 589 ff.

Noch grössere Verwendung wird der Botaniker finden. Er kann getrocknete Pflanzen, die als Gift oder Mittel zur Leibesfrucht-Abtreibung verwendet wurden, bestimmen, ebenso ihre allerkleinsten Teile oder pulverisierte Substanzen aus Pflanzen, Samen oder Früchten, Pflanzensäfte und Darstellungen aus ihnen erkennen. Solche Bestimmungen können wichtig werden, wenn derartige Vegetabilien bei Haus- oder Personsdurchsuchungen gefunden wurden, oder wenn sie sich im Magen oder Darme Vergifteter oder in dem von ihnen Erbrochenen oder sonstwie von sich Gegebenen vorfinden. Ich wiederhole, dass der Botaniker oft aus der winzigsten Blattspitze, einem kaum sichtbaren Rindenteilchen oder einem Faserchen die Pflanze erkennen kann. Ebenso wichtig kann die Bestimmung einer Holzart aus einem kleinen, gefundenen Stückchen werden, wenn es sich um den Nachweis der Zugehörigkeit eines Holzsplitters zu einer Waffe, einem Werkzeug, einem Geräte, einem Balken, einem lebenden Baume, um das Erkennen von Fasern oder Spänchen von Holz, die in einem Werkzeuge hängen blieben (z. B. in einer Säge) u. s. w. handelt, oder wenn aus der Natur eines Holzstückchens nachgewiesen werden soll, wo sich eine gewisse Person oder Sache befunden hat, woher sie kam und mit was sie in Berührung war. Ebenso kann der Botaniker unter Umständen nachweisen, wie alt eine Verletzung am lebenden Holze ist, wie sie ursprünglich (vor dem Verheilen) ausgesehen hat, wie und womit sie zugefügt wurde; weiters, welche Kraft gewirkt haben muss, um gewisse Beschädigungen oder Veränderungen am toten Holze hervorzurufen, wann ein Blatt oder eine Frucht (z. B. durch einen Schuss) eine bestimmte Verletzung erlitten haben muss, woher gewisse Pflanzenteile rühren u. s. w., wie ein Werkzeug ausgesehen haben muss, welches einen bestimmten Schnitt oder Hieb auf ein Holzstück geführt hat (z. B. Auffindung von Spuren der Scharte eines vorgewiesenen Messers oder Fehlen der Zähne einer Säge u. s. w.).

Von Wichtigkeit kann das Einspringen des Botanikers werden, wenn Schlüsse aus oder auf eine bestimmte Textilfaser gemacht werden sollen: Feststellung der Natur der Faser (Flachs, Hanf, Jute, Baumwolle u. s. w.), Nachweisung der Identität von Fäden und Fadenteilchen (Zwirn, Bindfaden, Stoffe u. s. w.), Wirkung gewisser Flüssigkeiten (Farbstoffe, Säuren, Alkalien u. s. w.) auf Pflanzenfasern (Änderung von Form, Länge, Farbe und Aussehen), Bestimmung des Alters und des früheren Aufenthaltes von Textilfasern (wie alt ist der Strick, war der Bindfaden längere Zeit im Wasser, befand sich die Leinwand in grosser Hitze, war der Baumwollstoff vergraben? u. s. w.).

Eine Reihe von Fragen können sich auf chemische und physikalische Eigenschaften von Pflanzenderivaten beziehen, in welchen Fällen der Botaniker oft mit dem Mikroskopiker, Chemiker und Physiker zusammenarbeiten muss, z. B. Absorption von Gasen und Gerüchen durch Pflanzenfasern, Explosionsfähigkeit von Hanf-, Leinen- und Jutestaub, dann von präparierten Pflanzenstoffen (Schiessbaumwolle u. s. w.). Selbstentzündung ölgetränkter Pflanzenfasern (Werg, Baumwolle, Flachsfäden, feuchtem Heu, frischverkohltem Papier und

anderer Kohle u. s. w.), Fortglimmen angezündeter Fasern (Behandlung mit Salpeter u. s. w.), Dauer und Verlässlichkeit des Fortglimmens
derartiger lunteartiger Stoffe (Brandlegung, Explosion); Nachweis
von Pflanzensäften auf Metallen (z. B. beim Abschneiden frischer
Pflanzen auf dem betreffenden Messer), oder auf Kleiderstoffen (z. B.
Grasflecken auf Kleidern: Alter der Flecken, ihre Provenienz von
bestimmten Kräutern u. s. w.). Es kann behauptet werden, dass der
Botaniker in der Lage ist, seine Hilfe gerade bei den schwierigsten,
wichtigsten und interessantesten Fragen zu bieten.

7. Verwendung von Sachverständigen bei der Untersuchung von Schiesswaffen.

Vergl. Abschn. XI und XVI, 6.

Wie oben erwähnt, kann bei der Untersuchung von Feuerwaffen
mehr als in jedem ähnlichen Falle eine Reihe von verschiedenen Sachverständigen herangezogen werden. Es ist üblich, diesfalls in der Regel
nur Büchsenmacher zu verwenden, was aber in den meisten Fällen nicht
das Richtige ist. Wirkliche Büchsenmacher, wie es sie einstmalen gab,
bestehen heute ebenso selten wie z. B. Uhrmacher aus früherer Zeit;
beide verkaufen meistens bloss die fertig bezogene oder höchstens
von ihnen zusammengesetzte Ware und verstehen sich im günstigsten
Falle auf Reparaturen. Gemacht wird die Feuerwaffe und die Uhr
regelmässig in der Fabrik und es ist von dem Händler nicht zu verlangen, dass er mit dem inneren Mechanismus der Sache besonders
vertraut wäre. Ist ein Büchsenmacher aber doch in seinem Fache
unterrichtet, so wird sich seine Kenntnis häufig darauf beschränken,
dass er das Herkommen der Waffe, ihren Preis, die Benennung der
einzelnen Bestandteile und ähnliche mechanische Dinge, die allerdings
in den meisten Fällen von Wert sein werden, anzugeben vermag. Über
die Brauchbarkeit einer Waffe, ihre Leistungsfähigkeit, über den Zusammenhang mit dem verwendeten Munitionsmaterial und über zahlreiche ausschlaggebende ähnliche Fragen wird der Büchsenmacher
nicht viel zu sagen vermögen, hier wird der erfahrene Jäger, der Arzt,
der Waffenoffizier, der Physiker, Chemiker, der Mikroskopiker herangezogen werden müssen, ja in vielen Fällen, in welchen Fragen zur
Entscheidung kommen, wie sich ein Geschoss zu verschiedenem Materiale
verhalten kann, werden noch andere Sachverständige, welche eben
Kenntnis des in Frage kommenden Materiales haben, befragt werden
müssen. So werden alle genannten Sachverständigen unter Umständen
das nicht sagen können, was ein einfacher Handwerker mit Sicherheit
beantwortet. Der Steinmetz wird sagen, welchen Widerstand seine
Steine leisten, der Schlosser wird sagen können, wie die vorliegende
Einwirkung auf Eisen entstanden sein möchte und ein Botaniker wird
erklären, wann und zu welcher Jahreszeit eine im Holze eines lebenden
Baumes steckende Kugel ihn getroffen hat. —

Was die Technik der Durchführung einer solchen Untersuchung durch Sachverständige anlangt, so empfiehlt es sich, in diesen sowie in ähnlichen Fällen die einzelnen Sachverständigen verschiedener Gattung nicht zusammen ihre Versuche machen und ihr Gutachten abgeben zu lassen. Der leitende UR. verliert leicht den Überblick, wenn der eine Sachverständige hierhin, der andere dorthin zieht, man entscheidet sich schwer über die Reihenfolge und eine Vereinigung der verschiedenen Gutachten ist häufig nicht möglich. Man muss sich natürlich zuerst darüber klar werden, wie man die einzelnen Sachverständigen vernehmen will, und wird dies so einrichten, dass man jene Sachverständigen zuletzt vornimmt, die bei ihren Versuchen irgend etwas von dem vorhandenen Material unbedingt zerstören müssen. Sind die einzelnen Versuche gemacht und die einzelnen Gutachten abgegeben, so wird der UR. nach Massgabe des Falles und des Ergebnisses der Gutachten vielleicht noch eine Zusammenkunft aller oder einiger Sachverständigen veranlassen, wodurch dann eine Einigung oder Aufklärung über zweifelhafte oder verschieden beantwortete Fragen erfolgen kann. Sind die einzelnen Sachverständigen schon einmal in ihrer Richtung informiert und sich über das von ihnen zu Sagende klar geworden, so erfolgt eine Verständigung viel leichter, als wenn man sie von allem Anfange an miteinander arbeiten lässt. Diese Art des Vorgehens hat auch den Vorteil, dass die als Beweismaterial wichtigen corpora delicti weniger der Gefahr des Verlustes oder einer Beschädigung ausgesetzt werden, wenn sie zu gleicher Zeit stets nur einem oder zwei Sachverständigen übergeben sind, als wenn sie innerhalb einer Viertelstunde zwischen zahlreichen Händen hin und her wandern.

Abgesehen von der Untersuchung über Herkommen der Waffe, ihre Leistungsfähigkeit, die Art ihrer Verwendung, ihr Verhältnis zu irgend einer bestimmten Munition u. s. w., welche Fragen solche der eigentlichen Waffentechnik sind, abgesehen von den Fragen, die der Gerichtsarzt zu beantworten hat, kommen noch Untersuchungen vor, die von ausschlaggebender Wichtigkeit sein können und die dem Chemiker zufallen. Handelt es sich z. B. darum, ob eine bestimmte Kugel einem bei dem Verdächtigten vorgefundenen Kugelvorrate entnommen ist, so wird es nicht genügen, wenn festgstellt wird, dass sie mit den anderen gleiche Grösse, gleiche Form, gleiches Kaliber und gleiches Gewicht hat, es muss auch nachgewiesen werden, dass die chemische Zusammensetzung eine gleiche ist.[1] Blei wird zu Geschossen selten rein verwendet, sondern es hat Beimengungen von Zinn, Zink, Antimon, Wismut, Arsen, ja es kann sogar Silberspuren enthalten, und wenn man durch die quantitative Analyse des Chemikers nachweist, dass die Legierung in beiden Fällen die gleiche ist, so ist ein nicht zu unterschätzender Identitätsnachweis erbracht. Eine solche Untersuchung kann auch in anderen Fällen von grossem Werte sein. Besitzt man z. B. die Kugel und das Gewehr des Verdächtigten, und ist dieses Ge-

---

[1] Vergl. den lehrreichen Fall von Schütze in H. Gross' Archiv Bd. IX p. 135.

wehr frisch und stark verbleit, so wird es die Sache des Chemikers sein, diese Bleirestchen aus dem Gewehre herauszubringen und ebenso quantitativ zu untersuchen, wie er es mit der Kugel tun muss. Stimmt dann die Analyse der Kugel mit der der Bleireste aus dem Gewehre, so ist namentlich dann die Annahme, dass diese Kugel aus diesem Gewehre geschossen wurde, begründet, wenn die Zusammensetzung des Bleies keine gewöhnlich vorkommende ist, sondern z. B. einen auffallend grossen Prozentsatz eines bestimmten anderen Elementes nachweist. Aber auch, wenn man wenigstens vorläufig nicht die Möglichkeit einer vergleichenden Untersuchung hat, also wenn man n u r die Kugel hätte, wird es sich empfehlen, diese schon jetzt einer chemischen Untersuchung unterziehen zu lassen, da das Ergebnis unter Umständen vielleicht der Nachweis irgend einer auffälligen Beimischung sein kann, welche in Ermangelung anderweitiger Anhaltspunkte einen Hinweis auf die Person des Täters u. s. w. geben kann. So wurde mir ein Fall bekannt, in welchem eine Kugel dieselbe Legierung aufwies, wie die Zinnknöpfe an der Weste des Verdächtigten (von der eine Anzahl Knöpfe fehlte). Ist die Kugel nicht eigenes Erzeugnis dessen, der sie verwendet hat, sondern eine fabrikmässig erzeugte, gepresste Kugel, so kann bisweilen dadurch, dass man ihre chemische Zusammensetzung kennt, festgestellt werden, aus welcher Fabrik diese herstammt, da die Fabriken eine keineswegs überall gleichbleibende Legierung für ihre Erzeugnisse zu haben pflegen. Endlich kann unter Umständen sogar noch Pulverschmauch an der Kugel haften, der bei chemischer Untersuchung eine Andeutung auf das verwendete Explosivmittel geben mag. Solcher Pulverschmauch hält sich am Geschosse auch im menschlichen Körper; er war z. B. noch vollkommen deutlich sichtbar auf einer Franzosenkugel, welche mein Grossvater 46 Jahre (von 1799—1845) hinterm Auge trug und die erst nach seinem Tode entfernt wurde.

Von Wichtigkeit kann eine chemische Untersuchung auch dann sein, wenn es sich um die Frage handelt, ob und vor wie langer Zeit aus einem Gewehr geschossen wurde. Wie die Untersuchung durchzuführen ist, kümmert den UR. natürlich nicht, sie ist aber insoferne eigentümlicher Natur, als sie unter Umständen den Nachweis liefern kann, ob vor g a n z kurzer Zeit aus einem Gewehre geschossen wurde. Der UR. auf dem Lande würde daher mit der Untersuchung längst zu spät kommen, wenn er das Gewehr zur fraglichen Untersuchung in die Hauptstadt senden wollte. Ich glaube recht zu tun, wenn ich im nachstehenden das Verfahren, das S o n n e n s c h e i n - C l a s s e n[1)] diesfalls angeben, anführe. Es ist so einfach, dass es im Notfalle auch auf dem Lande von jedem Arzte oder von Apothekern durchgeführt werden und oft entscheidende Ergebnisse zutage bringen kann. Allerdings ist das Verfahren nur dann anwendbar, wenn als Explosivstoff gewöhnliches Schiesspulver verwendet wurde, das freilich noch durch einige Zeit das im Privatgebrauche hauptsächlich verwendete bleiben wird. S o n n e n s c h e i n - C l a s s e n verlangen, dass das betreffende

---

[1)] „Handbuch der gerichtl. Chemie", Berlin 1869.

Gewehr sobald als möglich vor Einwirkung der Luft geschützt wird. Zu diesem Ende wird der Lauf gut verstopft, das Schloss mit Wolle umwickelt und das Gewehr so rasch als möglich der Untersuchung unterzogen. Diese beginnt damit, dass der entladene Lauf mit destilliertem Wasser ausgespült, die erhaltene Lösung filtriert und das Filtrat auf Schwefelsäure (Chlorbaryum), Schwefelalkalien (Bleilösung), Eisensalze (Kaliumeisencyanür) untersucht wird. Wenn nun gefunden wird, dass der Lauf eine blauschwarze Farbe hat, sich weder Rost noch grünliche Kristalle von Eisenoxydulsulfat darin befinden und die Lösung eine schwach gelbliche Färbung hat, nach Schwefelwasserstoff riecht und mit Bleilösung einen schwarzen Niederschlag gibt, so sind nicht mehr als zwei Stunden nach dem Abschiessen verflossen. Wenn die Färbung eine weniger dunkle ist, aber weder Rost noch Kristalle gefunden werden, sich aber schon Spuren von Schwefelsäure durch die Reagentien nachweisen lassen, so sind mehr als zwei, aber weniger als vierundzwanzig Stunden nach dem Abschusse verflossen. Wenn sich im Rohr zahlreiche Flecken von Eisenoxyd zeigen, wenn die Reagentien deutlich im Waschwasser Eisen gelöst nachweisen, so ist der Schuss wenigstens über vierundzwanzig Stunden, und höchstens vor fünf Tagen abgegeben worden. Die Kristalle von Eisenoxydulsulfat werden umso grösser, je längere Zeit nach dem Schusse vergangen ist. Wenn die Menge des gebildeten Eisenoxyds bedeutend ist, aber keine Eisensalze sich in der Lösung befinden, so sind seit dem Schusse wenigstens zehn, aber höchstens fünfzig Tage vorüber. — Wenn eine Waffe sofort nach geschehenem Schusse wieder geladen wird, ohne dass der Lauf vorher gereinigt worden ist, so zeigt der zylindrische Teil des Pfropfens eine grauschwarze Farbe in den ersten vier Tagen, in den folgenden Tagen und nach zwölf bis vierzehn Tagen ist die Färbung graugelb und das Waschwasser enthält deutliche Spuren von Schwefelsäure. Wenn die Waffe vor dem Wiederladen gereinigt wurde, so ist der Propfen leicht rot oder ockergelb nach ein bis zwei Tagen, in den folgenden Tagen wird die Färbung dunkelrot und nach zwölf bis vierzehn Tagen wird sie dauernd grau. Das Pulver ist von dem anhaftenden Eisenoxyd etwas rot gefärbt, eine Reaktion auf Schwefelsäure ist nicht wahrzunehmen. Ist die Ladung unmittelbar nach dem abgegebenen Schuss geschehen, so ist der Pfropfen grünlich, jedoch nimmt derselbe sehr bald die vorhin beschriebene Färbung an. Auch wenn der Lauf mit Kalkwasser ausgewaschen worden ist, zeigt sich an diesem eine rote Färbung. — Pfropfen aus Papier, welches in seiner Masse Alaun oder Gips enthält, gibt beim Ausziehen mit Wasser keine Reaktion auf Schwefelsäure.

Eine Untersuchung der aufgefundenen Kugel mit der Lupe wird sich unter allen Umständen empfehlen; man erfährt etwas über Zahl, Form und Tiefe der Züge, über Art und Struktur des auf der Oberfläche des Geschosses abgepressten Pflasters, über die Art, wie und womit die Kugel bei einem Vorderlader eingeschlagen wurde, vielleicht auch über den Gegenstand, an den sie angeschlagen hat und zahlreiche andere Umstände, die oft von Wichtigkeit sein können.

8. Verwendung der Sachverständigen im Schriftfache.

Vergl. Abschn. XVIII B.

Über die Beurteilung von Handschriften und deren Wert herrschen verschiedene Meinungen. Die einen machen eine Wissenschaft daraus und vermögen den Wert der aus der Schriften-Beurteilung zu ziehenden Ergebnisse nicht hoch genug zu veranschlagen, die anderen halten die Kenntnisse, die man hierüber besitzen will, für Einbildung, zum mindesten für Übertreibung. Kein UR. ist gezwungen, sich diesfalls gerade dieser oder jener Meinung anzuschliessen — aber Stellung nehmen muss er in der Sache und sich eine Meinung darüber bilden, ob er den Lehren der Graphologie glaubt oder nicht; bevor aber ein UR. diese endgültig ablehnt, möchte ich ihm eine Überlegung zu machen raten.

Sobald wir in irgend einer Frage menschlichen Wissens gewisse Feststellungen, wenn auch in noch so eng umgrenztem Masse als gültig annehmen, so gibt es keine von vorneherein zu ziehende Grenze, über welche die genannten Feststellungen nicht hinaus kommen können; mit andern Worten: Was als Erkenntnis existiert, das ist entwicklungsfähig — wie weit, wissen wir nicht.

Es wird nun niemanden geben, der es nicht gelten lässt, dass jeder Gebildete, der sich auch niemals mit Graphologie befasst hat, wenigstens einige, sehr allgemeine Urteile über Handschriften abgegeben hat; zum mindesten gibt jeder zu, dass die Schrift des ungebildeten Bauern anders aussieht als die der eleganten Dame, dass das Kind anders schreibt als der Greis, dass man die Schrift eines Ladendieners nicht für die eines Gelehrten halten wird. S o b a l d a b e r j e m a n d d i e s z u g i b t , h a t e r z u g e g e b e n , d a s s e s e i n e G r a p h o l o g i e g i b t , ja er hat schon ihre allererſten Grundlehren als richtig anerkannt. Geht einer weiter — und das tun noch enragierte Gegner der Graphologie — und spricht er von einer ausgeschriebenen, pedantischen, interessanten, leichtsinnigen, nervösen oder energischen Schrift — erkennt er die Schrift der aristokratischen Dame, des Soldaten, des Kaufmannes, des Gelehrten — dann ist er schon recht weit in graphologischen Grundsätzen und er würde inkonsequent handeln, wenn er behauptet, dass die von ihm gemachten Feststellungen nicht einer weiteren, einer wissenschaftlichen Ausbildung fähig wären: werden Daten in grosser Menge gesammelt, werden vorsichtige und exakte Experimente gemacht, wird, allenfalls möglichst spät, daran gegangen zu individualisieren, zu generalisieren und Regeln zu abstrahieren, so m u s s daraus Erkenntnis werden und diese kann weit gelangen, wenn die genannten Vorbedingungen weit ausgebildet waren. Dass es also auch die Graphologie, wenn sie vorsichtig und exakt weiter schreitet, zu wirklicher Erkenntnis bringen wird, kann nicht gut bezweifelt werden.

Dass es eine Grenze gibt zwischen Gebieten, wo es weiter gehen kann und wo nicht, ist leicht zu sehen. Wollte man z. B. behaupten,

dass dann z. B. die Chiromantik, die Lehre vom Zusammenhange der
Linien in der Handfläche mit dem Schicksale des Betreffenden, es auch
zu einer Wissenschaft bringen müsste, so sagen wir: kein ernsthafter
Mensch kann behaupten, dass auch nur weniges der Chiromantik zweifellos ist, und wo es absolut nichts wahres gibt, kann auch von einer
Weiterbildung nicht die Rede sein.   Aber bei der Graphologie gibt
es anerkannte Tatsachen, es kann also auch an Entwicklung gedacht
werden. —

     Man hat sich mit der Sache schon frühzeitig befasst; schon im
siebzehnten Jahrhundert erschien ein Buch von Camillo B a l d o und
eine „Ideographia Prosperi Aldorissi", die sich mit der Beurteilung
von Handschriften befassten; Anfang dieses Jahrhunderts erschien in
Paris ein anonymes Buch „L'art de juger du caractère des hommes
par leur écriture".   G o e t h e und L a v a t e r interessierten sich dafür, H e n t z e , der durch lange Zeit Beurteilungen von Handschriften
in der „Leipziger Illustrierten Zeitung" veröffentlichte, schrieb auch
ein Buch darüber,[1]) in vielen anderen Zeitschriften befasste man
sich ebenfalls mit der Beurteilung eingesendeter Handschriften, in
Frankreich machte besonders M i c h o n [2]) durch seinen Scharfblick
von sich reden und E r l e n m e y e r [3]) wendete sich der Physiologie
und Pathologie der Schrift zu.   Ausser diesen und den Schriften von
Z i m m e r l i , M e n d i u s , M a c h m e r u. a. sind eine Anzahl derartiger Arbeiten für den UR. von Wichtigkeit, so: C r é p i e u x -
J a m i n , [4]) Carl S i t t l , [5]) C. L o m b r o s o , [6]) L. M e y e r , [7])
W e i n g a r t , [8]) F. S c h o l z , [9]) W. P r e y e r , [10]) B u s s e , [11])
S c h w i e d l a n d , [12]) S o l t m a n n , [13]) E. de V a r s , [14]) A. V a r i -
n a r d , [15]) L a n g e n b r u c h , [16]) M a r e r , [17]) B o u r i n s k i [18])
etc.; auch eine Monatschrift für Handschriftenkunde besteht.[19])

     [1]) „Die Chirogrammatomantie", Leipzig 1862.
     [2]) „Système de graphologie" 1884 und „Les mystères de l'écriture" 1872
von A. D e b a r o l l e s und Jean H i p p o l y t e (Michon).
     [3]) „Über die von Veränderungen im Gehirn abhängenden Schreibanomalien"
und „Die Schrift", Stuttgart 1879.
     [4]) „Traité pratique de graphologie" (auch deutsch v. H. K r a u s) — dann:
„L'écriture et le caractère" 1895.
     [5]) „Die Wunder der Handschrift" 1881.
     [6]) „La grafologia" 1895.
     [7]) „Handbuch der Graphologie" 1895.
     [8]) „Über Entdeckung von Urkundenfälschungen", Gerichtssaal 1891 und
„Handbuch f. d. Untersuchen von Brandstiftungen" 1895.
     [9]) „Die Handschrift und ihre charakteristischen Merkmale".
     [10]) „Zur Psychologie des Schreibens", Leipzig, Voss 1895.
     [11]) „Die Graphologie etc.", München, K. Schüler 1895.
     [12]) „Die Graphologie", Berlin 1883 (Schorer).
     [13]) „Schrift und Spiegelschrift etc." 1890.
     [14]) „Histoire de la Graphologie", Paris 1880.
     [15]) J. H. M i c h o n „Sa vie und ses oeuvres", Paris 1883.
     [16]) „Graphologische Studien", Berlin 1895.
     [17]) „Die Graphologie etc.", Stooss'sche Ztschft. XI. Jahrgg. 3. u. 4. Heft.
     [18]) Photographie judiciaire, Petersburg 1900.
     [19]) Eine, wie es scheint, vollständige Zusammenstellung des diesfalls Er-
schienenen (344 Nummern) gibt: „Versuch einer Bibliographie der Graphologie"
von H. B u s s e , 2. Aufl., München 1902. Institut für wissenschaftl. Graphologie.
Vergl. dazu einige Abhandlungen aus letzter Zeit z. B. H. S c h n e i c k e r t „Die Be-

Die Hauptsache für den UR. ist aber eigene Beobachtung, eigenes
Studium, das mit Eifer und genügend lange Zeit fortgesetzt, ihm die
Überzeugung erwecken wird, jene seien doch eher im Rechte, die meinen,
dass die Beurteilung von Schriften heute zum mindesten wissenschaftlichen Charakter angenommen habe. Die Beurteilung von Handschriften
kann für den UR. in zweifacher Art von Wert sein: er lernt durch sie
seine Leute kennen, und er vermag die Vorfrage zu entscheiden, ob
genug Anhaltspunkte für die Annahme der Identität zweier Handschriften vorhanden sind, um das Gutachten der Sachverständigen
einzuholen. Die Gelegenheit, sich hier die nötigen Kenntnisse zu verschaffen, bietet sich vielleicht niemandem besser, als dem UR., der
nicht nur viele Handschriften zu Gesicht bekommt, sondern auch fast
immer die Leute kennen lernt, von denen sie herrühren. So hat er
Gelegenheit, stets aus dem persönlichen Verkehre mit den Leuten eine
Prüfung darüber vorzunehmen, was er aus der Schrift erschlossen hat.

Jeder Strafakt bietet reichliche Gelegenheit dazu; die Konzepte
und Unterschriften der Kollegen und Schreiber, die Unterschriften
der Zeugen und Beschuldigten, häufig auch Briefe und andere Schriftstücke, die zum Akte genommen wurden, geben Material genug, um
täglich Studien zu machen. Es bedarf also nur des Interesses für die
Sache, und dies kann man bei dem eifrigen UR. voraussetzen. Die
Anweisung, wie man vorzugehen hat, um Schriften beurteilen zu können,
ist einfach: Man beobachtet die Schrift, man sucht aus ihr herauszulesen, was herauszulesen ist, man vergleicht das Erschlossene mit
dem, was man anderwärts über den Menschen zu erfahren vermag,
und man sucht sich schliesslich darüber klar zu werden, warum man
in diesem Punkte richtig, in jenem unrichtig geurteilt hat. Gesagt
ist dies allerdings leicht, die Durchführung erfordert jedoch viel Zeit
und Mühe, wird aber durch das Interessante der Arbeit und deren Erfolg reichlich belohnt. Bezüglich des ersten Teiles der Arbeit muss
man systematisch zu Werke gehen. Zuerst trachte man, die älteren
Buchstabenformen kennen zu lernen, die in der Regel von älteren Leuten
gebraucht werden, halte sich aber gegenwärtig, dass das Benützen
alter Buchstabenformen nicht unbedingt auf einen alten Menschen
und das Benützen moderner Formen auf einen jungen Menschen schliessen
lässt. Leute, die einen alten Schreiblehrer hatten und einen wenig
selbständigen Charakter besitzen, behalten die ersten Formen, die sie
erlernt haben, häufig lange, oft für immer bei. Auch gibt es Leute,
welche sich aus Sympathie für archaistische Formen, oder für irgend
einen älteren Menschen, alte Buchstabenformen angewöhnt haben.
Ebenso gibt es aber alte Leute, die sich überhaupt einen jungen, oder
doch jungtuenden Zug behalten haben, die gerne das Moderne mit-

deutung der Handschrift im Zivil- und Strafrecht", Lpzg. 1906; H. Kantorowicz
„Schriftenvergleichung und Urkundenfälschung", Rom. Loescher & Comp 1906;
„Der Fall Kracht" v. Dr. H. Klasing (als Beitrag zur Frage der Schriftenver-
gleichung), H. Gross' Archiv Bd. XXI p. 249; G. Meyer „Die Bedeutung und
Mängel der gerichtl. Schriftexpertise" ibidem Bd. XXII p. 336; H. Gross „Über
den Wert der Schriftenvergleichung", D. J.-Ztg. No. 16/17 in 1905; Alfred Binet
„Les rélévations de l'écriture", Paris 1906

machen, und sofort einen „veralteten Buchstaben" ablegen wie ein
unmodern gewordenes Kleidungsstück und die neue Form des Buch-
stabens annehmen. Als Regel gilt aber, dass man, namentlich in späteren Jahren, die gewohnten Schriftformen nicht leicht mehr wechselt.
Nach dieser vollkommen äusserlichen Sicherstellung kann man daran
gehen, zu erheben, ob man es mit einer geübten oder ungeübten Schrift
zu tun hat. Diese Arbeit bietet keine Schwierigkeiten, und wenn man
es auch nicht in Worten ausdrücken kann, worin es liegt, dass eine
Schrift „ausgeschrieben" ist, so kann doch jedermann eine unbeholfene,
schwerfällige, ungefüge Schrift von einer flinken, geübten und flotten
Schrift unterscheiden. Hiermit ist aber schon viel getan, da man nach
dieser Feststellung grosse Gruppen von Menschen ausscheiden und
behaupten kann, dass diesen die Schrift nicht zugehöre.

Mehr Schwierigkeit bietet die Frage nach dem Geschlechte des
Schreibers, obwohl auch hier jeder, der sich um Handschriften noch
nie gekümmert hat, in vielen Fällen die Unterscheidung richtig machen
wird. Bei einiger Beobachtung und Übung wird man es aber bald so
weit bringen, dass man diesfalls selten mehr einen Fehler macht. Dass
man es aber so weit bringt, ist nicht bloss deshalb wichtig, weil man
diese Unterscheidung jedesmal machen muss, sondern auch deshalb,
weil man bei einiger Sicherheit auch in männlichen Schriften gewisse
weibische Charakterzüge, und in weiblichen Schriften männliche Charakterzüge entdecken wird, was immer zur Kennzeichnung eines Menschen viel beiträgt.[1]

Die nächste Arbeit, noch immer, wenigstens zum Teile, das
Äussere der Schrift betreffend, ist die: eine Sonderung der Männer-
schriften nach ihrem Berufe vorzunehmen. Für gewisse Berufsklassen
geht das leicht. Die rasche, flüchtige, gleichmässige, gut leserliche,
eigentümlich abkürzende (z. B. gef. — gefälligst, w. — wert, d. — dort
u. s. w.) Schrift des Kaufmannes ist bald erkannt. An der Handschrift
des Gelehrten ist es eigentümlich, dass sie, wenn auch oft schwer leserlich,
häufig eine gewisse Ähnlichkeit mit dem Gedruckten hat, weil der
Gelehrte durch das viele Lesen unwillkürlich einen Anschluss an den
Druck im Schreiben sucht. Der Soldat schreibt nicht unähnlich dem
Kaufmanne, aber klarer, fester, ich möchte sagen, zweifelloser. Der
Beamte hat eine Schrift, die man nicht anders als mit „abgenutzt"
bezeichnen kann. Der Volksschullehrer, der immer wieder den Kindern
korrekt vorschreiben muss, kommt nicht in die Lage, sich den Luxus
einer selbständigen Schrift anzugewöhnen, er schreibt auch im gewöhnlichen Leben „Vorlagen", ebenso wie der vielbeschäftigte Arzt auch
den Inhalt seiner Briefe in der berüchtigten Rezeptschrift verbirgt.
Auch die Landsmannschaft ist häufig in der Schrift ausgeprägt; so wie
ein Franzose oder ein Anglo-Amerikaner, schreibt doch kein anderer
Mensch, und wenn man ihre Schriften aufmerksam studiert, so kommt

---

[1] Über die Handschrift der Homosexuellen (Graphologen bezeichnen sie
als „geschlechtslos") s. die Proben von männlichen und weiblichen Handschriften
solcher Leute in M. Hirschfeld „Der urnische Mensch", Lpzg. 1903 (p. 84, 85).
Die männlichen Proben sehen in der Tat weiblich, die weiblichen männlich aus.

man fast zur Überzeugung, dass eigentlich ein Mensch mit dem National-
charakter des echten Franzosen oder echten Yankee überhaupt nicht
anders schreiben könnte, als er es wirklich tut.

Dass es Ausnahmen gibt, ist sicher, man möchte aber fast dem
Dr. Friedr. S c h o l z recht geben, der sagt: „Wenn ein Gelehrter wie
ein Kopist, und ein Kaufmann wie ein Künstler schreibt, so haben
sie ihren Beruf verfehlt." Allerdings machen sich auch da Nebeneinflüsse geltend: Nachahmung der Schrift einer geliebten Persönlichkeit (z. B. des Vaters), Nachahmung irgend einer Form, die jemanden
bei einer sonst fremden Schrift, bequem, hübsch oder originell erschienen
ist; weiters machen Vererbung und auch gewisse körperliche Eigenschaften viel aus, da z. B. Kurzsichtige fast immer klein schreiben.
Aber alle diese Nebeneinflüsse haben entweder nur auf rein äusserliche
Momente Einfluss (Grösse der Schrift, Stellung der Zeilen u. s. w.)
oder sie deuten auf gewisse Charaktereigenschaften (Nachahmungs-
sucht, Unselbständigkeit).

Das Herauslesen dieser und anderer Charaktereigenschaften ist
bei der Schriftenbeurteilung das Schwierigste, aber auch das Wichtigste; „wir schreiben nicht blos mit der Hand, sondern auch mit dem
Hirn", sagt S c h o l z, und das ist richtig. Am leichtesten wird man darüber klar, wenn man nicht die Schriften verschiedener Menschen mit verschiedenen Eignschaften, sondern Schriften desselben Menschen in
verschiedenen Stimmungen zusammenhält. Mit vollem Rechte werden
als Beleg hierfür stets Facsimiles von Napoleons Unterschrift gegeben,
da wenige Menschen so lebhaft auf alle Eindrücke reagierten, und
wenige Menschen so viel erlebt haben als er: 1804 — 3. Dezember 1805 —
1806 — 21. September 1812 — 6. Oktober 1812 — 13. Oktober 1813 —
Entsagungsurkunde 4. April 1814, — auf St. Helena. Welcher Wechsel
der Geschicke, welcher Wechsel der Stimmungen, welcher Wechsel der
Schrift! Ein Studium dieser acht Unterschriften ist belehrender als
das einer Reihe von Büchern. Es scheint unmöglich, dass man die
Datierung der Unterschriften verwechseln und eine Unterschrift aus
dem Zenithe des Buonaparteglückes für eine Unterschrift halten könnte,
die Napoleon auf Helena gegeben hat (Michon).

Von den Eigentümlichkeiten einer Schrift, die durch Krankheit
erzeugt wurden, können wir absehen; dies zu beurteilen ist Sache des
Arztes. Der UR. ist nur verpflichtet, in Fällen, wo bei der Schrift von
Zeugen oder Beschuldigten auffallende Momente[1]) zutage treten, den
Arzt zu befragen. Solche Momente sind z. B. das falsche Setzen von
Buchstaben oder Worten, die Unfähigkeit, das Vorgesagte oder Gezeigte richtig niederzuschreiben, auffallende, abweichende Formen,
ineinanderfliessende Buchstaben oder Worte, kurz alles, was ungewöhnlich erscheint und keine natürliche Erklärung zulässt. Mit Recht
wird darauf hingewiesen, dass sich viele Geisteskrankheiten (namentlich

---

[1]) Höchst instruktiv der Atlas „Die Schrift bei Geisteskranken" von R.
K ö s t e r (Vorwort von Sommer), Lpzg., Barth 1903. Ein Studium dieser Arbeit
ist für den UR. dringend zu empfehlen.

Paralyse) schon viel früher in der Handschrift des Erkrankten zeigen, bevor noch sonst eine Spur des Leidens in anderer Weise erkannt werden kann. — Für den UR. kann die merkwürdige Beobachtung[1]) von Wichtigkeit sein, dass Stammler, namentlich aber gewisse Idioten ähnlich schreiben, wie sie reden. Erstere machen häufig unvermittelt, mitten im Schreiben unverständliche Kratzfüsse und letztere schreiben z. B. „der Fosch ist gün" (der Frosch ist grün). Da nun anonyme Anzeigen, Drohbriefe, Schmähschriften und ähnliches oft von Idioten ausgehen, so kann das Vorkommen eines solchen Lapsus in einer Schrift darauf hinweisen, dass sie von einem Idioten herrührt.

Von Wichtigkeit für den UR. und nicht schwer zu bestimmen ist der Einfluss gewisser äusserer Momente[2]) auf eine Schrift; sie sind leicht zu erkennen, wenn man eine oder mehrere Schriftproben eines Menschen zum Vergleiche zur Hand hat, wo die fraglichen Einflüsse nicht eingewirkt haben. Man kann aber auch eine solche Bestimmung vornehmen, wenn man kein Vergleichsobjekt besitzt. So ist z. B. ein Diktat als solches an Fehlern zu erkennen, die nicht anders als durch falsches Hören entstanden sein können, weiter dadurch, dass oft Handschrift und Orthographie auf einen minderen Bildungsgrad schliessen lassen, als der Inhalt des Schriftstückes, hauptsächlich aber dadurch, dass man wahrnimmt, der Schreiber habe nicht gedacht. Worin dies liegt, kann in Worten nicht ausgedrückt werden, man findet es aber nicht schwer, wenn man zuerst etwas studiert, von dem man weiss, dass es dem Schreibenden selbst grosse Mühe gekostet hat: man entdeckt einen eigentümlichen Rapport zwischen Schrift und Gedankenarbeit, der dem Diktate i m m e r fehlt.

Ähnlich verhält es sich mit einer Abschrift; sie ist in der Regel sorgfältiger gemacht als ein Konzept, Verbesserungen sind selten, das Ganze hat einen gewissermassen ängstlichen Zug. Sie kennzeichnet sich auch durch das bei Fälschungen, die auch eine Art Abschrift darstellen, so wichtige Moment des Eintauchens der Feder. Fassen wir zuerst ein Diktat oder ein „glattes" Konzept ins Auge, bei welch beiden ohne wesentliche Denkpausen schlankweg fortgeschrieben wurde. Schreibt man mit derselben Feder, Tinte u. s. w., so wird man auch bei jedesmaligem Eintauchen ungefähr gleichviel Tinte aufnehmen und mit dieser Quantität Tinte jedesmal gleichviel schreiben; geht die Tinte in der Feder zu Ende, so werden die letzten Buchstaben blässer und heben sich recht deutlich von den nächsten Buchstaben ab, da diese bei frischer Füllung der Feder am schwärzesten ausfallen.[3]) Diese blasseren Stellen lassen sich mit einer guten Lupe leicht finden und es ist durch deren Feststellung herauszufinden, wann der Schreiber

---

[1]) Dr. Berkhan im Archiv f. Psychiatrie XVI. und XVII. Bd.

[2]) Vergl. z. B. die von Dr. Urbantschitsch entdeckte Wirkung von Tönen auf die Schrift (H. Gross' Archiv Bd. I p. 118).

[3]) Nur sehr nervöse und aufgeregte Menschen warten es nicht ab, bis wenig Tinte in der Feder ist, sie tauchen schon lange eher ein und verraten daher ihre Nervosität oder Aufregung in der Schrift dadurch, dass die blasser werdenden Buchstaben ganz oder fast vollkommen fehlen.

eingetaucht hat. Diese Stellen werden markiert und die Buchstaben zwischen den einzelnen Eintauchstellen gezählt. Ist ihre Anzahl zwischen je zwei solchen Stellen annähernd gleich, so ist „glattes" Konzept oder Diktat anzunehmen; der Schreiber hat eben gerade dann eingetaucht, wenn die Tinte in der Feder ausgeschrieben war. Findet man aber bedeutende Unterschiede in den einzelnen Buchstabenmengen, so muss weiter überlegt werden. Liegt die Sache so, dass durch einige Zeit die Buchstabenanzahl gleichbleibt, dann einmal plötzlich stark wächst und dann wieder gleichbleibt, so ist auf eine Unterbrechung im Schreiben, etwa durch Nachdenken entstanden, zu folgern. Der Schreibende hat nämlich mit dem Schreiben innegehalten, als die Feder noch viel Tinte hatte, er hat nachgedacht und hat beim Beginne des Schreibens wieder gewohnheitsmässig eingetaucht. Es ist somit diesmal das Blasswerden der Buchstaben ausgefallen und die Entfernung vom vorigen Blasswerden bis zum nächsten eine grosse geworden. Freilich kann auch der Diktierende Pausen machen, aber beim Diktate liegen noch andere Kennzeichen vor, so dass eine Verwechslung nicht stattfinden kann.

Beim Abschreiben ist die Sache mit dem Eintauchen anders. Der Abschreiber taucht nicht blos dann ein, wenn die Tinte zu schwinden beginnt, sondern auch häufig dann, wenn er wieder einen Absatz des Abzuschreibenden gelesen und sich eingeprägt hat. Man beobachte einen Abschreibenden und wird wahrnehmen, dass er sich oft nach dem Aufnehmen eines Absatzes auch mit neuer Tinte versieht, obwohl es nicht nötig wäre. Die Folge davon ist, dass die blasswerdenden Stellen in einer Abschrift entweder ganz fehlen oder in sehr unregelmässigen Zwischenräumen folgen. Wurde aber so genau abgeschrieben, dass z. B. die Schrift nachgeahmt, also gefälscht werden sollte, so fehlen die blassen Stellen, so viel ich wenigstens beobachtet habe, immer vollständig. Der kopierende Fälscher macht doch Strich für Strich oder wenigstens nur kleine Strichgruppen auf einmal nach und blickt dann immer wieder auf sein Vorbild; hierbei kommen Pausen von selbst und diese benützt er unwillkürlich wieder zum Eintauchen, so dass der Moment des Blasswerdens der Buchstaben nicht eintritt.

Ein äusseres Moment, dessen Einwirkung ebenfalls nicht schwer zu erkennen ist, ist das der Eile oder aber der besonderen Sorgsamkeit. Die Eile charakterisiert sich in der Schrift durch g r ö s s e r e,[1] ungleichförmige, mehr abgerundete Buchstaben ohne scharfe Ecken; die Schrift gerät leicht aus der gewohnten Lage, steile Schrift wird liegender, liegende mehr steil, die Zeilenentfernung ist ungleich, der Endstrich der einzelnen Worte, namentlich der am Ende eines Absatzes stehenden, wird lang hinausgezogen, auf die Einteilung des Papieres, Raum oben

---

[1] Diese Behauptung ist nunmehr durch die Experimente mit Edisons elektrischer Feder durch A. Binet und J. Courtier als stets geltend erwiesen (Rev. philosoph. 1893 No. 6); Assessor Dr. Lindenau in Berlin erklärt dies, vielleicht mit Recht, durch das Bestreben des Schreibenden, die durch Raschheit des Schreibens bedingte Undeutlichkeit der Schrift durch grössere Buchstaben zu ersetzen.

und unten, rechts und links, wird nicht viel Rücksicht genommen.
Das Gegenteil des Gesagten bildet die Schrift, auf die besondere Sorgfalt verwendet wurde. Häufig ist schon zu entdecken, dass zu Beginn
der Arbeit eine neue Feder angesteckt wurde, deren scharfe Formen
und feine Haarstriche nicht zu verkennen sind. Die Schrift wird kleiner,
die Ecken der Buchstaben schärfer, die Endpunkte sind
r u n d (nicht nach rechts ausgefahren), die Absätze genau eingeteilt,
auf die Form überhaupt gewisse Zeit verwendet.

Die Sorgsamkeit, die für ein Schriftstück gebraucht wurde, ist
dann am grössten, wenn der Schreibende seine eigene Schrift verbergen
wollte, wenn er gefälscht hat und daher gezwungen war, auf jede Einzelheit genau zu sehen. Die Sorgfalt wird geradezu aufdringlich bemerkbar,
wenn sie verborgen werden sollte, wenn anscheinend flüchtig geschrieben
wurde, während man doch mit der grössten Mühe zu Werke geht. W e n n
e i n e r e t w a s f ä l s c h e n k a n n , w a s w i r k l i c h f l ü c h -
t i g g e s c h r i e b e n a u s s i e h t , so hat er seine Sache ausgelernt,
er kann das Schwierigste in der ganzen Schriftenfälscherei. Versteht
er es nicht vollendet gut, so wird man seinem Werke beim ersten Anblick
einen gewissen inneren Widerspruch ankennen, ohne sofort zu wissen,
worin er gelegen ist. Erst bei längerem Betrachten wird man zu der
Ansicht kommen: „Die Schrift ist flüchtig und sie ist es doch wieder
nicht,“ und ist man einmal so weit gekommen, so hat man auch das
Richtige: Die Schrift s o l l flüchtig aussehen, wurde aber n i c h t
flüchtig geschrieben. —

Von Wichtigkeit und auch nicht schwer zu bemerken ist das
Moment der Ungewohnheit. Wir alle schreiben anders, wenn wir zu
Hause am gewohnten Schreibtische sitzen, die gewohnten Schreibmaterialien benutzen und wenn auch sonst nichts Ungewohntes auf uns
einwirkt, anders aber, wenn uns irgendwo eine feingespitzte Merkantil-
feder gereicht wird und wir haben auf ungewohntem Papier, etwa
stehend und vorne übergebeugt, unseren Namen beizusetzen oder sonst
etwas zu schreiben. Das Ungewohnte ist nicht nur leicht zu erkennen,
wenn man Vergleichsmateriale hat, es tritt auch ohne solches zutage,
indem man zwar den einzelnen Buchstabenformen ansieht, dass sie
jemand geschrieben hat, der viel mit der Feder arbeitet, indem man
aber wieder in dem ganzen Zuge etwas Unbeholfenes findet, was den
Buchstabenformen widerspricht. Wenn einer überhaupt nicht gewohnt
ist, zu schreiben, so wird man freilich nicht herausfinden, dass er auch
noch unter ungewohnten Verhältnissen schreiben musste.

Das Wichtigste für den UR., was er aus einer Handschrift herauslesen kann, ist natürlich der Charakter eines Menschen. Dies zu können
ist zum Teile Sache der Anlage, zum Teile der Übung und wie diese
zu erwerben ist, will in den nächsten Zeilen angedeutet werden, wobei
überhaupt von der Verwertung und der Beurteilung der Schriften die
Rede sein soll. Wer davon überzeugt ist, dass man aus Schriften wirklich etwas lernen kann, und wer die Sache mit Ernst anfassen will,
der muss dies allerdings systematisch tun, wer sich nur flüchtig mit
der Sache befasst, kann ja von dem Vorgange weglassen, was ihm beliebt.

Systematisch vorgegangen wird aber dann, wenn man sich vorerst eine Sammlung von Handschriften gut bekannter Leute anlegt, deren Charakter, Alter, Beschäftigung u. s. w. man kennt. Diese Handschriften werden nun der Reihe nach vorgenommen und ad hoc, d. h. mit der Absicht durchgelesen, irgend ein bestimmtes Moment herauszufinden. Man wird also zuerst z. B. aus der Handschrift eines alten Mannes alles heraussuchen, was man nur als Ergebnis des Alters auffasst: veraltete Ausdrucksweise, zitternde Schrift, ungeschickte Handhabung, alte Buchstabenformen u. s. w. Alles dies wird notiert und dann in den Schriften der anderen Versuchsobjekte gleichen Alters und dann den der übrigen gesucht. Findet man in den Schriften der letzteren ebenfalls Momente, die man früher als Eigentümlichkeiten hohen Alters angesehen hat, so sucht man festzustellen, warum diese auch in den Schriften jüngerer Leute vorkommen und lässt alle Merkmale wieder hinweg, die nicht bloss der Schrift alter Leute zukommen. Erhält man später irgendwie eine solche Schrift, so muss sie wieder auf jene Merkmale hin geprüft und neu Gefundenes dem angelegten Verzeichnisse beigefügt werden. Dieses Verzeichnis wird an Umfang stark wechseln, man findet oft neue Kennzeichen, man entdeckt aber auch immer wieder Eigentümlichkeiten, die auch bei Schriften jüngerer Leute vorkommen, also aus dem Verzeichnisse zu streichen sind. In der gleichen Weise müssen nun Verzeichnisse in allen erdenklichen Richtungen angelegt werden: in Bezug auf die verschiedenen Altersstufen, Geschlecht, Stellung, Beruf, Beschäftigung, Verstandeskräfte, Veranlagung, Neigungen, Eigenschaften, Charakter, körperliche Beschaffenheit, Stimmungen, Lage und wie alle die einzelnen Momente heissen, die den Menschen machen. Bei diesem Aufsuchen muss man stets einen doppelten Weg machen: auf dem einen geht man davon aus, dass man die Zeichen irgend eines Momentes, das tatsächlich im Charakter eines Menschen gelegen ist, in seiner Schrift sucht; nehmen wir an, wir kennten ihn als besonders flüchtig oder leichtsinnig, so werden wir uns bestreben, in der Schrift nach dem Ausdrucke dieser Flüchtigkeit, des Leichtsinnes zu suchen. Glauben wir diese Zeichen gefunden zu haben, so werden wir sie notieren und nun wieder die Prüfung auf die Richtigkeit der Annahme so machen, wie wir sie beim Feststellen der Zeichen hohen Alters gemacht haben. Auf dem zweiten Wege werden wir von der Schrift ausgehen, werden nun wieder zu erheben trachten, was wir aus ihr herauslesen können, und werden dann prüfen, inwieweit das Gefundene mit dem stimmt, was wir schon von dem Menschen wissen. Hat man einige Übung, so wird das Ergebnis mancher Prüfung zwar das sein, dass etwas von einem Menschen Bekannte mit dem aus der Schrift Gefundenen nicht stimmt, dass aber nicht jenes, sondern dieses das Richtige war. Die nie lügende Handschrift wird zeigen, dass die frühere Beurteilung die falsche war.

Wird nun das ganze Materiale an Handschriften durchgegangen, so nimmt man Gruppierungen vor: man legt sie zusammen, einmal nach dem Alter, einmal nach dem Geschlechte, einmal nach den einzelnen Eigenschaften, einmal nach dem Zwecke der Schrift (flüchtige

Notiz, ernste Arbeit u. s. w.); so oft man eine Gruppierung nach bestimmten Gesichtspunkten vorgenommen hat, überprüft man sie und sucht sich das Gemeinsame, was die Handschriften gerade in dieser Beziehung aufweisen, klar zu machen und einzuprägen. Die Vornahme dieser Gruppierungen und ihr Studium ist in hohem Grade interessant und anregend; wer es einmal angefangen, treibt es mit Leidenschaft, die nur gesteigert wird, wenn man nach und nach den grossen Nutzen entdeckt, den diese Arbeit bringt; dieser wird natürlich mit zunehmender Fertigkeit immer grösser und erhöht die Freude an der Sache.

Dazu kommt noch, dass der Kriminalist in seinen Akten ein Material hat, das sonst niemandem zugänglich und von grossem Werte ist: die Unterschriften der Vernommenen und deren Generalien und Aussagen. Wer sich mit dem Studium von Handschriften befasst, wird ein Protokoll nie anders zur Hand nehmen, als so, wie er gleichzeitig für sein Studium etwas gewinnen kann: er wird z u e r s t die Unterschrift ansehen, herauslesen was herauszulesen ist und dann auf Grund der Daten des Protokolles, vielleicht auch der übrigen Akten, die Richtigkeit seiner Annahmen überprüfen. Wer dies sozusagen im Griff hat, macht es in der kürzesten Zeit ab, die verlorenen Minuten ersetzen sich reichlich an dem, was auf anderer Seite gewonnen wird. Die Sache geht bald gewohnheitsmässig und man unterlässt seine Bestimmungen auch nicht, wenn man Eile hat: ein Blick auf den Schluss des Protokolles: „kleiner Handwerker, 40—50 Jahre alt, offen, brav, ehrlich, klein, philiströse, beschränkt" — nun ein Blick auf die Generalien: Stellung, Alter: stimmt; Inhalt des Protokolles: stimmt. Etwas mehr Zeit kostet es nur, wenn die Beurteilung n i c h t stimmt und wenn der Fehler erst gesucht werden muss; in kurzer Zeit fehlt man aber nur selten, das Studium raubt keine Zeit und gewährt Abwechslung, Überraschung, Interessantes und grossen Nutzen. Ich rate jedem dazu.

Endlich sei noch ein fast mechanisches Mittel genannt, um sich leicht über eine Schrift klar zu werden: man fährt auf ihr mit einer trockenen Feder, einem spitzen Hölzchen, oder, bei einiger Übung lediglich mit den Augen, den Schriftzügen genau nach und sucht dies annähernd so rasch zu machen, als ob man selbst schriebe. Es ist nicht Übertreibung oder Einbildung, wenn behauptet wird, dass man in der Tat bei diesem Vorgange in eine eigentümliche Stimmung gerät, die jener entspricht, von welcher seinerzeit das Schriftstück geleitet wurde. Man empfindet nervöse Aufregung, Ärger, Freude, Zorn, wenn der Schreiber aufgeregt, ärgerlich, freudig, zornig war. Aber nicht nur die augenblickliche Stimmung, in der sich der Schreiber befand, als er das Schriftstück verfertigte, auch die Anlagen und Charaktereigenschaften, die er sonst hat, werden bei jenem Nachfahren empfunden, wenn man sich in der Sache nur einigermassen übte und wenn man überhaupt die Fähigkeit des Nachempfindens besitzt.

Wichtig ist auch hier immer wieder die Nachprüfung einer Schrift, wenn man über einen Menschen besser orientiert wurde, als man es früher war. Hat man z. B. die Schrift eines Beschuldigten geprüft und sich bestimmte Ansichten über den Menschen gebildet, so muss die Arbeit wiederholt und beide Ergebnisse wieder geprüft werden, wenn sich später dessen Schuld oder Unschuld ergeben hat. —

Handelt es sich nun um die praktische Hauptarbeit bei forenser Graphologie, d. h. darum, die Identität zweier Handschriften zu prüfen, so ist der Vorgang nichts anderes, als die Anwendung des über die Schriftenbeurteilung schon Erlernten auf einen bestimmten Fall. Wer eine Schriftenvergleichung so vorzunehmen gedenkt, dass er die Objekte nebeneinander legt und die Ähnlichkeiten und Unähnlichkeiten an den einzelnen Typen, der Lage, Verteilung etc. heraussucht, der wird entweder gar nichts oder bloss in sehr leichten Fällen etwas herausbringen. Richtig vorgegangen wird nur dann, wenn jede einzelne Schrift allein für sich geprüft, untersucht und aus ihr der Schreiber bestimmt wird, worauf dann die Ergebnisse mit einander verglichen werden, nicht die Schriften selbst. Erst wenn diese Arbeit mit Sorgfalt beendet ist, dann kann man die Objekte selbst miteinander vergleichen und die gleichen und verschiedenen Züge heraussuchen. Hierbei muss man aber für „gleich" und „verschieden" bestimmte Begriffe konstruieren, die gleiche Form der Buchstaben ist nicht gemeint. Jeder von uns macht zu verschiedenen Zeiten denselben Buchstaben anders, oft in derselben Zeile und ebenso lässt sich wieder jeder, auch der besonders charakteristische Buchstabe nachmachen. Die Gleichheit der Buchstaben liegt dann vor, wenn sie das gleiche Hirn diktiert hat, wenn ihnen derselbe Gedanke, derselbe Zug, derselbe Charakter zugrunde liegt. Und ebenso können zwei Buchstaben ganz gleich aussehen: wenn sie nicht dasselbe Hirn diktiert hat, wenn sie nicht im gleichen Geiste geschrieben sind, so sehen sie stets anders aus. Dies ist das Alpha und das Omega aller Schriftenbeurteilung, wer dies herausfindet, der kann beurteilen. Freilich gibt es daneben auch noch kleine Kunstgriffe, welche die Beurteilung unterstützen können.

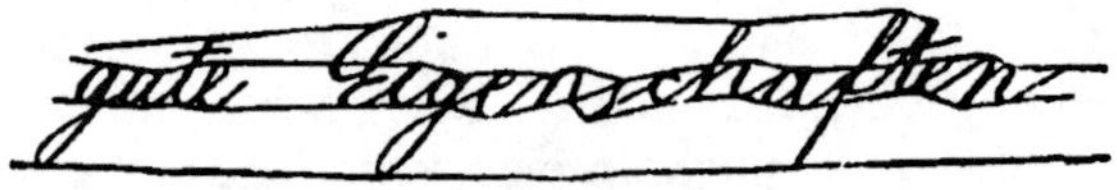

Fig. 11.

Die horizontalen Grenzlinien der Schrift.

So ist es förderlich, in jeder zu beurteilenden Schrift gewisse Linien zu ziehen, die charakteristische Eigentümlichkeiten zutage bringen.[1]) Nennen wir diese Linien die horizontalen Grenzlinien der

---

[1]) Hat man eine halbwegs wichtige Beurteilung vorzunehmen, so ist es selbstverständlich, dass man die Objekte vergrössert photographieren lässt, um mit den Bildern ungehindert verfahren zu können; ausserdem sieht man an der Photographie manches, was man am Objekte nicht wahrnimmt.

18*

Buchstaben und nehmen wir an, wir hätten es mit einer Lateinschrift zu tun, so ziehen wir jene vier Linien, die wir in den ersten Schreibheften der Kinder sehen. Wir ziehen sie aber nicht gerade, sondern als gebrochene Linien (Fig. 11), die genau vom obersten, beziehungsweise untersten Ende jedes Buchstabenteiles zum nächsten gehen und die im ganzen charakteristische Eigentümlichkeiten für jede Schrift zeigen, so dass sie für die Vergleichung wichtig sind. Wenn nun aber gefälscht, oder langsam und mit vielen Absätzen geschrieben wird, so verändert sich der Lauf der Linien auffallend, da nach jedem gemachten Absatze die Feder nicht mehr genau jenen Punkt findet, auf dem sie weiter geschrieben hätte, wenn nicht abgesetzt worden wäre. Die Linie wird also dann erheblich stärker gebrochen, ohne dass aber die charakteristischen Distanzen der Zeilen im ganzen verloren gehen.

Weiters sind die Unterbrechungen in den einzelnen Worten wichtig. In der Regel wird jedes Wort ohne Unterbrechung fortgeschrieben; Ausnahmen liegen vor:

1. Wenn das Wort so lang ist, dass man den auf dem Tische aufruhenden Unterarm und somit auch die Feder um ein Stück weiter rücken muss.

2. Wenn, ebenfalls bei längeren Worten, ziemlich im Anfange ein U-Strich oder I-Punkt zu machen ist. Kommt ein solches Zeichen mehr am Ende des Wortes, so wird das Wort meistens ausgeschrieben und d a n n das Zeichen gemacht; sonst unterbricht man mitten im Worte, macht das Zeichen und setzt das Wort fort. Schreibt man z. B. das Wort „Bedingung", so wird man wahrscheinlich zwischen dem ersten n und dem ersten g absetzen, den I-Punkt machen, das Wort fertigschreiben und zuletzt den U-Strich machen.

3. Wenn gewisse Buchstaben den Anschluss nicht gut gestatten, z. B. nach dem sogenannten kurzen s (dem Schlingel-s in der deutschen Schrift) oder nach gewissen grossen lateinischen Buchstaben, z. B. B, Z, D u. s. w., mitunter auch nach gewissen kleinen Buchstaben, z. B. g, d, l, endlich auch sogar im Buchstaben selbst, z. B. im kleinen lateinischen p, c, d, k.

4. Wenn es sich der Schreiber zur Gewohnheit gemacht hat, mitunter ohne Grund abzubrechen.

Jedenfalls ist es für eine bestimmte Handschrift sehr bezeichnend, ob und wann sie Unterbrechungen aufweist; diese müssen auf dem zweifellosen Originale studiert und auf dem zu bestimmenden Objekte gesucht werden. Bei diesem wird man die Wahrnehmung machen, dass dann, wenn Fälschung oder Verstellung vorliegt, die Absätze häufiger und unbegründet sind, insoferne nämlich unbegründet, als sich die Absätze durch keinen der obengenannten vier Gründe, sondern nur dadurch erklären lassen, dass abgesetzt wurde, um die Vorlage anzusehen, oder sich neu zu sammeln. Dies ist in der Tat ein untrügliches Zeichen, dass keine natürliche Schrift vorliegt.

Nicht gleichgültig ist auch die Art der Federhaltung (ob beide Federspitzen gleich, oder eine mehr oder minder stärker angesetzt wird); von der Art, seine Feder zu halten und anzusetzen, lässt einer nicht leicht ab. Endlich ist auch das wichtig, was oben vom Eintauchen und den hierbei gemachten Abständen gesagt wurde.

Gar nicht verlässlich ist dagegen die Orthographie, auf die meistens zuviel gegeben wird. Der Fälscher kann orthographisch schreiben können und in die Fälschung absichtlich Fehler machen, er kann für gewöhnlich unrichtig schreiben, zum Zwecke der Fälschung aber jedes zu schreibende Wort in einem Buche aufsuchen und so diesmal richtig schreiben; er kann sich auch ein Konzept von jemandem haben korrigieren lassen. Kommen aber im zweifellosen Originale und in der zu beurteilenden Schrift orthographische Fehler, aber nicht die gleichen vor, so beweist dies nichts; man darf nicht vergessen, dass nur der richtig Schreibende nach einer Regel schreibt, der falsch Schreibende geht ohne Regel (wenigstens zumeist) vor, er schreibt einmal s o falsch, einmal a n d e r s falsch, einmal wieder durch Zufall richtig. Wer, wie wir Kriminalisten, soviel Gelegenheit hat, Briefe von allerlei Leuten zu lesen, weiss, wie verschieden ungebildete Menschen oft schreiben; ich erinnere mich, dass ein verhafteter Bauernbursche einmal heim- schrieb: „Ich bin g e s u n d und hoffe, dass auch Ihr x u n d seid."

Ein häufiges Substrat für weitere, oft wichtige Erhebungen sind Schriften von Schulkindern, namentlich auf dem Lande, wo die Kinder jene Personen sind, die im ganzen Hause am meisten schreiben. Schul- schreibhefte oder Teile aus solchen haben daher in Kriminalprozessen oft grosse Bedeutung erhalten[1]) und die beste, oft einzige Hilfe hat hierbei der Schullehrer geleistet, der die Schrift eines Schülers mit Sicherheit erkannt hat. Dass man diese in solchen Fällen heranzieht, ist wohl selbstverständlich. —

Zum Schlusse dieser Erörterungen möchte ich erwähnen: Es gibt ausgezeichnete gerichtliche Sachverständige im Schriftfache, die in oft genialer Weise nach wirklich wissenschaftlichen Grundsätzen vorgehen; diesen überlasse man getrost die betreffenden Arbeiten, mache aber jedesmal zuvor selber seine Bestimmungen, um dann zur eigenen Belehrung seine Arbeit mit der der Sachverständigen zu ver- gleichen. Es gibt aber auch solche, die recht handwerksmässig und äusserlich vorgehen; hat man nur diese, dann mache man die Arbeit lieber selbst. —

--- --- ---

[1]) Einen interessanten Fall erzählt die „Arbeiterzeitung" v. 13. Januar 1901.

9. Verwendung des Photographen.

a) Bedeutung der Photographie in forenser Beziehung.

Die Photographie ist weder Kunst noch Wissenschaft, denn was sie Künstlerisches oder Wissenschaftliches an sich trägt, hat sie verschiedenen Künsten, vielen Wissenschaften entlehnt, aber was sie ausgeliehen hat, das hat diese lichtgeborene Kenntnis mit überreichen Wucherzinsen zurückgezahlt. Heute schon können wir sagen, es gibt keine Kunst, keine Wissenschaft, die sich der Photographie nicht bedient, die ihr nicht wertvollen, durch nichts zu ersetzenden Nutzen verdankt.[1]

In glänzender Weise zeigt sich die Leistungsfähigkeit der Photographie der Strafrechtspflege gegenüber; so kurze Zeit diese erst von ihr Gebrauch macht, so vielfältig ist heute schon ihre Anwendung. Eine Reihe von Verwertungen ahnen wir nur; wir wissen ungefähr, dass, oder wie wir die Photographie in gewissen Beziehungen noch ausnützen werden, ohne uns über den ganzen Vorgang vollkommen klar zu sein, und doch kennen wir heute nur einen verhältnismässig kleinen Teil jener Fälle, in welchen wir von der Photographie Nutzen zu ziehen vermögen. Dieser wächst namentlich dadurch, dass uns nicht bloss die direkte eigene Verwertung der Photographie zugute kommt, sondern dass wir fast jede neue Verwertung mitempfinden, welcher die Photographie in irgend einer Wissenschaft unterzogen wird. Wer photographische Zeitschriften liest und dabei ununterbrochen im Auge behält: wie könnte dieses und jenes für die Kriminalistik benützt werden, muss zur Überzeugung kommen, dass wir in kurzem

---

[1] Von den unzähligen Lehrbüchern über Photographie halte ich für das, uns wertvollste das von Pizighelli 12. Aufl. (insbes. der 3. Band wichtig); dann die Lehrbücher von Eder, Vogel, Miethe, Schmidt, David, Kaiserling etc. — Gerade unseren Gegenstand behandeln jetzt schon viele Schriften; ich nenne: Odebrecht im „Archiv f. preuss. Strafrecht" 1864 p. 660; Sander in „Vierteljahresschrift f. gerichtl. Medizin" N. F. II p. 179; Vernois „Ann. d'hyg. publ." 1870 p. 239; Wiener Juristenzeitung v. 15. April 1892; H. Gross in A. Molls „Photogr. Notizen", Wien 1894; dann Felix Hement „La photographie judiciaire" (Paul Nadar „Phot. revue mens. illust." vol. I No. 5); Fr. Paul „Über Bedeutung und Anwendung der Photographie", Littau 1895 und „Handbuch der Krimin. Photographie", Berlin, Guttentag 1900; Th. Bourinski „Photographie judiciaire", Petersburg, Troud 1900; Archives d'anthropologie criminelle XV p. 144, 1900; M. Dennstedt u. M. Schöpff „Einiges über die Anwendung der Photographie zur Entdeckung von Urkundenfälschungen", Jahrb. d. Hamburgischen wissenschaftlichen Anstalten XV, Hamburg 1898; Alphonse Bertillon „La phothogr. judiciaire", Paris 1890; H. J. Gosse „Notes medico légales", „Phot. après decès", Geneve 1896; R. A. Reiss „La phot. radiographie" Bd. IX Heft 1, 1902 (München, Seitz & Schauer); E. Anuschat „Phot. von Fussspuren" in H. Gross' Archiv Bd. XVI p. 73; Popp „Gerichtl. Phot." in Phot. Korrespondenz Bd. XXXVIII p. 84; Dennstedt u. Voigtländer „Nachweis von Schriftfälschungen etc.", Braunschweig 1906; F. Paul „Gerichtl. Phot." in v. Liszts Zeitschr. Bd. XIX p. 1; F. Strassmann „Photographie und gerichtl. Medizin", Ber. d. 2. Hauptvers. des D. med. Beamtenvereins (15./9. 1903); A. Schulz ibidem; W. Urban „Phot. a. d. Praxis für forense Zwecke", Jhrb. f. Phot. 1903; K. Dickel „Phot. v. Fussspuren" in „Zeitschr. f. Forst- u. Jagdwesen" (Springer, Berlin) Juni 1905 p. 358; Dr. Loock „Phot. u. Chemie bei Kriminalforschungen", Düsseldorf ohne Jahreszahl; Schneikert „Phot. von

vielleicht neue Prinzipien, wenigstens für gewisse Fragen, werden
aufstellen können. Hierbei kommt uns noch der Umstand zustatten,
dass es unter den Juristen eine nicht unbedeutende Zahl von Amateurphotographen gibt, die wissen, was wir im Dienste der Kriminaljustiz
brauchen und verwenden können, so dass es nicht zu befürchten ist,
es könnten vielleicht wertvolle Erfindungen und Erfahrungen für uns
ungenützt liegen bleiben. Allerdings müsste in dieser Beziehung systematisch vorgegangen und wenigstens alles gesammelt werden, was
brauchbar ist. Um hier eine Übersicht zu bekommen, müsste man
bezüglich der Leistungen der Photographie zweierlei fragen: was kann
die Photographie heute schon für uns Kriminalisten leisten? und:
in welchen Fällen k ö n n t e n wir sie noch weiter benützen?

Im ersten Punkte wäre es nötig, dass der Jurist und Amateur-
photograph oder jeder, der überhaupt weiss, was die Photographie
leisten kann, immer im Auge behält, ob in dem praktischen Falle,
den er gerade bearbeitet, die Photographie verwendet werden kann.
Im zweiten Punkte hätte jeder wieder die Frage aufzuwerfen, wie
sich die Photographie entwickeln müsste, um diese oder jene Schwierigkeit zu lösen. Diese Erfahrungen und Fragen müssten aber gesammelt,
von allen Seiten zusammengetragen und dann in Erwägung gezogen
werden.

Eine heute noch unabsehbare Wichtigkeit werden für uns die
Röntgenphotographien bekommen.[1] Im allgemeinen kann gesagt
werden, dass sie für gewisse Fälle dieselbe Sicherheit beim lebenden
Verletzten bringen können, welche uns beim Toten nur die Obduktion
verschaffen kann. Dass hiermit ausserordentlich viel gewonnen ist,
braucht nicht auseinandergesetzt zu werden. Völligen Überblick über
die vielen Fälle, in welchen Röntgenphotographien schon heute vom
forensen Standpunkte nützen können, bringen die Arbeiten von G o l d -
f e l d , [2] L e v i n s o h n , [3] N e s s e l , [4] G a s t p a r , [5] B e n e -

Leichen u. Handschriften" in H. Gross' Archiv Bd. XVIII p. 268; F. Paul
„Sichtbarmachen latenter Abdrücke" ibidem Bd. XVII p. 124; Th. Bourinski
„Die Farbenteilung" ibidem; R. A. Reiss „Quelque nouvelles methodes etc.",
Arch. d'anthrop. crim. No. 151, 153 p. 569; derselbe ibidem No. 156 p. 857;
Minovici „Nouveaux procedes etc." ibidem XIX p. 842; R. A. Reiss „Manuel
du portrait parlé", Lausanne u. Paris 1905; derselbe „La phot. jud.", Ch. Mendel,
Paris 1903; Vogel „Taschenbuch der prakt. Photogr.", bearb. v. Hannecke,
15. u. 16. Aufl., Berlin. Wer sich so weit für forense Photographie interessiert,
dass er selbst photographieren will, lasse sich Verlagskataloge über Lehrbücher
der Photographie kommen von R. Lechner, Graben, Wien; A. Moll, Tuch-
lauben, Wien; Otto Nemnich, Wiesbaden. Oder er schreibe mit der Bitte um
Rat an den überaus gefälligen, oben genannten F. Paul, Gerichtssekretär in
Olmütz; dieser rät auch in wichtigen forensen Fällen gerne und absolut
verlässlich; ebenso Prof. Dennstedt in Hamburg.

[1]) Wie rasch sich diese Frage entwickelt hat, beweist z. B. der Umstand,
dass ich noch in der 3. Aufl. dieses Buches geschrieben hatte: „Was die Franzosen (namentlich Dr. Grasset in Montpellier und Dr. Ferroul in Narbonne)
über das Sehen durch feste Körper (Semaine Médicale, Herbst 1897) berichten,
wird wohl zum mindesten übertrieben sein."

[2]) H. Gross' Archiv Bd. VI p. 161.
[3]) ibidem Bd. II p. 211.
[4]) ibidem Bd. XI p. 228.
[5]) Vierteljahrschrift f. gerichtl. Medizin 3. Folge XXIII Supplheft.

dikt,[1] Holzknecht,[2] Stölzing,[2] Tröger,[4] Dessauer und Wiesner,[5] Grashey[6] etc.

Fragen wir zuerst um die Persönlichkeit des Photographen, welcher
dem UR. helfen kann, so werden wir hier eine Scheidung, wenigstens
theoretisch, machen können. Es gibt genug Fälle,[7] in welchen es
sich darum handelt, dass nur überhaupt etwas photographiert wird,
auf das Besser oder Schlechter der Arbeit kommt es dabei nicht so
sehr an. Ja es können selbst recht arge Fehler der Photographie durch
einige Bemerkungen im Protokolle ziemlich unschädlich gemacht
werden. Solche Aufnahmen wären etwa: eine Brandstätte, die Lage
eines Getöteten, die Situation bei einem Eisenbahnunfalle, einem Einsturze, einer Explosion u. s. w. Macht die Photographie nicht den
richtigen Eindruck, so wird es im Protokolle heissen: „Die Entfernung
zwischen dem Gebäude A und dem Gebäude B erscheint dem Auge
nicht so gross, wie es auf dem Bilde aussieht; sie beträgt nach den
angeführten Massen nur die doppelte Breite des Hauses A"; oder:
„Die Lage des Leichnams war nicht so steil, als es auf der Photographie
scheint; der Rasenboden, auf dem die Leiche lag, hatte bloss eine Steigung
von etwa zwölf Winkelgraden." Allerdings sind solche Bilder nichts
Ideales, aber jedenfalls sind sie besser als nichts, vorausgesetzt, dass
sie nicht einen in der Sache störenden, durch schriftliche Zusätze nicht
korrigierbaren, also schädlichen Eindruck hervorrufen.

Solche Aufnahmen, bei denen es sich um nichts anderes handelt,
als um den Überblick über die Sachlage, um das Nebeneinander, den
Totaleindruck oder um einzelne Details, kann jeder machen, der überhaupt photographiert, also nicht bloss jeder Berufsphotograph, den
man zu dieser Arbeit gedungen hat, sondern auch jeder Amateurphotograph. Da nun aber das Mitnehmen eines Berufsphotographen
stets umständlich, zum mindesten aber kostspielig ist, so wäre es zu
wünschen, dass sich eine grössere Anzahl von UR. oder noch besser:
Protokollführer, Gendarmen, Polizisten etc. dazu entschlössen, Amateurphotographen zu werden, dann wäre es möglich, in zahlreichen gerichtlichen Fällen photographische Aufnahmen zu bekommen, welche die
Situation aufklären und die Arbeit erleichtern.

In dieser Beziehung sind viele Fachmänner seit Jahren tätig,
indem sie in Vorträgen und Schriften stets darauf hinweisen, welchen
Wert photographische Aufnahmen in forenser Beziehung haben, da

---

[1] Deutsche medizin. Wochenschrift No. 23 ex 1902.
[2] Ebenda No. 24 ex 1902.
[3] Zeitschr. f. Medizinalbeamte Heft 13 ex 1902.
[4] Friedreichs Blätter f. gerichtl. Med. 54 Jahrg. p. 241 (hier ist auch die
Literatur angegeben, die, obwohl 78 Nummern enthaltend, noch immer nicht
vollständig ist).
[5] Kompendium der Röntgenographie, Leipzig 1905.
[6] „Fehlerquellen u. diagn. Schwierigkeiten beim Röntgenverf.", München.
Med. Wochenschrift 1905 No. 17.
[7] Mitteilungen über Fälle, in welchen sich die Photographie der Justiz
nützlich gezeigt hat, oder über Erwägungen, wie die Photographie für bestimmte Fälle ausgenützt werden könnte, sind mir sehr erwünscht.

das Lichtbild vollkommen objektiv und nie voreingenommen[1]) ist, und da ferner durch dieses auch Momente festgehalten werden, die später wichtig werden können, an die aber zur Zeit der Aufnahme des Augenscheines noch niemand gedacht hat. Wegen dieses Umstandes rät man auch mit Recht, mehrere Aufnahmen von verschiedenen Seiten zu machen, da man häufig zur Zeit der Aufnahme des Augenscheines noch nicht sagen kann, welche Seite die wichtige und massgebende ist.

In der Tat haben auch schon viele Kriminalisten die Wichtigkeit der photographischen Aufnahmen eingesehen, so dass wir recht häufig das Protokoll über einen Lokalaugenschein mit einem Lichtbild belegt finden, das eine Amtsperson als Amateurphotograph aufgenommen hat. Die Sicherheit und Erleichterung der Arbeit, die durch eine solche Aufnahme erzielt wird, ist eine bedeutende.[2]) Allerdings kann der Staat nicht verlangen, dass sich jeder UR. einen photographischen Apparat und was drum und dran hängt ankauft, dass er alle nötigen Chemikalien beischafft und sich der immerhin mühsamen Arbeit des Hervorrufens, Kopierens, Waschens, und Aufspannens unterzieht; man wird aber mit der Zeit die Wichtigkeit der Photographie auf dem forensen Gebiete einsehen, ihr von Staatswegen entgegenkommen und nicht bloss für jedes Gericht, sondern auch für jeden grösseren Gendarmerieposten einen photographischen Apparat anschaffen müssen.[3]) Dann findet sich gewiss überall ein UR., beziehungsweise ein Gendarm, der die Handhabung des Apparates erlernt und die Erzeugung der nötigen Aufnahmen übernimmt. Werden solche Apparate in grosser Zahl angekauft, so kommen sie sehr billig, und der erzielte Nutzen wird die Kosten reichlich hereinbringen.[4])

Anders, als jene Fälle, in welchen der UR. selbst oder der von ihm berufene Photograph Aufnahmen machen soll und darf, sind jene, in welchen der wissenschaftlich vorgebildete Photograph, oder besser

---

[1]) Über die „Objektivität und Nichtvoreingenommenheit" der Photographie darf man allerdings nicht zu viel reden; wir werden immer mehr darüber klar, wie oft Photographien einfach einen völlig unrichtigen Eindruck machen; siehe darüber p. 294.

[2]) Erfreulicher Weise mehren sich die Fälle, in welchen UR. Aufnahmen beilegen, überraschend; ich gestehe, dass ich die Verbreitung dieser Übung nicht erwartet habe und dass auch der günstige Erfolg, den solche Aufnahmen mit sich bringen, über meine Annahme geht.

[3]) Über Photographie durch Gendarmen (und mehrere diesfällig lehrreiche praktische Fälle) s. den ausgezeichneten Vortrag des K. Gendarmeriemajors von Waldow in der Zeitschrift „Der Gendarm" (Kaiser-Wilhelm-Dank, Berlin W., Linkstrasse 11) Heft 10 p. 224.

[4]) Ich bin übrigens von dieser Ansicht etwas abgekommen; ohne es durch bestimmte Fälle beweisen zu können, glaube ich doch, dass es einerseits überhaupt nicht recht Sache des UR. ist, mit seinem photogr. Apparat die Schaulust der Menge rege zu machen und dass anderseits der UR. in der Sorge um seinen Apparat und seine Aufnahmen etwa von wichtigerem könnte abgehalten werden. Am besten dürfte es sein, wenn der UR. irgend einen geschickten und gebildeten Amateurphotographen oder einen diesfalls ausgebildeten Beamten des Gerichts oder Gendarmen mitnehmen kann. Diesem sagt er seine Wünsche an Ort und Stelle, überwacht seine Tätigkeit und kümmert sich im übrigen um seine eigene Arbeit. Diese ist meistens ohnehin gross genug.

gesagt, der Mann der Wissenschaft, der sich auch mit Photographie befasst, in Tätigkeit zu treten hat. Diese Fälle sind es, die der Photographie die ungeahnt wichtige Stellung verschaffen, die sie in forenser Beziehung einnimmt. Diese hat sie heute schon, wo sie doch noch in ihren Anfängen steht; fast jeder Tag zeigt uns neue Seiten ihrer Wichtigkeit und in kurzem werden wir kaum begreifen, wie wir einst arbeiten konnten, ohne jeden Augenblick die Hilfe des w i s s e n - s c h a f t l i c h e n Photographen anzurufen. Ich glaube, dass es nicht möglich ist, die hohe Bedeutung der Photographie, die sie in den nächsten Jahren erlangen wird, zu überschätzen. Vor allzu kühnen Hoffnungen wollen wir uns aber in acht nehmen, denn auch diese schiessen in die Halme; so brachten vor kurzem die Blätter z. B. die Frage: „Kann ein Gedanke auf die photographische Platte gebracht werden? Diese Frage sucht ein Aufsatz von Mr. Ingles R o g e r s im „Amateur Photographer" zu beantworten. Seine Versuche sind in der Tat merkwürdig. Nachdem er eine Minute stetig auf eine auf einer schwarzen Karte befestigte Briefmarke geschaut hatte, wurde das Zimmer in Dunkel gesetzt und eine sensitive photographische Platte an derselben Stelle befestigt, wo sich die Briefmarke befunden hatte. Nachdem Rogers wiederholt zwanzig Minuten auf die Platte geschaut, fanden sich zwei deutliche Bilder der Marke auf der Platte. Sie sind vom ‚Amateur Photographer' reproduziert;" — ob es aber wohl die gedachten Marken waren?

Wo die Grenze zwischen der Tätigkeit des gewöhnlichen und des wissenschaftlichen Photographen zu ziehen ist, kann nicht gesagt werden. Dies hängt einerseits von der Sache, anderseits vom Photographen ab. Derselbe Fall kann sich so einfach gestalten, dass jeder Photograph zur Arbeit genügt, und so schwierig sein, dass auch der Mann der Wissenschaft alle seine Kräfte zu sammeln hat. Ebenso hängt es im einzelnen Falle von der Vorbildung des Photographierenden ab, ob er sich an die Sache machen darf oder nicht; ein UR., der z. B. entsprechende Kenntnisse im Zeichnen, in der Physik u. s. w. hat, wird manches unternehmen dürfen, was ein anderer nicht berühren darf. dem jene Kenntnisse fehlen. —

Wenn im folgenden einige Fälle beispielsweise aufgeführt werden, in welchen die Photographie zu Hilfe gerufen werden kann, so wurde eine Unterscheidung zwischen der Tätigkeit des gewöhnlichen und des wissenschaftlichen Photographen nicht vorgenommen; diese Unterscheidung eintreten zu lassen, ist Sache des einzelnen Falles und muss vom UR. jeweilig vergenommen werden.[1])

----

[1]) Über gewisse Gefahren beim Beweisen durch Photographien s. H. Gross' Archiv Bd. VIII p. 110.

b) Einzelne Fälle der Verwendung der Photographie.

Dass man eine erschöpfende Aufzählung aller Verwendungsfälle geben könnte, ist nicht möglich, da man diese erst mühsam zusammensuchen muss, und hätte man alle gefunden, die bis heute bekannt sind, so ist die Liste morgen nicht mehr vollständig. Wie gesagt, soll die Aufzählung nur eine beispielsweise sein, um dazu anzuregen, neue Fälle zu suchen, in welchen die Photographie für uns Wert hat. Im allgemeinen wird man sagen können: sie ist immer dann zu verwenden, wenn es sich darum handelt, absolut objektives, revidierbares und bleibendes Beweismaterial zu schaffen (J e s e r i c h); die lichtempfindliche Platte ist „die neue Netzhaut des Forschers" (H. W. V o g e l), und so kann man also auch sagen, die Photographie ist auch dort anzuwenden, wo man annehmen kann, dass der photographische Apparat mehr sieht wie unser Auge, und dort, wo dieser zwar nur dasselbe sieht, wie unser Auge, es aber auch für spätere Zeit festhält. Die Photographie ist das festgehaltene Spiegelbild. Aber schon diese Bezeichnung als Spiegelbild beweist uns, dass das Photogramm, so paradox es klingt, selbst dann mehr zeigt, als das Auge, wenn es nichts anderes zeigt, als das Auge zu sehen vermag. Wenn der Maler, besonders der Porträtmaler, einige Zeit fortgearbeitet hat, so hält er bekanntlich das Bild vor den Spiegel und betrachtet das Spiegelbild: Dann findet er oft grobe Fehler, die er an dem Bilde selbst nicht wahrzunehmen vermochte. Dies rührt daher, dass man bei allem, was man lange angesehen, oder gar, was man von Anfang an im Entstehen beobachtet hat, nur jenen Standpunkt einnimmt, von dem aus ein vorhandener Fehler zufällig nicht bemerkt wurde; schaut man nun das Spiegelbild an, so hat man alles verkehrt vor Augen, also von einem anderen Standpunkte aus, und so sieht man etwas, was man früher nicht bemerkte. Bei der Photographie ist die Sache die gleiche; man hat einen Gegenstand mit aller Sorgfalt und Genauigkeit angesehen, hat eine Reihe von Beobachtungen gemacht, dann aber Auffallendes nicht mehr wahrgenommen, weil man sich an den Anblick der Sache schon gewöhnt hat. Lässt man nun die Sache photographieren, so genügt die neue Farbe, neue Grösse, neue Erscheinung, um wieder einen anderen Standpunkt zu bieten, so dass man oft Neues sieht, was man früher nicht entdecken konnte.

Hiermit ist schon eine Reihe von Fällen angedeutet, in welchen uns eine Photographie nützen kann, nämlich immer dann, wenn ein Gegenstand, seine besonderen Verhältnisse, eine Situation u. s. w. gar nicht oder nicht vollkommen erklärlich sind, also z. B. wenn es sich um einen Unfall handelt, bei dem strafbares Verschulden angenommen wird, bei welchem man sich aber den Hergang nicht recht erklären kann; die Photographie der Unfallstelle kann vielleicht sofort, vielleicht später die gewünschte Aufklärung geben. Dasselbe kann vorkommen, wenn bei einem Einbruchsdiebstahle der Vorgang zweifelhaft ist, welchen die Diebe beim Einbrechen eingehalten haben; weiters, wenn die Lage des Getöteten auffallend ist, wenn aus dieser Lage Schlüsse gezogen werden könnten und man doch zu wenig Material für solche hat; dann bei der Form von Wunden, bei Schriftstücken, bei Brandlegungen u. s. w. — Jeder von uns kennt die oft auftretende Empfindung: „Aus dieser Situation müsste ich etwas Wichtiges herauslesen können, wenn ich nur den richtigen Standpunkt, die richtige Anschauung fände." Diese Empfindung betrachte man stets als Aufforderung, photographieren zu lassen. Das Lichtbild gibt anderen Standpunkt, andere Anschauung und häufig die gewünschte Aufklärung. Findet sie aber der UR. nicht, der die Sachlage selbst gesehen hat, so findet vielleicht ein anderer die Lösung, dem man später noch die Photographie zeigen kann. Liegt eine solche nicht vor, so kann niemand mehr die Situation vor Augen bekommen und allenfalls erklären.

Eine weitere Reihe von Anlässen zum Photographieren tritt überall dort auf, wo der UR. die Aufgabe hat, einen Gegenstand, eine Situation so anzusehen und zu beschreiben, dass auch jene, die mit der Sache später befasst werden, eine möglichst genaue Vorstellung davon bekommen. Theoretisch genommen sollte ja der erkennende Richter, der Staatsanwalt, der Sachverständige, der Verteidiger, alles das sehen, was der UR. gesehen hat, und da dies in der Regel nicht möglich ist, muss die Beschreibung durch den UR. Ersatz bieten. Um wie viel aber diese Beschreibung überzeugender und objektiver wird, wenn ihr Photographien beiliegen, muss nicht erst gesagt werden. Man wird also auch in diesen Fällen photographieren: Stellen, wo eine Tötung erfolgte, wo eine grosse Rauferei stattfand, wo ein Kind weggelegt wurde, wo jemand verunglückt ist; dann Brandstätten, die Situation bei bedeutenderen Eisenbahnunfällen, Kesselexplosionen, Einstürzen von Brücken, Häusern und anderen Gebäuden, bei Einbruchsdiebstählen u. s. w.

Als bezeichnendes Beispiel dafür, dass die Photographie auch zufällig zu Hilfe kommen kann, wird folgendes aufgeführt. Bei den Aufläufen, welche anlässlich der Trauung des Prinzen Croy in Brüssel stattgefunden haben, waren mehrere Burschen festgenommen worden, die behaupteten, sich gar nicht beteiligt zu haben; sie seien nur zufällig und wider ihren Willen in den Rummel gekommen und mitgerissen worden. Nun hatte einer der Polizisten zufällig bemerkt, dass ein Amateur-Photograph vom Fenster aus eine Momentaufnahme des Auflaufes angefertigt hatte. Der eifrige Photograph wurde ausgeforscht, um einen Abzug ersucht und dieser bedeutend vergrössert. Richtig waren einige der arretierten „unbeteiligten Zuschauer" auf dem Bilde, sie waren deutlich zu erkennen und da sie unglücklicherweise mit weit offenem Munde, also schreiend, mit hochgehobenen Armen und geschwungenem Stocke abgebildet waren, so gaben sie ihre Behauptung, bloss „zufällig mitgerissen worden zu sein", sofort auf.

Einen ähnlichen Fall aus der Zeit der Ermordung des Präsidenten Mac Kinley meldete „Daily Express": „Während des letzten verhängnisvollen Besuchs, den der ermordete Präsident der Vereinigten Staaten der Buffalo-Ausstellung abstattete, befand sich natürlich auch die

Camera des Kinematographen in beständiger Tätigkeit. Eine vorzüglich gelungene Serie von lebenden Bildern zeigt den Präsidenten, wie er seine Ansprache hält und wie er verschiedenen Personen, die sich ihm nähern, die Hand drückt. Alle seine Bewegungen sind kurz vor dem Moment, da ihn die mörderische Kugel traf, auf die Films gebannt worden. Als diese lebenden Photographien zum erstenmal nach einigen Tagen in der Edison-Fabrik mehreren hohen Staats- und Kriminalbeamten vorgeführt wurden, machte man eine Entdeckung: unter der dicht gedrängten Menge, die um Mac Kinley wogte, erkennt man ein Gesicht und eine Gestalt mit frappierenden Deutlichkeit. Es ist Czolgosz. Die erste Serie von Bildern führt den Präsidenten vor Augen, wie er das Podium betritt und die Ansprache beginnt. Man sieht, wie ein Mann sich mit Mühe einen Weg durch die Menschenmassen bahnt. Verschiedene Leute, die er rücksichtslos beiseite drängt, wenden sich mit ärgerlichem Gesichtsausdruck nach ihm um. Unbeirrt aber sucht der Vorwärtsstrebende die ihm immer wieder den Weg versperrende lebende Mauer zu durchbrechen, und es scheint ihm zu gelingen. Da bleibt er für die Dauer einer Sekunde stehen und kehrt ahnungslos sein Gesicht voll der Camera zu. Finstere Entschlossenheit prägt sich in seinen Zügen aus. Nun bewegt er sich weiter, schiebend und stossend, bis er fast unmittelbar vor dem Präsidenten angelangt ist. Nochmals befindet sich sein Gesicht genau dem Objektiv des photographischen Apparates gegenüber. In diesem Augenblick sieht er verstört und aufgeregt aus. Da wird ihm sein Derbyhut ins Gesicht gestossen, hastig schiebt er ihn zurück, und wieder erkennt man Czolgosz. Er blickt sich dann wild um, und es macht den Eindruck, als suche er jemand in der Menge und erwarte ein Signal. Tausende von Personen sind mit auf die Bilder gekommen, doch stehen die meisten mit dem Rücken nach der Camera zu. Die Gesichtszüge aller, die sich ab und zu umgedreht haben, sind deutlich genug, um sie nach der Photographie zu erkennen. Von den Films sind Abzüge für den Geheimpolizeidienst genommen worden, da man hofft, mit Hilfe der Bilder etwaigen Genossen des Mörders auf die Spur zu kommen." —

Aber auch Freisprechungen haben „zufällige" Photographien bewirkt. Wie der „Amateur Photographer"[1]) erzählt, wurde in Rio de Janeiro ein englischer Kommis des Mordes seines brasilianischen Kollegen beschuldigt. Die beiden hatten wenige Tage zuvor einen heftigen Streit gehabt, diesen aber beigelegt und sich später auf eine kleine Jacht zum Segeln begeben. Abends kehrte nur einer lebend zurück; die Leiche des andern befand sich an Bord. Der Engländer behauptete, dass der Tod infolge eines Unglücks eingetreten sei, indem sein Begleiter von der Höhe des Mastbaumes auf das Verdeck gefallen sei. Ein Ruder fehlte und die ärztlichen Sachverständigen gaben ihr Gutachten dahin ab, dass der Tod infolge eines Schlages auf den Kopf mit einem schweren Stock oder einem Ruder eingetreten sei. In Berücksichtigung des vorangegangenen Streites schien das

---

[1]) 1901 No. 17.

Beweismaterial schwerbelastend zu sein. Ein Passagier auf einem Dampfer aber hatte ein Knipsbild des Hafens gemacht und bei dem Entwickeln zeigte sich ein dunkler Fleck auf dem weissen Segel einer kleinen Jacht in der Nähe. Bei der Vergrösserung erwies sich der Fleck als das Bild eines Menschenkörpers, im Fall vom Maste begriffen. Dieser Beweis bewirkte auch die Freisprechung des Angeklagten. —

Ausser Situationen wird man aber auch einzelne Gegenstände aufnehmen, die sich nicht aufbewahren lassen; also: W u n d e n , namentlich dann, wenn man das Werkzeug, womit sie zugefügt wurden, nicht kennt, oder wenn man sich nicht darüber klar ist, wie die Stellung des Angreifers und des Angegriffenen war, oder wenn man zweifelt, ob die Verletzung dem toten oder dem noch lebenden Körper zugefügt wurde. Weiters F u s s p u r e n , die nicht abgenommen werden können, oder wenn ihre Anordnung nebeneinander von Wichtigkeit ist. Ja man wird sagen, dass eigentlich jede Fusspur zuerst photographisch aufgenommen werden sollte, bevor man an ihre Abformung geht, damit man für jenen Fall gesichert ist, in welchem der Abdruck misslingt und die Spur verdorben wurde. Ebenso können die A b d r ü c k e v o n F i n g e r n auf dem Körper des Angegriffenen oder auf anderen Gegenständen wegen ihrer Grösse, Form, Gestalt und der Papillarlinien von Wichtigkeit sein. Eigentlich nie sollte es unterlassen werden, d i e L a g e d e s G e t ö t e t e n [1] und zwar von verschiedenen Seiten zu photographieren, wenn man anders annehmen darf, dass die Stellung noch so ist, wie sie vorgefunden wurde und nicht etwa durch die Erstdazugekommenen eine Veränderung erfahren hat. —

Eine Reihe von wichtigen Unterstützungen können wir, wie ich bestimmt glaube, von der Eigenschaft des photographischen Apparates erwarten, die es bewirkt, dass rot und braun dunkler und kräftiger erscheint, als dem Auge direkt, und dass die photographische Platte für rote und braune Farben selbst dann noch empfindlich ist, wenn sie das menschliche Auge nicht mehr wahrnehmen kann. Diese Eigentümlichkeit ist es auch, die den oft zitierten sog. „Fall des Dr. Fogel" von der „Frau mit den Pocken" möglich gemacht hat. Eine Frau, anscheinend ganz gesund, liess sich photographieren, und als der Photograph das Bild entwickelt hatte, zeigte sich das Gesicht und Hals über und über mit dunklen Flecken besäet, obwohl sich der Photograph bestimmt erinnerte, dass er solche auf dem Gesichte der Frau nicht gesehen hatte. Seine Verwunderung steigerte sich noch, als er vernahm, dass die Frau m e h r e r e T a g e n a c h dem Photographieren an den Blattern erkrankt ist. Die Sache lässt sich nur so erklären, dass man annimmt, die Blattern hätten sich zur Zeit der Bildaufnahme schon gezeigt gehabt, aber nur so schwach rot, dass sie die lichtempfindliche Platte, nicht aber das menschliche Auge wahrnehmen konnte.

Etwas ähnliches kennen Couleurstudenten sehr gut, indem sie wissen, dass ihre Photographien häufig im Gesichte, namentlich auf

---

[1] Minovici „Nouveaux procédés de Phot. des cadavres", Arch. d'anthrop. crim. tome XIX p. 842.

den Wangen deutliche Schmissnarben aufweisen, von denen man in natura nichts wahrnimmt. Es sind dies „Flache", die sie einmal bekommen haben, die aber jetzt, oft nach Jahren, nur eine so schwache Rötung hinterliessen, dass sie zwar nicht dem freien Auge, wohl aber dem Apparat des Photographen erkennbar blieben.

Diese Tatsachen müssen zu der Annahme führen, dass es überhaupt möglich sein könnte, l a t e n t e r o t e o d e r b r a u n e S p u -r e n d u r c h d i e P h o t o g r a p h i e s i c h t b a r z u m a c h e n. Jeder nennenswerte Angriff auf die menschliche Haut bewirkt Berstung oder wenigstens Reizung der feinsten Adern; beides erzeugt wieder Rötung. War der Angriff sehr schwach, so wird zwar die Rötung objektiv vorhanden, subjektiv für das freie Auge aber nicht wahrnehmbar sein. Dies kann also namentlich bei Schlägen, Kratzern, Würgversuchen, Stössen, Auffallen, Drücken, Schnüren, aber auch bei Reizungen durch Gifte, Hitze, Reibung u. s. w. geschehen, wenn alle diese Insulte sehr schwach gewesen sind. In vielen Fällen kommt es aber nicht auf den Nachweis an, dass ein Angriff von besonderer Heftigkeit erfolgt ist; es genügt, wenn wir wissen, d a s s ein solcher überhaupt stattgefunden hat. Es kann dies die gleiche Wichtigkeit haben bei dem Angegriffenen wie bei dem Angreifer, der Spuren von Notwehr aufweisen mag. Beim Angegriffenen wird die Frage namentlich dann wichtig sein, wenn die Verletzung erst zur Zeit zugefügt war, als er sich schon in Agonie befand, und als die Herzpresse schon schwach war. Sie konnte dann das Blut nicht mehr kräftig zum Austritte aus verletzten Gefässchen bringen, so dass selbst energische Angriffe nur mehr schwache Rötung bewirkt haben.[1]

Praktische Fälle lassen sich leicht denken: es sei z. B. jemand mit Polstern oder anderen weichen Gegenständen erstickt worden, ohne dass äussere Kennzeichen von einwirkender Gestalt sichtbar wären, so dass natürlicher Tod anzunehmen ist. Die Photographie wird vielleicht deutlich leichte Würgspuren oder Andeutungen darüber geben, dass der Betreffende festgehalten oder gedrückt wurde. Ebenso finden sich vielleicht bei dem, der sich scheinbar selbst erhängt hat, Kontusionen oder Blutaustritte unter der Haut, die zwar kein Auge, wohl aber die lichtempfindliche Platte wahrnimmt, und die auf einen vorausgegangenen Kampf schliessen lassen. Vergl. Abschnitt XIII, I, B, 2.

Von gleicher Wichtigkeit kann der Nachweis von Spuren geleisteter Gegenwehr am Körper des Verdächtigten werden, da leichte Schläge, Kratzer, Würgversuche vom Opfer gemacht worden, aber so schwach ausgefallen sein können, dass sie nur der photographische Apparat sieht. Ebenso kann die bewirkte Rötung zwar im Anfange deutlich gewesen, zur Zeit der Verhaftung aber so weit verschwunden sein, dass sie nur in derselben Weise nachgewiesen werden kann. Es muss daher geraten erscheinen, in allen solchen Fällen, also bei ver-

---

[1] Vergl. F r e n k e l „Le procédé chromolytique de Bourinski pour photographier l'invisible etc.", Arch. d'anthr. crim. XV, 144.

dächtigen Todesfällen, den Verstorbenen, dann aber, wenn Gegenwehr
als möglich gedacht wird, auch den Verdächtigen photographieren zu
lassen und auf Spuren von roten Körperstellen zu achten. Dass hierbei
stets Eile nottut, da solch' schwache Spuren sehr rasch verschwinden,
braucht nicht besonders betont zu werden.

Ein weiteres Objekt können Flächen bilden, auf denen sich Blutspuren befanden, die zu tilgen getrachtet wurden, z. B. Leintücher,
Fussböden, Wände u. s. w. Solch ausgedehnte Gegenstände können
nicht leicht im ganzen der chemisch-mikroskopischen Untersuchung
auf Blut unterzogen werden. Lässt man sie aber photographieren,
so kann es bei mangelhafter Art der Beseitigung der Blutspuren gut
möglich sein, dass der photographische Apparat die Stelle entdeckt,
wo sie sich befunden haben. Ist diese entdeckt, so kann auch ihre
chemisch-mikroskopische Untersuchung veranlasst werden. Auch kleine
Blutspritzer, die man z. B. auf bunten Tapeten, Kleidern etc. schwer
findet, ohne dass Beseitigungsversuche gemacht wurden, sind durch
Photographieren der betreffenden Flächen leicht zu finden. Ebenso
lassen sich ausgewaschene Blutspuren, die sonst in keiner Weise mehr
nachzuweisen sind, noch photographisch dartun. Auch ausgetrennte
rote Merken sind, wie oben p. 242 erwähnt, photographisch zu entdecken, wenn auch nur die winzigsten Reste des roten Fadens noch
zurückgeblieben sind. —

Unter Umständen wird es sich auch empfehlen, innere Organe,
z. B. Gehirn, die Schleimhaut der Luftröhre oder des Magens, zu photographieren, wenn es zweifelhaft ist, ob eine vorhandene Rötung überhaupt als auffallend zu bezeichnen wäre. Bei Vergiftungen wird man
so vielleicht den Zeitpunkt näher bestimmen können, wann die Beibringung des Giftes stattgefunden hat. Wenn z. B. grössere Arsen-
partikel längere Zeit an der Magenschleimhaut gehaftet haben, und
dann etwa durch Erbrechen beseitigt wurden, so wird sie an dieser Stelle
gerötet, und zwar umso mehr, je längere Zeit das Anhaften stattgefunden hat. Ist eine solche Rötung mit dem Auge nicht zu sehen, so
zeigt sie vielleicht die Photographie und es lässt sich dann entnehmen,
wie lange das Arsenkörnchen dort gehaftet hat.[1]

Bei diesem Anlasse sei überhaupt bemerkt, dass bei dem gewöhnlichen Photographieren die Farben nicht richtig, d. h. nicht so zum
Vorscheine kommen, um denselben Eindruck von hell und dunkel zu
machen, wie in der Natur;[2] rot und braun kommt, wie gesagt, dunkler,
blau und violett erscheint meistens heller, mitunter auch dunkler,
je nach der chemischen Beschaffenheit des Farbstoffes; fluoreszierende
Körper beeinflussen die Farbentöne in verschiedener Weise; grün

---

[1] Wenn sich jemand für das Photographieren latenter roter Spuren interessiert — und ich glaube, dass die Sache Interesse verdient — und Versuche
darüber macht, probeweise oder im Ernstfalle, so sei er dringend um die Mitteilung des Ergebnisses gebeten; diese, schon in den früheren Auflagen ent-
haltene Aufforderung war bisher ohne positives Ergebnis. —

[2] Auch die sogenannten orthochromatischen und panchromatischen Platten,
die Lichtfilter etc. helfen da nicht vollständig ab.

kommt meistens sehr dunkel, doch kennt man Körper, z. B. die grüne
Blüte der Stachelbeere, die sehr hell erscheint; natürliche Farben kommen
besser als künstliche; ein Strauss aus lebenden Blumen wird, photographiert, in der Farbenabtönung einen viel richtigeren Eindruck
machen, als wenn der Strauss zuerst möglichst treu in den Farben gemalt und das B i l d dann photographiert wird. Auf solche eigentümliche Umstände wird in vielen Fällen zu achten sein.[1] —

Zu erwähnen wäre noch, dass es sich unter Umständen empfehlen
kann, Simulanten wiederholt zu photographieren. Wenn ein Inquisit
z. B. fortwährend die Gesichtsmuskeln verzerrt, die Augen verdreht,
unbewegliche Mienen annimmt und im Verdachte zu simulieren steht,
so wird man ihn in eine zum Photographieren geeignete Zelle bringen,
die gutes Licht hat, und vermöge besonders angebrachter Gucklöcher
gestattet, ihn unbemerkt zu beobachten. Es muss hiebei in geeigneter
Weise auch eine Öffnung für den photographischen Apparat angebracht
und dieser dann in Tätigkeit versetzt werden, wenn man den zu Be-
obachtenden in der richtigen Stellung und mit natürlichen Mienen
sieht; freilich wird das nur ausnahmsweise gelingen, wenn besonders
günstige Verhältnisse vorliegen. —

Nicht zu vergessen wird auch sein, dass man mitunter Photographien mit Blitzlicht, z. B. bei Magnesiumbeleuchtung wird aufnehmen müssen. Wenn z. B. auf stark befahrener Strasse ein Leichnam
liegt, oder Blutspuren, Fusspuren zu sehen sind und man (wegen starken
Verkehres bei Tag) nicht warten kann, bis es Tag wird, so muss man
die Aufnahme bei künstlicher Beleuchtung veranlassen. —

Wir kommen nun zur Mikrophotographie,[2] welche herzustellen
allerdings niemals Sache des UR. ist, auf deren Darstellung er aber
unter Umständen unbedingt dringen muss. Ich glaube, dass man in
kurzer Zeit Gutachten, zu deren Ausarbeitung man sich des Mikroskopes bedienen musste, nie anders erstatten wird, als unter Anschluss
der Photographie dessen, was der Sachverständige im Mikroskope
gesehen hat. Es ist schon lange her, seit J e s e r i c h auf die Notwendigkeit solcher Photogramme hingewiesen hat. Er wurde dadurch
auf diesen Gedanken gebracht, dass man bei einer Gerichtsverhandlung
den Einwand machte, das, was die Sachverständigen im Mikroskope
gesehen haben, und was sie für Blut hielten, könnten ebenso gut Pilz-
sporen oder Stärkekörner gewesen sein. Diesem Einwande liess sich
damals nicht begegnen, da die Präparate, die unterm Mikroskope gelegen
hatten, längst der Zersetzung und Zerstörung anheim gefallen waren
und der Beweis nicht mehr neu geführt werden konnte. Solche Schwierigkeiten können heute vermieden werden, indem man vom Mikroskopiker verlangt, dass er von dem Gesehenen Photogramme anfertigt
und vorlegt. Hierdurch ist jede subjektive Täuschung auf Seite des
Sachverständigen ausgeschlossen, der angeblich im Eifer der Arbeit

---

[1] Über die neue Farbenphotographie s. R. P r i b r a m in H. Gross' Archiv
Bd. VIII p. 106, und einige hierher gehörige kleinere Schriften über Farbenphotographie (s. A l b e r t H o f m a n n, Verlag von Otto Nemnich, Wiesbaden).
[2] Vergl. Dr. N e u h a u s „Handbuch der Mikrophotographie" 1890.

im Mikroskope manches gesehen haben soll, was nicht zu sehen ist. Er legt das Photogramm vor und kann dann zu seiner und der Anderen Beruhigung erklären: es könne sich jeder das Bild ansehen und sein Urteil darüber formen. Und diese Überprüfung kann jederzeit, auch nach Jahren wieder geschehen, wenn nur der Akt, in welchem die Photogramme erliegen, noch existiert. Wie leicht ist aber auch dann eine Demonstration vor Gericht, zumal vor Geschworenen! Erinnern wir uns daran, wie es die Pariser schon 1871 mit der Taubenpost machten. Die abzusendenden Briefe und Depeschen wurden tapetenartig neben- und untereinander auf eine grosse Wand geklebt und die ganze Wand mit vielen Quadratmetern Fläche wurde reduziert photographiert und so auf ein Blättchen von einigen Quadratzentimetern gebracht. Dieses wurde zusammengerollt und in einem feinen Federkiel an der Schwanzfeder der Brieftaube befestigt. Am Bestimmungsorte angelangt, wurde die winzige Photographie mit den Hunderten von Briefen u. s. w. durch ein Sonnen-Mikroskop vergrössert und das Bild auf eine weisse Wand geworfen. Da konnte nun jeder, der einen Brief erwartete, kommen und den seinen lesen. Stellen wir uns diesen Vorgang, für forense Zwecke verwendet, vor Augen: die Mikrophotographie des eigentlichen Objektes und die von Vergleichs- und Unterscheidungs-Objekten wird im Gerichtssaale vergrössert auf eine Wand projiziert und den Richtern vom Sachverständigen erklärt — wir gewinnen die Überzeugung, dass dies eines der verlässlichsten Mittel ist, um die Grenze menschlichen Irrens möglichst weit hinauszuschieben.

Diese Art der Darstellung wird aber auch noch in anderer allgemeinerer Form im Gerichtssaal eine grosse Rolle spielen, wenn man mit Projektionsapparaten, ja sogar mit grossen Skioptikons arbeiten wird. Wer jemals im Gerichtssaale Abbildungen von irgend einem wichtigen Gegenstande, namentlich kleineren Umfanges, vorzeigen musste, weiss das Unzulängliche dieses Vorganges zu ermessen. Sagen wir, es müsste eine solche Abbildung den Geschwornen, dem Gerichtshofe, dem Staatsanwalt, Verteidiger, Angeklagten und etwa einigen Zeugen vorgewiesen und erklärt werden, so haben wir zwei Dutzend Personen, von welchen nur immer zwei zugleich etwas sehen, so dass der Vorsitzende seine Erklärung zehn- bis zwölfmal vornehmen kann oder, da dies nicht angeht, den grössten Teil der Beteiligten nichtinformiert belassen muss. Wie ermüdend, zeitraubend und mangelhaft das wird, weiss jeder. Gewöhnlich hilft man sich so, dass eine allgemeine Erklärung erfolgt und dann werden die Bilder „herumgereicht": was nun geschieht, ist jedenfalls vom Übel. Entweder schauen die Geschworenen, Parteienvertreter etc. die Bilder sorgfältig an, und versäumen es, der mittlerweile weiter geführten Verhandlung zuzuhören; oder sie passen auf diese auf, und schauen dann die Bilder nur flüchtig an. Stellen wir uns nun vor, der Gerichtssaal besitze eine zu diesem Zwecke ein für alle Male vorbereitete, glatte, weissgetünchte[1]) Wand

---

[1]) Am besten empfiehlt es sich, eine, für die Geschwornen, Parteienvertreter etc. gut sichtbare Wand (etwa 4 qm) mit einer Masse aus Gyps und Leim überziehen und sorgfältig abschleifen zu lassen.

oder einen mit Papier oder Leinwand überspannten grossen Stellrahmen, und es werden nun die betreffenden Abbildungen durch den Projektionsapparat vielfach vergrössert, auf die Fläche geworfen, wo sie alle Anwesenden zugleich sehen und erklärt bekommen können. Die nötige Verfinsterung des Gerichtssaales wird auch keine unüberwindlichen Schwierigkeiten bereiten.[1] Auf diese Weise können nicht bloss Diapositive, sondern auch Holzschnitte, Photographien, Abdrücke, Zeichnungen, Handschriften etc., kurz alles auf lichtdurchlässigem Papier Dargestellte gezeigt werden, wenn es nur seiner Grösse nach in den Projektionsapparat passt. Hat man das einmal so gemacht, so wird man sich kaum eine wichtige Gerichtsverhandlung ohne solche Projektionen vorstellen können.[2] —

Eine wichtige Verwendung der Photographie tritt auch dann ein, wenn gewisse spektroskopische Eigenschaften in Frage kommen. Einer der am öftesten zitierten derartigen Fälle ist folgender: Die Leiche des Eigentümers eines abgebrannten Hauses wurde in halbverkohltem Zustande aufgefunden und es lag die Vermutung eines Mordes nahe. Es ist bekannt, dass frisches Blut bestimmte spektroskopische Eigenschaften zeigt, die sich aber bei Behandlung mit gewissen chemischen Agentien wesentlich ändern. Wird jedoch Blut der Einwirkung des giftigen Kohlenoxydgases ausgesetzt, so bleiben erstere Merkmale ohne Änderung bestehen.[3] Es entstand nun die Frage, ob der Tote erstickt oder schon vor dem Brande tot gewesen sei. Im ersteren Falle musste das Blut die Eigenschaften des Kohlenoyxdblutes zeigen. Dr. J e s e r i c h machte seine Untersuchung mit ein paar Tröpfchen Blut, die sich noch im Herzen der Leiche fanden, und konnte bestimmen, dass der Tod durch Ersticken nicht eingetreten war. Gleichzeitig wurde von dem betreffenden Spektrum eine photographische Aufnahme gemacht, die dann, als die Beweisobjekte längst in Verwesung übergegangen waren, bei der Gerichtsverhandlung eine klärende Rolle gespielt hat. Auch in wichtigen Fällen wurden die Ergebnisse von Haar-Untersuchungen (z. B. im Bochumer Lustmordprozesse) photographisch zur Anschauung gebracht, wodurch die Richter in die Lage kamen, so zu urteilen, als ob sie das vom Sachverständigen Erklärte selbst gesehen hätten. —

Grosse Bedeutung hat die Photographie auch bei der Untersuchung von Handschriften.[4] Es wurde oben erwähnt, dass man zu

---

[1] Wenn man bedenkt wie viele Hörsäle der medizinischen und philosophischen Fakultäten und der technischen Hochschulen die kostspieligsten Vorrichtungen besitzen, um mit einer einzigen Kurbel in wenigen Sekunden alle Fenster des Raumes lichtdicht schliessen zu können, so wird man eine ähnliche Einrichtung auch für den Gerichtssaal zu schaffen vermögen.

[2] Dieser hier vor vielen Jahren gemachte Vorschlag hat nach und nach theoretisch grosse Verbreitung gefunden; es scheint, dass er auch praktisch endlich verwertet zu werden beginnt.

[3] Vergl. Wachholz in der Vierteljahrschrift f. ger. Med. etc., 3. Folge, 23. Band 2. Heft. Dazu: oben p. 252 Anm. 3.

[4] Vergl. Labatut im Arch. d'anthr. crim. VIII, 31 und namentlich Dennstedt u. Voigtländer loc. cit. Diese Arbeit muss eingesehen werden, wenn man eine Vorstellung von dem in dieser Richtung Erreichbaren bekommen will.

jeder Handschriftenvergleichung schon deshalb ihre Photographien verwenden sollte, um auf der Photographie zeichnen, Hilfslinien ziehen etc. zu können, was man auf dem Originale nicht tun darf. Aber auch direkten Beweis kann die Photographie hier bringen, indem sie vieles zur deutlichen Ansicht schafft, was sonst nicht gesehen werden kann. In dieser Frage wirken namentlich G o b e r t in Paris, E d e r in Wien, P a u l in Olmütz und D e n n s t e d t und V o i g t l ä n d e r in Hamburg bahnbrechend. Seither weiss man, dass man durch Photogramme radierte Stellen überhaupt am besten entdeckt und durch sie wegradierte Schriftzeichen, die man mit freiem Auge nicht mehr sieht, wieder hervorrufen kann. Durch entsprechende Expositionswahl u. s. w. kann man die Kontraste so verschärfen, dass auch unbedeutende Reste der Schriftzeichen dunkler hervortreten. In ähnlicher Weise lässt sich die Anwendung verschiedener Chemikalien nachweisen, da die hiermit behandelten Stellen des Papiers auf dem Photogramme anders gefärbt erscheinen. Sehr häufig tritt die weggeätzte Schrift auf dem Lichtbild lesbar zutage. Nach amerikanischen Zeitungsberichten[1]) erzielt man gerade in dieser Richtung mit Hilfe der Röntgenstrahlen die erstaunlichsten Erfolge.

Ebenso wichtig ist die Anwendung der Photographie zum Nachweise des Umstandes, dass auf einem Schriftstücke verschiedene Tinten verwendet wurden, wodurch oft die Fälschung bewiesen wird. Der Fälscher hat häufig mit grosser Mühe für seine Arbeit die Tinte gefunden, welche die gleiche Farbe hat, wie die Tinte des Schriftstückes selbst. Die Farbe erscheint aber bloss für das Auge gleich; wird die Schrift photographiert und hierbei die richtige Beleuchtung (z. B. mit Gas, namentlich Auer-Licht oder mit elektrischem Licht) und die richtige Plattenbehandlung gewählt, so kann von den beiden gleich aussehenden Schriften die eine hellgrau, die andere tiefdunkel erscheinen. Auch bei der Schriftenvergleichung ist die Photographie noch in anderer Richtung von Wert. Vor allem kann man beide zu vergleichenden Schriften (corpus delicti und Vergleichsschrift) in der Photographie auf dieselbe Grösse bringen, wodurch die Vergleichung schon wesentlich erleichtert wird; ebenso entfällt hierdurch die oft störende Ungleichheit des Papieres, da doch beide Photographien auf dasselbe Papier gebracht werden. Unter Umständen kann das Vergleichen zweier Handschriften dadurch erleichtert werden, dass man eine der beiden Handschriften auf durchsichtige Gelatine photographiert, und diese dann auf die andere Handschrift legt. Die Ähnlichkeit einzelner Striche u. s. w. kann so deutlich wahrgenommen werden,[2]) aber es hilft dieses Vorgehen allerdings nur zu äusserlichen Vergleichen und wird daher selten überzeugende Ergebnisse hervorbringen. —

Endlich kann man sich die Arbeit erleichtern, wenn man beide Schriften so stark vergrössert photographiert, als es nur möglich ist.

---

[1]) Mitgeteilt von Dr. Freiherrn von P o t i e r in Wien.

[2]) Vergl. dazu die richtigen Bemerkungen in der (oben Seite 266) zitierten trefflichen Arbeit von Johann M a r e r (übersetzt von Prof. T e i c h m a n n).

Bei längerer Betrachtung von Schriften, namentlich sehr kleiner, beginnt das Objekt vor den Augen zu verschwimmen, so dass man nicht mehr scharf sieht oder aufhören muss, zu beobachten. Hat man die Schrift aber in gigantischen Lettern vor sich, so ist nicht bloss das Studium viel leichter, sondern es treten alle Einzelheiten, alle Unterschiede und Ähnlichkeiten, die Schwankungen, die Eintauchstellen, die gemachten Absätze u. s. w. so deutlich hervor, dass man dann meist mit seinem Urteile in zweifelloser Sicherheit sofort zu Ende ist. Unvergleichlich gut gelingt eine solche Vergleichung bei Vergrösserung mit dem Projektionsapparat (s. oben S. 290).

Unter Umständen kann man mit der Photographie sogar Schriften lesen, die sozusagen gar nicht existieren. Wenn z. B. mit einem härteren Bleistifte in einem Notizbuche oder auf einer Unterlage geschrieben wurde, so drückt sich die Schrift auf dem unter dem eigentlichen Schreibblatte liegenden Papiere des Notizbuches oder der Unterlage ab; mit freiem Auge ist nichts zu lesen, wird die Unterlage aber stark vergrössert photographiert, so kann das Eingedrückte oft deutlich gelesen werden.

In einem, überhaupt sehr lehrreichen Falle[1]) handelte es sich um die Fälschung der Unterschrift eines Verstorbenen auf einer, angeblich von ihm ausgestellten Quittung. Man hatte sich schon über die geltend gemachten Zweifel beruhigt, als zufällig durch die schräg einfallende Sonne auf dem nicht beschriebenen Teile der Quittung die Unterschrift w i e d e r h o l t zum Vorschein kam. Offenbar waren auf einem anderen Papier Übungen zur Nachahmung der Unterschrift gemacht worden, und diese drückten sich auf dem darunter liegenden, später zur Quittung verwendeten Bogen ab. Durch Photographieren dieser Spuren wurde die Fälschung zur Zweifellosigkeit deutlich.

Ebenso lassen sich einzelne Worte, Unterschriften etc., die wegradiert oder weggeätzt wurden, wieder leserlich machen, wenn auch nur Spuren der Schrift noch vorhanden sind. Die fragliche Stelle wird wiederholt (6—12 mal) auf sehr dünne, klare Gelatineplättchen photographiert. Diese legt man sorgfältig genau aufeinander, presst und photographiert sie. Auf jedem Plättchen war ein bischen des Wortes erhalten, auf allen zusammen geben die addierten Bischen, wenigstens mitunter, doch so viel, dass man das Verschwundene lesen kann. —

Aber nicht bloss Schriftzeichen werden auf photographischem Wege untersucht, sondern alles, was überhaupt mit einem Schriftstücke in Berührung war. So wurde Gerichtschemiker Dr. B e i n vom Schöffengericht Berlin befragt, ob auf einem bestimmten Wechsel einmal ein Stempel aufgeklebt war. Er photographierte den fraglichen Wechsel und auch eine Wechselblankette, die nur die kürzeste Zeit mit dem Klebestoff eines Stempels in Berührung war. Der Unterschied war so auffallend, dass man die gestellte Frage mit voller Sicherheit verneinen konnte.[2]) Ich meine, dass gerade dieser Fall — Nachweis der Berührung zweier Körper — uns darüber klar machen muss, welch

---

[1]) Mitgeteilt vom Staatsanwalt S c h u b e r t in Erfurt.
[2] „Phot. Archiv" 1891 No. 681.

unabsehbare Reihe von Fällen aus allen möglichen Gebieten durch
die Photographie die wichtigste Hilfe bekommen wird. Sie müssen
eben nur gesucht werden! —

Man kann sich sogar denken, dass man die Photographie eines
Menschen schaffen kann, der in derselben Erscheinung heute nicht
mehr existiert. Ich erinnere an jene Kombinations- oder Typenphoto-
graphien, die vor einiger Zeit viel von sich reden machten. Man nahm
einen sehr langsam arbeitenden Apparat, der zur Herstellung eines
Bildes z. B. 60 Sekunden bedurfte. Nun wählte man, sagen wir, 20 Personen, und exponierte jede (auf derselben, stets wieder rasch abge-
deckten Platte) je 3 Sekunden lang, natürlich in ganz gleicher Grösse
und in vollkommen gleicher Stellung. So hatte also jeder durch $\frac{1}{20}$
der nötigen Zeit eine Spur seines Gesichtes auf die Platte gebracht,
alle zusammen waren aber wirklich die nötige Zeit von 60 Sekunden
exponiert, es entstand somit ein D u r c h s c h n i t t s b i l d jener
20 Personen und man bekam dann sogenannte Typen, z. B. von Negern,
Schulkindern, Soldaten etc. Dies könnte man für unsere Zwecke ausnützen. Sagen wir z. B. ich habe einen Verhafteten, und will, etwa
wegen einer wichtigen Agnoszierung, wissen, wie der Mann vor 6 Jahren
ausgesehen hat. Gelingt es nun eine Photographie von ihm aufzufinden, die 10 Jahre alt ist, so lasse ich den Mann in derselben Grösse,
Haltung, Haar und Barttracht wie auf der 10 Jahre alten Photographie
aufnehmen, und aus der alten und neuen Photographie ein Kombi-
nationsbild machen. Die Expositionsdauer beider Photographien muss
natürlich dem Verhältnisse ihres Alters entsprechen.[1] —

Im allgemeinen merke man bezüglich der Aufnahme von Photographien, dass diese häufig in Richtung auf die Grösse, gegenseitige Lage und insbesondere allgemeinen Eindruck anders aussehen
als die Wirklichkeit. Worin dies gelegen ist, hat Heinrich S t r e i n t z [2]
nachgewiesen, aber abhelfen kann man diesen Fehlern mit den meisten
in Gebrauch befindlichen Apparaten doch nicht.

Ein kleiner Teil der Fehler wird allerdings beseitigt, wenn wir
uns immer klar stellen, dass die gute Photographie viel deutlicher
zeichnet, als wir es wahrzunehmen vermögen. Wenn wir auf eine gewisse Entfernung z. B. ein Ziegeldach ansehen, so unterscheiden wir
die einzelnen Dachziegel nicht mehr; diesem Umstande trägt auch der
Maler Rechnung und stellt das Ziegeldach nur so dar, dass er
diesem einen entsprechenden allgemeinen Ton gibt. Die Japaner scheinen schärfer zu sehen als wir und zeichnen derlei Dinge noch mit minutiöser Genauigkeit, weshalb ihre Zeichnungen für uns in der Regel
zu hart aussehen. Ebenso macht es die Photographie, die, in unserem
Falle das Ziegeldach noch genau zeichnet, wo wir statt der einzelnen
Ziegel bloss einen braunen Ton sehen; so erhält die Photographie etwas
gewissermassen Unwahrscheinliches und Fremdes. Dazu kommen noch

---

[1] Man teilte mir das recht günstige Ergebnis verschiedener derartiger Versuche von mehreren Seiten mit.

[2] „Die Tiefenperspektive in der Photographie" („Photographische Korrespondenz", Oktober-November-Heft 1892).

andere Tiefen, verschiedene Beleuchtungs- und Entfernungsverhältnisse, kurz das Bild sieht nicht richtig aus. Wie schon erwähnt, muss diesen Fehlern durch Bemerkungen im Protokolle Rechnung getragen werden. Vom theoretischen Standpunkte aus soll aber erwähnt werden, dass es nicht so zweifellos ist, ob der photographische Apparat wirklich falsch wiedergibt und ob nicht vielleicht w i r (perspektivisch) u n r i c h t i g a u f f a s s e n; dies lässt sich experimentell leicht erweisen. Wenn ich z. B. einem mir Gegenübersitzenden beide Hände so entgegenhalte, dass ihm die eine um etwa einen Meter näher ist als die andere, so wird er sie gleich gross sehen; setzt man aber an seine Stelle einen photographischen Apparat und nimmt meine beiden Hände auf, so wird die dem Apparate nähere Hand ungleich grösser erscheinen. Nach perspektivischen Gesetzen muss aber das l e t z t e r e das richtige sein, die nähere Hand sollte wirklich ungleich grösser gesehen werden, wir fassen dies aber beim direkten Ansehen nicht auf, weil wir er- f a h r u n g s g e m ä s s e S c h l ü s s e mit eintreten lassen: man w e i s s, dass die Hände wirklich gleich gross sind, und diese Erfah- rung wirkt so mächtig, dass wir die beiden Hände auch gleich gross sehen, obwohl sie perspektivisch ungleich scheinen sollten und auch ungleich erscheinen. Sehen wir dann die P h o t o g r a p h i e der Hände an, so wirkt jener Erfahrungssatz nicht mehr so kräftig mit, es hat sich vielmehr das Bild eingeschoben und d i e s e m trauen wir leicht einen Fehler, falsche Zeichnung u. s. w. zu, so dass wir jetzt auf dem Bilde r i c h t i g perspektivisch sehen und den bedeutenden Grössen- unterschied klar wahrnehmen: nun scheint er uns aber unrichtig zu sein. Dies lässt sich, wie ich glaube, geradezu mathematisch beweisen. Bleiben wir bei dem oben genannten Bilde: ich stehe einem, etwa 3 m von mir Entferntem so gegenüber, dass ich die linke Hand neben dem Kopfe, über der Achsel, die rechte aber nach vorne ausgestreckt halte, so dass also dem Beobachter die Linke um etwa 75 cm ferner ist als die Rechte. Sagen wir weiter, hinter mir befände sich eine Wand mit einem feinen Tapetenmuster, auf welchem sich (für den Beobachter) meine beiden Hände projizieren. Nun lassen wir den Beobachter fest- stellen, wie viel meine beiden Hände von dem Tapetenmuster ver- decken; er wird wahrnehmen, dass die Rechte, obwohl sie dem Be- schauer ebenso gross erscheint, als die Linke, ungleich mehr deckt als die Linke. Wenn ich nun in der gleichen Stellung bleibe, und man bringt statt des Beschauers einen photographischen A p p a r a t an, so werden im erzeugten Bilde meine beiden Hände vom Tapetenmuster haargenau so viel verdecken, als sie dem B e s c h a u e r verdeckt haben. Hätte die Photographie die nähere Hand aber zu gross ge- zeigt, so müsste sie im Bilde natürlich vom Tapetenmuster mehr ver- decken, als mit blossem Auge gesehen.

Man wende nicht ein, dass die sogenannten Weitwinkel-Apparate, welche z. B. zwei Seiten eines Zimmers zugleich aufnehmen können, das Gegenteil beweisen. So wie der (nicht verzerrende) Weitwinkel- Apparat darstellt, so sind die Dinge wirklich, n u r w i r k ö n n e n s i e m i t d e m A u g e n i c h t e i n m a l f a s s e n. Vollkommen

klar sehen wir auf einmal überraschend wenig; auf eine Entfernung
von 4—5 m können wir (ohne die Augen oder den Kopf zu bewegen)
deutlich nur einen Gegenstand etwa von der Grösse eines Sessels sehen;
was rechts und links vom Sessel steht, den wir scharf fixieren, sehen
wir nur ungefähr, wir sehen es erst deutlich, wenn wir die Augen vom
Sessel abwenden. Wenn nun der Weitwinkel-Apparat zwei Wände
eines Zimmers (auf 4—5 m Entfernung) z u g l e i c h fasst, so gibt
dies ein Bild, welches wir noch nie gesehen haben, weil wir soviel auf
einmal in der Natur niemals ansehen k ö n n e n , das Bild ist uns fremd
und wird nun als „unrichtig" bezeichnet, obwohl alle Gegenstände
e i n z e l n richtig und deutlich wiedergegeben sind. Das Mikroskop
oder das Fernrohr zeigt auch mehr, als wir mit freiem Auge sehen,
das Gezeigte ist uns anfangs fremd, aber nicht unrichtig. —

Bei der Herstellung von Photographien vergesse man ferner
auch nicht, dass der Photograph, den man in den meisten Fällen zur
Hand hat, selten das richtige Verständnis für das zu Schaffende besitzt; er wird wohl wissen, wie man ein Bild günstig aussehen macht,
nicht aber wie er vorzugehen hat, damit es völlig richtig ist. Man
darf daher die Leitung der Aufnahme nie aus der Hand geben und
merke im besonderen:

1. Die Sonne sei seit- und rückwärts des Apparates, wodurch
die Bilder am klarsten werden. Ist sie im Rücken des Gegenstandes,
so wird die Aufnahme mehr flach, so als ob sie bei trübem Wetter gemacht worden wäre. Dies ist auch für den möglichen Fall anzuwenden,
als man zufällig wirklich den Eindruck hervorrufen wollte, als ob trübes
Wetter herrschte.

2. Werden Personen im Freien aufgenommen, so halte man sich
gegenwärtig, dass Vorderlicht das Gesicht abflacht, Oberlicht düster
und ernst macht, während direkte Beleuchtung durch die Sonne die
Gesichter fleckig und hart erscheinen lässt.

3. Müssen Interieurs aufgenommen werden, so verlange man
die Aufnahme mit Blitzlicht, wobei dann selbst die Fenster nicht schaden.
Geht das durchaus nicht, so müssen wenigstens die dunkeln Stellen
des Zimmers durch Reflexlichter von s c h n e l l b e w e g t e n Spiegeln aufgehellt werden.

4. Unter Umständen, wenn z. B. rasch in der Nacht aufgenommen
werden muss, kann man sich, wenn Magnesiumlicht für Blitzlichter
nicht zu beschaffen ist, mit Leuchtsätzen helfen, die vielleicht der
nächste Apotheker beschaffen kann, z. B.: 6 Teile Salpeter, 2 Teile
Schwefel und 1 Teil Schwefelantimon werden pulverisiert und in Papier-
hülsen leicht angedrückt. Oder: man schmilzt in einer Abdampfschale
Salpeter über Spiritus und trägt dann feines Schwefelpulver in kleinen
Portionen ein. Jedesmal, so oft man Schwefelpulver in den geschmol-
zenen Salpeter schüttet, blitzt es sehr hell auf. Allerdings kann man
solche Leuchtsätze nur dann anwenden, wenn die sich entwickelnden,
stark riechenden Gase abziehen können und Feuergefahr nicht da ist.
Hat man Zeit, so dass man z. B. einen Innenraum mehrere Stunden

exponieren kann, so genügen auch einige Petroleumlampen zur Aufhellung.

5. Auf allen Photographien muss das Reduktionsverhältnis angegeben sein, am besten ist es, wenn man den Masstab mit photographieren lässt. Wird eine vertikale Fläche, bei welchen also ein Verzerren durch verschiedene Entfernung vom Apparat nicht möglich ist, z. B. eine Hausfront photographiert, so tut man gut, einen Mann dazuzustellen, und mit zu photographieren, wodurch das Grössenverhältnis ersichtlich wird.

6. Bei jeder Aufnahme muss Datum, Stunde, Witterung, Beleuchtung, Lage gegen die Weltgegend und Expositionszeit, dann Art des Apparates und der Linsen, die verwendet wurden, angegeben sein.

7. Sehr glänzende oder helle Sachen machen bei der photographischen Wiedergabe grosse Schwierigkeiten. Vor allem hüte man sich, diese erst abzustauben, wodurch sie noch weniger plastisch werden. Geht es an, so muss man die glänzenden Gegenstände neutral färben, z. B. Eisensachen, Glas u. s. w. mit Wasserblei, oder einem Gemenge von kohlensaurer Magnesia und Milch oder von russischem Talg und Terpentinöl. Solche Anstriche schaden weder dem Bilde noch dem Gegenstande und sind leicht wieder zu entfernen.

8. Nimmt man Maschinen auf (z. B. nach Unfällen), so muss dies zu einer Zeit geschehen, wo im betreffenden Gebäude überhaupt nicht gearbeitet wird, da durch das Rütteln der anderen gehenden Maschinen das Bild unklar würde.

9. Photographien von sehr feinen plastischen Gegenständen, z. B. Inschriften, Verletzungen an Gegenständen, Papillarlinien u. s. w., müssen unter stark seitlicher Beleuchtung des Gegenstandes aufgenommen werden, da durch die Schatten die Plastik erhöht wird. Ist diese zu stark geworden, so muss es protokollarisch bemerkt werden.

e) Über das Agnoszieren mit Hilfe der Photographien.

Dass man Personen nach ihren Photographien agnoszieren lässt, wird überall geübt, seitdem man das Photographieren in grösserem Umfange betreibt, in ein gewisses System wurde die Sache erst von den Polizeiverwaltungen der grössten Städte gebracht; besonders in Paris wird dieser Frage grosse Aufmerksamkeit zugewendet, wie man namentlich aus dem seither so berühmt gewordenen Buche „La Photographie judiciaire par Alphonse Bertillon, chef du service d'Identification de la prefecture de police"[1] entnehmen kann.

Dass die ganze Frage durchgehend und nicht bloss in den Hauptstädten organisiert werden muss, kann nicht in Zweifel kommen. Das

---

[1] Nunmehr als stattlicher Band in zweiter Auflage erschienen. Dazu: „Lehrbuch der Identifikation. Das Anthropom. Signalement v. A. Bertillon v. Dr. v. Sury." Bern und Leipzig 1895. Vergl. Meerscheidt-Hüllesem in H. Gross' Archiv Bd. III p. 193, und den grösseren Aufsatz in H. Gross' Archiv Bd. X p. 115 ff. (dort auch die Daten über die heutige Verbreitung der Bertillonage). Vergl. die auf Seite 278 angegebene Literatur.

Photographieren der Verbrecher, der einheitliche Vorgang hierbei, der gegenseitige Austausch der Bilder und ihre richtige Verwertung ist von solcher Wichtigkeit, dass die Internationalisierung der Sache in ein System gebracht werden muss. Ist dies geschehen, so ist ihr Wert ein unabsehbarer.[2]) Aber wenn dies auch ob der leidigen Kostenfrage nicht so rasch durchgeführt werden wird, so ist es doch notwendig, dass wir auch jetzt, wenn wir Photographien, von Verdächtigten oder von Verbrechern anfertigen lassen und verwenden, nach gewissen Prinzipien vorgehen.

Anlehnend an das genannte Buch von B e r t i l l o n gebe ich im folgenden einige der wichtigsten Punkte:

1. Welche Stellung des zu Photographierenden die zweckmässigste ist, richtet sich nach dem Zwecke der Photographie. Für die V e r - g l e i c h u n g zweier Photographien mit einander, oder einer Photographie mit einem Menschen, sowie für Messungen ist zweifellos die Photographie im scharfen Profile die beste, weil hier alle Formen am deutlichsten und am meisten charakteristisch ausgeprägt sind, weil keine Projektion der einzelnen Gesichtspartien vorliegt und weil Messungen zum Zwecke der Vergleichung am leichtesten und sichersten vorgenommen werden können. Anders ist es aber, wenn es sich darum handelt, jemanden nach einer Photographie zu e r k e n n e n, zu welchem Zwecke das Profilbild nur selten taugt. Das Profil eines Menschen sieht man doch nur in einer einzigen Stellung, während in allen übrigen mehr oder minder die Vorderseite des Gesichtes zu sehen ist; es ist uns deshalb bei den meisten Menschen fremd, wenn wir sie auch sehr gut kennen. Wir staunen, wie der oft gesehene Mensch im Profil so anders aussehen kann, als wir gedacht haben. Das volle Antlitz eines Menschen (en face) ist uns zwar nicht fremd, aber es ist deshalb nicht charakteristisch, weil die Nase vollständig projiziert und daher nicht recht zu unterscheiden ist, und weiters, weil die zum Erkennen so wichtigen Ohren nicht deutlich sind. Es wird sich also das sogenannte Dreiviertelprofil als die günstigste Stellung zum Erkennen herausstellen, weil hier die Nase deutlich abgehoben und ein Ohr sichtbar ist, und weil jedem der andere in dieser Stellung am bekanntesten erscheint. Da also eigentlich stets zwei Aufnahmen nötig sind: Profil und Dreiviertelprofil, so verdoppelt dies die Auslagen und die Menge der aufzubewahrenden Bilder. Die Engländer, und nach ihrem Muster mehrere deutsche und österreichische Strafanstalten, kommen diesem Umstande dadurch bei, dass sie den Aufzunehmenden in Dreiviertelprofil stellen und neben seinem Gesichte einen Spiegel so anbringen, dass sich in diesem das scharfe Profil zeigt. Die rechte untere Ecke des Spiegels ist abgeschnitten, so dass Raum für die Schulter bleibt

---

[1]) Hieran ändert auch die Daktyloskopie nichts, wenn sie auch sonst den grössten Teil der Arbeit der Bertillonage übernimmt. Die eigentliche sogen. amtliche Identifizierung wird fortan die Daktyloskopie leisten, aber das Aufsuchen eines Menschen z. B. in einer Stadt durch die Polizei kann immer nur durch Bertillons portrait parlé geschehen (siehe auch hierzu die obengenannte Literatur namentlich die über das portrait parlé).

und der Spiegel in die entsprechende Nähe zum Gesichte gebracht werden kann. So hat man auf demselben Bilde Profil und Dreiviertelprofil vereinigt. Bertillon verwirft diese Manier, angeblich weil dann jeder, dem man das Bild zeigt, weiss, dass es sich um einen Verdächtigen handelt. Das weiss man aber immer, wenn man eine Photographie im Kriminale vorgezeigt erhält, und so wäre dies kein Grund für die Ablehnung dieser Manier, aber bedenklich ist der Umstand, dass der Spiegel verkehrt zeigt, dass also z. B. eine Narbe der rechten Wange im Spiegelbilde auf der linken Wange erscheint; dies wirkt überraschend stark, und da ausserdem das Spiegelbild häufig nicht recht klar ist, so wird diese Art der Aufnahme immer weniger geübt.

2. Bezüglich der Stellung wird auch die Frage zu beantworten sein, ob es vorteilhafter ist, bloss ein Brustbild oder die ganze Figur aufzunehmen. Im allgemeinen muss gesagt werden, dass ein Gesicht von den Leuten umso leichter erkannt wird, je grösser es ist, so dass also ein Brustbild mehr zu empfehlen sein wird. Hat aber der Betreffende an seiner Gestalt irgend etwas Auffälliges, leicht zu Unterscheidendes, so wird die Aufnahme der ganzen Figur vorzuziehen sein. Eine solche Aufnahme hat auch den Vorteil, dass man im Notfalle, wenn das Gesicht durchaus grösser erscheinen soll, eine vergrösserte Aufnahme des Kopfes allein immer noch veranlassen kann, während später oft die ganze Gestalt für eine neue Aufnahme nicht mehr zur Verfügung steht. Selbstverständlich darf man nicht in die irrige Auffassung verfallen, dass bestimmte, auffällige Bewegungen zur Haltung oder Gestalt gehören. Hat jemand recht eigentümliche Bewegungen, so wird es zu empfehlen sein, lieber bloss ein Brustbild anfertigen zu lassen, weil der Zeuge, und nicht nur der ungebildete, dann, wenn er die ganze Gestalt auf dem Bilde sieht, immer nach jenen ihm bekannten Bewegungen sucht und das Bild nicht agnosziert, weil er diese nicht findet.

3. Bezüglich des Formates der Photographien behauptet Bertillon, es habe sich eine Reduktion auf ¹/₇ der natürlichen Grösse am besten bewährt.[1]) Es ist dies ein Format, das allerdings bequem ist, wie die durch so lange Zeit modernen Photographien im Visitkartenformate beweisen. Immerhin ist ein Kopf in dieser Reduktion gross genug, um leicht erkannt zu werden, auch von Leuten, die im Ansehen von Photographien nicht sehr geübt sind. Ich glaube, dass es übrigens auf den Masstab an sich nicht so sehr ankommt, und dass es ziemlich gleichgültig ist, ob man auf ¹/₆ oder ¹/₄ der natürlichen Grösse reduziert. Die Hauptsache wird die sein, dass man überall den gleichen Masstab benützt. Der Austausch von Photographien ist gerade für grosse Entfernungen bestimmt, und das Vergleichen zweier Photographien im gleichen Masstabe so sehr leichter als das von Photographien verschiedener Grösse, dass man meinen sollte, es wäre die Anwendung des gleichen Masstabes für alle Photographien, die für

---

[1]) Bei diesem Formate erscheint der Kopf (eines Brustbildes), vom Scheitel bis zur Kinnspitze gemessen, 3—3¹/₂ cm hoch, also so wie auf unserem ehemaligen Visitkartenformate mit sogenannten „grossen Köpfen".

gerichtliche oder polizeiliche Zwecke angefertigt werden, zu verein-
baren. Dabei handelt es sich um keine nennenswerten Schwierigkeiten, nicht einmal um die Einberufung einer Enquete: im schriftlichen Wege könnte das Festhalten an e i n e m Masstabe und noch
einige allgemeine Bestimmungen vereinbart werden und es wäre wirklicher Nutzen geschaffen.

4. Was den Ton der Photographien anlangt, ob sie heller oder
dunkler, d. h. länger oder kürzer exponiert sein sollen, kann im allgemeinen nichts bestimmt werden. Es entspricht den charakteristischen
Eigentümlichkeiten eines Gesichtes fast stets ein gewisser Ton besser
als der andere. Der geübte und gescheite Photograph weiss dies immer
beim Ansehen eines Menschen, ob er besser, d. h. ähnlicher aussehen
wird, wenn er ihn heller, besser wenn er ihn dunkler kommen lässt.
Kann diesfalls der Photograph nicht raten, so muss versucht werden,
was mehr entspricht, denn der Unterschied ist oft ein so grosser, dass
es nicht gleichgültig ist, ob die Photographie hell oder dunkel gemacht
wurde.

5. Unter Umständen wird man allerdings von dem gewohnten
Format u. s. w. abkommen müssen, und zwar dann, wenn es sich um
die Vergleichung der erst herzustellenden Photographie mit einem
bestimmten Objekte handelt. Wurde z. B. ein Signalement eines
Menschen eingesendet, so wird man die Aufnahme so machen, dass
die wichtigsten Momente des Signalements in der Photographie zum
Ausdrucke kommen; liegt eine Photographie vor, so wird man die
neue Photographie natürlich in Grösse, Gestalt, Stellung, Ton, sogar
im Papier möglichst ähnlich der schon vorliegenden Photographie
machen, um den Vergleich desto leichter anstellen zu können.

6. Hat man Vergleiche zwischen zwei Photographien mit verschiedenem Haar- und Bartwuchs anzustellen (also wenn z. B. auf einer
Photographie der Mann üppiges Kopfhaar und Vollbart hat, auf der
anderen rasiert und geschoren ist), so muss man auf beiden Photographien die Haare und die Stellen, auf denen Bart wächst, abdecken.
B e r t i l l o n hat zu diesem Zwecke eigne ausgeschnittene Papiere,
die aber nur brauchbar sind, wenn beide Photographien gleich gross
und in gleicher Stellung aufgenommen sind. Am einfachsten verfährt
man in folgender Weise. Man legt die Photographie auf das Fenster
und darüber ein Blatt weisses Papier, auf dem man mit dem Bleistifte
eine Grenzlinie zwischen den haarigen und nichthaarigen Teilen des
Gesichtes zieht. Also: ober der Stirne an der Haargrenze, dann an
den Schläfen an der Wange herunter, dann wieder hinauf ober dem
Schnurrbart bis zur Nase, dann wieder an der Wange hinunter und
wieder zur Schläfe empor. Diese Linie wird nun mit einem scharfen
Messer ausgeschnitten. In der gleichen Weise wird bei der Photographie
des geschorenen und rasierten Kopfes vorgegangen, d. h. man zieht
die Linie dort, wo die behaarten Partien beginnen würden. Ist die
Photographie auf Kartenpapier aufgespannt, so muss man sie entweder im Wasser liegen lassen und loslösen, oder die erste Zeichnung
auf Pauspapier machen und dann auf Schreibpapier übertragen. Hat

man also beide Öffnungen ausgeschnitten, so legt man sie auf die Photographien und vergleicht nun beide. Sind die beiden Photographien identisch, so ist die Wirkung überraschend: die ganzen Photographien gleichen einander gar nicht, sind die Haar- und Bartpartien abgedeckt, wird die Ähnlichkeit überzeugend.

7. Untersuchungen mit einer guten Lupe sind zu empfehlen, da man mit einer solchen Narben, Flecken, Warzen u. s. w. wahrnimmt, die dem freien Auge verborgen blieben. Zuviel darf aber von der Hilfe der Lupe hier nicht erwartet werden, da bei stärkerer Vergrösserung die Rauheiten des Papieres sichtbar werden und störend wirken.

8. Als strenger Grundsatz gelte, dass niemals eine Retouche vorgenommen werden darf. Diese lasse man den Handelsphotographen, die die Leute ,,schöner'' machen müssen; für den gerichtlichen Gebrauch muss die Photographie ä h n l i c h sein, und dies wird durch jede Retouche nur geschädigt. Erhält man eine retouchierte fremde Photographie, so muss die Retouche vor allem entfernt werden. Dies geht, nach B e r t i l l o n, am besten, wenn man einen Wattepfropfen gut mit Terpentin befeuchtet und mit diesem die Photographie vorsichtig abreibt und dann trocknet.[1]) Einen Fall gibt es allerdings, wo man retouchieren muss, zumal, wenn man die Photographien nicht zum eigenen Gebrauch, sondern für fremde Behörden hat machen lassen, nämlich dann, wenn kleine Fehler i n d e r P l a t t e w a r e n, die auf dem Bilde Flecken oder Striche erzeugen. Diese können für Warzen, Narben u. s. w. gehalten werden und sind daher, um Irrtümern vorzubeugen, durch Retouche zu beseitigen.

9. Beim Vergleichen von Photographien wird man vier Fälle haben können: Bild mit Bild, Bild mit einem Verhafteten, Bild mit einem frei Herumgehenden, Bild mit der Erinnerung.

a) B i l d m i t B i l d. In den seltenen Fällen, in welchen die beiden Bilder ganz gleichgross sind, wird man sofort daran gehen können, Messungen mit dem Zirkel vorzunehmen. Ist Haar und Barttracht störend, so deckt man ab (siehe oben), und sind Merkmale (Warzen, Flecke, Narben u. s. w.) da, so werden sie gesucht. Fehlen sie auf einem Bilde, so ist die Zeit der Aufnahme zu berücksichtigen und nötigenfalls der Gerichtsarzt zu fragen. Sind die Bilder in der Grösse ungleich, so lasse man das kleinere im Mass des grösseren neu aufnehmen; ist der Farbenton des einen wesentlich anders als der des anderen, so lasse man eines neu machen. Am besten ist es freilich, wenn man b e i d e Bilder neu und gleich in Grösse, Farbe, Papier u. s. w. photographieren lässt. Wie erwähnt, kann man sicher nur dann arbeiten, wenn alle störenden Nebenumstände und Ungleichheiten beseitigt sind.

---

[1]) So B e r t i l l o n. Ich verstehe aber nicht recht, wie er das meint. Es gibt zwei Arten von Retouche: die eine geschieht (mit Bleistift) auf der negativen Platte, es kann also am positiven Bild in keiner Weise etwas geändert werden, denn dieses ist ja ein Abdruck; die andere Retouche geschieht allerdings auf dem Positivbilde, wird aber mit Wasserfarben gemacht und kann somit bloss mit Wasser (nicht mit Terpentin) beseitigt werden; mit Terpentin ist allerdings der Firnis auf der Photographie zu beseitigen.

b) B i l d   m i t   e i n e m   V e r h a f t e t e n. Man halte es nie
für überflüssig, den Verhafteten ähnlich zu kleiden und zu frisieren,
wie er es auf dem Bilde ist. Handelt es sich um einen schwierigen
und wichtigen Fall, so lasse man den Verhafteten in gleicher Grösse
und Stellung, wie auf dem Bilde photographieren; B i l d   u n d   B i l d
i s t   i m m e r   v i e l   l e i c h t e r   z u   v e r g l e i c h e n   a l s   B i l d
u n d   M e n s c h.

c) B i l d   m i t   e i n e m   f r e i   H e r u m g e h e n d e n. Hier
sind jene Fälle gemeint, in denen man unter Anschluss einer Photographie davon verständigt wird, dass sich ein Verfolgter hier aufhalten
soll. Sendet man nun seine Leute auf die Suche, so vergesse man nicht,
dass dies nur dann Erfolg haben kann, wenn der mit der Sache Befasste das Bild vollkommen im Gedächtnisse hat. Trifft er auf einen
Verdächtigen, so kann er nicht erst die Photographie aus der Tasche
nehmen und Vergleiche anstellen, er muss alles im Gedächtnisse haben,
was ihm das Bild sagen kann. Jeder von uns wird die Erfahrung gemacht haben, dass die Leute einen kurzen Blick auf die Photographie
werfen und nun glauben, alles getan zu haben. Man verlange von den
Leuten, dass sie das Bild wirklich Zug um Zug memorieren, und überzeuge sich davon, dass dies geschehen ist, dadurch, dass man die einzelnen Momente abfragt: Haarwuchs, Haargrenze, Augenbrauenform,
Augenstellung, Backenknochen, Nase, Ohren, Bart u. s. w.; ebenso
genau: besondere Kennzeichen, Haltung, Blick u. s. w. Ich kann mit
Bestimmtheit behaupten, dass k e i n e r das erstemal das Examen
besteht, auch wenn er meint, das Bild genau angesehen zu haben. Auch
dieses Schauen will gelernt sein. Kann er aber die Photographie auswendig, und namentlich: hat er durch dieses Auswendiglernen die
Photographie sehr eingehend ansehen müssen, so wird er auch in den
meisten Fällen den Betreffenden im Begegnungsfalle erkennen. (Vergl.
portrait parlé p. 309.)

d) B i l d   u n d   E r i n n e r u n g. Ich glaube, wir alle halten von
dieser Art der Agnoszierung nur dann etwas, wenn es sich um das Erkennen von Leuten handelt, die der Agnoszierende oft gesehen hat;
soll er aber jemanden erkennen, den er nur ein- oder das anderemal
sah, also den, der ihn z. B. bestahl, betrog, beraubte, verletzte
und den er weder früher noch später gesehen hat, so ist sein Ja oder
Nein jedenfalls von geringem Werte. Verlässlicher wird seine Antwort nur dann, wenn der Zeuge den Betreffenden aus einer Reihe von
ä h n l i c h e n Photographien heraussucht und wenn er diese nicht
etwa daran erkannt hat, dass der Täter einen Schnurrbart hatte und
dass unter den vorgelegten Bildern sich ein einziges befand, das einen
Mann mit einem Schnurrbart vorstellt. Aber auch bei der grössten
Vorsicht, die man bei dem Agnoszierenlassen eines Bildes anwendet,
hat jeder Kriminalist böse Erfahrungen gemacht, namentlich wenn
der Agnoszierende ein einfacher Mensch ist, der selten Photographien
sah, niemals aber nach Ähnlichkeiten gesucht hat. Nur ein Beispiel
hierfür. In vielleicht allen Garnisonsstädten etabliert sich in der Nähe
der Kavalleriekaserne ein Photograph, der grosse Bilder, farbige Litho-

graphien, vorrätig hält, die einen dahersprengenden Dragoner, Artilleristen, Husaren u. s. w. mit hochgeschwungenem Säbel, aber ohne Gesicht, darstellen. Die neueingeteilten Rekruten kommen nun zahlreich daher, werden in entsprechender Grösse photographiert, das Gesicht wird ausgeschnitten, auf das entsprechende Husaren- oder Ulanenbild sorgsam aufgeklebt und der Krieger hat nun sein vollständiges Reiterbild in Farben, um es den staunenden Eltern zu senden. Ein solcher Photograph erzählte nun, dass er einmal über ein Dutzend Dragoner photographiert, Bezahlung und Adressen zur Expedition erhalten, die Numerierung aber verloren hatte. Da die Dragoner nur auf dem Durchmarsche in der Stadt und jetzt irgendwo auf dem Lande garnisoniert waren, so sandte der Photograph nun bloss auf gut Glück hin, je einen Dragoner an eine der angegebenen Adressen. Nicht eine einzige Reklamation erfolgte, obwohl er ausdrücklich um Rücksendung ersuchte, falls „etwa" eine Verwechslung stattgefunden hätte und obwohl vielleicht nicht ein einziges der 14 oder 16 Elternpaare gerade das Bild ihres Sprösslings bekommen hatte; ein Beweis, wie wenig Unterscheidungsvermögen die Leute haben.

Dass es mit dem Agnoszieren auch unter scheinbar günstigen Verhältnissen und nicht bloss nach Photographien seine Schwierigkeiten hat, beweist ein vor kurzem (Dezember 1906) im „Isabellenheim" in Madrid von der dortigen Ärzten vorgenommener Versuch. Man legte einer Anzahl von Müttern eine Anzahl von nackten Säuglingen vor und jede sollte ihr eigenes heraussuchen: von 10 Müttern fanden nur 2 das richtige Kind. Bezeichnend ist es, dass weitere Versuche wegen der hiedurch erzeugten nervösen Aufregung der Weiber unterbleiben mussten. Dieser Versuch ist für viele forense Fälle von Wichtigkeit. Wenn z. B. eine des Kindsmordes beschuldigte Person das tote Neugeborene als ihr eigenes „agnosziert", so hat diese Äusserung doch sicher nur formellen Wert — eine Bestreitung ihrer Richtigkeit wäre denkbar und zulässig. —

Vergl. hierzu den auch anderweitig lehrreichen Fall;[1] der eigene Vater des verschwundenen Kindes behauptete mit solcher Sicherheit in einem später gefundenen Kinde sein eigenes zu sehen, dass er schliesslich sogar Majestätsgesuche um Ausfolgung „seines" Kindes überreichte, obwohl das aufgefundene Kind mit absoluter Gewissheit nicht das seine war!

10. Bei diesem Anlasse ist es vielleicht zu erwähnen, was über die Distanz gesagt wird, in welcher man Menschen erkennen kann. Dr. V i n c e n t [2] sagt hierüber: Normale Augen und gute Tagesbeleuchtung vorausgesetzt, erkennt man:

a) sehr gut Bekannte auf 40—80 m Entfernung; bei ausgeprägten besonderen Kennzeichen auf 100 m, in Ausnahmefällen bis auf 150 m;

[1] Homrighausen „Verschwinden der Else Kassel aus Hannover" in H. Gross' Archiv Bd. XXII p. 49.
[2] Traité de Medicin legale de Légrand du Saule.

b) wenig bekannte Leute, die man nicht oft gesehen hat, auf 25 bis 30 m;

c) Leute, die man nur einmal gesehen hat, auf 15 m.

Im Mondlichte kann man Leute erkennen: In der Beleuchtung des ersten Viertels auf 2—6 m, im Vollmond auf 7—10 m, im hellsten Vollmondlichte sehr gut Bekannte auf 15—17 m.[1]

Das Heft Nr. 136, 137 des Arch. d'Anthrop. crim. bringt auf p. 325 nach amerikanischer Quelle (die Yards in Meter umgerechnet) einige Angaben darüber, was normale Augen auf bestimmte Entfernungen wahrnehmen können. Eigentlich sind diese Daten für Soldaten zum Zwecke von Distanzschätzungen gegeben, für uns kann es Wert haben, wenn wir die Wahrheit von Angaben der Zeugen und Beschuldigten überprüfen wollen. Z. B.:

Das Weisse im Auge eines Menschen sieht man auf 27.30 m, die Augen selbst bis auf 72.80 m. Bis 91 m unterscheidet man die verschiedenen Partien des Körpers, die kleinsten Bewegungen und die Details der Kleider. Bei 182 m werden die Züge der Gestalt unbestimmt, bei 364 m unterscheidet man die Züge gar nicht, sieht aber Bewegungen der Gliedmassen. Bei 546 m unterscheidet man keine Details und bei 728 m auch nicht mehr Bewegungen eines Einzelnen. (Die weiteren Angaben haben nur für Militär Bedeutung.)

Auf allgemeine Richtigkeit werden diese Angaben wohl Anspruch machen können, aber ihre praktische Verwertbarkeit dürfte gering sein. Schon die Begriffe: „normale Sehweite" und „gute Tagesbeleuchtung" sind schwankende Begriffe und die Nebenumstände sind von ausschlaggebender Wirkung. Die dunstige Luft der Stadt verringert die Sehweite gegen die klare Atmosphäre im Hochgebirge gewiss um 10 %; Stand der Sonne, Hintergrund, Wind und Temperatur machen zusammen vielleicht ebenso viel aus, und die Kombination, die vielfach unbewusst in Rechnung gezogen wird, kann wesentliche Unterstützung oder Verrechnung bewirken. Wenn einer auf 200 m Entfernung aus dem Hause des A, wo dieser allein wohnt, einen Mann treten und wieder zurückgehen sieht, so wird er, wenn das Auszunehmende ungefähr auf die Figur des A passt, v o r a u s s e t z e n, dass dies der A war, und wird dann behaupten, ihn deutlich g e s e h e n zu haben. Er hat ihn aber nicht gesehen und hat seine Wahrnehmung nur mit Hilfe von Schlüssen, die auch falsch sein können, gemacht.[2] Das einzig Verlässliche wird in solchen Fällen immer nur die Probe an Ort und Stelle sein. Diese muss in wichtigen Fällen auch g e m a c h t w e r d e n; ist der Fall minder wichtig, so mache man die Probe wenigstens am nächst erreichbaren Orte unter möglichst ähnlichen Bedingungen. Auch hier verlasse man sich nur ja nicht auf Angaben in Schritt

---

[1] Der bekannte Wiener Ophthalmologe Prof. Fuchs soll einmal erklärt haben (Wiener Fremdenblatt v. 30./10. 1900), über alle diese Fragen gäbe es keine wissenschaftlichen Feststellungen.

[2] Pessler „Erkennen einer Person bei Dämmerung, im Mondschein und bei künstlicher Beleuchtung. Suggestion und Autosuggestion bei Zeugenaussagen", H. Gross' Archiv Bd. XXIV p. 189.

oder Metern, **die wenigsten Menschen wissen, wie viel
50 Schritte sind.**

11. Von Wichtigkeit sind endlich noch die Übertragungen auf
sogenanntes Positivpapier; B e r t i l l o n behauptet, man habe in
dringenden Fällen mehrere Tausend Exemplare in einer Nacht gemacht. Dass in wichtigen Sachen eine rasche Verbreitung von Tausenden von Porträts eines Verdächtigten den grössten Wert haben
kann, braucht nicht besprochen zu werden.

12. Für rasche Vervielfältigungen in grosser Anzahl ist zu erwägen, dass solche nur durch Zinkogravüren möglich gemacht werden
können, weil hierbei die Zinkplatte samt dazugehörigem Holzblocke
mühelos in den Drucksatz irgend einer Zeitung eingeschoben werden
kann. Eine Zinkogravüre stellt aber gewissermassen einen aus Kanten
bestehenden Stempel vor, wobei diese Kanten den Strichen der Zeichnung entsprechen. Es kann daher eine Zinkogravüre nach jeder Zeichnung, nicht aber nach einer Photographie, die nur aus Tönen besteht,
angefertigt werden. Handelt es sich also darum, mit möglichster
Schnelligkeit das Bild eines Menschen, dessen Photographie man besitzt, durch die Spähblätter oder die gewöhnlichen Zeitungen zu verbreiten, so verfährt man, wie in den photographischen Zeitschriften
angegeben wird, in folgender Weise: Man lässt von einem halbwegs
geschickten Zeichner die fragliche Photographie in allen ihren K o n -
t u r e n , um die es sich ja nur handelt, scharf und richtig überzeichnen,
so dass also diese Konturen auf der Photographie selbst erscheinen.
Dies ist das Werk weniger Minuten. Nun wird die Photographie mit
Quecksilberchlorid gebleicht, so dass n u r die Zeichnung, die vom
Quecksilberchlorid nicht angegriffen wird, übrig bleibt. Diese Zeichnung wird photographisch aufgenommen, auf Zink geätzt und der so
erhaltene Block in den Zeitungssatz eingeschoben. Solche Zeichnungen
sind nicht schön, aber häufig leichter erkennbar als die Photographie
selbst.

Will man selbst eine Photographie, Zeichnung, einen Druck oder
sonst etwas e i n s e i t i g beschriebenes, bedrucktes, bezeichnetes
vervielfältigen, so benutzt man das einfache, sichere und von jedermann durchzuführende Lichtpauseverfahren mit Kopierrahmen.[1]

Über die modernen vortrefflichen Arten der Vervielfältigung,
System von J u s t , H a r b e r , S t o l l e , namentlich aber die vornehmlich in Paris geübte Methode mit „Papier au Gélatino-Bromure"
s. R. A. R e i s s.[2]

---

[1] Genaue Anweisung s. H. Gross' Archiv Bd. III p. 345; es gibt aber auch
in jeder grossen Stadt Anstalten für Lichtpausverfahren, die solche Arbeiten
rasch und billig machen.
[2] „La photographie judiciaire", Paris, Mendel 1903.

10. Über Anthropometrie.

Das Folgende wird hier so wiedergegeben, wie ich es für die erste Auflage dieses Buches (1892) geschrieben habe. Seither hat die Anthropometrie, oder wie man auch sagt, die Bertillonage trotz der Daktyloskopie eine Verbreitung und Wichtigkeit erhalten, wie man es seinerzeit wohl voraussetzen musste, obwohl sie bis vor kurzem in gewohnter Schwerfälligkeit und zopfiger Ignoranz oft als überflüssig und „Schwindel" bezeichnet wurde. Heute bertillonisiert man überall, wo die Polizei halbwegs modern eingerichtet ist, niemand zweifelt an dem grossen Werte der Anthropometrie, man ist sich nur nicht klar, welch übergrosse Verbreitung und Verwendung die Sache noch bekommen wird.

Ich finde an der ganzen, so hochwichtigen Angelegenheit nur eine einzige Schwierigkeit, und diese haben sich die Leute selbst geschaffen, indem sie an dem System und den Anordnungen B e r t i l l o n s kleine oder grössere Änderungen und „Verbesserungen" vorgenommen haben. Dass B e r t i l l o n auf den ersten Wurf alles vollkommen und keiner Verbesserung bedürftig gemacht hat, wird kein Mensch behaupten, man muss aber zugeben, dass der geniale Mann zum mindesten nichts wirklich Unzweckmässiges angegeben hat. Ich habe, bis jetzt vergeblich, von allem Anfange an darauf hingewiesen, dass die grösste Bedeutung der Bertillonage in ihrer Internationalität gelegen ist, in ihrer gegenseitigen Anwendung auf der ganzen kultivierten Erde. Das ist aber nur möglich, wenn man überall haargenau und ängstlich gleichmässig vorgeht, ohne Vermehrung, Verminderung, Änderung und Verbesserung, so dass bloss die telegraphische Übersendung einer Reihe von Zahlen genügt, um überall sicher verstanden zu werden. Man soll dann nicht telegraphieren: Grösse x, Sitzhöhe: y, Spannweite: z, sondern bloss x, y, z. Lässt aber der eine Staat z. B. die Fusslänge weg und nimmt dafür etwa Umfang des Knies, so ist die Konfusion fertig. Auch in der Art des Vorganges wolle man nicht klüger sein als B e r t i l l o n , er ist doch klüger als alle seine Verbesserer, und so belasse man alles pedantisch genau so, wie er es angeordnet hat, und einige sich auf das Verfahren „genau nach B e r t i l l o n", dann wird die Sache erheblichen Nutzen bringen. Die grössten Feinde einer guten Neuerung waren von jeher ihre Verbesserer.

Unter Anthropometrie im allgemeinen mag man die Kenntnis über die zweckmässigste Art verstehen, wie man am menschlichen Körper Messungen und sonstige Bestimmungen vornimmt, um die Identität nachzuweisen. Mit Anthropometrie befasst man sich eigentlich schon, wenn man in einer Personsbeschreibung die Grösse eines Menschen anführt, wenn man auffallend grosse oder kleine Hände oder Füsse als Kennzeichen angibt, wenn man Vergleiche bei Fussspuren anstellt, wenn man sich in moderner Weise für die Papillarlinien an den Fingern interessiert u. s. w. Zu besonderer Bedeutung wurde die Sache aber durch Alphonse B e r t i l l o n in Paris gebracht, der die Anthropometrie zuerst zu polizeilichen Zwecken in der Rich-

tung verwendete, um rückfällige Verbrecher, die falschen Namen angeben, zu erkennen.[1)   Hierbei hat es sich namentlich um die Frage
gehandelt, w a s gemessen werden soll, und diese wird sich dahin beantworten lassen: Alles, was sich beim erwachsenen Menschen nicht
mehr ändert, also was in seinen Dimensionen durch Knochen oder
Knorpel bedingt wird. Muskelsubstanz, Fett, Drüsen u. s. w. wechseln, sie ändern sich oft in kurzer Zeit, Knochen und Knorpeln Er-
wachsener behalten ihre Ausdehnungen, besondere Fälle abgerechnet,
bei. Zu messen wird also sein: ganze Grösse, Höhe der Büste (sitzender
Mensch vom Sitzbrette bis zur Scheitelhöhe), Spannweite (von der
Spitze des einen Mittelfingers bis zur Spitze des anderen, bei wagrecht,
im Kreuze gehaltenen Armen), Länge des Unterarmes, Länge des Fusses,
Länge des Unterschenkels und der einzelnen Finger. Dann verschiedene
Durchmesser des Kopfes, namentlich die Breite (ober den Ohren) und
die Länge (von der Stirne gegen das Hinterhaupt), die Ausdehnungen
der Nase und der (beiden, weil oft verschiedenen) Ohren.

Dass man für alle diese Messungen besondere Instrumente haben
muss, ist selbstverständlich; ebenso gehört besondere Übung dazu,
um die Messungen richtig und rasch vorzunehmen, so dass es begreiflich ist, wenn z. B. die Pariser, Wiener, Petersburger, Berliner, Dresdner
Polizei ein eigenes Bureau hat, wo diese Messungen gemacht und die
Aufzeichnungen verwahrt werden. Solche Bureaux werden mit der
Zeit wohl allerorts eingeführt werden müssen, ihr Nutzen ist zweifellos
und ihre Verwendung für den UR. eine vielfältige. Für jene möglicher-
weise doch vorkommenden Fälle, wo der UR. ohne die eigentlichen
Instrumente zu besitzen aber solche Messungen für irgend einen Zweck
selbst vornehmen lassen muss, merke er, dass alle Messungen, die nicht
Knochen oder Knorpel betreffen, wie schon erwähnt, trügerisch sind,
und weiter, dass Messungen immer nur, wie der Fachmann sagt, „im
Winkel" gemacht werden dürfen; Bandmass ist immer zu verwerfen.
Misst man also z. B. die Höhe eines Menschen, so muss er an die Wand
gestellt und auf seinen Kopf ein rechtwinkeliges Brett gestellt werden,
dessen eine Seite knapp an die Wand, die andere über den Kopf, fest
an diesem, angehalten wird. Misst man die Länge des Fusses, so wird
dieser auf den Boden gestellt und knapp an die Ferse und knapp an
die grosse Zehe ein vierseitig prismatischer Körper, z. B. ein Kistchen,
ein dickes Buch, ein Ziegelstein u. s. w. so angedrückt, dass die zwei
gegenüberliegenden Seiten des Prismas einander parallel laufen. Dann
wird die Entfernung zwischen den zwei Prismen gemessen. Würde
man mit einem Bande messen, etwa wie der Schuster misst, so kommt
man leicht zu einem falschen Masse, da Beginn und Ende des Masses
nicht sicher zu bestimmen ist und da das Mass über Krümmungen
und Erhöhungen laufen muss, die wechseln können. —

[1) Genaueres s. H. Gross in „Allgem. österr. Gerichtszeitung" No. 49, 1894;
Dr. Buschan im „Archiv für Strafrecht", 44. Jahrgang 1. Heft und besonders
in dem eingangs genannten Werke von Friedr. Paul. Dann N. A. Kosloff in
H. Gross' Archiv Bd. I p. 273; Herbette „Sur l'identification etc.", Arch.
d'anthr. crim. I, 221 u. H. Gross' Archiv Bd. II p. 211, Bd. III p. 193 u. Bd. X p. 115.

Hat man an Photographien zu messen, so müssen diese, will man nur einigermassen genau vorgehen, sehr vergrössert werden. Dass sie genau gleich gross ausfallen, ist nicht unbedingt nötig, da man durch ein allerdings mühsames Aufsuchen der Verhältniszahlen die Vergleiche machen kann. Unbedingt nötig ist es aber, dass man die Vergrösserungen mit Hilfe d e s s e l b e n Apparates machen lässt, damit die etwa eintretenden Verzerrungen an beiden Vergrösserungen gleichmässig erscheinen. Werden dann die Messungen vorgenommen, so mache man sie zuerst an den Ausdehnungen des ganzen Gesichtes, dann an allen seinen einzelnen Teilen; insbesondere interessiere man sich für die Dimensionen und Eigentümlichkeiten der Ohren, die meist charakteristisch sind.

Aber die Fälle, in denen der UR. selbst Messungen vorzunehmen hat, sind selten, sie werden von den anthropometrischen Instituten der Polizei hergestellt. Um über die Art des Vorgehens in einem solchen Institute eine Vorstellung zu geben, teile ich aus dem „Appendice sur la classification et l'identification anthropométriques" par Alphons B e r t i l l o n jenen Abschnitt mit, in dem der Verfasser auseinandersetzt, wie die Photographien, die im Besitze der Pariser Polizei sind, benützt werden. B e r t i l l o n sagt etwa: Die Pariser Polizei hatte z. B. im Jahre 1893[1]) etwa 120000 Signalemente von Pariser Verbrechern; hiervon ziehen wir 20 000 für Frauen und 10 000 für Leute unter 20 Jahren ab, es bleiben also 90 000. Wird nun ein Verbrecher eingeliefert, so soll zuerst festgestellt werden, ob er ein „rückfälliger", d. h. einer ist, der in der Registratur erscheint. Selbstverständlich wird der Mann zuerst um seinen Namen gefragt und nach diesem die Signalementskarte gesucht. Findet sie sich, so ist diese Frage erledigt, findet sie sich unter diesem Namen aber nicht, so muss festgestellt werden, ob er nicht unter einem anderen Namen doch vertreten ist. Natürlich kann man nicht alle 90 000 Signalements auf die vielen Arrestanten durchsuchen, die alle Tage eingeliefert werden. Man geht also systematisch vor. Zuerst werden von jedem Eingelieferten jene Masse genommen, die ohnehin genommen werden müssen und diese werden dann die Bestimmung möglich machen. Die 90 000 Signalementskarten sind nämlich in drei Gruppen eingeteilt, jede dieser drei Gruppen wieder in drei Gruppen, jede von ihnen wieder in drei Gruppen u. s. f. Diese erste Gruppenteilung geschieht nach der Länge des Kopfes so dass die 90 000 zerfallen in je 30 000 mit grosser, mittlerer und geringerer K o p f l ä n g e. Jede dieser drei Gruppen teilt sich wieder in drei Gruppen zu je etwa 10 000 mit grosser, mittlerer und geringer K o p f b r e i t e, und jede dieser drei Gruppen zerfällt in drei Gruppen mit grossem, mittellangem und kleinem M i t t e l f i n g e r zu je etwa 3300. Die drei verschiedenen Längen des F u s s e s teilen jede dieser drei Gruppen nun wieder in solche zu ungefähr 1100, diese werden wieder durch die drei Längen des U n t e r a r m e s in Gruppen zu etwa je

---

[1]) Seither haben sie in den verflossenen 14 Jahren die fünffache Anzahl gesammelt; die Verhältniszahlen bleiben selbstverständlich gleich.

400, und diese wieder in drei Gruppen zu je 130 nach der ganzen G e -
s t a l t s g r ö s s e zerlegt.

Diese Gruppen teilen sich nach der Länge des kleinen Fingers
in Päcke von 43 Signalementen und endlich nach der Augenfarbe in
Lagen von etwa 14 Signalementen, die nach der Ohrlänge geteilt werden.

Selbstverständlich müssen für die einzelnen Gruppen bestimmte
Massregeln festgesetzt sein; man muss z. B. wissen, was man unter
grosser, mittlerer und geringer Fusslänge zu verstehen hat, so dass
kein Zweifel entstehen kann.

Nehmen wir ein bestimmtes Beispiel. Der Mann hat eine Kopflänge von a Millimetern, gehört also in die Gruppe der 30 000 mit mittlerer Kopflänge; es sind also schon 60 000 Signalements eliminiert;
er hat b Millimeter Kopfbreite, gehört also in die Gruppe jener 10 000,
die geringe Kopfbreite haben. Er hat einen Mittelfinger von c Millimetern Länge, gehört also in die Gruppe von 3300 mit grossem Mittelfinger. Sein Fuss ist d Millimeter lang, er kommt also in die Gruppe
von 1100 mit mittlerer Fusslänge; sein Unterarm ist e Millimeter lang,
er gehört also zur Gruppe der 400 mit langem Unterarm, er ist f Centi-
meter hoch und gehört also zu den 130 Kleinen. Länge des kleinen
Fingers, braune Augen und Ohrlänge weisen ihn zu den kleinen Gruppen
und zuletzt bleibt sein Bild unter nur wenigen zu suchen. Nach diesem
sinnreichen Verfahren bedarf es in der Tat nur weniger Minuten, um
von jedem Menschen mit mathematischer Sicherheit sagen zu können,
ob sein Signalement unter den 90 000 vorhanden ist oder nicht. Aber
selbstverständlich: die grosse und schwierige Arbeit der Vermessung
aller 120 000 Verhafteten und aller täglich neu Eingelieferten (etwa
100 Personen) muss vorausgegangen sein.[1]

Diese Messungen bilden den ersten Teil der Arbeit; den zweiten
bildet die „Beschreibende Meldung" (Stirne, Nase, Ohr, Haar, Bart,
Korpulenz etc.) und die dritte Abteilung bezieht sich auf besondere
Merkmale und Narben. Nach B e r t i l l o n müssen mindestens 5
solche angegeben werden, da nach seiner Behauptung jeder Mensch
mindestens 8—12 Narben und sonstige Merkmale aufweist; wer an
seinem eigenen Körper genau Nachschau pflegt, findet gewiss mindestens
so viele. Wird das alles beachtet, so gewinnt man allerdings ein Bild,
welches weit genauer, zuverlässiger und unveränderlicher ist, als die
beste Photographie. Hiernach sind aber die Leistungen: die Pariser
Polizei nimmt im Durchschnitt im Jahre 450—460 Identifikationen
von Personen vor, die ohne Bertillonage unbekannt geblieben oder
unter falschem Namen geführt worden wären, also in je 3 Tagen fast
4 solche Feststellungen!

B e r t i l l o n ging noch einen wichtigen Schritt weiter, indem
er auf seiner „Ecole pénitenciaire supérieure" mit Hilfe des sogenannten
„portrait parlé" Gedächtnisbilder darstellt, mit deren Hilfe seine
Zöglinge (Polizeiagenten) mit voller Sicherheit verfolgte Individuen,
auch wenn sie sich noch so sehr verändert hätten, bloss nach dem An-

---

[1] Den genauen Vorgang s. namentlich H. Gross' Archiv Bd. X p. 115.

sehen herausfinden. Die Erfolge, die B e r t i l l o n mit seinen Leuten
nach ungefähr 15 Lektionen erzielt, sind in hohem Grade überraschend.
Direktor G u i l l a u m e hat auf dem Budapester Kongresse für Hygiene
und Demographie 1894 über eine Probe berichtet, die B e r t i l l o n
vor Fachmännern ablegte und die allgemeines Erstaunen hervorrief.

Das B e r t i l l o n sche Messverfahren hat heute derartige Bedeutung erlangt, dass man sogar daran denkt, a l l e zur Assentierung
Erscheinenden, somit die gesamte männliche Bevölkerung über 20 Jahre,
zu vermessen, was dann nicht bloss für Kriminalfälle, sondern auch
zur Identifizierung von Verunglückten, Selbstmördern, Irrsinnigen,
dann bei Versicherten etc. vom grössten Werte wäre.[1]

II. Über Daktyloskopie.

So überaus wertvoll und genial erdacht das Bertillonsche Messverfahren auch ist, so teilt es doch mit allen menschlichen Einrichtungen das Schicksal, dass es durch etwas noch Besseres ersetzt, vielleicht auch verdrängt werden kann. Dies ist die uralte, durch Sir
Francis G a l t o n neu angeregte und von ihm und anderen wissenschaftlich begründete Lehre von der Daktyloskopie, der Unterscheidung
der Menschen nach den, bei jedem anders gestalteten Papillarlinien
auf der Innenseite der Fingerspitzen.[2] Wie sich die Sache nunmehr
gestaltet hat, gewinnt es allerdings den Anschein, als ob die Daktylos-

---

[1] „Verwertung der Röntgenstrahlen hierbei" s. H. Gross' Archiv Bd. II
p. 211.

[2] Siehe namentlich: R o s c h e r „Handb. d. Daktyloskopie", Leipzig 1905;
F. P r o t i v e n s k i „Grundzüge der Daktyloskopie", Prag 1905; W i n d t und
K o d i c e k „Daktyloskopie", Wien u. Lpzg. 1904; J. V u c e t i c h „Systema dactilos-
copico", La Plata 1901; derselbe „Dactiloscopia comparada", La Plata 1904;
K ö t t i g „Daktyloskopie", Dresden 1903; O s t e r m a n n „Daktyloskopie", Reckling-
hausen ohne Jahreszahl; derselbe „Der heutige Stand der Daktyloskopie" (mit
geschichtlicher Entwicklung) in H. Gross' Archiv Bd. XXI p. 310; G. R o s c h e r
„Die daktylosk. Registratur" ibidem Bd. XVII p. 129; A. D a a e dasselbe
ibidem Bd. XXIV p. 24; G. R o s c h e r „Der Altmeister der Daktyloskopie"
ibidem Bd. XXII p. 326; Dr. R e u t e r „Über Leichendaktyloskopie" ibidem Bd. XXI
p. 68; L. R o s t o z i l „Strafsache gegen W. Vrsek u. Kons." ibidem Bd. XVIII
p. 333; C. W i n d t „Über Daktyloskopie" ibidem Bd. XII p. 101; F. P a u l „Sichtbarmachen latenter Spuren" ibidem Bd. XII p. 124; C. W i n d t „Wirkungen der
Daktyloskopie" ibidem Bd. XVI p. 190; P. N ä c k e „Die Papillarlinien der Ferse"
ibidem Bd. XXVI p. 97; E. R. H e n r y „Classification and uses of fingerprints",
London 1901; A. Y v e r t „L'identification par les empreints digitales palmaires
(la dactyloskopie)", Lyon 1904; E. L o c a r d „Les services actuels d'identification
et la fiche internationale", Arch. d'anthrop. crim. No. 147 p. 145; P. N ä c k e
„Kunst und Daktyloskopie" in H. Gross' Archiv Bd. XIV p. 359 (Arch. d'anthrop.
crim. 1903 p. 605). Ältere Literatur: F. M a a c k in der „Wissenschaftl. Zeitschr.
für Xenologie" Januarheft 1901 (schon 54 Nummern!), dann H. Gross' Archiv
Bd. I p. 149 u. 497; Bd. III p. 1 u. 196; Bd. VI p. 326. Dann: F e r r e im „Journ.
d'anatomie et de la physiologie" 1900 No. 4 und alle neuen Lehrbücher f. gerichtl.
Medizin. Sehr wichtig sind auch zwei Schriften von Otto S c h l a g i n h a u f e n
„Das Hautleistensystem der Primatenplanta", Leipzig 1905 und „Über das Leisten-
relief der Hohlhand und Fusssohlenfläche" aus „Ergebnisse der Anatomie und
Entwicklungsgeschichte" Bd. XV p. 628. Letztere Abhandlung enthält v o r -
z ü g l i c h e und v o l l s t ä n d i g e Literaturangabe (eine kürzere enthält die
erstgenannte auf p. 608 ff.).

kopie besser wäre als die Bertillonage. Deshalb nehmen wir aber nichts davon zurück, was wir Bewunderndes über die Bertillonage gesagt haben und bereuen keine darauf verwendete Mühe. Es war alles richtig, nur ist die Daktyloskopie vorzuziehen. Und ein Teil der Bertillonage, namentlich das portrait parlé bleibt immer noch bestehen. —

In einer kleinen von der Dresdner Polizeidirektion (Ob.-Reg.-Rat v. Köttig) herausgegebenen Anweisung[1]) über Daktyloskopie werden ihre Vorteile gegen die Bertillonage sehr gut im folgenden zusammengestellt:

Vergleich des anthropometrischen und des daktyloskopischen Systems zur Wiedererkennung von Personen.

Anthropometrie.

1. Die Instrumente sind teuer, leicht zu verderben und nur von bestimmten Lieferanten zu beziehen.

2. Die Messenden müssen einen besonders ausführlichen Lehrkursus durchgemacht haben.

3. Die Körpermessungen können nur an bestimmten Messtationen und von den betreffenden Messbeamten vorgenommen werden.

4. Wenn die Masse nicht genau genommen werden, oder genau genommen und schlecht abgelesen oder abgeschrieben werden, kann der Fehler nachher in dem Amte, wo die Karten dauernd bleiben, nicht entdeckt und verbessert werden. Dieser Fehler bleibt und verdirbt alle Chancen für erfolgreiches Suchen.

5. Die Vornahme der Messungen nimmt viel Zeit in Anspruch, da die Masse, um verlässlich zu sein, dreimal genommen werden müssen.

6. Merkmale und Narben werden eingetragen, und dies erfordert, dass der Körper zum Teil unbedeckt ist.

7. Die Masse von jugendlichen Personen, die noch nicht ihr volles physisches Wachstum erreicht haben, verändern sich, wenn sie ihre Reife erlangt haben.

8. Für die Körpermasse sind allenthalben Fehlergrenzen zulässig. Das macht bei Personenfeststellungen vielfach die sehr umständlichen Doppelrecherchen notwendig.

Daktyloskopie.

1. Das erforderliche Zubehör, ein Stück Blech, eine Gummiwalze und etwas Druckerschwärze ist überall leicht und billig zu haben.

2. Jede Person kann nach einer halbstündigen Übung deutliche Fingerabdrücke aufnehmen.

3. Die Fingerabdrücke können von jedem Polizeibeamten an jedem beliebigen Orte aufgenommen werden.

4. Die Fingerabdrücke sind absolute Abdrücke, die von dem Körper selbst unter Bedingungen aufgenommen werden, die einen

---

[1]) Dresden, A. Schmied 1903.

Fehler in Bezug auf Abschreiben oder Eintragen ausschliessen. Zur Kontrolle der richtigen Reihenfolge der gerollten Abdrücke dient der Vergleich mit den einfachen Abdrücken.

5. Die Abdrücke der 10 Finger können in weniger als $1/4$ der Zeit, die für die Messung notwendig ist, aufgenommen werden.

6. Es ist keine Aufzeichnung von Merkmalen oder Narben notwendig, infolgedessen braucht sich die Person nicht ihrer Kleider zu entledigen.

7. Die Muster und die Papillarlinien, die jene bilden, behalten ihre Eigenschaften absolut unverändert durchs ganze Leben.

8. Da Fehler des Aufnehmenden ausgeschlossen sind, gibt es keine Doppelrecherchen.

Eine genaue Beschreibung des Vorgehens gebe ich hier nicht, da sie sich kurz nicht geben lässt, und da sie ausführlich in den früher genannten Arbeiten z. B. von Roscher, Windt, Protiwenski, Henry, Vucetich, Yvert etc. enthalten ist, und dort nachgelesen werden kann. — Hier mögen nur einige einleitende Worte gestattet sein. Ein Blick auf die Innenseite der Fingerspitze zeigt uns jene eigentümlich geordneten feinen und erhabenen Linien in der Haut, die gewiss jedem schon aufgefallen sind, über deren Entstehung und Bedeutung man nur weiss, dass sie durch die Anordnung der Papillen bedingt werden.[1]) Dass der dahinterliegende Fingernagel nicht der Grund ihres Entstehens ist, wie man behauptet, beweist der Umstand, dass diese Linien besonders schön und deutlich auch auf dem Ballen der Innenseite der Hand (unter dem kleinen Finger zunächst des Handgelenkes) ausgeprägt und auch an der Ferse und den Ballen der Fussohle wahrzunehmen sind.

Man hat schon lange gewusst, dass diese Linien bei jedem Menschen anders verlaufen, ebenso dass sie sich oft bei einem und demselben Menschen im Laufe der Jahre wohl zusammenschieben oder auseinandergedrückt werden können, dass sie sich sonst aber auch in langen Zeitläuften nicht ändern, vorausgesetzt natürlich, dass nicht etwa Narbenbildung nach Verletzungen u. s. w. eingetreten ist.[2]) So benützen die Chinesen seit uralter Zeit die Linien an den Fingerspitzen der Sträflinge zu deren Identifizierung und Sir William J. H e r s c h e l

---

[1]) Der erste, der sich mit dieser Erscheinung genau befasst hat, war der Physiologe P u r k i n j e (seine Dissertation 1823). Siehe die oben zitierte Arbeit von R o s c h e r in H. Gross' Archiv Bd. XXII p. 326. Über den Prioritätsstreit zwischen Faulds und Herschel und die Tätigkeit Galtons s. S c h l a g i n h a u f e n in dem „Morphologischen Jahrbuch" Bd. XXXIII p. 585.

[2]) So hat der Anthropologe W e l k e r im „Anthropol. Archiv" v. 1898 Bd. 3 die Abdrücke seines Handtellers aus den Jahren 1856 und 1897 zum Abdruck gebracht, welche volle Übereinstimmung der Papillarlinien ergeben. Die Fingerspitzen einer Mumie im naturhist. Museum in Wien zeigen nach Tausenden von Jahren deutliche Papillarlinien; dasselbe kann man an Leichen wahrnehmen, die selbst wochenlang im Wasser gelegen sind, da die Papillarlinien erst mit beginnender völliger Verwesung verschwinden. Ja, selbst wenn die Haut an einer Fingerspitze zufällig oder absichtlich entfernt wird, so zeigt die neue Haut dasselbe Muster! Natürlich stören es aber querverlaufende Narben.

hat sich bei seiner indischen Verwaltung im Verkehre mit den Ein-
gebornen dieses Mittels statt der Unterschriften bedient; auch jetzt
werden noch in der indischen Armee von den Soldaten Abdrücke der
drei Mittelfinger der rechten Hand abgenommen und aufbewahrt.[1]

Diesen alten Gedanken hat nun der Engländer G a l t o n [2] aufgegriffen und durch mühsame Beobachtungen und Zusammenstellungen
zu einem Systeme vereinigt, das er zunächst zur Wiedererkennung
von Personen, namentlich von Sträflingen, benützen wollte.

Auf Grund einer eingehenden Darstellung der Sache vor der
„Royal Society" (und im „XIX. Century") gelangte G a l t o n zu einer
Einteilung[3] in sechs Gruppen, die leicht von einander zu unterscheiden
sind und deren jede eine Ordnungsnummer erhält: I und II für die
Zeichnungen ohne Zwischenfeld, III und IV für diejenigen mit Spiral-
linien, endlich V und VI für diejenigen mit Schleifen. Die Untersuchung ergibt nun für jeden Finger eine dieser Nummern, und wenn
man die letzteren für alle zehn Finger eines Menschen in einer bestimmten
Reihe nebeneinanderschreibt, so erhält man ein Zahlensymbol, welches
sich vortrefflich als Grundlage einer Klassifizierung eignet, ja für sich
allein schon die Hände vieler Individuen hinreichend charakterisiert.
Die Hände, welche ein und dasselbe Zahlensymbol ergeben, also derselben Klasse angehören, lassen sich dann noch weiter unterscheiden.

Natürlich ist mit der Feststellung der geschilderten Zahlen die
Untersuchung noch keineswegs zu Ende, eine weitere Ausdehnung der
Gruppen vielmehr umso eher geboten, als man bald gewahr wird, dass
zwar manche Klassen selten, andere dafür aber häufig vorkommen.
Mit Hilfe eines Vergrösserungsglases prüft man daher die Zeichnungen
auf alle möglichen Einzelheiten, die sorgfältig notiert werden; bald
ist eine Linie an einer Stelle für eine kurze Strecke unterbrochen, bald
teilt sich eine Linie in zwei getrennte Zweige, bald vereinigen sich zwei
solche zu einem gemeinsamen Bergrücken. Alle diese bemerkens-

---

[1] „Nature vom 19. Oktober 1893, No. 1251, volume 48.

[2] „Personal identification and description" in der „Nature" v. Juni 1888;
dann F l o r e n c e „Les empreints dans les expertises judiciaires" (Arch. d. l'anthropol. v. 1889 No. 19) und F r e c o n mit L a c a s s a g n e „Des empreints etc.",
darauf: Francis G a l t o n F. R. S. „Finger Prints", London. Mac Millian & Comp.
1892; derselbe „Decipherment of blurred finger prints" ibidem 1893 und „The
metric system of identification of criminals, as used in great Britain und Ireland",
Publ. by the Anthropological Institute of Gr. Britain and Ireland, London. Eine
eingehende und vollkommen unterrichtende Darstellung der ganzen „Daktyloskopie" gibt C. W i n d t in H. Gross' Archiv Bd. XII p. 101; dazu F. P a u l im
selben Bd. p. 124 über „Sichtbarmachen latenter Finger- und Fussabdrücke";
vergl. L o c a r d im „Archives d'anthrop crim." XVIII p. 578; Att. A s c a r e l l i
„Le imprunte digitali nelle prostitute", Torino 1906. Weitere Literatur s. oben
p. 310 (gute historische Darstellung gibt auch die dort zitierte Arbeit von
O s t e r m a n n). Wie Galtons Arbeiten zu denen von F a u l d s und H e r s c h e l
stehen, siehe die oben zitierte Arbeit von S c h l a g i n h a u f e n.

[3] Die moderne Einteilung nach H e n r y, welche die G a l t o n s weit überholt, s. in der oben zitierten Arbeit von Camillo W i n d t. Welche Einteilung
(nach Henry, Roscher oder Vucetich) den Sieg davontragen wird, lässt sich heute
noch nicht sagen. Sie alle haben Vorteile, aber kompliziert sind auch alle; es
scheint fast, als ob sie sich nicht einfacher gestalten liessen.

werten Punkte geben dann ein vortreffliches Mittel ab, um die einer
nämlichen Klasse angehörigen Bilder weiter von einander zu unterscheiden oder um die Identität zweier Abbildungen desselben Fingers,
die zu verschiedenen Zeiten hergestellt werden, sicher nachzuweisen.
Hiermit sind wir zugleich bei dem Kernpunkte der ganzen Frage angelangt; diese merkwürdigen Zeichnungen, welche bereits drei Monate
vor der Geburt am Körper erscheinen und nach dem Tode erst mit
der endgültigen Auflösung des Leichnams verschwinden, behalten
während des ganzen Lebens ihre Gestalt bis ins einzelne völlig unverändert. Man sehe z. B. die oben erwähnten, von G a l t o n publizierten
beiden Abbildungen des rechten Zeigefingers von Sir William H e r -
s c h e l , von denen die eine aus dem Jahre 1860, die andere von 1888
stammt; ist auch das letztere Bild etwas breiter und sind auch die
Linien durch das Alter etwas verwaschen, so tritt doch die Identität
beider schon auf den ersten Blick hervor, und eine nähere Untersuchung
zeigt, dass sämtliche Einzelheiten des Bildes von 1860 auch in dem von
1888 noch unverändert vorhanden sind. Und ebenso hat G a l t o n
die Fingermarken von acht Personen in grösseren Zwischenräumen
verglichen und im ganzen 296 besondere Punkte notiert, die auf den
ersten Abdrücken zu sehen waren und sich mit einer einzigen Ausnahme
auch auf den späteren wiederfanden. Es besteht danach kaum noch
ein Zweifel, an der Dauerhaftigkeit dieser Figuren, deren Dimensionen
sich zwar mit der Zeit etwas verändern können, deren Charakter aber
trotzdem stets derselbe bleibt — ähnlich wie ja auch ein Spitzengewebe
nach allen Richtungen verzerrt werden kann, ohne darum von seiner
Eigenart erheblich einzubüssen.

Leicht ist freilich die Untersuchung dieser Fingerzeichnungen
trotzdem nicht. Vor allem kommt es darauf an, gute und getreue
Abbildungen von ihnen herzustellen, welche sich aufbewahren und
mit anderen vergleichen lassen, kurzum, welche sich besser zur Untersuchung eignen, als der lebende Finger selbst. Zur Anfertigung solcher
Abdrücke, die möglichst treu, scharf und ohne Lücken sein sollen,
gibt G a l t o n zwei Methoden an. Man kann z. B. eine Glas- oder
Metallplatte über eine Flamme mit Russ überziehen und dann den
Finger darauf drücken; an all den Stellen, welche von den Erhöhungen
der Hautoberfläche getroffen werden, wird der Russ weggenommen
und man erhält so ein Bild, welches nur noch durch einen Firnis vor
der Zerstörung zu schützen ist. Ein anderes Verfahren besteht darin,
den Finger auf eine Metall-, Glas-, Porzellanplatte, auf welcher Druckerschwärze möglichst gleichmässig ausgebreitet ist, und dann auf ein
Blatt Papier zu drücken; die Schwärze haftet zunächst an allen Erhöhungen und wird von diesen auf das Papier übertragen.[1] Nicht
zu übersehen ist, dass man in diesem Falle ein schwarzes Bild der Erhöhungen, im ersteren ein solches der Vertiefungen erhält, dass sich
also beide etwa wie das photographische Negativ und Positiv zu einander verhalten. Das zuletzt beschriebene Verfahren ist jedenfalls

---

[1] Die heute amtlich eingeführte und erprobte Methode.

das einfachere und verdient auch vor einem Reliefabdruck des Fingers in Gips oder Siegellack den Vorzug. —

Soweit gingen die ersten Vorschläge G a l t o n s vor wenigen Jahren und heute ist die Lehre geradezu grossartig ausgebildet und wissenschaftlich begründet. Wie die oben (p. 310) zitierten Arbeiten nachweisen, sind die Formen der Papillarlinien in ein bestimmtes System gebracht und deren „Muster" in 4 Erscheinungsformen eingeteilt: Bogen-, Schlingen-, Wirbel- und zusammengesetzte Muster. Diese bekommen in Abkürzungen arithmetische und algebraische Werte, so dass sich daraus 1024 Kombinationen bilden lassen. Diese sind die Grundlage der von E. K. H e n r y in London, R o s c h e r in Hamburg und V u c e t i c h in La Plata erdachten, höchst sinnreichen Registrierverfahren. Das Abnehmen der Papillarlinien der 10 Finger eines jeden Verhafteten (auf Glasplatten mit Druckerschwärze) geht überraschend schnell und verhältnismässig auch rasch ist das Aufsuchen in der Registratur möglich. —

Das Identifizierungsverfahren mit Papillarlinien wurde vor kurzem als eine willkommene Ergänzung der Bertillonage angesehen, bei ihrer hohen Entwicklung ist sie aber zu einer wichtigen Konkurrentin der Bertillonage geworden und es ist, wie schon oben erwähnt, sehr gut möglich, wenn nicht gewiss, dass diese ingeniöse Idee fast vollständig an Stelle der Bertillonage treten könnte. —

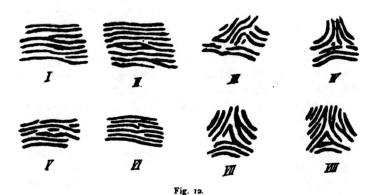

Fig. 12.

Zum Schlusse seien, zu rein theoretischen Zwecken, einige verschiedene Papillarabdrücke (Fig. 12) dargestellt.[1]) Es stammen die Fingerabdrücke: I von einem Gorilla; II u. IV von einem Europäer; III von Macacus maurus; V von einem Japaner; VI von einer Chinesin; VII von einem Singhalesen; VIII von einem Jorubaneger.

---

[1]) Aus O. S c h l a g i n h a u f e n „Das Hautleistensystem der Primatenplanta", Leipzig 1905.

12. Die geometrische Identifikation.

W. Mathews hat[1]) einen sinnreichen Vorschlag[2]) gemacht, nach welchem Photographien von Menschen mit Sicherheit auf ihre Identität geprüft werden können, auch wenn eine Reihe von Jahren zwischen den einzelnen Aufnahmen verstrichen ist. Er geht von der gewiss richtigen Voraussetzung aus, dass sich bestimmte Entfernungen im Antlitze eines erwachsenen Menschen nicht mehr ändern, wenn nicht etwa besondere Erkrankungen oder Verletzungen des Schädels vorgekommen sind.

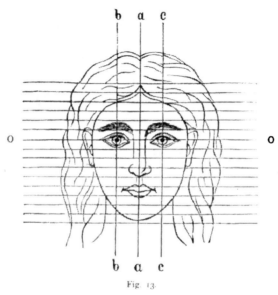

Fig. 13.

Die sogenannte „geometrische Identifikation".

Eine solche Messung beginnt damit, dass vorerst beide zu vergleichenden Photographien möglichst stark und in ganz gleichem Massstabe vergrössert werden (also entweder beide vorliegenden Photographien, die alte und die neue, oder die alte Photographie und die erst aufzunehmende des zu identifizierenden Menschen). Je stärker die Vergrösserung, d. h. je grösser die zu vergleichenden Bilder sind, desto deutlicher wird die Probe, desto unbedeutender wirken kleine Fehler, die etwa beim Messen gemacht werden.

Dann wird zuerst (Fig. 13) die Grundlinie (datum line) durch die Mitte der Pupillen gezogen (o o). Die Distanz zwischen der Mitte der beiden Pupillen wird halbiert und hier eine Senkrechte gezogen (a a); ebenso wird je eine zu a a Parallele durch die Mitte jeder Pupille geführt (b b und c c). Endlich werden zur Grundlinie o o Parallelen

[1]) Brith. Journ. Almanac 1890 p. 412.
[2]) Vergl. G. Pizzighelli „Handbuch der Photographie".

nach abwärts und aufwärts (bis zum Kinn und zur Haargrenze, gezogen und mit 1 2 3 . . . und 1' 2' 3' . . . numeriert. Die Entfernung der einzelnen (horizontalen) Linien beträgt g e n a u den Durchmesser der Iris (des sogenannten Augensternes) im Bilde.

Die Prüfung auf Identität kann nun eine zweifache sein:

1. Man schneidet beide Bilder nach der Linie a a durch und passt die verwechselten Hälften aneinander; gehören die Bilder derselben Person an, so müssen nun alle anderen Linien genau übereinstimmen.

2. Man legt die (n i c h t auf Karton aufgezogenen) Bilder so aufeinander, dass sich o o und a a decken. Sind die Bilder identisch, so decken sich dann auch die anderen Linien.

Ich glaube, dass sich diese Methode für wichtige Fälle empfehlen muss — allerdings nur, wenn beide Photographien v o l l k o m m e n g e n a u en face aufgenommen sind.

13. Über die Gebühren der Sachverständigen.

Ich möchte zum Schlusse dieser Abschnitte eines Umstandes Erwähnung tun, der anscheinend von untergeordneter Bedeutung, in Wirklichkeit aber von einschneidender Wichtigkeit ist; ich meine die Behandlung der von den Sachverständigen gelegten Rechnungen.

Ich weiss sehr gut, dass von den meisten Gerichten bei Bemessung der Sachverständigen-Gebühren entsprechend vorgegangen wird, gewiss aber kommt es ab und zu vor, dass aus kleinlichem Spartriebe, aus Mangel an Verständnis, vielleicht auch noch aus anderen Gründen, die von den Sachverständigen angesprochenen Entlohnungen in unverständiger Weise beschnitten werden. Man mache es sich einmal klar, was es heisst, wenn man den betreffenden Posten um so und so viel heruntersetzt: m a n w i r f t d e m S a c h v e r s t ä n d i g e n i n d i r e k t v o r, d a s s e r g e t r a c h t e t h a t, s i c h m e h r z u z u w e n d e n, a l s i h m g e b ü h r t, d a s s e r i n u n z u l ä s s i g e r u n d u n e r l a u b t e r W e i s e s i c h z u b e r e i c h e r n g e s t r e b t h a t! Man scheut sich, es direkt auszusprechen, wessen man den Sachverständigen beschuldigt, wenn man mit einem Federstriche aus den verlangten und angesetzten 20 — einfach 15 macht.

Fragen wir uns, welche Fälle da eintreten können. Es kommt häufig vor, dass fast gewohnheitsmässig ein gewisser Prozentsatz des vom Sachverständigen Angesprochenen „heruntergestrichen" wird — sagen wir z. B. ein Fünftel. Weiss das der Sachverständige und will er doch auf seine Gebühr kommen, so wird er so kalkulieren: „Für diese Arbeit verdiene ich nach Gesetz und Gewissen 20 — setze ich 20 ein, so wird mir ein Fünftel gestrichen, ich bekomme also zu wenig; so will ich also 25 einsetzen — ein Fünftel wird gestrichen und dann komme ich auf jene 20, die ich wirklich zu beanspruchen habe." Und der Richter spielt die wenig beneidenswerte Rolle des Bauern, von welchem der Kaufmann weiss, dass er es „ohne Handeln nicht tut", und dem er die Ware also von Anfang an höher bewertet, als dem klügeren Käufer, von dem der Kaufmann weiss, dass er nicht zu handeln pflegt.

Abgesehen von solchen Fällen, in welchen der Sachverständige allerdings das bekommt, was Rechtens ist, und wo sich nur der Richter lächerlich macht, kann es beim „Streichen" nur geschehen, dass der Sachverständige zu wenig oder zu viel bekommt. Bekommt er zu wenig, d. h. hat man ihn am redlich verdienten Lohne ungerechterweise verkürzt, so sind mehrfache Schäden entstanden. Vor allem ist ungerecht vorgegangen worden, weil einer weniger bekommen hat, als er verdiente; weiter ist der Sachverständige sicher nicht angeregt worden, in künftigen Fällen seine Mühe und sein Wissen wieder mehr anzustrengen, als es unbedingt sein muss, und endlich hat der bemessende Richter gezeigt, dass er die geleistete Arbeit nicht zu beurteilen versteht, dass er vor Arbeit und Wissenschaft nicht die richtige Achtung besitzt. Er hat über etwas gesprochen, was er nicht versteht, und der Sachverständige, der zum fraglichen Gutachten die Ergebnisse jahrelanger Vorstudien braucht, der eingehende neue Studien machen, angestrengt denken und mühsam zusammenstellen musste, hat sich den Vorwurf gefallen zu lassen, er habe versucht, vom Staate mehr herauszubekommen, als er verlangen durfte, bloss weil der bemessende Richter nicht imstande war zu erwägen, wie viel Zeit, Mühe, Können und Wissen zur Abfassung des Gutachtens nötig war.

Man frage einmal Richter, die ein Gutachten z. B. über eine schwierige Geisteszustanderhebung, über eine chemische quantitative Analyse bei organischen Giften etc. „bemessen" haben, o b s i e f ü r i h r e T a x i e r u n g e i n e n M a s s t a b b e s i t z e n, ob sie je dabei waren, wenn ein Geisteskranker untersucht und geprüft wird, ob sie bei einer mühsamen chemischen Analyse von Anfang bis zu Ende zugesehen haben: in manchen Fällen wird man hören: „das nicht, aber die Summe, die der Sachverständige kriegt, ist doch ein schönes Geld!" — ist ein solcher Vorgang eines Richters würdig?

Hat der Sachverständige auch nur ein einziges Mal e r w i e s e n e r m a s s e n zu viel verlangt und bekommen — dann entferne man ihn von seinem Posten, dann scheue man sich auch nicht, sein Vorgehen als das zu bezeichnen, was es ist; denn wenn er imstande ist, sein Gewissen wegen einiger Taler zu belasten, die er zu viel verlangt, dann verdient er auch das unendlich grosse Vertrauen nicht, das dem Sachverständigen entgegengebracht wird und werden muss. Wenn man aber einem Sachverständigen in so vielen Fällen Freiheit und Ehre von zahlreichen Menschen anvertraut, dann traue man ihm auch zu, dass er seine Leistung nicht höher taxieren wird, als er es vor seinem Gewissen verantworten kann. —

Ähnliches gilt von den Gebühren der Zeugen, und werde dies gleich hier berührt. Infolge des wohl allerorten geübten Sparsystems trachtet man auch fast überall, die den Zeugen auszuzahlende Gebühr nach Möglichkeit herabzudrücken. So weit nun diesfalls gesetzliche Bestimmungen bestehen, lässt sich nichts machen — aber jede solche

Verordnung lässt sich härter und milder auslegen. Tue jeder nach Kräften das letztere! Vor allem ist es des Staates und seiner Diener unwürdig, mit einem Menschen, der einer Pflicht genügen musste, bedeutende Wege zurücklegt, seine Arbeit versäumt und allerlei sonstige Unannehmlichkeiten mit in den Kauf zu nehmen hatte, um eine kleine Summe zu feilschen, die ihn zufrieden machen und den Staat nicht schädigen kann; die Leute werden unwillig und übel gestimmt und die ersparte Summe ist nicht der Rede wert. Aber dieses System des Herunterdrückens der Zeugengebühren ist auch ein unwirtschaftliches und daher törichtes. Wer einmal als Zeuge vernommen und zu gering entschädigt wurde, oder wer dies von anderen erfahren hat, wendet in einem nächsten Falle, in welchem er z. B. T a t z e u g e war, alles an, um nicht als Zeuge genannt und vernommen zu werden. A n s t a t t d i e s e n e i n z i g e n T a t z e u g e n m ü s s e n n u n z e h n a n - d e r e Z e u g e n v o r g e r u f e n w e r d e n, die nur unbedeutende Wahrnehmungen gemacht haben, welche vielleicht zusammen nicht so viel Wert haben, als die einzige Aussage jenes gewitzigten Zeugen gehabt hätte. Und der finanzielle Erfolg ist der, dass statt eines Zeugen deren zehn bezahlt werden müssen. Wie oft hört man aber unter den Leuten: „Nur nicht vor Gericht kommen müssen, man versäumt viel, plagt sich und wird miserabel bezahlt." Auch die Tätigkeit eines Zeugen ist eine Leistung, und jede Leistung wird schlecht, wenn sie unwillig geschieht, und unwillig werden die Leute, wenn man ihnen verdientes Geld abdrückt. —

VI. Abschnitt.

Die Verwendung der Tagespresse.

Dass sich der UR. dem Einflusse der so und sovielten Grossmacht nicht entziehen kann ist selbstverständlich, es fragt sich nur, wie er sich diesem Einflusse gegenüber zu stellen und wie er sich ihn dienstbar zu machen hat.

Der Zusammenhang zwischen UR. und Tagespresse liegt in der Gemeinsamkeit des Interesses beider: das des UR. wird durch Verbrechen und das, was damit zusammenhängt, gebildet, und das der Tagespresse zum grossen Teile auch durch denselben Gegenstand. Ein erfahrener Journalist, der sich mit Genauigkeit darüber unterrichtet hat, was das Publikum am liebsten und genauesten in seinem Leibblatte liest, teilte mir die von ihm festgestellte Reihenfolge so mit:

Das Wichtigste sind Todesfälle und Heiratsanträge, d a n n k o m m e n
B e r i c h t e ü b e r b e g a n g e n e V e r b r e c h e n u n d G e r i c h t s -
v e r h a n d l u n g e n , dann die übrigen Tagesneuigkeiten, sohin die
Fortsetzung des Romanes, Referate über das Theater und lustige Feuille-
tons, endlich die Originaltelegramme, politische Mitteilungen und
Leitartikel, zuletzt Aufsätze wissenschaftlichen Inhaltes.[1]) Woraus
zu ersehen, welch hervorragendes Interesse die Leute an den Mitteilungen über Verbrechen haben, und da das Interesse der Leute auch
das Interesse des Zeitungsschreibers sein muss, so sind ihm daher auch
diese Dinge von grosser Wichtigkeit. Er würde vielleicht lieber auf
alles andere für sein Blatt verzichten, als auf rasche Mitteilungen krimineller Natur. Hiermit kommt aber der Zeitungsschreiber wieder mit
dem Gesetze in Widerstreit, da in allen Kulturstaaten die vorzeitigen
Verlautbarungen der Einzelheiten aus Untersuchungen verboten sind.
Allerdings gibt es wenige Gesetze, die häufiger übertreten werden,
als gerade dieses, denn wir lesen in den Blättern alle Tage möglichst
genaue Schilderungen über eben begangene Verbrechen, namentlich
wenn diese recht abscheulich und greulich sind. Wie viel von diesen
Mitteilungen wahr ist, mag freilich eine andere Frage sein und manchem
Kriminalisten ist es schon geschehen, dass er beim Lesen irgend einer
derartigen Zeitungsmitteilung den Gedanken hatte, er habe „etwas
Ähnliches" schon einmal gehört, so sehr war der Fall entstellt worden,
den er erst gestern zugeteilt erhalten hat.

Dass dies aber so wird, muss erklärlich erscheinen, wenn man
beobachtet, wie derlei Zeitungsnotizen entstehen; der UR. und sein
Schriftführer haben geschworen, das Amtsgeheimnis zu wahren, der
Hergang bei irgend einem Verbrechen ist aber als Amtsgeheimnis zu
betrachten, ergo: hüllen sich der UR. und sein Anhang in den undurch-
dringlichen Mantel jenes bewussten Geheimnisses und sagen dem Jour-
nalisten nichts. Dieser m u s s aber für sein Blatt etwas über den
„interessanten Fall" haben und so stürzen nun die Reporter über die
Wachleute, die Zeugen und deren Verwandte, die Gefängnisaufseher,
den Kutscher, der den UR. zum Tatorte brachte, die Hausleute und
ähnliche massgebende Personen und setzen nun ihre „verlässlichen
Berichte" zusammen. Ich weiss von einem besonders schlauen „Reporter" zu erzählen, der ad hoc eine Bekanntschaft mit des UR. Stuben-
mädchen angeknüpft hatte, um von diesem zu erfahren, was der „Herr
Doktor" vielleicht beim Mittagessen seiner Frau von interessanten
Fällen erzählt hat! So kommen dann die Schauderberichte zuwege,
von denen unsere Zeitungen strotzen und über welche die Herren von
der Justiz — lachen und vermeinen: es sei ja gleichgültig, was da in
den Zeitungen stünde. Das ist aber nicht gleichgültig und wer genauer
zusieht, muss zur Überzeugung kommen, dass diese unwahren Berichte
und ihre suggerierende Kraft genug Unheil anrichten. Vor allem ist
das Unwahre an sich schon etwas Böses und sollte deshalb allein schon

---

[1]) Ähnliches sagen K l a u s s m a n n und W e i e n „Verbrechen und Verbrecher", Berlin 1892.

nicht geduldet werden; ich habe eine viel zu hohe Meinung von der Wichtigkeit und Bedeutung der Tagespresse, um nicht überzeugt zu sein, dass sie durch das immerwährende Bringen von Unwahrheit tiefgreifenden Schaden zufügt. Ferner muss aber erwogen werden, welchen Einfluss die Mitteilung über einen besonderen Fall auf alle jene ausübt, die näher oder entfernter an der Sache beteiligt sind. Wer etwas vom „Falle" gesehen oder gehört hat, interessiert sich besonders für denselben. Jeder Mensch hat für sich ein vielfach übertriebenes Interesse und ebenso wie jeder, der ein Namensverzeichnis in die Hände bekommt, in dem er erscheint, vor allem anderen zuerst seinen eigenen Namen anschaut, so wird er auch den Fall, an dem er irgendwie beteiligt ist, besonders interessant finden und alles mit Genauigkeit lesen, was er eigentlich ohnehin selber besser weiss. Weiss er aber etwas von der Sache, so wird er auch als Zeuge vernommen werden und nicht mehr unbefangen aussagen, wenn er falsche Berichte gelesen hat.

Nicht bloss der gemeine Mann, jeder von uns bringt denn doch immer dem Gedruckten ein gewisses Vertrauen entgegen und lässt sich, trotz vieler Enttäuschungen vom Gedruckten beeinflussen. „Etwas Wahres wird doch daran sein", und wenn er wiederholt und wiederholt die Sache anders geschildert liest, als er sie selber miterlebt hat, so wird er schliesslich in seiner Auffassung wankend und bringt, trotz des besten Willens die Wahrheit zu sagen, die Sache anders vor, als er es getan hätte, wenn er nicht beeinflusst worden wäre.

Ausserdem aber bildet sich im Publikum durch die Zeitungsberichte eine fixe Vorstellung über den Hergang der Sache und das Mass des Verschuldens des Täters, so dass sich das Urteil über ihn oft im Publikum schon lange eher gebildet hat, bevor die massgebenden Behörden gesprochen haben. Entscheiden diese endlich, so wird ihr Spruch nicht mit der Anschauung des falsch informierten Publikums, welches sich auch durch den Gang der Hauptverhandlung nicht mehr von seiner Meinung abbringen lässt, in Übereinstimmung sein, die Entscheidung der Behörde wird kritisiert und welch üblen Einfluss jede Erschütterung des Glaubens an die Behörden haben muss, braucht nicht besprochen zu werden. Übrigens darf nicht vergessen werden, dass auch die Geschworenen dem „Publikum" entstammen und häufig durch „Berichte" falsch beeinflusst sind, oft so stark, dass alle Beweise, die von der Hauptverhandlung gebracht werden, nicht mehr wirken. —

Fragen wir um ein Mittel, wie diesem Übel zu steuern ist, so müssen wir antworten, das einzige bestünde darin, dass der UR. selbst es übernimmt, den Zeitungen über Kriminalfälle das Nötige mitzuteilen, wogegen diese verpflichtet wären, ausser dem ihnen vom UR. Gesagten nichts über derlei Fälle zu bringen. Das klingt stark nach Zensur, in Wirklichkeit ist es aber nicht so arg gemeint. Vorerst stelle ich mir nicht vor, dass die Sache gesetzlich oder vertragsmässig geregelt werden soll, ich meine, dass es immer leicht sein wird, mit den Leuten der Lokalblätter, und seien es auch die einer sehr grossen Stadt, ein diesfälliges Übereinkommen zu treffen, nach dem der UR. die Reporter mit den entsprechenden Nachrichten versieht, während diese

sich wieder verpflichten, nur das vom UR. ihnen Gesagte über den Fall
zu berichten, ferner aber auch]alles zu veröffentlichen, was dieser veröffentlicht sehen will. Darin, was der UR. über einen Fall drucken
lässt, wann und wie er dies tut, wird sich dessen Kunst deutlich zeigen.
Es fällt mir selbstverständlich nicht bei, etwa zu raten, dass der UR.
irgend etwas Unwahres mitteilen sollte, um z. B. den unbekannten
Täter zu täuschen, um Mitschuldige vertrauensselig zu machen u. s. w.
Aber man muss nicht alles sagen, was man weiss oder vermutet, oder
man kann es sagen, aber erst zu einer gewissen Zeit. Wie man das
zu sagen hat, lässt sich im allgemeinen nicht ausdrücken, es ist auch
im besonderen Falle nie leicht zu konstruieren, aber möglich ist es,
bei Erwägung aller Umstände, auf das Richtige zu kommen. Am
besten wird man noch fahren, wenn man vorerst die betreffende Zei-
tungsnotiz ohne viel Hin- und Her-Überlegen verfasst und erst dann
sich klarlegt, welche Folgen diese haben kann, wenn sie der Täter
liest, wenn sie zur Kenntnis der Mitschuldigen, der Zeugen u. s. w.
kommt. Wie die Sache im allgemeinen steht, wird man zur Zeit der
Abfassung der Notiz doch schon wissen, und welche Wirkung diese
haben kann, wird man bei einiger Kombination auch herausbringen.

Ich bin überzeugt, dass mancher Erfolg in
wichtigen Strafsachen nur der geschickten Zei-
tungsbenützung zu verdanken war und ebenso sicher
ist es aber auch, dass mancher grosse Fehler dadurch entstanden ist,
dass die Benützung eine verfehlte gewesen ist.[1) Einen Fall letzter
Gattung will ich hier anfügen.

Bei einem Raubmorde war es durch eine Reihe von Zufällen möglich, sofort eine Anzahl von Gegenständen, die geraubt wurden, genau
zu beschreiben, obwohl die Ermordete eine alleinstehende Frau war,
die mit niemandem Verkehr gehabt hatte. Es war zu vermuten, dass
der noch unbekannte Täter von der genannten Stellung der alten
Frau unterrichtet war, und deshalb mit dem Verkaufe des Geraubten
nicht zu ängstlich sein werde. Um nun die Geschäftsleute rasch zu
verständigen, wurde veranlasst, dass die Beschreibung der geraubten
Gegenstände, die man genau kannte, sofort verlautbart wurde. Es
gelang auch, dies schon in den Abendblättern zu tun, obwohl der Mord
erst am Morgen bekannt geworden war. Diese Verlautbarung schlug
aber vollkommen fehl, denn der Täter hatte auffallenderweise vormittags noch nichts vom Geraubten verkauft und hatte erst abends,
nach dem Erscheinen der Abendblätter, wie es sich später herausgestellt
hatte, a l l e s verkauft, was er geraubt hatte und was in den Abendblättern noch n i c h t beschrieben worden war. In diesem Falle wäre
es also besser gewesen, mit dieser Beschreibung noch zurückzuhalten.
Und so wird es in zahlreichen Fällen sein. Anderseits ist aber die so
oft beliebte Geheimniskrämerei lächerlich, häufig schädlich. Auf
das Richtige wird man kommen, wenn sich auch hier klargemacht

---

[1) Gute Beispiele bringt A. Griffiths „Mysteries of Police and crime",
London, Cassel 1898.

wird, welche Folgen eine Verlautbarung haben kann. Lässt sich vernünftigerweise gar nicht denken, dass aus der Verlautbarung eine schlimme Folge entstehen könnte, dann veröffentliche man ohne Scheu.—

Gelingt es, die Reporter sich zu attachieren, so wird man manche dienstliche Annehmlichkeit von den Blättern als Gegenleistung für freundliches Entgegenkommen erhalten. Der UR. ist oft in der Lage, irgend etwas amtlich zu verlautbaren; amtliche Verlautbarungen haben aber das Eigentümliche, dass sie kein Mensch liest, am wenigsten der, den sie angehen; kommen aber solche Bekanntmachungen als Tagesereignisse, so werden sie mit Leidenschaft gelesen und erreichen ihren Zweck. Das Aufsuchen von Zeugen, von Eigentümern gewisser Sachen, Anfragen über Wahrnehmungen oder Ereignisse, Aufforderungen, gewisse Dinge beim UR. anzusehen, Nachforschungen über vermisste Leute und hundert ähnliche Verlautbarungen, die in den Spähblättern und Polizeianzeigen vergeblich wären, haben oft Erfolg, wenn sie als Neuigkeiten in den Tagesblättern erscheinen. Handelt es sich um wichtigere Dinge, so kann an die Notiz das Ersuchen an andere Blätter geknüpft werden, diese Notiz aufzunehmen. Ich habe in solchen Fällen stets die grösste Bereitwilligkeit, namentlich bei den ersten und angesehensten Blättern, gefunden; in einem Falle, in welchem die Möglichkeit vorlag, dass weit entfernte Leute Aufschluss geben könnten, fand eine solche Notiz aus einem bescheidenen Provinzblatt den Weg in die grossen Residenzblätter und schliesslich wurden mir sogar amerikanische Blätter eingesendet, die alle die Notiz gebracht hatten. Einige von ihnen schickten sogar Briefe dazu, in welchen sie versicherten, dass es ihnen ein Vergnügen gewesen sei, der guten Sache dienen zu können. Und was für den fiskalischen Standpunkt das Wichtigste ist: solche Dinge kosten dem Staate nichts! —

Soll aber der UR. mit der Presse wirklich etwas leisten, so muss er, ausserdem dass er die Leute vollkommen in der Hand hat, und dass er die Sache gescheit macht, auch volle Freiheit vom Staatsanwalt haben. Dieser muss wissen, wie die Notizen entstanden sind, und dass der UR. die Sache richtig anfasst; er darf dann nicht etwa das Blatt konfiszieren — wegen vorzeitiger Veröffentlichung gefährlicher Untersuchungs-Geheimnisse! —

Seitdem das eben Dargestellte in der ersten Auflage dieses Buches gesagt wurde, haben sich die früheren Verhältnisse in der Tat wesentlich geändert. Die alte Geheimniskrämerei ist verschwunden und die Presse, mit ihr das Publikum ist wirklich zu einer überaus wichtigen, nicht hoch genug einzuschätzenden Hilfskraft für die Polizei und das Gericht geworden. Eine grosse Menge der wichtigsten Klarstellungen, das Auffinden von Zeugen, von Verschollenen, von gestohlenen und geraubten Gegenständen, von massgebenden Vorkommnissen ist durch die geschickt benützte Presse möglich geworden, Nachteile haben sich nicht gezeigt. Es ist zu erwarten, dass dies im Laufe der Zeit noch viel günstiger und systematischer gestaltet werden wird — allen zum Nutzen. —

21*

Eine Frage, die zwar nicht hierher gehört, die aber vom straf-
politischen Standpunkte aus von Wichtigkeit ist, betrifft die Mitteilung von Gerichtsverhandlungen in den Blättern. Verbieten kann
man diese allerdings nicht, aber jeder erfahrene Kriminalist weiss,
welche furchtbare Strafverschärfung darin gelegen ist, dass der „Fall"
samt Namen und Generalien des Täters in den Blättern veröffentlicht
wird. Hierdurch wird nicht bloss das Ehrgefühl des Täters arg geschädigt, es wird auch seine Zukunft oft völlig vernichtet. Das zu
tun, haben wir kein Recht. Und das Schlimmste daran ist, dass durch
diese Überstrafe gerade der Bessere am härtesten getroffen wird: je
mehr Ehrgefühl er noch besitzt, um so schwerer empfindet er diese
moderne An-den-Prangerstellung. — Übrigens sind solche Verlautbarungen auch oft für Zeugen entsetzlich, wenn sie sich betrügen liessen,
wenn sie sich mit jemandem eingelassen oder an gewissen Orten befunden haben etc. Auch hierzu haben wir durchaus keine Befugnis. —

Ist zwischen UR. und den Vertretern der Presse ein günstiges
Verhältnis hergestellt, so wird es im persönlichen Verkehr vielleicht
am leichtesten zu erreichen sein, dass nach und nach die Zeitungsberichte über Gerichtsverhandlungen k e i n e Namen mehr bringen,
weder Namen des Vorsitzenden, Staatsanwalts und Verteidigers, noch
des Beschuldigten und der Zeugen — es wäre das ein nicht hoch genug
einzuschätzender Vorteil. —

Dieser, ebenfalls schon in der ersten Auflage ausgesprochene
dringende und mir s e h r wichtige Wunsch ist aber bis heute total
ohne Wirkung geblieben; ich habe sogar den Eindruck, als ob in dieser
Richtung immer erbarmungsloser vorgegangen würde. —

Die glückliche Wirkung der Presse in der Stadt[1]) muss sich der
UR. auf dem Lande anderweitig zu ersetzen trachten. Die Mitteilung
an das Gemeindeamt und Anschlag an der schwarzen Tafel ist selbstverständlich g a n z nutzlos. Wirksamer ist die Mitteilung an alle
Wirte der Gegend, wirklich nutzbringend ist aber die Verlautbarung
auf der Kanzel durch die Pfarrherren und durch die Schulkinder. Die
Pfarrämter kommen, so viel ich selbst erprobte und durch andere erfuhr, ausnahmslos dem betreffenden Ansinnen gerne und rasch nach,
und wenn etwas zu erfahren ist, so erfährt man es auf diese Art sicherlich.

Erstaunlich günstige Erfolge hat man bei Ausnützung der Schulkinder, freilich nur, wenn die Sache dem Fassungsvermögen der Kinder
entspricht und wenn nicht just Schulferien sind. Wendet man sich
an die Lehrer sämtlicher Schulen des fraglichen Bezirkes und teilen
diese den Kindern den Sachverhalt entsprechend mit, so hat man im
Nu ein Netz von eifrigen Detektivs über das Land gespannt, welches
treffliche Dienste leistet. Die Kinder sind von der Wichtigkeit ihrer
Aufgabe erfüllt, haben auf dem, oft langen Weg zur Schule Zeit und

---

[1]) Über eine vorzügliche Einrichtung, wie sie z. B. in Dresden besteht, wo
die Polizei alles, was sie wissen will und wobei das Publikum helfen kann, am
Polizeigebäude anschlägt s. N a c k e in H. Gross' Archiv Bd. XI p. 262. Aber
so schön wirkt eine solche Verlautbarung nie, wie eine Notiz im Leibblatt!

Gelegenheit zu beobachten, erzählen zu Hause mit Eifer von der Sache und was auch wichtig ist, sie sind über das ganze Gebiet gleichmässig verteilt, so dass nicht leicht ein halbwegs grösserer Strich ohne einen der kleinen Aufpasser bleibt. Wer das versucht, wird die besten Erfolge haben.

Namentlich zu verwenden sind Schulkinder, wenn es sich um Funde und Verluste, um die Begegnung einer gewissen Persönlichkeit und um Erscheinungen in der Natur handelt; Veränderungen und Spuren an Strassen, Wegen und Gewässern, Ansammlung von Krähen (wo Leichname liegen), Zeichen an Gebäuden, Bäumen, Zäunen etc. und tausend andere, oft so wichtige Dinge nimmt niemand besser wahr als Schulkinder. So konnte z. B. einmal der Weg, den eine später ermordete Blödsinnige durch mehrere Gemeinden gemacht hat, fast von Stunde zu Stunde durch Schulkinder festgestellt werden, ein später zu erwähnendes wichtiges Gaunerzeichen (über einen Gendarmenmord) wurde durch Schulkinder entdeckt, Skelettteile Ermordeter wurden oft durch solche gefunden. — Man verstehe mich recht: nichts läge mir ferner, als zu raten, man solle aus Kindern Spione und Verräter machen — das ist etwas anderes, als wenn man von ihnen Beobachtungen verlangt und sie zu Beobachtern erzieht.

B. Einzelne Kenntnisse des Untersuchungsrichters.

VII. Abschnitt.

Gaunerpraktiken.

Im nachstehenden sollen einige Kunstgriffe und Gewohnheiten, wie sie unter Gaunern und Verbrechern üblich sind, dargestellt werden. Ihre Kenntnis und Beachtung kann dem UR. in vielen Fällen Aufklärung über gewisse Vorgänge bieten, ihm zeigen, in welcher Richtung und in welcher Art er seine Erhebungen einzuleiten und fortzusetzen hat, hauptsächlich aber gestatten sie ihm, einen Blick in die Natur der Verbrecherwelt überhaupt und des Individuums zu werfen, mit dem er es zu tun hat. Dieses psychologische Moment ist der theoretische und der grösste Wert dieser Fragen. —

Von den modernen Fachschriftstellern hat zuerst F. Ch. B. A v é - L a l l e m a n t („Das deutsche Gaunertum") in dieser Beziehung belehrend und aufklärend gewirkt. Vieles konnte ich aus diesem vorzüglichen, wenn auch hier und da heute schon veralteten Werke benützen, im grossen und ganzen biete ich, was ich im Verlaufe meiner Tätigkeit aus Literatur, Notizen, persönlichen Mitteilungen und eigener Erfahrung gesammelt habe.

1. Änderung des Aussehens.

So bekannt es ist, wie häufig, wie geschickt und wie nachhaltig Verstellungen von Gaunern geübt werden, so zweckmässig dürfte es sein, immer wieder darauf hinzuweisen, dass es eigentlich nichts gibt, was sie nicht zu simulieren, nichts, was sie nicht zu dissimulieren suchten. Häufig wird die Entscheidung lediglich dem Arzte zufallen, und Sache des UR. wird es sein, von behaupteten Gebrechen und Krankheiten absolut nichts zu glauben und in a l l e n derartigen Fällen das Gutachten des Arztes einzuholen. Es gibt aber auch zahllose Möglichkeiten, bei denen man den Arzt nicht fragen kann, entweder weil die Entscheidung der Natur der Sache nach doch nicht ihm zufällt, oder aber, weil man früher etwas, oft einschneidend Wichtiges beschliessen muss, bevor man den Arzt zur Hand haben kann. Zu den ersteren Fällen gehören vorerst alle jene tausend Verstellungskünste, deren sich der verfolgte Verbrecher bedient, um anders auszusehen als es in seinem Steckbriefe lautet. H i e r b e i i s t h a u p t s ä c h lich festzuhalten, dass der Neuling im Verbrechen zuerst die Tat begeht und dann sich unkenntlich macht, während der gewiegte Verbrecher sich zuerst unkenntlich macht und dann das Verbrechen begeht. Der erstere flieht also in verstellter Form, der zweite in seiner natürlichen und es befindet sich daher dieser in einer weitaus günstigeren Lage. Wird der Täter ertappt oder auch nur scharf beobachtet, so kann die Verstellung leicht entdeckt werden und damit ist auch oft schon die Überführung der Tat geschehen.

Nehmen wir also an, ein U n g e ü b t e r begeht einen Betrug; er ist bartlos und kurz geschoren, wird als solcher verfolgt und reist mit falschem roten Barte und langer Perücke. Diese falsche Behaarung wird leicht entdeckt und endlich muss er sie doch einmal ablegen. Der g e ü b t e Verbrecher tut umgekehrt: er begeht den Betrug mit falschem roten Barte und falscher langer Perücke, in dieser Erscheinung wird er steckbrieflich beschrieben und verfolgt, er hat aber Bart und Perücke gleich nach der Tat abgelegt und die schärfste Invigilierung entdeckt von diesen Dingen nichts mehr. Auf solche Dinge ist beim Studium von Steckbriefen besonders Gewicht zu legen und vor allem alles für bedenklich und nicht für echt zu halten, was besonders auffallend ist; hierbei ist es im grossen und ganzen gleichgültig, ob das Auffallende blos zum Zwecke der Unkenntlichmachung bei der Tat künstlich angenommen wurde, oder ob es natürlich war, jedenfalls beseitigt es der Flüchtige, wenn anders möglich. Heisst es z. B. im Steckbriefe: „struppiger, brauner Bart" — so war er entweder falsch oder wurde nach der Tat und vor der Flucht rasiert; heisst es: „trägt blauen Zwikker", so wurde dieser entweder besonders zur Tat genommen und dann beseitigt, oder der Täter trägt überhaupt blauen Zwicker und wird sich auf der Flucht dieses verdächtigen Kennzeichens entäussern, wenn er auch noch so sehr daran gewöhnt ist. Auch, sozusagen, fest anhaftende Kennzeichen werden hier oft keinen Wert haben; so wird z. B. auffallend hohe Stimme entweder nur bei der Tat künstlich angenommen sein, oder es wird der Flüchtige, wenn die hohe Stimme natürliche Anlage war, oft mit grösster Anstrengung nunmehr tiefe Stimme simulieren. Ebenso wird Gang, Haltung, Gewohnheit, Anzug, ja selbst Körpergrösse vorgetäuscht. Ich erinnere mich eines Betrügers, der in einem Bankgeschäfte kunstvoll gefälschte Coupons in hohem Betrage eingewechselt hatte. Von der Beschreibung, die der Bankier vom Täter gemacht hatte und die veröffentlicht wurde, war aber auch n i c h t e i n Wort wahr: Bart, Brille, Haare, Anzug, Stimme, Haltung und Grösse, alles war falsch. Insbesondere war es auffallend, dass der Mann als „untermittelgross" beschrieben wurde, obwohl er ein sichtlich grosser Mensch war. Er war nämlich mit langem Überzieher bekleidet erschienen, der Schalter des Bankiers, von gewöhnlicher Tischhöhe, war, wie gewöhnlich, von der Platte bis zum Boden mit Bretterverkleidung versehen und so konnte der Mann die kurze Strecke von der Türe bis zum Schalter und zurück leicht mit stark eingebogenen Knien zurücklegen und machte so im Laden den Eindruck eines kleinen Mannes.

Auch auffallende Kennzeichen werden simuliert, z. B. Hinken, steifer Arm, verkrüppelte Hand, und wenn ein solches Kennzeichen dann gross und fett gedruckt im Signalement erscheint, so sieht der ungeübte Polizei- oder Justizmann lediglich auf dieses und lässt jeden unbehelligt, der heute nicht mehr hinkt, keinen steifen Arm, keine verkrüppelte Hand hat.   Ähnlich verhält es sich mit Muttermalen, Warzen u. s. w.   Ich habe einen berüchtigten Eisenbahn-Taschendieb gesehen, der sich aus Tischlerleim und feingeschabtem Leder ein riesiges Muttermal an der Wange gemacht hatte, als er einen grösseren Diebstahl verübte.   Man erzählt von einem Kassendefraudanten, der neben dem Auge eine grosse (natürliche) Warze besass.   Diese erschien im Steckbrief fett gedruckt, der Flüchtige hatte sie aber sofort nach der Tat mit einem Rasiermesser weggeschnitten und dann Brillen aufgesetzt.   Der Schnitt der Operation war horizontal (vom Auge gegen das Ohr) geführt worden und als nun eine feine, lineare rotgefärbte Narbe entstanden war, so machte sie nur den Eindruck, als ob sie vom Druck der Brillendrähte herrühre.

Die kosmetische Kunst hat es in dieser Richtung weit gebracht; Warzen, Feuermale, Pigmentablagerungen, Narben etc.' bieten ihr keine Schwierigkeiten, ja selbst missfarbige Hautstellen (ohne Erhebungen) weiss man nach dem von Dr. J. Paschkis in Wien erfundenen Verfahren gut zu beseitigen, indem sie mit besonderen Farben tätowiert werden: die Haut bleibt an der betreffenden Stelle noch 2—3 Tage gerötet, in einer Woche ist die ganze Stelle normal. Dass sich Gauner für derlei Schönheitsmittel unter Umständen lebhaftest interessieren, ist begreiflich.[1] Ein gutes Mittel, um verschwundene Narben wieder sichtbar zu machen, empfahl schon vor 70 Jahren Devergie[2] als untrüglich: Man solle Stellen, auf denen man Narben (besonders Brandnarben) vermutet, mit der flachen Hand so lange leicht schlagen, bis die Stelle gerötet wird; dann trete die Narbe weiss und genau in ihrer früheren Form heraus. —

Welche Verstellungen durch Änderung der Gesichtsfarbe hervorgebracht werden können, ist sattsam bekannt, und wer die treffliche Beschaffenheit unserer heutigen Fettschminken kennt, kann sich nicht wundern, dass Gauner hiervon ausgiebigen Gebrauch machen.[3] Namentlich ist es leicht, aus brünettem, unreinem Teint einen rosigen,

---

[1] Heute gibt es in jeder grösseren Stadt Leute, die vom Beseitigen der Muttermale, Leberflecken, Narben etc. ausschliesslich leben, also auch in unseren Fällen um Hilfe angegangen werden können.   Besonders beliebt ist in dieser Richtung die sogenannte Gesichtsmassage.

[2] Med. légale, Paris 1832 A. II p. 31, 32.

[3] Dr. Benasi in Wien macht gegenwärtig (Winter 1906/7) Versuche (für eine Abhandlung in meinem Archiv), in wie weit Paraffineinspritzungen ausgiebige Änderungen in der Physiognomie hervorrufen können.   Da es dem Ver-

feinen herzustellen; schwieriger, solchen mit Schminke in braunen zu verwandeln, zumal, wenn er in unmittelbarer Nähe täuschen soll. Gut hergestellt sah ich einmal dunklen, bronzefarbigen Teint mit einer Lösung von hypermangansaurem Kali (die bekannte Chamäleonlösung). Die Farbe hält lange, verschwindet nur mit der Zeit und lässt sich nicht abwaschen. Auch mit Jodtinktur, die in jeder Apotheke zu haben ist, lässt sich dauerhafte, recht natürlich aussehende Brünierung herstellen.[1] —

In Verbindung mit künstlich erzeugter Blässe wird häufig auch sonstig kränkliches Aussehen gebracht; der Simulant geht langsam, mühselig und gebeugt, trägt den Hals mit einem Shawl wohlverwahrt und hüstelt fortwährend. Besonders Frauen verstehen derartiges vortrefflich zu machen. (Über Tätowierungen siehe oben p. 192.)

Wesentlich wird dem flüchtigen Gauner sein Vorgehen erleichtert, wenn er das gegen ihn erlassene Signalement erfahren kann, und das ist ihm leicht genug. In wichtigen Fällen erscheint es in allen Tagesblättern, sonst nur in den Polizei-Anzeigern, Spähblättern u. s. w., die, ihrem Zwecke und ihrer Natur nach, nicht bloss in den Händen der Behörden bleiben können, sondern namentlich auch zur Kenntnis der Trödler, Antiquitätenhändler u. s. w. kommen müssen, damit diese von abhanden gekommenen Gegenständen verständigt werden. Bei solchen Leuten kann aber der Betreffende in seinen Steckbrief leicht Einsicht bekommen. Im äussersten Falle wendet er sich an die Behörde selbst, entweder unmittelbar oder durch einen Genossen, der unter dem Vorgeben, er wisse etwas vom Täter, dessen Steckbrief und genaueste Beschreibung erfahren kann. Eine solche Frechheit kommt öfter vor, als man meint, und es lässt sich nur durch diese erklären, dass flüchtige Gauner so rasch und genau ihr eigenes Signalement erfahren. Wollte man aber hier Vorsicht predigen, so würde wahrscheinlich mehr Schaden als Nutzen angerichtet werden, da man der Spähblätter schon einmal nicht entraten kann und diese nur dann Wert haben, wenn sie unter den genannten Händlern tunlichst verbreitet werden. Hierdurch sind sie aber dann in so vieler Leute Händen, dass es dem Signalisierten selbst nicht schwer fällt, in sie Einsicht zu bekommen. Der so entstehenden Gefahr kann nur dadurch wenigstens teilweise begegnet werden, dass Beschreibungen eines flüchtigen Verbrechers mit Überlegung und besonnener Prüfung verfasst werden, d. h. man wird im einzelnen Falle sich vorerst fragen: was m u s s unbedingt wahr sein, d. h. was kann nicht geändert werden (z. B. auffallend kleine Gestalt, Fehlen eines Beines, Farbe der Augen, Gestalt der Nase[2]) u. s. w.) und was k a n n geändert werden? Nach

---

brecher nicht um kosmetische Zwecke, sondern nur darum zu tun ist, sich unkenntlich zu machen, so wäre es denkbar, dass solche Operationen auch von Laien und Kurpfuschern gemacht werden.

[1] Man behauptet, dass Bergfexen ihre nackt zu tragenden Kniee mit einer dieser beiden Mixturen „sonnengebräunt" machen.

[2] Übrigens werden dermalen sehr schöne Nasen aus Wachs- und Kautschukmassen verfertigt.

dem oben Gesagten ist der Kreis jener Eigenschaften der weitaus
kleinere und kann nicht enge genug gezogen werden, ja man wird gut
tun, wenn man nur ausnahmsweise Eigenschaften als wirklich unver-
änderlich bezeichnet.

Bei allen anderen Eigenschaften wird man sich sohin fragen
müssen, in welcher Weise und Richtung die Fälschung geschehen sein
kann. Entfernt Richtiges wird sich hierbei erheben lassen und an
der so gewonnenen, selbst zurechtgelegten Beschreibung wird man
dann auch festhalten. In dieser Richtung hat es der Polizeimann
am schwierigsten, der mit einem ihm gegebenen Signalement den betreffenden Verbrecher in der ganzen Stadt, in gewissen Gasthöfen,
auf durchkommenden Eisenbahnzügen u. s. w. suchen soll, ohne Zeit
zu haben, einen nach dem andern genau auf das, nach wirklichen oder
gefälschten Eigenschaften gemachte Signalement zu untersuchen,
hier muss Übung und Scharfblick alles machen.[1]) Leichter ist es für
den UR., dem ein gewisses Individuum als der verfolgte Verbrecher
eingeliefert wurde. Wenn die Beschreibung nicht stimmt, so möge
man sich wieder haupsächlich vor Augen halten, dass fast alles gefälscht
werden kann. Man vergewissere sich vorerst darüber, dass bei Abfassung des Signalements kein Irrtum in der ä u s s e r e n Beobachtung
unterlaufen ist; dann aber prüfe man die einzelnen nicht stimmenden
Momente auf ihren i n n e r e n Wert, d. h. darüber, ob die vorgefundene
Abweichung gefälscht werden konnte. In solchen Fragen traue man
sich selbst nie ein endgültiges Urteil zu und halte keine Veränderung
für unmöglich, solange man nicht Fachleute zu Rate gezogen hat.
Man wird oft gewisse Metamorphosen für unmöglich halten, bis man
durch den Arzt, Zahnarzt, Orthopäden und Bandagisten, durch Friseur
und durch in Toilettenkünsten erfahrene Frauen eines besseren belehrt ist. Wie z. B. Rückgratverkrümmungen, Höcker, Fehler an
den Füssen u. s. w. verdeckt oder künstlich erzeugt werden, kann jeder
erfahrene Bandagist sagen, und Aufklärungen über Gesichtsänderungen
(sogenannte Maske) kann jeder Theaterfriseur geben.

2. Falsche Namen.

Eine der grössten Schwierigkeiten für den Polizei- und Justiz-
beamten besteht in den falschen Namen, die sich die Verbrecher beilegen, und wer diese Schwierigkeiten und die daraus entspringenden
üblen Folgen zu würdigen weiss, wird es vielleicht nicht lächerlich
finden, wenn man[2]) den verzweifelten Vorschlag gemacht hat, jedem
einmal abgestraften Verbrecher, oder gar jedem Menschen überhaupt,
Namen und Herkunft auf wenig sichtbarer Stelle des Körpers, mit
unvertilgbarer Schrift in schmerzloser Weise aufzuprägen. Da aber

---

[1]) Wirkliche Leistungen in dieser Richtung sind nur von den nach B e r t i l l o n
unterrichteten Leuten (portrait parlé) möglich.
[2]) Oberst F r a s e r, s. Z. Chef der Londoner Polizei.

dieser kühne Vorschlag[1]) kaum Aussicht hat, je durchgeführt zu werden,
so müssen wir uns nach anderen Mitteln umsehen, um jenen verdriess-
lichen Fällen begegnen zu können, in denen sich uns der Verdacht
aufdrängt, dass sich ein zweifelhaftes Individuum eines falschen Namens
bedient und in welchen die Bertillonage nicht Hilfe schaffen konnte. —
F r a g w ü r d i g   s i n d   s o l c h e   L e u t e   u n t e r   a l l e n   U m -
s t ä n d e n, da sich wohl kaum jemand bloss zum Scherze oder wegen
einer geringen, noch nicht gesühnten Gesetzesübertretung unter falschem Namen in der Welt herumtreibt.

Im allgemeinen lassen sich die Ursachen, warum dies einer tut,
darauf zurückführen, dass er ein entsprungener Häftling ist, oder dass
er ob eines schweren Verbrechens fliehen musste, oder aber, dass er
es vorzieht, unter klingendem, vornehmen Namen auf Kosten leicht-
gläubiger Menschen die Welt zu durchziehen. Mitunter liegen bei
demselben Individuum zwei oder alle drei der genannten Gründe vereint zu seinem Vorgehen vor. Selbstverständlich gibt es ausser Bertillonage und Daktyloskopie kein direktes Mittel, um den wirklichen
Namen eines Menschen durch irgend eine Methode zu erfahren, wohl
aber kann man (und dies nicht so selten, als es den Anschein hat) auf
Umwegen die Identität eines Menschen feststellen, wenn man es sich
nur nicht verdriessen lässt, ein bisschen Mühe aufzuwenden.

Vor allem ist zu erheben, ob das fragliche Individuum irgend
ein Legitimationspapier besitzt.[2]) Ist dies der Fall, so muss dieses
vorerst objektiv dahin genau untersucht werden, ob es ganz oder teilweise gefälscht ist; (siehe XVIII. Abschnitt: „Urkundenfälschung").
Erweist es sich im ganzen als falsch oder wenigstens in Bezug auf Namen
und die Generalien, so ist der Fall so zu behandeln, als ob gar kein
Legitimationspapier da wäre. Nur wird sich dort, wo die Fertigung
der ausstellenden Behörde echt ist, vielleicht ein Anhaltspunkt finden,
wenn man sich an diese mit der Frage wendet, für wen das Papier eigentlich ausgestellt worden ist. Der einstmalige Besitzer des Papieres ist
vielleicht zu erforschen und kann dann sagen, wie und an wen es von
ihm weggekommen ist.

Selbstverständlich wird das auf dem Papiere befindliche Signalement des Eigentümers auf den Inhaber strenge zu prüfen sein: Grösse,
Gestalt, Haare u. s. w., namentlich aber das angebliche Gewerbe, a u f
w e l c h e s   h i n   d e r   I n h a b e r   a u c h   d u r c h   e i n e n   F a c h -
m a n n   e x a m i n i e r t   w e r d e n   k a n n. In dieser Weise kann
wenigstens festgestellt werden, dass der Inhaber des Papieres es nicht
rechtmässig benutzt, wie er es behauptet.[3]) Hat der Betreffende gar

---

[1]) Neuerdings ernsthaft vorgebracht von Dr. L i e r s c h in der „Vierteljahrschrift f. gerichtl. Medizin" 1901, I. Heft p. 73. — Übrigens ist diesen Wünschen
eigentlich durch die Bertillonage und die Daktyloskopie ohnehin in weitgehender
Weise Rechnung getragen.

[2]) Von Bedeutung werden nach und nach amerikanische Legitimationspapiere, da man z. B. im „Court of common Pleas for the City and County of
New York" sog. „erste Papiere" gegen 25 Cents auf Treu und Glauben gegen
blosse Angaben erhält.

[3]) „Der Berliner berufsmässige Dieb und Einbrecher stiehlt fast immer —
wenn irgend Gelegenheit geboten ist — Legitimationspapiere des Inhabers der

keinen schriftlichen Ausweis, oder ist der Namen auf echtem Ausweise
falsch, so möge man vorerst nie vergessen, dass beinahe jeder
bei Annahme eines falschen Namens irgend einen
Anklang oder sonstige Verbindung mit seiner
wahren Persönlichkeit gesucht hat.[1] Es ist dies
eine eigentümliche, aber oft beobachtete Zähigkeit im Festhalten am
Echten. So wird z. B. der echte Taufname beibehalten oder der Schreib-
name umgedreht oder irgend wie permutiert. Beispiele von permu-
tierten Namen aus meiner Praxis zähle ich auf:

Aus Sonnenberg wurde Sternthal; aus Reimoser wurde Rein-
huber; aus Herlog wurde Rehgol (jede Silbe für sich umgedreht); aus
Maudisch oder slavisch geschrieben Maudis) wurde durch Permutation
(m a u d i s) Dasumi; aus Maller wurde (durch Umdrehen) Rellam;
aus Mandl (Mann = vir) wurde Virl; aus Mundinger (Mund = Maul,
Ding = Sache) wurde Maulsacher. Zu entdecken sind derlei Permu-
tationen im vornhinein allerdings schwer. Von den genannten hatte
ich nur den Dasumi entziffert und den Maulsacher vermutet, alle anderen verstand man erst, als der richtige Name anderwärts her bekannt wurde. In einem Falle wurde der Mädchenname der Mutter,
in einem weiteren der Geburtsort (mit angehängtem e r) und in zwei
Fällen der Name des unehelichen Vaters (in den beiden letzten Fällen
mit kleinen Änderungen, nämlich H o h n m a i e r statt H o l l m a i e r
und K r e u z i g e r statt K r a n z i g e r) benutzt. —

Wie man nun vorzugehen hat, um ein Individuum mit dem richtigen Namen versehen zu können, muss der einzelne Fall lehren.[2]
Es können allerdings Anhaltspunkte dadurch gegeben werden, dass
auf besondere Momente hingewiesen wird. Da solche Leute gewöhnlich
Strafen hinter sich haben, so ist natürlich das erste, dass man sie photographieren lässt, eine gute Personsbeschreibung,[3] (namentlich besondere
Kennzeichen und Tätowierungen genau aufzuführen) und Fingerabdrücke beifügt, und alles an alle Strafanstalten sendet, in denen der
Betreffende (namentlich nach seinem Dialekt) gewesen sein kann.
Liegt viel an der Personsfeststellung eines Menschen, so muss Zeit
aufgewendet werden. Erspriesslich habe ich es befunden, den Mann
möglichst viel und eingehend erzählen zu lassen. Solche landflüchtige
Leute haben meistens Reisen gemacht, viel gesehen und was die Hauptsache ist, sie erzählen gewohnheitsmässig meistens gerne; tun sie es
nicht freiwillig, so gelingt es oft, sie zu eingehenden Schilderungen

---

geplünderten Wohnung mit. Auf diese Papiere werden dann die erbeuteten
Sachen meist versetzt. Sind Legitimationspapiere mitgestohlen, so ist dies ein
untrügliches Zeichen, dass ein „Fachmann" gearbeitet hat". (Mitteilung des Dr.
L i n d e n a u in Berlin.)

[1] Allerdings ist dieser Anklang nicht immer zu erkennen, da er bloss auf
Assoziationen beruhen kann, die lediglich im Innern des Betreffenden vor sich
gegangen sind.

[2] Alles folgende ist natürlich nur für die Fälle gesagt, in welchen die
Daktyloskopie und Bertillonage versagt haben.

[3] Natürlich nach Bertillon.

ihrer Reisen und Erlebnisse zu bringen, wenn man ihre Eitelkeit zu engagieren weiss. In der Regel will der Mann auf einem Schiffe, bei Zigeunern, auf einer Reise oder sonst irgendwie abenteuerlich zur Welt gekommen sein; dann kam er zu einer Truppe von Komödianten, Bärentreibern, Seiltänzern, Zirkusbesitzern u. s. w. und zog mit ihnen in der Welt umher. Später verdingte er sich bei Vieh- oder Pferdehändlern als Vieh- oder Pferdetreiber, kam auch zur Marine und diente dort als Kohlenträger, Gehilfe des Koches u. s. w. Das Schiff hatte irgend einen indifferenten Namen („Pluto", „Neptun", „St. Maria", „Venezia" u. s. w.) und der Kapitän ist entweder schon gestorben, oder in Amerika geblieben, oder er war ein unordentlicher Mann, der schlechte Aufschreibungen machte, jedenfalls ist nicht mehr festzustellen, ob Erzähler dort bedienstet war.

Alle Mitteilungen werden hingenommen und protokolliert, oder besser vom Erzähler unbemerkt, mitstenographiert. Allmählich kommt ein Körnchen Wahrheit in die Sache: zuerst Schilderungen von Land und Leuten, die er wirklich gesehen hat, dazu seine Beziehungen zu ihnen, endlich Reminiszenzen aus seinem früheren Leben. Erschöpfen sich seine Mitteilungen, so wird der UR. das Verhör unterbrechen und sich dann über jene Orte, Verhältnisse und Beziehungen, von welchen der Mann gesprochen hat, aus Reisebeschreibungen u. s. w. tunlichst genau unterrichten. Beim nächsten Verhöre kann man auf die Schilderungen mehr eingehen und so wird der Betreffende zu viel genaueren Angaben gebracht werden. Es wird dann schon mehr Wahrheit zum Vorschein kommen, und es wird vielleicht eine Kombination über sein Gewerbe, seine Beschäftigung, vielleicht auch über seine Herkunft, Verwandte und sonstigen Beziehungen zulässig sein. Mittlerweile wird man in die Lage versetzt worden sein, aus seiner Sprache und seinem Dialekte seine Herkunft auf ein grösseres oder kleineres Gebiet einzuschränken. Dann muss man jemanden heranziehen, der hier genauere Kenntnisse hat; ist man z. B. aus dem Dialekte des Mannes soweit klar geworden, dass man ihn für einen Norddeutschen hält, so ruft man einen Norddeutschen, der den Mann sprechen hört. Dieser wird zum wenigsten des Gebiet seines Dialektes auf ein engeres einschränken können. Ist dies geschehen, so lasse man die beiden miteinander unter irgend einem Vorwande sprechen. Ist der Mittelsmann geschickt, so wird er herauszubringen vermögen, über welche Landesteile der Mann grössere oder kleinere Kenntnisse hat, und spielt der Zufall irgendwie helfend mit, so kann des Gebiet recht scharf umgrenzt werden. Ist auf diese Weise nichts mehr herauszubringen, so muss man sich an die Behörden des fixierten Gebietes seiner mutmasslichen Heimat wenden, und diesen Photographie, Beschreibung und alle Einzelheiten einsenden, die man sonst herauszubringen wusste (mutmassliches Gewerbe, Reisen, Beziehungen u. s. w.). Hat man das mit Sorgfalt durchgeführt, genügend Zeit und Mühe aufgewendet und einigermassen Glück gehabt, so kann die Identitätsfeststellung kaum fehlschlagen, und man wird dann regelmässig die Genugtuung haben, ein gefährliches Individuum unschädlich gemacht zu sehen.

Es sei mir gestattet, einen hierher gehörigen Fall, der mir vielfache Belehrung geboten hat, des breiteren zu erzählen.

Ich war Strafrichter in einem kleinen Städtchen, bei welchem
in einer Entfernung von fast drei Meilen ein bekannter Kurort liegt.
In diesem hatte sich eine eigentümliche Erscheinung herumgetrieben,
die der Kurinspektor den Gendarmen als „nicht ganz echt" bezeichnete;
eine grosse, nicht unsympathische Gestalt, auffallend elegant, eigentlich
stutzerhaft gekleidet, war der Mann überall, wo es Unterhaltung gab,
schloss sich mit Vorliebe an die beste dort bestehende Gesellschaft an,
war nicht krank, und gab unsinnig viel Geld aus; er nannte sich Freiherr von V . . . aus Hannover. Am auffallendsten waren seine Geld-
ausgaben, die nicht so beschaffen waren, dass ihm das mit dem Gelde
Gekaufte, sondern nur das Ausgeben selbst Vergnügen machen konnte.
D i e s i s t a b e r s t e t s d a s u n t r ü g l i c h e Z e i c h e n d e s
u n g e b i l d e t e n M a n n e s , d e r d a s G e l d m ü h e l o s b e -
k o m m e n h a t , ohne früher dessen Genuss gekannt zu haben, der
es also gewonnen oder geerbt hat, nachdem er früher in ungünstigen
Vermögensverhältnissen war, oder der es auf unredliche Weise über-
kommen hat. Diese Art des Geldausgebens ist ebenso bezeichnend
wie auch nicht bezeichenbar — es kann nicht anders geschildert werden,
als wenn man sagt: „ihm ist das Geldausgeben Selbstzweck." Im
weiteren war es auffallend, dass der Mann überflüssig oft und aufdringlich seine Qualität als Edelmann hervorkehrte, dabei aber doch ein
unsicheres, fast ängstliches Benehmen mitten in ausgelassener Fröhlich-
keit zum Ausdrucke kommen liess. Das alles hatten die Gendarmen
beobachtet, und eines Tages wurde der „Freiherr von V." eingeliefert.
Es war aufgefallen, dass dieser in letzter Zeit auffallend hoch spielte
und nun hatte ihn ein Gendarm zur Ausweisleistung aufgefordert.
Von V. erklärte, dass „ein Mann seiner Qualitäten" Ausweispapiere
nicht mit sich zu führen pflege, fertigte den Gendarmen kurz und barsch
ab und wollte am nächsten Morgen abreisen. Diese plötzliche Abreise,
unmittelbar nach der erhaltenen Aufforderung, seine Persönlichkeit
nachzuweisen, kam dem Gendarmen verdächtig vor, er verhaftete ihn
und führte ihn dem Gerichte vor. Mir kam dieser energische Pflicht-
eifer des Gendarmen recht ungelegen, da ich die fortwährenden Fragen
des Verhafteten, was er den Übles getan habe, tatsächlich nicht beantworten konnte. Er benahm sich zwar artig, aber im höchsten Grade
entrüstet über die erlittene Unbill, führte fortwährend die Gesandtschaft im Munde, vor der ich mich werde verantworten müssen, und
die mir die entsetzlichsten Unannehmlichkeiten machen werde u. s. w.
Endlich kamen wir zu ruhigerem Gespräche. Sein Vater sei hannö-
verischer Gutsbesitzer gewesen, die Familie stamme direkt von Heinrich
dem Löwen ab, und sei eng befreundet mit allen jenen Familien, die
damals (nicht viel mehr als ein Dezennium nach der Annexion) in aller
Gedächtnis waren (Platen-Hallermünde, Borries, Hodenberg, Hammer-
stein u. s. w.). Nach der Annexion sei die Familie aus Hannover aus-
gewandert und seither treibe er sich auf grossen Reisen herum. Das
Ganze brachte er recht natürlich und begründet zum Vorscheine, sprach,

soweit ich es beurteilen konnte, wirklich hannoveraner Dialekt und benahm sich auch recht anständig. Zweifel erregte in mir nur der auffallende Umstand, dass er niemanden nennen wollte, an welchen ich mich mit einer telegraphischen Anfrage über die Persönlichkeit des v. V. wenden könnte. Er schäme sich, wenn an seine, durchaus hochgestellten Verwandten und Bekannten eine gerichtliche Anfrage käme, dies ruiniere seine ganze Zukunft u. s. w. Da er ja vollkommen schuldlos sei, so müsse sich dies bald herausstellen; er ziehe vor, lieber in Haft zu bleiben, als an jemanden zu telegraphieren. Das stimmte nicht recht und ich fragte ihn weiter, z. B. wie das Wappen seiner Familie aussehe? Zögernd sagte er: oben sei ein Helm, unten ein Schild, ringsum „Arabesken" und sehr viel Gold und Silber dabei. Über die eigentlichen Wappenbilder, das Helmkleinod, Farbe der Decken u. s. w. wusste er trotz eingehenden Befragens nichts zu sagen. Dass ein „Legitimist", der mit seinem Könige Land und Heimat verlassen hat, sein eigenes Wappen nicht kennt, war sicherlich beweisend dafür, dass mich der Mann belogen hatte, und ich war sehr dazu geneigt, ihn nicht zu entlassen. Glücklicherweise konnte ich mir sofort den sogenannten „Gothaer Almanach der freiherrlichen Häuser" verschaffen und ein Blick in diesen ergab, dass eine Familie Freiherr v. V. allerdings bestehe, aber ein Otto Freiherr v. V., wie sich mein Häftling nannte, war nicht zu finden. Seine früher gemachten Angaben über die einzelnen Familienglieder stimmten ungefähr, aber sie wiesen viele Unrichtigkeiten und Ungenauigkeiten nach, wie sie ein wirkliches Familienglied nicht angegeben hätte. Nun war ich sicher und der Mann blieb in Haft, trotz fortwährenden Tobens und Drohens mit der Gesandtschaft. Aber was weiter tun? Vorderhand war nur erwiesen, dass er gelogen und sich eines falschen Namens bedient hatte, aber ein schweres Delikt, das mein Vorgehen gerechtfertigt hätte, war nicht einmal zu behaupten.

Bei fortwährendem Grübeln fiel mir nun ein, dass im Städtchen ein alter Drechslermeister lebe, der ein geborener Mecklenburger war, und Gott weiss wie, hierher verschlagen wurde. Dieser wurde als Sachverständiger herbeigeholt und in seiner Gegenwart ein längeres Gespräch mit meinem Gefangenen geführt. Das Gutachten des braven Mecklenburgers ging dahin, der Mann spreche zwar hannöverischen Dialekt, er halte ihn aber doch für einen Hamburger, deren Sprache meinem Gewährsmann aus früher Jugendzeit wohl bekannt sei. Nun wurden Photographien, Beschreibungen u. s. w. nach Hamburg, Hannover, Bremen, Lüneburg, Oldenburg u. s. w. gesandt, und innerhalb einer Woche war die Nachricht da, der Mann heisse Otto H., sei Gastwirt aus der Nähe von Hamburg, und von Osnabrück wegen eines Todschlages und von Dresden wegen eines grossen Diebstahles von Wertpapieren verfolgt. Weitere Erhebungen haben ergeben, dass seine Mutter früher Kammerzofe im Hause jener Freiherren v. V. war, deren Namen er angenommen hatte und deren Familienverhältnisse ihm daher in Umrissen bekannt sein konnten. Sein Taufname war richtig angegeben. —

Bei diesem Anlasse möchte ich darauf aufmerksam machen,
dass die genannten Gothaer Almanache für ähnliche Fälle überhaupt
von grossem Werte sind. Diese Almanache erscheinen seit langer
Zeit alljährlich (getrennt für freiherrliche und gräfliche Häuser) und
behandeln die freiherrlichen Familien in je zwei aufeinanderfolgenden
Jahrgängen, die gräflichen Familien in jedem Jahrgange, keineswegs
sind aber alle Familien erschöpfend aufgezählt; wenn sich also jemand
Graf Silberbach nennen würde, und es fände sich diese Familie im
Gothaer gräflichen Almanache nicht, so ist damit zwar mit grösster
Wahrscheinlichkeit aber nicht a b s o l u t sicher erwiesen, dass diese
Familie nicht besteht. Da die Beiträge über jede Familie zumeist von
ihr selbst geliefert werden, so sind sie wohl von verschiedenem Werte.
Der historische Teil über jede Familie ist oft unrichtig, zum mindesten
reicht die Genealogie häufig um ein Beträchtliches weiter zurück als
es vor ernster Kritik verantwortet werden kann.[1]) Das ist aber für
unsere Zwecke meistens gleichgültig. Die Daten über die noch lebenden
oder jüngst verstorbenen Familienglieder sind fast ausnahmslos richtig,
da unrichtige Angaben keinen Zweck hätten und leicht von Bekannten,
die den Almanach ja auch lesen, als falsch bezeichnet würden. Selbst
Angaben über das Alter von Damen sind richtig, da sie doch nicht
erst von Erwachsenen, sondern in der Regel sofort nach der Geburt
mitgeteilt werden und sich so von einem Jahrgang in den anderen
forterben. An Unrichtigkeiten habe ich bei wiederholter und genauer
Prüfung der fraglichen Daten des Almanachs nur dann und wann das
Einschleichen eines unberechtigten „von" bei Angabe des Herkommens
gefunden: z. B. „Zweiter Sohn: Arthur Hugo Freiherr v. X, vermählt
mit Anna Maria, geb. ‚von' Y", oder: „dritte Tochter: Elise Gräfin Z,
vermählt mit Robert von X, Sohn des Josef von Y und dessen Gattin
Sophie, geb. ‚von' Z". Aber auf solche Kleinigkeiten kommt es nicht an.

Von ähnlicher Bedeutung sind auch die den genannten Alma-
nachen nachgebildeten „Genealogischen Taschenbücher adeliger Häuser";
sie enthalten die Ritter- und Adelsgeschlechter von Deutschland[2]) und
Österreich[3]) und sind wegen ihres grösseren Umfanges auch schwieriger zu
behandeln, als die vorigen. Sie sind aber gut und verlässlich gearbeitet,
sogar ihr historischer Teil ist (namentlich in den letzten Jahren) auf
geschichtlicher Grundlage aufgebaut und richtig. Natürlich sind
diese Taschenbücher viel weniger erschöpfend als die Gothaer Almanache. —

Auch die Hilfsmittel der Heraldik sind nicht zu übersehen; ich
weiss, dass man dieser wichtigen historischen Hilfswissenschaft von
unserer Seite keine Bedeutung beilegt, dies geschieht aber mit Unrecht. Bei gefundenen, gestohlenen, geraubten Gegenständen unbekannter Herkunft, bei Briefen und sonstigen Papieren, bei getöteten
Personen und Unbekannten findet sich nicht selten auf einem Ringe,
einer Tabatiere, einer Brieftasche, einem Briefbogen etc. ein Wappen,

---

[1]) In letzter Zeit sind die Daten sogar recht verlässlich geworden.
[2]) Gotha, bei Justus Perthes.
[3]) Wien, bei Otto Maass Söhne.

durch welches Aufklärung oder mindestens ein Anhaltspunkt für eine solche beschafft werden kann. Unrichtigerweise behauptet man kurzweg: „Das kennt so niemand, wer sollte wissen, wessen dieses Wappen ist?" Fast in jedem grösseren Orte findet sich mindestens e i n Mensch, der sich mit Heraldik befasst und darin Kenntnisse oder Bücher besitzt, mit deren Hilfe man sich zurecht finden kann (alter oder neuer Siebmacher, Retbergsche Wappenbilder etc.). Hat man niemanden zur Hand, an den man sich schriftlich oder mündlich wenden kann, so werden im äussersten Falle heraldische Vereine („Herold" in Berlin, K. K. heraldische Gesellschaft „Adler" in Wien) bereitwillig und zuverlässige Auskunft geben. Mir ist eine Reihe von Fällen bekannt, in welchen man eine Untersuchung zu klären oder in den richtigen Gang zu bringen vermochte, als man ein aufgefundenes Wappen einer bestimmten Familie zuweisen konnte. Weiss man einmal die Familie, so geben die genannten Gothaer Almanache etc. weitere Hilfe zur Auffindung der fraglichen Person.[1] —

Ausser dem Dialekte, den der Unbekannte spricht und der bei einiger Mühe fast stets dessen Herkommen verrät, gibt es nur wenige Mittel, oder besser gesagt, Mittelchen, die hier behilflich sein können. Freilich versagen sie meistens. Vor allem ist eine genaue ärztliche Körperuntersuchung anzuraten, die unter Umständen Kennzeichnendes zutage bringen kann, z. B. irgend eine Verunstaltung, ein Mal u. s. w., das als besonderes Kennzeichen angesehen werden kann, dann Beschneidung, wodurch der Betreffende als Jude erkannt wird, ferner Tätowierung an Armen oder Brust. Diese können sehr wichtig sein, da sie den Betreffenden als Angehörigen der Armee oder der Marine bezeichnen können, oder Anfangsbuchstaben seines Namens aufweisen u. s. w.[2]

Häufig werden gewisse Kennzeichen wichtig, welche leicht zu finden sind, und den Betreffenden einem gewissen Handwerke, einer bestimmten Beschäftigung zuweisen.[3] Hierauf wurde schon — freilich aus anderen Gründen — vor vielen Jahren hingewiesen.[4] So ist z. B. der Tischler

---

[1] Genaueres s. „Lehrbuch der gesamten wissenschaftl. Genealogie etc." Von Ottokar Lorenz. Berlin, W. Hertz 1898.

[2] Vergl. E. v. Hofmann „Über Knochen und Tätowierungen mit Rücksicht auf die Agnoszierungsfrage", Wien 1887.

[3] Vergl. dazu (in anderer Richtung): H. Courtagne „De l'influence des professions sur la criminalité", Arch. d'anthr. crim. IV, 616; VII, 387 und Hofmann „Gerichtl. Medizin", 9. Aufl., p. 910.

[4] C. F. Heusinger „Grundriss der Anthropologie", Eisenach 1829; Ramazzini „Die Krankheiten der Künstler und Handwerker", bearbeitet von Patissier, übersetzt von Schlegel, Ilmenau 1823; Cadet de Gassicourt „Bemerkungen über die Gesundheit der Handwerker", Mem. de la soc. med. d'Emul. vol. VIII., übersetzt in Horns Archiv 1819. Vergl. die Arbeiten von Hebra, Kaposy, Neumann, Lesser, Tardieu, Vernois etc. Über Narben überhaupt s. die noch immer brauchbare Schrift v. Malle „Essai sur les cicatrices", Paris 1840, dann das vorzügliche Buch v. L. Hirt „Die Krankheiten der Arbeiter und die Arbeit" u. Hans Fischer „Über die Berufsschwielen der Musiker" in Friedreichs Bl. f. ger. Med., 53. Jahrg., p. 379. Vergl. noch Placzek „Zur Frage der Rekognitionsmerkmale", Vierteljahrschrift f. ger. Med., 3. F., XXIX. Supplem.-Heft (Berufsschwielen verschied. Musiker); Feré „Notes sur les plis

durch die Handhabung des Hobels asymmetrisch gebaut, Schneider und
Schuster bekommen durch die Art des vorgebeugten Sitzens einen
charakteristisch gebildeten Thorax, Friseure erwerben eine Schulter
höher, da die eine Hand niedrig und ruhig gehalten wird, während die
andere arbeitet. Hervorragende Bedeutung können gewisse Merkmale
erlangen, welche eine lang geübte Tätigkeit in der Form von Schwielen
und Narben am menschlichen Körper zurücklässt. Für unsere Fälle
(übrigens auch bei Identitätsfeststellung von Leichen etc.) kann ein
solches Merkmal in seiner Wichtigkeit nicht hoch genug veranschlagt
werden. Felix H é m e n t hat in einem Aufsatze (mit vorzüglichen
Abbildungen) „La Photographie judiciaire"[1] auf die Wichtigkeit
solcher Narben und auch auf den Umstand hingewiesen, dass diese in
der Regel am Körper selbst schwer und undeutlich sichtbar sind, aber
klar hervortreten, wenn die fragliche Stelle photographiert wird. Als
Beispiele werden angeführt: Schwielen an der inneren Fingerseite
bei Kutschern durch Reibung an den Leitseilen; Verdickung der Haut
zwischen Daumen und Zeigefingern bei Graveuren, Ciseleuren etc.
durch den Druck des Grabstichelheftes; Narben am inneren rechten
Daumen und am äusseren Oberschenkel durch den Knieriemen des
Schusters; Hautverdickung am Kleinfingerballen bei Leuten, welche
in grossen Druckereien die Letternpakete festzubinden haben, durch
Umschlingen der Schnur; bei Schreibern, Gelehrten, Zeichnern, Beamten etc. kommt häufig eine Schwiele am rechten Mittelfinger (Andrücken von Feder und Bleistift) und dann eine Verdickung am linken
Ellenbogen (Aufstützen desselben) recht deutlich vor. Diese Reihe
lässt sich beliebig vermehren: Näherinnen haben die Haut am linken
Zeigefinger zerstochen, Glas- und Lötrohrbläser besitzen entwickelte
Backenmuskeln, was sich bis zu Hängebacken ausdehnen kann; Pro-
fessions-Kegelschieber weisen eine Schwiele am rechten Mittelfinger
knapp neben dem Nagel auf (vom Abgleiten der schweren Kegelkugel);
bei Reitern ist die Haut an der Innenseite der Kniee vom Andrücken
an den Sattel verdickt; bei Anstreichern sind die Stellen, wo der Pinsel-
stiel an die Hand drückt und reibt deutlich sichtbar; Müller, die mit
Steinschärfen zu tun haben, bekommen von den eindringenden Stahl-
splittern der Hämmer blaue Flecken an den Händen (namentlich
bei den Knöcheln) — und so wird fast jede Beschäftigung, jede Hantierung
irgend welche Spuren hinterlassen, welche unter Umständen wichtige
Aufklärung geben können: diese Spuren müssen gesucht, photographiert
und durch verschiedene Fachleute bestimmt werden. —

de flexion de la paume de la main" in Journ. de l'anatomie et de la physiolog.
1900; P l a c z e k in der Vierteljahrschrift f. ger. Med. 1905 Bd. 29; Zeitschr.
„Der Gendarm" No. 22 v. 20./1. 1906; H. Köbner „Über Striae cutis distensae",
Münchner medizin. Wochenschr. 1904 No. 24, (Wichtigkeit dieser fast un-
zerstörbaren Narben für Identitätsfeststellungen); S. R u n d s t e i n „Zur Agnoszierungsfrage", H. Gross' Archiv Bd. XXIV p. 156; N ä c k e „Zur Agnoszierung
von Leichen" ibidem Bd. XXII p. 270. Vergl. noch die (bei Tätowierung) p. 192 ff.
angegebene Literatur.

[1] Paul N a d a r „Paris Photogr. revue mens. illustr." vol. 1 No. 5, Paris,
Office genéral de Photographie.

Ein Mittel, das unter Umständen gute Dienste leistet, ist das psychologische, allerdings das schwierigst anzuwendende. Selbstverständlich gibt es für die Verwendung dieses Mittels keine Regeln. Man muss eben den Menschen so scharf beobachten als möglich, seine geistigen Eigenschaften kennen lernen, sich in sein inneres Leben hineindenken und dann die erkannten Eigenschaften ausnützen. Freilich muss da auch der Zufall mitwirken. So war einmal bei mir ein Polizeiagent erschienen und bat, dass er sich einen unbekannten Verhafteten ansehen dürfe, da er meine, einem flüchtigen Kassendieb auf der Spur zu sein. Als er den Mann zu sehen bekam, befestigte sich seine Meinung und er begann mit dem Unbekannten ein Gespräch. Der Verdächtigte wusste nun von diesem Kassendiebstahle und als er merkte, dass man ihn für den Dieb halte, fuhr er plötzlich auf und erklärte, dass er lieber gestehe, er sei wegen Tötung da und da in Haft gewesen und entsprungen, als dass er sich für einen Dieb halten lasse.

Vergl. noch vorne „Konservierung" (pag. 186 ff.).

Mehr als die hier angegebenen Mittel bei der Feststellung der Identität unbekannter Gauner lässt sich für die oft vorkommenden und meistens schwierigen Hochstaplerfälle[1]) auch nicht angeben.

Eine Definition dieser Rasse müsste sehr allgemein ausfallen. Das Wort „Hochstapler" wird abgeleitet von Stabler — Bettler, der mit dem Stabe geht, so dass man unter Hochstapler den Bettler in höherem Stile zu verstehen hätte.[2]) Dieser Begriff wurde mit der Zeit weiter ausgedehnt, so dass wir heute darunter einen Menschen verstehen, der sich den Anschein einer wohlhabenden Persönlichkeit von gutem Namen zu geben weiss, um unter dieser Maske Betrügereien, Diebstähle oder Veruntreuungen zu begehen. Meistens sind dies Leute, die in ihrer Jugend eine bessere Bildung genossen oder wenigstens Gelegenheit gehabt haben, sich den Schein einer solchen anzulernen. Ausnahmslos sind es Leute von Begabung, Geschicklichkeit und Geistesgegenwart, mit Hang zu gutem Leben und Trägheit, der sie an regelmässiger Arbeit hindert. Wie es der Hochstapler macht, das weiss man zur Genüge aus den von den Blättern gerne gebrachten Fällen. Er erscheint elegant gekleidet beim Juwelier, und stiehlt während des

---

[1]) Vergl. Dr. A. Kraus „Die Psychologie des Verbrechers", Tübingen 1884; A. Griffiths „Mysteries of Police and Crime", London, Cassel 1898. Älteres darüber: R. v. Mohl „System der Präventivjustiz", 2. Aufl., Tübingen 1845, p. 305.

[2]) Nach mündlicher Mitteilung des Germanisten Schönbach — wohl die verlässlichste Auskunftsperson in solchen Fragen — dürfte das Wort eher mit Stapfe (Fusstapfe) und den davon gebildeten Verben stapfen, stappen, staffen (gehen, wandern) zusammenhängen. So hiessen früher Studenten, namentlich Theologen, junge Kleriker, welche in den Ferien Fusswanderungen machten, und in den Pfarrhöfen um Mittagmahl und Nachtlager vorsprachen „Pfarrstaffler". Der „Hochstapler" wäre also ein Mensch, der umherzieht und sich für etwas Besseres, Höheres ausgibt.

Aussuchens oder er bestellt das Gewählte in ein Hotel, wo er mit den Wertsachen durch ein zweites Zimmer verschwindet; er kommt zum Bankier und behebt Geld auf einen falschen Scheck; er weiss sich in vornehme Klubs einzudrängen, macht grosse Schulden und verschwindet; er ist Falschspieler in grossem Masstab; er wird Bräutigam eines oder mehrerer reicher Mädchen und geht mit dem vom präsumtiven Schwiegervater Herausgeschwindelten davon; er kauft Häuser und Landgüter ohne zu bezahlen, belastet sie und verschwindet; er wird Kompagnon des Geschäftsmannes, macht auf seinen Namen Schulden; kurz, er weiss die Schwäche der Menschen, sich durch klingenden Namen, schöne Kleider und gewandtes, sicheres Auftreten blenden zu lassen, tüchtig auszunützen, er weiss, dass die Dummen niemals und nirgends alle werden und lebt so auf ihre Kosten bis er einmal erwischt wird.

Die Stellung des UR. ist diesen Leuten gegenüber, namentlich dann keine leichte, wenn gegen sie jetzt noch nicht viel vorliegt, so dass der UR. fürchtet, vielleicht einen Fehlgriff gemacht und einen anständigen Menschen verhaftet zu haben. Ausserdem melden sich die Dupierten aus Scham über ihre Dummheit selten und wenn sie festgestellt werden, so erschweren sie den Behörden ihr Vorgehen durch rückhaltende, und den Schwindler entschuldigende Aussagen. Ich wiederhole, das sicherste und eigentlich einzige Mittel besteht nur in dem Aufmerken auf das „Unechte" an diesen Leuten. Irgendwo tritt es gewiss und meistens bald zutage: im körperlichen Aussehen, in der Kleidung, in der Art sich zu geben, im Benehmen, Erzählen, Behaupten und Leugnen, irgendwo tritt Widerspruch oder Falschheit auf, und dann kann der UR. mit Beruhigung an die eigentliche Arbeit gehen. Talmi, böhmische Korallen und falscher Hermelin lassen sich für den halbwegs Geübten nur aus grosser Entfernung für echt ansehen. Besonders nahe kann man dem verdächtigten Individuum treten, wenn man es genau und viel aus seiner früheren Zeit erzählen lässt: das Unwahrscheinliche, Widersprechende, Abenteuerliche und Gemachte tritt bald zutage, das übrige muss der Telegraph, Photographien, Bertillon und allenfalls der „Gothaer Almanach" besorgen.

Die Zeit, welche man für die Identitätsfeststellung oder wenigstens für den Nachweis dafür, dass der Betreffende nicht der ist, der er sein will, aufgewendet hat, ist niemals verloren, weil damit das Delikt, wegen welches er eingeliefert wurde, meistens schon zum grössten Teile bewiesen ist. Hat der angeblich reiche Rittergutsbesitzer X grosse Schulden gemacht, so ist der Betrug zweifellos, wenn erwiesen wird, dass er ein obskurer, vermögensloser Mensch ist, und wenn die angebliche Gräfin Y, der man Falschspiel zutraute, sich als gewöhnliche Cocotte herausstellt, so wird der Nachweis des Falschspieles auch nicht mehr schwer sein.

Man wird also in jedem Falle, in welchem man es mit einem Hochstapler zu tun hat, selbstverständlich den Tatbestand des eigentlichen Deliktes sofort und nach Tunlichkeit feststellen, das grösste Augenmerk und die meiste Mühe wird man aber der Klarlegung der Person des Hochstaplers zuwenden.[1]) Überhaupt soll man es sich zur Regel machen, niemals darüber hinauszugehen, wenn einer einen falschen Namen angegeben hat, oder wenn auch nur der entfernte Verdacht vorliegt, dass dies geschehen ist. Unsere Registraturen decken mitleidig eine erschreckend grosse Zahl von Straffällen, in welchen die gefährlichsten Leute milde bestraft wurden, bloss weil sie es vorzogen, ihren vielbemakelten Namen zu verschweigen und sich als den unbestraften X auszugeben. Am schönsten gelingt die Irreführung, wenn der Betreffende klug genug war, Namen und Herkunft irgend eines wirklich existierenden, kreuzbraven Menschen anzugeben, mit dem er etwa in einer Herberge zusammengekommen ist und dem er vielleicht, aber nicht notwendig, seine Papiere entwendet hat. Das Gericht frägt bei der betreffenden Heimatgemeinde an, und erhält die beruhigendsten Auskünfte über das Vorleben dieses Menschen; der Echte mag dann sehen, wie er den ihm aufgehalsten Makel der betreffenden Abstrafung wieder los wird. Das einzige Mittel in solchen Fällen besteht in der sorgfältigen Beobachtung des Menschen: der wiederholt Abgestrafte erhält einen so unverkennbaren, unterscheidenden Typus, dass der Geübte kaum irregeführt wird; hat man aber den g e r i n g - s t e n Verdacht, dass der Inquisit einen falschen Namen angab, dann m u s s unbedingt und ausnahmslos mit der Anfrage an die Heimatsgemeinde eine gute Photographie mitgesendet werden. Ob dann Name und Person stimmt, wird fast immer mit Sicherheit beantwortet werden können.

Ich erwähne einen Fall, der mir selbst passierte. Ein, sonst braver Handwerker, Grobschmied, war wegen einer argen Rauferei in Untersuchung und gab an, unbestraft zu sein, während seine Heimatgemeinde zwei Abstrafungen wegen grosser Einbruchsdiebstähle behauptete. Der Schmied leugnete, diese Abstrafungen erlitten zu haben, als ich ihn aber energisch darauf verwies, dass Name, Alter, Geburtsort etc. genau stimmte, hat er, bezeichnender Weise, einfach geschwiegen, also die Richtigkeit der Abstrafungen zugegeben. Durch einen reinen Zufall (sein Arbeitsbuch wies Arbeit in Bayern auf, während er in Wien wegen Diebstahl verhaftet gewesen sein soll) entdeckte ich, dass die Abstrafungen doch nicht stimmen und ich brachte endlich aus dem schweigsamen Menschen heraus, dass er vor langem seine Legitimationspapiere verloren habe; diese hatte irgend ein Vagant gefunden und benutzt, er hat sich also auch mit diesen Papieren und unter ihrem Namen zweimal strafen lassen. Freilich stimmte deshalb Name, Alter, Geburtsort — aber richtig war die Sache doch nicht. Es ist übrigens bekannt, dass derlei Dinge zahlreiche Male geschehen. —

---

[1]) Lehrreiche Fälle: „Neuer Pitaval", namentlich 1885 Bd. XXXVI (III, 12) und 1879 Bd. L (IV, 14); dann auch „Ausgewählte Kriminal- u. Detektiv-Romane" von Conan Doyle, Hume, Grenn etc., Stuttgart, Robert Lutz; diese Romane sind entweder nach wahren Begebenheiten erzählt, oder könnten doch wahr sein, ja sie werden sogar mutandis mutatis von Hochstaplern zur Darnachachtung benützt: lehrreich sind sie immer.

3. Simulation von Krankheiten und Leiden.

Es gibt fast kein Leiden, von dem die Menschheit geplagt wird, das nicht von Gaunern aus irgend einem Grunde benützt und simuliert wird. Der Zweck ist verschieden: Befindet sich der Gauner in Freiheit, so werden falsche Leiden meist zum Betteln benützt. Falsche Blindheit,[1]) Taubheit, Lahmheit, Ausschläge und andere Gebrechen, von Bettlern simuliert, sind so bekannt, dass sie keiner weiteren Erwähnung bedürfen. Ebenso die oft erzählte Geschichte von Bettlern, die in Wohnungen kommen und klagen, es lägen ihre Kinder zu Hause an den Pocken, Diphtherie, oder sonst ansteckenden Krankheiten darnieder: um den Menschen rasch fortzubringen, gibt man ihm mehr als man sonst geben würde. Diese Dinge, sowie auch Simulierung von Krämpfen, Epilepsie, Blutspeien u. s. w., wie sie Bettler oft vorbringen, interessieren den UR. nicht sonderlich. Wichtig sind für ihn:

a) Erkrankung von verdächtigen Zeugen oder Beschuldigten, die vorgeladen sind.

Man wird oft die Erfahrung machen, dass von zwei oder mehreren Vorgeladenen zuerst nur einer erscheint, der andere ist unwohl, oder vom Pferde getreten worden, oder sonst verhindert, heute zu erscheinen. Der arglose UR. vernimmt nun sofort den heute Erschienenen und entlässt ihn mit der strengen Weisung, dafür zu sorgen, dass der andere Zeuge ja gewiss morgen erscheine. Das wird er auch zuverlässig tun, denn der heute Vernommene hat im Verhöre erfahren, worum es sich handelt, er weiss, was er ausgesagt hat, er kann dies dem anderen mitteilen und so kann umständlich besprochen werden, was der andere beim morgigen Verhöre auszusagen hat. Das sollte ja nur durch die „Erkrankung" bezweckt werden. So verfahren nicht bloss Mitschuldige, sondern auch Zeugen, die sehr harmlos aussehen, untereinander, um aus irgend welchem Grunde etwas Unwahres auszusagen, und oft Beschuldigte und ihre Entlastungszeugen, die anderes angeben als sie es vor ihrem Gewissen verantworten können. Tritt ein solcher Fall ein, so wird der UR. schon aus dem Ausbleiben eines Vorgeladenen a l l e i n Verdacht schöpfen können, dass an der Sache irgend etwas nicht in Ordnung ist. Entweder wollen sich Mitbeschuldigte oder Zeugen oder die einen mit den anderen verabreden und es bleibt nichts anderes übrig, als j e d e s m a l den erschienenen Zeugen u. s. w. selbst wenn wirklich Erkrankung vorliegen sollte, fortzuschicken und darauf zu bestehen, dass die Vorgeladenen u n b e d i n g t zusammen erscheinen. Hat sich aber ein solcher Zwischenfall ereignet, so wird man (was eigentlich stets geschehen sollte) umso strenger darauf sehen, dass die einzelnen Verhöre der Beteiligten unmittelbar aufeinander

---

[1]) Dr. v. H a s e l b e r g „Tafeln zur Entlarvung etc.", Wiesbaden, Bergmann 1901.

folgen, und dass die zu Vernehmenden auch innerhalb des Gerichts-
gebäudes tunlichst wenig Gelegenheit finden, sich untereinander zu
besprechen. Sind nur zwei zu verhören, so sorge man dafür, dass die
Verhöre unmittelbar aufeinander folgen; sind mehrere zu vernehmen,
so verlange man, dass die noch nicht Vernommenen im Zeugenwarte-
zimmer versammelt bleiben, und dass jeder Verhörte das Gerichtshaus
sofort verlasse, ohne mit den noch nicht Verhörten wieder zusammen
gekommen zu sein. Ist die Sache von einiger Bedeutung, so wird es
mit dem „Anordnen" allein nicht genug sein, man wird eine Beaufsichtigung der schon Vernommenen veranlassen müssen, eine Vorsicht,
die sich durch Richtigkeit der so gewonnenen Aussagen fast immer
reichlich lohnt.

Am besten wird man fahren, wenn man sich, wenigstens in wichtigen Fällen, mit der Vernehmung der Zeugen tunlichst beeilt und
so den Leuten nicht lange Zeit lässt, die Sache eingehend zu besprechen,
und namentlich, wenn man die Vernehmungen an Ort und Stelle der
Tat pflegt, wodurch schon der gemeinsame Weg der Zeugen zu Gericht
vermieden wird. Dieser ist für die Sache immer gefährlich, da unterwegs die bevorstehende Vernehmung den Gesprächstoff abgibt und
die Sache so breit besprochen wird, dass zuletzt keiner mehr weiss,
was er gesehen oder von anderen Zeugen gehört hat. Kommt aber
der UR. bald nach der Tat an Ort und Stelle und vernimmt da die Leute,
so wird er die Wahrheit noch am wenigsten entstellt erfahren. Freilich darf er die Zeugen nicht haufenweise zusammentreiben lassen und
ihnen da wieder zu Gesprächen Zeit lassen: es darf immer nur d e r
n ä c h s t e Zeuge geholt werden, während noch einer vernommen wird,
so dass überhaupt keiner weiss, dass er gerufen wird, und dass keiner
Zeit hat, mit dem anderen zu reden. Dann hat man wenigstens das
Menschenmögliche geleistet. — Als wichtige Regel gelte immer: J e
e h e r e i n Z e u g e v e r n o m m e n w i r d , d e s t o r i c h t i g e r
i s t s e i n e A u s s a g e . Das Verfliessen von Zeit schwächt seine
Erinnerung und gibt Gelegenheit zu verwirrenden Besprechungen und
allerlei Suggerierung. —

b) Plötzliche Erkrankung eines Beschuldigten oder wichtigen Zeugen während der Vernehmung.[1]

Es kann selbstverständlich vorkommen, dass ein Vernommener
entweder zufällig oder namentlich infolge der grossen Aufregung erkrankt, aber in den weitaus meisten Fällen wird plötzlich aufgetretene
Ohnmacht, Epilepsie oder ein sonstiger Krampfanfall u. s. w. nicht
oder nicht ganz echt sein. Dass es sich so verhält, wird man am besten
daran erkennen, d a s s d e r Z e i t p u n k t d e r e i n g e t r e t e n e n
E r k r a n k u n g f ü r d e n V e r n o m m e n e n g ü n s t i g w a r ;

---

[1] Vergl. H e l l e r „Simulation u. ihre Behandlung", Leipzig 1890; Burch-
hardt „Praktische Diagnostik der Simulationen etc.", 3. Aufl., Berlin 1891;
F r ö h l i c h „Vortäuschung von Krankheiten", Leipzig 1895.

also: wenn der Vernommene sich, wie wir zu sagen pflegen, „verrannt" hat, wenn er keine passende Antwort findet, in Widersprüche geraten ist, oder vom UR. in die Enge getrieben wurde. In einem solchen Falle lässt sich allerdings nicht viel tun, denn selbst wenn der UR. die Verstellung durchschaut hat, so kann er den „Erkrankten" doch nicht dazu zwingen, dass er von seiner Simulation ablasse, zum mindesten hat der Vernommene Zeit gewonnen und darauf ist es ihm ja angekommen. Aber es ist für den UR. nicht gleichgültig, ob Simulation vorliegt oder nicht, da er einerseits für sich die Überzeugung gewinnen kann, dass an der Sache etwas Verdächtiges ist, weil Simulation als nötig befunden wurde, und da er anderseits den Betreffenden vielleicht zum Aufgeben seines Spieles veranlasst, wenn er ihm beweisen kann, dass dieses durchschaut ist. Der UR. wird also jedenfalls und ohne Ausnahme den Gerichtsarzt zu Rate ziehen und vorläufig nichts anderes tun, als die dargebotenen Erscheinungen der Ohnmacht, Epilepsie u. s. w. möglichst genau beobachten, auch seine Wahrnehmungen zu Papier bringen, u m s i e d a n n s o v o l l s t ä n d i g a l s m ö g l i c h d e m G e r i c h t s - a r z t e m i t t e i l e n z u k ö n n e n. Werden diese Erscheinungen genau dargestellt, so wird der Gerichtsarzt die Frage nach Simulation vielleicht fast ebenso entscheiden können, als ob er den Anfall selbst gesehen hätte. Letzteres ist freilich das beste, es wird aber selten möglich sein, den Arzt so rasch zur Hand zu haben, dass er den Anfall noch sieht, zumal sich ein solcher beim Erscheinen des Arztes gewöhnlich auffallend rasch „bessert". Hat der Arzt dann Simulation festgestellt, so wird der UR. bei ihrer Wiederholung energisch auftreten und dem Entlarvten auseinandersetzen können, dass sein Spiel für ihn nutzlos, ja gefährdend sei und ihn zum mindesten verdächtige.

Mitunter werden kleine, angeblich erlaubte Kniffe empfohlen und es wird behauptet, dass es am besten sei, wenn man z. B. unbeirrt um den sich in „Krämpfen" Windenden, mit dem Protokollführer unangenehme Dinge bespricht, etwa, dass der „Erkrankte" ja ohnehin gestanden habe oder durch einen Mitschuldigen verraten sei u. s. w.; es würde dann der Simulant, empört über die Unwahrheit des eben Gehörten, plötzlich horchen und sich weniger winden, zumal wenn leise gesprochen wurde. Man erzählt, dass einmal ein epileptisch gewordener Zigeuner sofort gesund wurde, als der UR. äusserte, man werde den Mann in die Irrenanstalt abgeben müssen, wo man ihn „auf Eis sitzen lassen" und „stundenlang duschen" werde. Der Zigeuner sei sofort gesund geworden und habe versprochen, nie mehr „einen Anfall" zu bekommen. Solche und ähnliche Kunststücke, wie erfolgreich sie unter Umständen auch sein mögen, sind entschieden zu unterlassen, da Unwahrheit unter keinen Umständen gestattet ist und man sich ausserdem, wenn der Simulant auf die Sache nicht eingeht, einer argen Blosstellung aussetzt.

Anständig und vielleicht ebenso wirksam ist es, wenn man in einem Falle, in welchem man mit Grund Simulation annimmt, ruhig und bestimmt äussert, dass dies Simulation sein müsse und dass der

Beschuldigte hierdurch seine Lage nicht verbessere. Sieht dieser, dass man ihm durchaus nicht glaubt, so gibt er sein Spiel oft auf.

Da es nun, wie schon erwähnt, hier zuerst darauf ankommt, dass man die Simulation als solche erkennt, und da man weder im voraus einen Arzt bestellen kann, noch auch die Anfälle so lange dauern, bis der Arzt kommt, man auch bei angeblich chronischen Leiden (z. B. Schwerhörigkeit) häufig nicht warten kann, bis der Arzt erscheint (z. B. bei einer auswärtigen Amtshandlung), so möchte es zweckmässig sein, einige Mittel zu kennen, durch die man sich in einfachen Fällen selbst Rat schaffen kann.

α) Simulation von Schwerhörigkeit.

Diese kann für den UR. äusserst verdriesslich werden, zumal wenn es sich um eine rasche, nicht aufschiebbare Vernehmung handelt und Zeit und Gelegenheit mangelt, einen Arzt zur Untersuchung herbeizurufen. Hat man Verdacht, dass der zu Vernehmende simuliert, so handelt es sich darum, ihm rasch zu beweisen, dass man ihn durchschaut. Hierfür gibt es manche Mittel, die jeder Laie anwenden kann.

Avé-Lallemant empfiehlt, durch einige schreikräftige Unterbeamte dem Simulanten die Fragen so lange ins Ohr schreien zu lassen, bis er die Sache aufgibt. Das ist aber nicht prozessordnungsmässig, nicht immer durchzuführen und beweist am Ende nichts, da selbst wirklich Schwerhörigen derartiges Schreien Schmerz verursacht.

Ein allbekanntes und fast immer verwendbares Mittel besteht darin, dass man hinter dem wahrscheinlich Simulierenden auf den Boden stampft oder einen schweren Gegenstand zur Erde fallen lässt. Der wirkliche Schwerhörige hört diesen Lärm durch die Schalleitung des Bodens, Sessels und Körpers doch, oder fühlt wenigstens die Erschütterung; der Simulant glaubt, dass er dies auch nicht hören dürfe, der eine wendet sich also um, der andere nicht.

Behauptet jemand, bloss auf einem Ohre nichts zu hören, was meistens der Fall ist, so gibt es ein zuverlässiges Mittel, die Wahrheit zu entdecken, indem man ihm durch zwei Personen entweder direkt, oder besser, durch zwei möglichst lange Gummischläuche gleichzeitig verschiedenes in je ein Ohr flüstern lässt. Ist ein Ohr taub, so versteht der Untersuchte dasjenige, was ihm in das andere Ohr geflüstert wird, und kann es nachsagen; hört er aber auf beiden Ohren, so verwirrt sich das in beide Ohre Geflüsterte derart, dass er nichts versteht und auch nichts nachsagen kann.[1]

----

[1] Müller „Klinische Wochenschrift", 1869; dann Hummel „Über Nachweis einseitiger Taubheit", „Deutsche militärische Zeitschrift" 1899 und J. Hechinger über den sog. Gowseeíschen Bürstenversuch, um einseitige Taubheit festzustellen, Zeitschr. f. Ohrenheilkunde Bd. 51 p. 280.

Ganz richtig heisst es aber in C a s p e r - L i m a n, das beste
Mittel, Simulation zu erkennen, sei physiognomische Diagnose; freilich dient sie nur zur Aufklärung für den UR. und selten zur Überführung des Simulanten. Wenn aber der UR. im Laufe der Vernehmung die Gesichtszüge des Vernommenen fortwährend beobachtet
und wahrzunehmen trachtet, ob und welchen Eindruck gewisse Fragen
oder Äusserungen auf den „Schwerhörigen" machen, so wird er bald
aus einem Aufblitzen in den Augen, einer ärgerlichen Kopf- oder Handbewegung entdecken können, dass ihn der „Schwerhörige" verstanden
hat. Setzt ihm der UR. dies dann ruhig und bestimmt auseinander,
so wird der „Taube" in vielen Fällen seine nun zwecklose Rolle aufgeben.

Für Taubstumme gilt dasselbe, wie für Taube, da Taubstumme
beinahe immer nur Taubgeborene oder sehr früh Taubgewordene sind,
die eben deshalb nie sprechen lernten; wird also Stummheit simuliert,
so muss der Betreffende auch Taubheit simulieren, da Fälle, in denen
jemand später stumm wurde, so selten sind, dass sie kaum simuliert
werden. Auch bei Taubstummen wird physiognomische Diagnose
von Bedeutung sein. Man wird sich auch hier merken müssen, dass,
wie die Beobachtungen von L i m a n, M a s c h k a und T o s c a n i[1])
ergaben, auch Taubstumme Geräusche, die durch feste Körper vermittelt werden (Auftreten auf den Boden, Fallenlassen von Gegenständen u. s. w.), regelmässig wahrnehmen und sich danach wenden,
was der Simulant nicht tut. Ein sehr gutes Erkennungsmittel rät
K l a u s s m a n n - W e i e n;[2]) es besteht darin, dass man die angeblich Taubstummen etwas schreiben lässt; der echte Taubstumme,
der in einer Anstalt schreiben lernte, schreibt richtig und ohne orthographische Fehler, während der Simulant nach dem Gehöre, also häufig
unrichtig schreibt.

β) S i m u l a t i o n   v o n   E p i l e p s i e.

Sie kommt oft vor, gerade so wie bei Rekruten, um dem Militär-
dienste zu entkommen, so auch im Kriminale, um einer Vernehmung
oder Bestrafung zu entgehen. Diese Fälle werden meistens dem Gerichtsarzte zufallen, oft ist es aber auch für den UR. von Wichtigkeit,
s o f o r t zu wissen, ob ein epileptischer Anfall echt ist oder nicht:
wenn z. B. auf einer Kommissionierung eine Verhaftung vorgenommen
werden soll, oder wenn ein beschuldigter oder ein verdächtiger Zeuge,
wie schon erwähnt, eine Unterbrechung der ihm lästig werdenden
Vernehmung herbeizuführen wünscht. Durchschaut der UR. sofort
die Fälschung, so wird er anders vorgehen, als wenn dies nicht der Fall
ist. Ausserdem wird er auf das Gutachten des Arztes in den meisten
Fällen lange warten müssen, da Simulanten sich gewöhnlich hüten,

---

[1]) Vergl. insbesondere: Friedrich B e z o l d „Das Hörvermögen der Taubstummen", Wiesbaden 1896.

[2]) „Verbrechen und Verbrecher", Berlin 1892.

in Gegenwart des Arztes einen Anfall zu bekommen. Kann aber der Arzt rasch gerufen werden, so wird der Simulant seine Vorstellung derart abkürzen, dass der Arzt ein vollständiges Bild des Anfalles sicherlich nicht bekommt. In der Regel werden simulierte Anfälle gut dargestellt und sind daher nicht leicht zu erkennen. Der Grund davon liegt ohne Zweifel darin, dass niemand Epilepsie-Anfälle simuliert, der derartige echte Anfälle nicht oft gesehen hat. Dazu ist aber bei der grossen Verbreitung dieser entsetzlichen Krankheit leider Gelegenheit genug. Über einfache Mittel, Simulationen der Epilepsie zu erkennen, ist viel geschrieben worden;[1] jedes Handbuch der gerichtlichen Medizin beschäftigt sich damit, und von den Militärärzten sind für den Gebrauch bei Assentierungen Anweisungen über Entdeckung von Simulationen überhaupt herausgegeben worden (z. B. von W. D e r b l i c h , E. H e l l e r u. s. w.). Überall werden Kennzeichen angeführt und die von anderen angegebenen als nicht untrüglich bezeichnet, so dass schliesslich nur wenig Brauchbares übrig bleibt. Wir können sagen:

1. Verdächtig wird ein Anfall immer werden, w e n n e r z u e i n e r f ü r d e n E r g r i f f e n e n g ü n s t i g e n Z e i t a u s b r i c h t , bei der Verhaftung, im Verhöre u. s. w. Freilich darf auch nicht vergessen werden, dass grosse Aufregung, Schrecken u. s. w. die Auslösung eines Krampfanfalles bei wirklich Kranken verursachen kann.

2. Von Wichtigkeit ist die Art des Fallens. Der wirklich Kranke s t ü r z t hin, ohne Wahl des Ortes, ohne Vorsicht, ohne sich mit den Händen zu schützen, so dass er sich häufig schwer verletzt, zumeist im Gesichte, da er nach vornehin fällt. Der Simulant s i n k t und schützt sich durch vorgehaltene Hände oder doch durch Vorhalten der Ellenbogen. Unterlässt er aber auch dies, so wird er doch bei etwa vorkommender Verletzung den erlittenen Schmerz kaum unterdrücken können und ihn durch Verziehen des Gesichtes u. s. w. verraten.

3. Der vielbesprochene Schrei, den der Epileptiker ausstösst, und der, einmal gehört, unvergesslich bleibt, jener ,,cri unique, rauque plutôt qu'aigu", wie die französischen Ärzte sagen, beweist nur unter Umständen die Echtheit des Falles. Schreit der Befallene wiederholt oder gar längere Zeit, so ist er sicher Simulant; schreit er nur ein einziges Mal, so ist der Anfall entweder echt oder g u t imitiert; fehlt der Aufschrei ganz, so k a n n der Anfall noch immer echt sein, da der Schrei bei erwiesen Epileptischen manchmal fehlt.

4. Wichtig und nicht nachzuahmen sind die sogenannten Muskelkrämpfe, jenes eigentümliche Zucken und Zittern der einzelnen Muskeln, namentlich am Nacken und Rücken (am besten ausgedrückt mit: ,,Durcheinanderlaufen" der Muskeln). Das können sehr kräftige Männer, namentlich geübte Turner, am Oberarme hervorbringen, aber am ganzen Körper kann es willkürlich kein Mensch erzeugen; bei dem echten Epileptiker tritt es von selbst ein. Der Simulant schlägt

---

[1] H. V o s s ,,Beiträge zur Kasuistik der Simulation und Dissimulation von Geisteskrankheit etc.", H. Gross' Archiv Bd. XVIII p. 313; B r e s l e r ,,Die Simulation von Geistesstörung und Epilepsie", Halle 1904.

mit den Gliedern umher, zuckt, zittert und zappelt, aber das Muskel-
spiel kann er nicht aufweisen.

5. Das Wichtigste ist die Gesichtsfarbe, die beim wahrhaft Kranken
auffallend blass, später aber cyanotisch, blaurot wird; das Blasswerden
kann der Simulant n i e m a l s [1]) künstlich machen, das Rotwerden
können viele Menschen allerdings beliebig hervorbringen. ˙ ⸱⸱ ⸱

Wenn ein Vernommener einen epileptischen Anfall, ob echt oder
unecht, bekommt, so darf man vor allem nicht den Kopf verlieren;
wie erwähnt und bekannt, kann Schrecken und Aufregung wirklich
einen Anfall auslösen, so dass derartiges im Gerichtszimmer nicht selten
vorkommt, und oft dem jungen UR., der an solche, gewiss entsetzliche Zufälle nicht gewöhnt ist, alle Besinnung, jedenfalls aber die
Möglichkeit ruhiger Beobachtung raubt. Alles, was er in seiner allerdings
entschuldbaren Aufregung gewöhnlich tut, ist: Herumlaufen,
um Hilfe rufen, Wasser holen und andere zwecklose Dinge treiben,
und wenn dann der Arzt, der über die Echtheit des Anfalles befragt
wird, vom UR. eine genaue Beschreibung der Symptome haben will,
so weiss er nichts. Tritt ein epileptischer Anfall ein, so ist der UR.
vor allem als Mensch verpflichtet, ihn für echt zu halten, d. h. dem
Befallenen das Wenige an Hilfe zu leisten, was man überhaupt leisten
kann. Man sorge, dass der Erkrankte sich nicht beschädigt, indem
man alles Kantige aus seiner Nähe räumt, lüfte ihm beengende Kleidungsstücke und suche, wenn möglich, einen elastischen Körper, Kork, ein
zusammengelegtes Tuch, Holz, Radiergummi zwischen die Zähne zu
bringen, damit er sich nicht in die Zunge beisse. D o c h i s t a c h t
z u h a b e n , d a s s d i e s e r e i n g e s c h o b e n e K ö r p e r n i c h t
i n d e n S c h l u n d g l e i t e u n d E r s t i c k u n g v e r a n l a s s e.
Sonst kann man ohnedies nichts tun, man warte also und beobachte,
ob Simulation zu entdecken ist. Der Protokollführer kann sofort veranlassen, dass um den Arzt gesendet werde, entweder um zu helfen
oder um den Simulanten zu entlarven.[2])

γ) S i m u l a t i o n v o n O h n m a c h t e n.

Diese zu erkennen ist für den UR. von grosser Wichtigkeit, da
eine Ohnmacht in den seltensten Fällen so lange dauern wird, bis der
Arzt gerufen werden kann. Zu wissen, ob eine Ohnmacht echt oder
falsch ist, kann für den UR. deshalb nötig sein, weil er vielleicht im

---

[1]) Hysterische sollen es mitunter können. Das sogenannte künstliche Er-
bleichen nach dem „M ü l l e r schen Versuche" ist hier nicht von Bedeutung, da
dieses Kunststück ziemlich umständlich ist, und namentlich beim Hinfallen und
Zucken nicht gemacht werden kann. — Vergl. dazu: L. C a p p e l l e t t i und
G. O b i c i in „Il Resto del Carlino", Bologna 1895. „Die Autosuggestion in der
Rezitationskunst". Über den „matten, metallischen Glanz", den die Augen
Epileptischer haben sollen s. N ä c k e in H. Gross' Archiv Bd. X p. 290. Vergl.
noch H. P f i s t e r „Strafrechtl. psychiatr. Gutachten", Stuttgart 1902.

[2]) Auch bei diesem Anlasse sei auf gewisse Momente hingewiesen, die bei
Vernehmungen für den UR. stets von Wichtigkeit sind: F a s t j e d e r (e c h t e)
E p i l e p t i k e r l ü g t , i s t g e w a l t t ä t i g u n d b i g o t t.

ganzen Falle klar sieht, wenn er weiss, dass der Beschuldigte oder auch der Zeuge eine Ohnmacht zu simulieren für gut hielt. Das ebenso untrügliche als für jedermann leicht zu beobachtende Kennzeichen der echten Ohnmacht ist aber das p l ö t z l i c h e u n d t i e f e E r b l e i c h e n , das sich knapp vor der Ohnmacht nicht bloss über das Gesicht im allgemeinen, sondern namentlich über dessen Schleimhäute (Lippen, Zahnfleisch) verbreitet. Tritt dies nicht ein, so ist die Ohnmacht falsch. Denn das Erbleichen ist nicht die Folge, sondern gewissermassen die Ursache der Ohnmacht; sie ist nichts anderes als Blutleere des Gehirnes und des ganzen Hauptes und diese zeigt sich im Blasswerden. Die Augen sind unbeweglich, die Pupille gewöhnlich sehr erweitert, das Auge zuckt bei Berührung nicht, ein Blinzeln ist ausgeschlossen. Das Erwachen bei echter Ohnmacht unterscheidet sich wesentlich von dem bei einer verstellten. Es gehört aber Fachkenntnis oder wenigstens Übung dazu, um unterscheiden zu können. Für den Laien genügt es übrigens vollkommen, wenn er auf das tiefe Erblassen aufmerkt, das in dieser Weise, wie bei der echten Ohnmacht, künstlich kein Mensch hervorbringen kann.

Man merke übrigens, dass die meisten Ohnmachten, wie sie fast ausschliesslich bei Frauen vorkommen, w e d e r e c h t n o c h f a l s c h , s o n d e r n h a l b e c h t s i n d . Tritt infolge von Schrecken, Angst oder Aufregung Blutandrang oder Blutleere im Gehirn ein, so entsteht vorerst ein leichter Schwindel — kommt dann hierzu ein bisschen Einbildung, ein bisschen Suggestion und ein bisschen Komödie, so ist es das einfachste und bequemste, die Augen zu schliessen und hinzusinken. Der Vorgang ist unterbrochen, der Peiniger bekommt Mitleid und mittlerweile findet sich ein Ausweg — es war nicht echt, nicht falsch, aber halbecht, „she faintet away", sagt der Engländer ebenso kennzeichnend als unübersetzbar. —

δ) S i m u l a t i o n v o n D u m m h e i t.

Dass sich ein zu Vernehmender dümmer stellt, als er ist, kommt häufig vor, ist für den Schuldigen und gewisse Zeugen oft sehr vorteilhaft und für den UR. ebenso lästig als gefährlich. Für den Schuldigen liegt der Vorteil, sich recht dumm zu stellen, einerseits darin, dass er hoffen kann, man werde ihm die Tat, die vielleicht mit Raffinement ausgeführt wurde, nicht zutrauen, andererseits aber in der Möglichkeit, eine unangenehme Frage nicht zu verstehen und so Zeit zum Nachdenken zu gewinnen. Von nicht viel geringerem Werte ist eine solche Simulation für den Zeugen, der aus irgend einem Grunde mit der Wahrheit nicht hervortreten will, der also den Beschuldigten schonen, den Unschuldigen verderben will oder sich durch Wiedergabe der vollen Wahrheit selbst gefährdet oder acht haben muss, damit er mit einem anderen Zeugen nicht in Widerspruch gerate. So verdriesslich und unangenehm eine solche Verstellung für den UR. auch sein mag, so ist ihre Entdeckung dann regelmässig nicht schwierig, wenn er einige psychologische Kenntnisse und Geschicklichkeit besitzt. Zwei Wege können eingeschlagen werden; auf beiden soll man zur Nachweisung eines Widerspruches gelangen.

Auf dem einen findet man den Widerspruch zwischen den einzelnen Äusserungen, von denen die einen überlegt und schlau sind, während die anderen ungeschickt und dumm aussehen.

Auf dem andern entdeckt man den Widerspruch in dem Unterschiede zwischen dem Gesagten und dem Ausdruck der Augen.

Was den erstgenannten Widerspruch anlangt, so wird es auch dem geschicktesten Simulanten, namentlich bei einem längeren Verhöre, schwer fallen, nicht doch einmal eine gescheite Antwort zu geben. Der UR. muss es verstehen, den Zeugen zu „engagieren", ihn für die Sache zu erwärmen und fortzureissen, bis er sich so gibt, wie er ist, und erteilt er nur einmal eine Antwort, die verständiger ist als die übrigen, so hat der UR. wenigstens den Verdacht, dass er es mit einem Simulanten zu tun hat.

Ähnlich verhält es sich mit dem Widerspruche zwischen Blick und Rede, zwischen Auge und Mund. Kein gescheiter Mensch hat dumme Augen, kein dummer Mensch hat gescheite Augen. Das ganze Gesicht, Haltung und Gebärden können trügen, die Augen niemals, und wer nur einigermassen Übung im Beobachten der Augen hat, wird sich nicht leicht täuschen. Allerdings: was wir „Ausdruck der Augen" nennen, liegt nur zum Teile in den Augen selbst, das meiste bewirkt die Umgebung des Auges, und diese kann mit Hilfe der betreffenden Muskeln beliebig geändert werden: aber das geht nicht auf lange Zeit und echt sieht es auch nicht aus. Ein Komiker mit sehr klugen Mienen kann oft unsagbar dumm dreinsehen, aber w i r k - l i c h dumm sind seine Augen auch bei grösster Kunstfertigkeit, wenigstens für längere Zeit, niemals.

Hat man also, wenn auch nur entfernten Verdacht, dass sich ein zu Vernehmender einfältiger stellt als er ist, so braucht man nur seinen Blick anhaltend zu beobachten, und wenn er sich auch Mühe gibt, starr und teilnahmslos dreinzuschauen, so vermag er doch nicht zu verhindern, dass sich namentlich dann, wenn er sich in schwieriger Lage fühlt, ein Blick höherer Intelligenz aus dem Auge stiehlt. Hierzu kommt noch, dass der Simulant öfters, wenn er sich nicht beobachtet glaubt, einen raschen, forschenden Blick auf den UR. wirft, um sich zu vergewissern, ob er ihm glaubt oder misstraut. Fängt der UR. einen einzigen solchen Blick auf, so zweifelt er auch nicht mehr, mit wem er es zu tun hat. Ist er sicher, dass Simulation vorliegt, so zögere er auch nicht weiter, dem Simulanten kurz und bestimmt mitzuteilen, dass er ihn erkannt habe. Der UR. tut dann am besten, wenn er dem zu Vernehmenden auseinandersetzt, warum er ihm nicht glaubt, wenn er ihm die Folgen seines Benehmens erklärt und dann, unbekümmert um die angebliche Dummheit, im Verhöre fortfährt und so fragt, wie es der Intelligenz entspricht, die der UR. bei dem zu Vernehmenden meint, voraussetzen zu dürfen. Man sage nicht, dass es ausser dem Wirkungskreise des UR. liege, den Simulanten zu entlarven: Auf einer richtigen Aussage kann oft das Wohl und Wehe, Ehre und Freiheit

eines Menschen beruhen und zum Schutze des Rechtes ist der UR. da.
Er verletzt gröblich seine Pflicht, wenn er nicht die äusserste Aufmerksamkeit und Mühe daran setzt, damit der Vernommene gezwungen
werde, die Wahrheit zu sagen. Tut das aber der UR. nicht, so tut es
niemand mehr, denn der Vorsitzende bei der Verhandlung hat unmöglich Zeit und Gelegenheit, hier solche Proben vorzunehmen. —

4. Zinken.[1])

Unter Zinken versteht jeder Gauner, völlig unbekannt seit welcher
Zeit, jede geheime Verständigung. Im „Liber vagatorum" und
in allen älteren Werken kommt das Wort nicht vor; es wird durch
A v é - L a l l e m a n t vom zigeunerischen Sung (Geruch) abgeleitet.
Josef Maria W a g n e r bringt das Wort mit dem lateinischen signum,
französisch signe in Zusammenhang; vielleicht heisst es aber nichts
anderes als Spitze, Zacke (Zinken, Zacken der Gabel,[2]) womit man das
Zackige des Zeichens ausdrücken wollte. Mittelhochdeutsch bedeutet
die Zinke auch die Fünfe auf dem Würfel (franz. cinq).[3])

Die grosse Verschiedenheit der Zinken, ihre vielfache Anwendung
und weite Verbreitung können für den UR. insoferne von Wichtigkeit sein, als ihm dann vor allem manche Vorgänge erklärlich werden,
die ihm sonst unlösbare Rätsel bleiben. Es kann z. B. ein Diebstahl
unmöglich scheinen, weil man bloss e i n e n Täter wahrnahm und er-
wischte und diesen dann nicht verantwortlich machen will, da unbedingt mehrere Täter mitgewirkt haben müssen und eine (offene) Verständigung nicht entdeckt wurde. Ferner können geheime Verabredungen im Gefängnisse die grösste aufgewendete Mühe zwecklos
machen und ihre Entdeckung bleibt unmöglich, woferne dem UR.
die geheimen Zeichen unbekannt sind. Endlich glaube ich aber auch
noch, dass der UR., namentlich auf dem Lande, geradezu verpflichtet
ist, sich nicht bloss um den einzelnen sich ihm darbietenden Fall zu
bekümmern, sondern er muss auch ein Augenmerk darauf haben, was
überhaupt in seinem Bezirke vorgeht, was für Leute sich herumtreiben
und wie sie untereinander verbunden sind. Ereignet sich dann irgend
ein grösseres Verbrechen im Bezirke, so ist der UR. für seine Person
über vieles informiert und er kommt auch in die Lage, den untergebenen
Organen wichtige Anhaltspunkte für ihre Forschungen zu geben.

---

[1]) Vergl. besonders Dr. H. S c h u k o w i t z „Bettlerzinken in den österreichischen Alpenländern", Globus Bd. LXXIV No. 1. Einige Zinken gibt auch
L o m b r o s o „Der Verbrecher" an.

[2]) Hiermit stimmt auch der Ausdruck „Zinkenstecken, einen Zinken geben"
d. h. ursprünglich: Einem mit g e g a b e l t e n Fingern (Zeigefinger und Mittelfinger) in die Rippen stossen, dann überhaupt: Jemanden im Geheimen aufmerksam machen, warnen.

[3]) Dass wir das Wort verhältnissmässig nicht weit zurück verfolgen können,
beweist nicht, dass es nicht älter sei. Gauner haben keine Aufzeichnungen
hinterlassen, und wenn sie etwas schrieben, so haben sie sicher nichts von ihren
Zinken erwähnt. Schriftsteller interessierten sich um solche Dinge nicht und
haben daher auch nichts darüber geschrieben.

Es wird dem jungen UR. Befriedigung gewähren, wenn sich anlässlich eines wichtigen Falles die Polizei-Organe, Gendarmen u. s. w. vertrauensvoll an ihn wenden, seine Kenntnisse benützen und sich durch ihn leiten lassen. Gerade ein genaues Studium des Treibens der Gauner überhaupt gibt Sicherheit und Überlegung im einzelnen Falle; ist das Verbrechen geschehen, so ist es zu spät, Gaunermanieren zu studieren, das muss in Zeiten des Friedens geschehen. Abgesehen von allen diesen praktischen Nutzen ist der theoretische, der psychologische Wert ein bedeutender; kaum etwas anderes ist für die Verbrecher so bezeichnend, als ihre Zinken. Wer sich theoretisch für die Sache interessiert, findet die Literatur zusammengestellt in dem Aufsatze J. M. W a g n e r s „Rothwelsche Studien".[1] Von den verschiedenen Arten der Zinken seien genannt:

a) die graphischen Zinken.

Diese müssen als die in jeder Beziehung interessantesten bezeichnet werden und sind eines besonderen Studiums würdig.[2]

Sie werden mit Recht auf die alten Mordbrennerzeichen zurückgeführt, die schon vor Jahrhunderten in Gebrauch waren, und ursprünglich dazu dienten, einer weitverzweigten Bande das Haus zu bezeichnen, das zu einer bestimmten Zeit überfallen und ausgeraubt, nötigenfalls nach Ermordung der Bewohner niedergebrannt werden sollte. Sie waren meistens von einfacher Form, häufig ein schräges Kreuz mit Seitenstrichen, wie sie sich ziemlich zahlreich bis auf unsere Tage erhalten haben (einige derartige Zeichen sind abgebildet in Ludwig B e c h - s t e i n , „Deutsches Museum für Geschichte u. s. w.".[3] Originalwerke, die Mordbrennerzeichen enthalten und die auf unsere Tage gelangten, sind selten; eines der interessantesten ist ein kleines Heft: „Der Mordbrenner Zeichen und Losungen etwa bey Dreyhundert und viertzig ausgeschickt anno MDXL." Es enthält manche Zeichen, die wir ähnlich noch heute bei Landstreichern finden, obwohl vierthalb Jahrhunderte vergangen sind![4]

Zuerst bildeten diese Zeichen nur eine Art Marke, durch welche die niederzubrennenden, zu überfallenden Häuser kenntlich gemacht werden sollten — etwa so, wie der Förster die zu fällenden Bäume markiert („anplätzt", wie er zu sagen pflegt). So bedeutete z. B. ein Pfeil mit mehreren schrägen Strichen ein Haus, in dem Feuer gelegt werden s o l l , ein Pfeil, bei welchem an den schrägen Strichen noch Ringelchen angefügt waren, besagte, dass in dem bezeichneten Haus der brennende Zündstoff schon liegt. Später bildeten sich neben solchen

---

[1] „Archiv für das Studium der neueren Sprachen und Literatur" von L. H e r r i g, XXXIII. Bd. 1863.
[2] s. H. Gross' Archiv Bd. II p. 1, wo ich zu dem handschriftl. Nachlass von Kajetan Karmayer von etwa 1¹/₂ Tausend Zinken, eine Monographie über Zinken veröffentlicht habe.
[3] Bd. I, 1842, p. 307 ff.
[4] Vergl. noch H. Gross' Archiv Bd. III p. 85 und Bd. VI p. 326.

und ähnlichen objektiven Verständigungszeichen auch noch andere subjektive, die eine Art Wappen oder Marke ihres Trägers darstellen sollten. Das lag so in der Zeit. Ebenso wie das Wappen des Adeligen erkennen lies , wer in der Rüstung stak, so bezeichneten die sogenannten Hausmarken[1]) den Eigentümer des Hauses und dessen Zubehörs, die Steinmetz-, Bauhütten- und Bildhauerzeichen den Meister, der ein Bildnis, ein Haus hergestellt hatte; die Kaufherrenmarken bezeichneten den, der einen Warenballen versendet hatte, und endlich die Mordbrennerzeichen: wer von einer Bande dagewesen ist und wer wiederkommen wollte; die Zeichen der Gestüte, der Waffen- und Porzellanfabriken sind nie ausgestorben und die gesetzlich geschützten Marken der gewerblichen Erzeugnisse haben gerade in unserer Zeit Bedeutung erhalten. Die Mordbrennerzeichen lassen sich weit zurück verfolgen, zum wenigsten sicher bis ins 15. Jahrhundert. Zur Zeit der Reformation waren sie schon häufig und es wurde damals angenommen, es gingen die meisten Mordbrennerzeichen von solchen Banden aus, die der Papst nach Deutschland gesendet habe (!), um die Lutheraner durch Mord und Brand zu schädigen.[2]) Am häufigsten wurden die Mordbrenner und ihre Zeichen während des dreissigjährigen Krieges und dann, als die Räuberbanden, fahrende Leute und Gauner ungebundener Freiheit genossen. Was von da an bis etwa Mitte des 18. Jahrhunderts an Rauben, Morden und Mordbrennen verbrochen wurde, kann man sich kaum mehr vorstellen und es lesen sich die Schilderungen aus dem „Simplizissimus", Philander von Sittewald, aus Alexander Smith, M. Sigismund Hosman, dann die späteren Lebensbeschreibungen berüchtigter Räuber (Lips Tullian, Schmule Schickel, Michl Hentzschl, Nickl List, Jonas Meyer, Schmuel Löbel, des Studentenfritz und zahlloser anderer) wie erfundene Schauerromane.

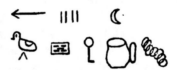

Fig. 14.
Mordbrennerzeichen aus dem Ende des 17. Jahrhunderts.

Aus der Zeit dieser Leute ist z. B. ein Mordbrennerzeichen erhalten, das in Thüringen an einer einsamen Waldkapelle aufgemalt war (Fig. 14). Die erste Zeile war die Aufforderung, die zweite die Bestätigung der Kenntnisnahme. Die erste Zeile bedeutete: In der Richtung des P f e i l e s das v i e r t e Haus von hier aus wird in der Nacht des nächsten l e t z t e n M o n d e s v i e r t e l s überfallen. Dies lesen zu können, dazu war die Kunst des Bücherlesens nicht nötig,

---

[1]) Wie sehr hier überall nur Übergänge herrschen s. z. B. A. v. Gennep „Übergang der Hausmarken und Eigentumszeichen zu den Wappen", „Revue heraldique", Paris 1906.
[2]) s. Joh. Stühling in H. Gross' Archiv Bd. XIII p. 235.

aber Gauner musste man sein, um es zu verstehen, und jeder, der die
Aufforderung zu deuten vermochte, war als Helfer willkommen. Nun
kam allerlei fahrend Gesindel vorbei, es las die Aufforderung und jeder,
der an der Sache teilnehmen wollte, machte nun mit Blei, Rötel, Kohle
oder Messer sein Handzeichen dazu. Und jeder Gauner hatte sein
Zeichen, das alle des gleichen Gelichters wohl kannten. Wir finden
als „Vidi" in der zweiten Zeile: einen Vogel, einen Würfel, einen Schlüssel,
einen Topf, eine Kette: fünf Zeichen von fünf Mordbrennern, auf deren
sicheres Eintreffen der Arrangeur der Sache, wenn er nachsah, mit
Bestimmtheit rechnen konnte. Es graut uns heute noch, wenn wir
die böse Bedeutung so harmlos erscheinender Zeichen erkennen, dass
aber heute noch die zahmen Enkel dieser unheimlichen Vorfahren
leben,[1] wissen wenige, obgleich ihre Zeichen vor unser aller Augen
gemalt, gelesen und verstanden werden. Wer aufmerksam an Kapellen,
Scheunen, Kreuzen, Zäunen, Mauern, besonders an einsamen Orten
und an Wegkreuzungen umsieht, findet auch heute Gaunerzinken noch
immer. Freilich bedeuten sie nur selten mehr Mord und Brand, wohl
aber, dass dieser oder jener Fechtbruder am soundsovielten hier war,
in Begleitung oder allein, dass er in der angegebenen Richtung sich

Fig. 15.   Fig. 16.   Fig. 17.

Einbrecherzeichen.   Bettelstudentenzeichen.   Falschspielerzeichen.

entfernte und am soundsovielten wieder zurückkommen will. Wichtiger sind Andeutungen für Vorübergehende, in welchen Häusern
in gewisser Richtung das Betteln Erfolg hat oder, dass in dem (durch
einen flüchtig gemalten Tragkorb) bezeichneten Hause verdächtige
Ware an den Mann gebracht werden kann; bedenklich ist die Mitteilung, dass in der Nähe ein Diebstahl auszuführen sei und dass einer
eines Gehilfen bedürfe, der hiermit gesucht wird. — Ich glaube, die
Anführung solcher Zinken kann von Interesse und Nutzen sein.

Avé-Lallemant führt z. B. an: Schlüssel mit Pfeil: Einbrecherzeichen[2] (Fig. 15); gekreuzte Schläger: Zeichen von Bettel-
studenten (Fig. 16); Karten mit Pfeil: reisender Falschspieler (Fig. 17).

---

[1] Vergl. v. Hippel „Die strafrechtl. Bekämpfung v. Bettel, Landstreicherei
und Arbeitsscheu", Berlin 1895; Stelling „Über das Umherziehen als Landstreicher", Hamburg 1891; Turner „History of vagrants", London 1787; Bouè
„Vagabondage et mendicitè"; Uhlhorn „Die christl. Liebestätigkeit", Stuttgart
(2. Aufl.) 1895; Bertsch „Über Landstreicherei und Bettel", Tübingen 1894;
Ostwald „Die Bekämpfung der Landstreicherei", Stuttgart 1903; Flynt
„Tramping with tramps", deutsch von Lili du Bois-Reymond, Berlin 1904.

[2] Dr. Baer („Der Verbrecher", Leipzig 1893) nennt diesen Zinken „den
allgemeinen Diebszinken".

Fig. 18a hält A v é - L a l l e m a n t für einen „allgemeinen
Bettlerzinken". Das Zeichen ist aber von ihm nicht genau abgebildet
und soll eigentlich (Fig. 18 b) ein Herz mit drei Nägeln darstellen:
das uralte Wahrzeichen der Nagelschmiede, also das Zeichen eines
wandernden Nagelschmiedes. Ich hatte Gelegenheit, die Zusammengehörigkeit eines solchen Zeichens mit einem ehemaligen Nagelschmiede,
später Landstreicher, festzustellen.

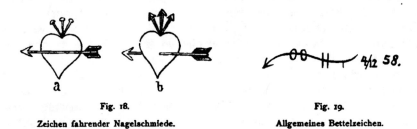

Fig. 18.

Zeichen fahrender Nagelschmiede.

Fig. 19.

Allgemeines Bettelzeichen.

Fig. 19 ist der eigentliche allgemeine Bettelzinken: deutet nur
die Richtung und das Datum an. Die Nullen bedeuten Kinder, die
langen Striche Kameraden, der halbe Strich die Zuhälterin. Diese
Bezeichnungen bleiben nicht überall gleich: ganze Striche bedeuten
oft auch Kinder und Nullen Kameraden u. s. w., das ist nach Zeit und
Land verschieden.

Als Seitenstück führe ich aus meiner, durch viele Jahre hin fort-
gesetzten Sammlung von Gaunerzinken einige der interessantesten
an, die ich selbst gefunden habe.

Fig. 20.

Gaunerzeichen in einem Zuge gemacht.

Fig. 20: Eine Landschaft mit Tannenbaum in e i n e m Zuge
gezeichnet — das oft vorkommende Wappen eines berüchtigten Landstreichers, der einst Gutsbesitzer war. Zeichnungen in e i n e m Zuge
sind bei Gaunerzinken sehr beliebt und zeigen ihr hohes Alter; solche
Zeichnungen in e i n e m Zuge machte man besonders gerne um die
Wende des 15. und 16. Jahrhunderts; Albrecht D ü r e r hatte darin
eine meisterhafte Fertigkeit und verwendete sie z. B. bei den herr-
lichen Randzeichnungen im Gebetbuche für Kaiser Max.

23*

Fig. 21: Wappen des sogenannten „Bretzenbäckers" und bedeutet: „War hier am 5./11. 72, kommt wieder am 20./12. 72."

Fig. 22 stellt einen der merkwürdigsten Gaunerzinken dar, den ich je gesehen habe. Der in einem Zuge gezeichnete Vogel soll einen Papagei darstellen, anspielend auf die grosse Sprachfertigkeit des Wappeninhabers, eines bekannten Einbrechers. Das zweite Zeichen ist eine Kirche, das dritte ein Schlüssel. Darunter befinden sich drei runde Gegenstände über einem Striche: in dem sogenannten Bauernkalender (in Steiermark) das Zeichen des heiligen Stephanus, nämlich drei Steine auf dem Erdboden, da dieser Heilige den Märtyrertod durch Steinigung erlitten hat. Diese drei Steine können hier nur ein Datum bedeuten, nämlich den Tag des heiligen Stephanus, d. i. 26. Dezember. Daneben ein Wickelkind: das Zeichen der Geburt des Heilandes als Datum: 25. Dezember.

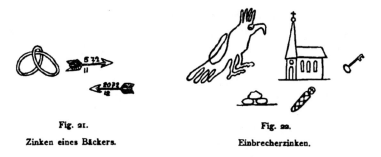

Fig. 21.

Zinken eines Bäckers.

Fig. 22.

Einbrecherzinken.

Nun ist das Ganze leicht zu lesen: „Der allen Gaunern wohlbekannte Besitzer des Papageiwappens beabsichtigt am 26. Dezember in eine Kirche einzubrechen; er sucht Genossen und wird sich am 25. Dezember am Orte der Anbringung dieses Zinkens (einer einsamen Waldkapelle) einfinden, um Genossen zu finden, die an dem Raubzuge teilnehmen wollen."

Die Gendarmen verstanden sich auf solche Zinken und brachten sie zu Gericht, der Pfarrer half die liturgische Erklärung finden und am Christtag wurden drei berüchtigte Gauner bei der Waldkapelle gefangen.

Fig. 23.

Unbekannter Gaunerzinken.

Fig. 23: Ein offenes Buch, ein abgebrochener Stock, ein menschlicher Fuss und drei Daten: die Lösung weiss ich nicht. —

Ausser solchen Zinken gibt es auch, und zwar häufig, Zeichen, die dazu dienen, gesammelte Erfahrungen auch anderen Genossen dienstbar zu machen. Sie zeigen, wie fest das Gaunertum unter sich gegliedert, fast möchte man sagen, organisiert ist, wie einer dem anderen, den er gar nicht kennt, behilflich ist, freilich in der Erwartung, dass er auch einmal die Hilfe eines anderen erfahre.

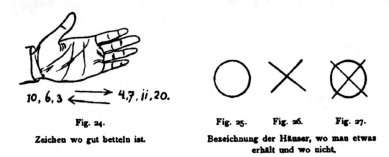

Fig. 24.

Zeichen wo gut betteln ist.

Fig. 25. Fig. 26. Fig. 27.

Bezeichnung der Häuser, wo man etwas
erhält und wo nicht.

So sieht man oft die Zeichnung Fig. 24: also „offene", d. h. frei-gebige Hand ist zu finden: in der Richtung nach rechts: im 4., 7., 11. und 20. Hause, in der Richtung nach links: im 3., 6. und 10. Hause, also eine Anweisung, wo gut zu betteln sei. Oft wird zu diesem Zwecke jedes Haus besonders markiert, um jeden vorbeikommenden Fecht-bruder sofort zu verständigen, ob es sich lohne, hier vorzusprechen. Am häufigsten ist die Bezeichnung sehr einfach: ein leerer Kreis (Fig. 25) bedeutet, dass hier etwas zu haben ist (vielleicht das Bild eines Geld-stückes); ein Kreuz schräg gezeichnet (Fig. 26), zeigt an, dass man im bezeichneten Hause nichts erhält. Eine Kombination beider Zeichen

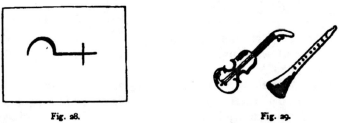

Fig. 28.

Englisches Gaunerzeichen.

Fig. 29.

Bettelzeichen.

(Fig. 27), bedeutet das, was eben beide Zeichen ausdrücken: man er-hält hier zwar etwas, aber nichts, was dem Gauner (wenigstens in den meisten Fällen) erwünscht ist, d. h. es wird dem Bettler ein Stück Brot, ein Glas Obstmost, Äpfel, ein Ei oder sonst etwas Geniessbares gereicht.[1]

Ähnliche Zeichen sind bei englischen Gaunern seit langer Zeit im Gebrauche.[2] Ein in England vorkommendes Zeichen (Fig. 28)

---

[1] Nach Boué „Vagabondage et mendicité" haben dieselben Zeichen in Frankreich andere Bedeutung; der K r e i s bedeute: „die Leute haben oder geben nichts"; das K r e u z bedeutet: „Gefahr" und die K o m b i n a t i o n beider: „hier bekommt man, was man haben will, die Leute haben Furcht".

[2] „A London Antiquary-Dictionary of modern Slang, Cants etc.", London 1859.

s o l l auch bei uns zu finden sein und bedeuten, dass man im bezeichneten Hause gestohlene Ware verkaufen könne. (Häufiger ist bei uns,
wie oben bemerkt, ein Zeichen, welches einen Tragkorb darstellt.)

Verbreitet ist auch die Bezeichnung mit Geige und Flöte in einfachster Form (Fig. 29). Die Geige bedeutet Gutes,[1] man bekommt
etwas (vielleicht anspielend an das Sprichwort: „Der Himmel ist voller
Geigen"). Die Flöte bedeutet das Gegenteil (vielleicht in bildlicher
Darstellung: „Du kannst hier flöten gehen").

Eine andere Unterweisung besteht in dem Aviso, dass in hiesiger
Gegend die polizeiliche Aufsicht strenge ist. Zu diesem Zwecke bedient man sich der Darstellung der landesüblichen Waffe der behördlichen Organe; Fig. 30 (ein Gewehrlauf mit Bajonett) bedeutet z. B.
einen Gendarmen, oder ein hirschfängerartiger, kurzer Säbel den Gemeindediener. Diese sind mitunter sehr gefürchtet, da sie meistens
abgediente Gendarmen sind, ihren Bezirk genau kennen und auf Ordnung darin mit Nachdruck zu sehen pflegen.

Fig. 30.

Zeichen für behördliche
Überwachung.

Fig. 31.

Gaunerzeichen mit Aufforderung zur
Ermordung eines Gendarmen.

Mitunter werden solche Zeichen auch mit anderen versehen, die
eine Drohung oder Vorhersagung enthalten, vielleicht auch eine Aufforderung, an dem Angriffe mitzuwirken. Vor mehr als 25 Jahren
wurde auf einsamer Waldstrasse in der östlichen Steiermark ein Gendarm erstochen gefunden; er war durch unzählige Messerstiche getötet
worden. Der Lokalaugenschein hatte ergeben, dass er sich am Rande
der Strasse mit dem Rücken gegen den steil ansteigenden Wald nieder-
gesetzt hatte, um sich eine Pfeife zu stopfen: sein Tabakbeutel war
offen, der Tabak zerstreut, die Pfeife frisch und halb gefüllt. Er war
wegen seines überaus pflichttreuen, tatkräftigen Vorgehens namentlich
bei den Landfahrern und Zigeunern gefürchtet und verhasst und auch
von Zigeunern, die ihn in der geschilderten Stellung meuchlings überfallen hatten, ermordet worden. Wenige Tage n a c h seinem Tode
wurde nicht weit vom Tatorte auf einer halbverfallenen Mauer eine
rohe Zeichnung gefunden (Fig. 31), deren Deutung nicht zweifelhaft
sein konnte. Es war ein zwar fratzenhaft gezeichnetes, aber nicht zu

---

[1] Hofrat A c h l e i t n e r in München teilt mir mit, dass die Geige in Tirol
unterm Volke immer etwas Übles bedeute, meistens Hohn und Spott; sie wird
z. B. auf ein Haus gemalt, in dem ein geschwängertes Mädchen wohnt, auf eine
Almhütte, auf welcher das Erträgnis zurückgeht etc. Eine Glocke oder Schelle

verkennendes Gesicht, mit dem (damaligen) Hahnenfederhute der Gendarmen; die Züge waren dadurch kenntlich, dass der martialische Schnurrbart des ermordeten Gendarmen ungeschickt, aber unverkennbar, nachgeahmt war. Über dem Kopfe waren vier Messer deutlich gezeichnet.

Dass die Zeichnung nicht später, d. h. nicht n a c h dem Tode des Gendarmen entstanden ist, hat der Umstand bewiesen, dass sie vom Regen arg verwaschen war, obwohl es in der Zeit vom Morde bis zur Auffindung der Zeichnung nicht geregnet hatte. Ich kann mich des Gedankens nicht erwehren, dass es sich hier um eine Drohung, Aufforderung zur Hilfeleistung, vielleicht auch um eine Warnung gehandelt hat und dass die rechtzeitige Auffindung dieses Zinkens den braven Gendarmen hätte warnen und sein Leben erhalten können, da er dann mindestens nicht allein bei Nacht jenen gefährlichen Weg zurückgelegt hätte. Das fordert dazu auf, den Vorschlag, dem Gendarmen einen Hund beizugeben (s. p. 166 Anm. 1) nicht zur Seite zu schieben (Polizeihunde).

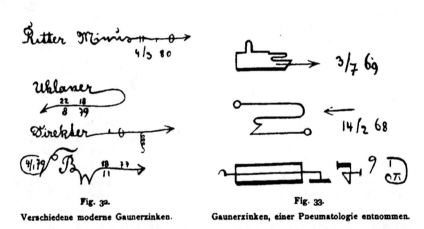

Fig. 32.
Verschiedene moderne Gaunerzinken.

Fig. 33.
Gaunerzinken, einer Pneumatologie entnommen.

Aber die merkwürdigen wappenartigen und formfreudigen Bilder, deren sich die Gauner seit alter Zeit bedienten, werden auch nach und nach verdrängt durch die internationalen und allgemein verbreiteten Zeichen der Schrift; und so wie der heraldische Schmuck, die Bezeichnung durch Wappenteile und die Hausmarken schwinden und höchstens noch durch farblose, nichtssagende Monogramme ersetzt werden, so schwinden auch die originellen und interessanten Zeichen der Gauner, und ihre langweiligen Spitznamen treten an die Stelle figürlicher Zeichen. Es hängt dies wohl auch mit der immer weiteren Verbreitung der Kenntnis des Lesens und Schreibens zusammen.[1]) So fand ich die unter Fig. 32 abgebildeten Zeichen sehr verbreitet. Die Deutung des

bedeutet Wohlwollen, gute Wirtschaft etc. Nur ein Beweis mehr für die bekannte Tatsache, dass die harmlose Volksauffassung mit der des Gauners nichts gemein hat.

[1]) Gerade in den letzten Jahren macht sich eine auffallende Verminderung der alten Gaunerzinken bemerkbar, ja in manchen Gegenden verschwinden sie

Schnörkels auf dem Pfeile des vorletzten Zinkens ist mir unbekannt.

Als Gegenstück zu der modernisierenden Tendenz der graphi-
schen Zinken in gewöhnlicher Schrift fand ich vor Jahren in einsamer,
von wenigen aber wohlhabenden Bauern bewohnter Berggegend in
Lothringen Zeichen, die ohne Zweifel Gaunerzinken waren (Fig. 33),
deren Deutung mir aber lange ein Rätsel blieb.   Sie waren im Umkreise von mehreren Meilen einzeln zerstreut, stammten nicht von derselben Hand, aber, wahrscheinlich von Mitgliedern e i n e r Bande,
da die Zeichen einem und demselben Buche entlehnt sind.   Hiernach
bedeutet das erste Zeichen: Daemonium Mercurii, das zweite: In-
telligentia Saturni, das dritte ist das Zeichen des „Engels des Sams-
tags", namens Cassiel.   Diese Zeichen finden sich in der Salamankischen
„Pneumatologia occulta et vera".[1]   Dieses berühmte Zauberbuch
muss wohl einer Bande von Gaunern bei einem Raubzug in die Hände
gefallen sein und da mögen ihnen die darin enthaltenen Zauberzeichen
so gefallen haben, dass sie diese von Jahrhunderte langem Schlafe
zu neuer Bedeutung erweckt haben. —

Ich will hier eine Anzahl von Gaunerzinken anschliessen, die
aus einer merkwürdigen handschriftlichen Sammlung des Kajetan
K a r m a y e r, Amtssyndikus der Stadt Freystadt in Oberösterreich
stammen, und die ich einmal[2]) veröffentlicht habe. Von diesen, im
Ganzen mehr als 1700 Zinken, im Laufe der zwanziger bis vierziger
Jahre des 19. Jahrhunderts gesammelt, seien einige in gewissen Gruppen
wiedergegeben:

I. Zinken b e s t i m m t e r Gauner (also eine Art persönlicher
Wappen):

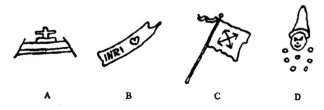

A   B   C   D

Fig. 34.

A. Zinken des „Preak".
B.   „   „Freiseppl", eines „entschlossenen Mörders".
C.   „   „Dufte", eines Gauners „der bloss geistliche Herren brandschatzt".
D.   „   „Batteriehansl", eines Falschspielers.

geradezu, und auch die geschriebenen Spitznamen werden seltener. Es ist
immerhin merkwürdig, dass diese Jahrhunderte alten Zinken plötzlich, in 2—3
Dezennien, ihrem Ende entgegengehen.

  [1]) Vollständig abgedruckt in der „Zauberbibliothek" von Georg Konrad
H o r s t, Mainz 1821.
  [2]) H. Gross' Archiv Bd. II p. 1.

II. Zinken für bestimmte Stände, Handwerker etc.:

Fig. 35.

Bezeichnung
für einen Gerichtsdiener.

Fig. 36.

Bezeichnung
für einen Handelsjuden
(Quersack).

Fig. 37.

Bezeichnung
für einen Töpfer.

III. Zinken für gewöhnliche Mitteilungen:

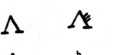

a   b   c   d

Fig. 38.

a: „verhaftet";
b: „verhaftet und dreimal verhört";
c: „zwei Jahre Kerker bekommen";
d: „enthaftet" (Zeichen für Haft und das Gegenteil, dazwischen ein Herz als Zeichen der Freude)

Hiezu ein Beispiel:

Fig. 39.

„Wegen Uhrendiebstahl verhaftet, zweimal vernommen, leugnet".

IV. Einzelbezeichnungen:

Fig. 40.

Ein „Muri" i. e. jede Gewalttat
(Raub, gewaltsamer Diebstahl,
Notzucht etc.).

Fig. 41.

Ein „Muri, bei dem es
getropft hat"
d. h. Blut geflossen ist.

Fig. 42.

„Hilfe, Unterstützung".

Fig. 43.

Zinken für (irgend einen) Tabakschwärzer.

Fig. 44.

Zinken für (irgend einen) Müller.

V. Komplizierte Mitteilungen:

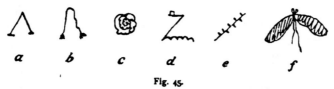

Fig. 45.

„Der mit dem Zinken (d) Bezeichnete, ist wegen Mord (b) und einer anderen Gewalttat (c) in Haft (a) und will sich auf einen Juden (f) ausreden, der ohnehin wegen Strassenraub (e) verhaftet ist“.

Fig. 46.

Fig. 47.

„Der auf freiem Fusse befindliche, mit Zinken ‚Degen‘ (a) und der in Haft befindliche mit dem Zinken ‚Herz‘ (e) haben mit Hilfe von Pferd und Wagen (b, Peitsche und Radschuh) bei einem Brauer (c, Kanne und Malzschaufel) einen ‚Muri‘ (d, siehe Fig. 40) begangen.“

Zusammenkunft bei einem einsamen Gasthaus (kenntlich durch die zwei Pfeiler), welches den Eingang von hinten (vorne keine Türe gezeichnet) durch den Garten (Baum) hat.

Zu den Zinken gehören auch die Zeichen der Zigeuner, die in irgend einer Weise ihre Anwesenheit an einem Orte feststellen und zwar nicht bloss, wenn sie harmlos dagewesen sind, sondern selbst dann, wenn sie ein Verbrechen begangen haben. Nur bringen sie in diesem Falle ihr Zeichen in mehr versteckter Form und auf einem schwer auffindbaren Platze an. Das häufigste Zeichen ist ein gestricheltes Dreieck, das vielleicht eine Harfe darstellen soll, in manchen Fällen wirklich eine solche bedeutet; dieses Zeichen (Fig. 48) wird meistens dann angebracht, wenn der Zigeuner eine Nacht unter Dach zugebracht hat. Ebenso hängt er Fetzen von Kleidungsstücken an ein Haus, einen Pfahl, einen Baum[1]) u. s. w., ein sicheres Zeichen, dass ein Zigeuner dagewesen ist. Hierbei hat er es seit Jahrhunderten verstanden, dem Volke weiss zu machen oder den bestehenden Glauben zu benutzen, dass in solche Fetzen Krankheiten eingezaubert sind, die auf jenen übergehen, der den Fetzen berührt. So kommt es, dass niemand den Fetzen anzugreifen wagt, und er bleibt da, um als Verständigung für nachkommende Zigeuner zu dienen. Ist doch dies Zeichen regelmässig an Kreuz- und Gabelwegen und überall dort angebracht, wo der nachkommende Zigeuner im Zweifel sein könnte, in welche Richtung der vorausgegangene gezogen ist. Ein anderes Verständigungsmittel bilden

---

¹) Sogen. Lappenbäume sind übrigens uralt und weitverbreitet; Griechen, Römer, Kelten, heutige Esthen und viele wilde Stämme kannten und kennen heilige, dürre Bäume, auf welche als Opfergaben (?) bunte Bänder oder Teile des Anzugs befestigt werden. Besonders Pilger pflegen das zu tun, was gerade auch auf Wegweisung hindeuten könnte; Anklänge hieran mögen obige Bräuche auch sein.

verknüpfte Ruten, zusammengewundene Äste, selbst Gras- und Stroh-
halme. Ferner ein abgeschnittener Ast mit dreifacher Gabelung; er
wird in die Erde gesteckt, und der mittelste Teil der Gabelung in jene
Richtung gebogen, in der die Zigeuner gewandert sind. Auch werden
am Rand jenes Weges, den sie eingeschlagen haben, drei Steine aufeinander gelegt,[1]) der grösste zu unterst, der kleinste zu oberst (Fig. 49),
ebenso unscheinbar für den Uneingeweihten als sicher für den Kenner.

Findet sich auf dem Wege nur Sand oder nichtbewachsene Erde
oder Schnee, so dienen als untrügliche, freilich bald schwindende Zeichen
eingegrabene Striche; meistens sind es drei, von denen der mittelste
in jener Richtung vorsteht, in der die Zigeuner gegangen sind (Fig. 50). —

Fig. 48. Fig. 49. Fig. 50.

Verschiedene Zigeunerzeichen.

Eine Reihe von Zigeunerzinken haben v. W l i s l o c k i ,[2]) Theodor
S e e l m a n n und Heinrich G l ü c k s m a n n[3]) veröffentlicht. Letz-
terer legt dar, dass die einzelnen Zigeunerstämme, ja auch einzelne
Personen unter ihnen besondere Zeichen (aus Tierhaaren, Fetzen,
Hölzchen etc.) haben. Diese Zeichen werden nun mit anderen ver-
bunden, um vorbeikommenden Zigeunern eine Mitteilung zu machen.
Ist das Personenzeichen z. B. mit Kuhdünger teilweise bedeckt, so
bedeutet dies Warnung vor der Gendarmerie. Menschenkot bedeutet
Erfolg und Glück, ein Fliederzweig Erkrankung, halbverkohlter Flieder-
zweig mit Stroh einen Todesfall („Hölzer der Schmetterlinge"), ein
Tannenzweig Verlobung, ein Weidenzweig eine Geburt, Eichenzweig

---

[1]) Ich hatte lange angenommen, dass diese Zeichen spezielle Eigentümlichkeiten der Zigeuner seien, die sie etwa aus ihrer indischen Heimat mitgebracht
haben mögen. Das ist aber falsch, wie mir der Germanist S c h ö n b a c h nachgewiesen hat. In einer, bisher ungedruckten, etwa um 1250 gehaltenen Predigt
(Leipziger Handschrift No. 496) des Berthold von Regensburg, zweifellos des
grössten Kanzelredners des Mittelalters, sagt der Prediger: der Teufel mache es
so wie die Räuber, welche an den Wegen gewisse Zeichen anbringen, damit die
Wanderer glauben, sie seien auf dem Richtigen, während sie durch diese Zeichen
geradewegs zu den Höhlen der Räuber gelockt werden; dieser Zeichen gebe
es drei: „gekreuzte Ästchen, zusammengelegte Steine und verknüpfte Ruten
oder Dornsträuche". Es sind also g e n a u die drei letztgenannten Wegezeichen
der Zigeuner und wir müssen annehmen, dass diese Zeichen vor mehr als einem
halben Jahrtausend allgemein im Volke bekannt und gebräuchlich waren, während
sie jetzt im übrigen Volke vergessen und nur noch bei den (überhaupt sehr
konservativen) Zigeunern erhalten sind. Aber auch diese Annahme muss dahin
eingeschränkt werden, dass der Gebrauch speziell germanischen Ursprunges ist,
von den Germanen auf die Zigeuner überging und sich bei ihnen erhalten hat.
Den (auch von Schönbach geführten) Nachweis hierüber s. in H. Gross' Archiv
Bd. III p. 351.

[2]) v. W l i s l o c k i „Vom wandernden Zigeunervolke".

[3]) Jahrbuch für die k. k. Gendarmerie für das Jahr 1895 (Wien, in Komm.
bei L. W. Seidel & Sohn).

Rückkehr eines Verreisten oder verhafteten Genossen, eine Birken-
rute einen, der Gendarmerie gelungenen Fang. Fell oder Lederlappen
mahnen zur Eile oder zu einer Zusammenkunft, Löcher in dem Leder
bedeuten eine Stadt, wenn viereckig, ein Dorf, wenn rund. Sind z. B.
zwei runde, ein viereckiges und wieder ein rundes Loch in einem Leder-
fleck, so muss der Zigeuner zwei Dörfer und eine Stadt passieren, um
im folgenden Dorf an den Ort der Zusammenkunft zu gelangen;
Schweinsborsten deuten auf bevorstehendes Glück, Hundehaare auf
Gefahr und Unsicherheit, Glasscherben auf ein verendetes Tier.

Um die mitunter verblüffende „Wissenschaft" der zigeunerischen
Wahrsager und Kartenaufschläger zu begreifen, muss man auch auf
g r a p h i s c h e Zeichen acht haben, welche die braunen Leute auf
die Mauern von Häusern der von ihnen durchwanderten Orte entweder mit Kohle zeichnen oder mit einem Nagel einritzen, Figuren,
die Uneingeweihten nicht auffallen, weil sie sich fast nicht von den
Spuren der Zeit, von Wind und Wetter unterscheiden, für den Kenner
aber wichtige nützliche Botschaften bedeuten. Nach W l i s l o c k i
bedeutet ein Kreuz: dass da nichts zu holen sei; ein Doppelkreuz:
rohe Behandlung, ein Kreis: Freigebigkeit; ein Doppelkreis: besonders
mildtätige Leute; zwei Längsstriche und darüber zwei Querstriche:
Wohnung des Ortsrichters oder einer Amtsperson überhaupt; ein
Doppelkreuz und darunter zwei Striche: einen Diebstahl, dessen Zigeuner verdächtigt werden; einige senkrechte Striche sind der freudige
Ausruf: „Hier haben wir gefunden", d. h. gestohlen; ein Dreieck sagt:
durch Kartenaufschlagen oder Wahrsagen ist da Geld zu verdienen;
ein Kreis um ein Kreuz mahnt zur Rachetat; zwei Schlangenlinien
melden die Sehnsucht der Hausfrau nach Kindern; zwei senkrechte
Linien, durch eine schlangenförmige verbunden: die Frau will keine
Kinder mehr haben; zwei Schlangenlinien durch einen Kreis gezogen:
Tod einer alten Frau; durch zwei Kreise gezogen: Tod eines alten
Mannes; Punkte in den Kreisen bedeuten: Erbschaftszwist infolge
dieses Todesfalles; eine Schlangenlinie, ein Dreieck durchschneidend:
Tod des Hausherrn; zwei solcher Linien durch dieselbe Figur: Tod der
Hausfrau; eine Schlangenlinie zwischen zwei Kreuzen: Untreue der
Frau; ein Kreuz zwischen zwei Schlangenlinien: Untreue des Mannes;
eine senkrechte, darunter eine wagrechte Linie und darunter ein Kreuz:
Heiratsabsichten u. s. w. Es ist natürlich, dass diese Zeichen beim
Wahrsagen und Kartenschlagen gute Dienste leisten, und es ist die
kameradschaftliche Uneigennützigkeit bemerkenswert, mit der eine
Bande die andere unterstützt, freilich auch hier hoffend, einmal Gleiches
mit Gleichem vergolten zu erhalten. Manche dieser Zigeunerzeichen
kommen allerdings auch bei anderen fahrenden Gaunern vor, sie beweisen aber immer, dass der, der sie gebraucht, wenn nicht selbst
Zigeuner, so doch ein solcher Landfahrer ist, der lange und genau mit
Zigeunern verkehrt hat und gewissermassen einer der ihren geworden
ist. —

Nicht verwechseln darf man mit Gaunerzinken die Zeichen,
welche herumziehende Scherenschleifer an jenen Häusern anbringen,

in denen sie Scheren, Messer u. s. w. zum Schleifen übernommen haben. Die Ähnlichkeit dieser Zeichen mit den echten Gaunerzinken ist deutlich und hat ihren Ursprung in jener Zeit (die noch nicht überall verschwunden ist), in der Scherenschleifer, meistens zugleich Ausbesserer von Regenschirmen, die Strasse entlang gezogen kamen und mit allerlei fahrendem Gesindel viele und innige Berührung gehabt hatten. Wenn nun ein solcher Scherenschleifer tagsüber eine Anzahl von Messern und Scheren zusammengebracht hat, so wäre es ihm wohl kaum möglich, diese unter sich ähnlichen Stücke wieder an der richtigen Stelle abzugeben, wenn er nicht an jedem Hause ein bestimmtes, auf das Objekt hindeutendes Zeichen anbringen würde. Diese Zeichen weisen oft auf eine wohldurchdachte Mnemotechnik hin, sind in mancher Hinsicht merkwürdig, gewiss uralt, aber für unsere Zwecke nur insoferne von Bedeutung, als sie von den eigentlichen Gaunerzinken unterschieden werden müssen. Ist man im besonderen Falle im Zweifel, ob man es mit einem Scherenschleiferzeichen oder einem echten Gaunerzinken zu tun hat, so erübrigt nichts, als den ersten besten fahrenden oder auch sesshaften Schleifer zu fragen. Diese Leute kennen auch fremde Scherenschleiferzeichen bestimmt. —

Ebenso gehören nicht eigentlich hierher jene Zeichen, die mitunter von Verbrechern am Orte der Tat zurückgelassen werden; gleichwohl sind diese Zeichen nicht gleichgültig. Ich kenne seit langem eine typische Form solcher Zeichen, welche in einer menschlichen Fratzengestalt und daneben drei Fragezeichen bestehen und regelmässig dann gefunden werden, wenn man zwar keinen Anhaltspunkt für die Person des Täters hat, wenn aber doch der Hergang beweist, dass der Diebstahl von einer, mit allen Verhältnissen vertrauten, also dem Beschädigten bekannten Person verübt wurde. Das genannte Zeichen bedeutet also die höhnende Frage: „Nun, wer ist der Dieb?"

Ich hatte bisher dieses Zeichens keine Erwähnung getan, weil ich glaubte, es sei nur auf mein engeres Vaterland beschränkt. Nun erfahre ich,[1]) dass genau dasselbe Zeichen auch in der Nähe von Berlin gefunden wurde, also weit verbreitet ist. Unter Umständen kann dieses Zeichen vorkommenden Falles einen Anhaltspunkt bieten.[2])

b) Jadzinken,

auch Fehmzinken, Grifflingzinken genannt, bezwecken Verständigungen durch Zeichen. Mitunter wird einfach das bekannte Alphabet der Taubstummen benützt, nach dem z. B. der Buchstabe *A* durch die geschlossene Faust, der Buchstabe *V* durch eine Stellung ähnlich wie beim Schwören, oder der Buchstabe *O* so dargestellt wird, dass Daumen und Zeigefinger einander mit den Spitzen berühren, während die drei anderen Finger weggestreckt werden. Dieses Alphabet ist aber keines-

---

[1]) Durch Kriminalrat A. O. K l a u s s m a n n in Berlin.
[2]) Über sogen. „Galgenbriefe", die sich seit dem 17. Jahrh. bis in unsere Tage erhalten haben, s. S c h u k o w i t z in H. Gross' Archiv Bd. XI p. 267.

wegs allgemein gültig, sondern ändert sich nach Ländern und Örtlichkeiten, wenn auch nicht wesentlich, so doch insoweit, dass Taubstumme,
die aus fernen Gegenden zusammenkommen, einander nicht verstehen, wenn sie sich auch in derselben Sprache verständlich machen
wollen. Nicht so soll es bei Gaunern sein, die dieses Alphabet so umgeändert haben sollen, dass es für ihre Zwecke fast international geworden ist. Ob das richtig ist, konnte ich nicht feststellen. Jedenfalls kommt es nicht darauf an, dass der UR. ein solches Alphabet
versteht, es genügt, wenn er weiss, dass es eine solche Art der Verständigung gibt, wodurch zwei Komplizen allenfalls quer über einen
grossen Hof, aus den Arrestfenstern heraus, sich gut verständigen
können. Wird dies beachtet, so werden manche Überraschungen erspart, die sonst durch eine plötzlich auftretende gemeinsame Verantwortung entstehen können. Ein UR., der sich um solche Verabredungen
nicht kümmert, oder gar es „unter seiner Würde findet", darauf zu
merken, macht sich nicht bloss vor den Untersuchungshäftlingen
lächerlich, sondern er führt die Untersuchung dann nur zum Scheine.

Eine fernere Art von Jadzinken besteht darin, dass der eine vor
dem anderen mit dem Finger langsam in der Luft etwas schreibt, was
dieser bei einiger Übung lesen kann.[1]) Diese Verständigungsarten
haben aber noch eine andere gefährliche Verwendung, nämlich bei
den, oft so beliebten, mir verhassten „Konfrontationen". Konfrontieren
kann man unverdächtige Zeugen, wobei sich oft ein schwerwiegendes
und weittragendes Missverständnis mit Leichtigkeit beseitigen lässt
und sonst noch wichtige Anhaltspunkte gewonnen werden können,
die selbst bei wiederholten Vernehmungen nicht zu erzielen sind. Im
übrigen sind aber Konfrontationen nach meiner Überzeugung fast
immer nachteilig und bieten höchstens ein bequemes Auskunftsmittel
dazu, dass sich das weitere Verfahren vereinfacht. Wer es weiss, wie
leicht und rasch eine Verständigung zwischen zwei Gaunern mit Hilfe
des Taubstummen-Alphabetes u. s. w. stattfinden kann, wird sich
hüten, ihnen eine so einfache und bequeme Art der Verständigung zu
bieten, wie sie trotz aller Überwachung bei Gelegenheit einer Kon-
frontation und der folgenden Protokollierung stattfinden kann. —

Fasst man den Begriff der Jadzinken im weitesten Sinne auf,
so gehört zu ihnen jede Art von gegenseitiger Verständigung, die in
einer für den Uneingeweihten unverständlichen Form bewerkstelligt
wird. Solche, oft von den übelsten Folgen begleitete Verständigungen
können ausser bei Konfrontationen dann erfolgen, wenn man Verhaftete mit ihren Verwandten und Freunden, wenn auch in Gegenwart
des UR., verkehren lässt. „Oft wird der UR. über die Ausbrüche ele-
mentarer Heftigkeit staunen, mit der Leute, denen man soviel Gefühl
garnicht zutraut, einander um den Hals fallen, weinen, schreien, be-
teuern, und dies unter neuen Umarmungen so lange fortsetzen, bis
der UR. meint, nun sei es genug des Schmerzes und die Leute trennt."
Meistens hat der Auftritt keinen anderen Zweck gehabt, als dem Häft-

---

[1]) Vergl. Arch. d'anthr. crim. VIII, 210.

ling einen Zettel, ein Geldstück, eine Feile oder sonst etwas Harmloses zuzustecken oder ihm wenigstens zuzuflüstern, wie er sich verantworten, auf wen er sich als Alibizeugen berufen sollte. Ebenso kommt es auch vor, dass umgekehrt der Häftling seinem Besuche einen Zettel oder einen kleinen Gegenstand zusteckt, den er der Aufmerksamkeit der Wärter zu entziehen wusste; oft raunt er dem Besucher bloss ein Wort, einen Satz zu und die Verständigung ist geschehen.

Avé-Lallemant erzählt einen Fall, in dem die Konkubine eines Verhafteten während eines Kusses ein Goldstück aus ihrem Munde in seinen Mund schob, mit dem der Verhaftete sofort bei seinem Wächter einen Bestechungsversuch machte. Derselbe Schriftsteller bezeichnet mit Recht mitgebrachte Kinder als besonders gefährlich, da es kaum auffallen kann, wenn sich der Verhaftete mit dem Kinde länger befasst und es liebkost, wobei er wohl alles in Empfang nehmen kann, was man ihm durch das Kind zukommen lassen wollte.

Mitunter gehört freilich eine gewisse Geschicklichkeit dazu, um auf eine dieser Arten, trotz der Aufsicht, etwas in Empfang zu nehmen oder es zu geben, aber ungeschickt ist eben kein gefährlicher Gauner und einen gewissen Grad von Taschenspieler-Geschicklichkeit haben sie alle.

Aber selbst wenn ein überkluger UR. der Sache alle Gefahr dadurch benehmen wollte, dass er sich Umarmungen, Händedrücken u. s. w. ausdrücklich verbietet, so kann er noch immer nicht verhindern, dass wenigstens eine Verständigung durch Zeichen, Blicke, Handbewegungen u. s. w. geschieht, die, wenngleich noch so kurz und rasch gegeben, doch alles enthalten kann, worum es sich in der ganzen Untersuchung dreht; alle Mühe, aller Scharfsinn kann verloren sein in einem einzigen nie mehr zurückzurufenden Momente. —

Als besondere Verständigungsart gehören zu den Jadzinken noch die Geheimschriften der Verhafteten. Dass es solche gibt, ist bekannt genug, da ja verschiedene, sogenannte sympathetische Tinten auch zu harmlosen Zwecken benutzt werden. Solche Tinten sind: Lösungen von Kobalt-, Kupfer-, Eisensalzen u. s. w., dann verdünnte Schwefelsäure, Milch, Urin, Zitronensaft u. dgl. Von diesen Tinten sind alle jene für unsere Fragen von geringerer Bedeutung, die irgendwelcher Chemikalien bedürfen, um geschrieben oder hervorgerufen zu werden. Im Arreste wird ein Häftling schwerlich eine Mischung von salzsaurem Kobaltoxyd und salzsaurem Eisenoxydul haben, um damit schreiben zu können und ebenso wird ihm nicht etwa eine Galläpfelabkochung zur Verfügung stehen, um damit eine Schrift hervorzurufen. Gefährlich und wichtig sind nur jene Mittel, die leicht zu beschaffen sind, also in Bezug auf das Einschmuggeln: alle jene Tinten, die durch Erwärmen oder durch Reiben mit verbranntem Papier, Asche, Staub u. s. w. sichtbar werden, denn diese Mittel des Hervorzauberns sind in jedem Arreste zu beschaffen. Wenn z. B. mit einer Lösung von Chlorkobalt geschrieben wird, so genügt gelinde Erwärmung durch Ofenhitze oder auch nur durch ein angebranntes Zündhölzchen, um die Schrift (vorübergehend) zum Vorscheine zu bringen. Wird

an den Häftling mit einer Lösung von Gummi arabicum geschrieben,
so genügt es, den Brief anzuhauchen und dann mit Asche, Staub, verbranntem Papiere u. s. w. einzureiben, wodurch die Schriftzüge deutlich
zum Vorscheine kommen. Durch das Anhauchen ist der Gummi nämlich oberflächlich gelöst und klebrig geworden, und wenn Staub u. dgl.
über das Ganze gerieben wird, so bleibt er an den klebrigen Schriftzügen haften, am übrigen Papier aber nicht. Die nötigen Ingredienzien
(namentlich Staub) sind in jedem Arreste zu finden und es kann in
dieser Weise alles nur Erdenkliche in den Arrest mitgeteilt werden.
Besonders gefährlich sind in dieser Beziehung alle jene Tinten, welche
w i e d e r h o l t zum Erscheinen und zum Verschwinden gebracht
werden können, weil der Inquisit alles, was ihm auf diese Art i n den
Arrest mitgeteilt wurde, beliebig oft zum Erscheinen bringen kann,
und weiters, weil er mit solchen Tinten verdächtige Aufschreibungen,
deren Inhalt er nicht vergessen soll, machen und bei sich tragen kann.
So oft er diese Dinge braucht, kann er sie dann ungefährdet hervorrufen.

Solche Tinten gibt es viele; die beste und verbreiteste ist die
sogenannte Widemannsche Tinte: 1 Teil Leinöl, 20 Teile flüssiger
Ammoniak, 100 Teile Wasser. Diese Tinte muss vor jedem Eintauchen gut geschüttelt werden und lässt das mit ihr Geschriebene
jedesmal hervortreten, wenn es befeuchtet wird, um nach dem Trocknen
wieder zu verschwinden. Leicht herzustellen und deshalb häufig in
Verwendung ist eine Tinte, die man erhält, wenn man Kupfer in Salzsäure, der etwas Salpetersäure zugesetzt ist, auflöst, und die Lösung
so lange mit Wasser verdünnt, bis das damit Geschriebene nicht sichtbar
ist. So oft man ein so beschriebenes Papier erwärmt, erscheint die
Schrift deutlich hochgelb, und verschwindet beim Erkalten vollständig.
Dasselbe erreicht man mit einer wässerigen Lösung von salzsaurem
Kobaltoxydul (Kobaltchlorür).

Auf das Vorkommen solch beschriebener Papiere ist wohl zu
achten und nicht zu vergessen, dass die Aufschreibung meistens z w i -
s c h e n d e n Z e i l e n e i n e s h a r m l o s e n S c h r i f t s t ü c k e s
enthalten sein wird.

A u s dem Arreste werden kaum in anderer Weise Briefe geschmuggelt werden, als solche, die mit Harn oder Milch, höchstens
noch mit Zuckerwasser, Zitronensäure oder Apfelsaft geschrieben
sind,[1] die dann durch Erwärmung oder Reiben mit Staub leicht sichtbar gemacht werden können. Ebenso können Briefe mit Alaunlösung
geschrieben werden, die häufig für Halsschmerzen als Gurgelwasser
verschrieben wird. Ein solches Medikament für echte oder fingierte
Halsschmerzen könnte sich ein Häftling leicht geben lassen, um es
dann zum Schreiben zu benützen. Gewärmt, wird das Geschriebene
deutlich braun. Solche Korrespondenzen werden zumeist von Arrest
zu Arrest vermittelt, aber auch hinausgesendet. Sogar wenn die selbst-
verständliche Vorsicht angewendet wird, dass der Arrestant nur unter

---

[1] Über Speichelschrift s. M a s a o T a k a y a m a in H. Gross' Archiv
Bd. XV p. 238; dazu R. R e i s s ibidem Bd. XVII p. 156.

Aufsicht Briefe schreiben darf, so ist es doch bei mangelhafter Überwachung möglich, das vorgelegte Papier gegen ein anderes, schon früher
mit Harn beschriebenes, auszutauschen oder selbst während des Ab-
fassens des Briefes einige Zeilen unvermerkt mit Urin zu schreiben.
Ich habe von einem Falle gehört, in dem eine Inquisitin, die in der
Kanzlei des Kerkermeisters schrieb, die unbewachten Momente benützte und ein zugespitztes Hölzchen mit ihrer eigenen Muttermilch
direkt aus den Brüsten befeuchtete und so zwischen die mit Tinte geschriebenen Zeilen einige Zeilen mit Milch einschmuggelte. Gegen
derartige üble Dinge gibt es zwei Mittel: jeden Brief, der in die Arreste
geht oder aus ihnen kommt, tüchtig zu erwärmen (auf die Herd-
platte legen, an den Ofen oder über die Lampe halten,[1]) oder noch gründ-
licher: gar keinen Brief in den Arrest und keinen aus diesem in
die Aussenwelt kommen lassen. Das erste Mittel habe ich immer,
das zweite regelmässig bei wichtigeren Untersuchungen gehandhabt.
Kam ein Brief an einen Inquisiten, so wurde dieser vorgerufen, ihm
der Brief einmal, auf Verlangen öfters vorgelesen, nie aber übergeben,
und die geschehene Vorlesung des (s t e t s zu den Akten genommenen)
Briefes protokollarisch festgestellt. Hierdurch gewinnt man auch
den Vorteil, dass überhaupt kein Papier in den Arrest gelangt, was
insoferne von Nutzen ist, als die Ränder, Rückseiten u. s. w. von Briefen
leicht zu anderweitigen Korrespondenzen benützt werden können.
Sollte aber ein Brief von einem Inquisiten nach auswärts gehen, so
liess ich ihn stets säuberlich abschreiben, vom Inquisiten kollationieren,
und in meiner Gegenwart unterfertigen, das Original kam in den Akt,
die Abschrift auf die Post. Dass man aber auch trotz dieser Vorsicht
noch hintergangen werden kann, zeigte mir ein recht belehrender Vorfall. Der Besitzer eines kleinen Waldgrundstückes wurde verdächtigt,
dass er seit Jahren den Verkauf grosser Mengen von gestohlenen Sachen
über die Grenze betreibe. Der Mann wurde verhaftet, nicht aber seine
Frau, da sie nur Mitwisserin sein konnte, nicht fluchtverdächtig schien
und eine Anzahl kleiner Kinder, darunter eines an der Brust, zu Hause
hatte. Der Mann leugnete im ersten Verhöre rundweg alles und legte
eine unbezwingliche Sehnsucht an den Tag, mit seinem Weibe zu
sprechen. Dieses wurde zwar den weiten Weg zu Gericht gerufen,
mir war aber das auffallende Drängen des Mannes nach jener Unterredung verdächtig geworden, ich schlug diese ab, erklärte mich aber
bereit, dem Weibe alles zu melden, was mir der Mann mitteilen werde.
Nach langem Sträuben und Hin- und Herreden verlangte der Mann
lediglich, ich solle der Frau mitteilen: „Sie möge die Ochsen gut füttern,
er habe dies (bis zur Verhaftung) auch immer getreulich getan, nun
möge sie dafür sorgen, dass die Ochsen gutes Futter bekämen." Diese
harmlose Nachricht teilte ich dem Weibe mit und dieses zog von dannen.
Die Sache beschäftigte mich aber doch länger und noch an demselben
Tage entsendete ich einen Gendarmen, der erheben sollte, ob denn die

---

[1]) Das hat aber auch gewisse Bedenken: s. H. Gross' Archiv Bd. XXV
p. 379.

Leute überhaupt Ochsen besässen. Die Antwort lautete: „Drei Ziegen sind vorhanden und ein abgetriebener Schimmel, mit welchem der Mann seine Fahrten mit gestohlenem Gute besorgt hatte. Ochsen haben die Leute weder jetzt, noch hatten sie welche früher." Zweifellos war ich also in eine Falle gegangen und hatte die Mitteilung einer Nachricht selbst besorgt, die sicherlich einen anderen Sinn hatte und für die Untersuchung von Bedeutung gewesen sein muss. Die Lösung gewann ich vorläufig nicht und konnte nichts anderes tun, als den begangenen argen Fehler durch erhöhte Aufmerksamkeit und Genauigkeit möglichst gutzumachen. Lange Zeit danach, als die Untersuchung beendet war, hatte ich ein Mädchen in Haft, welches unter Zigeunern aufgewachsen war und dort auf das raffinierteste stehlen gelernt hatte. Diese Person interessierte mich lebhaft, da ich glaubte, sie sei als Kind von den Zigeunern gestohlen worden, weshalb ich während ihrer Haft Nachforschungen, leider vergeblich, gepflogen habe. Das arme Geschöpf zeigte sich dankbar für die erwiesene Teilnahme und sagte mir eine Menge von Dingen, die ich früher nicht gewusst hatte und später von anderen Seiten bestätigt erhielt (z. B. eine Menge von Zigeunerpraktiken beim Reisen, Stehlen, Auskundschaften, Fliehen, Sichverständigen u. s. w., sowie viele Ausdrücke der Zigeunersprache). Unter anderem fragte ich das Mädchen, was „Ochsenfüttern" heisse, und erhielt die Antwort, dies bedeute (aber nur in hiesiger Gegend, nicht allgemein): „Die Herren vom Gerichte anlügen und nichts eingestehen." Der Sinn der damaligen Nachricht war also einfach: „Ich habe bis jetzt nichts eingestanden, gesteh auch du unter keiner Bedingung etwas ein." Solche versteckte Andeutungen in Gaunerbriefen kommen sehr zahlreich vor; die „Phrasen mit Doppelsinn" (Hemd statt Geld, guter Freund für falschen Zeugen etc.) wie sie F e r r i a n i[1]) anführt, sind jedem Kriminalisten bekannt. Will man den durch sie hervorgerufenen Gefahren entgehen, so dürfte man die Briefe nur dem Sinne nach wiedergegeben expedieren; aber selbst da entkäme man den Zweideutigkeiten nie ganz. Briefe von Gefangenen raffinierter Art und an sie, enthalten stets Gefahren für die Untersuchung. —

Eine andere Art von Verständigung geschieht durch in Holz eingeschlagene Lettern. Wenn man z. B. gewöhnliche Lettern, wie sie zum Drucke verwendet werden, in glattes Holz derart eindrückt, dass die vertieft erscheinenden Buchstaben ein Wort oder einen Satz bilden (also eine Art Prägung), und wenn man über diesen Buchstaben das Holz mit einem scharfen Messer oder besser mit einer Glasscherbe so lange schabt, bis die Buchstaben oben nicht mehr sichtbar sind (aber nicht tiefer), so lassen sich diese wieder hervorrufen, wenn man das Holz befeuchtet. Die Holzfasern werden nämlich beim Einschlagen der Lettern unter jenem Teile, der die Prägung enthielt, auch noch zusammengepresst, wenn auch für das Auge nicht sichtbar. Werden diese zusammengepressten Holzteile nun angefeuchtet, so quellen

---

[1]) Lino F e r r i a n i „Schreibende Verbrecher", Deutsch von Alfred R u h e - m a n n, Berlin 1900.

sie auf und die Buchstaben werden ziemlich erhaben sichtbar. Zu diesem Zwecke kann jedes Holz benützt werden, natürlich gelingt die Sache umso besser, je feinfaseriger das Holz ist (z. B. Linden-, Ahorn-, Erlen-, Birnbaumholz). Man beachte also j e g l i c h e s Stück Holz, das dem Häftling in den Arrest von aussen übergeben wird, z. B. Deckel von Handspiegeln, Griffe von Bürsten, Stiele von Holzkämmen, Griffe von Werkzeugen, Schachteln mit Esswaren u. s. w. Sogar auf einem hölzernen Löffel sollen derartige Prägungen gewesen und zum Vorscheine gekommen sein, als der Löffel in die Suppe kam. Man hatte behauptet, der Mann sei an den Löffel „so gewöhnt", und es wurde kein Anstand genommen, die „harmlose" Bitte um Ausfolgung des Löffels zu gewähren. —

Ich möchte noch einer Art von Verständigung gedenken. In einem grossen Prozesse waren achtundzwanzig Leute verhaftet und da die Arresträume sehr beschränkt waren, so war bald wahrzunehmen, dass die Verhafteten in verschiedener Weise miteinander korrespondierten. Dies schadete der Sache sehr, ich erwirkte militärische Bewachung, und nun marschierten in den Korridoren Tag und Nacht Soldaten auf und nieder. Dies half, aber nur wenige Tage, dann konnte ich sofort auf der ganzen Linie der Verhafteten in ihrer Verantwortung eine Frontveränderung bemerken, sie korrespondierten also wieder. Nun legte sich der Kerkermeister auf die Lauer und konnte wahrnehmen, dass bei den Gucklöchern der Arresttüren, die der Beobachtung halber stets offen waren, Hände zum Vorschein kamen, die dem Soldaten, als er eben vorübermarschiert war, etwas auf die rückwärtige Patrontasche legten. Bei der nächsten Arresttüre wurde wieder eine Hand sichtbar, welche jenes „Etwas" von der Patrontasche nahm, und so ging es weiter: die Soldaten hatten, ohne davon eine Ahnung zu haben, die Korrespondenz besorgt. Diese war, da es an Papier durchaus mangelte, auf Leinwandfetzen geführt worden, welche die Leute von ihren Hemden herabgerissen hatten. Der einzige Bleistift, der zur Verfügung stand, ging stets mit dem Zettel mit und wurde so ebenfalls von Hand zu Hand benützt.

Über Chiffrenschrift siehe XV. Abschnitt.

c) Kennzinken.

Diese sind etwas merkwürdig Internationales und haben den Zweck, dass die Gauner einander finden und erkennen. Wo immer im Gasthause, auf dem Markte, in der Kirche, im Eisenbahnwagen oder im Kerker zwei Gauner zusammenkommen, hat es für sie Wichtigkeit, einander so rasch als möglich zu erkennen, sei es um gemeinsam vorzugehen, sei es um sicherzustellen, dass der eine sich vor dem anderen nicht zu scheuen oder zu fürchten brauche, sei es um zu verhindern, dass sich der eine bemühe, den anderen als Opfer zu benützen und so z. B. beim Falschspiele kostbare Zeit zu verlieren. Für den UR. genügt es, zu wissen, dass es solche Kennzinken gibt, dass sie bekannt

sind und verstanden werden, so weit Gauner existieren. Weiss der UR.
das nicht, so wird er sich manchen Vorgang nicht erklären können.
Es wird z. B. Einer beschuldigt, er habe versucht, im Eisenbahn-Coupé
einen Mitreisenden zu bestehlen. Der Beschuldigte verantwortet sich
damit, es sei schon deshalb unmöglich gewesen, einen Diebstahlsver-
such zu wagen, weil den beiden gegenüber ein „eleganter Herr" sass,
der den Vorgang hätte wahrnehmen müssen und vor dessen Augen
man doch nicht zu stehlen gewagt hätte. Dieser Herr sei unbekannt
wohin weitergereist, könne aber unmöglich sein Komplize sein, da
er nachgewiesenermassen schon einen halben Tag früher als der Beschuldigte den Zug bestiegen habe. Man wird vielleicht dieser ganzen,
vom Schaffner bestätigten Erzählung Glauben schenken, wenn man
nicht weiss, dass eine einzige Handbewegung, die der eine gemacht
und der andere erwidert hat, vollkommen genügte, um die beiden zu
versichern, dass der eine von dem andern nichts zu fürchten habe.

Oder: Ein Betrüger verkauft in einem Gasthause etwas Unechtes
als echt und behauptet, er habe selbst umso sicherer das Ding für echt
gehalten, als auch zwei „fremde Herren" darüber entzückt gewesen
wären und die Sache selber gar zu gerne gekauft hätten, wenn sie nicht
der Betreffende (d. h. der Betrogene) schon halb und halb erworben
gehabt hätte. Dass die „zwei fremden" Herren wirklich fremd waren
ist zwar richtig, ebenso richtig ist aber auch, dass sie sich mit dem
Betrüger durch einen einzigen Kennzinken verständigt hatten.

In derselben Weise finden sich namentlich an Markttagen in
den Gasthäusern des Marktortes u. s. w. die Falschspieler, die einander
sofort behilflich sind, ohne einander zuvor jemals gesehen zu haben.
Sie spielen zuerst harmlos miteinander, zuerst gewinnt der eine, dann
der andere. Das sieht recht anständig aus und erweckt das Vertrauen
der Leute. Oder: Sie spielen miteinander irgend ein „Erratenspiel"
und der Ratende gewinnt meistens, trotzdem der andere versichert
hat, dass dies unmöglich sei. Sie spielen aber „bloss um die Ehre"
und wenn die Umstehenden genügend animiert sind, und auch mitspielen, so geht es dann nicht mehr bloss um die Ehre, sondern um
des Bauers mühsam erarbeitetes Geld, und dieser errät nichts mehr
und verliert sein Geld. Oder: Der eine spielt, und der andere, der sich
ihm zu erkennen gegeben hat, sitzt hinter dem Partner und bedeutet
ihm, was die anderen für Karten haben. Zum allerwenigsten wird
durch ein solches Erkennen verhindert, dass einer den andern zu betrügen sucht, der dann mit den Worten aufsteht: „Pardon — selbst
Bauernfänger."

Solcher Zeichen gibt es viele; die wichtigsten sind aber für uns
zwei,[1] von denen so viel ich weiss, das eine (Fig. 51) häufiger im Norden,
das zweite (Fig. 52) im Süden gebräuchlich ist.[2] Verstanden werden

---

[1] Unter den Romanen (namentlich den italienischen und französischen
Gaunern) gibt es eine besonders grosse Zahl solcher Kennzinken; so hat Pitré
(„Lombrosos Archiv", IX, 1888) 48 komplizierte Gesten italienischer Verbrecher
gesammelt.

[2] Beide sollen ein grosses, lateinisches C darstellen, als Anfangsbuchstaben
des Wortes Cochemer = Eingeweihter, also Gauner (?).

aber beide von den Gaunern des ganzen „zivilisierten" Erdballes und das nicht erst jetzt, sondern seit Jahrhunderten.

Diese Handstellungen sind so unscheinbar und können so leicht gemacht werden, dass sie dem Uneingeweihten nicht auffallen. Der Kenner unterscheidet sie dadurch von zufälligen Bewegungen und Stellungen, dass sie verhältnismässig l a n g e Zeit beibehalten oder wiederholt werden. Er zeigt sein Verstandenhaben dadurch, dass er die gleiche Geste wiederholt und damit ist das Bündnis geschlossen. Wird das Vorhandensein dieser Zeichen im Auge behalten, so werden zahlreiche strafbare Handlungen als möglich bezeichnet werden, die man sonst als undenkbar erklären möchte, weil ein unbedingt notwendiges Einverständnis eines Dritten ausgeschlossen schien. —

Fig. 51.   Fig. 52.

Kennzinken der Gauner.

Für den UR. von geringerer, für den Gauner aber von grosser Bedeutung ist der sogenannte „Scheinlingszwack", der darin besteht, dass man ein Auge schliesst und mit dem anderen über die Nase hinüberschielt. Es ist dies ein Mienenspiel, welches jeder von uns kennt und im Scherze oft mit jemandem gewechselt hat, um geheimes Einverständnis anzudeuten. Im Leben des Gauners ist dieser Blick aber von Wichtigkeit und häufig der Beginn einer länger oder kürzer dauernden Gemeinschaft. Man darf nicht vergessen, dass die „Freundschaften" der Gauner in der Regel nicht von langer Dauer sein können. Vor allem gibt es allzuviel, was ein gutes Einvernehmen zwischen solchen Leuten zu stören vermag: Teilung der Beute, Verdacht des Verrates, Uneinigkeit in Bezug auf Durchführung eines Unternehmens, Neid wegen der grösseren Geschicklichkeit des einen, Ärger über Unbeholfenheit des andern, dann häufig Streit über dieselbe Konkubine u. s. w. Ferner werden die Leute oft bei Durchführung eines misslungenen Unternehmens oder durch verschieden lange Dauer einer Haft und hunderterlei andere Zufälle versprengt und endlich liegt es nicht in ihrem Interesse, allzulange beisammen zu bleiben, da eine Freundschaft von Leuten, die der Behörde ohnedies übel bekannt sind, immer auffällt und ihnen eine unangenehme Überwachung zuzieht. Aus alledem folgt, dass im Zusammenleben der Gauner fortwährender Wechsel herrscht, dass sie sich zu einer oder zwei Unternehmungen zusammenfinden, alle Gefahr, Beute und Geheimnisse miteinander teilen und sich wieder trennen, oft auf Nimmerwiedersehen. Deshalb haben sie es aber auch nötig, immer wieder aufs neue nach Genossen zu forschen, und das fällt ihnen bei einiger Geschicklichkeit nie schwer. Leute, die einen bestimmten Zweck verfolgen, im guten und im bösen Sinne, finden und erkennen einander leicht, man möchte sagen instinktiv. Der Sache liegt eine gewisse Selbsterkenntnis zugrunde, jeder weiss ungefähr um seine eigenen Eigenschaften und findet diese also leicht am anderen heraus. Wer hier beobachtet, wird bald erfahren haben, dass sich die passionierten Jäger ebenso bald finden wie die Päderasten,[1] die Schachspieler, Raritätenliebhaber und gelehrten Forscher ebenso wie Trinkbrüder oder Hazardspieler, und so findet ein Gauner den anderen unter hundert ehrlichen Leuten heraus: ein Scheinlingszwack zur Vergewisserung, ein gleicher als Antwort, und am selben Abende wird schon ein gemeinsamer Einbruch verübt, bei dem jeder von ihnen seine Freiheit nur wagen kann, wenn er der aufopfernden Hilfe seines eben gewonnenen Kameraden unbedingt sicher ist. Nur so erklärt es sich, wenn sich Leute „so unbegreiflich rasch zusammenfanden", die Gott weiss woher zugereist gekommen wären und, kaum angelangt, schon gemeinsam operiert haben. Ich erinnere mich an einen Polizeibericht über einen grossen Einbruchsdiebstahl, in dem gemeldet wurde, man würde unbedingt auf die Täterschaft eines berüchtigten Einbrechers schliessen müssen (der charakteristisch vorzugehen pflegte), wenn dieser nicht erst „vorgestern" aus einer langen Strafhaft entlassen worden wäre, und daher unmöglich Zeit gehabt haben konnte, die drei bis vier Genossen anzuwerben, die unbedingt zur Ausübung der Tat notwendig waren. Man liess daher den Betreffenden ruhig abreisen und erst später wurde sichergestellt, dass er doch der Arrangeur des Einbruches gewesen war, und, wie einer der Mittäter zugab, die Gehilfen mit Anwendung des „Scheinlingzwackes" gefunden und geworben hatte.

d) Akustische Zinken.

Diese haben die mannigfachste Verwendung. So gibt es:

α) Lock- und Warnrufe.

Erstere werden fast ausschliesslich durch Tierstimmen, namentlich solche, die des Nachts zu ertönen pflegen, dargestellt. Es ist begreiflich, dass Leute, die z. B. einen Überfall im Walde oder eine Annäherung an ein Haus planen, sich nicht beim Namen anrufen, oder sonst Äusserungen von sich geben, durch die sie anderen auffallen. Der Ruf eines Tieres, zumal wenn er gut nachgeahmt wird, ist nie bedenklich, und wenn vorher verabredet, ebenso verlässlich, und verwendbar, als ob man einander beim Namen riefe. So wird Hahnenschrei, Wachtelruf, Falkenpfiff, in der Nähe von Gewässern auch Froschgequake und Unkenruf, am liebsten aber Eulenschrei verwendet.

---

[1] Über die Erkennungszeichen der Homosexuellen s. Moll in H. Gross' Archiv Bd. IX p. 157.

Eulen gibt es überall, im Wald und Feld, auf Bergeshöhe und Sumpf, in einsamster Gegend und in der Nähe menschlicher Wohnungen, sowohl am frühen Abende als vor Tagesanbruch, ihr Schrei ist also niemals verdächtig und wird daher selbst am hellen Tage von Jägern, die einander im Walde anrufen wollen, gerne gebraucht. Kein Tier erschreckt davor und die Leute haben abergläubische Furcht vor Eulenruf, sie halten sich beim Hören eines solchen lieber die Ohren als die Taschen zu. Je nach der Entfernung, auf welche hin gerufen werden soll, wird als L o c k r u f der Ruf des kleinen Kauzes (Zwergohreule, *Pisorhina scops*) oder der mittleren Ohreule (Baumkauz, *Athene noctua*) in Verwendung gebracht, und zwar jener durch zwei langsam und vibrierend ineinandergezogene P f i f f e , ungefähr ähnlich der ersten Notenfigur (Fig. 53). Bei grösserer Entfernung wird g e r u f e n und dadurch — ungefähr nach der zweiten Notenfigur — der Ruf des Baumkauzes nachgeahmt.

Ju - hu - hu - huuh!

Fig. 53.

Gaunerrufe.

Dies kann unter Umständen schon wichtig werden; wenn es sich z. B. darum handelt, darüber klar zu werden, ob ein räuberischer Überfall im Walde, ein Einbruch in einem Hause u. s. w. mit Hilfe von Mittätern geschehen ist, so wird man den oder die Zeugen fragen, ob kurz vor oder nach der Tat auffallender Eulenruf gehört wurde. Wird dies bejaht, so müsste es schon ein besonderer Zufall sein, wenn gerade am Orte der Tat eine wirkliche Eule gerufen hätte. Auch Gendarmen u. s. w. mögen auf solche Rufe achten! —

Als W a r n r u f e wird allerlei benützt, da diese meist erst ertönen sollen, wenn ohnehin alles verdorben ist und es sich nur noch darum handelt, davon zu kommen. Da braucht es nicht einmal grosser Verabredung: ein Pfiff, ein Händeklatschen, ein Räuspern wird jedem genügen, um ihm klar zu machen, dass Gefahr vorhanden ist. Ausserdem sind aber manche Warnrufe in ganz Deutschland berüchtigt geworden. So in Mitteldeutschland „Lampen" oder „Heraus" oder „Lewon". Wer die Geschichten der norddeutschen Räuberbanden gelesen hat, für den besitzt der Ruf „Mandschien" (Mondschein) stets einen unheimlichen Klang, er gilt und lebt auch heute noch. Die Bedeutung dieser Worte ist nur zum Teile klar; das Wort „Lampen" soll (nach A v é - L a l l e m a n t) eigentlich Lambden heissen; jüdisch; Lomad, „er hat gelernt", davon Lambdon, der Gelehrte, Aufpasser;

der Ruf „Lampen" bedeutet also das Herannahen von „Wissenden", also von Wächtern, Polizei, Militär, auch von Privatpersonen, die den Einbruch u. s. w. stören könnten. (?)

Merkwürdig ist der Zusammenhang zwischen „Lewon" und „Mondschein". Lowon heisst jüdisch weiss, glänzend; daher moos lowon = Silbergeld, schurich lowen = weisse Kleider = Wäsche, Lewono = Mond, Lewone legen = ein kreisrundes Loch bohren (zum Zwecke eines Einbruches). Das Wort Lewono = Mond[1]) tritt in der Gaunersprache in verschiedener Gestalt auf, und so kommen in den zahlreichen Verzeichnissen über Gaunersprachen Varianten wie: Lewone, Lawone, Lafone vor; im grossen und ganzen lassen sich diese Varianten aber stets mit dem Warnruf „Lewon" in Verbindung bringen, der ebenso oft gebraucht wird, wie der Warnruf „Manschiehn" = Mondschein.

In Süddeutschland sind die genannten Warnrufe selten und kommt dafür „Gallon" und in den Alpenländern hauptsächlich „Putz" vor. Gallon heisst nun auffallender Weise in der Gaunersprache ebenfalls Mond, Mondschein. Putz, Butze, Putzemann ist ein altes deutsches Wort, kommt schon im Ed. Rotharis und in der lex longob., dann bei Walter v. d. Vogelweide vor und bedeutet eine vermummte, unkenntliche Gestalt, einen Dämon, bösen Gesellen, Kobold, Hausgeist, Wicht, der zum Kinderschrecken dient und wiederum merkwürdigerweise, auch mit Vorliebe: den Mann im Monde. Der Warnruf lautet entweder: „Der Putz kommt" — oder lediglich „Putz".[2]) Ein alter Gemeindediener, einst Gendarm, hat mir erzählt, er habe sich einmal den Scherz erlaubt, auf einem von Markt- und Taschendieben stark besuchten Jahrmarkte zu gleicher Zeit (es war verabredet: mit Schlag ein Viertel nach zehn der Kirchturmuhr) von mehreren stimmkräftigen Jungen an verschiedenen Stellen des Marktes rufen zu lassen: „Putz kommt"; es sei nun drollig anzusehen gewesen, welche grosse Anzahl männlicher und weiblicher Individuen, zum Teil von höchst ehrbarem Ansehen, sich schleunigst aus dem Staube machte.

Wollte man sich fragen, wie es kommt, dass die Warnrufe in verschiedenen Gaunermundarten mit dem Begriffe „Mond" zusammenfallen, oder doch auf diesen irgend welchen Bezug haben, so würde man fehl gehen, wollte man behaupten, dies sei einfach aus dem nächtlichen Treiben der Gauner und dem Zusammenhange von Nacht und Mond zu erklären; was aber der Grund dieser Verbindung wirklich ist, wird kaum jemals klar werden.

Vergleiche noch die englischen Ausdrücke: the mooncurser (Mondläufer) = nächtlicher Dieb und the moonshiners (in Amerika) = Leute verrufenster Art, die an abgelegenen Stellen im Walde verbotener Weise Branntwein brennen. —

---

[1]) Allerdings haben sie hierfür auch andere Ausdrücke; so heisst der Mond z. B. im „Pfullendorfer Gauner-Wörterbuche": *Blecker*, im „Diebs-Wörterverzeichnisse" von H. L. Hermann: *Gallon*.

[2]) An manchen Orten heisst auch der Bettelvogt *Putz*; so schon im „Rotwelschen Wörterbuche" von St. Georgen am See, 1750, und heute noch in den Alpenländern.

β) Phonischer Verkehr im Gefängnisse.

Dieser ist viel verbreiteter, ausgedehnter und gefährlicher, als man gewöhnlich annimmt. Meistens glaubt man, es sei doch nicht möglich, dass sich die Gauner längere und genauere Mitteilungen im Gefängnisse zukommen lassen, kürzere Mitteilungen hätten ohnehin keinen Wert und so braucht man sich um derlei Kleinigkeiten nicht zu kümmern. Wer das glaubt, hat entweder seine eigenen Arreste nie angesehen und nie beobachtet, welche die Folgen solcher Verabredungen sind, oder er lügt sich selber an. Man denke sich in die Lage des Verhafteten, der 24 Stunden im Tage für sich hat, nichts Wichtigeres denken muss, als „seinen Fall", der weiss, dass nur seine Klugheit, seine Verantwortung ihm helfen kann und dem nun alles daran liegt, sich entweder mit einem mitverhafteten Helfershelfer zu verständigen, um übereinstimmende Verantwortung zutage zu bringen, oder aber einen anderen Verhafteten, dessen Befreiung in Kürze bevorsteht, dazu zu veranlassen, dass er auswärts für Alibizeugenbeschaffung, Spurenbeseitigung, Sicherung von Corp. del. etc. sorgt. Freilich wird nicht viel Gefährliches geschehen, wenn der Bauernbursche, der ein Reh geschossen hat, um zu einer wildledernen Hose zu gelangen, mit dem Dienstknechte, der eine Rauferei zu verantworten hat, heimlich Rücksprache pflegt; aber wenn es sich um geriebene Gauner handelt, deren Bestrafung ein Segen für die Mitmenschen ist, dann sind es Leute, deren ganzes Sein sich darum dreht, sich unrechtmässigen Gewinn zu verschaffen, nicht erwischt zu werden und wenn sie erwischt werden, wieder loszukommen. Diese Leute wissen aber auch, sich durch das Geringste in weitgehender Weise verständlich zu machen und ihr ganzes Sinnen und Trachten geht auch dahin, sich dieses notwendige „Wenige" zu ermöglichen. Wer nur kurze Zeit darauf ein Augenmerk richten will, wird bald wahrnehmen, wie es auch in den besteingerichteten Gefängnissen zugeht. Bei Türen und Fenstern, bei Tag und Nacht, in der Zelle und beim Spaziergehen werden Sätze, Worte, Zahlen, unartikulierte Laute gerufen, beantwortet und auch verstanden, denn sonst würde dies nicht so konsequent überall und immer fortgesetzt. Man erzählt davon die abenteuerlichsten Dinge, wie sich solche Leute verständigt haben. Der eine stellte sich irrsinnig und sprach fortwährend Zahlen aus — im nächsten Stockwerke war aber einer so boshaft, den armen Irren zu verspotten, und wenn der untere eine Zeitlang Zahlen registriert hatte, tat dies dann der andere „zum Spotte" ebenfalls. Der unten wurde zornig und rief wieder Zahlen, der oben lachte und spottete wieder, und als man endlich merkte, dass die zwei sich nur verständigt hatten, war es längst zu spät. In einem anderen Gefängnisse waren zwei Juden verhaftet. Das waren fromme Leute und sangen alle Tage, merkwürdigerweise aber nie zugleich, „um einander nicht zu stören", hebräische Psalmen, und erst nach langer Zeit wurde zufällig entdeckt, dass die Leute ihre Verantwortung einander gegenseitig zugesungen und zupsalmiert hatten und so alles verabreden konnten, was ihnen beliebte.

Singen die Leute im Arrest, so ist man meistens froh, dass sie „keinen Grund zu einer Beschwerde" haben und lässt sie gewähren. Auf den Inhalt dieser Gesänge merkt freilich niemand; hätte es aber der UR. getan, so wäre er sehr erstaunt darüber gewesen, dass dieser Text lediglich seinen Untersuchungen entnommen ist. Signale, und keineswegs unbedeutende, sollen auch durch Pfeifen gegeben werden, wodurch oft weitgehende Verständigung erreicht werden könne. Dass dies möglich ist, wird man glauben, wenn man weiss, welchen Umfang das sogenannte Hakesen, Verständigung durch Klopfen, gefunden hat. In manchen Gegenden wurde das so arg, dass man zu den kostspieligsten Baueinrichtungen greifen musste. Man hat die sogenannten Schek'schen Zellen (mit dreifachen Wänden) gebaut, A v é - L a l l e m a n t erzählt, dass man einmal in Weimar Turmuhren in den Korridoren auf stellte, um durch deren lauten Pendelschlag das „Hakesen" zu stören, und in den Gefängnissen von Venedig hatte man einmal auf allen Gängen Klappern angebracht, die fortwährend durch Uhrwerke in Bewegung erhalten wurden.[1]) — Ein interessantes Beispiel für das „Hakesen" gibt der unglückliche Franz v. S p a u n , der Ende des 18. Jahrhunderts zehn Jahre in Munkacz und Kufstein als „staatsgefährlicher Mensch" gefangen war. Er hatte entdeckt, dass neben ihm ein Franzose namens M. (später Herzog und Minister) verhaftet war, und nun suchte er sich mit ihm zu verständigen. Er begann erst unzähligemale jedesmal vierundzwanzigmal an die Wand zu klopfen, bis sein Nachbar merkte, dass die vierundzwanzig Buchstaben des Alphabets gemeint seien und antwortete. Nun begann S p a u n erst einmal, dann zweimal, dann dreimal u. s. w. zu klopfen, bis der andere merkte, dass damit a — b — c u. s. w. gemeint sei; der Genosse antwortete, und in kurzer Zeit konnten die zwei Gefährten einander vollkommen verstehen und miteinander verkehren. M. wurde früher frei, als S p a u n , erinnerte sich aber seiner und erwirkte ihm später eine Pension. Man erzählt auch, dass S p a u n den M. in München besuchte und vor der Türe das alte Klopfen begann; M. rief aus: „C'est Spaun, ou le diable!" A v é - L a l l e m a n t behauptet weiter, dass heutzutage in den Arresten zur Verständigung durch Klopfen fast immer das System des M o r s e ' schen Telegraphen benützt wird, vermöge dessen bekanntlich alle Buchstaben des Alphabets durch Kombinationen von langen und kurzen Schlägen (dem entsprechend Striche und Punkte) dargestellt werden. Die verschiedenen Schläge können nun leicht durch ihre verschiedene Erzeugung gegeben werden, z. B. der kurze Schlag durch den Finger, der lange durch die Faust, oder aber durch verschiedene Stärke. Wird z. B. ein Löffel, ein Stock, Brett, Deckel, Schuh u. s. w. zum Klopfen benützt, so kann durch ein kurzes, scharfes Klopfen der Punkt, durch ein breiteres, dumpfes Klopfen der Strich markiert werden.

Wird nun erwogen, welche Anzahl von Leuten, ausser den Beamten, etwa Stationsdiener, Wächter, Bahnarbeiter u. s. w., die Klopf-

---

[1]) Mitteilung des Gefangenhausverwalters Prinzhofer in Graz.

signale des Telegraphen kennen oder doch so oft gehört haben, dass sie Gelegenheit hatten, das System wenigstens teilweise kennen zu lernen, ferner, dass die Zeichen in jedem populären Lehrbuche der Physik zu finden sind, so wird man begreifen, dass die Gauner nur nötig hatten, sich auf dieses System zu einigen, und nun kann überall „nach System M o r s e" in allen Arresten lustig telegraphiert werden. Ich habe nie Gelegenheit gehabt, gerade diese Art des Klopfens in den Arresten zu beobachten, trotzdem in allen Arresten das Klopfen geübt wird. Man tut vielleicht am besten, das Wächterpersonal zu beauftragen, stets mitzuklopfen, wenn in den Arresten geklopft wird; so hat man wenigstens die Verständigung der Verhafteten gestört und unmöglich gemacht. Freilich muss diese Störung stets von neuem vorgenommen werden, so oft ein neuer Häftling eingebracht wird, aber schliesslich gelingt es auch wieder, volle Konfusion zu verursachen und hierdurch die Verabredungen unmöglich zu machen.

Häufig soll die Verständigung unter Arrestanten, die im s e l b e n Stockwerke untergebracht sind, dadurch erfolgen, dass sie sich platt auf den Boden legen und langsam und deutlich g e g e n den Fussboden sprechen. Wenn sich dann der betreffende Gegen-Korrespondent in seiner, wenn auch entfernten Zelle so auf den Boden legt, dass er ein Ohr fest an die Diele anschliesst, so versteht er das Gesagte recht gut. Allerdings muss diese Art von Verständigung, namentlich die Stunde, wann es geschehen soll, irgendwie verabredet sein, z. B. schon im voraus oder durch Mitgefangene u. s. w. Möglich ist ein solcher Verkehr; man erinnere sich, auf welch unglaublich weite Distanzen man Kanonendonner, Pferdegetrampel, Schritte gehender Menschen u. s. w. hört, wenn man das Ohr auf den Erdboden legt. Auch Versuche bestätigen dies, wenn man die genannte Art zu sprechen, z. B. in Wohnräumen, und zwar in weit entfernten Zimmern ausübt. Besonders gut gelingen derartige Verständigungen, wenn der Sprechende den Mund möglichst nahe an eine Gas-, Wasserleitungs-, Heizungs- oder Ventilationsröhre bringt, während der Hörende sein Ohr an den betreffenden Strang anpresst.[1])

Es gibt endlich in vielen Gefängnissen bestimmte Punkte, in welchen man sich mit Hilfe von Reflexion des Schalles auf beträchtliche Entfernungen verständigen kann. Man kennt die Erscheinung, dass man in parabolisch gewölbten Räumen (Kirchen, Katakomben, Flüstergalerien, sogenanntes Ohr des Dionysios etc.) von einem Brennpunkte der Ellipse zum anderen sprechen kann, ohne dass die dazwischen Stehenden vom Gesprochenen etwas vernehmen. Dies benützen die Verhafteten und sprechen gegen eine gebogene Wand, ein Gewölbe u. s. w. und können sich so auf grosse Entfernungen verständigen, ohne dass sonst jemand etwas davon hört. Die Verhafteten wissen diese Punkte, das Wachpersonal hat selten davon Kenntnis.

Über die sogen. „Fuhren" („Kutschen") s. oben pag. 116.

---

[1]) Vergl. H. Gross' Archiv Bd. IV p. 187; über „Kommunikation durch das Ofenrohr" s. M o t h e s ibidem Bd. IX p. 104.

e) Slichener Zinken.

Darunter wird die Markierung von Gaunern verstanden, die sich einmal gegen andere Gauner eines Verrates schuldig gemacht haben. In früherer Zeit wurden Angeber oder Verräter in den Gaunerbanden einfach getötet, oft martervoll zu Tode gequält. Später hat man sie nur halbtot geprügelt und ihnen regelmässig einen senkrechten Schnitt auf einer, häufig auf beiden Wangen, beigebracht. Schnitte auf der Wange heilen gut und glatt, wenn die Wundränder scharf und gut aneinandergeheftet (genäht) werden, wie die Studentenschmisse beweisen. Findet diese Vereinigung aber nicht statt, so klafft die Wunde weit auseinander und es entsteht eine breite, wulstige, lange rot bleibende Narbe. Sieht dann ein Gauner eine solche an einem andern, so weiss er, dass er sich vor ihm zu hüten hat. Aber auch der UR. wird sich vorzusehen wissen, wenn er es mit irgend einer Galgenphysiognomie zu tun bekommt, die durch eine schwere Narbe auf der Wange ausgezeichnet ist — der Verräter ist in jeder Richtung ein schlechter Kerl. Man behauptet, dass die Slichener Zinken kaum mehr vorkommen und A v é - L a l l e m a n t erinnert sich nur eines einzigen alten Juden, der „gezinkt" gewesen sein dürfte. So mag es ja im Norden Deutschlands selten geworden sein, die Verräter zu kennzeichnen, in Österreich, besonders im Osten, kommt es noch hier und da, am meisten unter Zigeunern vor, und ich selbst habe mit Zigeunern und Zigeunerinnen zu tun gehabt, die Slichener Zinken (eingestandenermassen solche) getragen haben. Allerdings darf man von einem solchen „eingestandenermassen" nicht allzuviel halten, wie es folgendes zeigt:

Nahe der ungarischen Grenze liegt ein Bezirk, der ununterbrochen von Einfällen der Zigeuner zu leiden hatte. In seinem östlichsten Teile war ein Gendarmerieposten aufgestellt, dessen Wachtmeister, ein älterer, überaus eifriger und intelligenter Mann, sich im Verlaufe der Zeit zu einer wirklichen Spezialität im Zigeunerwesen entwickelt hatte. Wie der Zigeuner geht, wie er seine Strasse nimmt, wo er einbricht, wie er ausspäht, was er mitnimmt, wie er flieht, wo er verkauft, alle diese speziellen Zigeunerpraktiken waren jenem Wachtmeister durch jahrelanges Studium und Praxis so vollkommen geläufig, als ob er unter ihnen gelebt hätte. Begreiflicherweise war er auch den Zigeunern gut bekannt und von ihnen auf das äusserste gefürchtet, so dass er auf seinem Posten geradezu überflüssig wurde und dann auf einen andern Posten, natürlich auch eine berüchtigte Einbruchstelle der Zigeuner, versetzt wurde. Zu diesem Wachtmeister kam nun einmal ein Zigeuner, suchte sich unter grossen Heimlichkeiten in dessen Vertrauen einzuschleichen, wies endlich auf eine Narbe auf der Wange und erzählte, er sei ungerecht von seinen Leuten als Verräter behandelt und gekennzeichnet worden. Nun wolle er aber aus Rache wirklich ein Verräter werden; kurz, er trug sich dem Wachtmeister als Kundschafter an. Dieser ging auf das Anerbieten ein, der Zigeuner erwies sich als wohlunterrichtet und verlässlich, und der Wachtmeister erhielt von einer Menge von Einbrüchen u. s. w. Kenntnis, bevor sie noch geschehen waren. Dass der Wachtmeister regelmässig um etwas zu spät kam, um die Einbrecher abzufassen, war nicht des Zigeuners Schuld, und ebensowenig konnte er dafür, dass er dem Wachtmeister nur den Versteck der minder wertvollen gestohlenen Sachen angeben konnte. Mit der Zeit stellte es sich aber heraus, dass auffallenderweise immer dann, wenn der Zigeuner dem Wachtmeister einen beabsichtigten Einbruch angezeigt hatte, einige Stunden weit davon ein zweiter Einbruch geschah, bei dem viel mehr und Wertvolleres gestohlen wurde als bei dem verratenen. Kurz, man nahm wahr, dass das Ganze Lug und Trug war, und dass der Zigeuner-Zopyros sich die Verletzung an der Wange absichtlich hatte beibringen lassen, um so seinen Kameraden einen wichtigen Dienst zu leisten; er hatte durch seine Anzeigen stets die Behörde auf irgend einen harmlosen Punkt aufmerksam gemacht, während dann ganz wo anders ein ausgiebiger Beutezug ungestört ausgeführt werden konnte.

Ein andermal wurde aber allerdings ein beabsichtigtes grosses Verbrechen von einem Mitgliede einer ausgedehnten Bande angezeigt; später, nach Jahren, sah ich den Anzeiger, eigentlich Anzeigerin, mit einer grossen Narbe auf der rechten Wange. Ob diese mit der Anzeige in Verbindung war, weiss ich nicht, vermute es aber.

Jedenfalls rate ich grösste Aufmerksamkeit an, wenn solche Gekennzeichnete vorkommen; in welche Richtung die Aufmerksamkeit dann zu lenken ist, muss der einzelne Fall lehren.

VIII. Abschnitt.

Über die Gaunersprache.

I. Allgemeines.

Ich glaube, recht getan zu haben, wenn ich hier das, seit der I. Auflage angeschlossene Vokabulare der Gauner- und Zigeunersprache eingefügt belassen habe, obwohl alles Gesagte und noch zu Sagende durch die monumentale, hiermit dringend zum Studium empfohlene Arbeit von Fr. Kluge[1]) vollkommen überholt und überflüssig ist, beziehungsweise sein wird. Es soll also das hier zu Sagende lediglich als kurzer Leitfaden angesehen werden.

---

[1]) „Rotwelsch. Quellen und Wortschatz der Gaunersprache etc.", Strassburg 1901. Der zweite Band dieses hochbedeutsamen Werkes soll ein Glossar sämtlicher bekannter deutscher Gaunerworte enthalten; leider ist das Erscheinen dieses 2. Bandes durch die Überbürdung des Verfassers mit anderer Arbeit

Dass ich seinerzeit gezweifelt habe, ob ich einiges über die Gaunersprache hier aufnehmen soll, mag seinen Grund wohl darin haben,
dass ich fürchtete, meinen eigenen Liebhabereien nachzugeben, wenn
ich Raum für diese Sprache verwende. Ich habe mich mit Gaunersprachen beschäftigt, seitdem ich im Dienste bin, indem ich sowohl
durchgearbeitet habe, was mir an Gedrucktem hierüber zugänglich
wurde, als auch sammelte, was ich an einzelnen Worten und Ausdrücken
von Gaunern und Zigeunern selbst erfahren konnte. Dies zu tun
möchte ich übrigens jedem Jünger der Justiz raten; abgesehen davon,
dass ein solches Studium grosses Interesse bietet, so kann dies nur
dann einer Fortentwicklung zugeführt werden, wenn eine möglichst
grosse Anzahl von Theoretikern und Praktikern an diesem Studium
mitarbeitet, sammelt, prüft und das Gefundene an irgend einer Sammel-
stelle, d. h. bei einem, der sich besonders damit befasst,[1] zusammen-
trägt. Freilich ist diese Arbeit nicht leicht, da nur ein kleinerer Teil aller
dem UR. Vorgeführten diese Sprache versteht, und wieder nur der
kleinste Teil dieses kleinen Teiles geneigt ist, von seinen Kenntnissen
einer anderen, zumal gerichtlichen Person, etwas Wahres mitzuteilen.
Dazu kommt noch, dass es durchaus nicht angeht, sich diesfalls mit
Leuten einzulassen, die noch in Untersuchung stehen. Am besten
gelingt es mit solchen, die man selbst in Untersuchung hatte und die
hierbei zu ihrem UR. Vertrauen gefasst haben. Sind solche Leute verurteilt und in Strafhaft, so glückt es bisweilen, sie zu Mitteilungen zu
bringen, die man dann zum allgemeinen Wohle verwerten kann. Freilich darf man auch bei dem zutunlichsten Sträfling nie vergessen, dass
sein Interesse, der Wissenschaft einen Dienst zu erweisen, ein sehr
kleines ist und in vielen Fällen die Absicht zu schaden, in vielen Fällen
die, sich einen Scherz zu machen, den Befragten veranlasst, den Fragenden anzulügen. Wer also naiverweise so vorgehen wollte, dass er
seinen „Gewährsmann" befragt, wie dies oder jenes Wort auf „gau-
nerisch" heisst, oder sich Gaunerworte übersetzen lässt, der würde
drolliges Zeug zuwege bringen. Will man die Sache richtig anpacken,
so muss man vorerst schon eine genügende Menge Gaunerworte theoretisch kennen gelernt haben und überhaupt in der Sache zu Hause
sein. Dann kann man, wenn man überhaupt glaubt, den richtigen
Mann gefunden zu haben, in der Weise vorgehen, dass man ihm vorerst merken lässt, man sei kein Neuling in der Sache. Es ist dies allein
schon schwierig genug; nichts ist lächerlicher und abgeschmackter
(A v é - L a l l e m a n t), als den Gauner etwa in seinem Idiome an-
zusprechen, oder sonst ungeschickt Brocken seiner Kenntnisse hin-
zuwerfen. Wie man vorzugehen hat, um dem Manne zu zeigen, dass
ein Anlügen von seiner Seite keinen Zweck hat, dies lässt sich nicht

---

hinausgeschoben worden. Vergl. H. Gross' Archiv Bd. II p. 81 u. Bd. VI p. 352.
Dazu die ausgezeichnete Arbeit v. L. G ü n t h e r „Das Rotwelsch des deutschen
Gauners", Lpzg., Grunow 1905 und die Aufsätze desselben Verfassers in No. 257,
258, 265, 271, 272 ex 1905 der Beilage zur Münchner Allgemeinen Zeitung „Die
Geographie in der deutschen Kunden- und Gaunersprache".

[1] Also heute wohl Prof. Dr. Fr. K l u g e in Freiburg i. B.

sagen, das muss Zeit, Gelegenheit und Takt lehren. Hat man es ihn aber einmal merken lassen können, dann fragt man ihn um eine Anzahl von Worten, die man ohnehin schon kennt und die man ja auf einem Zettel vor sich haben kann, und vergleicht das von ihm Gesagte mit seinen aufgeschriebenen Worten. Dies Vorgehen hat zweifachen Wert: Man prüft die Richtigkeit seines eigenen Vokabulares und bereichert seine Notizen über verschiedene Sprechweisen desselben Wortes, von denen es unzählige gibt, und weiters, man prüft die Verlässlichkeit seines „Gewährsmannes". Hierbei muss man vorsichtig zu Werke gehen: einerseits gibt es wirklich nach Zeit und Ort verschiedene Ausdrücke, und andererseits ist die Formulierung, Aussprache, Kürzung und Wiedergabe des einzelnen Ausdruckes sehr veränderlich. Hätte man z. B. als Ausdruck für „Schwein" *cassert* notiert, so ist es doch auch richtig, wenn der Befragte sagt, Schwein heisst *bali*; ersteres ist rotwelsch, letzteres zigeunerisch, und woher der Betreffende seinen Ausdruck hat, ist oft nicht festzustellen. Ebenso richtig ist es, wenn der Gewährsmann sagt, „gestehen" heisst Emmes machen oder Emmes pfeifen oder Emmes echen, oder wenn er den „Geldwechsler" Chalfan oder Chalfen oder Chilfen nennt. Solche Verschiedenheiten kommen immer vor, sie dürfen nicht misstrauisch machen, sollen aber alle notiert und gesammelt werden.

Hat man nun den Mann durch eine Weile in der genannten Weise geprüft, so lässt man mitten hinein ein Wort kommen, dessen Bedeutung man nicht weiss; hat aber der Gauner früher gemerkt, dass man die gefragten Worte ohnehin kennt, so ist nicht anzunehmen, dass er gerade jetzt, wo man ihn um ein neues Wort fragt, wissen sollte, dass er nun lügen könnte. Er wird auch hier das Richtige sagen; dann fragt man wieder einige Worte, die man ohnehin weiss, dann wieder ein unbekanntes u. s. f. Es ist dies freilich eine mühsame aber sichere Art, seine Kenntnisse zu bereichern. Selbstverständlich darf man ein neues, so gefundenes Wort nicht ohne weiteres als verlässlich annehmen, da Irrtum oder Betrug doch nicht ausgeschlossen sind. Man macht also mit einem zweiten, dritten, zehnten „Gewährsmann" dasselbe, und sagen dann alle das gleiche mit geringen Abweichungen, dann hat man allerdings etwas Sicheres gefunden.

Ich richte hiermit an alle Kriminalisten die Bitte, in dieser Weise sammeln zu helfen; der eine Teil der Arbeit bestünde darin, dass das nachfolgende Vokabulare nach Tunlichkeit geprüft werde. Ich glaube nicht, dass wirklich Unrichtiges zu finden sein wird, denn ich habe a u s s c h l i e s s e n d   n u r Worte aufgenommen, die ich selbst von mehreren „Fachleuten" bei der Überprüfung bestätigt gefunden habe. Aber Verschiedenheiten in der Aussprache und konkreten Bedeutung werden zahlreich vorkommen, und wenn der heutige Gauner auch wirklich „international" ist, so bringt es schon seine Stammesangehörigkeit mit sich, dass er hier dasselbe Wort anders ausspricht als anderswo, und ebenso, dass die Bedeutung sich etwas ändern kann. Und diese Verschiedenheiten festzustellen, ist mir von Wichtigkeit, freilich nur dann, wenn Nation, Gewerbe u. s. w. des Betreffenden ersichtlich ist. Es müsste also z. B. notiert sein: „Finne = Lade, Kasten, spricht N. N. aus X., seines Zeichens Müller, aus wie Fühne.‟

Der zweite Teil der Arbeit bestünde darin, solche Worte, die im Vokabulare n i c h t enthalten, die aber z w e i f e l l o s sichergestellt sind, aufzunehmen, wobei Nationale des Gewährsmannes natürlich ebenfalls wichtig und unerlässlich ist. Zusendungen von solchen Beiträgen nehmen Fr. K l u g e oder ich mit Dank an, selbst wenn es nur ein oder zwei Worte sind, nur müssen die Mitteilungen absolut verlässlich sein.

Wer sich für die Sache interessiert, findet die Literatur angegeben in den Arbeiten der besten Kenner der Gaunersprache, Josef Maria W a g n e r[1]) und Fr. K l u g e.[2]) —

Dass die Kenntnis der Gaunersprache für uns Kriminalisten in mehrfacher Weise wichtig ist, halte ich für zweifellos; vor allem ist alles förderlich, was die Kenntnis der Leute, mit denen der UR. zu verkehren hat, erweitert und vertieft. Einen Menschen kennt man aber nicht, von dem man nicht weiss, wie er spricht, wenn er in seinem Elemente ist. Die menschliche Sprache, und sei sie nur eine Gaunersprache, ist eben nichts Totes, nichts Unorganisches, nichts Zufälliges, jede Sprache ist das zwingend notwendige Ergebnis der gesamten Anlage und aller Eigenschaften eines Volkes und wenn wir die Mittel dazu hätten, so müssten wir nachweisen können, dass ein Volk nach seiner Natur und Kultur einzig und allein gerade zu jener Sprache mit ihren letzten Feinheiten und kleinsten Regungen kommen m u s s t e , die heute sein Eigentum ist. Dann muss aber auch jede Sprache, die noch gesprochen wird, ein organisch gebildetes Lebewesen sein, das mit allen seinen Fasern im Volke steht, mit ihm fällt und steigt, mit ihm lebt und stirbt. Jede Bewegung im Volke nach aufwärts und abwärts, nach allen Seiten im Raume macht seine Sprache treu und unweigerlich mit; wie das Volk, so seine Sprache. So kommt es aber auch, dass es in keiner Sprache etwas Zufälliges, Unnatürliches und Sprunghaftes gibt; das Volk selbst ist ein grosser Organismus, an ihm und in ihm baut sich Zelle an Zelle mit eiserner, langsamsicherer Naturnotwendigkeit, der Organismus entwickelt sich, ohne Zufall, ohne Sprung, ohne Lücke, es kommt eines aus dem anderen, bis der natürlich gesetzte Höhepunkt erreicht ist, um dann dem ebenso zwingend sicherem Verfalle zuzugehen. Zelle stirbt an Zelle, bis alles wieder

---

[1]) „Die Literatur der Gauner- und Geheimsprachen seit 1700‟ („Neuer Anzeiger für Bibliographie und Bibliothekwissenschaft‟ von Dr. Julius P e t z h o l d t, 1861, p. 81, 114, 147, 177). „Rotwelsche Studien‟ („Archiv für das Studium der neueren Sprachen und Literatur‟ von Ludwig H e r r i g, Bd. XXXIII p. 197). —

[2]) a. a. O. Vergl. dazu: M. P o l l a k „Wiener Gaunersprache‟, H. Gross' Archiv Bd. XV p. 171; E. R a b b e n „Die Gaunersprache‟, Hamm i. W. 1906; E. M. S c h r a n k a „Wiener Dialektlexikon‟, Wien 1905; A. S c h i c h t „Rottwälsch oder Kaloschensprache‟, Berlin ohne Jahr; C a c i c in H. Gross' Archiv Bd. IX p. 298; Hans S t u m m e „Über die deutsche Gaunersprache etc.‟ (Hochschulvorträge für Jedermann XXXII), Lpzg. 1903, vergl. dazu die Besprechung von H. G r o s s in der „Deutschen Literaturzeitung‟ No. 27 ex 1903 p. 1650 mit dem Nachweise, dass die Gaunersprache B e r u f ssprache (Jargon) und nicht G e h e i msprache ist. Dann noch H. Gross' Archiv Bd. XII p. 55 u. Bd. XIII p. 279.

dem grossen Chaos zurückgegeben ist, um, neu angeordnet, wieder neues Leben darzustellen. Und die Sprache ist die Emanation jenes Organismus in seiner jeweiligen Entwicklung. Er kann sie nur so geben, wie er ist, sie entwickelt sich mit ihm, auch ohne Zufall, ohne Sprung und ohne Lücke und so werden die Sprachen zu absolut verlässlichen, unbestechlichen und überweisenden Zeugen über den Zustand aller, auch der innersten Momente ihres Volkes.

Wer möchte also behaupten, dass er ein Volk kennte, solange ihm dessen Sprache fremd ist? und wir Kriminalisten, deren Aufgabe es ist, die Verirrten der Gesellschaft zu kennen, wollen behaupten, in ihrem Innern zu lesen, und wir wissen nicht, wie sie reden, wie sie denken. Auch ihre Sprache ist nicht Zufall, ist nicht Laune, auch sie ist notwendiges Produkt der Natur und Kultur jener Leute, die sie sprechen. Es würde von geradezu kindlicher Auffassung zeugen, wollte man behaupten, die Gauner erfanden und sprechen die Gaunersprache, um von anderen nicht verstanden zu werden. V o r   e i n e m   F r e m d e n   s p r i c h t   k e i n   G a u n e r   g e r n e   s e i n e   S p r a c h e; um sich mit seinem Genossen zu verständigen, hat er seine anderen Mittel;[1]) gewiss bedient er sich aber vor Uneingeweihten der Gaunersprache, die ihn unter allen Umständen verrät und verdächtig macht, nur in Ausnahmsfällen, namentlich dann, wenn er als Gauner ohnehin schon erkannt ist, und ihm eine Verständigung mit seinesgleichen unbedingt nötig erscheint. Zumeist sprechen die Gauner ihre Sprache nur, wenn sie allein, untereinander, im vertraulichen oder wichtigen Gespräche sind, und wenn sie sich frei und unbeobachtet wissen. Deshalb ist es auch falsch, wenn man die Gaunersprache im Sinne einer Nationalitätssprache — also etwa wie Deutsch, Romanisch, Slavisch — auffassen wollte: i h r   k o m m t   d i e   S t e l l u n g   e i n e s   e c h t e n   J a r g o n s   z u, eines Jargons, wie ihn z. B. Studenten, Soldaten, Jäger, Sportsleute, aber auch Vaganten, Prostituierte, Börsenjobber etc. sprechen; sie ist Berufssprache und nicht Geheimsprache.[1])

Es wäre eine interessante volkspsychologische Aufgabe, zu untersuchen, warum Leute gerade für das, womit sie sich berufsmässig oder mit Vorliebe befassen, besondere Ausdrücke erfinden und diese fast mit Leidenschaft gebrauchen. Und so wie es einem Jäger einfach unmöglich wäre, von den „Ohren" eines Hasen, oder von dem „Schwanze" eines Auerhahns zu reden, so fühlt sich auch der Verbrecher veranlasst, für seine Begriffe besondere Worte zu erfinden und diese ausschliessend zu gebrauchen. —

Vielleicht liegt der Grund in nichts anderem, als dem häufigen Gebrauche des Wortes, und dem Umstande, dass dem, der eine Sache oft gebraucht, ihre einzelnen Formen dann wichtig genug erscheinen, um verschiedene Ausdrücke dafür zu erfinden. Deshalb sind wohl

---

[1]) Siehe namentlich die reiche ältere Literatur über Gauner und ihr Wesen (verzeichnet bei R. v. M o h l „System der Präventivjustiz", Tübingen, 2. Aufl., 1845, p. 199).

[1]) S. die oben zitierte Besprechung in der „Deutschen Literaturzeitung" No. 27 ex 1903 p. 1650.

in jeder Sprache die am meisten verwendeten Zeitworte, namentlich die Hilfszeitworte, die unregelmässigsten und deshalb hat jeder Fachmann für seine Gegenstände verschiedene Ausdrücke. Wir nennen z. B. jede längliche Handhabe eines Werkzeuges „Stiel", während der Bauer den Stiel j e d e n Werkzeuges (des Rechens, Spatens, Hammers, der Axt, der Sense etc.) anders benennt. In der Tat sind diese verschiedenen Stiele auch etwas anderes, und nur wir ferner Stehenden fassen sie der Bequemlichkeit halber unter einem Worte zusammen. Auch für den Gauner haben die Dinge besondere Bedeutungen und so erhalten sie auch besondere Namen, aber der Grund ist kein anderer, als der, der den Jäger, den Seemann, die Prostituierte zur Erfindung eines besonderen Jargons veranlasst. Selbstverständlich entwickelt sich aber auch jeder Jargon nach dem Wesen dessen, der ihn verwendet und beim Gauner kommt in ihm zum Ausdrucke, was das Wesen jedes Gauners in sich trägt. Auch der Verkommenste scheut sich, die schlechte Tat so zu nennen, wie sie der Ehrliche nennt; die Art sie zu verüben, Zeit und Ort, alle Werkzeuge und alle Nebenvorkommnisse dabei, wollen nicht ausgesprochen, müssen aber angedeutet werden; die Folgen der Tat, die jeder kennt, sind unangenehm zu hören, sie werden verkleidet ausgedrückt und meist mit echtem Galgenhumor in einer Weise vorgebracht, welche für den Kandidaten möglichst wenig Abschreckendes hat. Die Dinge, die dem Gauner begehrenswert erscheinen, einstweilen aber noch im fremden Besitze sind, werden nach der Art der Kinder nach ihren Eigenschaften, den Tönen, die sie von sich geben oder dem Zwecke, dem sie dienen, häufig in recht läppischer Weise bezeichnet, und die Leute, die ehrlich arbeiten und in irgend einer Art mit dem Gauner in Berührung kommen, erhalten verächtliche, spitznamenartige Bezeichnungen. Von den Sprachen aller Völker, mit denen der Gauner in Berührung kam, hat er Ausdrücke aufgelesen, wenn sie zu seinem Sinne passten, am meisten aber von d e n Völkern, die an sich mehr ungekannt und abseits und so wie er, ohne Heimat, ohne Vaterland, ohne Grundbesitz und Recht, fremd und unverstanden für unser Wesen und unsere Kultur ihr Dasein fortgeführt hatten: den Zigeunern und den Juden. —

Entstanden ist die Gaunersprache, als der erste handwerksmässige Gauner zu seinem ebenbürtigen Genossen sprach, entwickelt hat sie sich durch die Wirren des Mittelalters hindurch bis in die Neuzeit und sie fand ihre Blüte mit der Blüte des Gaunertums in deutschen Landen, als die schweren Zeiten des dreissigjährigen und des siebenjährigen Krieges, dann der Franzosenkriege, die Macht der Ordnung geschädigt hatten. Aus dieser Zeit hat das Gauner-Idiom seine Ausdrücke, zähe festhaltend am Hergebrachten, mitgenommen in unsere Tage, es bereichernd und ausbauend durch neue Worte, notwendig durch moderne Dinge und die ihnen angepasste neue Gaunertechnik. Und so ist sie geworden, die Gaunersprache: ein organisch gegliederter Bau von Geheimnisvollem und Kindlich-unentwickeltem, von Umschreibungen und Andeutungen, von Unwahrem, Falschem und Geändertem, von Spott und Ironie, von Aalglattem und Unfassbarem; sinnlich roh, widerstrebend, kosmopolitisch und strenge sich abschliessend, überall verstanden und ohne Heimat. Wer einst das Buch schreibt über die Psychologie der Sprachen, der schreibe darin auch ein grosses Kapitel von der Psychopathie der Sprachen: die Gaunersprache. —

Neben dem unabsehbaren Wert, den die Kenntnis und das Studium der Gaunersprache dadurch bringt, dass man die Seele und das Wesen des Verbrechers erkennen lernt, hat sie auch einen praktischen Wert. Selbstverständlich ist dieser praktische Wert ein verschwindend kleiner gegen den genannten theoretischen. Schon der Umstand, dass man durch ein einziges, vom Gauner hingeworfenes Wort, erfährt, dass der Betreffende die Gaunersprache kennt, hat mitunter aufklärende Bedeutung; man weiss nun, dass er ein erfahrener, mit anderen seines Gelichters in enger Verbindung stehender Gauner ist, der in jeder Beziehung fragwürdig wird, wenn er auch tausendmal mit der unschuldigsten Miene versichert, „mit dem Gerichte noch niemals in Berührung gewesen zu sein." Solche Versicherungen täuschen oft den erfahrenen Kriminalisten, wenn sie nur gut vorgebracht werden. Sie hindern weitere Nachforschungen über den Betreffenden und oft wird ein lange gesuchter Verbrecher aus sicherer Haft wieder entlassen, bloss weil er sich unter fremdem Namen ob einer kleinen Übertretung strafen liess und weil niemand wahrnahm, dass er überhaupt ein versierter Gauner ist.

Selbstverständlich kennt nicht jeder Verbrecher, auch nicht jeder Gewohnheitsverbrecher die Gaunersprache, aber wer sich der Gaunersprache bedient, ist zuverlässig ein Gauner. —

Häufig werden vor oder nach der Tat Gespräche von Gaunern oder Bruchstücke aus diesen von Zeugen gehört und oft getreulich der Behörde mitgeteilt. Die Sache könnte wichtig sein, aber niemand versteht das Gesprochene. Von Bedeutung ist die Kenntnis der Gaunersprache aber dann, wenn Korrespondenzen, die in ihr geführt wurden, aufgefangen werden, oder wenn ein Verhafteter, dem mit irgend jemandem zu sprechen gestattet wurde, diesem schleunig und ohne dass dies gehindert werden kann, etwas im Gauner-Idiom gesagt hat. Dies kann man am häufigsten erleben, wenn bei Verhaftungen die Leute getrennt werden und von einander Abschied nehmen, oder wenn ein Verhafteter Besuche bekommt und hierbei in die äusserste Leidenschaftlichkeit verfällt. Wenig gefährlich und deshalb selten angewendet ist der Gebrauch ganzer Sätze in rotwelschem Idiom, denn das fällt sofort auf, man wird vorsichtig und sucht zu erfahren, was das Unverständliche geheissen hat. Viel gefährlicher ist es aber, wenn in einem z. B. deutsch geschriebenen Briefe ein oder das andere Gaunerwort enthalten ist: man hält es für schlecht geschrieben und unleserlich, kümmert sich nicht weiter darum und weiss nicht, dass man etwas bedenkliches als harmlos hat passieren lassen. —

L i b i c h[1]) hat schon darauf aufmerksam gemacht, dass vornehmlich die Zigeuner diesen Umstand gut zu benützen wissen. Aber es machen dies alle Gauner so. Mitten in den deutschgesprochenen Versicherungen des Schmerzes über die Trennung und der verfolgten Unschuld kommen einige Gaunerworte: „Wir sind erst gestern in X. zusammengekommen", oder: „Die Uhr ist im Kopfpolster", oder: „Bringe mir Brot und darin eine Feile", oder: „Leugne alles, ich auch" u. s. w. und dann kommt wieder deutsch, ein Segenswunsch für die arme Familie oder sonst etwas unverfängliches. Wird dies alles in heulendem Tone, tränenden Auges und mit den entsprechenden Gesten ausgeführt, so überhört man häufig die Gaunerworte oder hält sie für Flüche oder Beteuerungen und legt ihnen weiter keinen Wert bei. Dass aber mit solch wenigen Worten oft alles Wichtige mitgeteilt und der Erfolg der Untersuchung zweifelhaft geworden sein kann, versteht sich von selbst. Ist nun eine derartige Mitteilung in der einen oder anderen Art erfolgt, so kann es allerdings nicht mehr ungeschehen, wohl aber wenigstens ein Teil des Schadens wieder gut gemacht werden, wenn der UR. das, was die Leute miteinander gesprochen haben, gleich oder später, versteht. Der UR. wird sich natürlich die nicht verstandenen Worte notieren und später aufschlagen, so dass er den Inhalt des Gesprochenen erfahren kann. Hierbei ist übrigens Vorsicht und Aufmerken notwendig, da man oft geneigt ist, ein nicht oder nicht ganz verstandenes Wort für undeutlich gesprochen, unrichtig angewendet, oder schlecht und ungeschickt geschrieben zu halten, während es in Wirklichkeit deutlich gesprochen und richtig geschrieben war, nur hatte es eine andere, bestimmte und für den Gauner sehr wichtige Bedeutung. Der geriebene Verbrecher sagt oder schreibt überhaupt niemals zwecklos undeutlich oder unrichtig. Es mag öfter den Uneingeweihten s c h e i n e n , dass es so ist, der Kenner findet die Sache aber nicht zwecklos, undeutlich oder unrichtig, und ein einziges derart scheinendes Wort hat, richtig angewendet, richtig verstanden, eine ganze Untersuchung verdorben.

Ich vermeine, dass mir manch erfahrener Kriminalist einwenden wird, dass er trotz langjähriger Praxis niemals in die Lage gekommen wäre, Kenntnisse in der Gaunersprache zu verwerten, wenn er sie auch gehabt hätte. Ich antworte: e b e n w e i l e r d i e K e n n t n i s d e s G a u n e r - I d i o m s n i c h t h a t t e , k o n n t e e r d i e G e l e g e n h e i t z u i h r e r A u s n ü t z u n g n i c h t w a h r n e h m e n ; erst einmal sich Kenntnisse in der Gaunersprache erwerben — ihre vielfältige Verwertung kommt von selber. —

Sich um die Gaunersprache nichtdeutscher Völker zu kümmern, ist nicht unsere Sache. Ihre Bedeutung scheint eine verschiedene zu sein. In England interessiert man sich um die dortige Gaunersprache, wie eingehende Arbeiten zeigen, sehr lebhaft; dort hat (Hans Schukowitz) H u t t e n den liber Vagatorum von 1527 ins Englische übersetzt und der englische Friedensrichter H a r m a n hat das eng-

---

¹) „Die Zigeuner in Wesen und Sprache".

lische Rotwelsch 1566 zuerst systematisch bearbeitet (Peddelarsfrench, Shelta etc.). Genauer befasste sich erst das 19. Jahrhundert mit englischer Gaunersprache, besonders im grossen Wörterbuche von G r o s e (1840) und in den A i n s w o r t h ' schen Gaunerliedern. Später arbeiteten in der fraglichen Richtung H a r r è r e und L e l a n d ,[1] F a r m e r ,[2] M a i t l a n d[3] und zuletzt H. B a u m a n n ,[4] welch letzterer allerdings eigentlich nur die echte Londoner Pöbelsprache bieten will, dabei aber natürlich auch eine Menge von wirklichen Gaunerworten, stammend aus allen möglichen Ländern, aufzählt.

Auch in Frankreich kümmert man sich nachdrücklich um die Gaunersprache. Dr. Emile L a u r e n t[5] behauptet zwar, der Verbrecherjargon sei in Frankreich wenig verbreitet, er sei dort ein blosser „professioneller Dialekt" und ohne Bedeutung. Anderer Ansicht sind aber Gelehrte wie D e l v a u ,[6] R i g a u d ,[7] L a r c h e y ,[8] M i - c h e l[9] u. a., welche sich mit dem sogenannten „Argot", der Gaunersprache der Franzosen, sehr eingehend befasst haben. — Über Italien s. L o m b r o s o ,[10] über Spanien S a l i l l a s ,[11] über Mexiko R o u - m a g n a c.[12]

Von grosser Wichtigkeit und hohem Alter muss die Gaunersprache unter den verschiedenen slavischen Völkern sein. Ich entnehme dies einer hochinteressanten, schwergelehrten Arbeit des Prof. Vratoslav J a g i c „die Geheimsprache bei den Slaven",[13] deren umfangreiche Literaturangaben auch zeigen, dass man sich um diese Sprachen lebhaft kümmert. Über polnische Gaunersprache haben K a r l E s t r e i c h e r[14] und A n t o n K u r k a[15] geschrieben. — Ungarische Gaunersprache wurde u. a. von K o l o m a n B e r k e s[16] behandelt. —

---

[1] „Dictionary of Slang, jargon and cant", New York 1893.
[2] „Slang and its annalogues", New York 1890.
[3] „The American Slang Dictionary", Chicago 1891.
[4] „Londonismen, Slang ant Cant", 2. Aufl., Berlin 1903.
[5] „Les habitués des prisons de Paris", Masson 1890.
[6] „Dictionnaire de la langue verte", Paris, 3. Aufl., 1889.
[7] „Dictionnaire d'argot moderne", Paris 1881.
[8] „Dictionnaire etc. de l'argot parisienne", Paris, 10. Aufl., 1887.
[9] „Études etc. sur l'argot", Paris 1856; vergl. hierzu die Besprechung von G. D e l e s a l l é s „Dictionnaire argot-francais etc." im Arch. d'anthr. crim. XIII, 578.
[10] „L'uomo delinquente", Torino, Bocca, 1878, deutsch von F r ä n k e l , Hamburg 1890 – 1896, 3 Bde.
[11] „El delincuente espanol", Madrid 1893.
[12] „Por los Mundos del delito", Mexico, tipogr. El fenir 1905. Vergl. dazu S o m m e r in H. Gross' Archiv 1907.
[13] Sitzungsberichte der kaiserlichen Akademie der Wissenschaften; phil.-hystor. Klasse, Bd. CXXXIII, 1895.
[14] Erschien in No. 232, 233, 249, 250, 253 der „Gazeta Polska" v. Oktober-November 1867.
[15] Anton K u r k a , Lemberg 1899; vergl. die ausgezeichnete Besprechung dieses Buches v. A. L a n d a u im Archiv für slavische Philologie, Bd. XXIV p. 137 (Weidmann, Berlin).
[16] „Das Leben und Treiben der Gauner", deutsch von V i c t o r E r d e l y i , Budapest 1889.

2. Wie das Vokabulare zu benutzen sei.

Ich will nun das folgende Vokabulare selbst besprechen. Es ist zusammengesetzt aus den wichtigsten Worten, wie sie in den Wörterbüchern von A v é - L a l l e m a n t[1]) — „Duisburger Vokabulare". „Waldheimer Lexikon", „Coburger Designation", „Hildburghauser Wörterbuch", „Wörterverzeichnis des Konstanzer Hanns", „Wörterbuch der Diebssprache" von K a r l F a l k e n b e r g, „Pfullendorfer Gauner-Wörterbuch" u. s. w., — dann im Wörterbuche von P. Josef J e s i n a, im „Buche vom wandernden Zigeunervolke" von Dr. v. W l i s l o c k i, im ausgedehnten Lexikon der Zigeunersprache von Dr. A. F. P o t t und in „Mundarten der Zigeuner Europas" von Dr. Franz M i k l o s i c h, — Vokabulare von Ivan P e t r o v i c D o n c e v, A. S c h i e f n e r, Dr. Fr. M ü l l e r, Theodor N a r b u t t, Kardinal M e z z o f a n t i, Dr. v. K ö p p e n, K l u g e: „Deutsche Studentensprache", H o r n: „Die deutsche Soldatensprache" u. s. w. — verzeichnet erscheinen. Endlich sind auch Worte eingefügt, die ich selbst von Zigeunern und Gaunern gehört und mehrfach von anderen überprüft habe, so dass ich glaube, dass das gegebene Vokabulare für den gewöhnlichen Gebrauch ausreichen dürfte. Seine Anlage ist insoferne allerdings nicht wissenschaftlich und nur praktisch angeordnet, als ich eine Sonderung von Rotwelsch, Jennisch, Jüdisch, Mengisch, Zigeunerisch u. s. w. nicht vorgenommen, sondern alle Ausdrücke dieser verschiedenen Formen so verzeichnet habe, wie sie alphabetisch aufeinanderfolgen. Ich bin hierbei von der Voraussetzung ausgegangen, dass es eine überflüssige Mühe für den UR. wäre, wenn er gegebenenfalls erst sprachwissenschaftliche Studien darüber machen sollte, zu welcher Sprachform die zu enträtselnden Worte gehören, um zu wissen, in welchem Lexikon er diese zu suchen habe. Für unsere Zwecke wird es dem UR. auch gleichgültig sein, ob die Worte rotwelsch oder zigeunerisch sind: er will einfach wissen, was sie bedeuten. Ausserdem ist es bei vielen Gaunerworten nicht zu bestimmen, in welche Sprache sie einzuteilen sind, und endlich kann ein Satz, in Gaunersprache ausgedrückt, so vielen Idiomen entnommen sein, als er Worte zählt, sodass bei einer Trennung des Vokabulares nach seinen Idiomen der UR. das erste Wort im rotwelschen, das zweite im jüdisch-deutschen, das dritte im mengischen, das vierte im zigeunerischen u. s. w. Wörterbuche zu suchen hätte. Nach dem eingehaltenen Vorgange hat er einfach in einem einzigen Lexikon zu suchen und wird hoffentlich finden, was er braucht.[1])

---

[1]) Dies wurde meinem Vokabulare vor Jahren zugrunde gelegt und dann dazu eingetragen und gestrichen, wie sich die Worte ergaben.

[1]) Dem mehrfach ausgesprochenen Wunsche nach Angabe von Aussprache und Betonung habe ich auch in dieser Auflage nicht entsprochen. Die Worte sind so geschrieben, wie sie (von einem Deutschen gehört) gesprochen werden, und es wurden Dehnungen oder Betonungen von Silben schon in den ersten Auflagen durch ein eingeschobenes *h* oder *e*, Verschärfungen durch Verdoppelung des Konsonanten angedeutet; waren Zweifel über die Betonung, so wurden diese durch einen Accent behoben (z. B. *áules, bidangéro*), ebenso wie z. B. ein

Trotzdem ist der Gebrauch des Glossars keineswegs so einfach und leicht, wie der eines solchen über gebildete Sprachen. **Die Gaunersprache ist eine, die nur gesprochen, fast nie geschrieben wurde**, und wenn letzteres ausnahmsweise doch der Fall war, so geschah es wieder fast nur von ungebildeten Leuten. Die Sprache hat sich also nur von Mund zu Mund fortgepflanzt, wurde von Leuten verschiedener Nationen und der verschiedensten Stämme benützt, so dass dasselbe Wort anderen Klang, sogar andere Form bekommt, je nachdem, wo und von wem es gesprochen wurde. An eine einheitliche Schreibweise ist also nicht im entferntesten zu denken, und wer sich mit der Gaunersprache abgibt, wird sich auch bequemen müssen, e i n Wort an zahlreichen Stellen zu suchen. So ist z. B. *p* und *b*, *v* und *w*, *d* und *t*, *ae*, *e* und *ō* nie zu trennen, ebensowenig *c* und *k*; *i*, *ü*, *y* und *j*; aber auch *h* und *ch*, dann *g* und *j*, *g* und *k*, *g* und *ch*, *k* und *ch*, weiters *sch* und *z*, dann *dz* und *g*, *dz* und *sch*, *c* und *š*, *sch* und *z*, *sch* und *s*, *ch* und *š*, *sch* und *c*, *o* und *a*, *o* und *u* u. s. w. werden alternierend gesetzt. Z. B.: Der Hals heisst *men* und *mön*; der Bauer *gagi* und *gadzi*; das Licht *dut*, *dud*, *tut* und *tud*; der Hund *guglo*, *dzuklo*, *zuklo* und *schukkel*; henken heisst *taljenen*, *talchen*, *talgen*, *dolmen*, *tulmen*; Hochzeit *piav*, *bijav* und *biaf*; Messer *sackim*, *sakkum* und *zackin*; Türe *pessach* und *passung*; das Ohr *kan* und *khan*; die Feile *erni* und *ierni*; betrunken *matto* und *matoi*; Kerze *momeli* und *mommli*; einmal *var* und *ekvar*; Schloss *kledi* und *klidin*; würfeln *derrlen* und *tareln* u. s. w., kurz, der Schreibungen sind viele, und wenn man auch alle schon vorgekommenen Schreibweisen aufnehmen und so den Umfang des Vokabulares ungebührlich vergrössern wollte, so wäre wahrscheinlich oft jene Schreibweise noch immer nicht darin, in welcher der Gauner gegebenenfalls in seiner unorthographischen Weise die zu entziffernden Worte hingekritzelt hat. Ich habe z. B. das Wort *drab* (Wurzel, Arzenei) nicht anders als „*drab*" gedruckt und geschrieben gesehen; es ist aber gewiss möglich, dass einem UR. ein Zettel vorkommt, auf welchem dies Wort *trab* oder *drob* oder *terap* oder *derrab* oder wer weiss wie anders geschrieben vorkommt. Soll daher ein Wort gesucht werden, so erübrigt nichts anders, als vorerst gewissermassen phonetisch vorzugehen, d. h. man spricht das Wort laut aus und erwägt dann, in welch verschiedenen Arten jemand dies Wort schreiben könnte, der auch sonst nicht orthographisch schreiben kann. Die so gefundenen und ähnlichen Formen müssen dann aufgesucht werden. Das ist allerdings mühsam; es ist aber zu erwägen, dass es sich in unseren Fällen ja nicht um die Übersetzung von langen Stellen aus Büchern, sondern in der Regel nur um wenige oder gar nur einzelne Worte handelt, die übersetzt werden sollen, es ist also die

---

schwaches sch durch *š* angedeutet wurde (z. B. *našav*, *pušum*). Bleibt trotzdem die Aussprache oder Betonung eines Wortes zweifelhaft, so habe ich sie selber nicht gewusst, entweder, weil sie in der von mir benutzten gedruckten Quelle nicht angegeben war, oder weil ich beim Hören des Wortes die Betonung zu notieren versäumt habe. Es konnte also diesfalls das in den ersten Auflagen Gebotene nicht verbessert werden.

Mühe doch keine gar grosse, und der zu erwartende Gewinn oft ein bedeutender.

Ein Glossar: Deutsch-Gaunersprache habe ich nicht angefertigt, da ich mir keinen Fall denken könnte, in dem der UR. eines solchen bedürfen sollte. Er soll v e r s t e h e n , was der Gauner spricht und schreibt, er wird aber nicht in die Lage kommen, etwas aus dem Deutschen in die Gaunersprache zu übersetzen; sollte aber einer meiner Kameraden aus sprachlichem Interesse sich mit dem Gauner-Idiom näher befassen wollen, so müsste er sich ohnehin nach der bestehenden reichen Literatur selbst umsehen.[1])

3. Vokabulare der Gaunersprache.

A.

abbauen davongehen

abblasen durch Bellen verscheuchen

abbleffen abschrecken

abchalchen durchgehen

abfäbern lostrennen, schinden

abfehmern abschreiben

abfetzen durch Schnitte oder Stiche töten

abfinkeln abkochen, heimlich verabreden

abfocken davongehen

abgeilen abbetteln

abgeschaist alt, hinfällig

abgott heil. Hostie

abhalten dasein (um zu stehlen)

abhängen aus dem Schaufenster stehlen

abkaspern betrügen, ablocken

abkinjenen abkaufen

abkrauten durchgehen (aus dem Gefängnis)

abkröpfen Uhr, Geldtasche stehlen

abmarachen sich anstrengen

abmecken beseitigen, töten

abmelochnen beseitigen, zustande bringen

abmischkeln abwägen, knausern

abnollen verschliessen

abrachwenen bereiten, verfolgen

abschabbern (mit Brecheisen) wegbrechen

abschefften durchgehen

abschnurren abbetteln

abschrenken entspringen

absin Stahl

abstapeln besuchen, frequentieren

abstecher Ahle, Tabakräumer u. s. w. (zum Schloss aufbrechen)

abtarchenen davongehen

abtippeln heimlich davongehen

abzinken beschreiben, kenntlich machen, *abgezinkt sein* beobachtet, gestört sein

achbrosch Dieb, Spitzbube, Gauner

acheln Essen, Speise, Mahlzeit

achelpeter alter, untätiger Gauner

achelsore Esswelle, Speise

acherponin Hintern (podex)

achprosch Raub

---

[1]) Von dem grossartigen, alles diesfalls Bestehende überholenden und überflüssig machenden Werke von Fr. K l u g e „Rotwelsch. Quellen und Wortschatz der Gaunersprache", Strassburg 1901 ist bis jetzt, wie schon erwähnt, bloss der erste Teil (Quellen) erschienen. Sobald einmal auch der 2. Teil (Wortschatz) erschienen sein wird, ist mein Vokabulare überflüssig und wird es daher in einer etwa noch nötig werdenden neuen Auflage des vorliegenden Buches nicht mehr erscheinen; ich habe es deshalb auch unterlassen, das reiche Material des I. Teiles des Klugeschen Werkes hier zu verwerten. — Vergl. noch S c h ü t z e in H. Gross' Archiv Bd. XII p. 55.

achtgroschenjunge Polizeispion, Geheimpolizist

achtundzwanziger offener Überfall

adam pochus armer Mann

adoni Herr

aette (ette) Vater

aggeln, agolen, golen fahren

agole Wagen, Karren

agoleschächter Dieb, der vom Fuhrwagen stiehlt

akh Auge

akor Nuss

alav Flamme

alchen, chalchen gehen

alije Dachboden; in die Hände fallen

almazu Diamant, Edelstein überhaupt

almon, almone Witwer, Witwe

almoni der (angeblich) Unbekannte

almoni zinken dem Richter von einer Person erzählen, die gar nicht existiert

alphons = Louis, Zuhälter

alt gut, schön

alt machen kurzen Prozess machen

am Volk

amborez Landvolk, gemeiner, dummer Mensch (auch amhorez)

amen wir, uns

ammo Mittelfinger

amtschauter Gefängniswärter

amtskehr Amtmann, Richter

amtskehrspiesse Gerichts-, Amtshaus

amular aufhängen, strangulieren

anbauen Gesperrtes eröffnen

anbeulen zum besten haben

anblassen anbellen anschreien

anbrungern anbohren, deflorieren

anfassen stehlen

anfetzen anschneiden, aufschneiden

angor, angar Kohle

angrusti Ring

angusto Finger

anhauen bitten, anbetteln

anhieseln sich schminken, anlocken

ankappen anhalten

anlinzen anschauen

anlokechnen erschwindeln, stehlen

annolen anschliessen

anreisser Zutreiber

anro(je)nen ansehen, anglotzen

ansche Leute

anschewenen die Leiter anlegen

ansetzen ein (falsches) Kartenspiel arrangieren

anstiebeln anstiften

anstoss Krankheit, Elend, Unglück

antoniklosterl Gefängnis

arbeit Diebshandwerk

ardali Katze

armin Kraut, Kohlkopf

arner Fleischhauer

arpo Gerste

aršič Zinn

arwesschremse Leierkasten

asch versteckt, hässlich

asche Geld

aschen Tuch

aschkenaus Deutschland, deutsch

aschmatei Teufel

aschween davongehen

aske Beschäftigung, Diebstahl, auch Gelegenheit hierzu

asosel Teufel

assern verbieten

assusso Heil! Glück auf! (Antwort: boruch thiji!)

ast Buckel

aucher sein betrübt sein

aufdeisser Kellner, Wirt

aufgschlankerter bink der gekreuzigte Heiland

aufmelschnen öffnen

aufnollen aufmachen

aufplatzen aufsprengen

aufschränken einbrechen

aufstoss jeder (meist unangenehme) Zwischenfall, Überraschung, Verhinderung

auftaljenen aufhängen

aules Krug, Wirtshaus

ausameden aushalten

ausbaldowern }
ausblenden } auskundschaften

ausblinden = *ausblenden*

auscher reich

ausfehmern vollenden, fertig schreiben

ausflucht Diebsreise

ausgeschnoben ausfindig gemacht

aushandeln den Diebstahl vollständig zu Ende führen

ausknobbeln besprechen; in Ordnung bringen

auskochen sicherstellen, vergewissern

auslinsen ausforschen, ausfragen

ausmacheien prügeln

austippel Stätte, Haus, Schlupfwinkel

avdin Honig

azoes Unkosten

B.

baal Herr, Ehemann, Inhaber, Handwerker

baas Wirt, Meister

babing Gans

bacas Schafhirte

bach, bag, backen Groschen

bacheln zechen

bachert Kessel

bachkatz Stein

bachrutscher Stein

bacht Glück

bäckerling alles was gebraten oder gebacken ist; Brot, Wurst, Braten

bacro Widder

bafen trinken

bahnherr Anführer beim Diebstahl

bais Haus

bajasdi Polizeihaus

bakri Schaf

bakro Bock

bal s. *baal*

bal Haar, Bart, Borste

balanz Strasse

bal cholem ein Beamter, der die Gaunersprache u. -Kniffe kennt

balderschmei Kriminaldirektor, Untersuchungsrichter

baldower Auskundschafter, Angeber

balevas Speck

balhai der zu Bestehlende; auch: der gerade bei einem Freimädchen ist

bali Schwein

balmach Soldat

balmassematten der Leiter eines grossen Diebstahles, Rädelsführer

bal milchome Soldat

bal mischpet = UR.

balo Eber

balval, barval Wind

bammelmann Leiche des Gehängten

banduck Gewehr, Flinte

bango lahm, krumm; auch: Geldstück

bar Sohn

bar Stein, Garten

bär Laib Brot

baranyi Lamm

barbale Geist, Gespenst

bareitl Zehnkreuzerstück

bariach Bolzen, Querriegel

barisrael Jude

barje schmucker Mensch, Zierbengel

barlen sprechen

barmherzige Schwester Freimädchen

baro gross

barseilim Eisengitter, eiserne Vorlegestange (bei geschlossenen Kaufläden)

barsel Eisen

barsel schäften in Eisen liegen

barselschärfe Feile

barval s. *balval*

barvalo reich

basmeichel Tochter, Freimädchen

basno Hahn

bast Glück

batachemerblut sein von der gleichen vertrauten Gesellschaft sein *batoškos* Gepäck

battum Prügel, Stock

bau eine Anzahl Menschen

baulos blede machen mit der Zeche davongehen

bausen sich fürchten

bauserig furchtsam, feige

beao Herr! gnädiger Herr!

bebaisse gehen sterben

bedaur Post, Poststation

bedibbern besprechen

bedil Zinn (zum Münzfälschen)

beducht still, vertraut

beganfen = *beganwenen*

beganwenen bestehlen

begaseln berauben

beger tot

beged Kleid

begraben im Unglück, verhaftet, verurteilt

behma Groschen

bei jom am Tage

bei laile bei Nacht

beiss Haus

beisser Kneipzange; Zeuge, dem man zum Agnoszieren vorgestellt ist; Beschützer von Freimädchen

beitze, betze, bezam Ei

beitze handeln mit Behutsamkeit stehlen

bekaan hier, hier im Gefängnisse

bekabern begraben

bekanum daher

bekorg (*masematten*) gewaltsamer Einbruch mit Gewalt gegen die Leute

bekasbert betrunken

bekaspern übertölpeln, beschwatzen

bekauach bekoch mit Gewalt

bekern, peigern Hunde vergiften

bekneisen verstehen

belamaunz, belmonte vulva

belmach Soldat

belmonte und constanz machen beischlafen

bemare Beweis, Indizium

beng Teufel

benga Gendarm

bengipe Schlechtigkeit

benk, bing Teufel

benschen segnen; den Rest geben, vollends umbringen

berdacuni Fenster

bereimen bezahlen

berg Gefängnis

bero Kahn, Schiff

berrscheri Schäfer, Schafhirte

bers Jahr

bes Obdach

besamen vergiften

beschochert betrunken

beschundeln seine Notdurft auf etwas verrichten; jemanden betrügen

besondern fliehen

bestieben bekommen, bestehlen

besula, besulle, bsulle Jungfrau

beten (die Beten = Rosenkranz) Fusschellen

beth Haus

betuch sicher, vertraut

betucht Dieb, der geräuschlos einbricht, n i c h t raubt

betzen Ei

bhari schwanger

bi ohne

biaf, bijav Hochzeit

bibern lesen, beten; auch: frieren

bibi Muhme (Anrede der Zigeunerinnen untereinander)

biboldo ungetauft, Jude; Kapaun

bicken, pecken essen

bidandengero der Zahnlose

bideveleskero der Gottlose

bihengst Wäschedieb, Bienendieb

bijaf Hochzeit

bijakeskero ohne Auge

bika Stier

bikaneskero ohne Ohren

biko Schrott

bilbul Verwirrung, Bestürzung; grosser, gefährlicher Prozess

biller, beller Hund

billret Baum

bilovengero ohne Geld

bilzl Jungfrau, Mädchen

bimm, bimmer Glocke; *den bimmer überrutschen* die Hausglocke mit Hand oder Stock dämpfen

bimuther Taschendieb

binaskero ohne Nase

bink Sohn; *der aufgeschlangelte bink* Kruzifix

bino Sünde

bintetesi Strafe

biseautiren Beschneiden der Karten beim Falschspiele

bisinger Zwanziger

bissert Schaf

bissertbrumser Schafhirte

bissig teuer

bizo gewiss, wahrlich

blaff Gebell des Hundes

blanke Tasche, Sack

blankert Wein

bläse Wind

blasius Wind, Wein

blaswieden Haus, wo man Most erhält

blathekieth Diebsherberge

blatte Gans

blatteln Kartenspielen

blatter Räuber

blattfinne Brieftasche

blaupfeifen einbrechen

blazkruta Schierling

bleaml Blümchen , Blümchen = Dukaten

blechseppl dummer Mensch

blede machen (geben) durchgehen

bleffer anlegen jemanden erschrecken

bleier Zehnpfennigstück

blembel Bier

bletzen sich begatten

blickschlager Kleiderbettler

blinde, blende Fensterladen

blinde machen Gelegenheit zum Diebstahl auskundschaften

blitzableiter Polizist

blocka Gitter

blocki Fenster

blöde Fensterscheibe

blüte falsches Geld

blütenstecher Gauner, die falsches Geld weitergeben

bochet Amtmann

bochur Student; ein Beamter, der die Gauner und ihre Sprache kennt

bock Hunger; Schuhe

bocker früh morgens

bocker Ochs, Rind

boder machen losbringen

bodi frei

bolibō Himmel

bolipen Welt, Himmel

bolontschero Nachtwächter

bonum Mund

bordel Haus, Wohnung

borlin Gans

boruch thiji! Antwort auf den Glückwunsch: „*assusso!*"

bos Haus

bos dich schweig!

bossor, bossert Fleisch

bov, boob Ofen

boxen Hose

bozel Zwiebel, Taschenuhr

bradi Kanne

brand Bier

brandkessel anlegen etwas von der Beute verlangen

brandweingeld erpresstes Geld (von der Beute), Schweiggeld

branta Tabakssaft

brauges böse, erzürnt

bräutigam Zuhälter

bravinta süsser Branntwein

bre Hut

breda Hirn

breger Bettler

breitkratzer Strassenwärter

breitlaft Hochzeit

breitloch Kirchhof

breko Brust

breko Ufer, Rand

brennen etwas vom Diebstahl verlangen

brennen jemanden schaden

brenner jeder, der von der Beute einen Anteil verlangt

breslauer Geldstück

bretze Handschelle

brewul Abend

brief Karte

brisind Regen

brissge Geschwister

brodgötze heil. Hostie

brudel Jude

bruder, warmer Päderast

brli Biene

brunger }
brunier } Bohrer

brusnakos Kreuzer

brusten Streit, Schlägerei anfangen

bsaffot Brief

bschuderlin Edelmann

bua, bube Dietrich (aus Draht)

bub des zimmermanns Jesus Christus

bucht Pferd

budara Türe

budement Vergiftung (besonders der Hunde durch Krähenaugen)

buditscha Angel

bugchinypen Durchfall, Diarrhoe

bukko Eingeweide

buklo Schloss, Vorlegeschloss

bul Hinterteil, Gesäss

bultuna Ware

bura Gebüsch; Sturm

burcos Höhle

burnek eine Handvoll

burrada Stoss

buselwieden Haus, wo man Fleisch erhält

but viel

butt Hafer

butter Schildwache

buxen Hose

buzni Ziege

C.

čačipe Wahrheit

čačo das Wahre, Richtige

caffler = kofler Schinder, Henker

cagnotte verbündete Falschspielergruppe

cak Vetter, Freund, Genosse

caklo Glas, Fenster

calisen Tod

čam Gesicht

čandlo Fuchs

caneckos Biss

čang Knie

canros Zaun

čapibe Prügel

čaplaris Wirt

capni Frosch

caprosche Diebsbande

čar Gras

čaro Schüssel

čarvi Huhn

caspern schlagen mit Sympathie kurieren

cassert Schwein

čavo Kind

čazaris Kaiser

čekat Stirn

cercha Pflaster, Zelt, Leintuch

chaben das Essen

chadum Degen, Säbel

chadzerdibaro Flamme

chaing, chanig Brunnen

chalderapes Raub, Einbruch

chalfan, chalfen, chilfen Geldwechsler; auch: der beim Wechseln stiehlt.

challe ein Diebstahl, bei welchem ein Teil zurückgelassen wird, damit der Diebstahl nicht gleich entdeckt wird

challe handeln = pleite handeln, wenn der Dieb nicht heimlich fortgeht

challe schlagen einen Teil gestohlenen Gutes vor den Kameraden unterschlagen

challon, gallon Mond, Fenster

chammer Esel, bornierter Mensch

chandel speisen

chaneo Ring

chanig, chaing Brunnen, Quelle

charengro Schwertträger, Polizist

charkom Kupfer

charkomen Messing

charmi Brust, Brustkorb

charo Schwert

charo Teig

charpe Schande, Schimpf

charr Knochen

chasne Hochzeit, toller Lärm

chasne handeln mit offener Gewalt einbrechen

chasser, kasser Schwein, ekelhaftes Ding

chassime Zeichen, Spiegel

chassime handeln versiegelte Behältnisse mit Wertsachen gegen solche mit Wertlosem austauschen

chatschjevava ich verbrenne

chattes schäbiger Mensch

chau- s. *cho-*

chawer Verbündeter, Diebsgenosse

chawrusse Diebsgesellschaft

chayes Leben

chayes lakechen Leben nehmen

cheder, cheider Zimmer, Kammer

cheinen leben, existieren

chelef Talg, Seife

chelefzieher Taschendieb

chemme Butter

chennet sein ein anständiger Mensch sein

chenwene Kaufladen

cherami Armband

cheroj Fuss

cheschbenen rechnen

cheschek Fest, Theater

chess klug, schlau

chessenpenne Gasthaus, wo Gauner Zuflucht finden

chev Fenster, Loch

chewel Strick, Bande, Rotte

chiddusch etwas Neues

chilfer = *chalfan*

chilles = *techille*

chindalo Abort

chindar aufhängen

čhindokani Jude

čhip Zunge

chochem, chochom, chochum der weise, geriebene Gauner

chole krank, gefangen, misslungen

cholof Milch, Rahm; Hose

cholemen träumen, scheinen, vorkommen als ob

chome Mauer

chomeresgro Brot

chomez Essig; schlechter Mensch

chomez batteln Verdächtiges aus dem Hause schaffen, vor Entdeckung sichern

chonte bajeis Bordell

choren Perlen

chossen Bräutigam

chova Hand

choze halb

choze rat halber Taler

choze lewone Halbmond; halbkreisförmiges Ausbohren des Schlosses

chozer Hof, Vorhängeschloss

chozir Gras, Grünes; das Freie

chulei Mann

chundunar Soldat

chut Faden, Schnur, Leine, Knebel

chutrinao graben, scharren

chyu Höhle

čibalo Richter, Bürgermeister

cihraj Stiefel

čil Butter, Fett

cilo Pfahl

čindo Jude

činen Tinte

cingervo Bohrer

cipa Haut, Baumrinde

čipejuša Schuh

cirach Schuh

čiriklo Vogel, Huhn

cirki Fett

cokalos Fuss, Bein

colonel Hausherr, bei dem falsch gespielt wird

combo Schenkel

commerce machen Professionsspieler sein

čon Monat
čor Dieb
coupe falsch Abheben beim Falschspiele
coyme Pächterhaus, Bauernhaus
čudasina Wunder
čuknari Henker
cumidibe Kuss
cumpanie Uhr
curi Messer
cutze Topf
cviri Hammer
czabo Sohn
czaj Tochter
czamm Leder
czammerdo Papier
czang Knie
czaplaris Wirt
czaro Schlüssel
czeppo Brust
czi Herz
czik Kot, Schmer, Butter; Tabak
   zum Kauen
czobichanin Hexe
czocha Weiberrock
czuppni Peitsche
czuvli Weib
czuzi Zitze, Brüste

D.

dab Hieb, Wunde
dabeln Würfel spielen
dabern reden
dad Vater
dafnen beten
dag Fisch
daggern fischen
daj Mutter
dal arm
dalfen armer Teufel
dalfen betteln
dalken verschmieren, anschmieren,
   prügeln
dalles Armut; Verlegenheit, Ver-
   dachtsgrund
dalme, dalmer Schlüssel, Dietrich

dalmernekef Schlüsselloch
dalmisch schlagen betrügen
dalthalmi Dietrich
damuk Daumen
dar Furcht
daraza Wespe
daschmanuces Feinde
deckelspiel Spiel mit Fingerhut und
   Brotkügelchen
deckruh Balken im Gasthause,
   zum Aufhängen der Kleider,
   Hüte u. s. w.
defus, defisse Wachsabdruck von
   Schlüsseln
degel Fahne, Kleid
deissen einschenken, schütten, auf-
   wichsen
dekaf rufen
deles Türe, Haustüre
demmer Scharfrichter, Schinder
deppern ausplündern
derech Gang, Weg, Strasse
derling Würfel, viereckiger
   Warenballen
derrlen, tarreln Würfel spielen
desto Hackenstiel, Beilstiel
detz Kopf
deufen gehen betteln
deutsch (Schlüssel) mit hohlem
   Rohr, also: deutsch echeder,
   deutsch klamonis u. s. w.
deutschpurim Bund deutscher
   Schlüssel
devel Gott
deza Schnur
dibbern reden, schwatzen
dicke, decke Versteck, Kupplerin
dicke machen sich vor den Taschendieb stellen, um die Aufmerksamkeit abzuziehen
dickmann Ei; penis
dieren anschauen
dierling Auge
difteln mit Gewandtheit stehlen
difftel Kirche
difling Kellner, Marqueur
dilinipi Dummheit
dilldalfen Schlüssel, Dietrich

dille, dölle, tülle Mädchen, Tochter

dilmitsch Tölpel

dilmitsch (tilmisch) machen sich
   albern stellen

dimosdab Wunde

dine nefoschos Strafrecht

dinef verloren, unglücklich

dipeln laufen

dircher Bettler von Haus zu Haus

disputierer langer Stock, um aus
   Fenstern u. s. w. etwas heraus-
   zulangen

div Korn, Weizen

dives Tag

diz Schloss, Amt

dlazoci Silbergeld

dobes Gefängnis

dobes zupfen eingesperrt sein

dohle Freimädchen

dolch Gericht

dolman s. *taljenen*

domra Magen

dorik Schnur

dormen, dürmen, türmen schlafen

dormes Topf, Schüssel

dounih Seife

drab Wurzel, Arznei

drah Traube

drahn = *drong*

draht Geld

drängler einer, der Gedränge verursacht, um den anderen zum
   Taschendiebstahle Gelegenheit
   zu geben

drao, dry, drei, drie ein Gift der
   Zigeuner, mit welchem sie
   krank machen und töten

drillen misshandeln

drillhaus Zuchthaus

drohn = *drong*

drom Weg

dromme Strasse

drommeine Geldstück, bes. Taler

drong, drahn Hebebaum (zum
   Einbrechen)

drücken (stets mit einem Objekt)
   stehlen, z. B. *padde drücken*

Börse stehlen, *luppe drücken*
   Uhr (aus der Tasche) stehlen

dry s. *drao*

duchenen segnen; stehlen vor den
   Augen des zu Bestehlenden
   (z. B. im Kaufladen)

ducho Geist, Atem

du ein har (?) fliehe, lauf fort

dud, dut Licht, Kerze

dudeskri Lampe

dufft Kirche

duft zünftiger Vagabund

dukh Schmerz

dullgoi Schulmeister

dumo Rücken

dumuk Faust

duppern gehen

durchmackenen s. *macke*

durchzug Faden, Zwirn

durkern wahrsagen

durma Erde, Erdboden

durmwinden Haus, wo man übernachten kann

dusse Schloss, *kasben dusse* Vorhängeschloss

dussemelochner Schlosser

duvar Türe

dzaralo der Haarige (Hund)

dzi Herz

dzov Hafer

dzukel Hund

dzurje Spitze des Messers

dzuv Laus

dzuvalo der Lausige

dzuvli Frauenzimmer

E.

eche Jammer, Elend, Klage

echeder Dietrich; *deutsch echeder*
   der mit hohlem Rohre, *zarfes
   echeder* der mit vollem Rohre

echelicht düsteres Licht

echetel Zuchthaus

eckbreh Brücke, Steg

ed Zeuge; *ed schecker, linker ed*
   falscher Zeuge

 ede Freund, Genosse

edo Zeugnis

efe Asche, Erde, Staub

efta sieben; Woche

eid (plural *eidim*) = *ed*

eindeisser Wirt; Fälscher von Zeugnissen

eindippeln einsteigen

eindrongen mit Gewalt einstossen

einjoschnen einschlafen

einkinjenen einkaufen

einkuffen in einen Verschluss eindringen

einlokechnen einnehmen

einschobern einbrechen

eintippel Ort, wohin man nach dem Diebstahl geht und sich wieder findet

eintreiber der die Leute zum falschen Spiele bringt

eisenbahn = *disputierer*

ek ein

ekuva Pflug

ekvar einmal

elemer Schuhe

elesnoi scharf

eleto Leben, Lebensmittel

elle Brecheisen

ellenmänner Schuhe

emmes Wahrheit, Geständnis; Platz, wo sich Gauner zusammenfinden; *loer, lawer, lauer emmes* falsches Geständnis

emmes machen, = *pfeifen,* = *echen* gestehen

eña neun

ende grü Grenze

engelmacherin Kinderpflegerin, die Kinder in die Kost nimmt und bald sterben macht (in Schweiss bringen und dann der Zugluft aussetzen).

englisch wälsch Hauptschlüssel

ennevotenne = *chassime handeln* Wertvolles mit Wertlosem vertauschen

epaš halb

erbsien (ebenso wie *graupien* oder *erdäpfelpalast*) Zuchthaus

erdavoi schlecht

erdmann Topf

eref Abend

erefgänger, -halchener, -händler, -schieber Dieb, der abends stehlen geht

erez, arez, orez Erde, Land

erio der Böse

erle der Mann

erni Feile

esav ich esse

esch Feuer

esch kochem sein schlau (gebrannt) sein

esef, Eisef Kraut

esefkeile Tabakspfeife

eseh Arbeit, Fleiss, Diebstahl; Not, das böse Wesen, Epilepsie

eshoker Wohnungseinschleicher

esmol, temol gestern

esterel angreifen, packen

eva Schüssel

ewen Stein

ewen bochan Probierstein

ewen chome
ewen kir } Steinwand
ewen chossel

ewen tow Edelstein

ewil Narr, Tor, Sünder

ewus Futterstall

eza Rat

ezba Finger

ezebajis Rathaus

ezeros tausend

F.

faber Schinder

fabian Hunger

fackeln schreiben (auch *facheln*)

fackler Schreiber, der falsche Siegel besitzt

factum das gestohlene Gut

fadin Frost

fadinoi erfroren

fahn Kleid; oder = *disputierer*

fahrt, von der = sein einer Schinderfamilie angehören

faischel Jude

faizrile Morgen

falderapes Raub, Einbruch

fallen verhaftet werden; *treefe fallen* auf frischer Tat betreten werden

fallen eingestehen, verspielen

fallmachen zum (falschen) Spiel verlocken

falo Wand

fantemer Kinder

faul schlecht abgelaufen, verdächtig, gefährlich

fede Herberge

fedelo Dach

fehm Hand

fehmer Schreiber

fehmerschwarz Tinte

feiriger Abdecker, der zuwandert

fekele Geschwür

felbergertel Bleistift

feldhühner Kartoffeln

feldmann Pflug

feldschabber Pflugeisen

fellinger Marktschreier, Quacksalber

femter Fenster

fenderich, wenderich Käse

fenette Fenster

fenne Kasten

fenstra Fenster

fett reich

fettläppchen Tuchmacher

fetzen machen, abtun, schneiden

fetzer Schinder, Metzger; Dieb, der etwas abschneidet, z. B. Taue, Stricke, Plachen

fevenjo Land, Erde

fiakros Diener

fichte Nacht

fichte gehen bei Nacht stehlen

ficke Tasche, Sack

fickern herumstreifen

fiesel Junge, Bummler; namentlich auch Beschützer der Frei-

mädchen (= *Jean, strizzi, kappelbub, radibub, hacker*)

filage das Abziehen der falschen Karten beim Falschspiele

finden stehlen

finkel Hexe

finkeljochen Branntwein

finkeln sieden, braten

finne Lade, Kasten

fischen stehlen

fischness Weste

fitz Faden

fitzen nähen, ausbessern

fizika Flinte, Pistole

flabbe — *fleppe*

flachs ein Markstück

flachsen Haar gleich streichen, streicheln, schmeicheln, hintergehen

flackern brandlegen

flader Brand, Feuer

flamme, flammert Halstuch, Schürze

flammert Schmied, Schlosser

flannieren herumstreichen, um Gelegenheit zum Stehlen zu finden

flapp = *fleppe*

flapsen küssen

flatter Wäsche

flatterfahrt Wäschbodendiebstahl

fledern bestehlen

fleischmann Polizeimann, Gendarm, Henker

fleppe jede Urkunde, Pass, Zeugnis; *linke fleppe* falscher Pass

fleppenmelochner Urkundenfälscher

flette = *fleppe*

flichner Verräter

flocken Tuch, Wollenstoff

flohnen, flehnen den Mund verziehen, zum Weinen, besonders aber zum Lachen

floss Suppe, Kahn

flossert Wasser

flössling Fisch

flussert Urin

flüssling Papier

foosch, fasch Blut
foreskero Städter
foro Stadt
foty Fetzen, Kleider
fraselmahr Angst, Furcht
frechmann Verhör
freier der zu Bestehlende, zu Betrügende
freischipperhaus Falschspielhöhle
freischupper Gauner, der namentlich auf Märkten durch falsches Spiel betrügt
fritze Schminke
fritzen sich schminken, schön machen, ausreden, „weiss brennen"
frost Missbehagen
frost im Magen Hunger
fuchs Gold, Goldstück; auch: Keller
fuchsmelochner Goldschmied
fuchs stossen in Keller einbrechen
fucker gehen, davongehen
fuhre jedes geheime Transportmittel
fulceri Arzt
fündchen, findchen Wanderbursch, Pass
funke Stammwort für viele Worte
fünkelkaspar Betrug durch Hexen
fünkelbajingordel Branntweinbrenner
fünkeljohann Branntwein
funkeln braten
funkenspritzer Schmied
funkert Feuer
fürwitz Arzt, Bader

G.

gablen schwören
gabler Scharfrichter
gacheler, gackler der Dieb, der Silber aus den Domestikenstuben stiehlt
gachene Henne
gad Hemd

gada Ware
gadni Schere
gadzo, gatscho Bauer, Mann, überhaupt Nichtzigeuner
gaffen schlagen
gagi Bäuerin
gahrtscho kahl, glatzköpfig
gako Onkel, Freund
galgenposamentierer Seiler
gall Haut
gallach der Geschorene, katholischer Priester (auch *galch*)
gallachbajis Pfarrhaus
gallach machen = benschen Geistliche bestehlen
gallachte Pfarrfrau
gallon, challon Fenster, Mond
ganef = gannew
ganf = gannew
gannew Gauner, Dieb
ganscherer bettelnder Handwerksbursche
ganzer Mann 100 fl. Note
garasi Groschen
garepen Schuss
garie guraf erschlage
garsen Beil, Axt
garuvel verstecken
gas feist, fett; Hochmut
gaseln rauben
gaslonus Räuberei
gassern gratulieren
gast Betteljude, Heiratsvermittler; Gattin
gaterling Ring, Fingerring
gatscho Mann, Bauer
gatzom Kind
gav Dorf
gavalo Sack
gaver Mann
gebammel, gebimmel Uhrkette
gebechert erstochen
gebel angehender, junger Dieb
gebuchelt bei der Behörde gut angeschrieben
gedin ehrlich
gedinne s'chore ehrlich erworbenes Gut

26*

gedolmt werden gehenkt werden
gedrückte blüten falsche Banknoten
gefar s. *kefar*
gego Gurgel
gehen frei werden
geier = geher, nur in Compositis, z. B. *mockumgeier* der in der Stadt (geht und) stiehlt
geigerl, geign Freimädchen
gehaut, gekauzt verschlagen, gescheit
gelbling Weizen
gelbseidenes tüchel gemeinste Sorte von (Wiener) Freimädchen
gelogäro triumphieren
gemachte, der — der Bestohlene, Betrogene
gemore Belehrung, Denkzettel
geneift gestohlen
genewe Diebstahl
ger Krätze
gerengero Hauswirt, Haushälter
geripe Krätze
geritt Markt, Messe
gertschemiha Wirtshaus
geschäft das Diebsgewerbe
gescher Brücke
geschock schure gestohlene Ware
geschoren gestohlen
geseires widrige Verhältnisse, Unheil, Geschwätz, Lärm
gesroche, gesruche s. *sarchenen*
gessern = gassern
geweissigt mit Geld gut versehen
gewine Käse
gewinnen ein Kind bekommen
gewinnerin Wochenbetterin
gewir, gewer Hausherr, Wirt, Mann, Herr; Hahn
gfar s. *kefar*
gflieders = fleppe
gham Sonne
ghani Unschlitt
gher Haus
ghinfene s. *chenwene*
ghoro Krug
ghur Hacke
gib Korn, Gerste

gilfer Dieb beim Geldwechsler
gippisch, gippesch s. *kiewisch*
gips Kraft, Geltung; auch: Geld
gischmohl Zigeuner
gise Schwager
giv Korn
glandi Messer
glaseine Schusswaffe
glasse Flinte
gledalo Spiegel
gleicher Kamerad, Bruder
gleis, klais, chlais Milch; Silber, Silbergeld
gleishanns Milchbrust
gleispicht Silbergeld
gleisige loschke silberne Löffel
glidd Freimädchen
glitsch Riegel, Schloss
glitschen aufschliessen
glitschin Schlüssel
glucke mit küchlein Suppenlöffel mit Esslöffel
glunde Freimädchen
gnaife = gneifl
gnatze Ausschlag
gnatzen verdriesslich sein
gnatzkopf Grindkopf; verdriesslicher Mensch
gneifl Diebstahl; *geneift* gestohlen
gnofe = gneifl
goa Frau
godel; gaudel gross, stark; Daumen
godelrat Doppeltaler; überhaupt grosses Geldstück
godelrosch Schlaukopf
godelschote grosser Narr
godi Verstand, Hirn
goi, plural *gojim* Nichtjude, Christ
gole Fahrzeug, Wagen, Tasche (grosse)
goleschächter Landstrassendieb
golle Frau
gollerl Kellnerin
gomol Kameel (Schimpfwort); Richter
gomur fertig, vollständig; s. *gemore*

gono Sack
gordel Kessel
götte, göttling Genosse, Ver-
    wandter
gottschick Knopf, Siegel
govr Grab
gral Furcht
granaten Bauernfänger, Falsch-
    spieler
grannig gross, stark, vornehm
grannigebais Strafanstalt
grantner Bettler mit simulierter
    Krankheit
grasfunkel Sichel
grast Pferd
grazni Stute
grec feiner Falschspieler (Gegen-
    satz: Freischupper)
gredepschabon Feuersbrunst
grei Pferd
greifenberger Taschendieb
greiferei Polizei
greinert Schwein
griffling Hand, Handschuh
grinn Hund
gronert Kraut
gross-deutsch ⎫
gross-klamonis ⎭ grosser Dietrich
grosskotz Prahler
gross-mauschel s. moschel
gross-purim s. purim
gross-täufer studierter, gebildeter
    Bettler
grtano Gurgel
gruber Spaten
grün s. mutter grün
grünling Garten; Zaun
grunnerey Hochzeit
grunnickel kleines Schwein
grünspecht ⎫
grünwedel ⎭ Jäger
gscherter hansel Teufel
gschmissi keck
gschockgänger Marktdieb
gualajote Truthahn
gudlo Honig, süss
gugelfranz Mönch
guidillerschey Freimädchen

gullo Zucker
gurumni Kuh
guruv Ochs
gusto Finger
gustrin Ring
guten-morgen-wünscher Diebe, die
    früh morgens in die Zimmer
    schleichen
gymnasium Zuchthaus

H.

haartruhe, vulva; = sprengen: not-
    züchtigen
habsburger Falschspieler
hach, hacho, hachneck Bauer
hacheln Essen, Speise, Mahlzeit
hackel alles
hackel backel, hackmack, hack und
    mack Pöbel, Bagage
hackelneune machen Diebstahl mit
    Gewalt, Raub machen
hacker = strizzi = fiesel
hachesen s. macke
hadatsch, hardatsch Polizeimann
hadel Lumpen, Fetzen
hader Kartenspiel
haderl Gulden
haiss = heis
halbe die Seite, auf die halbe
    springen auf die Seite springen,
    in Sicherheit kommen
halbe lewone halbmondförmige An-
    bohrung eines Schlosses
halber Mann eine 50 Guldennote
halchen, holchen, hulchen, haulechen,
    holech, haulech sein gehen
halchener einer, der mit irgend
    einer gaunerischen Absicht geht
haliche Weg
halleines = challonnes Fenster
haminel Gast in den Bordellen, der
    nicht mehr kann
hamisno falsch
hammerschlag Schmied
hamor Lärm, Händel
hanaster Obstwein

handel jede gaunerische Tätigkeit
hanide s. *nide*
hanno hannoe Nutzen, Gewinn
hanns Tölpel
hansel Trog
hans walter Laus
harango, harangos Glocke
*harbogen , hornickel , hornbogen .
   hornbock* Ochs, Kuh; Dummkopf
harcum Kupfer
hargenen umbringen
harigo Mord, Totschlag
haro Säbel
harta Kupferschmied
hartas Schmied
hartl Gefängnisaufseher
harum pascha Gaunerhauptmann
haschiwene zurück
haschiwene halchen zurückkommen,
   fliehen, durchgehen
hauen stehlen (mit Objekt; eine
   Uhr —, Uhr stehlen)
hauern, huren sich niederlassen,
   ducken
hauhns der beginnende, noch ungeschickte Gauner
haupter Hauptschlüssel
haureg Mörder
haus Kasten, Schrank
hausmucken bäuerlicher Lebens-
   mittel-Bettler
haut Geliebte des Soldaten
hautz, hutz Bauer
hautzen, hutzen jemanden necken
haveshro Fass
haziha Rock
hechtling Messer
heichse s. *mache*
heimerlich spielen ⎱
heim tun ⎰ umbringen
heis Kopf
heckdisch, hechdesch Hospital, Ar-
   menhaus
heckel, hägel, hegel Narr, Lump
heckenscheisser Jäger
helenes Fenstergitter
helfener einer, der beim Wechseln
   stiehlt

hemden schnorren s. *kommistarchener*
henas Freundschaft
hereg Mord, Totschlag
hev Loch, Höhle
hiesel Schminke (zum unkenntlich
   machen)
hinterschieber gewisse Gattung
   Dietrich
hintova Kutsche, Wagen
hin und her Uhr, Feile, Säge
hitz, hitze Stube
hitzerling, hetzling Ofen
hitzwinde Stubentür
hockweiler jeder Gauner, der
   einen Pack über die Stiege
   trägt
hodschavitscha Igel
hofwinde Hoftüre
högel Gericht
hohavibe Lüge, Betrug
hohland Kamin
hohlarsch Kamin, Ofen, Schornstein
holav Hose
holchen gehen, laufen
höllich kaspar Betrüger mit Schatzgraben
holzwurm Tisch
hon Habe, Schätze
honorist feiner Gauner
honzche, honzige s. *huseck*
hopf der zu Betrügende, der Betrogene, der, den man „dran-
   kriegen will"
horcher Ohr
horeg Mörder; Ermordeter
hork Bauer
hornkeck, hornigel s. *harbogen*
horug Ermordeter
hosen, hausen, hosener Hauseinschleicher
hosper offen
hospern öffnen
hospes s. *oschpies*
hozetescher jüdisch
huhur Schwamm
humer Teig

humna Scheuer
hund Vorhängeschloss
husche, huscher, husskiefel, kusskopf berittener Soldat, Polizeimann
husseck, hosseck, honzige, honzche Knabe
hütling Messer, Dolch
hutmacher Wilddieb
hutschke Pferd
hutterergesellen Filzläuse

I.

ickbre, eckbre Brücke
iltis Polizist, Wachmann
inaiš Diener
injon Geschäft, Arbeit
inne Leiden, Qual
ins Kraut gehen Konkurrenz machen
ippusch Vorkommnis, Pest, Krankheit
iret spät
iš auch
isba Stube, Zimmer
isch Mann (meist alter Mann)
ischa, ischel Weib
iwrische jüdisch
izema Stube

J.

jaar Wald
jabeldum Gesellschaft von Leuten; Kostbarkeiten, Gold
jachen fünkel Branntwein
jack Feuer
jad Hand
jadbarsel Handeisen
jaddrong kleiner Hebebaum
jadmatnas Gaben aus der Hand, Ohrfeigen
jadsacher | kleines Brecheisen
jadschabber |
jadschurrich Handgeräte des Einbrechers

jag Feuer
jagnekef kleine Öffnung in der Türe, um mit der Hand zum Riegel zu kommen
jai (Interjektion) wehe!
jaich Jude
jajin, jochen, johann Wein
jale, jaule, jole Lärm, Jammer
janne guten Morgen
jaro Ei; Mehl
jaschwenen angesessen sein
jaschwenen lassen einsperren lassen
jaska Zunder
jaske, jeske Kirche
jaskehändler Kirchendieb
jaskeschaller Kirchendiener
jaskeschore Altar- und Kirchengerät
jass, jasch Branntwein
jauche Suppe
jego Eis
jekatolo einäugig
jekker Kirche
jenisch klug, gescheit, Gauner
jenisch kacheln Gaunersprache reden
jepaš halb
jerid, geritt Markt, Messe
jerni Feile; Wachs
jerno nüchtern
jeschiwo Schule
jeske Kirche
jevent Winter
jidschen, judischen (Münzen) beschneiden
jischuf Ort, wo nur einzelne Juden wohnen
jiv Schnee
jochem Wein
jockel, juckel Laus
jockeln durch fortgesetztes Drücken, Schieben u. s. w. eine Tür, Fenster öffnen
jocker teuer, wertvoll
jodeen wissen, begreifen
jofe schön, hübsch
jokamener Wohnungseinschleicher
jom, plural *jomim*, Tag

jom bes Montag
jom dolet Mittwoch
jom gimmel Dienstag
jom he Donnerstag
jom olef Sonntag
jom sohin, schabbes Samstag
jom tof Feiertag
jom wof Freitag
jominel drücken
joner Spieler
jordan Brecheisen
jörgeln auf den Schub setzen, abschieben
joschen Greis
joschnen schlafen
josten liegen
jowen Bekenner griechischer Religion
jowen malchus Russland
jowesch getrocknet, dürr
ju Papier
jud Speck
judas Gehilfe des Falschspielers, der ihm Zeichen gibt
juffart Freiheit
junge Gauner
jungmässig ohne Geld
just richtig, geheuer

K.

kaan Gefängnis
kaar Schwanz, penis
kabber s. *cawer*
kabber s. *keber*
kabni schwanger
kabore s. *keber*
kacheln reden
kachler = *gackeler*
kachni Hahn, Henne
kacsof Silber
kaddisch naseweis
kaf Löffel
kaffeemühle Wagenwinde
kaffer s. *kefar*
kafiler s. *caffler*
kaftor Knopf

kaftoren (heimlich) aufknöpfeln
kahni Henne
kais Leben
kajni Henne
kak Vetter
kalches, kaljes Vereitlung
kalches, kalaches Topf, Kessel
kalches machen im Verhöre ein Geständnis widerrufen; Wahres eingestehen, Beabsichtigtes entdecken
kalf Hund
kall Geld, meist Kleingeld
kalladeiner Bettler auf Märkten, Wallfahrtsorten und vor Kirchen
kalle Braut, Schöne, Freimädchen
kalle Markt
kallfrosch Bordellwirt
kalo schwarz = Zigeuner
kam Sonne
kambana Taschenuhr
kamis Hemd
kammerusche = *chawrusse*
kan Ohr
kandich Bordell
kanger s. *kone*
kantholz geben gestehen
kapdon gefährlicher Polizeibeamter
kaph Hand; Fussohle; Löffel
kapli Wirtshaus
kappen fangen, verraten
kappore Reinigung, Sühnopfer; Tod, Verderben
kappore halchenen umgebracht werden
kappore machen umbringen
kapporetiefe Sarg
kappore zawern Halsabschneiden
kapuvi Tür
kar penis
karbole Strick
karialo Fleisch
karibnaskri Pistole
karie schiessen
karie dav ich schiesse
karik wohin?

karles Wein

kärner Fleisch

kärnerfetzer Metzger

karnet, kornet Käse

karre Esschale im Gefängnisse

karten Polizeipatrouille

kas Heu

käs Wachtposten

kasch Zwanzigkreuzerstück

kaschern s. koscher

kasiwe heimlicher Brief; s. kaswenen

kusiwe-mulje Brieftasche

kaspern heucheln, täuschen, betrügen; schlagen; flüstern, heimlich reden

kassemen wahrsagen

kasser Schwein

kassiber (k'ssibe) Brief (meistens:
Brief aus dem oder in das Gefängnis geschmuggelt)

kast Haus

kaswenen schreiben

kaszt Holz

kaszuko taub

katef Spassvogel

katschäume Wirtshaus

katschen abschneiden, verderben

kätschen tragen

katzenkopf Schlosser

kauach s. koach

kaudem s. kodim

kaudemmakkener Dieb, der früh
morgens stiehlt

kaudesch s. kodesch

kauhef schwer, unangenehm

kaule s. chole

kauli Frau, Braut, Freimädchen

kaune s. kone

kaurusse Diebsbande

käuschlachter Schinder

kaussel s. kosel

kaut Messer

kauwa s. kowa

kavudo! pass auf! hüte dich!

kawine Käse

kawure s. keber

kazow, kazuf Fleischer

kchil Öl

kdescha s. kodesch

kebber' kabber, kewer Grab, Grube,
Höhle

kabbern, kabern graben, ver-
scharren

unterkabbern eine Mauer untergraben

bekabern begraben

kawure Versteck, Versteckort

kawure legen vergraben, verstecken

kober Wirt, Gaunerwirt, Zuhälter

tofer kober reicher Wollüstling

kobern coire

ankobern anlocken

kuberer Polizeikommissär, der
die Aufsicht über die öffentlichen Dirnen hat.

kedo Nebel

kefar, kfar Dorf

kaffer Dorfbewohner

kafferbenche Bauernsohn

kaffernschey Bauernmädel

kafermarchene Nachschlüsseldieb
auf dem Lande

kegler = gacheler

kehille s. kohal

kehlen tragen

kehr, heer, kir, kür Herr

kehrin Frau

keibe, keibel, keife Weib, Konkubine

keile s. keli

keilemagaie Schläge

keim, kaim, chaim, Jude, Pfandjude

keiterling s. gaterling

kekeraschka Elster, Diebin

kelef Papier, Spielkarten

kelofim mollen beschneiden

kelofim zinken bezeichnen

kluft Kleider

kluft migdol Schrank

kluftpflanzer Schneider

kelef, kalef, kolef, globe Hund

kelesemo, klaseim, glaseine Schusswaffe

keli Geschirr, Instrument

kelsmer, klesmer Musikant

kemel Schiesspulver

kemizo Ringfinger

kemsel, kemsle Hemd

ken ja; auch das Wort, um einen Genossen zu finden: *ken?* — Antwort *ken.* Davon soll *kunde* der Gauner kommen

ken - zinken Verständigung durch Laute

kennersdorfre haben soviel als: den Braten riechen

ker Haus

keren Kapital

keresch Brett

    verkroschenen mit Brettern verschlagen

kerestos Kruzifix

keris Wein

kerum Degen, Dolch

kerwehe Bruder

kesaw Brief, Zettel, Urkunde

kesef Silber, Silbergeld

keses Tintenfass

kesil s. *ksil*

kesonen, kusones, ksones Baumwollstoff, Hemd

kess gut abgelaufen, sicher

kesuv Silber

ketat, ketoto, Ekel, Zank, Widerwärtigkeit

ketel Mord, Totschlag

ketowes Spass

kfar s. *kefar*

khangeri Kirche

khas Husten

khille s. *kohol*

khosaw löschen

kibes Kopf

kibbez kebbuze Sammlung, Haufe, ungeteite Diebsbeute

kibig frisch, übermütig

kibitz weiblicher Geschlechtsteil

kiefel Kopf

kielan Stadt

kien Vorhängeschloss, Tabakpfeife

kier s. *kehr*

kies s. *kis*

kiewisch, chippesch, gippesch, kippisch Untersuchung, Landstreifung

kiewissen köpfen

kijum Sicherheit, z. B. des Beweises

kilm Stadt

kiluf Hund

kimmern Läuse

kinjenen verkaufen

kinne Laus

kinnemachler Geizhals

kinnemer lausiger Mensch

kippe Behältnis, Kasten; Gemeinschaft, Kompanie

kipper der mit falscher Münze oder falschem Gold und Silber betrügt

kir Mauer, Wand

kirvo Gevatter

kis, kies, kiss Beutel, Geldbeutel; Geld

kischkesch, kischkusch Glocke

kisler Beutelschneider, Taschendieb

kisoff Silber

kisseln stehlen

kisreiber Geldtasche

kissig bei Gelde

kitt Haus, Herberge, Gefängnis, Bordell, Zuchthaus

kittchen Gefängniszelle

kittenschieber Hauseinschleicher

klafta Hündin

klamonis oder *klamore* Dietrich

klappe ordinäre Kneipe

klapper Mühle, Uhr

klapperisch Müller

klatscher Fuhrmann

kle, plural von *keli*

    kle barsel Eisengeschirr

    kle kesef Silbergeräte

    kle semer Musikinstrumente

    kle sohof Goldgeschirr

kleberer Pferdedieb

klebis, klewis Schaf; auch Pferd

kleckstein Verräter
kleies Silber
kleinmacher Ladendieb
klemm Gefängnis
klemmen, klemmsen fangen, stehlen
klempners karl Polizist
klesamen Pistole
klesmer s. *kelsmer*
klezeln stehen
klidi Schlüssel, Schloss
klinco Nagel
kling jedes Musikinstrument
klinger Musikant
klingfetzen Musikmachen
klisto Reiter
klitschen mit Einbruch oder Dietrichen stehlen
klommerkäse falsche Ausreden
kloses s. *kol*
kluft s. *kelef*
klumneg, klumnig gefüllter Sack
klumpen zu machende oder ungeteilte Diebsbeute
knacker Brennholz, Wald
knacker = *knackert*
knaife = *gneife*
knallhecht Soldat
knallhütte Bordell
knas, knast Strafe
kneissen wahrnehmen, merken
knobeln würfeln
knopf Kreuzer
knupper Flasche
knuspert Scharfrichterknecht
koach, kauach, koche Gewalttätigkeit
koasy Sense
kobera Wirtshaus
koberin Kupplerin
koberkieth Gasthaus
kobern s. *keber*
kochem klug, Gauner
kochmoor Räuber
kochnimer = *betucht*
kodesch Päderast, Lüstling
kdesche Freimädchen
kodim, kaudim Morgen
kofschess offener Überfall

kofel doppelt
kofler Schindler
kohldampfschieber Hunger
kohlen haben kein Geld haben
kohlmarkt Zustand der Geldlosigkeit
kohlpink Amtsperson
kohlrübe Kopf
kohlschaft günstige Zeit für Diebstähle, Winter, Zeit ohne Mondschein
kohol Versammlung von Gaunern
kohra Stunde
kokalo Knochen
kokumloschen, jenisch auch *rotwelsch*
kol Schein, Stimme
koler Hunger
kol machen betrügen
kolbink Richter
koldušiš Bettler
koluf Hund
kommistarchener alter, abgelebter Gauner
kone, kauner Käufer, Besitzer
konehändler der mit falschen Steinen u. s. w. betrügt
koni Unschlitt
konigen einkaufen
kontrafusbais Theater
koochen Glück; *schwer koochen* Unglück
koog Diebstahl mit Mord
kophel = *kofel*
koppel Narr, Wurstel
korb Anhängschloss
korkoroi selbst
kornhase Obdachloser
koro blind
kos Becher, Flasche
kosak Betrüger
kosche schwer, auffällig
koscher rein, unverdächtig
kosem betrügerische Wahrsagerei
kosow Lüge
kotem Kind
koten klein, jung; Schulden

kot alles verdächtige (Gestohlenes) z. B. *kotig sein* Verdächtiges bei sich haben; *den kot von den füssen streifen* Verdächtiges beseitigen

kotig schuldig

kotz Prahler, Lügner

kotzen erbrechen, gestehen

kowe Mütze, Hut

kracher Pistole; Wald; Koffer

kracherfarer Landstrassendieb

kralis hoher Herr

krank verhaftet

kranzel Dukaten

kraut das Grüne, freie Flucht

kraut fressen durchgehen

krax Kloster

kräzling Dornbusch

krei Pferd

kreien schreien

krembene alle Gewalt beim Raub (Einbrechen, Knebeln u. s. w.)

kreuzleine Gassenecke

kreuzlink kenntnislos, dumm

kreuzritter Polizeimann

kreuzspanne Weste

kriche Zwang, Knebeln

krisni Gericht

krmo Wurm

krone Frau, Gattin

kröne Hochzeit

kronigel Schwein

kroniglposel Geselchtes (Schweinefleisch)

krossen Beschlag, Heft

krumkopf Brecheisen

ksil Narr, Tropf

ksiwe | heimlicher Brief
ksiwere |

kuberer s. *keber*

küche versteckter Platz

kuffe s. *kuphe*

kümmel Schiesspulver

kümmelblättchen falsches Spiel mit drei Karten (le bonneteau)

kümmern kaufen

kupfer Heu

kuphe Büchse, Kasten

kuppe Büchse, Kasten

kurav ich schlage

kurdo Asche

kurko Sonntag

kurko Wache

kuschmurum Brief, Akten

kutsche Schnur, Bindfaden, mit welchem die Verbindung zwischen dem Arrest durch die Fenster hergestellt wird

kuttenschieber = *kittenschieber*

kuttsch Tasche, vulva

kuwjo Würfel

kuwo Schlafkammer

kuwojostof Würfelspieler

kwure Grab, Versteck

L.

labardi Branntwein

labina Schloss

labona morgen

lachaviben Eid

lacker treulos, falsch

laczo gut

lads, laz Schande

lafum Mond

laile, lel Nacht

lailegänger Nachtdieb

laileschmir Nachtwächter

lajenen, leinen, leimen lesen, beobachten

lakenpatscher Infanterist

lako leicht

lallero stumm

lamdon, lamden Erzgauner, aber auch: der gewitzigte Bestohlene

lametaleph nein, nicht

lampe Polizei

lampen Störung, Hintertreibung *stiller lampen* zufällige Störung *voller lampen* laute Störung

lampen bekommen gestört werden

lanci Kette

landsmann ein Jude auf dem Lande

langa Flamme

langmichel Säbel, Hirschfänger, Bajonett

längling Strick; Bratwurst
lango Flamme
lango hinkend
langschwanz Hammel
lankos Kette
lappen abgelebter Bordellgast
laterne Polizist
latra Leiter
latsche Fuhrwagen; Milch
latschekaffer Fuhrmann
latschenen mit Hebebaum (*drong*)
    einbrechen
lattenseppel Gendarm
lau falsch
laubfrosch Jäger
laufer Tripper
launiger Soldat
laura Freimädchen
lautih Mädchen
laven verheissen
law nein, nichts
lechem, legem, legum, lehm Brot
lechemgeiger Bettelmusikant
lechemruch Prahler, Grosstuer
lechemschieber Bäcker
lechemschober Backofen
leck Gefängnis
lederzeug, schwarzes — Gendarm
leep listig, schlau, falsch
leer arm
lef Herz, Anlage, Mut
lefranz, lefrenz Geistlicher
lefrenzinkind unbekannter Mensch,
    N. N.
lehnepump ausgeliehene Kleider
    oder Schmuck
lehrbrief Urteil
leichenfledderer der Dieb, der sich
    anlässlich eines Todesfalles und
    der so entstandenen Verwirrung
    einschleicht; der Betrunkene
    oder Schlafende bestiehlt
leile Nacht
leilengänger Dieb, der bei Nacht
    umherschleicht
leimen lügen
leine Nacht
leine Weg, Gang, Strich

leine ziehen auf den Strich gehen
    der Freimädchen
lekach, lekiche Annahme, Diebstahl
leckicher Dieb
lemaile alles, was oben, aussen
    ist; Dachboden, äussere Rock-
    tasche
lematto betrunken
lemavav ich schlage
lemoschel zum Beispiel
len Fluss
lengsteruck Stange, Holz
lenz Spass
lepedova Leintuch
lepochus mindestens
lerchen Semmeln
lerof genug
leschan falsch eitel, umsonst
leschasch zum Teufel
leschem deshalb, deswegen
leschon Zunge, Sprache
lesfinne Lade unter dem Spalte
    zum Geldeinwerfen
lessin Knoblauch
leusling (*läuschling*) Ohr
leute, von unseren — *sein* Jude
    sein, Schinder sein, Gauner
    sein, je nach der Eigenschaft
    des Sprechenden
lewaije tun sich an jemanden
    drängen
lewiren aufpassen, lauern
lewone Mond
lewone choze oder *halbe machen*
    halbrunde Öffnung bohren (um
    zum Schloss oder Riegel zu
    kommen)
lewone machen rund aus der Türe
    schneiden, bohren)
lewtoftig, lewtewtig gutmütig
lex Hund
lez Musikant
liche Gang, Fussteig
licht Polizei
liel, lil Brief
lil Pass
lilo närrisch
lilvalo Schulmeister

lima Hemd
lindra Schlaf
link alles, was falsch ist, z. B.
   linke musseme falsches Geld
linkmichel beginnender , ungeschickter Vagabund
linsen Kreuzer, Geld; auch:
   Wäsche
linz Spur, Kleinigkeit
linzen horchen, auflauern
lo, law nicht; nein
lobock nutzlos, zwecklos
loeformat falscher Brief
lohm Taler
lohu Wohnungseinschleicher
loj Geld
loki Gulden
loli Goldstück
lolo der Rote
lon Salz
lorchen = *lerchen*
loschen Zunge, Sprache
loschen reden, z. B. *aschkenas
   loschen* deutsch reden, *zarphes
   loschen* französisch reden
loschke Löffel
lossling, leisling Ohr
loth der Lohn im Bordell
lotterl Wirtin
louis Begleiter der Freimädchen
love Geld
lovengri Post, Geldbeutel
lovina Bier
lowe, love, lowo Geld, Münzen
lowen, lowon weiss, silbern
lowen schurrich Wäsche
lowen emmes falsches Geständnis
luach, luch Tafel, Kalender,
   Taschenbuch
lublin }
lubni } Freimädchen
lubunici Erdapfel
luft Freiheit
lukesto Soldat
lul Wendeltreppe, Hühnersteige
lulken Tabakrauchen
lummern überlisten, täuschen

lunen übernachten
   malun, molun, maline Herberge;
     Rausch
lunka Wiese
luppe Uhr; *fuchsluppe* goldene Uhr
lupperschlange Uhrkette
luppert Taschenuhr
luppe zupfen Uhr stehlen
lurdo Soldat
lutscher Zucker

M.

ma nicht, z. B. *ma pehen* sage
   nicht!
maase, maise, mase Tat, Werk,
   Fabel
maase naires Kinderei
maase schabbas Klatscherei
machen jede gaunerische Tätigkeit: stehlen, betrügen, falsch
   spielen
machimmet umsonst, aus Gefällig-
   keit
machulle gefangen, fertig
mack Schmer, Speck
macke Schlag, Hieb, Stich beim
   Kartenspiel
macke überbauen Prügel bekommen
mackel Stock
mackel spüren die Sache merken
mackener Dieb mit Nachschlüsseln
macker Vertrauter, Meister, Gön-
   ner der Gauner
mačo, maczo Fisch
maddammern plaudern
mafteach Schlüssel
magaie Schläge
magsere Axt, Säge, Stichsäge
mahl Kamerad
mailo Staffel, Treppe
maise s. *maase*
majemen regnen
majim Wasser, Meer, Strom
majim mattil sein urinieren
majon Quelle, Brunnen

majum Wasser

makir sein kennen

makka sein kennen

makkeirs = *macke*

makkes = *macke*

makoles = *macke*

makum Ort, Stadt, Wohnung; Prügel

mal Genosse, Kamerad

mal sein s. *mollen*

malbisch = *malbusch*

malbosch = *malbusch*

malbusch Kleid, Uniform

malches Königreich, Fürstentum; König

   malke Königin

   schippermalke Zierpuppe

   malke schwo ein Mensch, mit dem nicht von der Stelle zu kommen ist

   melech König

maline s. *lunen*

malke s. *malches*

malves Männerrock

mammen leise sprechen, verraten

mammere Mutter

mammesch das Greifbare

mamser Bastard, durchtriebener Mensch

mamsern in nichtswürdiger Art verraten

mand Männchen; aber auch: Messer

mangeur Gehilfe des Falschspielers, der falsche Karten einschmuggelt

mannaswerekör (?) Zuchthaus

mannischtanne überklug

manoschwari Galgen

mantel Dach

manul s. *naal*

manuš Mann, Mensch, Zigeuner

maquillage Kennzeichnen der Karten zum Falschspiele

marchez, merchez, in die — kommen in schlimme Untersuchung geraten

marchez, merchez Wäsche, Waschzeug

marchez haben viele Beweise gegen sich haben

marchizer, mergezer Wäschedieb; auch Taschendieb, der in Herbergen den Schlafenden aus den Taschen stiehlt

mare Gestalt, Spiegel, Anzeiger

marel schlagen, prügeln

maremockum falsches Alibi

margediser Falschmünzer oder Falschgeldwechsler

margisch empfindlich, verdriesslich sein

mariedl Brieftasche

maro Brot

maroche Grenze

marpe s. *rofe*

marschirer Filz- oder Gewandläuse

martine s. *medine*

märtine Bezirk, Land

marzea Bohrer, Pfriemen

mas Fleisch

maschari Mutter Gottes

maschine System verabredeter Zeichen der Falschspieler

maschke Getränk; Pfand

maschkenen auf Pfand Geld geben

maschkon Pfand

maschur, meschores im Dienste stehender Abdeckerknecht

masel Stern, Glücksstern, Glück

   schlammassel Unglück, Schaden

maseldick glücklich

masel tof! Glück auf!

masengero Fleischer

masger, mesager s. *sogern*

maskar zwischen

masik der Beschädiger, Teufel; scharf, beissend

massel Tabakspfeife

massematten Handel, Gaunergeschäft, Betrug, Diebstahl, Diebsbeute

masser Verräter, schlechter Mensch

massern, mossern, mosser sein, vermosern verraten; heimlich korrespondieren *massim* Schlossgebäude

mat warm

matakerdo Besoffener

mathin Fliege

matipen Trunkenheit

mato schlagen

matrellen Kartoffeln

mattche ein wenig,. eine Kleinigkeit, kurze Zeit

matte, mitte Ast, Stock; Bett,
Lager

mattiberen reden

matto, matoi trunken; warm, heiss

mattobolo Trunkenbold

maitone s. *massenen*

matze Opferkuchen

matzeponim ein blatternarbiges
hässliches Gesicht

mau faul, bedenklich, erfolglos

mau- s. *mo-*
me ich

meannes sein notzüchtigen

mebeln an sich bringen, kaufen
vermebeln verkaufen , vertun;
durchprügeln

mechale, mechile Verzeihung; auch:
Hintern (= *mochel*)

mechaschef Zauberer,   Hexenmeister

meches Abgabe, Zoll, Branntwein-
geld; Zolleinnehmer

mechire, memkor Verkauf

medabbern = *dabbern*

medine, martine, mattine Gerichts-
bezirk, Land

medine holchenen vagabundieren

medinekiewisch Landstreifung

medine-specht, -zajod Landjäger,
Gendarm

mees Geld

megen, miegen ertränken,
urinieren

megerre Säge

mechanne sein geniessen, aufgehen
lassen

meine tante — deine tante Hazard-
spiel

meistern täuschen, betrügen, ab-

lenken (zur Unterstützung des
Ausführenden)

mejuchas sein sich zu einem
Stamme zählen

melach Salz

melech König

melkerin Bordellmädchen, welches
den Gast während des Aktes
bestiehlt

meloche Geschäft, Arbeit

melochnen arbeiten, tun, leisten
z. B. *eine blöde melochnen* eine
Fensterscheibe eindrücken,
kuppe melochnen ein Behältnis
erbrechen , *lewone melochnen*
ein Loch ausbohren

memissen töten

men Mutterleib

menolemer s. *naal*

mepaie Geld; auch: Zimmermann

mepper der vom Wagen stiehlt

meramme sein s. *ramme*

merchizer s. *marchizer*

meriben Tod

meribnastro Mörder

merimos Tod

meriv sterben

merkaf s. *rachaw*

merla Tod

mesabel sein s. *sewel*

mesager s. *sogern*

meschaher s. *schecher*

meschammer sein s. *schammer*

meschammesch sein s. *schammes*

meschanne s. *schono*

mescho Seide

mescho Honig, Kalk

meschores Diener

meschugge irrsinnig

meschullemen s. *schullemen*

meschummod s. *schomad*

meschuno s. *schono*

mesinum Banknote

mesinumpflanzer Banknoten-
fälscher

mess der Tote

messire der Verrat

mesummecheder Kassengewölbe

mesummekis Geldbeutel

mesumme moos, auch bloss *mesumme* Geld

mesummen zubereitet, bar

mesuse liederliches Weibsbild

metamme sein s. *tamme*

metannef sein s. *tinnef*

meter eine Mark

metten Bett

mewaschel sein kochen

michel Schwert, Degen

michse Decke, Zelt, Plache

miess flau, schlecht

miftoch s. *pessach*

mifzer Festung, Festungshaft

milchome Krieg

millek s. *lekach*

minaal s. *naal*

minč weiblicher Geschlechtsteil

mirgešnoi Gift

mirgo Gift

miriklo Perlen

mirmo Betrug

mis garstig, schlecht, widrig

mischpot Gericht, Untersuchung

mischpoche Geschlecht, Familie; Diebsbande; Gesamtheit der Insassen einer Strafanstalt; Polizei, Vigilanten

mischte s. *schasjenen*

miso Tod

mistkratzer Huhn

mitte s. *matte*

mizech übel, schlimm

mocher morgen (cras)

mocher Kaufmann; Händler

mochto Truhe, Kasten

moddo Truhe

mode, maude, modt sein gestehen

modia sein bekannt machen

mokom, makom Ort, Wohnort

mokum Stadt, Wohnung; Zuchthaus

mol Wein

mole voll, vollgefüllt

molivo Blei

mollen beschneiden; wegnehmen, verkleinern

molsamer Verräter

molum s. *lunen*

mom Wachs

mommli, momeli Licht

momon = mammon Reichtum

mön, men Hals

mönakro Scharfrichter

monro, more Bruder, Freund

moos, mous, moës Münze, Geld

mooskuppe Geldkasten, Kasse

mopsen stehlen

mordai Mutter

mordat Vater

more, moro Bruder! Zigeuner (Anruf)

morthi Leder

mosche s. *muss*

moschel, mauschel oberster Richter, Polizeichef (keineswegs identisch mit dem volkstümlichen *mauschel* = armseliger Jude)

moschel Gleichnis, Beispiel

moser = masser

mosok süss, lieblich; Zucker

moss Tod

mosser s. *masser*

moter regnen; *es motert* es regnet

mowes Tod

mro mein

muckle frei, losgelassen

muddeln Kartenspielen; betrügen

muff bekommen Verdacht bekommen

muffen, murfeln riechen, schmecken, küssen

muffer Nase

mühle Türe, Deckel *kaffeemühle* Wagenwinde, zum Aufbrechen von Deckeln u. s. w.

mühlkracher Beil, das zum Aufbrechen von Türen, Kästen u. s. w. verwendet wird; *kotener mühlkracher* Handbeil

muj Mund

muke Bettelweib, bes. Hausarme

mulde, molje, mulge Tasche; *aus der mulge andeln* aus der Tasche stehlen

mulendo der Tote
mulo Tod, Geist, Vampir
mulro = *mulo*
muradi Messer, Rasiermesser
murdalo Aas
murf Mund, Kuss
murfel altes Weib
muri Gans
mursz Mann, Kerl
mursz (*morsch*) *grei* Hengst
muscatella Balsam
musi Hand
musinaw ich muss
musse Weib, Mutter
muss, musch, mosche, müschel,
   müsch, muschel, meis, mese,
   maus Frau, Mädel, Freidirne;
   weiblicher Geschlechtsteil
mutmassen gewiss wissen
mutter grün, bei — schlafen im
   Freien übernachten
muttera Urin

N.

na nein
naal Schuh
   menolim Schuhe
   ellemer Schuhe
   menolemer Schuster
   manul Riegel, Kette, Fenster-
   haken
nachasch, nochosch Geldrolle
nachjagd Verfolgung
nachtfuhre nächtliche Beseitigung
   des Gestohlenen
nachtippel s. *tippel*
nack einzelne Zelle im Kriminal
nackes Ruhe, Zufriedenheit; *be-*
   naches mit aller Gemütlichkeit
nado Rohr, Röhre
nafke Gassendirne
nafkenen auf den Strich gehen
nagako Feind
nagel Tabakspfeife; Zeugnis, Ausweis
nägel machen grosstun

naj Nagel
nak Nase
nallsa Pfrieme, Ahle
nango nackt
napche, nepicke flatus
nappach Schmied
narodos Freund
našado der Erschlagene
našav ich laufe
našavav ich schlage tot
nass Einer ohne Geld
nassauer Einer ohne Geld; auch
   Tripper; Einer, der ohne Zeche
   zu zahlen, durchgeht
nassenen, nossen, nosseln, nausse
   sein geben, schenken
   matton, mattone Geschenk, Gabe
   matnas jad Gabe aus der Hand,
   Ohrfeige
nasvalipe Krankheit
nasvalo krank
nathe Leiter
nauef s. *noef*
nebich, newich Gimpel, Tölpel (der
   beim Stehlen nur zu untergeordneten Leistungen verwendbar ist)
nebich, newich ja, fürwahr, leider
nebudy Blutsfreunde
nedsch, nedscher Kreuzer
nefel Abortus; auch Schimpfwort;
   Bube!
nefesch Seele, Leben, Geist, Person
nefesch Weste, Gilet
negine Melodie, Lied
nekef Spalte, Einbruchstelle; Gefängnis
nekewe Weib, Gattin
nelle Galgen
neppe, plural *neppes* Kleinigkeit,
   falsche Steine, falsches Gold
   und Silber
nepper der mit falschem Kleinod
   betrügt
ner Licht
ner gescher guten Abend
nerog ermordet

neschome Leben, Seele
nessine Kasse, Geldschrank
nida, nidde menstruierendes Weib
niederlegen Geständnis machen
niederlegen, sich — Geld hergeben, zahlen
niftern aufgelöst werden, sterben
niggun Melodie, Lied
nijall Frühjahr
nikana, nikda nie
niklen tanzen
niko niemand
nille, nolle Spassmacher, Narr
ninco Deutscher
nischbenen schwören, *link* — falsch schwören
nischen s. *nüschen*
nochosch Geldrolle
noëf, nauef Ehebrecher
nolle Hafen, Topf; Schloss
nollen rütteln, drehen, misshandeln, einschliessen
   vernollen ein Schloss durch eingeschlagenes Holz nicht zu öffnen machen
nomade Falschspieler in mittleren Volksklassen
noppeln beten
nossi von Babel Grosstuer, Prahlhans
nowel, newil, nebel Schalk, Narr
   nibel-be Schandmaul
nowi Wahrsager
nuca Schwiegermutter
nürschel Bett
nüschen, nischen hervorsuchen, untersuchen, streifen
nuscher, nischer Spürer, Aufsucher
nyka Besuch

O.

o Artikel maskul. generis, der, ein
odaun Herr, Gebieter
oberhänger Mantel, Überzieher
oberkünftig nach oben zu, oben
obermann Hut; Boden

obermassinger Gefangenaufseher
oberschotter (schautter) Gefängnisdirektor
oberwandel Hut
oberzinker Polizei-, Gefängnisdirektor
ockelbe Buckel, Rücken
odai dort
odja dorthin
odoleske deswegen
olejis Öl
olmisch langwierig, alt, lebenslänglich
oltrisch alt
olus Wand
oochbram Narr, Popanz
oraš Stadt
oren beten, demütig sein
ori Uhr
oron Truhe, Kasten, Sarg
oruji Rind
osen, osne Ohr, Uhr
osenen machen, tun, erwerben, zuwege bringen
ospes, oschpies, spiss Wirt
osser verboten
ostro der Scharfe
osune finster
ozel ein fauler Gauner, der die anderen tun lässt und faulenzt

P.

pach, pag Groschen, Fünfpfennigstück
pachulke der Gefangene, der im Gefangenhaus Dienerstelle vertritt
padde Kröte, Geldbörse, Brieftasche
packen stehlen
pago
paho } Eis
pajo
pahle Holz
pahunis, pahuniš Bart

27*

pajakenketscher Gurten zum Führen von Schubkarren, Hosenträger
paki Strafe
palm s. *bal*
palobreck Brust
paluni Fensterladen
panx fünf
pany Wasser
papus Grossvater
parasit Zutreiber und Gehilfe des
Falschspielers
pardes Paradies, Arrest
parind Decke
parno weiss; Nichtzigeuner
paro Last
parrach Glatzkopf (Schimpfname)
parreneskero Bienenkorb
parta Brand, Feuer
pasalo Kreuzer
pasch halb
pasche s. *poschut*
paschen gestohlenes Gut weiter
verhandeln, schmuggeln
paschwere Gerippe
paschwero Rippe
paskenen, possek sein, psak machen
Urteil sprechen
possek Richter
pasrat Mitternacht
passen = *paschen*
passung s. *pessach*
patavo Strumpf
patersch schwanger
paterschen schwängern
pathe Pfandleiher
patist Tasche
patjarimos Dach
patola Hufeisen
patronalschure Rosenkranz
pattern s. *poter*
patu Bett
patuna Ferse
patyka Apotheke
pchagerav ich breche
pchagi Strafe
pchen Schwester
pcheribnaskri Flinte

pchikengri Hosenträger
pchiko Schulter
pchral Bruder
pchuro alt, der Alte
pchus Stroh
pchuv die Erde
pe, pi Kuss
pechhengst Schuster
peger, peiger der Tote, Leichnam;
tödliches Gift
pegern, peigern töten, vergiften,
bes. Haushunde vergiften
pegrische Spital
pekudo Amt eines Amtmannes
pelcki Karten
peliki Gefahr
pelle Kleidung
pelo Hode
pengovi Gulden
penne Wirtshaus, Kneipe, Schlupfwinkel
pennebruder der im Freien über-
nachtet
per Bauch
perat absonderlich
prutt sein übereilt reden
perdas Fremder
perez Bruch, Riss, Einbruch
periz Einbrecher, Räuber
perkoch Raub
perkochhändler Räuber
perlica Perle
perschiren eine Schusswaffe laden
peruto Pfennig
pessach, pessuch, passung Türe,
Tor, Einbruch
mafteach Schlüssel
miftoch Öffnung
pessiche Schlüsselloch
platte pessiche Einsteckschloss
piss'chen - pe geheime Verabredung, Verständigung
verpissen vertuschen, beseitigen
sich wegpissen davonschleichen
pos'chenen schliessen, mit Dietrich stehlen
pos'chenerdieb Nachschlüsseldieb

pessil Faden, Schnur

peta Ofen, Herd

petalos Hufeisen

pethe Pfandleiher

peza Wunde, Beule

pezadih, peizaddik, pezet (*P. Z.* als Anfangsbuchstaben) Polizei

pezetten, petzen bei der Polizei angeben, verklagen

pezira Stumpfheit, Scharte; Feile, Säge

pezma Besen

pfeffer Schiesspulver

pfeifen gestehen; einen anderen hineinbringen

pfeifer der Geständige, Angeber, Verräter

pferdetole Vorhängeschloss

pfiffges Handwerksbursch

pflanzen, planten stecken, schieben, einführen

　zuplanten zuschieben, zustecken

　fort-, wegplanten heimlich und geschickt wegnehmen

pflanzer Handwerker (in Zusammensetzung), z. B. *stichlingspflanzer* Schneider

pflonen = flonen

pflügen vor den Kirchen betteln

pfund fünf Gulden; *gutes pfund* zehn Gulden

philosoph Falschspieler in sehr feinen Kreisen

phubo Nabel

pich = pech Geld

　picken essen

　pickeder Speisekammer

　bicktiefe Keller

　pickgordel Kessel

pichen - be s. *pessach*

pichling Nagel

pikus Essen

piligesch, pilagsche, pilegöschen Beischläferin

pili, piri Topf

pille Epilepsie; *auf die pille schnorren* mit angeblicher Epi-

lepsie oder wegen Schwangerschaft betteln gehen

pillenträgerin eine die Schwangerschaft simuliert

pilmern rauchen

pilmerstab Tabakpfeife

pilpel Pfeffer

pilpul scharfes Verhör

pilpul sein, mephalpel sein streiten, hadern

pilsel, pilzl Jungfrau, Mädchen

pinca Keller

pink, pinke, pünke, funke, finke Bursche, Handwerksbursche mit Nebenbegriff des Verschmitzten

pinkas, pinkes Notizbuch, Verzeichnis des Gestohlenen

pipolte Jude

pirano Geliebter

pireskro Häscher, Büttel, Polizeimann

piri, pili Topf

pirnango blossfüssig

piro frei

pisaken bannen, knebeln, binden

pis'chen - pe s. *pessach*

pischte, pischtim Leinwand

piszalo Mühle

piz Ladenbursche, Kommis, Geck der niederen Klasse

plamena Blasebalg

pläntel gestohlenes und verstecktes Geld

planten s. *pflanzen*

plasto Leinwand

platt alles was Ausflucht und Sicherheit bietet

platten zum Vertrauten machen, schmeicheln

platte leute vertraute Bekannte

platt machen im Freien schlafen

platte spiesse Gaunerherberge

plattcaporal Truthahn

plattel, plauscherl Zwanzigkreuzerstück

plattmulje Brieftasche

plautz Haut, Fell

pleite gehen der Polizei in die Hände kommen

pleite handeln der Dieb, welcher bei einem Wirt oder Privaten sich einquartiert

plewen, pleffen s. *blaff, bleffen*

ploni, palmoni, plauni, palmani N., N. X. Y. Z., Dingsda

pluder Hose

pluma Goldstück

pochen Epilepsie oder sonst eine schwere Krankheit simulieren

pochtam, bockdam Tuch, Leinen

pochus klein, gering; *adam pochus* ein niedriger Mensch, bei dem nichts zu stehlen ist

lepochus mindestens, wenigstens

poi sein (suus)

pokid Vorsteher, Amtmann

polen s. *wiaschma*

polenk, polente Polizei

polezeifinger gelbe Rübe

polifka, polioke, belifka Suppe

poliquetsch Polizeimann

polit Entsprungener, Deserteur

pollmack s. *bal milchome*

polontschero Nachtwächter

polterbais Kerker

pom s. *por* und *bum*

pommhans Apfel

pompen s. *pumpen*

ponim, ponun Gesicht, Miene; *in das ponim stellen* konfrontieren

popeja Flamme

por, per Bauch

por Feder

por Stier

pora Gedärme

pore Kuh

pori Schweif

porr Gesträuch

porrer Hirte

portées Karten, die der Falschspieler einschmuggelt

poschkajen Beine, Hosen

poschkenen s. *paskenen*

poschmookus Sacktuch

poschut bloss, gewöhnlich; Pfennig

positi Tasche

posschenen = *poschkenen*

possek s. *paskenen*

possel Fleisch

possert Schindaas, Fleisch

poter freigelassen, entlassen

pattern loslassen

potsdamer der Dumme, der geprellt werden soll

pracher Bettler

prachern betteln

praho Asche

prastabnangero Vagabund

prastamengro Wächter

pratcheely Flamme

prati Gürtel, Schnur; Halsband

preien, praien bitten, einladen

premier Hauptspieler beim falschen Spiel

prengri Stiefel

prinzerei Rathaus; Gefangenenhaus; fürstliche Herrschaft

pro Fuss

profit scheinbares Gewerbe, unter dem sich Gauner decken

profit über die achsel machen Lumpensammler sein

prosche gehen stehlen

proscher Dieb

prosto Bauer

prudenz Gasthaus

pruto s. *perat*

psack machen s. *paskenen*

pučoas Schwefel

puczum Ziegenbock

puddelche Vertauschen wertvoller Sachen mit wertlosen

puff Schlaf, Bordell, Strich, coitus

puffen, buffen übernachten

pulbra Pulver

pulle Flasche

pulver verstreut liegendes Geld

pum s. *bum*

pump plötzlich; Tracht Schläge

pump Kredit

pumpen kreditieren; stechen

puppe passiver Päderast

purim Geräte zum Einbrechen;
  grosspurim grosse Brecheisen;
  kleinpurim Dietrich
purimpflanzer Schmied, der Dietriche und Brecheisen macht
purum Zwiebel
puschiakkro Bettelvogt
puschiakro Wächter
puschum Wolle, Haar
pusta Lanze
pušum Floh
putz Bettelvogt; Schreckbild für
  Kinder
putz Ausrede, Schein, Vorschub
  gips im putz Geltung der Ausflucht
putzarbeit Scheinarbeit
putzen, sich sich gut ausreden
putzemann Popanz = Putz
putzmeister der den Leuten falsch
  Arbeit bestätigt
putzscheere Instrument zum Tür-
  ausheben

Q.

quetsch Polizeimann
quin Hund
quinkuffer Abdeckerknecht
quinte Lug, Täuschung, Betrug,
  Finte; Diebstahl

R.

rabatzen liegen, lauern; begatten
rach zart, weich, furchtsam
rachaw reiten, reiten lassen
  rachaijemer Müller
  rachow
  rachwener Reiter, Fuhrmann;
  rackeler   der Dieb, der Pakete
  rakaſ   im Laden stiehlt und
             zwischen die Ober-
             schenkel nimmt
  rechew Wagen, Reiterei; Mühle
  merkow Wagen
  merkow esch Eisenbahn
racheilen s. rechaimen

racheln umhergehen, verleumden
rachow s. rachaw
rachwener s. rachaw
rackeler s. rachaw
rad Taler
radbais Arbeitshaus
radler Fuhrmann, Fiaker
rageln auskundschaften, verklat-
  schen s. racheln
ragson s. roges
raiwon Hunger
raj Herr
rak, raksen s. rok
rakli Mädchen
raklo Knabe
rakof s. rachaw
ralloch Kälte
ramme, ramai Betrüger
  remie, mirmo, tarmis Betrug
rammen, berammen, beramsen betrügen
rammenin Frau
ramsch bunter Haufen, Beute vor
  der Teilung
ramschkone Käufer der gesamten
  Beute
ranasy Wunde
randar schreiben; rauben
rande Sack
rani vornehme Frau
rašaj᾽ raschej Priester
rat Blut
rat Nacht
ratschen spielen (Karten, Würfel
  u. s. w.)
ratt Nacht
rattegänger Nachtdieb
ratten, röttern, ruddeln schwatzen
ratz, rotz s. rutzen
ratzen s. rutz
rauckach s. rokeach
raufe s. roſe
rauling ein kleines Kind
rauner s. roenen
rauscher Schiesskugel
rauschert, rauschling Strohdach,
  Papier

raw, reb, rebbe, rewe Rabbiner
    rewizin Rabbinerfrau
rebbis Interessen, Zinsen, Wucher;
    vorteilhafter Diebstahl
rebmosche grosse Eisenstange zum
    Einbrechen (= *krummkopf*)
rebtauweie, rebbe toweie grosse
    Brechstange
rechaimen, racheilen coire
rechem vulva
rechew s. *rachaw*
rechile Verleumdung
rechow, rochow Strasse, Gasse;
    Breite
reck, rik lumpig, leer; Pflaster-
    treter; *rekim* (plural davon) Sol-
    daten
reel Geschwür
refua s. *rofe*
regenwurm Wurst
reger Würfel
regieren binden, knebeln
regierung Seil, Strick, Knebel
regierung, kleine Schänke, in der
    man Winkelschreiber findet
regilus = *rechile*
rei, rai Amtmann
reiber Fell, Haut, Sack
reichen Mühlstein, Mühle
reiling Schwein
rein Hund
reinen traben (Zeltergang)
reipert = *reiber*
reissen betrügen
reisser Betrüger
reiten = *rachaw*, siehe auch *Ritt*
reiwech s. *rewach*
religion Handwerk
relling Erbse
remie s. *ramme*
resch = *rosch*
rescha = *rosche*
rewach, reiwech Gewinn, Zinsen
rewachfetzer Gauner , Taschen-
    dieb
rewizin s. *raw*
rezeich Mord
reziche s. *rozeach*

ribling Würfel
rieger Nase
riemenstechen Spiel mit einer Kette
    oder Schnur zum Bauernfangen
ril Furz
ringel Tanz
ringhart Garten, Waldwiese
ringler Wurst
ringling Garten
rinkosch Gulden
ripačiskoj blatternarbig
rippart Fell, Haut
ripse Kirchweih
rischon s. *rosch*
rito Wiese
ritt machen das Gestohlene
    zwischen die Beine nehmen
riwizer Gauner
rochel, rauchel Hausierer, Quack-
    salber, Verleumder
rock, rack, racks Geifer, Speichel
rocksen, racksen speien, räuspern
rodeln mit sich führen
roënen, rienen, rojen sehen, blicken.
    zielen
    rauner Gesicht, Blick, Auge
roëw, roow, raiwon Hunger
rofe, raufe Arzt
    terufe Arzenei, Hilfe
    refoa Heilmittel
    marpe Medizin
rofig hungrig
roges Unruhe, Zorn, Toben
roj Löffel
rokeach, raukach Apotheker
roll, rolle Mühle
roller Müller; Wagen
rollerttrappert Schinderpferd
rollespiess Mühle
rom Mann, Zigeuner
romni Weib, Zigeunerin
roow Hunger
rosch arm, dürftig
rosch, resch Kopf, Oberhaupt,
    Hauptstadt, Gipfel, Summe,
    Gesamtzahl, Haufe
rosch eren Bürgermeister
rosche Frevler, Gottlose

roschgoi Anfänger in der Polizei

rosenkranz Fuss- und Handeisen

roth wasch Meierhof

rotz am ärmel (Gaunerschimpf-
wort)

rotzen davonlaufen

rouli Prügel

rullen gehen einen Fuhrwagen bestehlen

rumtreiber Bäcker

rovli Stock

rowitsch schwere Arbeit

rozeach Mörder, Totschläger

   reziche, rezach Mord

   reziche sarfener Mordbrenner

ruach Geist, Seele, Leben; Wind,
Windbeutel

ruch, rucht Bauer, Tölpel

rücken haben die Nummern im
Lotto, wenn die Einer gleich
sind (12, 22, 52, 72)

rücken, ausrücken davongehen

ruddeln, ruddern schwatzen

rühren würfeln

rührling Würfel

rup ⎫

ruph ⎬ Silber

rupuno ⎭

russling schmutzig, rauh, wild

rutschen bekennen, gestehen

rutzen, ratzen, rotzen laufen, sich
eilen (beim Stehlen)

   ratz, rotz, rutz Läufer, Bote

ruv Wolf

ryat Nacht

S.

sach Menge, Volksmenge, Summe

sacher, saucherer, socher Kaufmann

sacherer Opferstockdieb

sachern, schachern kaufen, handeln;
bestechen; stehlen

   schocher, jad-schocher Stemmeisen

   s'chore, s'chaure Ware; das Gestohlene

schurrich, schorrich allerhand
Geräte, Handwerkszeug,
Sperrzeug

sacherte Handelsfrau

sackin, sackum, zackin Messer

sadek = zaddik

sadeck Brecheisen

saffiangast vornehm tuender Bettler

salatmachen das falsche Karten-
mischen

salz Schiessblei, Schrot

salz und pfeffer Pulver und Blei
(auch *kümmel und salz*)

sam Wohlgeruch, Duft, Gift

   versamen vergiften

samsen werfen, überrennen, niederschlagen

sand Läuse, Ungeziefer

sandhase Soldat, Infanterist

sandig sein Läuse haben

sandik, sandok, zandig Gevatter,
ein Gauner, welcher von Gestohlenem etwas herschenken
soll

sänft, sänftling Bett, Sofa

sap Schlange

sarchan Streitsucher, Stänker

sarchen, sarchenen, serchen stinken,
rauchen

   *srucho, sricho, sircho, gesroche,
gesurche* Stänkerei, übler Ruf,
Bekanntwerden einer Gau-
nerei

sarcher Tabakpfeife

sarcherkippe Tabak

sarcherstock Pfeife, Pfeifenrohr

sarfenen brennen, verbrennen,
brandschatzen

sarfener Brandstifter

   rezichesarfener s. *rozeach*

srefe, srefe Brand, Feuersbrunst

sorof, seraf, suruf (mit und
ohne *jahin*) Branntwein

serafbajes Branntweinschenke

sarfenfleppe Brandbrief (sowohl
falsche Brandbescheinigung als
auch Drohbrief)

sarfenschnorrer, serfschnurrer
Gauner, der als „Abbrandler"
bettelt

sarkenen wegwerfen; das Gestohlene rasch beseitigen (= *versarkenen*)

sarser, sasser Unterhändler, Kuppler, Hehler

sasos der Deutsche

sassern hehlen, vermäkeln, Gestohlenes verkaufen

saster Eisen

sastera Gitter

sastippe Gesundheit

schaardoctor Kurpfuscher

schab Anteil, den die Kupplerin
von der Dirne jedesmal bekommt; Anteil an der Diebsbeute überhaupt (auch wenn
der Betreffende nicht beteiligt
war, sondern nur aus gutem
Willen etwas bekommt)

schabber, schaber, schoberbartl
Brecheisen, Stemmeisen

schabberkocher Schmied oder
Schlosser, der Einbruchswerkzeuge anfertigt

schabbern einbrechen

schaberling, schäling Rübe

schabi Knabe, Bursche, Jüngling

schabol = *schab*

schabollen s. *schibboles*

schachad, schochad Geschenk, Be-
stechung

bal schochad bestechlicher Mensch

schachern s. *sachern*

schächer Wirt

schächten schlachten, abtun, abschneiden

  goleschächter Dieb, der Pakete
  vom Wagen abschneidet

  schochet, schauchet Schlächter

schadchon, schadchen Kuppler

. *schadchente* Kupplerin (beide
  auch Gelegenheitsmacher bei
  Diebstählen)

  schidduch Verlobung, Nachweisung

schadchonus Kuppelgeld

schäckern falsch reden, lügen

  scheker, schkorum Unwahrheit,
  Lüge

schakron Lügner

schale Frage, Entscheidung; Kleidung

schalen, schaulen fragen, befragen

schaler, schäler Kleid, Kleidung

schallef, schellef, schlef langer, auf-
geschossener Bursche; unnützer
Bummler; Soldat; unfertiger
Gauner

schaller Schulmeister, Kantor;
Kleidung

schalscheles Kette, Fessel, Hals-
kette

schammer, schommer, schaumer
Wächter, Hüter

  meschammer sein hüten, bewahren

  schmir, schmire, schemir Wache,
  Wachposten, Soldat, Diebs-
  wache

  jom-schmir Schildwache, Bettelvogt

  laile-schmir Nachtwächter

  betuche-schmir versteckt auf-
  gestellter Dieb

schammes Diener, Schuldiener,
Küster

  meschammesch sein bedienen,
  coire

  schimmusch Dienst, Bedienung,
  coitus

schanzen essen

schapolle s. *schibboles*

scharermeister Geizhals

schärfen Gestohlenes, en bloc
kaufen und einzeln verkaufen

schärfenspieler vertrauter Käufer
gestohlener Sachen, der es ge-
werbsmässig tut

scharfhandel Raub

scharfhandeln rauben, Räuber sein

schas klamonis alle Dietriche, die
zum Stehlen nötig sind, zusammen, Schliesszeug

schasjenen trinken, zechen
   mischte Gastmahl, Gelage
   schtije Trank

schatnes, scheines Stoffe, welche
   irgendwie unecht sind, z. B.
   Leinwand mit Baumwolle, Seide
   mit Wolle u. s. w.

schatti Elend, Misère

schau- s. *scho-* oder *scha-*

schaude Narr

schauren singen

schauter s. *schotter*

schautenspicker Ladendieb

schazmaz Gauner, der sich zu
   allem brauchen lässt; Faktotum
   der ganzen Bande

schecher, scheger Bier
   meschaker berauschend
   schecher meschaker berauschen-
     des Getränke
   meschadern betrunken machen
   schöcher Bierwirt
   schöcherkitt Gasthaus
   schöchern, schickern trinken, sich
     betrinken

schechune Wohnung, Nachbarschaft, Nebengefängnis

schecker, scheckern, s. *schäkern*

scheere machen mit 2 Fingern die
   Geldtasche ziehen

scheeren s. *zusammenscheeren*

schefften, schäfften, scheffen bilden,
   arbeiten, machen, tun, bringen, holen, stellen, da sein,
   sein, bleiben
   abschefften entfliehen
   sich schefften sich setzen
   trefe schefften in der Klemme
     sein
   schiebes schefften flüchten

schegesla Knabe

scheh, schoo Stunde, Uhr

scheiker die Lüge

schein Tag

scheinhandel, scheinsprung Diebstahl bei Tag

scheininger Mond, Mondlicht

scheinkaffer Nachschlüsseldieb bei
   Tage

scheinlatchener
scheinsewacher   Diebe, die bei
scheinspringer   Tage stehlen

scheinling Fenster, Auge, Spiegel,
   Laterne

scheinlingszwack Zeichen mit dem
   Auge, an dem ein Gauner den
   anderen erkennt

scheinschieber Hauseinschleicher

scheinspringer = *scheinschieber*

schekez, scheges, scheigitz, schütz,
   schex Junge, Bursche
   schickse, schicksel Dirne; Gri-
     sette; Frau, Wirtin

schelleg Schnee

schellers karl Lehrer

schellgen schneiden

schem Name, Ruf, Leumund;
   siufer, linker schem falscher
   Name; *schem* ist auch die Be-
   zeichnung für jeden, den man
   nicht nennen kann oder will
   („Dingsda"); dann auch Vetter,
   Kamerad, Landsmann, Genosse,
   Zellengenosse, Mithäftling

scheno Schlaf

schenks (schegez) Strizzi, Louis

scherbine zum Tragen bestimmter
   Kasten

schere der Zeige- und Mittelfinger,
   die scherenartig zum Stehlen
   aus der Tasche benützt werden

schere machen in dieser Weise
   Diebstähle vollführen

schewellen gehen, fliehen, entweichen

schewill, schwill Pfad, Weg, Schwelle

schibbe, schiwer - lef s. *schieben*

schibbe hängen lassen ärgerlich sein

schibbes schlecht, wertlos

schibboles Gewinn, Anteil an der
   Diebsbeute; auch der Teil
   für kranke oder gefangene
   Gauner und deren Familie

schabolle, schapolle, schewelle
   Scheune, Kornspeicher

schidduch s. *schadchon*

schieben jede behende, versteckte Bewegung; coire;
— davon verschiedene Benennungen für Diebe, wie:

alije-schieber der in Böden einschleicht

finkel-schieber der in Küchen einschleicht

kitten-schieber der in Häuser einschleicht

lematto-schieber der in Keller einschleicht

schrende-schieber der in Zimmer einschleicht

schieber penis; Tasche

schiebes davon, fort, hinweg

schiebes halchenen davongehen

schierich s. *sachern*

schiessen sehen, achtgeben; entwenden

schifche Magd, Dienstmagd

schiiker s. *schecher*

schikse s. *schekez*

schild Mauer- oder Türfüllung

schild einlegen eine solche Füllung durchbrechen

schimmaggeln Zwangsarbeit tun

schimmaggler Zwängling

schimmel Schnee

schimmeln schneien; sich unsichtbar machen, davongehen

schin jüdischer Buchstabe, für alles, was mit *sch* beginnt, z. B. Schliesser, Schandarm, Schutzmann, Schränker, schofel u. s. w.

schinailskunde gewesener Handwerker, der taglöhnert oder bettelt

schinoler s. *schund*

schinpelommet schofel, schlecht, schlimm

schippermalke s. *malches*

schiren singen

schirlachen singen

schiwe, schibbe Kummer, Trauer

schiwe, schiwes gefangen

schkorum s. *schäkern*

schlammasel s. *masel*

schlange, schlinge Kette, Uhrkette, Goldrolle

schlinge gehen Wohnung ändern, von Leuten, die unter Polizeiaufsicht stehen

schlangen malachen die Ketten zerbrechen, öffnen

schlappen mit Begierde trinken

schlappstock Löffel

schlaun, schlaune der Schlaf

schlederhaus Kneipe, Wirtshaus

schlemiel Unglücksmensch, Pechvogel

schlemielig unglücklich

schlepper Gauner, der seinen Genossen Opfer zum falschen Spiele herbeilockt

schlinge s. *schlange*

schlonen, schlunen schlafen

schlunkiffe, schlunkitt Nachtquartier

schmadden taufen

geschmaddet getauft; Gauner, der ehrlichen Erwerb gesucht hat

meschummod getaufter Jude

schmadderfleppe Taufschein

schmaichen, schmeicheln, schmecheln schöntun, kosen, lachen

schmaien, schomea sein hören, vernehmen

schmue Ruf, Nachricht, Geschichte

verschmai Verhör

bal verschmai Untersuchungsrichter

schmusen reden, erzählen

schmuser Erzähler, Gauner, welcher die Aufmerksamkeit des Ladeninhabers durch allerlei Geschwätz ablenkt

schmal Weg

schmaler Jahrmarkt

schmaler, schmalfuss Katze

schmalern, schmalen verkleinern, verraten, aussagen, stottern

schmalfing Tabakspfeife

schmälinger, schmelinger Zigeuner
schmalkachler Verleumder
schmeckwohl Apotheke
schmeichaz, schmagaz penis
schmeichelweide Kirche
schmierling Butter, Seife
schmiren hängen
schmire stehen beim Stehlen
    Wache stehen
schmiss Anzug, Tracht
schmissig keck, verwegen
schmitze Spitze der Peitsche,
    Peitsche, Züchtigung
schmousgeld Lohn des Unterhänd-
    lers (bei Wucher, Kuppelei
    u. s. w.)
schmu, schemu, schmue vulva
schmue Ruf, Nachricht, Geschrei
schmunk Butter, Schmalz, Kamm-
    fett
schmünkig Fett, bes. von Pferden
schmusen reden, erzählen
schmuser s. schmaien
schmutzig schuldig, verschuldet
schnalle Unwahrheit, Lüge; vulva;
    Freimädchen
schnallen lügen, betrügen; coire
schnallendrücker Bettler
schnallenrennen coire
schnallenritt Strich, coitus
schnäutzling Nase
schnee alles Weisse, z. P. Papier,
    Wäsche, Silbergeld, Leinwand,
    Sacktuch
schneeschaufler Wäschedieb
schneeweiss mit Geld wohl ver-
    sehen
schneiche Halstuch
schneide, schneidhanns, schneidling
    Schere
schneidering Messer
schneiderkarpfen gesalzener
    Hering
schneidetole schmales, flaches Vor-
    hängeschloss
schneitzling Nase
schneitzlingsschneiche Sacktuch
schneitzlingfinche Tabakdose

schnellen schiessen
schneller Schusswaffe
schniffler Schnupftabak
schnittling Nase
schnitt machen Uhrkette oder
    Taschen von aussen aufschnei-
    den; auch: Profit machen
schnittling Haar, Haupthaar
schnorren s. schnurren
schnüren henken; binden, knebeln
schnurfisel, schnorrfisel Bettelvogt
schnurren, schnorren, snurren
    Bettler, Vagant sein, z. B. auf
    die pille schnorren mit falscher
    Epilepsie betteln
schnut Nase; Spitzname für Gau-
    ner mit grosser Nase; auch
    Kosewort für Mädchen
schober bartel Brecheisen
schochad s. schachad
schochen s. schechune
schocher, jadschocher Stemmeisen
schocher schwarz
    verschöchern verraten
    schocherer Geistlicher
    schochern sterben, krepieren
schöcher s. schecher
schochet s. schächten
schock s. schuck
schod, schode, schott, schotte ein-
    fältig
schoder, schotter kleines Geld,
    Scheidemünze; Gerichtsdiener
schofe schlecht, nieder, gemein
schofer, schaufer Horn, Trompete,
    Dampfpfeife
schofer aggeln Eisenbahn fahren
schofet, schaufet Richter
schokelmei Kaffee
schomer s. schamer
schöneck Braut, Bräutigam
schono, schonum Jahr
    meschane veränderlich, wort-
    brüchig
    meschune unversehens, wunder-
    bar
schoo s. scheh
schora Obrigkeit

s'chore, s'chaure Ware, das Gestohlene

schorin, schorie Messer

schorschau Braten

schorum Unwahrheit, Lüge

schosen lügen, Flausen machen

schossa vulva

schot, schoter, schaut, schauder
Büttel, Schliesser, Polizeidiener

schote, schaute, schotte Narr, Ein-
faltspinsel

schottenfäller, schautenfäller Gauner, welcher Waren u. s. w. in
Gegenwart, vor den Augen
des Verkäufers stiehlt

schrabben, schrappen, schrammen
Krabben, Kinder

schraffel Abschaum, Abfall

schrände, schrende Stube, Kammer

schrändefeger Dieb, der Kammern
ausräumt

schränken gewaltsames Einbrechen

schränker Einbrecher; Räuber

schränkzeug, schränkschurich Einbruchswerkzeug

schranziren in Häuser, Gasthöfe
einbrechen

schrapfen kleine Kinder

schraz, schrazen Kinder

schreckstein Angst, Furcht er-
regende Nachricht; blinder
Lärm

schrekenen plaudern, um die Aufmerksamkeit des zu Bestehlenden auf sich zu lenken, damit
der andere stehlen kann

schrende Stube, Kammer

schrendefeger Einschleichdieb
(Stubenräumer)

schrenzirer stehlender Bettler

schtije s. *schasjenen* Trank

schtike, stike Schweigen
stike! Zeichen zum Schweigen
(vor Uneingeweihten)

schtuss Narrheit, Dummheit

schub Hausdiebstahl mit Einbruch,
Einsteigen u. s. w.

schublade vulva

schuberle Gespenst

schüchten schneiden

schuck, schock Strasse, Markt,
auch: Mark (Geldstück)

schuckel Hund

schucker Gendarm

schuf dich, schuffti schweig, lass
ab, geh fort

schuffen, schufften verraten, verklagen, gestehen

schuften, schuften gehen gestehen,
verraten

schuhe abputzen (reinigen) Verdächtiges beseitigen, von sich
geben

schulchen Tisch, Tischplatte, auf
der etwas zur Schau, zum Verkaufe ausgestellt ist

schule die ganze Sammlung von
Dietrichen (= *purim* = *schas
klamonis*)

*schulmenen, meschulmen sein, me-
schallem sein* befriedigen, bezahlen

schum Knoblauch

schumballen Klösse, Knödel

schummel, schumpel Knecht, Magd;
Drehorgelspieler;   Konkubine.
vulva

schummeln kosen, schöntun, coire
beschummeln betrügen

schund Abfall, Steiss, Kot

schundeln seine Notdurft verrichten; angeben, anstiften
schindler Angeber, Denunziant

schundern auf dem Eise glitschern

schupfen tun

schuppen, beschuppen betrügen, be-
schwindeln
freischupper Falschspieler

schure Ware

schurrich, schurring s. *sachern*

schuss Gulden

schuss nehmen davon laufen

schuwe Antwort, Neuigkeit;
Busse, Reue

schwäche Wirtshaus

schwächen trinken
schwächer Durst
schwandel kleines Geldstück
schwanfelder Kleiderbettler
schwanjo Rathaus (*schwanzo*)
schwarz machen jemandem Geld
 abnehmen
schwarz sein ohne Geld sein,
 keines haben
schwärze Nacht; Tinte
 verschwarzen sterben
schwarzfärber Geistlicher
schwärzling Kaffee
schwarzmas geräuchertes Fleisch
schwarzmosser Brecheisen
schwassern betrügen
schwegeln rauchen
schweiger = *seffer*
scwelemer Zigeuner
schwemmriwitzer Holzdieb
schwester Päderast
schwester, barmherzige Freimädchen
schwindel Not
schwor schwanger
schwue Woche
schwul homosexuell
schwuler Päderast; auch Einer,
 der vulvam lambere solet
schwuo Eid
sefel Mist, Kot, Dreck
 versefeln jemanden in die
 Patsche bringen
sefelgräber betrügerischer Schatzgräber
seffer Bettler, die sich künstlich
 krankhaftes Aussehen geben
seifensieder Taschendieb
sekone Gefahr
 mesnoken gefährlich
selchen s. *sarchen*
selender Schreibtisch
sellove Gulden
šelo Strick; Gendarm
šelruph Gulden
senftling Bett
senz Herr
serafbajis Branntweinschenke
seres kleiner Finger

serf Feuer
serfleppe falscher Brief, Brief mit
 unwahrem Inhalt
šero, šeru Kopf
serwisch s. *zarfes*
sewachen schlachten, opfern
sewacher Dieb (*sewecher*)
sfiri Hammer
sicher, jemanden auf — bearbeiten
 im Spiel betrügen
siedig zornig, aufbrausend
sikne s. *soken*
šil Kälte
šilabi, šilabis Zange
silalo Keller
silidori Schlinge
siller Arbeitshaus
simen Zeichen, Marke, Narbe, Mal,
 Beule, Verletzung
sims Herr
simse Schlossgebäude
singalo Soldat
sinte Genosse, Zigeuner
siro Grab
siuf gefälscht
šjon Mond
šjuri Messer
skoker Einbrecher
skone Gefahr
sliberer enger Weg; Gauner, Dieb
slichnen verraten
slichner Verräter
slichnerzink eine auffallende Verletzung, die z. B. an der Wange
 dem Verräter beigebracht wird
sman bestimmte, Frist oder Zeit,
 z. B. Polizeistunde, Feierabend
smitzlach Schläge, Prügel
socher s. *sachern*
sodre Einbrecherwerkzeug
soeschen Pferd
sof = *zoof* Ende, Schluss der
 Unternehmung oder Unter-
 suchung
sof = *sohof*
sofer, saufer Schreiber, Gerichts-
 schreiber
soff Gold

soger Kaufmann
sogern schliessen, aufschliessen
  masger Schloss, Schnalle
sohof Gold, Gulden
soken Bart; der Alte
  sikne Alter, Bejahrtheit
sokum Händel
šol Pfiff
soll Geliebter
solm Leiter
somnakaj Gold
somnakaskero Goldschmied
sonnenbos Bordell
sonnenbruder der im Freien über-
  nachtet
sonof Tierschwanz; etwas Ver-
  ächtliches
sor Stärke, Schärfe; Krampf;
  Gift
sor, sorer Präsident, Minister
šor Bart
sora, sore, sor Ware (gestohlene)
sorof, seraf, suruf, soref (mit und
  ohne *jajin*) Branntwein
soviben Schlaf
specht, grünspecht Jäger
speck Rute, Peitsche
speck und schinken körperliche
  Züchtigung
sperling Riegel, Knebel, Mund-
  knebel
spevakos Leiter
spicker Nagel
spielen heimlich, behend abnehmen
spiess vertrauter Wirt; der verdächtiges kauft
spilav einsperren
spinatwächter Landjäger, Finanz-
  wächter
spinnen hergeben (besonders
  Geld)
spinnhase Feigling
spitzkopf Polizist
spitzling Hafer; Nagel
sprenkart, sprunkert Salz
spretling Bettdecke
springer Fusseisen
springert Tor, Türe

spritzer Einbrecher, z. B. *haleines-
  spritzer* Fenstereinsteiger
sprunken jemandem Salz in die
  Augen werfen
sprunkert Salz
spukenelle Gespenst
srefe, sreife Brand, Feuersbrunst
srikenen beobachten, forschen, ab-
  lenken
srikener Gehilfe des Diebes (meist
  Ladendiebes), der den zu Bestehlenden beschäftigt
*srucho, sricho, sircho, gesurche, ge-
  sroche* s. *sarchenen*
stabeln mit dem Stabe gehen, als
  Bettler herumgehen; davon:
  hochstabler, hochstapler Schwindler
  im höheren Sinne (s. p. 339 Anm.)
stana Stall
stanglwirt Brunnen
stänker Stall
stappeln = stabeln
stardo Gefangener
stariben Arrest, Gefängnis
staub kleines Geld
staubkunden Mehlbettler
staude Hemd
steber Baum
stecken, stechen heimlich zu verstehen geben
stegen wenden, einkehren
stein Gulden
steinfalle Berg
steinhaufen Stadt
stekert Stall
steklo, caklo Glas
stengel Faden
stenz Stock, Prügel
stenzen prügeln, hintergehen,
  stehlen
stesskunde Dieb
stettinger Gulden
stichling Schneider
sticke s. *schtike*
stiefel abputzen (reinigen) verdächtiges beseitigen
stiegenläufer Hauseinschleicher

stippen das Stehlen kleiner Gegenstände mit Leimruten

stixi bonbon gehen zu einem Freimädchen gehen

stoss das gesamte Gestohlene

stossen wissentlich Gestohlenes ankaufen; auch stehlen

stossenspieler der alles Gestohlene in Bausch und Bogen käuflich übernimmt

strade Landstrasse

strade handeln als Gauner, Dieb, Räuber auf der Landstrasse tätig sein

stradekehrer Strassenräuber oder Dieb, der die Fuhrwagen auf der Strasse überfällt

strandeln unschlüssig sein, hin und her wanken

strauber Haar

straza Wache

strebern betteln (besonders mit Zeugnissen u. s. w.)

strehle Strasse

strichler = *fiesel*

strittschen Schuhe

strohbohrer Gans

strohnickel Schwein

strom Bordell

strombart Wald

strotter = *fiesel*

strupper Stroh; Haar

stube Arrest

stubenältester, der, der am längsten in einem Arreste sitzt

stück brot Diebsbeute

stück brot verdienen stehlen

stümper jeder, der die Scharfrichter und Abdecker verachtet und auf sie schimpft

stupfer Fiaker, Mietwagenkutscher

sturmbajis Rathaus

sturz Haut, Fell, Decke

stürzen verurteilen

styldo Arrestant

sub Nadel

sulum Stroh

sumnakai Gold

sung Geruch

surhase Zwiebel

surof Schnaps

sus Pferd

sushändler Pferdedieb

süssert Honig, Zucker, Met

süsshaus Bienenstock

süsslingbajis Metschänke, Kaffeehaus

suu Nadel

sviri Hammer

syng Horn

syzati Pfeil

T.

tabel gesamte Diebsbeute, Pack mit Lebensmitteln

tachtay Gasthaus

tafel Brieftasche; Verkleidung einer Wand oder Türe mit Holz oder Blech

tafsen, tafsenen s. *tofes*

takif mächtig, angesehen, einflussreich

tokef, tokfe Gewalt, Einfluss, Ansehen

taljenen, talchen, talgen, dolmen, tulmen henken; umbringen

taljon, talgener, tallien Henker

talle, dolman Galgen

tellern, teller machen hinrichten

tole Vorhängeschloss

tallesmasky Zuchthaus

talpa Fussohle

taltel wanken, wackeln

dilldalfen Schlüssel, Dietrich

tamlipen Finsternis

tamlo finster

tammer Scharfrichter

tammersch sein Freund des Scharfrichters sein

tanner Ofen

tante Hausfrau, bei der falsch gespielt wird; Päderast

tantel Dietrich

tanzen lassen stehlen

tapemischl Freimädchen

tapperav prügeln, fangen

tappuach Apfel, Kartoffel

tarbis, tarwes, tarfes Zins, Wucher, Gaunerbeute

tarchenen, targenen, dörgen, dochen betteln, hausieren

tarchener Bettler, Vagant, Küchendieb

tarling, terling Würfel

tarren dürfen, bedürfen, gebrauchen

tarrenbecker Groschen

tasavav würgen

taschenkrebs Taschendieb

tato warm, heiss

tauben Glück

taubert Mehl

taufkunde Bettler, der alles nimmt

tchan Tuch

tchau tar Zwirn

tchilles = techille

tchindro grei Wallach

tchud Milch

tchulo dick

tchuv, tuv Rauch

tchuvalo Tabak

teben Kaufladen

techille, tchille Anfang, Beginn; Abend, z. B. *tchillesgänger* Abenddieb

teckel Dachs, Dachshund; Gendarm

tefle Kirche

teftig, defftig tüchtig, derb, gerade

teibe einfacher, leicht erbrechbarer Schrank

teichgräber Ente

teiss Milch

tekelei Polizei

telechen, teilechen senden, absenden, auf bestimmten Diebstahl ausgehen

telel Tier

telentos Kalb

tellern s. *taljenen*

teschuwa s. *schuwe*

tetz Kopf

tewa, teiwe, teife, teben, tiefe Kiste, Truhe, Lade, Koffer, Trog, Schrank, Sarg

tfise s. *tofes*

tfuse Gefängnis

thabarav ich zünde an

thalik Mantel

than Ort, Platz

tharav ich brenne an

thele Freimädchen

thil Schmalz

thilengero Schmalzhändler

thiral Käse

tholmann Galgen

tick rechte Weise, etwas zu beginnen

tick Uhr

tickschlange Uhrkette

ticken abwägen, abmessen

tiebern plauschen

tiefe, tewa Keller

tifle, tiffel, difte, tofle Kirche, Kapelle

tilmitsch s. *dilmitsch*

tinef Kot, Dreck

tinef sein verloren, überführt sein

tippeach Nichtgauner, Philister, Witscher

tippel Epilepsie

tippelschickse Bettlerin

tippen, tippeln, dappeln leicht anstossen, belasten; coire; *intippel* Haus, Wirtshaus *nachtippel* Verfolgung, Nachjagd

tippler gedungener Mitbieter bei einer Auktion oder bei betrügerischem Verkaufe (z. B. falscher Pretiosen)

tirhaj Schuster

toehes, toges, doges der Hintere

tof gut, verlässlich

tofel dumm

tofes, tofus Gefangener

tofes ische, tofeskeibe das Weib eines Gefangenen, das mit einem anderen herumzieht

tafsen, tofes nehmen verhaften

tfise Arrest

toffis = *tofes*

toff sitzen in Sicherheit sein

tof jom guten Tag

tofleftig gutmütig

toften sodten gesegnete Mahlzeit! schöner Teufel!

tokef, tokfe s. *takif*

tole s. *taljanen*

torf das Zerrissene, rasch Beseitigte; Beutel, geheime Tasche

torfdrücker Beutelzieher, Taschendieb

totmacher Beil, Axt

tov gut

tover, tor Hacke

towe, taube Gutes, Glück; *tauben haben* Glück haben

trallerwatsch Schub, Transport; ungeschickter plumper Mensch

trampeltier Kavallerist

transportieren Karten beim Falschspiele verschwinden lassen

trapin Leiter, Treppe

trapp Schub; *auf den — kommen* abgeschoben, in die Heimat expediert werden

trapper Pferd

trarumgänger Postpaketdieb

tras, trast Eisen; Furcht

trefe verdächtig, übelangeschrieben

trefe chole sein unter gravierenden Umständen verhaftet werden

trefeschurich gestohlene; verdächtige Ware

treppenschleicher = *stiegenläufer, marchezer*

tresor Schrank, Kasten

tretter Füsse; *trittling* Schuh, Fuss, Treppe

trillen spinnen, eingesperrt sein

trillerie, trillerei Strafhaus

trillisker Gepäckdieb auf Eisenbahnen

tripoteur Bauernfänger, Falschspieler unter niederen Klassen

tritschenpflanzer Schuster

trittling s. *tretter*

tromme Taler

trujan Tabak

truse List, Betrug

tschabitte Ziege, Bock

tschai Mädchen, welches handelt und dabei ausspioniert

tschawo Knabe, Bursche

tschilles = *tchilles*

tschorr Dieb

tschukkel Hund

tschuwe Antwort, Neuigkeit; Reue, Busse

tufft Mauer

tulerisch protestantisch

tulo der Dicke

türklinkenputzer Bettler

tuseli Herd

tüteo Beamter, Offizier

tuvdalo Pfeife

tyroler Spekuliersessel (zur Untersuchung der Bordelldirnen)

tyšera Rosshändler

U.

überbaun, überbau sein erhalten, z. B. *knas überbau sein* Strafe bekommen

überlailen, überlunen übernachten

übermitte Oberbett

überwurf Haken an Türen und Fenstern, Schubriegel, innerer Fensterriegel

udar Türe, Tor

ulmersche Vater

ulmisch s. *olmisch*

umladi Galgen

umlavav ich hänge auf

umschlag Topf, Kessel

unblachter (= ungebleichter Schnaps)

unterblenden Gestohlenes unterschlagen

unterkabbern untergraben

unterkappen, unterkabbern, unterkaufen Unterschlagen eines Teiles der Beute

28*

unterkaswenen unterschreiben
unterkiewisch Untersuchung
untermackeln, untermackenen Unterschlagen eines Teiles der Beute, vom Gestohlenen einen Teil beiseite schaffen
untermitte Unterbett
unvernunft Wurst
up auf
uripen Kleidung, Anzug
urm, orm Hund
uštibi das Erwachen, Aufstehen
ustidel empfangen, bekommen
uzur Rauch
uzlo schuldig
uzlovav ich bin schuldig

V.

vakerkerav plaudern
valako jemand
valaso etwas
valeto Knecht
valin Fensterrahmen, Glas
var = ekvar einmal
vareko jemand
vasavo Bad
vasdel öffnen
vast Hand
vatro Feuerstätte
vazita Weihnachten
vedo Tal
veranrein Wahrsagerin
verbalhaien jemanden so zurichten, dass er leicht zu bestehlen ist
verbarseln vergittern
verbrennen, sich syphilitisch werden
verchawern Freundschaft schliessen
vercheweln, vercheiweln arretieren, knebeln
verda Wagen
verdienen etwas durch Betrug, Diebstahl u. s. w. erwerben
verdienst Anteil an der Beute (des Gestohlenen etc.)
verdupfen erstechen

verdyn Kette
vergimpeln vergiften
verhammet sein warten, abpassen
verheifeln s. *vercheweln*
verkinjenen verkaufen
verklappen durchbringen
verkneisten merken, wahrnehmen
verkroschent mit Brettern verkleidet
verkümmler Diebshehler
verlamdenen jemanden so zurichten, dass er bestohlen werden kann
verlinken fälschen, unecht machen
verlinzen verhören
vermackeln verbergen, verstecken
vermackenen verstecken
vermasseln einen Gauner der Polizei angeben
vermo Grube
vermonen betrügen
vernischbenen abschwören
vernollen verschliessen
vernünftig sein Päderast sein
verpfeifen Mitschuldige eingestehen, verraten überhaupt
verpischenen }
verposchenen } s. *pessach*
versammen vergiften
versarfenen abbrennen
versargen eingraben
versarkenen heimlich wegwerfen, verbergen
verschärfen Diebsbeute im ganzen kaufen und stückweise verkaufen
verschicken einsperren
verschloner s. *schlonen*
verschmaien s. *schmaien*
verschmieren s. *schammer*
verschalzen, verschnallen durchbringen
verschütt Haft
verschütten einsperren, z. B. *trefe verschütt gehen* unter gravierenden Umständen verhaftet werden
verschwächen durchbringen, vertrinken

versefeln, verseifeln jemanden in schwierige Lage bringen, verraten

versippern sich verrechnen

verslichnen verraten

verstossen Gestohlenes im kleinen verkaufen

vertussen eine Handlung durch eine andere verdecken

vertuss machen z. B. für einen Taschendieb, wenn einer die Aufmerksamkeit des zu Bestehlenden auf sich lenkt, damit der andere stehlen kann

vertussmacherin Kupplerin

verwetzt abgenutzt

verzachkenen verspielen

verzünden verraten

verzwiren verzählen

vesavo lahm

vetter Anrede der Scharfrichter und Schinder untereinander

viaschma s. *wiaschma*

vidazinei achtgeben

vignja Schmiede

vilamo Blitz

vodi Seele

vodro Bett

voppart einer, der Narrheit simuliert

vorderschieber Dietrich zu einem Schlosse, welches die Besatzung nur auf dem Schlossbleche hat

vorleger jedes spitze, dünne Instrument, das zur Vorarbeit für das Brecheisen dient

vormitjom Vormittag

vorpfeifen verraten

vudar Türe

vuš Hanf

vustengero Flachs

vys, ves Wald

W.

waider Jagdtasche, Reisetasche, Quersack

wajiwrach machen davongehen, mit der Beute entfliehen

waldivern Diebssprache reden

waldscho Franzose

walen undeutlich, in unbekannter Sprache, Gaunersprache reden

wallmusch Rock, Kleidung; Hut

walschi venerisch

wamsen, auf das wams hauen lügen, aufschneiden

wand Deckung, Sicherung des stehlenden Gauners dadurch, dass sich jemand vorstellt oder etwas vorschiebt

wand machen heisst diese Tätigkeit

warmer Bruder Päderast

wasserratte, wassergspodel Schiffsdieb in den Häfen

wechochom der Überkluge, Klugschwätzer (österreichisch: siebengescheit, einer, der sich gescheiter dünkt, als sieben andere es sind)

weesch Wald

weetscher Jäger, Flurschütze

wegbtättern davongehen, fliehen

wegsamsen wegwerfen, von sich werfen

wegweiser Landesverweisung

wegweiser erhalten ausgewiesen werden

weisfeld Landesgrenze

weishulm dummes Volk

weisses Papier

weissling Milch, Silberstück

weitchen Hosen

weitling Hose (Gegensatz zu *zwängling* Jacke)

welsch in Verbindung mit allen Ausdrücken, die sich auf besonderes Schliesswerk beziehen z. B. *welsch echeder* der besondere (Brahma u. s. w.) Schlösser sperrt

wetterhahn Freimädchen

wiaschmahandel, viazmahandel Betrug mit wertlosen, für wertvoll ausgegebenen Sachen, wo-

bei ein dritter, „zufällig" her-
zugekommener hilft, indem er
selber kaufen will u. s. w.
(heisst auch *polengänger*)

wiazzef verabredeter Ort für
Gaunerversammlungen (= *emmes*)

wieden Haus

wiener machen des Landes verwiesen werden

wiesener = *fiesel*

wilden mann machen Skandal anfangen

wiltner Gold- und Silberwaren-
händler

winde Türe, Türflügel

windfang Mantel

winsel Violine

wipper der mit falschem Gelde oder
falschem Metalle betrügt

wirdi Festung, Gefangenenhaus

wisch Kleidung, Tuch, Schriftstück

witscher kaffer Tropf, Einfalts-
pinsel; Nichtgauner

wittisch Gegensatz von Gauner,
Philister, Unbeholfener, Dummer

wittstock einer, der die Gaunersprache nicht kennt

witze Wärme

wochin Fenster

wonim plural von *ewen*

wortiu Wagen

wuder Türe

wudrich Käse

wuhscht Lippe

wulakro Schaf, Hammel

wurawel Laus

wurf = *murf* Mund

würgen Abdrehen der Vorhänge-
schlösser

wurmer Bohrer

wutschko klein

wutteln unstät hin und her reden,
schwätzen

wuttler Schwätzer, indiskreter
Mensch

Z.

zachkan Spieler, Glücksspieler
linkzachkener, *links'choker* falscher Spieler
zchoken lachen, spielen

zackin, zackum = *sakim* Messer

zaddik Polizei, perfider Mensch;
Brecheisen

zajod Jäger

zall, zalm, zalme Kreuzer

zalmenen Kreuz machen, sich be-
kreuzigen

zalog wenig

zammereta Pistole, Gewehr

zandik, zandok, s. *sandik*

zänker, zinker s. *zink*

zarfes Frankreich, französisch

zasserten zerreissen, zermalmen

zaster Eisen

zawer Hals

zawern Hals abschneiden, köpfen,
hinrichten

zawerle Halstuch

zchoken, schoker s. *zachkan*

zede Zehrpfennig

zefire frühe Morgenstunde

zefirgänger = *kodimkalchener*

zegemen plaudern, ausplaudern,
gestehen, verraten

zehnling Strumpf

zemer Wolle, *zemer gefen* Baumwolle

zenserei (früher *sens, sins, söns,
simser*) Polizei

zenserer Polizeikommissär

zentinella Wache

zergaffen zerschlagen, verderben

zero Kopf

zervo der Linke

zgocken nachsehen, wo etwas zu
stehlen ist

zgocker Hauseinschleicher

ziacherl Taschendieb

zierlich ohne Gewalt

zierliche massematten (Gegensatz
zu *bekorg*) Einbruch, wenn die
Leute schlafen

zijan Schade
zilah Kraft
zimbeln prügeln, peitschen
zimmermannsbub Christus
zingeln schwätzen
zink jede geheime Verständigung (vgl. das Kapitel über Zinken S. 351 ff.)
zinkenstecher der ein geheimes Zeichen gibt
zinkfleppe Steckbrief
zippern s. *sofer*
zjukyl, schukkel Hund
zmoaly Pech
zofon, zofen Mitternacht; *ruach zefonis* Nordwind
zogern s. *sogern*
zol Pfeife
zoli, zeli, zli Gebratenes, Geröstetes
zon Schaf
zoner Schäfer
zopfen nehmen
zor Stärke, Kraft
zoralige Stärke, Kraft
zoreli Schwefel
zossen Pferd
zrocken spielen, Hazard spielen
zselo Strick
zsut Essig
zukker schön

zulimo schuldig
zumin Suppe
zünden, verzünden anzeigen, verraten
zündler Anzeiger
zungalo Stänker, Verräter
zupfen ziehen, zerren, aus der Tasche stehlen, z. B. *luppe zupfen* Uhr stehlen
zuplanten s. *pflanzen*
zure Form, Anstand, richtige Art
zusammenscheeren verhaften
zusim Pferd
zuto der Gelbe
zutoi gelb
zuttli Schiesspulver
zwack, zwickling Augenwink zum gegenseitigen Erkennen der Gauner
zwagen, zwahen waschen, baden; *sich zwagen* sich reinwaschen, unschuldig darstellen
zwängerling Jacke, Wams
zwick Nagel
zwickert Beisszange
zwilling (beim Glücksspiel) die Zahlen 11, 22, 33, 44 u. s. w. auch Auge
zwiren s. *sofer*
zwitschkern Talglicht, Kerze

IX. Abschnitt.

Die Zigeuner; ihr Wesen, ihre Eigenschaften.

I. Allgemeines.

Ich bringe hier zuerst einiges über das Wesen der Zigeuner im allgemeinen, da ich die Erfahrung gemacht habe, dass man mit diesem so merkwürdigen Volke schwer verkehrt, wenn man es nicht gut kennt und dass sich vieles erleichtern lässt, wenn man ihm näher getreten ist. Der Zigeuner ist anders als jeder Kulturmensch, selbst von der rohesten und verkommensten Gestalt, und alles, was man im Verkehre mit zahlreichen anderen gelernt und geübt hat, ist nicht zu brauchen, wenn man mit dem Zigeuner zu tun hat. In Deutschland ist man viel weniger in der Lage, sich mit der Zigeunerplage befassen zu müssen, aber gerade deshalb werden für doch vorkommende Fälle einige diesfällige Winke erwünscht sein. In Österreich, wo, namentlich in den östlichen Grenzbezirken, der Kriminalist selten in der Lage ist, auf dem Schreibtisch keinen Zigeunerakt liegen zu haben, wird man aber doch einiges unbekannte finden, wenn der Zigeuner näher besprochen wird. —

So verschieden nun auch der Zigeuner von jedem anderen Gauner ist, so merkwürdig gleichen sie einander unter sich. Seitdem die Zigeuner in Europa leben, sind sie stets dieselben geblieben und wenn wir die ältesten Nachrichten, behördlichen Verfügungen, Prozesse und Aufzeichnungen über und gegen Zigeuner lesen, so mutet es uns immer so an, als ob es sich um heutige Zigeuner handeln würde.[1]

Sie haben sich im Laufe der Jahrhunderte über alle Lande verstreut: aber gleich geblieben sind sie auch heute einander überall, gleich in Gestalt, Gesicht, Sprache, Tun und Treiben. Von der Zigeunersprache sagt Dr. A. F. Pott,[2] neben Dr. Miklosich[3] wohl ihr gelehrtester Kenner: „Die Zigeunermundarten sämtlicher

---

[1] Vergl. z. B. das in mehrfacher Beziehung hochinteressante Buch: „Ausführliche Relation von der famosen Zigeuner Diebs-, Mord- und Rauberbande u. s. w." von D. J. B. Weissenbruch, Frankfurt und Leipzig 1727; dann Tetzner „Die Geschichte der Zigeuner, ihre Herkunft und Art", Weimar 1835; Heister „Ethnographische und geschichtl. Notizen über die Zigeuner", Königsberg 1847.

[2] „Die Zigeuner in Europa und Asien", Halle 1844, 1845.

[3] „Über die Mundarten und Wanderungen der Zigeuner Europas", Wien 1872—1880 und „Beiträge zur Kenntnis der Zigeunermundarten", Wien 1877. — „Vergleichung der Zigeunermundarten", Wien 1877. — „Lautlehre der Zigeunermundarten", Wien 1879. — „Stammbildungslehre der Zigeunermundarten" Wien 1880. — „Wortbildungslehre der Zigeunermundarten", Wien 1880. — „Syntax der Zigeunermundarten", Wien 1880. — „Beiträge zur Kenntnis der Zigeunermundarten", Wien 1874.

Länder, von so vielen uns Kunde zukam, erweisen sich trotz der unendlich bunten und mächtigen Einwirkung fremder Idiome auf sie, in ihrem tiefinnersten Grunde einig und gleichartig." Damit stimmt, dass M i k l o s i c h alle zigeunerischen Mundarten aller Länder auf eine einzige neuindische Mundart zurückführt, die mit der Kafirsprache und den Dardu-Dialekten e i n e Sprachgruppe bildet[1]); d e G e r a n d o sagt: „Zwischen dem Zigeuner in dem französischen Pyrenäen-Departements und denen Ungarns lässt sich kein Unterschied finden." Ebenso sagt S c h w i c k e r:[2]) „Bei den Zigeunern findet man in allen Ländern ziemlich dieselben Gewohnheiten, dieselben Tugenden und Laster." Und L i e b i c h, der Kriminalrat, sagt: „E i n echter, wahrer Zigeuner ist der Typus aller anderen." Liest man ausländische Schilderungen von Zigeunern, z. B. die von B o r r o w[3]) über die spanischen Zigeuner, so vermeint man immer, unsere Zigeuner beschrieben zu finden — nur etwas romantischer sollen sie sein im Lande der Kastanien. —

Gegen die von allen Zigeunerkennern ausgesprochene Ansicht über die ebenso merkwürdige als ziemlich unerklärliche Gleichheit aller Zigeuner spricht es nur scheinbar, wenn der eine Beobachter sich im Entzücken über die Schönheit der Zigeunergesichter und -Formen ergeht, während sie ein anderer viel weniger hübsch findet, oder wenn behauptet wird, dass z. B. ein französischer und ein ungarischer Zigeuner einander schwer verstehen. Dies hat aber seinen einfachen Grund darin, dass einerseits der französische Zigeuner in seine Sprache ebenso französische Ausdrücke aufgenommen hat, wie der ungarische Zigeuner ungarische Worte einmengt, und dass andererseits der jahrhundertelange Aufenthalt in einem Lande es mit sich bringen musste, dass jener mit französischer Art und Betonung, dieser mit ungarischem Accente spricht. Könnte der ungarische Zigeuner etwas in seiner Sprache aufschreiben und wäre der französische Zigeuner des Lesens kundig, so würde er das vom ungarischen Bruder Geschriebene verstehen, da ihn die wenigen rezipierten fremden Worte nicht sehr stören würden, und wenn die Zigeuner infolge geänderter Aussprache einander auch schwer verstehen, so sprechen sie doch dieselbe Indersprache und sind alle dieselben Inderenkel.[4])

Am besten charakterisiert sie v. W l i s l o c k i,[5]) der mit den Leuten gelebt hat und sie ohne Zweifel vortrefflich kennt: „Ihre

---

[1]) Die gesamte Literatur über Geschichte und Sprache der Zigeuner wurde in einem „Verzeichnis von Werken und Aufsätzen, welche in älterer und neuerer Zeit über die Geschichte und Sprache der Zigeuner veröffentlicht worden sind", Leipzig 1886, gut zusammengestellt. Vergl. auch H. S c h u r t z „Das Zigeunertum und verwandte Erscheinungen", Ztschft. f. Sozialwissenschaft Bd. I. pag. 899 ff.

[2]) Die Zigeuner in Ungarn und Siebenbürgen.

[3]) An account of Gypsies in Spain by G. Borrow 2 vol. 1841.

[4]) Der UR. Joh. Kavcnik in Laibach, der grosse Prozesse gegen Zigeuner durchgeführt hat, und dessen wertvolle Mitteilungen im nachstehenden öfter angeführt werden sollen, sagt, dass die Zigeuner in Krain und Istrien die deutschen Zigeuner „schwer" verstehen; ich finde es merkwürdig genug, dass sie einander doch verstehen, obwohl die einen von slavischen Idiomen, die anderen von der so verschiedenen deutschen Sprache umgeben sind.

[5]) „Vom wandernden Zigeunervolke."

moralischen Eigenschaften," sagt er, „zeigen eine sonderbare Mischung
von Eitelkeit und Gemeinheit, Ziererei, Ernst und wirklicher Leicht-
fertigkeit, fast einen gänzlichen Mangel männlichen Urteils und Ver-
standes, welcher mit harmloser List und Verschlagenheit, den gewöhnlichen Beigaben gemeiner Unwissenheit, begleitet ist; dabei zeigen
sie noch eine entwürdigende Kriecherei in Tun und Wesen, darauf
berechnet, andere durch List zu übervorteilen; sie nehmen nicht die
geringste Rücksicht auf Wahrheit und behaupten und lügen mit einer
nie errötenden Frechheit, da ihnen die Scham gänzlich mangelt. Der
Schmerz der Prügel ist ihre einzige Berücksichtigung. In ihren Ge-
fühlen sind sie mehr sinnlich als grausam und rachsüchtig." Dieser
guten Schilderung wäre vielleicht beizusetzen, dass v. W l i s l o c k i
hauptsächlich den „Kortorar", den Wanderzigeuner Siebenbürgens
kennt, der nach allen Beschreibungen um ein gutes Stück besser sein
muss, als der unserige. Man wird also, um auf die Zigeuner zu kommen,
mit denen wir zu tun haben, bei der zitierten Schilderung noch um
eine Stufe nach abwärts gehen und ausser der unüberwindlichen Trägheit und doch hochentwickelten Rachsucht und Grausamkeit auch
einer Eigenschaft gedenken müssen, die der Zigeuner in hervorragen-
dem Masse besitzt: seiner unglaublichen und unbegrenzten Feigheit.
Dieser Grundzug im Wesen des Zigeuners ist aber für den Kriminalisten
der wichtigste, da man bei Beurteilung des Charakters eines Zigeuners,
seines Vorgehens, seiner Absichten, Motive und Ziele, sowie bei der
Frage darüber, ob eine bestimmte Tat von Zigeunern verübt wurde,
sich stets von dem Gedanken leiten lassen muss, dass die Begriffe
Zigeuner und Feigheit unzertrennlich sind. Immer wird gegen diese
Behauptung die Erzählung aufgeführt, nach welcher Zigeuner anno
1557 für Franz P e r e n y i das Schloss Nagy-Ida (bei Kaschau) gegen
den kaiserlichen General P u c h h e i m verteidigt haben und brav
gewesen sein sollen. Das ist aber auch erstens der einzige bekannte
historische Nachweis für Zigeunertapferkeit, zweitens waren sie hinter
Mauer und Schanze und drittens wehrten sie sich mit der Courage
der Verzweiflung um ihr Leben, das sie schliesslich auch verloren
haben.

Ebensowenig massgebend ist der Umstand, dass die in die Armee
eingereihten Zigeuner mitunter gute Soldaten abgeben. „Der Zigeuner", berichtet der österreichische Hauptmann S u l z e r,[1] ein
genauer Kenner des Zigeunervolkes, „muss lange ein Soldat, lange
ein Räuber sein, bis er den feindlichen Kugeln nur mit gemeinem Sol-
datenmute die Brust zeigt, bis er dem Reisenden die Börse nimmt,
ehe er ihn aus dem Busche tot oder wehrlos geschossen hat. Ich habe
dieses in Siebenbürgen, in der Walachei und Moldau mehr als einmal
erfahren; ich habe gesehen, wie ein einziger, entschlossener Mann ein
halbes Dorf von Zigeunern mit einem Stocke in der Hand in die Flucht
jagte und in Siebenbürgen gilt das Sprichwort, dass man fünfzig
Zigeuner mit einem nassen Fetzen davonjagen könne."

---

[1] „Die Zigeuner in Ungarn und Siebenbürgen", von Dr. J. H. S c h w i c k e r.

Man braucht übrigens nicht in die Walachei zu reisen, um ähnliches zu sehen. Dass ein einziger Gendarm oder selbst ein bloss mit einem Säbel bewaffneter Gemeindediener ein Rudel Zigeuner anstandslos vor sich hertreibt, kann man alle Tage sehen. Ich habe seinerzeit ununterbrochen mit Zigeunern zu tun gehabt; eines Tages brachte ein einziger Gendarm über dreissig Zigeuner, darunter etwa zwanzig Männer, daher, die er wegen Diebstahlsverdacht arretiert hatte. Die Leute hatten einen Wagen bei sich, dessen Gaul der Gendarm am Zügel gepackt und festgehalten hatte. Hierdurch (!) hatte er verhindert, dass ihm auch nur ein einziger Zigeuner entwischt ist. Wie mir dann der Arrestaufseher erzählte, hat er die Zigeuner gefragt, wie sie sich denn von einem einzigen Gendarmen haben arretieren lassen können. „Der Herr Gendarm hat ein Gewehr," sagte der älteste, „und in dem Gewehre sind sieben Patronen." Und als der Arrestaufseher meinte, damit könne der Gendarm doch nicht alle töten, bekam er die höchst bezeichnende Antwort: „Alle nicht, aber sieben doch, und keiner hat Lust, einer von den sieben zu sein!"

Ebenso charakteristisch ist es auch, dass alle Morde durch Zigeuner, von denen ich je gehört habe, ausschliesslich an Schlafenden oder aus sicherem Hinterhalte oder durch Gift verübt worden sind. Einen Mord, bei dem er sich einer Gefahr ausgesetzt hätte, hat der Zigeuner nicht verübt.[1]

All dem Gesagten widerspricht nicht, dass die Zigeuner öfters gute Spione abgegeben haben. Dass der Zigeuner zu diesem Geschäfte brauchbar ist, muss uns insoferne besonders interessieren, als dadurch bewiesen wird, wie geschickt er sich auch bei den kleinen Spionagen für Diebstähle erweisen kann. S c h w i c k e r a. a. O. führt an, dass sich Wallenstein 1625 mit Vorteil der Zigeuner als Spione bedient hat. Ebenso verwendete sie Johann Z a p o l y a, der ungarische Gegenkönig wider Ferdinand von Österreich, und der kaiserliche General Graf B a s t a konnte 1602 nur durch einen Zigeuner einen Brief in die belagerte Stadt Bistritz gelangen lassen. 1676 wurden in Oberungarn sieben Zigeuner mit einem französischen Ingenieur, Pierre D u r o i s, gefangen, der durch neun Jahre mit seinen Zigeunern herumgezogen war und mit ihrer Hilfe die wichtigsten strategischen Punkte von Deutschland und Österreich für den König von Frankreich aufgenommen haben soll. Schon G r e l l m a n n[2] sagt mit Recht, dass der Zigeuner sich für die Spionage deshalb vortrefflich eigne, weil er „sich leicht dingen lasse, dürftig sei, überdies auch nach seinem schiefgestellten Ehrgeiz und Hochmut dadurch eine wichtige Person zu werden glaubt." Dabei ist wohl auch noch zu erwägen, dass der Zigeuner, der Jahrhunderte lang oft unter den schwierigsten Umständen in ihm vollkommen unbekannten Gegenden herumstrich,

---

[1] UR. Johann K a v c n i k in Laibach gibt mir nicht ganz recht, und teilt mir einige Fälle mit, in welchen sich Zigeuner mutig gezeigt hätten — ich glaube, es waren dies nur Fälle, wo dem Zigeuner nichts übrig blieb, als „mutig" zu sein, oder es waren keine richtigen Zigeuner.

[2] „Historischer Versuch über die Zigeuner", Göttingen 1787.

einen geradezu tierisch hochentwickelten Orientierungssinn erlangt
hat. Man muss sich vorstellen, was es heisst, einen, nur aus der Erzählung bekannten Ort, an dem z. B. von der Bande gestohlen werden
soll, aufsuchen, den kürzesten und sichersten Weg wissen, sich zer-
teilen und finden, mit dem Gestohlenen einen anderen, ebenso sicheren
Weg zurück machen, vielleicht auseinandergesprengt werden und
doch zusammentreffen und endlich wieder an einem bestimmten Orte
sich vereinen — und das alles ohne Landkarte, ohne Kompass, ohne
lesen zu können, ohne die Einwohner fragen zu dürfen! Und doch
leistet das jede Zigeunerbande alle Tage. Als es sich im Okkupations-
feldzuge 1878 kurz vor der Einnahme von Sarajevo darum handelte,
eine Verbindung zwischen der östlich marschierenden Seitentruppe
und der längst der Bosna südwärts kommenden Haupttruppe herzustellen, kamen einmal mitten in der Nacht, etwa um zwei Uhr, zwei
Husaren zu unseren Vorposten mit Papieren an den Höchstkomman-
dierenden. Die zwei hatten nur die Richtung angezeigt erhalten, in
der sie zu reiten hatten und den Auftrag, österreichische Vorposten
zu finden, die sie zu General v. P h i l i p p o v i č zu weisen hätten.
Die zwei Husaren waren gegen Abend fortgeritten (ein Korporal und
ein Gemeiner), waren ununterbrochen durch Terrain der schwierigsten
Art und überall von den Türken besetzt, gekommen, mussten zweimal Flüsse durchschwimmen und kamen glücklich und in unbegreiflich kurzer Zeit zu uns. Ich fragte den Korporal, wie er sich denn in
dem Lande, in dem er sein Leben lang nie war, so zurechtfinden konnte,
und erhielt die bezeichnende Antwort: „Ich nix wissen, aber Komerod
is Zigeuner." Nun erst sah ich mir den anderen Husaren an und bemerkte beim schwachen Scheine des Lagerfeuers die erfreuliche Galgenphysiognomie des unverfälschten Zigeuners, den im Augenblicke meine
halbgerauchte Zigarette mehr interessierte, als der ganze Feldzug!
Wie ich später erfuhr, hat der Zigeuner auch sich und seinen Korporal
glücklich wieder zurückgebracht.

Wer aber wissen will, wie der Zigeuner überall hin zu finden
vermag, der frage dessen Bruder, den Zugvogel, wie er es macht, um
in die Heimat und wieder zurückzukommen!

Diese, für unsere Sinne unfassbare Fähigkeit, sich überall zu-
rechtzufinden, nie die Richtung zu verlieren, alles zu sehen und zu
verwerten, darf man nie aus dem Auge lassen, wenn es sich um die
Beurteilung der Frage handelt, ob eine bestimmte Tat von Zigeunern
verübt wurde oder nicht. Es ist beinahe nicht zuviel gesagt, wenn
man behauptet: „Dem Zigeuner ist alles möglich", woferne man das
„alles" darauf einschränkt: „was mit einer zum äussersten gesteigerten
List, Gewandtheit, Keckheit, Verschlagenheit und Begehrlichkeit
erreicht werden kann." Man muss den Zigeuner als ein Produkt aus
seinem natürlichen Wesen und der Existenz auffassen, die er seit Jahrhunderten geführt hat: Nahrung, Wohnung, Kampf mit den Elementen
und Verfolgung, wie sie das Raubtier findet, damit gepaart Körper-
bau und Sonderintelligenz des Menschen — das muss allerdings ein
Lebewesen geben, das in gewisser Richtung nichts, in gewisser aber

alles zu leisten vermag. Dazu muss noch erwogen werden, dass das gesamte Sinnen und Trachten des Zigeuners seit seinem Auftreten in Europa stets denselben kleinen und engbegrenzten Gedankenkreis beherrscht hat: er will ungebunden und frei ziehen, wohin er will, er verlangt nicht, jemanden zu beherrschen, er will aber auch nicht tun, was ein anderer befiehlt, er betrachtet es als grösstes Glück, seiner grenzenlosen Faulheit fröhnen zu können und will daher dem, der gearbeitet hat, soviel abnehmen, um seine allerdings geringen Bedürfnisse zu befriedigen. Ehre, Vaterland, Familie und Staat, Vergangenheit und Zukunft seines Volkes, Begriffe, die jedes Kulturvolk zum Besten und Höchsten gebracht haben, was es leisten kann, sind dem Zigeuner fremd; bei ihm werden sie ersetzt durch unermessliche Faulheit, tierischen Hunger, sinnliche Liebe und ein bisschen Eitelkeit. Andere Triebfedern kennt er nicht, und die Resultierende dieser Komponenten ist naturgemäss nichts anderes, als Streben nach dem Erwerbe unrechtmässigen Besitzes. Erwägt man nun, dass der Zigeuner nicht weniger begabt ist als der Kulturmensch, dass dieser alle seine Kräfte seit Jahrtausenden den verschiedensten, höchsten Zwecken zugewendet hat, von denen jeder volles und ganzes Einsetzen fordert, während die Zigeuner von je all ihr Wissen und Können dem einen Zweck, auf Kosten der anderen zu leben, angepasst haben, dann lässt es sich allerdings begreifen, dass sie darin Leistungen aufweisen können, die dem anderen Sterblichen als unmöglich erscheinen müssen.

Über Wegmarkierungen vergl. noch p. 362 ff.

2. Wie der Zigeuner stiehlt.

Was für uns bei den Diebstählen der Zigeuner am wichtigsten ist, dürfte die grosse Geschicklichkeit sein, mit welcher sie hierbei zu Werke gehen. Dies ist namentlich deshalb wichtig, weil man es bei einem vorgekommenen Diebstahl oft für unmöglich hält, dass ein Fremder der Täter sein könnte; diesem traut man weder die zum Diebstahl nötige „Kenntnis des Hausbrauches" noch soviel Geschicklichkeit und Frechheit zu, als zum Eindringen von aussen notwendig schien. Die Folge davon war oft, dass man Hausleute, namentlich Dienstboten der Tat verdächtigte: „ein Fremder k a n n es nicht getan haben". Und trotzdem waren es in manchen solchen Fällen Zigeuner, welche die niemanden zuzutrauende Geschicklichkeit, Frechheit und Beobachtungsgabe doch gehabt haben. Was der Dienstbote bei jahrelangem Aufenthalte im Hause, der Nachbar bei jahrzehntelangem Nebeneinanderwohnen nicht bemerkt hat, die alte Zigeunermutter, die bettelnd, wahrsagend oder kurpfuschend gekommen ist, hat es binnen wenigen Minuten so genau gesehen und kombiniert, dass auf Grund ihrer Wahrnehmungen der verwegenste Diebstahl durchgeführt werden konnte. Wo angeblich „keine Katze durchschlüpfen kann", dort rutscht der kleine Zigeunerjunge aus und ein, als ob man ihm Flügeltüren geöffnet hätte, und wohin kein Akrobat mit aller

Geschicklichkeit zu kommen vermöchte, dorthin langt der Zigeuner mit der niemals fehlenden, immer greifenden Wurfangel. Kein Schlosser vermag rasch und mit Sicherheit herauszufinden, wo die Schwäche eines Gitters liegt, wie ein Schloss konstruiert ist, wie man einer Türangel beikommen kann, wenn man ihm nicht von allen Seiten Zutritt zum Prüfungsobjekt gewährt; der Zigeuner braucht einen Blick, einen Griff von aussen und er weiss, wie er die Sache zu machen hat. Man beobachte einmal, wie lange und sorgfältig ein Maurer oder Baumeister prüft und misst, bis er ein Urteil über die Tragfähigkeit, Festigkeit, Stärke, Verbindung und Konstruktion einer Mauer u. s. w. abgibt, und man betrachte dann das vom Zigeuner in die Mauer gemachte Loch. Er hat sicher die dünnste, feuchte und morsche Stelle gefunden, an welcher an der Innenseite kein hinderndes Möbel steht; gewiss hat er an der gewählten Stelle keinen grossen, weitragenden Stein gefunden, der ein Abmeisseln oder unnützes Weiterbrechen erfordert. Er hat meist die Stelle benützt, an der die Mauer durch einen durchgeführten Schlot geschwächt ist und wo nicht zu befürchten steht, dass abbröckelnde Ziegel- oder Mörtelstücke Lärm verursachen. Wie hat er vermocht, sich schon von aussen her im Hause zu orientieren, damit er gerade in das gewünschte Zimmer kommt, nicht erst versperrte Türen passieren oder an schlafenden Hausbewohnern vorübergehen muss? Ist dies aber nicht zu vermeiden, so weiss niemand so lautlos, ohne an einem Geräte anzustossen, oder sonst Lärm zu machen, an den Schlafenden vorbeizuhuschen. „Das muss ein Geist gewesen sein", versichert der Bestohlene hinterdrein, „ich höre sonst alles im Schlafe, wie soll einer an meinem Bett vorbeigekommen sein?" Ja, der Zigeuner zieht eben vorüber, wie ein Gespenst, geräuschlos, ohne Wesen, ohne Körper und Übles wollend und tuend.

Nur sein Geruch bleibt zurück, sein eigentümlicher, unverkennbarer, lange haftender Geruch, den niemand vergisst, der ihn einmal wahrgenommen hat. Er soll dem, wie es heisst, ebenfalls charakteristischen Negergeruch in etwas ähnlich sein. Gerichtsbeamte, die diesen Geruch kennen und mit nicht allzu stumpfem Geruchssinn ausgerüstet sind, nehmen es sofort beim Eintritte in das Gerichtshaus wahr, wenn Zigeuner eingeliefert wurden, so dass man glauben muss, der Geruch hafte sogar den Wänden an. Dieser Umstand könnte dazu benützt werden, um festzustellen, ob Zigeuner da waren. Stahlen die Zigeuner irgendwo, so müssen sie daselbst immerhin eine Zeitlang verweilt und mancherlei angefasst haben, in den meisten Fällen wurden hierbei auch Kästen, Betten u. s. w. geöffnet, so dass Kleidungsstücke, Wäsche u. s. w. freilagen und daher, wie dies ja Wollstoffe u. s. w. zu tun pflegen, gierig den Geruch aufnehmen und lange Zeit festhalten konnten. Kommt dann jemand, der den Zigeunergeruch kennt, in den Raum, und ist nicht zulange Zeit seit dem Abzug der Diebe verflossen, so kann die Anwesenheit von Zigeunern mit fast vollständiger Sicherheit festgestellt werden. Besonders kräftig entwickelt sich dieses Parfüm, wenn sich die Zigeuner stark plagen mussten und in Transpiration gerieten. Müsste man den Zigeunergeruch mit etwas

Bekanntem vergleichen, so würde man vielleicht am besten sagen: Fettgeruch mit Mäuseduft verbunden. Freilich muss da der unbeschreibliche Schmutz der Zigeuner mit in Rechnung gezogen werden, ja dieser kann unter Umständen sogar Beweismittel werden; hat der Zigeuner einen Mord begangen, so behält er das Hemd, das er beim Morde auf dem Leibe hatte, ein Jahr an — dann „ist ihm Gott gnädig". Allerdings sehen die Hemden der Zigeuner, wenn sie überhaupt welche tragen, fast immer so aus, als ob sie vor einem Jahre frisch gewesen seien.

Ist schon die Geschicklichkeit bemerkenswert, mit welcher der Zigeuner in das Innere des Hauses eingedrungen ist, so ist es noch merkwürdiger, wie klug er sich den Abzug vorbereitet und sich gegen Überfall gesichert hat. An die Flucht hat er stets wie jeder andere geriebene Dieb gedacht, nur braucht er bei seiner grossen Behendigkeit und Geschwindigkeit die Rückzugslinie nicht so bequem und weit, wie ein anderer Dieb: ein zur Seite gebogener Stab im Fenstergitter, eine kleine Öffnung in der Mauer, eine nur wenig offene Spalte in der Tür genügt dem Zigeuner, um im Notfalle mit der Geschmeidigkeit und Biegsamkeit eines Wiesels zu verschwinden, so dass der Beschädigte, der noch zur rechten Zeit auf dem Tatorte erschienen ist, stets glaubt, der Dieb sei schon lange fort, während er ihm in Wirklichkeit gerade unter den Händen entwischte. In einem mir[1]) mitgeteilten Fall hatte ein verfolgter Zigeuner im Zimmer eines ebenerdigen Gasthauses durch das vergitterte Fenster den herankommenden Gendarmen gesehen; er hockte neben der Türe nieder, und als der Gendarm eintrat und nach dem Zigeuner ausschaute, huschte ihm dieser z w i s c h e n d e n F ü s s e n durch und entlief auf Nimmerwiedersehen.

Gegen Überfälle sichert sich der Zigeuner ausnahmslos von aussen durch Wachtposten, die mit unbestechlicher, nie rastender Aufmerksamkeit jeden Vorgang bemerken und melden, dabei mit den Augen einer Eule und dem Gehöre eines Fuchses begabt sind, also selbst bei Nacht jeden Nahenden lange eher wahrnehmen, bevor dieser die Wachen sieht, und die bei eigenem geräuschlosen Dastehen jeden nahenden Schritt vernehmen; ausserdem sind solche Posten von Jugend auf zu derlei Diensten abgerichtet und verstehen sie daher besser als irgend jemand sonst. Dazu kommt noch, dass der Zigeuner fast niemals allein oder zu zweien wandert, dazu ist er ein viel zu geselliges, schwatzhaftes Geschöpf. Nichts ist ihm unlieber, als Alleinsein. Er zieht und stiehlt daher stets in grösserer Gesellschaft; jeder der Gesellschaft, ob Mann oder Weib oder Kind, ist sein verlässlicher Diebsgenosse, und so können daher die Wachtposten stets in überreicher Weise besetzt werden. Zieht der Zigeuner auf Diebstahl aus, so geht er mit Genossen, Weibern und Kindern; erstere helfen selber stehlen, die Weiber stehen Wache und tragen dann mit die Bündel, die Kinder tun dasselbe und müssen ausserdem zwischen den Gitterstäben und durch kleine Öffnungen kriechen, um dann die Türen von innen zu

---

[1]) Von UR. K a v c n i k in Laibach.

öffnen. Dass aber starkes Besetzen der Wachtposten für das Gelingen der Tat von grösster Wichtigkeit ist, gilt als alter Grundsatz, denn je zahlreicher die Posten, desto grösser die Sicherheit, je grösser die Sicherheit, desto ruhiger ist der eigentliche Dieb, und je ruhiger der Dieb, desto grösser die Beute. Die ruhige Arbeit bei Verübung des Diebstahles ist aber ein sicheres Kennzeichen der Zigeunerdiebstähle, da man nach der Tat den unabweisbaren Eindruck erhält, dass die Diebe mit Ruhe und Behaglichkeit gesucht, ausgewählt und mitgenommen haben mussten. Das erklärt sich nur aus der grossen Sicherung, die sich der Zigeuner schaffen kann, denn nur er hat so viele Genossen, nämlich die ganze Bande, zu der er gehört.

Die zweite Sicherung, die der Zigeuner immer vornimmt, ist die, dass er die Türen verbindet, um zu verhindern, dass er von den Hausleuten selbst im Hause überrascht wird. (Verg. XVII. Abschnitt: „Diebstahl".) Sobald er in den Raum eingedrungen ist, der jetzt den Schauplatz seiner Tätigkeit bilden soll, wendet er sich zuerst den Türen zu, die aus den anderen Räumen des Hauses in den Raum führen, in welchem gestohlen werden soll. Selbst wenn er findet, dass (für ihn) innen ein Schlüssel steckt, so genügt ihm das einfache Umdrehen nicht. Der Zigeuner weiss, dass ein gewöhnliches Türschloss nur zweifelhaften Schutz gewährt. Er geht also daran, die Türe zu verspreitzen, wenn sie sich nach innen öffnet, zu verbinden, wenn sie nach aussen aufgeht. Das eine ist nicht schwierig, das andere erfordert einige Geschicklichkeit, wenn die Verbindung zwischen Türklinke und Querbaum so fix sein soll, dass nicht einmal eine Spalte in der Türe entstehen darf und der Strick durch ein eingeführtes Messer abgeschnitten werden soll. Aus diesem Grunde bedient sich der Zigeuner zu diesem Zwecke lieber eines Drahtes als eines Strickes. Jedenfalls ist die Verbindung eine so geschickte, dass sie Anerkennung verdient. Ist der Vorrichtung anzusehen, dass sie rasch, einfach, geräuschlos und mit grossem Geschicke gemacht ist, so ist sie eines Zigeuners Werk.

Man darf nicht behaupten, dass immer dann, wenn man ein solches Türzubinden findet, Zigeuner die Täter gewesen sein müssen, da sich häufig allerlei lichtscheues Gesindel zu den Zigeunerbanden findet, eine Zeitlang mit ihnen lebt und stiehlt und dann sein Gewerbe wieder allein weiter treibt, nachdem es von den Zigeunern allerlei Handgriffe erlernt hat.[1]) Solche Leute bedienen sich dann auch dieser als wertvoll befundenen Manier, aber sie machen es doch anders als die Zigeuner. Man muss den Unterschied einige Male gesehen haben, um zu begreifen, wie elegant es der Zigeuner macht, wie plump sich dabei die anderen anstellen. Dagegen kann man sagen, dass dort,

---

[1]) Lange bleibt kein Kulturmensch, und wäre er der verworfenste, unter den Zigeunern. Zum Teile stellt ihre Lebensweise derartige Anforderungen an die Gesundheit, dass es nur ein Zigeuner aushält, zum Teile haben diese viele derart abstossende Gewohnheiten: Schmutz, Grausamkeit gegen Tiere, ekelhafte Nahrung u. s. w., dass auch diese dem Nichtzigeuner bald unerträglich werden.

wo die Türen nicht verbunden sind, Zigeuner auch nicht die Täter
waren. Nur dann verbinden sie die Türe nicht, wenn dies zwecklos wäre:
wo z. B. diese Türe in ein unbewohntes Zimmer ohne sonstige Türe und
mit vergitterten Fenstern führt. Wie die Situation aber ist, das weiss
der Zigeuner immer schon, bevor er zur eigentlichen Tat schreitet.
(Über die Zurücklassung von Stechapfelsamen etc. am Tatorte siehe
X. Abschnitt.)

Ein weiteres Mittel, um zu erkennen, ob eine Tat von Zigeunern
verübt wurde, liegt darin, dass man jene Eigenschaften, welche zu
ihrer Verübung nötig waren oder sie veranlasst haben, mit den bekannten
Eigenschaften der Zigeuner vergleicht und erwägt, ob sie danach von
einem Zigeuner verübt worden sein kann. Vor allem ist da wieder
die niederträchtige Feigheit in Betracht zu ziehen. Wie schon erwähnt,
dürfte man nie in dem Zigeuner den Täter bei einem Morde suchen,
wenn aus den Umständen zu entnehmen ist, dass sich der Mörder einer
nennenswerten Gefahr ausgesetzt oder gar sich seinem Opfer offen
entgegengestellt hat. Ebenso wird ein Diebstahl nicht leicht von Zigeunern verübt sein, wenn im Hause einige entschlossene Männer,
bei denen man allenfalls noch Bewaffnung erwarten kann, wohnen.
Ist der Dieb z. B. bei Entdeckung auf der Flucht in unbegreiflich geschickter Weise durch Herabklettern an der Dachrinne, an der Blitz-
ableiterstange, an Rebenstaketen u. dgl. entkommen, so k a n n es
ein Zigeuner sein, hat er aber einen kühnen Sprung in ungewisse Tiefe
gewagt, bei dem er sich ein Bein brechen, sich spiessen oder sonst
schädigen konnte, so war es kein Zigeuner. Bezeichnend ist es, dass
der Zigeuner oft Waffen vorbereitet hat, wenn er stiehlt: er lehnt
Knüttel und Beile neben sich, ja, er arbeitet sogar mit dem offenen
Messer im Munde, um es nur gewiss rasch zur Hand zu haben, sobald
ein Überfall geschieht. Kommt es aber zu einem solchen, so tut er alles
eher, als sich wehren, und läuft, so rasch es gehen will. Dagegen kommt
es häufig vor, dass fliehende Zigeuner auf die Verfolger schiessen, aber
immer erst, wennn sie im Schutze der Nacht entkommen sind und
sich hinter einer Hausecke, einem Baume verbergen und von da aus
zielen können.

Ebenso bezeichnend für die Gemütsbeschaffenheit des Zigeuners
ist die Art, wie er einen Mord verübt, wenn er sich an einen solchen
wagen kann. Der Gendarm (siehe Seite 358), der meuchlings von
mehreren Zigeunern überfallen und ermordet wurde, hatte unzählige
tiefe Stichwunden, von denen er viele bekommen haben musste, als
er schon tot war. Zum Teile stachen die Zigeuner der Sicherheit wegen
darauf los, damit ihr Opfer ja gewiss tot sei und ihnen nichts mehr anhaben könne, zum Teile äussert sich darin die grausame Mordlust des
Zigeuners, der offenbar froh war, auf den verhassten Mann ungefährdet
stechen zu können.

Eine starke Triebfeder im Zigeuner ist seine unzähmbare und
rohe Genusssucht. Etwas Begehrenswertes sehen und es zu bekommen
trachten, ist für ihn so ziemlich dasselbe. In Ländern, die von Zigeunern
viel zu leiden haben, ist es bekannt, dass man auf das Schweinefleisch

achthaben muss, wenn Zigeuner während des Schlachtens vorbeigekommen sind. Nicht der Umstand, dass sie durch das Schlachten
erfahren haben, es sei Schweinefleisch hier, kann massgebend sein,
denn dass der Bauer zu gewissen Zeiten Schweinefleisch hat, weiss jeder
Zigeuner, sondern nur der Anblick hat den Zigeuner zum Wiederkommen
und Stehlen gereizt. „Wir können nicht anders", hat einmal eine
alte Zigeunerin, wie der Hunne im ‚Ekkehard', gesagt, „lege dem Zigeuner ein Goldstück auf sein Grab, so wächst seine Hand heraus und
greift danach."

Dass es gefährlich ist, irgend etwas Begehrenswertes zu zeigen,
wenn Zigeuner des Weges kommen, das weiss jeder Bauer, aber wie
oft sieht der Zigeuner den Bauern, und wie selten sieht der Bauer ihn!
Wie ein Fuchs umschleicht der Zigeuner das Haus, das Dorf, das Schloss,
er sieht alles, ihn sieht niemand, und erst wenn die Sachen fort sind,
vermutet man v i e l l e i c h t, dass Zigeuner da waren.

Auf eine besonders schlaue Idee der Zigeuner beim Pferdestehlen
macht mich der UR. K a v c n i k in Laibach aufmerksam. Er hat
beobachtet, dass die Zigeuner regelmässig Pferde stehlen, wenn in
der Nähe des Diebstahlsortes am nächsten oder nächstnächsten Tage
ein Pferdemarkt abgehalten werden soll. Der Bestohlene rechnet nun
sicher darauf, dass er sein Pferd und den Dieb auf diesem Markte erwischen werde und so unterlässt er es oft, eine Verfolgung einzuleiten
oder sonstige Vorkehrungen zu treffen. Das letztere wollte der Zigeuner
aber eben erreichen, er baut auf diese Argumentation des Bestohlenen,
und dieser sucht sein Pferd auf dem Markte natürlich vergebens, das
ist an diesem Tage gewöhnlich schon in einem anderen Kronlande.
Solche Vorfälle lassen uns im Zigeuner mit Recht den gewiegten Psychologen erkennen.

3. Kinderdiebstahl.

Ob die Zigeuner wirklich Kinder stehlen? Erzählt und geglaubt
wird es überall, auch gedruckt werden haarsträubende Geschichten,
gesehen hat's keiner, aktenmässige Nachrichten darüber fehlen.[1]
Ausserdem ist zu erwägen, dass die Zigeuner sich einer grossen Frucht-
barkeit erfreuen, es also nicht nötig haben, noch andere Kinder zu
füttern und sich nebstbei grossen Gefahren auszusetzen. Denn bei
dem allgemein verbreiteten Glauben, dass die Zigeuner Kinder stehlen,
würde ein fremdes, zumal gar ein blindes oder sonst krüppelhaftes
Kind im Besitze der Zigeuner beim Volke immer Verdacht und vielleicht eine Lynchjustiz hervorrufen. Ich meine, dass die Geschichte

---

[1] Ich verfolge seit vielen Jahren alle die vielen Zeitungsnachrichten über
Kinder, die von Zigeunern gestohlen wurden, und schreibe regelmässig an die
betreffende Behörde mit der Bitte um verlässliche Nachricht. Jedesmal stellte
es sich heraus, dass das gestohlene Kind eine Ente war. Vergl. den in mehrfacher Richtung lehrreichen Fall (mitgeteilt vom Krim.-Insp. H o m r i g h a u s e n)
im H. G r o s s' Archiv Bd. XXII. p. 49, woraus auch hervorgeht, in wie vielen
Fällen „gestohlene" Kinder bei Zigeunern unrichtig vermutet wurden.

vom Kinderstehlen sich ähnlich verhalten wird, wie die entsetzlichen Vorkommnisse vergangener Zeit, als man die Zigeuner der Menschenfresserei beschuldigt und Hunderte von ihnen auf Grund ihrer, mit Tortur erpressten Geständnisse grausam hingerichtet hat. Das eine wie das andere dürfte wohl nur Frucht der Volksphantasie sein, die den fremdartigen, unverstandenen und allerdings böse veranlagten Leuten das Abenteuerlichste und Ungeheuerlichste zutraut. Nur eines bleibt bei der Sache auffallend: Nach der Volksüberlieferung stehlen die Zigeuner vornehmlich Kinder mit r o t e n Haaren und sonderbarerweise sind dem Zigeuner rote Haare (*bala kammeskro* = Haare der Sonne, Sonnenhaar) glückverheissend. Es läge also die Auslegung nahe, dass sich die Zigeuner, bei denen ja nur schwarzhaarige Kinder (ausser mitunter vorkommenden Albinos) geboren werden „derlei glückbringende Kinder" durch Diebstahl verschaffen. Freilich kann die Sache sich auch so verhalten, dass bettelnde oder wahrsagende Zigeuner öfters einem rothaarigen Kinde besonders freundlich begegnet sind, vielleicht sich sogar über dessen glückbringende Eigenschaften ausdrücklich geäussert haben. Da nun aber der Glaube an das Kinderstehlen der Zigeuner einmal besteht, so ist es denkbar, dass die Leute, deren rothaariges Kind das Gefallen der Zigeuner erregt hatte, später Angst bekamen, dass die Zigeuner das Kind stehlen k ö n n t e n, da sie „denn doch alles stehlen, was ihnen gefällt". Aus der Furcht, dass das Kind gestohlen werden k ö n n t e, mag leicht beim Weitererzählen die Darstellung gebildet worden sein, dass sie das rothaarige Kind wirklich gestohlen h a b e n, wie solche Änderungen des Überlieferten ja alle Tage vorkommen. Wiederholen sich nun derlei Erzählungen öfters, so kann sich die fixe Meinung bilden: die Zigeuner stehlen rothaarige Kinder. Dann wäre diese Volksmeinung und der Aberglaube der Zigeuner von den Sonnenhaaren kein Zusammentreffen, sondern es wäre jene aus diesem entstanden und wir hätten ein neues Beispiel für den oft vorkommenden logischen Fehler, der schon schwerwiegende Trugschlüsse verschuldet hat, indem man Erscheinungen als einander ergänzend und unterstützend annahm, obwohl eine nur die Folge der andern war: simul cum hoc für propter hoc.

Allerdings möchte ich beifügen, dass in dem einzigen Falle meiner Praxis, in welchem ich den Verdacht hatte, dass Zigeuner ein Kind gestohlen hätten, es sich wirklich um ein rothaariges Mädchen gehandelt hat.

4. Gute Eigenschaften und Religion.

Auf gute Eigenschaften des Zigeuners ist leider niemals ein Schluss zu ziehen; so wird z. B. Dankbarkeit oft geheuchelt und in einer Weise versichert, dass es unmenschlich scheint, nicht daran glauben zu wollen, und doch ist kein Fall wirklicher Dankbarkeit bekannt, wohl aber solche argen Gegenteils.

29*

In einem grossen Bauernhause wurde eingebrochen und den Leuten alles genommen, was nur zu nehmen war, so dass sie geradezu in Not versetzt waren. Alle Anzeichen wiesen darauf hin, dass Zigeuner die Täter seien und so wurden die Bestohlenen eingehend in dieser Richtung befragt. Sie versicherten, dass in letzter Zeit kein Zigeuner im Hause gewesen oder mit ihrem Wissen vorbeigegangen sei. Dass Zigeuner die Täter waren, sei schon deshalb ausgeschlossen, weil man vor einiger Zeit einer kreissenden Zigeunerin, die nicht mehr weiter konnte und bei Schneesturm im Walde gefunden wurde, aus Mitleid Unterstand gegeben hatte. Die Zigeunerin entband im Hause, war lange krank und fand samt ihrem Kinde, wie auch Nachbarn versicherten, aufmerksame Pflege. Als sie endlich weiterziehen konnte, habe sie ihre Dankbarkeit in einer Weise zum Ausdrucke gebracht, dass allen Umstehenden „die Tränen in den Augen standen". Beim Scheiden und schon während ihrer Krankheit habe sie oft versichert, sie werde aus Dankbarkeit bewirken, dass diesem Hause für ewige Zeiten nie von einem Zigeuner etwas zuleide geschehen werde. So etwas müsse man doch glauben, meinten die Leute. Unsere Gendarmen glaubten es aber lieber nicht, liessen sich die dankbare Zigeunerin möglichst genau beschreiben (sie war einäugig und verhältnismässig sehr gross) und binnen kurzem hatte man sie, ihre Bande und einen Teil der gestohlenen Sachen. Das Weib hatte zum wenigsten einiges an ihrer Krankheit simuliert, um Einteilung des Hauses, Gebrauch dortselbst und sonstige Details zu erfahren, auch Schlüsselabdrücke hatte sie gemacht und das so Ausgekundschaftete wurde dann zum Einbruche verwendet.

Ebensowenig wie an die angebliche Dankbarkeit der Zigeuner darf man an ihre oft gerühmte Pietät für die Verstorbenen glauben. Man behauptet, dass der Zigeuner inmitten seines Lügens innehält, wenn man ihn fragt, ob er das Behauptete auch wiederholen wolle mit dem Beisatze „ap i mulende" (bei den Toten). Ich habe dies nie versucht, möchte es auch nicht tun, aber wenn es wahr ist, dass der Zigeuner unter diesem Schwure nicht zu lügen wagt, so ist es nicht „Pietät für die Verstorbenen", sondern nur seine lächerliche und kindische Gespensterfurcht, die eigentlich das Um und Auf seiner gesamten religiösen Gefühle bildet. Es ist bezeichnend, dass im Zigeunerischen *mulo* sowohl die Leiche, als auch Gespenst und Vampir bedeutet, so dass für den Zigeuner ein Verstorbener und der von ihm über alles gefürchtete „Geist" ziemlich dasselbe ist und er es nicht wagen wird, einen „*mulo*" oder die „*mulende*" frevlich anzurufen.

Ich möchte auf den zu wenig gewürdigten Umstand hinweisen, dass der Zigeuner, der ja stets einige christliche Kenntnisse (nicht Begriffe) besitzt (und auch meistens wegen der Taufgeschenke wiederholt getauft ist), keinen rechten Unterschied macht zwischen *dewel*[1])

---

[1]) *Dewel* hängt aber nicht mit *diabolos, devil*, Teufel, zusammen, sondern ist eines Stammes mit dem indischen *deuw*, Götze, dem persischen *dev*, Götze, und *divas*, Gott, und der Wurzel *diw*, aus der *Deus*, ϑεός, *Zeus*, und der Genitiv von *Juppiter* (= *Zeupater*), *Jovis* abgeleitet ist.

(Gott) und *beng* (Teufel). Beides sind ihm überirdische Gewalten, die ihm Gutes und Böses tun, ohne dass er viel unterscheidet. Er sagt für Fegefeuer ebenso: *bengeskero jak* (Teufelsfeuer) als *deweleskero jak* (Gottesfeuer) und nennt Dinge, die ihm entschieden unangenehm sind, „göttlich", z. B. *deweleskero tsiro*, Gotteswetter = Ungewitter, oder es sagt „Gott hat es getötet", wenn ein Tier verendet; das würde bei uns der gemeine Mann damit ausdrücken, dass er sagt: „Der Teufel hat's geholt". Besitzt aber ein Volk so mangelhafte oder eigentlich keine religiösen Vorstellungen, kennt es unter dem Begriff Gott nicht den Allvater, den gütigen und schützenden Gott, sondern die feindliche, höhere Gewalt, dann muss es seine Vorstellung nicht bloss mit der des Teufels zusammenwerfen, sondern es ist auch vollständig dem Geister- und Gespensterglauben verfallen, der bald eine wichtigere Stelle einnehmen muss, als die ohnehin blassen und ihm fremden Begriffe von Gott[1]) und Teufel. Nichts gibt uns eine klarere Vorstellung von den Religionsbegriffen der Zigeuner, als das Schicksal der Bemühungen des oben zitierten Engländers G. B o r r o w; er übersetzte das Evangelium Lukas ins Zigeunerische; die (spanischen) Zigeuner nahmen das Buch, betrachteten es als Talisman und steckten es zu sich — wenn sie stehlen gingen.[2])

Wer übrigens als UR. mit den Zigeunern zu tun hat, und diesen von allen anderen so verschiedenen Volksstamm gut kennen gelernt hat, der wundert sich nicht, dass die Zigeuner sind, so wie wir sie finden. Alles, was man für sie im Laufe der Jahrhunderte getan hat, beschränkte sich auf verjagen und verfolgen.[3]) Die Zivilisationsversuche waren meist vorübergehend, gewaltsam und dem Naturell des Zigeuners so zuwiderlaufend als möglich, im übrigen hat man nichts für ihn getan, allerdings auch nicht tun können, da er sich in unsere Kulturverhältnisse nicht zu fügen vermag. Selbst wir Kriminalisten kümmern uns um sie nur, wenn sie den Leuten etwas stehlen oder ihnen sonst Schaden zufügen; was den Zigeunern selbst von i h r e n eigenen Leuten geschieht, um das sieht niemand um. Wer von uns hat schon einmal eingegriffen, wenn ein Zigeuner von seinen Stammesgenossen eine der grausamen, verstümmelnden Strafen erlitten hat? Wer hat bei den vielfachen Leibesfruchtabtreibungen der Zigeuner ein Veto erhoben? Wer hat die Geschlechtsehre der Zigeunermädchen geschützt, die oft in geradezu kindlichem Alter Mütter werden? Wer hat es gerächt, wenn ein Zigeuner vom anderen vergiftet wurde? Wer weiss denn überhaupt Genaue⁵ über ihr entsetzliches Gift „*Dry*"? Wer sah einen Zigeuner gepflegt im Hospital? Woran sterben die Zigeuner, wo kommen sie hin? Wo sind ihre Gräber?[4])

---

[1]) Bezeichnend heisst Christus *tarno dewel*, der junge Gott: der alte christliche Gott ist längst gestorben und hat das Regiment früher an den jungen Gott abgetreten.

[2]) „An account of Gypsies in Spain" by G. B o r r o w, 1841.

[3]) Über Vorkehrungen gegen die Zigeunerplage s. den guten Aufsatz von H ö g e l in der „Zeitschrift für österr. Verwaltung" No. 32 aus 1894.

[4]) UR. K a v c n i k in Laibach teilt mit, er kenne einige Zigeunergräber auf katholischen Friedhöfen.

5. Diebswerkzeug und Gift.

Fragen wir nun, was wir bei dem Zigeuner Merkwürdiges finden,
wenn uns unser Beruf mit ihm in direkte Verbindung bringt, so müssen
wir antworten, dass die Ausbeute hierbei geringer ist, als man erwarten
sollte. So findet man nur in seltenen Fällen ein wirklich brauchbares
Einbrechzeug, wie es sonstige geschulte Diebe als ihr wertvollstes
Eigentum mit sich zu führen pflegen. Obwohl der Zigeuner ein zwar
schleuderhaft, aber geschickt arbeitender Schmied und Schlosser von
Geburt aus ist, so macht er sich doch keine Einbruchswerkzeuge, Nachschlüssel u. s. w. Er ist zu faul, um sie zu machen und zu tragen, zu
furchtsam, um sie zu behalten. Es liegt auch nicht recht im Wesen
des Zigeuners, mit Nachschlüssel und künstlichem Einbruchswerkzeug
zu arbeiten: ins Haus kommt er beim Fenster oder sonst wie auf be-
quemere Weise, da er die Schwäche des Verschlusses schon im voraus
genau erfahren hat, und den Kasten öffnet er mit unbegreiflicher Geschicklichkeit mit einem Messer, einem krummen Nagel oder sonstwie:
primitiv, aber zuverlässig. Was man aber immer beim Zigeuner findet,
sind Angeln und Leinen dazu. Die Angeln dienen verschiedenen
Zwecken, je nach Grösse und Konstruktion, am seltensten aber ihrem
eigentlichen Zwecke, dem Fischfange, den der Zigeuner nur ausnahmsweise betreibt. Die Zigeunerangel wird hauptsächlich zur leichten
und sicheren Erwerbung von Geflügel aller Art: Hühner, Enten, Gänse,
im Notfalle auch Tauben benützt. Der Zigeuner, meistens aber die
Zigeunerin, nähert sich unbefangen einer Geflügelschar, die natürlich
nicht unmittelbar bei einem Hause, sondern mehr abseits und unbe-
achtet sich befindet, und wirft den Tieren Brotkrumen vor. Man
sagt, dass diese mit einem Ingrediens bestrichen sind, welches das
Geflügel besonders lockt. Als diese Beimengung wird mitunter Zibet,
mitunter zerquetschter Anis, meist aber Teufelsdreck (*asa foetida*)
genannt. Sind nun die Tiere durch das Futter kirre gemacht, so werden ihnen grössere Krumen hingeworfen, schliesslich auch einer, in
dem eine Fischangel steckt; die Angel ist aber an einen Seidendarm
(wie beim Fischen) und dieser an einem starken Bindfaden oder feinem
Drahte befestigt; natürlich zappelt das Tier bald an der Angel, wird
rasch herangezogen, abgewürgt und unter dem Rocke an eigens hierzu
vorbereiteter Schlinge befestigt; die anderen Tiere sind einen Augenblick scheu geworden, kommen aber bald wieder heran und das Spiel
beginnt von neuem. Bisweilen werden für Gänse künstliche Köder
gemacht, indem der Zigeuner aus grünlichen Lappen, im Notfalle aus
Laub, einen künstlichen Frosch erzeugt, gut genug, um eine Gans zu
täuschen; in diesen wird die Angel verborgen, der Frosch vor die Gänse-
schar praktiziert und durch geschicktes Zupfen an der Schnur in hüpfende Bewegung versetzt. Dieser Lockung widersteht keine Gans.
So haben die Zigeuner einen Braten und der Bauer meint, der Fuchs
habe sein Geflügel geholt — von dem Zigeuner-Münchhausen weiss
er nichts.

Eine andere, viel gefährlichere Verwendung der Angel besteht darin, dass sie als Wurfangel benützt wird. Zu diesem Zwecke werden drei oder vier starke Angeln, meistens aber zwei Doppelangeln mit ihrem Rücken aneinander fest zusammengebunden und am unteren Ende in eine halb durchschnittene, und dann wieder zusammengedrückte Bleikugel eingeklemmt (Fig. 54). Man kann natürlich auch eine einzige Angel benützen, diese greift aber nicht so sicher wie ein System aus mehreren Angeln, da ein solches, ebenso wie ein Schiffsanker jedesmal greift, falle es, wie es will. Die Bleikugel hat selbstverständlich den Zweck, dem ganzen Wurf-geschosse das nötige Gewicht zu geben, damit sicher geschleudert werden kann.[1] Hierin haben die Zigeuner, meistens die halberwachsenen Jungen unter ihnen, eine anerkennenswerte Geschicklich-keit. Steine wirft der Junge aller Völker, sein Streben geht aber dahin, den Stein möglichst weit zu bringen. Nicht so der Zigeunerjunge; er häuft vor sich einen grossen Haufen von Steinen, etwa von Nussgrösse, dann setzt er sich ein Ziel: einen grösseren Stein, ein Brettchen, einen Lappen, auf eine Entfernung von zehn bis fünfundzwanzig Schritten, und nun wirft er seine vorbereiteten Geschosse unermüdlich und unablässig nach dem einzigen Ziel. Das geht stundenlang fort, aber

Fig. 54.

Wurfangel der Zigeuner.

er erreicht bald eine solche Geschicklichkeit darin, das er ein handgrosses Ziel niemals verfehlt. Kann er das, so erhält er eine Wurfangel und einen Lappen, dieser wird hingelegt, dann auf-gehangen, und der Zigeunerbub wirft seine Angel in allen erdenklichen Stellungen, in die er den Lappen und sich selbst bringt, nach seinem fingierten Diebstahlsobjekt, und zieht es zu sich. Eine solche Be-schäftigung ist so recht im Zigeunerwesen gelegen: ohne Plage gibt sie eine Unterhaltung und eröffnet die Aussicht, bei fortschreitender Geschicklichkeit reichen Gewinn zu schaffen. Fertig ausgebildet ist der Bursche dann, wenn er den Lappen mitten aus den Ästen eines Baumes, zwischen dessen Zweigen das Geschoss durchgeworfen werden muss, glücklich herausbringt.

Die praktische Verwertung dieser Kunst besteht darin, dass Wäsche, Kleider und ähnliches aus Räumen herausgeholt werden, die sonst nicht oder nur schwer zugänglich sind. So wird Wäsche, die zum Trocknen im eingezäunten Hofe hängt, dann herausgeangelt, wenn es schwierig oder gefährlich wäre, in den Hof selbst einzusteigen. Mit verblüffender Geschicklichkeit werden Kleider aus ebenerdigen Zimmern, deren Fenster vergittert sind, herausgeangelt, während der Bauer vielleicht im Zimmer daneben sein Mittagsmahl einnimmt. Selbst Kleidungsstücke, die auf dem Kleiderrechen hängen, werden

---

[1] Das Grazer Kriminalmuseum besitzt eine solche echte Zigeunerangel, nach welcher obige Wurfangel gezeichnet ist.

geangelt, in die Höhe gehoben und dann auf dem Boden weiter ge-
schleppt, bis sie in die gierigen Hände des Anglers fallen. Das geht
rasch und sicher und nur in seltenen Fällen klemmt sich die Beute
an einen Sessel u. s. w. so, dass die Angel fahren gelassen werden muss;
meistens aber läuft die Sache günstig ab und liefert reiche Beute. Einzelne Stücke werden sogar durch offene Fenster niedrig gelegener Dach-
böden herabgeholt, oft auch stellt sich der Angler hinter einem schützenden Zaune auf und angelt die Decken vom Rücken der Pferde, die
eingespannt auf ihren Herrn warten, der durchs Wirtshausfenster
allerdings „jeden Menschen, der die Strasse entlang gekommen war",
sehen musste. Den Zigeuner hinter dem Zaun hat er aber nicht gesehen und ebensowenig sieht er jemals seine neuen Pferdedecken
wieder. —

Auf diese Art lassen sich eine Anzahl von „rätselhaften" Diebstählen, bei denen man weder einen Täter sah, noch begriff, wie er
in den Raum gelangen konnte, auf einfache Weise erklären. Sollen
doch auch Schinken, die zum Räuchern im Schlote hingen, vom Zigeuner, der das niedrige Dach bestiegen hatte, auf diese Art herausgeangelt worden sein. —

Was man sonst noch beim Zigeuner regelmässig findet, beschränkt
sich auf Zauber- und Arzneimittel; selbe sind ausnahmslos ganz oder
zum Teile sympatethischer Natur. Verschiedene Fette und Haare,
verbrannt oder in natura, sind fast immer dabei und spielen insbesondere in den Liebesträngen und Liebespulvern[1]) eine grosse Rolle.
Woraus das berühmte Mittel zur Abtreibung der Leibesfrucht besteht,
welches alle Zigeuner kennen und besitzen sollen, weiss ich nicht;
interessant wäre es, dieses zu kennen, es soll unfehlbar wirken, wäre
also das e i n z i g e wirkliche innerliche Abortivmittel.[2])

Ebenso findet man stets bei den Zigeunern Phosphor und Arsen.
Solcher Besitz ist aber harmloser Natur, da dieses meist nur als Vieh-
arzenei, jenes zum Vertilgen von Ratten und Mäusen benützt wird;
das versteht fast jeder Zigeuner vortrefflich und lässt sich zu dieser
Jagd namentlich deshalb gerne dingen, da er hierbei die beste Gelegenheit hat, alles im Hause und in Nebengebäuden genau und unauffällig
auszuspionieren.

Zu verbrecherischen Zwecken, um jemanden damit zu vergiften,
benützt der Zigeuner weder Phosphor, Arsen, noch ähnliches Gift.
Will er jemanden vergiften, so hat er angeblich sein unfehlbar wir-
kendes, anderen unbekanntes „Dry", das schon genannte unheim-
lichste aller Gifte, auch „Dri" oder „Drei" genannt. Es soll ein feines,
braunes Pulver sein und aus Sporen eines Pilzes (vielleicht von irgend
einem Aspergillus) bestehen, welche im tierischen Organismus keimen

---

[1]) Diese sollen allerdings aus Stechapfelsamen verfertigt werden und wären
dann freilich bedenklich. Auch Soranthus europäus (Eichenmistel) soll dazu dienen.
[2]) Ein solches Abtreibungsmittel, welches einmal einem Bauernmädchen
abgenommen wurde und das es angeblich von einer Zigeunerin bekommen hatte,
bestand allerdings nur aus zerquetschten Hollunderbeeren (sambucus nigra) und
Kuhmist.

und sich zu 12 bis 15 Zoll langen, grünlichgelben Fäden entwickeln. Das Pulver wird in lauwarmer Flüssigkeit gegeben, die Sporen setzen sich auf der Schleimhaut fest, entwickeln sich sehr rasch, erzeugen hektisches Fieber, Husten, oft Blutspucken, und führen in zwei bis drei Wochen zum Tode. Ist der Organismus erkaltet, so stirbt auch der Pilz bald ab, zersetzt sich, und ist kurze Zeit nach dem Tode nicht mehr nachzuweisen.[1]) Bei Vögeln in zoologischen Gärten hat man wiederholt epidemische Infektionen durch ähnliche Mykosen (Aspergillus fumigatus) beobachtet, so dass wenigstens die M ö g l i c h k e i t des vom Gifte „Dry" Behaupteten angenommen werden kann. —

6. Benehmen bei Gericht.

Wir haben noch zu erörtern, wie sich der Zigeuner bei Gericht benimmt. Vor allem kann ich nur wiederholen, dass man den Zigeuner kennen muss, sonst kommt man niemals zum Richtigen und läuft vielleicht sogar Gefahr, ihm unrecht zu tun. Der Unterschied zwischen dem Zigeuner und jedem anderen Menschen ist ein grosser, und je mehr man diesen so merkwürdigen Stamm kennen lernt, desto mehr wundert man sich immer wieder darüber, dass in unseren kultivierten Ländern, in unserer, alles nivellierenden Zeit sich ein Stamm erhalten konnte, der den anderen so wenig gleicht.

Kommt der Zigeuner zu Gericht, so benimmt er sich zuerst scheu, vorsichtig, gewissermassen tastend.[2]) Er antwortet auf alle Fragen, ebenso wie die Juden und andere Orientalen, gerne wieder mit einer Frage, da er so Zeit findet, sich die Sache zu überlegen. Das wird ihm derart zur Gewohnheit, dass er sogar häufig auf die Frage nach seinem Namen, sagt: „Wie wird ein armer Zigeuner heissen?" Fragt man um sein Alter, so hört man: „Wie alt kann ich sein?" „Weiss ich's, wann ich auf die Welt kam?" „Wer sollte mir gesagt haben, wie alt ich bin?" Die Frage nach seinen Vorstrafen entfesselt eine Flut von Beteuerungen: „Warum soll ich gestraft sein?" „Wer hat gesagt, dass ich gestraft wurde?" „Haben Sie mich gesehen im Kerker?" „Sehe ich aus wie einer, der schon gestraft wurde?" Und nun geht's los, das Versichern seiner Unschuld für die Vergangenheit, den gegenwärtigen Fall und alle Zukunft. Er hat sich mittlerweile selbst gefunden, die Befangenheit ist verschwunden und die Frechheit, das Selbstbewusstsein, auch der Hochmut treten hervor und äussern sich zuerst in einem Redestrom, den man am besten ruhig fliessen lässt. Ich halte es, wie bei allen Leuten, die endlos reden, mit Kriminalrat

---

[1]) „Gerichtliche Chemie", von Alex. C l a s s e n. Siehe auch N a c k e „Toxikologisches" (über Dry, A q u a T o f a n a, G o n g s o n g etc.) in H. G r o s s Archiv Bd. XXV. p. 373; (vergl. A. A b e l s in „Natur und Kultur" 3. Jahrg. H. 14 und „Münchner Neueste Nachrichten" vom 25. XI. 1905).

[2]) Aber mindestens artiger als ein Bauer. UR. Kavcnik in Laibach führt als bezeichnend die (richtige) Tatsache an, dass der Zigeuner im Zimmer nie auf den Boden spuckt; er sucht den Spucknapf auf, findet er diesen nicht, so spuckt er — in seinen Hut.

L i e b i c h , welcher rät, redelustige Personen reden zu lassen, und
nicht, wie J a g e m a n n vorschreibt, ihnen das Wort abzuschneiden.
Namentlich beim Zigeuner hilft es gar nichts, wenn man ihn auffordert,
sich kürzer zu fassen, er fängt nach der Unterbrechung einfach nochmals von vorne an, so dass man nicht nur nichts gewonnen, sondern
sogar die aufgewendete Zeit verloren hat. Zweckmässig ist es aber,
das, was der Zigeuner sagt, aufzuschreiben oder aufschreiben zu lassen.
Zum Teile ertappt man ihn auf Widersprüchen in seinen endlosen
Redereien, zum Teile wird ihm das Mitschreiben unheimlich und er
beginnt, kürzer zu werden. Gewöhnlich wächst aber im Verlaufe
des Verhöres die Keckheit und Selbstüberhebung des Zigeuners zu-
sehends, zumal, wenn er es mit einem ruhigen, schweigsamen UR.
zu tun hat. Das hält der Zigeuner immer für Dummheit und beginnt
mehr zu wagen. Man kann, ohne hinterlistig zu werden, auf seine
Ideen eingehen, worauf er dann noch mehr lügt, man kann auch irgend
eine gute Handlung, einen edlen Zug, den er von sich behauptet, an-
zweifeln, dann schneidet er noch mehr auf. Hat man ihn dann eine
Zeitlang so sich hineinreden lassen (auf eine gute Portion Naivität
darf man auch beim frechsten, gescheitesten Zigeuner rechnen), so
ist es an der Zeit, ihm kurz und energisch die Widersprüche vorzuhalten und die Beweise aufzuzählen, die gegen ihn sprechen.

Zum wirklichen Geständnis bringt man den Zigeuner selten,
aber dass er sich überwiesen fühlt, merkt man bald, wenn er die frühere
Frechheit aufgibt und nun auf einmal zu winseln und zu bitten anfängt. Seine Naivität darf nie übersehen werden, und diese bringt
ihn dazu, nur noch mehr formell zu leugnen, in seinem sonstigen Benehmen aber sein Schuldbewusstsein zur Schau zu tragen. Der sonst
überall geltende Grundsatz: „Freund, du siehst dein Unrecht ein,
denn du wirst grob", ist dem Zigeuner fremd, und je mehr er merkt,
dass man seine Schuld kennt und dass er eigentlich schon überwiesen
ist, desto artiger wird er, desto mehr verlässt ihn seine Zuversichtlich-
keit und Keckheit. Aber selbst wenn der Zigeuner zu Geständnissen
schreitet, so tut er dies zögernd, zweideutig und womöglich wieder mit
Lügen. Ich erinnere mich überhaupt nur an ein einzigesmal, in welchem
ich von einem Zigeuner ein volles, umfassendes Geständnis und gleichzeitig wichtige Angaben gegen andere Beschuldigte erhalten habe.
Ein Ehepaar wurde verdächtigt, vor vielen Jahren einen Mord begangen zu haben, an welchem ein Zigeuner entfernt beteiligt war;
dieser Zigeuner war wegen eines anderen Meuchelmordes bald nach
der erstgenannten Tat zu lebenslänglichem Kerker verurteilt worden,
und also auch schon seit Jahren in Haft. Bei seiner Vernehmung
leugnete er (ebenso wie das genannte Ehepaar) mit unverwüstlicher
Hartnäckigkeit; er habe den Ermordeten nicht gekannt, er kenne
das verdächtige Ehepaar nicht, er wisse von allem nichts. Er sün-
digte auf den Umstand, dass seit der Tat so lange Zeit vergangen war,
und wusste nicht, dass man unmittelbar nach der Tat genaue und
eingehende Erhebungen gepflogen hatte, die jetzt vorlagen, und durch
welche alle wichtigen Umstände bis in die kleinsten Einzelheiten klar-

gestellt worden waren. Als sich der Zigeuner, ein alter, verschmitzter Bursche, genugsam vergaloppiert hatte und dann erfuhr, dass man das alles besser wisse, als er es behauptete, schwieg er eine Zeitlang und begann dann: „Herr, ich bin ein lebenslänglicher armer Teufel; aufhängen können sie mich wegen der neuen Sache nicht, und mehr als lebenslang kann ich auch nicht bekommen; das Ehepaar will mich ärger hineinbringen, als es richtig ist; ich werde alles sagen." Nun erzählte er den Hergang umständlich und wie es sich später herausgestellt hat, absolut richtig; er fügte dann allerlei Belehrungen für mich dazu, die mir vom höchsten psychologischen Interesse waren. Das genannte Ehepaar gehörte nicht derselben Nationalität an; der Mann war deutschen Stammes, das Weib eine Ungarin. Das griff der Zigeuner auf und sagte mir: „‚Wenn sie wollen, dass kein Unschuldiger hineinkommt, und dass die Sache so offenkundig wird, wie sie ist, so müssen Sie die zwei Leute richtig behandeln — den deutschen Mann anders, die ungarische Frau anders." Nun erging er sich in eine Charakteristik des deutschen und des ungarischen Stammes, und zwar mit auffallender Schärfe und Klarheit; es war nicht gerade alles schmeichelhaft, was er über den deutschen Stamm sagte, aber recht hat er gehabt. Ich wäre fast von meinen wenig günstigen Ansichten über die Zigeuner abgekommen, hätte mir mein Gewährsmann nicht zum Schlusse einige Ratschläge erteilt, wie ich die Leute „fangen" könnte. Diese Belehrungen waren aber so perfide und teuflisch schlau, dass wieder die ganze Niedertracht dieses gottvergessenen Stammes zutage trat. Ich suchte ihm klarzustellen, dass man dergleichen nicht tun dürfe, er sah mich verdutzt an, zuckte die Achseln und schwieg.

7. Namen der Zigeuner.

Besondere Schwierigkeiten bereiten die Namen der Zigeuner. Dass sie überhaupt welche haben, wenigstens in unserem Sinne, ist ja kaum länger als hundert Jahre, seitdem man sie von amtswegen dazu verhalten hat, Namen zu führen. Die Sache ist dem Zigeuner keineswegs angenehm, da er merkt, dass die Assentierung, eine gerichtliche Verfolgung, ein Nachweis der Vorbestrafungen, ein Identitätsnachweis und sonstige lästige Dinge fast nur möglich sind, wenn der Mensch einen fixen Namen hat. Um dies wenigstens zum Teile für sich unschädlich zu machen, haben die Zigeuner es vorgezogen, sich mit einem möglichst kleinen Kreise von Namen zu begnügen; in den ungarischen Grenzdistrikten heissen fasst alle Zigeuner Horvath, Pfeifer, Baranya, Neumann, Szarkösy oder Kokos; es soll dann einer wissen, ob der eingefangene Horvath identisch ist mit dem Horvath vom vorigen Jahre; es liest sich fast komisch, wenn in den österreichischen Polizei- und Spähblättern ganze Reihen von Zigeunern namens Horvath und Szarkösy gesucht werden, die sämtlich als „besonderes Kennzeichen" einen „ausgesprochenen Zigeunertypus" aufweisen!

In Deutschland bleiben die Namen der Zigeuner weniger gleich, bewegen sich aber auch in engeren Kreisen, und Namen, wie Weiss, Kreuz, Köck, Kiefer, Hanstein, Merk, Muffel u. s. w., kommen unzähligemale vor; die in Westfalen (Wittgenstein) angesiedelten Zigeuner (welche sich übrigens, wie mir Amtsrichter W i e r u s z o w s k i in Siegen mitteilt, anständig benehmen) heissen fast alle Janson, Lagerin, Rebstock und Mettbach. Aber das sind alles nur Namen für die Behörden, Namen, unter denen sich der Zigeuner taufen, assentieren und einsperren lässt. Auch wissen die Zigeuner von einander diese „behördlichen Namen", um bei irgend einem Zusammentreffen mit einem amtlichen Organe in keinen Widerspruch mit den Angaben des Betreffenden zu geraten. Untereinander und für einander heissen sie aber ganz anders und haben Namen, wie wir sie von den Indianern hörten. Meistens sind es nur Adjektiva oder Adjektiva mit Substantiven, selten letztere allein; z. B.: *sastereskero*, der Eiserne; *bidangero*, der Zahnlose; *bikaneskero*, der ohne Ohren; *binaskero*, der Nasenlose; *gahrtscho*, der Kahle; *matakerdo*, der Betrunkene; *vešavo*, der Lahme; dann: *gali minsch*, das schwarze Mädchen (eigentlich *vulva*); *šjuri ostro*, das scharfe Messer; endlich *muri*, Gans; *bersthero*, Hirte; *miriklo*, Perle; *našado*, der Totgeschlagene u. s. w.

Fragt man nun einen Zigeuner, um den Namen seines Genossen (mit dem er ausnahmslos „erst gestern das erstemal zusammengekommen ist", und sei es sein Zwillingsbruder), so nennt er n u r dessen „behördlichen" Namen; fragt man dann, wie denn dies auf zigeunerisch heisse (gewissermassen um die Übersetzung des genannten Namens), so platzt der Befragte bisweilen mit dem eigentlichen Namen des Betreffenden heraus. Erfährt man solche Namen, so sollen sie immer notiert und als wichtig in den Akten aufgenommen werden,[1] da sie allein dazu dienen können, um zwei Zigeuner von einander zu unterscheiden; einen, einmal erhaltenen Namen legt der Zigeuner niemals mehr ab, gleichwohl ist er nicht vererblich. Die Erblichkeit der Namen wäre überhaupt schwierig, da das „pater semper incertus" wohl nirgends mehr Berechtigung hat, als bei den Zigeunern. Die Erzählungen von der Heilighaltung der Ehen, deren Bruch mit Zerschmetterung des Kniegelenkes bestraft werden soll, wurden mir von Zigeunern nie bestätigt; ich halte sie für Fabeln, die mitunter von den Zigeunern selbst aufgetischt werden, um sich besser zu zeigen, als sie sind. Dass ein Zigeuner den Begriff von jungfräulicher Ehre, von Heiligkeit der Ehe u. s. w. nur einigermassen sollte fassen können, halte ich für unmöglich. Er balgt und rauft mit seinem Nebenbuhler, aber das tut das Tier auch, Ehre und Scham im Sinne des Kulturmenschen kennt der Zigeuner nicht.

---

[1] A. Glos „Zigeunerwesen", H. Gross' Archiv Bd. XX. p. 58. Vergl. die neuesten Massregeln gegen die Zigeunerplage in Ungarn: „Neues Wiener Tagblatt" v. 25./7. 1907 p. 10.

8. Über einige körperliche Eigenschaften des Zigeuners.

Auch in Bezug auf seine körperlichen Eigenschaften und Fähigkeiten will der Zigeuner nicht so beurteilt sein, wie ein anderer Mensch. Dies gilt namentlich bei der Frage, ob etwas für einen Menschen „möglich ist oder nicht". Man wird ziemlich sicher im allgemeinen angeben können, ob ein Mensch dies oder jenes tun kann, beim Zigeuner kann man das niemals mit Sicherheit sagen und man tut wahrlich am besten, wenn man dem Zigeuner alles zutraut.

Dies ist z. B. bei Erörterung von Entfernungen der Fall; wenn es heisst: „Dahin kommt man bei gutem Wege, seiner genauen Kenntnis und unbeladen in d i e s e r Zeit, bei schlechtem Wege, ohne Kenntnis der Abkürzungen und schwer bepackt in j e n e r Zeit", so mag dies für gewöhnliche Leute gelten, nicht aber für Zigeuner. Ob der Weg gut ist oder nicht, ob er ihn kennt oder nicht, ob er etwas trägt oder nicht, das ist alles gleichgültig, wenn es sein muss, so legt er den Weg in einer Zeit zurück, die unbegreiflich ist, er kennt nur e i n Hindernis: den Wind. Dass der Zigeuner diesen nicht verträgt und geradezu hilflos wird, wenn er gegen Wind kämpfen muss, wird in allen Werken über Zigeuner hervorgehoben und es ist auch richtig. Andere Diebe stehlen mit Vorliebe in stürmischer Nacht, der Zigeuner nicht, dieser verkriecht sich, wenn sein Erbfeind bläst. Muss er aber im Winde wandern, so braucht er mehr Zeit als ein anderer Mensch. Ist ein Diebstahl in einer sehr windigen Nacht verübt worden, so ist daher in erster Linie anzunehmen, dass ihn n i c h t Zigeuner verübt haben.[1] —

Auch in Bezug auf seine Krankheiten und Leiden ist der Zigeuner anders zu beurteilen. Man hüte sich z. B. die Erkrankungen, denen der Zigeuner so leicht schon nach kurzer Haft verfällt, sofort für Simulation zu halten. Selbst wenn der Arzt objektiv nichts nachweisen kann, ist der Zigeuner oft krank, krank, wie der Älpler in der Ebene, wie der Bewohner der Tiefebene im Gebirge, wie der Zugvogel im Käfig. Der Zigeuner ist die ungebundene Freiheit seit Jahrhunderten gewöhnt und erträgt ihre Entziehung nicht, ebensowenig die fremde Nahrung, fremde Kleidung, vornehmlich die aufgedrungene Ordnung und Zeiteinteilung. Er wird krank, gemütskrank, auch körperlich krank und wenn man ihm schon das einzige Heilmittel, die Freiheit, nicht reichen kann, so quäle man ihn wenigstens nicht dadurch, dass man ihn rundweg für einen Simulanten erklärt und danach behandelt. —

Merkwürdig und wichtig für den Kriminalisten ist das überaus rasche Verheilen von Wunden am Zigeunerkörper, welche Eigenschaft vielleicht orientalischen Ursprunges ist. Wenigstens wird ähnliches von vielen orientalischen Stämmen mitgeteilt. Aus den Mitteilungen von Ärzten,[2] die z. B. in Ägypten, Arabien, Indien, tätig waren, er-

---

[1] Ich glaube, dass diesem Umstande nicht somatische Ursachen zu Grunde liegen, sondern abergläubische; es dürfte Gespensterfurcht sein.

[2] Professor Dr. Alexander R e y e r, gewesener Leibarzt des Vizekönigs von Ägypten.

gibt sich, dass dort die Leute mit oft schwersten Verletzungen unglaublich rasch gesund werden. Freilich wirkt da auch Klima und Luft mit,
aber gar viel anders sind die Heilerfolge, die wir in unseren Himmels-
strichen an Zigeunern sehen, auch nicht beschaffen. Der Zigeuner
ist gegen körperlichen Schmerz empfindlich, trotzdem kann er mit
schweren Verletzungen weiter wandern; zumal, wenn er fliehen muss,
leistet er in dieser Richtung grosses. Ein Zigeuner war auf einem
Pferdemarkte von einem durchgehenden Gespanne niedergeworfen
und so übel zugerichtet worden, dass die Ärzte im Spitale, in das er
bewusstlos gebracht worden war, die Zeit bis zu seiner Wiederherstellung
auf Wochen veranschlagten. Der braune Patient mochte kein gutes
Gewissen haben, in der dritten Nacht nach seiner Verletzung entfloh
er durch das Fenster auf Nimmerwiedersehen, nicht ohne die Leintücher seines Bettes mitzunehmen.[1])   Handelt es sich also um die Beurteilung der Frage, ob ein Zigeuner, der bei diesem oder jenem Hergange verletzt wurde, trotz seiner schweren Beschädigung noch dies
oder jenes unternehmen konnte, so wird hier nicht derselbe Masstab
anzulegen sein, als bei einem anderen Menschen. Ebenso wird man
vorgehen müssen, wenn gefragt wird, wann z. B. eine frisch vernarbte
Wunde an einem Zigeuner entstanden sein kann. Man wird bei der
Beantwortung dieser Frage gut tun, wenn man ein nennenswertes
Stück von der sonst normalen Zeit abzieht, „denn", wie ein erfahrener
Chirurg sagte, „beim Zigeuner kann man zuschauen, wie seine Verletzung zuwächst".

Die Zigeuner und ihre Anhänger schreiben diese raschen Hei-
lungen allerdings nicht der Körperkonstitution, sondern den angeblich
ausgezeichneten Heilmitteln zu, die sie besitzen sollen. Vor mehreren
Jahren wollte ein Gendarm einen äusserst gefährlichen Dieb, der lange
Zeit mit Zigeunern gelebt hatte, festnehmen. Der Dieb liess sich mit
dem Gendarm (in einem Gasthause) in ein Feuergefecht ein, der Gendarm fiel, dem Dieb wurde der rechte Vorderarm durch eine Kugel
des Gendarmen zerschmettert. Er konnte noch fliehen, kam zu einem
Burschen, der ihm öfter Unterkunft gewährt hatte und sagte zu diesem:
„Wenn ich noch zu meinen Leuten (i. e. den Zigeunern) kommen kann,
so heilen sie mir den Arm bald, kann ich das nicht, so bin ich verloren."
Diese Äusserung beweist wenigstens, welch grosses Vertrauen der Mann
zur Heilkunst der Zigeuner hatte.

Nicht viel anders als bei den äusseren Verletzungen verhält es
sich mit den Erkrankungen, denen die Zigeuner zwar ebenso unterworfen sind, wie andere Menschen, die sie aber oft im Freien, ohne
Schutz und wandernd durchmachen müssen. Unsere statistischen
Kenntnisse über Zigeuner sind zwar sehr mangelhaft, aber man wird
doch behaupten dürfen, dass der Sterblichkeits - Prozentsatz zum
wenigsten bei ihnen nicht höher ist, als bei anderen. Gewiss ist's,
dass man unter den Zigeunern auffallend viele alte Leute sieht, die

---

[1]) Seither wurden mir zahlreiche ähnliche Fälle brieflich mitgeteilt, welche
die unglaublich rasche Heilung von Wunden bei Zigeunern bestätigen.

sich ausserdem noch grosser Frische und Beweglichkeit erfreuen. Aus der verhältnismässig geringen Berücksichtigung, welche die Zigeuner Erkrankungen zuteil werden lassen, ergibt sich u. a. auch, dass es ein falscher Schluss wäre, wenn man annehmen wollte, eine Bande habe deshalb irgend einen Diebstahl nicht verübt, weil z. B. ihre Kinder an den Blattern erkrankt waren. Derartiges stört den Zigeuner nicht, lässt vielleicht aber auch das plötzliche Auftreten von Infektionskrankheiten erklären, da solche von bettelnden oder stehlenden Zigeunern eingeschleppt worden sein können.

9. Zigeuner-Sprichwörter.

Zum Schlusse sollen noch einige Sprichwörter vom und über den Zigeuner angeführt werden, da nichts ein Volk so kennen lehrt, als die Sprichwörter, die es selber schuf, und die andere über dieses erfanden. Und kennen soll der UR. vor allem die Leute, mit denen er zu tun hat. Die folgenden Sprichwörter von Zigeunern sind von L e - l a n d , R o s e n f e l d , J e s i n a , P o t t , S c h w i c k e r u. s. w. gesammelt:

„Stehlen ist keine Schande; wohl aber, sich dabei erwischen lassen. — Stehlen ist leichter, als arbeiten. — Wo kein Geld ist, ist keine Liebe. — Besser ein Esel, der einen trägt, als ein Ross, das einen abwirft. — Wenn du in deinem Herzen etwas geheim hältst, so wird es gewiss niemand wissen. — Weib und Tuch wähle nicht beim Kerzenlicht. — Was du nie erlangen kannst, verlange nicht. — Wer die Leiter hält, ist ebenso wie der Dieb. — Wer dir besonders schmeichelt, hat dich betrogen oder will dich betrügen. — Wer wartet, bis ein anderer ihn zum Essen ruft, der bleibt oft hungrig. — Gutes Leben macht gute Freunde. — Kinder reden, was sie tun, Männer, was sie denken, die Alten was sie gesehen haben. — Der Tor trägt das Herz auf der Zunge, der Weise die Zunge im Herzen."

S p r i c h w ö r t e r (n a m e n t l i c h u n g a r i s c h e) ü b e r d e n Z i g e u n e r :

„Sie leben wie Zigeuner (wenn Ehegatten raufen). — Falsch wie der Zigeuner. — Er jammert wie ein schuldgeständiger Zigeuner. — Du zigeunerst (heulst) umsonst. — Der Zigeuner kennt die Pflughörner nicht (arbeitet nicht). — Auch der Zigeuner lobt sein Ross. — Er reitet das Zigeunerross (er lügt). — Zigeunerei = Falschheit, Betrug. — Zigeunererwerb = Diebstahl."

Alles Schlechte, Wertlose, Scheinbare, bekommt den „Zigeuner"-Beinamen, z. B.: Zigeunergold = Messing. — Wertloser, grätenreicher Fisch = Zigeunerkarpfen. — Wilde, ungeniessbare Weintraube = Zigeunertraube. — Trebernwein = Zigeunerwein u. s. w.

Aus allen diesen Äusserungen geht hervor, dass der Zigeuner dem Volke lästig und verhasst ist; verachtet und verjagt, fristet er schädigend und zerstörend sein elendes Dasein. Was wird das Ende dieses merkwürdigen Volkes sein?

X. Abschnitt.

Der Aberglaube.[1]

Es ist seltsam, welche Wirkung heute noch der Aberglaube auf eine Reihe von Menschen hat,[2] die sich gerade das Verbrechen zum Lebenszwecke gemacht haben. Verbrecher spekulieren oft auf den Aberglauben anderer, oft stehen sie selbst in sehr arger Weise unter seiner Herrschaft und lassen sich durch ihren Aberglauben zu unerklärlichen Dingen verleiten.

Eine genaue Kenntnis der abergläubischen Vorgänge ist aber für den UR. von Wert,[3] da sie sonst verwirrend auftreten und die Erhebungen auf weitabführende Irrwege lenken, bloss weil man häufig glaubt, irgend ein Vorgang, ein Fund u. s. w. müsse grosse Bedeutung im Kriminalfalle haben, wobei schliesslich das Ganze nichts anderes

---

[1] Vergl. namentlich: A. Lehmann „Aberglaube und Zauberei", Stuttgart Enke 1898.

[2] Wie gross der Aberglauben z. B. noch in Berlin ist, beweisen die vielen seltsamen Zumutungen, die an die Beamten des Tierschutz-Vereins herantreten. So erschien in dem Depot eine Frau, die drei Tropfen Blut von einem kohlrabenschwarzen Hunde kaufen wollte, die gegen Krankheit helfen sollten. Ein Mann verlangte den Kadaver eines Hundes, der jedoch nicht durch Gift getötet, sondern erhängt sein musste. Ein sehr begehrter Artikel bei der abergläubischen Bevölkerung scheint „Hundefett" zu sein, das fast täglich in den Anstalten gefordert wird. Es soll angeblich ein Universalmittel gegen die Lungenschwindsucht sein. Mit einer weissen Katze, die in der Mitternachtsstunde getötet werden solle, wollte eine Frau Schätze entdecken. Dass Esel „Glückstiere" sind, können die Angestellten des Depots alle Tage erfahren, denn jedesmal werden die Langohren nur gekauft, weil sie Glück bringen.

[3] Vergl. hier überhaupt die ausgezeichnete und wichtige Arbeit von A. Löwenstimm „Aberglaube und Strafrecht", deutsche Ausgabe bei Joh. Räde, Berlin 1897 und die Aufsätze desselben Verf. in der „Ztschft. für Sozialwissenschaft" Bd. VI p. 209 und 273; Dr. Adolf Wuttke „Der deutsche Volksaberglaube der Gegenwart", Berlin 1869; Dr. H. B. Schindler „Der Aberglaube des Mittelalters", Breslau 1885; Grimm „Deutsche Mythologie"; „Dämonomagie oder Geschichte des Glaubens an Zauberei" u. s. w. von Georg Konrad Horst, Frankfurt a. M. 1818; Wilh. Pressel „Hexen und Hexenmeister", Stuttgart 1860; C. Schneider „Der allgemeine und Krieger-Aberglauben im 16., 17., und 18. Jahrhundert" (Österr. mil. Zeitschrift", 1865 II. Bd.); Dr. Lux „Der Scharfrichter nach allen seinen Beziehungen", Leipzig 1814; Dr. Max Bartels „Die Medizin der Naturvölker", Leipzig 1893; Montanus „Die deutschen Volksbräuche,

war, als ein abergläubisches Mittel oder eine derartige Vorsicht, die mit dem Verbrechen an sich nicht das mindeste zu tun hat. Und der krasseste Aberglaube regt sich noch heute lebendiger im Gaunervolke, als man gewöhnlich annimmt.[1]) Ich selbst sah noch „Schlummerlichter“, die aus dem Fette unschuldiger Kinder geformt waren und dazu dienten, um zu sehen, ob noch jemand in dem zu beraubenden Hause wach sei.[2]) Ja selbst grosse Verbrechen können trotz aller Auf-

---

Volksglaube und mythol. Naturgeschichte“, Iserlohn 1858; R o t t e k und W e l k e r „Staatslexikon“: „Aberglaube“; M ü l l e r „Lexikon des Kirchenrechts“: „Aberglaube“; Dr. Herbert M a y o (deutsch von Hugo Hartmann) „Wahrheiten im Volksaberglauben“, Leipzig 1854; A. G r a f (deutsch von Dr. Teuscher) „Die Geschichte des Teufelsglaubens“, Jena; H e n n e am R h y n „Entwicklung, Herrschaft und Sturz des Teufels- und Hexenglaubens“ und „Eine Reise in das Reich des Aberglaubens“, Leipzig 1892; Dr. L. S t r a c k „Der Blutaberglaube bei Christen und Juden“, München 1893; Ulrich J a h n „Zeitschrift für Ethnologie“ Bd. XX Hft. 2, 1888 „Über den Zauber mit Menschenblut etc.“; C. M e y e r „Der Aberglaube des Mittelalters und der folgenden Jahrhunderte“, Basel 1884; H. L. F i s c h e r „Das Buch vom Aberglauben“; L. S t r ü m p e l l „Der Aberglaube etc.“, Leipzig 1890; A n d r e e, H. „Ethnographische Parallelen“, Stuttgart 1878; M a n n h a r d t „Die praktischen Folgen des Aberglaubens“, Berlin 1878; M. B u s c h „Deutscher Volksglaube“, Leipzig 1877; S i m a r „Der Aberglaube“, Köln 1877; F. U n g e r „Die Pflanze als Zaubermittel“, Wien 1859; Dr. F l ü g e l „Volksmedizin und Aberglaube im Frankenwald“, München 1863; J. A. L. K ö h l e r „Volksbrauch im Vogtland“, Leipzig 1867; J. G r o h m a n n „Aberglauben in Böhmen“, 1864; v. S c h u l e n b u r g „Wendisches Volkstum“, Berlin 1882. Vergl. noch weitere Literaturangaben in dem guten Buch von Hans Z a h l e r „Die Krankheiten im Volksglauben des Simmentales“, Bern 1898 und Alfred L e h m a n n (deutsch von Dr. Petersen) „Aberglaube und Zauberei“ Stuttgart 1898; A. L ö w e n s t i m m „Aberglaube und Gesetz“, H. Gross' Archiv Bd. XXV p. 131; v. H a n s e m a n n „Der Aberglaube in der Medizin“, Leipzig 1905; K n a u e r „Mord aus Homosexualität und Aberglauben“, H. Gross Archiv Bd. XVII p. 214; A. H e l l w i g „Die Bedeutung des grumus merdae für den Praktiker“ (gute Literaturangabe!) ibidem Bd. XXIII p. 188; derselbe „Weiteres über den grumus merdae“, Aschaffenburgs Monatschrift 2. Jhrgg. 10. Heft: A. A m s c h l „Aberglauben als Heilmittel“, H. Gross' Archiv Bd. XV p. 397; A. H e l l w i g „mystische Zeremonien beim Meineid“, Gerichtssaal LXVI p. 79; C. W i n t e r „Barbarischer Aberglauben“, H. Gross Archiv Bd. XXIV p. 161; A. H e l l w i g „Neunfacher Kindermord zum Zwecke des Schätzehebens“, ibidem Bd. XXIV p. 125; C. M o m m e r t „Menschenopfer bei den alten Hebräern“, Lpzg. 1905; J. B. H o l z i n g e r „Das Delikt der Zauberei in Literat. u. Praxis“, H. Gross' Archiv Bd. XV p. 327; — y — „Mord aus Aberglauben“, ibidem Bd. XVII p. 42; A. H e l l w i g „Verbrechertalismane“, H. Gross' Archiv Bd. XXV p. 76; derselbe „Aberglauben etc.“, Ärztl. Sachverst.-Ztg. Nro. 16 et 1906; derselbe „Diebstahl aus Aberglauben“, H. Gross Archiv Bd. XIX p. 286; derselbe „Diebstahl aus Aberglauben“, H. Gross Archiv Bd. XXVI p. 37; derselbe „Aberglauben in den höchsten Kreisen der Gesellschaft“, ibidem Bd. XXIII p. 83; A. M. P a c h i n g e r „Aberglaube vor und bei der Geburt des Menschen“, Münchner medizin. Wochenschrift No. 32 et 1904; A. A m s c h l „Wildschützenromantik als Verbrechen“, H. Gross' Archiv Bd. XVII p. 74; N e s s e l „Spanische Schatzschwindler“, ibidem Bd. XXIV p. 259; H. G r o s s „Zum psychopathischen Aberglauben“, ibidem Bd. II p. 216; Bd. IX p. 253; Bd. XII p. 334; Bd. XV p. 412. Ausserdem noch in H. Gross' Archiv Bd. XI p. 256; Bd. XII p. 252, 267, 270; Bd. XVI p. 173; Bd. XVII p. 42, 169; Bd. XVIII p. 263; Bd. XXI p. 306; Bd. XXII p. 69.

[1]) Dass dies richtig ist, bestätigen u. a. auch K l a u s s m a n n · W e i e n „Verbrechen und Verbrecher“, Berlin 1892 und die zitierten Arbeiten namentlich die von L ö w e n s t i m m und H e l l w i g.

[2]) In Ungarn macht man heute noch Kerzen mit dem Blute einer bei einer Zwillingsgeburt verstorbenen Frau, da solche Lichter den Dieb bei der Arbeit unsichtbar machen. (T e m e s v a r y „Volksbräuche und Aberglauben etc.“, Leipzig, Grieben 1900.)

klärung ihre Deutung nur im Aberglauben finden. Gerade hier würde man oft weit fehl gehen, wenn man irgend einen scheusslichen Vorgang auf abnormale Geistesveranlagung zurückführen wollte: der Täter ist geistig gesund, aber von finsterem Aberglauben befangen.[1]) Hierher gehören alle jene, nicht bloss bei den Südslaven vorkommenden Vorgänge, die mit dem Vampirglauben[2]) zusammenhängen, dann die Verwendung des Blutes unschuldiger Kinder und namentlich das sog. Herzfressen. Dass das Herz eines ungeborenen Kindes, wenn warm verzehrt, übernatürliche Kraft, Unsichtbarkeit und das Vermögen zu fliegen verleiht, wurde zu allen Zeiten geglaubt; zahlreiche derartige Fälle bringt F. Ch. B. Avé-Lallemant;[3]) — aber auch unsere Tage bringen solche Fälle, wie unzählige Menschenfressereien (auch ohne vorausgegangener Geisteserkrankung) beweisen.[4])

Dass man mit dem Blute unschuldiger Kinder Schätze heben kann, wird namentlich in Italien und da wieder besonders in Sizilien geglaubt, wo 1894 einmal 24 und einmal 20 Kinder zu diesem Zwecke gemordet wurden. Dieser Aberglaube wurde schon vor Jahrhunderten durch italienische „Steinsucher" (halb Bergleute, halb Schatzgräber) nach Deutschland gebracht, und wird hier auch heute noch durch italienische Steinmetze und Bauarbeiter bei unserem Volke lebendig erhalten.

Welche Bedeutung der Glaube hat, dass die Juden Blut von Christenkindern zu rituellen Zwecken brauchen, das zeigen uns moderne Prozesse unserer Tage zur Genüge.[5]) —

Wichtig können auch gewisse Vorgänge werden, bei welchen sich jemand durch alchymistische Mittel verjüngen will; diese Mittel sind oft lebensgefährlich, und entsteht daraus der Tod einer Person, so kann leicht irrig Mord durch dritte Hand vermutet werden.[6])

Einen, in mehrfacher Richtung wichtigen Fall erzählt M. Friedmann.[7]) „Vor einem Jahre" (also 1900) schlug ein Soldat dem an-

---

[1]) Bezirksrichter Tarter in Bezau (Vorarlberg) sendet mir 4 Bändchen zur Einsicht, wie sie (aus der Schweiz) in Unmassen auf die Jahrmärkte gebracht (bis vor wenigen Jahren) und in ebensolchen Massen vom Landvolke abgekauft wurden. Eines heisst „Das wiedergefundene Zauberbuch des Alberti Parvi", London, Luppert u. Komp.; das andere (3 Hefte) „Das Buch der Geheimnisse", Reading 1852, bei Louis Ensslin. Wenn man diese Dinge voll des unfasslichsten Aberglaubens liest, so vermeint man, ein Buch aus dem 17. Jahrhundert vor sich zu haben.

[2]) Noch unterm 5. Mai 1888 berichtet die Wiener „Neue Freie Presse" über einen Fall von Leichenschändung infolge von Vampirglauben (in Ostdeutschland).

[3]) „Der Magnetismus", Leipzig 1881.

[4]) Vergl. Bergmann „Die Vorbereitung der Anthropophagie", Bunzlau 1893; Kern „Menschenfleisch als Arznei etc.", Ethnographische Beiträge, Leiden 1896; Steinmetz „Endokannibalismus", Wien 1896; Krauss „Menschenfleischessen bei den Südslaven", Urquell 1897, 1—5 und 117—119; Arved Straten „Blutmord etc.", Siegen 1901; Ilberg „Lustmord und Lustmörder" in Aschaffenburgs Monatschrift 2. Jhrgg. p. 596 und einige der von mir unter „psychopath. Aberglauben" (s. oben, Literatur) gesammelten Fälle.

[5]) Vergl. namentlich H. Gross' Archiv Bd. IV p. 357 und 363, dann Bd. VI p. 216.

[6]) Vergl. Kopp „Geschichte der Chemie", 1843—1847.

[7]) „Über Wahnideen im Völkerleben", Wiesbaden 1901. Leider konnte ich, auch durch ein Schreiben an den Autor, nähere Daten über diesen merkwürdigen

deren verabredetermassen den Kopf ab, weil beide fest geglaubt hatten, der Überlebende vermöge den abgeschlagenen Kopf durch gewisse Zaubersprüche wieder „anzuheilen". Der so Operierte vermöchte dann grosse Schätze zu heben. — Vom juristischen Standpunkte muss man — Beweisfrage als erbracht angesehen — sogar zugeben, dass der Täter gar nicht gestraft werden kann: t ö t e n wollte er den Kameraden doch nicht, er wollte ja mit ihm Schätze heben, und f a h r - l ä s s i g hat er auch nicht gehandelt, da er doch von der Unschädlichkeit des Mittels ü b e r z e u g t war. Würde man ihn strafen, so strafte man lediglich Dummheit und Unwissenheit.[1]

In anderer Richtung kann die Kenntnis des Aberglaubens wieder ein sonst unverständliches Sittlichkeitsdelikt aufklären, da z. B. nach einem fast überall verbreiteten Aberglauben Geschlechtskrankheiten dadurch geheilt werden können, dass man sich an einem noch nicht 7 Jahre alten Mädchen geschlechtlich vergeht![2]

P r o u d h o n sagt mit Recht: der Aberglaube eines Volkes streife oft knapp an ein Naturgesetz, und so muss der UR. den Aberglauben namentlich dann in den Kreis seiner Rechnung ziehen, wenn ihm Motiv und Vorgang sonst unerklärlich bleibt.[3]

I. Aberglaube in Bezug auf zurückgelassene Dinge.

Irgend einen Zauberspruch oder Freibrief wird mancher gewöhnliche Dieb bei sich tragen, und häufig kommt es vor, dass der Täter etwas ihm Gehöriges auf dem Tatorte zurücklässt, weil er glaubt, dass dann seine Tat oder wenigstens er als Täter nicht entdeckt wird.

Die Geliebte eines berüchtigten Einbrechers hatte ihr zehn Monate altes Kind in kalter Winternacht ausgesetzt und ihre eigenen Schuhe daneben stehen gelassen, welche nicht lange eher ein Schuster für sie angefertigt hatte. Der Mann wohnte einige Stunden vom Tatorte entfernt, und es konnte durch ihn die Täterin entdeckt werden. Sie gestand nachträglich, dass sie die Schuhe dort gelassen habe, um nicht entdeckt zu werden. Aus demselben Motive hatte ein Raub-

---

Fall nicht erlangen. — Auffallender Weise wird g e n a u dieselbe Geschichte von den Artilleriesoldaten Ilija Konstantinowitsch und Vasili Radulowitsch erzählt, welcher Vorgang sich am 14. April 1892 in Semendria (Serbien) zugetragen habe. Vergl. S t r a c k „Das Blut im Glauben und Aberglauben der Menschen" 1900, dann Aug. L ö w e n s t i m m in der „Ztschft. für Sozialwissenschaft", VI. Bd. p. 216 und Vossische Ztg. vom 24. April 1892 No. 191. —

[1] Vergl. die oben zitierten Arbeiten von H. G r o s s über „Psychopathischen Aberglauben" in H. Gross Archiv Bd. IX p. 253 und Bd. XII p. 334 etc.; B e n n o t und C a r l e „Rapport sur un assassinat suivi mutilations cadaveriques". (Über psychopathischen Aberglauben und dessen Erklärung s. XVI. Abschnitt, Punkt 7.)

[2] Siehe das ausgezeichnete Buch von Dr. Victor F o s s e l „Volksmedizin und medizinischer Aberglaube in Steiermark", Graz 1886.

[3] Den grossen Einfluss der Beobachtungsfehler für das Entstehen von Aberglauben hat A. L e h m a n n („Aberglauben und Zauberei", deutsch von Petersen, Stuttgart 1898) gut zusammengestellt.

mörder (der schon achtzehn Jahre Zuchthaus wegen Mordes hinter sich hatte) auf dem Tatorte, neben dem Ermordeten, seine Notdurft verrichtet. Es sei nebstbei bemerkt, dass auch hier dieser Umstand einen, wenn auch entfernten Anhaltspunkt zur Feststellung des Täters gebildet hat; der Bezirksarzt erklärte, dass die Exkremente die eines Menschen von herkulischer Gestalt sein müssten. In der Tat war der Mörder auch die kräftigste Erscheinung, die ich je gesehen habe. In Norddeutschland herrscht ähnlicher Glaube, indem die Verbrecher meinen, nie als Täter bekannt zu werden, wenn sie ihre Exkremente an Ort und Stelle zurücklassen. Solange die Exkremente warm bleiben, soll die Tat überhaupt nicht bekannt werden; man findet sie deshalb häufig mit einem Tuche oder Hute fürsorglich zugedeckt, um sie warm zu erhalten und so möglichst lange zu verhindern, dass die Begehung der Tat überhaupt bekannt wird. Noch in den letzten Jahren wurden in Berlin nach Einbruchsdiebstählen in grossen Juwelierläden fast regelmässig Exkremente der Täter gefunden.[1]) Es scheint übrigens, dass dieser Glaube pandemisch ist.

Ähnliche Ursache hat es auch, wenn der Täter sich an Ort und Stelle des Verbrechens die Hände wäscht oder absichtlich seine Fussspur zurücklässt: in beiden Fällen hat er von sich etwas zurückgelassen und hofft, auf diese Art unentdeckt zu bleiben. Bei einem grossen Einbruchsdiebstahle wurde an einem Schranke der blutige Abdruck einer Männerhand gefunden, woran man die weitgehendsten Kombinationen knüpfte; man vermeinte, der Einbrecher müsse sich bei der Arbeit stark verletzt haben, oder es wären ihrer zwei gewesen, die bei der Teilung der Beute in blutigen Streit gekommen wären, und derlei Vermutungen mehr. Erst nach Entdeckung des Täters fand man, dass er sich selbst eine kleine Verletzung a b s i c h t l i c h beigebracht, mit dem dadurch gewonnenen Blute seine Hand bestrichen und den Abdruck gemacht hatte, um so durch Zurücklassung seines Blutes und seines Handzeichens, in des Wortes eigenster Bedeutung, zu veranlassen, dass er nicht entdeckt werde. Man wird kaum fehlgehen, wenn man annimmt, dass diese Vorgänge, bei welchen immer etwas von sich zurückgelassen wird, heidnischen Ursprungs und uralt sein müssen: sie erinnern an eine Art von Opfer oder Loskauf in symbolischer Form. Das kann nicht moderner Herkunft sein. —

Ein Fund von eigentümlicher Bedeutung, wenn an Ort und Stelle eines Verbrechens gemacht, ist der von Stechapfel-Samen. Es ist ein unheimliches Gewächs, der Stechapfel (*Datura stramonium*), unheimlich in seiner Wirkung, unheimlich in seiner Geschichte, unheimlich in seiner Verwendung. Giftig, betäubend und schon in verhältnismässig geringer Menge totbringend ist alles an dieser Pflanze. Die Wurzel, die Blätter, die schönen Blüten, die hübschen Früchte, alles ist gefährlich und bedenklich. Werden Blätter dieser Pflanze auf die

---

[1]) Schon von F a l k e n b e r g, in „Versuch einer Darstellung der Klassen von Räubern u. s. w.", Berlin 1816, erwähnt und „Mumia spiritualis" genannt; vergl. die oben zitierten Arbeiten von A. H e l l w i g über den grumus merdae.

heisse Ofenplatte gestreut und die Dämpfe eingeatmet, so entstehen ohnmachtartige Zustände, von Visionen und Krämpfen begleitet. Eine Salbe aus zerriebenem Stechapfel-Samen bereitet und an gewissen Körperteilen (namentlich in den Achselhöhlen) eingerieben, erzeugt das Gefühl von Leichtigkeit, von Gehobenheit und Fliegen,[1] und ein Absud aus den Körnern erregt, in geringen Mengen genossen, erotische Empfindungen. Halten wir diese Wirkungen vor Augen, so haben wir alles beisammen, was von den unglücklichen Opfern der Hexenprozesse als wirklich erlebt eingestanden wurde.[2] Aber wenn wir auch über die Zeit der Hexenprozesse hinaus sind, so sind wir es nicht über die Zeit der Verwendung des Stechapfels. Er ist erst spät nach Europa gekommen: aus Südrussland, aus Sibirien, aus Ostindien, man weiss es nicht, wo er ursprünglich wuchs; heute findet man ihn bei uns nur auf verlassenen Schutthalden, aber fast auf jeder von ihnen. Tatsache ist, dass er erst mit dem Auftreten der Zigeuner und zugleich mit diesen in Europa bekannt wurde, und da er in der Sagenwelt der Zigeuner heute noch eine grosse Rolle spielt und sich sein Samen immer in deren Besitze befindet, so darf die verbreitete Ansicht: die Zigeuner haben den Stechapfel nach Europa verschleppt, wohl als wahrscheinlich bezeichnet werden.[3]

Schon ihre eigene Entstehungsgeschichte führen die Zigeuner selbst auf den Stechapfel zurück; sie erzählen, es sei einmal ein weiser Mann gewesen, der seiner Frau die Bedingung auferlegt hatte, dass sie nie etwas gegen seinen Willen tun dürfe. Einmal tat sie aber solches, er verfluchte sie und verwandelte sie in einen Stechapfel und ihre Kinder, die sich infolge des Fluches ihres Vaters in alle Welt zerstreuen mussten, nahmen von dem Samen dieser Pflanze, ihrer Mutter, mit in alle Richtungen des Windes. So entstanden die Zigeuner, und deshalb hat jeder Zigeuner Stechapfel-Samen (*peshosheskro*) bei sich.

---

[1] Der Japanreisende K ä m p f e r berichtet von einem mit Stechapfel bereiteten Rauschmittel, das er versuchte. Es kam ihm vor, dass er auf einem Pferde durch die Wolken flöge (17. Jhrhdt.).

[2] Vergl. Dr. Ludwig M e j e r „Die Periode der Hexenprozesse", Hannover, Schmorl und v. Seefeld, 1882; H. F r i s c h b i e r „Hexenspruch und Zauberbann", Berlin 1870; L ä n g i n „Religion und Hexenprozess", Leipzig 1888; D i e f e n b a c h „Der Hexenwahn vor und nach der Glaubensspaltung in Deutschland", Mainz 1886; Heinr. H ö s s l i: „Hexenprozess und Glauben, Pfaffen und Teufel", Leipzig 1892; Otto H e n n e am Rhyn „Der Teufels- und Hexenglaube etc.", Leipzig 1892; G. R o s k o f f „Geschichte des Teufels", Leipzig 1869; Otto S n e l l „Hexenprozesse und Geistesstörung", München 1891; Dr. Paul B r i e's Übersetzung von Paul S o l l i e r „Der Idiot und der Imbecille", Hamburg und Leipzig 1891; Ernst H e r r m a n n „Die Hexen von Baden-Baden", Karlsruhe (1890); Ludw. R a p p „Die Hexenprozesse und ihre Gegner in Tirol", Brixen 1891; Anton M e l l „Zur Geschichte der Hexenprozesse", Zeitschrift für deutsche Kulturgeschichte; F. B y l o f f „Das Verbrechen der Zauberei", Graz 1902; J. H a n s e n „Zauberwahn, Inquisition und Hexenprozess etc.", München 1900 und J. H a n s e n „Quellen und Untersuchungen zur Geschichte des Hexenwahnes etc.", Bonn 1901.

[3] J. B. H o l z i n g e r („Zur Naturgeschichte der Hexen" in den Mitteilungen des naturwissenschaftl. Vereines Graz 1883) behauptet allerdings, der Stechapfel sei erst im 17. oder gar erst 18. Jahrh. nach Deutschland gekommen. (Siehe dagegen die nächste Anmerkung über die Dutroa); andere behaupten wieder, eine von Theophrastus (3. Jhrhdt. v. Chr.) und von Dioskorides (etwa 50 n. Chr.) beschriebene Pflanze sei unser Stechapfel.

So behaupten sie selber und tatsächlich findet man an Orten, wo Zigeuner ein Verbrechen begangen haben, fast ausnahmslos Stechapfel-Samen. Man sagt, dass sie ihn immer zurücklassen, da sie aber in der Regel bloss wenige Körner, und diese an oft verborgenen Stellen anbringen, so werden diese natürlich nicht selten übersehen. Wird aber am Tatorte Stechapfel-Samen gefunden, so kann man sicher sein, dass Zigeuner die Täter waren. Im übrigen Volke ist diese Tatsache wenig bekannt, so dass wohl nur ausnahmsweise einmal ein anderer Täter diesen Samen zurücklässt, um den Verdacht auf Zigeuner zu lenken. Über den Zweck dieses Tuns sagte mir ein alter Zigeuner, es geschehe dies wegen der bösen Geister, die mitunter bei Diebstählen störend eingreifen. Er sagte mir übrigens, dass man diese Samen gegen die bösen Geister „w e r f e"; da aber die Körner oft geradezu versteckt und nicht bloss verworfen gefunden werden, so dürfte der Alte kaum die Wahrheit gesagt haben. Dass aber abergläubisches Vorgehen anzunehmen ist, darf nicht bezweifelt werden, da mit diesen Körnern auch anderweitiger abergläubischer Spuk getrieben wird.[1]

Häufig lassen Zigeuner auch am Orte der Tat Stöcke (gewöhnliche Wanderstäbe) zurück. Ein Zigeuner teilte[2] mit, dies geschehe, damit die Hunde nicht bellen (?).

---

[1] Eine interessante Auslassung über den Stechapfel (samt unrichtiger Abbildung der Pflanze) findet sich in dem seltenen Werke: „Fürtreffliches Denkmal der göttlichen Regierung u. s. w." (über einen grossen Lüneburgschen Diebsprozess) von M. S. H. (Hosmann), Frankfurt 1701. Es wird hier des breitesten erzählt, dass die Datura, auch Dutroa genannt, in Indien „und bei anderen Mohren", dazu benützt werde, um Leuten das Bewusstsein und das Gedächtnis für das, was um sie herum vorgeht, zu benehmen. So, heisst es, geben die „indianischen Weiber" ihren Männern Stechapfelabsud, worauf sie in deren Gegenwart mit ihren Buhlen Ehebruch treiben. Die Gatten sehen alles, lachen dazu, wissen aber später absolut nichts davon. Ähnlichen Gebrauch von diesem Kraut machen die „indianischen" — und wohl auch unsere zigeunerischen Diebe. Dass auch hier wieder Zusammenhang zwischen Indien und den Zigeunern gefunden wird, ist auffallend genug. Übrigens bewirkt auch Vergiftung mit dem bekannten Fliegenschwamm (amanita muscaria) trunkenheitsähnlichen Zustand und völliges Vergessen des während des Zustandes Wahrgenommenen. (Vergl. H o f m a n n „Gerichtl. Medizin", 9. Aufl., p. 726.) Dass auch andere Salben für Hexenzwecke tauglich sein sollten, beweist die viel besprochene „Pharelis": „Wie das faren in den Lüften zugang. Zu solichen farn nützen auch man und weib, nämlich die unhulden ain salb, die haissen unguentum Pharelis. Die machen sie uss siben kreutern und prechen yeckliches kraute an ainem tag, der dan demselben kraut zugehört; als am suntag prechen und graben sie solsequium, am mentag lunariam, am erctag verbenam, am mitwochen mercurialem, am pfinztag barbam Jovis, am freitag capillos Veneris etc." („Buch aller verbotenen Kunst, Unglaubens und der Zauberei" des Dr. Joh. H a r t l i e b, Leibarzt von Herzog Albrecht III. von Bayern [also etwa Mitte des 15. Jahrh.] aus Jos. H a n s e n „Quellen und Untersuchungen zur Geschichte des Hexenwahns", Bonn 1901.)

[2] Dem UR. K a v c n i k in Laibach.

2. Aberglaube von Sachen, die man bei sich hat.

War bisher von Funden abergläubischer Provenienz die Rede, die an Orten der Tat zu machen sind, so müssen auch Funde erwähnt werden, die bei Gaunern gemacht werden, ebenfalls auf Aberglauben zurückzuführen sind und durch ihre Natur ein bezeichnendes Licht auf den Besitzer werfen.[1])

So wird man z. B. im Hochgebirge bei Haussuchungen in den Räumen von Leuten, die des Wilddiebstahles verdächtig sind, mitunter kleine handförmige Wurzeln finden, die über Befragen als sehr heilsam gegen mancherlei Gebresten der Haustiere bezeichnet werden. Der schlaue Wilddieb hat alles Gewehr und Gewehrähnliche schon längst weggeräumt, Pulver, Kugeln und anderen Schiessbedarf weit weg im Walde verborgen, er versichert, noch nie eine Büchse in der Hand gehabt zu haben, Hirschfleisch hat er nie gegessen und ein Reh kann er zur Not von einem Kalbe unterscheiden. Und wenn sich auch wirklich nichts vom Schiesszeug oder von Wildresten im Hause findet: jenes kleine Würzlein verrät ihn; es ist ein sogenanntes Johannishändchen, welches aus einer in der Johannisnacht (Sonnenwende, 24. Juni) gegrabenen Farnkrautwurzel geschnitzt wird und seine wichtige Verwendung findet, wenn der Wildschütze zur Neumondzeit Freikugeln giesst, mit denen er dann das Hochwild unfehlbar zu treffen vermag.

Verdächtig ist es immer, wenn jemand im Besitze einer (geweihten) Hostie gefunden wird: entweder will er ein schweres Verbrechen verüben, oder er hat dies schon getan, denn der Besitz einer solchen Hostie macht „die Behörden dem Träger der Hostie unnahbar." Auf solche Dinge, die den Leuten ungefährlich scheinen und daher nicht beseitigt werden, ist also wohl zu achten.

Ebenso verdächtig macht auch der Besitz einer sogenannten Springwurzel und des Galgenmännchens. Diese im Mittelalter so hochgeschätzten und gepriesenen Dinge sind heute noch angesehener und verbreiteter, als man annehmen sollte; an manchen Orten werden sie von geriebenen und anscheinend aufgeklärten Gaunern mit hohen Summen bezahlt. Sie sind, wenn echt, die Wurzel der giftigen Alraune[2]) (*Mandragora officinalis*), aber auch die Wurzel der Gichtrübe, Zaunrübe (*Bryonia alba et dioica*), dann gewisse Farnkrautwurzeln und die Wurzel von *Euphorbia lathyris* und von *Allium victorialis* tun es zur Not und werden häufig verwendet. Sie alle, vornehmlich aber die erstgenannte, haben, getrocknet und mit dem Messer einigermassen verbessert, die Gestalt eines Männchens und konnten in vergangenen Jahrhunderten Glück, Liebe, Gunst und Reichtum gewähren. Heute

---

[1]) Hellwig „Eigenartige Verbrechertalismane", H. Gross' Archiv Bd. XXV p. 76.
[2]) Über den Namen s. Franz Söhn „Unsere Pflanzen", Lpzg. 1904 (3. Aufl.) p. 124 (althd. alrûna v. goth. rûna, Geheimniss). Diese Wurzel der Mandragora soll übrigens auch zur Wollust reizen, weshalb sie in vielen Liebestränken aller Zeiten und Völker eine Rolle spielt.

kann man mit ihnen nur noch versperrte Schlösser öffnen oder wenigstens so vorbereiten, dass sie dem nachdringenden Dietrich oder Sperr-
haken geringen Widerstand zu leisten vermögen. Findet man also
ein solches Alraunmännchen oder eine Springwurzel,[1]) auch Galgenmännchen genannt, bei einem verdächtigen Individuum, so kann man
sicher sein, dass man es mit einem echten Einbrecher zu tun hat.[2]) —

Ein ähnliches Ding, wie die schon erwähnten und bekannten
„Schlummerlichter" aus dem Fett unschuldiger Kinder, ist der sogenannte Schlafdaumen, der sich hauptsächlich im Gebrauche von
Zigeunern findet. Es ist dies der linke Daumen eines Verstorbenen,
der neun Wochen im Grabe lag und zur Neumondszeit ausgegraben
wurde. Hat man einen solchen Daumen, so kann man ungestört nächt-
licherweile einbrechen, ohne besorgen zu müssen, dass die Leute aufwachen. Der Besitz solcher Schlafdaumen soll bei Zigeunern aller
Länder unvermutet häufig sein;[3]) ich habe nie einen solchen gesehen.
Auch französische Gauner, bei welchen diese „Diebsfinger" den Namen
main de gloire[4]) haben, sollen noch heute solche im Besitze führen.

Im Osten, namentlich in Polen und den angrenzenden Ländern
wird, wie ich einer, jüngst in vielen Blättern veröffentlichten Gerichtsverhandlung entnehme, zu ähnlichem Zwecke die rechte Hand eines
Selbstmörders verwendet, der 9 Tage lang begraben war. Diese Hand
wird getrocknet und dann mit ihr siebenmal an die Türe des Hauses
geklopft, in dem gestohlen werden soll. Dann wachen die Bewohner
nicht auf, „der Tote hält sie im Schlafe".[5]) —

Dass Menschenfett vielfach namentlich zu erotischen Zwecken
und Liebeszaubern verwendet wird, und dass man warmem Menschenblut übernatürliche Heilkräfte, besonders bei Epilepsie noch heute
zuschreibt, beweisen zahlreiche Zeitungsberichte und Gerichtsverhandlungen.[6]) Menschenfett erhält man, trotz gegenteiliger Versicherung der Apotheker, fast in jeder Landapotheke, freilich aus demselben Topfe, aus dem auf Nachfrage auch Hunde-, Bären-, Dachs-,

---

[1]) Angeblich der Stock von Convallaria polygonatum (Söhn).

[2]) Vergl. S c h w a r z „Poetische Naturanschauungen", Berlin 1879 und Carl
M e y e r „Der Aberglaube des Mittelalters", Basel 1884. Das Galgenmännchen
soll identisch sein mit dem Dudaim der Bibel (Genesis 30, 14 und Salomons
hohes Lied 7, 14) und der Wurzel Baraas des Josephus Flavius. — Die Springwurzel kennt Konrad von Megenberg als „Paumhäckelkraut". — Galgenmännchen
und Springwurzel werden heute als dasselbe angesehen, obwohl sie früher zu
verschiedenen Zwecken dienten und auch verschiedenen Ursprungs sind. Im
Wallfahrtsorte Mariazell in Steiermark bekam man noch vor kurzem „geweihte
Alraunwurzeln" als „Glücksmännchen" zu kaufen. —

[3]) Gendarmerierittmeister V o g e l h u b e r teilte mir mit, dass vor wenigen
Jahren auf dem Lagerplatze einer versprengten Zigeunerbande u. a. ein Schlafdaumen gefunden wurde (im Salzburgischen).

[4]) Offenbar ist dieser Ausdruck eine volksethymologische Umdeutung von
Mandragora. (Vergl. L i e b r e c h t „Heidelberger Jahrb." 1868.)

[5]) Dieser Vorgang wird mir seither in mehreren Briefen als tatsächlich
vorkommend bezeichnet (nicht bloss im Osten).

[6]) G. A. P a e t s c h „Menschenblut", W. Dupont, Konitz, Wpr.; vergl. die
oben zitierten Arbeiten von B e r g m a n n , K e r n , Steinmetz, Straten, Ilberg
sowie die Abhandlungen in H. Gross' Archiv Bd. IV p. 357; Bd. VI p. 216 etc

Affen- und Wolfschmalz entnommen wird, aber naturwarmes Menschenblut liefert der Apotheker nicht, das ist nur mit Hilfe eines Verbrechens zu bekommen.

Ein scheusslicher Aberglauben, der zwar nicht verbrecherischen Zwecken dient, wohl aber manche Vergiftung verursacht haben kann, besteht darin, dass der Schaum vom Munde eines Verstorbenen imstande ist Gewohnheitstrinker zu heilen, wenn man diesen Schaum in das betreffende Getränke (Wein, Branntwein etc.) mengt und dies den Säufer trinken lässt.

Ebenso wird allerlei Ekelhaftes und Ungesundes namentlich bei Liebestränken und Liebeszauber verwendet; in dieser Richtung ist das Studium alter Schriften[1] in hohem Grade zu empfehlen. Solche und ähnliche abergläubische Mittel sind von besonderer Langlebigkeit — da besteht dieses, dort jenes, ein genaues Aufmerken darauf, was irgendwo noch gebräuchlich ist, kann manchen Irrtum verhüten. Oft genug mag aber durch solche Mittel eine arge Infektion entstanden sein, die dann irriger Weise auf ein Verbrechen zurückgeführt wird. Man denke, dass z. B. Epileptikern geraten wird,[2] Wasser zu trinken, mit dem eine Leiche gewaschen wurde, oder morsches Sargholz zu kauen, und dass man in Schwaben Wunden mit Leichenwachs (Adipocire)[3] behandelt![4] —

Es ist begreiflich, dass gerade für wichtige und besonders erstrebenswerte Zwecke, recht schwierig zu erlangende oder hervorragend ekelhafte Mittel empfohlen werden, damit deren Unwirksamkeit nicht allzuleicht erprobt werden kann. Daraus ersehen wir auch die vielfach wichtige Tatsache, dass der erste Erfinder abergläubischer Mittel an sie n i c h t geglaubt hat. —

Von Funden, die bei verdächtigen Leuten gemacht werden können und diese noch verdächtiger machen, wären endlich noch die Sprüche, Zauber und Segen zu nennen, die ihrem Inhalte nach auf unerlaubtes Treiben hinweisen. Wer sich Kenntnisse der deutschen Mythologie und alten deutschen Glaubens ins praktische Leben hinübergerettet hat, wird sich daran erinnern, wie verbreitet schon in grauer Vorzeit diese Sprüche und Gebete, meist „Segen" genannt, gewesen sind. Sie kommen in den O d i n zugeschriebenen „Runenliedern" vor, in „Hawamal" begegnen wir ihnen und zu Hunderten sind sie vergessen und verloren. Aber nicht alle sind verschwunden, und Sprüche, wie der erste Merseburger Heilspruch oder der Segen, im Runatal 12 und

---

[1] H e n k e l „Tract. de philtris", Francof. 1690; V a t e r „De philtris etc.", Witteb. 1706; S t e n g e l „De philtris", Witteb. 1726; B o c k e l i i „De philtris vel poculo amatoris", Hamburg 1590.

[2] Victor F o s s e l „Volksmedizin u. medizinischer Aberglaube", Graz 1886.

[3] Darunter versteht man jene merkwürdige Umbildung von Fettgewebe und Muskel der Leichen, die im (nicht fliessenden) Wasser oder feuchten Gräbern liegen.

[4] Nach S t r a c k u. Arved S t r a t e n a. a. O. verwenden die Juden Wolfs-, Fuchs-, Raben-, Hasenblut und Schweinemist als Heilmittel für die Beschneidungswunde (?). Tatsächlich spielen in allen Zauberbüchern Mittel mit Blut in oft ekelerregender und sichtlich gefährlicher Form eine grosse Rolle.

Grôgaldrmal 10 erwähnt, welche alle dazu bestimmt sind, Hafte und Fesseln zu lösen und zu brechen, sind trotz ihres ehrwürdigen Alters auch heute nicht im Herzen von Leuten erstorben, die Gefängnis und Bande zu fürchten haben. Fesselsegen habe ich zweimal gefunden, einmal bei einem Halbblut-Zigeuner und einmal bei einem elegant aussehenden Falschspieler. Man glaube nicht, dass solche Segen nicht mehr vorkommen, weil man sie nicht findet; man findet sie nur nicht, weil man sie nicht sucht.[1] Freilich liegen sie nicht nett und sorgsam zusammengefaltet im Portefeuille des Gauners, sie sind zerknittert, beschmutzt und unappetitlich in irgend einer verborgenen Tasche verwahrt oder gar irgendwo im Saume oder Überschlag eingenäht, und wer hat Lust und Interesse, solch ein kaum leserliches, unreinliches und „gewiss belangloses" Papier zu entfalten und zu lesen! Ebenso häufig findet man solche Segen auch bei der gestohlenen Sache verwahrt, um sie vor behördlicher Entdeckung zu schützen.

Der Wert, den ein solcher Fund hat, ist, abgesehen vom kulturhistorischen Momente, ein kriminalistisch sehr hoher, da der UR. hierdurch eine ganze Seite seines Mannes kennen lernt und weiters die Sicherheit hat, dass ein fragwürdiges Individuum vor ihm sitzt, oder dass unrecht erworbenes Gut vor ihm liegt.[2]

Nicht gleichgültig für unsere Zwecke sind oft die sogenannten Stocksegen, deren es vielerlei Arten gibt; sie werden alle gesprochen, wenn der Stock, natürlich zu gewisser Zeit und unter gewisser Form[3] geschnitten wird, meist von der überhaupt zauberkräftigen Haselstaude. Je nach dem Zwecke, den der Stock haben soll, ist auch der Segen verschieden: zur Erleichterung des Wanderns, zum Zwecke der Stärkung des Stabes, wenn man sich mit diesem zu wehren hat gegen Räuber, Landfahrer und allerlei gefährliches Getier, insonderheit gegen Schlangen, gegen welche die Haselstaude schon an und für sich gut zu brauchen ist. Dienen aber alle diese Segen nur dazu, die natürlichen Eigenschaften, die dem Stocke an sich innewohnen, zu verbessern und zu stärken, so gibt es auch noch solche, welche ihm über-

---

[1] Über ein interessantes Zauberbuch in modernem Prozesse s. H. Gross' Archiv Bd. III p. 88.

[2] Als Beispiel für die Form solcher Segen finde einer hier Platz, welcher im Sommer 1894 in Wien (!) bei der Verdächtigten auf dem Reste einer grösseren gestohlenen Summe (7750 fl.) gefunden wurde:

> „Ich trat in des Richters Haus,
> Da schau'n drei tote Männer heraus.
> Der erste ist stumm,
> Der zweite winkt mir zu,
> O hilf mir, heilige Mutter Gottes von Lanzendorf!"

Wie verbreitet dieser Segen in ähnlicher Form noch ist s. H. Gross' Archiv Bd. III p. 88, wo merkwürdige norddeutsche Varianten dieses Segens angeführt sind.

[3] Am Charfreitag vor Sonnenaufgang oder in der Johannisnacht mit einem Schnitte, oder an einem Dienstag um 10 Uhr vormittags mit drei Schnitten u. s. w. Vergl. Karl Simrock „Handbuch der deutschen Mythologie", Bonn 1869; Rochholz „Zeitschr. f. d. Mythol." IV, 103; Kuhn „Zeitschr. f. vergl. Sprachw." XIII und Schönwerth ibid. III. — Dann Josef R. v. Franck „Magisches Weidwerk" (steierm. Forstverein „Styria" 1897, Graz); letztere Arbeit ist für Jägeraberglauben sehr wichtig.

natürliche Kräfte zu verleihen vermögen; z. B. dass er das Verirren verhindert, wenn man mit ihm wandert, dass er Schutz gewährt gegen Irrlichter und andere unheimliche Gefahren auf der Reise, oder dass man damit auch einen Abwesenden prügeln kann.[3]) Letztere, oft verwendbare Kunst, wird in der Weise geübt, dass man der durch geeignete Zaubersprüche vorbereiteten Türschwelle im eigenen Hause die Rolle des zu Prügelnden zuteilt und dann mit dem unter dem Stocksegen geschnittenen Stocke auf die Türschwelle losschlägt. Ist alles gut gemacht, so verspürt der Betreffende die Schläge, sei er wo immer. Für jede derartige Exekution muss aber ein besonderer Stock geschnitten werden, und zwar schon mit Rücksicht auf die zu bedenkende Persönlichkeit, da deren Namen mit in den Segen einverwoben werden muss. Ein solcher Stocksegen hat einmal dadurch Wichtigkeit bekommen, dass er als Beweismittel diente, welches die Verurteilung einer eines Giftmordversuches beschuldigten Frau herbeigeführt hatte. Diese Frau war wegen des genannten Versuches in Haft, da allerdings zahlreiche belastende Umstände vorlagen. Trotzdem war die Untersuchung auf dem Punkte, eingestellt zu werden, besonders deswegen, weil kein Beweis dafür vorlag, dass die Genannte mit dem Menschen, an dem der Mordversuch begangen war, in Feindschaft gelebt oder auch nur eine Äusserung getan hätte, aus der Gehässigkeit, Rache oder sonst ein feindliches Empfinden hätte entnommen werden können. Als die Enthaftung der Beschuldigten unmittelbar bevorstand, fiel es dem UR. ein, nochmals eine Haussuchung bei ihr vorzunehmen, und hierbei kam ihm ein alter, gebräunter Zettel (in einem Gebetbuche liegend!) in die Hände, auf welchem ein solcher Stocksegen geschrieben stand. Darin war nun das Objekt durch die Anfangsbuchstaben seines Namens und Wohnortes angeführt und der Zauber ausgesprochen, dass der, dem er galt, mit dem nun zu schneidenden Stocke *in absentia* könne geprügelt werden, „weil er eine andere liebe, als es recht sei" (also wohl eine andere als die, welche den Segen brauchte). Nun war die Feindseligkeit erwiesen und auch bald die Tat eingestanden. —

Auf ähnlichem Glauben an Fernwirkung beruht der ebenso alte als weitverbreitete sogenannte „Bildzauber", bei welchem man schon im frühesten Altertume, bis in unsere Tage annahm, dass man jemandem dasselbe antun könne, was man seiner bildlichen oder plastischen Nachbildung wirklich geschehen lasse. Hierbei muss aber stets zwischen Person und Bild irgend ein objektiver Zusammenhang hergestellt werden, man knetet also z. B. in das Wachs, aus dem das Ebenbild geschaffen wird, Haare, Nägelabschnitzel, Blut, Urin, Schweiss etc. des Betreffenden, oder man bringt es mit seiner Fussspur, seinen Kleidern etc. in Berührung. Man erinnere sich an die grosse Bedeutung, welche der „Atzmann"[1]) in den deutschen Hexenprozessen und die

---

[3]) Vergl. Kuhn „Westfäl. Sagen" und Dr. Grohmann „Aberglaube und Gebräuche in Böhmen und Mähren", Leipzig 1864. Schon der Atharva-Veda bringt einen Spruch für einen Açvatthazweig zum Prügeln Abwesender.

[1]) Vergl. Karl Simrock „Handbuch der deutschen Mythologie", Bonn 1869; Jos. Hansen („Quellen und Untersuchungen zur Geschichte des Hexen-

„vols" oder „voûts" in den französischen Königsprozessen hatten, als man behauptete, es sei den Königen (bis auf Ludwig XIII. herauf) mit solchen Bildern nach dem Leben gestrebt worden. In katholischen Dorfkirchen, namentlich in Wallfahrtsorten findet man fast überall an gewissen Stellen Nachbildungen von menschlichen oder tierischen Figuren oder einzelnen Gliedmassen aus Wachs, Blei oder Silber,[2]) welche alle auf den Glauben zurückzuführen sind, dass man hierdurch Krankheiten der Menschen oder Tiere oder einzelner Glieder bannen könne. Aber auch das gegenteilige Bestreben kommt heute noch vor, und findet man in einem Prozesse greifbare Anzeichen dafür, so kann dies oft wichtigen Fingerzeig geben.

Hierher gehört endlich auch das „Mordbeten" und „Mordmessen lesen lassen". Das Mordbeten besteht darin, dass mit Hilfe allerlei mystischen Beiwerkes (Haare des Betreffenden spielen dabei eine Hauptrolle) jemandem „das Leben abgebetet wird". So uralt dieser Aberglaube ist,[1]) so sehr lebt er heute noch im Volke,[2]) und ich selbst kannte ein Weib, von dem allgemein versichert wurde, sie verstünde diese Kunst. Zum gleichen Zwecke wird auch die „Mordmesse" verwendet; man lässt an gewissen Tagen (meistens dem Geburts- oder Namenstage des zu Tötenden) unter gewissen Vorkehrungen eine Messe lesen („zum Seelenheile eines Verstorbenen") und gibt dem Priester ein Geldstück, das früher im Besitze des Todeskandidaten war. Wenn nun später zu einem sicheren Mittel gegriffen wird, so kann die Entdeckung eines vorausgegangenen „Mordbetens" oft einen Anhaltspunkt für weitere Forschungen geben. —

Aber auch unzählige, scheinbar harmlose Formen des Aberglaubens können für unsere Arbeit von Wichtigkeit werden, ja, jeder Aberglauben, der in einem bestimmten Bezirke herrscht, kann Einfluss auf unsere Tätigkeit haben. Vielleicht erscheint eine wichtige,

---

wahnes", Bonn 1900) führt auf Seite 3, 7, 11, 12, 14, 17, 18, 21, 44, 48, 49, 51, 56, 60, 68, 80, 86, 94, 104, 111, 133, 193, 231, 260, 280, 287, 293, 446, 447, 448, 453, 520, 542 Fälle an, in denen Bilder aus Blei, Wachs etc. (Atzmänner) zu Zaubereien benützt wurden. — Diese Reihe beginnt mit einer Verordnung des Papstes Benedikt XII., der unterm 13. Juni 1337 von Avignon aus den Dechant Arnoldus von St. Paul in Alet mit einer Untersuchung gegen Leute beauftragt, die den Bischof Wilhelm verdächtigt hatten: er habe den Papst Johann XXII. mit „bezauberten Wachsbildern" umbringen wollen. Derselbe Papst ordnet (3. Dez. 1339) eine Untersuchung wegen Zauberkünsten an, bei welchen eine „ymago cerea, que loqueretur et baptizaretur" verwendet wurde. —

[2]) In der eisenreichen Steiermark weiss fast jeder Bauernschmied Tierfiguren zu diesem Zwecke aus Eisen zu schmieden; das Landesmuseum in Graz besitzt eine Menge solcher Gestalten, meist roh aber höchst signifikant dargestellt.

[1]) Anton E. Schönbach (in „Über Hartmann von Aue", Graz 1894) weist das Mordbeten bis ins 12. Jahrhundert zurück als gebräuchlich nach.

[2]) Ebenso, wie das uralte „Schattenmessen" vergl. Pribram in H. Gross' Archiv Bd. IV p. 168 und das noch weitverbreitete sogen. „Nestelknüpfen", „Zauberknotenschlingen" im selben Archiv Bd. I p. 306 (es heisst auch Knotenhexen, Sänkelnackmantelknüpfen, Ligaturenmachen etc.). Hierher gehört auch der, allerdings nur im Osten vorkommende Glauben mit dem Verhexen einer menschlichen Fussspur; vergl. Aug. Löwenstimm in der „Zeitschrift für Sozialwissenschaft" Bd. VI p. 219.

vorgeladene Zeugin zum Termine nicht, weil sie an einem Freitag nicht zum ersten Male in ihrem Leben bei Gericht erscheinen kann, vielleicht hängt aber auch Ehre und Freiheit eines Menschen von einem Aberglauben und seiner Kenntnis ab. So wurde vor kurzem in Wien ein armes Mädchen verhaftet, als sie einen wertvollen Opalring verkaufen wollte; sie behauptete, eine „elegante Unbekannte" habe ihr den Ring auf der Strasse geschenkt. Selbstverständlich glaubte das niemand, aber der UR. hielt die Angabe doch für möglich, da ihm einfiel, dass der Opal ein „Unglücksstein" ist. Nachforschungen ergaben, dass eine vornehme Dame den Opalring geerbt hatte; Opal bringt aber Unglück, vor dem man sich nur rettet, wenn man den Unglückstein und damit auch das Unglück dem ersten Begegnenden schenkt. Das hatte die Dame auch wirklich getan, und so das Mädchen in Haft und richtig auch in Unglück gebracht. —

3. Wahrsagerei und Kartenaufschlagen.

Eine für den Kriminalisten oft ärgerliche und irreführende Äusserung des Aberglaubens ist die „Entdeckung" des Verbrechers durch abergläubische Mittel. Ob die Volksbildung weit vorgeschritten oder zurückgeblieben ist, scheint beinahe gleichgültig zu sein; an Wahrsagerei, Kartenaufschlagen und ähnliche Zauberkünste wird überall, in allen Ländern und fast in allen Ständen geglaubt.[1] Tatsächlich sind mir solche Fälle in wirklich hochstehenden Kreisen vorgekommen. Jeder Kriminalist hat in seiner Praxis Anzeigen erhalten, in denen mit unerklärlicher Sicherheit auf eine bestimmte Person als Täter hingewiesen wird. Diese Sicherheit vermehrt sich gewöhnlich, wenn der Beschädigte (in der Regel d i e[2]) Beschädigte) vernommen wird, ohne dass aber bestimmte, greifbare Tatsachen angegeben werden können. Der Vernehmende gelangt schliesslich zur Überzeugung, dass der Beschädigte bestimmte Angaben entweder nicht machen könne oder nicht machen wolle, aber doch gewisse und überzeugende Gründe dafür habe, die bezeichnete Person für den Täter zu halten. Es wird nun auf Grund dieser Angaben recherchiert, inquiriert und vielleicht auch arretiert, bis man endlich die Grundlosigkeit der Verdächtigung feststellt. In nicht seltenen Fällen entdeckt man aber, dass sie einzig und allein auf Angaben beruhte, die eine alte Wahrsagerin über den Täter gemacht hatte und die so ungefähr auf den dann Verdächtigten passten. Auch das Umgekehrte kommt vor,

---

[1] Über die unglaublichen Ausbeutungen durch „Somnambulen" und „magnetische Wahrsagungen", wie sie z. B. in Paris geschehen, gibt Gilles de la Tourette überraschende Aufklärungen. In Paris gibt es heute mehrere, vornehme Zauberinnen, die aus den Falten des Scrotums sehr hübsch wahrsagen können! Vergl. Dr. v. Schrenck-Notzing „Der Fall Sauter" in der „Zeitschrift f. Hypnotismus", Bd. IX Heft 6.

[2] Adolf Strauss („Bosnien, Land und Leute", Wien 1882) sagt: „Alle Frauen der Welt, so verschieden sie auch sein mögen, stimmen darin überein, dass sie mehr oder minder zum Aberglauben inklinieren."

indem der sonst Verdächtige mit allem Nachdrucke entlastet wird,
bloss weil er nach den Angaben eines alten Weibes nicht der Täter
sein sollte. Ich hatte einmal einen Diebstahl zu untersuchen, dem
eine junge, gebildete Aristokratin zum Opfer gefallen war, indem man
ihr fast den ganzen wertvollen Schmuck gestohlen hatte. Alle Inzichten
deuteten gegen ihren jungen, erst kürzlich in Dienst genommenen
Bedienten; die Gräfin sprach aber so nachdrücklich und energisch für
seine Unschuld an dem Diebstahle, dass ich zur Überzeugung kam,
sie stehe zu dem Bedienten in näherem Verhältnis. Immerhin bewirkte
ihre bestimmte Aussage, dass der Bursche längere Zeit in Freiheit blieb
und erst in Haft genommen wurde, als er schon einen grossen Teil des
Gestohlenen verkauft hatte. Dann gestand mir auch die Dame, dass
ihr eine „berühmte" Kartenaufschlägerin die Versicherung gegeben
hatte, es sei niemand von den Hausleuten, sondern ein Fremder der
Dieb. Schliesslich wurde auch erhoben, dass die Wahrsagerin die
Tante des Bedienten war, und dass dieser seiner Herrin diese Pythia
empfohlen hatte.[1])

Die Art, wie diese Weissagungen vorgenommen werden, ist im
grossen und ganzen ziemlich verschieden, wenn auch die Sache immer
auf dasselbe hinausläuft. Häufig ist die wahrsagende Person der „Freimann" oder „Freiseher", welcher irgend etwas zu sehen bekommen
muss, was der Dieb zweifelsohne berührt hat, z. B. die Brieftasche,
aus welcher er das Geld genommen, den Kasten, den er erbrochen,
im Notfalle auch die Türklinke, die er berührt haben muss. Diesen
Gegenstand besichtigt der „Freimann" sehr genau, unter gewissen
geheimnisvollen Formalitäten, stellt allerlei Fragen und gibt dann
seinen Spruch ab. Natürlich ist dieser allgemein gehalten: ein Nachbar,
ein Familienglied, ein Hausgenosse, ein Fremder, ein angeblicher Freund.
Dazu werden noch andere allgemeine Andeutungen gemacht, und
wenn der Belehrte dies dann mit seiner eigenen Ansicht über die Sache
kombiniert, so kann eine recht bestimmte Vorstellung über die Person
des Täters zustande kommen, bestimmt genug, um alle mit der Sache
beschäftigten Behörden gründlich irrezuführen und viel Unheil anzu-
stiften. Dass solche Künstler in der Regel durch geschickte Mittels-
personen über die Verhältnisse des zu Betörenden zuvor genau unterrichtet werden und diesen dann durch ihre Kenntnisse in helles Erstaunen versetzen, ist bekannt. In vielen Fällen braucht der „Freiseher" aber gar keine Mittelsperson: er ist ein guter Menschenkenner
und der andere liefert ihm in seiner Einfalt und ohne es zu wissen mehr
Material als er nötig hat, um durch Rückgabe des eben Gehörten als
allwissend zu erscheinen.

Eine andere Art der Weissagung wird mit Hilfe eines Apparates
bewerkstelligt, von welchem Dr. v. W l i s l o c k i („Vom wandernden
Zigeunervolke") sagt, er sei in früherer Zeit bei den siebenbürgischen
Zelt-Zigeunern im Gebrauche gewesen, der aber sehr verbreitet ist

---

[1]) Vergl. auch hierzu August L ö w e n s t i m m in der „Zeitschr. f. Sozialwissenschaft" Bd. VI p. 226.

und vielfache Anwendung findet. Diese Vorrichtung besteht aus einem kleinen Kasten, der auf einer Seite ein kleines Guckloch hat, während auf einer anderen Seite durch eine kleine Blende gerade soviel Licht eingelassen werden kann, als der Eigentümer des Wunderschrankes augenblicklich für gut findet. Gegenüber dem Guckloche ist ein kleiner Spiegel[1]) angebracht und derart im Winkel geneigt, dass der durch das Guckloch Sehende nicht sein eigenes Auge reflektiert bekommt, sondern dass er eine im selben Winkel nach der anderen Seite hin im Kasten angebrachte Vorrichtung sehen muss. Diese Vorrichtung besteht in einer Walze, einem Fächer oder Schieber, auf welchem mehrere Bilder, z. B. ein junger Mann, ein alter Mann, ein altes Weib, ein Mädchen, wohl auch der Teufel angebracht erscheinen. Nun lässt der Zauberer den Fragenden, der z. B. die Person sehen will, die ihn bestohlen hat, durch das Guckloch sehen, erzeugt mit der genannten Blende die richtige, natürlich immer sehr mangelhafte Beleuchtung im Kasten und lässt dann mittelst der Walze, des Fächers, des Schiebers u. s. w. jenes Bild auftauchen, das ihm für den gegebenen Fall das passendste scheint (also z. B. das der alten Frau). Dieses Bild fällt schräg auf den Spiegel und von diesem in demselben Reflexionswinkel auf das Guckloch, wo es der Fragende mit Entsetzen wahrnimmt. Natürlich ist das Bild an und für sich recht unklar, die Beleuchtung ist auch schlecht, endlich wird nicht allzuviel Zeit gelassen und alles übrige muss die Beredsamkeit des Künstlers und die Einbildungskraft des Beschauers tun. So kommt auch hier das unzweifelhafte Bildnis einer Person zustande, die der Getäuschte ohnedies im Verdachte hat, er bezahlt den reichlichen Lohn für die genossene Belehrung und sein nächster Weg ist zur Behörde, die er mit der festen Versicherung quält, dass die von ihm im Kasten gesehene Person den Diebstahl begangen habe. Wie er zu seinen Kenntnissen gelangt ist, sagt er natürlich nicht, dafür hat schon der Zauberer durch Drohungen und Einschüchterungen gesorgt, aber der Bestohlene weiss die Sache so vorzubringen (meistens auch vom Zauberer darüber belehrt), dass die behördlichen Organen seinen Angaben wohl oder übel glauben müssen. —

Ein anderer in Verwendung stehender Apparat ist, so viel ich weiss, nur bei Zigeunern[2],) bei diesen aber häufig in Gebrauch. Er besteht aus einem breiten, dünnen Holzreifen (wie bei einer Trommel oder bei einem Siebe), der auf einer Seite mit einer Tierhaut überspannt ist. Das Holz des Reifens muss unter gewissen Bedingungen geschlagen sein, die Haut muss von einem zu gewisser Zeit gestohlenen[3])

---

[1]) Vergl. E. Bötticher „Der magische Spiegel und seine Bedeutung für die Kunde der Vorzeit" („Aus allen Weltteilen" XIV, 106) und einen Aufsatz v. Jäckel im „Internat. Zentralblatt für Anthropologie etc.", VIII. Jahrg. 1903 p. 261.

[2]) Vergl. H. Gross' Archiv Bd. VII p. 162.

[3]) Dass etwas zu bestimmten, abergläubischem Zwecke Verwendetes gestohlen werden muss, ist ebenso verbreiteter Glaube wie der, dass gewisse Sachen ererbt, gefunden, erbettelt, selbst gemacht sein müssen. Hierdurch wird sich mancher Diebstahl, den sonst ehrliche Leute begangen haben, erklären lassen.

Tiere herrühren. Auf der Tierhaut sind mehrere Striche, gewöhnlich
9 oder 18, oder, 7, 14 bis 21 gezeichnet, z. B. so:

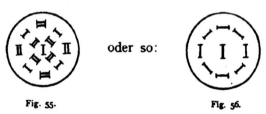

oder so:

Fig. 55.   Fig. 56.

Zaubertrommel der Zigeuner.

Wird nun eine Frage gestellt, so wirft die Zigeunerin auf die
gespannte Tierhaut ebensoviele Stechapfel-Samenkörner als Striche
auf der Haut gezeichnet sind, und schlägt unter gewissen Zauberformeln mit einem Hammer oder Holz ebenso oft auf den Holzrahmen,
als Körner auf der Haut liegen. Durch diese Schläge gerät die Haut
in Schwingungen, und die Samenkörner machen lebhafte, hüpfende
Bewegungen. Schon die Gruppierungen während der Schläge haben
gewisse Bedeutungen, massgebend ist aber die Stellung, welche die
Körner nach dem letzten Schlage um und neben den Strichen einge-
nommen haben. Nach diesen Gruppierungen der Körner um die Striche
wird dann die gestellte Frage beantwortet. Sehr häufig wird diese
Zaubertrommel in Liebesfragen verwendet, dann, wenn es sich darum
handelt, ob ein geplantes Unternehmen in Angriff genommen werden
soll oder nicht, und ob gute Aussichten vorliegen, hauptsächlich aber
dient sie zur Entdeckung von Dieben. In dieser Hinsicht geniesst der
Apparat ein besonderes Ansehen.

Vor Jahren kam mir einmal im Laufe von wenigen Tagen eine
auffallend grosse Anzahl von Diebstählen zur Anzeige. Meistens war
die Tat schon vor langer, oft sehr langer Zeit begangen und seinerzeit
entweder gar nicht oder doch nur so angezeigt worden, dass niemand
der Tat verdächtigt werden konnte. Alle diese zahlreichen, plötzlich
vorgebrachten Anzeigen stimmten darin überein, dass der Täter mit
voller Sicherheit genannt wurde, dass aber nirgends bestimmte oder
überzeugende Gründe dafür angegeben werden konnten, weshalb gerade
dieser oder jener den oft schon halb vergessenen Diebstahl begangen
haben sollte. Als nun gar eine alte Bäuerin mit einem vor dreissig
Jahren an ihr begangenen, allerdings sehr beträchtlichen Gelddieb-
stahl angerückt kam und als den Täter mit aller Sicherheit ihren eigenen
Bruder bezeichnete, mit dem sie bisher in bestem Frieden gelebt hatte,

Man verlangt diese besondere Erwerbungsart namentlich deshalb, weil man die
Ausführung dadurch etwas seltsamer und namentlich wesentlich schwieriger
macht, so dass nicht jeder leicht damit hantieren kann. So vertreibt man z. B.
Warzen durch Einreiben mit dem Schwanze eines gestohlenen Herings; die
Kühe geben mehr Milch, wenn man ihnen gestohlenes Futter gibt; verlorene
Menstruation wird hergestellt durch Aufbinden gestohlenen Tabaks; den besten
Schutz gegen Diebe gewährt ein gestohlener Hund — solche Glauben sind ebenso
zahlreich als verbreitet.

der ein angesehener, rechtschaffener Mann, und zur Zeit der Anzeige Bürgermeister war, da wurde mir die Sache zu bunt, ich nahm die Alte ernstlich ins Gebet und erfuhr nun, dass kürzlich eine „berühmte" Zigeunermutter in der Gegend gewesen war, die mit ihrer Zaubertrommel Wunder wirkte, grossen Zulauf fand und unter anderem der genannten Frau gesagt hatte, den befragten Diebstahl habe ein naher Verwandter begangen, der nun eine „hohe Stelle" bekleide. Da die Frau nun keinen hochgestellten nahen Verwandten besass, so musste natürlich der arme Bruder-Bürgermeister herhalten. Eingehende Erhebungen taten dann dar, dass ausnahmslos alle damaligen, auffälligen Anzeigen auf der Zaubertrommel der Zigeunermutter entstanden waren, und es hätte, wenn die Anzeigen vereinzelter geblieben wären und sich nicht so auffällig gehäuft hätten, viel Unheil entstehen können, jedenfalls wäre manche überflüssige Arbeit das Ergebnis gewesen.

Eine gewisse Ähnlichkeit mit dieser Zaubertrommel hat das über ganz Deutschland verbreitete „Erbsieb", d. h. ein ererbtes Sieb, das in verschiedener Weise zur Erforschung des Diebes verwendet wird; man wirft (womöglich gestohlene) Bohnen auf das Geflecht und nennt jedesmal einen Namen. Hüpft die Bohne heraus, so ist der Träger des genannten Namens unschuldig, bleibt die Bohne auf dem Siebe liegen, so hat man den Dieb genannt. Auch hängt man das Erbsieb auf dem Rande eines Erbtisches auf einen hingelegten Erbschlüssel (alles vom Vater und Grossvater ererbt) und nennt nun einzelne Namen. Sobald sich das Sieb bewegt, hat man den richtigen. Ähnlich ist das noch vielfach geübte „Sieblaufen", wobei eine Schere in den Holzreifen des Siebes gesteckt wird; man hält zwei Finger an die Ringe der Schere und nennt die Namen der Verdächtigen; beim Richtigen bewegt sich das Sieb.[1] —

Von der grössten Bedeutung in der Wahrsagerei ist aber das Kartenaufschlagen,[2] ein Mittel, das Unbekannte zu durchschauen, das mehr Verbreitung und Einfluss geniesst, als die meisten Menschen glauben. Das Weissagen aus Karten ist so alt als die Karten selbst, zu keiner Zeit hat es an unwissendem Volk und an Leuten der höchsten Intelligenz gemangelt, die sich dem bestrickenden Zauber der geheimnisvollen Kartenlage hingegeben haben, und die Glaubensgenossen Wallensteins und Napoleons I. sind ebensowenig ausgestorben wie die Jünger in der Kunst Marcolinis, Aliettes und der Lenormand.[3] — Dass man auf einfache und bequeme Weise den Schleier der Zukunft gelüftet sehen möchte, liegt im Wesen der menschlichen Natur, dass es aber auch gescheiten und wenig gewissenhaften Menschen grosse

---

[1] Einen solchen Fall erzählt die Wiener „Neue Freie Presse" vom 30. April 1898; ausgestorben sind derlei Dinge also noch nicht. (Der fragliche Fall ereignete sich nicht weit von Wien.)

[2] Vergl. Dr. Traut in H. Gross' Archiv Bd. V p. 290.

[3] Dr. Lindenau in Berlin macht mich diesfalls darauf aufmerksam, dass z. B. die vielgelesene „Berliner Morgenpost" manchmal bis zu 10 Adressen von Kartenaufschlägerinnen in einer Nummer bringt.

Befriedigung gewährt, die Verhältnisse ihrer Mitmenschen zu erspähen, das Gehörte mit dem, was sie auf psychologischem Wege zu durchschauen vermögen, zu kombinieren und das Ganze dann als Prophezeiung gegen reichen, mühelos erworbenen Lohn aufzutischen, das liegt im Grundcharakter des Menschen, dessen tiefliegende Züge: Eitelkeit, Habsucht und Bequemlichkeit nur mühsam unterdrückt oder auch nur übertüncht werden. Und so ist es geradezu naturnotwendig, dass die Kartenaufschlägerin zu allen Zeiten ihres Daseins unzählige Herzensfragen bestimmt, manchen Krieg angefacht, viele diplomatische Angelegenheiten bewegt und namenlos viele Kriminalisten bei der Nase herumgeführt hat. Uns interessiert nur das letztgenannte Moment, aber dies dafür umsomehr, und es gilt hierbei alles, was schon früher über den Einfluss von Wahrsagereien bemerkt wurde. Der Beschädigte geht oft z u e r s t zur Kartenaufschlägerin und d a n n zur Behörde, oder doch wenigstens dann zu jener, wenn diese den Täter nicht sofort ereilt hat. Dann kehrt er allerdings mit sehr bestimmten Ansichten über die Person des Täters zur Behörde zurück, die sich oft verleiten lässt, die angegebene falsche Spur zu verfolgen und die vielleicht schon gefundene richtige zu verlassen.

Auffallend ist es, dass namentlich eine grosse Zahl von natürlichen Erkrankungen, insbesondere chronische Magen-, Darm-, Leberleiden etc. so überaus häufig durch Kartenaufschlagen auf boshafte Vergiftungen zurückgeführt und dann als solche angezeigt werden. Gerade in solchen Fällen kann man wahrnehmen, wie infolge der durch die Kartenaufschlägerin erzeugten Suggestion die natürlichsten Vorgänge abenteuerlich ausgestattet, geringe Leiden ins ungeheuerliche vergrössert und schliesslich wirkliche Sinnestäuschungen erzeugt werden; die so geschaffene Einbildung kann häufig objektiven Befund vortäuschen. —

Fragt man aber um das Mittel, wie man solche verdriessliche Irrfahrten verhüten kann, so wird die Antwort in der einfachen Regel gefunden, die man von alter Zeit her jedem vernehmenden Juristen eingeschärft hat: stets und mit allem Nachdrucke auf die Angabe der *ratio sciendi* zu dringen. Tut man dies immer und ausnahmslos, so wird man fast in jedem derartigen Falle dahinter kommen, dass die Basis, auf welcher der Vernommene seine Behauptungen aufbaut, imaginär ist, und oft wird man sogar das Geständnis erreichen, dass es die „Kartenaufschlägerin gesagt hat", namentlich, wenn man passenden Falles direkt darum fragt. —

Es wäre zwecklos, wenn hier eine vollständige Theorie des Kartenaufschlagens entwickelt würde, zumal der technische Vorgang nach Zeit und Ort sehr stark wechselt[1]) — es hat vielleicht jede Kartenaufschlägerin ihre besondere Art und Weise, die Karten zu legen und ihre Lage zu deuten, aber merkwürdig identisch ist immer und überall die Bedeutung der einzelnen Karten. Wer keine Gelegenheit versäumt, sich darüber zu unterrichten, wird kaum einen wesentlichen Unter-

---

[1]) Vergl. H. Gross' Archiv Bd. VI p. 327.

schied entdecken. So ist stets die fragende Person, wenn weiblich, die Herzdame, wenn männlich, der Herzbube, Pique-Ass bedeutet Hoffnung, Carreaudame eine falsche Freundin u. s. w. Für unsere Zwecke haben nur wenige Karten Bedeutung; ich führe sie a l l e an, weil oft ein harmloses Nennen der betreffenden Karte in einem derart verdächtigen Falle den Zeugen sofort entlarvt. So sagte mir einmal eine bestohlene, sogar sehr gebildete Dame am Schlusse der Vernehmung, als ich ihr wenig Hoffnung auf Überführung des Diebes machte: „Und ich kam mit den besten Erwartungen hierher!" Diese Äusserung bestärkte den schon früher gefassten Verdacht und ich sagte: „Ist denn der Herzsiebener o b e n gelegen?" (Herzsiebener = gute Neuigkeiten, wenn er o b e n liegt.) Stotternd sagte die Gefragte: „Ja, woher wissen Sie denn, dass . . . . ?"

H e r z. Ass: Gelingen aller Unternehmungen; König: ältere, dem Fragenden günstige Person; Dame und Bube: je nach dem Geschlechte der fragenden Person: sie selbst und ihr Liebhaber, bezw. Gatte; Zehner: Glück in der Liebe, Gesundheit und sonst Gutes; Neuner: Glück bei den nächsten Unternehmungen, aber: Vorsicht! Achter: Eintracht, Friede, Glück, Heirat, Geburt; Siebener: gute Neuigkeit.

C a r r e a u. Ass: Trauer, Kummer, Streit, Verlust, auch Brief; König: ältere Person, die dem Fragenden unbewusst schadet; Dame: zweideutige, falsche Freundin; Bube: zweideutiger, falscher Freund; Zehner: wenig Hoffnung auf Liebe, Glück u. s. w.; Neuner: Klatsch, üble Nachrede, Verdacht bei Gericht; Achter: Trennung von einer geliebten Person; Siebener: Gesellschaft von zweideutigen Freunden.

T r e f f. Ass: Krankheit, Tod, Gefängnis; König: Pfarrer, Gerichtsperson; Dame und Bube: feindliche, gefährliche Personen; Zehner: Unglück in allen Unternehmungen; Neuner: Verfolgungen, denen man ausgesetzt ist; Achter: Verlust an Ehre oder Gut, Diebstahl; Siebener: schlechte Nachricht.

P i c q u e. Ass: Hoffnung, Reise; König: guter Freund; Dame und Bube: gut gesinnte Personen, die aber aus Ungeschicklichkeit, Schwatzhaftigkeit u. s. w. Unglück bringen werden; Zehner: je nach der Lage: glückliche Heirat oder Bruch; Neuner: grosse Ehren, die bevorstehen; Achter: Versöhnung mit einem Feinde; Siebener: lustige Gesellschaft, Gasthaus, Unterhaltung.

Ob und wie der oder das Betreffende wirkt oder eintritt, deutet die Lage der Karte an. —

Auffallend starke Verbreitung hat heute noch die „Punktierkunst";[1] es werden willkürlich Punkte gemacht, die dann mit Strichen zu Figuren verbunden werden, deren Bedeutung in gewissen Büchern[2]

---

[1] Vergl. „Die vollkommene Punktierkunst" 12. (1) Auflage, Wien, Th. Daberkow, 1903.

[2] Vergl. G e s s m a n n „Katechismus der Wahrsagekünste", Berlin 1892 und „Das untrügliche Punktierbuch nach Papieren der Mlle. Lenormand", Verl. v. G. C. Hoffmann in Hainichen in Sachsen.

nachgeschlagen wird. Ähnlich ist die Geomantie,[1]) bei welcher die
Zeichnungen im Sande oder auf der Erde gemacht werden. Beide
werden vornehmlich zur Feststellung der Täter von Verbrechen (besonders bei wirklichen oder eingebildeten Vergiftungen) verwendet.[2])

4. Schatzgraben, Traumdeuten und Chiromantie.

Es wären noch kurz andere Vorgänge abergläubischer Art zu
erwähnen, die erst in zweiter Linie Bedeutung haben, da sie meistens
nur dazu dienen, leichtgläubigen Leuten Geld abzunehmen. Sie kommen
aber heute selten vor, und wenn, so ist die Kenntnis des Vorganges
für den UR. ohnedies nicht im voraus nötig, aber auch schwer zu beschaffen, da hierin zuviel Verschiedenheit herrscht.

So wird beim Gesund- und Krankhexen des Viehes nur auf Erleichterung des Geldbeutels des Betreffenden spekuliert, während
beim Schatzgraben, Verwandeln von wertlosen Gegenständen (zumeist Kohlen und Lumpen) in Gold oder in Papiergeld, der Kniff fast
immer darauf hingeht, dass der zu Betrügende Wertvolles herbei-
schaffen muss, das dann geschickt wegeskamotiert wird.[3]) Es wird
z. B. verlangt, es müsse alles Geld, das im Hause ist, herbeigeschafft,
in eine Kiste gebracht und mit Holzkohlen bedeckt werden. Natürlich sind dann zu wenig Kohlen vorhanden, und während noch mehr
geholt werden, wird das Geld gestohlen. Schliesslich wird die Kiste
oder Truhe unter allerlei Zauberformeln verschlossen und dem Be-
törten strenge aufgetragen, sie längere Zeit (sieben Wochen, neun-
undneunzig Tage, bis zum nächsten Vollmond u. s. w.) unberührt zu
lassen; dann werden alle Kohlen in Gold verwandelt sein. Das ist ungefähr der Grundtypus für alle derartigen Vorgänge, und beim Schatzgraben ist es auch nicht viel anders. Hier erscheint z. B. in der Dorf-
schenke ein Unbekannter, der zufällig vom Schatzgraben redet, und
die Sache, vom theoretischen Standpunkt aus, für keineswegs ganz
verwerflich erklärt. Er redet solange herum, bis einer der Aufhor-
chenden erzählt, man habe im Dorfe auch einen, der dem Sport des
Schatzgrabens nicht abhold sei. Der Unbekannte belobt diese Ansicht
solange, bis er Namen und möglichst viele persönliche Verhältnisse
jenes Anhängers der Schatzgräberei, und solche gibt es überall, erfahren hat. Nun lässt man einige Zeit vergehen, und dann erscheint
der Komplize des Unbekannten (n i e e r s e l b s t) bei dem ausge-
kundschafteten Adepten der Schatzgräberei, und weiss sich bei ihm
sofort grosses Ansehen zu verschaffen, da er, den noch kein Mensch im
Dorfe je gesehen hat, eine Menge von den persönlichen Verhältnissen
des Opfers in geheimnisvoller und umständlicher Weise zu erzählen
vermag. Allgemach wird dann auf die Schatzgräberei selbst über-

---

[1]) Vergleichbar mit dem Feng-shui der Chinesen.
[2]) S c h ü t z e „Aberglauben, Wahrsagerei und Kurpfuscherei" in H. Gross'
Archiv Bd. XII p. 252.
[3]) E. S c h u s t e r ibidem Bd. XXIII p. 143.

gegangen, und zumeist damit der praktische Anfang gemacht, dass der Schwarzkünstler mit Hilfe von allerlei Zauberei einen Ort festsetzt, an welchem gegraben werden soll. Diesen Ort hat er sich natürlich zuvor selber angesehen und es erregt nun grosse Verwunderung, wenn er im Hause bestimmen kann, dass eine Viertelstunde von da, hundert Schritte vom Kreuzwege neben dem Bache, zwei Erlen und dazwischen eine kleine Buche stehen. Dort müsse man graben. Alles trifft zu, wie es vorhergesagt wurde, man gräbt und findet in der Tat einen alten, verschlossenen und sehr schweren Topf, den der Gauner zuvor dahingebracht hatte. Dieser darf durchaus nicht geöffnet werden, das soll erst in dieser und jener Zeit geschehen. Nun müssen aber grosse Geldsorten herbeigeschafft, auf den Topf gelegt und alles vergraben werden. Der Bauer verkauft Korn und Vieh, um die grossen Banknoten herbeizuschaffen, alles wird gehörig vergraben und natürlich vom Gauner in der nächsten Nacht geholt. Wird ein solcher Fall angezeigt, so erübrigt der Behörde nichts anderes, als für seine möglichste Bekanntwerdung zu sorgen, um so weitere Irreführungen zu verhindern, auch wohl die Entdeckung des Täters zu ermöglichen. Allerdings wird es dann nötig sein, nicht bloss eine kurze Ausforschung in den Spähblättern zu veröffentlichen, sondern es muss die Sache mit Breite in den vom Volke gelesenen Tagesblättern erzählt werden, wenn die Bekanntmachung wirklich von Erfolg sein soll. Ein besonderes Augenmerk ist auch in einem solchen Falle auf den Kundschafter zu richten, der im Bewusstsein, dass er augenblicklich ja nichts Schlechtes und Strafbares tue, wenn er bloss vom Schatzgraben redet, seine Person nicht besonders sorgsam verhüllt. Er hat vielleicht seinen Dialekt nicht verstellt, hat vielleicht, in Ermangelung eines anderen einleitenden Gesprächsstoffes von seinen Reisen und Abenteuern, vielleicht sogar von seiner Heimat gesprochen, Städte und Länder beschrieben, seiner Profession, die er einst betrieben, Erwähnung getan, kurz, es wäre möglich, über den Kundschafter, der freilich lange Zeit früher dagewesen ist, solche Daten zu bekommen, dass er und dann auch der eigentliche Zauberer eruiert werden könnte.

Ein eigentümlicher Schatzgräberschwindel,[1] der sogen. spanische, taucht seit einigen Jahren wieder an verschiedenen Orten auf; die Geschichte ist uralt und wurde schon nach dem dreissigjährigen Kriege vielfach geübt, und merkwürdiger Weise ging die Sache auch schon damals von Spanien aus. Wie vorgegangen wird, ist aus zahllosen Zeitungsberichten hinlänglich bekannt. Seltsam ist nur, dass man seit vielen Jahren den Namen des Leiters dieser Schwindel kennt (Costa & Cons. in Madrid, richtig Pedro Baguè), und dass man der Sache trotzdem kein Ende macht.

Nicht so gleichgültig als es auf den ersten Anblick scheint, ist für den Kriminalisten die Traumdeuterei und Chiromantie, indem beide in der Vorstellung gewisser Leute derart fixe Meinungen her-

---

[1] Vergl. H. Gross' Archiv Bd. IV p. 95, wo ein solcher Brief aus Spanien abgedruckt wurde. —

vorrufen können, dass sie unweigerlich daran glauben, dann das ihnen
Geweissagte mit zufällig übereinstimmenden Tatsachen in Verbindung
bringen und schliesslich Verdachtsgründe konstruieren, die auch den
erfahrensten Kriminalisten irrezuleiten imstande sind. Ich kenne
einen Fall, in dem einer wohlhabenden Bäuerin aus der Hand geweissagt wurde, dass sie einmal vergiftet werden wird. Die Sache ging
dieser Person immer im Kopfe herum, sie suchte eine zweite Wahrsagerin auf und diese bedeutete ihr unglücklicherweise, es stehe ihr
von Seite ihres Mannes Gefahr bevor. Diese beiden Prophezeiungen
stimmten also überein und lauteten: ihr Mann, mit dem sie in bestem
Einvernehmen gelebt hatte, werde sie vergiften. Als die Frau nach
längerer Zeit von an sich harmlosen Magenbeschwerden befallen wurde,
so taten Einbildung, Aufregung und Angst auch das ihrige, und als
der Arzt geholt wurde, bot sich wirklich das Bild einer vegetabilischen
Vergiftung. Er mag auch seine Fragen an die Kranke nicht besonders
geschickt gestellt haben, und da er schon in Richtung auf eine Vergiftung inquirierte, so bejahte die Frau alle hierher gehörigen Fragen,
und der Schluss war, dass der Mann gefänglich eingezogen wurde.
Erst nach längerer Zeit und als die Frau auf die hauptstädtische Klinik
gebracht und hier an ihr ein zweifellos gastrisch-hysterischer Zustand
festgesetzt worden war, gelang es mit grosser Mühe, die vollkommene
Schuldlosigkeit des Mannes ausser Zweifel zu stellen. Charakteristi-
scherweise besserte sich der (übrigens n i c h t simulierte) Krankheits-
zustand der Frau sofort, als man ihr zu beweisen vermochte, dass eine
Vergiftung unmöglich vorliegen könne.[1] —

Kommt nun dem UR. ein Fall vor, in dem er Verdacht auf die
Einwirkung von Wahrsagerei schöpfen zu können meint, so hat er
doch leichteres Spiel, wenn er den Vorgang einer solchen kennt; zum
wenigsten gelingt es eher, das Vertrauen der irregeführten Person
zu gewinnen, wenn der UR. dem zu Vernehmenden zeigt, dass er auch
d a r ü b e r Kenntnisse besitzt und nicht auf die Belehrung des Zeugen
angewiesen ist. Man darf nicht vergessen, dass eine Person, die durch
Wahrsagerei irregeführt wurde, eben dadurch, dass sie sich irreführen
liess, zeigt, sie halte die Wahrsagerei für etwas Richtiges und sehr
Bedeutendes, und wenn der UR. davon nichts versteht, so hat er in
einer nicht zu unterschätzenden Sache mangelhafte Kenntnisse. Es
geschieht dann leicht, dass der zu Vernehmende das ganze Können
und Wissen des UR. von seinem Standpunkte aus beurteilt und meint:
„Weiss er das nicht, so weiss er von anderem auch nichts."

Sich die hier fraglichen Kenntnisse zu verschaffen ist nicht
schwierig. Handelt es sich um Traumdeuterei,[2] so kauft man sich
um wenig Geld ein sogenanntes „Ägyptisches Traumbuch", achte
hierbei aber darauf, aus welcher Gegend der zu Vernehmende her-

---

[1] D u b o i s „Die Einbildung als Krankheitsursache", Wiesbaden 1907.
[2] Vergl. B ü c h s e n s c h ü t z „Traum und Traumdeuterei", Berlin 1868;
P f a f f „Das Traumleben und seine Deutung", Potsdam 1873; L e n o r m a n t „Die
Magie und die Wahrsagekunst der Chaldäer", Jena 1878; S c h e r n e r „Das Leben
des Traumes", Berlin 1861.

kam, da diese „Ägyptischen Traumbücher" ziemliche Verschiedenheiten aufweisen und es stark Modesache ist, welches Traumbuch zu
benützen ist. Im grossen und ganzen kommt es bei allen freilich so
ziemlich auf dasselbe heraus.

Anders bei der Chiromantie,[1]) die seit A r t e m i d o r, C a r-
d a n u s, P o r t a, v. H a g e n, P r ä t o r i u s, G o c k l e n i u s etc.
bis auf die heutigen Tage immer und überall in ihren Hauptzügen
gleichgeblieben ist. Diese Unveränderlichkeit wurde schon von P a r a-
c e l s u s als Beweis dafür angeführt, dass die Sache kein Hirngespinst
sein könne und auf „wahrer und wirklicher Grundlage" beruhen müsse.
Trotz der weiten Verbreitung der Chiromantie ist es aber nicht leicht,
Belehrung über diese zu finden, und meistens liest man nur ein
„es soll" oder „man sagt".

Verlässliches findet man darüber im schon zitierten Zigeuner-
buche von v. W l i s l o c k i, an den ich mich im folgenden zumeist
halte. Die Falten A (Fig. 57) am Handgelenke bedeuten künftigen
Reichtum und Ehre; mündet die
Linie B in diese Falten, so erwirbt
der Fragende dies durch Heirat oder
überhaupt durch eine Person anderen
Geschlechtes. Ist der Daumenballen C
von vielen kleinen Falten durchzogen,
so deutet dies auf Krankheit, Elend
und frühen Tod, auch unglückliche
Ehe. Sind die Falten in den Daumen-
gelenken von vielen Falten durchzogen, so deutet dies auf viel Unglück. Glück bedeutet es, wenn die
Linie B in die A einmündet und wenn
der Ballen C glatt und gewölbt ist.
Ist aber B mit D verbunden, so ist das
höchste Glück zu erwarten. Schneidet
die Linie E die D, so untergraben
Neider das Glück. Fehlt die Linie E
ganz, so bedeutet es langes Leben
in Glück und Wohlergehen, auch
glückliche Ehe, wenn der Ballen
unter dem Mittelfinger stark erhoben ist. Dieser Ballen deutet auf
baldige Ehe, wenn er von kleinen Falten durchzogen ist. Schneidet
F die B und D, so ist Not und Unheil durch eigenes Verschulden zu
erwarten, denn der Fragesteller ist falsch, geizig und gehässig. Reicht

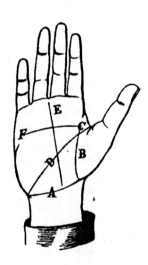

Fig. 57.

Schema zur Chiromantie.

---

[1]) Ein ernsthaft gemeintes Buch über die Lehre, die Menschen aus ihren
Händen zu erkennen, ist „Die Chirognomnie" von S. d'Arpentigny, bearbeitet
von A. S c h r a i s h u o n, Stuttgart 1846; dann K. G. C a r u s „Über Grund und
Bedeutung der verschiedenen Formen der Hand", Stuttgart 1846; A l l e n „Manual
of cheirosophy", London 1885; G e s s m a n n „Katechismus der Handlesekunst",
Berlin 1889; C z y n s k i „Das Deuten der Handlinien", Dresden 1890.

die *F* nicht bis zur *D* und ist sie gar mit *E* verbunden, so stirbt der
Fragende unnatürlichen Todes. Ist der Raum über *F* faltenlos, so
kommt er im Wasser um. Er stirbt aber durch Feuer, wenn sich in
diesem Raume viele Falten vorfinden. Reicht die Linie *F* bis zur *D*,
und ist der Goldfinger und der kleine Finger an den Gelenks - Ein-
schnitten mit vielen Falten versehen, so erreicht der Betreffende in
steter Gesundheit hohes Alter. Lange, schmale Finger deuten auf
viele Krankheiten, kurze, dicke Finger auf Gesundheit. Glücklich
in jeder Richtung ist der, bei dem die Linie *A* verbunden ist mit *B*
und diese mit *D*; *E* soll ganz fehlen, die *F* bis *D* reichen und die
Fläche *C* glatt und gewölbt sein. —

Die verschiedenen Glauben, die mit den Fingern, ihrer Grösse
und Länge, den weissen Flecken auf den Nägeln u. s. w. zusammenhängen, haben fast ausschliesslich auf künftiges Glück oder Unglück
Bezug und interessieren uns somit hier nicht.

Verbreitet ist die Meinung, dass aus einem Tropfen Blut, der
auf einem Fingernagel ausgebreitet wird, ersehen werden kann, wo
ein verlorener Gegenstand sich befindet oder wer der Dieb einer gestohlenen Sache ist. v. W l i s l o c k i erzählt, dass man bei den Sieben-
bürger Zigeunern zu diesem Zwecke drei Tropfen Blut aus dem Mittelfinger der linken Hand auf den Nagel desselben Fingers der rechten
Hand fliessen lässt. Aus den Formen, die das auseinanderrinnende
Blut annimmt, muss ein „erwachsenes Kind" sagen, was es sieht, und
daraus wird die Antwort aufgebaut. Merkwürdigerweise sagt nun
schon (etwa 1490) G e i l e r v. K a i s e r s b e r g: „Wie geht es zu
mit den Warsegern die warsagen und gestolen Guot durch Gesicht
wiederumbbringen? Sie machen Gesichten uf ein Nagel, salben den
mit Oel und muoss ein Junkfrawe, ein Kind, das lauter ist und unver-
fleckt, in den Nagel sehen und sagen, was es in dem Nagel sicht." „Es
seind, die uff dem Nagel sehen und Gumpertbletter daruff legen, und
Oel daruff schütten und ein junger Knab, der muoss daryn sehen und
sagen, was er sieht, wer der Dieb sy." (Vergl. oben das über den „Freimann" Gesagte.)

5. Aberglaube beim Schwören.

Auch da ist der Aberglaube noch lange nicht verschwunden;
er ist umso gefährlicher, als vielleicht mancher einen treuen Eid
schwören würde, wenn er sich nicht im Besitze eines Schutzmittels
wähnte, das falsch zu schwören gestattet. Solche kennt das Volk
heute noch in grosser Zahl. Man kann ungestraft falsch schwören:
wenn man die Augen eines Wiedehopfs bei sich trägt (was überhaupt
Glück bei Gericht bringt), oder einen Knochen des eigenen verstorbenen
Kindes bei sich verwahrt, oder den Daumen einbiegt (namentlich verbreitet bei den Juden, die auf die Thora schwören), oder die linke Hand
in die Seite stemmt, oder mit der linken Hand Faust macht, oder an
der linken Hand die drei Schwurfinger ausstreckt, und die ganze Hand

nach abwärts hält (also gewissermassen als Gegengewicht für die rechte Hand), oder vor und nach dem Schwören ausspuckt, oder sieben Steinchen in den Mund nimmt oder ein Goldstück unter die Zunge legt, oder während des Schwörens einen Hosenknopf abdreht, oder im Stiefel unter der Fussohle Blätter der Mistel (*Viscum album*) liegen hat, oder eine geweihte Hostie bei sich trägt u. s. w.

In der Niederlausitz ist es geradezu Gerichtsgebrauch, die Fenster zu öffnen, wenn ein Bauer schwört; man glaubt nämlich, dass der Teufel dann herein kann, um die Seele des Falschschwörenden zu holen. Durch das geschlossene Fenster kann der Satan nicht eindringen.[1]

Eine Anzahl anderer Aberglauben, welche vor Gericht Anwendung finden, benützt Dinge, die mit einem Toten in Verbindung waren. Sie sind (süd)slavischen Ursprungs, haben aber weite Verbreitung gefunden. So soll man jenes Tuch, mit welchem einem Verstorbenen das Kinn aufgebunden wurde, mit zu Gericht nehmen, wenn man dahin vorgeladen ist. So lange der Knoten des Tuches nicht aufgelöst wurde, kann einem das Gericht „nichts anhaben". Ebenso nützlich ist es, wenn man jenes Band, womit dem Toten die Füsse zusammen gebunden wurden, im Stiefel trägt. Damit man dem Gegner nicht unterliegt, muss man sich mit einem Tuch, welches ein Toter bei sich hatte, vor dem Richter das Gesicht abwischen.

Man tut gut, sich darüber zu unterrichten, welcher Aberglaube beim Schwören in seiner Gegend herrscht; hat man dann gegebenen Falles Verdacht, dass jemand falsch schwören werde, so kann man sich überzeugen, ob er etwa jenes Mittel vorbereitet hat. Im allgemeinen möge der UR. über Fragen des Aberglaubens nicht hinweggehen, er ist heute gewiss noch verbreiteter, als wir in der Regel glauben, und manches Unheil kann verhütet werden, wenn man auch dieser Schwäche des Menschen Aufmerksamkeit schenkt.[2]

---

[1] Nach brieflicher Mitteilung des Rechtsanwalts Wilke in Marburg a. d. Lahn. Derselbe Brauch herrscht auch in unseren Alpenländern, er wird aber anders erklärt: Herein kommt der Teufel ohnehin nie bei Tür und Fenster, sondern durch den Schornstein; hinaus kann er am besten durch das Fenster, dessen Scheiben ihn nicht stören würden; damit er aber die Scheiben des Fensters nicht zertrümmert, wenn er mit der Seele des Meineidigen enteilt, öffnet man das Fenster lieber. Alte Gerichtsbeamte auf dem Lande pflegen heute noch in gewissen Fällen die Fenster recht augenfällig zu öffnen, um den Meineidkandidaten vom falschen Schwur abzuhalten — es soll oft gelingen!

[2] Vergl. namentlich die vielen Arbeiten von A. Hellwig über den Meineid und Sohnrey „Der Meineid im deutschen Volksbewusstsein", Leipzig 1894.

XI. Abschnitt.

Die Waffen, ihre Kenntnis und Verwendung.

———

Die Aufnahme eines Kapitels über Waffenlehre, allerdings nur im bescheidensten Umfange eines kurzen Abrisses, mag aus der Wichtigkeit des von ihr zu Behandelnden und aus dem Umstande erklärt werden, dass die Zahl jener UR., die keine Kenntnisse über Waffen haben, nicht gering ist. Es ist allerdings richtig, dass jeder Kulturmensch heute ein Mitglied eines „Volkes in Waffen" ist, aber wer unter seinen Bekannten Umschau hält, der weiss, dass der Prozentsatz jener, die Soldaten sind oder es waren, doch verhältnismässig klein ist. Und wenn er erst fragt, wie viele von den „allgemein Wehrpflichtigen" wirklich Kenntnisse von Waffen haben, obwohl sie Soldaten waren, wird er einen gar kleinen Prozentsatz finden. Freilich wird auch die beste und umfangreichste Waffenlehre niemandem etwas Klares und Ganzes bieten können, der sein lebelang kein Gewehr in der Hand gehabt hat, und man kann ein ausgezeichneter Jurist sein und keine Kenntnis davon haben, wie ein Gewehr geladen wird. Ebenso wird es tausendmal mehr Nutzen bringen, wenn man sich vom ersten besten Jäger einige Gewehre und Pistolen zeigen und erklären lässt, als wenn man eine Literatur von Waffenlehren studiert. Am besten wird freilich der fahren, welcher von Jugend auf mit Waffen vertraut war, sich für sie in jeder Beziehung interessiert und endlich seine praktischen Kenntnisse durch das Studium guter und neuer Arbeiten über Waffen ergänzt und eigentlich erst zu etwas Brauchbarem gestaltet. Wer so vorgegangen ist, wird dann im Ernstfalle, wenn es sich um Verbrechen handelt, wirklich etwas sehen und mehr leisten, als die sogenannten „Sachverständigen im Schiessfache", Büchsenmacher, die vielleicht recht gut die aus der Fabrik bezogenen Waffenbestandteile zu einem Gewehre zusammensetzen oder ein altes Gewehr ausbessern können, aber von Ballistik, von Schusstechnik und allem, was wissenschaftlich dazu gehört, keine Kenntnis haben.

Vor allem möchte ich hier den Rat geben, dass sich jeder UR., der nicht selbst etwas von Waffen versteht, von einem Waffenkenner das Nötigste zeigen und a n d e r W a f f e erklären lässt; dass einige Schiessversuche gemacht werden, ist selbstverständlich. Dann soll er (und auch d e r UR., der praktische Kenntnisse hat) eine gute Waffenlehre eingehend studieren und praktisch das Gelesene verwerten; kommt dann ein Fall vor, wo Waffenkenntnis nötig ist, so wird er mit dem Vorliegenden als Vademecum und zur Auffrischung seines Gedächtnisses allerdings ausreichen.

Das Gegebene ist den Waffenlehren und sonstigen Arbeiten von
Plönnies,[1] Ferd. Lankmayr,[2] Otto Maresch,[3] Ignaz
Neumann,[4] M. Thierbach,[5] Rud. Schmidt[6] u. s. w.
und der eigenen Erfahrung entnommen; die neuesten Fragen behandeln
besonders R. Wille,[7] Georg Koch,[8] Hebler,[9] Matten-
heimer,[10] v. Tettau,[11] Preuss,[12] Korarick,[13] Weygandt,[14] Witte,[15] Kaisertreu,[16] v. Kirchner,[17]
Weigner[18] etc. — Für die, allerdings seltenen Fälle, in welchen es
sich um alte Waffen i. e. solche aus vorigen Jahrhunderten handelt
(z. B. Mord mit einer Waffe aus einer Sammlung, Diebstahl an alten
Waffen etc.), gibt volle Aufklärung v. Hefner-Alteneck[19] und
Böheim's Zeitschrift.[20]

I. Die Feuerwaffen.

Der UR. befindet sich insoferne in einer schwierigeren Lage als
der Soldat, der sich um Feuerwaffen zu kümmern hat, als jener den
Kreis der in Betracht zu nehmenden Feuerwaffen viel weiter zu ziehen
hat als dieser. Der Soldat, der die Schiesswaffen kennt, welche die
Armeen der Kulturvölker heute führen, ist genügend unterrichtet,
wenn er sich nicht etwa auf das Gebiet der Waffengeschichte wagen
will. Nicht so der UR., in dessen Gebiet Schusswaffen aller Länder
und Zeiten eine Rolle spielen können, und wenn man die Schätze einer
grossen Waffensammlung überblickt, so kann man sich vorstellen,
dass irgend eine strafbare Handlung ebenso gut mit der Luntenbüchse
des 15. Jahrhunderts, als mit dem amerikanischen Magazingewehre
neuester Konstruktion verübt werden mag. Es ist bekannt, dass Un-

---

[1] „Neue Hinterladergewehre", Darmstadt 1867.
[2] „Waffenlehre", Wien, 4. Aufl. 1891.
[3] „Waffenlehre", umgearbeitet von M. Maudry, 4. Aufl., Wien 1895.
[4] „Die wichtigsten Angaben über die Handfeuerwaffen", Kassel 1878.
[5] „Die geschichtliche Entwickelung d. Handfeuerwaffen", Dresd. 1885—89.
[6] „Die Entwicklung der Feuerwaffen", Schaffhausen 1868 und „Allgemeine
Waffenkunde", Bern 1888 und 1891.
[7] „Waffenlehre", 2. Aufl. 1901, R. Eisenschmidt, Berlin; „Wolframgeschosse",
Berlin 1890; „Das kleinste Gewehrkaliber". Berlin 1893; „Neue Gewehre",
Rathenow 1893; „Fortschritt und Rückschritt des Infanteriegewehres", Berl. 1894.
[8] „Die Jagdgewehre der Gegenwart", Leipzig, B. F. Voigt.
[9] „Das kleinste Kaliber", Zürich 1886—1891.
[10] „Die Rückladungsgewehre", Darmstadt 1871—1876, 1890.
[11] „Das russische Dreiliniengewehr", Hannover 1891, 1894.
[12] „Notizen über fremdländische Gewehre", Wien 1892.
[13] „Beiträge zur Lösung der europäischen Gewehrfrage", Leipzig 1903.
[14] „Die technische Entwicklung der modernen Präzisionswaffen", Leipzig
1874, 1878; „Die neue deutsche Gewehrfrage", Darmstadt 1888.
[15] „Fortschritte und Veränderungen im Gebiete des Waffenwesens", Berlin
1900 (mit Nachträgen); „Das Repetiergewehr M/1900", Steyer 1900.
[16] „Die prinzipiellen Eigenschaften der automat. Feuerwaffen", Wien 1902.
[17] „Die wichtigsten Daten über sämtliche Waffen der öst.-ungar. Kriegs-
macht", Triest 1901.
[18] „Die 8 mm Handwaffen in Öst.-Ungarn", Wien 1891.
[19] „Waffen", Frankfurt a./M. 1903.
[20] „Zeitschr. f. historische Waffenkunde" Dresden seit 1897.

fälle aus Unvorsichtigkeit nicht selten mit alten Waffen geschehen, welche vorgezeigt und versucht werden. Teils sind sie infolge ihres Alters nicht mehr widerstandsfähig genug, teils versteht der mit ihnen Manipulierende ihre Konstruktion und Ladeweise nicht vollständig, teils funktionieren sie überhaupt nicht richtig, und so mag bei ihnen ein zufälliges und unglückliches Losgehen leichter vorkommen, als bei unseren handlichen, genauen und gewohnten Gewehren. Man vergleiche die 91 Griffe, die Wallhausen 1615 („Kriegskunst zu Pferde") zum Abfeuern eines Gewehres als nötig erachtete, mit den drei bis vier Griffen, deren ein modernes Gewehr von Remington, Winchester, Löwe, Mauser oder Mannlicher bedarf. Aber auch sonst kann noch irgend eine alte Donnerbüchse in Verwendung kommen. So wurde mir erzählt, dass ein Diener, um einen Selbstmord zu verüben, sich aus der Waffensammlung seines Herrn ein Radschlossgewehr ausgesucht hatte, das er wegen seines riesigen Kalibers als am raschesten tötend erachtete. Hätte dieser Mann vorgehabt, jemand anderen möglichst sicher zu töten, so hätte er sich vielleicht derselben Büchse bedient.

Ausserdem ist nicht zu übersehen, dass sich bei dem Landvolke noch Waffen recht alter Systeme[1]) gewissermassen im Gebrauch finden, wo sie zum Teile wirklich, zum Teile angeblich als sogenannte „Hausgewehre" zum Schutze gegen Diebe, beziehungsweise auch zu gelegentlichen Wilddiebereien benützt werden. Als solche Hausgewehre dienten zur Zeit, als die Perkussionsgewehre modern waren, die Steinschlossgewehre, und seit die Hinterlader die Gewehre „letzten Systems" sind, rücken die abgelegten, somit billig gewordenen Perkussionsgewehre in die Reihe der sogenannten Hausgewehre ein. Es verhält sich dies hier gerade so, wie bei allen ähnlichen Dingen: Der gemeine Mann, der kein überflüssiges Geld ausgeben kann oder will, wird namentlich dann, wenn es sich um einen nicht dringend notwendigen Gegenstand handelt, immer im Besitze einer Sache sein, die der letzt-verflossenen Mode, dem vorletzten Systeme angehört. Er hat sich um billiges Geld etwas noch Gutes und Brauchbares angeschafft, was nur deshalb rückgelegt wurde, weil es durch etwas Besseres oder wenigstens Moderneres ersetzt worden ist. So verhält es sich mit Kleiderstoffen, Möbeln, Werkzeugen, Maschinen, Wägen, Geschirren, Waffen und tausend anderen Sachen. Wir sehen den Bauer heute mit Hosen einhergehen, deren Stoff zu unserer Studentenzeit der Stolz eines eleganten Jünglings war, der wohlhabende Müller vom Lande fährt in einer Kalesche, die vor einigen Jahrzehnten das Modernste war, das man in der Stadt besass, und der bescheidene Handwerker ist heute mit Möbeln eingerichtet, wie sie unsre Eltern zur Ausstattung bekamen, wenn sie „auf das Schönste" eingerichtet werden sollten. Ich habe gar einen alten Bauer gekannt, der aus Er-

---

[1]) Antiquitätenhändler fragen bei dem Landvolke oft um alte „Hausgewehre" und finden als solche verwendet, häufig schöne und wertvolle alte Stücke, die der Bauer gerne gegen ein „besseres", modernes Gewehr eintauscht.

sparungsrücksichten stets den vorjährigen Kalender kaufte und sich lieber mit mühsamen Umrechnungen behalf, als dass er den höheren Betrag für einen neuen Kalender ausgegeben hätte.

Der erwähnte Erfahrungssatz ist nicht unwichtig und kann oft Anhaltspunkte geben, um aus der aufgefundenen Sache auf den Stand des Besitzers oder umgekehrt aus der Person des angeblichen Täters auf die Natur der von ihm mutmasslich benützten Sache Schlüsse zu ziehen.

A. Allgemeines.

Da der UR. mit Kanonen, Mitrailleusen, Mörsern und ähnlichen Kriegswaffen wohl niemals zu tun bekommen wird, so können ihn nur die sogenannten Handfeuerwaffen interessieren, d. h. jene Schiesswaffen, welche der einzelne Mann mit sich tragen und aus freier Hand abfeuern kann. Das sind Gewehre, Pistolen, Terzerole und Revolver. Allen diesen Handfeuerwaffen sind als Bestandteile gemeinschaftlich: Der Lauf, der Schaft, das Schloss und das Zubehör. Die drei ersten Bestandteile werden nach ihrer Verschiedenheit den Einteilungsgrund für die genannten Waffen in verschiedenen Richtungen bilden.

Ist der Lauf lang und der Schaft kolbenartig geformt, so dass er an die Schulter beim Schusse angestemmt werden kann, so nennen wir die Waffe ein Gewehr (Flinte, Büchse, Zwilling u. s. w.). Ist der Lauf kurz, der Schaft abwärts gebogen und nur in der Faust zu halten, so bezeichnen wir sie als eine Pistole, ein Terzerol, einen Revolver — sogenannte Faustwaffen. Ist bei einer Feuerwaffe das Schloss derart beschaffen, dass die Ladung von der Mündung aus geschehen muss, so nennen wir das einen Vorderlader; erfolgt die Ladung beim Schlosse, so ist es ein Hinterlader. Ist die Einrichtung des Schlosses einer kurzen Feuerwaffe so, dass jeder Lauf für sich geladen werden muss, so ist das eine Pistole oder ein Terzerol. Hat die Waffe einen einzigen Lauf und einen Raum für mehrere Patronen, so nennen wir sie Revolver, Magazinpistole. — Ist bei einer kurzen Handfeuerwaffe das Schloss seitlich an einem Schlossbleche angebracht und die Schiftung derart, dass sie bis zur Mündung oder wenigstens bis zu einem Teile des Laufes reicht, so ist das eine Pistole; ist das Schloss aber hinter dem Laufe i n d e m S c h a f t e angebracht und ist der Lauf nicht am Schafte befestigt, sondern ohne Schiftung über dem Schlosse angeschraubt, so ist es ein Terzerol. Die Magazinpistolen gehören daher besser zu den Terzerolen.

Dass bei der wichtigsten Handfeuerwaffe, dem Gewehre, durch die Verschiedenheit des Laufes und des Schlosses unzählige Abteilungen und Verschiedenheiten geschaffen werden, ist selbstverständlich. Wir können also im allgemeinen sagen:

a) L a u f nennen wir das Metallrohr, worin die Munition vorbereitet liegt und entzündet wird, das dann sowohl die entstandenen Pulvergase zusammenzuhalten, als auch einem oder mehreren

Geschossen die entsprechende Richtung zu geben hat. Er ist jetzt beinahe nur aus Stahl, früher war er auch aus Eisen, in Ausnahmsfällen auch aus anderen Metallen (Bronze, Kupfer, Messing u. dgl.) hergestellt.

b) S c h a f t heisst der Griff der Waffe, der nicht bloss ihre Haltung und Handhabung möglich macht, sondern auch dazu dient, das Schloss, die Laufringe und sonstiges Zubehör befestigen zu können. Er ist fast immer aus Holz, nur bei kleinen Terzerolen und Revolvern auch aus Horn, Elfenbein, Hartgummi, selbst Metall (Repetierpistole) gearbeitet.

c) Das S c h l o s s ist die Vorrichtung zum Abfeuern der Waffe. Seine tausendfachen Verschiedenheiten bezwecken immer, dass durch Erzeugung eines heftigen Stosses die Entzündung des Pulvers oder eines damit in Verbindung stehenden Satzes mit leichtem Druck plötzlich bewirkt wird.

d) Das Z u b e h ö r umfasst alles andere, was sich an der Waffe befindet und nicht Lauf, Schaft und Schloss heisst, also: die Visiervorrichtung, Lade- oder Putzstock, Laufringe, Kolbenschuh, Piston, Griffbügel, Schrauben u. s. w.

Das Zubehör ist von verhältnismässig geringer Wichtigkeit und kommt weder gleichmässig noch bei allen Feuerwaffen überhaupt vor. So hat das Terzerol fast ausnahmslos keine Visiervorrichtung und häufig keinen Zungenbügel; der eigentliche Kolbenschuh kann nur beim Gewehre vorkommen u. s. w. Trotz dieser untergeordneten Bedeutung des Zubehörs wird es, wenigstens teilweise, nicht übersehen werden dürfen, da unter Umständen seine Beschaffenheit ausschlaggebend sein kann. Es wäre z. B. möglich, dass irgend ein erreichter Effekt dann von einer bestimmten Waffe hervorgebracht worden sein kann, wenn ihre Zielvorrichtung (Absehen, Korn) von vorzüglicher Beschaffenheit ist, während bei schlechter Einrichtung das, was wirklich erreicht wurde, nicht leicht hätte bewirkt werden können. Es wird also bei der Beschreibung des Gewehres auch die Zielvorrichtung stets genau angegeben werden müssen. Da diese fast nur bei Kugelgewehren in komplizierterer Form vorkommt, so wird sie dort besprochen werden.

B. Arten der Feuerwaffen.

1. Gewehre.

Die Gewehre[1]) können selbstverständlich nach verschiedenen Gesichtspunkten eingeteilt werden: einläufige und mehrläufige, Vorderlader und Hinterlader, Schrotgewehre und Kugelgewehre. Die Beschaffenheit des Geschosses als ersten Einteilungsgrund für unsere

---

[1]) Vergl. insbesonders: R u e g g „Die Schrotflinte", Zürich 1896; D e i n e r t „Die Kunst des Schiessens mit der Schrotflinte", Berlin, 2 Aufl., 1895; K o c h

Zwecke zu wählen, ist insoferne richtig, als für uns die Art der Verletzung, also das verwendete Geschoss, besonders wichtig ist.

a) Schrotgewehre.

S c h r o t e nennen wir alle kleinen Kugelgeschosse, die nicht einzeln, sondern in grösserer Anzahl in den Lauf geladen, daher nicht in diesen eingepresst werden, sondern an sich lose und nur durch den Pfropfen festgehalten darin liegen.

Die K u g e l n werden entweder in Formen gegossen oder gepresst (geprägt); die Schrote verfertigte man in der Weise, dass das flüssige Blei durch Siebe aus grösserer Höhe in Wasser u. s. w. gegossen wurde; jetzt wird es mit Hilfe der Zentrifugalkraft aus Drehtrommeln gegen vertikale Siebe geschleudert. Um das Blei flüssiger zu machen, wird ihm meistens ein drittel bis einhalb Prozent des Gewichtes Arsen[1]) zugesetzt, ein Umstand, der dann nicht gleichgültig sein soll, wenn Schrotkörner längere Zeit im menschlichen Körper verblieben sind. Ein Mittelding zwischer Kugeln und Schrot bilden die sogenannten P o s t e n , P f o s t e n , auch H a g e l genannt, Kügelchen von Erbsengrösse und mehr, die zwar in F o r m e n gegossen oder gepresst werden, wie die Kugeln, von denen aber mehrere auf einmal so geladen werden, wie Schrote und somit zu ihrer Fixierung im Laufe eines Pfropfens bedürfen. Der Erzeugung nach gehören sie also zu den Kugeln, nach ihrer Verwendung zu der Schroten.

Die Schrote wurden früher nach Nummern von oo bis 16 erzeugt, jetzt werden sie meistens nach Millimetern sortiert. „Fuchsschrote" sind die gröbsten, sogenannter „Vogeldunst" die feinsten.

Pfosten haben keine besonderen Nummern, sie werden nach jeweiligem Bedarf in Kugelmodeln (meist fünf bis sechs auf einmal) gegossen; handelt es sich darum, grobe Schrote von Pfosten zu unterscheiden, so achtet man darauf, ob sich eine ringsumlaufende Naht und ein Rest des sogenannten Giesszapfens vorfindet, was beides dadurch entsteht, dass die zangenförmigen Teile des Gussmodels nicht genau aneinander passen und somit eine ringsum laufende linienartige Unebenheit auf dem Pfosten bilden. Da aber der Model oben ein Loch haben muss, um das Blei eingiessen zu können, so bleibt dort ein Zapfen, der, wenn er auch entfernt wurde, doch Spuren zurückliess. Werden die Pfosten wie Kugeln geprägt,[2]) so sehen sie freilich wie Schrote aus und entbehren der genannten Kennzeichen.

„Jagdwaffenkunde", Berlin 1899; Z i m m e r „Die Jagdfeuergewehre", Darmstadt 1877 (2. Aufl.); N e u m a n n „Die heutigen Jagd-, Scheiben- und Schutzwaffen" Weimar 1872; W i l d - Q u e i t n e r „Die Kunst des Schiessens mit der Büchse" Berlin 1903; P r e u s s „Lehrbuch des Flintenschiessens", Neudamm 1905.

[1]) Schrote, die mindestens 1% Arsen enthalten, heissen Hartschrot; man schrieb ihnen — wohl irrtümlich — grössere Durchschlagskraft zu als den Weichschroten (die aber immerhin auch 0.3—0.5% Arsen enthalten).

[2]) Theoretisch genommen müssten geprägte Pfosten eine grössere Dichte haben, als gegossene; nachweisbar wird diese nur ausnahmsweise sein.

Aus der Natur des Schrotes und der Pfosten einerseits und der
Kugel anderseits ergibt sich der Unterschied von Schrot- und Kugelgewehr von selbst, und kann als dieser, genau genommen, angegeben
werden, dass jene einen leichteren Lauf haben, als diese. Schrotgewehre aus sehr gutem Materiale (Damast) können an der Mündung
papierdünn werden, so dünn, dass man sich dort wie mit einem scharfen
Messer schneiden kann. Trotzdem bleibt die Waffe so gut als früher
und für den Schützen selbst ungefährlich.

Ein Kugellauf, in dem das Geschoss fest eingepresst, eingekeilt
wird, bei dem also die Kugel so lange einen möglichst gasdichten Verschluss für die Pulvergase bilden muss, bis sie den Lauf verlassen hat,
muss der Expansion der Gase (wohl auch schon dem Einpressen der
Kugel) einen kräftigen Widerstand leisten: er muss also eine gewisse
Stärke haben („dick im Fleische sein"), wenn er seinen Zweck erfüllen
soll. Demzufolge wird man auch aus einem Schrotlaufe, der eine
gewisse Stärke besitzt, eine Kugel schiessen können, deren Kaliber
nicht grösser als das des Laufes ist.[1] Freilich wird die erreichbare
Distanz sowie die Treffsicherheit gering sein, da der Lauf keine Züge
hat und seine Einrichtung überhaupt nicht für Kugeln getroffen ist.
Ebenso wird man aus jedem Kugellauf mit Schroten schiessen können,
vorausgesetzt, dass (bei Hinterladern, namentlich bei Repetiergewehren)
nicht die Manipulation mit den Patronen Schwierigkeiten bereitet.
Bei einem nicht gezogenen Vorderlader-Kugelgewehr ist es in der Tat
ganz gleichgültig, ob man daraus mit Kugel oder Schrot schiesst;
solche Gewehre gibt es aber heute nur noch selten. Ist der Kugellauf
mit Zügen versehen, so verbietet es sich nur deshalb, mit Schrot daraus
zu schiessen, weil der Lauf darunter leidet. Die mit grosser Gewalt
hinausgeschleuderten Schrote prallen nämlich an den, meist scharf-
kantigen Zügen an und diese reissen von der Oberfläche der Schrote
etwas Blei ab, das in den Zügen haften bleibt; dies nennt man das
„Verbleien" der Läufe, welche dann durch den Büchsenmacher mit
feilenartig geformten Kolben gereinigt („gefrischt") werden müssen,
was eine Änderung des Kalibers und dadurch mancherlei Nachteile
mit sich bringt. Es wird also niemand einen Kugellauf durch Schrot-
schüsse verderben wollen, ausser wenn es sich um die Durchsetzung
irgend einer besonderen Absicht handelt, wobei dann die Rücksicht
auf das Wohl und Wehe des Kugellaufes kaum in Erwägung kommt.

Alle diese Angaben haben nur den Zweck, darauf aufmerksam
zu machen, dass man bei Schlüssen: von der verdächtigen Waffe auf
das verwendete Geschoss und umgekehrt: vom vorgefundenen Geschosse auf die mutmasslich verwendete Waffe nicht vorsichtig genug
sein kann. Eine vorschnelle Behauptung: „hier wurde ein Schrotgewehr verwendet, w e i l Schrote gefunden wurden"; oder: „hier
wurde ein Kugelgewehr benützt, w e i l eine Kugel das Geschoss ge-

---

[1] Um eine Spur ist die abgeschossene Kugel stets grösser als der Lauf
beziehungsweise die nichtbenutzte gleiche Kugel, da sie eingepresst werden muss.
Vergl. S c h ü t z e in H. Gross' Archiv Bd. IX p. 134.

bildet hat", wäre niemals zu rechtfertigen und könnte schwere Fehlgriffe zur Folge haben. Dass ein Gewehr falsch geladen, d. h. dass es mit einem Geschosse versehen wurde, welches nicht dafür bestimmt war, kann aus zahlreichen Gründen geschehen: Ungeschicklichkeit, Unwissenheit, Zufall, Abgang des richtigen Geschosses oder Absicht. Dieser können wieder verschiedene Triebfedern zu Grunde liegen, unter denen die wichtigste auf Irreführung gerichtet sein kann.

Nehmen wir den Fall an, dass jemand die Meinung hervorrufen wollte, eine Kugel sei n i c h t aus einem bestimmten Schrotgewehre geschossen worden, also nicht aus einem Schrotgewehre z. B., das allgemein als das einzige gilt, welches er besitzt. Er verschafft sich nun heimlich ein Kugelgewehr mit gezogenem Laufe, dessen Bohrung, sagen wir, mit sechs Zügen versehen ist. Aus diesem Laufe schiesst er nun eine Kugel aus grösserer Entfernung auf einen weichen Sandhaufen oder in Wasser, so, dass er sie vollkommen undeformiert erhält, wobei sie aber selbstverständlich deutlich zählbar die Spuren der sechs Züge des Kugellaufes aufweist. Auf ähnliche Art kann er sich eine solche Kugel mit den Spuren der Benützung aus einem Kugellaufe verschaffen, wenn sich in der Nähe ein Schiesstand befindet, aus dessen Kugelfang er sich eine möglichst undeformierte Kugel heraussuchen kann, ohne dass er überhaupt selbst über ein Kugelgewehr verfügt. Diese Kugel lädt er nun, z. B. in Moos oder Papier etc. verpackt in den Lauf eines Schrotgewehres oder eines Kugelgewehres, das mehr oder weniger als sechs Züge hat, wobei eine Beschädigung des Laufes ausgeschlossen ist, wenn die Kugel lose darin liegt; nun kann er mit dieser Waffe z. B. auf einen Menschen schiessen; aus kleiner Entfernung wird er ihn auch gut treffen können. Wird nun die Kugel mit den Spuren der sechs Züge eines Kugellaufes im Leichname des Erschossenen gefunden, so mag der Täter mit einiger, häufig auch leider mit viel Wahrscheinlichkeit darauf rechnen, dass der Verdacht n i c h t auf sein Gewehr fallen wird, da es gar keine oder 4 oder 8 Züge besitzt. —

Als Gegenstück zum eben erörterten kann der Fall angenommen werden, in dem jemand aus einem gezogenen Kugellaufe mit Schrot schiesst. Im allgemeinen wird wohl schon bei einem einzigen Schrotschusse aus gezogenem Kugellaufe dessen Verbleiung eintreten, diese wird aber so unbedeutend sein, dass sie mit einiger Geschicklichkeit durch einen „Kratzer" wird beseitigt und durch einen nachfolgenden Kugelschuss unkenntlich gemacht werden können, wofern noch Spuren zurückgeblieben sind. Braucht der Täter noch die Vorsicht, die Schrote beim Laden in ein Fleckchen starker Leinwand oder besser Rehleder beutelförmig einzubinden, so wird in den meisten Fällen die Umhüllung erst reissen, wenn die Ladung den Lauf verlassen hat, so dass eine nachweisbare Verbleiung überhaupt nicht eintreten wird. Also nochmals: V o r s i c h t   i n   d e n   S c h l ü s s e n   v o n   G e s c h o s s   a u f G e w e h r   u n d   v o n   G e w e h r   a u f   G e s c h o s s. Man wird natürlich bei der Auffindung von Schroten zuerst auf ein Schrotgewehr und bei der Auffindung einer Kugel in erster Linie auf ein Kugelgewehr

von entsprechendem Kaliber und Zügen schliessen, man wird aber
niemals aus dem Auge lassen dürfen, dass die Sache sich auch anders
verhalten kann und wird namentlich sonstige sich aufdrängende Verdachtsgründe deshalb allein nicht von der Hand weisen, weil Waffe
und Geschoss nicht zusammenpassen. Dies wird namentlich dann
geschehen müssen, wenn man dem Verdächtigten einige Raffiniertheit
zutrauen darf. — Dass aber zur Aufdeckung solcher Verhältnisse viel
Mühe und namentlich auch die besten Sachverständigen nötig sind,
braucht nicht erst bewiesen zu werden.

Gehen wir zur Einteilung der Schrotgewehre über, so werden
wir sie nach den Läufen und nach den Schlössern vornehmen.

aa) Nach den Läufen.

α) Material der Läufe.

Fassen wir vorerst das Material der Läufe ins Auge, so wird
uns dieses hier nur insoferne interessieren, als es bei der Beschreibung
genannt werden muss und v i e l l e i c h t einen Schluss auf den Besitzer zulässt. Ein Bauernbursche wird kaum Gewehrläufe aus feinstem
Rosen-Damast besitzen. Auch sonst noch können kleinere Neben-
sächlichkeiten in Rechnung kommen. A u f d i e S c h ä r f e d e s
S c h u s s e s , a u f g u t e s Z u s a m m e n h a l t e n d e r S c h r o t -
k ö r n e r , a u f e r r e i c h b a r e E n t f e r n u n g u n d g u t e s
Z i e l e n u. s. w. h a t d a s M a t e r i a l d e s S c h r o t l a u f e s
g a r k e i n e n E i n f l u s s (wohlgemerkt des S c h r o t laufes). Das
muss man immer im Auge behalten. Man kann mit dem ordinärsten
aber gut gebohrten Eisenlaufe sehr gut, weit und sicher schiessen und
mit dem besten Drahtlaufe das Gegenteil erreichen. Da wird natürlich nicht in Rechnung gezogen, dass der Lauf etwa verbogen, gequetscht, gesprungen ist, unter welchen Umständen mit keinem Laufe
etwas geleistet werden kann. Hat der Lauf aber keine der erwähnten
Beschädigungen erlitten, und ist er von allem Anfange an richtig gebohrt, so hat er auf die Qualität der Schusses, wie gesagt, keinen Einfluss, auf diese wirkt n u r die Ladung, wie später zu erörtern sein wird.
Man lasse sich also nie durch berufene oder unberufene Halbsach-
verständige irre machen, die im besonderen Falle mit unfehlbarer
Sicherheit behaupten werden: „Dieser Schrotschuss kann nicht mit
jenem famosen Laminette-Damast abgegeben worden sein, denn dann
wären die Schrote weitergegangen oder wären besser beisammen geblieben," oder umgekehrt: „Mit dem miserablen Eisenlaufe dieser alten
Schrotspritze war es unmöglich, auf jene grosse Entfernung so schön
zusammenzuhalten." Solche Urteile zeugen nur von dem Mangel
an jeglichem Verständnis, denn Qualität des Schrotlaufes und Qualität
des Schusses hängen nicht zusammen. Von Wichtigkeit ist allerdings
angeblich die F o r m d e s i n n e r e n Laufes; es wird behauptet,
dass ein solcher, um gut zu sein, 20—25 cm vor der Mündung eine
konische, nach der Mündung sich sehr schwach verjüngende Bohrung

haben müsse, wobei es hauptsächlich auf das richtige Verhältnis dieser
Verjüngung (sogen. choke-bore) ankomme. Ob dies wahr· ist, wird
sich kaum beweisen lassen. — Eine andere Frage ist die nach der H a l t -
b a r k e i t eines Laufes und nach der S i c h e r h e i t , welche dieser
dem Schützen gewährt. Es liegt nahe, einzusehen, dass ein ordinärer
Eisenlauf dem Rosten, Verbiegen und Ausschiessen viel mehr ausgesetzt ist, als ein feingearbeiteter, und ebenso, das ist wohl die Hauptsache, ist bei jedem Laufe die Gefahr, dass er zerspringe und dadurch
den Schützen in bedenkliche Lage bringe, um so geringer, mit je grösserer
Sorgfalt und Mühe der Lauf gearbeitet ist und je besser die physikalischen
Eigenschaften des Materiales überlegt und ausgenützt wurden. Endlich
kann auch gesagt werden, dass durch Feinheit des Materiales an dessen
Masse erspart werden darf, so dass feine Läufe dünner gearbeitet sein
können, als ordinäre, wodurch jene natürlich leichter und bequemer
zu tragen werden.

Das einfachste Material wäre Eisen oder Stahl, von denen jenes
nur zu den billigsten Läufen verwendet wird, deren Käufer nicht verlangen kann, dass ihm etwas leichtes und zierliches um den geringen
Preis geliefert werde. Stahl wird zu Schrotgewehren nur selten verwendet, da ein Stahllauf, ausser bei Mannesmannrohren, gebohrt werden
muss; das kostet viel und schliesslich bleibt der Lauf doch recht stark,
was ihn schwer macht. In letzter Zeit hat man übrigens diesfalls mit
kohlenstoffarmem Stahl (Siemens-, Krupp-, Withworthstahl etc.) gute
Erfahrungen gesammelt. Aber alle Vorzüge, die man von einem Ge-
wehrlaufe verlangen kann, vereint der sogenannte Damast, damas-
zierter Lauf, in sich. Wesen des Damastes im allgemeinen (sei es nun
Gewehrlauf, Messer, Degenklinge u. s. w.) ist die Verbindung dünner
Stäbe von Stahl mit solchen aus weichem Eisen, die zusammenge-
schweisst worden sind. Hat man abwechselnd Stahl- und Eisen-
b ä n d e r zusammengelegt und geschweisst (heiss zusammengehämmert),
so hat man Band-Damast (Ruban) erhalten; hat man dasselbe mit
Stahl und Eisen d r ä h t e n getan, so gewinnt man einfachen Draht-
Damast; wurden endlich die Stahl- und Eisendrähte zuerst sorgfältig
geflochten und dann geschweisst, so gibt das geflochtenen oder edlen
Draht-Damast. Preis und Widerstandsfähigkeit steigen in derselben
Reihe, beginnend beim Band-Damast und endigend beim edlen Draht-
Damast. Soll ein Gewehrlauf aus Damast gemacht werden, so werden
die Bänder oder Drähte oder die Drahtgeflechte um einen Stab von
der Dicke jenes Kalibers gewunden, das der Lauf haben soll und im
glühenden Zustande solange gehämmert, bis die einzelnen Bestandteile auf das innigste untereinander verbunden sind. Sodann wird der
Lauf abgeschliffen und mit einer Säure (meist Essig mit Scheidewasser)
geätzt. Stahl wird weniger, Eisen mehr davon angegriffen und so
wird dann eine Zeichnung sichtbar, welche die Lagerung der Eisen-
und Stahldrähte darstellt. Diese Zeichnung heisst (besonders bei den
edlen Sorten) das W a s s e r oder *Gichar* (türkisch). Die wichtigsten
und bekanntesten Arten sind: E n g l i s c h e r D a m a s t in der Form
von Pfauaugen; t ü r k i s c h e r , auch R o s e n - D a m a s t in Form

32*

von feinen Röschen; L a m i n e t t e - D a m a s t ist Rosen-Damast,
bei dem zwischen den einzelnen Rosen strichförmig neben einander
Drahtstreifen durchgehen; H u f n a g e l - D a m a s t, angeblich aus
(alten) Hufnägeln gemacht, sieht wie grober Rosen - Damast aus;
M o i r e - D a m a s t sieht aus wie gewässerter Atlasstoff und ist wirklich so hergestellt, wie dieser gewebt wird; B e r n a r d - (*L e c l e r c*)
D a m a s t, ebenso wie der vorige gearbeitet, aber nicht aus rundem,
sondern vierkantigem Draht, so dass rhomben- oder rautenförmige
Figuren zum Vorscheine kommen. Ausserdem gibt es je nach der
Mode unzählige andere Sorten, die sich aber von den genannten nur
durch andere Namen und unwesentliche Änderungen unterscheiden,
im grossen und ganzen lassen sie sich stets auf eine der erwähnten
Arten zurückführen.

Ist der Lauf fertig, so wird er häufig in verschiedenen Farben
(weiss, grau, blau, braun, schwarz) gebeizt, wobei aber die Art seines
Damastes selbstverständlich noch immer in Geltung bleibt.

Die Vorteile eines Damastlaufes bestehen, wie schon erwähnt,
darin, dass er vermöge seiner Erzeugungsart sehr dünn und leicht
gearbeitet sein kann und gleichwohl dem Schützen möglichste Sicherheit bietet. Springt ein Eisen- oder Stahllauf, so zersplittert er in
Stücke, die weit umherfliegen; ein Damastlauf reisst aber nur, etwa
wie ein Stück gewebten Zeuges, in kleinerer oder grösserer Ausdehnung,
ohne einen Substanzverlust zu erleiden; eine Beschädigung durch um-
herfliegende Stücke ist sehr selten.[1]

β) Zahl der Läufe.

Ausser dem Material der Läufe kommt noch ihre Zahl in Betracht. Man hat bei Schrotgewehren einfache, doppelläufige und
mehrläufige Flinten. Die einläufigen Schrotgewehre kommen verhältnismässig selten noch vor; man findet sie unter der Landbevölkerung, für die sie auch heute noch um billiges Geld erzeugt werden;
ausserdem kommen noch Einläufer als umgestaltete Gewehre aus
früherer Zeit vor, wenn man besonders gutgearbeitete Läufe, etwa
mit Gold ausgelegt oder mit schön geschnitzten Schäften versehen,
nicht wegwerfen wollte. Auch als sogenannte Knabengewehre werden
noch Einläufer erzeugt, da für angehende, ungeübte Schützen das
Manipulieren mit einläufigen Gewehren ungefährlicher ist, als das
mit Doppelläufen. Theoretisch genommen ist es eigentlich nicht gut
einzusehen, warum man seit Einführung der Hinterlader, die ein
rasches Laden gestatten, nicht mehr einläufige Schrotgewehre erzeugt,
die den Vorteil grosser Leichtigkeit haben und ihren Zweck fast ebenso
erfüllen wie Doppelgewehre. Man war aber aus der Zeit der Perkussionsgewehre so sehr an Doppelläufe gewöhnt, dass man wohl aus diesem
Grunde nicht zu den Einläufern zurückgekehrt ist; freilich wirkt auch
die Möglichkeit eines Doubléschusses mit. Auf die Sicherheit des

---

[1] Vergl. B e c k „Geschichte des Eisens", Braunschweig, 2. Aufl., 1891.

Schusses hat die Zahl der Läufe natürlich keinen Einfluss. Doppelflinten mit n e b e n einanderliegenden Läufen sind heutzutage das häufigste; Doppelflinten mit ü b e r einander gelagerten Läufen, sogenannte Bockflinten,[1]) kommen selten vor und haben ebensowenig Vorteil wie Flinten mit drei oder auch mehr Läufen. Diese sind schwer und gewähren wenig Nutzen. Büchsflinten nennt man Doppelgewehre, bei denen ein Lauf für Schrot, einer für Kugel bestimmt ist. Sie werden dort häufig verwendet, wo es gemischte Jagd gibt, d. h. wo dem Jäger sowohl Wild vorkommen kann, das mit Schrot geschossen wird, als auch solches, das mit der Kugel erlegt werden muss. Hier sind dreiläufige Gewehre (Drillinge) häufiger: für Schrot, grosse Kugel und kleine Kugel, oder für groben und feinen Schrot und für Kugel. —

Von Bedeutung für den UR. sind zwei nur einläufig vorkommende Gewehre, die den Zweck haben, nicht sofort ihre Bestimmung erkennen zu lassen, das sind die Stockflinten und die zerlegbaren Gewehre. Beide werden auch für Kugel verwendet, sollen aber hier erwähnt werden, da sie zumeist für Schrot gearbeitet sind. Stockflinten kommen oft in wunderlicher Weise gearbeitet vor. Der Lauf, der also den eigentlichen Stock darstellt, ist meistens so geformt und angestrichen, dass er ein spanisches Rohr darstellt. Der Griff ist gewöhnlich in Krückenform gearbeitet und enthält nicht bloss (meist federnd umgelegt) Hahn, Drücker und Absehen, sondern er lässt sich oft auch noch in einfacher Weise zu einem förmlichen Kolben umgestalten: entweder werden seine Bestandteile abgesondert in der Tasche getragen oder sie sind selbst im Griffe des Stockes zusammengelegt enthalten, bilden aber dann freilich nur gewissermassen das Gerippe, die äusseren Umrisse eines Kolbens.

Mitunter wird der UR. auf eine solche Waffe zu achten haben, sei es bei Haussuchungen, sei es bei Beschreibung dessen, was ein Verdächtigter bei sich getragen hat. In ersteren Fällen muss man derlei Instrumente, die eine Stockflinte darstellen können, genau beachten, jeden, wenn auch unverdächtig in der Ecke lehnenden Stock zum mindesten in die Hand nehmen und auf sein Gewicht prüfen, da eine Stockflinte selbstverständlich immer schwerer ist, als ein Stock desselben Aussehens. In letzteren Fällen, d. h. wenn es sich darum handelt, was eine verdächtige Person bei sich hatte, lasse man sich den „Spazierstock" umständlich beschreiben und achte darauf, ob vielleicht jemand aufmerkte, als er weggestellt wurde. Der Ton, den eine Stockflinte hervorbringt, wenn sie noch so sachte auf den Boden gestellt wird, ist so charakteristisch verschieden von dem Tone, den ein selbst schwer beschlagener Stock beim Niederstellen erzeugt, dass er jedem auffallen muss.[2])

---

[1]) Das Grazer Kriminalmuseum besitzt ein Wilderergewehr mit zwei, um eine Parallelaxe drehbaren Läufen, so dass nur ein Hahn nötig ist; die Anordnung der Läufe ist so, wie bei einer Bockflinte.

[2]) Allerdings hat man auch da Abhilfe zu treffen gewusst; ebenfalls das Grazer Kriminalmuseum besitzt eine sorgfältig gearbeitete Stockflinte, deren Schuh fürsorglich aus Büffelhorn hergestellt ist, so, dass beim Niederstellen kaum ein verdächtiger Lärm verursacht wird.

Auf Stockflinten kann nicht genug geachtet werden; man darf behaupten, dass wir keine Ahnung davon haben, wie viele Verbrechen mit diesem heimtückischen Zeug verübt wurden. Denken wir uns noch das rauch- und knallschwache Pulver dazu, so sind arge Folgerungen aus dieser Kombination zu ziehen! Zum mindesten wird es bald heissen: „Ade, du schön gehegter Wildstand!" Was es sonst für Folgen haben wird, ahnt man wohl, wagt es aber nicht auszusprechen.

Ebenso wichtig und in vielen Beziehungen noch wichtiger als die Stockflinten sind die zusammenlegbaren oder sogenannten Abschraubgewehre. Hat man bei den Stockflinten oft Gelegenheit, die sinnreiche und geschickte Arbeit des Fabrikanten oder Büchsenmachers zu bewundern, so kann man bei den Abschraubgewehren der Findigkeit und Geduld des betreffenden Erzeugers seine Anerkennung umsoweniger versagen, als diese Waffen nur in seltenen Fällen von Büchsenmachern, sondern von Pfuschern erzeugt werden. Angesichts der oft erstaunlich kompendiösen Bauart dieser Gewehre finde ich es nicht unbegreiflich, dass einmal ein alter Jäger halb im Ernste sagte: Ein geschickter Wildschütze trage sein Gewehr zusammengelegt in der Westentasche. Was dabei an Systemen und Kombinationen von Systemen in Anwendung kommt, ist in der Tat merkwürdig: Verschraubungen, Kippvorrichtungen, Charnierbewegung, Kreuzhaken- und Spannkuppelungen, Muffendoppelungen und alle sonstigen nur erdenklichen Verbindungen werden kombiniert und schliesslich bedauert man, dass alle diese Ideen nicht zu etwas Besserem verwendet wurden, wenn man sieht, wie rasch, sicher und fest sich ein brauchbares Gewehr aus zahlreichen Stücken und Stückelchen zusammenfügen und wieder auseinandernehmen lässt.[1])

Diese Umstände mögen es aber auch erklären, dass solche Waffen bei zahlreichen Wilddiebs- und Mordsfakten „absolut unfindbar" geblieben sind. Niemals darf man sich dadurch irre machen lassen, dass mehrere Zeugen versichern, der vorübergehende Verdächtigte habe „gewiss kein Gewehr bei sich gehabt", oder wenn das Resultat der Haussuchung dahin ging, dass „keine Spur eines Gewehres zu finden war". Im ersteren Falle kann das Gewehr in verschiedenen Taschen, wenn auch nicht in einer Westentasche, verteilt oder im oberen Teil des Beinkleides (an den Oberschenkeln) versteckt gewesen sein, ohne dass es von aussen auffallen musste. Im zweiten Falle kann es sich in einem Behältnisse befunden haben, das vermöge seines geringen Umfanges keinerlei Verdacht aufkommen liess und deshalb nicht untersucht wurde, wofern nämlich das Gewehr überhaupt im Hause versteckt war. Ich erinnere mich eines Falles, in dem (es war ein Jäger von Wilddieben erschossen worden) bei der Haussuchung als einzig verdächtiges Objekt in einem, auf der Küchenstellage stehenden Kochtopfe ein 5½ Zoll langes, oben aussen und unten innen mit feinem

---

[1]) Es erregt jedesmal Staunen, wenn im Grazer Kriminalmuseum die so klug erdachten und verschiedenartigsten Systeme der oft von Bauern hergestellten Abschraubegewehre vorgezeigt werden.

Schraubengewinde versehenes Stück eines Gewehrlaufes gefunden wurde. Trotz dieses verdächtigen Fundes und der hierdurch besonders geschärften Aufmerksamkeit konnten damals die anderen Bestandteile des Gewehres nicht gefunden werden, obwohl sie sich doch im Hause befanden, wie es sich im Laufe der Untersuchung herausgestellt hatte. Stücke waren in einem Stiefel, im Pferdekummet, hinter dem Kruzifix, in der Höhlung eines grossen Salzstockes und einem Astloche eines Balkens im Dachstuhle verborgen. Der Täter hatte nämlich geglaubt, sein Haus werde von aussen durch einen Jäger fortwährend beobachtet, wagte es daher nicht, ein Versteck ausserhalb des Hauses aufzusuchen. Gerade in diesem Falle war die Zusammenfügung sehr geschickt, die Verschraubung der drei Teile des Laufes eine anerkennenswert genaue. —

Über die Konstruktion der Abschraubgewehre Genaueres zu sagen, ist wegen ihrer tausendfältigen Verschiedenheit unmöglich. Es würde aber auch insoferne keinen Nutzen gewähren, als man sich lediglich zu merken braucht, dass das Mass der einzelnen Bestandteile, aus denen ein Gewehr zusammengesetzt sein kann, nach abwärts fast unbeschränkt ist, so dass kaum ein Versteck so klein ist, um nicht einen oder den anderen Bestandteil eines Abschraubgewehres beherbergen zu können. Behält man das vor Augen, so werden die Fälle, in denen das Corpus delicti „nicht auffindbar" ist, wodurch allein der Fall oft ergebnislos verlaufen muss, immer seltener.

Ein fernerer Unterschied der Gewehre ausser in den Läufen liegt in der

bb) Zündvorrichtung.

Unter Zündvorrichtung versteht man den Apparat, der das im Gewehre vorbereitete Pulver zur Explosion bringt. Selbstverständlich hat die Frage, wie dies am schnellsten, leichtesten und sichersten zustande zu bringen ist, den Leuten umsomehr Kopfzerbrechen gemacht, als die Zündung mit der Ladung in beständigem und untrennbarem Zusammenhange steht. Es ist daher auch begreiflich, dass von der ersten Zündung, bei der das Pulver im Rohre mit glühender Kohle oder brennender Lunte direkt angebrannt wurde, bis zum heutigen Magazins-Hinterlader ein weiter Weg mit vielen Stationen fortschreitender Verbesserungen zurückgelegt werden musste.

Wir teilen die Gewehre in Bezug auf ihre Zündvorrichtung Hand in Hand mit der Lade-Art am besten in Vorder- und Hinterlader ein.

α) Vorderlader.

heissen jene Gewehre, bei denen die Ladung an der Mündung eingebracht und bis in den Laderaum zurückgeschüttet oder geschoben wird und die Entzündung direkt auf das Pulver geschehen muss. Mit Luntenschlössern, Schnappschlössern und Radschlössern wird der UR.

kaum etwas zu tun bekommen, es sei denn, dass es sich um einen Diebstahl aus einer Antiquitätensammlung handelt, oder dass durch besonderen Zufall mit einem solchen Gewehre ein Delikt begangen wurde.

Steinschlösser können noch vorkommen, und fast jeder, der sich
für Waffen interessiert, hat wahrscheinlich einmal mit einem solchen
Gewehre versuchshalber geschossen. Wir nennen Steinschlösser jene,
bei denen auf einem seitlich vom Laufe angebrachten, vertieften Vor-
sprunge, „Pfanne" genannt, Pulver aufgeschüttet wurde, das durch
einen kleinen, in den Lauf gebohrten Kanal mit dem Pulver im Laufe
in Verbindung steht. Das Pulver auf der Pfanne wird durch einen
mittelst der sogenannten Batteriefeder niedergehaltenen, winkelförmigen Deckel, dessen aufrechtstehender Teil gestählt ist, verschlossen
gehalten. Gegenüber diesem Teile des Deckels befindet sich der Hahn,
der in einer Schraubkluppe einen Feuerstein trägt. Wird dieser Hahn
abgelassen, so schlägt der Stein gegen den erwähnten senkrechten
Schenkel des winkelförmigen Pfannendeckels und bewirkt· einerseits,
dass sich der Deckel öffnet und das Pfannenpulver frei wird, andererseits schlägt der Stein aber auch aus dem Stahl einen Funken, der
auf das Pfannenpulver fällt, so dass dieses und durch das Brandloch
auch das Ladungspulver entzündet wird. Obgleich seinerzeit die
Erfindung des Steinschlosses eine bewunderungswert sinnreiche Verbesserung der früheren Systeme war, so ist es doch begreiflich, dass
ein solches Gewehr insoferne Schwierigkeiten bot, als das „Versagen"
(Funkenschlagen ohne Entzündung des Pfannenpulvers, oder Entzündung des Pfannenpulvers ohne Entzündung des Ladungspulvers)
sich häufig ereignete, und als bei feuchter Witterung oder Regen nur
ausnahmsweise ein Schuss losgehen konnte. Sollte also heute noch
dem UR. ein Fall vorkommen, in dem man meint, dass ein Schuss mit
einem Steinschlossgewehre abgefeuert wurde, so wird auf die erwähnte
Bauart und Eigenschaft des Steinschlossgewehres gebührende Rücksicht zu nehmen und alles zu erheben sein, was darüber Aufschluss
geben könnte. Es muss z. B. festgestellt werden, ob es zur Zeit und
am Ort des Schusses geregnet hat, ob (bei ziemlicher Nähe des Schützen)
etwa das Aufschlagen des Hahnes (beziehungsweise des Steines auf
den Stahl) vernommen wurde, da dies messbar früher geschieht als
der Schuss kracht. Bis nämlich das durch den Funken entzündete
Pfannenpulver das Schusspulver (im Laderaume) in Brand setzt, vergeht viel Zeit. Das ist auch der Grund, weshalb jemand, der mit Stein-
schlossgewehren zu schiessen nicht gewohnt ist, mit einem solchen
ein sich bewegendes Ziel regelmässig h i n t e r schiesst; bis nämlich
der Schuss erst zur Explosion kommt, ist das sich bewegende Objekt
schon viel weiter gekommen, und die Ladung schlägt dann hinter ihm
ein. Ein solches Moment wird also auch zu erheben sein. Bei keinem
Gewehre ist die Frage, ob aus ihm erst vor kurzem geschossen worden ist, leichter zu beantworten, als bei einem Steinschlossgewehre,
da auf der Pfanne, im Brandrohr und deren Umgebung der frische
Pulverschmauch deutlich sichtbar ist, da weiters die Kratzer, die der
Stein am Stahle hervorgebracht hat, glänzend und nicht oxydiert

sind und da endlich auf dem Steine selbst meistens die frischen Bruch-
flächen der abgesprengten Splitter kennbar bleiben. Auf Schärfe und
Entfernung des Schusses hat die Frage, ob ein Steinschlossgewehr
benützt wurde, keinen Einfluss; man kann damit, wenn die anderen
Verhältnisse dem entsprechen, selbstverständlich gerade so gut schiessen,
wie mit einem anderen Gewehre. Aber das ist nur für Ausnahmsfälle
gesagt.

Ungleich häufiger als diese Gewehre werden dem UR. die Perkussionsgewehre vorkommen. Der Unterschied zwischen diesen und
den früheren ist nicht so gross als es den Anschein hat, und ebenso
war der Übergang auch nicht plötzlich. Als man nämlich zu Ende
des 18. Jahrhunderts (B e r t h o l l e t , H o w a r d u. s. w.) Körper
entdeckt hatte, die zu ihrer Entzündung nicht eines Funkens, sondern
nur eines Schlages oder Stosses bedürfen, ergab sich der Gedanke von
selbst, auf die Pfanne statt des Schiesspulvers diesen neuen Stoff
(chlorsaure Salze, Knallquecksilber u. s. w.) zu bringen, und den Hahn
direkt auf diesen Stoff schlagen zu lassen, ohne dass erst Funken erzeugt werden müssen. Damit waren die „chemischen Schlösser",
wie man sie nannte, erfunden. Bald schien es unbequem, diesen Zündstoff frei auf der Pfanne zu lassen, man formte ihn zu einer Kugel,
überzog ihn mit Wachs und drückte und klebte ihn auf die Pfanne
oder in den Hahn, man klemmte ihn zwischen Bleistreifen, und nach
unzähligen Versuchen der verschiedensten Art brachte man das Queck-
silber-Knallpräparat in Zündhütchen, in sogenannte Kapseln aus
Kupfer. So war das Gewehr fertig, das durch einige Zeit als die richtige
Waffe galt und bei dem die Entladung dadurch bewirkt wurde, dass
die Kupferkapsel mit etwas Knallquecksilber auf einen kleinen, durch-
bohrten und federharten Stahlkegel gebracht wurde, dessen Bohrung
mit der Pulverkammer des Gewehres in Verbindung stand; er heisst
Piston. Der Hahn schlägt auf die Kapsel, das Knallquecksilber explodiert und entzündet das Pulver. Diese Art der Gewehre kommt
unter der Landbevölkerung heute am häufigsten vor, nach dem schon
erwähnten Prinzipe der „vorletzten Mode", da ihre Erzeugnisse, die
in der Stadt nicht mehr verkauft werden können, obwohl sie im übrigen
von guter Beschaffenheit sein mögen, auf dem Lande noch willige
Abnehmer finden. Berufsmässige Jäger, selbst Jägerburschen und
Weidjungen werden kaum irgendwo noch Perkussionsgewehre tragen,
so dass ein solches Gewehr, dessen Eigentümer zweifelhaft ist, in erster
Linie einem Manne aus der bäuerlichen Bevölkerung zuzuschreiben
sein wird. Diese Frage: „Wem gehört das Gewehr?" oder die Gegen-
frage: „Mit was für einem Gewehre hat dieser Mann geschossen?"
ist oft wichtig, und es ist bei dem Suchen nach Material zur Beantwortung der Frage auf die Konstruktion des Gewehres und die hierdurch bestimmten Zubehörteile Rücksicht zu nehmen. Weiss man
also z. B., dass zu irgend einer Tat ein Perkussions-Vorderlader benützt wurde, so wird man bei der Haus- oder Personsdurchsuchung
sein Augenmerk auf Gegenstände richten, die nur bei einem solchen
Gewehre benützbar sind; so ist z. B. ein Kapselsetzer, d. h. eine Vor-

richtung, die dazu dient, die Kapseln rasch und leicht auf den Piston
zu bringen, eine unnötige Sache für den, der ein Hinterladergewehr
benützt. Ebenso lassen sich ein Pistonschlüssel, gewisse Formen von
Papier- oder Kuhhaarpfropfen, Schrotbeuteln und Pulverhörnern und
ähnliche Dinge nur mit einem Vorderlader in Verbindung bringen.
Handelt es sich um eine Nachsuchung dieser Art, und ist der UR. nicht
selbst Kenner, so ziehe er unbedingt jemanden bei, der vertrauenswürdig ist und mit Gewehren zu tun gehabt hat. Es ist kaum ein Dorf
so klein und eine Gegend so einsam, dass nicht jemand aufzutreiben
wäre, der wenigstens vorläufig darüber Aufschlüsse geben könnte.
Freilich ist die Frage des Vertrauens heikel und unter Umständen kann
der UR. dabei in der bedenklichsten Weise absichtlich oder unabsichtlich irregeführt werden. Schliesslich ergibt sich daraus immer
wieder, dass sich der UR. ebenso wie der Soldat, im Frieden abrichten
lassen muss; im Ernstfalle ist es meistens zu spät, rasch irgendwo
Kenntnisse zusammenzuraffen oder sich solche bei Freunden aus-
zuborgen.

β) Hinterlader.

Den Gegensatz zu den Vorderladergewehren bilden die Hinterlader, die heute allgemein gebräuchlichen Gewehre. So nennt man
alle jene Gewehre, bei denen irgend eine Vorrichtung („System" genannt) angebracht ist, um den Lauf rückwärts, also an dem Teile öffnen
und laden zu können, der dem Schafte näherliegt. Bei dieser Öffnung
wird dann die Ladung eingebracht und das Gewehr sohin wieder schuss-
sicher geschlossen. Wenn die Hinterlader auch die modernen Waffen
sind, so ist ihre Erfindung keineswegs neu, und wir finden in den verschiedenen Museen, von der Mitte des 16. Jahrhunderts an, oft Hinterlader von merkwürdig geschickter Konstruktion, so dass es eigentlich
nicht recht klar wird, warum man von diesen Gewehren wieder abgekommen ist; der mangelhaft gasdichte Abschluss erklärt dies nicht
genügend. Im 17. Jahrhundert werden die Exemplare immer häufiger,
sie sind im 18. Jahrhundert sogar stark vertreten und schliesslich finden
wir fast alle heutigen Systeme und noch viele dazu, schon im 18.
Jahrhundert erdacht, ja, die Erfindung von Lefaucheux von
1832 mit dem abkippenden Laufe hat ungefähr 130 Jahre früher ein
unbekannter Meister gemacht, dessen Gewehr in der Dresdener Ge-
wehrgallerie steht.

Die Flinten mit abkippendem Laufe sind heute als Schrotgewehre
am meisten verbreitet, alle anderen Systeme werden nur für Kugelgewehre verwendet. Dass man als Schrotgewehre fast nur Systeme
mit abkippendem Laufe verwendet, hat seinen Grund in der Form
und Natur der Schrotpatrone.

Es genügt hier, wenn betont wird, dass bei Jagdflinten (wenn
von den vereinzelt vorkommenden Exemplaren mit Zündnadel abgesehen wird) drei Zündungssysteme vorkommen können: Stiftzündung,
Zentralzündung und Randzündung.

Bei der Stiftzündung trägt die Patrone am Ende eine Kapsel senkrecht auf die Patronenachse eingefügt, in dieser Kapsel steckt ein Stift, der aus der Patrone hervorragt, also auch senkrecht zu ihrer Längsachse steht. Der Lauf hat eine kleine Einkerbung zur Aufnahme des Stiftes, der Hahn schlägt auf den Stift, dieser auf die Kapsel und so explodiert sie. Dieses System mit allen seinen Varianten ist bekannt unter dem Namen „Lefaucheux".

Bei der Zentralzündung ist die Kapsel rückwärts in der Mitte der Patrone eingefügt und zwar so, dass ihre Achse mit der der Patrone zusammenfällt. Der Hahn trägt entweder direkt oder mit Übersetzung eine Spitze, welche auf die Kapsel schlägt. Dieses System, in ebenfalls sehr vielen Abarten, ist bekannt unter dem Namen „Lancaster".

Die Randzündung hat überhaupt keine besondere Kapsel, sondern es ist die Explosions-(Zünd-)Masse im Rande des untersten (metallenen) Teiles der Patrone, dem sogenannten Teller, eingepresst, und es erfolgt die Zündung, indem ein kranz- oder zangenförmiger Bolzen gegen den Rand der Patrone gestossen wird. Randzündungen kommen bei Schrotgewehren selten vor; der Grund mag darin liegen, dass es unbequem für die Erzeugung der Patronen ist, schon in diese die Zündmasse einzufügen, während sonst (Stift- oder Zentralzündung) die Zündmasse abgesondert in die Kapseln gefüllt wird. Überdies muss bei Randzündung die Zündmasse verschwenderisch angebracht werden.

b) Kugelgewehre.

Bei einem Kugelgewehre kommt die Verschiedenheit in Beziehung auf Material und Zahl der Läufe weniger in Betracht: das Material ist gewöhnlich Gusstahl, die Zahl der Läufe beträgt heute, bei dem Allgemeinwerden der Hinterlader, nur selten zwei, man langt mit einem Laufe umso mehr aus, als eine zweite Patrone rasch eingeschoben wird, wenn man nicht ohnehin ein Repetiergewehr verwendet. Mehr Unterschiede gibt es in Bezug auf die Ladung, da einerseits Vorderlader noch vorkommen, anderseits aber Hinterlader in verschiedener Form erzeugt werden.

Schüsse, die von Vorderladern abgegeben wurden, sind mitunter von solchen, die aus Hinterladern kamen, zu unterscheiden, es ist nur im Gedächtnisse zu behalten, wie die Ladung bei einem Vorderlader geschieht: man schüttet erst das Pulver in den Lauf, breitet über die Mündung das sogenannte Pflaster (ein Stück eckigen oder kreisrunden Stoffes, welches gut eingefettet ist), legt die Kugel darauf und schlägt oder stösst sie mit grösserer oder geringerer Gewalt in den Lauf, worauf man dann mit dem Ladestock die Kugel bis auf das Pulver schiebt. Die Folgen dieser Manipulation ergeben sich von selbst: vor allem kann man für Vorderlader gewisse Geschossformen, besonders die modernen Langgeschosse gar nicht brauchen, sondern verwendet meistens wirkliche Kugeln oder kurze Spitzkugeln. Namentlich deutet das Vorliegen einer wirklichen Kugel fast bestimmt auf einen Vorder-

lader. Ausnahmen bieten die sogenannten Flobertgewehre und überhaupt Gewehre, die für kleine Entfernungen bestimmt sind. Ferner
wird die Kugel in den meisten Fällen Spuren des Hineinschlagens
und Weiterdrückens aufweisen, die freilich dann fehlen, wenn der
Schütze keine passende, d. h. für den Lauf etwas zu kleine Kugel hatte
und diese nur hineinrollen liess. Ebenso kann eine solche scheinbare Spur des Hineinschlagens vom Aufprallen der Kugel an einen
harten Gegenstand herrühren und so eine Täuschung hervorgebracht
werden.

Ähnliches gilt von den Spuren des Pflasters; diese sind ebenfalls nur dann zu entdecken, wenn eine Kugel verwendet wurde, die
mit Gewalt eingepresst werden musste und so einen möglichst gasdichten Verschluss gebildet hat. Ist dies der Fall gewesen, so war das
Pflaster zwischen die Kugel und die Züge des Laufes (mit denen heute
wohl fast alle Kugelstutzen versehen sind) eingezwängt und es werden
sich die Folgen hiervon mehrfach an der Kugel kenntlich machen:
vor allem können die Züge des Gewehres der Kugel nicht rein eingeprägt werden, ja sie bleiben dort, wo das Pflaster etwa eine Falte gebildet hat, ganz aus, kurz, wenn man die Kugel, die freilich nicht durch
Aufschlagen u. s. w. arg deformiert sein darf, ansieht, so muss man
sofort den Eindruck erhalten, dass das Geschoss nicht unmittelbar
an die Züge des Gewehres angepresst gewesen sein kann. Genauer
lässt sich dies nicht beschreiben, es muss gesehen werden. Wer aber
einmal eine mit Pflaster aus einem Vorderlader geschossene Kugel
mit einer ohne Pflaster aus einem Hinterlader geschossenen Kugel
verglichen hat, wird den Unterschied ein- für allemal inne behalten.
Ferner wird sich, besonders bei weichem Blei (das nicht mit Zinn, Zink,
Antimon u. s. w. legiert ist) oft die Struktur des Gewebes, aus dem
das Pflaster bestanden hat, mehr oder weniger deutlich im Blei ab-
drucken. Untersucht man ein solches Geschoss genauer (also selbstverständlich mit g u t e r Lupe), so wird man häufig so deutliche Spuren
des Gewebeabdruckes finden, dass hieraus Schlüsse gezogen werden
können. Unter günstigen Umständen ist das ein nicht zu unterschätzender Anhaltspunkt, da der sachverständige Mikroskopiker, der fast
immer in solchen Fällen zu Rate zu ziehen ist, wichtige Aufschlüsse
geben kann.

Bei einem Wildschützen, der im Verdachte stand, einen Jäger
erschossen zu haben, wurden zwar keine Kugeln gefunden, die ein
Vergleichsobjekt mit der in der Leiche gefundenen Kugel hätten abgeben können, wohl aber war er im Besitze mehrerer Kugelpflaster
aus einem eigentümlich drillartig gewebten Zeug, offenbar von einem
alten Mehlsacke herrührend. Das aufgefundene Geschoss aus dem
Körper der Leiche und die beim Verdächtigten gefundenen Pflaster
wurden den Mikroskopikern übergeben, die in der Tat auf der Kugel
einen ziemlich ausgedehnten Abdruck des Pflasters fanden und nun
aus der eigentümlichen Lagerung der Gewebsfäden und aus deren
Stärke, sowie aus der Anzahl von Fäden, die auf eine gewisse Einheit
des Geviertmasses entfielen, mit Sicherheit sagen konnten, dass das

vom Täter bei seinem Schusse benützte Pflaster zum mindesten von ähnlichem Stoffe sein musste, wie jener, aus dem der Verdächtige sich Pflaster zurecht gemacht hatte. —

Die Wichtigkeit des beim Kugelschusse verwendeten Pflasters und ähnlich diesem, des beim Schrotschusse als Pfropfen verwendeten Papieres ist aus zahlreichen Kriminalromanen sattsam bekannt. Im grossen und ganzen kann behauptet werden, dass diese Wichtigkeit nicht übertrieben wird, da in der Tat oft massgebende Schlüsse aus solchen Fetzen gezogen werden konnten, wenn einer das Sacktuch der Geliebten zum Kugelpflaster oder ihren Liebesbrief zum Schrotpfropfen verwendet hatte. Es muss also im besonderen Falle unbedingt und mit aller Emsigkeit nach Pflaster und Pfropfen gesucht werden. Nur hüte man sich selbstverständlich vor voreiligen Schlüssen, da hier der Zufall oft böses Spiel treiben oder der Täter die Absicht gehabt haben kann, die Behörde irre zu leiten und den Verdacht auf jemand andern zu schieben: ebenfalls aus Kriminalromanen zur Genüge bekannt! Jedenfalls ist die Auffindung eines Pflasters an sich ein Beweis, das mit einem Vorderlader geschossen wurde, — wenn nicht ein Pflaster absichtlich zur Irreführung hingelegt wurde. Selbstverständlich lässt sich aber, wenn kein Pflaster gefunden wurde, nicht ohne weiters auf einen Hinterlader schliessen, da vor allem das Pflaster irgendwie verloren gegangen oder anderweitig unauffindbar geworden sein kann. Ferner wird mitunter auch ohne Pflaster geschossen, indem die Kugel, die nicht in den Lauf passt, sondern für diesen zu klein ist, bloss hineingerollt und z. B. durch nachgeschobenes Papier, Moos, trockenes Laub, selbst durch einen Holzkeil fixiert worden sein kann. —

Fragen wir nach den einzelnen Bestandteilen des Kugelgewehres, so finden wir, dass sie im grossen und ganzen dieselben sind wie bei einem Schrotgewehre: Lauf, Schaft, Schloss und Zubehör; beim Laufe sind, falls er gezogen ist, einige Momente mehr zu berücksichtigen und ebenso ist am Zubehör einiges mehr vorhanden (Visier, Schneller, Gucker u. s. w.)

Was vor allem den Lauf anlangt, so ist er fast ausnahmslos stärker als beim Schrotgewehre, da die Kugel, soll sie gut gehen, eng und fest in den Lauf eingepresst sein muss. Die Höhlung im Laufe, durch welche die Kugel geht, heisst die Seele, die Bohrung oder auch das Kaliber des Laufes. (Seele: wenn von der Höhlung überhaupt geredet wird; Bohrung: wenn man die Art der Erzeugung ins Auge fasst; Kaliber: wenn nur ihre Weite, ihr Querdurchmesser verstanden ist.) Die Wandung des Laufes heisst seine „Stärke", „Dicke" oder „Fleisch". Sagt man also z. B., das Fleisch des Laufes hat eine Stärke von 3 *mm* und sein Kaliber ist 10 *mm*, so hat der Querdurchmesser 16 *mm* (3 + 10 + 3). Die Seele des Laufes ist entweder glatt oder mit Zügen versehen. Die ursprünglichen Kugelgewehre und dann und wann auch heutige Gewehre, waren innen glatt wie ein Schrotlauf. Dadurch ist ein genaues Einfügen der Kugel in den Lauf nicht möglich, die Pulvergase entweichen um die Kugel herum und es wird hierdurch nur eine geringe Tragweite und auch eine verminderte Treffsicherheit erzielt.

Merkwürdig früh, am Anfang des 16. Jahrhunderts, kamen schon
sogenannte Züge vor, d. h. Rinnen, die in der Richtung der Laufachse
in die Innenwandung des Laufes in verschiedener Anzahl eingeschnitten
sind. Diese Rinnen scheinen anfänglich nur den Zweck gehabt zu haben,
die sogenannte Verschleimung der Läufe zu vermindern und ihre
Reinigung zu erleichtern. Wie bekannt, hinterlässt das Pulver beim
Verbrennen einen schwarzen, schmierigen, bald trocknenden Rückstand, der, wenn einmal zur Kruste geworden, das Kaliber des Laufes
verringert und das Einbringen der Kugel erschwert. Sind nun solche
Rinnen angebracht, so schiebt sich der genannte Rückstand mehr in
die Vertiefungen und die Erhabenheiten zwischen den Rinnen bleiben
frei, um die Führung der Kugel zu übernehmen. Schon um die Mitte
des 16. Jahrhunderts hat man begonnen, diese Züge nicht g e r a d e
in die Laufwandung einzuschneiden, sondern man gab ihnen einen
mehr oder weniger gewundenen Gang, weil man bemerkt hatte, dass
die Kugel hierdurch gezwungen wird, bei dem „sich herausschrauben"
länger im Laufe zu weilen, wodurch eine vollständigere Verbrennung
des Pulvers möglich wird, was natürlich auch eine erhöhte Triebkraft
bewirkt. Der noch wichtigere, hierbei erzielte Vorteil ist aber, dass
die Kugel durch diese Drehung eine Bewegung um ihre eigene Achse
erhält und diese auch ausserhalb des Laufes fortsetzen muss. Nach
dem bekannten Prinzipe, dass ein sich drehender Körper die Rotationsachse beibehält (z. B. der Kreisel), verliert auch die Kugel ausser dem
Laufe die Rotationsachse nicht, d. h. sie fliegt dadurch ebener und
weiter, und dringt bohrend in das Ziel besser ein, als es sonst geschehen
würde.[1]) So ist es gekommen, dass man die grossen Vorteile der gewundenen Züge einsah und sie allgemein einführte.

Die Züge selbst sind also die, einander parallelen, in den Lauf
eingeschnittenen Rinnen; die übrigbleibenden, erhöhten Teile des
Laufes heissen Balken oder Felder. Die Form
der Züge kann verschieden sein: dreieckig,
keilförmig, trapezförmig oder rechteckig. Die
häufigst vorkommende Form ist die im Trapez
(Fig. 58), wobei die Breite des Zuges (a b) gleich
ist der Breite eines Feldes (c d). Doch kommen
auch 3, 5, 6, 7, 8 Züge vor (z. B. Peabody- und
Snider-Gewehr mit 3, Remington mit 5, Werndl
mit 6, Martini-Henry mit 7 Zügen). Im ganzen
hat man, wenigstens bei Zivil-(Jagd-)Gewehren,
die ungerade Anzahl von Zügen lieber als
die gerade, weil man meint, dass das Blei
immer vom gegenüberliegenden Felde in den
gegenüberliegenden Zug eingepresst wird.

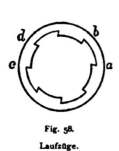

Fig. 58.
Laufzüge.

Die Tiefe der Züge ist sehr verschieden und schwankt z. B. bei
Militärgewehren zwischen 0,18 *mm* und 0,78 *mm*. Zu geringe Tiefe
der Züge macht ihre Wirkung zunichte, da sie dann nicht mehr als

---

[1]) Je flacher der beschriebene Bogen ist, um so grösser ist die sog. Rasanz.

Züge, sondern nur als grobe Risse wirken; sind sie aber zu tief, so kann das Blei nicht vollständig in sie eindringen, es bleibt dann hinter der Kugel im Zuge Luft, und hier dringen die Gase wirkungslos heraus.

Die Windung der Züge heisst „Drall",[1] so dass man von grösserem oder geringerem Drall spricht, je nachdem die Windung stärker oder schwächer ist. Die Linie, welche durch diese Windung entsteht, heisst Drall-Linie, und die Länge jener Geraden, auf welcher die Drall-Linie aufgewickelt, wieder in dieselbe Linie zurückkommt, heisst Drall-Länge. Diese kann ebenso lang, kürzer oder länger als der Lauf sein; denken wir uns dort, wo an einem Ende des Laufes ein Zug beginnt, eine Gerade parallel mit der Laufachse auf dem Laufe aufgetragen, so werden nach einiger Zeit der Zug und die Gerade wieder zusammen- treffen, d. h. der Zug ist im Innern des Laufes e i n m a l herumge- kommen, und die genannte Gerade drückt also die Entfernung aus, in welcher der Zug diese Bewegung (einmal herum) gemacht hat. Ist die Windung, der Drall, stark, so ist die Drall-Länge gering, ist der Drall schwach, so ist die Drall-Länge gross. Hieraus ergeben sich die Arten, den Drall auszudrücken: Man sagt z. B. die Drall-Länge bei diesem Gewehre beträgt 90 *cm* und meint damit: ein Zug kommt oder käme auf 90 *cm* wieder auf dieselbe, zur Laufachse parallel gezogene Linie zurück. Ist der Gewehrlauf z. B. 100 *cm* lang, so macht bei ihm der Drall schon 10 *cm* vor der Mündung eine ganze Umdrehung, und es hat somit der Drall im ganzen Laufe mehr als eine Umdrehung. Wäre der Lauf nur 80 *cm* lang, so kommt der Zug im Laufe nicht ganz einmal herum; sagt man aber: dieses Gewehr hat zwei Drittel Drall, so meint man, dass der Lauf noch ein Drittel seiner Länge haben müsste, damit ein Zug einmal herumkomme. Eine dritte Art, den Drall auszudrücken, ist der Drallwinkel, den die Drall-Linie in irgend einem ihrer Punkte mit der sie dort schneidenden Erzeugungsgeraden des Bohrungszylinders einschliesst. Diese Art, den Drall auszudrücken, ist die gebräuchlichste; bei den Militärgewehren schwankt der Drall- winkel zwischen 1·5 bis 4 Graden, bei Zivil-(Jagd-)Gewehren kommen auch kleinere und grössere Drallwinkel vor.

Ist in allen Punkten des Laufes der Drallwinkel gleich gross, so heisst der Drall gleich oder konstant, ist er anfangs kleiner und dann immer grösser (wobei man von dem Gedanken ausgeht, dass sich das Geschoss nach und nach in die Drehung finden soll), so heisst der Drall steigend oder progressiv. Betrachtet man die Bohrung von rückwärts, so ist der in dieser Position von links über oben nach rechts gehende Drall r e c h t s g ä n g i g, der entgegengesetzte l i n k s g ä n g i g; dieser ist selten (z. B. beim Chassepot-, Gras- und dem 1878er serbischen Gewehre), jener die Regel. Jedenfalls wird im vorkommenden prak- tischen Falle, sei es, dass man das Gewehr, sei es, dass man das Ge- schoss besitzt, alles genau zu beobachten sein, was sich auf Drall, namentlich aber auf Zahl und Form der Züge bezieht, da dies im vorne- herein Schlüsse auf das gesuchte Geschoss, beziehungsweise Gewehr

---

[1] Ebenso wie das Wort Draht von Drehen abgeleitet.

zulässt und dann, wenn das Gesuchte oder Verdächtigte zur Verfügung steht, wirklich zum Beweismaterial werden kann. —

An dem Äusseren des Laufes befinden sich die Zielvorrichtungen. Beim Schrotgewehre ist nichts anderes vorhanden als ein Knöpfchen nahe der Mündung, Korn, Fliege oder Mücke genannt, das längs des Rückens des Laufes, beziehungsweise der Schiene zwischen den zwei Läufen angebracht ist, und mit dem Ziele in deckende Verbindung gebracht werden muss. Diese einfache Vorrichtung genügt ja für ein Schrotgewehr, bei dem es auf ein genaues Zielen nicht ankommen kann. Das Kugelgewehr ist natürlich auch mit einem Korn, Fliege oder Mücke versehen, aber das einfache Hinaussehen längs der Schiene oder längs des Laufes kann weder für die seitliche noch vertikale Einstellung genügen, hier wird eine besondere Vorrichtung erfordert, die das „Absehen" heisst. Das Wesen des Absehens besteht in einem keilförmigen Einschnitte in einem aufrechten Blatte, durch welchen Einschnitt das Korn und das Ziel einspielen müssen. Der Schütze muss also vor allem trachten, das Gewehr so zu halten, dass das Korn auf das Ziel fällt, worauf dann beides, das Korn und dahinter das Ziel, genau in jenen Einschnitt einfallen, einpassen müssen. Da aber bekanntlich die Kugel in ihrem Fluge einen Bogen beschreibt, so kann das Zielen, d. h. die Haltung des Gewehres, nicht für alle Entfernungen dasselbe sein, es muss (wenn das Kolbenende als fix angesehen wird) das Laufende umso höher gehalten werden, je grösser die zu erreichende Distanz ist. Das ist nur möglich, wenn das Absehen verschieden hochgestellt werden kann, und wenn zuvor bestimmt ist, wie hoch es für jeweilig verlangte Entfernung gestellt werden muss. Eine Beschreibung der einzelnen Systeme der Absehen (Visiere) würde, wenn ungenau, zwecklos sein, wenn genau, zu weit führen; eine Aufzählung der Namen dürfte genügen, da die Ausdrücke genug bezeichnend sind; es gibt: Klappen-, Winkel-, Fächer-, Blatt-, Leiter-, Treppen-, Guckloch-, Bogen-, Bock-, Rahmen-, Quadranten-Visier. Um das Zielen noch mehr zu erleichtern, dient der sogenannte Gucker oder Diopter, eine kleine, vertikal stehende Scheibe v o r dem Visier, mit einem haarfeinen Loche, durch welches infolge des Abblendens des Lichtes leichter und schärfer gezielt werden kann. Ähnlichen Zwecken dienen die sogenannten Blenden, rinnenartige Blechstücke, die über das Korn und über das Visier geschoben werden können, um alles blendende Licht abzuhalten. Stecher heissen endlich alle jene Vorrichtungen, die dazu dienen, einen feinen, leichten Abzug am Drücker möglich zu machen. Sie haben den Zweck, den Stand des gespannten Hahnes doch einigermassen zu sichern, so dass er nicht etwa durch Stoss oder Fall zum Losgehen gebracht werden kann. Zugleich soll es so dem Schützen doch ermöglicht werden, den Abzug im letzten Augenblicke, wenn keine Gefahr zufälligen Losgehens mehr vorhanden ist, so zu stellen, das er den Stecher nur zu berühren braucht, um den Schuss auszulösen. So wird vermieden, dass das Gewehr durch starkes Ziehen aus der schon gefundenen richtigen Lage gebracht wird. —

Sind die angeführten Momente nur solche, wie sie bei allen Gewehren vorkommen, so ist über

α) Vorderlader.

wenig Besonderes mehr zu sagen, was nicht schon bei den Schrotgewehren oder im allgemeinen von den Kugelgewehren gesagt worden
ist. Zu erwähnen wäre nur noch, dass als Vorderlader auch meist
nur Perkussions- (Kapsel-) Gewehre und ausnahmsweise etwa noch
Steinschlösser vorkommen können. —

Es mag für den UR. häufig in Frage kommen, und rasche Antwort fordern, ob mit einem bestimmten Gewehre ein besonders weiter
und scharfer Schuss abgegeben worden sein kann, d. h. es wird die
Güte eines Gewehres zu prüfen sein. Wie schon erwähnt, kommt es
bei einem Schrotgewehre n u r auf die Ladung an; ist sie gut und der
Lauf auch nicht verbogen oder wesentlich verdorben, so m u s s der
Schuss gut ausfallen. Nicht so beim Kugelgewehre; hier ist in erster
Linie die Arbeit des Laufes massgebend und diese zu beurteilen, selbstverständlich ohne erst Probeschüsse zu tun, ist meistens nicht allzu
schwierig.

Vorerst wird man einen Blick auf die Arbeit des Gewehres überhaupt werfen und wird keinen Fehlschluss tun, wenn man aus sorgfältiger Behandlung aller äusserlichen Kleinigkeiten auf sorgfältige
Arbeit des Laufes schliesst; man argumentiert hier zwar *a posteriori*,
aber ziemlich verlässlich, denn der Fabrikant oder Büchsenmacher
wird naturgemäss auf einen misslungenen oder flüchtig gearbeiteten
Lauf nicht viel Mühe und Kosten bei der Ausstattung verwenden.
Umgekehrt wird man auch kaum fehlgehen, wenn man aus einem
ordinären Schafte (z. B. aus Rotbuchenholz), aus mangelhaft einge-
fügten Schrauben, aus roh gearbeiteten und rauh gefeilten Schlössern,
auf einen schlechten Lauf schliesst, da der Fabrikant einen vorzüglichen Lauf nicht leicht an schlechtes Zubehör verschleudert haben
wird. Freilich kann ein Lauf sehr gut gewesen sein, als er aus der
Hand des Fabrikanten kam, und kann durch Ungeschicklichkeit, Un-
reinlichkeit, Alter oder Zufall sehr elend aussehen. Es wird also eine
flüchtige Prüfung des Laufes nicht zu umgehen sein. Diese kann sich
bei einem Vorderlader nur auf das Ende des Laufes beschränken, denn
d u r c h den Lauf sehen kann man natürlich nur, wenn die Schwanzschraube entfernt wird; dies ist immer ziemlich umständlich, dürfte
aber auch bei einer v o r l ä u f i g e n Untersuchung insoferne nicht
geschehen, als dadurch Veränderungen an dem Gewehre vorgenommen
werden, die der Sache wegen nicht geschehen sollen.

Man muss sich also in ähnlicher Weise behelfen, wie es die Unter-
offiziere getan haben, als das Militär mit Vorderladern bewaffnet war:
sie machten sich aus einem Streifen Papier einen „Spiegel" zur Beleuchtung des Innenraumes. Man schneidet sich also aus weissem
steifen Papier einen etwa spannlangen Streifen, dessen Breite etwas
geringer ist als der Querdurchmesser der Laufbohrung; dann tritt man

an das Fenster, stellt das Gewehr auf den Boden, die Mündung aufwärts schräge gegen das Fenster, steckt den Papierstreifen in den Lauf und bewegt den ersteren hin und her, neigt den letzteren verschiedentlich und bewirkt so, dass das Licht durch den Papierstreifen auf die oberen Partien der Bohrung reflektiert wird. So kann man mit voller Deutlichkeit sehen, ob die Züge rein oder verrostet, noch scharf erhalten oder schon abgeschliffen sind, ob sie durch Pulverschleim oder durch Bleiteilchen verunreinigt sind, kurz, man wird mit annähernder Sicherheit sagen können, ob die Möglichkeit vorliegt, dass mit diesem Gewehre ein scharfer, weittragender Schuss abgegeben worden ist. Freilich kann man in dieser Art nur den obersten Teil des Laufes besichtigen: man ist aber durch nichts veranlasst anzunehmen, dass die anderen Partien des Laufes, die sich dieser Prüfung entziehen, anders beschaffen sind, als die oberen. Was ein Kugelgewehr ruiniert, ist häufiger Gebrauch und Vernachlässigung des Reinhaltens; ist aber die oberste Partie nicht reingehalten oder durch often Gebrauch abgenützt, so ist es die untere auch. Verbiegungen, Verziehen durch das Feuchtwerden des Schaftes u. s. w., wie es bei dünnwandigen Schrotgewehren oft geschehen kann, kommen bei einem Kugelgewehre seltener vor, da die starken Wandungen seines Laufes derartigen Beschädigungen meistens genug kräftigen Widerstand entgegensetzen. —

Hat man anlässlich irgend eines Deliktes ein Gewehr in die Hände bekommen, so ist die grösste Sorgsamkeit dringend geboten. Im allgemeinen ist die Sache bei einem Vorderlader - Kugelgewehre am schwierigsten, weil das Entladen viel umständlicher ist, als bei einem Hinterlader, und weil der Stecher, das feine Visier u. s. w. das Kugelgewehr heikler machen, als das Schrotgewehr. Aus diesem Grunde soll nun die Behandlung der Gewehre hier besprochen werden.

Vor allem ist es auch in unserem gegenwärtigen Falle nötig, festzustellen, ob man das Gewehr in einem, seit der Tat unberührtem Zustande erhalten hat, d. h. ob nicht seither die Waffe in fremden Händen war, die alles mögliche damit gemacht haben konnten. Was man erfährt, muss sorgfältig protokolliert und dann zur geeigneten Zeit mit der Beschreibung begonnen werden. Diese hat auch dann möglichst genau zu geschehen, wenn ein Unberufener schon vorher die Waffe berührt, untersucht und damit gespielt oder Veränderungen vorgenommen hat. Auch hier gilt der schon im allgemeinen ausgesprochene, strenge Grundsatz: „Erst nach Möglichkeit beschreiben, dann erst anfassen." Man kann sich kaum einen Fall denken, in dem irgend eine Manipulation so dringend wäre, dass man sofort ein Corpus delicti anfassen müsste, bevor man es beschrieben hat. Hat man also die Lage der Waffe nach Tunlichkeit verzeichnet und sie von allen Seiten besichtigt, ohne sie auch nur berührt zu haben, hat man diese auch, wenn anders möglich photographiert, so kann man daran gehen, die Waffe in die Hand zu nehmen. Aber auch jetzt gehe man noch vorsichtig um und unterlasse alles, was eine bleibende Veränderung hervorbringt, wofern es nicht unbedingt nötig ist.

Man stelle sich einmal das Bild eines UR. vor, der sofort das gefundene Gewehr aufnimmt, mit „kundiger" Hand einmal den Hahn spannt, unbekümmert darum, dass das abgebrannte Zündhütchen, für immer unauffindbar, ins hohe Gras fällt, dann einmal stark in den Lauf bläst, um sich zu überzeugen, ob denn auch der Schuss draussen ist und endlich mit dem kleinen Finger in die Laufmündung fährt, um zu erfahren, ob vor kurzem aus diesem Gewehre geschossen worden ist. Nun weiss er eine Menge von Dingen, die vielleicht gleichgültig sind, aber eine Anzahl von wichtigen Fragen wird stets unbeantwortet bleiben, weil die massgebenden Momente beiseite geschoben worden sind. Nimmt man also das Gewehr auf und ist dessen rasche Unter-suchung unbedingt nötig oder ist die Zeit hierzu wirklich gekommen, so tue man jeden Griff langsam, vorsichtig, unter beständiger Proto-kollierung und unter ängstlicher Wahrung aller gesetzlichen Förmlich-keiten. Abgesehen davon, dass hierzu jeden sein Eid und Gewissen verpflichtet, ist dies ein einfaches Gebot der Klugheit. Man erspart bei grösserer Eile vielleicht etwas an Zeit und setzt sich dafür vielen späteren Schwierigkeiten aus, wenn man die gesetzlichen Formalitäten beiseite lässt. Die Mahnung kann nicht oft genug wiederholt werden.

Man nimmt also das Gewehr vorsichtig in die Hand, ergänzt die früher protokollierte Beschreibung, sobald sich etwas zeigt, was man früher, bevor man die Waffe zur Hand nahm, übersehen hatte oder nicht hatte sehen können, beschreibt auch noch Auffallendes, was sich vielleicht auf der Unterseite findet (feucht vom Tau, Blut-flecken, Kotspuren, andere Verunreinigungen u. s. w.) und spannt dann den Hahn, wobei man das Schloss über irgend eine reine, flache und ebene Unterlage hält, um Kleinigkeiten, die etwa herabfallen, nicht zu verlieren. Dabei macht man auf alles Vorkommende die Kommissions-Mitglieder (Protokollführer, Gerichtszeugen und Sach-verständige) a u s d r ü c k l i c h aufmerksam.

Es ist mir seinerzeit fast lächerlich pedantisch und unmodern vorgekommen, heute preise ich es aber als das einzig Richtige, wenn mein verehrter Lehrer, der alte Landgerichtsrat v. A. begann: „Ich spanne den Hahn des abgeschossenen Laufes; wie Sie sehen, meine Herren von der Kommission, geht er leicht und ohne Geräusch auf die erste Rast; ebenso sehen Sie, dass er unter denselben Verhält-nissen auf die zweite Rast geht und verhältnismässig ruhig und sicher auf dieser stehen bleibt. Ich finde nun auf dem arg verrosteten Piston ein kupfernes Zündhütchen, dessen Seitenteile durch den Schuss in fünf unregelmässige Lappen zersprengt sind. Soviel wir jetzt be-urteilen können (genauere Probe auf später aufgeschoben) scheint ein Stück des Zündhütchens abgesprengt und weggeflogen zu sein. Wir finden weiter, dass nicht bloss die Seitenteile der Kapsel, sondern auch ihr oberer flacher Teil mit frischem Grünspan bedeckt ist. Ich bitte, dessen Vorhandensein genau zu beachten und zu bestätigen, denn daraus können wir einen Schluss dahin ziehen, dass der Schuss vor einiger Zeit abgegeben worden ist. Denn wenn die Kapsel schon vorher grünspanig gewesen wäre, so wäre durch den Hammerschlag

33*

und die Explosion zum mindesten jener Grünspan beseitigt worden, der auf der Decke des Zündhütchens angesetzt war. Wie lange es dauert, um so viel Grünspan anzusetzen, werden Sachverständige beurteilen; um diesen aber die Sache zu erleichtern und die Antwort sicher zu machen, wollen wir konstatieren, dass an der Decke der Kapsel etwa der dritte Teil mit Grünspan bedeckt war; diese Decke trägt, wie wir mit der Lupe sehen, die Buchstaben der erzeugenden Firma: S. B. Was die Seitenteile anlangt, wollen wir bezüglich der fünf Lappen, in die sie gerissen sind, feststellen, dass der grösste von ihnen etwa zum vierten Teile, alle übrigen etwa zur Hälfte mit Grünspan bedeckt sind. Sie sind mit dieser Flächenbestimmung einverstanden? Denn die Sache kann sich wesentlich ändern, bis das Zündhütchen in die Hände der Sachverständigen kommt. Da dies aber wichtig ist, so wollen wir der äusseren Umstände gedenken, unter denen wir das Gewehr fanden, denn diese können auf Grünspanbildung eingewirkt haben. Wir notieren also, dass der Dachboden, auf dem das Gewehr lag, gegen das Eindringen von Regen nicht besonders geschützt war, weil die Dachschindeln lückenhaft sind, und dass sich die Ammoniakdämpfe des darunterliegenden Viehstalles auf dem Dachboden sehr bemerkbar machen, Umstände, die es begünstigen, dass sich infolge der beim Schusse entstehenden Pulver- und Knallquecksilberdämpfe leicht an der Kapsel Grünspan ansetzt. Wir verwahren also die Kapsel in Papier und versehen sie mit der nötigen Bezeichnung.

Da wir nun unbedingt wissen müssen, ob und wann, sowie womit geschossen worden ist, so werden wir den Lauf untersuchen und mit einem zusammengedrehten Papiere in die Mündung eingehen; das Papier schwärzt sich deutlich, wir wissen also, dass mit diesem Laufe vor nicht langer Zeit geschossen wurde und heben dieses Probepapier für alle Fälle unter gehöriger Bezeichnung ebenfalls auf. Nun wird der Schuss ausgezogen. Wir benützen den zum Gewehre gehörigen Schusszieher und bringen einen Papierpfropfen zum Vorscheine; dieser wird vorsichtig ausgebreitet und es zeigt sich, dass wir es mit einem Stück Zeitung zu tun haben. Welche Zeitung es ist, bleibt vorderhand unbekannt, wohl aber sehen wir aus einer darauf befindlichen Todesnachricht das Datum vom 4. April 18 . . Bezeichnet und zum Akte gelegt. Nun werden vorsichtig die Schrote herausgenommen. Wir finden gemischt Hasen- und Fuchsschrote. Schrote sind bekanntlich rund, es könnte also leicht eines fortrollen und dann die Zahl ungewiss werden. Wir zählen sie also und finden x Hasenschrote und y Fuchsschrote. Nun kommt der zweite Pfropfen, der besonders vorsichtig herausgenommen werden muss, da in diesem häufig einzelne Schrote eingedrückt sind. In der Tat finden sich beim Entfalten des Pfropfens zwei Hasenschrote, sie kommen zu den obigen und es wird die Zahlangabe richtig gestellt. Der zweite Pfropfen ist auch aus Zeitungspapier gemacht und wir sehen daraus, dass es sich um die „N . . . er Volkszeitung" handelt. Wir versuchen, beide Pfropfenpapiere aneinanderzupassen. Sie bestätigen mir, dass beide Teile zusammenpassen, so dass also auch der erste Pfropfen von demselben Blatte genommen worden ist. Auf dem zweiten finden wir eine Addition folgender Ziffern mit Bleistift geschrieben:

$$
\begin{aligned}
34 \\
37 \\
18 \\
28 \\
\hline
117
\end{aligned}
$$

Die Hand ist geübt, zierlich, doch fest, es ist die eines gebildeten Mannes. Nun kommen wir an das Pulver, das vorerst mit dem Pfropfenzieher gelockert und dann auf Papier geschüttet wird. Wir konstatieren mattes, eckig gekörntes Pulver; es hat k e i n e weissen Punkte an der Oberfläche, war also nicht feucht; die einzelnen Körner sind schlecht zu zerdrücken, es ist also gut gemachtes Pulver, über weisses Papier laufend, färbt es nicht ab, es ist also sorgfältig gearbeitet. Wir haben also überhaupt g u t e s Pulver vor uns, in genügender Menge und, soweit man mit Papierstöpseln gut laden kann, sorgfältig geladen."

Wird in der geschilderten Weise vorgegangen, so kann man vor allem sofort Aufklärungen bieten, die für die Sache notwendig sind. Man hat ferner für die Sachverständigen, welche später in der Sache zu sprechen haben werden, den Boden vorbereitet, so dass sie nichts vermissen werden, was sie zur Beantwortung aller an sie gestellten Fragen brauchen, und, was die Hauptsache ist, es wurde nichts verdorben, es kann alles nochmals untersucht und erprobt werden, wofern das als nötig erachtet wird. Wie oft finden wir aber Protokolle, welche den ganzen, umständlich geschilderten Vorgang in die Worte zusammenfassen: „Das Gewehr wird den Sachverständigen zur Entladung übergeben, welche konstatieren, dass es mit ziemlich viel Schrot geladen war." —

Einer besonderen Vorsicht und Geschicklichkeit bedarf es immer, wenn eine gut, d. h. dicht eingekeilt geladene Kugel aus einem Vorderlader ausgezogen werden muss. Da die Kugel mit dem korkzieherartig gebauten Kugelzieher direkt angebohrt wird, aber doch möglichst in ihren Formen erhalten werden soll, so wird man das am besten dem Büchsenmacher überlassen (der aber selbstverständlich n u r in Gegenwart des UR. arbeitet). Liegt die Sache aber so, dass man unbedingt die Kugel rasch haben muss, so bediene man sich des besten Kugelziehers, dessen man habhaft werden kann, und ziehe ja nicht zu frühe, d. h. nicht an, bevor der Kugelzieher vollkommen sicher und gut gefasst hat, denn nichts ruiniert das Geschoss mehr, als wiederholtes Anbohren und Ausreissen. Ist aber kein Kugelzieher zu haben, so geht es auch an, einen guten gewöhnlichen Bohrer zu nehmen und an dessen Eisenstiel vom nächsten Schmied einen Eisenstab anlöten oder anschweissen zu lassen, so dass mit diesem gebohrt werden kann. Ist das Alles nicht möglich, und muss man die Kugel durchaus haben (wenn z. B. aus einem Doppellaufe eine Kugel abgeschossen wurde und man aus der Ladung des zweiten Laufes auf die des ersten Laufes schliessen möchte), so erübrigt nichts anders, als die Schwanzschraube

(Kern mit Schraubenwindungen, der den Lauf rückwärts abschliesst) zu lüften. Das bringt jeder Schmied zuwege, schliesslich auch jeder Bauer, der einen Schraubstock hat und damit umzugehen weiss. Ist die Schwanzschraube herausgenommen, so kann man zuerst von rückwärts vorsichtig das Pulver entfernen und dann mit einem h ö l z e r - n e n Stabe die Kugel sorgsam nach rückwärts drücken (also von der Mündung aus). Dies Verfahren hat natürlich noch den Vorteil, dass man die Kugel viel weniger beschädigt (weil sie nicht angebohrt ist) erhält, als wenn sie mit dem Kugelzieher ausgehoben wurde. Es emp- fiehlt sich also die Entfernung der Schwanzschraube überhaupt auch dann, wenn es sich gerade darum handelt, die Kugel unbeschädigt zu bekommen. Dabei wird man aber beobachten müssen, d a s s d u r c h d a s A u s s c h r a u b e n d e r S c h w a n z s c h r a u b e i m m e r h i n d e r S c h u s s l o s g e h e n k a n n. Es ist also die nötige Vorsicht zu handhaben. Ferner wird man sachgemäss dem Holzstabe, mit dem man die Kugel ausstösst, an dem unteren Ende eine halbkugelförmige, konkave Aushöhlung geben, damit die Kugel möglichst wenig abgeplattet wird, beziehungsweise, damit die durch den Schützen beim Einschlagen der Kugel erzeugte Abplattung (deren Form zu kennen ja auch von Wichtigkeit sein kann) nicht noch ver- mehrt und geändert werde.

Handelt es sich darum, den Eigentümer eines Gewehres zu ent- decken, so wird es sich bei Vorderladern, namentlich Kugelgewehren, empfehlen, sie jedenfalls zu zerlegen; bei Hinterladern wird man schon gemäss ihrer Konstruktion keine grossen Entdeckungen machen.

Ein Vorderlader muss, um gereinigt zu werden, in der bekannten sich von selbst ergebenden Weise zerlegt werden, und da kann es ja vorkommen, dass irgend etwas zurückgelassen wurde, was einen An- haltspunkt zu weiteren Forschungen geben kann, im äussersten Falle sucht man nach Fabriksmarke oder dem Büchsenmacherzeichen.[1] Ist die Sache wichtig genug, so kann man in den grossen Gewehrfabriken in Lüttich, Suhl oder Ferlach in Kärnten auf schriftliche Anfrage die Bedeutung fast j e d e r Marke, jedes Zeichens erfahren und daran Forschungen knüpfen. Beim Auseinandernehmen eines Vorderladers ist namentlich auf jene Stelle zu achten, die am Ende jener Röhre liegt, in welche der Ladestock eingeschoben wird, also jene Stelle, welche knapp unter dem Ende des verwahrten Ladestockes liegt. Diese Stelle hat mit der Aussenwelt fortwährende Kommunikation, es kann leicht etwas hineingeraten und dann mit dem Ladestock, wenn dieser versorgt wird, hinuntergestossen werden. Hier fand ich einmal ein nicht allzukleines Stückchen beschriebenes Papier, das mir damals allerdings nicht weiter half; in anderen Fällen mag es besser glücken.

---

[1] Vergl. den Fall von S c h ü t z e in H. Gross' Archiv Bd. IX p. 133

β) Hinterlader.

Keine Art von Gewehren hat im Laufe der Jahrhunderte soviel Wandlungen durchgemacht, als die Kugelgewehre, und keine in den letzten Jahrzehnten soviele Varianten erhalten, als die Hinterlad-Kugelgewehre, weil das Kugelgewehr die mordende Kriegswaffe ist, seine Konstruktion oft über den Ausgang der Schlacht, das Gewinnen des Feldzuges und das Glück der Völker entschieden hat. Wer heute eines der zahlreichen Lehrbücher über die Entwicklung des Hinterlader - Kugelgewehres studiert, muss sich darüber wundern, welche Unsummen von Nachdenken, Talent, Geschicklichkeit, Arbeit und Geld daran gewendet wurden, um das beste, sinnreichste und rascheste Mordwerkzeug zu ersinnen. Und blättert man in solchen Büchern, die etwa ein Jahrzehnt alt sind, so findet man die Versicherung, es sei dies oder jenes System wohl derart beschaffen, dass auch die fortgeschrittenste Technik Besseres nicht mehr werde schaffen können. Das nächste Lehrbuch, um zwei Jahre jünger, versichert dasselbe von einem anderen „System" und so geht es fort bis auf unsere Tage und wird noch weiter fortgehen, nicht bis das „beste" Gewehr erfunden ist, sondern bis man die Lust verloren haben wird, weitere Experimente zu bezahlen. —

Begreiflicher Weise wurde die Arbeit und Erfahrung, die bei den Militärgewehren aufgewendet und gemacht wurde, auch für Jagdgewehre ausgenützt. Theoretisch genommen brauchte man Repetier- oder Magazingewehre nur für Löwen- und Elefantenjagden, praktisch werden sie aber auch zu Tötereien von Schwarz- und Rotwild benützt, da es mit solchen Gewehren viel bequemer und rascher mit dem Schlachten abgeht. Welches System diesfalls die Oberhand bekommen wird, ist heute noch ungewiss; n i c h t gewählt dürften alle jene Repetiergewehre werden, deren System auf einem zweiten, sogenannten Magazinlaufe beruht, in dem die Patronen der Reihe nach liegen und mittelst einer Spiralfeder nach und nach (von oben herab) in den Laderaum des eigentlichen Laufes geschoben werden (z. B. Winchester).[1]) So gut solche Gewehre sind, so haben sie doch den Nachteil, dass ihr Schwerpunkt sich nach jedem Schusse ändert. Es ist begreiflich, dass ein Gewehr, in dessen Magazinlauf nahe der Mündung des eigentlichen Laufes Patronen liegen, ein bedeutendes und beim Schiessen gut wahrnehmbares Vorgewicht hat. Wandern die Patronen nach rückwärts gegen den Kolben, so verliert sich dieses Vorgewicht und man muss sich bei jedem Schusse wieder an ein neues Äquilibrieren in der linken Hand gewöhnen. Das sind Jäger nicht gewohnt, sie wollen schon halb gezielt haben, wenn sie das Gewehr an die Wange bringen. Der geübte Jäger tut dies an seinem wohlbekannten Gewehre mit der linken Hand, er weiss, wie er das Gewehr in den Schwerpunkt bringen kann,

---

[1]) Nicht zu zweifeln ist, dass das Gewehr der Zukunft irgend ein sogen. Selbstschiesser, Rückstosslader, Gasdrucklader sein wird, bei welchem der Rückstoss oder das explodierende Gas das Spannen und Neuladen besorgt, so dass der Schütze bloss zu zielen und loszudrücken hat.

um an das Ziel zu kommen. Das eigentliche Zielen ist dann nur noch ein genaueres Einstellen.

Sind aber dadurch die erwähnten Systeme weniger günstig, so kann heute doch niemand sagen, welches der unzählbaren Militärgewehr-Systeme für Jagdzwecke Verwendung finden wird. Möglich ist fast jedes, und wer in Erwägung zieht, welche grosse Zahl von Systemen konstruiert wurde und zum Armeegewehre gemacht werden wollte, wird zugeben müssen, dass gerade solche Gewehre, wenngleich älterer und ältester Konstruktion, denen es nicht geglückt ist, zum Armeegewehre irgend eines Staates gewählt zu werden, in Privathände gelangt sind. Heute schon kann man in den Händen von Sportleuten, Sammlern, Jägern, dann des Forst-, Jagd-, Feld- und Waldschutz-Personales Hinterlader aller Konstruktionen finden, und wird in Erfahrung bringen können, dass dies zum grossen Teile Gewehre sind, die erfunden und ausgeführt wurden, um als Armeegewehre verwendet zu werden. Da diese Gewehre als Musterexemplare besonders sorgfältig und gut gearbeitet sind, so ist es begreiflich, dass sie willige Abnehmer namentlich bei solchen gefunden haben, die an die schwierige Beschaffung der Patronen nicht gedacht haben. Dieser Umstand hat die Brauchbarkeit und den Wert dieser Gewehre sehr herabgedrückt, und so sind derartige, oft prächtige Hinterlader-Kugelgewehre in die bedenklichsten Hände gekommen, aus denen auch schliesslich der UR. mit solchen Waffen Bekanntschaft macht.

Es ist selbstverständlich, dass diese Gewehre hier nicht beschrieben werden können; ich unterlasse es auch, die einzelnen Systeme genauer zu beschreiben, wie ich es in den früheren Auflagen getan habe, da nötigenfalls in jeder neuen Waffenlehre, ja sogar in den letzten Auflagen eines grossen Konversationslexikons diesfalls Aufschluss gefunden werden kann.

Es seien nur Systeme und Kaliber aufgeführt; es haben:

Deutschland ein 7,9 Millimeter-Repetiergewehr M 98 System Mauser.

Frankreich ein 8 Millimeter-Repetiergewehr M 86/93 System Lebel.

Russland ein 7,62 Millimeter-Repetiergewehr M 91 System Mossin-Nagant.

Italien ein 6,5 Millimeter-Repetiergewehr M 91 System Carcano-Mannlicher.

England ein 7,69 Millimeter-Repetiergewehr M 95 System Lee-Metford.

Rumänien ein 6,5 Millimeter-Repetiergewehr M 93 System Mannlicher.

Nordamerika hat dermalen ein Gewehr mit 6 Millimeter (genau 5,94 Millimeter) eingeführt und es ist dieses daher das kleinkalibrigste Gewehr sämtlicher Staaten.

Niederlande 6,5 mm System Mannlicher;

Spanien 7 mm System Mauser;

Dänemark 8 mm System Krag-Jörgensen;

Japan 6,5 mm System Arisaka.

Österreich ein 8 Millimeter-Repetiergewehr M 95 System Mannlicher.

Die Versuche, auf noch geringeres Kaliber (5 oder 4 mm) zu
kommen, werden wohl aussichtslos sein, da es an einem geeigneten
Metall für die Geschosserzeugung mangelt, welches bei entsprechender
Billigkeit auch ein grosses spezifisches Gewicht besitzt. Wolfram-
metall wurde zwar wegen seines hohen spezifischen Gewichtes (18,2)
als Material für Gewehrgeschosse vorgeschlagen, doch steht sein seltenes
Vorkommen und der hohe Preis (vor einiger Zeit kostete ein Kilo-
gramm 2 Kronen 40 Heller) der Grosserzeugung von Geschossen im
Wege.[1] —

In Bezug auf die Behandlung eines aufgefundenen Hinterlad-
Kugelgewehres kann ich nur raten, falls man nicht wirklich sachver-
ständig ist, es vollkommen in Ruhe zu lassen, gesichert zu Gerichts-
handen zu nehmen und die weitere Untersuchung durch den Sachverständigen stets unter genauer Überwachung des UR. vornehmen
zu lassen.

2. Pistolen und Terzerole.

Diese vormals so wichtigen Waffen haben heute infolge des geringen Preises der Revolver ihre Bedeutung sehr eingebüsst. Am
ehesten wird der UR. mit ihnen noch zu tun bekommen, wenn es sich
um einen Zweikampf oder um einen zweifelhaften Selbstmord handelt.
Im übrigen werden heutzutage die betreffenden Verbrechen zumeist
mit Revolvern begangen.

Der Unterschied zwischen Pistole und Terzerol liegt darin, dass
jene geschiftet ist wie ein Gewehr, und man das Schloss seitwärts angebracht hat, während beim Terzerol der Lauf angeschraubt ist und
das Schloss hinter dem Lauf in den Griff eingelassen wird. In der
Regel gibt es von beiden nur Vorderlader (abgesehen von den modernen,
den Revolver Konkurrenz machenden Magazinpistolen),[2] da sich
ebenfalls wegen der vorhandenen Revolver eine Hinterlade-Vorrich-
tung an Pistolen und Terzerolen ohne Magazin als zwecklos erwiesen
hat. Sie werden also in der Regel Perkussionsschlösser tragen; Steinschlösser u. s. w. kommen nur an Pistolen in Sammlungen vor.

S c h e i b e n p i s t o l e n nennt man lange, gezogene, sorgfältig
gearbeitete Pistolen mit aufgeschnittenem Visier, feinem Korn und
leichtem Abzug; S a t t e l p i s t o l e n lange, schwer gearbeitete gross-
kalibrige Pistolen, wie man sie früher beim Militär und auf Reisen
zu Pferd, in Satteltaschen untergebracht, trug. P u f f e r heissen

---

[1] Ob sich die französischen Messinggeschosse ohne Mantel (balle D) bewähren werden, ist noch zweifelhaft; Tatsache ist es, dass sie beim Anprallen
und richochettieren nur gekrümmt aber nicht arg deformiert werden.

[2] Über die Bergmann-, Mauser-, Mannlicher-, Borchardtpistolen etc. s. von
L ö b e l l schen Jahresberichte oder ein neues Konv.-Lexikon.

kurze Pistolen oder Terzerole, die man in die Tasche stecken kann,
um sie als Verteidigungswaffe zu benützen. Auch hört man noch
den Ausdruck „Kuchenreuter", „Pellbacher", „Springer" u. s. w.,
womit man vorzügliche Pistolen bezeichnen will; es ist dies aber nur
der Name der, allerdings ausgezeichneten Gewehrfabrikanten.

3. Revolver.

Die heute am häufigsten als Corpus delicti vorkommende Schusswaffe ist keineswegs so neuen Ursprunges als man gemeinhin glaubt;
sie ist eigentlich eine deutsche Erfindung, man nannte die so konstruierte Schiesswaffe „Drehling" und kannte sie schon zu Anfang des
17. Jahrhunderts. Da aber das Drehen der Trommel mit der Hand
bewirkt werden musste und die Einrichtung des Rad- und Steinschlosses
eine komplizierte Einrichtung nötig machte, so kam diese Erfindung
nicht in Schwung und nach der geringen Anzahl von „Drehlingen",
die man in Sammlungen findet, ist anzunehmen, dass man sie nur
ausnahmsweise erzeugt hat. 1835 wurde dem Amerikaner C o l t der
erste „Revolver" patentiert und unsere heutigen Revolver sind im
Vergleiche zu anderen Schusswaffen wenig geändert worden.[1]) Freilich mussten die älteren Revolver gewissermassen als Vorderlader
behandelt werden, indem die sogenannte Trommel genau so von vorne
geladen wurde wie ein Vorderladergewehr: erst Pulver, dann Kugel,
dann hinten auf das Piston das Zündhütchen. War aber diese Vorder-
ladung bewerkstelligt, so wurde die Waffe zum Hinterlader, indem
doch die Ladung vor dem Schuss den eigentlichen Lauf noch nicht
passiert hatte, und die Sachlage so war, wie bei jedem Hinterlader.
Diese Revolver finden sich noch dann und wann in Sammlungen, im
Gebrauche sind sie aber selten zu finden, trotzdem eine verhältnismässig geringe Zeit vergangen ist, seit sie allgemein verwendet wurden.
Der Grund davon liegt darin, dass man bei ihnen, als man die Einheitspatrone (Kapsel, Pulver und Kugel in einem Stück) erfunden hatte,
nur eine neue Trommel einzusetzen brauchte, um den alten in einen
modernen Revolver zu verwandeln. Bei dem Stande der Waffentechnik dieser Zeit konnte das leicht und billig geschehen, wodurch
es kam, dass nur einzelne dieser Revolver der Umänderung entgangen
sind.

So haben wir also heute nur zwei von einander nur unwesentlich verschiedene Systeme von Revolvern: solche mit Stiftzündung
und solche mit Zentralzündung; die Einrichtung ist dieselbe, wie sie
bei den Hinterladergewehren besprochen wurde. Modern ist die Zentralzündung wegen des besseren Verschlusses und der bequemeren Form,
da der Hahn nicht über die Trommel greift, sondern hinter ihr bleibt.
Die anderen Neuerungen und Änderungen haben sich nur darauf be-
zogen, dass man sogenannte Selbstspanner konstruierte, bei denen

---

[1]) Dass sich der Revolver in unserer „technischen" Zeit im Laufe von
mehr als 70 Jahren eigentlich wenig geändert hat, ist merkwürdig genug.

durch einen blossen Druck auf den Drücker der Hahn sich spannt und wieder abschnappt, und ferner, dass man Erleichterungen für das Laden und Auswerfen oder Ausschieben der Patronen ersonnen hat. Das sind aber Änderungen, die auf die Güte des Revolvers, auf seine Treffsicherheit und Tragweite keinen Einfluss haben. Diese wird nur bewirkt durch die Konstruktion des Revolvers selbst, die bei keiner Schusswaffe von grösserer Wirkung ist als beim Revolver. Da aber die Frage, ob ein bestimmter Effekt mit einem bestimmten Revolvor erzielt werden konnte, oder was dieser leisten kann, öfter zu beantworten ist, als viele andere Fragen, so möchte eine genauere Besprechung derselben umso eher gestattet sein, als man gerade in dieser Richtung verkehrte Anschauungen kennen lernt. Ich habe selbst einen sonst verständigen Büchsenmacher als gerichtlichen Sachverständigen sagen hören: „Mit diesem Revolver lasse ich auf mich auf fünfzehn Schritt schiessen, so oft Sie wollen", bloss weil der Revolver (den er nicht berührt, sondern nur von weitem angesehen hatte) klein, alt und Stiftzünder war. Ebenso erklärte er aber einen anderen Revolver als ein äusserst gefährliches Instrument auf „jede" Distanz, weil er neu war, Zentralzündung und grosses Kaliber hatte. Eines ist so unrichtig als das andere, ein miserabel aussehender Revolver kann sehr gut schiessen und der gefährlichst aussehende Revolver kann harmlos sein, ja, bei demselben Revolver kann ein Schuss sehr gut gehen und der nächste kaum den Lauf verlassen. Dies alles erklärt sich aus der Konstruktion des Revolvers.

Fig. 59.

Revolver.

Jeder Revolver hat (Fig. 59) ausser dem Griff *g*, dem Hahn *h*, dem Drücker *d* (Abzug, Züngel), der Gehäusewand *gw* und der Garnitur, als wichtigste Teile die Trommel *t* und den Lauf *l*. Die Trommel ist ein zylindrisches Stück Stahl, das in der Mitte eine Bohrung hat, durch die jene Achse geht, um welche sich die Trommel dreht. Um diese Mittelbohrung und parallel mit ihr befinden sich die sogenannten Schussbohrungen, d. h. Bohrungen vom Kaliber des Laufes. Die Anzahl dieser Bohrungen beträgt in der Regel 6, es gibt aber auch solche mit 4 oder 8 oder mehr Bohrungen. Was über 6 oder 8 Bohrungen hinausgeht, ist Spielerei, da so viele Schüsse kaum je gebraucht werden

und eine so grosse Trommel unnötigerweise das Gewicht der Waffe
erhöhen und ihre Form verunstalten muss. An die Trommel schliesst
sich der Lauf, selbstverständlich aber nicht so, dass er in der Fortsetzung der Trommelachse liegt, sondern dass die Achse jener B o h -
ı u n g der Trommel, welche bei deren Drehung jeweilig zu oberst liegt,
mit der der Laufbohrung zusammenfällt. In die einzelnen Trommel-
bohrungen werden nun die Ladungen gebracht, entweder als Stift-
zündungspatrone, oder als Zentralzündungspatrone. Erfolgt nun die
Entzündung, so muss die Kugel mit den sie treibenden Pulvergasen
zuerst durch den übrigen Teil der Trommel und dann durch den Lauf
gehen, da ja der Gesamtlauf des Revolvers zusammengesetzt ist aus
der jeweilig zu oberst liegenden Bohrung der Trommel (also dem drehbaren Teil des Laufes) und dem eigentlichen Laufe (dem fixen Teile
des Gesamtlaufes). Die Folgen davon sind leicht einzusehen. Vor
allem ist klar, dass die Kugel, auch wenn die Trommel durch den
Schuss fest an den Lauf getrieben wird, eine kleine Strecke aus der
Trommel in den Lauf s p r i n g e n muss, wenn man so sagen darf.
Abgesehen davon, dass dadurch eine starke Gasentweichung entsteht,
wird die Kugel bei dem Übergange aus der Trommelbohrung in den
Lauf unter den meisten Umständen Schwierigkeiten finden. Diese können
allerdings sehr verringert werden, wenn die Trommelbohrung genau
auf die Laufbohrung passt, sodass jene mit dieser einen einzigen vollkommen gleichen und geraden Lauf bildet. Da nun die Drehung der
Trommel selbsttätig vor sich geht, so zwar, dass die Trommel sich nach,
beziehungsweise vor dem Schusse jedesmal so weit dreht, um wieder
eine neue Trommelbohrung an den Lauf anzuschliessen, so ist es begreiflich, dass dieser genaue Anschluss eine besonders sorgfältige Arbeit
bei der Waffe erfordert. Es kann nun leicht vorkommen, dass infolge
unrichtiger Arbeit oder durch Abnützung etc. einige Bohrungen des
Revolvers genau passen, andere aber nicht, und so kann es geschehen
(und es ist auch bei der Mehrzahl der billigen Revolver so), dass e i n i g e
B o h r u n g e n g u t s c h i e s s e n u n d a n d e r e s c h l e c h t.
Es ist daher geradezu Unsinn, wenn ein Revolver auf das blosse Ansehen ihn, oder selbst nach ein bis zwei Probeschüssen begutachtet
wird; es ist aber auch unbegreiflicher Leichtsinn, wenn man sich im
gegebenen Falle nicht darum kümmert, mit welcher Bohrung der in
Rede stehende Schuss abgegeben wurde. Wird ein Revolver, mit dem
geschossen wurde, aufgefunden, so wird gewöhnlich konstatiert, dass
z. B. e i n e Patrone abgefeuert ist, die anderen fünf noch unversehrt
waren. „Vorsichtshalber" wird der Revolver vom ersten Gemeinde-
wächter oder Schutzmann, der ihn in die Hände bekommen hat, entladen, die abgeschossene Patrone der Symmetrie und Nettigkeit wegen
auch herausgenommen und dann bekommt der UR. Revolver, fünf
scharfe Patronen und eine leere Hülse, alles wohlverwahrt, zur weiteren
Amtshandlung. Wird nun der Revolver wirklich sorgfältig und fachmännisch richtig untersucht, so ergibt es sich z. B., dass vier Bohrungen
genau auf den Lauf passen, also gut schiessen, zwei aber nicht passen
und schlecht schiessen. Nun kann aber die Beurteilung des Falles

von dem Umstande abhängen, ob das Werkzeug gut oder schlecht schiesst, und kein Mensch kann noch sagen, mit welcher Trommelbohrung der Schuss abgegeben wurde. Man sorge also in erster Linie dafür, dass die Bohrung, mit welcher geschossen wurde, stets festgestellt werde und ferner, dass bei einer vorgenommenen Probe gerade d i e Bohrung untersucht und geprobt werde, mit der geschossen wurde. Probiert man die anderen Bohrungen, s o h a t d a s n i c h t m e h r W e r t , a l s w e n n m i t e i n e m G e w e h r e g e s c h o s s e n w u r d e , u n d m a n l ä s s t e i n a n d e r e s , w e n n a u c h ä h n l i c h e s G e w e h r u n t e r s u c h e n .

Die Schwierigkeiten in der Beurteilung der Revolver und ihrer Wirkungen erhöhen sich noch dadurch, dass die Patronen für Revolver sehr verschieden erzeugt sind. Der Fabrikant, der Kugelpatronen für den Jäger liefert, weiss, dass er Kundschaft und Ansehen verliert, wenn seine Patronen nichts taugen. Der Jäger als Fachmann merkt sich die Fabrik, aus der er bezieht und geht zu einer anderen, wenn er schleuderhaft erzeugte oder abgelegene Ware mit zersetzten Explosivstoffen bekommen hat. Wer aber Revolver-Patronen kauft, ist in den meisten Fällen kein Fachmann. Er benützt einen Revolver, um allenfalls im Scherz nach der Scheibe zu schiessen, vielleicht ein dutzendmal, oder um für alle Fälle eine Verteidigungswaffe zu haben oder aber um ein Verbrechen damit zu begehen. Geht die Sache nicht gut aus, so schiebt er es im ersten Falle auf mangelhafte Übung, Zufall u. s. w., im zweiten Falle ist er froh, dass er seinem Angreifer nicht allzuviel getan hat und im dritten Falle unterlässt er es erst recht, den Fabrikanten zur Verantwortung zu ziehen. Der weiss das alles aber ebenso gut, wie wir es wissen, und benützt es, um die Patronen nur so ungefähr zu machen. Man kann nicht in Abrede stellen, dass man häufig wirklich vortrefflich erzeugte Revolver-Patronen erhält; manchmal sind sie aber derart beschaffen, dass sie das Geschoss kaum aus dem Rohre jagen.

Das Auffallende und für den Kriminalisten Wichtige an der Sache ist der Umstand, dass keineswegs die Erzeugung der guten und schlechten Patronen serienweise zu geschehen pflegt; man findet unter einem Dutzend, oder wie sie sonst in Paketen vereint sind, oft sehr gute, mittelmässige und schlechte Patronen. Handelt es sich also um Feststellungen dieser Art, so ist mit der gewissenhaften Untersuchung des Revolvers erst die halbe Arbeit geschehen, die andere Hälfte betrifft die Untersuchung der Patronen. Erschöpfend sicher kann diese natürlich niemals sein, da man die abgefeuerte Patrone nicht mehr untersuchen kann und häufig wird die Untersuchung ergeben, dass sich absolut nichts sagen lässt. Meistens wird man wohl einige scharfe Patronen zur Verfügung haben, die in der Trommel zurückgeblieben sind und diese müssen nun, jede für sich, der sorgsamsten Prüfung unterzogen werden. Sind nun z. B. alle übrigen fünf Patronen oder vielleicht noch alle weiteren Reserve-Patronen, die man gefunden und untersucht hat, von gleicher Qualität, dann wäre es wohl gezwungen, wenn man annehmen wollte, dass die abgeschossene

Patrone von anderer, gänzlich abweichender Qualität gewesen sein
sollte. Dieses Ergebnis: dass alle Patronen gleich waren, wird sich aber
nach dem Obengesagten selten herausstellen und man wird von den
Sachverständigen hören, dass die verschiedene Beschaffenheit der er-
übrigten Patronen keinen Schluss auf die abgeschossene gestatten.
Selbstverständlich darf dies aber nicht verhindern, dass man sowohl
mit anderen Patronen Schiessversuche macht, als auch die vorhandenen untersuchen lässt. In Verbindung mit dem Resultate, welches
die Kugel, die den Gegenstand der Frage bildet, erzielte, ist dann
aus der Untersuchung der übrigen Patronen immerhin ein Schluss von
annehmbarer Wahrscheinlichkeit zu ziehen.

Insbesondere muss man bei Patronen Rücksicht auf ihr Alter
nehmen. Allerdings kann eine Patrone, deren Kugel in die Metall-
kapsel sorgsam eingepasst und eingepresst ist, die stets wohl eingefettet war und auf einem trockenen, nicht zu warmen Orte aufbewahrt
blieb, viele Jahre lang gut bleiben, aber wenn das nicht der Fall war,
so zersetzt sich die Explosionsmasse oft bald und wird weniger oder
gar nicht wirksam. Mitunter geschieht dies auch unter den besten
Aufbewahrungsverhältnissen; man nennt es „Selbstzersetzung" oder
gar „protrahierte Explosion". —

Fig. 60.

Amerikanische Art zu schiessen.

Hier wäre noch eines Umstandes Erwähnung zu tun, der oft
von Wichtigkeit sein kann. Er fragt sich manchesmal, ob ein bestimmter Erfolg (mehr oder minder genaues Treffen) trotz mangelhafter Beleuchtung — also in der Nacht, in finsteren Räumen u. s. w.
— möglich war. Ist diese Frage zu beantworten, so muss erhoben werden,
ob der Betreffende, der mit einem Revolver (oder Pistole oder Terzerol)
geschossen und trotz schlechter Beleuchtung getroffen hat, die amerikanische Manier zu schiessen gekannt und geübt hat oder nicht. Gewöhnlich schiessen wir so, dass wir mit dem Z e i g e f i n g e r los-
drücken; der Amerikaner, der mit dem Revolver am besten vertraute
Mann, drückt mit dem M i t t e l f i n g e r los und legt den gestreckten
Zeigefinger an den Lauf der Faustwaffe (Revolver, Pistole, Terzerol)
an, so dass er mit dem weisenden Zeigefinger wenigstens im groben
zielen kann (Fig. 60). Dies ist ihm möglich, wenn er nach den Umrissen oder dem Sprechen des zu treffenden Menschen nur ungefähr
weiss, wo er eben steht. Man versuche einmal, im Finstern oder mit

geschlossenen Augen in der angegebenen Weise auf einen sprechenden Menschen zu zielen: man wird sehen, wie sicher dies noch verhältnismässig zustande zu bringen ist.

C. Munition.

Die Munition hat kaum eine geringere, oft eine grössere Bedeutung als die Waffe selbst, was, wie schon erwähnt, im hervorragendsten Masse, in Bezug auf A r t der Ladung, bei den Vorderlader-Schrotgewehren der Fall ist. Wenn man das Wesen jedes Schusses erfasst, so muss man darüber klar werden, dass d e r Schuss schärfer, flacher und weiter getragen werden muss, bei dem, alle übrigen Umstände gleich angenommen, die Pulvermasse vollkommener verbrannt, also vollkommener zur Wirkung gekommen ist. Dies wird aber, wie schon erwähnt, immer dann zustande kommen, wenn das Geschoss fest auf dem Pulver ruht, dieses gewissermassen längere Zeit hindurch nicht aus dem Laufe lässt und so ein längeres Verweilen des Pulvers im Laufe, also auch dessen vollständigere Verbrennung veranlasst.

Fassen wir vorerst ein Kugelgewehr ins Auge, so werden dann, wenn eine Kugel lose im Laufe herumrollt, rund um sie herum Pulvergase (für den Schuss also wirkungslos) hervordringen; die Kugel wird rasch herausgeschleudert, und ebenso ein beträchtlicher Teil unverbrannten Pulvers. Ist die Kugel aber fest eingepresst, und in die Züge gezwängt, so kann nirgends Gas entweichen, es wird alles entstandene Gas ausgenützt und ebenso wird alles Pulver möglichst verbrannt und verwendet. Vergleichen wir damit das Schrotgewehr, so wäre es falsch, wenn wir hier den Schroten dieselbe Rolle zuteilen wollten, wie beim Kugelgewehr der Kugel. Wir haben gesehen, dass die Güte des Schusses vom möglichst guten Abschluss des Laufes durch die Kugel abhängt. Diesen Abschluss bewirken aber beim Schrotgewehre nicht die Schrote, sondern der Pfropfen und so gelangen wir zu dem, für den Laien unerwarteten Schluss, dass beim Schrotgewehre (in Bezug auf die Schärfe des Schusses) der P f r o p f e n die Hauptsache ist. Beim Vorder- oder Hinterladergewehr ist dies natürlich gleich, aber bei diesem wird man die Erhebungen dahin, ob und inwieweit der Pfropfen gut passend war, nicht allzuweit zu erstrecken haben, da beim Hinterladergewehr ohnedies Patronen nötig sind. Eine solche Patrone ist aber nicht zu benützen, wenn sie nicht in den Lauf passt. Passt sie aber hinein, so passt auch der Pfropfen und weitere Fragen entfallen in der Regel. Anders steht die Sache aber beim Vorderlader-Schrotgewehr. Was der Schütze als Pfropfen ladet, ist ebenso mannigfach als die Anzahl weicher Stoffe: Papier, Werg, Fetzen, Moos, Stroh, Heu, Leder, alles in regellosen Bauschen, dann aber auch sorgfältig und fabrikmässig erzeugte Scheiben aus Filz, die sehr gut passen, aber auch für ein Gewehr anderen Kalibers erzeugt worden sein können. Handelt es sich also darum, die Wirkung eines Schusses oder die Leistungsfähigkeit eines Gewehres zu prüfen, so frage man nicht zuletzt danach: woraus

war der Pfropfen? wie war er geformt? wie verwendet? Eine genaue
Forschung in Bezug auf diese Fragen wird immer von Nutzen sein;
ihre Vernachlässigung m u s s zu falschem Ergebnis führen.

Betrachten wir die weiteren Momente des Schusses, so haben
wir das Pulver und das Geschoss zu erörtern.

1. Das Pulver.

Wir werden noch lange mit unserem alten, rauchenden und
krachenden, angeblich von Berthold S c h w a r z 1320 erfundenen, in
Wirklichkeit den Asiaten aber schon vor Jahrhunderten bekannten
Schiesspulver zu tun haben.[1]) Wir wollen also erwähnen, dass es
bekanntlich aus Salpeter, Schwefel und Kohle besteht, dass seine
treibende Kraft in der plötzlichen Entwicklung grosser Gasmengen
(davon 56 bis 64 Prozent Kohlensäure) zu suchen ist, dass es bei einer
plötzlichen Erhitzung auf 250 bis 320⁰ C. explodiert und dass die hierbei
erzeugte Temperatur auf 2500⁰ C. bis 3300⁰ C. angegeben wird. Von
einzelnen Daten, die unter Umständen wichtig sein können, mögen
folgen:

Die entwickelten Gase sind: Kohlensäure, Stickstoff, Kohlenoxydgas und etwas Schwefelwasserstoff, Kohlenwasserstoff und sal-
petrige Säure. Der Rückstand besteht aus: schwefelsaurem und kohlen-
saurem Kali, Schwefelkalium und etwas unverbranntem Schwefel
und Kohle. Wichtig kann es sein (z. B. bei Entzündungen durch Pulver, das in langen Streifen aufgeschüttet wurde), dass das einzelne
Pulverkorn in freier Luft im a c h t - b i s z e h n f a c h e n Abstande
seines Durchmessers noch ein anderes zu entzünden vermag.

G u t ist ein Schiesspulver, wenn es gleichmässige schiefergraue
Farbe o h n e kleine weisse Punkte hat, nicht abfärbt und sich mit
den Fingern nicht leicht zerdrücken lässt. Den grössten Einfluss hat
die Feuchtigkeit auf Pulver und wenn man nach der Wirkung eines
bestimmten Pulvers fragt, so kümmere man sich in erster Linie um
seine Feuchtigkeit. Nach umständlichen und seither als richtig er-
probten Versuchen, welche eine Kommission im Fort de la Crèche
bei Boulogne vor 100 Jahren gemacht hat, schleuderte Pulver aus
einem Probemörser das Geschoss:

bei   0 % Feuchtigkeit auf 253 *m*,
,, 1,6 %   ,,   ,, 248 *u*,
,, 4,5 %   ,,   ,, 198 *m*,
,,   14 %   ,,   ,, 2,5 *m*.

Diese Ziffern sprechen deutlich und beweisen, wie verkehrt es
ist, wenn man den Sachverständigen im Laboratorium arbeiten lässt,
ohne ihm zu sagen, unter welchen Verhältnissen das Pulver seinerzeit benützt wurde. Mit den übrigen Surrogaten des Pulvers: Schiessbaumwolle, Schultzesches Pulver, Pulver von Designolle, Nitroamylum,

---

[1]) Vergl. Oscar G u t m a n n „Schiess- und Sprengmittel", Braunschweig,
Fr. Vieweg & Sohn 1900.

Nitromannit, Muriatisches Pulver, (chlorsaures Kali) wird der UR. sich nicht zu beschäftigen brauchen. Hat er aber mit Dynamit, Nitroglycerin, Sprengwolle u. s. w. zu tun, so muss er es vor Hitze, Stoss, Druck bewahren und diese nervösen Dinge möglichst rasch unter Beobachtung der hierüber bestehenden Vorschriften in sachverständige Hände gelangen lassen, im übrigen bleibe es unberührt.

Der Zündsatz der Zündkapseln oder Patronen besteht (mit geringen Abwechslungen) aus Knallquecksilber, chlorsaurem Kali, Glaspulver und Leimlösung.

Was für Folgen das rauch- und knallschwache Pulver aus nitrifizierten Kohlenwasserstoffen (Melinit, Ekrasit, Lyddit, Hellhoffit etc., dann Lebelsches Pulver, Nobelsches Würfelpulver, Ballistit, Filit, Solenit, Pyrokollodium, Indurit, die Pikrate, das Sprenganilin, Haloxylin, Petralit, Jahnit, Cordit etc.) haben wird, das weiss niemand, und niemand kann die Folgen berechnen, wenn diese Stoffe, die vielleicht besser nie erdacht worden wären, in die Hände des Wilddiebes, des Mörders, des Anarchisten gelangen werden.[1]

2. Das Geschoss.[2]

Der UR. wird den Begriff des Geschosses viel weiter ausdehnen müssen, als der Jäger oder Soldat, welche beide das zu dem gewünschten Zwecke Entsprechendste wählen werden: ein schweres, nicht zu hartes, nicht zu teures Material, also naturgemäss das Blei. Der UR. wird aber bei absichtlichen, noch mehr aber bei fahrlässigen Verletzungen oder Tötungen mit allen nur möglichen, als Geschoss wirkenden Materialien zu tun haben, und wenn wir in dieser Beziehung irgend eine Kasuistik überblicken, so finden wir ausser Kugeln und Schrot in bunter Reihe gehacktes Blei, Eisenstücke, Metallknöpfe, Nägel, Holzstücke, Steine, Erde, Lehm, Pfropfen aus allen Arten von Stoffen, sogar den Ladstock selber.[3]

---

[1] Es wird übrigens vielfach behauptet, dass die Wildschützen in manchen Gegenden es schon seit langer Zeit verstehen, das gewöhnliche Schiesspulver (Schwarzpulver) durch eine eigentümliche „Beitze" rauchschwach und fast vollkommen knallfrei zu machen. Auch wird behauptet, dass das Pulver fast gar nicht knallt, wenn es mit gepulverten Hundeknochen (in welchem Verhältnis?) gemengt wird. Vom theoretischen Standpunkte aus ist es nicht unmöglich, das gewöhnliche Schiesspulver durch gewisse Behandlung knallschwach zu machen, aber gesehen habe ich solches präpariertes Schiesspulver nie und auch nie Genaueres derüber zu hören vermocht. Bezirksrichter Tarter in Bezau teilt mir mit, dass in zwei Büchern („Magie für gesellschaftliches Vergnügen etc." und „Buch der Geheimnisse") im ganzen drei Rezepte zur Erzeugung von knallschwachem Pulver schon vor Jahren veröffentlicht wurden; die Bereitungsweise ist in allen drei Rezepten eine ziemlich schwierige und umständliche. Ebenso ist wieder in manchen Gegenden (laut Mitteilung des K. Regierungsbaumeister H. Weisstein in Köln) ein Mittel bekannt, um die Explosionskraft des Pulvers zu vermehren, indem man Sägemehl und Kalkspat zusetzt (?).

[2] Vergl. R. Kockel „Das Institut f. gerichtl. Medizin in Leipzig", Festschrift, Leipzig 1905 (p. 49).

[3] Baron Dr. v. Potier teilt mir aus einem alten Buch „Magie oder die Zauberkräfte der Natur" von Joh. Sam. Halle, Wien 1785, ein Rezept zu einem Geschoss mit, welches z. B. Knochen zerschmettert, ohne die Haut zu verletzen,

Handelt es sich in einem solchen Falle um die Frage, ob dies und jenes möglich war, welcher Effekt erreicht werden konnte u. s. w., so erübrigt natürlich nichts anderes, als Versuche mit ähnlichen Körpern zu machen. Allerdings sind solche Versuche und ihre Ergebnisse stets mit grosser Vorsicht aufzunehmen. Man weiss hierbei in der Regel nur einige Momente sicher und andere gar nicht, oder alle nur ungefähr, nie aber alle genau. Man kann Versuche, welche die Waffe ruinieren, also z. B. mit einer Ladung von Eisenstücken[1]) oder Steinen, doch nicht mit dem als Corpus delicti dienenden Gewehre machen, und nimmt man ein, wenn auch möglichst ähnliches Gewehr, so ist schon darin, dass es nicht dasselbe Gewehr ist, ein bedeutender Mangel gelegen. Ebenso weiss man selten, welches Pulver verwendet war, wieviel davon genommen wurde und wie die Ladung erfolgt ist. Die Art der Lagerung solcher unregelmässiger Körper, wie z. B. Nägel oder Knöpfe, wird niemals in derselben Weise zu erreichen sein, und wenn sich dann die verschiedenen Zweifel und Änderungen addieren, so kann leicht ein vollkommen verschiedenes Ergebnis zum Vorscheine kommen. Zum mindesten muss man in solchen Fällen eine möglichst grosse Anzahl von Versuchen machen und nur dann, wenn die Probeschüsse ausnahmslos ein ähnliches Resultat ergeben haben, kann mit e i n i g e r Sicherheit davon gesprochen werden, dass man vergleichbare Proben erlangt hat. —

Gehen wir auf die eigentlichen Geschosse über, so scheiden wir zuerst Schrot und Pfosten auf der einen Seite, Kugeln auf der andern Seite. Was über Schrot zu sagen ist, wurde oben erwähnt, über Kugeln sei folgendes berührt. Die älteste Form des Geschosses war die der wirklichen Kugel, daher der Name. Bei kleinster Oberfläche grösste Masse, kein Überschlagen, leichte Herstellung und leichte Art des Ladens sicherten der Kugel langen Bestand und auch heute wird ihr der UR. vielleicht unter allen Geschossen noch am häufigsten begegnen. Nach und nach begann man aber einen grossen Fehler der Rundkugel einzusehen: man kann an ihr keine Einrichtung anbringen, die ein besseres Einpressen des Geschosses in den Lauf durch die Wirkung der Explosionsgase bewirkt, und so gelangte man zu den sogenannten Spitzgeschossen.

Wir unterscheiden Kompressions-, Expansions- und Pressions-Geschosse.

Die K o m p r e s s i o n s - G e s c h o s s e sind von zylindro-ogivaler Form und sind an ihrem rückwärtigen, zylindrischen Teile mit tiefen Riefelungen versehen, welche durch die nachwirkenden

---

und welches nach dem Schusse nicht mehr zu finden ist. Es wird in geschmolzenes, eben erkaltendes Blei gleich viel Quecksilber eingerührt und damit eine Kugel gegossen. Diese wird in einigen Tagen an der Luft ziemlich hart, aber so brüchig, dass sie in kleine Teilchen zerspringt, sobald sie z. B. einen tierischen Körper getroffen hat; sie tötet also, verletzt aber nicht. Wenn dies richtig ist, könnten damit Fälle von grossem kriminalistischem Interesse erzeugt werden.

[1]) Das Grazer Kriminalmuseum besitzt ein Terzerol mit dazu gehörigem starken, gehacktem Eisendraht, mit dem ein Mann seine Frau erschossen hat.

Pulvergase zusammengedrückt, somit ringförmig auseinandergepresst und in die Züge des Gewehres eingeschoben werden.

Die Expansions-Geschosse sind entweder auch zylindro-ogival oder zylindro-konisch und sind an der rückwärtigen, breiten Seite mit einer Höhlung versehen. In diese Höhlung treten die Pulvergase und wirken dadurch, dass sie die Wände der Höhlung auseinander- und in die Züge des Gewehres einpressen. Die Einpressung kann dadurch verstärkt werden, dass man an dem weitesten Teile der konisch verlaufenden Höhlung eine Scheibe aus Ton, Metall oder Holz anbringt, welche durch die Pulvergase nach vorne geschoben wird und so das Ausdehnen der Bleiwände des Geschosses und And'rücken an das Rohr umso sicherer bewirken soll. Diese Scheibe nennt man Treibspiegel.

Die Pressions-Geschosse sind zylindro-ogival oder konisch-ogival, massiv erzeugt und am Führungsteile entweder mit Kannelierung versehen oder nicht. '

Die Geschosse kommen nun entweder lose für sich vor, oder wenn es sich um ein moderneres Gewehr handelt, in Form der sogenannten Einheitspatrone, bei welcher Zündsatz, Explosionsmittel und Geschoss in einem Stücke vereint sind. Diese Vereinigung erfolgte früher durch einen Zylinder aus Pappe, heute hauptsächlich nur aus Metallblech, die sogenannte Patronenhülse. —

Es erübrigt nur noch, einen Blick auf die modernen, kleinkalibrigen Geschosse, sogenanntes Langblei, zu werfen. Auch hier sei erwähnt, dass dies für den UR. von Interesse sein muss, da einerseits Verletzungen durch Militärgewehre vorkommen können und als solche erkannt werden müssen, und da anderseits die Einführung dieses Systemes der Geschosse für Zivilgewehre schon längst geschehen ist.

Die modernen Langbleigeschosse sind lange Zapfen, vorne gerundet, rückwärts abgeschnitten, meist aus sogenanntem Hartblei (Blei mit ungefähr 8% Zinn oder Antimon versetzt) erzeugt und mit einem Mantel überzogen, welcher das Verbleien der Läufe verhindert. Wie weit man das Kaliber noch verringern wird, ist unbekannt. Fachmänner, an ihrer Spitze Professor Hebler und der preussische Generalmajor a. D. Witte, versicherten, das Militärgewehr der Zukunft werde nicht mehr und nicht weniger als 5 *mm* betragen, und doch haben die allerneuesten Modelle nur wenig mehr als 4 *mm*, sie sind also nicht stärker als ein gewöhnlicher Bleistift.[1]) Ob man bei den übrigen Einrichtungen des modernen Gewehres bleibt, weiss natürlich niemand. Am meisten Aussicht auf Bestand hat die Idee, das Geschoss mit einem Mantel zu versehen, namentlich seitdem man auf den Gedanken kam, den Mantel zu verlöten (Lorenz Compound- und Verbundgeschoss); wie schon oben erwähnt, geht man aber auch wieder vom Mantel ab (wegen der argen Deformierung) und denkt an Massivgeschosse aus Wolfram oder Messing.

---

[1]) Vergl. oben p. 520, 521.

34*

D. Getroffene Gegenstände.

Oft wird es von Belang sein, nicht nur das eigentliche Zielobjekt, sondern alle Gegenstände zu untersuchen, die von dem oder den Geschossen getroffen wurden; die Frage muss daher unter allen Umständen soweit gelöst werden, als es die Verhältnisse gestatten. Leicht ist die Sache meistens keineswegs. Nehmen wir z. B. an, es sei im Freien auf jemanden mit Schrot geschossen worden, so wird es kaum jemals überflüssig sein, so genau als möglich nach allen Spuren von Schrotkörnern, die den Menschen n i c h t getroffen haben, zu suchen, wenn sonst Objekte da waren, welche die fehlgegangenen Körner auffangen konnten. Man wird also in flacher Ebene ohne Bäumen, Felsen und Gebäuden das Suchen unterlassen, sonst muss gesucht werden. Am leichtesten sind Streifschüsse an lebenden Bäumen zu entdecken, da hier das losgesplitterte Holz am meisten auffällt. Direkt aufgefallene Schrote zeigen sich am deutlichsten durch die eingezogenen Ränder der Schusstelle, ebenso auch an Brettern und sonstigem Holzwerke. Bei Steinen und Felsen sind meistens nur Punkte oder Streifen zu finden, die wie von einem Bleistift erzeugt aussehen. Ausserdem ist noch auf durchschossene Blätter, geknickte Halme und Zweige u. s. w. zu merken.

Weiss man, wo der Schiessende, wo der Verletzte gestanden hat, so ist die Sache erleichtert. Man stellt sich an des ersteren Platz, sieht gegen die Stelle, wo der letztere stand, sucht dann den etwa möglichen Streukegel vorsichtig ab und notiert genau und unter fortwährendem Messen jede getroffene Stelle. Dass dies geschieht, ist in mehrerer Beziehung von Wichtigkeit. Vor allem kann festgestellt werden, mit welcher Schärfe die Schrote gekommen sind, woraus wieder in Verbindung mit anderen Umständen auf Entfernung, Stärke der Ladung u. s. w. geschlossen werden kann. Ferner kann die Richtung der auseinandergehenden Schrote, d. h. ihr Streukegel bestimmt werden, woraus der wichtige Umstand zu erschliessen ist, ob der Angeschossene in der Mitte oder am Rande des Streukegels gestanden ist, was massgebend für die Beurteilung der Absicht des Täters sein kann. Wenn dieser z. B. behauptet, das Gewehr sei nur zufällig losgegangen, so wird diese Angabe umso wahrscheinlicher sein, je weiter der Getroffene am Rande des Streukegels gestanden hat, d. h. wenn die fehlgegangenen Körner alle auf einer Seite des Getroffenen vorbeigekommen sind. Finden sich diese fehlgegangenen Projektile ziemlich gleichmässig rechts und links vom Getroffenen, ist dieser also in der Mitte des Streukegels gestanden, so liegt die Annahme nahe, dass bewusstes Zielen stattgefunden hat.

Unter Umständen wird sogar die Frage des Standortes des Getroffenen durch die Auffindung und Beachtung der fehlgegangenen Schrote wenigstens teilweise gelöst werden können. In vielen Fällen, namentlich wenn Notwehr behauptet ist, wird der Standpunkt des Getroffenen von diesem und vom Täter verschieden angegeben. Wenn man nun die Wirkung jener Körner kennt, die den Angegriffenen getroffen haben, und diese Wirkung mit jener veigleicht, die an den getroffenen Bäumen u. s. w hervorgebracht wurde, so wird man ungefähr sagen können, in welcher Reihe der mitgetroffenen Objekte der Angeschossene gestanden haben muss. Endlich wird ein Vergleich zwischen den im Körper des Getroffenen gefundenen Projektilen und jenen, die etwa aus Bäumen, Brettern u. s. w. ausgegraben wurden, nicht gleichgültig sein. Sind alle Schrote gleich, so wird sich nicht viel Beweismaterial herausfinden lassen. Wenn aber (erwiesenermassen von d e m s e l b e n Schusse) gemischte Schrote gefunden wurden, z. B. Fuchs- und Hasenschrot, und wenn beim leugnenden Beschuldigten eine gleiche Mischung in ähnlichem Mischungsverhältnisse gefunden wurde, so ist wenigstens e i n Annahmemoment mehr vorhanden.

Wurde mit einer Kugel geschossen, so wird ein ähnliches Vorgehen nicht so oft von Erfolg begleitet sein, da Kugeln aus den heute am meisten verwendeten, also nicht modernen kleinkalibrigen Schiesswaffen meistens einen getroffenen menschlichen Körper nicht ganz durchdringen und keine anderweitigen Spuren zurücklassen. Anders, wenn es sich um einen blossen Versuch oder Versuch mit e i n e m Schusse und Erfolg bei dem n ä c h s t e n handelt, da in solchen Fällen aus Richtung und Stärke der fehlgegangenen Kugel wichtige Schlüsse gezogen werden können.[1])

Deutlich war dies in einem Falle zu sehen, in welchem ein Gendarm in einem einsamen Gasthause einen berüchtigten Einbrecher und Pferdedieb verhaften wollte. Dieser hatte sich anscheinend gutwillig gefügt, sprang aber plötzlich, bevor es sich der Gendarm versehen hatte, aus dem Zimmer und begann aus dem Vorhause auf den Gendarmen zu schiessen. Dieser schoss zurück und so entwickelte sich ein förmliches Feuergefecht zwischen beiden. Der Gendarm fiel in seinem Dienste, der Dieb entkam schwer verletzt und wurde erst später zustande gebracht. Die Wirtin und die Kellnerin waren nach dem Sprunge des Diebes in die Küche entflohen, sonst war niemand da und so konnte kein Zeuge über den Hergang berichten. Und doch war es möglich, allein aus den Schusspuren mit vollständiger Sicherheit festzustellen, wie der ganze Hergang des Feuergefechtes gewesen war; es konnte sogar die Art der Verletzung des Diebes konstatiert werden, da er mit blutiger, also rechter Hand, die Türen geöffnet hatte, und da auf seinem Standorte ein zerrissener silberner Fingerring gefunden wurde. Hinter dem Standorte war eine Kugel des Gendarmen in die Mauer gedrungen, es musste also der Dieb die rechte Hand zum Schusse erhoben haben, als ihn eine Kugel des Gendarmen in die Hand traf, den Ring vom Finger riss und dann, den ganzen Unterarm streifend, in die Mauer drang, wo sie, mit Fetzchen eines Stückes sogenannten Orleans (vom Rockärmel des Täters) umwickelt gefunden wurde.

---

[1]) Vergl. den lehrreichen Fall von L e l e w e r in H. Gross' Archiv Bd. IX p. 197.

Es gibt wenige Fälle, in denen sich Aufmerksamkeit und Findigkeit des UR. besser bewähren kann, als im Aufsuchen und Verwerten von Kugelspuren, es ist aber auch weniges so lohnend, als diese interessante Arbeit. —

Durchschossene Glastafeln bilden oft den Gegenstand genauer Erhebungen, da ein verhältnismässig grosser Prozentsatz von meuchlerischen Mordanfällen, die mit Schusswaffen geschehen sind, derart vorgenommen wird, dass durch ein Fenster auf den ahnungslos im Hause Befindlichen geschossen wird. Hat der Täter die Wahl, so wird er nicht durch das offene Fenster schiessen, sondern lieber warten, bis die geschlossenen Scheiben ihm zwar Einblick gewähren, aber das, von ihm vor der Tat verursachte Geräusch besser abhalten. Hat man eine durchschossene Scheibe, und diese werden in der Regel auch von Laien für wichtig gehalten und für die Behörde aufbewahrt, so wird diese unter allen Umständen in gerichtliche Verwahrung genommen. Dies wird technisch meist keine Schwierigkeiten bieten, wenn man die Vorsicht gebraucht, immer vorerst die ganze Scheibe auf einer Seite mit starkem Papier oder Leinwand, am besten wohl mit durchsichtiger Pausleinwand, zu überkleben. Dies geschieht so, dass man zuerst die Grösse der Scheibe abmisst, das Papier etc. um einige Zentimeter kürzer und schmäler als die Scheibe ausschneidet und mit Kleister (Mehl mit heissem Wasser) bestreicht. Ist die Scheibe sehr schadhaft, so lässt man eine zweite Person mit flachen Händen, noch besser mit einem aufgelegten Brettchen oder mit Pappe von gleicher Grösse wie die Scheibe auf der einen Seite der Scheibe entgegenhalten, während man auf der anderen Seite das bekleisterte Papier andrückt und nach Tunlichkeit durch sanftes Streichen glättet. Sind einzelne Scherben herausgefallen, so bringt man sie nun vorsichtig an die richtige Stelle, wo sie ebenfalls auf dem bekleisterten Papiere haften bleiben. Sind viele Scherben herausgefallen, so hat man eine oft recht mühsame Mosaikarbeit zu tun, die aber geschehen muss. In diesem Falle wird man natürlich nicht auf dem bekleisterten Papiere Versuche machen, wohin jeder Scherben gehört, sondern man wird vorerst auf einem flachen Tische, Brette u. dgl. die Scherben solange ordnen, bis ihre Zusammengehörigkeit ausser Zweifel ist. Erst dann bringt man ein Bruchstück nach dem anderen auf seinen Platz auf dem bekleisterten Papiere, bis man alles nach Möglichkeit ergänzt hat. Hierbei achte man sorgfältig darauf, dass irgend welche Fremdkörper, die sich auf dem Glase befinden, nicht beseitigt werden. So können Spuren von Pulverdampf, auch Abdrücke fettiger, schmutziger Hände des Täters (Papillarlinien) sich vorfinden, der vorher zum Fenster hereingeblickt und sich hierbei mit der Hand an die Glasscheibe gelehnt hat. Ist das Papier auf die Glasscheibe gebracht, so muss ihr Trocknen abgewartet werden; da man sich bei solchen Fällen in einem Gebäude befindet, so kann das Trocknen beschleunigt werden, wenn man den ausgehängten Fensterflügel[1])

---

[1]) Wann man den Flügel aushängt, ob vor dem Überkleistern oder nachher, wird von den Umständen abhängen.

vorsichtig über schwaches Herdfeuer hält und langsam hin- und her-
bewegt. Selbstverständlich wird man die Papierseite nach u n t e n
halten, weil die Trocknung so besser vor sich geht, und allenfalls sich
loslösende Scherben nicht herabfallen können.

Ist die Trocknung geschehen, so handelt es sich darum, die Scheibe
aus dem Flügel zu nehmen. Hat man einen Glaser zur Seite, so möge
dieser die Scheibe mit dem Diamanten nahe dem Holzrahmen heraus-
schneiden.[1]) Hat man keinen Glaser zur Verfügung, und kann man
nicht den ganzen Fensterflügel mitnehmen, so wird nun der Glaser-
kitt mit einem Stemmeisen oder Messer, auf welches man mit einem
Hammer schlägt, entfernt, eine mühsame Arbeit, wenn der Kitt alt
und daher schon sehr hart ist. Da man hierbei die Scheibe leicht beschädigen kann, so erklärt sich die Regel, dass eine solche Scheibe
s t e t s vorerst überklebt werden muss, selbst wenn das Schussloch
kreisrund ist, und keinerlei Sprünge im Glase vorhanden sind. Bricht
die Scheibe beim Herausnehmen (oder selbst dann beim Transport),
so werden die später erfolgten Schäden im Protokolle umständlich beschrieben, und man ist wenigstens vor Verlusten oder davor gesichert,
dass die einzelnen Teile durcheinanderfallen. Auf dem Lande trifft
man häufig Fenster, bei denen die Scheiben nicht eingekittet, sondern
„eingefalzt" sind. Bei solchen Fenstern hat jeder Rahmenteil eine
Rinne, in welche die Glastafeln eingeschoben werden, worauf dann
die ineinandergezapften Ecken des Rahmens durch eingeschlagene
Holznägel vereinigt werden. Der Reparaturen wegen sind diese Holznägel nur eingeschlagen, niemals eingeleimt. In einem solchen Falle
muss also der Fensterrahmen auseinander genommen werden, wenn
man die durchschossene Scheibe bekommen will. Das geschieht in
der Weise, dass man auf den Holznagel, den man leicht in jeder Ecke
findet, einen abgebrochenen Nagel oder sonst ein stumpfes Eisenstück
aufsetzt und mit einem Hammer darauf schlägt. Sind so alle Holznägel herausgeschlagen, so ist der Rahmen leicht auseinander zu nehmen
und die Scheibe kann entfernt werden. —

Was die Form von Schussöffnungen in Glastafeln anlangt, so
kann im allgemeinen und bis zu einer gewissen Grenze gesagt werden,
dass die Schussöffnung umso schärfer umfasst ist, je schärfer der
Schuss war. Schwache Schüsse, also solche aus schlechtem Gewehre,
mit schwacher Ladung oder aus grosser Entfernung haben so ziemlich
dieselbe Wirkung, wie Schüsse aus allernächster Nähe: sie zertrümmern
die Glastafel, ohne eine bestimmt umrissene Öffnung hervorzurufen.
Der schwache Schuss wirkt nämlich wie ein nicht scharfer Steinwurf,[2])

---

[1]) Diese Arbeit ist immerhin recht misslich, da die Scheibe dann, wenn
sie rundherum losgeschnitten ist, noch lange nicht herausgeht; es muss erst der
Diamantschnitt, der ja nicht tief geht, durchgerissen werden, was nur durch
längeres und stärkeres Klopfen gegen die Holzleisten bewerkstelligt werden kann.
Dieses Klopfen vermag aber allerlei Schäden an dem gebrechlichen und schon
zerbrochenen Objekte erzeugen. Es ist das Mitnehmen des g a n z e n Flügels
daher das beste und oft einzig anzuratende.

[2]) Über die merkwürdige Wirkung scharfer Steinwürfe auf starke Fensterscheiben s. H. Gross' Archiv Bd. II p. 167.

der eine Fenstertafel einschlägt, ein Schuss aus unmittelbarer Nähe
drückt die Scheibe durch die Pulverexplosion ein. Ist der Schuss
scharf, so kann man sogar fast genau runde Löcher ohne jeden Sprung
finden, ist er mittelscharf, so hat die Öffnung untenstehende Gestalt
(Fig. 61), also die Gestalt eines Vieleckes. Die Kugel hat nämlich vorerst nur mit einem einzigen Punkte ihrer Oberfläche die Glastafel berührt und zwar dort, wo sich die punktierten Linien kreuzen. Es ist
also durch den ersten Anprall ein Komplex von sternförmig zusammen-
laufenden Sprüngen entstanden. In unmessbar kurzer Zeit darauf,
also während die Sprünge noch im Entstehen waren, hat die Kugel,
die sich ja in Bewegung befand, an den sternförmig zerspringenden
Teil der Tafel weiter angedrängt und hat dadurch die Ecken, welche
durch je zwei der sternförmigen Sprünge entstanden sind, abgebrochen,
so dass nun Dreiecke herausgefallen sind, die begrenzt sind von zwei

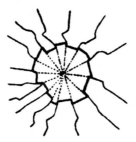

Fig. 61.

Kugelschuss auf eine Glastafel.

der ersten Sprünge und einem Bruche, der eine Seite des somit entstandenen Vieleckes darstellt. War nun aber der Schuss nicht besonders scharf, so werden einzelne Sprünge noch weiter geführt werden,
wenn nämlich die Kugel nicht rasch nachdrängte, d. h. nicht sehr scharf
gekommen ist, so dass der zentrale Sternsprung sich noch eher fortsetzen konnte, bevor das besprochene Dreieck ausgesprungen ist.
Selbstverständlich wird ein Schuss aus schlechtem Gewehre oder mit
schwacher Ladung dieselbe Wirkung tun, wie ein Schuss aus gutem
Gewehre und mit starker Ladung, wenn dieser aus geringer, jener aus
grösserer Entfernung abgegeben worden ist. In diesem Falle ist aus
dem Objekte allein ein Schluss nicht zu ziehen. —

Handelt es sich um die Frage, von welcher Seite eine Glastafel
getroffen wurde, so hat man auf kleine muschelförmige Ausrisse zu
achten, die sich am Rande der Schussöffnung befinden, und die dadurch entstanden sind, dass die Kugel bei ihrem Austritte aus der
Masse der Tafel, von der von ihr letztberührten, also äussersten Schichte,
Lamellen abgerissen hat. Diese müssen, da der Bruch des Glases,
mineralogisch genommen, „muschelig" ist, auch Muschelform haben.
Die Seite der Tafel, auf welcher sich diese muscheligen Bruchstellen
finden, ist also die Austrittsstelle. Diese abgerissenen, muscheligen

Lamellen können aber auch beweisen, in welcher Richtung der Schuss gekommen ist. Hat der Schütze senkrecht gegen die Scheibe geschossen, so verteilen sich die Muschellamellen ziemlich gleichmässig rings um das genannte Vieleck, welches ausgeschossen wurde (Fig. 62). Stand der Schütze links und schoss im Winkel gegen die Scheibe, so sind auf der linken Seite des Loches ungleich weniger Lamellen abgerissen, als auf der rechten und umgekehrt (Fig. 63). Wurde also von unten nach hinauf geschossen, so finden sich die meisten abgerissenen Lamellen am oberen Rande des Schussloches. Das ist so sicher, dass man sogar sagen kann, ob der Winkel sehr spitz war oder nicht: je spitzer der Winkel, desto mehr Lamellen sind auf der entgegengesetzten Seite losgerissen.[1] —

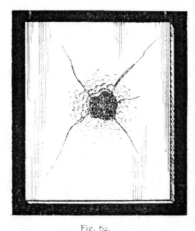

Fig. 62.

Zentraler Schuss.

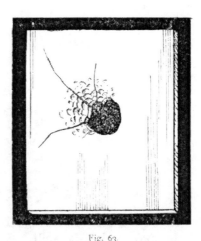

Fig. 63.

Schuss von vorne rechts.

Wurde auf jemanden durch eine Fensterscheibe geschossen,[2] so liegt einer der wenigen Fälle vor, in welchem man z w e i Punkte gegeben hat, aus denen dann ein dritter berechnet werden kann. Häufig wird man sogar mathematisch vorgehen, und so mit wenigen Linien

---

[1] Im Grazer Kriminalmuseum befindet sich eine grosse Anzahl von (eingerahmten) Fensterscheiben, die zu Studienzwecken mit verschiedenen Geschossen und unter verschiedenen Verhältnissen durchschossen wurden. Überall ist genau vermerkt: Waffe, Geschoss, Ladung, Stellung, Zielart, Entfernung, Windrichtung, Winkel etc., so dass die Entstehung der Verletzung unter bekannten Umständen erfolgte. Diese Scheiben geben ein vortreffliches Vergleichsobjekt für Fälle ab, in welchen diese Umstände nicht bekannt sind; sucht man die dem neuen, zu bestimmenden Objekt ähnlichste Verletzung auf, so hat man wenigstens einen Anhaltspunkt für weitere Schlüsse. — Aus dem bis jetzt vorrätigen Material lässt sich schon eine Reihe von sicheren Regeln zusammenstellen, die veröffentlicht werden sollen, sobald die Versuche beendet sind. Diese wichtigen Vergleichsobjekte wurden auf meine Bitte von Hauptmann-Auditor M a s c h k a in Olmütz und Gendarmerieleutnant H a u e r in Graz mit äusserster Sorgfalt und unter ängstlich exakter Wahrung aller Vorsichten angefertigt.

[2] Vergl. Dr. B a u e r in H. Gross' Archiv Bd. IX p. 153

aus mehreren Bekannten eine Unbekannte berechnen können.   Es
sei z. B. durch das Fenster bei *b* eines Hauses (Fig. 64) auf einen innerhalb stehenden Menschen geschossen worden, und es handle sich darum,
festzustellen, auf welchem Punkte der Strecke *c b* (also einem abfallen-
den Hügel) der Schiessende gestanden sein muss.   Nehmen wir also
an, in der Scheibe des Fensters befinde sich bei *b* dass Schussloch und
es lasse sich dadurch, dass man den Angeschossenen auf seinen damaligen Standort stellt, der Treffpunkt bei *a* bestimmen, so braucht
man nur die Punkte *a* und *b* durch eine Gerade zu verbinden und diese
zu verlängern.   In ihrem Verlaufe muss sich die Mündung des Gewehres befunden haben, und man wird nun einen Mann mit ange-
schlagenem Gewehre so lange den Hügel aufwärts rücken lassen, bis
die Mündung des Gewehres in die Verlängerung der Linie *a b* fällt.

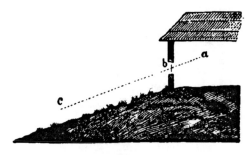

Fig. 64.
Berechnung des Standortes des Schützen.

Wurde durch ein Doppelfenster geschossen, so lässt sich die
Richtung noch leichter bestimmen, nur darf nicht vergessen werden,
dass bei jedem nicht ganz geradlinigen Schuss eine leichte Ablenkung
des Geschosses in der Richtung des Schusses erfolgt, die bei Doppel-
fenstern nicht unerheblich ist.[1] —

Mitunter kann es wichtig werden, festzustellen, welche von mehreren Verletzungen einer Glastafel früher und welche später entstanden
ist, um z. B. die Reihenfolge mehrerer Schüsse zu kennen, von welchen
nur einer den innenstehenden Menschen getroffen hat.   Der Hergang
wurde mir anlässlich eines Zufalles klar; vom Hufe eines durchge-
gangenen, durch eine Strasse galoppierenden Pferdes war das Eisen
abgegangen und flach auffallend, gegen die Spiegelscheibe einer Laden-
auslage geflogen.   An dieser Scheibe konnte man drei Zentren mit
davon ausgehenden radialen Sprüngen wahrnehmen; die Entfernungen
dieser drei Zentren entsprachen ungefähr den Entfernungen der drei
sogen. „Griffe" eines Hufeisens (Fig. 65, *a*, *b*, *c*).   Die Sprünge, die nun
vom Zentrum *a* ausgingen, verliefen ungehindert nach allen Richtungen und endeten in feinen Haarrissen.   Dasselbe taten drei Sprünge,

---

[1] Vergl. L e l e w e r in H. Gross' Archiv Bd. IX p. 194.

die vom Zentrum *b* ausgingen, während zwei von ihnen nur so weit liefen, bis sie auf die schon vorhandenen Sprünge vom Zentrum *a* stiessen, wo sie stumpf und plötzlich endeten. Von den Sprüngen des Zentrums *c* liefen bloss 2 frei aus, während die übrigen dort endeten, wo sie auf Sprünge der b e i d e n anderen Zentren trafen. Es ist also kein Zweifel, dass das Hufeisen beim Anfliegen zuerst mit *a*, dann mit *b* und zuletzt mit *c* die Glastafel getroffen hat: die Sprünge von *a*

Fig. 65.

fanden nirgends ein Hindernis, die von *b* die schon früher entstandenen von *a*, und die von *c* stiessen auf die schon bestehenden Sprünge von *a* u n d *b*, so dass die Reihenfolge zweifellos sicher gestellt ist. Bei mehreren Schüssen, die eine Glastafel getroffen haben, wären die Vorgänge natürlich genau dieselben.[1] —

2. Hieb- und Stichwaffen.

A. Im allgemeinen.

Über diese kann mit wenigen Worten hinweggegangen werden, da sie im grossen und ganzen jedermann bekannt sind und höchstens ihre technischen Bezeichnungen ins Gedächtnis gerufen werden sollen, um den UR., dem sie etwa entfallen wären, die Beschreibung einer Waffe zu erleichtern. Schliesslich soll doch alles, was einen allgemein eingeführten Ausdruck hat, auch bei diesem genannt werden.

Fassen wir den Ausdruck „Waffen" im weitesten Sinne auf, so müssen wir darunter alles verstehen, was auch nur augenblicklich zum eigenen Schutze oder zum Angriffe gegen andere verwendet wird, obwohl seine eigentliche Bestimmung eine andere ist. Wir werden

---

[1] Eine interessante Anwendung dieser Tatsachen auf Sprünge an einem verletzten Schädel s. A. S c h u l z in H. Gross' Archiv Bd. XXIII p. 225 Anm. 1.

also z. B. einen Hammer, eine Wagenkipfe, ein eisernes Lineal, einen
Bohrer, einen Krug, eine Schaufel und viele andere, eigentlich harmlose Werkzeuge sogar als „furchtbare" Waffen bezeichnen, wenn jemand
damit ernstlich angegriffen wurde. Gleichwohl werden wir uns hier mit
solchen nicht näher befassen, da es unmöglich wäre, alle Gegenstände,
die in dieser Weise als Waffe benützt werden könnten, in ihrem Wesen,
ihrer Verwendung und ihrer Wirkung zu beschreiben. Wohl aber soll
darauf aufmerksam gemacht werden, dass vielleicht mehr Verwundungen mit Gegenständen geschehen, die nicht eigentlich Waffen
sind, als mit echten Waffen, und dass auf die Feststellung, welches
Werkzeug in dem gegebenen Falle verwendet wurde, das grösste Gewicht zu legen ist, da Absicht, Wirkung, Hergang und Person des
Täters oft allein nach dem verwendeten Werkzeuge beurteilt werden
können. Vermag der Verletzte das verwendete Werkzeug nicht zu
nennen, und haben es die Zeugen nicht gesehen, so wird der Arzt aus
der Wunde allein auch nicht viel schliessen. Er wird sich, wenn er
vorsichtig und gewissenhaft ist, nur im allgemeinen aussprechen und
wahrscheinlich nur kombinationsweise sagen: es spreche nichts dagegen,
dass dieses oder jenes Werkzeug verwendet worden sei. Material zu
solchen Kombinationen werden aber andere Leute, nämlich jene bieten
können, welche ihrem Stande, ihrer Hantierung nach mit ähnlichen
Werkzeugen zu tun haben, wie sie gegebenenfalls verwendet wurden.
Solche Leute müssen herbeigerufen werden. Irgend welche Anhaltspunkte wird es ja meistens geben: Stand des Verletzten, Ort der Tat,
Art des Angriffes, Form der Verletzung und ihre Wirkung, zurückgelassene Spuren und andere Punkte werden den Kreis, in dem das
Werkzeug der Tat zu suchen ist, meistens einigermassen einschränken.
Später kommen Zeugenaussagen und andere Erhebungen, die den
Kreis noch kleiner machen, hinzu, und schliesslich wird man doch ungefähr wissen, wo man zu suchen hat.
       Nehmen wir an, es sei jemand erschlagen worden und es können
die Ärzte nur sagen, es müsse ein stumpfes, schweres, nicht zu grosses
Werkzeug zur Tat verwendet worden sein. Wenig genug. Obduktion
und genaue Untersuchung des eingeschlagenen Schädels legen die
Vermutung nahe, dass das Werkzeug sich an einem festen Stiele befand, da ein Teil des eingeschlagenen Schädels mehr eingesunken ist,
als der übrige, so dass z. B. ein in einem Tuche eingewickelter Stein
nicht das Werkzeug gewesen sein kann. Die Dicke des Schädels beweist weiter, dass der Schlag mit grosser Wucht geführt worden sein
muss, es mag also am wahrscheinlichsten ein Hammer das Werkzeug
gewesen sein. Aber wer von uns kennt die unzähligen, wesentlich
verschiedenen Hämmer, die der Schlosser, Schmied, Schreiner, Steinmetz, Blechschmied und andere Handwerker brauchen? Am ehesten
kann ein intelligenter Bauer allgemeine Aufschlüsse geben, der gewohnt ist, alle seine technischen Bedürfnisse selbst in der Werkstätte
des betreffenden Handwerkers zu befriedigen, und daher dort Gelegenheit hat, die Werkzeuge anzusehen. Hat die Wunde irgend ein
charakteristisches Aussehen, so wird ein solcher Bauer wenigstens

sagen können, welcher Handwerker solche Hämmer hat, wie hier einer verwendet erscheint. Nehmen wir an, die Wunde wäre dadurch auffallend, dass sie keine scharfen Ränder hat, so dass man auf einen Hammer schliessen müsste, dessen Schlagfläche nicht eben, sondern konvex (halbrund) ist, und wissen wir es nicht selbst, so sagt uns jener Bauer, einen solchen Hammer gebraucht erstens der Schuster, zweitens der Blechschmied. Und wird weiters erwogen, dass noch eine zweite Wunde da ist, die von einem stumpfkantigen Werkzeuge, etwa zwei Zoll breit, herrührt, so wird unser Gewährsmann den Blechschmied ausschliessen und nur den Schuster nennen, weil dessen Hammer auf der umgekehrten Seite eine stumpfe Schneide hat. Nun lassen wir erst den Schuster selbst mit allen seinen Hämmern kommen und vergleichen diese und die Wunden.

Ganz so glatt und sicher geht es wohl nicht immer ab, aber gewiss kann in dieser Beziehung viel geleistet werden, wenn man sich die Mühe nicht verdriessen lässt, eine genügende Anzahl von Auskunftspersonen zu fragen. Freilich kann die Verletzung nicht durch lange Zeit vorgewiesen werden, es erübrigt daher nichts anderes, als diese selbst möglichst gross und gut photographieren zu lassen und dann zu besorgen, dass die getroffene Hautstelle ausserdem von den Gerichtsärzten präpariert wird, um aufbewahrt zu werden. Photographie, Hautpräparat und der allenfalls mitgetroffene Knochen zusammen geben dann immerhin ein derartiges Bild, dass danach von den Befragten einiges gesagt und erschlossen werden kann. Zwar naheliegend, aber doch oft übersehen ist die Vorsicht, dass man sich stets ein ähnliches Werkzeug wie jenes, mit dem die Verletzung zugefügt worden sein kann, verschaffe; selbst wenn der Fachmann, d. h. derjenige, welcher für gewöhnlich solche Werkzeuge zu verwenden pflegt, bestimmt behauptet, dass im vorliegenden Falle dieses oder jenes Instrument die Wunde erzeugt haben müsse, und wenn dies auch von den Gerichtsärzten als möglich bezeichnet wird, muss unter allen Umständen ein ähnliches Werkzeug beigeschafft und mit diesem die Wunde verglichen werden. Auch was man noch so gut kennt und noch so oft gesehen hat, nimmt sich anders aus, wenn man es in bestimmter Absicht und Richtung untersucht, besonders wenn man es als angebliche Ursache mit der vorliegenden Wirkung vergleichen kann.

B. Die eigentlichen Hieb- und Stichwaffen.

Waffen, die nur historisches Interesse haben, können füglich unbesprochen bleiben. Es wird sich kaum ereignen, dass dem UR. eine Verwundung unterkommt, die mit einem „Bihänder", der geschultert nachgetragen und mit beiden Fäusten geschwungen wurde, oder mit einer alten „Saufeder" zugefügt wurde. Wir können uns

daher auf die modernen oder doch noch vorkommenden Waffen beschränken und führen an:

1. Schwertartige Waffen.

Unter diesen fassen wir alle Hieb- und Stichwaffen zusammen,
die in einer Scheide an einem Gurt getragen werden und so lang sind,
dass sie von der Hüfte bis zum Erdboden oder fast dahin reichen.

a) Der S ä b e l ist leicht gebogen (gewöhnlicher Säbel) oder stark
geschwungen (türkischer Säbel). Er ist an der Spitze, etwa auf
$^1/_4$ seiner Länge zweischneidig geschliffen, und hat häufig, zur
Erleichterung seines Gewichtes, der Länge nach eine flache Aushöhlung (sog. Blutrinne). Sein G r i f f besteht aus dem eigentlichen Heft von Holz, Metall u. s. w., meist mit Haifisch- oder
Rochenhaut überzogen (um es rauh und leicht haltbar zu machen)
und dem K o r b e , der zum Schutze der Faust dient. Dieser
besteht entweder nur aus einem Metallbügel oder einer mehr
oder minder ausgedehnten Metallplatte, die, wie z. B. bei der
alten Schiavona, zu einem die ganze Faust umgebenden Eisengitter werden kann. Die S c h e i d e besitzt an der Öffnung
zu ihrer Verstärkung den sogenannten M u n d r i n g , am Schuh
das S t r e i f e i s e n . Der Säbel dient in der Regel zu Hieb
und Stich, nur der Türkensäbel ist zum Stich nicht zu brauchen.

b) Der P a l l a s c h ist gerade, sonst aber so beschaffen wie der
Säbel.

c) Der D e g e n ist auch gerade, auf beiden Seiten geschliffen.
dient nur zum Stiche und hat deshalb vor Beginn des Korbes,
eine quergestellte Stichplatte.

d) Der H a n d s c h a r ist ein kurzer Säbel ohne Korb, ohne Stichblatt, ohne Parierstange, hechtenschnabelartig geformt, vorne
schwer, so dass er grossen Schwung („Zug") hat; er kann nur
zum Hiebe oder zum sog. „Anlaufenlassen" verwendet werden.

e) Der Y a t a g a n ist wie der Handschar geformt, nur schmäler,
leichter und gerader. Er ist an der Spitze auf $^1/_4$ seiner Länge
zweischneidig und daher auch zum Stiche zu brauchen.

f) Der H i r s c h f ä n g e r war früher wie ein Säbel geformt und
auch mit einem Korbe versehen. Heute ist er, wie das sogenannte „Weidblatt" in der Art eines Pallasch, nur kürzer und
ohne Korb, bloss mit Griff und Stichblatt versehen.

2. Messerartige Waffen.

a) Das e i g e n t l i c h e M e s s e r hat Rücken und Schneide.

b) Der D o l c h hat keinen Rücken, sondern zwei, drei, vier Schneiden, so dass sein Durchschnitt (quer) die Formen in Fig. 66
darstellt. Ausnahmsweise können die Schneiden eines zwei-

schneidigen Dolches Wellenlinienform haben, was man „geflammt"
nennt. Auf die Erscheinung der Wunde hat dies kaum einen
Einfluss. Das Wort „Stilett" hat eigentlich keine feste Bedeutung. Meistens versteht man darunter einen Dolch (zwei-
oder mehrschneidig), dessen Klinge sehr schmal ist. Ob diese

Fig. 66.

Durchschnitt der Dolch- und Stilettformen.

kurz oder lang ist, macht keinen Unterschied. So spricht man
z. B. von „Stilettstöcken", wenn in einem Spazierstocke ein
20 bis 70 *cm* langes, drei- oder vierschneidiges Stosseisen verborgen ist.

c) Der K n i c k e r ist ein kurzes, im Griffe feststehendes Messer,
meistens mit schwach S-förmig gebogener Parierstange versehen, in der Regel zur Hälfte seiner Länge zweischneidig geschliffen.

d) Der S t a n d h a u e r ist ein breites, schweres, an der Spitze oft
halbrund geschliffenes Messer mit sehr breitem Rücken und
Stichblatt; es dient dazu, um auf der Jagd Äste, die den Aus-
schuss behindern, abzuhauen.

e) Das F a s c h i n e n m e s s e r (militärisch) ist nur ein längerer
und stärkerer Standhauer.

3. Lanzenartige Waffen.

Verwundungen mit lanzen- oder speerartigen Waffen werden
dem UR. selten vorkommen. Möglich ist es aber, da bei einem Zu-
sammenstoss von Militär- und Zivilpersonen z. B. Lanzenverletzungen
entstehen können. Militärlanzen haben fast überall vierkantige Spitzen
(zwei längere, zwei kürzere Querachsen) und dementsprechende Verletzungen zur Folge. Sonst könnte man sich nur denken, dass in einem
kleinen Orte jemand von einem hellebardenbewaffneten Nachtwächter
verletzt wurde.

Die eigentliche H e l l e b a r d e hat eine vierkantige Spitze,
daran sich (unsymmetrisch) auf der einen Seite eine Art Axt, auf der
anderen eine Spitze befindet.

Die P a r t i s a n e hat eine Spitze, die wie ein sehr breiter Dolch
geformt ist, und beiderseits (symmetrisch) hakenartige Fortsätze.

Sonst können nur Bajonettverletzungen vorkommen. Die alten
Bajonette waren gerade und vierkantig geformt. Sie wurden durch
den leicht geschwungenen zum Bajonett eingerichteten Yatagan verdrängt und dieser wieder durch das moderne, kurze, messerartige

Bajonett. Verletzungen mit den als Seitengewehr verwendeten Bajo-
netten kommen verhältnismässig häufig vor, namentlich bei Wirts-
hausraufereien, auch bei Mordtaten. Die damit erzeugten Wunden sind
ziemlich charakteristisch,[1] und da es von Belang ist, sie als solche
zu erkennen, so ist es sehr rätlich, sich keine Gelegenheit entgehen zu
lassen, bei der man eine zweifellos von einem Bajonett herrührende
Verletzung sehen und sich ihre Form einprägen kann.

---

[1] Vergl. insbes. Dittrich in dessen Handbuch Bd. III p. 141.

CPSIA information can be obtained at www.ICGtesting.com
Printed in the USA
LVOW09s0852280114

371270LV00003B/60/P